JN181429

国士舘大学法学部比較法制研究所［監修］

極東国際軍事裁判審理要録

東京裁判英文公判記録要訳

第3巻

松元直歳［編・監訳］
山本昌弘・松元直歳［要訳］

原書房

発刊にあたり

　国士舘大学に法学部が開設されたのは昭和41年である。さらに大学院も設置するよう計画されていたが、当時の国内の大学を取り巻く環境や行政そして本学自体の体制の中で、認可申請の準備に時間がかかる状況にあった。そのため、昭和49年研究体制を確立する必要性もあって、同学部に比較法制研究所が設置された。その後、予定より若干遅れて平成7年大学院法学研究科が開設された。本研究所は、現在に至る国内外法制の組織的な比較研究を通じて、わが国の法学教育や法学界の発展に資することを目的に、業績を積み重ね現在に至っている。

　本研究所が実質的な極東国際軍事裁判研究に取り組んだ経緯について述べる。平成21年、岡山県在住のある篤志家から、「極東国際軍事裁判廣田弘毅弁護史料」が本学に寄贈された。この史料は、廣田の弁護人であった花井忠氏（昭和41年～昭和47年まで国士舘大学教授）が所持していたもので、平成19年神田の古書店から、前述の篤志家が入手したものである。これまで高名な研究者の方からの貴重本の寄贈は何度か経験しているが、極東軍事裁判に関する第一次史料の大量入手は昭和45年法務省から「英文速記録」「和文証拠資料」「判決及び個別意見（英文）」の史料群からなる「極東国際軍事裁判関係関連資料」を譲渡されて以来であった。当時、いわゆる東京裁判戦犯者靖国問題や皇室典範の改正論などが大きく取り上げられた状況もあり、本研究所としては、真の世界平和を望む寄贈者の熱い心情を酌み取りつつ史料を受贈し、本学附属図書館の貴重書庫に保管している。平成23年度からは、劣化した史料の安定的保存と分類整理に着手し、平成24年度までに電子化とデータベース化を完了し、さらに学内外の研究者等を招いて定期的な研究会も開催している。

　一方、本学附属図書館で既に保有されている「極東国際軍事裁判関係関連資料」についても、「廣田弘毅弁護史料」と同様に電子化し、容易に閲覧できる状態になったが、これら史料が極めて膨大な量であるばかりでなく、多方面からの研究が不可欠との結論に至り、法学部附属の一研究機関ではとても扱いきれないとの判断から、全学的かつ学外の研究者も含めたプロジェクトチームを立ち上げることとなった。

　これらの経緯から平成23年4月、学内の関連学部等（政経学部・法学部・文学部・附属図書館）より構成される『極東軍事裁判研究プロジェクト』が、立ち上げられ、当面は、比較法制研究所が中心となって活動することとされた。本学は平成29（2017）年に創立100周年を迎える。これを記念して同プロジェクトチームでは、本学が保有する史料以外に、国会図書館、国立公文書館さらには米国公文書館等で所蔵されている関連史料を調査し、複写物により補うことで最終的には、極東国際軍事裁判研究の一大拠点として関連する学内外の研究者に利用しやすい情報発信基地になることを目指している。

　このプロジェクトチームが発足する直前の研究会において、ある研究者から「日本における極東

国際軍事裁判研究は、正確に史料整理がなされているドイツのニュールンベルク裁判に比べ、散逸した史料の収集・編纂が遅れたり、国民への周知の方法が一方的であったりで全体を総括して研究することが難しい状況が続いている」との指摘がなされた。確かに東京大学、早稲田大学など複数の大学においても資料が分散して所蔵され、また、当時の担当弁護士が個人的に所持していたであろう意見書や証拠資料が相当数埋もれていると考えられる。さらにB・C級裁判の史料も含めれば、世界の各地に未だ公的に把握されていない資料が眠っている可能性もあるわけである。これらも含めて収集、分析、検討し、データベース化を進めなければならない。

プロジェクトチームでの検討の結果、まずはこの極東国際軍事裁判全般を概観できるものが必要かつ急務であるとの認識に至った。これまで、東京裁判の記録として日本語で書かれたものについては、様々な出版物があるが、全体像を網羅した出版物はない。そこで、「極東国際軍事裁判」の英文速記録を翻訳し、英文速記録と和文速記録の対比に基づいた事実確認をする「要録」を編纂するという膨大な作業に挑むこととなったのである。

国内外の識者からこの極東国際軍事裁判の本質についての総括がなされていないという指摘を受け続けて、すでに半世紀以上が経過した。そこで我々は、翻訳したものを個々の研究に活かすだけでなく、国際的な日本の地位向上に資するべく、ここに『極東国際軍事裁判審理要録』を刊行することとした。多くの人々に正しい情報を分かりやすく提供しなければならない。このことを強く認識しながら本書の編集を行った。例えば英文速記録と和文速記録の異同を指摘し、原文訳だけでは理解しにくい部分には、関連史料等の注釈を付し、裁判の経緯が明確に把握できるよう努めた。刊行は全4巻を予定しているが、まず第1巻の本書刊行にあたっては、極東国際軍事裁判に至る第二次世界大戦の終結を中心とした経緯を含め、理解しやすいものとした。これは翻訳と編集の労にあたった本学特別研究員の松元直歳氏に負うところ大である。

本書の刊行にあたっては、国士舘大学法学部附属の比較法制研究所として公正中立な観点から関連史料を収集、発信することに努めた。この姿勢を貫くことが真の社会貢献に資すると考えている。

本書が、研究者のみならず、多くの方々の手に取られ、未だ世界から根絶することのできない『戦争』について考える一助になることを期待してやまない。最後にこの出版を快諾された㈱原書房社長の成瀬雅人氏と編集部の奈良原眞紀夫氏に感謝の意を表したい。

平成25年2月吉日
国士舘大学法学部比較法制研究所
所長　渡辺　則芳

編・監訳者序

　本書、『極東国際軍事裁判審理要録』は、極東国際軍事裁判の英文速記録を対象原典に抄訳編集し、同裁判審理進行の概要と全体像を把握し、同裁判の本格的研究の第一歩をなす基礎資料たらんと意図するものである。

　編・監訳者は、先に「極東国際軍事裁判」の裁判審理内容の構成と項目を要目化した『東京裁判審理要目』を平成22（2010）年、雄松堂出版より世に問うたが、予想通り、少数の研究者以外の一般読者からの反応は極めて鈍かった。

　本書は、旧著に比べれば、戦後史に興味を持つ一般読者の広範な関心に応え得るものであると信じるが、旧著「序」の一部を引用しつつ、以下の通り本書の序を記しておきたい。

【極東国際軍事裁判】

　通称「東京裁判」あるいは、いわゆる「A級戦犯裁判」と称される極東国際軍事裁判は、大東亜・太平洋戦争の戦争犯罪人を裁くとして、米国の主導する対日戦勝の連合国11ヵ国によって、1946（昭和21）年5月3日より1948（昭和23）年11月まで、2年半の時間と日本政府負担の27億円の費用を投じて行われた。

　この裁判は、ドイツ・ナチスに対する国際軍事裁判、通称「ニュルンベルク裁判」と並んで、史上初めて、国家行為たる戦争を指導した個人を「事後刑事法」に基づき「国際犯罪責任あり」と判じて、戦勝国によって組織された「国際軍事裁判所」に告発するものであった。総計423回（内416回が審理）の開廷数を数えたが、1948（昭和23）年4月16日に全審理を終了（結審）し、同11月4日より7日間をかけて、本判決（the Judgment of the Tribunal）、即ち多数意見判決（the majority Judgment of the Tribunal）が朗読された。その最後の12日、最終的な被告25名に対して「全員有罪の評決」を下した後に、7人の絞首刑並びに16名の終身禁固刑および2名の有期禁固刑が宣告された。

　東条英機元首相・大将、文官の広田弘毅元首相・外相を含む7名に対して宣告された絞首刑は、当時の皇太子であった平成天皇の誕生日である12月23日未明に執行された。

　そして、上記判決の申し渡しに際して、即ち具体的には「有罪の評決」を下して「刑の宣告」を申し渡す直前に、裁判長ウェッブは、「裁判所条例の下で、自分の今朗読した判決が本裁判所の判決である」と宣した後に、その「多数意見判決」に対して5人の裁判官による個別意見（the Separate Opinion）の提出されたことを付言した。

　即ち、「インド代表（ラダ・ビノード・パル、あるいはパール）判事が、多数意見判決に反対して、その反対理由書を正式に提出した」。次に、「フランス代表（アンリ・ベルナール）とオランダ代表（ベルナルト・V・A・レーリンク）が、多数意見判決に部分的に反対して、その反対理由書を、

正式に提出した」。又、フィリピン代表（ハラニーヨ）は、「多数意見に賛同する個別意見書を、正式に提出した」。そして、裁判長自身もまた、「私自身は、事実（認定）については概ね多数意見に同ずるがしかし、反対意見を述べる事はしないものの、裁判所条例および本裁判所の管轄権を支持する理由についての、並びに刑の宣告を決定するに際して影響力ある若干の一般的見解についての、簡単な申述書（a brief statement）を正式に提出した」のであった。

【極東国際軍事裁判（以下「東京裁判」と略記）研究の必要性】

東京裁判の審理とそこで提出された資料は、占領軍当局によって東京裁判に対する批判的言論を封殺された七年間の占領期間を過ぎた後は、政治的立場の相違を離れ、日本人によっても自由闊達に、何よりも第一に事実の問題として論じられるべきものであった。即ちそれは、一つには、開闢以来の「日本の敗戦・被占領」をもたらした事実とあの「戦争の発生因」との間の因果関係を追跡するに必須の資料であるからである。二つにはそれは、「武力」と「知力」の双方を存分に駆使した「米国の戦争遂行と日本占領政策」および「日本の戦争遂行と敗戦・被占領」を、即ち戦争に際しての「米国国家と米国人」および「日本国家と日本人」の「考え方と生き方」とをよく教えてくれる資料であるからである。このそれぞれの「考え方と生き方の通則」を、「東京裁判が提供してくれる事実関係」の中から明らかにしておく事は、好むと好まざるとにかかわらず、あの戦争に干与せざるを得なかった時代の日本人の全てに対する、神聖な責務であろうからである。

【東京裁判研究の基礎的資料と編・監訳者の意図】

さて「東京裁判公判資料」を類型化して示せば、以下の通りである。

①東京裁判の公判審理に先立って、もしくはこれと平行して連合国によって実施された被告および容疑者並びに裁判において証人となった者その他関係者に対する尋問の調書

②検察側および弁護側が収集し、それぞれの資料番号を付し、公判審理の中で法廷に提出し、受理された「法廷証拠（書証）」もしくは却下された「却下文書」、又は自ら撤回した「撤回文書」もしくは「提出を断念しあるいは提出しなかった未提出文書」

③ポツダム宣言と日本の降伏文書・極東国際軍事裁判所設立に関する連合国軍最高司令官特別声明書・極東国際軍事裁判所条例・極東国際軍事裁判手続規定（審理規則）・極東国際軍事裁判裁判官任命書・極東国際軍事裁判起訴状等の裁判の前提的・準備的諸文書

④検察側最終論告書・弁護側最終弁論書（全て朗読された）等の審理関係重要文書

⑤和文・英文それぞれの公判審理速記録

⑥判決書（判決速記録）および裁判官五名の個別意見書

⑦判事控室議事録

⑧その他

これらの諸資料は、英文と和文の双方を備えているものもあり、又どちらか一方の言語によるもの、さらには、オランダ語、中国語、フランス語等、第三国の言語（東京裁判においては英語と日

本語が公用語とされたが、日・英語以外の言語が審理の中で使われなかった訳ではない）によるものもある。

　編・監訳者はそもそも、先に、極東国際軍事裁判におけるパル判事反対意見判決の調査を思い立ったのであった。当然その前提として、東京裁判全体についての最低水準の理解が必須である。そして東京裁判の概略もしくは一部に関連して著された資料は枚挙にいとまがないものの、その審理の実際を調べるに際しての第一次的資料は、何と言っても、英文と和文の速記録でなくてはならない。しかし、英文にせよ和文にせよ東京裁判の速記録は、余りにも長大である。しかも和英の速記録ともに、内容上の見出し等は皆無といってよい。速記録の解読を始めようにも、まるで大海に浮遊するさまである。

　編・監訳者は、可能な限り一定の価値観に依拠するのではない、事実としての裁判審理の実態を把握したい、と考え、「裁判の審理要録」のようなものを欲するに至った。そして、この要請を満たす資料を、力の及ぶ範囲で調べた結果、以下の事情が判明した。

　和文の資料としては、「東京裁判全体の審理要録」と言いうるものは存在しない。朝日新聞内調査研究室が昭和28年に発刊した「極東国際軍事裁判記録　目録及び索引」なるものがあるが、これは「東京裁判全体の資料」文書の目録であり、そこには、口頭による弁論や証拠の受理と却下を中心とする訴訟指揮の内容については、記すところがない。又、法務省作成の「極東国際軍事裁判資料目録」も、上の「目録及び索引」に依拠するものである。

　裁判全体を扱った報告としては、朝日新聞法廷記者団著・東京裁判刊行会発行『東京裁判（上）（中）（下）』（昭和37年）並びに冨士信夫著・講談社発行講談社学術文庫『私の見た東京裁判（上）（下）』（昭和63年）がある。両者は、東京裁判の法廷を傍聴した者の記録として貴重であり、東京裁判の研究に不可欠のものであるが、しかし共に、「口頭審理」即ち法廷速記録の内容をたどったものではない。

　英文の資料としては、ガーランド出版社刊『東京戦犯裁判——極東国際軍事裁判速記録』完全写本全22巻および索引集5巻」中の「索引集第3巻」がある。「東京裁判口頭審理要目」と題するにふさわしく、英文1141頁に及び、ある程度「事実としての裁判審理の実態を要約」し得ているものの、例えば書証の朗読内容、証人の証言内容等については、審理内容の概略を理解し得るという程の詳細には欠けるものである。さらに実質上「見出し皆無」という「速記録」としての弱点を和・英の速記録との間に共有する。

　編・監訳者は、概略上記のような経過を経て、和文と英文の法廷速記録を対象に、当初より、「速記録の要約」ともいうべき「東京裁判審理要録」の作成を考えたのであったが、独力によっては、量的にも質的にも困難であった。かく考えて、上記諸資料その他を参照して、主として和文速記録を対象に、旧著『東京裁判審理要目』を出版するに至ったものであった。

　そしてこの度、国士舘大学法学部とその比較法制研究所の「国士舘大学100周年事業」の一環として、かつは、原書房〔明治百年史叢書〕刊行の一環として、念願の本書を全4巻の予定で刊行し得る次第となったものである。

本書刊行への最大の理解者、推進者は、国士舘大学法学部比較法制研究所の渡辺則芳所長以下の諸教授と同学部才野基彰事務長並びに原書房である。さらに山本昌弘氏は、その米国における研究者としての経験と高い語学能力によって、本書の多くの部分の翻訳の一次的作業に甚大な貢献をされた。感謝の念に堪えない。残り3巻の作業の完成は遥か遠くにあるが、全力を尽くしたい。

【本書が英文速記録を対象とした理由】

　速記録は、東京裁判の公判関係資料の中の重要な一部を成すものである。しかし速記録より直接的に派生ないしは、これに関連する資料のうちでも、例えば検察側および弁護側が証拠として提出した文書については、法廷は少なからずこれを却下した結果、全てを法廷証拠として受理し記録した訳ではない事——それは特に弁護側提出の書証については顕著であった——並びに両当事者より提出すべく準備されたが結果として提出されなかった文書も、その重要性および量の双方において、無視しうるものでない事も、ともに忘却されるべきではない。当然、これら両種の諸文書は、速記録には読み込まれなかった。さらに、審理の過程において両当事者より提出されて法廷の裁定が求められた審理手続ないしは法廷訴訟指揮に対する各種申立書も、速記録にそのまま読み込まれた訳ではない。加えて、法廷証拠として受理された文書についてすらも、全体的に、もしくは部分的に朗読されなかったものが少なくない——その証拠としての範囲・妥当性については、法廷内で論議の対象となったが、——事も失念されるべきではない。

　しかし反面これらの事は、要するに英米法による裁判は、検察側および弁護側両当事者の弁論と立証並びに裁判官の訴訟指揮は全て「口頭審理」によって進められるものであり、従って原則としてその公判記録は、口頭によって審理された内容を対象とするものである事を示している。

　他方、この極東国際軍事裁判は、その設立を闡明した裁判所条例第9条によって、被告に対する公正な裁判の観点より、英語並びに被告人の言語たる日本語によって審理されるべきであることが定められていた。しかしながら勿論、対日戦勝11ヵ国の代表を原告としかつ判事としたこの裁判は、その審理の進行並びに諸裁定および判決を判断する基準言語としては実質的に英語に準拠した裁判であったというのが妥当であろう。

　そして実際、和文速記録と英文速記録を照査してみれば、裁判は英語で行われ、従ってその記録も、和文によるものは英文の翻訳である事が、一見して明白である。しかもその翻訳された和文は、驚くほど拙劣にして、重要な部分を含む相当部分が読解に耐え得ないと言ってよいほどである。

　以上より、極東国際軍事裁判、通称東京裁判の審理内容の理解は、基本的には、判決を含めれば4万9858頁に達する英文速記録の解読を必須とするものであると主張することが許されるであろう。かくして本書は、英文速記録を対象原典としたものである。

2013年2月6日

松元　直歳

凡　例

1. 本書は、「極東国際軍事裁判」、通称「東京裁判」の裁判進行の全体像を伝えるように、英文と和文の公判記録のうち、「英文速記録」を、時系列に沿って、日本語へ要訳したものである。

2. 対象原典

　イ．以下を対象原典とした。
・1969（昭和44）年法務大臣官房司法法制調査部「極東国際軍事裁判速記録（英文）」（国立公文書館電子資料）
　ロ．参考としたその他の文書

［英文速記録］

① The Tokyo Major War Crimes Trial

　The Records of the International Military Tribunal for the Far East with an Authoritative Commentary and Comprehensive Guide

　A collection in 124 volumes

　Annotated, compiled & edited by R. John Pritchard;

　Published (1998) for The Robert M. W. Kempner Collegium

　Programmes on the History & Jurisprudence of International Criminal Law, International Human Rights and Related Subjects

　By The Edwin Mellen Press（R・ジョン・プリチャード注解・編纂・編集、エドウイン・メレン出版社1998年刊「東京重要戦争犯罪裁判──解説および総合手引付き極東国際軍事裁判記録全124巻」）

② THE TOKYO WAR CRIMES TRIAL

　The Complete Transcript of the Proceedings of the International Military Tribunal for the Far East in Twenty-two Volumes & The Comprehensive Index and Guide to the Proceedings of the International Military Tribunal for the Far East in Five Volumes Annotated, compiled and edited by R. John Pritchard and Sonia Magbanua Zaide;

　PROJECT DIRECTOR: Donald Cameron Watt in Association with The London School of Economics and Political Science

　Garland Publishing Inc. New York & London 1981（R・ジョン・プリチャード並びにソーニヤ・マグバヌア・ザイデ注解・編纂・編集、ドナルド・キャメロン・ワット企画監督ガーランド出版社刊『東京戦犯裁判──極東国際軍事裁判速記録完全写本全22巻並びに総合索引および手引集5巻」）

[和文速記録]

① 1964（昭和39）年法務大臣官房司法法制調査部「極東国際軍事裁判速記録（和文）」（国立公文書館電子資料）
② 1968（昭和43）年雄松堂刊「極東国際軍事裁判速記録」全10巻

3. 要訳の作成に当たっては、当然に英文速記録原典主義を採り、和文速記録との関連で付した注意書きもこの方針に沿った内容とする。

4. 見出しその他

・裁判の全過程を以下の六段階に区分けした。

1. 準備段階
2. 検察主張立証段階
3. 弁護側公訴棄却動議
4. 弁護側反証段階
5. 審理最終段階（検察側反駁立証・弁護側再反駁立証・検察側最終論告・弁護側最終弁論）
6. 判　決

・上記六段階を、各段階の必要に応じて、さらに一ないし三段階に再分割し、「1─1」、「2─2─1」さらには「5─3─1─1」のような数字見出しを頭書に付した内容見出しを立てた。
・さらに上記各見出しの中において、(1)、(2)、(3)のごとく（　）に囲まれた順序数を先頭に付して、公判開始後は、

　イ．検察側および弁護側両当事者による一連の証拠提出行為の一塊り
　ロ．証人による証言
　ハ．重要な訴訟指揮もしく両当事者の訴訟行動、又はこれに係って交わされた論議
　ニ．その他、審理内容の重要な塊りを表記した。この表記内容は目次にも抜き出して、読者の概略の理解に益させることを計った。

・上記（　）に囲まれた順序数を先頭に付された表記内容は、さらに、審理上の最小項目並びに証拠もしくは両当事者の提出しようとした文書に分割され、先頭に「＊」を付されて、その内容が記述される。
・1946（昭和21）年5月3日より1948（昭和23）年4月16日に至る計416日（回）の審理日を、時系列に明示した。

5. 各記載内容に該当する英文速記録および和文速記録上の頁

・英文速記録頁については、「審理速記録部分」と「判決速記録部分」両者の全体に、この順序で通しの頁数値が付されている。

　　上記の各段階の全て並びに（　）に囲まれた順序数を先頭に付された各表記内容に該当する英文速記録上の「通し頁数値」を、「英速録3333〜4444頁」のように記載した。

・和文速記録とは実は、1946（昭和21）年5月3日の第1回審理日以降結審の日を経て判決申し渡しの日まで順次、極東国際軍事裁判所より、一法廷日ごとに一冊ずつ発行された「極東国際軍事裁判速記録」のことである（一部別冊で発行されたものもある）。従って前記「和文速記録①」には、「号」数と当該「号ごとの頁番号」数が付されている。この「号」の数と「審理日の回（第一回目の審理より数えて何回目か）」の数は、完全に重なることとなる。直接もしくはデジタル・アクセス等により国会図書館や公文書館他に収蔵の和文速記録と対照しようとする研究者にとっては、「開廷日」並びにこの「開廷審理日順に付された順序数値」が、役に立つであろう。蛇足であるが昭和23年4月16日の結審日は、符丁を合わせたように、第416回目の審理日（第416回）であった。

　　本書では、「和速録第33号2〜5頁」もしくは2号以上に跨る場合には「和速録第33号2頁〜第35号5頁」のように表示した。

・両者はまとめて、「（英速録2008〜2045頁／和速録第26号1〜7頁）」等のように表記される。

・また、上記の単位以外でも随意、[E: 1234][J: 35（7）]のように表示して、適宜、英・和速記録上の該当場所を記載して、読者の便宜を図った。この例で言えば該当部は、「英文速記録上は1234頁以下」に「和文速記録上は、第35号7頁以下」に記載されていることを示す。

6.「審理要訳」内容の記載内容について

・書証においては、書証内容の「記号と番号」、「名辞」そして「朗読概要」が、証人に対する証言においては証人の出自、証言の概要そして「直接尋問即ち証言内容の概略」が、証拠としての立証内容として記載される。

・検察側もしくは弁護側両当事者のうちの一方当事者側の証人に対する、主として反対当事者側からの反対尋問については、編訳者の旧著『東京裁判審理要目』においては、反対尋問の訴訟法上の効果は「書証および証言を中心とする証拠の受理と却下に比べれば小さい」として、その有無のみを記し、その内容は取り上げなかった。しかし、反対尋問は、証人ないしはその証言内容並びに当該証人を召還した当事者側の主張の信憑性を窺うについても、又証言内容の歴史的な評価の上でも、大いに有意義な内容を持ち得たことも事実である。これが反対尋問の内容を場合によっては相当詳細に取り上げた理由である。

・法廷即ち裁判長ウェッブの訴訟指揮および両当事者の訴訟行動、又はこれに係って交わされた論

議については、審理中の各種裁定もしくは判定、そしてひいては判決に重要な影響を及ぼしたと編訳者において判じた内容を取り上げた。

勿論その中で量的にも質的にも、最も重要なものは、

①法廷による証拠の「受理もしくは却下の決定」（判事多数決による場合と裁判長裁定による場合とがあり、いずれによるか明らかな場合はその旨明示するよう努めたが完全ではない）及び「提出側による撤回」である。次に、

②検察側提出の証拠に対しては弁護側による、又弁護側提出証拠については検察側による、証拠の受理に対する「異議の有無」並びに著者が重要であると判断した「異議内容の概略」を取り上げた。

　さらに審理の中で幾度か論議された問題であるが、

③「朗読されたか否かの朗読の有無」（全書証の内容が速記録に記載されている訳ではなく、従って本書において「朗読される」もしくは「抜粋が朗読される」と記載された書証については、速記録からその朗読された限りの内容が読解出来ることとなる）も、実質的に、また後代の探究者や研究者の観点からは極めて、重要である。そして、

④証拠の受理を巡ってもしくはこれに発して行われた「法廷の論議のうち著者が重要であると判断したもの」も取り上げた。

7．証拠記号と証拠番号の表示、識別証拠について

・検察側より証拠として提出された文書には、全て検察側の文書番号が付されており、そのほとんどの文書の番号が示された。法廷により受理又は却下された、もしくは自ら撤回した書証を含め、「検察側文書 PD1111」のように表示した。

・検察側が提出し、法廷の決定により証拠として受理された文書は、「（検）法廷証 PX1234」（原則的に検察側および弁護側提出の全証拠についての順序数値となっている）のように表示した。

・弁護側が提出し、法廷の決定により結果として証拠として受理された証拠は、「（弁）法廷証 DX3456」（同前）のように表示した。

　弁護側より証拠として提出されたが、法廷により却下された、もしくは弁護側が自ら撤回した証拠は、「弁護側文書 DD2222」のように、「弁護側が独自に付した番号」が表示される。

・識別証拠の問題について。最初の「識別証拠」なるものは、（検）法廷証 PX177【被告橋本欣五郎著「世界再建の道」】に与えられた番号であり、英文速記録は 1916 頁に現れる（昭和 21 年 7 月 5 日法廷）。それは元来、証拠文書の原本中から抜粋を証拠として提出し、これが受理されるときに、当該原本を証拠として裁判所書記局に登録するためのものである。

　しかし、証拠能力もしくは証拠価値の欠如を理由として却下された証拠についても、弁護側要請によって識別証拠として法廷証番号を振られて書記局に登録することを認められていた一群の

ものがある。

　　いずれにしろ識別証拠は、形式上も実質上も法廷証拠ではなく、本書においては概ね「識別番号を付される」等と記載した。

8. 年号の表記並びに裁判長、裁判官、検察官、弁護人、証人の表記

・年号の表記については、裁判の比較的初期の段階で裁判長が西暦年号の使用を指示したが、いずれにしろ本書は英文速記録を対象とするものであるので、法廷に提出された原資料が和文による場合も含めて、基本的に「西暦年（本邦元号年）」の様式で記した。
・人——裁判長および裁判官並びに検察官および弁護人、証人とその表示については、全て原則として、氏名の先頭部に、この裁判における役職・機能を表示するものとして「裁判長」、「裁判官」、「検察官」、「弁護人」を付し、氏名の後に、裁判長ウェッブ以外の検察官と弁護人については、例えば「検察官マンスフィールド判事」、「（被告東条）弁護人清瀬博士」、「（被告東郷）弁護人ブレークニー大佐」などと、可能な限り、出自を示す役職名を付した。文脈上明らかに特定できる時には、より簡略に表示した。
・登場する検察官それぞれが代表する国家については、開廷日５月３日の要録に記される。審理開始後の要録の中では一部任意にしか表示しなかった。
・弁護人については、可能な限り、代表する被告苗字名を先頭に付して表示したが、しかしこれら各弁護人は、被告別のみならず分野別の担当者でもあったので、その氏名が登場する場合常に当該被告を代表して弁じた訳ではないことは、注意を要する。
・裁判長ウェッブが訴訟指揮を執る関係上、ほかの判事の氏名が登場する例はさほど多くはないが、その代表する国家と氏名は次の通りである。（1946年2月15日連合国軍総司令部リチャード・マーシャル少将発出命令）

[裁判官・代表する国家と氏名]
　　　　オーストラリア連邦代表　裁判長　ウイリアム・F・ウェッブ卿
　　　　カナダ代表　スチュワート・マクドウガル判事
　　　　中華民国代表　梅汝璈
　　　　フランス代表　アンリ・ベルナール
　　　　オランダ王国代表　ベルナルト・V・A・レーリンク教授
　　　　ニュージーランド代表　エリマ・H・ノースクロフト判事
　　　　ソヴィエト連邦代表　I・M・ザリヤノフ判事
　　　　英連合王国代表　パトリック卿
　　　　米国代表　ジョン・H・ヒギンズ（後にマイロン・C・クレマー少将に交代する）
　　　　後日追加

フィリピン代表ハラニーヨ
インド代表パル

・証人の地位と略歴については、厳密には「当時」もしくは「もと」等を付すべきであろうが、省略した。

9. 裁判の前提的・準備的重要文書

幾つかの重要文書について、以下の通り対処した。

①「ポツダム宣言」と「日本の降伏文書」
　前者は、判決付属書A—1として判決速記録に添付されているが、両者ともに裁判の淵源をなす文書であるので「1　準備段階」に収録した。

②極東国際軍事裁判所設立に関する連合軍最高司令官特別声明書
　判決付属書A—4として、判決速記録に添付されている。「1—2の（2）」に記す。

③極東国際軍事裁判所条例
　判決附属書A—5として、判決速記録に添付されているが、重要文書であるので、同じく。「1—2の（2）」に全文を収録した。

④極東国際軍事裁判手続規定（審理規則）
　判決附属書にも添付されておらず、勿論、法廷で朗読されることもなく従って速記録にも記載されなかったので、「1—2の（4）」に収録した。

⑤極東国際軍事裁判裁判官任命書
　判決附属書にも添付されておらず、勿論、法廷で朗読されることもなく従って速記録にも記載されなかったが、特段の必要性もないと判断して収録しなかったが、上記「8」に概要を示した。

⑥極東国際軍事裁判起訴状
　告発の根拠を為す基本文書であり、審理の中で朗読され従って速記録にも記載されており、かつ判決速記録にも添付されたが、本書においても「1—4の（2）」にその概略を記した。

10. 裁判官5名による個別意見は、裁判所条例に「朗読されるべし」旨の規定があったにもかかわらず朗読されなかったので、和・英両速記録には収録されていない。しかし、本書では、参考のために、個別意見を提出した裁判官五名全員の意見書要目を記載する予定である。

11. その他

・文字を（11級に）小さくした（　）内の注意書きは編・監訳者において付した。小さくしない、本文と同じ大きさ（13級）の（　）内の記述は、英文速記録本体に記されたものである。
・第1巻は、「1　準備段階」と「2　検察主張立証」の前半部分を扱った。

　　極東国際軍事裁判は、そもそも裁判として成立するか否かが法上の一大問題であった事並びに本巻におけるキーナン主席検察官の冒頭陳述が、戦前の日本の歴史に対する戦後日本国内の体制的言論並びに、中国、朝鮮半島の国家のみならず、米英の一部の日本史観を方向付けたと見るならば、その重大性は明白である。

極東国際軍事裁判審理要録［第3巻］　目　次

2　検察主張立証段階（承前）

◆1946（昭和21）年9月30日～1946（昭和21）年11月12日

（英速録6700～10248頁／和速録第79号4頁～第109号17頁）

◆1946（昭和21）年9月30日（英速録6592～6742頁／和速録第79号1～10頁）……1

2—8　検察主張立証第Ⅷ局面「仏・仏印及びタイ関係」

（英速録6700～7195頁／和速録第79号4頁～第84号15頁）……1

(1) 法廷、ロベル・オネト検察官による検察主張立証第Ⅷ局面「仏・仏印及びタイ関係」の検察側立証をフランス語で行いたいとの検察側申し立てについて、論議する。

（英速録6700～6707頁／和速録第79号4～5頁）……1

(2) ロベル・オネト検察官、検察主張立証第Ⅷ局面「仏・仏印及びタイ関係」の検察側立証として、その冒頭陳述を朗読する。

（英速録6708～6728頁／和速録第79号5～8頁）……2

【検察官オネトによる検察主張立証第Ⅷ局面「仏・仏印及びタイ関係」冒頭陳述】……2

2—8—1　検察主張立証第Ⅷ局面「仏・仏印及びタイ関係」第1部「仏印侵攻準備」

（英速録6700～6794頁／和速録第79号4頁～第81号3頁）……8

(1) ロベル・オネト検察官、検察主張立証第Ⅷ局面「仏・仏印及びタイ関係」第1部「仏印侵攻準備」の検察側立証として、関連証拠書類の提出を開始する。

（英速録6730～6735頁／和速録第79号8～9頁）……8

【PX612朗読概要】（外務省文書「1938（昭和13）年11月25日付け五相会議決定」；海南島の軍事占領）……9

【PX613-A朗読概要】（日本政府発行『週報（1939［昭和14］年4月）抜粋；海南島占領に対する仏英米の抗議）……9

(2) オネト検察官の使用言語をめぐって、長大な翻訳論争、再発する。
　　　　　　　　　　　　（英速録6735〜6791頁／和速録第79号9頁〜81号3頁）……10

◆ 1946（昭和21）年10月1日（英速録6743〜6785頁／和速録第80号1〜10頁）……11
【オネト検察官の使用言語に関するキーナン首席検察官の申し立て】……12
【オネト検察官の使用言語に関するコミンズ＝カー検察官の補足申し立て】……15
【オネト検察官の使用言語に関するキーナン首席検察官の見解に対するレビン弁護人の反論】
　　……17

◆ 1946（昭和21）年10月2日（英速録6786〜6895頁／和速録第81号1〜17頁）……20
(3) ロベル・オネト検察官、検察主張立証第VIII局面「仏・仏印及びタイ関係」の検察
　　側立証としての証拠書類の提出を許され、その第1部「仏印侵攻準備」関係書証を
　　提出する。　　　　　　　　　　（英速録6791〜6794頁／和速録第81号3頁）……21
【PX614朗読概要】（1939（昭和14）年6月5日付けオット駐日独大使発リッベントロップ
　　独外相宛電文；日本は、欧州における独の戦争にその参戦時期を自ら決する条件の下に合
　　意）……21

2—8—2　検察主張立証第VIII局面「仏・仏印及びタイ関係」第2部 「北部仏印侵攻及びタイ国による侵攻」

（英速録6794〜7008頁／和速録第81号4頁〜第82号17頁）……22

(1) ロベル・オネト検察官、検察主張立証第VIII局面「仏・仏印及びタイ関係」第2部
　　「北部仏印侵攻及びタイ国による侵攻」の検察側立証として、関連書証の提出に入る。
　　　　　　　　　　　　　　　　　（英速録6794〜6833頁／和速録第81号4〜9頁）……22
【PX615-A朗読概要】（日本政府発行「週報（1940［昭和15］年8月）」抜粋：外務省情報
　　部発表－仏印の近情、特に第三国の蒋介石支援行為）……22
【PX616-A朗読概要】（外務省南洋局第二課1939（昭和14）年執務報告（1941［昭和16］
　　年12月）抜粋：雲南鉄道爆撃）……24
【PX616-A朗読概要】（続き）……27
【PX617-A朗読概要】（1937（昭和12）年7月7日盧溝橋事件以降の日支紛争に関する国際
　　連盟総会1937（昭和12）年10月6日付け決議―対支道義的援助）……28
【PX619朗読概要】（木戸日記（1940［昭和15］年6月19日）；仏印問題四相会議（1940［昭
　　和15］年6月18日））……29
【PX621朗読概要】（「コンテンポラリー・ジャパン（1940［昭和15］年7〜12月）」抜粋；

仏印交渉に関する外務省発表ほか）……**30**

(2) 法廷、弁護側証人名簿の提出期限について論議する。

（英速録 6833〜6841 頁／和速録第 81 号 9〜11 頁）……**30**

(3) 検察主張立証第 VIII 局面「仏・仏印及びタイ関係」第 2 部「北部仏印侵攻及びタイ国による侵攻」の検察側立証として出所・真実性証明書の提出を条件に提出されていた文書 2 通 PX618-A 及び PX620 が、同一条件の下で受理され、PX618-A が朗読され、PX620 の朗読が開始される。

（英速録 6841〜6895 頁／和速録第 81 号 11〜17 頁）……**32**

【提出済み PX618-A 朗読概要】（外務省南洋局 1940（昭和 15）年執務報告書抜粋；第 3 節 援蔣物資禁絶並びに進駐軍関係）……**32**

【提出済み PX620 朗読概要】（外務省南洋局第二課編；仏印進駐に関する日仏協定締結経緯）……**40**

◆ 1946（昭和 21）年 10 月 3 日（英速録 6896〜7027 頁／和速録第 82 号 1〜19 頁）……**45**

(4) 法廷、提出済（検）法廷証 PX620【外務省南洋局第二課編；仏印進駐に関する日仏協定締結経緯】＝検察側文書 PD985-A をめぐって、出所・真実性証明のない文書の証拠としての受理性について論議する。

（英速録 6897〜6909 頁／和速録第 82 号 2〜4 頁）……**45**

【ウイリアムズ検察官と裁判長ウェッブによる「出所・真実性証明書のない文書の証拠としての受理性」をめぐる論議】……**46**

(5) ロベル・オネト検察官、タベナー検察官の支援を受けて、検察主張立証第 VIII 局面「仏・仏印及びタイ関係」第 2 部「北部仏印侵攻及びタイ国による侵攻」の検察側立証として、書証提出を再開する。　（英速録 6909〜7008 頁／和速録第 82 号 4〜17 頁）……**49**

【提出済み PX620 朗読概要】（続き）……**49**

【PX622 朗読概要】（1940（昭和 15）年 8 月 2 日付けオット駐日大使発リッベントロップ独外相宛電文；日本軍の北部仏印通過に独援助を要請）……**60**

【PX623 朗読概要】（【PX58「米国対日外交関係叢書 1931（昭和 6）年〜1941（昭和 16）年第 2 巻」抜粋；ウェルズ米国務次官の野村駐米大使との 1940（昭和 15）年 9 月 20 日付け会談覚書—日本の対仏印最後通牒）……**61**

【PX624 朗読概要】（松岡外相との会見についてのグルー駐日米大使 1940（昭和 15）年 9 月 20 日付け覚書—日本の対仏印要求に対する見解）……**63**

【PX625 朗読概要】（ビースバーデン休戦委員会仏代表ボイエン・独代表シュツルプナーゲ

目次 xix

　　ル間電話会談 1940（昭和 15）年 9 月 20 日付け覚書；日本の仏印軍事占領）……64
【PX626 朗読概要】（木戸日記（1940［昭和 15］年 9 月 9 日）；対仏軍交渉暗転－日本軍越境のため）……64
【PX627 朗読概要】（木戸日記（1940［昭和 15］年 9 月 14 日）松岡外相上奏－仏印最後通牒）……65
【PX628 朗読概要】（1940（昭和 15）年 9 月 28 日付け帝国外交方針抜粋；①帝国外交方針要綱② 1940（昭和 15）年 10 月 4 日付け対南方策試案）……65
【PX629 朗読概要】（1941（昭和 16）年 1 月 23 日付けワイツゼッカー独外務次官・来栖大使会談ワイツゼッカー覚書；対仏ドイツ圧力行使）……67
【PX630 朗読概要】（1941（昭和 16）年 1 月 28 日付けリーヒ駐仏米大使発ハル米国務長官宛電文；仏印におけるフランスの防備強化をドイツは許さず）……68

(6) ロベル・オネト検察官、検察主張立証第 VIII 局面「仏・仏印及びタイ関係」の検察側立証として、「タイ国による侵攻」関連を含む書証を提出する。
　　　　　　　　　　　　　（英速録 6983～7007 頁／和速録第 82 号 13～17 頁）……68
【PX631 朗読概要】（① 1941（昭和 16）年 2 月 9 日付けオット駐日独大使発本省宛電文② 1941（昭和 16）年 2 月 17 日付け独外務省発オット駐日独大使宛電文；仏印産ゴムの対独供給）……69
【PX632-A 朗読概要】（大島駐独大使・リッベントロップ独外相会談 1941（昭和 16）年 2 月 23 日付け記録抜粋；リッベントロップ独外相見解—日本のシンガポール攻撃可能）……70
【PX633 朗読概要】（① 1941（昭和 16）年 3 月 11 日付け松岡外相発アンリ駐日仏大使宛書簡；タイ・仏印国境紛争調停案② 1941（昭和 16）年 3 月 11 日付けアンリ大使発松岡宛書簡；同提案受諾）……71
【PX634 朗読概要】（1941（昭和 16）年 5 月 10 日付け長勇仏印派遣軍参謀長発木村陸軍次官宛報告；仏印兵による日本人軍属負傷事件）……72

2—8—3　検察主張立証第 VIII 局面「仏・仏印及びタイ関係」第 3 部「南部仏印侵攻」

　　（英速録 7008～7132 頁／和速録第 82 号 17 頁～84 号 6 頁）……74

(1) ロベル・オネト検察官、検察主張立証第 VIII 局面「仏・仏印及びタイ関係」第 3 部「南部仏印侵攻」の検察側立証として、関連書証の提出に入る。
　　　　　　　　　　　　　（英速録 7008～7082 頁／和速録第 82 号 17 頁～第 83 号 10 頁）……74
【PX635 朗読概要】（1941（昭和 16）年 6 月 21 日付けオット駐日独大使発リッベントロップ

【PX636朗読概要】（1941（昭和16）年7月3日付けオット駐日独大使発リッベントロップ独外相宛電文；松岡外相言明―南部仏印進駐決定）……74

【PX637朗読概要】（枢密院1941（昭和16）年7月3日付け議事録；保障及び政治的諒解に関する日仏間議定書・日タイ間議定書批准）……75

◆ 1946（昭和21）年10月4日（英速録7028～7101頁／和速録第83号1～13頁）……78

【PX638朗読概要】（1941（昭和16）年7月4日付けオット駐日独大使発本省宛電文；日本の南部仏印進駐準備進む）……79

【PX639-A朗読概要】（米国務省証明付独外務省押収資料抜粋；1941（昭和16）年7月4日付けバンコク駐在トーマス独大使発本省宛電文―蘭印奪取の前提としての仏印進駐切迫）……79

【PX639-B朗読概要】（PX639抜粋；1941（昭和16）年7月10日付けオット駐日独大使発本省宛電文―日本の対仏印軍事行動切迫）……79

【PX640朗読概要】（1941（昭和16）年7月12日付け松岡外相発加藤駐仏大使宛電文；南部仏印進駐交渉開始訓令）……80

【PX641朗読概要】（PX603所収「米陸軍省参謀本部情報部証明付米傍受電報集」抜粋；1941（昭和16）年7月14日付け広東発東京宛傍受電文－南部仏印占領の具体的計画・蘭印最後通牒発出企図）……82

【PX642朗読概要】（1941（昭和16）年7月19日付けリンテレン署名リッベントロップ独外相宛電文；大島との会見―独の対仏印働きかけを要請）……83

【PX643朗読概要】（木戸日記（1940［昭和15］年9月26日）；仏印進駐―出先機関の盲動）……84

【PX644朗読概要】（1941（昭和16）年7月20日付けオット駐日独大使発本省宛電文；豊田外相との会見－仏印進駐に関する内閣の方針不変）……84

【PX645朗読概要】（1941（昭和16）年7月18日付けバンコク駐在ショル発独外務省宛電文；仏印占領計画とシベリア作戦計画）……85

【PX646朗読概要】（1941（昭和16）年7月21日付けパリ駐在シュライアー発独外務省宛電文；仏印に関する日本政府の対仏最後通牒・ビシー政府回答）……85

【PX647-A朗読概要】（外務省条約局1943（昭和18）年4月付け編「仏印に関する日仏条約集」抜粋；加藤駐（ビシー）仏日本大使・ダルラン仏外相間交換書簡－仏印共同防衛の提案・同提案回答）……86

【PX648朗読概要】（1941（昭和16）年7月22日付けオット駐日独大使発本省宛電文；大橋外務次官談―日本は一両日中の仏の無条件受諾を期待・海上輸送開始と決定）……88

【PX649朗読概要】（枢密院審査委員会1941（昭和16）年7月28日付け審議録；仏印共同

防衛に関する日仏議定書締結・軍事力の協力に関する公文書交換）……**88**

【PX650 朗読概要】（枢密院 1941（昭和 16）年 7 月 28 日付け議事録；仏印共同防衛に関する日仏議定書締結・軍事上の協力に関する交換公文書）……**90**

【PX651 朗読概要】（①1941（昭和 16）年 7 月 29 日締結「仏印共同防衛に関する日仏議定書」②同議定書に関する在仏加藤日本大使・ダルラン仏外相間 1941（昭和 16）年 7 月 29 日付け交換文書）……**91**

(2) キーナン首席検察官、検察側主張立証の次の局面である第 IX 局面「ソヴィエト連邦関連」におけるロシア語の使用許可を求め、法廷、論議する。

（英速録 7083〜7100／和速録第 83 号 10 頁〜第 84 号 2 頁）……**92**

◆ 1946（昭和 21）年 10 月 7 日（英速録 7102〜7211 頁／和速録第 84 号 1〜19 頁）……**96**

(3) ロベル・オネト検察官、ホロヴィッツ検察官の補佐を受けて、検察主張立証第 VIII 局面「仏・仏印及びタイ関係」第 3 部「南部仏印侵攻」の検察側立証として、書証提出を再開する。　　　　　（英速録 7103〜7132 頁／和速録第 84 号 2〜6 頁）……**96**

【PX651 朗読概要】（続き）……**97**

【PX652 朗読概要】（1941（昭和 16）年 9 月 1 日付けサイゴン駐在ノイマン発独外務省宛電文；日本の南部仏印進駐状況）……**97**

【PX653 朗読概要】（1941（昭和 16）年 10 月 12 日付けサイゴン駐在ノイマン発独外務省宛電文；日本の汎アジア連盟運動の報告）……**98**

【PX654-A 朗読概要】（独外務省における押収独外務省宛電文 3 通抜粋；1941（昭和 16）年 10 月 15 日付けオット駐日独大使発本省宛電文−仏印進駐における摩擦）……**99**

【PX655 朗読概要】（提出済み PX639 抜粋；1941（昭和 16）年 11 月 17 日付けエルドマンスドルフ在バンコク独公使館員発リッベントロップ独外相宛電文—大島大使との会見—南進政策）……**99**

【PX656 朗読概要】（PX647「外務省条約局 1943（昭和 18）年 4 月付け編『仏印に関する日仏条約集』」抜粋；①1941（昭和 16）年 12 月 9 日付け仏印共同防衛に関する日仏現地軍事協定②同協定細目規定）……**101**

2—8—4　検察主張立証第 VIII 局面「仏・仏印及びタイ関係」第 4 部「仏印経済侵攻及び最終段階」

（英速録 7133〜7195 頁／和速録第 84 号 6〜15 頁）……**103**

(1) ロベル・オネト検察官、ホロヴィッツ検察官の補佐を受けて、検察主張立証第 VIII

局面「仏・仏印及びタイ関係」第4部「仏印経済侵攻及び最終段階」の検察側立証として、「仏印経済侵攻」関係証拠文書を提出する。

(英速録7133〜7164頁／和速録第84号6〜11頁)……**103**

【提出済みPX637朗読概要】（枢密院1941（昭和16）年7月3日付け議事録抜粋；保障及び政治的諒解に関する日仏間議定書・日タイ間議定書批准）……**104**

【PX657朗読概要】（外務省公式報告；北部仏印進駐に対する英米の干渉）……**105**

【PX658朗読概要】（PX647抜粋「仏印の関税制度・貿易・決済様式に関する日仏協定」）……**106**

【PX659朗読概要】（PX647抜粋；日・仏印間の決済に関する1943（昭和18）年1月20日付け交換公文）……**107**

【提出済みPX651朗読概要】（①1941（昭和16）年7月29日締結「仏印共同防衛に関する日仏議定書」②同議定書に関する在仏加藤日本大使・ダルラン仏外相間1941（昭和16）年7月29日付け交換文書）……**107**

【提出済みPX637朗読概要】（枢密院1941（昭和16）年7月3日付け議事録；保障及び政治的諒解に関する日仏間議定書・日タイ間議定書批准）……**108**

【PX660朗読概要】（1941（昭和16）年6月16日付け枢密院審査委員会記録；仏印に関する日仏居住航海条約並びに関税制度、貿易、決済様式に関する日仏協定批准の件）……**109**

【提出済みPX654-A朗読概要】（独外務省における押収独外務省宛電文3通中の1通目；1941（昭和16）年10月1日付けオット駐日独大使発本省宛電文）……**110**

【提出済みPX46朗読概要】（仏印に関する日・仏居住航海条約（1941［昭和16］年5月6日））……**111**

【提出済みPX637朗読概要】（枢密院1941（昭和16）年7月3日付け議事録；保障及び政治的諒解に関する日仏間議定書・日タイ間議定書批准）……**111**

【提出済みPX652朗読概要】（1941（昭和16）年9月1日付けサイゴン駐在ノイマン発独外務省宛電文―日本の南部仏印進駐状況）……**112**

(2) ロベル・オネト検察官、ホロヴィッツ検察官の補佐を受けて、検察主張立証第VIII局面「仏・仏印及びタイ関係」第4部「仏印への経済侵攻及び最終段階」の検察側立証として、「仏印侵攻最終段階」関係証拠文書を提出する。

(英速録7165〜7195頁／和速録第84号11〜15頁)……**113**

【PX661朗読概要】（1945（昭和20）年2月1日付け最高戦争指導会議決定；情勢の変化に応ずる仏印処理に関する件）……**113**

【PX662朗読概要】（1945（昭和20）年3月3日付け在サイゴン松本大使発重光大東亜相他宛電文；仏印総督宛最後通牒―仏印全土を日本軍管轄下に置く）……**114**

【PX663朗読概要】（第38軍司令部作成1945（昭和20）年12月17日付け報告書；仏印に

対する処置―降伏前の日本軍の行動）……115
【PX664朗読概要】（仏印進駐日本軍司令官1945（昭和20）年3月発出布告10通）……117
【PX665朗読概要】（1945（昭和20）年4月11日付けフランス共和国臨時政府発日本政府宛警告；仏印人の生存、安全の保障）……120

2―9　検察主張立証第IX局面「ソヴィエト連邦関係」

（英速録7196～8180頁／和速録84号15頁～94号4頁）……121
【検察主張立証第IX局面「ソヴィエト連邦関係」の検察側冒頭陳述に対するカニンガム弁護人の異議】……121

◆1946（昭和21）年10月8日（英速録7212～7338頁／和速録第85号1～21頁）……122
【検察官ゴルンスキーによる検察主張立証第IX局面「日本のソヴィエト連邦関係」冒頭陳述】……122
【ゴルンスキー検察官による冒頭陳述】（続き）……130
【ゴルンスキー検察官の冒頭陳述に対するローガン弁護人の異議申し立て】……134

2―9―1　検察主張立証第IX局面「ソヴィエト連邦関係」第1部「極東ソ連に対する日本の野望」

（英速録7301～7529頁／和速録85号16頁～87号14頁）……137

（1）検察官ローゼンブリット大佐、検察主張立証第IX局面「日本のソヴィエト連邦関係」第1部「極東ソ連に対する日本の野望」の検察側立証として、証拠書類の提出を開始する。　　　　（英速録7301～7347頁／和速録85号16頁～86号4頁）……137
【PX667-A朗読概要】（1941（昭和16）年8月14日付け国民新聞抜粋；シベリア出兵を述懐する荒木・石渡翼賛会総務対談）……138
【PX668朗読概要】（1946（昭和21）年4月11日付け元在満白系ロシア自衛軍セミョーノフ宣誓供述書；沿海州に極東ソ連独立政府樹立の計画）……139
【PX669-A朗読概要】（米国務省刊『1922（大正11）年ワシントン軍縮会議』抜粋；幣原声明－日本の対ソ政策）……140
【提出済みPX30朗読概要】（極東共和国・日本間条約草案17カ条）……140
【PX670朗読概要】（1946（昭和21）年3月26日付け元満州国総務長官武部六蔵宣誓供述書；地方長官会議における荒木陸相・鈴木貞一の対ソ侵攻論）……141
【提出済みPX668朗読概要】（1946（昭和21）年4月11日付け元在満白系ロシア自衛軍セ

ミョーノフ宣誓供述書）……141

　【PX671-A朗読概要】（1938（昭和13）年7月11日付けジャパン・アドバタイザー紙抜粋；荒木文相演説）……142

　【PX672朗読概要】（1937（昭和12）年6月9日付け東条関東軍参謀長発参謀本部宛電文；南京政権に一撃を加え背後の脅威を除去する論）……142

◆1946（昭和21）年10月9日（英速録7339～7445頁／和速録第86号1～17頁）……142

　【PX673-A朗読概要】（支那問題研究所刊今藤茂樹著『日英支戦争』抜粋；対ソ侵攻戦宣伝）……143

　【PX674-A朗読概要】（1941（昭和16）年11月発行雑誌『改造』所収；田中庚「独ソ戦の新段階と日本」抜粋）……143

(2) 検察官ローゼンブリット大佐、さらに、検察主張立証第Ⅸ局面「日本のソヴィエト連邦関係」第1部「極東ソ連に対する日本の野望」の検察側立証として、「日本による大東亜共栄圏へのソヴィエト連邦の囲い込み」に関する証拠書類を提出する。
　　　　　　　　　　　　　　（英速録7348～7356頁／和速録86号4～5頁）……143

　【PX675-A朗読概要】（1942（昭和17）年1月5日付け新聞『太陽大日本』抜粋；橋本欣五郎「大東亜皇化圏」）……144

　【PX676-A朗読概要】（1942（昭和17）年1月31日付け大阪時事新報抜粋；田中直吉立命館大学教授「亜細亜の大同」）……144

　【PX677-A朗読概要】（1942（昭和17）年1月刊南方産業調査会編『泰国』抜粋；；新東亜連邦想定図）……145

(3) 証人矢次一夫——国策研究会創設者の1人、1937（昭和12）年2月より1945（昭和20）年6月までの間、同会の事務局長、大政翼賛会理事、又1938（昭和13）年12月より1944（昭和19）年までの間、陸軍省調査部嘱託——、検察主張立証第Ⅸ局面「日本のソ連邦関係」第1部「極東ソ連に対する日本の野望」の検察側立証として、「国策研究会の性質と目的・その統治対策委員会」について、宣誓供述書によって証言する。　　　　　　　　　（英速録7357～7399頁／和速録86号5～11頁）……145

　【検察側証人矢次一夫に対する宣誓供述書による検察側直接尋問】……145
　【弁護人塩原による検察側証人矢次一夫に対する反対尋問】……148
　【弁護人岡本による検察側証人矢次一夫に対する反対尋問】……151
　【弁護人ブレークニー少佐による検察側証人矢次一夫に対する反対尋問】……154

(4) 検察官ローゼンブリット大佐、検察主張立証第Ⅸ局面「日本のソヴィエト連邦関係」

第1部「極東ソ連に対する日本の野望」の検察側立証として、さらに証拠書類を提出する。　　　　　　　　　（英速録7399〜7412頁／和速録86号11〜12頁）……**154**

【PX684朗読概要】（提出済みPX679抜粋；大東亜共栄圏の領土処理計画）……**155**

【提出済みPX682朗読概要】（1942（昭和17）年2月18日刊国策研究会編「大東亜共栄圏の範囲・その構成に関する試案）……**156**

【PX685朗読概要】（提出済みPX680「国策研究会編大東亜共栄圏建設対策案（1943［昭和18］年5月）」抜粋）……**157**

(5) 検察官ローゼンブリット大佐、検察主張立証第IX局面「日本のソヴィエト連邦関係」第1部「極東ソ連に対する日本の野望」の検察側立証として、「日本の総力戦研究所」に関する証拠書類を提出する。　（英速録7412〜7437頁／和速録86号12〜16頁）……**157**

【PX686-A朗読概要】（総力戦研究所第1回総力戦机上演習極秘討論会抜粋；対ソ戦想定演習）……**158**

【PX687-A朗読概要】（枢密院審査委員会（1942［昭和17］年10月12日）議事録抜粋；大東亜省問題・日本占領地域の取り扱い）……**159**

【PX688-A朗読概要】（1942（昭和17）年1月27日総力戦研究所刊「大東亜共栄圏建設草稿抜粋；満州国・東部ソ連領・蒙古関連）……**159**

【PX689-A朗読概要】（総力戦研究所刊（1942［昭和17］年2月18日）「東亜建設第一期総力戦方略」抜粋）……**160**

【PX690-A朗読概要】（総力戦研究所刊「昭和18年度総合研究」抜粋；シベリア統治方策）……**161**

(6) 検察官イワノフ大佐、検察官ローゼンブリット大佐に替わり、検察主張立証第IX局面「日本のソヴィエト連邦関係」第1部「極東ソ連に対する日本の野望」の検察側立証として、「日本のソヴィエトに対する戦争の計画と準備」に関する証拠書類を、提出する。　　　　　　　　　（英速録7437〜7458頁／和速録86号16頁〜87号4頁）……**162**

【PX691-A朗読概要】（鈴木重康陸軍大佐作成「満鮮地方視察旅行報告（1931［昭和6］年3月））……**162**

◆1946（昭和21）年10月10日（英速録7446〜7533頁／和速録第87号1〜15頁）……**163**

【PX693朗読概要】（笠原幸雄陸軍中将宣誓供述書；PX692の出所・真実性証明書）……**164**

【PX694朗読概要】（日ソ漁業問題に対する参謀本部提案（1931［昭和6］年2月9日））……**166**

(7) 証人元陸軍中将笠原幸雄―参謀本部ロシア班長、1931（昭和6）年当時のモスクワ駐

在大使館附武官—、検察主張立証第IX局面「日本のソヴィエト連邦関係」第1部「極東ソ連に対する日本の野望」の検察側立証として、「日本の対ソヴィエト戦不測事態対応計画、共産主義の脅威及び東シベリアの地位に関する、当時の駐ソ大使広田被告と原田少将との間の談話内容の記録」について、宣誓供述書によって証言する。

(英速録7459〜7499頁／和速録87号4〜10頁)……166

【検察側証人笠原幸雄に対する宣誓供述書による検察側直接尋問】……166

【弁護人花井による検察側証人笠原幸雄に対する反対尋問】……167

【弁護人清瀬博士による検察側証人笠原幸雄に対する反対尋問】……170

【提出済みPX696朗読概要】(原田少将に対する笠原武官のソ連事情説明覚書)……171

【提出済みPX695朗読概要】(笠原幸雄第2宣誓供述書)……172

【弁護人ファーネス少佐及び弁護人岡本(敏)による検察側証人笠原幸雄に対する反対尋問】……172

(8) 検察官イワノフ大佐、検察主張立証第IX局面「日本のソヴィエト連邦関係」第1部「極東ソ連に対する日本の野望」の検察側立証として、「日本の対満州侵攻と対ソヴィエト謀略の関係」に関する証拠書類を提出する。

(英速録7500〜7529頁／和速録87号10〜14頁)……173

【PX699朗読概要】(1946(昭和21)年2月22日付け三宅光治関東軍参謀長宣誓供述書；対ソ戦作戦計画・満州占領作戦準備)……174

【PX700朗読概要】(1931(昭和6)年11月7日付け大橋(忠一)ハルビン総領事発幣原外相宛電文；満州全土の保障占領建言)……174

【PX701朗読概要】(1932(昭和7)年7月14日付け河辺虎四郎モスクワ駐在武官報告；対ソ戦備の充実・日ソ戦不可避・不可侵条約締結の際の姿勢)……175

【PX702朗読概要】(1932(昭和7)年7月16日付けトルコ駐在武官神田正種中佐発河辺虎四郎モスクワ駐在武官宛報告；1934(昭和9)年初頭までに対ソ戦準備を完成)……176

【PX703朗読概要】(後宮淳参謀本部第三部長宣誓供述書；1935(昭和10)年時の対ソ戦計画)……176

【PX704朗読概要】(1936(昭和11)年8月7日開催首・外・陸・海相四相会議決定「帝国外交方針」—北支を防共親日地帯として支那全土を反ソ的たらしめる)……177

【PX705朗読概要】(1946(昭和21)年2月21日付け富永恭次参謀本部第一部長宣誓供述書；1935(昭和10)年時の対ソ戦計画)……177

2—9—2　検察主張立証第IX局面「ソヴィエト連邦関係」第2部「独ソ戦前の対ソ連軍事侵攻計画」

（英速録7529〜7615頁／和速録87号14頁〜88号13頁）……178

(1) 検察官イワノフ大佐、検察主張立証第IX局面「ソヴィエト連邦関係」第2部「独ソ戦前の対ソ連軍事侵攻計画」の検察側立証として、関連証拠書類の提出を開始する。
（英速録7529〜7596頁／和速録87号14頁〜88号11頁）……178
【PX706朗読概要】（ソ連邦赤軍参謀本部文書「関東軍・日本陸軍兵力変遷表（1932〜45［昭和7〜20］年））……179

◆1946（昭和21）年10月11日（英速録7534〜7641頁／和速録第88号1〜17頁）……179
【PX707朗読概要】（ソ連邦赤軍参謀本部文書「関東軍師団の編成）……180
【PX709朗読概要】（法廷証PX706〜PX708・PX710〜PX718についてのソ連邦赤軍参謀本部出所・真実性証明書）……181
【PX712朗読概要】（ソ連邦赤軍参謀本部文書「満州における鉄道・自動車道路建設状況（1931〜45［昭和6〜20］年））……181
【PX713朗読概要】（ソ連邦赤軍参謀本部文書「満州における飛行場一覧表（1931〜45［昭和6〜20］年））……182
【PX714朗読概要】（ソ連邦赤軍参謀本部文書「満州における要塞地区建設一覧表（1934〜45［昭和］9〜20］年」及び附属地図）……182
【PX715朗読概要】（ソ連邦赤軍参謀本部文書「満州における軍用集積場建造一覧表（1931〜45［昭和6〜20］年））……183
【PX716朗読概要】（ソ連邦赤軍参謀本部文書「満州における兵営建設数一覧表（1931〜45［昭和6〜20］年））……183
【PX717朗読概要】（ソ連邦赤軍参謀本部文書「満州に対する軍事的移民調査（1932〜45［昭和7〜20］年））……184
【PX719-A朗読概要】（陸軍省文書「満受大日記（1938［昭和13］年）抜粋；東条関東軍参謀長・梅津陸軍次官間交換通信文—察哈爾・蒙古における軍事気象観測所の設置）……184
【PX720-A朗読概要】（1938（昭和13）年5月11日付け東条関東軍参謀長発軍務局長宛電文700抜粋；東亜研究所に対する満鉄の寄付金）……186
【PX721-A朗読概要】（陸軍省船舶運営本部小樽支部発行「上陸作戦のための北洋方面兵要地誌第2巻抜粋：地理・道路・通信・気象・その他各種情報）……186
【提出済みPX699朗読概要】（1946（昭和21）年2月22日付け三宅光治関東軍参謀長宣誓

供述書；対ソ戦作戦計画・満州占領作戦準備）……**187**

【PX722 朗読概要】（関東軍第三軍司令官村上啓作陸軍中将宣誓供述書；対ソ軍事基地準備ほか）……**187**

【提出済み PX703 朗読概要】（後宮淳参謀本部第三部長宣誓供述書；昭和10年時の対ソ戦計画）……**188**

【PX723 朗読概要】（柳田元三陸軍中将ハルビン特務機関長宣誓供述書；満州における対ソ軍事基地構築）……**188**

【提出済み PX670 朗読概要】（1946（昭和21）年3月26日付け元満州国総務長官武部六蔵宣誓供述書；地方長官会議における荒木陸相・鈴木貞一の対ソ侵攻論）……**189**

【PX725 朗読概要】（ソ連邦赤軍参謀本部作成地図・報告書「朝鮮における鉄道道路網構築状況（1931～45［昭和6～20］年））……**191**

【PX727 朗読概要】（ソ連邦赤軍参謀本部作成「朝鮮における要塞地帯建設状況（1932～45［昭和7～20］年）」）……**192**

【PX728 朗読概要】（ソ連邦赤軍参謀本部作成地図・報告書「朝鮮における軍需品集積場建設状況（1931～45［昭和6～20］年））……**192**

【PX729 朗読概要】（ソ連邦赤軍参謀本部作成「朝鮮における兵営施設増加状況（1931～45［昭和6～20］年））……**193**

【提出済み PX21 朗読概要】（日露ポーツマス講和条約（1905［明治38］年9月15日））……**193**

(2) 検察官イワノフ大佐、検察主張立証第 IX 局面「ソヴィエト連邦関係」第2部「独ソ戦前の対ソ連軍事侵攻計画」の検察側立証として、「対ソヴィエト連邦敵対行為支援と指導のための日本軍閥の満州における思想・軍事工作」関係証拠書類を提出する。

（英速録7596～7615頁／和速録88号11～13頁）……**193**

【提出済み PX699 朗読概要】（1946（昭和21）年2月22日付け三宅光治関東軍参謀長宣誓供述書；対ソ戦作戦計画・満州占領作戦準備）……**193**

【提出済み PX670 朗読概要】（1946（昭和21）年3月26日付け元満州国総務長官武部六蔵宣誓供述書）……**194**

【PX730 朗読概要】（ロジャエフスキー（ロシア・ファシスト同盟隊長）宣誓供述書）……**195**

【PX731-A 朗読概要】（ハルビン協和会・満州帝国白系露人事務総局発行「大満州帝国（1942［昭和17］年）抜粋；満州における対ソヴィエト思想的・軍事的準備）……**196**

目次 **xxix**

2—9—3 検察主張立証第Ⅸ局面「ソヴィエト連邦関係」第3部「日本の対ソ連謀略」

(英速録7615～7711頁／和速録88号13頁～89号13頁)……**198**

(1) 検察官イワノフ大佐及び検察官ゴルンスキー公使、検察主張立証第Ⅸ局面「ソヴィエト連邦関係」第3部「日本の対ソ連謀略」の検察側立証として、「日本陸軍は全期間を通じて支配的軍閥の同意の下でソヴィエト連邦に対する破壊活動戦争を指導した」との証拠書類を提出する。　　　　　(英速録7615～7617頁／和速録88号13～14頁)……**198**
【提出済みPX31朗読概要】(日ソ基本(ペキン)条約(1925[大正14]年1月20日)……**198**

(2) 証人陸軍中将笠原幸雄—1928(昭和3)年時の陸軍参謀本部第二部ロシア班長—、前日10月10日に続き再召還されて証言台に登壇し、検察主張立証第Ⅸ局面「ソヴィエト連邦関係」第3部「日本の対ソ連謀略」の検察側立証として、「1928(昭和3)年にハルビン特務班長であった神田正種陸軍少佐が作成した報告書(法廷証PX698)——東シベリアにおける対ソヴィエト連邦破壊活動の必要性を勧める趣旨——が公的性格の報告書であったか否か」について、宣誓供述書によって証言する。
(英速録7618～7638頁／和速録88号14～16頁)……**198**
【提出済みPX697朗読概要】(笠原幸雄第3宣誓供述書)……**198**
【提出済みPX698朗読概要】(ハルビン特殊機関神田正種少佐発モスクワ武官笠原幸雄宛私的報告(日付不明))……**199**
【提出済みPX698朗読概要】(続き)……**200**
【弁護人清瀬博士による検察側証人笠原幸雄に対する反対尋問】……**200**

(3) 検察官イワノフ大佐、検察主張立証第Ⅸ局面「ソヴィエト連邦関係」第3部「日本の対ソ連謀略」の検察側立証として、「支配的軍閥による対ソヴィエト連邦破壊戦争謀略」に関する証拠書類を提出する。
(英速録7638～7650頁／和速録88号16頁～89号4頁)……**202**

◆1946(昭和21)年10月14日(英速録7642～7732頁／和速録第89号1～16頁)……**203**
【PX733-A朗読概要】(1946(昭和21)年4月25日連合国軍実施被告松井石根尋問調書抜粋；1929(昭和4)年在欧武官会議)……**203**
【PX734-A朗読概要】(橋本駐イスタンブール武官発岡本(連一郎)参謀次長宛1929(昭和4)年11月15日付け報告「コーカサスの事情及び謀略を目的としたその戦略的利用」抜粋；

コーカサス占領計画）……204

（4）証人ソ連陸軍大佐Ｐ・Ｄ・モロゾフ——極東国際軍事裁判検察団のソヴィエト検察団所属専任顧問官でソヴィエト連邦軍事尋問官——、検察主張立証第Ⅸ局面「ソヴィエト連邦関係」第3部「日本の対ソ連謀略」の検察側立証として、「提出済み（検）法廷証PX733【1946（昭和21）年4月25日連合国軍実施被告松井石根尋問調書】、及び同PX733と提出済みPX732【在欧日本武官会議提出露国関係事項（1929［昭和4］）年】との関連」について、本来の口頭方式により証言する。
　　　　　　　　　　　　　　　　　　　（英速録7650〜7658頁／和速録89号4〜5頁）……204
　　【検察側証人モロゾフに対する口頭による検察側直接尋問】……205
　　【弁護人マタイスによる検察側証人モロゾフに対する反対尋問】……205

（5）検察官イワノフ大佐、検察主張立証第Ⅸ局面「ソヴィエト連邦関係」第3部「日本の対ソ連謀略」の検察側立証として、「支配的軍閥による対ソヴィエト連邦破壊戦争謀略」に関する証拠書類の提出を再開する。
　　　　　　　　　　　　　　　　　　　（英速録7658〜7671頁／和速録89号5〜6頁）……206
　　【PX732-A朗読概要】（PX732「在欧日本武官会議提出露国関係事項（1929［昭和4］年）」抜粋：対ソ謀略手段）……206
　　【PX735朗読概要】（【満州における日本軍の対ソ敵対行動に対する駐日ソ連大使館の抗議書補足文（日付なし））……207
　　【PX736-A朗読概要】（1940（昭和15）年2月16付け日北満特務機関長会議録抜粋：反ソ謀略運動の修正と白系露人指導方針）……207
　　【提出済みPX737朗読概要】（1943（昭和18）年6月16日付け関東軍情報部第2回会議議事録抜粋：1943（昭和18）年度の威力謀略教育に関する指示）……208
　　【提出済みPX738朗読概要】（同上会議録抜粋：白系露人指導に関する指示）……208
　　【提出済みPX739朗読概要】（同上会議録抜粋：特殊移民地白系露人青年訓練実施計画－ハルビン特務機関）……208
　　【提出済みPX740朗読概要】（同上会議抜粋：対外蒙古宣伝指針）……209

（6）証人河辺虎四郎元陸軍中将—1932（昭和7）年1月より1934（昭和9）年3月までの間、日本帝国在モスクワ大使館付武官で、1945（昭和20）年4〜9月までの陸軍参謀本部次長—、検察主張立証第Ⅸ局面「ソヴィエト連邦関係」第3部「日本の対ソ連謀略」の検察側立証として、「ソヴィエト連邦対策についての笠原幸雄と神田正種の報告書」に関して、宣誓供述書によって、証言する。
　　　　　　　　　　　　　　　　　　（英速録7671〜7693頁／和速録89号6〜10頁）……209

【検察側証人河辺虎四郎に対する宣誓供述書による検察側直接尋問】……209
【PX741朗読概要】（河辺虎四郎第1宣誓供述書）……210
【PX742朗読概要】（河辺虎四郎第2宣誓供述書；降伏決定後秘密書類焼却）……210
【弁護人清瀬博士による検察側証人河辺虎四郎に対する反対尋問】……211
【弁護人宮田による検察側証人河辺虎四郎に対する反対尋問】……211
【弁護人ファーネス少佐による検察側証人河辺虎四郎に対する反対尋問】……212

(7) 検察官イワノフ大佐、検察主張立証第IX局面「ソヴィエト連邦関係」第3部「日本の対ソ連謀略」の検察側立証として、「対ソヴィエト戦に向けての日本の軍事準備」に関する証拠書類を提出する。　　（英速録7693〜7710頁／和速録89号10〜13頁）……213
【提出済みPX730朗読概要】（ロジャエフスキー（ロシア・ファシスト同盟隊長）宣誓供述書）……213
【提出済みPX723朗読概要】（柳田元三陸軍中将ハルビン特務機関長宣誓供述書）……215
【PX743朗読概要】（1946（昭和21）年2月22日付け秋草俊宣誓供述書；白系露人利用の対ソ活動）……217

2—9—4　検察主張立証第IX局面「ソヴィエト連邦関係」第4部「対ソ国境紛争と宣戦布告なき戦争」

（英速録7712〜7860頁／和速録89号13頁〜91号8頁）……218

(1) 検察官タデボシャン少将、検察主張立証第IX局面「ソヴィエト連邦関係」第4部「対ソ国境紛争と宣戦布告なき戦争」の検察側立証として、「満州事変時の対ソ不可侵条約締結に対する日本の拒否」について、証拠文書を提出する。
（英速録7712〜7729頁／和速録89号13〜15頁）……218
【PX744朗読概要】（1931（昭和6）年12月31日実施リトビノフソ連外相・芳沢（謙吉）外相会見記録；日ソ不可侵条約をソ連より提案）……219
【PX745朗読概要】（内田康哉外相発アレクサンドル・トロヤノフスキー駐日ソ連大使宛1932（昭和7）年12月13日手交外交文書；日ソ不可侵条約を日本側拒否）……219
【PX746朗読概要】（1933（昭和8）年1月4日付けソ連政府発日本政府宛外交文書；日ソ不可侵条約の提案）……220
【PX747朗読概要】（1933（昭和8）年2月13日付け日本政府発ソ連政府宛外交文書；日ソ不可侵条約提案拒絶）……221

(2) 検察官タデボシャン少将、検察主張立証第IX局面「ソヴィエト連邦関係」第4部「対

ソ国境紛争と宣戦布告なき戦争」の検察側立証として、「東支鉄道に対する日本の謀略活動」関連書証を提出する。

(英速録7729〜7744頁／和速録89号15頁〜90号4頁)……**221**

◆ 1946（昭和21）年10月15日（英速録7733〜7820頁／和速録第90号1〜17頁)……**222**

【PX748朗読概要】（1934（昭和9）年10月23日付けハルビン駐在ソ連総領事監察官発在北満日本外務省特別代理施履本宛文書；東支鉄道ソ連従業員不法検束に対する抗議)……**223**

【PX749朗読概要】（1934（昭和9）年12月15日付け東支鉄道副総裁発季紹康総裁宛文書；鉄道管理下の居住地区・建物に対する侵害)……**224**

(3) 検察官タデボシャン少将、検察主張立証第IX局面「ソヴィエト連邦関係」第4部「対ソ国境紛争と宣戦布告なき戦争」の検察側立証として、「対ソ国境紛争事件」関係書証を提出する。　　　(英速録7744〜7766頁／和速録90号4〜8頁)……**224**

【PX750朗読概要】（ソヴィエト連邦内務人民委員部国境守備局作成「日本軍によるソ満国境侵犯一覧表（1932〜45［昭和7〜昭和20］年)))……**224**

【PX751朗読概要】（ソ連国境警備司令官報告書「興凱湖付近越境事件」（1936［昭和11］年11月27日)))……**225**

【PX752-A朗読概要】（1933（昭和8）年11月20日付け大串朝鮮軍参謀長発柳川（平助）陸軍次官宛報告抜粋；ソ満国境付近調査)……**226**

【PX753朗読概要】（1946（昭和21）年3月21日付けソ連内務人民委員国境警備隊本部作成報告「哈桑湖地区における日本の挑戦行動（1936［昭和11］年）」)……**226**

【PX754朗読概要】（1938（昭和13）年7月20日付け張鼓峰事件（1938［昭和13］年7月11日）に関する重光駐ソ大使・ソヴィエト連邦リトビノフ外務人民委員会談記録)……**227**

(4) 証人ソ連陸軍中佐ピョートル・F・テリューシキン——元ソヴィエト国境警備部隊駐ソ満国境守備隊長——、検察主張立証第IX局面「ソヴィエト連邦関係」第4部「対ソ国境紛争と宣戦布告なき戦争」の検察側立証として、「張鼓峰事件の詳細とPX753の正確性」について、本来の口頭方式により、証言する。

(英速録7766〜7806頁／和速録90号8〜15頁)……**229**

【検察側証人ピョートル・F・テリューシキンに対する検察側直接尋問】……**229**

【弁護人清瀬博士による検察側証人テリューシキンに対する反対尋問】……**234**

【弁護人ファーネス少佐による検察側証人テリューシキンに対する反対尋問】……**235**

(5) 検察官タデボシャン少将、検察主張立証第Ⅸ局面「ソヴィエト連邦関係」第4部「対ソ国境紛争と宣戦布告なき戦争」の検察側立証として、「張鼓峰事件」についての証拠書類を提出する。　　　　　　（英速録7806〜7820頁／和速録90号15頁〜17頁）……238

【提出済みPX753朗読概要】（1946（昭和21）年3月21日付けソ連内務人民委員国境警備隊本部作成報告「哈桑湖地区における日本の挑戦行動（1936［昭和11］年)」）……239

【PX755朗読概要】（元第59国境警備連隊歩兵小隊長チェルノビヤトコ陸軍少佐1946（昭和21）年2月26日付け宣誓供述書；張鼓峰事件）……239

【PX756朗読概要】（バタルシンソ連陸軍少佐1946（昭和21）年2月26日付け宣誓供述書；張鼓峰事件）……240

【PX757朗読概要】（ソ連邦赤軍参謀本部文書「ハサン湖地区戦闘日誌」抜粋；張鼓峰事件）……240

【提出済みPX743朗読概要】（1946（昭和21）年2月22日付け秋草俊宣誓供述書）……241

【PX758朗読概要】（1938（昭和13）年8月7日付け張鼓峰事件に関する重光駐ソ大使・ソ連邦リトビノフ外務人民委員会談記録）……242

◆1946（昭和21）年10月16日（英速録7821〜7934頁／和速録第91号1〜18頁）……242

(6) 検察官タデボシャン少将、検察主張立証第Ⅸ局面「ソヴィエト連邦関係」第4部「対ソ国境紛争と宣戦布告なき戦争」の検察側立証として、「張鼓峰事件」についての証拠書類の提出を続行する。　　　　　　（英速録7824〜7827頁／和速録91号3頁）……243

【PX759朗読概要】（【1938（昭和13）年8月11日付け重光駐ソ大使・リトビノフ外務人民委員の会談記録；日本政府は露清条約の国境再確定を受諾した）……243

【提出済みPX753朗読概要】（1946（昭和21）年3月21日付けソ連内務人民委員国境警備隊本部作成報告）……244

(7) 検察官タデボシャン少将、検察主張立証第Ⅸ局面「ソヴィエト連邦関係」第4部「対ソ国境紛争と宣戦布告なき戦争」の検察側立証として、「ノモンハン事件」関係証拠書類を提出する。　　　　　　（英速録7827〜7860頁／和速録91号3〜8頁）……244

【PX760-A朗読概要】（社会教育協会刊行民衆文庫第56編（1933［昭和8］年）所収；荒木貞夫論述「昭和日本の使命」抜粋；蒙古を東洋の蒙古たらしめる）……244

【PX761-A朗読概要】（1936（昭和11）年3月28日付け板垣関東軍参謀長・有田大使会談記抜粋；蒙古に対する軍の施策）……244

【PX762朗読概要】（PX719［陸軍省文書「満受大日記（1938［昭和13］年)」］抜粋；植田関東軍司令官発杉山陸相宛意見具申書）……246

【PX766朗読概要】（1946（昭和21）年3月12日付け赤軍参謀本部歴史部作成覚書「1939（昭和14）年のハルハ河地方における日本軍の挑発的攻撃について」）……247

【PX767 朗読概要】（東郷駐ソ大使・モロトフソ連外相間 1940（昭和 15）年 6 月 9 日締結ノモンハン国境確定合意）……**248**

【提出済み PX668 朗読概要】（1946（昭和 21）年 4 月 11 日付け在満白系ロシア自衛軍セミョーノフ宣誓供述書）……**248**

【PX768-A 朗読概要】（1946（昭和 21）年 4 月 24 日ソ連邦実施被告平沼騏一郎尋問調書抜粋；ノモンハン事件に関する平沼首相の責任）……**249**

【提出済み PX766 朗読概要】（1946（昭和 21）年 3 月 12 日付け赤軍参謀本部歴史部作成覚書「1939（昭和 14）年のハルハ河地方における日本軍の挑発的攻撃について」）……**251**

2—9—5　検察主張立証第Ⅸ局面「ソヴィエト連邦関係」第 5 部「対ソ連三国共同謀議」

（英速録 7860〜8180 頁／和速録 91 号 8 頁〜94 号 4 頁）……**251**

(1) ワシリエフ検察官、検察官タデボシャン少将に替わり、検察主張立証第Ⅸ局面「ソヴィエト連邦関係」第 5 部「対ソ連三国共同謀議」の検察側立証に入り、「侵攻戦争の共同謀議」関係書証を、提出する。

（英速録 7860〜7897 頁／和速録 91 号 8〜13 頁）……**251**

【PX769 朗読概要】（1941（昭和 16）年 2 月 23 日付け大島駐独大使・リッベントロップ独外相会談記録）……**252**

【提出済み PX503 朗読概要】（1939（昭和 14）年 5 月 4 日付け駐日ドイツ大使オット発リッベントロップ独外相宛電文 184；平沼首相発アドルフ・ヒトラー独総統宛声明）……**253**

【PX770 朗読概要】（1938（昭和 13）年 1 月 17 日付け東条関東軍司令官発梅津陸軍次官宛電文；日独航空路開設）……**253**

【提出済み PX480 朗読概要】（防共協定附属秘密協定・関連交換公文）……**253**

【提出済み PX771 朗読概要】（1941（昭和 16）年 7 月 10 日付けリッベントロップ独外相発オット駐日独大使宛電文；防共協定締約国の解した侵攻者・侵攻の意味）……**254**

【PX773-A 朗読概要】（1943（昭和 18）年 12 月作成外務省公式声明集（1943［昭和 18］年 7〜12 月抜粋；日独伊軍事協定締結 2 周年記念日重光外相 1943（昭和 18）年 12 月 11 日付け放送）……**254**

【提出済み PX704 朗読概要】（1936（昭和 11）年 8 月 7 日開催首・外・陸・海相四相会議決定「帝国外交方針」）……**254**

【PX774-A 朗読概要】（白鳥スエーデン公使発有田ベルギー大使宛 1935（昭和 10）年 11 月 4・12 日付け書簡抜粋；白鳥の対ソ政策）……**255**

【PX775 朗読概要】（木戸日記（1939［昭和 14］年 8 月 22 日）；独ソ不可侵条約は防共協定

目次 xxxv

　　秘密議定書から見て、独の背信的行為）……**257**
　【PX776-A 朗読概要】（連合国軍 1946（昭和 21）年 4 月 22 日実施被告大島浩尋問調書抜粋；
　　防共協定の根本問題・その対象）……**257**

(2) 検察官ワシリエフ少将、検察主張立証第Ⅸ局面「ソヴィエト連邦関係」第 5 部「対ソ連三国共同謀議」の検察側立証として、「対ソ連日独伊枢軸軍事・政治同盟の形成」関連証拠を提出する。　　　（英速録 7897～7908 頁／和速録 91 号 13～14 頁）……**258**
　【PX777-A 朗読概要】（1940（昭和 15）年外務省公式声明集抜粋；三国同盟締結時の松岡外相 1940（昭和 15）年 9 月 27 日付け放送）……**258**
　【提出済み PX571 朗読概要】（1941（昭和 16）年 7 月 10 日付けリッベントロップ独外相発駐日独大使宛報告電文）……**259**
　【PX778-A 朗読概要】（1942（昭和 17）年 6 月 24 日付け大島駐独大使・リッベントロップ独外相会談記録抜粋；三国同盟の侵攻的性格）……**259**
　【PX779 朗読概要】（1941（昭和 16）年 7 月 2 日御前会議決定「情勢の推移に伴う帝国国策要綱」）……**260**

(3) 検察官ワシリエフ少将、検察主張立証第Ⅸ局面「ソヴィエト連邦関係」第 5 部「対ソ連三国共同謀議」の検察側立証として、第Ⅰの期間「独ソ不可侵条約締結まで」の関係証拠文書を提出する。　　（英速録 7909～7919 頁／和速録 91 号 14～16 頁）……**260**
　【PX780 朗読概要】（1939（昭和 14）年 3 月 23 日付けオット駐日独大使発本省宛電文 121；五相会議で三国同盟の交渉を決定）……**260**
　【提出済み PX499 朗読概要】（伊外相チアノ伯日記（1939［昭和 14］年 3 月 8 日））……**261**
　【PX781 朗読概要】（木戸日記（1941［昭和 16］年 6 月 21 日）抜粋；独ソ不可侵条約締結による平沼内閣の辞職）……**261**
　【PX782 朗読概要】（1939（昭和 14）年 8 月 26 日付け駐ベルリン日本大使館発独外務省宛文書；日本の独ソ不可侵条約締結に対する抗議）……**261**
　【提出済み PX637 朗読概要】（1941（昭和 16）年 7 月 3 日枢密院議事録抜粋；日仏間議定書中の松岡外相発言－独ソ不可侵条約は両国の一時的方便なり）……**261**
　【PX783 朗読概要】（松岡外相・リッベントロップ独外相 1941（昭和 16）年 3 月 27 日会談；独ソ不可侵条約締結事情についてのリッベントロップ説明）……**262**
　【提出済み PX776-A 朗読概要】（連合国軍 1946（昭和 21）年 4 月 22 日実施被告大島浩尋問調書抜粋；防共協定締結交渉経緯（1938～39［昭和 13～14］年））……**262**

(4) 検察官ワシリエフ少将、検察主張立証第Ⅸ局面「ソヴィエト連邦関係」第 5 部「対ソ連三国共同謀議」の検察側立証として、第Ⅱの期間「独ソ不可侵条約締結に続く

交渉」関連証拠文書を提出する。　（英速録7919〜7933頁／和速録91号16〜18頁）……**263**

【提出済みPX541朗読概要】（外務省作成（1946［昭和21］年3〜6月）「戦争勃発に直接関連する重要国策決定文書」抜粋）……**263**

【PX784朗読概要】（伊外相チアノ伯日記（1940［昭和15］年9月19日）；日独軍事同盟の情報に関するリッベントロップ独外相との会見）……**264**

【提出済みPX550朗読概要】（日独伊三国条約締結に関する御前会議（1940［昭和15］年9月19日）用草稿）……**265**

【提出済みPX552朗読概要】（1940（昭和15）年9月26日枢密院審査委員会議事録；三国同盟条約締結）……**265**

【PX786-A朗読概要】（外務省文書；1940（昭和15）年9月26日付け来栖駐独大使発松岡外相宛電文1251抜粋；独、東方国境に兵力集結中）……**265**

【PX787-A朗読概要】（1940（昭和15）年12月18日枢密院議事録抜粋；ハンガリー、スロバキア、ルーマニアの三国同盟参加）……**266**

【PX788-A朗読概要】（1941（昭和16）年10月4日付けオット駐日独大使発本省宛電文1974抜粋；三国同盟条約の軍部意図は、英打倒・対米防御・ソ連排除）……**266**

(5) ワシリエフ検察官、検察主張立証第Ⅸ局面「ソヴィエト連邦関係」第5部「対ソ連三国共同謀議」の検察側立証としてとしての「独ソ戦争前の日本の対ソヴィエト侵攻戦争遂行の共同謀議」に関する証拠提出を終え、「独ソ戦争中の、対ソ侵攻戦争遂行のための三国共同謀議の目的実現へ向けての日本の足取り」に関する証拠提出を開始する。　（英速録7933〜7956頁／和速録91号18頁〜92号5頁）……**266**

◆1946（昭和21）年10月17日

　　　　　　　　　　　　　（英速録7935〜8056頁／和速録第92号1〜20頁）……**267**

【提出済みPX783朗読概要】（松岡外相・リッベントロップ独外相1941（昭和16）年3月27日会談；独ソ不可侵条約締結事情についてのリッベントロップ説明）……**267**

【PX789朗読概要】（PX580抜粋；独ソ戦開始の際の独の威力・日本の対独保証）……**267**

【PX790朗読概要】（PX577抜粋；独の対ソ戦計画）……**268**

【PX791朗読概要】（PX582抜粋；国際問題についてのベニト・ムッソリーニ・ローマ法王との会見）……**269**

【提出済みPX632朗読概要】（1946（昭和16）年2月23日付け大島駐独大使・リッベントロップ独外相会談）……**270**

【PX792朗読概要】（1941（昭和16）年7月5日付けリッベントロップ独外相発オット駐日独大使宛電文598；独ソ開戦の場合、日本は日ソ中立条約廃棄の意図）……**270**

(6) 検察官ワシリエフ少将、検察主張立証第 IX 局面「ソヴィエト連邦関係」第 5 部「対ソ連三国共同謀議」の検察側立証として、「独ソ戦争を欲した松岡洋右外務大臣の外交政策」に関する証拠書類を提出する。
　　　　　　　　　　　　　　　　　　（英速録 7956〜7959 頁／和速録 92 号 5〜6 頁）……**271**

【PX793 朗読概要】（スメタニン駐日ソ連大使日記（1941［昭和 16］年 6 月 25 日）；松岡外相の対ソ中立政策曖昧）……**271**

【PX794 朗読概要】（1941（昭和 16）年 7 月 15 日付けオット駐日独大使発本省宛電文 1248；日ソ中立条約は独ソ戦には適用せずとの松岡外相の言明）……**271**

【PX795-A 朗読概要】（1941（昭和 16）年 6 月 22 日付けオット駐日独大使発本省宛電文 1012 抜粋；松岡外相個人的見解－独ソ開戦時に日本中立はない）……**272**

(7) 検察官ワシリエフ少将、検察主張立証第 IX 局面「ソヴィエト連邦関係」第 5 部「対ソ連三国共同謀議」の検察側立証として、「日ソ中立条約・その後」に関する証拠書類を提出する。
　　　　　　　　　　　　　　　　　　（英速録 7960〜7973 頁／和速録 92 号 6〜8 頁）……**272**

【提出済み PX779 朗読概要】（1941（昭和 16）年 7 月 2 日御前会議決定「情勢の推移に伴う帝国国策要綱」）……**272**

【PX796 朗読概要】（1941（昭和 16）年 7 月 3 日付けオット駐日独大使発本省宛電文 1109；松岡外相の対ソ中立政策の口実）……**273**

【PX797 朗読概要】（1941（昭和 16）年 7 月 1 日付けマッケンゼン駐伊独大使発本省宛電文 1473；日本の対ソ攻撃意図）……**273**

【提出済み PX636 朗読概要】（1941（昭和 16）年 7 月 3 日付けオット駐日独大使発リッベントロップ独外相宛電文 1102 抜粋；日本の対ソ軍事準備）……**273**

【提出済み PX638 朗読概要】（1941（昭和 16）年 7 月 4 日付けオット駐日独大使発本省宛電文 1350 抜粋；日本軍部の対ソ戦準備）……**274**

【PX798 朗読概要】（1941（昭和 16）年 7 月 6 日付け独外務省書記クラマレッツ覚書；日本の対ソ破壊工作準備）……**274**

【PX799 朗読概要】（1941（昭和 16）年 7 月 12 日付けオット駐日独大使発独国防軍最高司令部宛電文 1200；日本の対ソ戦準備）……**274**

【PX800 朗読概要】（1941（昭和 16）年 8 月 1 日付けオット駐日独大使発本省宛電文 1415；日本の対ソ動員）……**275**

【提出済み PX788-A 朗読概要】（1941（昭和 16）年 10 月 4 日付けオット駐日独大使発本省宛電文 1974 抜粋；日本の対ソ攻撃の時期）……**275**

【PX801-A 朗読概要】（1941（昭和 16）年 9 月 4 日付けオット駐日独大使発本省宛電文 1713 抜粋；日本陸軍参謀本部は対ソ攻撃を断念）……**276**

【提出済み PX776 朗読概要】（連合国軍 1946（昭和 21）年 4 月 22 日実施被告大島浩尋問調書）

　　　　　　　　　　　　　　　　　　　　　　　　　　　　……276

(8) 検察官ワシリエフ少将、検察主張立証第IX局面「ソヴィエト連邦関係」第5部「対ソ連三国共同謀議」の検察側立証として、「日ソ中立条約・その後─引き続く松岡外交の影響」に関する証拠書類を提出する。
　　　　　　　　　　　　　　　（英速録7974～7992頁／和速録92号8～10頁）……277

【PX802朗読概要】（PX603「米陸軍省参謀本部情報部証明付米傍受電報集」抜粋；1941（昭和16）年11月30日付け外務省発駐ベルリン日本大使館宛電文985－日本の対ソ形勢観望態度に関する訓令）……277

【PX803-A朗読概要】（米政府公文書「真珠湾論集」抜粋；1941（昭和16）年8月15日付け外務省発駐独日本大使館宛電文739）……278

【PX804朗読概要】（PX803「米政府公文書『真珠湾論集』」抜粋；1941（昭和16）年8月15日付けオット駐日独大使発独外務省宛電文740－独ソ戦不参加に関する日本側説明）……278

【PX805朗読概要】（PX603「米陸軍省参謀本部情報部証明付米傍受電報集」抜粋；1941（昭和16）年12月6日付け外務省発駐独日本大使館宛電文；日本の対ソ武力衝突回避を独側と交渉せよ）……278

【提出済みPX655朗読概要】（1941（昭和16）年11月17日付けエルドマンスドルフ在バンコク独公使館員発リッベントロップ独外相宛電文：大島大使との会見－日本北進困難の見通し）……279

【PX806朗読概要】（1942（昭和17）年1月29日付けオット駐日独大使発リッベントロップ独外相宛電文245；日本の満州における対ソ攻撃準備進捗状況）……279

【PX807朗読概要】（1942（昭和17）年1月29日付けリッベントロップ独外相発オット駐日独大使宛電文1197；独、極東での日本の対ソ攻撃を慫慂）……279

【PX808朗読概要】（1941（昭和16）年7月31日付け外務省発駐ワシントン日本大使館宛電文433）……280

【PX809朗読概要】（1945（昭和20）年12月1日付け占領軍総司令部発行報告書第131号「日本の戦争決意」）……281

【提出済みPX807朗読概要】（1942（昭和17）年1月29日付けリッベントロップ独外相発オット駐日独大使宛電文1197）……281

【PX810朗読概要】（PX689「総力戦研究所1942（昭和17）年2月18日刊『東亜建設第一期総力戦方略』」抜粋；独ソ間講和の斡旋）……281

(9) 検察官ワシリエフ少将、検察主張立証第IX局面「ソヴィエト連邦関係」第5部「対ソ連三国共同謀議」の検察側立証として、「日ソ中立条約・その後─独ソ戦中の日本

の対独外交・軍事援助」に関する証拠書類を提出する。

(英速録 7992～8022 頁／和速録 92 号 10～15 頁) ……282

【提出済み PX771 朗読概要】(1941 (昭和 16) 年 7 月 10 日付けリッベントロップ独外相発オット駐日独大使宛電文抜粋；ソ連情報の駐ソ日本大使館から独への提供に対する謝意) ……282

【PX811 朗読概要】(元ベルリン大使館報道官野原駒吉 1946 (昭和 21) 年 2 月 15 日付け宣誓供述書；ソ連情報の対独提供) ……282

【提出済み PX776 朗読概要】(連合国軍 1946 (昭和 21) 年 4 月 22 日実施被告大島浩尋問調書) ……285

【PX812-A 朗読概要】(1943 (昭和 18) 年 3 月 6 日付け大島駐独大使・リッベントロップ独外相会談記録) 抜粋；日本の対独援助・独ソ戦参入可能性) ……285

(10) ワシリエフ検察官、検察主張立証第 IX 局面「ソヴィエト連邦関係」第 5 部「対ソ連三国共同謀議」の検察側立証として、「ソヴィエト船舶に対する日本の攻撃」に関する証拠書類を提出する。 (英速録 8022～8054 頁／和速録 92 号 15～20 頁) ……287

【提出済み PX21 朗読概要】(日露講和) ポーツマス条約 (1905 [明治 38] 年 9 月 15 日)) ……287

【PX813 朗読概要】(1946 (昭和 21) 年 2 月 20 日付けソ連海軍参謀本部報告 34563-S；ソ連船舶に対する日本の妨害) ……288

【提出済み PX795-A 朗読概要】(1941 (昭和 16) 年 6 月 22 日付けオット駐日独大使発本省宛電文 1012 抜粋；米国は太平洋経由で軍需物資をソ連に運送する状態にない) ……289

【PX814 朗読概要】(PX803「米政府公文書『真珠湾論集』」抜粋；1941 (昭和 16) 年 8 月 20 日付け豊田外相発駐ワシントン野村大使宛訓令電文 487；米国によるソ連向け物資輸送の中止を勧告せよ) ……289

【提出済み PX778 朗読概要】(大島駐独大使・リッベントロップ独外相 1942 (昭和 17) 年 6 月 24 日付け会談記録抜粋；日本軍艦船によるソヴィエト商船の妨害) ……290

【PX815 朗読概要】(ソ連太平洋地区軍検事 1946 (昭和 21) 年 3 月 20 日付け報告；セルゲイ・キーロフ号抑留事件) ……290

【PX816 朗読概要】(ソ連太平洋地区軍検事 1946 (昭和 21) 年 3 月 22 日付け報告；ドビナ号抑留事件) ……291

【PX817 朗読概要】(ソ連太平洋地区軍検事 1946 (昭和 21) 年 4 月 4 日付け報告；イングル号抑留事件) ……291

【PX818 朗読概要】(ソ連太平洋地区軍検事 1946 (昭和 21) 年 3 月 20 日付け報告；クレチェット号撃沈事件) ……292

【PX819 朗読概要】(ソ連太平洋地区軍検事報告 (日付なし)；スビルストロイ号爆撃事件)

　　　　　……292
【PX820 朗読概要】（ソ連太平洋地区軍検事報告（日付なし）；セルゲイ・ラゾ号拿捕事件）
　　　　　……293
【PX821 朗読概要】（ソ連太平洋地区軍検事報告（日付なし）；シムフェロポリ号砲撃事件）
　　　　　……293
【PX822 朗読概要】（ペレコープ号一等運転士ブダリン 1946（昭和 21）年 3 月 14 日付け宣誓供述書；ペレコープ号撃沈事件）……294
【PX823 朗読概要】（発動汽船マイコプ号船長レフチェンコの 1942（昭和 17）年 7 月 1 日付け抗議文書；マイコプ号爆沈事件）……294
【PX824 朗読概要】（ソ連海軍・河川艦隊軍事検察官 1946（昭和 21）年 2 月 19 日付け報告書；マリウポリ号事件）……295

(11) ワシリエフ検察官、検察主張立証第 IX 局面「ソヴィエト連邦関係」第 5 部「対ソ連三国共同謀議」の検察側立証として、「日本の対ソヴィエト攻撃計画」・「太平洋戦争中の日本の三国同盟への忠実性」に関する証拠書類を提出する。
　　　　　　　　　　　　　　　　（英速録 8054〜8068 頁／和速録 92 号 20 頁〜93 号 4 頁）……295
【PX825 朗読概要】（情報局 1943（昭和 18）年 1 月 21 日付け発表；日独伊三国経済協定締結）
　　　　　……295

◆ 1946（昭和 21）年 10 月 18 日（英速録 8057〜8165 頁／和速録第 93 号 1〜16 頁）……296
【PX826-A 朗読概要】（1941（昭和 16）年 12 月 12 日付け東京朝日新聞抜粋；東条首相声明）
　　　　　……297
【提出済み PX773-A 朗読概要】（1943（昭和 18）年 12 月作成外務省公式声明集（1943［昭和 18］年 7〜12 月）抜粋；日独伊軍事協定締結 3 周年記念日重光外相放送）……297
【PX827-A 朗読概要】（東京朝日新聞縮刷版（1944［昭和 19］年 4 月）抜粋；東条首相 1944（昭和 19）年 4 月 15 日付け演説；東西枢軸陣営呼応し戦争完遂）……297
【PX828-A 朗読概要】（1944（昭和 19）年 12 月 12 日付けニッポン・タイムズ紙上抜粋；1944（昭和 19）年 12 月 11 日付け重光外相発リッベントロップ独外相・ベニト・ムッソリーニ伊首相宛三国軍事同盟単独不講和協定 3 周年記念祝電）……298
【PX829-A 朗読概要】（1945（昭和 20）年 1 月 22 日付け官報抜粋；重光外相第 86 帝国議会演説－枢軸の連携）……298

(12) 検察官ローゼンブリット大佐、ワシリエフ検察官に替わり、検察主張立証第 IX 局面「ソヴィエト連邦関係」第 5 部「対ソ連三国共同謀議」の検察側立証として、「独ソ戦中における日本の対ソヴィエト戦争の計画と準備—『関特演』ほか」関連証拠

　　　　　を提出する。　　　　　　　　　（英速録 8069～8091 頁／和速録 93 号 4～7 頁）……**298**

　　【PX830 朗読概要】（1941（昭和 16）年 7 月 25 日付けオット駐日独大使・クレッチマー武官発リッベントロップ独外相宛電文 1355；日本国内における対ソ戦作戦準備の状況）……**299**

　　【PX831 朗読概要】（第 1 復員局文書課長 1946（昭和 21）年 8 月 7 日付け発行；対ソ作戦計画関係文書焼却証明書）……**300**

　　【提出済み PX699 朗読概要】（1946（昭和 21）年 2 月 22 日付け三宅光治関東軍参謀長宣誓供述書抜粋；関特演計画）……**300**

　　【提出済み PX743 朗読概要】（1946（昭和 21）年 2 月 22 日付け秋草俊宣誓供述書抜粋；関特演）……**301**

　　【提出済み PX670 朗読概要】（1946（昭和 21）年 3 月 26 日付け元満州国総務長官武部六蔵宣誓供述書）……**301**

　　【PX832 朗読概要】（1941（昭和 16）年 9 月 16 日付け梅津関東軍司令官命令写真複写版；関特演に伴う関東軍露語通訳再教育）……**302**

　　【提出済み PX705 朗読概要】（1946（昭和 21）年 2 月 21 日付け富永恭次参謀本部第一部長宣誓供述書抜粋）……**302**

　　【PX833 朗読概要】（松浦九州男元内蒙古軍暗号課長宣誓供述書；対ソ攻撃準備）……**303**

（13）証人瀬島龍三もと陸軍中佐—1940（昭和 15）年 1 月より 1944（昭和 19）年 8 月までの間、陸軍参謀本部第 1（作戦）部員、1945（昭和 20）年、関東軍第 1 課参謀、証言時ソヴィエト赤軍の捕虜—、証言台に登壇し、検察主張立証第 IX 局面「ソヴィエト連邦関係」第 5 部「対ソ連三国共同謀議」の検察側立証として、「1939、1941、1942（昭和 14、16、17）年度参謀本部・1941（昭和 16）年度関東軍対ソ戦不測事態対応計画」について、宣誓供述書によって証言する。

　　　　　　　　　　　　　　（英速録 8093～8126 頁／和速録 93 号 7～11 頁）……**304**

　　【検察側証人瀬島龍三に対する宣誓供述書による検察側直接尋問】……**304**

　　【PX834 朗読概要】（1946（昭和 21）年 9 月 27 日付け瀬島竜三宣誓供述書）……**304**

　　【弁護人清瀬博士による検察側証人瀬島龍三に対する反対尋問】……**306**

　　【弁護人ブレークニー少佐による検察側証人瀬島龍三に対する反対尋問】……**308**

　　【弁護人マクマナスによる検察側証人瀬島龍三に対する反対尋問】……**311**

（14）検察官ローゼンブリット大佐、検察主張立証第 IX 局面「ソヴィエト連邦関係」第 5 部「対ソ連三国共同謀議」の検察側立証として、「独ソ戦中における日本の対ソヴィエト戦争の計画と準備」に関する証拠の提出を再開する。

　　　　　　　　　　　　　　（英速録 8126～8136 頁／和速録 93 号 12～13 頁）……**312**

【PX835朗読概要】（喜多誠一関東軍第6軍司令官1946（昭和21）年4月23日付け宣誓供述書）……312

(15) 証人松村知勝もと陸軍少将—1941（昭和16）年10月より1943（昭和18）年8月までの間、陸軍参謀本部第2（情報）部第5課長、同月より関東軍司令部第1課長、1945（昭和20）年3月までの間、関東軍参謀副長、証言時ソヴィエト赤軍捕虜—、証言台に登壇し、検察主張立証第IX局面「ソヴィエト連邦関係」第5部「対ソ連三国共同謀議」の検察側立証として、「参謀本部・関東軍内の対ソヴィエト戦不測事態対応計画」について、宣誓供述書によって証言する。

（英速録8138～8159頁／和速録93号13～16頁）……314

【検察側証人松村知勝に対する宣誓供述書による検察側直接尋問】……315
【PX836朗読概要】（松村知勝1946（昭和21）年9月27日付け宣誓供述書）……315
【弁護人清瀬博士による検察側証人松村知勝に対する反対尋問】……316
【弁護人島内による検察側証人松村知勝に対する反対尋問】……318
【弁護人ファーネス少佐による検察側証人松村知勝に対する反対尋問】……318
【弁護人ブレークニー少佐による検察側証人松村知勝に対する反対尋問】……318

(16) 検察官ローゼンブリット大佐、検察主張立証第IX局面「ソヴィエト連邦関係」第5部「対ソ連三国共同謀議」の検察側立証として、「独ソ戦中における日本の対ソヴィエト戦争の計画と準備」関係証拠の提出を再開する。

（英速録8159～8180頁／和速録93号16頁～94号4頁）……320

【PX837朗読概要】（第23師団参謀長大坪一馬陸軍少将1946（昭和21）年3月29日付け宣誓供述書；関東軍第6軍対ソ防御作戦計画）……320

◆1946（昭和21）年10月21日（英速録8166～8294頁／和速録第94号1～19頁）……321
【PX838朗読概要】（関東軍第2方面軍・第4軍司令官草場辰巳陸軍中将1946（昭和21）年3月25日付け宣誓供述書）……321
【提出済みPX833朗読概要】（松浦九州男内蒙古軍暗号課長宣誓供述書）……323
【PX839-A朗読概要】（大島駐独大使・リッベントロップ独外相1943（昭和18）年4月18日会談記録抜粋：日本軍の対ソ作戦能力ほか）……323

2—10 検察主張立証第X局面「日本の全般的戦争準備」第1部「経済上の戦争準備」

（英速録8180～9262頁／和速録第94号4頁～第103号14頁）……325

【検察官クイリアム准将による検察主張立証第 X 局面「日本の全般的戦争準備」冒頭陳述】
……**325**

【米国使節団長デイヴィス氏の米国使節団員に対する演説】……**327**

【1935（昭和 10）年 12 月 9 日のロンドン海軍軍縮予備会談第 1 回本会議における米国使節団長デイヴィス氏の演説】……**330**

2―10―1　検察主張立証第 X 局面「日本の全般的戦争準備」第 1 部「経済上の戦争準備」

（英速録 8245～8788 頁／和速録第 94 号 12 頁～第 100 号 5 頁）……**334**

（1）証人米国人ジョン・グランヴィル・リーバート―連合国軍総司令部経済科学局法律顧問でカルテル・統制課長―、検察主張立証第 X 局面「日本の全般的戦争準備」第 1 部「経済上の戦争準備」の検察側立証として、自ら行った「日本の経済上の戦争準備に関する調査結果についての陳述書」並びにその他関係書証を援用して、証言する。
（1 日目）　　　（英速録 8245～8788 頁／和速録第 94 号 12 頁～第 100 号 5 頁）……**334**

（1-a）検察官クイリアム准将、リーバート証人に対する直接尋問を開始し、「証人の経歴及び専門家としての資格」について、直接尋問を行う。……**334**
【検察側証人 J・G・リーバートに対する検察側直接尋問（Ⅰ）】……**335**
【弁護人ブルーエットによる検察側証人ジョン・リーバートの専門家としての資格に対する反対尋問】……**337**

（1-b）検察官クイリアム准将、検察主張立証第 X 局面「日本の全般的戦争準備」第 1 部「経済上の戦争準備」の検察側立証として、「日本の経済生産」に関する J・G・リーバート証人の証言に対する直接尋問を行う。
（英速録 8256～8382 頁／和速録第 94 号 15 頁～第 95 号 13 頁）……**339**
【検察側証人 J・G・リーバートに対する検察側直接尋問（Ⅱ）】……**340**
【PX841 朗読概要】（1937（昭和 12）年 6 月 23 日付け陸軍省作成「軍需品製造工業五カ年計画要綱」）……**341**
【PX842 朗読概要】（陸軍省作成「重要産業拡充計画要綱」）……**341**
【1939（昭和 14）年 1 月付け企画院作成（閣議決定）「生産力拡充計画要綱」朗読概要】
……**342**

◆ 1946（昭和 21）年 10 月 22 日（英速録 8295～8448 頁／和速録第 95 号 1～21 頁）……**346**

【検察側証人 J・G・リーバートに対する検察側直接尋問（II）】（続き）……346

(1-c) 検察官クイリアム准将、検察主張立証第X局面「日本の全般的戦争準備」第1部「経済上の戦争準備」の検察側立証として、「日本国政府による経済統制」に関して、J・G・リーバート証人に対する直接尋問に入る。

(英速録8382〜8410頁／和速録第95号13〜17頁)……353

【検察側証人 J・G・リーバートに対する検察側直接尋問（II）】（続き）……353

【提出済みPX841朗読概要】（1937（昭和12）年6月23日付け陸軍省作成「軍需品製造工業五カ年計画要綱」）……354

【PX849朗読概要】（1942（昭和17）年3月11日付け佐藤軍務局長演説－戦争への産業準備）……356

(1-d) 検察官クイリアム准将、検察主張立証第X局面「日本の全般的戦争準備」第1部「経済上の戦争準備」の検察側立証として、主として「海外領土の日本経済への統合」に関して、J・G・リーバート証人に対する直接尋問を行う。

(英速録8410〜8567頁／和速録第95号17頁〜96号17頁)……356

【PX850朗読概要】（1935（昭和10）年7月3日付け枢密院議事録；日満経済共同委員会設置に関する協定締結）……357

【PX851朗読概要】（1935（昭和10）年7月15日付け調印日満経済共同委員会設置協定）……358

◆1946（昭和21）年10月23日（英速録8449〜8568頁／和速録第96号1〜17頁）……359

【PX852朗読概要】（大蔵省・陸軍省間通信文10通；外地における軍票発行準備）……360

【PX853朗読概要】（1941（昭和16）年11月1日付け賀屋蔵相発日銀宛通牒；南方外貨表示軍用手票取扱手続）……361

【PX854-A朗読概要】（日本銀行台帳抜粋；1941（昭和16）年5月以降の所在品（軍票）の期日・摘要・数量・金額・入出残）……362

【PX856朗読概要】（1938（昭和13）年6月23日付け風見内閣書記官長発板垣陸相宛通牒；国家総動員上緊急を要する諸政策の徹底強行に関する件）……364

【PX857朗読概要】（1938（昭和13）年6月23日付け閣議決定；1938（昭和13）年における重要物資需給計画改訂）……364

【PX859朗読概要】（陸海軍省予算総額表）……367

【PX861朗読概要】（1940（昭和15）年10月3日付け閣議決定；日満支経済建設要綱）……369

◆ 1946（昭和 21）年 10 月 24 日（英速録 8569～8634 頁／和速録第 97 号 1～15 頁）……**370**

（1-e）弁護側、検察主張立証第 X 局面「日本の全般的戦争準備」第 1 部「経済上の戦争準備」の検察側立証における検察側証人 J・G・リーバートに対する反対尋問を行う。

（英速録 8570 ½～8788 頁／和速録第 97 号 2 頁～100 号 5 頁）……**370**

【弁護人レビンによる検察側証人リーバートに対する反対尋問】……**370**

【弁護人草野による検察側証人リーバートに対する反対尋問】……**380**

◆ 1946（昭和 21）年 10 月 25 日（英速録 8635～8701 頁／和速録第 98 号 1～14 頁）……**380**

【弁護人草野による検察側証人リーバートに対する反対尋問】（続き）……**381**

【弁護人ブルーエットによる検察側証人リーバートに対する反対尋問】……**382**

【弁護人三町による検察側証人リーバートに対する反対尋問】……**388**

【弁護人ファーネス少佐による検察側証人リーバートに対する反対尋問】……**393**

◆ 1946（昭和 21）年 10 月 28 日（英速録 8702～8771 頁／和速録第 99 号 1～14 頁）……**393**

【弁護人ファーネスによる検察側証人リーバートに対する反対尋問】（続き）……**394**

【弁護人藤井による検察側証人リーバートに対する反対尋問】……**395**

【弁護人宇佐美による検察側証人リーバートに対する反対尋問】……**398**

【弁護人スミスによる検察側証人リーバートに対する反対尋問】……**399**

◆ 1946（昭和 21）年 10 月 29 日（英速録 8772～8867 頁／和速録第 100 号 1～15 頁）……**404**

【弁護人ローガンによる検察側証人リーバートに対する反対尋問】……**405**

◆ 1946（昭和 21）年 10 月 29 日（英速録 8772～8867 頁／和速録第 100 号 1～16 頁）……**407**

2―10―2　検察主張立証第 X 局面「日本の全般的戦争準備」第 2 部「軍事上の戦争準備」

（英速録 8788～9076 頁／和速録 100 号 5 頁～102 号 12 頁）……**407**

（1）イングリッシュ検察官、検察主張立証第 X 局面「日本の全般的戦争準備」第 2 部「軍事上の戦争準備」の検察側立証として、「動員準備」についての立証を開始する。

（英速録 8789～8815 頁／和速録 100 号 5～9 頁）……**407**

【PX862-A 朗読概要】（1938（昭和 13）年 5 月 19 日付けジャパン・アドバタイザー紙抜粋；陸軍省作成冊子－国家総動員法条文解説）……**408**

【PX864 朗読概要】（日本年鑑（昭和 16 年度版）抜粋；兵役法改正並びに国防保安法施行）

……410

【PX865朗読概要】（1941（昭和16）年4月付け企画院発行冊子「基本国策要綱」抜粋；人口政策確立要綱）……411

【PX866朗読概要】（1940（昭和15）年12月25日付け橋本欣五郎著「革新の必然性」抜粋；他国の妨害排除に足る絶対的軍備の完成）……412

【PX867朗読概要】（1941（昭和16）年7月13日付けオット駐日独大使発リッベントロップ独外相宛電文；日本の対ソ動員状況）……412

【提出済みPX588朗読概要】（日米交渉御前会議決定綴抜粋；情勢の推移に伴う帝国々策要綱（1941［昭和16］年9月6日））……413

(2) イングリッシュ検察官、検察主張立証第X局面「日本の全般的戦争準備」第2部「軍事上の戦争準備」の検察側立証として、「総力戦研究所の活動」関連について立証する。
（英速録8815〜8819頁／和速録100号9頁）……413

【PX868-A朗読概要】（1940（昭和15）年10月付け官報4122号抜粋−総力戦研究所官制）……413

(3) 証人堀場一雄─証言時、陸軍省第一復員局事務官─、検察主張立証第X局面「日本の全般的戦争準備」第2部「軍事上の戦争準備」の検察側立証として、「総力戦研究所の所員、研究生と研究内容」について宣誓供述書によって証言する。
（英速録8820〜8888頁／和速録100号9頁〜101号5頁）……414

【検察側証人堀場一雄に対する宣誓供述書による検察側直接尋問】……414

【弁護人清瀬博士による検察側証人堀場一雄に対する反対尋問】……416

【弁護人ブルックス大尉による検察側証人堀場一雄に対する反対尋問】……423

◆1946（昭和21）年10月30日（英速録8868〜9006頁／和速録第101号1〜19頁）……424

【弁護人レビンによる検察側証人堀場一雄に対する反対尋問】……427

(4) イングリッシュ検察官、検察主張立証第X局面「日本の全般的戦争準備」第2部「軍事上の戦争準備」の検察側立証として、「総力戦研究所の活動」に関する証拠提出を再開する。
（英速録8888〜8972頁／和速録101号5〜15頁）……428

【提出済みPX686-A朗読概要】（1941（昭和16）年8月付け総力戦研究所第1回総力戦机上演習書類）……428

【PX870-A朗読概要】（第1回総力戦机上演習抜粋；総力戦研究所1941（昭和16）年8月実施机上演習報告書）……436

【PX871朗読概要】（第1回総力戦机上演習経過記録；第3〜9期（1941〜42［昭和16〜

17〕）机上演習成果）……**439**

(5) J・F・イングリッシュ検察官、検察主張立証第Ⅹ局面「日本の全般的戦争準備」第2部「軍事上の戦争準備」の検察側立証として、「南方作戦の準備」に関する証拠を提出する。　　　　　　　　　（英速録8972〜9076頁／和速録101号15〜102号12頁）……**448**

【PX872朗読概要】（① 1941（昭和16）年11月11日付け陸軍省副官発兵器本部次長宛通牒陸支密4004 ② 1941（昭和16）年11月11日付け同副官発第16、55、56師団参謀長宛通牒陸支密 ③ 1941（昭和16）年10月15日付け若松只一大本営陸軍参謀部総務部長発川原直一陸軍省副官宛通牒）……**448**

【PX873朗読概要】（1941（昭和16）年11月14日付け在南京第3飛行集団長発次官・次長宛電文2704；サイゴンに戦闘司令部開設のため南京出発）……**449**

【PX874-A朗読概要】（波集団戦時月報（甲）第4号（1941［昭和16］年11月）抜粋；香港攻略準備）……**449**

【PX875朗読概要】（1941（昭和16）年11月22日付け塚田（攻）南方軍総参謀長発木村陸軍次官宛通牒；南方総軍司令部、東京より秘密裏に台北・サイゴンへ前進）……**451**

【PX876-A朗読概要】（1941（昭和16）年11月12日付け外務省文書「帝国の参戦にあたり執るべき措置に関する件」抜粋「占領地における軍政施行に関する先例」）……**451**

【PX877朗読概要】（1941（昭和16）年11月20日付け大本営政府連絡会議決定「南方占領地行政実施要領」）……**452**

【PX878朗読概要】（1941（昭和16）年11月13日付け連絡会議決定「11月5日御前会議決定帝国国策遂行要領に関連する対外措置」）……**453**

◆ 1946（昭和21）年10月31日　（英速録9007〜9175頁／和速録第102号1〜26頁）……**455**

【提出済みPX809朗読概要】（1945（昭和20）年12月1日付け占領軍総司令部発行報告書第131号「日本の戦争決意」）……**455**

【PX879-A朗読概要】（1942（昭和17）年2月付け日本政府発行「週報」第5巻第8号抜粋；1941（昭和16）年12月16日付け東条首相議会演説）……**472**

【PX880朗読概要】（第一復員局調製「陸軍兵力概見表（1930［昭和5］年1月1日〜1944［昭和19］年1月1日））……**472**

2—10—3　検察主張立証第Ⅹ局面「日本の全般的戦争準備」第3部「委任統治諸島の要塞化」

（英速録9076〜9159頁／和速録102号12〜24頁）……**473**

（1）検察官クイリアム准将、イングリッシュ検察官に替わり、検察主張立証第Ⅹ局面「日本の全般的戦争準備」第3部「委任統治諸島の要塞化」の検察側立証として、「1932（昭和7）年以降の国際連盟対日委任統治諸島の要塞化」に関する立証を開始する。
（英速録9076～9086頁／和速録102号12～13頁）……473

【PX881朗読概要】（PX276『日本年鑑』（1941～42［昭和16～17］年）」抜粋；「日本委任統治下における南洋諸島」）……473

【提出済みPX23朗読概要】（①独・連合国間1919（大正8）年6月28日締結ベルサイユ平和条約② 1919（大正8）年6月28日成立国際連盟規約）……474

【提出済みPX29朗読概要】（1922（大正11）年2月11日締約ワシントン日米条約）……475

（2）検察官クイリアム准将、検察主張立証第Ⅹ局面「日本の全般的戦争準備」第3部「委任統治諸島の要塞化」の検察側立証として、「日本委任統治下諸島住民による25件の供述録取書、もしくは証言録取書」を提出する。すべて証拠として受理され、抜粋が朗読される。（英速録9086～9140頁／和速録102号13～21頁）……475

【PX883朗読概要】（1946（昭和21）年3月16日付けマニュエル・ブランコ証言録取書；サイパン島）……476

【PX884朗読概要】（1946（昭和21）年3月16日付けワカマツ・マコト証言録取書；サイパン島）……476

【PX885朗読概要】（1946（昭和21）年3月16日付けイグナチオ・ベナベンテ証言録取書；サイパン島）……477

【PX886朗読概要】（1946（昭和21）年3月16日付けエリアス・B・サブラン証言録取書；サイパン島）……477

【PX887朗読概要】（1946（昭和21）年3月16日付けマジアノ・パンジェリナン証言録取書；サイパン島）……478

【PX888朗読概要】（1946（昭和21）年3月16日付けアントニオ・アンガイレン証言録取書；サイパン島）……478

【PX889朗読概要】（1946（昭和21）年3月16日付けジュアン・M・アダ証言録取書；サイパン島）……478

【PX890朗読概要】（1946（昭和21）年3月16日付けコンツェプチオン・ブランコ証言録取書；サイパン島）……479

【PX891朗読概要】（1946（昭和21）年3月15日付けウィンツェンテ・デ・レオン・ゲレロ証言録取書；サイパン島）……479

【PX892朗読概要】（1946（昭和21）年3月16日付けフランシスコ・デ・ボルジェ証言録取書；サイパン島）……480

【PX893朗読概要】（1946（昭和21）年3月15日付けホゼ・S・パンゲリナン証言録取書；

サイパン島)……**480**

【PX894 朗読概要】(1946 (昭和 21) 年 2 月 25 日付けアルフレッド・ミロ証言録取書;カロリン群島)……**481**

【PX895 朗読概要】(1946 (昭和 21) 年 2 月 26 日付けヨセブ・ユーベラウ証言録取書;パラオ島)……**483**

【PX896 朗読概要】(日付不明アウクスト・リウムド証言録取書;パラオ島)……**483**

【PX897 朗読概要】(1946 (昭和 21) 年 2 月 23 日付けモセス・イチロウ証言録取書;トラック島)……**484**

【PX898 朗読概要】(1946 (昭和 21) 年 2 月 23 日付けソーナ・モヌキット証言録取書;トラック島)……**485**

【PX899 朗読概要】(1946 (昭和 21) 年 2 月 25 日付けアター・エラ証言録取書;トラック島)……**486**

【PX900 朗読概要】(1946 (昭和 21) 年 2 月 25 日付けミチュオ・ナチュオ証言録取書;トラック島)……**486**

【PX901 朗読概要】(1946 (昭和 21) 年 3 月 14 日付けフェルディナンド・Z・エミズ証言録取書;マーシャル諸島)……**486**

【PX902 朗読概要】((日付不明) アビサ証言録取書;マーシャル諸島)……**487**

【PX903 朗読概要】(1946 (昭和 21) 年 3 月 16 日付けラーネン証言録取書;マーシャル諸島)……**487**

【PX904 朗読概要】(1946 (昭和 21) 年 3 月 15 日付けアジドリク証言録取書;マーシャル諸島)……**488**

【PX905 朗読概要】(1946 (昭和 21) 年 3 月 12 日付けヨハニズ証言録取書;マーシャル諸島)……**488**

【PX907 朗読概要】(1946 (昭和 21) 年 3 月 16 日付けラジナ証言録取書;マーシャル諸島)……**489**

(3) 検察官クイリアム准将、検察主張立証第 X 局面「日本の全般的戦争準備」第 3 部「委任統治諸島の要塞化」の検察側立証として、「南洋航路における旅行制限と日本委任統治下諸島の要塞工事」に関する証拠を提出する。

(英速録 9140〜9159 頁／和速録 102 号 21〜24 頁)……**489**

【PX908 朗読概要】(日本郵船ホノルル支店書翰綴抜粋 (1933 [昭和 8] 年 3 月 28 日〜1939 [昭和 14] 年 3 月 23 日))……**489**

【提出済み PX58 朗読概要】(米国対日外交関係叢書 1931 (昭和 6) 年〜1941 (昭和 16) 年第 2 巻抜粋;①1936 (昭和 11) 年 6 月 13 日付けハル米国務長官発グルー駐日米大使宛電文②1936 (昭和 11) 年 7 月 8 日付けグルー駐日米大使発ハル米国務長官宛電文③1936 (昭

和 11）年 7 月 28 日付けグルー駐日米大使発ハル米国務長官宛電文④ 1936（昭和 11）年 8 月 7 日付けフィリップス米国務長官代理発グルー駐日米大使宛電文）……**492**

【PX909-A 朗読概要】（枢密院議事録 1937（昭和 12）年 1 月 20 日議事録抜粋；海軍武官を南洋庁事務官として特別任用）……**493**

2—10—4　検察主張立証第 X 局面「日本の全般的戦争準備」第 4 部「海軍の戦争準備」

（英速録 9159～9262 頁／和速録 102 号 24 頁～103 号 14 頁）……**494**

(1) 検察官ロビンソン海軍大佐、検察主張立証第 X 局面「日本の全般的戦争準備」第 4 部「海軍の戦争準備」の検察側立証として、「海軍条約の廃棄」に関する証拠を提出する。　　　　　　（英速録 9159～9239 頁／和速録 102 号 24 頁～103 号 11 頁）……**494**

【PX910-A 朗読概要】（1930（昭和 5）年度枢密院審査委員会議事録抜粋；ロンドン海軍条約批准に関する審査委員会第 1～13 回議事録）……**494**

【PX911-A 朗読概要】（1930（昭和 5）年 10 月 1 日付けロンドン海軍条約批准に関する枢密院記録抜粋；関係顧問官発言）……**497**

◆1946（昭和 21）年 11 月 1 日（英速録 9176～9326 頁／和速録第 103 号 1～23 頁）……**498**

【提出済み PX58 朗読概要】（米国対日外交関係叢書 1931（昭和 6）年～1941（昭和 16）年 第 2 巻）……**498**

【PX912-A 朗読概要】（海軍省刊（1934［昭和 9］年 9-10 月）「1935（昭和 10）年ロンドン海軍軍縮会議に関する世論の指導」抜粋）……**510**

【提出済み PX58 朗読概要】（米国対日外交関係叢書 1931（昭和 6）年～1941（昭和 16）年 第 2 巻）……**510**

(2) 検察官ロビンソン海軍大佐、検察主張立証第 X 局面「日本の全般的戦争準備」第 4 部「海軍の戦争準備」の検察側立証として、「海軍力の増強」に関する証拠を提出する。

（英速録 9240～9255 頁／和速録 103 号 11～13 頁）……**513**

【PX914-A 朗読概要】（日本外交協会講演集第 1 巻（1937［昭和 12］年 1～6 月）抜粋；豊田副武海軍軍務局長演説「昭和 12 年度海軍予算要綱並びに海軍関係国防の全貌について」）……**514**

【PX915 朗読概要】（第 2 復員局調製；「日本海軍軍人の総増加員数表（1934［昭和 9］年 12 月 31 日～1945［昭和 20］年 8 月 15 日））……**515**

【PX916 朗読概要】（第 2 復員局調製；「主要日本軍艦保有量及び建造量（1931～45［昭和 6

〜20］年））……515

(3) ロビンソン検察官、検察主張立証第X局面「日本の全般的戦争準備」第4部「海軍の戦争準備」の検察側立証として、「1941（昭和16）年12月における海軍の戦争準備」に関する証拠を提出する。　　　（英速録9255〜9262頁／和速録103号13〜14頁）……516
【提出済みPX809-A朗読概要】（1945（昭和20）年12月1日付け占領国軍総司令部発行報告書第131号「日本の戦争決意」抜粋；全般的計画・机上演習・機密連合艦隊命令作戦第1号・マレー地図ほか）……517
【PX919朗読概要】（1941（昭和16）年11月11日付け連絡会議決定案；「対米英蘭蒋戦争終末促進要領」）……518

2—11　検察主張立証第XI局面「米・英・英連邦諸国関係」

（英速録9263〜11396頁／和速録103号14頁〜120号7頁）……518

(1) ヒギンズ検察官、検察主張立証第XI局面「米・英・英連邦諸国関係」の冒頭陳述を行う。　　　（英速録9264〜9326頁／和速録103号14〜23）……519
【検察官ヒギンズによる「米・英・英連邦諸国関係」冒頭陳述】……519

◆1946（昭和21）年11月4日　（英速録9327〜9487頁／和速録第104号1〜24頁）……533
(2) 被告大島弁護人カニンガム及び被告広田弁護人D・F・スミス、ヒギンズ検察官による検察主張立証第XI局面「米・英・英連邦諸国関係の冒頭陳述」に対する異議を申し立て、さらに被告木戸弁護人ローガン、10月24日の法廷命令に基づく証人召喚及び証拠提出の際の申請書提出義務に関して法廷に質す。
（英速録9328〜9338頁／和速録104号2〜5頁）……533
【カニンガム弁護人による「米・英・英連邦諸国関係冒頭陳述」に対する異議】……534

2—11—1　検察主張立証第XI局面「米・英・英連邦諸国関係」第1部「満州事変と満州国に関わる日米英関係」

（英速録9339〜9423頁／和速録104号5〜15頁）……536

(1) ハーディン検察官、検察主張立証第XI局面「米・英・英連邦諸国関係」第1部「満州事変と満州国に関わる日米英関係」の検察側立証として、提出済み（検）法廷証PX58【米国対日外交関係叢書1931（昭和6）年〜1941（昭和16）年第2巻】から、

抜粋証拠書類を提出する。　　　　　（英速録9339～9383頁／和速録104号5～10頁）……**536**

【PX920朗読概要】（PX58抜粋；出渕駐米大使との会談に関するスティムソン米国務長官1931（昭和6）年9月22日付け覚書－満州事変に関する意見交換・幣原外相と軍部の対立）……**537**

【PX921朗読概要】（PX58抜粋；1931（昭和6）年9月22日付けスティムソン米国務長官発出渕（勝次）駐米大使宛覚書；満州事変に対する警告）……**538**

【PX922朗読概要】（PX58抜粋；1931（昭和6）年9月24日付けスティムソン米国務長官発ネビル駐日代理公使宛電文；満州における敵対行為中止に関する対日申し入れ訓令）……**538**

【PX923朗読概要】（PX58抜粋；1931（昭和6）年9月24日付け駐米日本大使館発米国務長官宛文書；日本政府声明抜粋）……**539**

【PX924朗読概要】（PX58抜粋；1931（昭和6）年9月28日付け幣原外相発ネビル駐日代理公使宛文書抜粋；満州事変の友好的解決希望）……**539**

【PX925朗読概要】（PX58抜粋；1931（昭和6）年9月30日付け国際連盟理事会決議抜粋）……**539**

【PX926朗読概要】（PX58抜粋；1931（昭和6）年10月9日付けスティムソン米国務長官発ギルバート駐ジュネーブ米領事宛電文抜粋；満州事変に対する国際連盟の努力を支持）……**540**

【PX927朗読概要】（PX58抜粋；国際連盟理事会1931（昭和6）年10月24日付け決議；日本軍の鉄道附属地帯への撤退・支那側による日本権益保全を要請）……**541**

【PX928朗読概要】（PX58抜粋；国際連盟理事会1931（昭和6）年12月10日付け決議抜粋；日支双方の国際連盟決議の遵守・義務履行を要求、調査委員5名の任命）……**542**

【PX929朗読概要】（PX58抜粋；1931（昭和6）年12月1日付けスティムソン米国務長官発ジョンソン駐支公使宛電文；国際連盟理事会決議に米政府、賛同を声明）……**542**

【PX930朗読概要】（PX58抜粋；1932（昭和7）年1月7日付けスティムソン米国務長官発フォーブス駐日米大使宛電文；錦州攻撃に関連する対日抗議訓令・米は満州の現状態の合法性とパリ不戦条約違反よりもたらされる局面を容認せず）……**543**

【PX931朗読概要】（PX58抜粋；1932（昭和7）年1月16日付けフォーブス駐日米大使発米国務長官宛電文抜粋；日本政府回答－日本は満州に領土的野心なし）……**544**

【PX932朗読概要】（PX58抜粋；1932（昭和7）年2月24日付けスティムソン米国務長官発カニンガム上海総領事宛訓令電文；9カ国条約・門戸開放原則遵守の米外交政策新聞発表）……**544**

(2) ウイリアムズ検察官、ハーディン検察官に替わり、検察主張立証第XI局面「米・英・英連邦諸国関係」第1部「満州事変と満州国に関わる日米英関係」の検察側立証と

して、提出済み（検）法廷証 PX58【米国対日外交関係叢書 1931（昭和 6）年～1941（昭和 16）年第 2 巻】からの抜粋証拠書類の提出を続行する。
　　　　　　　　　　　　　　　　　　（英速録 9383～9415 頁／和速録 104 号 10～14 頁）……**547**

【PX933 朗読概要】（PX58 抜粋；1933（昭和 8）年 2 月 25 日付けスティムソン米国務長官発ウィルソン駐ジュネーブ公使宛訓令電文；米政府は国際連盟支持と連盟事務総長に伝えよ）……**547**

【PX934 朗読概要】（PX58 抜粋；1934（昭和 9）年 11 月 14 日付けグルー駐日米大使発ハル米国務長官宛電文抜粋；満州国成立）……**548**

【PX935 朗読概要】（PX58 抜粋；1934（昭和 9）年 4 月 17 日付け外務省非公式（天羽）声明；列国の対支個別干渉を排除・英の積極進出への警告）……**548**

【PX936 朗読概要】（PX58 抜粋；1934（昭和 9）年 4 月 25 日付けグルー駐日米大使発米国務長官宛電文抜粋；天羽声明に対する広田外相釈明）……**549**

【PX937 朗読概要】（PX58 抜粋；1934（昭和 9）年 5 月 19 日付けハル米国務長官・斉藤（博）駐米大使会見覚書；日本側は支那における日本の優越的地位を、米側は各国平等を主張）……**550**

【PX938 朗読概要】（PX58 抜粋；1935（昭和 10）年 9 月 25 日付けハル米国務長官声明；北支の自治運動に対する米国の政策）……**551**

【PX939 朗読概要】（PX58 抜粋；1934（昭和 9）年 11 月 30 日付け駐日米大使発外務省宛覚書；満州における石油統制に対する抗議）……**552**

【PX940 朗読概要】（PX58 抜粋；1937（昭和 12）年 10 月 30 日付けラングトン奉天米領事発ジョンソン駐支米大使宛至急電文抜粋；満州国の門戸開放に関し日本の与えた確約）……**552**

【PX941 朗読概要】（PX58 抜粋；1935（昭和 10）年 4 月 16 日付けグルー駐日米大使発広田首相宛口頭申し入れ；満州における石油統制は米世論を悪化させた）……**553**

(3) ウイリアムズ検察官による検察主張立証第 XI 局面「米・英・英連邦諸国関係」第 1 部「満州事変と満州国に関わる日米英関係」の検察側立証、「海軍条約問題」関連立証に及ぶ。　　　　　（英速録 9415～9423 頁／和速録 104 号 14～15 頁）……**554**

【PX942 朗読概要】（PX58 抜粋；1934（昭和 9）年 12 月 29 日付け斉藤駐米大使発ハル米国務長官宛通牒；ワシントン海軍条約廃棄通告）……**554**

【PX943 朗読概要】（PX58 抜粋；1936（昭和 11）年 1 月 15 日付けデイヴィス海軍軍縮会議米代表発ハル米国務長官宛電文抜粋；日本提案の共通上限枠に反対）……**554**

【PX944 朗読概要】（PX58 抜粋；1937（昭和 12）年 12 月 1 日付けグルー駐日米大使発広田外相宛通牒；満州における日本の治外法権撤廃に米国は従えない）……**554**

【PX945 朗読概要】（PX58 抜粋；1936（昭和 11）年 1 月 15 日付け永野ロンドン海軍軍縮会

議主席代表発モンセル軍縮会議議長宛文書；海軍軍縮会議打ち切り）……**555**

【PX946朗読概要】（PX58抜粋；1937（昭和12）年6月18日付けグルー駐日米大使発米国務長官宛文書抜粋；日本は主力艦装備砲口径制限に従わない）……**555**

2—11—2　検察主張立証第XI局面「米・英・英連邦諸国関係」第2部「支那事変に関わる日米英関係」

（英速録9423～9629頁／和速録104号15頁～105号19頁）……**556**

(1) 検察側の主張立証、その第XI局面「米・英・英連邦諸国関係」第2部「支那事変に関わる日本の対米英関係」に入り、ウイリアムズ検察官及びハーディン検察官、提出済み（検）法廷証PX58【米国対日外交関係叢書1931（昭和6）年～1941（昭和16）年第2巻】からの抜粋証拠の提出を続行する。

（英速録9423～9443頁／和速録104号15～18頁）……**556**

【PX947朗読概要】（PX58抜粋；1937（昭和12）年7月16日付け米国務長官声明；米国外交の基本方針）……**556**

【PX948朗読概要】（PX58抜粋；1936（昭和11）年6月12日付けハル米国務長官・駐英大使吉田（茂）会見覚書抜粋；日本の支那における行動への批判・米は国際平和を希望・日米英の協調が必要）……**557**

【PX949朗読概要】（PX58抜粋；1937（昭和12）年7月24日付けハル米国務長官・斉藤駐米大使会見覚書；七・七事件）……**557**

【PX950朗読内容】（PX58抜粋；1937（昭和12）年8月10日付けグルー駐日米大使・広田外相会見覚書抜粋；支那事変斡旋を日本外務省に申し入れ）……**558**

【PX951朗読概要】（PX58抜粋；PX947「1937（昭和12）年8月13日付け日本大使館発米国務省宛通牒」への同意回答）……**558**

【PX952朗読概要】（PX58抜粋；1937（昭和12）年8月23日付け米国務省新聞発表；米国は日支紛争の平和的解決を希望する）……**559**

【PX953朗読概要】（PX58抜粋；1937（昭和12）年9月28日付けハル米国務長官発ハリソン駐スイス公使宛電文抜粋；支那における日本の行動は不戦条約・9カ国条約に違背する）……**559**

(2) ハーディン検察官、検察主張立証第XI局面「米・英・英連邦諸国関係」第2部「支那事変に関わる日本の対米英関係」の検察側立証として、識別証拠（検）法廷証PX954【支那事変関係公表集第2号】よりの抜粋書証3通を提出する。

（英速録9443～9455頁／和速録104号18～19頁）……**560**

【PX954-A 朗読内容】（支那事変関係公表集第2号抜粋；1937（昭和12）年10月20日付け駐日ベルギー大使バッソンピエール発広田外相宛口上書；東亜問題ブリュッセル会議参加招請）……560

【PX954-B 朗読概要】（PX954 抜粋；1937（昭和12）年10月27日付け日本国政府のブリュッセル会議不参加回答文）……561

【PX954-C 朗読概要】（PX954 抜粋；1937（昭和12）年12月16日付け駐日英大使クレイギー卿発広田外相宛抗議文書；レディーバード号事件）……562

(3) ハーディン検察官、検察主張立証第XI局面「米・英・英連邦諸国関係」第2部「支那事変に関わる日本の対米英関係」の検察側立証として、再び提出済み（検）法廷証PX58【米国対日外交関係叢書1931（昭和6）年～1941（昭和16）年第2巻】からの抜粋証拠書類の提出を、再開する。

(英速録9456～9473 ½頁／和速録104号19～22頁)……562

【PX955 朗読概要】（PX58 抜粋；1937（昭和12）年9月17日付けグルー駐日米大使発広田外相宛通牒；非戦闘員に対する爆撃）……563

【PX956 朗読概要】（PX58 抜粋；1937（昭和12）年9月22日付けグルー駐日米大使発広田外相宛通牒；南京における米国人等中立国人権益の侵害に対する抗議）……563

【PX957 朗読概要】（PX58 抜粋；1937（昭和12）年9月25日付けハミルトン米国務省極東局長の須磨参事官との会見覚書抜粋；支那各地での非戦闘員殺傷は嘆かわしい印象を与える）……564

【PX958 朗読概要】（PX58 抜粋；1937（昭和12）年9月27日付け国際連盟諮問委員会決議；非武装都市爆撃に対する抗議）……564

【PX959 朗読概要】（PX58 抜粋；1937（昭和12）年9月28日付け米国務省新聞発表抜粋；日本軍の非武装都市爆撃は不法・反人道的）……564

【PX960 朗読概要】（PX58 抜粋；1938（昭和13）年1月31日付け米国務省新聞発表抜粋；南京米大使館員に対する暴行事件に対する抗議）……565

【PX961 朗読概要】（PX58 抜粋；1937（昭和12）年10月5日発表ローズベルト米大統領「隔離演説」抜粋；国際社会に無法という疫病が蔓延している）……566

(4) ウイリアムズ検察官、ハーディン検察官に替わり、検察主張立証第XI局面「米・英・英連邦諸国関係」第2部「支那事変に関わる日本の対米英関係」の検察側立証として、提出済み（検）法廷証PX58【米国対日外交関係叢書1931（昭和6）年～1941（昭和16）年第2巻】からの抜粋を中心とする証拠書類の提出を続行する。

(英速録9473 ½～9487頁／和速録104号22～24頁)……567

【PX962 朗読概要】（PX58 抜粋；国際連盟総会1937（昭和12）年10月6日付け採択第1報

告抜粋；日本の行為は九国条約・不戦条約への違反）……**567**

【PX963朗読概要】（PX58抜粋；1937（昭和12）年10月6日付け米国務省新聞発表抜粋；支那における日本の行動は九国条約・不戦条約違反）……**568**

【PX964朗読概要】（PX58抜粋；1937（昭和12）年12月23日付けヤーネル米アジア艦隊司令官発スワンソン海軍長官宛電文；日本軍機の米艦パナイ号爆撃事件査問会議）……**568**

【PX965朗読概要】（PX58抜粋；1934（昭和9）年8月31日付け（グルー）駐日米大使発外務省宛文書抜粋；満州での日本の石油統制は門戸開放原則違反）……**569**

【PX966朗読概要】（PX58抜粋；1933（昭和8）年1月5日付けスティムソン米国務長官の出渕駐米大使との会見覚書抜粋；日本は長城以南に領土的野心なし）……**569**

◆1946（昭和）年11月5日（英速録9488〜9653頁／和速録第105号1〜23頁）……**570**

(5) ウイリアムズ検察官、検察主張立証第XI局面「米・英・英連邦諸国関係」第2部「支那事変に関わる日本の対米英関係」の検察側立証として、提出済み（検）法廷証PX58【米国対日外交関係叢書1931（昭和6）年〜1941（昭和16）年第2巻】からの抜粋証拠書類の提出を、さらに続行する。

（英速録9490〜9532頁／和速録105号2〜8頁）……**570**

【PX967朗読概要】（PX58抜粋；1938（昭和13）年3月17日付けハル米国務長官演説；我が対外政策−支那事変解決のための米国の努力）……**571**

【PX968朗読概要】（PX58抜粋；1938（昭和13）年1月31日付けグルー駐日米大使発広田外相宛通告抜粋；北支の関税率改訂に対する抗議）……**571**

【PX969朗読概要】（PX58抜粋；1938（昭和13）年2月4日付けグルー駐日米大使発広田外相宛通告；日本軍の在支米国権益侵害に対する抗議）……**572**

【PX970朗読概要】（PX58抜粋；1938（昭和13）年4月4日付け駐米大使発広田外相宛覚書抜粋；米国伝道団・実業家の南京復帰阻止に対する抗議）……**573**

【PX971朗読概要】（PX58抜粋；1938（昭和13）年3月26日付け駐米大使発広田外相宛覚書抜粋；在支米国伝道団財産占拠に対する抗議）……**573**

【PX972-A朗読概要】（支那事変関係日本政府公表集第3巻抜粋；1938（昭和13）年1月16日付け帝国政府声明；国民政府（蒋介石）を相手にせず）……**574**

【PX972-C朗読概要】（PX972抜粋；1938（昭和13）年9月22日付け宇垣外相発アバノール国際連盟事務総長宛文書−連盟理事会の招請状拒絶回答）……**575**

【PX972-D朗読概要】（PX972抜粋；1936（昭和13）年10月12日付け外務省情報部長談−南支作戦において第三国権益重視の帝国政府方針は不変）……**575**

【PX972-F朗読概要】（PX972抜粋；第73帝国議会近衛首相演説（1938［昭和13］年1月22日）；支那事変解決方針）……**576**

【PX972-G抜粋朗読内容】（PX972抜粋；同上議会広田外相演説（1938［昭和13］年1月22

日）；支那事変解決外交方針）……**577**

(6) ハーディン検察官、ウイリアムズ検察官に替わり、検察主張立証第 XI 局面「米・英・英連邦諸国関係」第 2 部「支那事変に関わる日本の対米英関係」の検察側立証として、さらに、提出済み（検）法廷証 PX58【米国対日外交関係叢書 1931（昭和 6）年〜1941（昭和 16）年第 2 巻】からの抜粋書証の提出を続行する。

(英速録 9532〜9541 頁／和速録 105 号 8〜9 頁)……**578**

【PX973 朗読概要】（PX58 抜粋；1938（昭和 13）年 10 月 3 日付けグルー駐日米大使発近衛首相宛口頭申し入れ抜粋；門戸開放・機会均等・米国権益尊重の要求）……**578**

【PX974 朗読概要】（PX58 抜粋；1938（昭和 13）年 5 月 30 日付け駐日米大使館発宇垣外相宛抗議文書抜粋；南通州所在米国伝道会財産爆撃）……**579**

【PX975 朗読概要】（PX58 抜粋；1938（昭和 13）年 5 月 31 日付け駐日米大使発宇垣外相宛抗議文書抜粋；海州における米国伝道会・学校への日本軍爆撃）……**579**

【PX976 朗読概要】（PX58 抜粋；1938（昭和 13）年 6 月 10 日付け駐日米大使発宇垣外相宛抗議文書抜粋；蘇州における米国伝道会附属病院の日本軍による占拠）……**580**

(7) ハーディン検察官及びウイリアムズ検察官、検察主張立証第 XI 局面「米・英・英連邦諸国関係」第 2 部「支那事変に関わる日本の対米英関係」の検察側立証として、提出済み（検）法廷証 PX58【米国対日外交関係叢書 1931（昭和 6）年〜1941（昭和 16）年第 2 巻】からの抜粋及びその他関連文書を、さらに証拠として提出する。

(英速録 9542〜9629 頁／和速録 105 号 9〜19 頁)……**580**

【PX977 朗読概要】（1936（昭和 11）年 6 月 30 日付け陸海軍省策定国策大綱）……**580**

【PX980 朗読概要】（PX58 抜粋；1938（昭和 13）年 6 月 28 日付けグルー駐日米大使発宇垣外相宛抗議通牒抜粋；山東省における米国伝道教会への不法爆撃）……**581**

【PX981 朗読概要】（PX58 抜粋；1938（昭和 13）年 8 月 16 日付け駐日米大使発宇垣外相宛抗議通牒抜粋；武昌における米国伝道教会への不法爆撃）……**582**

【PX982 朗読概要】（PX58 抜粋；1938（昭和 13）年 8 月 26 日付け米国務省新聞発表抜粋；澳門付近非戦闘員の攻撃）……**582**

【PX983 朗読概要】（PX58 抜粋；1938（昭和 13）年 10 月 31 日付けグルー駐日米大使発有田外相宛通牒抜粋；在河南省桐柏米国伝道教会不法爆撃）……**582**

【PX984 朗読概要】（PX58 抜粋；1938（昭和 13）年 11 月 7 日付けグルー駐日米大使発有田外相宛抗議通牒抜粋；揚子江での米船舶の航行制限・商品取扱上の権益侵害）……**583**

【PX985 朗読概要】（PX58 抜粋；1939（昭和 14）年 3 月 30 日付け駐日米大使発有田外相宛抗議通牒抜粋；在支米人生命・財産・権益侵害）……**583**

【PX986 朗読概要】（PX58 抜粋；1938（昭和 13）年 11 月 21 日付けグルー駐日米大使発有田

外相宛口頭申し入れ抜粋；門戸開放・米人生命・財産尊重の要求）……584

【PX987朗読概要】（PX58抜粋；1938（昭和13）年11月19日付けドーマン駐日米大使館参事官の有田外相との会見覚書；日本の対外政策は不変）……585

【PX988朗読概要】（PX58抜粋；1937（昭和12）年9月1日付け駐日米大使館発外務省宛覚書；非軍事的施設爆撃中止要求）……585

【PX989朗読概要】（外務省押収文書「1938（昭和13）年11月～1939（昭和14）年7月の有田外相在任期間の日米交渉概要録」；1938（昭和13）年11～12月間の有田外相・グルー駐日米大使会談録」－支那における機会均等・門戸開放をめぐる両国の立場）……586

【PX990朗読概要】（PX58抜粋；1938（昭和13）年11月9日付けグルー駐日米大使発有田外相宛抗議文書抜粋；広東海関接収に対する抗議）……590

【PX991朗読概要】（PX58抜粋；1938（昭和13）年12月30日付けグルー駐日米大使発有田外相宛抗議文書抜粋；在支米人の経済活動に対する制限）……590

【PX992朗読概要】（PX58抜粋；1939（昭和14）年3月11日付けグルー駐日米大使発有田外相宛抗議文書抜粋；北支貿易制限ほか）……592

【PX993朗読概要】（PX58抜粋；1939（昭和14）年9月1日付けドーマン駐日米大使館参事官発阿部外相宛文書；汕頭海関占領継続）……592

【PX994朗読概要】（1939（昭和14）年7月26日付けハル米国務長官発堀内駐米大使宛通牒；日米通商航海条約廃棄）……592

【PX995朗読概要】（PX58抜粋；1939（昭和14）年5月11日付けグルー駐日大使発有田外相宛口頭申し入れ抜粋；在支米国財産無差別爆撃への抗議）……593

【PX996朗読概要】（PX58抜粋；1939（昭和14）年5月22日付けドーマン駐日米大使館参事官発ハル米国務長官宛報告電文抜粋；米国伝道教会爆撃に付き日本側に抗議）……593

【PX997朗読概要】（PX58抜粋；1939（昭和14）年5月18日付けグルー駐日米大使発米国務長官宛電文抜粋；南方進出政策に関する外相弁明・米政府との会談用意あり）……593

【PX998朗読概要】（PX58抜粋；1939（昭和14）年7月6日付けハル米国務長官発グルー駐日米大使宛電文抜粋；日本軍機による福州米教会資産爆撃に対する抗議書を在米須磨参事官に手交した）……594

【PX999朗読概要】（PX58抜粋；1939（昭和14）年7月10日付けハル米国務長官の堀内駐米日本大使との会見覚書抜粋；重慶爆撃による米人財産の被害に抗議）……594

【PX1000朗読概要】（PX58抜粋；1939（昭和14）年12月5日付けグルー駐日米大使発野村外相宛抗議通牒抜粋；在河南省桐柏米国伝道教会爆撃）……595

【PX1001朗読概要】（PX58抜粋；1940（昭和15）年2月6日付けグルー駐日米大使発有田外相宛抗議通牒；汕頭における不当課税）……595

【PX1002朗読概要】（PX58抜粋；1940（昭和15）年4月28日付け駐日米大使館発外務省宛抗議覚書抜粋；天津の米国商品に対する不当干渉）……595

【PX1003朗読概要】（PX58抜粋；1939（昭和14）年6月15日及び25日付けクレイギー駐日英大使発有田外相宛抗議書簡2通；天津英国租界封鎖・ニュージーランド名誉代表に対する侮辱事件）……**596**

【PX1004朗読概要】（PX58抜粋；1940（昭和15）年3月20日付けグルー駐日米大使発有田外相宛抗議文書抜粋；仏山への灯油輸送不許可）……**598**

【PX1005朗読概要】（PX58抜粋；1940（昭和15）年7月15日付け駐日米大使館発外務省宛抗議覚書抜粋；北支における対米貿易差別待遇）……**598**

2—11—3 検察主張立証第XI局面「米・英・英連邦諸国関係」第3部「開始された日米英交渉」

（英速録9630〜9851頁／和速録105号19頁〜107号7頁）……**599**

(1) ハーディン検察官、検察主張立証第XI局面「米・英・英連邦諸国関係」第3部「開始された日米英交渉」の検察側立証として、関連書証を提出する。
（英速録9630〜9653頁／和速録105号19〜23頁）……**599**

【PX1007朗読概要】（1940（昭和15）年3月3日付け外務省覚書「対米外交に関連して採るべき経済政策」）……**599**

【PX1008朗読概要】（1941（昭和16）年1月22日付け松岡外相発野村駐米大使宛訓令；日本の外交政策を米国朝野に徹底させよ）……**601**

【PX1009朗読概要】（1941（昭和16）年2月7日付け松岡外相発野村駐米大使宛訓令電文抜粋；米国朝野を啓発し日本の決意を徹底させよ）……**603**

◆1946（昭和21）年11月6日（英速録9654〜9808頁／和速録第106号1〜24頁）……**603**

(2) ウイリアムズ検察官、ハーディン検察官に替わって、検察主張立証第XI局面「米・英・英連邦諸国関係」第3部「開始された日米英交渉」の検察側立証として、関連書証の提出を続行する。（英速録9655〜9670頁／和速録106号2〜5頁）……**604**

【PX1009朗読概要】（続き）……**604**

【PX1010朗読概要】（PX58抜粋；1940（昭和15）年6月13日付け米国務省新聞発表抜粋；日本の重慶爆撃）……**604**

【PX1011朗読概要】（PX58抜粋；1940（昭和15）年9月13日付けグルー駐日米大使発松岡外相宛抗議通牒抜粋－在重慶米国伝道教会爆撃焼失）……**605**

【PX1012朗読概要】（PX58抜粋；1940（昭和15）年4月15日付け駐米日本大使館新聞発表；欧州戦の蘭印への影響に関する有田外相声明）……**605**

【PX1013朗読概要】（PX58抜粋；1940（昭和15）年4月17日付け米国務省新聞発表抜粋－

蘭印への内政干渉・平和的手段によらない現状変更は太平洋の平和と安定と安全を害する）
……606

【PX1014朗読概要】（PX58抜粋；1940（昭和15）年6月10日付けグルー駐日米大使の有田外相との会見覚書抜粋－米艦隊のハワイ集結は日本人の大関心事）……606

(3) ウイリアムズ検察官及びハーディン検察官、検察主張立証第XI局面「米・英・英連邦諸国関係」第3部「開始された日米英交渉」の検察側立証として、「日本の対英関係」関連を中心とする書証を提出する。

（英速録9671～9752頁／和速録106号5～16頁）……607

【PX1015朗読概要】（1940（昭和15）年2月13日付け重光駐英大使発有田外相宛電文；バトラー英外務省次官との会見－外務次官、日英同盟に言及）……607

【PX1016朗読概要】（1940（昭和15）年3月23日付け重光駐英大使発有田外相宛電文；バトラー英外務省次官との会見－汪兆銘政権樹立問題その他）……607

【PX1017朗読概要】（1940（昭和15）年5月13日付け重光駐英大使発有田外相宛電文；大使の意見具申－独軍のオランダ・ベルギー侵入に伴う日本の対外政策）……609

【PX1018朗読概要】（1940（昭和15）年5月25日付け重光駐英大使発有田外相宛電文；大使の進言－日支和平の必要性・日本の立場の対外宣命）……610

【PX1019朗読概要】（1940（昭和15）年6月19日付け重光駐英大使発有田外相宛電文；大使見解－対仏印積極策に慎重、欧州戦争進展に伴う日本の政策）……611

【PX1020朗読概要】（1940（昭和15）年7月10日付け佐藤ベルリン特派大使発来栖駐独大使経由有田外相宛電文；リッベントロップ独外相との会見－東亜及び欧州の新秩序、日米間紛争の最大原因は支那問題にあり）……611

【PX1020朗読概要】（続き）……612

【PX1021朗読概要】（1940（昭和15）年7月10日付け来栖駐独大使発有田外相宛電文；独の戦勝者的態度に対する警戒・戦後の日独協力）……614

【PX1022朗読概要】（PX58抜粋；1940（昭和15）年8月9日付け米国務長官代理発グルー駐日米大使宛電文抜粋；日本支配下支那での各種反米事件）……614

【PX1023朗読概要】（1940（昭和15）年8月5日付け重光駐英大使発松岡外相宛電文；外交政策の進言）……616

【PX1024朗読概要】（PX58抜粋；1940（昭和15）年9月18日付けグルー駐日米大使発松岡外相宛抗議通牒抜粋—駐支米国人に対する占領日本軍の各種制限）……617

【PX1025朗読概要】（PX58抜粋；1940（昭和15）年9月3日付けハル米国務長官発グルー駐日米大使宛電文抜粋－日本の対仏印最後通牒発出の報）……617

【PX1026朗読概要】（PX58抜粋；1940（昭和15）年9月19日付け駐日米大使発松岡外相宛抗議申し入れ；日本軍の仏印進駐は第三国人にとって著しい脅威）……618

【PX1027 朗読概要】（PX58 抜粋；1940（昭和 15）年 10 月 7 日付け駐米日本大使館発米国務省宛抗議通牒抜粋－屑鉄の対日輸出制限は国防問題のみとは考えられない）……**618**

【PX1028 抜粋朗読概要】（1940（昭和 15）年 12 月 22 日付けクレイギー駐日英大使発谷外務次官宛「支那における日英間の諸懸案に関する覚書」）……**618**

(4) ウイリアムズ検察官、ハーディン検察官に替わり、続けて検察主張立証第 XI 局面「米・英・英連邦諸国関係」第 3 部「開始された日米英交渉」の検察側立証として、「日本の対英関係」関連を中心とする書証の提出を続行する。

（英速録 9736〜9808 頁／和速録 106 号 14〜24 頁）……**621**

【PX1028 朗読概要】（続き）……**621**

【PX1030 抜粋朗読概要】（1940（昭和 15）年 9 月 26 日付け枢密院議事録；日独伊三国条約締結批准）……**625**

【PX1031 朗読概要】（PX58 抜粋；1940（昭和 15）年 10 月 11 日付け駐日米大使発松岡外相宛抗議通牒抜粋；北支における対米差別的為替統制等）……**629**

【PX1032 朗読概要】（PX58 抜粋；1940（昭和 15）年 10 月 24 日付け駐日米大使発松岡外相宛抗議通牒抜粋－北支における軽工業原料検査・船積み管理）……**629**

【PX1033 朗読概要】（PX58 抜粋；1940（昭和 15）年 11 月 15 日付け駐日米大使発松岡外相宛抗議通牒抜粋－仏印における米国商品差別待遇）……**630**

【PX1034 朗読概要】（PX58 抜粋；1940（昭和 15）年 11 月 26 日付け駐日米大使発松岡外相宛抗議通牒抜粋－ハノイにおけるリンデン米副領事不当監禁）……**630**

【PX1036 朗読概要】（1940（昭和 15）年 12 月 17 日付け駐日米大使発松岡外相宛抗議通牒抜粋；ハノイでの米商品再輸出拒否）……**631**

【PX1037 朗読概要】（PX58 抜粋；1940（昭和 15）年 12 月 17 日付け駐日米大使発松岡外相宛口頭抗議申し入れ；仏印からの医療品積出し拒否）……**631**

【PX1038 朗読概要】（PX58 抜粋；1941（昭和 16）年 5 月 3 日付け東京日々新聞記事抜粋「国防保安法・同法は五月十日愈々実施」）……**631**

【PX1039 朗読概要】（1941（昭和 16）年 2 月 7 日付けイーデン英外相発重光駐英大使宛口頭申し入れ；松岡外相の緊張やむを得ずとの日英関係観・日本と朝鮮における英人スパイ嫌疑への抗議・松岡外相演説は諒解に苦しむ・日本の南進策を危惧・対独戦に対する英帝国の決意）……**631**

【PX1040 朗読概要】（1941（昭和 16）年初頭付け外務省押収文書「日英外交関係電報綴り」抜粋；重光駐英大使発松岡外相宛電文―イーデン英外相との会見）……**633**

【PX1041 朗読概要】（1941（昭和 16）年 2 月 13 日付け松岡外相発重光駐英大使宛訓令電文；対イーデン英外相回答内容－極東の危機とは妄想・英国と事を構える意図なし）……**634**

【PX1042 朗読概要】（PX58 抜粋；1941（昭和 16）年 2 月 13 日付けグルー駐日米大使発松岡

外相宛抗議申し入れ-仏印からの米商品積出し拒否)……**634**

【PX1043朗読概要】(PX58抜粋;1941(昭和16)年2月14日付けローズベルト米大統領・日本新大使野村会見のハル米国務長官覚書抜粋-日米関係特に、南進策、三国同盟)……**635**

【PX1044朗読概要】(1941(昭和16)年2月14日付け松岡外相発重光駐英大使宛訓令電文;タイ・仏印国境紛争調停に関するイーデン英外相申し入れに対する回答文の手交)……**635**

◆1946(昭和21)年11月7日

(英速録9809〜9899½頁/和速録第107号1〜24頁)……**636**

(5) ヒギンズ検察官及びハーディン検察官、検察主張立証第XI局面「米・英・英連邦諸国関係」第3部「開始された日米英交渉」の検察側立証として、「日本の対英関係」関連を中心とした書証提出を続行する。

(英速録9810〜9834頁/和速録107号2〜5頁)……**636**

【PX1046朗読概要】(1941(昭和16)年2月18日付け松岡外相発重光駐英大使宛電文;松岡外相・駐日英大使クレイギー卿会談内容の通知-日本の真意に対する過度の懸念一掃に努力、英大使は安堵)……**636**

【PX1047朗読概要】(1941(昭和16)年2月21日付け駐日英大使クレイギー卿発松岡外相宛非難通牒;マラヤ・タイ国境に英軍集結との日本新聞報道)……**637**

【PX1048朗読概要】(1941(昭和16)年2月24日付け重光駐英大使発松岡外相宛報告電文;チャーチル英首相・重光駐英大使会談-英首相は日英関係を憂慮・対独抗戦決意を表明)……**638**

【PX1049朗読概要】(外務省押収文書「1941(昭和16)年2月24日付け日英関係に関する両国外務省交換公文;松岡外相の確言に対するチャーチル英首相の反応)……**638**

【PX1050朗読概要】(1941(昭和16)年2月25日付け大島駐独大使発松岡外相宛電文;大島駐独大使・リッベントロップ独外相会談-三国同盟の忠実履行)……**639**

【PX1051朗読概要】(1941(昭和16)年2月25日付け重光駐英大使発松岡外相宛電文;チャーチル英首相・重光駐英大使会談詳報-英は支那における日本の活動を喜ぶべきである・日本に対英侵攻の意図なし)……**640**

【PX1052朗読概要】(PX58抜粋;1941(昭和16)年2月27日付けグルー駐日米大使発ハル米国務長官宛電文抜粋-松岡外相・グルー駐日米大使会談)……**641**

(6) キーナン首席検察官、ハーディン検察官に替わり、検察主張立証第XI局面「米・英・英連邦諸国関係」第3部「開始された日米英交渉」の検察側立証として、「日本の対米関係」関連中心の書証を提出する。

(英速録9835〜9851頁／和速録107号5〜7頁)……641

【PX1053朗読概要】(1941(昭和16)年2月27日付け松岡外相発チャーチル英首相宛重光手交提案「第二次我方申入」；日本は三国同盟に忠実・日英戦争は遺憾)……641

【PX1054朗読概要】(1941(昭和16)年3月4日付け松岡外相発野村駐米大使宛注意喚起電文；米国政府に対する返答は本国政府と歩調を合わせよ)……642

【PX1055朗読概要】(1941(昭和16)年3月8日付け東京日々新聞記事「国家総動員法改正」)……642

【PX1056朗読概要】(PX58抜粋；1941(昭和16)年3月8日付けハル米国務長官・野村駐米大使会談覚書抜粋；米は日独の軍事行動に多大の懸念)……643

【PX1057朗読概要】(PX58抜粋；1941(昭和16)年3月14日付けローズベルト米大統領・野村駐米大使会談のハル米国務長官覚書抜粋；日本の意図に対する米国の疑惑と恐怖)……644

【PX1058朗読概要】(木戸日記(1941[昭和16]年4月3日)；豊田海軍次官を商工相に鈴木を企画院総裁に起用)……645

2—11—4 検察主張立証第XI局面「米・英・英連邦諸国関係」第4部「ワシントン日米交渉第一段階—1941(昭和16)年6月30日まで」

(英速録9851〜10137頁／和速録107号7頁〜109号3頁)……645

(1) キーナン首席検察官、検察主張立証第XI局面「米・英・英連邦諸国関係」第4部「ワシントン日米交渉第一段階—1941(昭和16)年6月30日まで」の立証を開始する。

(英速録9851〜9874頁／和速録107号7〜11頁)……645

【PX1059朗読概要】(PX58抜粋；私人たる米国人・日本人を通じて米国務省に提出された提案(1941[昭和16]年4月9日)—いわゆる「日米諒解案」)……645

【PX1060朗読概要】(PX58抜粋；1941(昭和16)年4月14日付けハル米国務長官・野村駐米大使会談覚書抜粋；日米諒解案への対応)……648

【PX1061朗読概要】(PX58抜粋；1941(昭和16)年4月16日付けハル米国務長官・野村駐米大使会談覚書抜粋；日米諒解案もしくはその他解決案による解決の米国側条件)……649

【PX1062朗読概要】(1941(昭和16)年4月12日付けチャーチル代理外相発松岡外相宛モスクワ滞在時受領書簡；日英提携慫慂の提案)……650

【PX1063朗読概要】(1941(昭和16)年4月22日付け松岡発チャーチル宛返答電文；日英提携慫慂提案に対して八紘一宇の主張)……651

【PX1064 朗読概要】（PX58 抜粋；1941（昭和 16）年 4 月 14 日付けグルー駐日米大使発近衛兼摂外相宛抗議通牒抜粋；昆明爆撃による米人生命財産への危険）……651

(2) ウイリアムズ検察官、キーナン首席検察官に替わり、検察主張立証第 XI 局面「米・英・英連邦諸国関係」第 4 部「ワシントン日米交渉第一段階—1941（昭和 16）年 6 月 30 日まで」の検察側立証として、関係証拠書類の提出を続行する。

（英速録 9874〜9934 頁／和速録 107 号 11〜18 頁）……651

【PX1065 朗読概要】（木戸日記（1941［昭和 16］年 4 月 19 日）；日米関係・独ソ関係で奏上、野村駐米大使請訓の「日米諒解案」に付き近衛首相と協議）……652

【PX1066 朗読概要】（木戸日記（1941［昭和 16］年 4 月 28 日）；対米政策奉答、陛下御満足）……652

【PX1067 朗読概要】（1941（昭和 16）年 1 月 23 日付けジャパン・タイムズ・アンド・アドバタイザー紙抜粋；一億人を目標とする人口増加運動に内閣、対策を講ず）……652

【PX1068 朗読概要】（1941（昭和 16）年 5 月 6 日付けオット駐日独大使発リッベントロップ独外相宛電文 685；松岡外相・オット会談－独米戦・独ソ戦への日本の態度、日米諒解案、日ソ中立条約）……653

【PX1069 朗読概要】（PX58 抜粋；1941（昭和 16）年 5 月 6 日付けグルー駐日米大使発松岡外相宛抗議通牒抜粋－昆明米国総領事館爆撃）……655

【PX1070 朗読概要】（PX58 抜粋；1941（昭和 16）年 5 月 12 日付け野村駐米大使発ハル米国務長官宛手交提案草案－日米諒解案への日本側対案）……655

【PX1071 朗読概要】（PX58 抜粋；1941（昭和 16）年 5 月 16 日付けハル米国務長官発野村駐米大使宛米国側対案－日本案の一部修正案を政府間交渉に載せる）……658

【PX1072 朗読概要】（PX58 抜粋；1941（昭和 16）年 5 月 17 日付けグルー駐日米大使発松岡外相宛抗議通牒抜粋；昆明の米国人民家・領事館爆撃）……659

【PX1073 朗読概要】（1941（昭和 16）年 5 月 18 日付けオット駐日独大使発リッベントロップ独外相宛電文；松岡外相・オット会談－日米交渉への独の参加、松岡は日米交渉妥結に懐疑的、三国同盟動揺せず）……659

【PX1074 朗読概要】（PX58 抜粋；1942（昭和 17）年 5 月 19 日付け米国務省作成覚書－1941（昭和 16）年のハル米国務長官・野村駐米大使非公式会談録抜粋）……660

【PX1075 朗読概要】（1941（昭和 16）年 5 月 20 日付け大島駐独大使発松岡外相宛電文 567；日米交渉の進め方に独首脳部、不満の意）……661

【PX1076 朗読概要】（1941（昭和 16）年 5 月 21 日付け大島駐独大使発松岡外相宛電文 575；日米協定は重大な国策変更と考えられる）……664

(3) キーナン首席検察官、ウイリアムズ検察官に替わり、検察主張立証第 XI 局面「米・

英・英連邦諸国関係」第4部「ワシントン日米交渉第一段階—1941（昭和16）年6月30日まで」の検察側立証として、再び、（検）法廷証PX58【米国対日外交関係叢書1931（昭和6）年～1941（昭和16）年第2巻】からの抜粋書証を中心に、証拠書類の提出を続行する。　　　　　　（英速録9934～9984頁／和速録107号18～24頁）……**664**

【PX1077朗読概要】（PX58抜粋；1941（昭和16）年5月28日付け野村駐米大使・ハル米国務長官会談覚書－日米間一般問題）……**664**

【PX1078朗読概要】（PX58抜粋；1941（昭和16）年5月31日付けハル米国務長官発野村駐米大使宛米国側非公式提案草案－1941（昭和16）年5月12日付け日本側対案への米側対案）……**665**

【PX1078朗読概要】（続き）……**667**

【PX1079朗読概要】（PX58抜粋；1941（昭和16）年5月31日付けハル米国務長官発野村駐米大使宛非公式口頭申し入れ）……**669**

【PX1080朗読概要】（PX584抜粋；1941（昭和16）年5月31日付けハル米国務長官発野村駐米大使宛非公式口頭声明；日米交渉につき米政府は適当な段階に極秘裏に蒋政府と協議する）……**671**

【PX1081朗読概要】（PX58抜粋；1941（昭和16）年6月2日付けハル米国務長官・野村駐米大使会談覚書抜粋；日米交渉への日本の真意に付き松岡外相の態度は疑念なきを得ない）……**671**

【PX1082朗読概要】（PX58抜粋；1941（昭和16）年6月4日付けグルー駐日米大使発松岡外相宛抗議書簡抜粋；重慶の米国教会爆撃）……**671**

【PX1083朗読概要】（PX58抜粋；1941（昭和16）年6月4日付け野村駐米大使・ハル米国務長官会談覚書抜粋；ハミルトン・岩畔大佐・松平・若杉による日米両案対比検討）……**672**

【PX1084朗読概要】（木戸日記（1941［昭和16］年6月6日）；大島駐独大使・ヒトラー会見報告電を奏上－独は対ソ攻撃に決す）……**675**

【PX1085朗読概要】（PX58抜粋；1941（昭和16）年6月6日付けハル米国務長官発野村駐米大使宛非公式口頭申し入れ抜粋；日本側累次の修正案は米の外交原則よりいよいよ懸隔し、失望）……**675**

◆ 1946（昭和21）年11月8日（英速録9985～10128頁／和速録第108号1～25頁）……**676**

(4) ウイリアムズ検察官、続けてキーナン首席検察官、検察主張立証第XI局面「米・英・英連邦諸国関係」第4部「ワシントン日米交渉第一段階」の検察側立証として、（検）法廷証PX58【米国対日外交関係叢書2巻1931（昭和6）年～1941（昭和16）年】からの抜粋書証を中心に、さらに証拠書類を提出する。

（英速録9986～10019頁／和速録108号2～7頁）……**676**

【PX1086朗読概要】（1941（昭和16）年6月11日付けオット駐日独大使発リッベントロップ独外相宛電文927；日ソ中立条約と三国同盟条約）……**676**

【PX1087朗読概要】（PX58抜粋；1941（昭和16）年6月15日付け野村駐米大使発ハル米国務長官宛日本側提案－日米交渉日本側非公式案）……**677**

【PX1088朗読概要】（PX58抜粋；1941（昭和16）年6月16日付けグルー駐日米大使発ハル米国務長官宛報告電文830；日本軍による重慶米大使館ほかの爆撃に対する抗議）……**678**

【PX1089朗読概要】（木戸日記（1941［昭和16］年6月18日）；抜粋；仏印問題につき独を通じてビシー政府と交渉）……**679**

【PX1090朗読概要】（木戸日記（1941［昭和16］年6月20日）抜粋；近衛談－独ソ開戦説と松岡外相の態度）……**679**

【PX1091朗読概要】（PX58抜粋；1941（昭和16）年6月21日付けハル米国務長官発野村駐米大使宛口頭申し入れ声明；松岡外相の親独傾向批判、日本の政策は米の自由政策と反する）……**679**

【PX1092朗読概要】（PX58抜粋；1941（昭和16）年6月21日付けハル米国務長官発野村駐米大使宛米側提案草案－1941（昭和16）年5月31日付け米側提案の一部修正米側提案）……**680**

(5) ヒギンズ検察官、キーナン首席検察官に替わり、検察主張立証第XI局面「米・英・英連邦諸国関係」第4部「ワシントン日米交渉第一段階」の検察側立証として、証拠提出を続行する。　　　　　　（英速録10019～10042頁／和速録108号7～10頁）……**682**

【PX1093抜粋朗読概要】（木戸日記（1941［昭和16］年6月22日）；独ソ開戦に伴う松岡外相奏上に関連して拝謁）……**683**

【PX1094朗読概要】（木戸日記（1941［昭和16］年6月23日）；独ソ開戦についての松岡外相言上内容）……**683**

【PX1095朗読概要】（木戸日記（1941［昭和16］年6月25日）；近衛の汪精衛との会談－日支和平問題・仏印進駐）……**684**

【PX1096朗読概要】（1941（昭和16）年6月28日付けリッベントロップ独外相発オット駐日独大使宛電文；日本に対し対ソ攻撃を働きかけ）……**685**

【PX1097朗読概要】（1941（昭和16）年6月28日付けオット駐日独大使発リッベントロップ独外相宛請訓電文1069；日本の対ソ態度未定・大島駐独大使等の工作）……**686**

【PX1098朗読概要】（木戸日記（1941［昭和16］年6月28日）；東条陸相より独ソ開戦後の軍の方針を聴く）……**686**

【PX1099朗読概要】（PX58抜粋；1941（昭和16）年7月8日付けグルー駐日米大使発松岡外相宛抗議声明抜粋；重慶爆撃により米英施設に被害）……**687**

【PX1100朗読概要】（PX58抜粋；1941（昭和16）年7月8日付けグルー駐日米大使発松岡

外相宛口頭申し入れ抜粋；ハノイ、ハイフォンにおける米商品差押えの解除要請）……**687**

(6) ハーディン検察官、ヒギンズ検察官に替わり、検察主張立証第 XI 局面「米・英・英連邦諸国関係」第 4 部「ワシントン日米交渉第一段階」の検察側立証として、証拠提出を続行する。　　（英速録 10042～10137 頁／和速録 108 号 10 頁～109 号 3 頁）……**687**

【PX1101 朗読概要】（1941（昭和 16）年 2 月 17 日付け松岡外相発イーデン英外相宛回答電文 46；日本の平和的外交政策を保証）……**688**

【PX1102 朗読概要】（1941（昭和 16）年 7 月 24 日付け米国務省新聞発表抜粋；南部仏印進駐は太平洋の安全を害する）……**689**

【PX1103 朗読概要】（朝日新聞記事抜粋；政府統帥部連絡懇談会（1941［昭和 16］年）開催日時・出席者名・決定事項一覧）……**690**

【PX1104 朗読概要】スティムソン宣誓供述書；日本の条約上の義務・満州事変・満州国建設）……**693**

【PX1105 朗読概要】（グルー駐日米大使宣誓供述書；日本の条約上の義務・支那における米国権益の侵害・満州国・蘭領東インドとソヴィエト連邦に対する日本の政策）……**697**

【PX1106 朗読概要】（※議会真珠湾攻撃合同調査委員会報告ハル米国務長官証言（日付なし）抜粋）……**700**

◆休廷 3 暦日（11 月 8 日前回法廷終了時の裁判長ウェッブの裁定による）
　　　　　　　　　　　　　　　　　　（英速録 10129～10279 頁／和速録第 109 号 1～21 頁）……**704**

◆1946（昭和 21）年 11 月 12 日　（英速録 10129～10279 頁／和速録第 109 号 1～21 頁）……**704**

【PX1106 朗読概要】（続き）……**705**

2—11—5　検察主張立証第 XI 局面「米・英・英連邦諸国関係」第 5 部「ワシントン日米交渉第二段階—1941（昭和 16）年 7 月 1 日以降東条内閣成立まで」

（英速録 10137～10248 頁／和速録 109 号 3～17 頁）……**706**

(1) ジョン・W・フィーリー検察官、ヒギンズ検察官に替わり、検察主張立証第 XI 局面「米・英・英連邦諸国関係」第 5 部「ワシントン日米交渉第二段階—1941（昭和 16）年 7 月 1 日以降東条内閣成立まで」の立証に入る。
　　　　　　　　　　　　　　　　　　（英速録 10137～10210 頁／和速録 109 号 3～13 頁）……**706**

【PX1107 朗読概要】（1941（昭和 16）年御前会議出席者名簿抜粋）……**707**

【PX1108 朗読概要】（木戸日記（1941［昭和 16］年 7 月 2 日）抜粋；御前会議－独ソ開戦後の国策決定・近衛、松岡外相の真意判らずと）……**707**

【PX1110-A 朗読概要】（連合国軍 1946（昭和 21）年 2 月 13 日実施被告東条英機尋問調書抜粋；1941（昭和 16）年 7 月 2 日御前会議の奏請者は東条陸相）……**708**

【PX1111 朗読概要】（1941（昭和 16）年 7 月 3 日付けワイツゼッカー独外務次官発リッベントロップ独外相宛報告；大島駐独大使との会談－独ソ開戦と日本の態度）……**708**

【PX1112 朗読概要】（木戸日記（1941［昭和 16］年 7 月 5 日）；松岡外相談－仏印進駐交渉、外部漏洩）……**709**

【PX1113 朗読概要】（1941（昭和 16）年 7 月 7 日付けオット駐日独大使発リッベントロップ独外相宛報告電文 1151；白鳥の反ソ活動意図）……**709**

【PX1114 朗読概要】（1941（昭和 16）年 7 月 15 日付けオット駐日独大使発リッベントロップ独外相宛報告電文 1246；日本の南部仏印進駐交渉関係情報・交渉に独の援助要請）……**710**

【PX1115 朗読概要】（木戸日記（1941［昭和 16］年 7 月 15 日）；日米諒解案と松岡外相の態度、近衛内閣総辞職決意）……**710**

【PX1116 朗読概要】（木戸日記（1941［昭和 16］年 7 月 16 日）；近衛第二次内閣総辞職）……**711**

【PX1117 朗読概要】（木戸日記（1941［昭和 16］年 7 月 17 日）；重臣会議で近衛再推薦）……**711**

【PX1118 朗読概要】（1941（昭和 16）年 7 月 20 日付けオット駐日独大使発独外相宛電文 1297；豊田新外相の言明－三国同盟政策不変）……**712**

【提出済み PX1103 抜粋朗読概要】（朝日新聞記事抜粋；政府統帥部連絡懇談会（1941［昭和 16］年）開催日時・出席者名・決定事項一覧）……**713**

【PX1119-A 朗読概要】（連合国軍 1946（昭和 21）年 3 月 15 日実施被告東条英機尋問調書抜粋；政府大本営連絡会議の決定方式）……**713**

【PX1120 朗読概要】（1941（昭和 16）年 7 月 23 日付け野村駐米大使発豊田外相宛電文 550；南部仏印進駐に対する米国の反応）……**714**

【PX1121 朗読概要】（1941（昭和 16）年 7 月 24 日付けオット駐日独大使発リッベントロップ独外相宛電文 1353；南部仏印進駐日仏交渉妥結につき独に謝意）……**714**

【PX1122 朗読概要】（1941（昭和 16）年 7 月 29 日付け情報局発表；仏印共同防衛に関する日仏間議定書締結）……**715**

【PX1123 朗読概要】（連合国軍 1946（昭和 21）年 2 月 13 日実施被告東条英機尋問調書抜粋；南部仏印進駐）……**715**

【PX1124-A 朗読概要】（連合国軍 1946（昭和 21）年 2 月 15 日実施被告東条英機尋問調書抜

粋；仏印進駐軍の開戦時の行動）……715

【PX1125朗読概要】（木戸日記（1941［昭和16］年7月31日）；永野軍令部総長の対米戦争に関する奏上）……716

【PX1126-A朗読概要】（連合国軍1946（昭和21）年3月21日実施被告永野修身尋問調書抜粋；真珠湾攻撃計画）……717

【PX1127-A朗読概要】（連合国軍1946（昭和21）年3月27日実施被告永野修身尋問調書抜粋；真珠湾攻撃訓練）……717

【PX1128-A朗読概要】（連合国軍1946（昭和21）年1月23日実施被告嶋田繁太郎尋問調書抜粋；真珠湾攻撃の計画・訓練・攻撃状況）……718

【PX1129朗読概要】（木戸日記（1941［昭和16］年8月2日）；対米強硬論擡頭と政局動揺）……719

【PX1130朗読概要】（木戸日記（1941［昭和16］年8月7日）；対米戦・南進策の見通し）……719

【PX1131朗読概要】（1941（昭和16）年8月16日付け野村駐米大使発豊田外相宛電文703及び9月13日付け豊田発野村宛電文；日米関係は危機一髪の段階・タイ進駐に警告）……720

【PX1132朗読概要】（1941（昭和16）年8月22日付け新聞記事抜粋；1941（昭和16）年度国家物資動員計画（第2四半期以後））……720

(2) フィーリー検察官、検察主張立証第XI局面「米・英・英連邦諸国関係」第5部「ワシントン日米交渉第二段階—1941（昭和16）年7月1日以降東条内閣成立まで」の検察側立証として、「1941（昭和16）年8月以降の諸事件」について、証拠文書を提出する。　　　　　　　　　（英速録10209〜10248頁／和速録109号13〜17頁）……721

【提出済みPX1127-A朗読概要】（連合国軍1946（昭和21）年3月27日実施被告永野修身尋問調書抜粋；海軍大学における対米戦最終計画案策定）……721

【PX1133朗読概要】（1941（昭和16）年9月7日付け東京日々新聞記事抜粋；昭和16年度輸送動員計画）……722

【PX1134朗読概要】（木戸日記（1941［昭和16］年9月5日）；9月6日御前会議前の陸海軍両総長お召し）……722

【PX1135朗読概要】（木戸日記（1941［昭和16］年9月6日）；御前会議—原枢密院議長の「外交工作主体か」との統帥部への質問）……723

【提出済みPX1107抜粋朗読概要】（1941（昭和16）年御前会議出席者名簿抜粋；9月6日御前会議出席者氏名）……723

【提出済みPX588朗読概要】（日米交渉御前会議決定綴り抜粋；1941（昭和16）年9月6日—帝国は自存自衛のため対米英蘭戦を辞せざる決意の下に大旨10月下旬を目処として戦

争準備を完整す）……**723**

【PX1136-A 朗読概要】（連合国軍 1946（昭和 21）年 2 月 23 日実施被告東条英機尋問調書抜粋；1941（昭和 16）年 9 月 6 日御前会議招集の目的）……**724**

【PX1138 朗読概要】（木戸日記（1941［昭和 16］年 9 月 11 日）；東条首相より対米戦争準備等調査結果を聴く）……**725**

【PX1139 朗読概要】（1941（昭和 16）年 9 月 11 日付け野村駐米大使発豊田外相宛電文 810；米側の態度硬化に付き支那撤兵進言・日本最終案の請訓）……**725**

【提出済み PX1131 抜粋朗読概要】（1941（昭和 16）年 9 月 13 日付け豊田外相発野村大使宛電文；ハル米国務長官 4 原則への日本の反応ほか）……**726**

【PX1140 朗読概要】（1941（昭和 16）年 9 月 13 日付け東京日々新聞記事）抜粋；閣議決定（1941［昭和 16］年 9 月 12 日）－昭和 16 年労務動員実施計画）……**726**

【PX1141 朗読概要】（木戸日記（1941［昭和 16］年 9 月 26 日）；近衛内閣動揺）……**727**

【PX1142 朗読概要】（木戸日記（1941［昭和 16］年 9 月 29 日）；原枢密院議長、日米交渉不調の際の新規合議形態を求める）……**727**

【PX1143 朗読概要】（木戸日記（1941［昭和 16］年 10 月 7 日）；日米交渉継続に対する陸海軍の態度）……**727**

【PX1144 朗読概要】（1941（昭和 16）年 10 月 8 日付け野村駐米大使発本省宛電文 907A；米側は、日米交渉の基礎としてハル 4 原則を堅持）……**728**

【PX1145 朗読概要】（1941（昭和 16）年 10 月 8 日付け同上電文 907B；米政府はハル 4 原則の一致なき限り議論無益とする）……**728**

【PX1146 朗読概要】（木戸日記（1941［昭和 16］年 10 月 9 日）；近衛首相への進言－直ちに対米戦決意せず支那事変処理に全力を注ぐべし）……**729**

【PX1147 朗読概要】（木戸日記（1941［昭和 16］年 10 月 12 日）；首外陸海四相・企画院総裁「荻外荘会談」－陸相は日米諒解案の成立見込みなし、海相は戦争はできるだけ避けるべし、首相は交渉見込みあり、外相は未だ見込みあり、と）……**730**

<1946-9-30>　　　　　　　　　　　　　　　　　　　　　　2　検察主張立証段階

2　検察主張立証段階（承前）

◆ 1946（昭和21）年9月30日～1946（昭和21）年11月12日
　英速録6700～10248頁／和速録第79号4頁～第109号17頁

◆ 1946（昭和21）年9月30日
　　　　　　　　　　　　　　（英速録6592～6742頁／和速録第79号1～10頁）（途中より）

2—8　検察主張立証第VIII局面「仏・仏印及びタイ関係」
　　　　　　　　　　　　　（英速録6700～7195頁／和速録第79号4頁～第84号15頁）

(1) 法廷、ロベル・オネト検察官による検察主張立証第VIII局面「仏・仏印及びタイ関係」の検察側立証をフランス語で行いたいとの検察側申し立てについて、論議する。
　　　　　　　　　　　　　　　　　（英速録6700～6707頁／和速録第79号4～5頁）

＊キーナン首席検察官、「陳述すべては裁判所条例第9条b-3項に従って日本語と英語に翻訳する準備が整っている」として、オネト参与検察官は、同検察官の母語であるフランス語で進めたい」、と申し立てる。被告東条弁護人清瀬博士、「①それは、当法廷の審理が英語及び被告の母語である日本語で行われるべきことを定めている裁判所条例に違背する、②日本人の被告・弁護人共々、審理内容を正しく把握できなくなる可能性がある、③裁判長自身が先日、日・英語以外の言語が使用された場合に審理が長引く可能性に言及した」として、異議を申し立てる。キーナン首席検察官、「①条例の条文を弁護側主張のように字義通りに解釈したならば、日本語と英語を共々理解し話せる者しか証言できないことになるので、『いかなる証言・証拠であろうと日・英両語版が法廷に提出される必要がある』というのが該条文の常識的解釈である②翻訳上の問題は日英・英日の場合でも生じるもので、それを言い立てるならば、当法廷の審理そのものを打ち切れということになりかねない」と、反駁する。清瀬弁護人、自身の異議を補足して、「①証人が日・英語以外の言語で証言することには反対しないが、検察官が審理の過程でそれ以外の言語を使用することには異議を申し立てる」、と応答する。裁判長ウェッブ、③については、自身の発言を弁護側が誤解しているとした上で、オネト検察官がフランス語で冒頭陳述を行うことを許可するも、法廷にはその英語版を提出すべきことを指示する。被告重光弁護人ファーネス少佐、被告東条弁護人清瀬博士、「各々英語・日本語版が弁護側にも手交されるべきである」、と申し立てる。オネト検察官、「既に送達済みのはず」とするも、それに応じることを約する。
＊午前10時55分、裁判長ウェッブ、休廷を宣す。
＊午前11時05分、法廷、再開する。[E: 6705] [J: 79 (4)]

＊裁判長ウェッブ、「検察官がフランス語で陳述することを禁止する規定が裁判所条例にはない」、「判事団多数は特例としてフランス語での陳述を許可することに前向きであるが、それはあくまでオネト検察官に対する譲歩であり、法廷の合意に基づくものである」、「IBM の機械を通じての法廷通訳については、機械上の問題から当分は行わない」、と申し渡す。キーナン首席検察官、「以前ロシア語を通訳した際に IBM の装置を相当に使用した」、と申し立てる。ウェッブ裁判長、「私の発言は言語部から伝えられたことを伝達したに過ぎない」、「ロシア語の使用を特別扱いしてフランス語を差別する意図はない」、と応答する。キーナン首席検察官、「既に冒頭陳述の英訳・和訳版は法廷の指示通りに担当者に渡しており、今の今まで機械の不調があったことなど聞かされていない」として、差別されている可能性に言及する。裁判長ウェッブ、「判事団は機械の問題に精通していない」、さらに「フランス代表判事は差別だとは考えていない」、と応答する。キーナン検察官、「フランス語訳がIBM装置を通じて流されていない」と、異議を申し立てる。裁判長ウェッブ、IBM 装置による同時通訳が可能になったとの報告を受けて（担当官からの通告か何かがあった模様）、オネト検察官に対して、陳述を始めるよう促す。

(2) ロベル・オネト検察官、検察主張立証第 VIII 局面「仏・仏印及びタイ関係」の検察側立証として、その冒頭陳述を朗読する。

(英速録 6708〜6728 頁／和速録第 79 号 5〜8 頁)

【検察官オネトによる検察主張立証第 VIII 局面「仏・仏印及びタイ関係」冒頭陳述】

　この局面では仏・仏印への日本の侵攻戦争（war of aggression [E: 6708]、和文速記録では「侵略戦争」）の企図・準備・開始・遂行の態様、並びに、該戦争が国際法・条約・協定・保証に違反していたことを立証する。提出する証拠は、起訴状の訴因第 1〜5 号に関わる他、特に第 15、23、33 号に関連するものである。

　日本の仏印占領は、以下の三つの目的を達成するために実施されたことを立証する。即ち①対支軍事作戦の終結促進、②東南アジア支配の拡大、③ゴム・米などの仏印の資源獲得である。さらに示されるのは、日本が武力に訴えてこれらの目的を達しようとしたこと、1939（昭和 14）年までに対仏戦構想が確立されていたことである。そして、フランスの（ヨーロッパでの）軍事的敗退と、それがもたらした仏印の弱体化・孤立を奇貨として、ドイツとの緊密な協力の下に、日本がいかにしてこの強圧的方針を実行したかを明らかにする。即ち、三国同盟が具体的に実行された一例であったということである。

1. 準備段階

　仏印は、東南アジアの最重要戦略拠点で、北縁では支那南部国境に接してタイ・ビルマとも繋がり、北京・漢口とハノイ・バンコクを結ぶ交通路の要衝となっている。

　一方で仏印は、日本が後に香港・マラヤ・シンガポール・蘭印・フィリピンへと支配地域を拡

大する際に、特に奇襲攻撃を行う上で、非常に有利な海空の軍事拠点の中心となっており、米やゴムの豊富な産地である同地域の獲得は、戦争準備段階にある日本経済にとって不可欠であった。

このような事実を集約して一つの全体として見れば、仏印が日本の企図の中で重要性を帯びてきて、日本の南支での作戦が新たな困難に逢着するに連れてその重要性が増してきたのは明らかである。

ヨーロッパでの戦争に西側諸国の注意が逸らされたのを機に、日本は、仏印へ着々と歩を進めていった。

1939（昭和 14）年 2 月 10 日、日本が海南島を奇襲・占領した時、仏大使の抗議を受けた広田外相（英文速記録 6710 頁記述のママ。正しくは有田八郎。後に法廷で質疑が行われ、訂正が促される。英文速記録 6729 頁／和文速記録第 79 号 8 頁参照）は、「軍事上の必要の故に行われたもので、領土的野心はない」と回答したが、トンキン湾を臨む地域にある同島の占領は、仏印の安全を不断に脅威することとなった。

1939（昭和 14）年 3 月 11 日に仏印東岸沖の南沙諸島を日本軍が占領した時、日本の外務省は、「日本政府としてはフランスとのいかなる形での紛争も回避したい」との公式発表を行った。だが、これらが成功裏に終わったことで日本は武力発動の有効性に手応えを感じ、いずれ極東の覇権を握る際にも同じ手段に訴えるべきであると確信するに至る。1939（昭和 14）年 6 月 5 日、オット駐日独大使は、「日本は対仏英開戦に同意するも、参戦時期については独自に決するとの留保付きである」と、ベルリンの本省に伝えているが、その時期は間近に迫っていた。

2．北部仏印侵攻・占領

1937（昭和 12）年以来、日本は、フランスがトンキン地区からの援蒋物資輸送を黙過していることを非難していた。日本が支那沿岸を封鎖して、援蒋物資輸送を可能とする交通路を有する近隣諸国から支那西南部を孤立させようとしていたからであり、ハイフォン・龍州を結ぶ涼山鉄道及びハイフォン・昆明を結ぶ雲南鉄道を通じての雲南省と広西省への交通路を有していた仏印は、その近隣諸国の中の最たるものだからであった。

日本の抗議は、1939（昭和 14）年に一層強くなり、翌 1940（昭和 15）年にも再度なされたが、フランスは、1937（昭和 12）年 10 月 6 日に国際連盟で採択された「支那に道義的支援を表明し、支那の抵抗力を減退させて現下の紛争で同国がさらなる困難に直面するような行動を慎み、対支支援の規模は個別に判断する」との決議に従って、行動していた。

1939（昭和 14）年 8 月から 1940（昭和 15）年 2 月にかけて、日本は、北部仏印で雲南鉄道を爆撃し、このために死傷者が多数、出た。同時に新聞・ラジオを駆使した脅迫的宣伝活動を熾烈に展開した。

1940（昭和 15）年 6 月のフランス本国の軍事的敗退を千載一遇の好機と捉えた日本は、同年 6 月 19 日に、日本が仏印で随意に行動できることを認めるようドイツに要請。これで日本の仏印への真意は明白となった。同日、在京仏大使を通じて、ガソリンを始めとする特定物資の輸送を禁絶するための仏印国境封鎖と、封鎖状況を監視するために日本政府職員を駐在させることを要

求し、受諾期限を翌6月20日に設定した。

　これは、その後も日本が突きつけ続けてくる最後通牒の嚆矢となるものであったが、当時の在仏印兵力の規模が小さかったことや、ヨーロッパでの戦争故に極東での紛争回避を望む西側民主諸国からの支援を得るのが不可能であったことから、カトルー［Geoges Albert Julien Catroux］仏印総督は、以下の日本の要求をやむなく受諾するに至った。

　①支那へ通じる仏印のすべての鉄道・河川・航空路を監視する委員会を日本が派遣すること。

　②仏印・支那国境の双方向からの全面封鎖。規定では、すべての品目の輸送に適用されるが、一時的措置。

　6月29日、西原（一策）少将を長とする日本の監視団がハノイに到着して、ハノイ、ハジャン、ラオカイ、カオバン、ランソン、バヤール要塞に監視所を設置した。

　1940（昭和15）年8月2日、近衛内閣の松岡外相は、在京仏大使に対して、「大本営は仏印を経由しての対支作戦実施に死活的重要性を認めるものであるが故に、日本軍によるトンキン州通過、同州の飛行場使用、及び守備隊駐留を認め、日本軍の武器弾薬の輸送に必要な施設を供与することに合意することを通じて、仏政府が日本軍を支援することを要請する」との最後通牒を発し、「直ちに回答がない場合には、日本政府は軍に武力行使によって通行権を得るよう命じる他ない」と付け加えていた。

　フランスは、この不当な要求に抗するための援助を同盟国からは得られず、ヨーロッパでの敗戦故に本国からの増援派遣も不可能であった。

　1940（昭和15）年8月30日に、松岡外相と駐日仏大使シャルル・アルセーヌ＝アンリ［Charles Arsene-Henry］は、「日本は、トンキンで独占的に使用できる軍事施設を暫定的に獲得し、詳細条件は後に日仏共同の軍事協定によって決定される」との合意に達し、9月4日に正式に成立した協定では、日本は在極東フランス権益、特に仏印全域での領土の一体性・主権を尊重することを約した。

　しかし、協定が成立する間もなく日本の指導者が協定の誓約事項を悪質な態様で踏みにじっていったことは、続いて生起した出来事が如実に物語っている。

　該軍事協定は日仏両政府の承認を得た上で発効することとなっていたが、ニューカレドニアとヘブリデス諸島が、相次いでドゴール派の手に落ちたために不安に駆られた日本政府は、仏印進駐に関する細目を急いで煮詰めることを欲し、西原は新たな要求を提示して9月19日、仏印総督に最後通牒を発した。この事実は、9月20日に駐日米大使の訪問を受けた際に松岡外相が認めざるを得なかったものである。

　交渉期間中、松岡外相はビシー政府が日本の要求を呑むべくドイツ政府が圧力をかけるよう再三、要請。つまり、仏印にかけられた外交的圧力と軍事的強迫は完璧に歩調を合わせて行われたものであったのである。

　1940（昭和15）年9月6日、痺れを切らした日本軍の1個大隊が越境事件を起こし、同年9月20日夜間にはさらに多くの兵力がドンダン［Dong Dang］に侵入。折からラオス地域の国境

で生じたタイとの紛争のために仏軍は兵力を集中できず、米国政府への援助要請も空しく、9月22日、仏印は日本の要求を受諾するのやむなきに至った。

同日、日本軍は、トンキン付近の国境地帯を攻撃して仏印への軍事侵攻を開始。機械化部隊を含む1個師団が、ドンダン、フォビンギ、タンモイを攻撃し、仏印国境の要衝であるランソンを攻囲。9月26日、日本軍はハイフォン港を爆撃。数日間にわたる頑強な抵抗も虚しく、すべての援助の道を断たれたフランス軍は、刀折れ矢尽き（were overcome）、(和文速記録ではここに「仏軍の損失800、日本軍の損害3,000」との記述があるが、英文速記録6717頁の対応部分にはそのような記述はない) 日本の目的は達成された。このような抵抗・損害の事実にもかかわらず、日本の宣伝は、「仏印への平和・友好的進駐」を謳い、トンキン攻撃を「誤解による小競り合い」と形容したのである。日本の軍事侵攻は、トンキンへの不意打ちと国境地帯の要衝であるランソン攻略によってフランス側の抵抗を不可能にして成功を収めたというのが真相である。こうして、人的・物的資源を共に欠き、日・タイ両方からの脅威に兵力を二分せざるを得ず、援助を訴える外部への度重なる訴えも虚しく、仏印は武力に屈し、フランスは西洋諸国の中では、日本の侵攻（aggression [E: 6717]）の最初の犠牲者となった。

後の日本によって繰り返される暴虐行為（violence）は、このような強迫行為（oppression）の必然的帰結である。

3. タイ国による侵攻　[E: 6718] [J: 79 (6)]

タイは、仏印の抵抗力が弱まり、自国が日本から外交・物質面で支援・援助を得ている今こそが仏印に要求を突きつける好機と判断した。

同国は、1940（昭和15）年6月12日にフランスとの不可侵条約に調印するも、フランスの（ヨーロッパでの）降伏の報に接するや批准を拒否し、カンボジア・ラオスの一部やシェムリアップ、バッタンバン [Battambang] などの割譲を求める動きに出始めた。タイ軍は7月にはカンボジア国境付近に集結し、ピブン・ソンクラーム [Pibul Songgram] 外相は領土要求を公表。9月28日、タイ軍機がカンボジアの仏軍を爆撃したのを皮切りに、海空での攻撃は翌年1月まで継続される。

日本は、タイ寄りの姿勢を隠そうともせず、1940（昭和15）年12月に日・タイ友好条約を締結して、戦闘機38機、爆撃機25機をタイに譲渡。その上で日本はタイ・仏印両国間の調停に乗り出して、休戦協定を仏印に押し付けたのである。

タイ・仏印間の紛争開始以来それに乗じてきた日本は、1941（昭和16）年1月にハノイとハイフォンに部隊を上陸させ、タイ・仏印休戦時には、同部隊を増強。実際のところ、東京で仏代表が交渉に臨むことを余儀なくされたのは、このような圧力が加えられた上でのことであり、それが特に顕著であったのは、日本の軍艦がタイ湾に入港した時であった。

南支那方面軍司令官後宮（淳中将）は、（タイ・仏印間の）調停に関して天皇に奏上した際に、作戦準備について以下のように説明している。即ち、「大本営の指示に従い、日・仏印関係の将来の変化に即応すべく、仏印への武力行使が止むを得なくなった場合の対応策について、2月4日

に綿密な考察を加えた。トンキン地区守備隊は情報収集に努め、作戦行動計画を立案し、海軍との連携を密にして、遺漏なきようにしている。これによって無言の圧力をかけ、日本の調停工作に貢献しようとするものである」、と。

1941（昭和16）年7月3日の枢密院審議を記録した議事録によれば、石井（菊次郎）顧問官は、タイ・仏印間の調停を日本の「外交的勝利」と讃えたが、深井（英五）顧問官は、それに同意したものの、フランスにかけた圧力を深刻に捉え「東亜の安定勢力を自認する我々の立場は、第三国の目には侵攻政策（aggressive policy [E: 6720]、和文速記録では「侵略政策」）の象徴としか映らないだろう」と述べている。この点で意義深い文書である。

交渉が頓挫した後、松岡外相は2月24日に仏・タイ代表に、「これ以上の交渉の余地なし」とする最終調停案を提示し、仏側は、2月28日までの回答を求められたが、受諾を拒否。これに対して松岡外相は、これまでの対仏印方針全般を再検討し、前年8月30日の日仏協定破棄を仄めかして威嚇した結果、3月11日、フランスは日本の提示案を受諾した。受諾書に記された条件には、フランスが日本の提示案を「無条件に受諾」することが示されており、実際の受諾の態様がどのようなものであったのかが如実に示されている。

同文書にはさらに、「現地や軍備の実状は、以前タイ政府と自由意思を以て交渉・締結した条約に由来する権益を放棄せざるを得なくするものではないが、仏政府は、現下の情勢に鑑み、日本の主張を応諾する用意がある」と記されている。

2月7日以前のタイ側の案では、割譲領域は最大2万3,000平方キロメートルで、同地域の人口は6万4,000余りとなっていたが、日本の提示案では各々約6万9,000平方キロと33万4,000人となっていた。さらに、日本の監視下での非武装地帯の設置にも応諾を強要されたのである。

1941（昭和16）年5月9日、東京で協定の調印が行われた際、日本は調停の代償として「仏・タイ間の調停最終案を不可変とすることを日本は保証する。フランスは仏印をめぐっては、日本の利益を直接・間接的に脅かす可能性のある政治・経済・軍事上の協力関係を示唆するような協定を第三国と締結しない義務を負うものとする」という内容の議定書に合意することを、フランスに強要した。

＊午前12時、裁判長ウェッブ、休廷を宣す。
＊午後1時30分、法廷、再開する。[E: 6722][J: 79（7）]
＊オネト検察官、冒頭陳述の朗読を続行する。

4．仏印完全占領

北部仏印占領により日本は、仏印からの相当量の援蒋物資輸送を途絶させることができたが、英・蘭領を包含することも予定している大東亜圏建設計画の実現には仏印全土の占領が不可欠であり、南部仏印占領が日本の軍事作戦の次なる段階として必要となった。なお、現地の反日感情がドゴール派に寄せる共感と相俟って、日本にとって相当の不安材料となっていたが、（北部仏印）占領によってその不安は和らげられた。

南部仏印への進出と同地での軍事拠点獲得を仏当局の反対を押し切ってでも進めるとの決定が、

日本大使を通じてビシー政府に伝達されたのは、1941（昭和16）年7月14日のことであった。日本の外相が発した詳細な指示には、日本軍が7月20日に進駐することが明らかにされ、「それまでに日本の決定を受諾した場合には平和進駐、さもなければ武力進駐」と記されていた。事実、20日には、ビシー政府の決定如何に関わらず、日本政府は計画を実行する決意であることが伝えられ、回答期限は22日6時とされていたが、日本政府は、その回答がどのような内容であろうとも、軍が（南部）仏印への進駐を行うことを表明したのである。要するに、外部からの支援を期待できない孤立無援の仏印への最後通牒であった。日独からの威嚇・強迫的圧力に直面したビシー政府は、その要求を受諾。日本は必要と認める陸海空の部隊を仏印に派遣できる権利を獲得した。こうして、仏印を完全制圧するという日本の目論見は現実のものとなり、シンガポールと蘭印を迅速に攻略するための拠点を得たのである。

　1941（昭和16）年7月28日、仏印南部に日本軍4万が上陸したが、早くも9月下旬には、5万の（追加）兵力をトンキン地区に10月5日までに送り込む意向を、明らかにした。当時進行中の日米交渉故に、この計画は一時中断されたが、真珠湾攻撃が行われた日本時間の12月8日、ドゴールの国民委員会が対日宣戦を布告した直後、日本は新たな軍事協定を仏印に強引に受諾させて占領地を日本軍の完全な統制下に置くこととし、交通・報道・情報組織の管制をも揺るぎないものにしたのである。

5．侵攻及び経済的略奪

　北部仏印、次いで仏印全土を占領することで、日本は同地での経済的野望を現実のものとできるようになった。同地域を共栄圏の欠くべからざる一部にするとの隠れ蓑の下で、統制・収奪・経済及び金融的略奪の体制が組織的に打ち立てられ、それは拡大・強化される一方であった。

　実際の運用は実に日本らしいやり方で、双方を利する双務的契約の外見を装いながら、実は利益の大半を日本が手に入れるという方式であった。1941（昭和16）年5月6日の居住・航海条約と、続く1943（昭和18）年1月20日の特別の円通貨設定を定めたラバル・三谷協定は、その具体例である。さらに、日本が借款の名の下に占領費用を仏印に負担させた態様や、ドイツを通じてのビシー政府への圧力によって、どのような条件でゴムや米といった資源を仏印から強制的に調達したのかを明らかにする。

6．太平洋戦争終末期における仏印の状況　［E: 6725］［J: 79（7）］

　1945（昭和20）年前半は、北太平洋、フィリピン、ビルマといった各戦線で日本軍が防勢に立っていた時期であったが、仏印にとっては占領国日本が課した過剰な要求が引き起こした一連の事件に彩られた時期であった。

　自らの地歩を固め、連合国軍上陸に併せて現地の抗日勢力が起こす可能性のある反乱を未然に防止するために、日本政府は、1945（昭和20）年2月1日の最高戦争指導者会議で、新たな対仏印施策を決定した。

　そして3月9日、日本大使はサイゴンの仏印総督に対して、日本軍が在仏印仏軍の完全な指揮権と、同地の交通・通信網の独占的管理権を掌握すべき旨の最後通告を19時付けで発出し、受

諾期限を2時間後に設定した。

　フランス側が受諾を拒否したため、日本軍は仏軍への奇襲攻撃を直ちに開始し、同時に仏政府職員を拘束して、予め待機させられていた日本政府職員が職務を代行した。

　その後数日間、仏印軍・政府の一部が抵抗を続けたものの、日本が執った一連の措置により、仏印のフランス主権は剝奪された。当局の庇護を失ったフランス人と現地住民は、この瞬間から無法状態と暴力に晒されることとなった。

　仏印全土で仏軍捕虜と民間人抑留者が、残虐行為の犠牲になり、ランソン、タッケ［Thakkek］、ハジャンでは最悪とも言うべき虐殺が起きた。ここでは、そのような事件が発生したことに注意を喚起するに留め、起訴状第3類に関連する当該事項は、後の局面で取り上げることとする。

　これらの残虐行為は、1945（昭和20）年4月11日にドゴール政府が発した「在仏印フランス人と現地住民の人命を脅かし、もしくは、いかなる暴力行為であろうとも犯した責任は日本政府当局と統帥部が負うものであり、かつ、そのような行為を犯した廉で断罪された個人もまた戦犯と見なされて処置される」との警告を、日本側が一顧だにしなかったことを示している。

＊被告広田弁護人スミス、冒頭陳述のフランス語版ではARITAとなっている外相名が、英訳版と和訳版では各々HIROTAと広田になっていることを指摘して、訂正を求める。裁判長ウェッブ、「フランス語版では当初HIRITAとなっていたのが、ARITAに訂正されており、これが過誤の原因であろう」と述べて、ARITAと訂正されるべきことを申し渡す（フランス語では母音に先行するHが発音されないが故の間違いか？）。

＊被告鈴木弁護人レビン、「冒頭陳述中に冒頭陳述としての趣意を逸脱した部分がある」、「弁護側がこの点を指摘したことを記録に留めるよう」申し立てる。裁判長ウェッブ、返答せず。

2—8—1　検察主張立証第VIII局面「仏・仏印及びタイ関係」第1部「仏印侵攻準備」

（本検察主張立証第VIII局面における第1部「仏印侵攻準備」と第2部「北部仏印侵攻及びタイ国による侵攻」の区分については、検察側は、その書証提出の過程においては明言しなかったが、その冒頭陳述の内容上の区分に従って区分した）

（英速録6700～6794頁／和速録第79号4頁～第81号3頁）

（1）ロベル・オネト検察官、検察主張立証第VIII局面「仏・仏印及びタイ関係」第1部「仏印侵攻準備」の検察側立証として、関連証拠書類の提出を開始する。

（英速録6730～6735頁／和速録第79号8～9頁）

＊オネト検察官、「これより提出する文書の内容は英語で伝えるも、文書を提出する目的などはフランス語で説明したい」、と申し立てる。裁判長ウェッブ、英仏語を通訳する担当官がいることを指摘して、「まず英語でなすことに努めるよう」申し渡す。

<1946-9-30>　　　　　　　　　　　　　　　　　　2　検察主張立証段階

＊（検）法廷証 PX612【外務省文書「1938（昭和 13）年 11 月 25 日付け五相会議決定」；海南島の軍事占領】＝検察側文書 PD2577　証拠として受理される。オネト検察官、「1939（昭和 14）年 2 月 11 日に行われた陸海空からの海南島の奇襲占領は、支那以南の地域への日本の侵攻の第 1 段階であった」と、前置きする。

【PX612 朗読概要】

　海相の提議を受け 1938 年（昭和 13 年）11 月 25 日の五相会議で、日支関係調整に向けた方針を決定。（オネト検察官「一語脱落」と説明する）海南島は、必要とあらば武力を以て占領する。
＊（検）法廷証 PX613【日本政府発行『週報（1939 ［昭和 14］年 4 月）』】　識別番号を付される。被告鈴木弁護人レビン、「日本政府の公式文書ではない」として異議を申し立てる。裁判長ウェッブ、「これまでも受理可能な文書として扱われてきた」として却下する。
＊（検）法廷証 PX613-A【同上抜粋；海南島占領に対する仏英米の抗議（1939 ［昭和 14］年 2 月 13・14・17 日）】＝検察側文書 PD1529-E　証拠として受理される。裁判長ウェッブ、「オネト検察官は（英語での）朗読でしばしば失策を犯しており、これからも犯すであろうから」朗読内容が正確であることを期すために「オネト検察官の傍らに検察側の誰かが待機して補佐すべきである」、と申し渡す。朗読される。

【PX613-A 朗読概要】

　2 月 10 日：第二遣支艦隊司令官近藤信竹海軍中将麾下の海軍陸戦隊が、海南島に奇襲上陸。瓊中と海口が陥落。
　2 月 13 日：海南島占領に対して、シャルル・アルセーヌ＝アンリ駐日フランス大使が日本政府に抗議。
　2 月 14 日：海南島占領に対して、ロバート・クレイギー駐日英国大使が日本政府に抗議。海軍部隊は三亜、楡林、崖州を占領。
　2 月 17 日：海南島占領に対してジョセフ・C・グルー駐日米国大使、駐日仏・英大使と同様の措置を執る。
＊被告東条弁護人清瀬博士、「①朗読されたのは朝日新聞の記事からの抜粋である」、「②1940（昭和 15）年 4 月の『週報』の記事で 2 月の出来事に言及している場合には前年の 2 月ではなく同じ年の 2 月のことである可能性もあるので、その点を明確にすべきである」、と申し立てる。オネト検察官、裁判長よりこれらについて質されて、「①についてのみ「『週報』からの抜粋であると理解する」、と応答する。ウェッブ裁判長、「当面検察官の言った通りと判断する」とし、弁護側に対しては「訂正事項があれば、弁護側にはその立証段階で訂正可能」、と申し渡す。

(2) オネト検察官の使用言語をめぐって、長大な翻訳論争、再発する。

（英速録6735～6791頁／和速録第79号9頁～81号3頁）

＊オネト検察官、英語で話し始める。翻訳調整官、「日仏語の翻訳官が、オネト検察官の英語は理解できないと言っている」、と申し立てる。（英文速記録6735頁には、同検察官の二度にわたる発言部分が括弧付けで Unintelligible［理解不能］及び Continuing unintelligibly［理解不能な陳述を続行］と記載されている）。裁判長ウェッブ、「法廷はこれまでオネト検察官のために使用言語の面で便宜を図ってきた」、「フランス代表検察官の中には同検察官よりも英語に堪能な者がいる」、「オネト検察官のために判事団や通訳担当官が苦労しているのが現状である」、と、申し渡して、検察側に対して、現在の局面での審理の進め方について再考を促す。タベナー検察官、オネト検察官がフランス語で話した内容を訳して機械を通じて伝える方式で審理を進めることを提案する。ウェッブ裁判長、「弁護側が異議を申し立てる権利を担保するためには弁護側は検察官が言ったことを理解する必要があり、検察官はその異議に対応できる態勢になければならない」、そのためには「フランス語を解して英語を話せる人物が傍らに控えている必要があり、かつ、事はフランス人検察官と翻訳官との間だけの問題ではないのであり、その人物は宣誓した上で職務に臨む必要がある」、そうなれば「当該局面の審理の進め方を全面的に変更することになる可能性がある」、と説明する。タベナー検察官、冒頭陳述で用いた方式で審理を進めることを提案する。裁判長ウェッブ、判事団で協議の末に、「今問題となっているのは検察官が使用する英語である」、と、検察官によるフランス語の使用が問題となった冒頭陳述の場合とは異なることを指摘し、「フランス関連を審理する当該局面を担当する検察官は、弁護側がその発言を理解でき、かつ弁護団・判事の質問に答えるに足るだけの英会話能力を有する者とすべきである」との見解を明らかにする。ウェッブ裁判長、付随して、日本人の弁護人が日本語で話している事実に言及して、「日本人弁護人の発言内容に対する異議を弁護側が申し立てることはない」との理由で、今回のフランス人検察官の場合と比較すべきことではない、と説明する。タベナー検察官、検察側内部での協議のために暫時の休憩を求める。

＊午後2時20分、裁判長ウェッブ、休廷を宣する。

＊午後3時5分、法廷、再開する。［E: 6739］［J: 79（9）］

＊タベナー検察官、「オネト検察官は、証拠についての説明をフランス語で行う準備をしていたが、突如英語でしなければならなくなったので、混乱を来してしまった」と釈明し、これ以降は同時通訳で審理を進めることを提案する。裁判長ウェッブ、タベナー検察官の提案が英仏日語による同時通訳であることを確認した上で、「弁護側が異議を申し立てた場合にはどのように対処するのか？」、と質す。タベナー検察官、「証拠文書の朗読は同時通訳で行われるが、証拠文書をめぐっての発言はまずフランス語で行われ、それから日・英語に訳される」、「オネト検察官が事前に準備した証拠文書についての説明も同様な扱いとなる」、と応答する。被告鈴木弁護人マイケル・レビン、弁護団を代表して、「冒頭陳述を検察側主張の態様で進めることを許可した時よりも、その根拠が正当性を欠く」として、タベナー検察官主張の方式を採用するこ

<1946-10-1>　　　　　　　　　　　　　　　　　　　2　検察主張立証段階

とに異議を申し立てる。裁判長ウェッブ、レビン弁護人のそれ以上の発言を制するも、異議自体は容認する。タベナー検察官、「オネト検察官が証拠文書について説明する際にはフランス語で行い、文書自体の朗読は英語で行う」ことを提案する。ウェッブ裁判長、「審理の過程では英語を一貫して使用すべきである」との法廷の見解を伝える。タベナー検察官、オネト検察官に説明の機会を与えることを提案する。裁判長ウェッブ、「通訳官がオネト検察官の英語を理解し得ない」ことを理由として許可せず。
＊午後3時20分、裁判長ウェッブ、休廷を宣す。

◆ 1946（昭和21）年10月1日　　　（英速録6743～6785頁／和速録第80号1～10頁）

＊午前9時30分、法廷、再開する。
＊ロベル・オネト検察官の使用言語をめぐる法廷の論議、続行する。オネト検察官、「前日の使用言語をめぐる論議への自身の立場を明らかにしたい」、「前日起きたような望ましくない事態の再発は望まないと」と、申し立てる。裁判長ウェッブ、「オネト検察官が英語で審理に臨み、フランス関連の局面の審理が英語で進められるべきこと」が法廷の決定であると、改めて申し渡す。キーナン首席検察官、「この件についての決定が当法廷の検察団を構成する複数の参加国に影響を及ぼすことや、関連する裁判所条例の解釈が充分になされていないこと」に鑑み、「法廷が最終判断を下す前に当問題を徹底的に検証して関連事実を明らかにする必要がある」として、暫時の休廷を求める。裁判長ウェッブ、「この件について法廷はすべての関係者から意見を聴取した上で決定に達した」ことを強調し、キーナン検察官の提案は却下して「休廷はしない」、「この問題について再び関係各位から意見を聴取して新たな決定を下すか否かについては判事団で協議する」、と申し渡す。キーナン首席検察官、「オネト検察官の発言が中断されたので、同検察官が意図していたことをすべて発言させるようにしたい」、「当該事項について判事団が決定を下す際は、公開の場で判事一人一人が見解を述べるべきである」、と申し立てる。ウェッブ裁判長、首席検察官の提案も含めて判事団で協議をすることを報じ、協議の結果、「法廷は、本件に関してこれまで俎上に昇っていなかった問題について意見を聴取する用意がある」との決定を言い渡して、首席検察官がその口火を切るべきであると、キーナン首席検察官に対して発言を促す。オネト検察官、フランス語で何かを話し始める。裁判長ウェッブ、「法廷を侮辱するに等しい行為である」と咎める。ロベル・オネト検察官、なおもフランス語で話し続ける。
＊午前9時45分、裁判長ウェッブ、休廷を宣す。
＊10時50分、法廷、再開する。[E: 6747][J: 80（3）]
＊裁判長ウェッブ、「休憩前のオネト検察官の行状は法廷を侮辱する行為に該当すると見なされる」との判事団の見解を伝えるも、「これについての法廷の判断は正午の休廷後まで持ち越す」として、「それまで間、同検察官が頭を冷やして（reconsidering the whole matter）「納得のい

く説明をするか、謝罪するかのいずれかを選択すべきであり、いずれをもなさない場合には、法廷侮辱の廉で然るべき処分が下される」、と申し渡す。ウェッブ裁判長、さらに「法廷は検察側・弁護側双方から、法廷で使用すべき言語について裁判所条例の関連規定をいかに解釈すべきかについてさらなる意見を聴取する」との決定を報じ、キーナン首席検察官に発言を促す。

＊キーナン首席検察官、検察側主張立証第Ⅷ局面フランス関連局面の主張立証をフランス語で行う許可を求める主張を展開する。［E: 6747］［J: 80（3）］

【オネト検察官の使用言語に関するキーナン首席検察官の申し立て】

1. 裁判所条例の中でこの論議に係るのは第3章「被告にとって公正な審理」であるが、その解釈に際しては、条例全体に於ける同章の位置づけ、同章の目的、当法廷が設置された目的や経緯等を考慮する必要がある。多言語を使用する法廷審理で言葉の問題が必然的に生じてくることには多言を要しない。また、当法廷が史上前例のない試みであることを考える時、法廷の目的とするものが何であるかを常に銘記して、技術的問題に拘泥して条例の条文解釈が不必要なまでに硬直したものにならないよう戒めることが肝要である。

2. 最重要課題は、被告人一人一人が自らの生命・自由に関わる当法廷での審理事項を明確に理解し得ることであり、それに劣らず重要なのは、当法廷が知性に満ちた判決を下すにあたっての最低限の要件を充たすために、法廷参加者各人が、提出された証拠・証言の内容を完璧に理解することである。

3. 当法廷の唯一の前例となったニュルンベルク法廷では独英露仏語が公用語とされた。当法廷の条例の作成・発布にあたって関係当局者が、この前例や当法廷の審理で予測される事態を考慮に入れた上で、自分がここまで述べてきて、法廷には既に明白となっている必須要件を視野に入れていたことは疑いない。

4. 今一つ疑いの余地がないのは、判事団・検察を代表する各国家は、提出された証拠の内容を正しく理解し、証拠の提示を分かりやすい形で行うために、できる限りの便宜を供与されるべきことで、可能な限り実際の審理の場では平等な立場に立てるようにすることが意図されていたということである。即ち、問題となっている条文を解釈する場合には、当法廷の検察・判事が代表する11カ国の言語と日本語すべてで終始審理を行うのが望ましいことであるが、実際上は不可能であるという事実を斟酌すべきである。そう考えれば、審理から判決に至るまでの過程への参加が形式に拘束されるべき（pro forma）というような考えは、実態ではなく幻影を追い求めるもので、醜悪・邪悪な観念である。

5. これまで縷々説明してきた背景事情などを勘案して裁判所条例第3章（第9条b項）を厳密かつ公正に解釈すれば、使用言語数を（判事・検察側が代表する国家の総数）11までのいかなる数字に設定しようとも、法廷及び関連する審理の最小限の要件（被告人にとって公平な裁判との意か？）を阻害することにはなり得ないとの結論になると検察は主張する。

<1946-10-1>

　6．使用言語を日・英語に限定するという解釈は、該条項に「唯一」（"only" or "alone"）という語があれば成り立つが、そのような語は見当たらないのである。つまり、検察側の主張はこうである。当裁判所条例で定められている趣旨に添うためには日・英両語は終始一貫して使用されねばならないが、公正・公平な審理に必要な際にそれ以外の言語の使用を妨げる条文は存在しない、と。

　7．法廷は、①使用言語を決定する裁量権を法廷が有しているかどうかを判断し、その判断が肯定的なものであった場合に、②該裁量権行使の態様について論ずべきである。ここでは、法廷の指示があるまで論点を①に絞りたい。即ち、当裁判所条例第3章に言う「被告にとって公正な裁判」と、使用言語に関わる（第9条）b項の条文には、当法廷が日・英両語以外の言語の使用を妨げられる含みがあるか否かである。日・英語への通訳なしにフランス語で法廷に伝えられたものはなかったのであるから、これによってどちらの要件も十分に充たしたこととなる。そして、このような前例のない法廷での審理では、条例の条文などの解釈は、その適用範囲・態様などについて終始状況に即応した合理的なものとなるべきで、国内法廷で往々にして見られる正義の実現を妨げるような杓子定規的な解釈は排斥されるべきである。

　8．現在論議の的となっている（検察側主張の）手法によって被告にとって公正な審理は確保される。重要なのは言語そのものではなく、それが伝える内容だからである。喩えて言うならば、伝えるべき内容が貝の中身であり、言語はそれを覆う薄い殻に過ぎないのである。第3章（第9条）b項に日・英語以外の使用を認めない旨の記述はどこにもなく、該条文の解釈による以外に第3言語の使用が妨げられることがないのは明白である。故に、「被告にとって公正な審理」に資するためという該条文の趣旨の公正な解釈として、法廷が、「日・英両語以外のいかなる言語も使用を妨げるものではなく、むしろ、裁判全般の目的に資するところがあって他の条文の基本的趣旨を侵さないのであれば、法廷は（第3言語）を使用する権限を有している」と裁定を下しても、乱暴な解釈ではないと検察側は推断しており、法廷にはそれに与することを促したい。反面、日・英語以外の使用を禁絶するとの厳格な解釈に従おうとした場合、証言台で証言する際や証拠の朗読の際に両語以外を話してはならないという荒唐無稽な結論に達しかねない。つまり、ここで法律的に重要な論点は、技術的側面を考慮して該条文を公正に解釈する場合、「日・英両語は終始一貫しての使用が義務付けられているが、法廷の裁量で望ましいと判断された場合には他の言語の使用も随時許可される」ということである。

　9．最後に、他言語の使用が許可されるべきであり、それは裁判所条例でも意図されていたと判断する本当の理由について述べたい。当法廷では、被告人の運命のみならず、法廷の判断及び検察の訴追内容も重要なものとなっている。

＊裁判長ウェッブ、「強迫的論議はいかなるものでも慎むように」（I would advise you, Mr. Chief Prosecutor, to keep clear of any argument *in terrorem*. [E: 6755]）と言って、陳述を遮る。キーナン首席検察官、"*in terrorem*" の意味が分からず、聞き返す。裁判長ウェッブ、「よく知られた法律用語であり、友誼的助言をしたまで」と応答（和文速記録ではこの後、キーナンが「よ

く分かりました」と言ったことになっているが、英文速記録6755頁の対応部分には記されていない）する。キーナン検察官、「自分の発言は、裁判所条例の特定の条文について正当と判断する解釈を裁判の目的に照らして解説することにあって、他意はない」、と申し立てる。

＊キーナン首席検察官、陳述を続ける。［E: 6755］［J: 80（4）］

10. 当法廷での日々の実状を見れば、言語にまつわる問題が存在することは明らかで、言語と認められる言語はすべて（all legitimate languages）使用することが益々必要となっている。

11. 結論として言えば、問題となっている条項は被告にとって公正な審理がなされることを目的としたもので、条例中のいかなる文言も日・英語以外の言語の使用を禁じてはおらず、当法廷での審理を迅速かつ瑕疵なく（expeditious and thorough）進める上でも他言語を使用することが必要となる可能性がある。故に、法廷は日・英語以外で使用すべき言語が何であるかを決定する権限を有しており、日・英両語が使用されている限り、裁判所条例のいかなる条項にも違背することはないというのが検察の主張である。

＊裁判長ウェッブ、裁判所条例第1条「公正且ツ迅速ナル審理（ウェッブがこの発言中に引用した条文の和文版の実際の文言による。以下同じ）」、第12条「審理ヲ起訴事実ニヨリ生ジタル争点ノ迅速ナル取調ニ厳格ニ限定」、第13条「迅速且ツ適宜ノ手続ヲ最大限度ニ採用且ツ適用」、さらには第12条b項「不当ニ審理ヲ遅延セシムルガ如キ行為ヲ防止スル」等の文言を引き、「①これらが使用言語を日・英両語に限定する理由となってはいないか？ ②法廷に使用言語を決定する権限があると仮定した場合、審理を遅延させるような言語を選択する形でその権限を行使できるのか？」、と質す。ウェッブ裁判長、さらに、判事団の意見として、「公正な審理を保障することが常に至上命題（paramount importance）である」、「他言語の使用を許容すべきとの判断は裁判所条例の条文解釈に基づくべきであると考えている」、と申し渡す。キーナン首席検察官、後半部分の発言に触れて自分の論点を敷衍し、「法廷が条文を度外視すべきであると主張する意図は毛頭なく、法廷が手続き上で検察・弁護側いずれかに特例（permissible privilege）を認めようとして条文を解釈する際には、その特例の目的を検証すべきであることを主張した」、「使用言語を決定する裁量権を法廷が有しているかどうかがまず問題であり、自分としては、有しているとされた場合にその権限がいかに行使されるべきかを述べる意図であった」、と応答する。裁判長ウェッブ、判事団の意見として、「(1) 条例は、迅速な審理を担保するために使用言語を二つに限定しているとの見解と、他に、(2) 日・英語以外の言語使用を許可する権限が法廷にあるとした場合でも、前日のフランス代表検察官の場合のように日英いずれかの言語で陳述することが可能であったにもかかわらず他言語を使用して審理に遅延を来たすようであれば許可することはできない、との見解がある」、「フランス代表検事の中で英語にもっと堪能な者が英語で審理にあたるべきである」と、前日自身が述べた内容に言及する。キーナン首席検察官、「昨日のフランス代表検事をめぐる件では、事実認定の面では未だに曖昧な状況であるというのが自分の認識である」、「A. それについて検察側からの説明を求めるのか、B. 当面の間は、法廷が第3言語使用許可の裁量権を有しているか否かに、論議を限定

<1946-10-1>

するのか」、と質す。ウェッブ裁判長、B. の段階であることを認めた上で、もし法廷に裁量権ありと認めた場合には「時間の浪費とならないことを条件にフランス語の使用を認める」との裁定を下す可能性を示唆する。キーナン首席検察官、「裁量権の問題について判事団の多数意見がいかなるものかを明確にし、その後に該裁量権の行使の態様について議論した方がよい」と、改めて申し立てる。裁判長ウェッブ、「裁量権の問題について判事団が協議して仮に肯定的意見でまとまった場合には即座にその行使の態様の問題を議することにしたい。その場合の参考のために、検察は今この場でフランス語の使用を許可することで審理が遅延することのない理由を開陳し、仮にフランス代表検事の中に英語に堪能な者がいない場合には、その旨を明らかにしておいた方がよい」、と応答する。キーナン検察官、「法廷に裁量権あり」との検察側の主張を敷衍するために、「法廷がこの問題を検討するに際して『迅速』など基礎用語を含めた条例の他の部分の意味をも検証してきたが、問題となっている条項の解釈についても本質的に変わるところはなく、その文言に従って解釈すべきであって、禁止されていない事項に関して法廷はその権限を行使し得る」、と申し立てる。

*午前 12 時、裁判長ウェッブ、休廷を宣す。
*午後 1 時 30 分、法廷、再開する。[E: 6764][J: 80（6）]
*キーナン首席検察官に続き、コミンズ＝カー検察官、フランス語使用許可を求めて検察側の主張を申し立て、裁判長ウェッブとの論議が続行する。
*コミンズ＝カー検察官、「関連条項の字句を詳細に検討して首席検察官の論議を補足したい」として、フランス語使用の許可を申し立てる。

【オネト検察官の使用言語に関するコミンズ＝カー検察官の補足申し立て】

1.「裁判所条例第 2 条（本裁判所ハ降伏文書ノ署名国並ニ「インド」、「フイリツピン」国ニヨリ申出デラレタル人名中ヨリ連合国最高司令官ノ任命スル六名以上十一名以内ノ裁判官ヲ以テ構成ス）と第 8 条 b 項（日本ト戦争状態ニ在リシ各連合国ハ、主《「日本語版裁判所条例」のママ》席検察官ヲ補佐スル為メ、補佐検察官一名ヲ任命スルコトヲ得）は、判事・検事が日本語・英語いずれをも母語としない国から任命されることを想定するものである。

2. また、第 9 条 b 項は、「審理並ニ之ニ関連セル手続ハ英語及ビ被告人ノ国語ヲ以テ行ハルベキ（shall be conducted in English and in the language of the accused）モノトス」と規定するが、問題は、「行ハル」（[be] conducted）なる語句が証言台で検察官・弁護人の話す言語を規定するものであるか否かである。判定に際して決め手となるのは『及び』（and）という語であり、「英語もしくは被告人の国語」（in English or in the language of the accused）となっていないことである。これを字義通りに厳密に解釈するならば、証言台で陳述する者は、検察官・弁護人をはじめ何人であろうと英語・日本語を同時に話すことが求められることとなり、当法廷のこれまでの審理において、当該条項はまったく遵守されていなかったという、荒唐無稽（absurd）な

話となる。この条項がそのようなことを想定していたはずはなく、審理の内容を日本語や英語で聴取することを欲する者のために一字一句が両語で明らかにされることを義務付けているに過ぎない。故に、この要件が充たされている限り、証言台で陳述する検察官・弁護人が便宜的に他の言語を使用することを同条項はなんら妨げるものではない。

　3. 便宜上の問題について言えば、事前に翻訳・配布された陳述・文書などの朗読の際には、朗読者が不慣れな言語を用いるより母語を用いた方が審理を遅延させることが少ないであろう。自分の経験に鑑みて、審理上の困難・遅延度が最も甚だしいのは、英語に余り堪能でない者が話す英語を通訳が訳す場合であり、中でも実に対処が困難で、かつ不可避的に生起してくるのは、事前に予告・翻訳されていない突発的な論議・異議・応答などが行われた場合である。この場合、双方向で困難な状況が現出する。まず、英語の会話能力が完璧でない者は自分に向けられた発言をよく理解できない。敢えて言わせてもらえば、昨日及び本日の午前中に生起した不幸な事態の原因はここにあると考えられる。そして、そのような者が発言した内容を法廷関係者や傍聴者などが理解するのも同様に困難である。

　4. 自分の意見では、担当検察官もしくは弁護人が（事前に準備して訳が配布される）文書の朗読及び陳述を行う場合には、日・英語への同時通訳が可能であるので、当該担当官の母語で行う方が審理を遅滞なく進められると思われるが、事前に翻訳できない法廷でのやり取りの場合は、当該担当官には彼の母語で内容が伝えられ、彼の返答は条例に定める日・英両語に翻訳されるようにすべきであろう。

　5. 自分の主張を要約すると、以下の3点である。

　①裁判所条例の関連条項を厳密に解釈すれば、すべての者が審理内容を日・英両語で聴取できる限り、それ以外の言語の使用を禁止する謂われはない。

　②英語を母語としない国を代表する判事・検事を任命する旨の明白な条文が存在することは、必要とあればそれらの言語を使用することを妨げないとの判断を裏打ちし得るものである。

　③通訳や朗読にまつわる困難な要因・事情をすべて斟酌すれば、審理の遅延はある程度不可避ではあるが、発言者が母語を使用することによって、遅延の度合いは大きくなるどころか、むしろ小さくなる。［E: 6767］［J: 80（7）］

＊コミンズ＝カー検察官、オネト検察官に替わって他の誰かが英語で陳述を朗読する可能性を裁判長が示唆したことに触れて、「検察は国際チームとして活動してはいるが、一国を代表する検事が自国に関わる局面の担当を他国の検事に譲渡するよう願い出るのは困難と思われる」と申し立て、さらに続けて自身の直前の発言を補足して、「証人の証言は法廷の審理記録の一部を構成するものであるが、既に法廷は、証人が日・英以外の言語で証言することを容認している。証人を尋問する場合でも、検察官・弁護人が不慣れな言語で行うとしたら通訳に困難を来たして混乱・遅延を招きかねない」、と申し立てる。裁判長ウェッブ、フランス人検察官の件に触れて、「昨日自分が言ったのは、オネト検察官の職務を英語に堪能な他のフランス人検察官に委ねるべきであるということで、他国の検察官とは言っていない」、「フランス代表検事

<1946-10-1>

団の中にそのような人物がいることを控室で知った」、と弁じる。コミンズ゠カー検察官、「裁判長が言及した人物は法曹資格を持った者ではなく、フランス検事団に通訳として随行してきた者である」、「何かの文書を朗読するとして、その英訳が機械を通じて直ちに流れることになるが、何語で読まれようとも重要なのはその内容である。法曹資格を持たない件の者が朗読したとして、その内容について何か議論が起きた場合、資格のある者が対応しなければならないので、そこで生起する困難な状況はこれまで論じてきた通りである」、と申し立てる。ウェッブ裁判長、「件の人物が検事団の一員でない事実がこれまで法廷に知らされなかったことは遺憾である」、と応答する。コミンズ゠カー検察官、「前日自分がその場に立ち会っていなかった」、「この件についての担当が誰で、その担当者が事態をよく理解していたかどうかについて知らなかった」、と申し立てる。
* 被告鈴木弁護人マイケル・レビン、「キーナン首席検察官の意見への反論は書面でまとめてある」として、審理を迅速に進めるためにそれを通訳官に手交する許可を求める。検察側・裁判長の同意の上で、通訳官に書面が渡される。レビン弁護人、「先刻コミンズ゠カー検察官が言及したフランス検察団の一員は、弁護団の多くの面々によれば、補佐検察官として法廷に紹介されていた」、と申し立てる。
* 被告鈴木弁護人マイケル・レビン、首席検察官見解への反論である該書面の朗読に入る。［E: 6771］［J: 80（8）］

【オネト検察官の使用言語に関するキーナン首席検察官の見解に対するレビン弁護人の反論】

1. 問題は、極めて根本的なものであるが、特定国に特例を認めるか否かでもなく、また条文の文言の解釈に関わるものでもなく、条例に照らして解決すべきものである。
2. そこで、条例の成立事情を考察してみることが有用である。弁護側が得ている情報によれば、条例の作成に先立って検察は、ニュルンベルク法廷の条例と審理過程を徹底的に研究したという。因みに、弁護団・日本政府の中で作成に関与した者はいない。作成したのが検察であろうと誰であろうと、ここで重要なのは、該条例が当法廷の審理を律する基本法規であるということのみである。裁判長が指摘したように、法廷が意を砕くべきは、被告にとって公正な裁判を行うことであり、公正な裁判は条例の規定に従ってなされる必要がある。
3. 裁判長と首席検察官との論議の中で、それに関する具体的条文が多々取り沙汰されていた。即ち、「第1条：極東ニ於ケル重大戦争犯罪人ノ公正且ツ迅速ナル審理及ビ処罰ノ為メ茲ニ極東国際軍事裁判所ヲ設置ス」、「第12条・審理ノ執行：本裁判所ハ左記ノ各項ヲ遵守スベシ。（イ）審理ヲ起訴事実ニヨリ生ジタル争点ノ迅速ナル取調ニ厳格ニ限定スルコト。（ロ）不当ニ審理ヲ遅延セシムルガ如キ行為ヲ防止スル為メ厳重ナル手段ヲ執リ、……」などである。以上が条例第1章の主要条項（英文速記録6773頁原文のママ。実際には第12条は第4章に属する）であり、条例全体を通じて被告に公正な審理を保障すべく様々な条項が注意深く設けられている。

4. 取り分け第3章は、「被告人ニ対スル公正ナル審理」と題され、第9条の「被告人ニ対スル公正ナル審理ヲ確保スル為メ、左記ノ手続ヲ遵守スベキモノトス」との文言に続く項目の一つb項は、「用語：審理並ニ之ニ関連セル手続ハ英語及ビ被告人ノ国語ヲ以テ行ハルベキモノトス。文書其ノ他ノ書類ノ翻訳文ハ必要ナル場合請求ニ応ジ提供セラルベキモノトス」と定めている。これで、審理及び関連手続きは英語及び被告の母語で行われることが基本的要件であることが分かる。

5. 首席検察官は、「言語は重要ではない」と述べ、「言葉は真意を隠すために使われる」とのタレーラン［Charles Maurice de Talleyrand-Périgord］（フランス革命及ビナポレオン戦争時代のフランス外相）の言を引いた。それは真実かもしれず、また自分自身がそれを実践していたことを遺憾に思うものであるが、言葉を通じてしか我々は自らの意思を伝えることができないのである。

6. 日本語や英語を母語としない証人が証言台で証言したことを以て、問題への解答とする向きがあるようであるが、いかなる土地の法廷でも起きていることで、解答にはなっていない。証人がある言語で証言してそれが別言語に通訳されたからと言って、法廷審理が法廷の条例・基本法規で定められた言語以外で進められたとは言えないのである。

7. 現に、既に終了した支那関連の局面は、首席検察官と支那代表ヘンリー・裘検察官によって滞りなく進められた。

8. 裁判長は、首席検察官から当法廷の裁量権限について質問を受けているが、弁護側はこれへの答えとして、「裁判所条例に従えば解釈の余地なし」と、主張する。法廷に述べる必要があると思われるのは、文言が明確で疑問の余地がない場合には文言の解釈の問題は生じない、という法の原則ただ一つである。ここで我々が法廷に求めているのは、条例の条文を字義通りに解釈することのみならず、被告を裁くという当法廷が設置された目的に照らして解釈することである。被告に保証されている公正な裁判のための必須要件の一つとして、条例に根本的な改変を認めるべきではないことが挙げられる。

9. 条例の第2章第7条・手続規定は、「本裁判所ハ本条例ノ基本規定ニ準拠シ手続規定ヲ制定シ又ハ之ヲ修正スルコトヲ得」と定めているが、飽くまでも条例の基本条項に準拠することが求められている。つまり、手続規定の変更は許容されるが、条例の条文を変更することは条例違反であり、許されない、と主張する。

10. 故に、条例、特に第3章のb項に照らしてみれば、審理を日・英語以外で進めるべく条例の文言を変更する権限を法廷が有していないことは、疑問の余地がないほど明白と思われる。

11. なお、条例の第8条b項の補佐検察官任命の条項に触れて、日・英語以外の言語使用を正当化しようとしたコミンズ＝カー検察官の論については、このような局面での審理が特定言語で進められるべきことを条例の作成者が予期していたならば、そのような条文が挿入されていたであろうことを、まず述べておきたい。

12. そして、同じ第8条a項は、「連合国軍最高司令官ノ任命ニ係ル主（同前）席検察官ハ、本裁判所ノ管轄ニ属スル戦争犯罪人ニ対スル被疑事実ノ調査及ビ訴追ヲ為スノ職責ヲ有スルモノト

<1946-10-1>

シ、且ツ右ノ最高司令官ニ対シテ適当ナル法律上ノ助力ヲ為スモノトス」と規定しており、その上で各連合国には補佐検察官を任命する権利が付与されているのである。この条文を単純に読む限り、首席検察官の管轄権と審理の進行を統轄する権限は明らかであり、補佐検察官が代表する国家の都合で個々の局面の進行の仕方が変わることによって、条例の条文や条例が保証する被告の公正な裁判を受ける権利が変容させられてよいものではない。

＊被告東条弁護人清瀬博士、使用言語をめぐる論議について、「日本人弁護団の意見はレビン弁護人の主張と概して同じである」、「日本人弁護団はこれまで日・英語で審理が進められるという前提で弁護を行ってきたが、突如それ以外の言語で検察側主張立証が行われる可能性に直面している。そうなると、翻訳の訂正や翻訳の正確さを検証することが非常に難しくなる。この点で、裁判所条例が被告に保証する権利の内容が変容すると思われる。日・英両語での審理進行は、条例が明確に規定する、被告にとっての公正な裁判を保証する上で重要な要件の一つである、と自分は信ずる。故に、裁判長が言うところの迅速な審理のみならず、公正な審理を行うという観点からも、検察側の異議が却下され、英語で審理を行うという法廷の裁定が維持されるよう弁護側は衷心から望む」、と申し立てる。［E: 6778］［J: 80（9）］

＊キーナン首席検察官、さらに、「当局面で提出予定の証拠に説明文を付して通訳に手交する準備は万端整っているし、IBM機器を通じての同時通訳の準備もできているので、通常の法廷審理に要する時間よりも長くかかることはない。証人を喚問する予定はなく、文書の提出のみであり、それらの文書は原語から日・英両語に訳出済みで、朗読は英語のみで行われる。遅延が生じるとすれば、法廷からの質問や弁護側の異議（及びそれに続く問答）を英仏・仏英翻訳する必要がある場合であろう。なお、信頼すべき筋から伝えられた話では、フランス検事団の中でオネト検察官以上に英語に堪能な者はいない」と、申し立てる。

＊裁判長ウェッブ、「開廷時に首席検察官が検事団の構成員を紹介する際にフランス代表補佐検事としてジャック・グールー［Jacques Gouelou］の名があった」と指摘する。キーナン首席検察官、「当時オネト検察官が証拠収集目的で南太平洋方面に出張中でフランス検事団の中でグールー以外に男性構成員がいなかったため、体裁を整えるためにのみなされた措置で、実際はグールーは法曹資格を有していない。検察は、当法廷で証拠提出をする場合の担当官は法曹資格を有する者に限定するよう努めてきた……（機器の不調か何かの理由で爾後の部分は伝えられず）（後に裁判長がこれについて首席検察官を質す）」、と申し立てる。ウェッブ裁判長、「我々は、無理からぬ理由により、今の今までグールーが法曹資格を有する者とばかり思っていた」、と弁じる。

＊午後2時45分、裁判長ウェッブ、休廷を宣す。

＊午後3時40分、法廷、再開する。［E: 6782］［J: 80（9）］

＊裁判長ウェッブ、法廷でのフランス語使用について、判事団の多数意見として、裁定を下す。即ち、「首席検察官が解説・概説した範囲でフランス語使用を許可する。弁護側が異議を申し立てた場合には、それへの応答共々、日・英仏語などへの通訳がなされるものとする。これらの決定は、状況に応じて裁判所条例の規定に添う形で改変し得る。公正な審理の原則に則り、

迅速・機敏な審理を進めるのが当法廷の義務である」、と。被告鈴木弁護人マイケル・レビン、「記録に残すためのみ」として異議の留保を求める。裁判長ウェッブ、これを容れるも、「一般裁定（a general ruling）によって既に留保権は確定している」、と申し渡す。キーナン首席検察官、「オネト検察官が陳述の準備を入念にしたいことや、時間が遅いことを考慮して」、この時点での休廷を提案する。裁判長ウェッブ、要請を容れ、続いて、「休憩前の首席検察官の発言の一部が、機器の不調か何かの理由で伝えられなかった」、と付言する。キーナン首席検察官、「その事実は伝えられているも、自分の発言のどの部分かを知りたい」、と申し立てる。記録を見せられたキーナン首席検察官、欠落部分の内容は、グールーが「パリ大学英語・英文学教授」で「オネト検察官の代理」との一節であった、と応答する。
＊午後３時50分、裁判長ウェッブ、休廷を宣する。

◆ 1946（昭和21）年10月２日　　　　（英速録6786～6895頁／和速録第81号１～17頁）

＊午前９時30分、法廷、再開する。
＊裁判長ウェッブとキーナン首席検察官、オネト検察官の行状をめぐって論議する。裁判長ウェッブ、ニュルンベルクにおける検察官と異なり、キーナン首席検察官は全検察団を統轄する立場にあることを同検察官に確認した上で、「法廷はこれからオネト検察官に関して論議する」と予告し、「それは特定国家ではなく特定国家を代表した一個人を対象とするものであって特定国家に偏見的見解を持つが故ではない」と、強調し、「いかなる国の検事が同じ立場に置かれたとしても法廷は同様に対処する」と、前置きする。裁判長ウェッブ、「オネト検察官は被告の如き立場に置かれる」、「弁明を行うに際して同検察官は、英仏いずれの言語をも使用できる」、と申し渡す。キーナン首席検察官、「首席検察官として、法廷が検察団を代表する国家のいずれにも差別的待遇をしようとしているなどと考えたことは毛頭ない旨述べておきたい」と、前置きし、裁判長がこの問題を提起した理由を忖度して、「検察官の発言（argument of counsel）が発端となっているのであるとしたら、それは法廷が考えているようなことを意図したものではなく、法廷の裁定が法廷の意図したものと極めて異なった形で解釈されたためであろう（意味不分明であるが、後出のオネト検察官の前日の［速記録には現れていない］発言をめぐる出来事を指しているものと思われる）」、「自分は裁判所条例の規定に沿った職務の遂行に努めている」、また、「前日のオネト検察官の法廷での行状についての弁明は同検察官自身が行うべきで首席検察官は介入すべきではない」と、裁判長が判事控室で述べたことに言及して、同検察官が法廷の疑問に答えるべく待機している旨、申し立てる。裁判長ウェッブ、前日休廷した際にオネト検察官が自国を指して「偉大なる国家」（great country）と発言し、それが自国の立場を弁護するような形でなされたとの見解を判事団の１人でフランス語を解する者が述べたことに言及し、「法廷はいかなる国家に対しても偏見的見解を有するものではないことを強調している理由の一つは、この件を意識してのことである」、と付言する。

<1946-10-2>

*オネト検察官、裁判長に促された後に、フランス語で、「昨日自分が法廷でフランス語を使用したことについて説明し、誤解を解きたいと思う。まず、法廷が紛糾して、フランス語の使用の可否について法廷がさらなる意見を首席検察官から聴取する意向を示した際のやり取りが、理解できなかった。それから、当法廷で採用されている英米法の手続きはフランス法廷でのそれと極めて異なっていることを指摘したい。即ち、フランス法廷では検事も法廷の一員で判事的役割を担い得るということである。これらが昨日、自分がフランス語で話し続けた理由であり、法廷を侮辱する意図は毛頭なかったことを明らかにしたい。この件で誤解を招いたことを遺憾とすると共に、法廷には常時、協調的態度で臨むことを誓約する。また、自分がフランス語で当局面の審理を進行することを許可する旨の法廷の裁定を多とする」、と弁じる。
*裁判長ウェッブ、この説明を了として、論議の打ち切りを宣する。

(3) ロベル・オネト検察官、検察主張立証第Ⅷ局面「仏・仏印及びタイ関係」の検察側立証としての証拠書類の提出を許され、その第1部「仏印侵攻準備」関係書証を提出する。　　　　　　　　　　　　　　（英速録6791〜6794頁／和速録第81号3頁）
*提出済み（検）法廷証PX512（和文速記録は「（検）法廷証PX522」と誤記）【1939（昭和14）年3月31日付け外務省発表】＝検察側文書PD829-B　オネト検察官、引証し、「1939（昭和14）年3月30日に日本の外務次官が新南群島への行政管轄権設定を発表した事実」に対して、法廷の注意を喚起する。
*（検）法廷証PX614【1939（昭和14）年6月5日付けオット駐日独大使発リッベントロップ独外相宛電文；日本は、欧州における独の戦争にその参戦時期を自ら決する条件の下に合意】＝検察側文書PD4034-D　証拠として受理され、抜粋が朗読される。オネト検察官、タベナー検察官による朗読（以下、特に断らない限り、朗読はタベナー検察官によるもの）に先立ち、「日本が対英仏開戦を欲していた時期のものであり、被告の中では平沼騏一郎（首相）、木戸幸一（内大臣［英文速記録6792頁記載のMinister of Interiorのママ。後に弁護側から異議が出される］）、荒木貞夫（文相［荒木が文相であった時期についても後に弁護側が異議を申し立てる］）、板垣征四郎（陸相）、小磯国昭（拓相）が入閣していた」、と申し立てる。（以下、特に断らない限り証拠に関する説明はオネト検察官によるもの）。裁判長ウェッブ、朗読が開始された時、「日本語への同時通訳がなされているので、間を置いて朗読する必要はなし」とタベナー検察官に注意する。朗読終了後、タベナー検察官、通訳官に対してIBM機器を通じての日・英語への同時通訳に問題がないかを質す。通訳官、「問題なし」とした上で、「異議が申し立てられた場合には、間を置いてもらいたい」、と申し立てる。

【PX614朗読概要】

陸軍次官が自分に対して、陸海軍が了解に達したことを改めて伝達してきたが、陸軍の意向が

すべてにおいて通ったわけではないと、弱々しい口調で付言した。日本外務省筋の情報によると、首相と外相が陸海軍の諒解事項に与し、その旨の連絡がベルリンとローマに行くのも間近とのこと。日本は対英仏開戦に同意したが、参戦時期は日本側が然るべき時を選ぶとして留保した。

2—8—2　検察主張立証第VIII局面「仏・仏印及びタイ関係」第2部「北部仏印侵攻及びタイ国による侵攻」

（既に注釈した通り、本検察主張立証第VIII局面における第1部「仏印侵攻準備」と第2部「北部仏印侵攻及びタイ国による侵攻」の区分については、検察側は、その書証提出の過程においては明言しなかったため、その冒頭陳述の内容上の区分に従って区分した）

(英速録6794～7008頁／和速録第81号4頁～第82号17頁)

(1) ロベル・オネト検察官、検察主張立証第VIII局面「仏・仏印及びタイ関係」第2部「北部仏印侵攻及びタイ国による侵攻」の検察側立証として、関連書証の提出に入る。

(英速録6794～6833頁／和速録第81号4～9頁)

＊（検）法廷証PX615【日本政府発行「週報（1940［昭和15］年8月）」】＝検察側文書PD1529　識別番号を付される。［E: 6794］［J: 81（4）］

＊（検）法廷証PX615-A【同上抜粋；外務省情報部発表－仏印の近情、特に第三国の蒋介石支援行為】＝検察側文書PD1529-F　証拠として受理される。オネト検察官、「仏印を通じた援蒋物資の輸送に関する文書」と、前置きする。抜粋が朗読される。朗読の途中で、裁判長ウェッブ、タベナー検察官に対して、「日本語版が機器を通じて流されていないことを判事の1人が指摘した」、「通訳の準備が整っていることを確認した上で朗読を始めるべきである」、と申し渡す。

【PX615-A 朗読概要】

本年6月12日、南支那方面軍は、蒋介石政権が外国で購入した武器・軍需品の大半が雲南鉄道を通じてハイフォンから重慶に今もって輸送されている事実を指摘し、「仏印当局のこのような援蒋行為は看過できない」旨、発表。同月16日、日本軍は再度この件に仏政府の注意を喚起し、仏印当局の敵対行為を停止すべく確固たる決意を表明した。

在パリ日本大使沢田廉三と在東京仏大使シャルル・アルセーヌ＝アンリを通じて、日本政府は、再三再四フランス政府に再考を求め、6月19日には谷正之外務次官が仏印を通過する援蒋物資輸送禁絶に向けて強硬に抗議すると同時に、現地の実情調査を目的とした日本の監視団派遣に同意するよう仏政府に要請した。翌日、アンリ大使は谷外務次官に、仏政府が17日以降ガソリンやトラックなどの対支輸送を停止しているが、日本政府からの度重なる抗議を受けて極めて広範囲に及ぶ種類の物資輸送禁絶を決定したこと、及び、日本側からの監視団派遣に応諾したことを

<1946-10-2>

伝達。このようにして、重慶への主要な援蒋ルートの一つは完全に遮断されたのである。(中略)

万難を排して障害を克服し、東亜新秩序と恒久平和確立に邁進する日本にとって、大陸派兵の大義を阻害するような行為は許し難いものである。それ故に、沢田大使を通じて抗議をしたが、それに対するアンリ大使を通じての仏政府回答は、「重慶への武器輸送の事実なし。ガソリン・トラックは民需用」というものであった。しかし、ヨーロッパでの大戦勃発後、この仏政府の主張を否定する形で、英国は、ガソリンとトラックを戦時禁制品に指定したのである。

仏印当局がこのように非友好的な行為を執拗に継続することに業を煮やした日本は、1939(昭和14)年末に雲南鉄道への空爆を命令。仏政府は抗議するも、日本は「ガソリンとトラックは戦時禁制品に分類されるべきものと見なすが故に、仏印からの援蒋物資輸送が停止された旨の確証が得られるまでは、敵性地区内での雲南鉄道爆撃を継続する」と言明した。

仏側の姿勢に変化が見られなかったため、日本は、本年2月に、支援物資輸送禁絶を明示的に申し入れると共に、仏印から雲南への物資輸送を監視する軍調査団のハノイ及び支那国境への派遣を提案するのやむなきに至ったが、交渉は仏側の欺瞞行動などによって進まず、援蒋行為は継続された。

6月4日、谷外務次官はアンリ大使に再度強硬な抗議をするも、事態は膠着したままであった。しかし、最近、ヨーロッパで仏本国が敗退したことが仏印側の態度に相当の影響を及ぼした模様で、日本と仏印当局が特別協定を締結するに至り、仏印側が援蒋行為の全面禁絶を約した。同時に西原一策を長とする監視団がハノイに派遣され、同市やハイフォンを始め国境付近の複数地点で、協定事項の履行監視にあたることとなった。これで、日仏関係の緊張感を益々高めるものと危惧された問題が少なくとも当面の間、解決されたことになる。

＊被告木戸弁護人ローガン、オネト検察官が提出証拠について説明した際に、被告木戸の当時の職掌を「内大臣」としたことに触れ、「それは『内務大臣』(Home Minister)の誤りである」、「当該文書日付の1940〔昭和15〕年8月以前の前年8月30日(英文速記録6800頁記載の日付で和文速記録でも同じ。これが史実上正しいが、なぜか言語調整官が「31日」と訂正している)に木戸は内相の職を辞していたことは記録上明白である」、さらに、「被告荒木も前年暮れに文相の職から退いていた」、と申し立てる。オネト検察官、裁判長にこれらの点について質され、「確認して午後に回答する」と、返答する。

＊(検)法廷証 PX616【外務省南洋局第二課1939(昭和14)年(和文速記録では、「年度」)執務報告(1941〔昭和16〕年12月)】＝検察側文書 PD1027 識別番号を付される。

＊(検)法廷証 PX616-A【同上抜粋；雲南鉄道爆撃・日本軍による海南島並びに南沙及び西沙諸島占領・仏印との援蒋行為停止交渉・日本海軍機の仏印国境爆撃事件】＝検察側文書 PD1027-B 「1939(昭和14)年当時の日・仏印関係に関わるもので、1941(昭和16)年に公刊された[published]ものである」として提出され、抜粋が朗読される(後に、この published という表現を弁護側が問題にする。英文速記録6817頁参照)。[E: 6801][J: 81(4)]

【PX616-A 朗読概要】

第3節　支那事変と仏印

1. 雲南鉄道爆撃及び仏印経由での軍需品輸送の問題を中心とする日・仏印国交調整

（1）雲南鉄道爆撃決定

　仏印との援蒋物資輸送停止をめぐる交渉は、前年より行われており、日本は隠忍自重して再三再四、仏側の自発的な措置による平和的解決の方向で再考を促してきた。しかし、フランスは支那事変への厳正中立維持と蒋政権向け武器禁輸実施を明言する一方で、契約済との口実で蒋政権の抗戦能力を高めるような大量の武器の仏印経由での輸送を黙認。前年10月26日に日本が外交ルートで不満の意を表明すると、仏政府は、援蒋物資輸送の事実を否定すると共に、日本が要求した措置を講ずることを拒否することを以て最終回答とした。結局、このような状況では雲南鉄道爆撃はやむなし、と日本側は判断。以前から雲南鉄道爆撃の必要性を認めていた海軍当局は、1938（昭和13）年12月初旬、南支派遣軍（英文速記録6803頁では the Japanese Expeditionary Forces in South China. となっている。陸軍の南支那方面軍のことなのか、海軍の第二遣支艦隊を指しているのか、不明である。文脈から考えれば後者か？　やむを得ず和文速記録記述の記載を採った）の幹部更迭を機に、この問題をめぐって両省が一致する案を起草したいとして外務省の意見を求めてきた。直ちに、爆撃をいかに正当化するかの法的問題、その効果、フランスの姿勢に与える影響を始めとする国際関係などを研究。利害得失を勘案して達した結論は以下の通りである。

①国際法的に見て雲南鉄道が援蒋目的で使用されている事実は日本の攻撃を正当化する。
②破壊による損害賠償義務が日本側に生じることはない。
③作戦がもたらす軍事・政治的影響は甚大。
④仏英米には必ずしも警戒心を喚起させる程の影響を与えない。

　外相の承認を得て12月9日に石沢欧亜局第三課長は、海軍省の神少佐（Lt. Commander）（神重徳のことか？　ただし、当時神は軍令部第1部第1課に勤務していた）に対して、口頭で「外務省としては、陸海軍が作戦上必要とする限り、支那領内の雲南鉄道を爆撃することに異存なし」と伝え、杉村（陽太郎）駐仏大使には電文でこの旨知らせると共に、爆撃の正当性の説明など、仏側の抗議に備えて適切に応酬すべき準備をするよう指示した。

（2）ヨーロッパ戦局の推移に伴う日仏関係調整の機会増大について

　援蒋物資の仏印通過をめぐる日仏交渉は、暗礁に乗り上げている。加えて、両国関係は、支那事変勃発以降に起きた仏側の日本大使への承認（アグレマン）発給拒否、我方の海南島占領、新南群島領有宣言、西沙群島への領有権主張、仏印側からの鉄鉱石禁輸措置、といった未解決の諸問題故に、円滑さを欠いている。しかし、独ソ不可侵条約成立以降、特にヨーロッパでの大戦勃発後、フランス朝野の対日姿勢は大いに改善しており、それは、フランスの新聞社説の論調から窺われるだけでなく、8月末に仏印からの鉄鉱石禁輸措置を解除したり、仏領ヌーメア［Noumea］での日本領事館設置に合意したり、仏印経由での日・タイ間定期航空便開設を認めたりと、仏政

府の行動にも表れている。さらに9月上旬に仏側は、「伝来の平和志向政策に基づいて日本側と了解に達することを衷心から望む」旨を明らかにした上で、未解決の問題すべてについて我方と交渉を開始すべく、我が国の意向を打診してきた。加えて、仏印総督代理は、ハノイの鈴木総領事に「日本がヨーロッパ大戦への不介入方針を貫くなら、フランスは日本には宥和的姿勢でそれに応える」と述べた。このように、次第にフランスは日本に対して、積極的に関係調整を持ちかけてくるようになったのである。

(3) 国交調整に向けた我方からの第1回目の申し入れ（野村［吉三郎］外相とアンリ仏大使との11月30日会談）

野村外相は、支那事変の処理と東亜新秩序建設に重要な意味合いを持つ仏印を始めとする仏領に関する諸問題を、この機に乗じて一挙に有利に解決しようと決意。11月30日、野村外相がアンリ大使の来訪を求めて、以下のように、フランス側から要請があった外交関係調整についての日本側の意向（A）と、仏印の援蒋行為停止と連絡折衝のための本省職員と軍事専門家のハノイ派遣に関する（B）を伝えた。アンリ大使は、本国に伝達した上での回答を約束した。即ち、（A）及び（B）の内容は以下の通り。

（A）支那事変勃発以降、日仏の外交関係は円満さに欠けるところがあったが、仏側より未解決問題の一部について我方の要求に添う旨の意思表示があったことを大いに評価する。我が国は両国間の国交調整を望む仏側の姿勢にまったく同感である。しかしながら、フランスは日本との外交関係改善に熱意を示す一方で、我が国がその打倒に全力を傾注している蒋政権への援助を継続している。国交調整を真に望むのであれば、フランスはそのような欺瞞的態度を改めて蒋政権と決別し、我が国の事変解決に向けた施策に好意的態度で臨むべきである。また、仏印を始めとする南太平洋地域の仏領が、我が国に対して様々な経済障壁を設けているのは周知の事実である。両国間の友好関係を阻害するこのような根本要因が実際に除去されない限り、真の友好関係の実現は不可能と判断する。日本が繰り返し停止を求めたにもかかわらず、仏印経由での蒋政権向けの大量の武器・弾薬輸送は継続されているし、軍事・政治的目的を有する反日的支那人の往来が頻繁であるが故に、仏印が援蒋・反日活動の拠点となっているのは明らかである。仏印当局の説明によれば、「通常の武器・弾薬の輸送は禁止されているが、その他の物資は、たとえ軍事目的で使用され得るとしても、一般商用品とされている限り、輸送を禁止することはできない」とのことである。しかし、以前と同様に通常の武器・弾薬すらも輸送されていることに疑問の余地はない。糧秣、トラック、ガソリン、種々の機械類は、通常の武器の範疇には属さないが、蒋政権に渡っている限り、抗日戦力を不可避的に維持・増強させることになる。（中略）目下進行中の広西地域での作戦は、度重なる日本側の抗議にもかかわらず、軍需品を始めとする援蒋物資の同地域への輸送が継続しているために行われているものである。また、過去数カ月間に仏側が頻繁に抗議をしてきた日本軍機による仏印国境を越えての空爆は、支那・仏印国境付近の支那領内に位置する鎮南関が、仏印からの援蒋物資の物流拠点であるが故である。軍事戦略的理由からこのよう

な爆撃以外に選択肢がなく、その際に爆撃機が仏印領空に侵入したり仏印領内を誤爆したりといった事態が不可避的に生じたこともあり得る。しかし、仏側が援蒋行為を停止すれば、このような望ましからぬ事態も起きなくなるのである。（中略）

　　（B）広西地域での作戦が進むにつれて我軍の作戦区域が仏印国境付近にまで迫っていることに、仏当局は疑念と不安を抱いていると見受けられる。そのような懸念を払拭し、かつ、我方の在ハノイ総領事と仏印当局者との連絡・折衝に資するために、本省から担当者を1名、一両日中に派遣する。同人には佐官級の軍事専門家1名が随伴して、南支での戦況を仏印当局に説明し、国境情勢について仏印側の意見を聴取する。そのため、アンリ大使には、現地仏当局に当方の意向を伝え、便宜が得られるべく取り計らうよう希望する。

（4）日本の提案に対するフランスの中間回答（野村・アンリ12月12日会談）
両者の2回目の会談での仏側の中間回答は以下の通りである。

　　［1］支那向けの武器・弾薬が仏印経由で輸送されているとの報に日本が再度不満を表明したことに対して、仏政府は深い遺憾の意を表する。仏政府はそれを以前に否定し、かつ事実無根であることを立証した。

　　［2］海南島の占領、新南群島の併合、揚子江航行の妨害、占領地での通商の自由の侵害、在支仏権益が被った損害といった問題に対して、仏政府としても日本政府と交渉を開始して、忌憚なき意見を交わすことに吝かではない。

　　［3］ハノイに日本総領事が駐在していることに鑑みれば、外務省職員と軍事専門家を改めて仏印に派遣する必要性があるのか理解に苦しむ。総領事との特別な連絡のために伝書使を派遣することには無論、反対しない。

　　［4］広西地域での作戦は、1907（明治40）年の日仏協約が謳う政治的均衡を崩す惧れがあるので、仏政府は同作戦の目的・性質・期間について日本側の説明を求める。

以上の仏側回答に対する野村外相の応答は以下の通り。

　　［1］我方が得ている情報では、仏印から支援物資が輸送されていることは明らかである。例えば、支那の信頼すべき情報筋は、日本の広西作戦に鑑み、重慶政府が同地域に蓄積されている軍需品を一時的に仏印に送り戻す手配を仏側に求めたこと、及び仏側がある程度の便宜を図ることを約束したことを、確認している。

　　［2］日支いずれも宣戦布告をしていないがため、フランスに対支支援物資輸送を停止する法的義務がないのは日本政府も重々承知している。それでも、日本と重慶政府との間の戦闘が大規模なものとなっているという現実を仏側が認識して、援蒋物資輸送途絶に向けた措置を執ることを、日本政府は切に求める。

＊午前10時45分、裁判長ウェッブ、休廷を宣す。
＊午前11時、法廷、再開する。［E: 6813］［J: 81（6）］
＊タベナー検察官、オネト検察官に代わってのPX616-Aの朗読を続行する。

【PX616-A 朗読概要】(続き)

　　［3］広西作戦は、支那の沿岸封鎖と並行して行われているもので、目的は重慶政権への補給路を遮断して同政権の崩壊を図ることにある。目的が達成されるまでの期間について明言はできない。

　以上のような説明にもかかわらず、仏大使は、仏印経由での援蒋物資輸送がなされていることを重ねて否定。日仏間の国交調整は仏印での援蒋行為停止を前提とするものであるので、双方の意見の相克は既に明らかであった。

　　(中略)

2. 海軍機による仏印タッケ (Tha Khe) 爆撃事件

　浦部ハノイ総領事代理は、ド・タスト［De Taste］(前出 Thakkek と同一の地名であろうがここでは綴りを異にしている) 行政長官の招請で 1939 (昭和 14) 年 8 月 26 日午後に同長官を訪問。同長官は、「本国政府の訓令に基づき抗議を申し入れる」として、浦部総領事代理に対して「26 日午前 11 時、日本の水上機数機が支那国境方面から仏印領空に飛来し、内 1 機が仏印国境付近のタッケに爆弾 2 発を投下。その結果、死傷者約 30 名が出た」と伝えてきた。これを受けて鈴木 (六郎) 総領事は、9 月 25 日の仏印総督との会見で、日本政府よりの遺憾の意を表し、事件の現地解決を希望する旨表明した。仏印総督はこれを評価し、仏印行政長官と損害賠償に関する交渉を開始するよう求めた。10 月 4 日付けの総領事の報告書によれば、仏印総督の書面による損害賠償請求は、以下の通りである。

(1) 死亡者 76 名に 50,020 ピアストル (1 人あたり約 658 円)。
(2) 負傷者 34 名に 10,410 ピアストル (1 人あたり約 300 円)。
(3) 軽傷者 55 名に 550 ピアストル (1 人あたり約 100 円)。
(4) 埋葬費用、慰霊金及び損害賠償金 1,570 ピアストル。

合計 62,550 ピアストル。

　11 月 17 日、上記賠償金 62,550 ピアストルは、外務省が立て替えて鈴木総領事宛に電信為替にて送金。続いて仏印総督から 11 月 29 日付けの書簡で賠償金受領と事件解決を伝えてきたことを鈴木総領事が報告してきた。

＊被告東条弁護人清瀬博士、「英訳版では当文書を作成したのが the Board of the South Seas とされているが、実際には同局第 2 課 (the second section of that board) が作成した文書である」、と申し立てる。清瀬弁護人、「重要な差異があるか？」との裁判長ウェッブの問いに、「日本では、作成元が局と局内の課とでは、文書の重要性に大きな差異が生じる」、と応答する。裁判長ウェッブ、「異議申し立ての根拠にはなり得ず。弁護側反証の段階でその点に触れることは可」として、異議を却下する。清瀬弁護人、「翻訳の訂正のためであって異議申し立てではない」、と弁じる。ウェッブ裁判長、直前の指示を繰り返して、清瀬弁護人の発言を制止する。清瀬弁護人、「もう一点法廷の注意を促したい事項がある」、「この文書は『公刊された』(published)

と検察側は説明したが（英文速記録6800頁参照）当文書は、部内閲覧用に作成・利用されたものであって、公刊・公表されたものではなく、そのような表現は不適切である」、と申し立てる。裁判長ウェッブ、「留意する」、と応答する。

＊（検）法廷証 PX617【1937（昭和12）年7月7日盧溝橋事件以降の日支紛争に関する国際連盟決議・報告】＝検察側文書 PD1691　識別番号を付される。

＊（検）法廷証 PX617-A【同上抜粋；国際連盟総会 1937（昭和）12 年10 月6日付け決議－対支道義的援助決議】　証拠として受理され、朗読される。

【PX617-A 朗読概要】

　連盟総会は、日支間の紛争について諮問委員会より総会に提出された報告書群を総会自身の報告書として採択し、該報告書群の2番目の報告書に含まれている提案を承認し、1922（大正11）年2月6日付け締結の9カ国条約締約国の中の連盟加盟国による開催が提議されている会議に関して、議長が必要な措置を執ることを要請する。総会は、支那に道義的支援を表明し、加盟国に対しては、支那の抗戦力を低下させて現紛争に於ける同国の困難な立場を増長しかねない行動を慎み、対支支援の範囲を個別に考慮すべきことを勧告する。総会は、現在の会期の終了を宣すると共に、諮問委員会の要請に従って議長が会議を招集し得ることを決定する。

＊（検）法廷証 PX618【外務省南洋局 1940（昭和15）年（和文速記録では「年度」）執務報告】＝検察側文書 PD1411　識別番号を付される。［E: 6820］［J: 81（7）］　オネト検察官、「援蒋物資と仏印占領の日本軍に関するものである」、と前置きする。被告重光弁護人ファーネス少佐、「出所・真実性証明書が添付されていない」、と、異議を申し立てる。オネト検察官、「南洋局の公文書であるという一事で出所・真実性証明は十分」、と応答する。ファーネス弁護人、「当該局面で提出予定の文書の多くに証明書が添付されていない」、「慣例となっている証明書が添付されていれば異議を申し立てないで済む」、と反駁する。裁判長ウェッブ、同種の他の検察側文書には証明書が添付されていることに言及し、「裁判所条例を字義通りに解釈すれば受理可能」としつつも、「証明書の添付を求めない理由が見当たらない」、と、質す。オネト検察官、「証明書が得られ次第提出する」、と申し立てる。ウェッブ裁判長、「弁護側の異議を認めざるを得ず」との見方を示し、オネト検察官には「証明書を提出するか、証明書が不要である理由を明示するか」いずれかを選択するよう申し渡す。オネト検察官、同文書に識別番号を振ることのみを求め、裁判長ウェッブ、これを容れる。

＊（検）法廷証 PX618-A【同上抜粋；第3節援蒋物資禁絶並びに進駐軍関係】　識別番号を付される。

＊（検）法廷証 PX619【木戸日記（1940［昭和15］年6月19日）；仏印問題四相会議（1940［昭和15］年6月18日）】＝検察側文書 PD1632-CC　証拠として受理され、抜粋が朗読される。

<1946-10-2>

【PX619朗読概要】

外相の拝謁の前後に、仏印問題に関して昨日の四相会議で討議された2案について外相と話す。
(1) 援蒋行為について仏側に要求を提示し、拒否された場合は武力行使。
(2) 当初から交渉不要の構えで、直ちに武力行使。

陸海両相は、目下第2案の実施を望まず、直ちに要求を提示して先方の回答を待った上で武力行使の是非を決するとの考えである。日本が政治・経済的理由で仏印問題に重大な関心を寄せていることは独伊にも通告済。英米への対応策は、独伊から回答を得た後に決定する。

＊提出済み（検）法廷証FX520【1940（昭和15）年6月19日付けオット駐日独大使発リッベントロップ独外相宛電文；日本、仏印における日本の自由行動に対する独側の友好的意思表示を期待】＝検察側文書PD4025-A 〔E: 6825〕〔J: 81 (8)〕 オネト検察官、「『日本が仏印を自由に処理する権限を認める』と独政府が明言することを通じて日本に友好的な態度を示すよう日本外務省欧州課がドイツに要求していたことが記されている」、「『戦略的に重要な雲南鉄道を占領すべきとの考えが漸く広まりつつある』ことを軍部が独大使に述べている」として、引証する。

＊提出済み（検）法廷証PX523【1940（昭和15）年6月24日付けオット駐日独大使発本省宛電文】＝検察側文書PD4025-C オネト検察官、「被告小磯が独大使に日本の仏印及び蘭印への武力行使にドイツがいかなる姿勢で臨むかについて質問している」として、引証する。

＊被告小磯弁護人A・W・ブルックス大尉、「小磯が拓相であったのは1939（昭和14）年4月7日から8月30日までで、再び米内内閣で拓相となったが、同内閣総辞職に際して1940（昭和15）年7月22日に公職を離れ、1942（昭和17）年5月まで民間人。引証された電文の日付は7月24日（「6月24日」のはずであるが、英文速記録6826頁記述のママ）で、被告小磯が公職を辞した後のことであり、私人として質問を受けただけである」ことに、法廷の注意を促す。

＊（検）法廷証PX620【外務省南洋局第二課編；仏印進駐に関する日仏協定締結経緯】＝検察側文書PD985-A 識別番号を付される。被告重光弁護人ファーネス少佐、「文書の出所・真実性証明書が添付されていない」と、異議を申し立てる。オネト検察官、PX618を提出した際と同様「公文書であり、証拠適格性を具有している」、と反駁する。ファーネス弁護人、「先刻の法廷の裁定がそのまま適用されるべき文書である」、と申し立てる。裁判長ウェッブ、異議を支持する。裁判長、このように証明書の不存在故に、時系列もしくは事項別に提出する予定の当該局面の文書の提出順序が乱されていることに遺憾の意を表し、昼食休憩時に判事団で、証明書の後刻の提出を条件として受理するか否かを話し合う旨、申し渡す。

＊（検）法廷証PX621【「コンテンポラリー・ジャパン（1940〔昭和15〕年7～12月）」抜粋；仏印交渉に関する外務省発表ほか（1940〔昭和15〕年9月23日）】＝検察側文書PD39 証拠として受理され、朗読される。

【PX621 朗読概要】

仏印交渉。

(1) 1940（昭和 15）年 9 月 23 日外務省発表

　支那事変解決による東亜新秩序建設を促進すべく、松岡外相は 8 月に東京でシャルル・アルセーヌ＝アンリ駐日仏大使と仏印基本問題をめぐり会談。会談は友好的精神を以て行われ、その結果、仏側は、我陸海軍が事変終結のために実施予定の作戦に必要な軍事施設などすべてを仏印で提供することに同意。この合意に基づき、現地ハノイにおいて日仏軍当局間で細目を決定するための交渉が行われ、協定は 9 月 22 日午後に成立した。

(2) 1940（昭和 15）年 9 月 23 日外務省報道官発表

　日本側が隠忍自重の態度で進めた長期間の交渉の結果、仏印問題をめぐり日仏間で了解が成立したものの、仏印国境付近で小規模な軍事衝突が発生した。これは仏印側の誤解に由来するもので、誤解は自ずから払拭されて、日仏間で成立した協定は円滑・平和裏に実行される見込みである。日仏間の協定は両国間の平和的交渉を経て締結されたものであるから、他国が異論を挟む謂われはない。

＊オネト検察官、「証拠としての受理が留保された文書 2 点を、後刻証明書を提出することを条件に受理すべきである」、と申し立てる。裁判長から追加の意見を求められた被告重光弁護人ファーネス少佐、「『公文書であるならば証明書でそれを裏付けるべきである』という単純な主張であり、公文書であること自体に疑義を呈する意図は毛頭ない」と、その論拠を弁じる。裁判長ウェッブ、「休憩中に問題を判事団で協議する」、と申し渡す。

＊午前 11 時 55 分、裁判長ウェッブ、休廷を宣す。

＊午後 1 時 40 分、法廷、再開する。［E: 6833］［J: 81（9）］

(2) 法廷、弁護側証人名簿の提出期限について論議する。

（英速録 6833〜6841 頁／和速録第 81 号 9〜11 頁）

＊裁判長ウェッブ、弁護側証人の出廷について緊急に論議の必要がある旨報じ、検察側の都合を質す。E・ウイリアムズ検察官、「弁護側と法廷との問題と理解しているので、検察は法廷の要請があるまで議論に加わる意図はない」と、応じる。

＊被告木戸弁護人ローガン、「法廷が書記局に発した 6 月 13 日の決定の中に、『8 月 1 日以降は、裁判長の別途の指示なき限り証人宛召喚状の発給なし』との決定があったが、『その決定は、当初、検察側の立証がその日頃に終了する予定であった故であり、現実にはその後、法廷に空調装置がなくて長期間の休廷が見込まれたので期限を先に延ばすこと』が話し合われ、そして『期日は、検察側の立証が終了してから 1 カ月ぐらい後に設定されるべきこと』がその折に取り沙汰された事実」に、法廷の注意を喚起する。ローガン弁護人、さらに、「裁判長は 9 月 26 日に、弁護側の証人・証拠一覧表を提出すべき時期を 10 月 7〜28 日にする旨の裁定に署名

した」、「弁護側の要請として、該裁定を取り消すか変更するかを求めたい」、と申し立てて、その理由を説明する。即ち、「検察側の立証はただいま第7局面（本書の構成では、「第Ⅷ局面」）で、これ以降も7局面ぐらいが予定されている現状では、これから検察側が提出する予定の証拠や喚問する予定の証人の証言内容を知る術もなく、それらに対応して弁護側がいかなる証拠・証人が必要かを期日までに取りまとめることは不可能である」、と。ローガン弁護人、さらに、法廷が弁護側の要請を却下する場合には、裁定に以下の通りの修正を加えるよう申し立てる。即ち、「①弁護側が予定する証人に対する予備審問には、検察側の参加を許さず、審問記録を検察側に開示することもしない。なぜなら、そうした場合には証言内容を検察側が事前に知るところとなり、検察側が有利となるからである。②文書の内容についての問い合わせはこの段階では一切行わない。③予定している証人の証言内容の審理への関連性についての問い合わせは、既に検察側が終了した局面の内容についてのみ許可し、もしくは弁護側の立証段階の時期にずれ込ませることを許して、柔軟性を持たせる。④裁定が対象とするのは、召喚状の発給が要求される証人のみとする」、と。ローガン弁護人、さらに「弁護側は弁護に必要とする証人のみを召喚する」ことを強調し、「検察側が召喚状の発給を求めて聞き取り調査をした際に弁護側が立ち会ったことはない」ことを指摘し、これらの要請が認められない場合には、弁護側としては検察側に「これ以降、提出予定の文書すべてを開示することを要求せざるを得ない」、と申し立てる。

＊被告東条弁護人清瀬博士、ローガン弁護人の意見に同調して、「検察側の日・米英関係、特に太平洋戦争関連局面の立証が終了していないことに鑑み、法廷の柔軟な対応を希望する」、と申し立てる。清瀬弁護人、さらに「一つの集合体として活動する検察団は常時全員出廷の必要がなく多数の人員を出張させて証拠収集などができるのに対して、弁護人は各々が代表する被告のために常時出廷している義務がある」ことを指摘し、「検察側立証終了後、弁護側には証拠収集などのために1カ月程の猶予が与えられるべきである」、と申し立てる。（この間、オネト検察官のために配置された通訳官は律儀に通訳を続けていた模様で、途中で裁判長が「フランス語の通訳の必要なし」と遮る。次のマクマナス弁護人の発言の最中にも同じことが繰り返される）

＊被告荒木弁護人マクマナス、「自身が代表する被告の弁論のために喚問すべき証人の人数は相当の数に上る」、「個々の証人の重要性を判定するための面接の時間がなかったため、とりあえず名簿を提出して、その中から実際に喚問する証人を選び出したい」、さらには「弁護人の何人かはただいま、離日中であり、法廷は弁護側に時間の猶予を与えて欲しい」、と申し立てる。

＊被告鈴木弁護人レビン、「検察側が提出予定とした文書の中に未提出のものがあり、その中には提出しないこととなったと検察側から通告を受けたものもある」、と申し立て、これに対する弁護側の対処方法について、法廷の指示を求める。裁判長ウェッブ、裁判所条例第9条e項「被告人ハ本裁判所ニ対シ書面ヲ以テ証人又ハ文書ノ顕出ヲ申請スルコトヲ得」を引き、「通常の刑事裁判ならば、起訴状の内容が明らかとなった時点でいかなる証人が必要になるかも判定できる」、「被告人が起訴状の内容を初めて知ることとなったのは、巣鴨拘置所に起訴状が送ら

れた本年4月29日である」、「審理の進行に伴い新たな証人を喚問する必要性に迫られることがあり、それを法廷に申請する権利は侵害されない」、そして、「当法廷が踏襲しているニュルンベルク裁判の前例に従えば、（検察側）立証の全貌が明らかとなるまでいかなる証人を喚問すべきかを被告側は確定することはできないが、現在この時点に於いてもいかなる証人が有用かについては相当把握できているはずである」、と応答する。ウェッブ裁判長、さらに、「（レビン弁護人指摘の）検察側文書の中で提出予定のないものについては、弁護側が重要と認めたものの開示・手交を検察が拒否した場合、弁護側は条例の規定に従って法廷の支援を求めることができる」、「検察が自身のためのみに準備した文書はその適用外である」、「当事案についての判断は留保する」、と申し渡す。裁判長ウェッブ、最後に、「判事団の1人が、今後、弁護側が同様の申し立てを行う場合には、もっと早期に申し立てができなかった理由を付す必要があり得ると言っている」、と付言する。

(3) 検察主張立証第VIII局面「仏・仏印及びタイ関係」第2部「北部仏印侵攻及びタイ国による侵攻」の検察側立証として出所・真実性証明書の提出を条件に提出されていた文書2通 PX618-A 及び PX620 が、同一条件の下で受理され、PX618-A が朗読され、PX620 の朗読が開始される。　　　　　（英速録6841～6895頁／和速録第81号11～17頁）
＊ウイリアムズ検察官、検察側文書のいくつかに日本政府の証明書が添付されていなかったのが問題となったことに言及し、国際検察局の中で自身の職分の一つが文書に証明書添付が必要か否かを判定することである旨を明らかにして、陳述を開始しようとする。裁判長ウェッブ、「この件について陳述すべきはオネト検察官であり、同一案件に検察官2人が関わることは許されない」、と申し渡す。ウイリアムズ検察官、「この件は当該局面のみに関わる問題ではない」、と申し立てる。ウェッブ裁判長、判事団と協議の末、オネト検察官に陳述を求める。オネト検察官、午前中に法廷に提出した文書に言及して、「検察局の然るべき係官から『条例の条文に従えば公文書には証明書の添付が不要なものがある』と聞かされたが故に証明書を添付せずに提出した」、「後刻証明書を提出することを条件として該文書の朗読許可を求める」、と申し立てる。裁判長ウェッブ、当該条件の下で朗読を許可する。
＊提出済（検）PX618-A【外務省南洋局1940（昭和15）年（和文速記録では、「年度」）執務報告書抜粋】＝検察側文書 PD1411　タベナー検察官によって朗読される。[E: 6844][J: 81（11）]

【提出済み PX618-A 朗読概要】

1. 第3節・援蒋物資禁絶並びに進駐軍関係
1-1. ［一］仏印経由軍需品輸送停止並びに監視員派遣に関する件（見出しの番号・記号については、英文速記録上は判読し難い点もあり、和文速記録も参照にした上で、便宜上、編訳者が見出し番号先頭部に算用数字でこれを付した。先頭部に続く見出し番号・記号は、英文速記録もしくは和文速記録に記されたものである）

<1946-10-2>　　　　　　　　　　　　　　　　　　　　　　2　検察主張立証段階

　1937（昭和12）年10月に仏印当局から援蒋物資の仏印通過を停止することを決定した旨の通告があったにもかかわらず、得られた情報によれば、武器輸送は継続中。日本は仏側に頻繁に抗議を申し入れたが、その都度、仏側は、「援蒋活動停止の方針に変更なし」とする一方で「現在進行中の武器輸送は1937（昭和12）年7月15日以前に成立した契約を履行しているものである」との欺瞞的回答を行って、我方の抗議内容を否認している。それを受けて我方は、1939（昭和14）年初頭に、援蒋ルート遮断を目的とした武力発動を決意した。

　しかし、ヨーロッパでの戦争開始以来、フランスの対日姿勢には改善の兆しが見られ、フランスは懸案事項を解決した上での日本との国交調整に意欲を示してきたので、我方は、「武器、ガソリン、トラックなどの援蒋物資の仏印経由での輸送停止をする用意がある場合には日仏国交調整交渉に応じる」と、回答した。これに対して仏側は、(A)「法的義務はないが武器・弾薬の輸送は禁止しており、輸送されたという事実はない」と我方の抗議内容を否認し、(B)「日支間で宣戦布告がなされていないにもかかわらずトラックやガソリンなど商用品の輸送停止を要求するのは遺憾」として、我方の意向に応えることはなかった。

　これに対して我方は、以下の通り回答した。即ち、「(a) 確かな情報筋によれば、武器・弾薬に加えてガソリン、トラック、飛行機など大量の軍需品が仏印経由で蒋介石向けに輸送されている。(b) 広西地域での作戦中、仏印経由で輸送されたことが明白な大量の武器、弾薬、ガソリン、トラックなどの軍需品が押収された。(c) 広西作戦の結果としての南寧ルートの遮断後、雲南鉄道経由の輸送量はほぼ倍増した。(d) 近代戦においてガソリン、トラック、飛行機は武器弾薬同様に戦闘力を増進させる。(e) 支那事変中、我方は日仏の友好関係を考慮して、仏印向け船舶・貨物に制限を課さなかったが、ヨーロッパでの戦争の交戦当事国としてフランスは、戦時禁制品に該当する品目を拡大して日本のヨーロッパ向け船舶に対して多様な制限措置を課し、多大の損害を与えた。(f) 仏当局は、国際連盟などの場で蒋支援を表明して日本国民を憤激させ、また実際に蒋政府に軍需品を輸送したり鉄道借款を供与したりしている」、と。我方はさらに仏側に、「日・支が、現に大規模な戦争状態にあることを認識し、輸送停止義務や宣戦布告の有無といった法的論議とは離れた政治上の観点及び全般的情勢を斟酌して、軍需品の輸送を差し止めるべく自発的に英断を下すことを希望する」旨、伝えた。

　しかし、フランスは従前の発言を繰り返して政治的解決を図る誠意を示さなかったので、日本は作戦上の必要故に、1939（昭和14）年末に支那領内の雲南鉄道爆撃開始のやむなきに至った。これに対して仏側は数回に及ぶ抗議をして賠償を請求してきたが、我方は「爆撃は自衛措置」とし、1903（明治36）年に日支（清）間で締結された同鉄道の建設・運営に関する協定第24条第2項に「支那（清）側が交戦当事国となった場合、同鉄道は中立性を喪失する」との規定があることを引いて、「日本には賠償義務がない」旨、回答した。雲南鉄道の修復には長期間を要せず、再び輸送が可能となったため、我軍の再度の武力行使が必要となったが、日仏国交調整に向けた交渉がようやく開始されたこともあり、武力行使よりは仏側が自発的に援蒋物資輸送停止を行う方が望ましいと判断。そこで1940（昭和15）年3月中旬に我が国は、「国交調整のための交渉の

期間中、仏側はガソリン、トラックなどの援蒋物資輸送を停止し、我方は軍事行動を控える」ことを提案した。しかし、仏側は我方の苦心を顧みず、「3月中はガソリンやトラックの輸送を停止するが、それ以降については他の重要問題と絡めて決定する」という、我方にとって好ましからざる態度で応酬してきた。仏側のそのように対応が続く限り、たとえ暫定措置としてもさらなる交渉の継続は不可と判断した我方は、国交調整交渉の打ち切りを決め、その旨仏政府に伝えるよう駐仏大使に指示した。その結果、両国間の交渉は暫時、中断した（その間も援蒋行為は依然として継続され、日本は4月下旬に再び雲南鉄道を爆撃した）。

　ドイツの対仏攻勢が進んでいた5月下旬から、仏政府は、我が国の企業から飛行機や各種の弾薬を買い付けようとしてきた。これに対して我方は、仏印経由の援蒋物資輸送停止問題を始めとする日仏間の懸案事項をめぐる我方の要求を受け入れることを条件に、仏側の意向にできる限り添う旨、回答。それ以降、仏本国での戦局が急激に進展したのを受け、我方は6月19日に、在京アンリ仏大使を通じて仏政府に、「日本の対仏感情が悪化する中、仏印を経由してのこれ以上の援蒋物資輸送は看過できない」と通告した。アンリ大使は、「6月17日に仏印総督の権限を以て、蒋政権向けの武器弾薬のみならずガソリンやトラックの輸送も停止することを決定した」と回答してきた。該決定を実効的なものとするための我方の具体的要求を受諾するよう求めた時、同大使によれば、「支那・仏印国境の完全閉鎖を総督に進言したところ、総督はその実施を決定し、また仏印経由の援蒋物資輸送を監視するための軍事専門家の派遣についても承諾した」とのことである。これを受けて我方は、該決定事項を実施する際に予想される支那側の対応や、仏印側に存在する物資の支那側による隠匿・密輸企図を仏側が厳格に取り締まるよう要請し、さらには、軍事専門家監視団の到着に先立って暫定措置として派遣される在ハノイ尾花少佐に、急遽、援蒋物資の輸送停止状況を視察させるための便宜を供与すべき旨申し入れた。同時に我方は6月22日に監視団派遣に関して、以下を提案した。

（a）援蒋物資輸送停止を監視する目的で軍事専門家30名、外務省職員10名（在ハノイ日本総領事館職員3名を含む）と通訳数名から成る監視団を派遣する意向であるので、上記監視団並びに日本または支那から随時派遣される連絡員の入国及び任務遂行に必要な便宜が供与されること。

（b）陸海軍将校・下士官7名からなる先遣隊が、支那現地より掃海艇で派遣されるので、同様の便宜が供与されること。

（c）日本が輸送禁止を求める援蒋物資の一覧表を監視団が現地での調査後に決定・作成するまでの間、仏印当局は、支那・仏印国境の完全封鎖を継続すること。

　仏側は上記要請を受諾し、監視団は予定通り派遣された。引き続き我方は以下を要求した。

（a）広州湾租借地を通じての支那への物流が継続している限り、仏印での援蒋物資輸送禁絶の効果が半減するので、我方はこれまで広州湾ルートでの輸送禁止も要求してきている。適正な禁絶措置が執られていると期待するも、監視員として支那から同地域に海軍将校・下士官数名及び連絡要員を小型艦艇で派遣する意向であるので、入国・任務遂行に必要な便宜すべてを供与すること。

<1946-10-2>

　(b) 仏印当局は7月7日から1カ月間、支那からの輸入を一切禁止すること。
　仏側は上記要求も受諾した。

1-2. [二] 日本軍の北部仏印進駐に関する件　[E: 6853] [J: 81 (12)]
　西原少将を長とする陸海軍及び外務省関係者40名からなる監視団が、6月29日にハノイに到着して任務を開始。仏当局は、誠意を以て国境封鎖を実施中。(これ以下の「しかし、国境地帯に大軍を集結して対抗措置を執ることを宣伝して交渉の成立を極力妨害しようという動きもあり、我方としては迅速な交渉の成立を期している」との部分は、和文速記録には記載されているが、英文速記録には見当たらない)

＊裁判長ウェッブ、「出所・真実性証明書が添付されていない文書がある場合、首席検察官もしくはその代理からの申し立てを聴取し、もしくは個々の検察官に弁明を求める可能性がある」、と申し渡す。

＊午後2時45分、裁判長ウェッブ、15分間の休憩を宣する。

＊午後3時、法廷、再開する。[E: 6854] [J: 81 (12)]

＊ウイリアムズ検察官、休憩前の裁判長の発言に関して述べようとするが、裁判長ウェッブ、「可能性の問題を論じたのみで、判事団との協議も済んでいない」として、遮る。ウイリアムズ検察官、進んでこの件について申し立てをする意向をなおも示すも、ウェッブ裁判長、「判事団での協議が先」、と申し渡す。

＊タベナー検察官、提出済みPX618-Aの朗読を続行する。

1-3. [三] 雲南鉄道旅客列車爆撃に関する件
　昨年から引き続き行われてきた日仏国交調整交渉については、我方も種々の対策を研究していたが、そんな折に海軍機が雲南鉄道に2度目の爆撃を敢行。その際に、線路上の旅客車両を1弾が直撃し、フランス人5人(女性と子供2人ずつ[合計と内訳の総数が一致しないが、英文速記録6855頁記載のママ])が死亡した他、ベトナム人と支那人の死傷者も多数出た。仏首相は、在パリの沢田大使にこの事件について納得のいく説明を求め、「フランスの名誉にかけて1937(昭和12)年以来、武器輸送は行っていないことを確言できる」、「にもかかわらず、武器を輸送していることを示す充分な証拠を提示することもなく日本側が雲南鉄道を度々爆撃して女性の生命をも危殆に陥れたことは、両国関係に鑑み実に遺憾である」との意を伝えてきた。大使は、事件の公式報告を受けていないので同事件について説明する立場にないことを断った上で、雲南爆撃をめぐる我方の方針を重ねて説明し、このような事件の再発防止のためにも、雲南鉄道による援蒋物資輸送を仏印側が自発的に完全に停止する必要があることを伝えた。仏側は当初から、「雲南鉄道爆撃は現地軍が中央の命令なしに行ったものである」と宣伝し、これに関する記事が上海各紙に掲載され、出先の軍が神経を尖らせていた。

　これを受けて沢田大使は、仏当局に以下のように説明するよう訓令を受けた。即ち、「既に度々説明してきたように雲南鉄道爆撃は現地軍独自の行動ではない。原則として爆撃目標は線路・橋梁に限定して列車は軍用目的に使用されていない限り攻撃しないことを決定しており、この方針を現地軍は遵守している。今回の事件は、敵戦闘機や周辺地域からの対空砲火を冒して爆撃する

という困難な状況下で起きた錯誤によるものであり、飛行機の搭乗員の中で爆撃当時、列車を視認していた者は皆無で、空中写真を拡大鏡で詳細に調べてみて初めて橋梁中央部付近から北側のトンネルの方向に停止している列車のようなものが確認できたのである」、と。

2月5日、駐日仏大使が谷外務次官の許を訪れ、抗議文を手交してきたが、以下の通りである。

 (1) 仏政府は、今回の雲南鉄道爆撃によって我が国が被った損害に対して抗議する。

 (2) 爆撃による死者は40名（内フランス人5名）に上り、ベトナム・支那人負傷者は84名である。

 (3) 仏政府は、被害状況が判明次第、損害賠償を請求する権利を、留保する。

 その際に同大使は、「この事件は米国の世論に大きな悪影響を及ぼすであろうし、フランスの世論も激昂している」と述べた。

これに答えて谷次官は、「詳細が未だ明らかとなっていないので、我方としては調査の結果を待って公正・妥当な措置を講じる用意があるとしか言えないが、当方が得た情報によれば、列車が軍事目的に使用された形跡がある」として、大使の注意を喚起した。即ち以下の通りである。

 (1) 軍需品を始めとする物資の輸送が継続されている限り、作戦上、雲南鉄道の爆撃は実施せざるを得ない。

 (2) 仏側は「宣戦布告がされていない」ことに拘泥しているようであるが、英国は日支間に大規模な戦争状態が継続していることを公式に認めている。日仏関係改善に向けて一連の懸案事項（広西省での鹵獲品の日仏共同調査など）について両国は協議しているが、成果はほとんど上がっていない。従って、フランスも英国に倣って日支間での戦争状態の存在を認めて、すべての問題をその視点に立って考察する必要がある。今こそ、このような大局的見地から日仏関係を改善すべき時である。

 (3) これまでフランスは支那事変に対して中立的姿勢を取ることを標榜してきたが、日本国民は、国際連盟などでの仏当局の公式声明、同国の支那への借款供与、同国が支那での鉄道建設のために与えた援助、援蔣物資の輸送といった事実に鑑み、フランスが蔣政権寄りの姿勢を取っていると考えている。我が国は、フランスが国内事情や第三国との関係に配慮する必要性を無視するものではなく、援蔣活動停止を公式に表明することを求めはせず、鉄道の破壊箇所を修復することなく蔣介石や第三国に雲南鉄道の修復が不可能であることを報告するなどして、援蔣行為が実質的に禁絶されることを求めるのみである。

 (4) 我が国は本来、援蔣物資輸送の全面停止を望むものであるが、それが困難ならば、少なくとも、既にフランスが戦時禁制品に指定している以下を輸送禁止物資に指定することを求める。即ち、①武器弾薬、②飛行機及びその部品、③トラック、その他の自動車及びその部品、④ガソリン、その他の油類、⑤金属、機械類その他の金属製品、⑥機関車、貨物輸送車、鉄道資材、⑦化学薬品類である。

 (5) フランスが日本の要求に対して効果的で妥当な措置を講じるならば、日本は軍当局と雲南鉄道爆撃中止について協議するし、支那の維新政府と日本軍が影響力を及ぼす地域での

<1946-10-2>

仏権益の維持のみならず増進についても考慮する余地がある。

これに対するアンリ大使の返答は、「(A) 日本政府には軍部の行動を次から次へと容認していく傾向があり、これは米国世論に悪影響を及ぼしている。(B) 仏政府は援蒋物資輸送の事実を否定しているにもかかわらず、日本側はフランスが蒋政権に武器供与をしているかのような公式発表をしている。日本政府がその証拠を示さないのは遺憾なことである」というものであった。谷次官は、「(A)は事実無根。(B)については確かな情報筋によるものである」とし、「各種情報から、物資輸送をめぐっては仏支が結託している事実を把握している」と応酬した。

これまで雲南鉄道爆撃事件は、鉄道自体の損害が比較的に小規模であったこと、フランス人の被害者がほとんどいなかったこと、仏国内での対日世論悪化を避けるフランス政府の政策が維持されたことも相俟って、フランス国内で衆目を集めることはなかった。ところが、フランス人が死亡し、その中に女性が含まれていたことが世論を煽ることとなった。しかしながら仏政府は、新聞各紙に、「(1) 日本と仏政府・仏印当局との間で雲南鉄道をめぐる交渉が進められている最中に爆撃が繰り返されたのは驚くべきことである。(2) 東京で得た印象では、爆撃は現地軍の独走によるものらしい。(3) 仏政府は従来通り日本との友好関係を維持する意向である」との、非公式声明を発した模様である。[E: 6862] [J: 81 (13)]

この件について沢田大使は、レディエ次官を訪問して、援蒋物資輸送を停止しない限り日本は雲南鉄道を爆撃せざるを得ないことを伝え、フランスも英国同様に日支間に戦争状態が存在することを認めること、そして、少なくとも谷外務次官が示した一覧表記載の物品の輸送を禁止することを衷心から望む旨、伝えた。同次官は、「フランスは既に自発的に雲南鉄道経由の武器輸送を停止しており、日本が他の物資の輸送も禁止するよう求めるに等しい要求をしてくるのは心外」と返答してきた。これではこれまでの論議の蒸し返しに過ぎないため、沢田大使は、「今や法律論に固執すべき時ではなく、政治的解決に向けて仏側が決断を下す必要がある」と強調した。レディエ次官は、「これまでフランスは日本の仕打ちに隠忍自重するばかりで、国内世論の手前もあり、そのような決断を下すのは不可能である。いずれにせよ、仏側提案への日本側の正式回答を待って問題を再考する」と、返答してきた。

2月20日、谷外務次官はアンリ大使の来訪を求め、以下の覚書を手交した。即ち、「2月1日の爆撃が目標としていたのは第7号鉄橋であって、客車を爆撃する計画は当初からまったくなし。当日の爆撃は、気流の状態が悪い中で高度3,800メートルから敵機と対空砲火を冒すという極めて困難な状況下で敢行された。鉄橋やその他の建造物やそれらの影のために、飛行機の搭乗員の中で、当時鉄橋に停車している列車を視認できた者は皆無であった。従って、我軍の航空機が投下した爆弾が同列車に命中したのはまったくの偶然である。しかしながら、爆撃によって仏・ベトナム人の死傷者が出たことは遺憾であり、帝国政府としては仏人犠牲者に相応額の弔意金を支払うことに吝かではない」、と。5月7日にアンリ大使が書面で寄せてきた回答によれば、日本政府の決定を仏印総督宛に通知したところ、賠償金175,030ペソ（フランス人死亡者5人に対し12万ペソ、仏印現地人犠牲者に対し55,030ペソ）（当時の仏印通貨の単位はピアストル [piaster] であ

るが、英文速記録6864頁原文記載の pesos のママ）を請求するべく同総督から指示を得たとの由である。そして、上記の賠償額は犠牲者の社会的地位を考慮して決定されたことや、調査を完全に終えるまで数カ月を要した旨の説明書が添付されていた。（中略）

　（6）ハイフォンでの日本軍機による投弾事件（前出「1-3.［三］雲南鉄道旅客列車爆撃に関する件」に、一部飛ばした上で順列されるものとも思われるが、正確な理由は不分明。番号は英和両速記録記載のママ。以下同じ）

　日本が仏印に進駐した際の9月26日、日本の爆撃機がハイフォンに爆弾4発を投下。死者15人と負傷者18人に加えて物的損害が出た。10月7日に駐日仏大使館参事官が、外務省欧亜局第三課石沢課長に事件の内容を通知。しかし、この爆撃は搭乗員の不注意によるものと判明し、現地部隊は遺憾の意を表して賠償金3万3,000ペソ（英文速記録6865頁原文のママ）を支払うことで解決した。（和文速記録では、この後に「(7) 日本軍隊の仏印入国の場合に於ける軍費等に関する件」が記載されているが、英文速記録6865頁の対応部分に記載はない）

1-4.［五］海軍巡洋艦サイゴン派遣に関する件

　在ハノイの佐藤総領事発の電文によれば、南部仏印に睨みを利かせ、サイゴン地域の反日華僑勢力を取り締まり、米の買い付けを促進し、また英米の策動を阻止することなどを目的として、海軍の巡洋艦派遣を予定しているとのこと（12月中旬頃を予定）。サイゴンへの軍艦派遣をかねてから計画していた澄田機関（国境監視団長西原一策の後任となった澄田睞四郎が団の名称を変更）と仏印総督との間で既に合意が成立していたので、ビシー政府の同意が得られ次第、その機会を利用して一週間ほど日仏親善交流が行われる予定であった。しかし後刻、ビシー政府から「当該案件をめぐる交渉は駐仏日本大使と本国政府との間でなされるべきである」との訓令があった旨、総督から澄田機関側に通知があり、「現下の状況に鑑み実施は不適当で暫時延期するのが望ましい」とのことであった。澄田機関はこの申し入れを受諾し、本案は未だ実現していない。

1-5.［七］仏印軍事使節の米国派遣に関する件

　仏印当局は、米国から抗日支援を得る目的で歩兵旅団長ジャコミー大佐、フェリッツロン少佐他2名からなる軍事使節団を米国に派遣し、一行はサンフランシスコに7月21日に到着。後刻、同使節団が軍用機200機などを購入すべく策動していたことが判明したので、石沢欧亜局第三課課長は12月3日に、駐日仏大使館のファン参事官を招致して、「仏本国政府が我が国との友好関係の維持・増進に努めていることは多とするも、本国政府の監督下にあるべき仏印当局がこのような反日的策動をなすのは許し難い（unwarrantable）ことである。今後このような非友好的行動を慎むことを望む」と、口頭で伝達した。同時に石沢課長は、原田駐仏臨時大使に同様の内容をビシー政府にも申し入れるよう指示した。（中略）

2.［三］タイ・仏印国境紛争（見出し番号［三］はこれまでの通し番号とは明らかに別系統と思われるが、各所に朗読の省略があるのでどのような系統の番号であるかは不明）［E: 6868］［J: 81（14）］

　タイでは1932-1933（昭和7-8）年の革命後、民族主義が勃興し、国家復興運動が国力・失地回復への動きと発展していった。

<1946-10-2>

　1939（昭和14）年6月に国名をシャムからタイと改めてからは、失地回復運動が益々盛んとなった。タイ・仏印間の善隣友好関係を維持するための不可侵条約について交渉を開始する方針が、同年10月に承認され、翌年7月12日にタイ・仏不可侵条約が成立した。そして、同条約で解決すべき案件の一つとされているメコン川の国境線改定を討議するために、両国は委員を任命。しかし、ヨーロッパでの仏本国の敗戦が（アジアでの）フランスの立場を弱め、さらに1940（昭和15）年8月30日に締結された松岡・アンリ協定が、極東に於ける日本の政治・経済上の優越的権益を承認するというような情勢の変化に刺激され、タイは不可侵条約批准の条件として9月13日付けの覚書で、「国際法の河川最深部を基準とする旨の規定に従ってメコン川の国境を改定すべきである。仏印を取り巻く状況はもはや尋常ではなく、タイ・仏印国境はカンボジアを南北に流れるメコン川の線に沿うように定めるべし」と、要求した。これは、1904（明治37）年の条約でフランスに割譲されたルアン・プロバン［Luang Probang］とパクセ［Bakuse］に至るメコン川の右岸地域をタイに譲渡することを意味する。さらにタイは、フランスが仏印に対する主権を放棄した場合にはカンボジアとラオスを返還する旨保証することを求めた。

　仏政府は9月19日付けの覚書で、「懸案解決を目的とする委員会設置に同意はするが、仏印の現状になんら変化が生じていない現時点で仏印領土の一体性に変更を加えるようないかなる要求にも応じることはできない」と、タイ側の要求を一蹴。タイは9月28日付けの覚書で、「メコン川は天然の国境線として適正」と主張して、以前と同様の要求を繰り返したが、ラオスとカンボジアに関しては「仏印の現状が変更された場合に改めて要求する」とするに留めた。

　しかし、10月11日にその要求を、仏当局が「法や事実の裏付けのないものである」として再度拒否したため、タイの失地回復を求めての仏印との直接交渉は一時、中断した。この結果、両国の関係は緊迫し、タイが仏印国境地帯に兵力を展開して仏印側も国境沿いの守備兵力を増強したため、一触即発の状態となった。しかし、我方は仏印への進駐をその北部に限定して仏印の残部の保全を保証したがために、タイ側が期待していた仏印での混乱状態は生起せず、窮地に陥ったタイは、目的を達するために我が国に頼らざるを得なくなった。

　仏印進駐に向けた交渉中、我方は、タイの失地回復を求める態度を当初は好意的に見ていなかったし、仏側の協力を取り付ける必要があった仏印進駐直後は、タイの失地回復支援が得策とは考えなかった。1940（昭和15）年9-10月にタイ国防省次官プロム大佐率いる親善使節団が訪日して、我方の新外交政策の内容やタイの失地回復運動に対する見方などを打診してきた時も、我方は中立の姿勢で臨んだ。

　タイ進駐問題（英文速記録6872頁に記載の"The problem of the entry in Thai"をそのまま訳したが、原本和文書証より採録したであろう和文速記録は「仏印進駐問題」と記載する。この方が正しい内容ではあり、英文速記録は"The problem of the entry Indo-China"とすべきところを誤訳したものであると推断する）が一段落した今、我が国が、タイの協力を取り付けて同国との間に、米を始めとする重要資源獲得を目的とした経済協定を締結することは不可欠であるし、英米が活発に対タイ工作を展開していることに鑑みれば、将来の南方問題の展開を視野に入れてタイを英国から切り離すことが肝要である。

故に、タイが切望している失地回復問題を日本が取り上げて、タイを我方の陣営に引き入れる一方、この問題の推移と並行して仏印問題解決にも弾みをつけることに決し、11月5日の四相会議では、タイの失地回復を支援すると同時にタイを東亜新秩序建設に政治・経済面で協力させるべく策することを決定し、この内容がタイ側に伝達された。次いで同月21日の2回目の四相会議で、タイが我方の要求を受諾した場合、直ちにルアンプロバンとパクセの返還に助力（英文速記録6873頁で使用されている"assist"をそのまま訳したが、和文速記録所収の原文では「斡旋に乗り出す」としている）することを決定。これをタイに伝えると、同国のピブン首相は、我方の要求を全面的に受け入れたので、我が国は失地回復への援助を開始した。

　これに先立ち、領土問題をめぐってタイ・仏印関係は次第に緊迫してきた。両国は国境付近に兵力を集結させ、飛行機の相手国領空への侵犯は頻発し、11月28日に遂にラオス国境付近で武力衝突が発生。それ以降、両国間で小規模の戦闘が続いたのを機に、松岡外相は非公式にアンリ駐日仏大使に対して、「1904（明治37）年に失った土地に対するタイの返還要求事案を平和的に解決すべく我が国には仲裁する用意がある」旨、伝えた。これに対して仏政府は、11月19日付けの回答で日本の申し出に謝意を表したものの、「領土保全の見地から領土割譲は不可」と返答してきた。我方は、それに対する返答を「そのような仏側の強硬姿勢は賢明ではなく、ためにもならない」として再考を促し、暫時情勢を見守るように勧めるに留めた（英文速記録6874頁の we only requested the French government to reconsider her unwise firm attitude ...（中略）.... and observe the trend of events for awhile に従ったが、原本和文書証より採録したであろう和文速記録は、「事態の推移を関心を以て注視する」の主語は日本政府となっており、その正確な英訳としては下線部分を observed と過去形にすべきものであったと考える）。

＊（検）法廷証 PX620【外務省南洋局第二課編：仏印進駐に関する日仏協定締結経緯】＝検察側文書 PD985-A　オネト検察官、PX618-A の朗読が許可されたのと同様の条件の下で提出済み PX620 を朗読する許可を求め、裁判長ウェッブ、これを許可する。タベナー検察官によって朗読が開始される。[E: 6874][J: 81（14）]

【提出済み PX620 朗読概要】

1．［一］　日・仏印政治協定締結を希望する旨のカトルー仏印総督の声明

　仏印通過の援蒋物資禁絶を監視するために派遣した国境監視団が、1940（昭和15）年6月下旬に現地に到着して以来、カトルー仏印総督と仏印軍指導者は援蒋物資輸送停止措置の履行と日本監視団の任務遂行に対する仏印側の協力を、繰り返し誠実な態度で表明してきた。仏印各所に派遣された監視員からの報告によれば、禁輸措置は実行されているとのことである。仏印当局は、(a) 支那からの輸出品の仏印流入を7月7日から1カ月間禁止し、また (b) ハイフォン・ハノイ間の海底ケーブル建設と監視団用の無線施設設置を許可するなど、極力日本に好意を示すべく努めてきた。このような妥協的態度に出た仏印総督は、監視団長である西原少将に対して、「日

本が仏印の領土保全を尊重するならば、フランスには日本と対蔣政権共同防衛のための条約を締結する用意があり、今よりも広範囲な分野で日本と協力することも可能である。また、経済面でも日本の仏印への企業進出や輸出増進に好意的対応をすることに吝かでなく、このような内容を基調とした協定の締結を提議したい」と申し入れてきたが、日本軍の仏印領内通過や領内の飛行場使用など、我軍が対支作戦上重要と目する事項については、「仏印総督としての権限外の事項であり、日仏政府間の交渉に委ねるべきものである」とした。(中略)

2.［三］ 本問題に対する我方の方針決定

この件について政府は、陸海軍と協議の末、仏政府向けの最終案を決定したが、協定締結に向けた具体的交渉は、後任外相の決済を得た上で、政治・軍事は主に東京で、経済はハノイで行うことに決定。7月下旬に以下の訓令・説明案をハノイの鈴木総領事に送ると共に、パリの沢田大使には仏政府に対して、「日本の姿勢は、新内閣（7月22日に米内内閣に代わって第2次近衛内閣成立）の外交方針決定の後に定まる」旨伝えるよう訓令した。

2-1. 訓令案「対仏印政治軍事及び経済協定に関する件」

2-1-1. 対仏印政治軍事及び経済協定に関する方針

陸海軍当局との協議の結果、政府はフランスに対して、以下に記す項目を含む政治・軍事及び経済協定締結を提案することとし、政治・軍事協定はアンリ大使との間で東京において、経済協定は貴殿と仏印総督との間でハノイにおいて交渉が行われることが決定された。よって、別紙記載の詳細を理解した上で、貴殿は、仏印総督との直接交渉を開始し、政治・軍事協定絡みでは西原少将を補佐して、総督に対して本国政府宛に、「日本の要求を受諾すべきである」と進言させるよう努力すること。

2-1-2. 同上協定の内容 ［E: 6878］［J: 81（15）］

［1］政治軍事協定

（a）仏印は、日本の東亜新秩序建設実現（英文速記録6878-79頁記載の内容のママ。和文原本書証より収録したであろう和文速記録では、「支那事変処理」がこの後に続いているが、英文では欠落している）に協力するものとし、当面対支作戦に派遣される（警備目的で駐屯する部隊を含む）日本軍の仏印通過と仏印内の飛行場使用を許可し、同軍の武器弾薬その他の物資輸送に必要な便宜を供与する。

（b）日本は仏印の領土保全を尊重する。

［2］経済協定

芳賀事務官携行の「対仏印経済通商交渉方針に関する件」の別紙にある通り（記載してある「業務」には銀行業務も含まれる）。

2-2. 説明案「対仏印政治・軍事及び経済協定に関する件」

2-2-1. ［1］

現在のフランスの立場や日仏関係の現状を踏まえ、我が国はフランスに我が国の東亜新秩序建設と支那事変解決に協力することを約束させるのみならず、上述の目的のために、政治・軍事及び経済協定の内容を受諾させて軍事・経済面で我が国を支持させることを期する。重慶政府を壊

減させる目的で援蒋物資輸送を停止させることのみならず、同政権に対する作戦上の必要から、別紙記載の要求を仏印側に提示する。

2-2-2．[２]

仏印の領土保全尊重を謳う誓約を我方から得たいとの先方の意向に鑑み、仏印領を侵す意図がない旨の声明を発する等の適当な方法で我方の公明正大な姿勢を示すことにより、その趣旨を実現したい。これは第三国による侵略（invasions）から仏印領を保護する責任を我方が負うことを意味するものではないが、そのような侵略行為（invasions）が東亜新秩序建設の障害となるので、我方がそれを黙視できないのは言うまでもない。それでも、それへの対応策は我方が独自に決定する。

2-2-3．[３]

仏側が海南島、南沙諸島、西沙群島などをめぐる問題を提起してきた場合、仏印に関する本協定に直接関係がないものとして、これを一蹴する。

2-2-4．[４]

万一仏側が政治・軍事協定に含まれる我方の要求をすべて拒絶した場合、領土保全をめぐる保証をしないのは無論のことであるが、我方は、仏側の出方や国際情勢を慎重に勘案した上で対応を決定することとする。

2-2-5．[５]

経済協定は日仏印間の経済協力の確立を目的とするもので、フランスを始めとする諸国の権益を無視して仏印での経済的利益を独占することを意図するものではない。我方が求めるのは通商・事業及び入国・通関手続きでの仏国民・仏製品と同等の待遇であり、これは通常の通商協定で認められる範囲を逸脱していると見なされるが故に、仏側は難色を示すであろう。しかし、政治・軍事協定で領土保全を誓約する我方としては、経済上の要求を最大限貫徹する必要がある。経済協定交渉は、その性質上、政治・軍事協定とは別個に行うこととする。

2-2-6．[６]

（a）政治・軍事協定については、当該協定が領土保全という政治的に重要な問題を含むため、仏印総督の要望に従ってアンリ大使と日本政府との間で、東京において交渉され、締結される。正式な手続きは後刻、考慮する。

（b）経済協定交渉は貴官（在ハノイ総領事）が仏印総督と交渉し、成立した場合に採る形式としては、枢密院での審議の関係もあるので、仏印総督に仏印側が取った措置を貴官に一方的に通告させ、それを貴官が「覚書の形で記す（take note）」のみとする。爾後の手続きは、当地（東京）で然るべくなされることとする。

3．[四] 政治・軍事協定に関する対仏交渉開始（８月１日第１回松岡・アンリ会談）[E: 6886] [J: 81（15）]

この日、松岡外相はアンリ大使の来訪を求め、本題に入る前に、「日本は仏印の援蒋物資輸送禁絶措置を多としている」こと及び「東亜新秩序建設実現と支那事変解決に向けて政治・軍事・

<1946-10-2>

経済面での仏印のより広範な協力を望む」ことを伝えた。その上で外相は、政治・軍事協定の具体的内容として（経済協力については、別途作成された日仏経済交渉の概要を参照）「対支作戦派遣部隊（飛行場守備兵力を含む）の仏印通過と仏印内の飛行場使用を認める」こと並びに「武器・弾薬その他の輸送に必要なあらゆる便宜を供与する」ことを求めた。外相は、「これらの要求は支那事変解決のためであって、蒋政権を追い込むのに必要な範囲に留まり、仏印侵入を企図するものではない」と付言。外相はさらに、「政治的に重要な問題であるから東京での交渉を望む」とし、事態の緊急性に鑑み「仏本国政府からの回答を求める」と申し入れた。それに対しアンリ大使は、「日本側の要求は、日本が対支宣戦布告をしていないにもかかわらず、中立的立場にあるフランスに対支宣戦布告をせよと言うに等しい」と返答してきた。これに対して外相は以下のように応酬した。即ち、「宣戦布告の有無の問題は別として、大規模な戦争が支那で進行中であることをフランスに認識してもらいたいだけである。我方にはフランスの中立を侵犯する意図は毛頭ないが、作戦上絶対不可欠な当要求が拒絶された場合にはフランスの中立を侵す可能性がある。つまり、当要求は我が国がフランスの中立侵犯を欲しないが故のものである。1907（明治40）年の日仏協定はフランスを大幅に利して我方に利するところがほぼ皆無であったにもかかわらず我方が締結に応じたものであるが、その時の日本の姿勢に今回はフランスが倣って我方の要求を受諾することを望む。この要求は我が国が好んでなすものではなく、状況上止むを得ずなすものである。予期していなかった不可思議なことが起きるのが現在の国際社会であり、我方の要求の受諾が即対支宣戦布告に繋がるとは限らない」、と。アンリ大使は、外相の説明には理解できる点があることを認めつつも、「日本が仏印に要求を提示する度に、その内容は大きくなる一方で、仮に今回の要求を受諾した場合に次回の要求がいかなるものになるか予測不能」と述べて、本国政府に要求を取り次ぐことを告げ、会見はここで終了した。
（中略）
4. ［六］ 政治・軍事協定に関し我方が仏側に提示した第1次交換公文案（8月9～10日外務次官・アンリ大使会談）［E: 6889］［J: 81（16）］

松岡・アンリ会談に引き続き、8月9日、外務次官がアンリ大使の来訪を求め、添付書類1～2号に相当する政治・軍事関係交換公文初回草案をアンリ大使に手交して会談した。その内容は以下の通りである。
次官

当要求は軍事上の絶対的必要性に基づくもので、事態の緊急性に鑑み、早急にフランス側の回答を得たい。
大使

日本側の要求は具体性を欠いており、このまま受諾するのは無記入の小切手（blank check）を渡すようなものとなる。
次官

対支作戦が目的と銘打っているので曖昧な点はない。

大使
　作戦の名目で出される要求には際限がない。希望するならば本国政府に伝えるが、このままでは政府が受諾しないのは明らかである。
次官
　対仏印不可侵を誓約する我方の姿勢を疑うということか？
大使
　否。当草案では、仏印のどこでも飛行場使用や軍の通過ができる可能性があり、カンボジアやサイゴンにも上陸することがあり得る。希望する地域を特定してほしい。
次官
　当草案は全般的な方針を示しているに過ぎず、詳細は現地での交渉に委ねるべきである。
大使
　詳細を現地交渉に委ねるのは望ましくない。この案では日本軍が要求を次から次へと出してくることとなり、そうなると仏印全土が制圧されても仕方がないことになってしまう。
次官
　「対支作戦のため」と明記してあり、この文言を濫用する意思はない。
大使
　外相もそう言っており、日本にその意思がないことは自分も理解している。しかし、実際問題として、これにこのままフランスが同意したら、今後日本がいかなる要求を次々と出してくるか分からず、これについては誰も保証できない。今日の会見の結果を外相に報告した上で再考することを希望する。その結果、当草案をそのまま我が国政府に取り次ぐことを望むならそうするが、我が国政府が無条件で受諾するとは思えない。
（経済問題に関する会談の内容は省略）
　翌10日、外務次官は再びアンリ大使の来訪を求め、案文中の一節を「仏印のトンキン州を通過し、同州内の飛行場を使用する」と改めた修正案を提示して会談。その内容は、以下の通りである。
大使
　トンキン州と明記されてはいるが、我方から見ればトンキン州に関して無記入の小切手を切るようなもので、日本軍がなすことに何も異を唱えられないこととなるので、不公平である。具体的な内容を明らかにしてほしい。
次官
　通過地点や使用する予定の飛行場は軍の機密事項で、事前に公表できない。大使がどれほど強く求めても、対支作戦機密保持のため、答えかねる。
大使
　仏政府を信用しないということか？

<1946-10-2>

次官

　これは軍当局しか知り得ないという点で通常の秘密事項とは異なる。しかし、我軍が仏印に進駐した場合、仏印当局の協力なくしては円滑に事が進まないので、日本と仏印当局との間で詳細を話し合うこととなる。仮に、仏大使の問い合わせに答えて我方が軍の通過地点や使用予定の飛行場がどこかを伝え、貴国政府が特定地点の通過や特定飛行場の使用の可否を通告するような取り決めにしたとするならば、我軍の作戦行動は不可能となり、これでは仏側が我方の要求を原則として受諾したことが無意味となる。それに、原則として受諾した以上、軍事機密の開示を求めるのは行き過ぎである。これ以上この点での論議は無意味であろうから、本国政府に取り次いでもらいたい。

大使

　(本国政府への取り次ぎに同意した後)日本側の要求は一方的である。

次官

　要求というのはその性質上一方的なものであり、それだからこそ交渉することが意味を持つ。一つ留意してもらいたいのは、日本が東亜新秩序建設に最善を尽くしているということである。

大使

　東亜新秩序とは具体的に何を意味するのか？

次官

　端的に言うと、日本が東亜で優越的で安定した地位を確立することである。日支は隣人として友好関係を維持すべきであるが、蒋政権が存在する限り、同政権がその障害となっているので、我が国は蒋政権打倒に全力を尽くしている。この努力にフランスの協力を求めているのである。事変の早期解決と東亜の恒久平和の確立には、フランスも異存はないと考える。それらを達成するためには蒋政権を一日も早く打倒することが必要なので、我方は仏印を通じてそれを為し遂げたいと考えている。蒋政権が崩壊していたとしたら、このような要求を提示することもなかったであろうが、同政権が抵抗を続けているが故に、不本意ながら止むを得ず申し入れている次第である。この点を特に考慮してもらいたい。(大使、次官の説明を充分に理解した模様)我方の要求は、このような事情に基づくものであって、仏印領を侵犯する意図は毛頭ない。この件を本国政府に取り次ぐ際には、自分が解説した諸点も伝えることを希望する。仏本国政府が当案をそのまま受諾することを望む。(大使、当案を本国政府に取り次ぐことを承諾する)

＊午後4時30分、裁判長ウェッブ、翌朝9時30分までの休廷を宣する。

◆1946（昭和21）年10月3日　　(英速録6896〜7027頁／和速録第82号1〜19頁)

(4) 法廷、提出済み (検) 法廷証PX620【外務省南洋局第二課編；仏印進駐に関する日仏協定締結経緯】＝検察側文書PD985-Aをめぐって、出所・真実性証明のない文書の証拠としての受理性について論議する。

(英速録 6897〜6909 頁／和速録第 82 号 2〜4 頁)

＊ウイリアムズ検察官、前日、出所・真実性証明が添付されていない検察側文書 2 点が、後刻証明書を提出することを条件として受理されたことに関して議論することを求める。裁判長ウェッブ、「他の局面にも及ぶ問題と理解する」と述べて許可する。

【ウイリアムズ検察官と裁判長ウェッブによる「出所・真実性証明書のない文書の証拠としての受理性」をめぐる論議】

検察官

　法廷提出文書の準備・作成が自分の担当であり、その立場故に首席検察官の指示で自分が当該案件を議することになった。（検察官、前日にこの件が問題となった経緯を概説した後に）公文書・公式記録であることが書面の記載事項によって判る文書の場合でも、証拠として提出する際には、出所・真実性証明の添付が必要か？

裁判長

　書面の記載事項によってではなく、誰かによって文書の出所が明らかにされる必要がある。重要なことは、敵国筋（enemy sources）から受領・発見したことが明らかにされるべきであるということである。

検察官

　これまで検察側が提出してきて、これからも提出する予定の各国の政府関係文書には 2 種類ある。第 1 は、書面の記載からは公文書と判定できないもので、これにはこれまでも証明書を添付してきたし、これからもそうする。第 2 は、書面の記載から公文書であることが明らかなもので、それらについては、検察はこれまで証明書を添付せずに提出してきたが、それは裁判所条例の条項と法廷の裁定に沿ったものである。即ち、条文としては、裁判所条例第 13 条 c 項（和文速記録では「第十三条『八』項」となっているが、これは英語版で a, b, c としているのを和訳では「イロハ」としていて、c に対応するカタカナの「ハ」を漢数字の「八」と見誤ったものであろう）「受理シ得ベキ具体的証拠」の 1 の「機密上ノ区分如何ニ拘ラズ、且ツ発行又ハ署名ニ関スル証明ノ有無ヲ問ハズ、何レカノ政府ノ官吏、官庁、機関又ハ軍ノ構成員ノ発行又ハ署名ニ係ルモノト本裁判所ニ於テ認メラルル文書」、及び同 13 条 d 項の「本裁判所ハ公知ノ事実、又ハ何レカノ国家ノ公文書及ビ報告書ノ真実性若ハ何レカノ連合国ノ軍事機関又ハ其ノ他ノ機関ノ作製ニ係ル調書、記録及ビ判定書ノ真実性ニ付テハ其ノ立証ヲ要求セザルモノトス」がそれである。

　そして法廷は 6 月 4 日に、これらの条文の解釈として以下のように裁定している。即ち、「検察は、日本政府機関から入手したとされる文書やそれに準ずる文書を、さらなる証明書を付すことなく、随意に提出することができる。条例第 13 条 d 項は、公文書・公式報告については出所・真実証明を要しない旨を規定している。検察の狙いは証明書を大量に取り付ける手間を省くこと

<1946-10-2>

にあり、各被告は、重要性・関連性の不存在といった理由によっていかなる文書であろうとも証拠採用に異議を申し立てる権利を有しており、そのような文書が証拠として採用されるか否かは、正当に申し立てられた異議もしくは異議の留保への裁定に左右されるものである」、と。以上は、速記録379頁にある通りである。（6月4日の裁定については、第1巻104頁にある通りであるが、内容上、相当に簡略化している）。

裁判長

　真実性の証明と出所の証明とは別物である。日本政府関連の文書すべてに真実性証明書を付すような事態は回避したかったのが6月4日の裁定の真意であり、そのような文書の証拠採用に異議が申し立てられた場合には、その出所を明らかにすることで応えるべきである。

　問題となっているフランス局面関連の文書については、そのような証明が添付されていない。仮に異議が申し立てられなかったら、該文書はそのまま受理されていた。

検察官

　6月4日の裁定の意味は非常に明確で他に解釈の余地がなく、加えて該裁定は、8月9日にパーキンソン検察官が表紙に証明書の添付された日本政府由来の文書を提出した際の裁判長の陳述によって、確認されている。同日、裁判長は、「証明書が得られた場合には、複写版が法廷と弁護側に送達される必要がある」と述べたのに対して、検察側は、6月4日の裁定を引いて反論したが、裁判長は、「今問題にしているのは、証明書の入手が必要のない事例ではなく、検察が証明書を所持しており、それが必要だと認めながら、未だに弁護側に複写版を提出していない事例である」と答えている。以上は速記録3602頁の記述である。

　また、別の折に検察文書課長ダンリー署名の文書を提出した際に、裁判長は、「日本政府から入手したことを示している以外には価値がない」と評言している。即ち、6月4日の裁定が撤回されたことはないし、その時法廷が理由として挙げた「証明書を大量に取り付ける手間を省く」必要性は、検察側の経験に鑑みれば、当時よりも今の方が大きな喫緊の課題となっている。

　検察は同裁定を法規に匹敵するものと見なして、その後の立証局面での文書の準備に際しても、それを念頭に置いてきた。6月4日の法廷での発言にあったように、証明書に関わる手続きは煩雑極まりないもので、検察側の見解では実際上無用なものである。例えば、先日終了した三国同盟関連の局面では、ある関係の一群の証明書だけでも、その準備・作成・処理のために2万枚の紙を要した。

裁判長

　私の発言からの引用は終わったか？（恐らく若干の皮肉混じりであろう）

検察官

　終わった。これ以上引用し得るところのないのが残念である。[E: 6903] [J: 82（3）]

裁判長

　検察官の発言は本質的な点で的を外している。

　証拠文書すべてについて、その出所を明らかにする必要があり、それは証明書によってなされ

る。無論、文書を見つけた当人を法廷に呼ぶ必要はない。これまで、法廷が、異議が申し立てられた際に文書の出所証明を不要と裁定したことはない（英文速記録6904頁の原文はWe have never waived evidence of origin where there was an objectionであり、このように訳すのが最適と思考する。この部分を、翻訳官は「出所に対する所の裁定に対して、我々は之を放棄したことはございませぬ」と訳し、言語調整官は「出所に対する証明書を却下あるいはこちらで受理しなかったと云うことは絶対にありませぬ」と訂正しているが、共に少しおかしい）。

文書の出所証明と、文書の真実性や署名・発行に関わる証明とは別物である。

検察官

自分が触れるつもりであった事項について話してくれたので手間が省けた。

これまで検察が証明書を添付せずに提出した文書は、表紙に発行・出所元の記載があったものである。当法廷の廷吏（officers）としての役割も担う検察官がそのような文書を法廷に提出した場合、その事実によって「該文書が、そこに記述してある通りのものである」と法廷に申し立てている（黙示の申し立て）のと同等の効果がある。また、文書の真実性に疑義があれば、弁護人の誰であろうと調査する機会は十分にある。

現状の下では、既に下された裁定から逸脱すべき理由はないし、検察が当該局面のみならず爾後予定の局面で提出予定の文書の中で政府由来であることが書面から明らかなものについては、裁定に従って証明書なしでの提出準備を進めていることに鑑みれば、尚更のことである。それに、6月4日の裁定に従うことで被告人に不公正な事態が生じるとは思われない。

他方、弁護側が立証を開始して、検察同様に証明書関連の不要な作業に追われれば、弁護側の負担は厖大なものになろう。これら諸点を勘案した上で、法廷には裁定を覆すことなく、これまで通りの手続きを許容するよう要請したい。無論、真実性が記載事項で明らかにされていない場合には証明書を添付する。

裁判長

今問題となっているのは6月4日の裁定ではなく、同裁定は引き続き有効である。要は、法廷は、異議が申し立てられた場合には出所証明を要求するということであり、その証明は、「これらの番号が振られている検察側文書は、ここに記述されている場所で見つけられたものである」というように、供述書の形で、文書毎もしくは一括して明示するといった簡略な方法で可能である。

検察官

証明書は（弁護側に渡すべき）複写版を作成する必要はなく、法廷提出用の原本のみでよいのか？

裁判長

弁護団の意見次第である。

＊被告重光弁護人ファーネス、裁判長とのやり取りの過程で、「弁護側の準備の都合上、提出予定の文書の出所を事前に知っておきたい」として、「複写版の配布は必要である」、「文書一つ一つに添付する形でなく、一括して一覧表にする形式でも構わない」、「そのような一覧表につ

<1946-10-2>

いては弁護人全員の人数分を作成することを希望する」、と申し立てる。
* 裁判長ウェッブ、これまでの議論を踏まえて、改めてオネト検察官に対して、提出する文書については「証明書・証言・供述書のいずれかの形式での出所証明が必要である」、「証言による場合を除いて、弁護側にはその複写版が送られるべきである」、と申し渡す。オネト検察官、「証明書の一部は既に入手しており、残りもすぐに入手できる見込みである」、と応答する。

(5) ロベル・オネト検察官、タベナー検察官の支援を受けて、検察主張立証第Ⅷ局面「仏・仏印及びタイ関係」第2部「北部仏印侵攻及びタイ国による侵攻」の検察側立証として、書証提出を再開する。　　（英速録6909～7008頁／和速録第82号4～17頁）
* 提出済み（検）法廷証PX620【外務省南洋局第二課編；仏印進駐に関する日仏協定締結経緯】＝検察側文書PD985-A　タベナー検察官、オネト検察官に替わり朗読を再開する。
（以下、特に断らない限り、この日の証拠文書の朗読はタベナー検察官によるものである）

【提出済みPX620朗読概要】（続き）

5. ［七］　交換公文第1回草案に対する仏側回答（8月15日松岡・アンリ会談）
　8月15日、アンリ大使は、松岡外相を訪れ、我方の第1回草案に対する添付の仏政府回答を読み上げた後、外相との会談に臨んだ。内容は以下の通り。
外相
　貴殿は先日、フランスは日本の要求を原則として受諾すると言わなかったか？
大使
　すべて受諾するとは言っていない。（ここまでの部分は和文速記録には記されていない）
外相
　「仏印をめぐる日本の軍事上の要求を原則として受諾することに吝かではないが、フランスの威信を傷つけるようなやり方は控えて欲しい」との趣旨だと理解していた。
大使
　誤解である。自分の真意は、フランスができる範囲で同要求を受諾するというものである。日本の要望は、軍の仏印通過、飛行場使用、その他の便宜供与に関するものであり、そのまま応諾するのは、貴国に未記入の小切手を切るに等しい。仏印領土の保全についての誓約と保証が得られた後に、我が国ができる範囲で受諾する。
外相
　その点については先日、この度の要求が仏印領土を侵犯する目的でなすものでないことを明言している。
大使
　領土保全が保障され、日本側の要求内容が事前に確定されない限り、一度日本軍が進駐すれば、

たとえそれがトンキン州に限定されても、仏印は日本の意のままとなる。
外相
　「対支作戦のため」と、要求には明記してあり、日本軍の通過地点は明瞭であるから、日本が仏印全土を侵略し（invade）かねないとの心配は無用である。貴国が当方の約束を信用せずに決定を先延ばしにするなら、これ以上の話し合いは無益。日本の軍事上の要請は急を要するので、交渉を打ち切って武力行使に出る可能性もある。しかしながら、日本の政府も軍もそれを望んでいないことを本国政府にお伝え願いたい。
大使
　日本の要求を受諾したら蒋介石軍も仏印に進駐して、仏印が日支軍事衝突の舞台となる。そうなっては一大事である。
外相
　今更そのようなことを持ち出してくるのは理解不能。原則として日本軍の仏印通過を認めた時点で、仏印内で日支両軍が衝突する可能性は想定内としていたはずである。日本は、極東の恒久平和確立の障害である蒋政権打倒を目指して最善を尽くしており、その暁に極東に恒久平和が確立されれば、貴国にとっても利益となる。それ故、蒋政権打倒への助力を要請している次第である。要は、貴国の我方の要求に対する諾否如何にかかわらず、蒋政権の打倒が緊急の課題であることに変わりはないが、貴国の同意なしに軍事行動を開始するのは好ましくないが故に、会談を通じて所期の目的を達したいと欲しているということである。大使には、これらを考慮して、大局的見地から早急に我方の要求をそのまま受諾するよう本国政府を説得してもらいたい。
大使
　（以上の件を了承して辞去）
　（外相は、非公式な発言《和文の原文では「漫談」、英文速記録6913頁ではchat》として、「そもそも、1907（明治40）年の日仏協定によって、仏印の領土保全は事実上保障されてきた。我が国が同協約の締結に応じなかったら、仏印がどうなっていたか想像し難い。しかし、日本は同協定の締結に同意した。今度は仏側が我方の要求に応える番である」と述べた）

6．[八]　我方の第1回交換公文案に対する仏側第1次対案と我方の第2次交換公文案（8月20日松岡・アンリ会談）

　8月20日、アンリ駐日仏大使は、松岡外相を訪問し、本国政府の訓令に従って、添付書類第4号、及び同文書の趣意を具現した交換公文対案（添付書類第5号）を外相に手交した。これに対して外相は、仏政府と大使の尽力に謝意を表し、該文書・対案を検討した上で回答する旨伝えた後に、「対案には経済問題も含まれているが、緊急を要する軍事問題の解決を優先課題としたい。ただし、その詳細を現地で煮詰めることも可。協定の形式については、本日にでも次官と会談することを望む」と発言した。外相がさらに、軍事問題に関する添付書類第6号の第1-2交換公文案を示したところ、大使は、「仏案の方が我が国の威信を保つためにも公正なものである」と主張した。続いて外相は、「軍事問題解決に向けて時間を効率的に使うために経済問題を切り離し

て論ずる必要がある」ことを力説した後、以下のように述べた。即ち、「仏案によれば、経済問題について、単に、極東での日本の優越的利益や仏印における第三国と比較しての日本の優越的利益を認めると言っているのみで、仏本国並みを要望する我方の立場とは懸隔している。仏側が、自身の提案に固執するならば、交渉が再び暗礁に乗り上げる恐れがある。この問題をめぐっては、我方の要望にできるだけ応えるために現地での交渉がなされるべきことを回答内容とすることも一つの可能性である。いずれにせよ、軍事問題の解決が優先事項である」、と。

7. ［九］ 我方第3次交換公文案（8月20日夜、大橋外務次官・アンリ会談）

仏対案を早急に検討した後、大橋外務次官は20日夜、アンリ大使の来訪を求め、西欧亜局長（英文速記録6916頁は［the chief of the Western-Asia Bureau］とするが、事実及び和文速記録によれば、西春彦欧亜局長の英訳語でなければならなかった。英速録6919頁も同種の誤訳を繰り返しているが、同6922頁は［the Chief ot the Eurasian Bureau］と修正している）が同席した上で会談したが、以下はその内容である。

次官
仏案は日仏協定まで持ち出しているが、同協定締結時と今とでは状況が大いに異なっており、事態を複雑にするだけである。

大使
松岡外相が同協定に言及したことを受けて同協定を基に対案を作成したまでである。

次官
外相は、協定成立時の精神に則っている我が国には、仏印領を侵犯する野心がないことを示そうとして、それに言及したに過ぎない。仏案では軍事問題すべてが現地交渉に委ねられることとなっており、しかも軍の通過問題と他2点について原則的に合意されていないので、これには異を唱える。また、便宜供与を支那・仏印国境付近に限定することの意味を問いたい。

大使
便宜供与をトンキン州のように広い範囲で許可するような大雑把な約束はできないが故に、国境付近と限定した。それでも、そんなに狭い範囲ではない。また、日本軍が使用する飛行場に守備隊が駐留することも認められない。

次官
それでは仏側が言う便宜供与は意味をなさないので、我方の提案に沿っての懸案解決を望む。経済問題は別個に処理したい。

大使
我方の案は日本側の異論を考慮して作成されたものであるので（日仏協定に言及の要あり、仏案に追加の文言を入れた上で経済問題では妥協の余地あり）（この括弧内は恐らく文書をまとめた者のコメントであろう）、それでも異論があるならば、日本政府の中に仏印問題をめぐって仏側と了解に達することに抵抗する勢力があって解決を遅らせていると考える次第である。

次官
誤解も甚だしく、むしろ仏側こそ解決を先延ばしにしていると疑わざるを得ない。我方は仏側

の意向を再度考慮し、その結果、今朝、外相は「今回の軍事的要求は一時的・例外的なもので、軍事行動にまつわる経費はすべて日本政府が負担することとし、詳細は現地の日・仏印当局者が非公式に協議する」との案を出している。これを我方の案に追加することによってしか当問題は解決され得ないと思考するので、仏語翻訳済みの当修正案を本国政府に取り次いで説得されることを望む。仏側が決定を先に延ばして不測の事態が生起した場合、その責任は仏側にある。

大使

　いずれにせよ、日本側の意向を本国政府に伝える。

8．［十］　我が国が仏側に内示した軍事上の具体的要求事項（8月21日夜アンリ・西欧亜局長会談）［E: 6919］［J: 82（5）］

　21日夜、西欧亜局局長が在京仏大使を訪問し、「仏側は当方の予想以上に猜疑心が強いようであるので、本来、軍事機密を伝えるのは好ましくないが、軍部との協議の末、事態の迅速な打開と仏側の疑惑払拭のため非公式に軍の要求を概説する」と言って、以下の内容を手交し、「この件について我方はできるだけのことをしたので、後は大使が本国政府にこれを伝達して、なるべく早急に原案のまま受諾されるのを待つのみである」と述べた。大使は本国政府への取り次ぎを約束した。手交した内容は以下の通り。

　(a) 日本軍がトンキン州内で使用する飛行場の数

　当面、ハノイ、フランチョン、フートウの各々の地域周辺の1カ所は常時使用する。ただし、状況に応じて支那・仏印国境付近の飛行場も使用する。

　(b) トンキン州に配置される日本軍の兵力概数

　上記飛行場の地上守備兵力、航空部隊、及び、前述の各部隊並びに仏印領土に隣接する支那領内の各部隊への物資輸送に従事する補給部隊（輸送隊の護衛兵力を含む）は、陸海軍合計5,000～6,000人を超えないものとする。

　(c) トンキン州内の軍通過経路

　対支作戦の必要に応じて、ハイフォン～ハノイ～ラオカイ沿線地帯とハノイ～ランソン沿線地帯を通過する。通過兵力（通過部隊の輸送・補給・輸送護衛に必要な部隊を含む）は、前項(b)には含まれないものとするが、現時点では確定不能。

　注1：日本軍の輸送・補給・輸送護衛のために海軍の軍艦数隻がハイフォンに入港する可能性あり。

　注2：当然のことながら上記部隊は、軍専用の通信機器（主に無線）を携行する。

9．［十一］　交換公文案に関する仏側第2次対案（8月25日大橋次官・アンリ大使会談）

　8月25日、アンリ大使は、大橋次官を訪問し、本国政府の指示に従って、添付書類第8号にある通りの軍事・政治・経済問題に関する仏案を提示し、我方の同意を求めた。次官は、我方の軍事上の要求の内の3項目についてこれを受諾することが明記されていないことを指摘した。即ち、「1．日本軍が使用するトンキン州内の飛行場、2．同州内に展開される航空隊・整備部隊と飛行場を使用するその他の部隊及び国境付近の支那領内に駐留する部隊の兵力、3．部隊の通過

経路」である。次官は、それらを明記すべきことを主張したが、大使は、「我が国の体面上、交換公文でそれらを明記するのは不可能であるが、現地交渉では事実上承認することとなっている」（英文速記録6922頁では、この鍵括弧部分に下線が引かれているが、この下線がどのような意味を持つかは不明）と明言して、そのままでの妥結を主張し、同時に、このことを極秘として交渉が成立しても合意内容を公表しないことを強く望んだ。次官は、軍との協議の結果、当懸案を迅速に解決するためにも、これを受諾することに決定した。同日夜、西欧亜局長が大使に添付書類第9号である日本案を提示したところ、大使には異存がなく、本国政府に電信で報告して指示を仰ぐことを約した。

10. [十二] 8月30日の公文交換及び同公文補足のための松岡外相からアンリ大使への口頭申し入れ　[E: 6923] [J: 82（6）]

　25日の大橋・アンリ会談の結果を受けて、添付書類第10号（I）と（II）の公文が、30日、外相公邸において松岡外相とアンリ大使の間で交換され、今回の日仏交渉は紆余曲折の末、交渉開始から2カ月を経て妥結に至った。なお、公文交換の際に、仏印での我方の軍事上の要求が早急に充たされるべく、外相はアンリ大使に以下を口頭で申し入れた。

　（1）仏側は、欧亜局長西（ここでは[NISHI, the director of the Europe-Asia Bureau]と正しく英訳されている）が内示した我方の軍事上の要求を受諾することを明言していないが、25日の次官との会談で「体面上、書面で明示はできないが、実際上はすべて受諾する意向」であることを大使が明言したとのこと。我が国政府としては、仏政府の言を信じて公文の内容を受諾する。

　（2）政府は、日本の軍事上の要求は仏印では直ちに履行されると感得しているが、諸般の情勢故に実現を急いでいるため、軍中央は、援蒋物資輸送禁絶監視団の長である西原少将に、現地陸海軍の指揮官を兼任させることを決定。軍は西原少将に、我方の要求が早急に履行されるべくハノイで仏軍司令官と現地協定を成立させるよう指示し、状況次第では2週間以内（英文速記録6924頁 "within the fortnight" のママ。原本和文書証より採録したであろう和文速記録は、「明日中」と記す）にそうするよう命じた。よって、仏本国政府が仏印総督に対して、「西局長内示の要求を実質的に受諾した」旨を伝え、現地協定の締結を指示することが望ましい。

11. [十三] 第1次現地協定交渉　[E: 6925] [J: 82（6）]

　8月31日、西原少将が、仏印総督を訪れ、松岡・アンリ協定に基づいて軍事問題の交渉の開始を提案したが、総督は、本国政府からまだ指示を受けていないことを理由に交渉開始に応じなかった。これを受けて西原少将は、9月2日夕刻までに仏当局が交渉開始に応じない場合には国境監視団と日本人居留民を引き揚げることを決定し、総領事の了解を求めた。翌31日（文脈からすれば1日のはずであるが、英文速記録6925頁記載の[At noon on the following day, 31st]のママ）正午、西原少将が、再度仏印総督を訪問するも、交渉開始の目処は立たず。当方には作戦・外交上交渉開始を急ぐ諸般の事情があったので、外相は沢田大使宛、仏政府が仏印総督に交渉開始を指示するのを促すべき旨の訓令電文を発信。9月2日夜、西原少将が再び仏印総督を訪ねたところ、同総督は、「夕刻本国から指示を受けたが、内容が長く理解不能な箇所が多い」ことを理由に、交渉開始を3日まで延期することを希望した。西原少将は、即刻交渉に入ることを求めたが、総督が

応じなかったため同少将は、事前に準備した「在留邦人引き揚げ及び９月５日の進駐」を内容とする通告を仏印総督に手交した。総督は１時間以内の返答を約したので、通告は一時撤回（英文速記録6926頁の"temporarily withdrew his notification"に従ったが、原本和文書証より採録したであろう和文速記録には「同少将は一時引取りたる」と記載されており、通告を撤回したわけではなく単に「一時辞去した」の意味のようであって、英文への誤訳の公算が大きい）した。しかし、午後10時30分に届いた総督からの回答は、「現地協定に関する本国政府からの指示内容が我方の案と相当懸隔しているので要修正」として、その線に沿っての交渉を３日に開始したい旨申し入れるものであった。西原少将は、このような状況下で交渉を開始すれば短期間での妥結は不可能であると判断し、仏印総督に対して、南支那方面軍司令官の決定として９月５日以降の仏印進駐開始を通告した。同時に総領事にもこの旨を報告し、それを受けた鈴木総領事は４日、直ちに、当時ハイフォンとバンコクに碇泊していたバンコク丸とサイゴン丸をそれぞれ待機させ、在留邦人避難の手筈を調えた。双方政府の努力が無に帰した（英文速記録6927頁の"the endeavors of both governments have come to naught"に従ったが、原本和文書証より採録したであろう和文速記録は「両国政府の努力も一朝にして水泡に帰すべき事態」であり、意味合いが微妙に異なる）ので、再び我方は、仏政府の仏印総督説得を促すべく沢田大使に訓令を発し、同時に、駐日仏大使が大橋外務次官を訪れた際に、次官は仏大使に、仏印総督に現地協定成立を促す旨の指示を仏本国政府が発するべく同政府に働きかけることを要請した。仏大使はこれを承諾した。

　一方西原少将は、３日午前10時に仏印軍司令官と会見し、同司令官は、「昨夕ビシー政府に交渉決裂を伝える電文を送ったが故に、もはや自分には交渉の権限なし。現在、対案を作成中であるので、総督と会見されたし」と述べた。同対案は、同日夕刻に到着。西原少将は再び、司令官との会談を希望したが、同司令官は疲労を理由に、会談を９月４日午前９時まで延期することを希望した。西原少将とマルタン［Maurice-Pierre A. Martin］司令官の協定への調印は、４日午後８時に行われた。

＊午前10時45分、裁判長ウェッブ、15分間の休憩を宣す。
＊午前11時、法廷、再開する。［E: 6929］［J: 82（7）］
＊タベナー検察官、オネト検察官に替わって、提出済みPX620の朗読を続行する。

12．［十四］現地協定の細目に関する第２次交渉

　９月４日に調印された軍事協定の細目については６日の内には合意できる見込みであったが、６日朝、日本軍部隊による南支の涼山から仏印領内への越境事件が発生した。翌日、仏印総督は西原少将に対して、「事件は協定違反にあたる」として交渉中断を申し出た。西原少将は、「同事件は軍事協定成立の事実を知らない前線部隊の独断によるもので、軍当局の意図したものではない」と説明したが、総督は姿勢を変えようとせず、交渉を故意に引き延ばすかのような姿勢が見られた。政府は沢田大使宛に、「問題の解決がこれ以上遅れた場合には不測の事態が生起する可能性があるので、仏政府は仏印総督に直ちに交渉を成立させるよう促すべき」ことを仏政府に伝えるよう指示した。

11日に駐日仏大使が大橋外務次官を訪れた際、大使は、「日本の進駐に呼応してタイ軍も仏印に進駐する動きを見せているとの情報があり、そうなっては収拾がつかなくなる」として、タイ側にそのような企図を放棄させるべく、我方からの説得を依頼してきた。翌日、大橋次官は、仏大使の来訪を求めて「それは仏・タイ間の問題で我方の感知しないことであって、仏側の申し入れはこれまで同様の交渉遷延策以外の何物でもない」と返答した。この趣旨は、石沢欧3課長（英文速記録及び和文速記録のママ）から駐日仏大使館ダンジェラン書記官にも伝えられた。

　13日に西原少将が仏印総督と会談した際に、総督は、西原少将に対して「交渉継続を指示する本国政府の意向に従い、仏印軍司令部は協定の詳細について鋭意研究中である」と伝えてきたが、交渉はそれ以降、一向に進展しなかった。東京では16日に仏大使が外務次官を訪れ、「交渉遅延の責任は日本側にあり、タイ側の動きは日本の支持を受けたものである」、と申し立てた。次官は、これに反駁して、「現地の状況は非常に深刻なもので、我軍は協定の詳細決定を待たずにいつでも仏印に進駐する態勢にある。仏政府は仏印当局に協定の細目に同意するよう指示すべきである」と申し入れた。

　17日に至って仏印総督と仏印軍司令官が、我方の要求に概ね同意することを表明。しかし、協定が成立して我軍が平和的に進駐した場合でも仏印軍との衝突は不可避と見て、20日に全在留邦人の引き揚げを決定した（英文速記録6932頁の"it has been decided to evacuate all Japanese residents on the 20th"に従ったが、原本和文書証より採録したであろう和文速記録は「在留民全部に対しては不取敢二十日引揚の予定を以て待機せしむる」となっており、意味合いが若干異なる）。

　翌18日の仏印軍司令官からの回答は、両者の意見の相克を浮き彫りにするもので、これ以上の交渉継続は無益と判断した西原少将は、国境監視団全団員が20日にハノイを退去する旨、仏印当局に通告した。東京でも外務次官が仏大使に対して、「協定の細目決定の成否にかかわらず、我軍は9月23日零時以降いつでも仏印進駐を決行する」旨、伝達。

　同日、現地で数回交渉が行われるも成果はなし。ハノイ周辺の在留邦人と監視団員の大部分はハイフォンに到着して八海丸とスラバヤ丸に、そしてサイゴン周辺の日本人はアリゾナ丸に乗船。これら船舶が22日正午に海口に向けて出港するのを待って、鎮南関の日本軍は進駐を開始したが、同日14時30分、仏当局は突如として態度を軟化させ、添付書類第12号にある通りの協定に調印するに至った。

　24日に軍艦カワチ（英文速記録6933頁は"the battleship［戦艦］KAWACHI"とするが、実際には和文速記録にあるように「川内」で、これは軽巡洋艦であって、読みは「せんだい」である）艦上において、西原少将と仏印軍司令官との間の最終的協定が成立した。派遣軍の主力は25日ハイフォン入港、26日上陸と決定された。

13. ［十五］在留邦人引き揚げの経緯

　日・仏印交渉が緊迫の度を加えたのを受けて、鈴木総領事は18日、在留邦人全員に避難勧告発出が近いことを私的な形で命令（英文速記録6934頁"private evacuation orders"のママ訳したが、原本和文書証より採録したであろう和文速記録は「内命」であり、英文速記録の記載は誤訳と言うべきであろう）した。

同時に、避難中の邦人の生命・財産保護について総領事と仏印総督との間で合意が成立。ハノイ総領事館管轄下の邦人は、特別列車で20日午前7時にハイフォンに到着し、正午、八海丸（主に婦女子と年配者）とスラバヤ丸（主に壮年男子）に乗船。サイゴン総領事館管轄下の邦人は、サイゴンでアリゾナ丸に乗船。その後、引き揚げ実施に関して種々話し合いが持たれ、八海丸とスラバヤ丸は22日午前10時、海口に向けて出港。アリゾナ丸はサイゴンを20日に出発。八海丸とスラバヤ丸乗船のハノイ総領事館全職員と在留邦人合計300人余りは、23日正午、海口に到着した。（和文速記録には、この後続きが少し収録されているが、裁判長ウェッブに朗読が必要か否かを問われて、タベナー検察官は朗読を中止し、そのために英文速記録にはここまでしか収録されていない）。
（中略）

14. 仏大使書簡への外相の1940（昭和15）年8月30日付け返信（添付書類第10号の2）
　　［E: 6936］［J: 82（7）］
　　以下の書簡を拝受した。（以下は、外相が書簡の中で引用した仏大使発外相宛書簡の内容）
「本職は、東亜で日本が有する経済・政治上の優越的利益を仏政府が承認したことを伝える。仏政府は、仏印領土保全及び仏印連邦全体への仏主権を始めとする東亜での仏権益を日本が尊重する旨の誓約を期待している。経済分野で我が国は、いかにして日・仏印間の通商を促進し、日本・日本国民に対して、第三国に比しての優越的待遇を保証するかにつき、速やかに交渉を開始する用意がある。」

日本が仏側に要求した軍事上の特殊な便宜供与に関して、仏政府は、それが蒋政権との戦争終結を目的とした一時的なものであって、事変解決の暁には停止し、適用範囲は支那に隣接する地域に限定されるものと理解する。この条件の下で仏政府は、仏印軍司令官に現地日本軍司令官と軍事上の問題を解決すべく指示する用意がある。日本側の要求を日本側の要求であるとの理由で自動的に拒絶することはなく、またこの点をめぐって仏印軍に発する命令は、同軍の権限を制限するものではない。

なお交渉は、「両軍司令官は軍人としての名誉にかけて、日本軍が必要とするものとその必要を充たすべき方法について情報を交換するが、その必要とするものは、仏印に隣接する支那領での作戦行動に関連するものに限定される」という条件を基礎として、行う。

このようにして行われる情報交換の後、日本が必要とする軍事上の便宜供与のため、両軍の間で相互信頼に立脚した接触がなされるものとする。同便宜供与に際して仏政府はなんら財政的な負担をせず、また、提供される便宜は軍事占領の性質を有するものではなく作戦上必要なもののみに限定され、仏印軍当局の仲介・監督の下で行われる。

日本政府は、日本軍の戦争行為・駐留によって仏印領内に誘引された敵の戦争行為より生じた損害を賠償する責に任ずることを約することとする（この部分、英文速記録6938頁の記述を読む限り「敵による損害のみを賠償する」ような記述になっているが、原本和文書証より採録したであろう和文速記録によれば「①日本軍そのものの戦争行為と②日本軍の駐留故に誘引された敵による戦争行為」の2種類を賠償することになっており、若干意味合いが異なる）。（以上、仏大使からの書簡。以下が松岡外相からの返信）」

<1946-10-2>

上記書簡に対する回答として、以下を通知したい。

「我が国は、仏印連邦の領土保全・主権を始めとする東亜の仏権益を尊重し、貴国政府の提議を受諾する意思を有しており、また、当方の要求が充たされるべく交渉が遅滞なく開始されて速やかに目的が達成されることを望むものであり、それに向けて貴国政府が仏印当局に必要な指令を発することを希望する。」

＊（以下のやり取りは和文速記録には出ていない）タベナー検察官、PX620の次の内容の見出しの朗読を始める。裁判長ウェッブ、「数字の朗読は省略するよう」指示し、検察官が「次項にあるものである」と説明する。裁判長、「日付は重要である」として、「1946（昭和21）年9月18日（英文速記録6940頁の原文は18/9/46）」と自ら読み上げる（後刻、弁護側がこれについて質問をする。英文速記録6943頁参照）。

＊ PX620の朗読、続行される。[E: 6940] [J: 82（8）]

15. 在ハノイ南支派遣陸海軍代表と仏印軍司令官との間での軍事協定締結のための基本情報（添付書類第11号）（この部分と、これに続く添付書12号には、和文速記録では「軍側訳」という但し書きが括弧で付せられており、仏語から日本軍の関係者が訳したもののようである。故に、以下に付している注釈は、速記者の明らかな誤記を除くものの他は、当時の軍の訳に関するものとなる）

以下の基本情報は、仏政府の訓令が基となっており、1940（昭和15）年9月3日に日本軍に伝達されたものである（この但し書きは和文速記録には表れていない）。

（中略）

（2）基本原則

日本軍のいかなる兵力も、仏軍司令官の特別な許可なしにハノイに入ることを禁ずる。日本軍の行動範囲は、ルージェ［Rouje］川北岸に限定される。作戦地域内では仏側の軍・行政機関は、従来の所在地に留まり、これまでの権限を保持する。日本軍が現地住民と接触する必要がある場合には、仏側の軍・行政機関を介して行うものとする。トンキン地区駐留の日本軍兵力は、戦闘員・非戦闘員を合計して、同州内で現在動員されている兵力の3分の2、即ち2万5,000人をいかなる時でも超過してはならない（この時点で同地区に展開されていた兵力の3分の2が2万5,000であったとの意味なのか、意味が不分明）。

日本軍は以下を遵守する。即ち、「①部隊の人員・物資の輸送や、宿営などの施設にかかる経費をすべて負担すること及び②日本軍の駐留もしくは仏領内での日支間の戦闘行為によって仏印政府・民間人が被った損害を賠償すること」である。

（3）作戦基地

日本軍は前述の作戦地域内での作戦拠点を、イェヌ、バイチユエヌ、カン、タイヌ、キュエヌ及びケプを結ぶ線の北もしくは北東の地域（原地人居住地区を含む）から1乃至複数選定することとし、いかなる場所を選定するかは、「仏当局が基地を管理し、個人が被る損害を局限する任にあたり、損害が発生した場合には損害賠償請求を直ちに行うこと。上陸地点はハイフォン港一つとするが、同港を作戦基地に選定することは不可。同港は部隊・軍事物

資の上陸・揚陸後、速やかに日本軍の支配から離れるものとする」という条件の下で、日本側の完全な裁量に委ねられるものとする。

　（4）交通線

　日本軍は作戦目的で以下の交通線を使用できるものとする。

　鉄道：

　ハイフォン〜ジャラム、ジャラム〜ランソン、ジャラム〜ラオカイ

　道路：

　ハイフォン〜ジャラム、ジャラム〜ランソン、ジャラム〜イェンマイ

　（以下の箇所の中で地名の部分以降は、実際は次の弁護側の質問の後で朗読されているが、便宜上ここに記す）

　状況によっては、仏軍司令官の承認を得た後に、ジャラム〜タイグエン〜カオバン〜チュイェンカン〜ハジャンを結ぶ交通線の使用も可。ただし、これらの道路は作戦の必要に則して、輸送部隊が必要とする期間のみ使用できるものとする。これに係る輸送の実施方法は、日仏軍当局間の合意に基づいて規定される。その経路を決定し、単一もしくは複数の作戦基地までの到達を許可する権限は、仏軍司令官のみが有するものとする。使用する交通路の警備を日仏軍いずれが担当するかは、その地域毎で決定するが、ハイフォンを起点として選定された作戦拠点に至るまでの通路の警備は、原則として仏軍の担当とする。

＊被告東条弁護人ブルーエット、「PX620朗読中に裁判長が読み上げた日付『18/9/46』（英文速記録6940頁）が原文には見当たらない」と申し立てて、検察側に説明を求める。タベナー検察官、その数字の直後に「陸軍による翻訳と括弧で記されている」、「それは翻訳された日付である」、と応答する。

＊PX620の朗読、続行される。

　（5）航空兵力　〔E: 6944〕〔J: 82（8）〕

　ルージェ川北岸のプトウ、ビンイェン、ラオカイの3飛行場は、日本軍が使用、増設して可。これら飛行場の警備兵力は、必要最小限に留め、規模は日仏両軍当局が合意の上決定する。仏当局は、飛行禁止空域と領空内の飛行規則を決定する。作戦区域外での飛行については、仏軍当局への24時間前までの事前通告を要する。

　（6）軍艦及び輸送船

　日本の陸軍部隊の人員・資材の揚陸は、輸送船によってのみなされること。護衛の艦艇が、ドーソンとアッポワヌを結ぶ線から6浬以内に入ることは不可であるが、水雷艇の規模を超えない艦艇が、既述の条件下でハイフォンに入港することは可。輸送船団の到着と上陸予定兵力については、仏当局は24時間前までに事前通告を受けるものとする。埠頭に繋留し得る船舶数や使用可能な港湾施設数は、日本側との合意の下で決定する。また、それら施設の使用が一時的なものであることは、所与の条件とする。日本の輸送船の碇泊位置は、双方が合意した上で決定する。仏印沿岸での船舶への給油（英文速記録6945頁記述のrefuelling〔綴りもそのママ〕より。原本和文書証より採録したであろう和文速記録所収の和訳版は「補給」とする）は、双

<1946-10-2>

方が合意した碇泊港でのみ可。
　（7）無線通信
　野戦用無線を除いて仏印領内での強力な（発出力を有する？）固定無線施設の設置は、不可。ただし、船舶用無線は対象外とする。トンキン・海南間の海底ケーブル設置は、別途の検討課題とする。
　（8）重要注意事項
　双方が最終的協定に署名して発効時期が確定されない限り、日本の陸海軍及び航空兵力が、仏印領土・領空に進入することは不可。日本の陸海軍代表が同意した事項に従って、いかなる威圧行動も不可とし、以下を威圧行為と見なす。即ち、「①越境企図全般、②仏印領付近への兵力集結全般（注：仏印侵入を目的として現在以上に兵力を増強するのは不可との意味）、③沖合での軍艦・輸送船の行動、④特別の許可を得た場合を除く領空の飛行」である。
　これら諸条件を日本軍が遵守しない場合、仏軍司令官は、既に開始されている交渉を停止して随意の行動に出るものとする。
　以上決定された諸々の基本原則が当該協定の調印・発効まで機密事項としての取り扱いを受けるのは、所与の条件とする。日本側による機密漏洩があった場合、仏側はこれを威圧行為と見なすこととなり、かつ、既述のような結果を招来する可能性あり。（この後に、1940［昭和15］年9月4日の日付と西原・マルタン両司令官の署名が続く）

16．仏印軍司令官と日本の陸海軍代表との間で締結される協定（添付書類第12号）
　本協定は、「(1) トンキン州内での複数の飛行場使用、(2) 日本軍の若干の兵力の駐留、(3) 必要に応じての日本軍のトンキン州通過、(4) 先遣隊の仏印入国」に関するものである。
　（一）複数の飛行場使用
　日本の航空部隊は、「①ジャラム、②ラオカイもしくはフーランチョン［Phu-lang-chuong（既出の Phulang Thuong と同一であろう）］、③プトウの飛行場」を使用する。同部隊は、9月4日の協定で定められた条件に従ってこれら飛行場に必要な設備を整えることができる。同飛行場の警備兵力は、日仏双方が合意の上で決定し、任務遂行に必要な最小限度に留めるものとする。
　（二）日本軍の若干の兵力の駐留
　以下の任務に就く日本軍各部隊の兵力は、日仏両軍当局間が合意した上で決定する。即ち「[a] 第1項記載の飛行場の警備、[b] 上記飛行場の使用（航空部隊所属の搭乗員と地上部隊）、[c] 第1項記載の飛行場配置部隊と支那・仏印国境付近の支那領内で作戦中の部隊への補給とその警護、[d] ハイフォン港経由の輸送と、その地域に設立される病院の管理」である。
　これらの兵力は、上述の任務遂行上必要な最低限度に留め、いかなる場合でも 6,000 人を超えないものとし、その駐屯地は、日仏両当局が合意した上で決定する。その兵力の一部は、航空基地に隣接する村落を利用することができるが、ハノイは例外とする。日仏両軍間の連絡を担当する将校を除き、日本軍の司令部・部隊のハノイ駐屯・通過は、不可とする。日本の航空部隊及び警備兵力用の設備・装備は、日本側の負担によるものとする。ハイフォンは、日仏両軍双方が合

意して定めた条件下で上陸地点とすることができるが、いかなる場合でも、軍艦がドーソン〜アボワン［Abowan（前出の Appowanu と恐らく同じ地名）］を結ぶ線の 6 浬以内に入ることは、不可。ただし、水雷艇の規模を超えない艦艇 1 隻に限り、ハイフォン港での碇泊が許可される。

　（三）日本軍のトンキン州通過

　日本軍司令官が地上部隊によって、トンキン州北部国境からの攻勢作戦実施を欲する場合（同司令官は、目下それを考慮していないが）、もしくは、部隊の交替に伴ってハイフォン港の使用が必要となった場合、日本軍は、仏軍司令官が決定した複数の交通路を作戦上の必要に応じて使用できる。その使用方法は、1940（昭和 15）年 9 月 4 日付け協定の基本条項で定めた条件に従って規定する。通過兵力は、必要度に応じて後刻決定するが、通過兵力と第 2 項記載兵力の合計が、協定基本条項規定の上限を超過しないものとする。

　（四）先遣隊の仏印入国

　日本側が進駐開始時刻である 9 月 22 日 22 時を厳格に遵守することを前提として、第 1 便で輸送される部隊は、その時刻でのハイフォン入港が許可される。ただし、上陸部隊の上陸及び駐屯地への移動に関する条件について特別合意が成立しない限り、部隊は船内に留まり、その他の輸送船は、ハイフォンに入港できないものとする。

　（五）日本軍のトンキン州の通過輸送

　支那・仏印国境付近に現在駐屯する日本軍は、日本側の要請に基づき、ハイフォン港で乗船するために仏印領を通過して輸送され得る。この部隊輸送については詳細を検討する必要があるので、両軍は特別協定を結ぶこととし、同協定成立まで日本軍部隊が仏印国境を越えることはできないものとする。

　（六）一般事項

　本協定規定の諸事項を除き、1940（昭和 15）年 9 月 4 日調印の基本条項が有効であることは所与のこととする。今後、本協定の実施方法について双方の軍代表は常時連絡・折衝を行うこととする。（この後、1940［昭和 15］年 9 月 22 日の日付と、署名地のハノイ、署名者の西原・マルタン両名の署名が続く）

＊（検）法廷証 PX622【1940（昭和 15）年 8 月 2 日付けオット駐日大使発リッベントロップ独外相宛電文：日本軍の北部仏印通過に独援助を要請】＝検察側文書 PD4025-E　ロベル・オネト検察官、「仏政府に対する日本軍の北部仏印通過及び飛行場建設にまつわる要求に関連する文書」として提出する。証拠として受理され、抜粋が朗読される。［E: 6955］［J: 82（10）］

【PX622 朗読概要】

　昨日、松岡外相の招きで初めて政治上の事項を話題とする。会談時、外相は「所管国務相（departmental minister）との会談の結果、大使館が収集を続けている情報を基に腹心の部下を通じて外相に伝達してあった要望事項中最初の三つは応諾可能と伝えた（この部分については、原本和文

<1946-10-2>　　　　　　　　　　　　　　　　　　2　検察主張立証段階

書証より英訳したであろう英文速記録の英文が不自然で、かつ文脈が分からないため、何を語っているのか不明)。(中略) 外相が会談の最後に語ったところでは、直前に仏大使を召致し、「雲南鉄道と昆明の攻撃のためには他に可能な手段がないので、日本軍の北部仏印通過と2カ所での飛行場建設に同意するべく仏政府を説得するよう」要請して、「日本には仏印に対していかなる領土的野心もなく、進駐軍はいずれ撤退させる」ことを確言し、「武力進駐を避けるためにも、仏政府が当該要求の趣旨を理解することを希望する」と表明したとのこと。これに対して仏大使は、「休戦協定締結交渉中故に我が国は自主的決定を下すことができず、休戦協定委員会に諮る必要がある」と説明した上で、本国政府への伝達を約束したとのことである。ここで外相が自分に対して、「独政府が日本の要求に対して異存がなく、仏政府にこの件で働きかけてもらえるならば有り難い」と言ってきたので、自分は、それを本国政府に伝えることを約した。

＊提出済み（検）法廷証PX547　オネト検察官、「松岡外相が1940（昭和15）年8月15日に仏政府に圧力をかけるよう独政府に要請した事実が当該書証に明らかにされていること」に、法廷の注意を促す。

＊（検）法廷証PX623【PX58「米国対日外交関係叢書1931（昭和6）年～1941（昭和16）年第2巻」抜粋：サムナー・ウェルズ米国務次官の野村駐米大使との1940（昭和15）年9月20日付け会談覚書―日本の対仏印最後通牒】＝検察側文書PD219-R　証拠として受理され、抜粋が朗読される。[E: 6957] [J: 82 (10)]

【PX623朗読概要】

　米国権益・通商に対する干渉（1940 [昭和15] 年9月20日）。
　本日午後、召致に応じて日本大使、来訪。同大使が8月23日に自分宛に残し置いていった覚書への返答として、国務省極東課が用意した「口頭声明書」を手交。(中略)
　自分は、「仏印での日本軍代表である西原少将が昨日訓令を受けて仏印総督に仏印の完全占領にも等しい要求を含んだ最後通牒を突き付け、9月22日の日曜日午後10時までに一連の要求の受諾なき場合には直ちに仏印に侵攻する旨威嚇している」との情報を米国が得ていることを伝え、「それについては大使も間違いなく知悉していると思う」旨告げた。さらに自分は、仏印総督が日本の要求を拒否したことも大使が承知しているであろうことを述べた上で、「ここ3年間の顕著な動きを含む過去9年間の対支侵攻 (aggression [E: 6959]、和文速記録では「侵略行為」) に加えて、日本が仏植民地までも侵攻（同上）するのを文明世界は近い将来目の当たりにするに違いない」との見解を披瀝した。
　次に自分は、極東課が用意した覚書から日本の政治家・報道官が過去半年間に発した種々の公式発言を読み上げ、それら人士が「極東の現状維持を望む」ことを日本政府の公式方針として繰り返し表明し「この点で日本は米国と利害をまったく一にする」ことに度々触れていることを指摘した上で、「今回の事態は、日本政府の公式声明が軍部の方針・行動とまったく相反している

ことの今一つの明白な事例である」、「大使自身は、日本政府の威圧的な行動によって米国政府・世論が非常に大きな不安を覚えて反感を剝き出しにする恐れがあることを既に正確に理解されていると思う」と、締め括った。

　大使は、「西原が提示した要求が目指しているのは、ビシー政府・日本政府間で8月30日に成立した協定を履行することに過ぎない」と説明しようとしたが、自分は即座に、「仏印総督は、日本側の要求が正にその協定の範囲を逸脱しているとの理由によって拒絶したのであるから、それは明らかに事実に反する」と反駁した。すると大使は、最後通牒の内容について知らされていないことと、昨夜松岡外相からグルー駐日米大使宛に伝えられた当該情報を確認する通知も受けていないことを述べた。そして、自分（＝ウェルズ国務次官）が留意すべきこととして「日本の仏印占領は日支交戦関係の解決を促進するための一時的な措置であって、同地を恒久的に支配下に置く意図がないことは勿論であるが、ドイツが英国を破った暁に極東の仏英蘭植民地がドイツの手中に落ちることを防ぐ目的をも有している」と、語った。

　これに対して自分は、以下のように応答した。即ち、「『極東の現状変更ではなく維持が必要』と日本政府が判断して予防措置を講じることを考えているのならば、たとえそれが我方の関知しない理由に基づくものであったとしても、我が国はそれについての協議に吝かでないどころか、喜んでそれに応じる。極東の現状を維持・安定させるための条約・協定に基づく全般的体制を支持し、交渉及び平和的手段を通じての合意による他はその変更を認めないというのが我が国の方針であることは、これまで度々表明してきた通りである。日本の仏印占領企図がドイツによる占領を未然に防止するためとの説明を真に受けることはできない」、と。

　大使は、米国政府がつい最近、自国の安全保障のために西半球の英国領内に航空基地と海軍基地を獲得したことに言及したが、自分は、「米英合意は両国が相互の得失を勘案した上で両国の安全保障に資すると判断して自由意思によって締結したものであるのに対し、日本は仏印に対して、『日本軍による完全占領に応じないなら武力に訴える』と要求した」として、まったく共通点が見当たらないことを説明した。

＊（検）法廷証 PX624【松岡外相との会見についてのグルー駐日大使1940（昭和15）年9月20日付け覚書—日本の対仏印要求に対する見解】＝検察側文書 PD38 補遺（＝PD220-D2）　被告大島弁護人カニンガム、「手元に当該文書の複写版が手交されていない」、と申し立てる。裁判長ウェッブ、弁護側への複写版手交を条件として、証拠として受理する。

＊午前12時、裁判長ウェッブ、正午の休廷を宣する。

＊午後1時30分、法廷、再開する。[E: 6964][J: 82（11）]

＊オネト検察官、「休憩前に提出した検察側文書の番号が二つあったがために混乱が生じた」、「該文書の複写版はPD220-D2の番号が付されて弁護側に手交済みである」、と申し立てる。

＊タベナー検察官、PX624を朗読する。

<1946-10-2>

【PX624朗読概要】

　本省からの電文受領・解読後、松岡外相との会談の約束を取り付け、指示通りに行動。松岡は、「報告に多少の修正はある」としたものの、その詳細には触れず、報告にある通り「西原少将が仏印総督に最後通牒を突き付けたことは間違いない」ことを認めた。次いで外相が説明した事情は以下の通りである。

　　仏大使は、本国政府の指示に従って8月30日、東京において日本政府との協定に調印。協定の眼目は、日本軍の仏印領通過と暫定的な飛行場使用を許可することで、仏印総督はその実行の細目を定めた協定に9月6日に調印するばかりとなっていたが、日本側には明らかとなっていない理由によって、調印を拒否し、先月30日の協定での合意事項の実施を妨げるに至った。総督が非協力的な態度をとり続けていたので、我が国は不本意ながら、仏本国政府に対し「同総督の行動は本国の統制下にあるのか？　仏政府は調印済みの協定を履行する誠意を有しているのか？」を質すこととなった。仏政府の答えは、「政府自身は誠意を有しているが、仏印総督の行動が誠意を欠いたものであることは明らかである」というものであった。妨害工作を行っていることを総督自らが仏印駐在の外国領事に自慢気に話していたのを我方は知っていたので、報告されたような最後通牒が提示されたのは必然の成り行きであった。

　　仏印での措置が目的とするのは、我軍による蔣介石軍に対する攻勢を可能にして支那に平和をもたらすことであり、戦闘が終結次第、軍は直ちに撤収するし、仏印の領土保全・主権は十分に尊重される。故に、東亜の現状にはなんらの変更も加えられない。自分や近衛首相や他の内閣閣僚は、他国を圧迫、搾取し、もしくはその領土の一体性を侵害するような行為を慎むべきとの確固たる信念を有しているが、これは国内では少数派の意見を代弁するもので、極論を捧持する勢力とのせめぎ合いが続いている。

　ここで自分が「通商・経済上の条項も協定には含まれている」（「協定は通商・経済上での現状変更を想定している」との非難の意味を込めた発言か？）ことを指摘すると、外相はそれを否定しなかったが、「搾取的行いはなされない」との確約は与えた。

　外相によると、「8月30日の協定の内容は機密扱いで、いずれか一方が漏洩した場合、協定は無効になる」とのことであった。この後外相は、内々の話として「その話を最初に持ち出してきたのは仏側で、先方はさらに、日英同盟が締結されたのと同じ時期に結ばれた（1907［明治40］年6月10日締結のものと思われる）日仏協定に基づく仏印の領土保全保障の更新を求めてきた」ことを明らかにし、自分（＝グルー）からの、「侵略行為（encroachment）に対する保障を仏側は欲していると言うが、いかなる国家からの侵略行為を想定しているのか？」との問いには、「それには議論の余地がある」と答えた。続けて外相は、「我方は、仏側の要求に応える代償として仏印国境を越えての軍の移動と飛行場の一時使用の許可を求めた」とした上で、「これはオフレコ情報であるから、外部に洩れた場合には当然否定する」と言った。

以上、外相の話は冗長で脈絡のないものであったが、その言わんとするところをここにできるだけ正確に本省宛て報告することとしたものである。
　外相は話し終えると、次の約束のためとて足早に出て行ったので、自分は、「これまで日本政府は現状維持を約してきたが、米国政府は日本の仏印進駐を、その現状維持への侵害と見なすであろう。我が国政府がそれにいかなる対応をするかについては、政府が自分の報告書の内容を検討し終えるまで表明するのを差し控える」とのみ述べることができた。なお、外相には、9月14日に次官が自分に渡した口頭声明書に対する返答の要点を伝えておいた。

＊（検）法廷証 PX625【ビースバーデン休戦委員会仏代表ボイエン・独代表シュツルプナーゲル間電話会談1940（昭和15）年9月20日付け覚書；日本の仏印軍事占領】＝検察側文書 PD4025-E（2）、証拠として受理され、朗読される。［E: 6969］［J: 82（11）］

【PX625 朗読概要】

　本日夜、休戦委員会仏側首席代表ボイエンは、独側主席代表シュツルナプナーゲルに以下の覚書を送達した。
　　政府の訓令に基づき、以下を伝える。9月初旬以来、ハノイで仏印総督と日本軍代表との間で、日本軍の仏印通過を容易にするための措置について交渉が進められていたが、該問題をめぐる基本協定が、9月5日に成立した。ところが、その実施にまつわる細目について合意に達したと思われたその時に、日本側は、一連の新要求を提示してきた。具体的には、建設予定の飛行場（警備か？）を名分として3万2,000名の兵力を仏印に恒久的に駐留させるべし、と要求してきたのである。これを受諾すれば、実質的には日本が、トンキン州を軍事的に占領することとなり、現地住民の反発が深刻なものとなりかねない。そして日本軍当局が、「交渉の進捗状況如何にかかわらず9月22日深夜零時に進駐を開始する」と発表したので、仏政府は、（仏印総督）ドクー（Decoux）提督に対して、「仏側は現在の交渉を一刻も早く妥結したいと願っているが、通信事情故に期限の延長が必要」との趣旨を日本側に伝えるよう指示する一方、「日本側が予告通りの行動に出た場合には武力で抵抗しつつ、事態を局地化するよう努めること」を伝達した。在京仏大使にも同様の内容を日本政府に伝えるよう指示した。

＊（検）法廷証 626【木戸日記（1940［昭和15］年9月9日）；対仏軍交渉暗転－日本軍越境のため】＝検察側文書 PD1632-W（39）　証拠として受理され、抜粋が朗読される。［E: 6971］［J: 82（12）］

【PX626 朗読概要】

　武官長の報告によると、仏印総督とこれまで順調に進められてきた軍事協定の交渉は、大隊規

<1946-10-2>

模の兵力が仏印に越境したがために暗転する羽目となった（英文速記録6971頁の"had taken a turn for the worse"によるが、和文速記録によれば日本語原文では「逆転」）。

＊（検）法廷証627【木戸日記（1940［昭和15］年9月14日）松岡外相上奏－仏印最後通牒】＝検察側文書PD1632-W（42）　証拠として受理され、抜粋が朗読される。[E: 6971] [J: 82（12）]

【PX627朗読概要】

　午前11時、松岡外相、拝謁。その前後に外相と面談。仏印に最後通牒を送るとのこと。松岡外相に続いて、両総長宮（閑院宮載仁参謀総長と伏見宮博恭軍令部総長）が陛下に奏上。これについて直ちに陛下に呼ばれたところ、「外相と参謀総長との意見が完全に一致していないようであるが、現下の状況では政府の方針を実行させるより他にない」とのこと。意見を求められた自分は、「このまま事態を放置すれば英米の策動（mischief）が益々熾烈となり、仏印・支那と協調関係に入る可能性もあるので、事を起こす前に慎重を期するよう（政府・軍部をか？）御指導されることを願いますが、このまま同意していただきたい」と、申し上げた。

＊被告木戸弁護人ローガン、PX627の英訳について言語部の裁定を仰ぎたいとして、以下の修正意見を提示する。

　・On being asked my opinion, I said to His Majesty that ⇒ On being asked my opinion, I said to His Majesty, I heard（もしくは it is said to be）that

　・I replied that I should like to request that His Majesty direct us to be careful before taking any action, and to give his approval even though matters stand as they do. ⇒ I replied that I should like to request that His Majesty direct us to be careful before taking any action and to give his approval to exactly what the government intends to do.

＊裁判長ウェッブ、当案件の言語部への付託を指示して、検察側に立証を続行するよう促す（当該修正意見への言語部の回答と裁判長の裁定については、英文速記録7029頁及び7103頁参照）。

＊（検）法廷証PX628【1940（昭和）15年9月28日付け帝国外交方針抜粋；①帝国外交方針要綱②1940（昭和）15年10月4日付け対南方策試案】＝検察側文書PD837-A　証拠として受理される。被告東条弁護人ブルーエット、「弁護側に配布されたものに出所・真実性証明書が添付されておらず、原本には署名がなく、日本人弁護人によれば公印の捺印がない」と申し立てる。裁判長ウェッブ、それらの点について留保した上で受理する旨、裁定する。抜粋が朗読される。[E: 6975] [J: 82（12）]

【PX628朗読概要】

　1. 帝国外交方針要綱
　（中略）

Ⅳ. 大東亜共栄圏の確立

(1) 日本、満州国、支那を根幹として仏印、蘭印、海峡植民地、英領マラヤ、タイ、フィリピン諸島、英領ボルネオ、ビルマを含む地域を、政治・経済・文化の地域的統合圏として建設する。

(a) 仏印と蘭印

まず包括的経済協定（資源の分配、共栄圏内外での通商関係の調整、通貨・為替協定等）の成立に努める一方で、独立の承認及び相互援助条約の締結といった政治的提携を進める。

(b) タイ

政治・経済・軍事面での相互援助・連携を強化することに努める。

（中略）

2. 対南方策試案

日本の南方進出の第一段階は、フィリピンとグアムを除くハワイ以西の全地域を対象とするが、支配下にまず収める地域は、仏印、蘭印、英領ビルマ、海峡植民地とし、次第に他地域へ進出するものとする。ただし、米国政府の動向次第では、フィリピンとグアムもこれに含める。

(1) 仏印

(a) 独立運動を煽って、フランスに主権を放棄させる。蒋介石と了解に達した場合、トンキン州は蒋に委ね、軍事力が必要な場合には蒋の軍が処理にあたる。ただし、参謀本部が閑職と見なさないような立場にある（英文速記録6977頁 "the positions which cannot be ignored by the operation section"。原本和文書証より採録したであろう和文速記録は「参謀部に閑却せられざる立場を有する」である。要は「窓際族の出向先となるべきでない」という程の意味か？）日本人軍事顧問を、配置する。状況に応じて、カンボジアはタイ軍の管轄地域とする。

(b) 上述の措置は、蒋介石との停戦が成立次第、直ちに実行される。蒋との休戦が成立しない場合は、支那での戦線が整理され次第、実行される。ただし、後述の独軍英本土上陸作戦が行われた場合には、対蒋工作に関わりなく、仏印・タイ作戦発動が必要となる可能性がある（独との連絡を通じて決定する）。

(c) 日・支及び日・タイ間で軍事・経済協定が成立した場合、トンキン州は支那、カンボジアはタイの管轄とする。その他の地域は独立国とし、我が国との間に経済・軍事同盟という名目で保護条約を締結して実権を掌握する。ただし、どの地域でも日本が戦略的要衝を掌握できるよう措置を講じる。

(d) 新たに独立した国家では、平和的関係を維持している第三国の国民が事業を営む権利は認められるが、重要資源の開発や完成品の取引の態様（英文速記録6978頁 in developing important resources, and in disposing of the products に従った。原本和文書証より採録したであろう和文速記録では、「重要資源の生産品処分」となっており、意味合いが少し異なる）については、政府の指示に従わせる。

（中略）

(b) タイと軍事同盟を締結して同国を後方基地として利用する。ただし、軍事行動開始まで、日タイ関係に不安要因があるように装ってタイ側の準備を遅延させるのが望ましい（タイの国内

<1946-10-2>

事情故に軍事同盟締結企図が秘匿できないと判断した場合、日タイ不可侵条約に基づく秘密委員会を設けて、軍事行動の開始と同時に軍事同盟を成立させるという方策にも一考の余地あり）。
（中略）
（e）仏印の例に倣い、旧タイ領はタイに返還し、その他の地域は保護領とする。ただし、海峡植民地は日本が直接統治する。
（f）新たな独立国と平和的関係を維持している第三国の国民が同国で事業を営む権利については、仏印の例に倣う。
（中略）
（d）平和的関係を維持している第三国の国民が事業を営む権利については、仏印の例に倣う。（原文のママ。どの地域に関する事項であるのか不明）

＊被告木戸弁護人ローガン、「検察側が朗読を省略した部分に当該文書が『外交方針の概略』である旨の記述があり、当文書の内容は日本の実際の外交方針ではなかったこと」、及び「どこの部署の案であったのかが不明である」ことに、法廷の注意を喚起する。裁判長ウェッブ、「省略箇所の詳細については後の立証過程で個々の検察官が論じることになる」、しかし「余り多くを省略することは法廷の便宜を図るものでない」、と申し渡す。オネト検察官、「最重要と思考する箇所を抜粋しているが、法廷がすべての朗読を希望するならば、そうする」、と申し立てる。ウェッブ裁判長、これに対し「計画した通りに朗読するよう」指示する。

＊（検）法廷証PX629【1941（昭和16）年1月23日付けワイツゼッカー独外務次官・来栖大使会談ワイツゼッカー覚書：対仏ドイツ圧力の行使】＝検察側文書PD4025-E（5）　オネト検察官、「ビシー政権への圧力行使を日本がドイツに要請したことに触れたものである」として提出する。証拠として受理され、抜粋が朗読される。［E: 6981］［J: 82（13）］

【PX629朗読概要】

　来栖大使は、オット駐日大使が日本の外務次官と仏印をめぐり会談したことに触れた後、独によるビシー政府への影響力行使を日本が望む背景事情を、「日本が、マラッカ半島（英文速記録6982記載 the Malacca Peninsula のママ。マレー半島の別称）の陸橋を通過することなくシンガポール方面に南進することは考えられず、そのためには仏印・タイ両方を通過することが不可欠。従って、タイへの英国の影響力行使を阻止する必要がある」と、語った。

＊（検）法廷証PX630【1941（昭和16）年1月28日付け（ウイリアム・D・）リーヒ［Leahy］駐仏米大使発ハル米国務長官宛電文；仏印におけるフランスの防備強化をドイツは許さず】＝検察側文書PD4012　証拠として受理され、朗読される。［E: 6982］［J: 82（13）］

【PX630 朗読概要】

　本日、プラトン植民地相から「ドイツが仏印への兵力移動を一切認めていない」と聞かされた。英国が先刻移駐を拒んだジブチのセネガル兵部隊のみならず、ダカールからの移駐も含まれるとのことである。同相によれば、ドイツが在仏印の仏軍兵力が強化されるのを望んでいないのは明らかである。

(6)　ロベル・オネト検察官、検察主張立証第VIII局面「仏・仏印及びタイ関係」の検察側立証として、「タイ国による侵攻」関連を含む書証を提出する。

（英速録6983〜7007／和速録第82号13〜17頁）

＊提出済み（検）法廷証PX562【1941（昭和）16年1月31日付けオット駐日独大使発リッベントロップ独外相宛電文；シンガポール攻撃論表面化】＝検察側文書PD4032-B　オネト検察官、「この電文の中に、日本の政界の活動分子（activistic circles）が、西太平洋の重要地点であるシンガポールへの先制攻撃を要求しているとの記述がある」（この直後、裁判長が「通例の条件で受理する」と申し渡しているが、オネト検察官は提出済みの文書の内容に触れているだけであり、明らかに失当である。いつもの調子で釣られて言ってしまったというところか？）、「そのような攻撃が成功する公算は高く、攻撃はサイゴン占領に続くマレー半島上陸というように段階的になされるべきである、というのが在京独大使館の軍事専門家の結論であり」、「タイと仏印の仲介役を果たすことによって日本は、サイゴンにおいて軍事的地歩を獲得する機会を得て、シンガポールに対して事を起こすに際して政治的に非の打ちどころのない第一歩を踏み出したとの分析がある」、と申し立てる。

　（以下は、検察側が次のPX564に言及した後に弁護側が申し立てた異議に関するものであるが、内容から判断して直前のPX562に対するものと考えられるのでここに要約する）

＊被告大島弁護人カニンガム、被告小磯・大川弁護人ブルックス、各々、①「検察官は証拠文書を朗読しておらず、その内容を敷衍している」、②「証拠として受理された文書に注意を喚起することは許容されるが、今検察官が行っているのは朗読すれば済む箇所についての論議であって、その範囲を逸脱しており、その部分は記録から抹消されるべきである」と、異議を申し立てる。裁判長ウェッブ、①「文書の要点は既にタベナー検察官が明らかにしている」、②「各国を代表する検察団は個別に立証を進める権利を有しており、そのためには必要ならば書証の内容を説明する権利も含まれており、以前の他の局面でそのような説明が既になされていても、それは認められる」、と申し渡す。ブルックス弁護人、なおも「法廷が、問題となっている証拠文書が朗読された際の記録を精査して、検察官が許容範囲を逸脱していないかを調査し、逸脱している点があった場合には応分の処置をなすべきである」、と申し立てる。ウェッブ裁判長、「各被告人は後刻同様の権利を行使し得る」とのみ申し渡す。

＊提出済み（検）法廷証PX564【1941（昭和16）年2月6日付けオット駐日独大使発本省宛電

<1946-10-2>

文:大橋外務次官情報―タイ・仏印国境交渉開始、第三国との政治的及び軍事的協定不締結義務を両国に賦課する意向】=検察側文書 PD4037-A　オネト検察官、法廷の注意を喚起し、「仏印・タイ国境紛争を解決するための交渉の際に日本が両国に第三国と政治・軍事上の協定を締結しないことを秘密協定で義務付けようとしたことを明らかにしており、これは仏印・タイをシンガポール攻撃への踏み台にするにまで至った日本の戦略計画の一環である」、と申し立てる。被告大島弁護人カニンガム、「検察官は書証を朗読するのではなく、書証についての自身の解釈を試みており、これは、書証による立証予定事実の概説という許容範囲を逸脱するものである」と異議を申し立てる。裁判長ウェッブ、「後半部分は概説の域を離れて議論となっている」として同意する。被告木戸弁護人ローガン、「検察官は書証の内容を概説する際に『踏み台』などの該文書では使われていない語句を使用していた」と、異議を申し立てる。裁判長ウェッブ、「書証の内容の大要を示すのは問題ないが、議論は避けるべきである」が、「これまでのところ取り立てて問題にする程の逸脱行為はなかった」、と申し渡す。

*（検）法廷証 PX631【①1941（昭和16）年2月9日付オット駐日独大使発本省宛電文②1941（昭和16）年2月17日付独外務省発オット駐日独大使宛電文；仏印産ゴムの対独供給】=検察側文書 4037-F　証拠として受理される。オネト検察官、「同文書は2通の電報から構成されており、1通目には在京独大使の署名があり、東京から送られたもの（英文速記録6987頁では"sent to Tokyo"となっているが、明らかな誤りであり、同時にそのことが法廷の共通の理解であったと判断する）で、宛先は不明であるが、独外務省保存文書の中にあったものである」、と、前置きする。朗読される。[E: 6987] [J: 82（14）]

【PX631 朗読概要】

①1941（昭和16）年2月9日東京発電文192
　外務次官が自分に以下の内容の覚書を手交してきた。
　1. 日本には、ドイツが東南アジアでゴムを始めとする原料を獲得するのを積極的に支援する用意がある。
　2. 日本政府は、ドイツが仏印から生ゴム2万5,000トン余りを購入する契約をして大連に輸送する準備をしている件には、留意している。
　3. ドイツが本年、東南アジアから調達を希望する生ゴムの総量（仏印産ゴムを除く）について、詳細を求めたい。
　4. マラヤと蘭印からのゴムの対日輸出が困難になると予想され、日本としては自国の最低限の需要を満たすのも困難な状況であるので、ドイツが輸入を希望する量と実際に供給可能な量との折り合いをつける必要がある。この件については、これまで数度、両国の軍当局間で交渉が持たれていたが、以後、交渉は外交ルートのみで行うこととする。
　5. 日本政府は、ドイツが今年中に東南アジアからゴム以外にさらに輸入を希望する原料があ

るならば、その種類・量を早急に知らせて欲しいと言ってきている。実際の商取引を担当するのは、昭和通商。問題となっているハンブルグ輸出業者代表で在大連のニッゲマンと昭和通商が、ドイツ側内部での最終的調整（internal winding-up）にあたる。このため、ニッゲマンに対して電文により、当地への即刻の来訪を求めた。大使館経由でニッゲマンに必要な指示が与えられることを要請する。（この部分、何についてであるのか不分明）

② 1941（昭和16）年2月17日ベルリン発電文179（対電文192）

「タイ・仏の第三国との政治・軍事協定締結を許容せず、（日仏）協定は仏側に関しては仏印のみに適用される」との日本側の意思を、独政府は歓迎する旨、日本政府に伝達願う。さらに、休戦協定が植民地・保護領を含む仏領すべてに適用されるのは無論のことであるが故に、独側は仏印情勢の今後の展開に依然として関心を有しており、最新情報を得たいと欲する旨、伝えることを願う。

＊提出済み（検）法廷証PX565【1941（昭和16）年2月17日付けオット駐日独大使発リッベントロップ独外相宛電文；タイ・仏印交渉―独政府の対仏影響力行使依頼】＝検察側文書PD4037-C　ロベル・オネト検察官、「タイ・仏印交渉での日本の調停案を仏側が受諾すべく、ドイツがビシー政府に圧力をかけるよう要請する内容が含まれている」として、引証する。［E: 6991］［J: 82（15）］

＊（検）法廷証PX632【大島駐独大使・リッベントロップ独外相会談1941（昭和16）年2月23日付け記録】＝検察側文書PD531　識別番号を付される。

＊（検）法廷証PX632-A【同上抜粋；リッベントロップ独外相見解―日本のシンガポール攻撃可能】＝検察側文書PD531-A　証拠として受理され、朗読される。［E: 6991］［J: 82（15）］

【PX632-A 朗読概要】

……外相は続けて以下のように述べた。即ち、「日本の友誼的態度故に、我が国は、防共協定締結後、武力を充実させる機会を得たし、日本は、支那の英国勢力圏内に深く進出することができた。ヨーロッパ大陸でのドイツの勝利に続いて三国同盟を締結したことは、日本に多大な利益をもたらしている。フランスは東亜（仏印）での勢力基盤を失い、同様に英国も相当弱体化しているので、日本のシンガポールへの進攻が可能となってきている」、と。

＊（検）法廷証PX633【①1941（昭和16）年3月11日付け松岡外相発アンリ駐日仏大使宛書簡；タイ・仏印国境紛争調停案②1941（昭和16）年3月11日付けアンリ大使発松岡外相宛書簡；同提案受諾】＝検察側文書PD800-A　オネト検察官、「タイ・仏印国境紛争調停案に関する」ものとして提出する。被告重光弁護人ファーネス大佐、「出所・真実性証明書が添付されていない」、と異議を申し立てる。該証明書の提出を条件として受理され、タベナー検察官によって朗読される。［E: 6993］［J: 82（15）］

<1946-10-2>

【PX633 朗読概要】

①松岡外相発アンリ大使宛書簡

　大東亜の平和維持を重要課題と考えている帝国政府は、昨年8月30日の協定によって日・仏印間の特別な関係について合意をみた後、仏印が当事者となっている紛争の成り行きを憂慮の念を以て注視している。大東亜での平和維持の観点から、そして日仏両国が先の協定締結の際に基盤精神とした平和・友好の意志を念頭に置き、帝国政府は、タイ・仏印国境紛争の解決に向けた調停を提議する。帝国政府は、調停案を起草済で、別紙の同案を仏政府が無条件で受諾するならば、それに基づく最終決定が不可変のものであることを保証する。一方、我が国は、大東亜の平和維持、特に善隣友好関係の確立と日・仏印経済関係の緊密化に、貴国が賛同の意を表明し、さらに、直接・間接的に日本に敵対する恐れのある政治・経済・軍事上の条約・協定を第三国と仏印が締結しない旨宣言すると信ずるものである。上述の帝国政府による保証と仏政府の宣言は、後刻、仏・タイ間の紛争を解決すべき条約の成立時に公式の覚書によって確認されるものと理解する。

②アンリ大使発松岡外相宛書簡

　本日閣下から、以下の内容の書簡を拝受した。（以下、①を繰り返しており、語句を変えてはいるものの、同じ内容であるので省略する）

　現地情勢も戦争に伴う不測の事態も、我が国がタイ政府と自由意思によって交渉して得た利益を放棄せざるを得ない事由を構成しないものの、我が国は日本政府の意向に従う用意がある旨伝える。日本の調停案を受諾することによって、常に東亜の平和維持に心を砕き平和を乱すような行動を慎んできた仏国政府は、昨年8月30日の協定の精神に忠実である証を新たに立てるものである。そして、同じ精神に則り、かつ自国の東亜領を第三国との紛争に巻き込みかねない事態をすべて回避するために、仏印に関して我が国は直接・間接的に日本に敵対する恐れのある政治・経済・軍事協定・協約を第三国と締結しないことを宣する。同時に仏政府は、日本政府が昨年8月30日成立の協定及び爾後に合意した軍事関連事項を厳守することを切に望む。

＊午後2時45分、裁判長ウェッブ、休憩を宣す。

＊午後3時5分、法廷、再開する。[E: 6999] [J: 82（16）]

＊提出済み（検）法廷証 PX566【1941（昭和16）年3月12日付けボルツェ駐日独大使館員発本省宛電文】＝検察側文書 PD4038-A　オネト検察官、「大橋外務次官が、タイ・仏印国境紛争調停の際のドイツの支援への謝意を独外相に伝えるべく要請しにきた事実に言及しているものである」として、引証する。

＊提出済み（検）法廷証 PX47【1941（昭和16）年5月9日締結タイ・仏印平和条約】＝検察側文書 PD907　オネト検察官、引証する。

＊（検）法廷証 PX634【1941（昭和16）年5月10日付け長勇仏印派遣軍参謀長発木村陸軍次官宛報告：仏印兵による日本人軍属負傷事件】＝検察側文書 PD653A　オネト検察官、「仏印兵に

よる日本人軍属傷害事件について仏印軍派遣軍参謀長が当時陸軍次官であった被告木村に宛てた報告書である」と、前置きして提出される。被告木戸弁護人ローガン、「証明書の添付がない」、と申し立てる。裁判長ウェッブ、「以後証明書の添付なき文書はすべて後刻の証明書提出義務を除く他は通例の条件で受理されることとし、今後はこの裁定を繰り返さない」、と申し渡す。証拠として受理され、朗読される。

【PX634 朗読概要】

当該案件について諜報員から受けた報告（確度甲［英文速記録7001頁の訳は accuracy A］）の内容は以下の通りである。

　4月24日夜半、ハノイのシタデル通りのベトナム人の売春宿で、仏印軍兵が日本人軍属を負傷させた事件は、仏印軍当局に大きな衝撃をもたらし、当局関係者の間では目下、悲観・楽観論が錯綜しているが、大半は日・仏印の友好関係を大きく揺るがす遺憾な出来事という悲観的な捉え方をしている。悲観論者は、この事件が両国間の武力衝突を惹起し、もしくは日本が仏印に過大な要求を突き付ける契機となると妄信して、平常心を失い、この事件を円満に解決するよう誠心誠意努めると同時に、日本側の報復を恐れている。それ故に、軍人を始めとするフランス人が、日本人街や売春宿・酒場など日本人が頻繁に訪れる地区に近づくのを厳禁したりして、今後の不測の事態の発生を極力防止しようとしている。詳細は以下に示す通り。

　　［仏印当局の動向］
　（1）悲観論
　この見解を有するのは、「1937年（昭和12年）7月に盧溝橋付近で起きた日本人兵士の拉致・殺害事件が支那事変の端緒となったことに鑑みれば、この事件が日・仏印間の戦争に繋がる確率が高い」としている者であり、一方では、日本側が、この事件を口実にしての自衛権の範囲拡大もしくは「軍の自衛上必要」などとの名目で、駐留兵力増強を要求してくることを予期して、対策を必死に練っている者もいる。つまり、事態の悪化を食い止めるために、ある程度の犠牲を覚悟してでも事件の円満解決を図ろうとの立場であり、犯罪者の逮捕と厳重処罰や、被害者とその家族に対する慰謝措置などの宥和策に訴えて、日本側の頑なな態度を和らげるべく努力している。また、日本側の報復行為を恐れた総督府政務局は、事件の直後にハノイの刑事局に、日本人がよく利用する売春宿と酒場の一覧表作成を命じ、同時にフランス人、特に軍人が売春宿等日本人が足繁く通う場所に近づくことを禁じて、不測事態の発生防止に努めている。

　（2）楽観論
　フランス人の中には、昨年来の国際情勢の変化、特に極東での緊張の高まりに注目して、日米関係が悪化していることを強調する者がいる。このような楽観論に立つ者は、「日本は

<1946-10-2>

極度に悪化した対米関係に備えて兵力を再編成する必要に迫られているから、この事件を利用して仏印で積極的軍事方策に出ることは不可能」とし、従って、「事件を友好的雰囲気の中で解決することは容易」と考えている。

［これに対する軍の意見］

以上が仏印当局の見解であり、事件の拡大と日本軍の自衛権行使を非常に恐れている。仏印当局が相当の代償を払ってでも円満に解決することを望んでいる実情に鑑みれば、我方は、毅然とした態度と断手とした方針によって、仏印当局に以下のような譲歩を求めるのが相当と思われる。

1. 駐屯軍の権限の拡大と強化

現行の協定に従えば駐留兵力の上限は 6,000 人であるが、事変解決のための必要に応じて追加兵力を駐屯させ、駐兵地域もトンキン州全体に拡大させることとする。

2. 日本軍の行動範囲の拡大

作戦行動及び教育・訓練上必要とされる場合、軍はトンキン州全体で自由に行動できるものとする。現在、日本人民間人には、チュオン・ビンとランソンの通行が許可されているが、軍の任務遂行上重要な同地域での軍人の移動は禁止されているし、多くの機密事項が伴う演習の実施には、小部隊であろうとも仏印当局との事前交渉と総督の許可が必要であり、しかも仏印軍士官の立ち会いが要求されているので、著しく不利となっているのが実態である。

3. 建造物選択の自由

日本軍の兵舎には、主にベトナム人小学校の校舎が割り当てられているが、狭隘で非衛生的な施設である。これによって仏印当局は、ベトナム人と日本人を離隔し、かつ日本軍を不快な環境に置くという一石二鳥の効果を目論んでいる。加えて、将校宿舎の傍に、警察分署を新たに設けて将校の動静を監視したり、日本軍に好意的態度を示すベトナム人を陰で抑圧して親日的傾向を排除しようとしたりなど、仏印当局の姿勢は決して友好的ではない。日本軍の司令部・兵舎用に適当な建造物が提供される必要がある。

4. 仏印内の移動の自由

現在、仏印内の移動に際しては総督に許可を申請しなければならず、許可されたとしても仏人の同行が常に義務付けられているため、行動の自由が制限される。軍事的な理由から立ち入りが禁止されている区域を除き、仏印人並に自由に移動できる権利を確保する必要がある。

5. 飛行場の無償使用

軍は、目下使用中のハイフォン飛行場に、滑走路を始めとする新たな施設を建造しているが、仏印当局が請求する使用料は年間 3 万 5,000 円に上り、ジャラム飛行場の使用料との合計は相当な額になるので、この機会に無償での使用を求める。

＊提出済み（検）法廷証 PX586【1941（昭和16）年6月10日付け独外務省政治部長ヴェールマン発リッベントロップ独外相宛機密覚書；日本の南進策】＝検察側文書 PD4061-A　オネト検

察官、「大島駐独大使が、仏印で日本が海軍基地獲得を欲していることについて、独外相との会談を望んでいるとの内容が含まれている」として引証する。[E: 7008][J: 82（17）]

2—8—3　検察主張立証第VIII局面「仏・仏印及びタイ関係」第3部「南部仏印侵攻」

(英速録7008～7132頁／和速録第82号17頁～84号6頁)

(1) ロベル・オネト検察官、検察主張立証第VIII局面「仏・仏印及びタイ関係」第3部「南部仏印侵攻」の検察側立証として、関連書証の提出に入る。

(英速録7008～7082頁／和速録第82号17頁～第83号10頁)

＊(検) 法廷証PX635【1941（昭和16）年6月21日付けオット駐日独大使発リッベントロップ独外相宛電文；松岡外相との会見―仏印に海空軍基地獲得企図】＝検察側文書PD4081-E　証拠として受理され、抜粋が朗読される。[E: 7008][J: 82（17）]

【PX635朗読概要】

　松岡外相の招請を受けて訪問。長時間に及ぶ会談の中で外相は、以下の通り、語った。
　日本・蘭印間の交渉は再開の目処が立たず、目下の緊張状態にはそう長く耐えられるものではない。蘭印進出に際しては、仏印に海軍・航空基地を確保することが必須要件であり、大島駐独大使にドイツを通じての仏側の承諾獲得が可能か否かを打診させたのは、それがためである。それが無理ならば、直接ビシー政府に掛け合う。

＊(検) 法廷証PX636【1941（昭和16）年7月3日付けオット駐日独大使発リッベントロップ独外相宛電文；松岡外相言明―南部仏印進駐決定】＝検察側文書PD4062-A　証拠として受理され、抜粋が朗読される。

【PX636朗読概要】

　日本外相の声明文。
　以下をリッベントロップ独外相に御伝え願いたい。即ち、「オット在京独大使とベルリンの大島大使を通じて日本政府に申し入れがあった要請には留意しており、それに関する閣下の意見については特に検討を加えた。（中略）日本政府が英米に対する圧力を強化できるような拠点を仏印に確保することに決した旨御伝えしたい。なお、この点に関しては、我が国が両国を牽制するために、太平洋、特に南西方面に常時目を光らせており、今後もその態勢を継続して、必要とあらば一層強化することに留意願いたい」、との内容である。

<1946-10-2>　　　　　　　　　　　　　　　　　　　　　　2　検察主張立証段階

＊被告小磯・大川弁護人ブルックス大尉、（以下のやり取りは、実際には後述のPX637が受理された後のものであるが、便宜上ここに記す）PX636の出所を証するために添付されている宣誓供述書に、「ドイツ外務省に保管されていた資料をそのまま写真複写したもので、前述のような経緯で自分が保管・管理しているものである」との記述のあることに言及し、「同供述書が文書の原本に添付されたものではないこと」並びに「供述書で言及している文書が同供述書の添付された当該文書であるのか否かを確認する術がない」と申し立てて、そのような事例がこれまで何件かあったことに法廷の注意を喚起する。ブルックス弁護人、さらに、「そのような供述書の書式を、どの文書の出所証明であるかを明確にするような形にすべきである」、と申し立てて、「弁護側の申し立ては検察側の悪意を言い立てるものではなく、そのような書式では過失による取り違えなどが起き得るが故である」と、付言する。裁判長ウェッブ、該供述書を実見した後、弁護側申し立ての正当性を認め、この件については判事団で協議することを約し、「問題の文書は、条件付きで受理される」と、裁定する。

＊（検）法廷証PX637【枢密院1941（昭和16）年7月3日付け議事録；保障及び政治的諒解に関する日仏間議定書・日タイ間議定書批准】＝検察側文書PD1077　［E: 7011］［J: 82（17）］証拠として受理され、タベナー検察官によって朗読される。

【PX637朗読概要】

1．保障・政治的諒解に関する日・仏議定書及び日・タイ議定書批准

1-1．第一の議定書は、前文で「東亜の平和維持を欲する日仏両政府は、昨年8月30日に松岡外相・アンリ仏大使間の交換公文で成立した協定の基となった平和・友好の精神を想起して、その精神を真摯に堅持することを願い、仏・タイ国間に回復された友好関係が確固としたものになることを願うものである」と謳っており、本文の内容は以下の通りである。

（1）日本帝国政府は、同政府の調停の結果である既述の平和条約・附属文書に具現されている仏・タイ紛争解決策が最終的かつ不可変のものであることを仏政府に保証し、

（2）仏政府は、前述の保証を受諾して東亜の平和維持に努め、特に日・仏印間の善隣友好関係の確立と緊密な経済関係の促進に努力し、さらに、仏印をめぐり直接的、間接的に日本に敵対的性質を帯びることが予想されるような政治・経済・軍事協定や合意を、第三国と締結しないことを宣言する。加えて、本議定書は批准手続きと発効日を定める。

第二の議定書の内容は、①前文に言及されている条約が、両国の友好関係継続と相互の領土保全尊重を謳った昨年6月12日締結の日・タイ条約であることと、②第2条に包含されている第三国との取り決めに関する宣言には地域に基づく制限が設けられていないことを除き、第一の議定書と同様である。

これらの取り決めは、日本政府の調停の結果、仏・タイ間の紛争が解決された結果として成立した講和条約の条項が確実に履行され、日・仏印間そして日・タイ間の善隣友好関係を促進する

ためのものと思考する。これらが東亜の平和を維持し、日本の新秩序建設に資する限り、その趣旨は妥当と見なし得るし、内容にも特別問題はないと考えられるので、審査委員会は、全会一致で審査対象事案を変更なしで承認することを決定した。

1-2. 審査結果　[E: 7016]　[J: 82（18）]

松岡（洋右／外相）

　この件は先月18日には上程されるはずであったが、都合がつかなかった。その後、交渉の最中に駐仏日本大使とビシー政府代表団から「ビシー政府には異論が多く、協定はロバン（英文速記録7017頁はRobanとするが、直後に /?/ と記す）代表1人の責任で調印された」と聞かされたので、フランスは本条約と経済協定に批准しない恐れがあると考えていた。これが、本件についての議決を延期することを申し出た理由である。しかし、先月下旬に仏政府が遂に両条約の批准を決定したとの報告を、駐仏大使から受け、この件の審議を願うこととした。この辺の事情につき、理解を乞う。

石井（菊次郎／枢密顧問官）

　自分は、日ソ中立条約批准を審議した際に、英米を出し抜いて同条約を締結したことを日本外交の「成功」と呼ぶのは言葉足らずで「勝利」と形容すべきであると発言したが、同じことが現在審議中の条約についても言える。仏タイ間の紛争を成功裏に調停し、両国間の講和条約締結に至ったのは日本外交の勝利である。英国はタイを自らの勢力圏の一部と見なし、タイ在住歴20年のクロスビー（Josiah Crosby／当時、在タイ英国公使）の下で様々な方面に秘密工作を施し、機会あらば両国の紛争を英国に有利なように調停しようと目論んでいたのであるが、我方が調停の機会をものにして英国に先んじたのは欣快に堪えない。我が国が東亜の安定勢力であるとは政府内外で言われてきたことであるが、今回もたらされた機会を捉えてそれを実証し得たのである。特に、我意を得たり、と自分が思うのは、我が国の調停権ひいては主導的地位が仏・タイ平和条約第10条に認められていることで、しかも、該条約の期限は無期限となっているから、永続的に認められるものであるという点である。これは、タイ・仏両国から我が国が得られるいかなる利益にも勝る価値を有するものであろう。仮に、我が国が少しでも領土上の利を得たのであるならば、それが基となって後日、我が国が怨嗟の対象となるのは疑いないが、公正無私の態度で自国の利を求めなかった処し方が、我が国の名を上げたのである。これぞ皇道外交の成果と言うべきで、松岡外相と現内閣の閣僚に敬意と感謝の意を表したい。

清水（澄／枢密顧問官）

　最近、ヨーロッパ数カ国が南京の国民政府を承認したが、タイの同政権に対する姿勢はどうか？

松岡

　地理的にはタイは南京よりも重慶に近いという、微妙な位置にあり、日本の調停が成功したとは言え、タイへの英国の影響力は未だに揺るぎないものがある。従って、タイが南京政府を承認することは期待し難い。日本の政治・経済力が徐々にタイに浸透して、タイ政府が南京政府承認に容易に踏み切れるような状況となった時機を捉えて、なんらかの手を打つこととなろう。

<1946-10-2>

清水

　独ソは不可侵条約を締結していたが戦争に突入した。どちらが条約を破棄したものと見なすべきなのか？　また、ドイツとは同盟関係にありソ連とは中立条約を結んでいる我が国は、今後いかに出るべきなのか、参考までに教示を請う。

松岡

　ドイツは、2年前に対英開戦の危機に直面した際に、ソ連が英国陣営に抱き込まれないための一時的方便としてソ連と不可侵条約を締結したのであって、その時から既に我方に「止むを得ない措置である」と釈明した上で、「我が国は真情としてはソ連の侵攻主義（aggressive principle［E: 7021］］、和文速記録所収原文表記は「侵略主義」）と同国が信奉するイデオロギーを唾棄（detest）しており、機会あらばそれを圧殺（suppress）することが我が国の真意である」と説明していた。一方ソ連も、そのことはよく理解していて、対独攻撃の機会を窺っていたようである。両国は各々開戦の理由を発表しているが、結局、独ソ不可侵条約は両国にとって一時的な方便に過ぎなかったのである。

深井（英五／枢密顧問官）

　自分は概ね石井顧問官に同意する者で、政府関係者に祝意を述べたいが、本案をめぐって考慮すべき問題が一つあると思われる。我が国が東亜の安定勢力であることを自認しても、第三国はそれを侵攻的政策（aggressive policy［E: 7021］、和文速記録所収原文表記は「侵略主義」）の表れとしか見なさないであろう。例えば、昨年8月31日付けの日仏交換公文について、当時の首相は、「フランスが我方の行動に畏怖を覚えている瞬間を捉える必要があったので、枢密院への諮問のための手続きを踏むことができなかった」と説明している。そのような手段は時には必要であり、非難すべきことではないと思うが、我が国が真に東亜の安定・指導勢力となることを目指し、世界に皇道を宣布しようというならば、それ相応の心構えがあって然るべきである。例えば、当枢密院が日華基本条約（汪兆明中華民国国民政府との間に1940［昭和15］年8月31日に締結した条約）の審議をした際に、「支那の民心を掌握することが肝要である」としたが、同じことが仏印やタイとの関係についても言えるのであり、現地の民心掌握なくして完璧とは言えない。この点を十分考慮する必要があるという真情を吐露した上で、自分は本案に賛成したい。

　原（嘉道）枢府議長、顧問官からのさらなる意見表明がないことを確認した上で、賛成者の起立を願い、全会一致で可決される。この後、仏印出入国・滞在に関する日仏条約と日・仏印間の関税・通商・決済をめぐる条約の批准を議題とすることを宣する。

（中略）

　2．仏印出入国・滞在に関する日仏条約及び日・仏印間関税・通商・決済条約批准審査結果

松岡

　昨年8月30日の交換公文をめぐる経緯を見れば、フランスに我が国の政治的優位性を認めさせた結果として同国が我軍の仏印進駐に同意したことは、明らかである。その後、仏印は我方からのタイ・仏印国境紛争調停の申し出も受諾したが、これら二つの出来事は、日本の政治的優越

性の具体的表れの最たるものである。本案の主内容である経済問題に関して、日本人には仏印の特定分野でフランス人並みの待遇が認められているが、これも我が国の優越性が認められた結果であり、植民地史上、ほとんど前例がない。他の点では必ずしも充分とは言えないが、自分が本案に合格点を付けるのは、満州事変以来、地に落ちた我が国の国際社会での名誉の挽回を図るという外交の基本方針に照らしてみてのことである。対独戦で敗退を喫したフランスが、日本の優越的地位を認め、我が国の死活問題である白米の要求量すべての輸出に同意したので、他の点では我方の要求を半分満たすことで満足すれば、日本は国際社会での評判をかえって高めると自分は考えたのである。部下の努力で結局、要求の8割方を通すこととなったが、自分は、要求が半分叶った時点で立ち止まらなかったことについて部下を叱責したものである。顧みて、東亜での我が国の指導的地位をフランスが承認したという事実だけでも、非常に重要なことである。将来、そのような地位を拡大し、具体的行動に移すことに最善を尽くすこととなるが、短期間ですべてを実現させるのは無理である。以上のような事情を考えれば、当協定は日本が期待すべき以上の出来栄えであると思っている。

石井

　自分が問題としているのは、公文が交換された時の経緯・事情などではなく、フランスによる日本の優越性の承認というその内容が、具体的にどのようにして活用されたかである。仏側による我方の優越性承認があった以上、それに基づいて実を得ても、決して我が国の威信を損なうものではない。タイ・仏間の調停をするに際して領土の割譲を要求しなかったことには感服し、それを称賛するが、本経済協定締結によって要求の8割しか得なかったことについて「それでも過分」と外相が考えているのは遺憾とせざるを得ない。確かに日本は必要量の白米を確保したが、仏本国と仏植民地の需要を満たした後で生じた余剰米を買い付けるのは単なる通常の取引であって、異とすることではない（和文速記録では、この後に「ドイツは仏印から既に生ゴムを2万5,000トン獲得しているが、我が国の獲得量は1万5,000トンに過ぎない」との一節があるが、英文速記録7026～27頁の対応部分では、タベナー検察官が「これ以降の朗読は省略する」として、当該部分は記されていない）。

＊午後4時、裁判長ウェッブ、翌朝9時30分までの休廷を宣する。

◆ 1946（昭和21）年10月4日　　（英速録7028～7101頁／和速録第83号1～13頁）

＊午前9時30分、法廷、再開する。
＊ムーア言語裁定官、提出済みPX627の英訳（英文速記録6973頁参照）について、以下の訂正を報告し、裁判長ウェッブ、これを認める。
　・I said to His Majesty that ⇒ I said to His Majesty, as it has been said, that
　・direct us to be careful before taking any action ⇒ direct it to be careful before taking any action
＊ロベル・オネト検察官、タベナー検察官の補佐を受けて、検察側主張立証第VIII局面「仏・

<1946-10-4>

仏印及びタイ関係」第3部「南部仏印侵攻」関係証拠書類の提出を再開する（以下、特に断らない限り、この日の文書提出の際の説明はオネト検察官で、その内容の朗読はタベナー検察官の担当）。

＊（検）法廷証 PX638【1941（昭和 16）年7月4日付けオット駐日独大使発本省宛電文；日本の南部仏印進駐準備進む—サイゴン占領は近い】＝検察側文書 PD4062-B　証拠として受理され、抜粋が朗読される。

【PX638 朗読概要】

　武官が参謀本部との会談から得た個人的印象によれば、日本軍は極秘裏に作戦準備を鋭意進めているとのこと。即ち、「サイゴンの占領はそう遠くない将来のこと。いずれさらなる南進をする際の準備段階としてであるが、これまで南進の際に必要な目に見えるような足がかりは未だ獲得していないのが実情である」、と。

＊（検）法廷証 PX639【米国国務省証明付独外務省押収資料】＝検察側文書 PD11　識別番号を付される。
＊（検）法廷証 639-A【同上抜粋；1941（昭和 16）年7月4日付けバンコク駐在トーマス独大使発本省宛電文；蘭印奪取の前提としての仏印進駐切迫】＝検察側文書 PD11-A（2）「日本軍の対蘭印・仏印作戦準備に関するものである」として提出される。証拠として受理され、抜粋が朗読される。［E: 7032］［J: 83（3）］

【PX639-A 朗読概要】

　日本大使館の古内書記官（Secretary）が研修出張中に我方の大使館付武官に内々に語った内容は、以下の通り。
　（中略）日本の対蘭印経済交渉が失敗に終わり、艦隊行動には石油が不可欠である以上、日本は蘭印の石油資源獲得のために武力を行使せざるを得ない。対蘭印武力発動に先立ち、軍の集結地や出発点となる港湾を確保するために仏印を占領することが必要となるが、タイを占領することは考えていない。作戦の準備・実施にあたるのは、後宮（淳）率いる広東の南支那方面軍司令部。在シンガポール英軍は純粋な防衛用であると想定されている。

＊（検）法廷証 PX639-B【PX639 抜粋；1941（昭和 16）年7月10日付けオット駐日独大使発本省宛電文；日本の対仏印軍事行動切迫】＝検察側文書 PD11-A（3）　証拠として受理され、朗読される。

【PX639B 朗読概要】

　日本軍の対仏印軍事侵攻が切迫しているとの兆候が、あらゆるところで窺える。既に報告済み

であるが、松岡外相の独外相宛通告に、「仏印進駐は基地確保のため」と説明されている。秘密情報によれば、サイゴンを含む最重要都市・施設を確保するために、少なくとも３個師団が派遣される予定で、実行予定日（Key-day）は７月17日とのこと。

　松岡外相の言によれば、日本政府は、仏印進駐の許可をビシー政府から得るべく、まずドイツに打診する意向であったが、内密の情報では独当局が大島大使に対して、「仏印をめぐる東京・ビシー間の交渉は望ましくない」と通告したとのこと。そして今、日本政府は軍事行動に先立ち、仏政府に仏印共同防衛を提議して、それら拠点の即時占領を認めさせる意向である。この件についての発表は、英米の万が一の干渉を未然に防止するために、間髪を容れずになされた。英米が干渉する可能性は大きくないが、予想に反して英米が武力行使に訴えた場合、日本は受けて立つだろう。それを想定しての準備は整っており、海上輸送についても指令が発出済で、仏側の抵抗は大したことはないと予想されている。

　英国大使は、「日本の仏印進駐は２週間ぐらい後」との内容の報道に触れて、日本の意図を外務省に質したが、日本側はそれをきっぱりと否定し、米国大使館にも同様の回答をした。

　報告の通り、当面、日本政府は仏印確保で満足し、「さらなる行動の準備には時間が必要である」と指摘することで、事を急ごうとする（文中一部欠落）者達を宥めることとなろう。

　日本外務省欧州局長が言うには、「仏印に関しては英米とドゴール派に先んじた手を打つ。対蘭印経済交渉の決裂故に、その穴埋めを仏印でする必要がある」とのこと。

　今後の南方問題の展開や、仏植民地帝国の団結力（cohesion）、さらにドイツが直接の当事者となっている経済権益問題（生ゴム問題他）に及ぼす政治的重要性（文中一部欠落）に鑑み、我が国（独）が協議の相手国となるべきかなど、いかに対応すべきにつき、本国政府の指示を求める。

＊（検）法廷証 PX640【1941（昭和）年７月12日付け松岡洋右外相発加藤駐仏大使宛電文：南部仏印進駐交渉開始訓令】＝検察側文書 PD1383-C&D ［E: 7037］［J: 83（3）］　オネト検察官、「日本外務省の文書で、基地確保を目的とした南部仏印進駐を閣議決定したことに関連する電文」と前置きして提出する。証拠として受理され、朗読される。

【PX640 朗読概要】

1. 最近の深刻な国際情勢に対処し、大東亜共栄圏建設に邁進するために、政府は、閣議において、南部仏印における軍事基地確保のための同地への進駐を決定したので、その旨、仏政府に申し入れをする。これは、英米の妨害があっても是非とも実現させるという確固たる決意の下で政府が下した決定であり、仏政府・仏印当局が反対しようとも断行する。

2. 昨年来、仏印との関係は徐々に改善されつつあるが、まだ満足すべき状態ではなく、英米が経済制裁を実施しようとしている（英文速記録 7038 頁は "boycott against Japan"。原本和文書証より採録したであろう和文速記録には「包囲網を圧縮」とあるが、実際にはこのような意味か？）今、この機会を逃

さずに南部仏印に足場を築かない限り、仏印に我が国との足並みを揃えさせるのは無理であろう。今回の要求は、仏側の度重なる譲歩にもかかわらず再び無理難題を押し付けるように見られるので、実にやりたくないことであるし、フランスが枢軸寄りになっていることを考慮すれば、微妙なところである。それでも自存自衛・南方進出のため、我が国は、このような措置に出ざるを得ない。

3. 加藤大使には、仏政府と直ちに交渉を開始して、共同防衛から日本軍の進駐までを網羅した大まかな説明を行い、274号電記述の提案をした上で、日本時間20日中に仏側から諾否の回答を得ることを願う。諸般の事情から、日本にとって最も望ましいのは仏側が我方の要求を承諾して平和進駐の形にすることであるが、余裕を与え過ぎて仏側に交渉を引き延ばす機会を与え、英米が騒ぎ立てるような事態は極力避けたいので、交渉をなるべく迅速に進めて、上記期限までに諾否の回答を出させるよう願いたい。仏側が同意した場合、速やかに276号電の文書を交換すること。（現在、軍は20日頃の作戦開始を目処に着々と準備を進めており、作戦の都合上この期日は絶対に変更不可。故に、仏側が20日までに承諾すれば平和進駐、拒否すれば武力進駐となるので、参考までに）

4. 今回の我方の要求に非常な決意をもって下したもので、仏側が拒否して我方が独自の判断で進駐を断行した場合、仏印の現状が大きく改変される可能性があることを先方に理解させること。ただし、仏側が受諾した場合、仏印の領土保全とフランスの主権を保証する用意があることは言うまでもない。つまり、裏を返せば、この提案自体、この点での我方の責務を履行しようとの誠心から出たものであるということであり、この論理を先方説得の際に活用してもらいたい。仏側が同意した場合、仏印に対しては枢軸国同然の待遇で武器・物資の供給に便宜を図る意向であるのは、無論のことである。

5. 昨年の松岡・アンリ協定締結から最近の日仏議定書や経済協定成立まで、フランスは誠実に我が国との関係を緊密化してきたのであるが、その最中に今回のような軍事上の要求を突きつけられるのは、仏側としても想定外であっただろう。しかし、昨今の深刻な国際情勢故に必要な措置なのであって、敢えてフランスの主権を侵す意図は毛頭ない旨、仏側に理解してもらえるよう努めて欲しい。

6. アンリ駐日仏大使はドゴール派に与しているとの疑惑が濃厚で、同大使と我が国政府との交渉内容が秘密裏に英米両国大使に漏らされているのが実情であるので、今回の交渉は貴地（フランス）で行うこととする。問題の重要性に鑑み、ペタン元帥と直接交渉することを望むが、仏側の都合によってはダルランとの交渉も止むを得ない。なお、この件が英米側に漏れた場合には、事態を徒に紛糾させる恐れがある（この部分の英文速記録7041頁は "only involved difficulties are feared to take place uselessly" となっていて意味不明であるので和文速記録に従って訳した。法廷内の関係者には理解できたのであろうか？　この訳を調査すべく言語部に付託された形跡はない）ので、フランス側にも厳重な注意を促して欲しい。ドイツ側に転電願う。

＊（検）法廷証PX641【PX603所収「米陸軍省参謀本部情報部証明付米傍受電報集」抜粋；1941

（昭和16）年7月14日付け広東発東京宛傍受電文－南部仏印占領の具体的計画・蘭印最後通牒発出企図】＝検察側文書 PD2593-C ［E: 7041］［J: 83（4）］　証拠として受理され、抜粋が朗読される。

【PX641 朗読概要】

（以下に疑わしい点を数点指摘するが、米陸軍が傍受・解読・英訳したものをそのまま検察側が使用したとしたならば、指摘はすべて米陸軍の英訳に向けられたものということとなり、検察側の責に直接帰すべきものではない。無論、疑わしい訳を放置したという過失責任は免れ得ないであろうが）

1．［二］

　仏印占領でさし当たってなすべきは、同地域での目的達成であり、その次になすべきは、国際情勢を見極めた上で好機を捉え、同地を拠点として奇襲攻撃をかけることである。いかなる困難があろうと、これは実行する。平和進駐にすべく最後まで努力するが、抵抗に遭った場合は武力でそれを排除し、占領後は戒厳令を施行する。仏印占領後に予定するのは、蘭印への最後通牒発出である。シンガポール攻略の要となるのは海軍で、同島攻略に要する陸軍兵力は1個師団で十分で、蘭印攻略も2個師団で足りる。主に航空隊（貴市、タイ領シンゴラ、南沙諸島、パラオ、ポルトガル領ティモール、仏印）と潜水艦隊（南洋委任統治領、海南島、仏印）とで、英米の戦力及び反日勢力支援能力を完膚なきまでに粉砕することとなる。（文中の「貴市」は、英文速記録7043頁では"your city"で、和文速記録記載のママでもある。検察官の説明通り「広東発東京宛」の電文ならば、「貴市」は「東京」ということになるが、文脈にはそぐわない。傍受電報を解読したものであることに鑑みれば、和訳担当者が日本語の助詞の意味を取り違えて訳したことが考えられ、実は「東京発広東」であった可能性が大きい。また、後述するように、オネト検察官の説明に不審な点が多々あるのも事実である）

2．［三］

　仏印占領部隊は、第25軍（1個軍は4個師団から成る）及び、南支那方面軍の部隊で構成される第30軍として再編成され、後者は、航空部隊、戦車、榴弾砲（howitzer）を伴って特殊任務を遂行する（第30軍は、事実上は終戦直前に満州で編成されたものである。その時の司令官が当時予備役の飯田中将であったので、その事実が誤ってこの時のこととされたものかとも考えられるが、昭和16年当時の文書にそのようなことが記されるというのもあり得ないことである）飯田（祥二郎）中将（以前の通信で触れた飯田部隊は西村支隊に替えられた［has been changed to］）が、指揮を執り、総司令部はサイゴンに設置される。準備はすべて完了しており、船舶貸借費用も支払い済みで、派遣軍の出発は間近である。（文中の括弧内は英文速記録7044頁記述のママ。実際は、最初に仏印に派遣された仏印派遣軍の司令官が西村琢磨少将で、飯田の第25軍がその後を引き継ぐ形で南部仏印進駐を行っているので逆である。前述のように、傍受電報の日本語を訳する際に助詞の意味を取り違えたために起きた誤訳かとも考えられる）

＊（検）法廷証 PX642【1941（昭和16）年7月19日付けリンテレン（身分不明）署名リッベントロップ独外相（ケーニヒスベルク）宛電文；大島との会見－独の対仏印働きかけを要請】＝検

<1946-10-4> 2 検察主張立証段階

察側文書 PD1375-A　オネト検察官、「海軍・航空基地確保をめぐる日仏交渉に触れたもので、パリと東京にも転電された」と前置きして提出する。[E: 7044]［J: 83（4）］　証拠として受理され、朗読される。（以上、オネト検察官の説明に従った記述であるが、朗読概要の末尾に外相の言が記されているなど、外相宛の電文であるとすれば説明のつかない点がある。既に外相の決済を得た事項についてケーニヒスベルクに所要で出かけている外相に確認の意味で送ったものか？それとも、オネト検察官の何かの手違いか？）

【PX642 朗読概要】

大島駐独大使は今月 17 日、日本の仏印をめぐる対仏要求に関する覚書を附属書と共に外相宛に手交してきた。即ち以下の通り。

1. 覚書

　日本政府は断乎たる決意の下、仏印での海軍・航空基地確保を目的として仏政府との交渉を開始。日本側の提案については添付書を参照のこと。これが実現すれば我が国は、南方進出の第一歩を印すことになるし、英米への牽制効果が疑いなく大きいという意味で、三国同盟の精神に忠実に則って独伊に有意義な貢献をすることになると信ずる。従って我が国は、仏側が日本の要求を拒絶するため、もしくは要求内容の緩和を求めるべく貴国に仲介を懇請してきても、貴国がそれを拒否するのみならず、我が国の側に立って我方提案の受理が得策である旨、仏側説得に努めていただけるものと信ずる。

2. 添付書

　①日仏は、仏印を共同防衛するために軍事上の協力をすることを義務とする。

　②この目的を達するため、仏政府は、日本が以下の措置を執ることを許可する。

　（a）所要の陸上・海上・航空兵力の南部仏印派遣。

　（b）シェムレアプ、プノンペン、ツーラン、ナトラン、ビエンホア、サイゴン、ソクトラン、コンポントラクの 8 カ所における航空基地使用と、サイゴンとカムラン湾の海軍基地としての使用。サイゴンとカムラン湾には、日本側が必要設備を搬入する。

　（c）上記軍部隊には、宿営・演習・移動の自由が認められると共に、任務遂行にあたり特別な便宜も供与され、これには西原・マルタン協定に定められた制限の撤廃も含まれる。

　（d）仏政府は、日本軍の要求する額の外貨為替を調達し、日本政府は両国間で決定された手続きに従って支払いを行う。

　③仏政府は、上記日本軍の進駐計画全般に同意し、その具体的手順は現地日本・仏印当局間で協議する。武力衝突を回避するために仏側は、日本軍上陸地点付近から仏印軍を撤退させる等、適切な措置を実施する。（附属書終）

3. 独外相は、この件での（双方の？）自制を求めている。

＊（検）法廷証 PX643【木戸日記（1940［昭和 15］年 9 月 26 日）；仏印進駐—出先機関の盲動】

=検察側文書 PD1632-DD　証拠として受理され、抜粋が朗読される。[E: 7049][J: 83（5）]

【PX643 朗読概要】

　11 時 30 分、吉田増蔵を招いて勅語について打ち合わせ。鮫島侍従武官が 2 時に来訪して、以下を報告してきた。即ち、「仏印に平和進駐するはずであった西村部隊は、戻ってきて、海軍支援部隊司令官の忠告に逆らって敵前上陸を敢行し、ハイフォンを空爆した（英文速記録 7049～50 頁記載の英訳 The NISHIMURA unit which was to have advanced peacefully into French Indo-China returned, despite the advice of the Commander of the Navy support force, to carry out a landing in the face of the enemy to carry out air-bombardment of Haiphong に従った）。西原機関は、この不当なやり方に憤激して、現地を引き揚げたとの報告がある。陛下が『非常に重要な問題故に内大臣にも報告すべきである』ことを下命したと理解している。全体の状況を把握せずに現地でそのような行動に出るとは極めて遺憾。大事を誤るのはこのような輩である」、と。

＊被告木戸弁護人ローガン、「西村部隊～」以下の英訳を、「The NISHIMURA unit which was to have advanced peacefully into French Indo-China boldly carried out a landing in the face of the enemy and bombed Haiphong from the air, despite having received a communication from the Navy Support Command」と訂正すべきである、と申し立てる。裁判長ウェッブ、「本質的に差異は見出せない」、と応答する。ローガン弁護人、「爾余の部分と照らし合わせてみれば大きな差異がある」、と、申し立てる。ウェッブ裁判長、言語部に付託する旨指示する。

＊提出済み（検）法廷証 PX588【日米交渉御前会議決定（1941［昭和 16］年 7 月 2 日）；時局の推移に伴う帝国国策要綱】= 検察側文書 PD1652　オネト検察官、引証し、「当文書には 4 件の決議が含まれており、内一つは、日本が対英米戦準備を整えることを宣した上で、『仏印並びにタイ国に対する根本方針』と『南進政策促進に関する事項』に従って、対仏印・タイ工作を推進し、南進態勢を確立することを謳っている」と、申し立てる。

＊（検）法廷証 PX644【1941（昭和 16）年 7 月 20 日付けオット駐日独大使発本省宛電文；豊田外相との会見－仏印進駐に関する内閣の方針不変】= 検察側文書 PD4052-E　[E: 7051][J: 83（5）]　オネト検察官、「独外務省からの押収文書で、仏印に対する要求にビシー政府が応じなかった場合に備えて日本が検討していた対策についてのものである」と前置きして提出する。証拠として受理され、抜粋が朗読される。

【PX644 朗読概要】

　豊田（貞次郎）新外相の招きによって、大橋次官同席の上で会談。（中略）「対仏印政策の新たな展開は新内閣誕生故か？」を尋ねると、外相はそれを否定し、大橋次官は以下のように付言した。即ち、「ビシー政府に回答を催促している。ダルランは、態度を早急に決することを約して

おり、日本大使からの電信を、首を長くして待っている。仏側の受諾なき場合、日本は武力行使に訴えるだろうが、その場合でも、占領の手順についてはビシー側と合意に達したい」、と。

＊（検）法廷証 PX645【1941（昭和 16）年 7 月 18 日付けバンコク駐在ショル発独外務省宛電文；仏印占領計画とシベリア作戦計画】＝検察側文書 PD4052-J　オネト検察官、「独外務省からの押収文書で、仏印占領を通じてドゴール派を排除するための共同防衛体制が確立されつつあることを示すものである」として提出する。証拠として受理され、抜粋が朗読される。

【PX645 朗読概要】

日本の武官から以下の報告あり。即ち、「計画中のシベリア作戦実行のため、日本は、仏印占領によって米・英・中・蘭印の包囲網に対する防衛線を確立することを目指すと同時に、ドゴール派の排除を狙っている。仏印への兵力展開は 8 月初旬に完了予定」、と。

＊（検）法廷証 PX646【1941（昭和 16）年 7 月 21 日付けパリ駐在シュライアー発独外務省宛電文：仏印に関する日本政府の対仏最後通牒・ビシー政府回答】＝検察側文書 PD4025-E（7）　［E: 7054］［J: 83（6）］　オネト検察官、「独外務省からの押収文書で、日本の対仏印要求と、それへの仏側回答の一部を記すものである」として提出する。証拠として受理され、抜粋が朗読される。

【PX646 朗読概要】

本日正午、ベヌアメンシン（Benoistmenchin）外相からダルラン提督の覚書を受領。内容は以下の通り。

日本政府は、1941（昭和 16）年 7 月 14 日、我が国（仏）に一連の要求と共に口頭の覚書を手交してきた。覚書には、近衛首相からペタン元帥に宛てた書簡が添付されていたが、それには、枢府議長の言として、「我が国がその使命を遂行し、仏印の領土保全と同地に対するフランスの主権を尊重するという義務に由来する責任を果たすことに断乎とした決意で臨むことを強調したい。その義務を疎かにすることはない」と記されていた。仏政府は、そのような行為によって現地住民にもたらされる危難とは別に、以下にも日本側の注意を促してきた。

①軍事協力という形で日本側の要求を受諾すれば、英米に対する敵対行為と見なされるのは必至であり、フランスが報復の対象となりかねない。

②休戦協定下、フランスは、ドイツとの事前協議なしに重大な決定をする立場にはない。

（中略）

このように主張したにもかかわらず、7 月 22 日火曜日 18 時を我方の回答期限と定め、それ以後は回答の内容如何に関わらず仏印に進駐する、と通告してきた。これによって生起した事態の深刻さに鑑み、我が国は、「剝き出しの力（violence）の前には屈服やむなし」と回答したが、

それでも日本政府に以下に同意することを要請した。即ち、「（中略）日本の占領は一時的なものであり、作戦予定期間を超えることが絶対にないこと（和文速記録では、この後に当該文書の日独語版を対照して正確な訳であることを証明する旨の証明書の内容が記載されているが、英文速記録にはない）」、と。

＊（検）法廷証 PX647【外務省条約局 1943（昭和 18）年 4 月付け編「仏印に関する日仏条約集」】＝検察側文書 PD785　オネト検察官、「未公表のものも含む」として提出する。識別番号が付される。

＊（検）法廷証 PX647-A【同上抜粋：加藤駐（ビシー）仏日本大使・ダルラン仏外相間交換書簡－仏印共同防衛の提案・同提案回答】＝検察側文書 PD785-I　証拠として受理される。

＊午前 10 時 45 分、裁判長ウェッブ、休廷を宣す。

＊午前 11 時、法廷、再開する。［E: 7059］［J: 83（6）］

＊タベナー検察官、裁判長ウェッブより休憩前に質された PX647-A の日付について、「文中に様々な日付が出てくる」と応答して、朗読を開始する。

【PX647-A 朗読概要】

1. 加藤大使発ダルラン外相宛

　政府の命により、以下の提案について貴国政府の考慮を促したく、ここに提出する。

　（1）日仏は、仏印の共同防衛のために相互に協力することを約する。

　（2）この目的を達するため、仏政府は、以下の措置を講ずる権限を日本に認める。

　（a）必要と判断される陸海空兵力の南部仏印への派遣。

　（b）シェムレアプ、プノンペン、ツーラン、ナトラン、ビエンホア、サイゴン、ソクトラン、コンポントラクでの航空基地の使用と、サイゴン及びカムラン湾の海軍基地としての使用。上記基地で必要な施設は日本軍が設置。

　（c）上記軍部隊には、宿営・演習・訓練のための施設が供与され、行動の自由が認められる。また、任務遂行にあたり特別な便宜も供与され、これには西原・マルタン協定に定められた制限の撤廃も含まれる。

　（d）仏政府は、2,300 万仏印ピアストル、即ち毎月 450 万仏印ピアストルを上限とする通貨を、本年用の必要経費として日本軍に供給する。この金額には、以前の協定下でトンキン州駐屯の日本軍に支給されている額は含まれないものとする。日本政府には、仏政府が選択する兌換円・米ドル・金のいずれかで、この金額を支払う用意がある。

　（3）仏政府は、上記日本軍の進駐計画全般に同意し、偶発的武力衝突を回避するために、日本軍上陸地点付近から仏印軍を撤退させる等、適切な措置を講じる。

　（4）日本軍の作戦行動に関する詳細は、現地日本軍当局との合意に基づいて決定される。

　上記提案を仏政府が遅滞なく承認し、公式協定として発効することを希望する。

<1946-10-4>

2. ダルラン外相発加藤大使宛
　(1) 仏政府は、7月14日付け覚書への正式回答の期限を22日火曜日6時とした20日の大使の申し入れに留意している。
　(2) 我が国は、このような措置に訴える必要性に理解を示す一方、7月14日付け覚書記載の計画実施によって生じる事態の重大性について、日本政府の再考を促したい。
　(3) しかしながら、状況が状況であり、近衛発ペタン宛7月13日付け書簡に明示された保障に鑑み、我が国としては日本の要求に応ずるより他はない。
　(4) このような精神によって仏政府は、日本政府と協力し、これまでの方針を堅持しつつ、仏印をいかなる攻撃からも守ることを保障し、双方の現地司令部の合意に従って攻勢作戦を除く目的のために、日本と共同防衛を行うこととする。
　(5) なお、日本軍が仏印領土・領海に留まるのは一時的措置とし、軍の駐留を必要とするような危機的状況がなくなった暁には、即刻、全面的に撤退することとする。
　(6) 近衛発ペタン宛書簡の内容について一言すれば、仏政府は、このような共同防衛措置の受諾は、我が国が仏領である同地に対する政治的権利をいかなる意味においても放棄・制限することを意味するものではないことを強調したい。周囲の切迫した事情故に日本政府の要求を我が国が受諾した今、日本政府は、近衛書簡に記されていたのと同様の表現により、公式声明という形で、誠意を以て「日本は仏印の領土保全と同地に対するフランスの主権尊重をめぐってなした厳粛なる誓約に基づく義務を負い、その責任を果たす確固たる決意がある」旨、明白な形で公言するものと信ずる。
　(7) 仏政府は、新情勢下での仏印の秩序維持や、日本軍の到着後にまず必要となる措置を適切に実施するためにも、日本政府に上記のような公式発言を早急になすよう促すものである。
3. 仏側が別電で伝えた要望事項
　A：
　(1) 仏政府は、本日付け通信記載の条件の下での仏印共同防衛に同意する意向あるも、仏印防衛に必要ながら我方が欠いている物資中、目下の緊迫した情勢故に他から獲得できないものについては、日本に依存することとなるので、これについての日本側の意向を早急に知らせられたし。
　(2) 前項と同様の精神に沿って仏政府は、沿岸防衛隊を始めとして現在配置に付いているすべての軍組織が引き続きその場に留まって防衛の任にあたるべく、仏印総督に必要な指示を発する。
　B：
　(1) 仏政府は、仏印の領土保全と同地に対するフランスの主権を尊重する旨の日本の公式声明が極めて重要であると見なしていることを強調する。
　(2) このような公式声明がない限り、たとえ駐留してくる外国軍が仏印領を防衛するためと言っても、フランスの世論も仏印軍も、駐留には理解を示さず、容認もしない。
　C：
　我方同様日本側も了解済と思考するが、7月21日付け大使発書簡記載の提案の中で、専門的

事項は、その性質故に実行の際には該案件に通暁する関係当局者の検証を待つべきものとすべきものとなっている。具体的な対象事項は、日本軍の上陸地点付近から仏印軍を一時的に撤退させるという件である。

* 裁判長ウェッブ、「同僚判事のたっての要請である」とて、改めてオネト検察官に対して、PX647-A の日付を特定するよう指示する。オネト検察官、「他の文書と照合して後刻、明らかにする」、と応答する。ウェッブ裁判長、後刻、当該文書を探し出して加筆する煩雑さを理由に、この時点で明らかにするよう求める。被告広田弁護人スミス、「日本語原文に『1941（昭和16）年7月14日』とある」と指摘する。ムーア言語裁定官、これを否定する。ウェッブ裁判長、オネト検察官に日付特定を再度指示して、審理続行を促す。

* （検）法廷証 PX648【1941（昭和16）年7月22日付けオット駐日独大使発本省宛電文；大橋外務次官談―日本は一両日中の仏の無条件受諾を期待・海上輸送開始と決定】＝検察側文書 PD11-A（5）［E: 7067］［J: 83（8）］ オネト検察官、「提出済み PX639 所収の文書で、仏政府による日本側提示要求の無条件受諾に関わるものである」と、前置きして、提出する。証拠として受理され、朗読される。

【PX648 朗読概要】

本日、大橋前外務次官が離任の挨拶にやって来た際に語るには、「在ビシー日本大使から到着したばかりの電文によれば、非公式情報ながら、仏政府は一両日中に仏印に関する我方の要求の要点を無条件で受諾する見込み」とのこと。次官によれば、4万余りの兵力の海上輸送が7月24日に開始されることは確実で、計画している海軍・航空基地の設営と、兵員配置まで数週間要すると見られている。因みに、14日前の英国大使からの問い合わせに対して、次官は、「日本には仏印で軍事行動に出る企図がない」ことを表明していた。これまでのところ米国からの問い合わせはなし。

* （検）法廷証 PX649【枢密院審査委員会 1941（昭和16）年7月28日付け審議録；仏印共同防衛に関する日仏議定書締結・軍事力の協力に関する公文書交換】＝検察側文書 PD1031　オネト検察官、「軍事協力に関する日仏議定書を議した最初の枢密院審議の議事録で、被告の中で出席していたのは東条、武藤、岡、鈴木である」と、前置きして提出する。証拠として受理され、抜粋が朗読される。［E: 7069］［J: 83（8）］

【PX649 朗読概要】

1. 1941（昭和16）年7月28日午前10時、議長、副議長、顧問官が宮中東三の間に参集。「午前9時40分に天皇陛下より御下問があったので、全体会議を開催」することを原議長が宣言。（中略）

<1946-10-4>

2．石井顧問官は、①議定書第3条に照らしてみての議定書前文の実効性、②議定書締結に際して政府が仏政府にかけた圧力、③今後の政府の外交方針が北守南進、南守北進のいずれになるか、を問う。（中略）

3．（以下、恐らく省略のために発言者が誰か特定されていないが、文中に the Foreign Minister added という語句があるので、豊田貞次郎外相か？）「②については、駐仏大使を通じて該案をダルラン副主席（Vice President）に提示する際に『フランスが日本の要求を受け入れなかった場合、好ましからぬ事態となる可能性あり』との内意を仏政府に示した」とのこと。外相はさらに、「独伊にも駐在大使を通じて『フランスが貮言を求めてきた場合でも、議定書締結に向けて我が国に協力することを望む』旨通知した」と付言した。（中略）

4．（発言者不明。豊田外相か？）「加えて、フランスについては、仏印南部のドゴール派が、依然として英米と結託して活動し続けているため、対抗上、我が国は有効かつ強硬（英文速記録7071頁の記述 effective and forcible に基づく。和文速記録所収の原文では「適切有効」となっていて、意味合いが若干異なる）な手段を執らざるを得なかった」。

5．「（日仏）共同防衛成立についての先月26日政府公式声明が我が国の外交方針に与える影響」についての質問に、豊田外相は、「政府としては、米国を始めとする第三国に対して『日本が仏印に武力進駐を行った』との印象を与えかねず、米国が不当な措置に出ないためにも『仏印進駐は相互の合意に立脚したものである』旨早急に明らかにする必要があったので、両国政府間での了解成立を公式に発表した次第である」と、回答した。

6．昨年の北部仏印進駐と今回の進駐との関係について問われた東条陸相は、「昨年の進駐は、今回とは目的が異なっており対蒋政権対策のものであった。今次協定では仏印共同防衛の責務があるが（英文速記録7072頁 "although we would be made responsible for common defense with French Indo-China..." をそのまま訳したが、不自然な意味となっている。原本和文書証より採録したであろう和文速記録は、「今次協定では仏印共同防衛の責務があり」とする。原本和文書証に依拠して直前の「今回の措置と其の目的を異にするも」の「も」を英訳する際に、although の挿入箇所を誤ったものか？）、日本軍の活動区域は制限されるべきではない」と、回答した。

7．奈良（武次）顧問官が、交換公文所定の仏印派遣軍宛支給経費額に触れて、経費の制限によって仏印での軍の兵力・作戦規模が制限される可能性について問い質したのに対して、東条陸相は、「現在派遣予定の兵員4万の必要経費を賄うために金額は余裕を以て算定している（兵員への給与を除いてすべてピアストル貨決済）ので、経費の面で兵力と作戦規模が掣肘される心配はない」と返答した。

8．菅原（通敬）顧問官が、交換公文で触れられている西原・マルタン協定は「枢密院に諮詢すべき事案でなかったか？」と質したのに対し、豊田外相と東条陸相は、「松岡・アンリ協定に基づくものであるが、統帥事項に属する軍事協定であったので、枢密院への諮詢手続きを踏まなかった」と説明した。これに対し二上（兵治）顧問官は、「同協定は松岡・アンリ協定に基づいて両国軍司令官の間で交わされた純然たる国際協定であり、今回の交換公文と性質を同じくするもの

であったが、当時首相が説明した通り、事態が急を要したため枢密院に提出する時間がなかったのである」と発言した。南（弘）顧問官は、「当時の首相がそのような説明を行った事実を明らかにすべきである」と提案するも、鈴木議長は、「後刻の調査に委ねる」旨、裁定した。

＊（検）法廷証 PX650【枢密院 1941（昭和 16）年 7 月 28 日付け議事録：仏印共同防衛に関する日仏議定書締結・軍事上の協力に関する交換公文書】＝検察側文書 PD1165　[E: 7074]［J: 83(8)]　ロベル・オネト検察官、「仏印共同防衛に関する日仏議定書締結及び軍事協力に関する交換公文書を議題とした第 2 回目の枢密院審議の議事録で、被告の中では東条と鈴木が出席」と前置きして提出する。証拠として受理され、抜粋が朗読される。

【PX650 朗読概要】

1. 鈴木（貫太郎）報告員の冒頭発言

本日、諮問を受けて、仏印共同防衛に関する日仏議定書及び軍事協定に関する交換公文について討議するよう出席者は審査委員として任命されたので、直ちに委員会を開いて閣僚・政府関係者から説明を聴き、審議を行った。急を要したために審査報告書を配布する時間がなかったことに理解を願う。関係大臣の説明によれば、昨年来、日・仏印関係は漸次改善され、東京で行われた日・仏印間の経済交渉とタイ・仏印国境紛争調停の成功によってさらに良好となったが、仏印では依然として英米依存の傾向がある。（中略）仏印内部、特に南部では、日本との協力を望まない一派が存在しており、ドゴール派は、英米との協働を画策している。（中略）現在の日仏両国間の政治的諒解では不十分（英文速記録 7076 頁の "The existing political understanding between the two nations cannot be sufficient for them" をそのまま訳したが、原本和文書証より採録したであろう和文速記録は、「而して之が為には現存の政治的諒解のみを以てしては到底不十分」であり、「之」が日仏両国を指すとは到底思われない。省略のし過ぎで意味が一部わからなくなっているようであり「このためには現在の日仏政治協定は不十分であり」程の意味に英訳すべきであろう）、政府は軍事面で仏側に緊密に協力させる必要を認めた次第である（和文速記録では、これに続く一説があるが、英文速記録には現れていない）。（中略）

2. 交換公文

当文書は、前述の議定書の規定に基づき、仏印共同防衛で日本が執るべき措置について両国代表間の交換公文の形で合意することを目的とする。当文書で決定した事項は以下の通りである。

（1）仏政府は日本政府に対して、（A）所要の陸海空兵力の南部仏印派遣を認め、（B）シェムレアプと他 7 カ所の航空基地とサイゴンとカムラン湾の海軍基地の使用と、それら地点での施設設置を許可し、（C）これら日本軍が宿営・演習・訓練する権利と行動の自由を容認して、その任務遂行にあたり特別な便宜を図り、（D）同軍に 2,300 万ピアストル（月額約 450 万ピアストル）の通貨を供給し（ただし、日本政府は自由円［free yen］、米ドル、金のいずれかで決済）することに同意する。

（2）仏政府は、日本軍進駐に関する基本方針を承認し、仏印軍との衝突を回避するために可能

<1946-10-4>

な限り有効な措置を講じる。

（3）日本軍の作戦行動の詳細は、双方の現地軍当局間で検討・決定される。（協定本文終）

本協定は、仏印防衛に両国が一丸となって取り組むために必要なものであり、現在の緊迫した国際情勢に鑑みれば、東亜の安定と日・仏（英文速記録7078頁"Japan and France"をそのまま訳したが、原本和文書証より採録したであろう和文記録の「日・仏印」が適切であろう）共栄のためにも不可欠であると思われる。よって、本協定締結は時宜に適ったものであると言って差し支えなく、審査委員会は全会一致で本件を可決した。報告、以上。

＊（検）法廷証PX651【①1941（昭和16）年7月29日締結同年8月1日公布「仏印共同防衛に関する日仏議定書」②同議定書に関する在仏（ビシー）加藤日本大使・ダルラン仏外相間1941（昭和16）年7月29日付け交換文書】＝検察側文書PD1030　［E: 7079］［J: 83（9）］　オネト検察官、「1941（昭和16）年7月29日調印の仏印共同防衛に関する日仏議定書と、それに関わる書簡2通であり、日本外務省の当議定書関連文書綴りにあったもの。書簡には署名がなく宛先の記載もないが、文面から判断するに、1通目は在ビシー日本大使が書いたもので、2通目はダルラン外相からの返信と考えられる」と、前置きする。（当文書の表題は、このオネト検察官の説明と翌日に朗読された部分の内容に基づいたものであるが、実際は、この日に朗読されて以下に要約した部分が加藤大使発ダルラン外相宛の公文であるように見受けられるのに対し、ダルラン発加藤宛の公文は朗読されておらず、翌日朗読される残りの部分は、日本側の批准書の内容が含まれており、ダルラン発のものとは思われない）証拠として受理され、朗読される。

【PX651朗読概要】

1．日仏両政府が本日調印した議定書の以下の内容に、仏政府が同意する旨の確認を要請する。

（1）仏政府は日本政府に、（A）必要と判断される陸海空兵力の南部仏印派遣を認め、（B）シェムレアプ、プノンペン、ツーラン、ナトラン、ビエンホア、サイゴン、ソクトラン、コンポントラクの8カ所の航空基地の使用及びサイゴンとカムラン湾の海軍基地としての使用、並びにそれら地点での施設設置を許可し、（C）これら日本軍が宿営・演習・訓練する権利と行動の自由を容認して、その任務遂行にあたり特別な便宜を図り、その便宜には西原・マルタン協定規定の制限撤廃も含まれることを承認する。（中略）

（2）仏政府は、上記日本軍の進駐計画全般に同意し、偶発的武力衝突を回避するために適切なすべての措置を講じる。

（3）日本軍の作戦行動に関する詳細は、現地の日仏両軍当局によって協議・決定される。

＊被告東条弁護人ブルーエット、（恐らく、未だ朗読されておらず翌日も朗読されなかった2通目の書簡に触れて）「ダルラン署名書簡の写し」との検察側の推論を裏付ける根拠の有無を質す。オネト検察官、「日仏両国が調印した議定書と共に保存してあったのでありそれ以外の可能性は考えられない」、「さらに調査をして、その結果を法廷に報告する」、と申し立てる。ブルーエット弁

護人、「証拠となっている該書簡の作成者・趣旨を判定するのは法廷であるべきであり、ただいまの検察官の意見は記録から削除されるべきである」と申し立てる。裁判長ウェッブ、「オネト検察官は質問に答えただけである」、「法廷は、そのような発言の中で適正と判断する箇所を自らの裁定とすることができる」として、「それでも合意できない事項が出てきた場合には、通常通りの方法で審議する」、と、申し渡す。
* 午前12時、裁判長ウェッブ、正午の休憩を宣す。
* 午後1時30分、法廷、再開する。［E: 7083］［J: 83（10）］

(2) キーナン首席検察官、検察側主張立証の次の局面である第Ⅸ局面「ソヴィエト連邦関連」におけるロシア語の使用許可を求め、法廷、論議する。

（英速録7083〜7100／和速録第83号10頁〜第84号2頁）

* 裁判長ウェッブ、「ソ連代表検察団からロシア語使用許可を求める申請があった」として、キーナン首席検察官の発言を促す。キーナン首席検察官、「既に当該案件は書面で申請しており、法廷控室で補足理由も述べているので、後は法廷の裁定を待つのみである」、と応答する。
* 被告大島弁護人カニンガム、「弁護側全体を代弁するのではなく、自分個人の意見」として、以前の、日・英語のみを使用するとしながら後にそれを覆してフランス語の使用を条件付きで許可するという紆余曲折を辿った法廷の論議と、その末の裁定に言及して、「その後の成り行きを省みれば、フランス語の使用によって審理が混乱したのみならず遅延・遷延した」、「その裁定は前例となるべくして下されたものではないし、裁定にもそのような内意は示されていないと信ずる」、「この問題について書面・口頭いずれの形でも正式の見解が出されていない以上、法廷が自身の決定を覆すような裁定には、法的考慮のみならず政治的配慮が存在したことを推断せざるを得ない」、と申し立てる。裁判長ウェッブ、「『政治的配慮』の部分は穏やかならぬ（offensive）表現である」とて、なんらかの処分の下される可能性を示唆し、撤回を求める。カニンガム弁護人、「この件について補足的見解を述べたのみである」と弁じるも、発言を撤回する。カニンガム、法廷関係者の中に「フランス語を理解できる者は相当数いても、自分を始めとしてロシア語での審理進行についていくことには困難を感じる者が大部分である」、「審理過程におけるロシア語の使用が想定されていたとは考え難い」、さらに「ロシア語の使用によって審理は滞り、裁判所条例が謳う、被告の公正な審理を受ける権利が侵害される」、と申し立てる。カニンガム弁護人、「法廷のソ連関係者が自身のために審理内容をロシア語に通訳させていることも、裁判所条例が定める手続きから大幅に逸脱していると考える」と付言し、「法廷は裁判所条例の規定を遵守して、条例規定の2言語で主張・立証を行うことを検察に義務付けるべきである」、と申し立てる。
* 被告東条弁護人清瀬博士、「以前フランス語使用に反対した時と同様の理由で、ロシア語使用に」異議を申し立てる。被告木戸弁護人ローガン、「首席検察官の申請書には、ソ連代表検事の中に英語に堪能でない者がいないことを窺わせる記述はない（英文速記録7087頁の"there is no

<1946-10-4>　　　　　　　　　　　　　　　　　　　2　検察主張立証段階　93

indication in it that there is no one in the staff of the Russian prosecutors who cannot speak English well［下線訳者］"のママに訳したが、言いかえれば「全員英語に堪能であることを窺わせる記述はない」という意味となり、文脈上は不適である。「英語に堪能な者がいないことを窺わせる記述はない」との意の英訳文でならなければならないと考えられるが、恐らく、否定の単語を多用したために言っている本人が言い間違えたか、速記者が書き間違えたものであり、実際にはcannotがcanに置き換えられて、このような意味になるべき箇所であったと思われる）、自分はそのような者がいると理解している」、と申し立てる。裁判長ウェッブ、ローガン弁護人の論点の重要性を認めるも、「フランス関連局面の時もその点を考慮した」、「判事団の多数は、裁判所条例は第3言語の使用を排除していないとの意見に傾いている」、「その多数意見の中の一派は、条例が定める迅速な裁判の要請に配慮した上で容認すべきであると考えており、もう一派は法廷に代表されている国家のいずれの言語でも許容されるべきであると考えている」、と応答する。裁判長ウェッブ、「ロシア語で主張・立証が行われたとしても不当な遅れが生じない必要がある」、「ソ連関連局面の審理が日・英語だけでは適切に進行し得ないことを認識した上で、この問題を考慮すべきであって、ここに政治的配慮が入り込む余地はない」と、弁じる。被告木戸弁護人ローガン、この件に政治的判断が介在していないことに同意する。

＊裁判長ウェッブ、この件に関する申請書が法廷で未だ朗読されていないが故に法廷記録にも収録されていないことを指摘して、ローガン弁護人に同書の「根拠」(grounds) の部分のみを朗読することを促し、ローガン弁護人、以下を朗読する。

　　当該申請を正当化する根拠（内容から判断して、ロシア語の使用を許容するために検察側が執る予定の措置のことを指しているようである）、以下の如し。
　　(1)　冒頭陳述及び提出される証拠に関する説明は、すべてロシア語で行う。それらは事前に英語・日本語に翻訳されて、各々十分な時間の余裕を以て通訳官に手交され、IBM機器を通じての同時通訳が可能となるようにする。
　　(2)　証拠文書の朗読順は守られる。（注：フランス関連局面での証拠文書を英語で朗読してフランス人検察官がフランス語で解説を行うという手法は、以下の理由からソ連関連局面では行うべきでない。即ち、[a] ソ連関連局面では、長文の文書を引用することは稀にしかなく、ほとんどの場合、審理対象事項の要点に関わる証拠文書から短い引用をするのみであるから、同じ手法が執られた場合、検察官が頻繁に朗読を中断して通訳が終わるのを待つこととなり、[b] 演台の人物が使う言語によって判事団は通訳機の回線を変えるか、その都度イアフォンを付けたり外したりすることを余儀なくされるからである。
　　(3)　予定しているロシア人証人1名に対する尋問は、ロシア語で行い、続けての質疑応答では、日・英両語の同時通訳を行うことを計画している。
　　(4)　日本人証人に対する直接尋問は行わず、宣誓供述書の朗読で代えることとし、それは通常の証拠文書の朗読と同様の方法で行う。
　　(5)　裁判長の発言並びに弁護側の異議は、ロシア語に通訳され、同様に異議申し立てに対

する検察側の応答と裁判長に対する説明は、日・英両語に同時通訳されるものとする。(以上、申請書の「根拠」の部分)

* 被告木戸弁護人ローガン、以上を朗読した後、この内容が意味するのは「フランス関連局面の時よりも審理態様が複雑となる」ことであり、特に証人尋問の際にそれは顕著となるので「審理が遅延する度合いもより大きくなる」、と申し立てる。ローガン弁護人、さらに、裁判所条例第3節第9条(b)項「英語及ビ被告人ノ国語ヲ以テ行ハル」の「行ハル」([be] conducted)について、「その意味は常識的に解釈すべきである」と主張し、その常識的解釈が何であるかを判断する一助として、①裁判長が午後の審理開始時に「ロシア代表検察団が担当局面の立証をロシア語で行う(to conduct)ことを申請した件を議論する」と発言したこと、②その直後にキーナン首席検察官も同じ単語を使ったことを挙げた上で、その意味は「法廷で担当局面の審理にあたる」ことであると結論し、これに従って該条項も字義通り「審理で使用されるべき言語は日・英語であると解釈されるべきである」、と申し立てる。

* 被告鈴木・賀屋弁護人マイケル・レビン、「控室での論議の内容が法廷関係者全員には明らかにされていない」、「その内容の中でこの場で明らかにしたいものがある」、先刻の「カニンガム弁護人の発言の趣旨とは若干意見を異にする」とて、「検察官の中でフランス語やロシア語を解する者がいるか否かは問題ではない」、「フランス局面で容認された例外を除いては、条例と法廷の裁定に従って審理は主に英語で行うべきというのが、自身の先日明らかにした弁護側の立場である」、と申し立てる。

* 裁判長ウェッブ、申請書にはなぜ審理をロシア語で行う必要があるのかが示されておらず、ロシア人検察官の中に英語・日本語を解する者がいるか否かについても言及されていないことを指摘し、それらについて首席検察官の意見を求める。キーナン首席検察官、「裁判所条例が日・英語以外の言語使用を認めているというのが判事団の多数意見であるのは明らかである」とのみ、と申し立てる。裁判長ウェッブ、「それは、その言語を使用することが公正・迅速な審理の遂行上要求されていて、迅速な審理進行の要請と矛盾・背反しない場合に限る」、「公正な審理の原則が最優先課題であり、そのような審理をなす必要がある」、と弁じる。首席検察官、裁判長の見方に留意する旨発言すると共に、この日既に裁判長にも報告された本法廷設立の経緯に触れて、「関係各国・当局者がソ連政府に対して、日・英語に加えてロシア語でも質問できる旨述べた」との事実を明らかにし、「それを根拠として検察もソ連関連局面の立証をロシア語で進める準備をしてきた」、と申し立てる。裁判長ウェッブ、「首席検察官の発言は控室でなされたのと同じものであり、自分の返答もその時と変わらない」、「この件で唯一考慮すべきは裁判所条例のみであり、政府間の取り決めではない」、と申し渡す。キーナン首席検察官、なおも「その政府間の取り決めこそが自分がこれまで数週間にわたってロシア語での審理進行を許可・準備してきた根拠となっている」、「審理の迅速化もしくは遅延につながる法廷でのロシア語使用について法廷が裁定を下す際の参考情報とすべきである」、と申し立てる。

* 裁判長ウェッブ、引き続きキーナン首席検察官との意見のやり取りを続け、「ロシア語の使用

が公正な審理の進行を一律に妨げるとは判事団の誰しも思っていない」としつつも、「法廷が第3言語の使用を許可する裁量権を有しているという見解を有する判事も、ロシア語の使用が審理の進行を不当に遅延させないことを要件としている」と弁じ、さらに「要するに、判事団は、裁判所条例の規定遵守を眼目とする意向である」と、弁じる。キーナン首席検察官、この点に理解を示すと共に、「控室での論議で明らかにされて今ここで繰り返されている判事団の意見は、本日始めて明らかにされたものであったが故に、そこに盛り込まれている具体的諸点に対応する準備ができていなかった」と弁じる。首席検察官、さらに、ロシア語使用に反対する意見が、その根拠として「ロシア人証人が証言台に立って証言する際には、まず尋問者が英語で質問してそれがロシア語に訳され、それに対するロシア語での返答が英語に訳されるという手順を踏まずに、ロシア語で直接質問することとなれば、被告にとって不利になるような審理の遅延を招きかねない」ことを挙げていることに言及して、「①ソ連検察団に英語に堪能な人物がいるかについては、ゴルンスキー検察官は英語に非常に堪能であるが、ゴルンスキー検察官は、長きに及ぶであろう自身の担当局面を既に相当細かく準備しており、英語を解さない者4名余りの補助を要するとのことで、そのような補助要員を使う方が1人ですべてに対応するより時間の節約に繋がるとも言っている、②既に、規定に従って弁護側・判事団・通訳担当官に、提出予定文書の複写版を送達する準備は整っているので、審理に大きな遅れは生じない」、と申し立てる。裁判長ウェッブ、ロシア語を使用した場合に要する時間を質し、さらに「ロシア語を使用しなかった場合にはどのぐらい短縮できるか？」、と質す。キーナン首席検察官、「控えめに見積もって10～14日」、「ほとんど差異はないであろう」、と応答する。裁判長ウェッブ、さらに提出予定の文書数について質す。キーナン首席検察官、「180」と答え、これを受けた裁判長、「2週間以上はかかると思われる」と応じ、首席検察官、「文書の長さや、文書から引用・朗読する部分の多寡による」と応じて、「申請書が明示した証人はロシア人1人と日本人が3～4人のみである」と付言する。裁判長ウェッブ、ロシア人証人に対する尋問には長時間を要するか否かを問う。首席検察官、「直接尋問に要する時間は1時間ぐらいであろうが、反対尋問については何とも言えない」と答える。

＊被告木戸弁護人ローガン、首席検察官の説明に関連して、「証人への質問はロシア語でなされ、それが日・英語に訳されることとなるが、仮に証人がロシア語を解する場合、返答はロシア語でなされた質問に対するものとなり、日本語もしくは英語で聞かされる質問に答えるものではなくなる。そうなれば、言語・翻訳上の問題が絡んできて、証言内容に大きな差異が生じ得る」、と申し立てる。

＊被告東条弁護人清瀬博士、首席検察官の発言内容を引いて、「ロシア語使用の許可を法廷が与えていないにもかかわらず検察側がロシア語での立証の準備を整えていたことと裁判所条例の規定を無視して政府間で法廷でのロシア語使用許可に関する取り決めがなされていたことが明らかになった」と指摘し、「問題とするべきは裁判所条例の規定のみであって、政府間の取り決めは問題とならない」との裁判長の発言を、「同慶の至り」と評言し、「今後も同じ方針を堅

持して公正な裁判の実施のみを念頭に置くべきである」、と申し立てる。裁判長ウェッブ、「既に論議が尽くされた点である」として、この点についてのさらなる論議をしないよう注意し、清瀬弁護人、「日・英語のみによる審理で公正な裁判が保障されることを願う」と最後に申し立てる。
* キーナン首席検察官、清瀬弁護人の発言の一部に触れて自身の主張を補足し、「ソ連政府との取り決めは、当法廷が設立される前に成立していたものである」、と申し立てる。
* 午後2時31分、裁判長ウェッブ、判事団での討議のために休廷を宣す。
* 午後3時32分、法廷、再開する。［E: 7100］［J: 83（13）］
* 裁判長ウェッブ、「判事団の多数意見によって、検察側のロシア語使用申請を容認する。ただし、申請書第5項『裁判長の発言及び弁護側の異議はロシア語に訳されるものとする。同様に、弁護側の異議申し立てに対する検察官の応答及び裁判長発言に対する検察官の説明も、英語と日本語に同時に通訳されなければならない』は、裁定の対象外とする。ここに規定された事項についてはロシア語の使用を認めない」と、裁定する。（裁定の「日本語訳は翌日法廷で伝えられたことが和文速記録に記されている）
* 午後3時33分、裁判長ウェッブ、休廷を宣する。

◆ 1946（昭和21）年10月7日　　　（英速録7102〜7211頁／和速録第84号1〜19頁）

* 午前9時30分、法廷、再開する。
* ムーア言語裁定官、提出済みPX627（英文速記録6973頁参照）について、以下の追加訂正意見を提示し、裁判長ウェッブ、これを容れる。

I replied that I should like to request that His Majesty direct us to be careful before taking any action, and to give his approval <u>even though matters stand as they do</u> ⇒ I replied that I should like to request that His Majesty direct us to be careful before taking any action, and to give his approval <u>to matters as they stand</u>

（3）ロベル・オネト検察官、ホロヴィッツ検察官の補佐を受けて、検察主張立証第VIII局面「仏・仏印及びタイ関係」第3部「南部仏印侵攻」の検察側立証として、書証提出を再開する。　　　　　　　　　　（英速録7103〜7132頁／和速録第84号2〜6頁）
* オネト検察官、タベナー検察官に代わり、ホロヴィッツ検察官が朗読する許可を求め、裁判長ウェッブ、これを認める。（以下、別途断りのない限り、この日の証拠の説明はオネト検察官が、朗読はホロヴィッツ検察官が担当する）
* 提出済み（検）法廷証PX651【① 1941（昭和16）年7月29日締結同年8月1日公布「仏印共同防衛に関する日仏議定書」②同議定書に関する在仏（ビシー）加藤日本大使・ダルラン仏外相間1941（昭和16）年7月29日付け交換文書】＝検察側文書PD1030　朗読が再開される。

<1946-10-7>

【PX651 朗読概要】（続き）

2. 仏印共同防衛に関する日仏議定書

　日仏両国は、現在の国際情勢を顧みた結果、日本が仏印の安全への脅威を東亜の全般的安寧及び自国の安全への脅威であると見なすことに理由があることを認める。そして両国は、日本が仏印の領土保全及び同地に対するフランスの主権を始めとする在東亜仏権益を尊重すると誓約しており、フランスが仏印をめぐり第三国と日本と直接・間接に敵対するような性質を具有する政治上、経済上及び軍事上の協力を想定した協定、了解に達しないとの誓約をなしていることを、この機会に再確認して、ここに以下の協定を締結する。

　(1) 両国政府は仏印の共同防衛のために軍事面で協力することを約する。
　(2) 上記協力を具現化するための措置は別途定める取り決めによって決定することとする。
　(3) 上記取り決めは、それを必要とする事情が存続する期間、有効とする。

（以下、加藤大使とダルラン外相の署名と7月29日の日付、及び御名御璽と近衛首相・東条陸相・及川海相・豊田外相の署名が入った8月1日付けの批准書が続く）

＊（検）法廷証 PX652【1941（昭和16）年9月1日付けサイゴン駐在ノイマン発独外務省宛電文；日本の南部仏印進駐状況】＝検察側文書4025-E（8）　オネト検察官、「独外務省からの押収文書で、宛名の記載なし」と前置きして、証拠として提出する。[E: 7107]［J: 84（3）］　証拠として受理され、抜粋が朗読される。

【PX652 朗読概要】

　すべての兆候が示しているのは、日本の対仏印侵略（invasion）が長期間の占領を見込んだものであるということである。これまでに南部仏印に上陸した兵力の総数は2万5,000人で、今後、数週間の内にさらに2万人が増派される。日本軍が占領したのは、日本政府から在東京大使館に7月に送られてきた覚書記載の7カ所の都市・飛行場に留まらず、コーチシナ、カンボジア、南ベトナムにおける戦略的に重要なすべての地点、大都市、集落にも及んだ。タイ湾の海戦（1941［昭和16］年1月17日にタイ海軍と仏印海軍との間で起きた通称コーチャン島沖海戦）でタイ艦隊相手に勝利を収めたベレンジャー提督は、サン・ジャック要塞地帯に日本軍が上陸した時の態様が御粗末であったと語った。上陸はサン・ジャックとプール・コンドルとの間に配備された強力な日本艦隊（空母3隻、戦艦2隻、巡洋艦10隻）の支援を受けたが、同艦隊は、その後、北上。自分が見る限り、目下カムラン湾の内外に日本艦隊の姿はなく、小規模の上陸部隊が展開しているのみである（戦史叢書『支那方面海軍作戦〈2〉』によれば、実際に当時南部仏印進駐に際して現地に派遣された艦隊の勢力は空母2隻、巡洋艦2隻、駆逐艦3隻他となっている）。部隊・艦隊の展開がタイに指向されているのは明らかである。商工会議所会頭が仏印派遣団長の澄田少将から聞いた話として自分に語ったのは、日本はさらに15万の兵力投入を検討しているとのことであるが、これまで上陸した兵力では今後

の攻勢作戦には不十分であるが故に、当地では「あり得ること」と考えられている。ただし、タイへの進出は、早くても雨季が明ける11月以降でなければできないであろう。

　日本軍は当地では支配者然としている。サイゴンの建造物は、商工会議所・ホテル・私邸を含めて容赦なく軍が接収したため、住宅不足が顕著となっている。他の面では日本人は品行方正だが、将校達の軍人にあるまじき態度は目に余る。

　事件らしい事件は、飛行場改修現場で日本軍に雇われていたベトナム人苦力が虐待されて脱走したことだけである。日本側が必要とする労務者はいずれ台湾で雇用することとなろう。軍事的占領と並行して経済及び他の分野での接収が進んでおり、特に重要資源がその対象となっている。
（和文速記録では、この後に続く段落もいくつか記載されているが、英文速記録7109頁を見る限り、朗読はここで終了している）

＊（検）法廷証653【1941（昭和16）年10月12日付けサイゴン駐在ノイマン発独外務省宛電文；日本の汎アジア連盟運動の報告】＝検察側文書PD4025-E（10）　オネト検察官、「独外務省からの押収文書」として提出する。証拠として受理され、朗読される。

【PX653朗読概要】

　フランス警察の手に落ちた機密文書は、日本の拡張主義の手先となっている汎アジア連盟の活動の実態を浮き彫りにしている。これによると、汎アジア連盟のサイゴン、ハノイ、ハイフォン支部は、6月下旬に、「(1) ベトナム独立運動を煽動するための指導者・教師・宣伝活動家の育成、(2) 対仏蜂起を煽動するための現地人活動家団体の時機を見ての結成、(3) 高潔無比の行動を通じて親日感情を醸成すべく占領軍の中で特殊部隊を編成すること、(4) 日・仏印間の通商協定を利用して主要生産・通信拠点に監視員を配し、[a] 仏軍のあらゆる動向の報告、[b] 食糧を含む日本にとって重要な物資が集積される場所や具体的数量の確認、という任務を遂行させ、蜂起の準備に必要な情報を得ること」を実行すべく、指示を受けていた。

　参謀本部の意向では、蜂起を開始するのに最適な時機は年末か翌春となっている。この目的のために、日本で訓練を受けたベトナム人の一団が連絡員・通訳として占領軍に編入されるのも間近であるとのこと。日本の情報筋によると、サイゴンのベトナム人戦闘部隊は9個を数え、ハノイには大規模な戦闘部隊が20個以上ある。ただし、仏側によれば、その指導者と隊員のほとんどは前科者とのこと。

　1935（昭和10）年の時点で既にクォン・デ王子が汎アジア会議の議長を務めたのは意義深いことである。今世紀初頭に日本に亡命した同王子は、ジアロン皇帝の子孫で、ベトナム王党派から同地王家の正統な継承者として認められている。

＊（検）法廷証654【独外務省における押収独外務省宛電文3通】＝検察側文書PD4065　識別番号を付される。[E: 7113][J: 84（4）]
＊（検）法廷証654-A【同上抜粋；1941（昭和16）年10月15日付けオット駐日独大使発本省宛

<1946-10-7>

電文－仏印進駐における摩擦】＝検察側文書 PD4065-B　証拠として受理され、朗読される。

【PX654-A 朗読概要】

　当地で得た情報は、ここ数日ノイマン在サイゴン公使館員のベルリン宛報告に記載されていた情勢を裏書きするもので、仏印占領が平穏裏に進まなかったのは予想通りである。日本の外務省から聴くところでは、共同防衛をめぐり紛糾した点がいくつもあり、重慶政府任命の支那領事の処遇、ある種の航空機の譲渡、兵舎・物資の接収、日本軍による現地人向け抗仏宣伝活動などが問題となっている。仏大使はあまたの抗議を通じて紛争の源を断つよう強く迫っている。サイゴンからの報告では、日本は目下 2 万 5,000 の駐留兵力を 4 万に増強する意図を有しているとのこと。外務省は自分に対して、「日仏協定は進駐軍兵力の上限を定めていない」と断言した。

　日本政府は、仏印駐留軍当局を通じて仏植民地行政当局から譲歩をあまた勝ち取る意向である模様。仏印問題処理担当として派遣予定の芳沢元外相が、そうして既成事実を作って初めてサイゴンに発つことになるが、それは 11 月初旬以降と自分は見ている。

　自分の印象では、双方共々、公然たる衝突は避けようとしている。日本政府は対外的に、共同防衛の態を装うことに努めているし、表立った衝突が起きた場合に、植民地行政当局と現地人の消極的抵抗により、仏印の経済的利用価値が減殺されることを恐れている。外務次官によると、本年の米の輸入枠 70 万トンが緊急に必要となり、松岡外相が成立させた協定の御蔭で同量を確保することができたが、豊作を当て込んでもっと多くの量を確保する意向とのことである。

　非武装地帯の監視をめぐり日本とタイが国境委員会で意見の相克を顕わにしたとのことであったが、日本外務省はそれを否定。なお、同委員会は、その任務に着手したばかりである。

＊（検）法廷証 PX655【提出済み PX639 抜粋；1941（昭和 16）年 11 月 17 日付けエルドマンスドルフ在バンコク独公使館員発リッベントロップ独外相宛電文；大島大使との会見―南進政策】
　＝検察側文書 PD11-A（6）　証拠として受理され、抜粋が朗読される。[E: 7117]　[J: 84（4）]

【PX655 朗読概要】

（以下の内容によれば、バンコク駐在の独外交官が駐独大使の大島と話をし、その内容をベルリンに送るという奇妙な構図となっているが、オネト検察官の説明のママ。後に電文の内容を詳細に検討した弁護側が疑義を呈する。また、和文速記録に依拠すれば、モニター［翻訳調整官］が「抜粋して朗読する箇所が不明」であったために検察官が朗読した部分とは異なった箇所を日本語への通訳官が読み上げたことが記されている）

　本日、指示通り日本大使大島将軍と会談し、日本の政策方針としての北進・南進の可能性を話題とする。大島は、政府の意図などについてまだ何も情報を得ていないので、個人としての見解しか述べられないとのことであった。（中略）

　さらに問われた大島大使は、「英米が『日本のタイ侵略（英文速記録 7118 頁 "invasion" のママ）は

やむなし』と隠忍自重することもあり得る」と述べ、「そのような進攻をなす場合、できるならば事前にタイ政府の同意を取り付けるべきであり、その根回しのために日本は、仏印・タイ国境紛争の調停ではタイに有利に裁定したが、バンコクにおける英米の宣伝工作が活発なのは当然のことで、そのために同国政府の姿勢は優柔不断である」と言った。大使は、「タイ侵略を可能とするためには日本の仏印駐留兵力をさらに増強すべきであるが、タイ侵略の目的はシンガポール攻略の足がかりを得ることのみである」と言った上で、「その場合、英軍がタイ南部を侵略してくる可能性は低い」との見通しを示し、その理由として「そうなったら、タイ側からのみならずシンガポール北西部に上陸する日本軍からも側面攻撃にさらされることになる」ことと「密林地帯の踏破が容易でない」ことを挙げた。

* 被告重光弁護人ファーネス少佐、「電文の署名者はバンコク大使館員となっているが、電文はベルリンから送信されている」事実を指摘し、「該電文の署名者が本当にその人物であることを示す証拠を別個に提出するよう」、検察側に申し入れる。裁判長ウェッブ、「署名についての証明は不要」とするも、「送信地についての説明はなされるべきである」、と申し渡す。ファーネス弁護人、「問題は署名が有効なものか否かではなく、実際に当の本人がその署名をしたのか否かである」として、「既出書証の『ノイマン』という人物についても同様の確認がなされるべきである」、と申し立てる。ウェッブ裁判長、ファーネス弁護人の論点が「証拠の内容の重要性の問題ではなく、裁判所条例で言うところの証拠能力（admissibility）の問題である」ことを指摘し、「その点については明らかにする必要がある」、と裁定する。オネト検察官、「指摘を受けた当該電文はドイツ外務省からの押収文書である」と弁じ、さらに裁判長ウェッブに「それ以外に判明している事実は？」と質されて、「バンコク発というのは誤りのようで、他の電文と混同していた模様である」と弁じ、PX653-A の「ノイマン」については、オット駐日独大使が署名している同文書中に「サイゴン駐在のノイマン参事官（Councillor）からの情報」との記述があることを指摘して、その身分は明確である、と申し立てる。

* 提出済み（検）法廷証 PX600【1941（昭和 16）年 3 月 5 日付けオット駐日独大使発独外相宛書簡】＝検察側文書 PD1374　オネト検察官、「ハル米国務長官が在ワシントン日本大使の野村と来栖に仏印での日本軍の行動について口頭で質した際に、本国政府の指示に従って両名が『雲南に集結している支那軍への対抗策として必要となったもので、フランスとの協定に定められた範囲内で行っている』と答えた事実が記されている」として、引証する。

* （検）法廷証 PX656【PX647「外務省条約局 1943（昭和 18）年 4 月付け編『仏印に関する日仏条約集』」抜粋：① 1941（昭和 16）年 12 月 9 日付け仏印共同防衛に関する日仏現地軍事協定 ②同協定細目規定】＝検察側文書 PD785-F　[E: 7121][J: 84（5）]　証拠として受理され、朗読される。

【PX656朗読概要】

①仏印共同防衛に関する日仏現地軍事協定「基礎要綱」

（1）仏当局は、日仏両国間で締結された協定に従って、仏印防衛のためにあらゆる手段を講じて日本軍と協力する。

（2）日本軍の作戦行動実施期間中、日本軍の後方安全確保のため、仏印当局は仏印全土の治安を維持する。これに日本軍が協力することもあり得る。

（3）仏印当局は、仏印領土内での日本軍の移動・宿営・軍事施設設置のために、あらゆる便宜を図る。

（4）防衛分担地域は、原則として以下のように設定する。

日本軍：仏印南部及び同軍が駐留することとなる他の地域

仏印軍：仏印北部及び同軍が駐屯する地域

日・仏印両軍が同一地点に駐屯する場合、該地点の共同防衛は、別途その詳細を定める。

（5）「防空、沿岸警備、航空・航海、輸送手段の使用、通信、衛生・医療、物資・労働力の動員、防諜、情報統制」についての協力は、別途協定で定める。

②共同防衛に関する日仏現地軍事協定「細目規定」

（一）防空

（1）仏印領空の防衛は、仏印関係当局が、日本軍の関係当局と緊密な連絡を保持して全うする。日本軍は、仏印の軍民施設防御を主目的としての防衛手段の発動を、仏印当局に要請することができる。

（2）防空措置は直ちに実施される。

（3）空襲警報（灯火管制を含む）に関する命令は、各地域で日・仏印軍指揮官が独自に発することとし、発令後は速やかに相互に通報するものとする。

（中略）

（二）沿岸警備

（1）日本と交戦状態にある国家の艦艇・商船・航空機が仏印沿岸に接近した場合、仏当局は、その旨を日本軍に直ちに通報し、それらを撃退すべく、あらゆる手段を講じる。

（2）仏印沿岸警備（公海上の機雷敷設を含む）は、日本軍との合意の下で実施される。

（3）当該防衛措置の実施時期は、日仏両当局間の了解に基づいて決定される。

（4）日本軍は、カムラン湾、ドーソン、サン・ジャックの各要塞司令部並びに他の沿岸砲台指揮所に連絡員を駐在させることができる。

（三）船舶の行動

（1）仏側の艦艇・商船の行動については、事前に日本海軍と協議する。

（2）日本側当局の許可なくカムラン湾に接近することを禁ずる。

（3）例外・緊急時には、日本の艦艇・輸送船は、仏印人による水先案内人帯同義務を免除され

得る。
　(四) 航空機の行動
　(1) 仏軍飛行部隊は、すべて北部仏印に集結させる。
　(2) 仏軍飛行部隊は、その配置変更を実施する場合、事前に日本軍との調整を行う（英文速記録7126頁の shall effect preliminary coordination with the Japanese Army に従った。原本和文書証より採録したであろう和文速記録では「予め日本軍と協議すべし」となっていて、やや意味合いが異なる）。このような変更は、防空上の必要に応じて事前の協議なしに何時でも実施し得るが、遅滞なく日本軍に通告すること。
（検察官が朗読を省略する旨の断りを入れていないが、次の番号が飛んでいるので、省略があったものと思われる。和文速記録でも番号が飛んでいる）
　(5) 日本軍は、緊急に必要となった場合には、（飛行に適した場所を含む）すべての飛行場・水上機基地を使用できる。ただし、仏軍飛行部隊は、現に同部隊が使用中で同部隊にとって不可欠な場所を自由に使用できる。両軍が同一地点を共同使用する場合、仏軍飛行部隊による使用は、現地での協定によって保証する。
　(6) 北部仏印に駐屯する両軍航空部隊は、必要に応じて相互に連絡将校を派遣する。
　(五) 交通と輸送
　(1) 仏印当局は、日本軍の作戦行動に必要とされる輸送関連の要求に、可能な限り応じる。輸送施設利用を必要とする要求については、日本軍は一つ一つにつき具体的要求事項を明らかにすることとし、仏側は、交通の安全と交通事情が許す限り、これに応じる。
　(2) 作戦行動がカンボジアの鉄道を使っての輸送を必要とする場合、原則として特別の直通列車によってなされる。
　(3) 作戦行動の過程で日本軍が要求する形での輸送に遅延・障害が生じる可能性が出てきた場合、日本軍は、十分な予告をした上で、当分の間、鉄道を管理できる。
　(4) 日本軍の鉄道使用に関する全事項は、厳重機密とする。
　(5) 当協定に関わる補償は、額を算定した後、決済される。
（次の番号が飛んでいることについては、同上参照。なお、和文速記録には6として「鉄道・道路・橋梁が破壊された時には通常の修理機関が速やかに修復することとし、日本軍がそれに協力することがあり得る」との項目が収録されている）
　(7) 日本軍は、仏印当局に通知後、作戦上の必要に応じて日本軍使用の軍事施設及び同軍の作戦行動区域内での陸上・海上・河川交通を、制限もしくは禁止することができる。
　(六) 通信
　(1) 作戦上の必要があり、日本軍の要請があった場合、仏印当局は、無線通信・国際有線通信の一部を停止する。
　(2) 防空に関する通信は、他の一切の通信に優先する。
　(3) 必要に応じて日・仏印両軍は、相互の無線局に連絡員を配置できる。

<1946-10-7>

(4) 仏印当局は、日本軍が使用すべく以下の施設を提供する。日本軍は該施設を使用する際には、正当な必要性を考慮して、仏印の外交電文を優先させる等の措置を講じる。
［a］有線（実回線）
①サイゴン〜プノンペン〜ピュルサ間の電信2回線と電話1回線、②サイゴン〜サン・ジャック間の電信1回線
［b］無線及び放送通信
①フートー無線発信局（無線電信総社）の短波送信機（12kw）1機、短波送信機（3kw）2機、放送機材（3kw）一式（これら施設・機材の使用・共有については現地で別途協定する。以下同じ）、②フートー局（無線）の無線機材（5kw）一式、③フコク局の無線機材（5kw）一式
＊裁判長ウェブ、詳細をすべて朗読している理由を質す。オネト検察官、「日本軍がいかなる対仏軍警戒措置を執っていたかは法廷も関心を寄せる事項だと判断した」と応答する。ウェッブ裁判長、「関心を引くかもしれないが、そこまでの詳細は何かの争点について判断を下す際の決め手となるものではない」、と申し渡す。オネト検察官、若干省略することを告げて、朗読を再開する。

（九）防諜
(1) 仏印当局は、仏印領内での日本軍に対する諜報活動や日本軍の安全を脅かす可能性のある活動を取り締まるべく同軍に協力し、同軍の防諜活動を支援する。本件に関して入手し得た情報は、遅滞なく日本軍に提供すること。
(2) 仏印関係当局は、国籍を問わず、日本軍の安全を脅かす可能性のある活動を行う外国人に対して必要な措置を講じる。
(3) 仏印当局は、共同防衛目的の作戦行動に於ける機密保持の重要性を認識する必要がある。機密保持の目的で日本軍は、電信・電話などの各種規制委員会や書誌（reviews）・新聞・郵便の検閲機関各々に、連絡員1名を配置する。

（十）情報統制
(1) 仏印当局は、共同防衛の要請上、仏印内外で必要となり得る情報統制のために執るべき措置を（日本軍と）共同で決定する。
(2) 日本軍は、仏印政府に通告した上で、対外ラジオ放送用の組織を設立し、活用する。
(3) 日本軍は、必要に応じて仏印放送機関に連絡員を配置し得るものとする。

2—8—4　検察主張立証第VIII局面「仏・仏印及びタイ関係」第4部「仏印経済侵攻及び最終段階」

（英速録7133〜7195頁／和速録第84号6〜15頁）

(1) ロベル・オネト検察官、ホロヴィッツ検察官の補佐を受けて、検察主張立証第

Ⅷ局面「仏・仏印及びタイ関係」第4部「仏印経済侵攻及び最終段階」の検察側立証として、「仏印経済侵攻」関係証拠文書を提出する。

(英速録7133〜7164頁／和速録第84号6〜11頁)

＊提出済み（検）法廷証PX637【枢密院1941（昭和16）年7月3日付け議事録；保障及び政治的諒解に関する日仏間議定書・日タイ間議定書批准】＝検察側文書PD1077　オネト検察官、「仏印経済問題に関する石塚（英蔵）枢密院顧問官の発言を引用したい」として、該当箇所を朗読する。

【提出済みPX637朗読概要】

　国務大臣の説明によると、1907（明治40）年6月の日仏協約締結時に日仏両国が仏印の処遇に関して発した声明は、「将来、通商条約が締結されるまで両国は相手国民の生命・財産の保護に関して相互に最恵国待遇を認める」としていた。1911（明治44）年8月に日仏通商航海条約が成立した際に、我が国は該条約を仏印にも適用することを希望したが、フランスはそれを拒否して、該声明の内容を再確認しただけであった。以来、我が国は機会ある毎に、仏印を対象とした通商条約を成立させようとしていたが、仏側が我が国からの仏印への人及び物の流入を極度に恐れたがために実現に至らなかった。1927（昭和2）年8月になってようやく、居住・航海分野では合意に達し、日・仏印間で暫定議定書が交わされたが、通商面では交渉が非常に難航し、妥協点が容易に見出せなかった。その内に、仏側は我が国からの輸入品に対する制限を強化し、我が国は仏印の主要輸出品目である石炭に報復関税を課そうとしていた。ここに至ってフランスが問題を再考した結果、日・仏印間の通商上の規則を定める暫定協定が、1932（昭和7）年5月に締結された。それ以前の暫定議定書で日本と仏印は、個人及び法人の居住問題に関して相互に最恵国待遇を付与し、海運について自国もしくは最恵国の船舶並の待遇を保障した。それでも該議定書は1928（昭和3）年1月1日以降、3カ月の事前通告で破棄可能な暫定的なものであったのみならず、入国・事業活動・不動産所有などについて具体的規定を欠くものであったが故に、期待した程の成果は上がらなかった。

　1932（昭和7）年の協定で日・仏印は相互に関税上の優遇措置を認めたが、これも暫定的なものであったし、日本の主要な輸出品の多くが適用範囲外となり、輸出入の制限・禁止、輸入割当、関税率改定などをめぐる規定がなかったために、仏側の関税率引き上げによって、協定がもたらすべき利点は大いに減殺された。そして、輸入割当制度や為替管理の実施などによって、日・仏印貿易は再び不振に陥ったのである。しかし、フランスがドイツに降伏したことによる全般的状況の変化は、フランスの対日姿勢をも変化させており、我が国が仏印関連の諸懸案を（政治・軍事問題と共に）解決する好機となっている。（和文速記録ではこれに続く部分が記載されているが、英文速記録7136頁を見る限り、朗読はここで終わっている）

＊提出済み（検）法廷証PX550【日独伊三国条約締結に関する御前会議（1940［昭和15］年9

<1946-10-7>

月19日）用草稿；条約要綱・松岡外相説明案】＝検察側文書PD1202　オネト検察官、「三国同盟交渉と、大東亜新秩序建設における日本の立場に対する独伊の姿勢に言及したものである」ことに法廷の注意を促す。［E：7137］［J：84（7）］

＊提出済みPX522（和文速記録では「PX525」と誤記）【1940（昭和15）年6月20日付けクノール独外務省員覚書；来栖駐独大使との会見（1940（昭和15）年6月19日－日独経済提携】＝検察側文書PD4027-B　オネト検察官、「日本が南進政策を進めることに東条と当文書署名者であるクノールが確信を抱いていることを記している」ことに法廷の注意を促す。

＊提出済み（検）法廷証PX541【PX540抜粋；①1940（昭和15）年7月26日付け閣議決定「基本国策要綱」②1940（昭和15）年9月4日付け四相会議決定③1940（昭和15）年9月19日付け連絡会議決定】＝検察側文書PD2137-D　オネト検察官、「日本の南進政策が議題となった会議に関するものである」ことに、法廷の注意を促す。

＊午前10時40分、裁判長ウェッブ、休廷を宣す。

＊午前11時、法廷、再開する。［E：7138］［J：84（7）］

＊提出済み（検）法廷証PX628【1940（昭和15）年9月28日付け帝国外交方針抜粋；①帝国外交方針要綱②1940（昭和）15年10月4日付け対南方策試案】＝検察側文書PD837-A　オネト検察官、「日本が東南アジア地域に抱いていた野望及び同地域と包括的経済協定を成立させたいとの日本の意向を詳らかにしている」ことに法廷の注意を促す。

＊提出済み（検）法廷証PX528【1940（昭和15）年7月16日付け日独伊提携強化に関する陸軍・海軍・外務三省係官協議議事録（其ノ二）】＝検察側文書PD1392　オネト検察官、提出済み（検）法廷証PX628に続いて同じ趣旨の内容を伝えるものとして、法廷の注意を促す。

＊（検）法廷証PX657【外務省公式報告；北部仏印進駐に対する英米の干渉】＝検察側文書PD772　証拠として受理され、抜粋が朗読される。

【PX657朗読概要】

我軍の北部仏印進駐に対する英米の干渉。
（中略）
（和文速記録には、朗読が省略された部分も記載されていて、そこには、支那事変勃発から仏印への監視団派遣まで、日・仏印が援蒋ルート遮断をめぐって交渉・軋轢を繰り返した経緯が綴られている）

しかしながら、対支作戦の必要上、及び支那事変の解決を促進するためにも、仏印情勢が急激に変化したこの機会に、援蒋物資輸送を禁絶し、仏印での日本の軍事・政治・経済上の優位を確立するのは喫緊の課題と考えたので、7月に現地で予備交渉を行い、8月1日に東京で駐日仏大使と正式交渉を開始した。しかし、仏側が我方の要求に強硬な態度で臨んできたために、交渉は非常に難航。それでも、我方の説得の結果8月30日に、両国間で協定が成立した。

＊（検）法廷証PX658【PX647抜粋「仏印の関税制度・貿易・決済様式に関する日仏協定」（1941

［昭和16］年5月6日付け調印同7月5日付け批准・発効同7月9日付け公布）】＝検察側文書PD785-L　証拠として受理され、抜粋が朗読される。[E: 7140]　[J: 84（7）]

【PX658朗読概要】

第20条：

①両国政府間で例外品目とされたものを除き、日本向け仏印産品目の支払決済を在仏印の債権者に行う場合は、仏印ピアストルで行い、仏印向け日本産品目の支払決済を在日本の債権者に行う場合は日本円で行うものとする。②前項の規定は運送費、保険、日・仏印間の通商に関わる諸費用の支払決済にも適用される。③前項と前々項規定の支払通貨は、各々横浜正金銀行とインドシナ銀行で取得可。

第21条：

インドシナ銀行は、前条規定の支払いに必要な仏印ピアストルを、円通貨と対価交換できるべく、横浜正金銀行に委託することとし、横浜正金銀行は前条規定の支払いに必要な日本円を、ピアストル通貨と対価交換できるべく、インドシナ銀行に委託することとする。本条規定の取引に適用される円・ピアストルの為替レートは、両銀行での兌換貨幣に対する両通貨の為替レートの如き、両銀行が合意する金価による算定を基礎としたレートとする。

第22条：

前条の規定に従ってインドシナ銀行が取得する日本円は、インドシナ銀行名義で横浜正金銀行に口座A及び口座Bの名称で開設される二つの特別口座に向けて、振り込まれる。口座Aには、次項規定のものを除き、当協定の適用を受ける支払いのためにピアストル通貨と対価交換されるべく横浜正金銀行に委託されてインドシナ銀行が受け取るべき円通貨を、計上することとする。口座Bには、日本が仏印から購入する米穀代金の支払いのためにピアストル通貨と対価交換されるべく横浜正金銀行に委託されてインドシナ銀行が受け取るべき円通貨の内、1941（昭和16）年分のすべて、1942（昭和17）年分の70％、1943（昭和18）年分の55％を、計上する。口座Bの利率は、両銀行間の協定で決定される。前条の規定に従って横浜正金銀行が取得するピアストル通貨は、横浜正金銀行名義でインドシナ銀行に口座Cの名称で開設される特別口座に、振り込まれる。横浜正金銀行とインドシナ銀行各々が当協定発効時に保有するピアストル通貨と円通貨は、各々口座Aと口座Cに、計上される。

第23条：

口座AとCの資金は（以下は英文速記録7144頁の記述に基づく。和文速記録の対応部分には原文が記載されていない）、①日・仏印間の商品取引決済及び②該取引に伴う運送費、保険、諸手数料の支払決済のための専用とする。口座Bの資金は直接の支払目的では使用しないこととし、月末に残高があった場合には、その残高は翌年同月末日に口座Aに移されるものとする。

＊裁判長ウェッブ、オネト検察官に、これらの条文を朗読している目的を質す。オネト検察官、

<1946-10-7>　　　　　　　　　　　　　　　　　　　　　　2　検察主張立証段階

「対等な関係を謳っていた日仏協定が実際は日本側に有利であったという実態を示すためである」、と応答する。裁判長ウェッブ、「特異な内容を含む条項は余り見当たらない」とし、検察側主張を裏付けるような特定の条項を朗読すべきことを示唆する。オネト検察官、ホロヴィッツ検察官に第30条から朗読を続行するよう求める。

第30条：

当協定の有効期間中、不測の事態により、いずれか一方の政府が、条項の一部乃至すべての履行が不可能と判断した場合、両国政府は懸案解決のための交渉を開始する。

＊（検）法廷証PX659【PX647抜粋：日・仏印間の決済に関する1943（昭和18）年1月20日付け交換公文】＝検察側文書PD785-D　証拠として受理され、抜粋が朗読される。（表題はオネト検察官の説明通り「交換公文」であるが、朗読されたのは、日本側の三谷隆信駐仏大使からビシー政府のピエール・ラバル主席・外相に宛てた日本側の要求のみである）[E: 7146] [J: 84 (8)]

【PX659朗読概要】

大東亜圏内で新たな決済方法を確立する必要性に鑑み、以下を提案する。

(1)「特別円」は、[a] 仏印並びに [b] 日本、日本占領地及び円決済が採用されている地域間の決済に於いてのみ使用される。

(2) 仏印は、日本が仏印での支払いに必要なピアストル通貨を、特別円の対価として供給する。

(3) 前項に言う支払いの対象には、商用決済、在仏印日本軍の駐屯経費、その他商用以外の決済が含まれる。

＊提出済み（検）法廷証PX620【外務省南洋局第二課編；仏印進駐に関する日仏協定締結経緯】＝検察側文書PD985-A　オネト検察官、法廷の注意を促す。（注意喚起の目的に関する説明はなし）

＊提出済み（検）法廷証PX651【① 1941（昭和16）年7月29日締結同年8月1日公布「仏印共同防衛に関する日仏議定書」②同議定書に関する在仏（ビシー）加藤日本大使・ダルラン仏外相間1941（昭和16）年7月29日付け交換文書】＝検察側文書PD1030　オネト検察官、「法廷の注意を喚起したい箇所がある」、と申し立てる。抜粋が朗読される。

【提出済みPX651朗読概要】

仏政府は2,300万仏印ピアストル、即ち毎月450万仏印ピアストルを上限とする金額を、本年用の必要経費として日本軍に支給する。この金額には、以前の協定下でトンキン州駐屯の日本軍に支給されている額が含まれるものとする（最後の一節は英文速記録7148頁の記述のママ。対応する和文速記録所収の和文版では「含まざるものとす」と反対の意味になっている。当文書が最初に朗読された際のやり取りを記録する英文速記録7060頁の英文や、それに対応する和文速記録の記述も「含まない」となっていることから判断して、和文速記録の記述の方が正しいと思われる。朗読者の錯誤か通訳の言い間違いか速記者の書き

間違いか、判然としないが、英文版通りの内容ならば被告にとって僅かながらも有利となるので、検察側の失策と言うべきか？）。日本政府は、仏政府が選択する兌換円・米ドル・金のいずれかで、この金額を支払うべく準備すること。

＊提出済み（検）法廷証 PX615-A【日本政府発行「週報（1940［昭和 15］年 8 月）」抜粋；外務省情報部発表－仏印の近情、特に第三国の蒋介石支援行為】＝検察側文書 PD1529-F　オネト検察官、「仏印の経済的地位に関連する証拠」として、法廷の注意を促す。（これ以前にもあったが、提出済み証拠であるのに、直後に裁判長が「通例の条件で受理」と言っているのは、つい釣られたものか？）［E: 7148］［J: 84（8）］

＊提出済み（検）法廷証 PX637【枢密院 1941（昭和 16）年 7 月 3 日付け議事録；保障及び政治的諒解に関する日仏間議定書・日タイ間議定書批准】＝検察側文書 PD1077　オネト検察官、「これら協定がすべて日本側に有利となったことを示すもの」と前置きして、抜粋が朗読される。

【提出済み PX637 朗読概要】

日・仏印間の関税制度、貿易、その決済の様式に関する協定の要点は、以下の通り。

A．関税制度

（1）両国間で取引される日・仏印産品は、輸出入に際して税制・手数料・その他課徴金及び輸出入上の規則・手続きの面で、最恵国待遇を受けるものとする。

（2）仏印向け日本産品には原則として最低税率が適用されるが、添付 A 表記載の物品は、免税もしくは最低税率よりも低い税率の適用を受ける。同様に、添付 B 表記載の仏印産品が日本に輸入される場合、免税もしくは法定関税率より低い税率の適用を受ける。

（3）添付 A 及び B 表記載の物品の税率は、当協定発効後 1 年間は引き上げ不可とするが、やむを得ず引き上げを実施する場合の事前通告に必要な手続きは定める。関税率表や税率分類を変更することによる税率引き上げは不可。

（4）既述の関税上の優遇措置を享受するためには、原産地証明を付すことに加えて、直接輸送を不可欠とするが、ある種の特例は認められることとする。原産地証明発行については手続きを定める。原則として、特定機関の証明を受けた送り状が関税申告書に添付されることとする。

（5）締約対手国物品の中継輸送、積み替え、保税倉庫（bonded warehouse）への搬入、倉庫での保管、一時的免税輸入、再輸出については、他方の締約国は、関税・手数料を免除し、これらに関わる規制・手続きについては最恵国待遇を認めることとする。対手国から輸入された物品の国内での課税については、国内産品並もしくは最恵国待遇扱いとする。

（6）両国間での輸出入禁止・制限については、別途定める特例を除き、原則として最恵国待遇で処理する。

（7）その他通商関係一切の事項における優遇措置について、最恵国待遇が保障されるが、日本の在満権益などをめぐっての例外は認める。

<1946-10-7>

B. 貿易

(1) 毎年、両国政府当局者は、協定を結んで以下を決定する。

[a] 日本が翌年輸入する仏印産品の品目及びその数量

[b] 仏印で輸入割当制度の対象とされた品目の日本への輸入割当量

[c] 仏印が翌年輸入する予定の日本産品の品目及びその数量

　本年の合意分を明示すべく当協定調印時に作成された一覧表には、仏印産の米と生ゴムを含む全22品目が、上記[a]該当品目として数量と共に記載されており、仏政府は特に（英文速記録7153頁記述の especially から。和文速記録原文では「差当り」となっている）精製米（polished rice）70万トンと生ゴム1万5,000トンの供給を保証しており、その実施方法も定めている。上記[b]該当の日本産品目については、マーガリンとチーズを含む全49品目が通年割当数量と共に、コンデンスミルクを含む全17品目が四半期割当数量と共に、同表に記載されており、実施方法を定めている。上記[c]該当の日本産品目については、牡蠣・馬鈴薯・果物などを含む全108項目と、その数量が同表に記載されている。

　(2) [a]と[c]記載の協定品目について、両国政府は、両国間で合意した上限数量までは輸出入許可を相互に与える義務を有することとする。協定品目の輸出入量が上限を超過した場合や、協定品目以外の物品を輸出入する場合、及び割当制度の対象となる[b]記載の日本産品目の総割当量が引き上げられて追加の割当分に許可が必要となった場合は、友好の精神に則って考慮する。

　(3) 両国には両国産品の産地証明の方法、輸入許可目録、輸出入統計を相互に通知し合う義務があるものとする。

＊（検）法廷証 PX660【1941（昭和16）年6月16日付け枢密院審査委員会記録：仏印に関する日仏居住航海条約並びに関税制度、貿易、決済様式に関する日仏協定批准の件】＝検察側文書 PD1287　証拠として受理され、抜粋が朗読される。[E: 7155][J: 84（9）]

【PX660朗読概要】

（和文速記録には以下の部分に先行する数段落が記載されているが、朗読分として英文速記録に記録されているのは以下のみである）

　竹越（与三郎）顧問官と三土（忠造）顧問官が、仏印は米・ゴムなどの対日供給義務を履行することに不安がないか否かを質したのに対し、松岡外相は、「不測の事態が起きない限り、仏印は取り決め通りに必ず義務を果たす見込みである」と返答。

（中略）

　清水（澄）顧問官と松井（慶四郎）顧問官が、日本の対仏印貿易の今後の展望について質したのに対し、水野外務省通商局長は、「仏印はヨーロッパ戦の大きな影響を受け、本国や他地域から輸入していた物品が相当不足してきている。従って、この協定の取り決めにより、綿糸、布、乾

物（英文速記録 7156 頁の dry goods に基づく訳。和文速記録所収の原文では対応部分が「雑貨」となっている）などの日本製品の供給は著しく増加していき、総額が 7,000～8,000 万円に達する見込みである」と答える。水野局長は続けて、「ゴムを除く仏印産の物品は概ね第三国への輸出ができないので、仏印の対日輸出は順調に行われる見込みで、米の輸出は 8,000 万円、その他の品目も 8,000 万円に達する」との見通しを伝える。（「概ね……輸出ができない」の部分は英文速記録 7156 頁では "cannot be exported generally" で、「禁止されている」との意味合いにも取られかねないが、原本和文書証より採録したであろう和文速記録所収では「他国に向け得ざるもの」となっていて、需要の不足などの不可抗力的意味合いの方が強いとの印象を受ける）

（中略）

　石塚委員長が、当議定書の公表されなかった理由と、実際の影響との関係について質したのに対し、水野局長は、「この議定書の趣旨を徐々に実施して我が国の影響力を次第に拡大していく意向。この議定書の内容がいずれ第三国に知られるようになるのは不可避」と、答える。

＊提出済み（検）法廷証 PX654-A【独外務省における押収独外務省宛電文 3 通中の 1 通目；1941（昭和 16）年 10 月 1 日付けオット駐日独大使発本省宛電文】＝検察側文書 PD4065-B　ロベル・オネト検察官、「独仏休戦委員会経済担当官『ヘマン』の署名があり、仏印産ゴムへの言及がある」と、前置きする。朗読される。[E: 7157]［J: 84（9）］

【提出済み PX654-A 朗読概要】

　前述の電文の指示に従い、ド・ボワサンジェが議長を務めるフランス代表との交渉を開始。冒頭、ド・ボワサンジェは、9 月 22 日付け電文で自分が報告した「日本が 9 月分として要求していた生ゴム 5,000 トンを放出せよ」との仏印総督宛の指示があったことを、はっきりと認めた。そして、仏政府が米国宛に 5,000 トンを輸出する許可を日本から得るための後押しを求めて言うには、「仏印は他のどこからも得られない生活必需品を買い付けるために、そこから上がる収益を喉から手が出る程必要としている」とのことで、我方からの質問に答えてさらに、「米国は、我方の買い付け必要物資の代金支払に充当し得る仏側の凍結資産の凍結解除に応じず、マルティニク金［Martinique gold］での決済も拒否している」と、説明した。

　自分が受けた指示の内容と相容れない仏側の要求は拒否した。先頃当方が出した提案についてド・ボワサンジェは昨日、仏政府の見解として、「独側の姿勢を多としており、来るべき日本側との交渉では独側の立場を考慮する」と述べはしたが、それ以上約束できる権限は与えられていなかった。自分は再度、独側の要求は急を要するものであることを告げ、さらに、日本政府のみならず独政府も、仏印が生ゴムをこれ以上米国に輸出するのを許容することはない旨、改めて伝えた。独側委員の 1 人エーレはベルリンへ発ったが、そのエーレは仏代表団に対して、「日本の要求に従って取り敢えず 5,000 トンを追加放出して 10 月分として確保するよう」提案した。今後も動向を注視して、さらなる報告を送る。

<1946-10-7>

(和文速記録には、この後残り2通の電報の内容も記載されているが、恐らく記録担当者が渡された文書全体を機械的に写したためであろう。英文速記録ではここで朗読が終わったこととなっている)

＊提出済み（検）法廷証 PX46【仏印に関する日・（ビシー）仏居住航海条約（1941［昭和16］年5月6日）】＝検察側文書 PD1258　オネト検察官、法廷の注意を喚起し、抜粋を朗読する。[E: 7159]［J: 84（10）］

【提出済み PX46 朗読概要】

第1条：
締約国の国民・現地住民は、相手国の全領土への入国、同地での居住に関して、その家族と共に完全な自由を有し、相手国の法律遵守を条件として以下の権利を享有する。
①移動・居住に関わる全事項に於ける内国民待遇。
②自身・代理人によるか、単独事業もしくは外国人・現地人との合弁事業であるかを問わず、通商・生産業を営み、合法的商取引の対象となる一切の物品を商う権利の内国民並の享有。
③産業・貿易・専門的職業及び学術・科学研究のすべての面での内国民及び最恵国の国民と同様の待遇。
④家屋・工場・倉庫・店舗及びそれらに必要とされる場所の所有・賃借、そして居住もしくは合法的商取引・工業・農業・その他事業目的での土地の賃借。
⑤相互主義の原則に基づいての、相手国の法律が許容する範囲内での動産・不動産、もしくは相手国の法律が内国民・最恵国国民に取得・占有を許可する種類の動産・不動産の取得・占有。内国民向けに規定済もしくは規定されるべき様式に従っての売却・交換・寄付・婚姻・遺言・他一切の方法による前述動産・不動産の処分。財産売却益・所持品の海外送金・運送に際して、外国人を理由として同様な条件下での内国民と比して余分もしくは過重な課税がなされないこと。

＊提出済み（検）法廷証 PX637【枢密院1941（昭和16）年7月3日付け議事録；保障及び政治的諒解に関する日仏間議定書・日タイ間議定書批准】＝検察側文書 PD1077　オネト検察官、「日仏間の議定書によって日本の在仏印権益が拡大したことを示す目的で、当書証から短い引用をする」と、前置きする。抜粋が朗読される。

【提出済み PX637 朗読概要】

2. 日仏間議定書
当議定書は、上述の条約と併せて不可分の全体を構成し、同じ期間、有効となるもので、仏印での日本の特別な地位を明らかにする以下の条々から成り立っている：
（1）在仏印日本人の外国人証明登録手数料は、減額される。
（2）日本人は、現在外国人の就労が禁止されているいくつかの職業に従事することを特別に許

可される。

　（3）日本企業に雇用される従業員（英文速記録7162頁の"employees"のママ。単に「従業員」と訳す外はないが、意味が通らない。原本和文書証より採録したであろう和文速記録は、「日本人従業員」とする）の割合の上限枠は、特定の水準まで引き上げることができる。

　（4）アンナン及びトンキン州での日本人の不動産所有権の取得は、同地の君主（king）の同意を条件として、考慮の対象となる。

　（5）仏印での農業・鉱業・水力発電事業の営業権は、特別な条件の下に日仏合弁事業の形式で許可される。

　（6）一定の条件下で日本人には、日本人教育の目的で、日本人学校の開設・経営が許可される。

　（7）両国の経済問題を討議するため、両国の政府・民間代表者からなる経済会議を開催する。

　（8）仏印の沿岸貿易、内海・領海での航行・漁業、航空、無線基地、海底ケーブルに関する問題は、両国政府間の協議を通じて解決される。海運をめぐる問題は、両国政府が海運業者の協力を得て解決を図る（英文速記録7163頁の記述では、この直後の「この議定書は非公表」を定めた一節が、あたかもこの項目の一部であるかのように続いているが、その部分は、和文速記録所収の議定書原文では、ずっと後の「4．交換公文」という一章の最後に出てくるものである。オネト検察官は、この省略について何も断りを入れていない。ただし、和文速記録所収の同箇所には、前出PX658の一部と同じ内容が一部、途中に挿入されているが、これは何かの手違い故と思われる）。第三国が最恵国待遇の適用によって上記の種々優遇措置を得ることを防ぐため、この議定書は非公表とする。（「本文書は之を公表せず」との締め括りの部分は同じであるが、和文速記録でこれに先行する部分は、日本の商社の現地事業参入に関わる記述で、英文速記録7163頁にある「最恵国待遇」についての部分は見当たらない）

＊提出済み（検）法廷証PX652【1941（昭和16）年9月1日付けサイゴン駐在ノイマン発独外務省宛電文；日本の南部仏印進駐状況】＝検察側文書4025-E（8）　オネト検察官、「特に米・ゴムをめぐる日本の経済活動が強化されていることに触れたものである」と、前置きする。抜粋が朗読される。［E: 7163］［J: 84（11）］

【提出済みPX652朗読概要】

（和文速記録には電文の全文和訳が収録されているが、朗読部分として英文速記録7163-64頁に載っているのは、全文の後半部分に該当する以下のみ）

　……軍事的占領と並行して経済上もしくは他の形での重要資源の接収（seizure）が進行中。

　日本人を議長とする仏印・タイ国境監視委員会は、日本人93名、タイ人14名、フランス人4名で構成されており、目下サイゴンで活動しているが、日・タイ間で既に深刻な意見の相違・軋轢が生じており、タイ側は、日本と距離を置いている。サイゴンには日本の新聞社の特派員が20名いる。戦前14社であった日本の進出企業が、今では24社に増え、新・旧企業間で既に競争が始まっている。日本企業は国中の至るところに進出し、ゴムのプランテーションの入念な視

<1946-10-7> 2 検察主張立証段階 113

察といった経済スパイ活動が顕著である。カンボジアでは、日本人が水田やカポックのプランテーションを買収しているが、サイゴン付近のベトナム人や支那人が所有する小規模プランテーションの買収は、これまでのところ成就していない。しかし、市況がさらに悪化し続けた場合、日本人には日・仏印経済協定下で居住及び不動産取得権が無制限に認められていることに鑑みれば、日本人が、より大規模なゴム・プランテーションをフランス人からさえも買収しようとすることは予測できる。当地の情報によれば、主に三井の後押しで、ゴムのプランテーション買収を目的とする企業連合が結成済み、もしくは結成予定とのことである。

(2) ロベル・オネト検察官、ホロヴィッツ検察官の補佐を受けて、検察主張立証第VIII局面「仏・仏印及びタイ関係」第4部「仏印への経済侵攻及び最終段階」の検察側立証として、「仏印侵攻最終段階」関係証拠文書を提出する。

(英速録7165～7195頁／和速録第84号11～15頁)

* (検) 法廷証PX661【1945(昭和20)年2月1日付け最高戦争指導会議決定;情勢の変化に応ずる仏印処理に関する件】=検察側文書PD2664-A オネト検察官、「太平洋域での事態の展開に応じて日本が仏印で実施した措置に触れているもの」と前置きして、証拠として提出する。証拠として受理され、朗読される。

【PX661朗読概要】
最高戦争指導会議決定第16号・時局の急激な展開に応じた対仏印措置。
I. 方針
(1) 帝国は、戦況の推移と仏印の動向に鑑み、自存自衛の絶対的必要性に基づき、時機を見て仏印に対し独自の武力対応をする。その発動時期については別途決定する。
(2) 武力発動実施時まで我方の企図は、厳重機密事項とする。
II. 要領
(1) 武力発動に先立ち、外交的手続きを可及的速やかに完了するために、仏印特派大使を通じて、期限を設定した上で仏印総督に対して、以下の要求を提出する。
全般情勢、特に仏印に向けられつつある米軍の作戦行動の実勢に鑑み、帝国は、仏印防衛を全うする目的で、英米の対仏印攻勢に立ち向かうべく日本側と協働して、日仏共同防衛の基本精神に則り同地防衛に最善を尽くすべき仏側の明確な決意の具体策として、仏印総督に以下の項目に同意するよう要請する。
(a) 現状が続く限り、仏印軍と仏印武装警察隊は、日本軍との統一指揮下に置かれ、部隊の編成・配置・移動及び武器・物資などの面では、全面的に日本軍の指示に従う。鉄道・水運・通信などに関わる作戦上必要な機関は、すべて日本軍の管理下に置かれる。
(b) 仏印の全機関・組織に、全面的かつ忠実に日本軍の要求に従うべく、即時指令を発する

こと。
　（c）前期2項目は、6時間以内に全面的に受諾すること。
　期限が過ぎた場合、仏印総督に共同防衛に対する誠意なきものと見なし、我軍は必要な措置に訴える。
　（2）仏印側が要求を完全に受諾した場合でも、仏印軍と武装警察隊は再編成する。
　（3）仏印側が要求を拒否した場合、帝国は、仏印を武力で処理し、同地を差し当たり軍事占領下に置く。
　（4）アンナン地域などに対する措置は以下の通り。
　（a）現地の我軍は、適宜アンナン等の独立的地位を向上させ、かつ、そのような動きを支援し、積極的に我方に協力するよう策を施す。
　（b）アンナン等の独立は、全般情勢を考慮した上で承認する。その時期・方法については別途決定する。
　（5）武力発動と共に帝国政府は、時機を見て声明を発する。
　（6）政府はソ連に対して、必要に応じて、我方の真意、特に不可侵方針を説明する。
　（7）仏印処理についてドイツに真意を説明し、日本の施策に同調させる。
　（8）広州湾租借地と他地域に駐留する仏軍に対する処理は、仏印の場合に準ずる。
　注：一般仏国人（英文速記録7169頁の"the French people in general"）の権益は、極力寛大に取り扱う。
＊（検）法廷証PX662【1945（昭和20）年3月3日付け在サイゴン松本大使発重光大東亜相他宛電文；仏印総督宛最後通牒―仏印全土を日本軍管轄下に置く】＝検察側文書PD2663-A　［E: 7169］［J: 84（12）］　オネト検察官、「仏印全土を日本軍が制圧することを視野に入れて仏印総督宛てに発せられた最後通牒に関するもの」と前置きして、証拠として提出する。証拠として受理され、朗読される。

【PX662朗読概要】

　1．現在自分は軍当局と協議中であり、最終決定には至っていないが、今夜あたりに総督邸を訪れて全般状況を一通り説明した上で、「共同防衛の精神に則り、日本政府は総督に重大な決断を迫らざるを得ない」と切り出すことになる。その上で、最高戦争指導会議決定要綱I-1の要点からなる覚書（ただし、猶予期限の記載なし）を読み上げて、総督の考慮を促す。その場で総督が承諾した場合、電文第22号所定の宣言書に署名させ、辞去する。受諾しなかった場合は2時間の猶予を与え、「期限内に回答がなければ然るべき手段に訴える他ない」旨告げた上で引き上げ、回答を待つこととなる。
　2．決定の要綱IIに記されている武装解除については、軍司令官がこの点について明確な説明を（総督に）しないままに要綱Iが受諾された場合、その実行に際して事態を複雑化させること

<1946-10-7>

になりかねないのみならず、軍はこの点について総督が意思表示をすることを切に求めているので、総督が同意した場合には仏印軍再編成のための武装解除であることを総督に説明し、総督にはこの点を総督自身の宣言で発表してもらうことに決定。

3. 実行に際しては政府の完全な了解を得てから実行するという点で軍司令官と合意しているので、軍当局との連携を密にするよう願う。(文中の「政府」という語は、英文速記録7172頁の［the Government］のママ。原本和文書証より採録したであろう和文速記録は「中央」としており、同時に文脈から判断してもこの「政府」は、「軍中央」、つまり参謀本部や陸軍省のことであるから、英文への誤訳と言えよう)

＊午前11時58分、裁判長ウェッブ、休廷を宣す。
＊午後1時30分、法廷、再開する。［E: 7173］［J: 84（12）］
＊(検)法廷証PX663【第38軍司令部作成1945（昭和20）年12月17日付け報告書；仏印に対する処置―降伏前の日本軍の行動】＝検察側文書PD2667　オネト検察官、「1945（昭和20）年当時の仏印での日本軍の活動・措置を伝えるもの」と前置きして、証拠として提出する。証拠として受理され、朗読される。

【PX663朗読概要】

仏印に対する処置。
1. 仏印処置の目的
米軍のフィリピン作戦の進展を始めとする軍事情勢全般の推移に伴い、仏当局の日仏共同防衛に対する姿勢は急速に誠意に欠けるものとなってきており、日本側の再三にわたる申し入れにもかかわらず、仏印全土での日本の様々な面での戦備充実を妨害してくるまでとなり、これを放置すれば米軍上陸の際に我方が進退窮まって相当困難な状況に陥るのは明白であった。そこで、仏当局の誠意を喚起して日本の戦備に最大限協力させるために仏印処置が行われたのである。

2. 処置の一般方針
情勢の変化に対応するため、最高戦争指導会議は、1945（昭和20）年2月に以下の対仏印方針を決定した。

全般情勢、特に仏印に指向されつつある米軍の作戦行動の実勢に鑑み、帝国は、来るべき米軍の対仏印攻勢から仏印を防衛するために我方と協働して日仏共同防衛の基本精神に則り、同地防衛に最善を尽くすべき仏側の明確な決意の具体的証しとして、仏印総督に以下の項目に同意するよう要請する。

(a) 現状が続く限り、仏印軍及び武装警察隊は日本軍の指揮下に置かれ、部隊の編成・配置・移動及び武器・物資などの面では、日本軍の指示にのみ従う。
(b) 鉄道・水運・通信などに関わる作戦上必要な機関は、すべて日本軍の管理下に置かれる。
(c) 総督は、仏印の全機関・組織に対して、全面的かつ忠実に日本軍の要求に従うよう即時、指令を発する。

（上記 3 項目は、松本大使がドクー仏印総督に正式に提示）

総督が要求を全面的に受諾した場合、処置は仏印軍・武装警察の再編成に留まるが、さもなければ武力行使に訴えての軍政移行となり、その際には、以下の原則に則る。

（a）仏側の要求受諾がない場合でも両国は交戦状態にあるとは見なされないが、日本は仏印に関しては現存の条約・協定には拘束されない。

（b）日本側は、総督及び総督府職員の職務執行を認めないが、身柄は極力穏便に扱う。

（c）総督府の下部組織には触れることなく、現行のまま利用する。

（d）仏軍及び武装警察隊は、武装解除の上、再編成される。ただし、武装解除に抵抗する者は捕虜として扱う。

（e）仏民間人とその財産は敵国待遇とせず、極力穏便に処遇するが、軍事上の必要がある場合、軍は個人財産を管理し、居住・移動の制限を課すことがある。

3．処置の実際の進展

1945（昭和 20）年 3 月 9 日 19 時（日本時間）、本国政府の指示に従い、松本大使は、サイゴンの公邸でドクー総督と会談。戦況全般についての議論の末に、総督は米軍の仏印上陸の可能性を認めた。それを受けて松本大使は、総督の全権限を以て日仏共同防衛を強化することによって日本への誠意を示すよう、総督に要請。大使は、本国政府の指示に基づく前述の条件を総督に説明し、22 時までの回答を要求し、回答が好ましい内容でない場合、日本側が必要な措置を執ることを余儀なくされる旨、警告した。22 時 20 分頃、ロバン大尉が総督の回答を大使に持参したが、日本側にとっては仏側の拒否としか考えられない内容であった。ここに至って第 38 軍司令官は、参謀本部の指示に従って武力行使の決断を下すことを余儀なくされ、即座に仏軍と武装警察隊の武装解除を全軍に命令した。

ハノイ、サイゴン、プノンペン、ナトランで多少の抵抗はあったが、日本軍は仏軍主力の武装解除を数日の内に完了した。しかし、ランソン、ドンダン、モンカイといった北部国境付近の強力な要塞地では、武装解除の際に抵抗を受けて相当な犠牲を強いられた。その後、日本軍は、遠隔地の仏軍駐屯地を制圧し、山岳部に逃げ込んだ少数部隊を掃討した。その一方で社会秩序と行政機能の回復に努めたので、1 カ月余りで、僻遠地を除いて治安が次第に改善され、民心も安定し、各種機関は概ね従前の活動を再開した。しかし、アンナンの山岳地域や支那国境付近及びラオス山岳部での仏軍残兵掃討には多大の時間を要し、日本軍がその作戦行動を終了したのは 5 月 15 日であった。そうした中で、北部仏印では、ベトミンの活動が益々顕著となり、特に、日本軍を駆逐して完全に自国民の独立を成し遂げようとするための治安攪乱活動が活発化していった。日本軍は、ベトミンのゲリラ部隊掃討という厄介な作戦を続行するために相当数の部隊を展開し、これは 8 月 15 日の終戦まで続けられた。

武装解除された仏軍将兵は、フランス人と現地人とに分けられ、前者はサイゴンとハノイを中心に集結・抑留。後者は、一部が補助兵力という形で日本軍に編入され、残りは志願兵もしくは国軍という形で編成される予定で準備が進められたが、実現には至らなかった。

<1946-10-7>

社会秩序維持に不可欠な武装警察隊は、フランス人を除いた最小限の人数の現地人警官のみを再び武装させて各州に配置したが、その総人員は以前の半数を下回った。

フランス民間人は、軍事上の要請と当人らの保護のため、その居住地区をハノイ、ハイフォン、フエ、ナトラン、サイゴン、プノンペン、ダラトに限定した。

行政機関はそのままとし、日本人政府職員が引き継いだ少数の要職を除いて、フランス人及びベトナム人職員のほぼ全員が残留。こうして日本軍は可及的速やかに治安を回復させて、社会不安や秩序攪乱要因を除去し、仏印全土が日本の戦争準備に協力するよう必要な措置を執ったのである。

日本の仏印処理の必然的結果として、ベトナムと他２国は、独立を宣言し、それを実効的なものにしつつあった。軍はそれら諸国の内政に干渉せず、欲するままにさせるという姿勢で臨む一方、それら諸国が独立や民族主義の意味を履き違えて進むべき道を踏み外さないよう、絶えずその行動に目を光らせると同時に、仏植民地体制下でのような非協力的態度に出ないよう細心の注意を払っていた。

4. 結論

米軍侵攻が差し迫っている中、我軍は早急に作戦戦備を整える必要があったにもかかわらず、仏当局が非友好的な態度を改めて我方に協力することが期待できなかったので、仏印処置は止むを得ないものであった。つまり、フランスを敵国と見なしたり、仏印領を占領したり、ベトナム人をフランス人に敵対させようなどという意図はなかったし、本国の指令に基づいたもので、現地軍の恣意的な行動ではなかった。日本軍将兵・政府職員・民間人らはすべて、その地位を問わず、上官・上司の命のみに従って行動し、各々に与えられた任務と責任を忠実に遂行した。

＊（検）法廷証 PX664【仏印進駐日本軍司令官 1945（昭和20）年３月発出布告10通】＝検察側文書 PD2634　オネト検察官、「仏印の軍・行政機関を日本軍の統制下に置くために執られた措置が明らかにされている」と前置きして、証拠として提出する。証拠として受理され、朗読される。[E: 7183] [J: 84（14）]

【PX664 朗読概要】

1. 布告その１：「全インドシナ民衆に告ぐ」

日本軍は、自存自衛と東亜の平和確保のため仏印総督府を廃止する意図があることを宣言する。我軍が戦う相手は仏印総督府政府と同政府の軍のみであって、政府・軍に奉職する現地人（英文速記録7183頁 "the natives serving in it" のママ。原本和文書証より採録したであろう和文速記録記載の「其の現住民」を基にして、「現地住民」とでも訳すべきであろうか。訳者が和文原文の「其の」を直前の「政府・軍」を指すものと解釈して上のように英訳したようであるが、文脈から考えて「其の」は総督府政府を指し、「其の現住民」とは同政府統治下にある現住民と解釈するのが妥当であろう）を敵として戦う意図は毛頭なく、ましてや一般庶民に危害を加えるつもりはない。しかし、戦場では不測の事態が常に起き得るので、

庶民は必要とされる予防策をすべて講じて、そのような事態の犠牲者とならぬよう用心することが求められる。庶民は思慮に欠ける行動を慎み、冷静に通常の仕事に勤しむことが肝要である。我軍の作戦行動を少しでも妨害する者は、軍律に従って処罰される。

1945（昭和20）年3月10日　日本軍司令官

　2．布告その2；「在仏印フランス人に告ぐ」

日本軍は、情勢の変化故に、遺憾ながら日・仏印間のこれまでの友好関係がもはや継続し得なくなったことを宣する。しかし、日本軍が戦う相手とするのは現仏印政府及び同軍の命令に従って日本軍に敵対する者だけであり、仏国民間人とは、これまでと同様に友誼的関係を維持するものである。従って仏国民間人には、日本軍を信頼して思慮に欠ける行動を慎むことによって、これまでと同様の平穏な生活が保障されるが、そのためには以下の規則に従うことが肝要である。

　(1) 現職に留まって新政府への協力を希望する者は、直ちに各自の部署に出頭し、その意思を伝えること。

　(2) 許可のない旅行・転居は不可。

　(3) 火器・弾薬・無線機器・カメラ・双眼鏡・タイプライターは即刻、最寄りの日本軍部隊か渉外部に提出すること。上記物品の売却・譲渡は禁止する。

　(4) 夜間（日没から日出まで）の外出を禁止する。

　(5) 出席者が5名以上の会議の開催と5名以上での外出を禁止する。（英文速記録7185頁の"more than four"の厳格な解釈による。原本和文書証より採録したであろう和文速記録は、「4人以上」とする。「以上」を字義通り解釈すれば4を含む。和文英訳の際に犯しやすい過ちである）

　(6) 一戸建て家屋・分室［compartments］・アパートのドアは開放したままにすること。

1945（昭和16）年3月10日　日本軍最高司令官

＊ホロヴィッツ検察官、次の布告の朗読を開始しようとする。裁判長ウェッブ、「当該文書は11通の布告から構成されている」、「検察側にはそれらを提示して強調したい点があることは認めるも、すべてを朗読する必要があるか」と、疑義を呈する。オネト検察官、「フランス代表検察団にとっては重要な意味を持つもの」、とするも、「審理を不当に遅らせないために経済問題に関する2通を省く」、と応答する。

＊ホロヴィッツ検察官、PX664の朗読を続行する。[E: 7187]［J: 84（14）］

　3．布告その4；「インドシナ現地人全警察官に告ぐ」

日本軍は、武装警察隊の武装解除を遂行せざるを得なかったが、それはフランス人警察官の活動を停止することのみを目的としたものである。我軍は、インドシナ人警察官を従前同様に遇して保護を加え、警察諸機関の活動を早急に復活させて「インドシナ警察」を発足させる意向である。社会秩序の維持は警察諸機関の活動に負うところが大きいので、警察機関に属するインドシナ人警察官は、日本軍を信頼して直ちに部署に復帰し、以前の職務を再開すること。

1945（昭和20）年3月10日　日本軍司令官

　4．布告その7；「以下を犯した者は軍律に従って極刑もしくは厳罰に処する」

<1946-10-7>

　[1] 日本軍に対する反逆行為
　[2] スパイ活動
　[3] 日本軍が使用する鉄道・電話・電信・水陸交通路・施設・工場・建造物などへの破壊・妨害行為
　[4] 日本軍人・軍属に対する危害行為、及び武器・弾薬など日本軍所有物品への破壊行為
　[5] 日本軍の方針に違背して経済を混乱させる不当・不法な利益追求や闇取引などの行為
　[6] その他日本軍司令官が布告した禁止事項に違反する行為
　[7] これら行為の計画・教唆・幇助
　　　　　　　　　　　　　　　　　　　　　1945（昭和20）年3月10日　日本軍司令官
　5．布告その9；
　[1] 現在の地位が保全されることが認められた者を除くフランス人はすべて、当布告の日付より10日以内に、「ハノイ、ビン、フエ、ナトラン、サイゴン（チョロンを除く）、プノンペン、ビエンチェン」の7都市のいずれかに転居して、同地のフランス人住宅で同居すること。
　[2] 転居に際しては以下の規則に従うこと。
　①同行できる使用人は1人までとする。
　②重病人はその付添人と共に、現地当局の許可を得て、移動が可能となるまで転居を延期することができる。
　[3] 上記7都市居住のフランス人は、使用人（1人まで）を含めて、直ちに家族構成を現地渉外部に登録すること。転入者は到着次第登録を済ませること。
　　　　　　　　　　　　　　　　　　　　　　　　　　　日本軍司令官（日付なし）
　6．布告その10：
　日本政府の公式声明にあるように、日本軍が執った今回の対仏印処置は、仏印共同防衛の実施に仏印総督府が誠意を欠いたがための止むを得ないものであり、軍は現状を直視し、インドシナ民衆と協力して、共同防衛の責任を確実に全うする態勢を整えている。
　現在の喫緊の課題は、民心・治安を安定・回復させて、インドシナの防衛態勢を強化することである。
　それ故に、軍は現地人政府の組織・機構を改編する意図は毛頭なく、現行の諸法令すべてを尊重して、現存の仏印総督の行政機関を維持し、引き続き勤務を希望する政府職員については何人（なんぴと）たりとも保護する方針である。
　であるから、政府職員並びに名望家協議会（英文速記録7190頁 "the Council of Notables" のママ。原本和文書証より採録したであろう和文速記録は「郷職会職員」とする。文脈から、「地方自治体職員」の如き意味かと推測する）は、このような趣旨を理解して、日本軍に全幅の信頼を置きつつ、自らの職務に邁進すること。
　我方に協力する一般住民に対しては、その生命・財産を保護し、権益を尊重するので、日本軍に全幅の信頼を置きつつ、中央・名望家協議会（同前）と共に新生インドシナ建設に貢献するこ

とを期待する。

　軍は、インドシナ人の宿願である独立へのいかなる支援も惜しまず、インドシナ民衆と協力して確固たる決意を以てインドシナ防衛の責務を全うし、大東亜宣言の基本方針に則って、インドシナ民衆の真摯な民族運動を支援することを宣言する。

　　　　　　　　　　　　　　　　　　　　　　　　1945（昭和20）年3月12日　　日本軍司令官

＊被告東条弁護人ブルーエット、PX664の出所・真実性証明書である添付宣誓供述書の署名者が、同文書の中で一連の布告が出された事実について陳述していることに言及し、「証明書の内容は一種の証言でもある」、「その人物を証人として反対尋問目的で召喚するよう」申し立てる。裁判長ウェッブ、「このような証明書の内容は証言の性質を帯びる」、当文書の署名者の場合は、「布告の発された事実と共に自らが当時参謀長であった事実を強調している点で、証明書としては若干異質である」と認めるも、ブルーエット弁護人に対して、「その証言内容を争う意図か？」を質した後に、「反対尋問のために召喚しても無益である」、と申し渡す。ブルーエット弁護人、「すべて中央の指示による」との箇所を指摘し、「その部分は明らかな証言であるように思われる」と、再度、法廷に注意を促す。裁判長ウェッブ、「この時点で論ずるべき点ではない」、と申し渡す。

＊（検）法廷証PX665【1945（昭和20）年4月11日付けフランス共和国臨時政府発日本政府宛警告：仏印人の生存、安全の保障】＝検察側文書PD2655　証拠として受理され、朗読される。［E: 7193］［J: 84（15）］

【PX665朗読概要】

　フランス共和国臨時政府は、仏印及び日本占領下の支那領内に居住するフランス人と現地人、そして在仏印連合国国民の安全を憂慮すべき重大な理由があると判断し、秩序維持の責に任ずべき日本当局による故意もしくは暗黙の了解や義務の懈怠の結果としてフランス国民が受けた暴行・蛮行・報復行為すべては、国際法上許容されざるものであることにつき、日本政府に警告する。

　従って、日本政府・軍当局のみならず、軍民・階級を問わず、それら（仏・連合国）人士の管理・保護・監督の責に任ずる者で、フランス国民及び仏印民衆の生命・安全に、たとえ暴力を伴わなくとも危害を加えるような行為を、いかなる口実によろうとも、犯しあるいは犯すことを許可した者の責任を追及するものである。

　加えて、フランス共和国臨時政府は、責任の有無に関わらず、フランス国民への傷害や、その安全を損なう行為を理由として有罪と認定され得る者を戦争犯罪人と見なし、その前提で処遇する旨、宣する。

＊被告木戸弁護人ローガン、法廷審理記録6800頁に注意を促し、検察側が提出した書証の中で被告木戸、荒木、平沼が各々公職を辞した時期が誤って記載されていること、被告木戸の当時の官職が「内大臣」とされているが実際は「内相」であったことを弁護側が指摘したが、それ

<1946-10-7>

について検察側から未だ回答がないことに、法廷の注意を喚起する。ロベル・オネト検察官、「それらについては確認がほぼ取れている」、「現在手元に関係文書がないため、弁護側から要請があった政府関係文書の証明書と併せて後刻提出する」、と応答する。
＊検察主張立証第Ⅷ局面「仏・仏印及びタイ関係」についての検察側立証、終了する。
（[E: 7195]　[J: 84（15）]）

2―9　検察主張立証第Ⅸ局面「ソヴィエト連邦関係」
（英速録7196～8180頁／和速録84号15頁～94号4頁）

＊キーナン首席検察官、「S・A・ゴルンスキー（公使）、A・N・ワシリーエフ（少将、モスクワ市検事）、V・タデボシャン（少将、ソ連検事総長補佐）、S・J・ローゼンブリット（大佐、ソ連陸軍法務部次長）、A・T・イワノフ（大佐、ソ連国防省調査局局長）」のソ連検事団を紹介する。キーナン、さらに、冒頭陳述の前もしくはその最中に異議が申し立てられた場合には、首席検察官自身も加わる、と申し立てる。
＊被告大島弁護人カニンガム、冒頭陳述の検察側による朗読に先立って、事前に書面で提出された当該局面の冒頭陳述に対して異議を申し立てる。

【検察主張立証第Ⅸ局面「ソヴィエト連邦関係」の検察側冒頭陳述に対するカニンガム弁護人の異議】

①首席検察官の冒頭陳述に比較しても著しく冗長である。
②最初の20頁ほどには、1900～1922（明治33～大正11）年の出来事など、起訴状が対象としていない、本件の争点とならない時期についての歴史的事実が含まれている。同時に申し立てられているこれらの歴史的事実は、大いに争いあるところの問題である。
③次の20頁ぐらいは、検察側の議論、要訳、意見、結論や煽情的発言などで満たされている。
④さらなる20頁は、満州、支那地域でのソ連の政策を正当化するために充てられ、当該局面で訴追されている案件とは無関係である。
⑤残り5頁は、証拠・証言によって証明されるべき事項を述べているに過ぎない。
＊キーナン首席検察官、「②については、提出すべき証拠の背景となるべき情報を提供するという意味で許容されるべきである。③については、各国毎の法廷慣習の相違は容認されるべきである。煽情的発言は訴追対象となっている煽情的行為を記述する際にある程度止むを得ない。④については、立証過程で関連性なしと法廷が判断した事項については、法廷は慮外に置き、陳述されなかったものとされるので問題なし。⑤については、陳述が許容されるべきか否かに疑義がある場合には、許容されて法廷の判断を待つべきである」と、反駁する。（①については、特に反論はなし）

＊裁判長ウェッブ、ニュルンベルク裁判でのソ連代表検察官の冒頭陳述にも弁護側が指摘したような点があった事実に言及するが、ニュルンベルク裁判所条例第24条C項が「検察側は冒頭陳述をなすべし［shall］」と規定しているのに対して、極東国際軍事裁判所条例では、「検察側は簡潔な冒頭陳述をなし得る［may］」と規定していることを指摘する。ウェッブ、さらに、「英米法での冒頭陳述は法廷に顕著な事実を提示して立証を概観するものである」と言及して、立証事実が組織的になされたものであることを示すために類似行為や訴追対象事項以前に行われたことに言及することが許される可能性を示唆する。ウェッブ裁判長、「判事団がカニンガム弁護人の異議について討議する」、と申し渡す。
＊午後2時40分、裁判長ウェッブ、休廷を宣する。
＊午後3時19分、法廷、再開する。［E: 7204］［J: 4（17）］
＊裁判長ウェッブ、冒頭陳述に対する弁護側の異議に対して、「弁護側は冒頭陳述の一部に不適切な箇所があるとの理由で、その全体に対して異議を申し立てることはできないが、不適切と判断する箇所に対して理由を明らかにして個別に異議を申し立てることは許容される。そのような異議は、キーナン首席検察官の冒頭陳述の際に弁護側がなしたように、冒頭陳述朗読後に行い、異議が容認された場合には法廷は該当箇所を慮外に置く」、と裁定する。
＊裁判長ウェッブ、カニンガム弁護人、被告木戸弁護人ローガン、キーナン首席検察官との質疑応答を通じて、「異議が容認された場合でも朗読された箇所は記録に残るが、判事団は当該部分を考慮の対象にしない」と、確認する。
＊午後3時50分、裁判長ウェッブ、翌日9時30分までの休廷を宣する。

◆ 1946（昭和21）年10月8日　　　（英速録7212〜7338頁／和速録第85号1〜21頁）

＊ムーア言語裁定官、提出済み（検）法廷証PX643【木戸日記1940［昭和15］年9月26日］；仏印進駐―出先機関の盲動】（［E: 7049-50］［J: 83（5）］）の訂正を報告する。［E: 7213］［J: 85（2）］（具体的に対象とした英文速記録においては、7212〜7213頁の間にとじ込まれている）
＊検察側主張立証第IX局面「日本のソヴィエト連邦関係」の冒頭陳述、ソヴィエト連邦代表検察官ゴルンスキー公使によって朗読される。（英速録7213〜7286頁／和速録第85号2〜13頁）

【検察官ゴルンスキーによる検察主張立証第IX局面「日本のソヴィエト連邦関係」冒頭陳述】

　1．当該局面の目的は、訴因第1、4、5、17、25、26、35、36、44、51、52号に関わる日本のソ連に対する侵攻行為を立証することにあり、それらは他の局面での立証事実や、ドイツの戦争行為と密接に関わっている。被告は1928〜45（昭和3〜20）年の間にあまたの犯罪行為をなしてきたが、歴史的背景を考慮しなければそれらを理解することはできない。例えば、満州事変当時

\<1946-10-8\>

に展開された日本軍部隊にはシベリア出兵に加わった士官が多く配属されていた事実などである。

2. 日本はその帝国主義的性向が成熟し始めるや、我が国を攻撃してきた。1904（明治37）年に日本艦隊が旅順のロシア艦隊を騙し討ちにしたのは周知の事実であり、その当時でも既に世界の世論は、この宣戦布告なき軍事行動を非難し、これが1907（明治40）年の開戦に関するハーグ条約締結のきっかけとなった。

3. 真珠湾攻撃の時にも外交交渉を行っている最中に攻撃を開始するという手法が使われたという事実は偶然ではなく、日本軍伝来の教義に根ざしたものである。ヒトラーが被告大島との会談でこの手法を賞賛したのも驚くにあたらない。このような騙し討ちとツァール政府の弱さや、ツァールの軍隊に奉職していたドイツ軍将校の背信的行為によって、日本はこの戦争で有利な立場に立っていたが、同時に日本にとっては人的・財政的に高くついた戦争であり、軍事的成果も限定されたものであった。それ故、日本帝国主義は我が国へのさらなる侵攻の機会を窺い続けた。

4. その機会をもたらしたのが1918（大正7）年のシベリア出兵で、日本の真の目的は沿海州に傀儡政権を樹立することであった。当時白系ロシア軍部隊の指揮官の1人であった（グリゴリー・ミハイロビッチ・）セミョーノフの宣誓供述書が証拠として提出されるが、それによれば、1920（大正9）年11月20日に、参謀本部の要員が「沿海州での独立政権樹立運動を日本政府が支持する」と語ったと言う。この事実は、当時の政軍関係者の証言によって裏打ちされており、中でも当時ウラジオストック派遣軍政務部長であり後に宮相となった松平（恒雄）がセミョーノフに、独立政権樹立の暁には韓国との国境線を無視してよいと言ったことや、立花（小一郎）や植田（謙吉）といった陸軍将官が、ザバイカル州に独立政権を打ち立てて将来的には沿海州すべてを領域とするという日本政府の計画を語ったことが同供述書に記されている（セミョーノフはこの年の8月30日に処刑されており、反対尋問の機会は皆無であった。後に被告小磯・大川弁護人ブルックスと被告東郷・梅津弁護人ブレークニーがこの点を指摘する。英文速記録7312～13頁参照）。当時日本政府がロシアの内政に干渉しないとの声明を発していたにもかかわらず、日本軍の占領地域では蛮行が横行し、白系ロシア軍部隊が日本の支持を受けていたが、1919（大正8）年3月に日本軍が行ったイワノフカ村落の焼却事件に関する記録を法廷に提出する以外、これらの事実について詳述することは避ける。この記録が明らかにするのは、今次の戦争で日本軍が支那・フィリピンなどで行い、ドイツがチェコのリディツェで行った残虐行為（当時ボヘミア・モラビア地区副総督であった親衛隊諜報部[SD]長ラインハルド・ハイドリッヒが暗殺されたことへの報復措置として、暗殺実行犯を匿ったとされた同村の15歳以上の男子が全員射殺され、婦女子が強制退去させられ、村落の建物がすべて破却され、村自体が地図上から抹消された1942［昭和17］年6月の事件のこと）と同じことを既に20年前から行っていたということである。ワシントン会議で当初日本の代表であった幣原は、ロシア領土の一体性の保全と内政不干渉を日本の不動の国是としたが、その当時日本は、当時存在していた極東共和国に17カ条の要求を突きつけている。それは、仮に受け容れられていたならば、同共和国の軍事・経済・外交などの権限が日本に掌握されるような内容であった。このような傀儡政権を通じた支配というのは、日本が後に満州などで採用した手法と同様であった。しかし、この試みは当時台頭してきたソ連政府

の実力、日本の侵略者（"invaders"）に対する人民の抵抗、日本国内での政治事情などによって失敗に終わった。

5．それでも、ロシア領の広大さとそこに眠る天然資源獲得を目論む日本の軍国主義者と帝国主義的性向を持つ政治家達は、この失敗を一時的な蹉跌と見なし、それ以降、当法廷が審理対象とする時期にも侵攻的行動を繰り返し続けた。1941（昭和16）年8月、被告荒木は、石渡（荘太郎）大政翼賛会事務総長との会話の中で、「シベリア出兵当時、その目的を達することができず、新秩序建設を始められなかったのは残念」と述べている。このような我が国に対する伝来の侵攻的企図を有しつつ、日本は今次の戦争を迎えたのである。［E: 7223］［J: 85（4）］

6．今次戦争の特異な点の一つは、平和愛好国家にとって、この戦争が知らぬ間に始まっていたということである。1939（昭和14）年9月以前でもエチオピア、スペイン、支那などで戦火は上がっていた。そういったことを考慮すれば、満州事変が起きた1931（昭和6）年9月18日を今次戦争の開始時期と特定することも可能である。検察が法廷に提出する証拠の一つは、日本の宣伝が以下の事実を強調していることを明らかにする。即ち、日清・日露戦争が第一次大戦に先立って行われたこと、満州事変がナチ党の政権掌握やエチオピア戦争・スペイン内戦・ラインラント再武装より前であったこと、支那事変がドイツのオーストリア・チェコスロバキア併合よりも時期的に早かったことである。つまり、日本は自らがファシズムと世界的侵攻行為の尖兵であることを豪語していたのである。日本がヒトラーの模範となったのかその逆であったのかは問題ではない。重要なのは、両者の侵攻的行為が両国の犯罪的行為の結果であり、日独伊三国における侵攻的性向を持った勢力の台頭がそれら諸国内部の反動勢力の利害を反映したものであり、ヨーロッパ・極東で活動していたそれら人類の敵が相互に連携して執拗かつ組織的に自由・民主主義・平和的労働者階級に対して攻撃を行っていたという点である。第二次大戦は、ドイツが戦時中に編み出した「総力戦」という言葉が示すように、交戦国の国民の総力を動員するものであり、それを可能にするために日独伊では自国民の間での反対運動を封じ込める目的で国家機構が活用された。国家指導者達の侵攻的企図に抗する労働者階級を始めとする民主勢力を秘密警察・憲兵隊などを使って弾圧・投獄したりしたのは、対外侵攻に備えて銃後の静謐を保とうとする意図から出たものに他ならない。三国にもう一つ共通するのは、他民族を支配することを正当化するための凶暴な［brute］国家主義の鼓吹である。これについては既に証拠がいくつか提出されているが、当該局面では、日本がソ連領内でいかにしてこれを実行しようとしていたかを示す書証が提示される。三国において国家機構は一つの武器であり、通常の犯罪者が手にする武器が個々人を殺害するのに対し、この武器は幾百万もの人々を死に至らしめた。検察が証明しようと試みるのは、日本の対ソ侵攻がこのように進行していたため、日ソ間の宣戦布告なき軍事衝突は二度しか起きなかったが、この期間の両国関係が「平和状態」と言うには程遠いものであったということである。同期間、日本の軍部のソ連侵攻計画は政府の承認の下に進められており、そのために極東ソ連の我が国民は常に臨戦状態にあった。ソ連政府と極東ソ連人民が恒常的に目を光らせていたがために実際の戦争は辛うじて避けられたのである。

7. ヨーロッパとアジアでドイツと日本が各々侵攻的勢力として台頭し、世界の民主国家を敵に回す犯罪的共同謀議をなすと共に、我が国を挟撃する態勢を作り上げた。この期間、日本の対ソ侵攻の態様は様々であったが、獲得できる領土は獲得し、できる限りの打撃を我が国に与えるという目的は一貫していた。便宜上、この期間を以下のように分割する。［E: 7230］［J: 85（5）］

（イ）1928（昭和3）年から満州事変まで

（ロ）1931（昭和6）年から1936（昭和11）年まで

（ハ）1936（昭和11）年からヨーロッパでの戦争が始まるまで

（ニ）日本の降伏まで

（イ）の期間：1928（昭和3）年から満州事変まで

日ソ間の平和的関係を律するための基本条約が1925（大正14）年に北京で締結され、これは既に（検）法廷証PX31として法廷に提出されているが、この条約では、ソ連に対して敵対的活動をなすいかなる団体・組織をも日本は直接的もしくは間接的の手段を問わず支援しないこととなっており、加えて同条約では日本が満州・朝鮮でロシアに対する軍事的準備行動を行わない事及び満鉄を軍事的用途に使用しないことを謳った1905（明治38）年のポーツマス条約の内容が確認された。

それにもかかわらず、日本の軍閥指導者・参謀本部・日本政府は、既に1928（昭和3）年の時点でソ連に対する戦争を企図し、その機会を窺っていた。このことを示す証拠が法廷に提示される。対ソ戦争のための軍事基地を獲得することに腐心していた日本は、満州に目を向けると同時に、秘密裏に妨害・破壊工作をソ連に対して計画・実行していたが、そのような活動は平和を基調とすべき両国関係を律すべき精神と相容れないものであった。

この期間に、このような対ソ妨害・破壊活動を綿密な計画に従って軍・外交関係者が実行したが、それを示す以下の事実に関する証拠が提示される。即ち、被告松井が1929（昭和4）年にベルリンで開かれた武官会議に出席し、その場でソ連領内への妨害工作が話し合われたこと、当時駐トルコ陸軍武官であった被告橋本が同年11月15日付けの参謀本部宛報告の中でコーカサス地方を対ソ政治・妨害工作の拠点とすべきとして具体的措置を論じていることに関する証拠である。

（ロ）の期間：1931（昭和6）年から1936（昭和11）年まで　［E: 7233］［J: 85（5）］

1931（昭和6）年の満州占領は、対支・対ソ侵攻の一重大局面であったのみならず、この後に日本国内でテロ行為が横行したことに示されているように、日本国内で軍閥勢力がその影響力を強めるきっかけとなった。1931～32（昭和6～7）年に被告荒木などによって煽動された青年将校が実行した政治的暗殺などのテロ事件は、軍閥勢力に実権をもたらすことはなかったが、それ以降日本の政策がファシズム路線に彩られていったことは確かである。

満州占領計画の準備が進行中であった1931（昭和6）年の前半に、参謀本部の原田少将がヨーロッパに派遣されたが、その目的は満州への侵攻計画に先駆けてヨーロッパ情勢を視察することにあったと思われる節があり、その際に同少将は、当時駐ソ大使であった被告広田や駐ソ陸軍武官であった笠原（幸雄）中佐と会談している。

法廷には、笠原の報告書が証拠として提出される。この文書は、日本の軍部指導者のみならず外交関係者までもが 1931（昭和 6）年夏の時点で対ソ攻撃を議題としていたことを示しており、日本は満州制圧と同時に同地を対ソ戦基地にしようとしていたのである。この文書がさらに示すのは、日本政府・参謀本部がモスクワの各々の駐ソ代表者から「ソ連恐れるに足らず」との報告を受け取っていたことで、これによって日本が防衛を理由とした軍事措置が侵攻に向けての偽装工作に過ぎないことが証明される。

　ここで注目すべきは、後に防共協定に調印した広田がこの時「対ソ戦の主目的は防共ではなく、極東ソ連領の獲得である」と述べていることであり、これが広田の個人的見解ではなく日本政府の方針であったことは、ソ連が日本に 1931～32（昭和 6～7）年に二度にわたって提案した両国間の不可侵条約締結提案を日本が拒否したという事実によって、明白に示されている。法廷には、この間の交渉の経緯を示す文書が提出される。日本がこれを拒否した理由として挙げたのは、両国間の懸案が解決されていないというものであったが、検察は、この日本の態度が、日本が軍事的威嚇によって懸案を有利に解決しようとし、それがだめならば軍事力を行使しようと目論むものであり、日本の満州における軍事行動が防衛を本義とするものでなく、対ソ戦準備のためであったことを証明する。

　法廷に提出する予定の証拠は、1931（昭和 6）年と 1936（昭和 11）年の間に関東軍の兵力が 5 万から 27 万に、在満航空戦力が 3 倍に、火砲が 4 倍に、戦車が 10 倍に増えたことを明らかにする。同時に、軍事物資の集積、軍用交通網の整備、国境線上の要塞構築なども実施された。

　ポーツマス条約に違反して行われたこれらの活動を示す地図も、証拠として提出される。予算の執行がなければ不可能なこれらの措置が政府の承認の下で行われたことは容易に理解できる。満州北部と東部でなされたこのような軍事上の準備が対ソ戦に向けられたことは疑いない。［E: 7239］［J: 85（6）］

　満州で 450 万人の会員を有した協和会の目的は日本の満州での影響力を強めることにあったが、検察は、同会が満州を対ソ戦準備に駆り立てることをも目的としていたことを立証する。関東軍はさらに、協和会と連携する形で在満の白系ロシア人を組織してハルビンの特務機関の指導下に置いて反ソ活動を行っていたが、これは 1925（大正 14）年の北京条約に違反するものであった。そのように組織された白系ロシア人は、平時にはソ連に対する妨害・破壊活動に従事し、戦時には赤軍の背後を攪乱するよう訓練されていた。

　1931～36（昭和 6～11）年の在満日本軍の活動は主に将来の戦争準備に向けられていたが、その間何もしなかったというわけではなく、支那とソ連が共有していた東清鉄道に対する妨害・破壊活動などを行っていた。平和維持を志向し、さらなる軍事衝突を避けるために、ソ連政府は 1935（昭和 10）年に、ロシア中部と沿海州とを結ぶ重要な交通路である同鉄道を廉価で売却した。

　他に日本側が執った侵攻的手段は、国境紛争を惹起することであり、日本側による数多くの領土侵犯に関する証拠が提示される。それらは国境警備隊同士による小規模な衝突や妨害活動・反ソ的文書散布などを目的とした工作員の潜入などから、大規模な軍事紛争にまで及んでいる。

<1946-10-8>

　同じ時期に日本は、内蒙への影響力を強化して、その影響力をさらに外蒙にまで伸ばそうとしていたが、その目的は、1922（大正11）年に独立したモンゴル人民共和国である外蒙を、ソ連の死活的交通路であるシベリア鉄道に対する攻撃拠点にすることであった。1936（昭和11）年に当時関東軍参謀長であった被告板垣は、（駐支）大使であった有田（八郎）に、外蒙がシベリア鉄道に脅威を与え得る位置にあることを指摘して、「外蒙が日本の支配下に入れば、戦うことなしにソ連を屈服させることができる」と豪語していたほどである。この地域で日本が行おうとしていたのは既に当法廷で御馴染みの傀儡政権を通じての支配権伸張で、当時、関東軍は内蒙に傀儡政権を樹立しようと企てていた。この動きを座視できなかったソ連は、1936（昭和11）年にソ蒙相互援助条約を締結しており、この条約は（検）法廷証PX214として提出済みである。ソ連政府はさらに日本に対して外蒙への攻撃に対しては軍事手段で対抗すると警告したため、日本側は自力だけでは外蒙・ソ連に対する攻撃はできないと考えて、ヨーロッパでの侵攻的勢力である独伊と結ぶことを目論んだ。[E: 7245][J: 85（7）]

　その結果1936（昭和11）年11月25日、日独防共協定が締結されたが、（検）法廷証PX36として提出されている附属秘密協定は、コミンテルンの策動に対するものという表向きの目的とは裏腹に、同協定がソ連に向けられたものであり、世界の民主勢力に対する共同侵攻計画の第一段階であったことを、今や我々はよく知っている。翌年日本が支那での戦争を開始し、その数カ月後にドイツがオーストリアを併合した事実から見ても、このことは明らかである。法廷には、日独の指導者が防共協定の重要性と真の意義について理解を共有していたことを示す書証が提出される。共同謀議の結果として締結されたこの協定に対しては被告すべてが責任を有するが、主たる責任を負うのは当時首相兼外相（当時広田は外相ではなく、これについては後に弁護側が指摘する。速記録7296頁参照）であった被告広田と、当時枢密院議長であった被告平沼である。

　（ハ）の期間：1936（昭和11）年からヨーロッパでの戦争が始まるまで　[E: 7246][J: 85（7）]
　このようにして侵攻準備の第一段階を終えた日本は翌年、支那での戦争を始めると共に、ソ連領に対して小規模ながら挑発的軍事行動を開始した。

　同時に外交面では、ヨーロッパで日本と同様な侵攻的企図を有する独伊との結びつきをさらに強化するために、1938（昭和13）年1月に独伊との軍事同盟を締結すべく交渉に入った。それから1年半の間、日本側では被告大島が、この交渉に於いて駐在武官・大使として中心的役割を果たしたが、同盟が最初に対象とすべき標的国家について意見がまとまらなかった。日独は、民主国家を攻撃して、それら諸国の国民を奴隷化しようとする意図において変わりはなかったが、どこを最初に攻撃するかで合意できなかったのである。ヒトラーが際限のない侵攻的企図を有していたのに対し、日本は、当時首相であった被告平沼を始めとする指導者は、対ソ攻撃を優先することで一致していた。この事実に鑑みれば、検察側の証人として証言した幣原、宇垣、岡田などが「宮中を始めとして指導層の大部分は満州事変に批判的であったが、関東軍の一部将校の独走を止められなかった」と証言しているのは、実に噴飯ものである。法廷に提出される証拠によって、ソ連や外蒙に対する軍事行動は政府の承認の下に行われていたことが証明される。（検）

法廷証 PX178 として法廷に提出されている木戸日記 1941（昭和 16）年 6 月 21 日の項では、被告平沼が対ソ攻撃の必要性を述べていたことが記されている。

しかしながら、ドイツとの軍事同盟が締結されておらず、独ソ開戦の時期も不明確であるため、日本の政府も参謀本部も対ソ戦を始めたいにもかかわらず、踏み切れないでいた。そこで日本側が執ったのが、正式な戦争に至らぬ「事件」を起こすという、長年、支那で採用してきた方法であった。

その最初がハサン湖（張鼓峰）事件である。法廷に提出する証拠は、日本が 1933（昭和 8）年以来、同地域に関心を寄せていたことを示している。1938（昭和 13）年、関東軍が同地域に充分な兵力を集結し終えた時点で、当時駐ソ大使であった被告重光は、外務人民委員会を訪れて、ウラジオストックに通じる重要な戦略拠点である張鼓峰が満州領に編入されるべきであると伝えてきた。しかし、1886（明治 19）年に露清間で同地域の国境を画定した条約では、同地点はロシア領となっている。だが、重光はそれを無視して、要求が容れられなければ武力行使をすることを示唆した。

こうして 1938（昭和 13）年 7 月 29 日に同地に集結した日本の朝鮮軍は、張鼓峰に攻勢を開始して我が国の国境警備隊を駆逐したが、同地に投入された赤軍部隊が日本軍を撃退した。関東軍は 2 個師団を派遣してこれを支援する予定であったが、間に合わなかった。法廷には、同地がソ連領であったことと、当時の日本側の宣伝とは異なり攻撃を仕掛けてきたのが日本側であったことを示す証拠が、提示される。現地軍の指揮官であろうとも参謀本部であろうともこのような攻撃を政府の承認なしに行うことができないのは明白であり、また重光が政府の指示に基づいてしか上述のような要求を出せないのも明らかである。故に、この宣戦布告なき戦争の責任を現地軍指導者に帰する主張は断乎排斥され、当時の外相であった被告広田（当時の外相は宇垣一成であり、これについては後に弁護側が指摘する。速記録 7296 頁参照）や駐ソ大使重光を始めとする日本の政府指導者の責任が追及されるべきである。［E: 7254］［J: 85（8）］

田中隆吉証人は、張鼓峰事件での敗戦の報を受けて、日本の陸軍が大きな戦争を戦えるかについて疑問を持ち始めたと言っているが、日本の政府・軍部指導者は一向に懲りず、翌 1939（昭和 14）年、モンゴル人民共和国領内のノモンハンで戦端を開いた。日本の指導者はソ蒙相互援助条約について知悉しており、同共和国への攻撃が不可避的にソ連との軍事衝突に繋がることを知っていたにもかかわらずである。

ノモンハン事件の目的は、以前に板垣が有田に語っていたように、ソ連の交通の幹線であるシベリア鉄道に対する攻撃拠点を確保することである。この軍事行動も綿密な準備の上で開始された。

関東軍司令官に直属する関東庁が 1934（昭和 9）年に発行した地図によれば、満蒙国境はハルハ河東岸となっており、これは 1919（大正 8）年に支那国公判の地図と同じものであったが、翌 1935（昭和 10）年に関東庁が発行した地図では、国境線がハルハ河そのものになっていた。このようにして地図上で満州国領とされた領域を獲得しようとして始められた戦争は 4 カ月続き、

<1946-10-8>

日本側の敗北に終わった。日本政府と参謀本部がこの戦争に責任を有することに疑いはない。

　被告平沼は、この紛争を止めるよう当時陸相であった被告板垣に訴えたが無駄であったと言っているが、紛争停止の必要性を天皇に奏上することがなかったことは自身の証言に明らかである。しかも、この紛争については政府公刊の『週報』が報じているのであるから、政府がこれについて知っていたのは明白であり、政府がこの軍事行動を容認していなければそれ以降も2カ月間、紛争が継続するはずはない。日本側は、この事件をモンゴル軍の侵入を関東軍が撃退したものとして宣伝したが、日ソ両軍の衝突は日本側が捏造した地図上でさえもモンゴル領であるハルハ河西岸で生起しており、証拠として提出されるこの地図によって日本側の宣伝が虚偽であり、この侵攻が綿密に準備された上で行われたことが証明される。この事件の結果として時の関東軍司令官植田（謙吉）とその指揮下の参謀はすべて更迭された。これは侵攻的行為に対する懲罰ではなく、侵攻的行為に失敗したことに対する懲罰である。共同謀議に参加した全被告がこの宣戦布告なき戦争に責任を有するが、一義的責任を負うのは時の首相であった被告平沼と陸相であった被告板垣である。

　（二）の期間：日本の降伏まで　[E: 7259]　[J: 85（9）]

　ノモンハンでの敗北でソ連と単独では戦えないと悟った日本の指導者達は、ヨーロッパで民主国家を席巻しつつあったドイツとの提携を模索したが、ドイツはその当時、政治的状況の故に我がソ連との不可侵条約締結を望み、すべての国との平和的関係樹立を願う我が国はこれを受諾した。

　この条約をドイツが1941（昭和16）年6月22日に背信的態様で破棄したのは周知の事実である。日独伊間の軍事同盟締結を目論んでいた当時首相の被告平沼は、独ソ不可侵条約締結を防共協定の精神を踏みにじる背信行為となじり、当時各々駐独・駐伊大使であった被告大島・白鳥がその職を辞したのと同様に、首相の職を退いた。しかし、日本の指導者は後に不可侵条約締結がドイツの一時的便法であって、その侵攻的企図や防共協定の「精神」を放棄していないことを知った。

　その結果、改めて1940（昭和15）年夏に日独伊三国の間で軍事同盟締結交渉が再開され、同年9月27日に三国軍事同盟が締結されるに至った。この同盟条約は（検）法廷証PX43として提出されている。この同盟条約の結実するところは、国際的規模における数多くの犯罪行為であったが、ソ連は当初からその犯罪的共同謀議の一標的となっており、それが実行されたが故にソ連は多大な損害を被ることとなった。

　注目すべきは、被告大島が当時再び駐独大使となってヒトラーから叙勲までされていたことである。[E: 7262]　[J: 85（10）]

　三国同盟の本質は、世界中に「新秩序」を建設することにあったが、支那において日本の及びヨーロッパにおいてドイツの行っていた占領地区住民の奴隷化や一般市民に対する残虐行為、占領地域での搾取、民主的勢力の根絶などといった行為に、「新秩序」の本質は如実に示されていた。

　このような「新秩序」が標的としていた対象は、最終的にはすべての民主国家であり、究極の

目的が世界をそのような新秩序圏とそうでない地域とに分割することであった。法廷には東条を始めとする被告がこのような世界観を有していたことを示す証拠が提出される。近衛・松岡などは、1938～39（昭和13～14）年当時に締結を目指していた軍事同盟はソ連を対象としていたが、ノモンハン事件後に妥結を目論んでいた同盟は英米を対象としており、その期間日本は日ソ関係を調整しようとしていたと言い、その証拠として三国同盟条約第5条に「前記諸条項が締約国とソ連との間に現存する政治的状態になんらの影響も及ぼさないことを確認する」と規定されている点を指摘する。これについては、当時外相であった松岡が1940（昭和15）年9月26日の枢密院会議で発言した内容が証拠として法廷に提出されるが、その場で松岡は、「独ソ開戦の際にはドイツ側に立って参戦する」と発言しており、第5条については、それは、「ソ連の現在の姿勢は変更され得ないということを意味するものではなく、同盟条約下においては改変することを試みないということに過ぎない」と説明し、さらに、「日独ソの関係は2年後を目処に見直す必要がある」と言っているように、第5条は三国同盟締約国の一時的便法として挿入されたものである。同盟条約が締結される前日に駐独大使来栖が松岡に送った電文は、ドイツ当局が新聞に対して同条約が対ソ戦を意味するものでないことを強調するよう指示したことを記しているが、同時に牽制のためにソ連国境付近のドイツ軍が増強された事実も述べられている。さらに、同時期に近衛・松岡といった日本の指導者が同盟を通じての日ソ国交調整を謳っていることから判断して、ドイツが日本を自陣営に引きこむことを目的として日本の意を迎えるためにソ連に対して軍事的圧力をかけたことが明らかである。

（午前10時45分、和文速記録によればここで15分間の休廷が宣せられて、同11時5分に再開された）［E: 7266］［J: 85（10）］

　検察は、日本が三国同盟によって日ソ関係を以下のように処理しようとしていたことを証拠に基づいて証明する。即ち、「①独ソ戦が勃発すれば、日本は長年食指を動かしていたソ連領を獲得する。②独ソ戦が生起しなければ、自力ではソ連に対抗できない日本はドイツと共にソ連を脅威し続ける」という方針を有していた、と。

　日本の指導者は、この目算は外れることはないと判断していたが、ドイツがソ連の軍事力の前に敗退したことによって破綻したのである。

＊午前10時45分、裁判長ウェッブ、15分間の休憩を宣す。
＊午前11時、法廷、再開する。［E: 7268］［J: 85（10）］
＊検察官ゴルンスキー公使、冒頭陳述の朗読を再開する。

【ゴルンスキー検察官による冒頭陳述】（続き）

　（二）の期間；日本の降伏まで（続き）

　松岡は1941（昭和16）年4月13日にソ連との中立条約に署名したが、検察が法廷に提出する予定の証拠が示すのは、独ソ戦の開始と共に日本はこの条約を事実上破棄してソ連を攻撃する意

<1946-10-8>

図を有していたことである。日本がそうしなかったのは、同年夏には日本が対ソ攻撃をするのに有利な状況が熟していなかったからである。

　また、提出する他の証拠は、中立条約締結当時松岡が独ソ戦勃発間近であることを知っており、リッベントロップ独外相と同年11月26日に失効する予定の防共協定の更新について協議したことを明らかにしている。つまり、更新は独ソ戦が進行中になされ、日ソ中立条約の存在がそれを阻害することはなかった。松岡が中立条約に署名した真の意図は我が国に対する欺瞞工作であり、独ソ戦が始まって中立条約の有効性を信じてソ連が極東の兵力をすべてヨーロッパ戦線に移送した時にシベリア東部や沿海州を日本のものにするのが目的であった。

　しかし、ソ連は、対独戦の著しく困難な状況や日本が7～8月に中立条約を遵守する旨の確約を発したにもかかわらず極東の守りを弱めることがなかったので、この企図は失敗に終わった。このような日本政府の確約がソ連の極東兵力をヨーロッパに転用させることを目的としており、実際はこの期間に日本が対ソ戦の準備を進めていたことが証拠によって明示される。法廷で既に明らかにされた事実であるが、7月2日の御前会議では「……支那事変処理に邁進し……南方進出の歩を進め又情勢の推移に応じ北方問題を解決す……帝国は右目的達成の為いかなる障害をも之を排除す」(「情勢の推移に伴う帝国国策要綱」)と決定された。

　検察は、提示する証拠によって日本が以下の決定をも下したことを証明する。即ち、「①日本は独ソ戦には『差し当たり之に介入せず』、『独ソ戦争の推移帝国の為有利に進展せば武力を行使』する。②その時まで日本は『密かに対ソ武力的準備を整え』外交交渉でその企図を隠蔽する（英文速記録7271頁は under the cover of diplomatic negotiations と記すのでこう訳したが、日本語原典である「帝国国際要綱」の対応部分の文言は「固より周密なる用意を以て外交交渉を行う」というものであり、意味合いが相当に異なる）」、との決定である。[E: 7271] [J: 85（11）]

　この決定がなされた後に参謀本部は、関東軍特種演習の名の下に2カ月の内に関東軍の兵力を30万から60万に倍増させた。当時日本の軍部でよく言われたスローガンは「バスに乗り遅れるな」であった。

　つまり、ドイツが「ソ連を2カ月で片付ける」と表明したことを受けて、石油のない北方に侵攻するのはドイツがソ連を負かすのを待ってからにし、その間に南方進出を図るのを得策としたのである。その間、ソ連に対しては中立条約遵守を謳って欺瞞工作を継続した。これこそがソ連と中立条約を結んだ日本の真意である。日本側は、独ソ戦を北方問題解決の好機と捉えていたが、唯一の心配の種は、シベリア東部を獲得できるだけの充分な兵力を集結する前に独ソ戦が予想より早く終結してしまうことで、このことは東京からベルリンに送られた電文にも示されている。この電文は証拠として提出される。つまり「バスに乗り遅れる」を危惧していたのである。しかし、日本のこの目論見も現実のものとはならなかった。日本は国力と分不相応な野心を抱き過ぎたのである。

　独ソ戦開始後3カ月が経過するも、ソ連は崩壊せず、被告大島はドイツ側の当初の予定通りとなっていないことについて、リッベントロップ独外相に苦言を呈した。リッベントロップは、(ウ

ィルヘルム・）カイテル（国防軍最高司令部総長）と相談した上で、大島に対しては、「独ソ戦は順調に進行しており、計画した時間通りとなっていないのは若干の齟齬があったからに過ぎない」と釈明した。

　日本側はこの言を信じて、1941（昭和16）年8月にソ連と戦端を開くのを翌年夏まで待つこととした。このことを証明する証拠が法廷に提出される。同時に、所謂「大東亜共栄圏」に包摂される地域にシベリア東部も含めるとの決定がなされた。

　三国同盟条約に基づいて日本が同圏に包含できる地域は柔軟に解釈されており、大東亜省の設置が論議された1942（昭和17）年10月12日の枢密院会議でこれについて質問された被告東条は、「これまで占領した地域、及びこれから占領する地域」と述べており、言い換えれば日本が掌握できるすべての地域ということとなる。検察が法廷に提出する証拠文書は、日本がドイツの占領していないすべてのソ連領を手中に収める意図であったことを明らかにしており、具体的にはシベリア鉄道上のオムスク以東である。

　1941～42（昭和16～17）年の間、日本は、ソ連への侵攻計画のみならず、人種理論に基づいた政策や日本人の大量入植、ソ連西部から追い出されたスラブ人種の大量流入阻止といった占領地の統治計画をも作成していたことが、証拠によって明らかにされる。すべてこれらは、ドイツの最終的勝利を前提とした計画であった。ドイツの勝利を前提としたことを考えれば、日本がなぜ支那事変を終わらせず、ソ連への攻撃準備を行っている間に対英米開戦を決意したかも理解できるであろう。

　12月8日、日本は、35年前に旅順で行ったような奇襲攻撃によって米国と戦端を開いたが、その数日後、赤軍は、モスクワ近郊で反撃に転じてヒトラーの軍勢を押し返し、ドイツ軍に最初の敗北を味わわせた。それにもかかわらず日本は、ヒトラー・ドイツの不敗神話とドイツの最終的勝利に信を置き続けた。日本の英米ソに対する侵攻計画が成り立つためには、ドイツの勝利が不可欠な要因だったのである。

　しかし、日本の思い通りには事は運ばず、緒戦こそ相手の準備が整わない間に行った奇襲攻撃の効果故に戦果が挙がったが、ドイツの対ソ戦、日本の対米英戦どちらにおいても、枢軸国は、勝利を得ることはできなかった。日本は太平洋戦域の戦闘に専念せざるを得なくなる一方、ソ連はその国境の守りを益々確固たるものにして、日本に付け入る隙を与えなかった。

　この間、日本は、ソ連と戦端を開かなかったものの、中立条約を遵守していたわけではない。日本は他の戦線で劣勢となっていたにもかかわらず、1942（昭和17）年には、全軍の35％にあたる110万の兵力や精鋭の戦車・航空部隊を満州に展開していたのである。［E: 7277］［J: 85（12）］

　検察は1941（昭和16）年11月1日付けで連合艦隊司令官山本五十六が署名した日本海軍の作戦命令を証拠として提出するが、その中には「日本が攻撃しなければソ連は攻撃してこない」との見通しが述べられているのであるから、この満州への兵力集中が防衛的なものではなく、独ソ戦でドイツを援助し、ドイツが勝利した場合にはそれに乗じるためのものであったことは明らかである。

<1946-10-8>

　ドイツがこの日本の動きを多としていたことは、リッベントロップ外相が1942（昭和17）年5月15日に駐日独大使に送った電文に明らかである。リッベントロップはその中で、日本が極東のソ連領を獲得する好機が来たことを述べているが、勝算が確かな場合にのみ戦端を開くべきで、さもなければ、独ソ戦に対して日本は中立を守るべきことを強調していた。その上でリッベントロップは、日本がソ連の在極東兵力を釘付けにしていることによってドイツの労苦［toil］を軽減していることに謝意を表していたのである。

　日本が中立条約を厳格に遵守していたならば、独ソ戦でのソ連の負担は軽減され、独ソ戦のみならず第二次世界大戦の様相はかなり異なったものとなり、ソ連の人的・物的損失も相当軽減されていたことであろう。在満の日本軍が太平洋戦域に投入されていたら、同方面での連合軍は相当苦労していたであろうが、そのように言い立てることで被告の罪状が軽くなるものではない。

　提出する証拠が示すのは、独ソ戦がドイツにとって不利な展開となった時に日本の政治指導者は独ソ間の仲介を試みることを計画したが、その際にドイツにとって有利な条件で単独講和に応じるようソ連に迫り、応じなければ対ソ開戦をも辞さないと脅すつもりであったのである。結局、これは実行には移されなかったが、日独協力の一端を示す事例ではある。日本の中立条約違反は満州での兵力集中に留まらない。提出予定の証拠は、戦時中、日本がソ連に関する軍事情報をドイツに提供し、これにリッベントロップが謝意を表したことを明らかにしている。日本政府がこれに責任を有しない可能性はあるが、日本の駐ソ外交官が情報収集を行い、それを参謀本部と駐独日本大使館がドイツ側に伝達したのは事実である。

　検察は、日本が中立国であるソ連の船舶を撃沈し、極東方面での海運活動を妨げることによってドイツを援助したことを示す証拠を提出する。このような日本のドイツに対する援助行為や、ソ連の同盟国である米英に対して日本が戦争を開始した事実に鑑みれば、中立条約が有名無実となっていたのは明らかである。ソ連が中立条約を破棄せざるを得なかったのはこのような事情によるものである。［E: 7282］［J: 85（13）］

　検察は法廷に提出する証拠において、1945（昭和20）年の時点でも、日本の指導者がドイツに対して犯罪的共同謀議完遂のために最善を尽くすことを約したことを明らかにする。

　その年の1月、ドイツ軍はソ連領内から駆逐され、赤軍はオーデル川に、西側連合国軍はライン川に達していたが、その時期に被告重光は、議会で日独の絆の強さと戦争を戦い抜く決意を表明していた。しかし、ドイツは同年5月9日に無条件降伏し、日本の近視眼的政治指導者や常に先の見通しを見誤ってきた軍事指導者の目にも、ヨーロッパの「新秩序」に終止符が打たれたことは明らかであった。それにもかかわらず、それら指導者は、侵攻的企図を捨てて降伏することを肯んぜず、満州と日本本土に有する相当数の兵力を交渉の道具としようとしたのみならず、新たな侵攻を企てて平和愛好国家が油断したところを突こうとしていた。

　それ故に、日本の指導者は、無条件降伏を呼びかけたポツダム宣言の受諾を拒否したのである。日本政府はその代わりにソ連に仲介を求めてきたが、それに応ずるのは、未だに無傷の大兵力を有する日本に有利なカードを持たせて交渉させることを意味していた。

しかし、過去の苦い経験から学んだ民主国家は、無条件降伏以外は受け入れず、日本がそれを拒んだことによって戦争がさらに長引くこととなった。

ここで遂にソ連は、米英の要請に応えて連合国としての義務を果たして戦争の終結を早めるために日本の申し出を拒否して宣戦を布告したのである。

ソ連が日本に宣戦したのは、無条件降伏を拒否したドイツが味わったような苦しみを日本の人民が味わわないようにするためでもあった。

日本の指導者が戦争で敗北したことを悟るためには、在満の精鋭部隊に対して致命的打撃を与えることが必要であった。日本の帝国主義者達は四面楚歌の状態で敗戦は認めたが、今日に至るも自らの犯罪行為を認めず、当法廷では皆無罪を主張している。これが意味するのは、彼らが自由の身となって必要な手段が与えられたならば、以前と同様な行為を繰り返すということである。

＊被告木戸弁護人ローガン、冒頭陳述における訴追対象外の事項、議論性向、関連性と重要性の欠如、概括的論議、事実の裏付けのない推論の充満、煽情的論述、検察側による結論の提示、歴史的事実との相違等は、これを削除すべきであると、異議を申し立てる。[E: 7286] [J: 85 (13)]

【ゴルンスキー検察官の冒頭陳述に対するローガン弁護人の異議申し立て】

（ローガン弁護人は、本異議申し立ての中でしばしば頁番号に言及しているが、これは、冒頭陳述書の中の頁番号であり、速記録の頁番号とは無関係である）

1. 最初の15頁に在る事項は、起訴の対象外の事項であり、議論的であり、重要性を欠き、そして何よりもそれは最終論告をなすものである。検察は、1～2頁の序論において、1941～1942（昭和16～17）年の満州と朝鮮における日本軍の影響力及び1928（昭和3）年より前の歴史的背景に言及しているが、これらはすべて、冒頭陳述の議題として不適切なものである。1904（明治37）年の日露開戦への言及は起訴状の範囲を超えており、さらにこの戦争について結論を述べている。もしもこれらの部分が、それは結論であり、重要性を欠くものであり、争点に含まれないものであるとの理由によって削除されないのであるならば、弁護側は、弁護側反証に際してこの日露戦争に関する事実について立証することを認められるべきである、と主張する。

2. 3頁の最終節において、検察は、日露戦争の開戦態様が真珠湾と類似していると述べているが、これはまったく論議的なものであって、これに関して立証されるべきいかなる事実をも明らかにしてはいない。

3. 検察は、4頁においては、日露戦争の影響と第1次世界大戦における日本の目的に注釈を付しているが、これは立証されるべき事実の提出というよりは、完全なる最終論告である。

4. 検察は、4頁の最後及び5頁において、1920（大正9）年の（極東の白系ロシア政権である）極東政府に言及しているが、これは起訴状の範囲を超え、本件争点にとって重要性を欠くものであり、同時に論議的なものである。

5.　6頁の最初の3節は、1919（大正8）年に起こった事件に言及しており、従ってそれは論議であり、重要性を欠くものである。

　6.　7～8頁は、最終論告であり、まったく推測的であり、論議的のものであり、本件のいかなる争点に対しても重要性を欠くものである。なぜならそれは、1922（大正11）年における日本の要請がもしも前記極東共和国によって受け容れられた時には、一体何が起こったであろうかに言及しているからである。

　7.　9頁の全節にわたる第二次大戦の開始時期についての論究は、論議であり、検察は、歴史上の事実にまったく反する日付の確定に注力している。

　8.　10頁の最終節から11頁の冒頭部は、「総力戦」をめぐる記述であるが、議論であり、検察が立証しようとするいかなる事実にも言及していない。

　9.　11頁において検察は、労働運動、労働者階級に言及しているが、これらは、もし真実であったとしても、論議であり、結論であって起訴状において告発されているいかなる犯罪に対しても関連を有せぬものであるから、削除されるべきである。

　10.　12頁の最初の2節及び最終節の事項もまた上記と同断であって、削除されるべきである。同頁の最後の節での検察の申し立ては、議論、最終論告及びモロー大佐の冒頭陳述について法廷が評定した煽情的陳述に堕している。

　11.　13頁第2節より14頁にかけての陳述には、最終論告、結論及び論議が含まれており、ソ連国民の心情とソヴィエト連邦に対して敵対的態度への示唆を扱っており、証拠に基づいてはいない。[E: 7289]　[J: 85（14）]

　12.　19頁第1節は、被告荒木のいわゆるクーデターの効果についての結論と論評を含むものであり、削除されるべきである。

　13.　21頁の第2節より22頁の冒頭部は、日本政府の姿勢について論述しているが、まったくの結論を含むものであり、証拠に基づいておらず、最終論告の一部である。

　14.　25頁の第2節は、ソヴィエト政府が東清鉄道売却への合意を強要されたと記すが、それは、まったくの結論であり立証すべき事実を述べてはおらず、削除されるべきである。

　15.　26頁第1節から28頁第1節のモンゴル人民共和国との紛争に関わる部分は、本局面で扱うには、適切でない。

　16.　28頁の第2・3節に、独伊についての不必要にして煽情的な記述であり削除されるべきである。

　17.　29頁第1節の第1文を除いたすべては、既に提出された証拠に対する結論と議論を含むものであり、削除されるべきである。

　18.　31頁において検察は、1936（昭和11）年当時日本が「犯罪性向の強い軍閥勢力に支配されていた」旨、主張しているが、これは起訴状の記述とは異なるものである。

　19.　32頁第1節から33頁にかけて、検察は、自らの証人の信頼性に疑義を呈している。それは仮に適正なるものであるとしても、最終論告に含められるべき問題である。

20. 37頁第1節から4②頁第1節で検察は再び、蒙古人民共和国に言及しているが、同国はロシアの一部ではなく、従って本局面の争点として重要性を有しない。

21. 45頁の第1・2節及び最終節より46頁にかけて、検察は、三国同盟について議論しており立証されるべき事実を含むものではない。よって削除されるべきである。

22. 52頁の最初の2節は、日本が日ソ中立条約を締結した理由を推測しているのであり、事実を明らかにしているものではなく、削除されるべきである。

23. 55頁第3節は、日本の対米開戦について論議しているのであって、削除されるべきである。

24. 55頁第最終節は、旅順に関するものであるが、最終論告のごときものであり、なんの証拠ともならず、削除されるべきである。

25. 57頁の第2・3・4節は、独ソ戦と、それに対応した日本軍の満州駐屯に関するものであるが、これは最終論告であり、単なる議論と推測であり、立証されるべき事実を述べたものではない。58頁第2節も同断である。

26. 59頁第2節は、満蒙国境線での兵力配備に触れているが、その主題は注釈であり論議であって、削除されるべきである。

27. 61頁最終節は、日ソ中立条約をめぐる日本の意図に関する結論である。61頁の最終節から52（原英文は"52"であるが"62"の誤植であろうと推定する）頁第1節にかけても、証拠足り得ず削除されるべきである。

28. 62頁最終節後半部から63頁にかけては、ドイツの降伏がもたらした影響を論じているのであり、削除されるべきである。

29. 64頁の全体は、ソヴィエト連邦が（日本からの）仲裁（依頼）を拒否した理由についての及び1945（昭和20）年当時未だ有効であった（日ソ）中立条約を侵犯してのソヴィエト連邦の対日攻撃についての、ソヴィエト連邦による正当化であり、これは議論であって、削除されるべきである。

＊被告荒木弁護人マクマナス、「冒頭陳述の中で被告荒木に触れた部分に『テロ』、『政治的暗殺』に荒木が関わっていたの如き記述が見られるが、どのようなテロ組織が関わっていたかを明示しないなど曖昧であり、かつ5・15、2・26いずれの事件に於いても荒木が関係していなかったことは日本の法廷で明らかにされている」と、指摘して、該当部分を削除するよう申し立てる。

＊キーナン首席検察官、「弁護側の異議に対しては逐条的に書面で以て回答したい」、と応答する。

＊裁判長ウェッブ、判事団の間でも弁護側の異議の取り扱いについては意見の相違があることを明らかにした上で、「爾後に検察が証拠によって裏付け、法廷が正当と認めた部分のみを法廷は証拠として受け容れる」、と裁定する。

＊午前12時、法廷、正午の休憩に入る。

＊午後1時30分、法廷、再開する。[E: 7296] [J: 85（15）]

＊被告広田弁護人スミス、「冒頭陳述中の明白な誤記」を指摘する。即ち、「防共協定締結に向け

<1946-10-8>

た交渉が進行していた当時、広田は首相ではあったが外相ではなかった（速記録7246頁参照）」、「張鼓峰事件は偶発的国境紛争である」、「同事件当時の外相は広田ではなく宇垣一成である（速記録7254頁参照）」、と。

＊検察官ゴルンスキー公使、「訂正には前向きに応じる」、と応答する。
＊被告木戸弁護人ローガン、「法廷が冒頭陳述中の容認する部分を特定しなければ、関連性のない可能性がある証拠文書への対応を迫られて弁護側が過分な負担を負うことになること」を指摘して、法廷の適切な対応を求める。キーナン首席検察官、「訴追の対象時期以外の出来事に関する事項を含めて、当該局面の審理の過程で証拠が提出される度に法廷が関連性の有無について判断を下していくのが適切な対応方法である」、「証拠が提出されない段階で法廷が包括的判断を下すのは適当ではない」、と申し立てる。裁判長ウェッブ、冒頭陳述の目的は法廷に審理の道筋を概括して示すことにあるが、審理の過程で検察側の立証事項が変化・増幅する可能性があることを指摘し、「そうなった場合には、当然法廷は提出された証拠で立証されなかった部分は慮外に置くと宣することになる」、と裁定し、この点で法廷が誤らないことについて信を置くよう弁護側に要請する。

2—9—1　検察主張立証第Ⅸ局面「ソヴィエト連邦関係」第1部「極東ソ連に対する日本の野望」

（英速録7301～7529頁／和速録85号16頁～87号14頁）

（1）検察官ローゼンブリット大佐、検察主張立証第Ⅸ局面「日本のソヴィエト連邦関係」第1部「極東ソ連に対する日本の野望」の検察側立証として、証拠書類の提出を開始する。　　　　　　　　　　　　　（英速録7301～7347頁／和速録85号16頁～86号4頁）

＊（検）法廷証PX666【極東ソ連・満州北部概図】＝検察側文書PD2366　証拠として受理される。被告重光弁護人ファーネス小佐、「地名が日英どちらの言語にも訳されておらず、文字が小さ過ぎる」、と異議を申し立てる。ローゼンブリット検察官、「検察が立証過程で言及する地名はすべて訳されて大書されている」、と応答する。裁判長ウェッブ、「充分に満足できるものではないが、これをできる限り活用することにすべきである」として異議を却下する。検察官ゴルンスキー公使、法廷の便宜のために拡大版を法廷内に掲示する、と申し立てる。
＊（検）法廷証PX667【1941（昭和16）年8月14日付け国民新聞】＝検察側文書PD2367　識別番号を付される。［E: 7303］［J: 85（16）］
＊（検）法廷証PX667-A【同上抜粋；シベリア出兵を述懐する荒木・石渡翼賛会総務対談】　証拠として提出される。被告荒木弁護人マクマナス、「①出所・真実性証明書によれば、当該文書は押収敵国文書でも日本政府の公式文書でもない、②起訴状で訴追された共同謀議が始まる以前の出来事に関する事項を扱っている、③抜粋部分が荒木の発言であることを明らかにして

いない」、として異議を申し立てる。ゴルンスキー検察官、「①帝国図書館の新聞綴りからのものであることが明らかである、②独ソ戦の折に荒木がなした発言であるから、関連性は充分にある、③日本語の原文を読めば、提出部分が荒木の発言内容であることは明白である」と、反駁する。裁判長ウェッブ、「①公共紙に掲載された被告の発言は相応の証拠価値を有する」、とするも、「③荒木被告が当該部分を発言したことを明らかにするために英訳が追加されるべきである、それがなされることを条件に証拠として受理する」と、裁定する。証拠として受理される。マクマナス弁護人及び被告東条弁護人清瀬博士、法廷控室でこの文書について弁護側が異議を申し立てて、その時点では却下された異議が認められたことを指摘して、「検察側があと8行英訳していれば問題はなかった」と、付言する。

【PX667-A 朗読概要】

　今考えてみると、シベリア出兵は、計画は良かったが、最後の一押しが上手くいかなかった憾みがあったように思える。「歴史は繰り返す」と言うが、今でもその原則は同じであろう。……一口に「シベリア出兵」と言うが、その背後には非常に複雑な事情が多々あった。今日の我が国の大陸支配の野望（英文速記録7310頁は ambition to dominate the continent とするのでこう訳したが、随分異なる意味合いに英訳されている。日本語原本をそのまま用いたと推定される和文速記録は「大陸経営」と記す）の萌芽がそこにあったのだが、当時の国内情勢故に確固不抜の大方針の下に閣議決定をして目的に邁進するだけの勇気と決断に恵まれなかったように思われる。異常に錯綜した複雑な環境を背景として非常に巧妙に計画されたが、内外の諸種の障害のために目的を達成できなかったのは返す返すも遺憾なことである。

＊（検）法廷証 PX668【1946（昭和21）年4月11日付け元在満白系ロシア自衛軍セミョーノフ宣誓供述書；沿海州に極東ソ連独立政府樹立の計画（1920［大正9］年末）】＝検察側文書2363　証拠として提出される。［E: 7311］［J: 85（17）］　被告小磯・大川弁護人ブルックス及び被告東郷・梅津弁護人ブレークニー、「①供述の中に法廷が判断を下すべき結論・見解の類の発言が多々含まれており、かつ供述者自身が自発的に供述したと思われない箇所が多々ある、②出所・真実性証明書が添付されておらず、作成日が当法廷の開廷後となっており、起訴状が定めた期間内に作成された公的文書とは認定できない、③供述者が処刑されており、当供述書の内容が供述者の裁判の際に反対尋問の洗礼を受けておらず、当法廷でも反対尋問の機会がなく、証拠価値を有しない、④相当部分が法廷の審理の対象外である1928（昭和3）年以前の出来事の記述に充てられている」と、当該文書の証拠としての受理に異議を申し立てる。検察官ゴルンスキー公使、「①供述者が自発的に証言しているか否かは法廷が吟味すべきことであり、これまで法廷は幾度か証人が審理案件について評言できる立場にあるならば結論・見解を述べることも許容されると裁定してきた、③供述者が処刑された事実のみを以て当該文書の受理の可否を決定すべきではなく、他の証拠と照合して判断すべきである、④1928（昭和3）年以前の

<1946-10-8>

出来事でも共同謀議に関連があるならば審理対象となり得るとの裁定が既に法廷によって2度下されている」と、反駁する。裁判長ウェッブ、「①供述者が自らの意見を述べている箇所は証拠価値がないと思われるが、他の判事の意見が異なる可能性がある、②当該文書は宣誓供述書であるから証明書が必要とされる証拠文書ではない、③当法廷では通常の法廷規則は適用されないが、供述者が供述書を提出した先の政府によって処刑された事実は、弁護側の反対尋問の機会を奪う結果をもたらしたという点で重大である、④1928(昭和3)年以前の事柄に触れている箇所については、他の証拠と照合しなければ関連性を判定できない」として、「判事団と協議の上で受理するか否かを裁定する」、と申し渡す。

＊午後2時48分、裁判長ウェッブ、休廷を宣す。
＊午後3時15分、法廷、再開する。［E: 7319］［J: 85（18）］
＊検察官ローゼンブリット大佐、証拠の提出・朗読を再開する。
＊裁判長ウェッブ、「判事団の多数意見として（検）法廷証PX668は証拠として受理され、弁護側の異議はすべて却下された」、と申し渡す。ローゼンブリット検察官、同文書の抜粋を朗読する。

【PX668朗読概要】

1920（大正9）年11月20日、参謀本部のイソメ大佐（何者か不明）がウラジオストックから当時満州にいた私のところにやって来て、日本は沿海州に独立政権を樹立させる意向で、その首班に自分を推す用意があると言ってきた。同月末にウラジオストックに赴いた自分はそこでシベリア派遣軍参謀長の高柳（保太郎）少将に会い、イソメの言ったことが正しいことを確認し、沿海州に樹立されるべき政権の長となることに同意した。その後、当時関東軍司令官で後にシベリア派遣軍司令官となる立花（小一郎）大将や、後に参謀総長となったカナイ（河合操のことか？）にも会い、自分を極東政権の首班に据えたい日本の意図について説明を受けた。これについての日本側の最終的条件については、当時極東ソヴィエト外交部代表（the Head of the Japanese Mission in the Soviet Far East）であり終戦前まで宮相であった松平（恒雄）が提示した。……その条件とは、日本が必要な借款、武器・弾薬などを供与し、自分は極東政権の長となるや朝鮮総督統括下の韓国との国境線に関する制限を撤廃するというもので、日本が沿海州を併合するに等しいものであった。……立花と植田（謙吉）が自分に言うには、日本は自分を長とする政権をザバイカル地方にも樹立し、沿海州を完全に日本の一部とする計画であるとのことであった。

＊（検）法廷証PX669【米国務省刊『1922（大正11）年ワシントン軍縮会議』】＝検察側文書PD2457　識別番号を付される。ローゼンブリット検察官、「日本の極東政策の二面性を示す証拠の一つである」、「同文書からワシントン会議の日本代表であった幣原の演説の一部を引用する」と、申し立てる。被告木戸弁護人ローガン、「①幣原が証人として出廷した際に該文書が提出されておらず、反対尋問の機会が与えられなかった、②1922年は起訴状に含まれた訴追

事項の範囲外である」と、証拠としての受理に異議を申し立てる。ゴルンスキー検察官、「①公式文書から幣原の発言を引用するに過ぎない、幣原が証人として出廷した当時、検察はソ連関連局面の準備を終えていなかった、②ワシントン会議や同会議で締結された九カ国条約は起訴状で触れられており、関連性はある」と反駁する。裁判長ウェッブ、弁護側が要請するならば幣原を再召喚することを条件として当文書を証拠として受理することを示唆し、他の判事と協議の後、証拠として受理する。

* （検）法廷証PX669-A【同上抜粋；幣原声明－日本の対ソ政策】＝検察側文書PD2457-A　証拠として受理され、朗読される。

【PX669-A 朗読概要】

ロシアの領土の一体性を尊重することと、同国の内政への不干渉が我が国の不動の国是である。

* 提出済み（検）法廷証PX30【極東共和国・日本間条約草案17カ条（1922［大正11］年4月）】＝検察側文書PD1890　ローゼンブリット検察官、「この『ロシアの領土の一体性を尊重』することの実態がいかなるものであるかを明らかにする目的で」として、抜粋を朗読する。［E: 7326］［J: 85（19）］

【提出済みPX30 朗読概要】

極東共和国政府は、ウラジオストック地区の沿岸と朝鮮国境の要塞・保塁をすべて破却して将来においてそれらを再構築せず、満鮮隣接地区でいかなる軍事手段をも執らない義務を有する。極東共和国政府は、その全領土において日本軍特務機関員及び軍関係員の公式滞在及び旅行の権利を認める。極東共和国政府は、太平洋海域で海軍力を保有せず、現存の海軍力はこれを廃棄する。（以下は、同条約草案の秘密条項の一部）……日本政府は、在沿海州の自国軍隊を自身の裁量に従って必要と認めた時に撤兵する。

* （検）法廷証PX670【1946（昭和21）年3月26日付け元満州国総務長官武部六蔵宣誓供述書；地方長官会議における報告荒木陸相・鈴木貞一の対ソ侵攻論】＝検察側文書PD2239　証拠として提出される。被告東郷・梅津弁護人ブレークニー小佐、供述者武部の召喚要請が弁護側から出されていることを指摘し、「反対尋問がなされるべきである」、と申し立てる。ゴルンスキー検察官、「武部をソ連から召喚するのは困難であり、同供述書で明らかにされている事実は他の証拠でも裏付けられている」、と応答する。裁判長ウェッブ、「法廷が指示した場合には供述者が召喚され反対尋問がなされるべきである、これを条件として証拠として受理する」と裁定する。ローゼンブリット検察官、抜粋を朗読する。

<1946-10-8>　　　　　　　　　　　　　　　　　　　　2　検察主張立証段階

【PX670 朗読概要】

　自分が秋田県知事であった 1933-34（昭和 8-9）年頃、知事会議の場で当時陸相であった荒木の演説を聞いたが、その際に荒木は、満州・ソ連の地図を掲げて、沿海州・シベリア・ザバイカル地方が日本にとって必要であることを語った。鈴木貞一も同じことを話した。
＊提出済み（検）法廷証 PX668【1946（昭和 21）年 4 月 11 日付け元在満白系ロシア自衛軍セミョーノフ宣誓供述書】　検察官ローゼンブリット大佐、再び抜粋を引用し、「被告荒木がソ連領への拡張政策を支持していたことを示すもの」として朗読する。[E: 7331][J: 85（20）]

【提出済み PX668 朗読概要】

　1936（昭和 11）年、関東軍参謀長の岡村（速記録 7331 頁の OKAMURA, chief of the Kwantung Army Headquarters に従った。この岡村は岡村寧次のことかとも思われるが、岡村は関東軍では参謀副長を務めただけで、それも 1934［昭和 9］年 12 月までである）に会った際に、計画では日本はウスリー地方を併合し、バイカル湖以東は緩衝地帯として独立国家が樹立され、自分がその首班になると聞かされた。……荒木はシベリア出兵当時ハルビンの特務機関長で、自分はその当時から親交があった。その後荒木は陸相・軍事参議官となり、自分は東京で何度か会ったが、その際に日本の対ソ侵攻企図をあからさまに語っていた。
　1936（昭和 11）年に荒木が自分に話したところによると、日本は関東軍の需要を賄うためにも満州で可及的速やかに重工業を育成し、その上で対ソ戦に臨むとのことであった。……対ソ戦について荒木は、その目的はソ連からシベリア東部と沿海州とを切り離して緩衝国家とすることであり、当面は沿海州の占領を目指すが、それに止まることなく、最終的目的であるバイカル湖以東の制圧に邁進すると述べた。
＊（検）法廷証 PX671【1938（昭和 13）年 7 月 11 日付けジャパン・アドバタイザー紙】＝検察側文書 PD2527　識別番号を付される。[E: 7334][J: 85（20）]　被告荒木弁護人マクマナス、「①同紙掲載の演説は同盟通信が要約したものを転載したもので、その過程で改変された内容に対し被告荒木は責任を有しない、②日本政府の公式文書から入手されたものではない」と、証拠としての受理に異議を申し立てる。検察官ゴルンスキー、「演説の原文が入手できなかった。該文書は裁判所条例第 13 条（ハ）5 の『原本ヲ即時提出シ得ザル場合ニ於テハ、文書ノ写、其ノ他原本ノ内容ヲ第二次的ニ証明スル証拠物』に該当するものである」と申し立てて、「ジャパン・アドバタイザー」紙が特別な新聞であることに注意を喚起する。裁判長ウェッブ、「当該文書はそれが有する証拠価値相応のものとして受理する」と裁定する。
＊（検）法廷証 PX671-A【同上抜粋；荒木文相演説】　証拠として受理され、朗読される。

【PX671-A 朗読概要】

　日本が支那及びソ連と最後まで戦い抜くという決意を持てば、10 年は戦い続けられる。

＊（検）法廷証 PX672【1937（昭和 12）年 6 月 9 日付け東条関東軍参謀長発参謀本部宛電文；南京政権に一撃を加え背後の脅威を除去する論】＝検察側文書 PD1841　証拠として受理され、朗読される。検察官ローゼンブリット、「東条が支那事変中に支那に一撃を加えて対ソ戦の際の背後の脅威を除去する意図を有していたことを示すもの」、と申し立てる。

【PX672 朗読概要】

　現在の支那の情勢を対ソ作戦準備の観点から見て、我軍の武力に余裕があるならば、まず南京政権に一撃を加えて、背後の脅威を除去しておくべきである。

＊（検）法廷証 PX673【支那問題研究所刊今藤茂樹著『日英支戦争』】＝検察側文書 PD2368　検察官ローゼンブリット、「日本国内で対ソ戦に向けての宣伝が広範に行われていたことを示す」文書の一つとして提出する。検察官ゴルンスキー、該文書は「日本の戦争企図がソ連のみならず全世界に向けられていた」ことを明らかにしている、と申し立てる。被告重光弁護人ファーネス小佐、当文書の証拠としての受理に異議を申し立てる意向を申し立てる。

＊午後 4 時、裁判長ウェッブ、翌日午前 9 時 30 分までの休廷を宣する。

◆ 1946（昭和 21）年 10 月 9 日　　（英速録 7339〜7445 頁／和速録第 86 号 1〜17 頁）

＊午前 9 時 30 分、法廷、再開する。
＊検察官ゴルンスキー公使、ソ連関係の証拠提出・朗読を再開する。
＊被告重光弁護人ファーネス、前日最後に提出された（検）法廷証 PX673 の証拠としての受理に、「①著者名は該文書では KONDO であるが、添付の出所・真実性証明書によれば IMAFUJI である（「いまふじ」が正しい読みである）、②出所が帝国図書館となっているが、同図書館は日本で出版された書籍すべてが保管されている場所であり、そこにあったからと言って公文書として扱うことはできない」、と異議を申し立てる。ゴルンスキー検察官、「①漢字の音訓の差異による相違である可能性がある、②検察側の意図は日本側の反ソ・プロパガンダの存在を立証することであり、そのためには出版物などを証拠として提示する他はない」、と応答する。裁判長ウェッブ、①に関しては、「出所・真実性証明書記載の文書が当該文書であることを明らかにする必要がある」、と申し渡し、②については、ゴルンスキー検察官の意見に賛同して、裁判所条例第 13 条の「本裁判所ニ於テ証明力アリト認ムル如何ナル証拠ヲモ受理スルモノトス」との一節を引き、「多くの場合、証明力の判定は証拠として受理されなければ不可能」であるとして、①の点が明確にされることを条件として、証拠として受理する。

<1946-10-9> 2 検察主張立証段階 143

＊（検）法廷証 PX673-A【支那問題研究所刊今藤茂樹著「日英支戦争」抜粋；対ソ侵攻戦宣伝】証拠として受理され朗読される。[E: 7345][J: 86（3）]

【PX673-A 朗読概要】

アジアの一半島であるヨーロッパ、そして全世界を動かしてきたのは、日本の力であった。現代世界史の原動力となっていた唯一の国は日本ではなかったか。

　日清戦争・日露戦争－第一次世界大戦

　満州事変－ナチス・ドイツの勃興、（イタリアの）エチオピア併合、スペイン内戦、ラインランド再武装

　支那事変－（ドイツの）オーストリア・チェコスロバキア併合、（イタリアの）アルバニア併合

（英文速記録7345～46頁では、以上の出来事が羅列されているだけであるが、和文速記録86（3）頁では、このように三つのグループに分けられており、要は冒頭陳述で述べられているように、日本が行った戦争がヨーロッパでの出来事に先駆けて起きていることを示すためのものであろうと推定される）

　……かくて、現代ヨーロッパの没落はアジアの勃興を意味し、諸民族を統合する皇道の大いなる宣布となる。ヨーロッパの事変を世界規模の事変とせよ。

＊（検）法廷証 PX674【1941（昭和16）年11月発行雑誌『改造』】＝検察側文書 PD2524　識別番号を付される。被告重光弁護人ファーネス大尉、日本で出版された書籍がすべて内務省に納付されることに注意を喚起し、「その筋で得られた出版物すべてが公的文書ではなく、当該文書もその範疇に属する」と、同文書の証拠としての受理に異議を申し立てる。裁判長ウェッブ、「裁判所条例は、証拠適格を備える文書を公的文書に限定していない」として、異議を却下する。

＊（検）法廷証 PX674-A【1941（昭和16）年11月発行雑誌『改造』所収：田中庚「独ソ戦の新段階と日本」抜粋】＝検察側文書 PD2524-A　証拠として受理され、朗読される。

【PX674-A 朗読概要】

年内には不可能と思われていたモスクワ攻略は、この10日余りの間に既定の事実となってきたようである。……日本は今どのように動くべきか？日本の立場は明白である。日本は盟邦ドイツの勝利を祝福し、これを願う。日本本来の大使命遂行にドイツの勝利を活用するべきは勿論である。

（2）**検察官ローゼンブリット大佐、さらに、検察主張立証第 IX 局面「日本のソヴィエト連邦関係」第 1 部「極東ソ連に対する日本の野望」の検察側立証として、「日本による大東亜共栄圏へのソヴィエト連邦の囲い込み」に関する証拠書類を提出する。**

(英速録 7348〜7356 頁／和速録 86 号 4〜5 頁)

＊（検）法廷証 PX675【1942（昭和17）年1月5日付け新聞『太陽大日本』】＝検察側文書 PD13-C　識別番号を付される。
＊（検）法廷証 PX675-A【同上抜粋；橋本欣五郎「大東亜皇化圏」】　証拠として受理され、抜粋が朗読される。（英文速記録の記載内容に従う。当号の発行月が和文速記録 86（4）頁では「5月」となっている。又この文書が後に今一度検察側が提出した際の審理内容を記した速記録 15652 頁とその和文速記録対応部分の 155（15）頁のいずれでも「1月」と記していることからも、「1月」が正しいと判断する）

【PX675-A 朗読概要】

　大東亜皇化圏は次の諸地域を包含するものと考えたい。……日本、満州国、支那、極東ソ連、仏印、ビルマ、マレー、蘭印、インド、アフガニスタン、オーストラリア、ニュージーランド、ハワイ、フィリピン、太平洋・インド洋諸島。これらの地域を一挙に皇化圏に編入するか、逐次編入するかは今のところ決定できないが、国防上の見地からこれら地域を包含することは絶対に必要である。

＊（検）法廷証 PX676【1942（昭和17）年1月31日付け大阪時事新報】＝検察側文書 PD1955　識別番号を付される。
＊（検）法廷証 PX676-A【同上抜粋；田中直吉立命館大学教授「亜細亜の大同」】　証拠として受理され、朗読される。

【PX676-A 朗読概要】

　アジアの大同団結は、日本を中核とする日満支の道義的結合が第1段階で、これにタイ、ベトナム、フィリピン、ビルマを加えるのが第2段階、そして、オーストラリア、インド、シベリアの解放が第3段階となる。我々は、日満支三国の東亜連盟が大アジアの協同へ発展していくと期待していたが、今次戦争の皇軍の赫々たる戦果を見るにつけ、一挙に第3段階まで達成されることも考えられる。

＊（検）法廷証 PX677【1942（昭和17）年1月刊南方産業調査会編『泰国』】＝検察側文書 PD2459　識別番号を付される。［E: 7350］［J: 86（4）］　被告木戸弁護人ローガン、「個人が著した書物の内容に被告人がいかなる責任を有するのか」を問い、当該文書を含む個人の著書の証拠としての受理に異議を申し立てる。裁判長ウェッブ、「文書の内容が被告人と関連するものであれば受理される」として、異議を却下する。
＊（検）法廷証 PX677-A【同上抜粋；新東亜連邦想定図】＝検察側文書 PD2459-A　証拠として受理される。検察官ローゼンブリット大佐、同書に掲載されている地図に注意を喚起し、「そこには日本が支配下に置こうとしている東亜連邦体［union］が示されているが、それをさら

<1946-10-9>　　　　　　　　　　　　　　　　　　　　　　2　検察主張立証段階

に敷衍するため」として、表紙に記されている地図の説明を朗読する。

【PX677-A 朗読概要】

　我が国が統治する領域の最南端北緯1分何秒かの地点にグリニッチという小島があり、そこを中心としてバイカル湖まで到達する線を半径とする円を描いたとすれば、その円は、北は沿海州、カムチャッカ半島、アリューシャン列島、ハワイ、西はインド、東南方面では南太平洋の諸島を包含する。新東亜の建設は、この大南洋を抱擁する遠大な理想の実現に他ならない。我が国が発した声明が言うような、我が国を盟主とする経済上・地理上・人種上の結合であり、過去の侵攻的搾取と白人種の功利主義からの脱却を図るためのものである。

＊被告小磯・南・大川弁護人ブルックス大尉、英訳の中でunionという言葉が使用されていることを指摘し、「これまで検察側が行っていた経済的支配権を念頭に置いた論議に対して政治的支配権を意味するもので、誤解を招きかねない表現である。かつ地図を作成したのが誰であるかも明らかにされておらず、被告との関連性が見出せない」と、異議を申し立てる。裁判長ウェッブ、ブルックス弁護人の異議が証拠の適格性に触れたものではないことを指摘し、かつ「弁護側が裁判所条例に照らしてみて容認されないような異議ばかりを申し立てて時間を空費している」と、苦言を呈する。検察官ローゼンブリット、「中立条約が有効であった期間にソ連領を版図に収めようとする意図を顕にした地図が発行された事実を強調したい」と、申し立てる。

（3）証人矢次一夫——国策研究会創設者の1人、1937（昭和12）年2月より1945（昭和20）年6月までの間、同会の事務局長、大政翼賛会理事、又1938（昭和13）年12月より1944（昭和19）年までの間、陸軍省調査部嘱託——、検察主張立証第IX局面「日本のソ連邦関係」第1部「極東ソ連に対する日本の野望」の検察側立証として、「国策研究会の性質と目的・その統治対策委員会」について、宣誓供述書によって証言する。

（英速録7357〜7399頁／和速録86号5〜11頁）

＊矢次一夫、検察側証人として証言台に登壇し、検察官ローゼンブリット大佐、直接尋問を開始する。
＊矢次一夫証人の宣誓供述書、提出され、本人によって確認され、（検）法廷証PX678【1946（昭和21）年8月30日付け矢次一夫宣誓供述書】＝検察側文書PD2233として受理される。ローゼンブリット検察官、直接尋問に替えて（検）法廷証PX678を朗読する。

【検察側証人矢次一夫に対する宣誓供述書による検察側直接尋問】

　1．自分は1937（昭和12）年2月から1945（昭和20）年6月まで国策研究会事務局長、1938（昭和13）年12月から1944（昭和19）年末まで陸軍省調査部嘱託であったが、その期間、以下

の事実を見聞し、もしくは自ら行った。

2. 国策研究会は、日本が直面する重大な政治問題について調査して政府や一般に報告・公表することを目的として、1937（昭和12）年に自分と貴族院議員の大蔵公望などによって創立された。会費を払っていた会員は個人会員2,000、法人会員150余りを数え、その中には政治家、官僚、退役軍人、知識人、財界人が含まれていた。

3. 法人会員には首相官房（英文速記録7360頁はPrime Minister's Secretariatとし、和文速記録86号6頁は、恐らくこの英語を直訳した「総理大臣官房」とするが、正しくは「内閣官房」であろう）、陸軍省、海軍省（以上、年会費各3,000円）、外務省、内務省、逓信省、満鉄（各1,000円）、拓務省（500円）、三菱及び鮎川コンツェルン（各5,000円）、三井コンツェルン（3〜5,000円）などがあり、個人会員は年会費50〜200円を納めていた。同会の年度予算は17〜18万円で、特に重要な調査を行う場合には特別の寄付金を受けていた。例えば、東亜共栄圏建設十カ年計画案を作成するために30万円を受け取ったが、それには政府省庁からの10万円（東条英機直属の内閣情報局からの2万円を始め、武藤章を通じて陸軍省から拠出された2万円、当時東郷が外相であった外務省の次官からの2万円、海軍省からの2万円、大東亜省からの5,000円など）、大企業からの10万円（英文速記録7361頁は「￥100,000」とするが、計算は合わない。和文速記録86（6）頁の「二十萬圓」が正しいと推定する）（三井から2万円、住友から1万円など）が含まれていた。これらは、調査の趣意を説明した書簡に応えて送られてきた寄付金である。

4. この30万円の内24万円が十カ年計画案作成に充てられ、作成された計画案は1943（昭和18）年4月に外務省と大東亜省に送られたが、大蔵公望邸捜索の際に押収された4章からなる「大東亜共栄圏建設対策案」がそれである。同会を主導したのは、大蔵公望、湯澤三千男、下村宏を含む10人の常任理事で、自分は30〜40名の事務員を統轄して事務処理にあたっていた。会の事業には会員でない者も参加した（例えば、武藤章は会のために2〜3回演説をしたり財政援助をしたりし、佐藤賢了も演説をした）。会が作成した重要問題に関する報告・文書・計画などは理事会の指示に従って政府機関に送られたし、政府機関は調査に必要な資料・データなどを会に提供した。

5. 近い将来の戦争が不可避と思われた1941（昭和16）年10月に、同会は北進・南進準備のために政府に提出すべき報告書を作成する目的で、統治対策委員会［Committee for Administrative Measures］を立ち上げた。この委員会は、阿部信行、後藤文夫、小林躋造、高橋三吉、岸信介といった元国務相や元陸海軍将官といった錚々たる面々からなっていた。「統治対策委員会の報告」という文書こそが、同委員会が作成して1941（昭和16）年10月に首相・陸海外相に提出されたものである。戦時中、同委員会委員の内、磯谷廉介陸軍中将が香港総督に、大達茂雄がシンガポール市長に、桜井兵五郎がビルマの政治顧問に任命された。

6. 既に述べたように、自分は1938〜44（昭和13〜19）年にかけて陸軍省調査部嘱託であり、その間1940〜42（昭和15〜17）年の間、調査部長は三国直福少将であった（厳密には、三国少将は1940［昭和15］年に調査部付となり、同部長となったのは翌年）。1942（昭和17）年初めに、大東亜共栄

<1946-10-9>

圏の意味を公式に明らかにする必要が出てきて、国策研究会がこの調査にあたることとなったため、陸軍省に対して、同省がこの問題についての公式見解を明らかにしている文書を自分が閲覧できるよう要請し、その結果調査部から自分が借り出したのが「大東亜戦争による占拠諸地域善後処理方策大綱」と「大東亜共栄圏に於ける土地処分案」であった。これらについて、当時、自分は大蔵公望に報告しており、内容から判断して、自分が（検察に）見せられた写真複写版の文書は、この二つであることを自筆の署名を以て証明する。そこに書かれてある通り、拓務省がそれらの作成に関わっていたのは明らかで、また陸海両省ではなく参謀本部と軍令部の管掌事項である陸海軍部隊の南方諸地域での配置状況が記されていることから、両統帥部が関わっていたことも疑いない。

＊（検）法廷証PX679【国策研究会・陸軍省・拓務省作成資料；①大東亜戦争による南方占拠諸地域善後処理方策大綱②大東亜共栄圏における土地処分案③統治対策委員会報告】＝検察側文書PD1987　検察官ローゼンブリット、供述書には矢次証人が米国陸軍法務局アーサー・A・サンダスキー大尉及びジェームズ・ムラカミ中尉の面前で署名をしたことを明らかにした上で、写真複写をした文書を証人に見せ、それらが供述書中で言及されている文書であることを確認して、法廷に提出する。識別番号を付される。同時に、これら文書が南樺太天然資源開発会社の書類の中から発見されたものであることを証する出所・真実性証明書を提出する。

＊（検）法廷証PX680【国策研究会編「大東亜共栄圏建設対策案（1943［昭和18］年5月）」】＝検察側文書PD2330　同様の手順で、識別番号を付される。検察官ローゼンブリット、同時に、当該文書が1946（昭和21）年6月4日に大蔵公望邸で押収されたものであることを証する出所・真実性証明書を提出する。

＊午前10時45分、法廷、15分間の休憩に入る。

＊午前11時、法廷、再開する。［E: 7371］［J: 86（7）］

＊ムーア言語裁定官、PX673の「KONDO」と「IMAFUJI」という異なる表記は、「今藤」の音訓読みの相違によるものであることを報告する。

＊検察官ローゼンブリット大佐、直接尋問を続行し、さらに関連証拠を提出する。

＊（検）法廷証PX681【1942（昭和17）年刊国策研究会編「国策研究会々員名簿・要覧」】＝検察側文書PD2302　識別番号を付される。検察官ローゼンブリット、同時に、同文書が1946（昭和21）年6月3日に矢次邸を捜索した際に押収したものであることを証する証明書を提出する。ローゼンブリット、証人に対して、「同文書には政府機関が法人会員として記載されていないが故に不完全ではないか」と質す。矢次証人、「政府機関は法的に法人会員として登録できず、会費を収集する目的で便宜的に法人会員としているのみであった」、と応答する。

＊（検）法廷証PX682【1942（昭和17）年2月18日刊国策研究会編「大東亜共栄圏の範囲・その構成に関する試案」】＝検察側文書PD2229　識別番号を付される。検察官ローゼンブリット、同時に、同文書が1946（昭和21）年6月3日に矢次邸を捜索した際に押収したものであることを証する証明書を提出する。

＊被告木村弁護人塩原、反対尋問に立つ。［E: 7374］［J: 86（7）］

【弁護人塩原による検察側証人矢次一夫に対する反対尋問】

弁護人審問
　①国策研究会の構成員について、
　①-1. 秘密組織、政治結社、思想団体、民間組織のいずれであるか？
　①-2. 会の目的は何であったか？
　①-3. 国策に対する会の立場が積極・消極論のいずれか乃至は中立であったか？
　①-4. 民間組織であるこの会が発した意見・見解を、政府がどのように扱ったか？
　①-5. 会の創立以来、会員に変動があったか？
　①-6. 会員の会に対する責務は何か？
　①-7. 会員の中に現役軍人はいたか？
　①-8. 軍の外郭機関ではなかったのか？

証人応答
　①-1. 非公務員によって構成された私的研究機関である。
　①-2. 民間の研究者の知識を集約して、諸問題について政府に助言し、一般の啓蒙活動をすることであった。
　①-3. 中立であった。
　①-4. 受け容れるか、受け容れないかは政府の裁量に任されていた。
　①-5. 入会・退会は自由であった。
　①-6. 会費の納入以外はなし。
　①-7. 1名もいなかった。
　①-8. そうではなかった。

弁護人審問
　②会が発行した調査報告について、［E: 7376］［J: 86（8）］
　②-1. 発行手続きはどうであったか？
　②-2. そのように作成された報告書の内容に、調査に関わっていなかった会員が意見を述べたり改変を求めたりすることはあったか？

証人応答
　②-1. 調査すべきと考えられた事項に関心を有する者が集って調査をし、その結果をまとめた報告書を理事会に提出する。理事会は、その調査チームの成員の意向に従って報告書の取り扱いを決めた。
　②-2. 委員以外のものが委員会に参加することはあっても、そのようなことはなかった。

<1946-10-9>

弁護人審問
　③会の運営費について、
　③-1. 会創立の際に資金を会費で賄うつもりであったのか？陸軍など特定の筋からの資金供与を念頭に置いていたのか？
　③-2. 寄付を依頼したことはあったか？
　③-3. 供述書の中で武藤と佐藤からの寄付に関する記述があるが、個人的関係故の寄付か、所属部署の申し継ぎによるものか？
証人応答
　③-1. 広範囲から会費を集めるつもりであった。
　③-2. それはあった。
　③-3. 武藤・佐藤が陸軍省に来る以前でも寄付を受け取っていた。
弁護人審問
　④武藤・佐藤などの講演については、会が招待して行ったものか、武藤・佐藤らが会員らを鼓吹するために自らの発意でなしたものか？　［E: 7379］［J: 86（8）］
証人応答
　④会が会員への奉仕活動として主催したもので、質問のような趣意はなかった。
弁護人審問
　⑤大東亜共栄圏建設対策案について、
　⑤-1. これを作成した目的は？
　⑤-2. 作成された文書はどのように取り扱われたか？
証人応答
　⑤-1. 戦争目的を明らかにすること。
　⑤-2. 大東亜共栄圏について作成された他の文書は一般に広く公表されたが、検察側が提出した当該文書については、その内容に於いて意見の一致が会の中で得られなかったために、限定された部数しか作成されず、政府省庁・陸海軍などに配布された時も、暫定版として扱われた。
弁護人審問
　⑥統治対策委員会について、
　⑥-1. その目的は？
　⑥-2. 「戦争の切迫」は、自身の想像によるものか、どこかの筋から確かな情報を得たためか？
証人応答
　⑥-1. 開戦時期が切迫していると思われた当時、新たに戦争が始まって占領地を統治する場合に、満州・支那での錯誤を繰り返さないために研究報告をまとめるため。
　⑥-2. 当時一般で得られた情報を基に判断した結果である。
弁護人審問
　⑦大東亜共栄圏関連の陸軍省文書について、

⑦-1. 大東亜共栄圏の意味を明らかにするために証人が 1942（昭和 17）年に陸軍省から提供された文書と、「大東亜戦争による南方占拠諸地域善後処理方策大綱」や「大東亜共栄圏における土地処分案」との関連は如何？　［E: 7381］［J: 86（8）］

⑦-2. それらは陸軍が作成した文書か？

⑦-3. それらの文書は、対象となっている問題について特殊な思想・考えを持った陸軍将校が自身の観点に基づいて書いたものだとは思わないか？

⑦-4. 該文書に対する証人自身の見解は如何？

⑦-5. 証人は陸軍上層部と繋がりを持っていたが、陸軍中央上層部の見解とそれら文書の内容との間に一貫性があるか？

⑦-6. 陸軍省から借り出した文書の写しや原本があるか？

⑦-7. 借り出した文書は返却したのか？

証人応答

⑦-1. 調査部から借り出した文書である。

⑦-2. 陸軍の将校が作成したものであった可能性はあるが、陸軍の公式文書であったかどうかは定かでない。

⑦-3. 当時そのような類の文書が沢山作成されていたのは事実だが、当該文書がその範疇に属するかどうかについては何とも言えない。

⑦-4. 非常に極端な強硬論である。

⑦-5. 陸軍中央上層部に属する者の見解を聴取したことはない。

⑦-6. 複写版を作ろうものなら、憲兵隊に拘引されたであろう。原本がどうなったかは知らない。

⑦-7. 記憶がない。

弁護人審問

⑧拓務省・陸海軍統帥部の文書作成への関わりについて、

⑧-1. 拓務省が関わっているというのは不自然ではないか？

⑧-2. 証人は供述書において、「陸海両省ではなく参謀本部と軍令部の管掌事項である陸海軍部隊の南方諸地域での配置状況が記されていることから、両統帥部が関わっていた」と述べているが、統帥部はそのようなことはしないのであるから、統帥部に関わりのある誰かが個人的に情報を提供したのではないか？

⑧-3. それでは、陸軍省はその面では専門的立場にないから関わっていないということか？

証人応答

⑧-1. 拓務省の関わりは文書の最後の方で述べられている。それ以外は何も知らない。

⑧-2. 自分が供述書で述べたのは、そのような情報は統帥部と関係のある専門的立場にある人物のみが提供できるということであった。自分自身がそのような立場にあったかどうかについては、弁護人の判断に委ねる。

<1946-10-9>　　　　　　　　　　　　　　　　　　　2　検察主張立証段階　151

　⑧-3.（陸海軍の部隊配置を示す）文書が公式文書であったかどうかは定かでないが、公式文書であったとしたならば陸軍省がそれに関わっていないことは、常識から見て明らかである。
弁護人審問
　⑨証人の陸軍省調査部での責務・権限はどのようなものであったか？
＊裁判長ウェッブ、「質問が漠然としすぎている」、と申し渡す。
証人応答
　⑨嘱託としていかなる権限も与えられておらず、自分の責務は週に1回乃至は月に2～3回出頭し、同部の成員からの質問に答えることであった。
＊被告武藤弁護人岡本（尚）、反対尋問に立つ。[E: 7385]　[J: 86（9）]

【弁護人岡本による検察側証人矢次一夫に対する反対尋問】

弁護人審問
　①武藤が会で行った講演について、
　①-1.　どのようなことについて講演したか？
　①-2.　その回数が「2-3回」というのは確かであるか？
　①-3.　武藤が行ったのは「講演」のようなものか、食事の後の非公式の座談のようなものか？
　①-4.　武藤は会に招待されて演説したのか、それとも自らの発意で出向いてきたのか？
　①-5.　証人は「武藤が陸軍省に来て……」と発言したが、支那から帰任してきたという意味か？
証人応答
　①-1.　時事問題。
　①-2.　武藤が陸軍省に来て去るまでであるから、確かであると思う。会報を見てくれれば確認できる。
　①-3.　供述書で触れた演説には講演も含まれている。
　①-4.　当時、民間団体が現役の陸海軍将校に講演を依頼するのは難しく、情報局経由で陸軍報道部に話を伝えた後で、ようやく当人に依頼することができた。
　①-5.　その通りである。
＊午前12時、法廷、正午の休憩に入る。
＊午後1時32分、法廷、再開する。[E: 7388]　[J: 86（9）]
＊岡本弁護人、反対尋問を続行する。
弁護人審問
　②国策研究会での武藤の発言について、
　②-1.　武藤は支那での経験を（「研究会での演説で」という意味か？）語ったことがあるとのことであるが、その内容には好戦的要素があったか？
　②-2.　提出済み（検）法廷証PX679-80及びPX682に記されている内容を武藤が語ったこと

はあったか？
　②-3. 武藤は合理的・穏健的意見しか表明しなかったのではないか？
　②-4. 国策研究会で武藤や佐藤が発言する際には、軍の代表としてではなく、私人の立場で発言していたのではないか？
　②-5. 供述書に記載されている国策研究会作成の資料の内容は、政府機関の影響を受けたものか？
証人応答
　②-1. そのような記憶はない。
　②-2. なかった。
　②-3. 自分が接した限りではその通りである。
　②-4. 政府・軍関係者が民間団体で発言する時は私人としての立場で発言している。
　②-5. すべて会が独自に到達した見解である。
弁護人審問
　③武藤からの寄付について、
　③-1. 武藤個人からのものか、陸軍省からのものか？
　③-2. （弁護人、質問を繰り返す）
　③-3. それは武藤が軍務局長であった時分か？
　③-4. 同年4月ならば武藤は既に軍務局にいなかったが？
証人応答
　③-1. 寄付は紐付きではない。
　③-2. 寄付は武藤の手から自分が受領したが、金自体は陸軍省から出ていたと思う。
　③-3. 記憶が確かではない。1942（昭和17）年3月頃。
　③-4. 3月だったか、4月だったか、記憶が確かでない。
弁護人審問
　④大東亜共栄圏建設十カ年計画案について、これの作成に充てられた調査費30万円は、計画案作成の目的で寄付されたものか、一般の寄付金の中から拠出されたものか？
証人応答
　④大東亜共栄圏に関する調査報告書には種々あって、弁護人が取り上げたのはその一つに過ぎない。
＊岡本弁護人、「30万円すべてが計画案作成に充てられたのではないこと」を、証人に確認する。
弁護人審問
　⑤国策研究会文書作成への政府・軍の関わりについて、
　⑤-1.（弁護人、（検）法廷証PX679を証人に見せ）ここに「軍と拓務省が作成」との記述があるが、これは当初からの方針に基づいたものか、それとも後から入れられた記述であるか？
　⑤-2. 同文書はどのような用箋にタイプされて作成されたか？

<1946-10-9>　　　　　　　　　　　　　　　　　　　　　　2　検察主張立証段階

　⑤-3. 陸軍の用箋ではなかったのか？
　⑤-4. 計画案は、担当係官から始まって課長・部長の決裁を仰いでいくという軍の公式文書としての体裁をなしていないのではないか？
　⑤-5. 文書中の「軍」という語は、陸軍だけか、陸海軍両方を指しているのか？
証人応答
　⑤-1. 軍の公式文書であるかについては疑問があるが、自分はそれについて確たることを言えるだけの情報は有していない。
　⑤-2. 普通の紙である。
　⑤-3. そうだったとは思えない。これについては憶えていない。
　⑤-4. 軍の文書作成過程について充分知っているわけではないが、軍の通常の手続きを踏んで作成されたものとは思われない。検察官に話した通り、この点について確たる証言ができるほどの知識を持っているわけではない。
　⑤-5. 分からない。
＊岡本弁護人、「公式文書であるならば、『軍』などという曖昧な言葉を使うであろうか？」と、疑問を呈する。
＊裁判長ウェッブ、「弁護人は枝葉末節な事項に拘泥して、ここまでの5～10分ぐらいの反対尋問が審理をほとんど益していない」と、申し渡す。
弁護人審問
　⑥その他の事項について、
　⑥-1. このような計画案が拓務省と統帥部によって立案されるということが想像できるであろうか？
　⑥-2. 証人が嘱託であった陸軍省調査部は、田中隆吉が長であった兵務局に属していなかったか？
　⑥-3. 同部と兵務局とはなんらかの繋がりがなかったか？
証人応答
　⑥-1. 政府内部の事情・手続きなどについて充分な知識を有しているわけではないが、それについては自分は懐疑的である。
　⑥-2. 独立の部であったと思う。
　⑥-3. 自分自身は兵務局とはなんらの関係・繋がりもなかった。
＊岡本弁護人、"official" という言葉が使われているが、これは政府の「公文書」の「公」と同意ではなく、一般に公表されたという意味の言葉であることを指摘する。検察官ゴルンスキー公使、反対尋問をなすべき弁護人が供述をしていると抗議し、裁判長ウェッブ、これに同意する。
＊被告梅津・東郷弁護人ブレークニー少佐、反対尋問に立つ。[E: 7396]　[J: 86（10）]

【弁護人ブレークニー少佐による検察側証人矢次一夫に対する反対尋問】

弁護人審問

　①国策研究会の寄付金募集について、

　①-1. 外務省が２万円を寄付したのはいつであったか？

　①-2. 外務省への寄付要請や寄付金受領はどのように行ったか？

　①-3. 誰が外務省に行ったのか？

　①-4. 政府機関などに宛てた寄付金要請の手紙は保管してあるか？

　①-5. 手紙の大まかな内容は如何？

証人応答

　①-1. 憶えていないが、1942（昭和17）年３～４月以前だったと思う。

　①-2. 自分自身が担当したわけではないから分からない。

　①-3. 国策研究会の誰かが行ったが、誰であるかについて記憶はない。

　①-4. 国策研究会の建物は1945（昭和20）年３月に戦災で焼失したので、会の記録はほとんど残っていないし、手紙も残っていない。

　①-5.「大東亜共栄圏について調査中の国策研究会は、公的・民間筋からの寄付を募っています」というような内容で、外務省のみならず政府の他の省庁や民間団体にも送られた。

＊被告梅津・東郷弁護人ブレークニー少佐、「弁護側の矢次証人への反対尋問は終了した」が、「検察側が識別番号を付すために提出した諸文書が正式に証拠として受理されるべく提出されるまでの間は、同証人が再出廷できるよう手配することを条件とするよう」、裁判長ウェッブに申し立てる。ウェッブ、これを容れる。

＊被告東条弁護人清瀬博士、岡本弁護人が反対尋問を行った際に問題となった公式"official"文書とは、政府の公文書の意味ではなく、「一般に公表された」という意味であることを証人に確認する。

＊検察官ゴルンスキー公使、検察側が再直接尋問を行わない旨、申し立てる。

＊矢次一夫証人、退廷する。

（４）検察官ローゼンブリット大佐、検察主張立証第Ⅸ局面「日本のソヴィエト連邦関係」第１部「極東ソ連に対する日本の野望」の検察側立証として、さらに証拠書類を提出する。

（英速録7399～7412頁／和速録86号11～12頁）

＊（検）法廷証PX683【提出済み（検）法廷証PX681「1942（昭和）17年刊国策研究会編国策研究会々員名簿・要覧」抜粋】＝検察側文書PD2302-A　提出され、証拠として受理される。検察官ローゼンブリット、「115を数える法人会員の中には大企業・銀行などがあり、国策研究会は日本の拡張・侵攻的政策を遂行した軍閥が政府・財閥と結託する場であったことを示して

<1946-10-9>　　　　　　　　　　　　　　　　　　　2　検察主張立証段階　155

いる」として、名簿の一部を読み上げようとする。被告木戸弁護人ローガン、「民間組織が幅広く寄付金を募るというのは特異な事象ではない」、「検察官の発言は不適切である」と、異議を申し立てる。裁判長ウェッブ、「発言の適否は後刻判断する」と言い渡す。検察官ローゼンブリット、「朝鮮銀行東京支店、日本興業銀行、三井総元方、三菱社、満鉄、住友本社」といった法人が含まれていることに注意を喚起し、「これは財閥関連企業が、外国領土の獲得計画を作成していた国策研究会の活動を資金面で支えていたとの矢次証言の内容とも符合する」、と申し立てる。続いて、「個人会員名簿の中に蔵相であった当時の被告賀屋興宣と貴族院議員として加わっている被告東郷茂徳の名前があること」に言及して、「国策研究会が私人や一般の日本人の集まりではないことを示している」、と申し立てる。ローゼンブリット、さらに、「矢次証言で被告武藤と佐藤が同会に積極的支援を行っていたことが明らかにされたこと」に法廷の注意を喚起する。検察官ローゼンブリット大佐、この他に「青木一男内相、石黒忠篤満州移住協会理事長、大蔵公望貴族院議員、郷古潔三菱重工業社長、伍堂卓雄工業組合中央会会長、日比野正治大日本兵器社長、平生釟三郎鉄鋼統制会会長・貴族院議員、藤原銀次郎産業設備営団総裁、貴族院議員」等の名前を朗読した後に、「衆議院議員として記載されている者の中に帝国主義的指導者達と政治的見解を一にする者の名が見出される」として、「太田正孝経済学博士、清瀬一郎法学博士」の２人の名前を読み上げる。

＊（検）法廷証 PX684【提出済み PX679 抜粋：大東亜共栄圏の領土処理計画－シベリア鉄道展開計画・ソ連領の分割】＝検察側文書 PD1987　［E: 7403］［J: (11)］　証拠として受理される。検察官ローゼンブリット、軍と拓務省が 1941（昭和 16）年 12 月に作成した「大東亜共栄圏内の領土処理計画」から抜粋する、と予告し、「日本のソ連領への侵攻終末点をドイツの拡張政策が停止した地点にするという計画が立てられており、シベリア鉄道をオムスクの東と西とで日独が分割して管理する可能性を軍と拓務省が論じていたことを示しており、日独でソ連の完璧な壊滅とその領土の分割を戦後の世界再建計画の一環として目論んでいたのは明らかである」、と申し立てる。被告木戸弁護人ローガン、「引用して朗読する予定の 10 行余りの内容説明にしては冗長に過ぎ、かつ説明ではなくて議論・概説をなしている」、と申し立てる。検察官ローゼンブリット、「該文書を証拠として提出する理由を説明しているに過ぎない」と釈明する。裁判長ウェッブ、「証拠文書の説明の場を借りて演説をなしている」とローガン弁護人の見解に同じる。検察官ローゼンブリット大佐、「以後気を付ける」旨応答する。裁判長ウェッブ、「同時通訳をしている関係上、そのような発言を直ちに止めることが困難である」、と弁じる。［E: 7406］［J: (12)］

【PX684 朗読概要】

1. ソヴィエト領の将来
日独間の協定に委ねるべき事項であるので、今決定するのは難しいが、沿海州は日本の領土に

加え、満州国の隣接地域はその勢力圏に収め、シベリア鉄道は日独の完璧な管理下に置いて、オムスクをその分界点とする。……シベリア一帯に関しては、日独間の協定とソ連残存勢力の消長如何によって影響されるので、今は決定し難い。

2. 提出済み PX679 中の「統治対策委員会報告」からの抜粋

我が国の北進乃至南進が近い将来必ず実行されるとして、なんの準備もなく工作を行う場合、満州・北支での工作の二の舞とならないとも限らない。準備をしておかないのは危険である。それ故、国策研究会は統治対策委員会を立ち上げて各種問題を緊急に考究・討議して、その結果を政府に進言して準備を要請することとした。

*検察官ローゼンブリット、以下は「計画された戦争が侵攻的・拡張的なもので、沿海州を恒久的に占領することを意図したものであったことを示す」、と申し立てて、PX684 の朗読を続行する。

現地人をいかに利用するかについては、恒久的に占領するか（例えば、沿海州）そうでないか（例えば、蘭印）によって考え方は異なる。つまり、ソ連人、インドネシア人、オランダ人などをいかに利用するか？　それは良策であるか？　どの位の地位まで現地人を充てるか？　日本人を現地統治に採用すべきか？　現地人に受けのよい役人とそうでない役人の取り扱いはいかにするか？　といった問題をめぐってである。

（委員 A の意見）

蘭印では現地人を利用すべきでなく、また特殊な人物を除き雇用すべきではない。ソ連では、白系ロシア人を利用するのがよいと思う。

*検察官ローゼンブリット、以下は「日本が武装移民を送ってソ連人民を監視下に置く計画があったことを示している」と申し立てて、朗読を続行する。

占領後 4 カ月の後に武装開拓民を送って、軍が必要とする野菜などを供給させると共に、日本の勢力の拡大を図ることも考えられる。この措置は蘭印では必要であろう（英文速記録7409頁は"This might be necessary in the Dutch East Indies"と記すのでこう訳したが、原本和文証書より採録したであろう和文速記録86（12）頁は、「この措置は蘭印では如何かと思われる」と、ほとんど反対の意味を記す。従って本文の後段とは脈絡が繋がり難く、英文への誤訳と言うべきであろう）が、ソ連では相当考慮すべき課題である。

*提出済み（検）法廷証PX682【1942（昭和17）年2月18日刊国策研究会編「大東亜共栄圏の範囲・その構成に関する試案】　証拠として受理され、抜粋が朗読される。検察官ローゼンブリット、「ドイツがソ連のヨーロッパ部分を掌握することを前提として、日本がシベリアを制圧した際にスラブ人種の同地への流入を阻止しようと目論んでいたことを示すものである」、と申し立てる。

【提出済み PX682 朗読概要】

問題点（イ）：ヨーロッパ・ロシアを追われたスラブ民族がシベリアに集中するのを阻止する

<1946-10-9>

対策
* (検) 法廷証 PX685【提出済み PX680「国策研究会編大東亜共栄圏建設対策案（1943［昭和18］年5月）」抜粋；外蒙古・ソ連東部における大東亜共栄圏展開構想】＝検察側文書 PD2330 証拠として受理され、抜粋が朗読される。

【PX685朗読概要】

前述の諸要求を総合して、大東亜共栄圏の現段階における合理的範囲としての地理的輪郭を見ると、次のようになる。
　（イ）軍事占領地域を含む共栄圏の自明的構成地域と一般に認められる地域全部
　（ロ）アリューシャン諸島とアラスカ（ただし、アラスカは非武装地帯とする）
　（ハ）バイカル湖を含むソ連東方一帯
　（ニ）外蒙、新疆、チベット青海など

(5) 検察官ローゼンブリット大佐、検察主張立証第IX局面「日本のソヴィエト連邦関係」第1部「極東ソ連に対する日本の野望」の検察側立証として、「日本の総力戦研究所」に関する証拠書類を提出する。

（英速録7412～7437頁／和速録86号12～16頁）

* ローゼンブリット検察官、「日本の対ソ戦推進の事実を示すさらなる証拠として総力戦研究所に関する文書を証拠として提出する」、「同研究所自体については後刻ニュージーランドの検察官クイリアム准将が詳述する」、と申し立てる。ローゼンブリット検察官、さらに、「同研究所は1940（昭和15）年9月30日に勅令で設立され、首相に直属してその指揮監督を受けた」、「クイリアム検察官によって、総力戦の調査・研究に従事していた同研究所の性格が明らかにされると共に、1941（昭和16）年8月に同所で図上演習が行われていたことや、図上演習の対象事項やそれに付随する事項の選択には必然性があったことが示される」、と申し立てる。被告重光弁護人ファーネス大尉、「この発言は提出予定証拠の説明の粋を逸脱して、事実の陳述にまで及んでいる」、と、異議を申し立てる。裁判長ウェッブ、「後の段階での提出予定証拠について予告するのは法廷審理への一助となるが、他方検察側には、既に注意した通り証拠提出前の説明が簡略になされることを希望する」、と申し渡す。
* 午後2時45分、法廷、15分間の休廷に入る。
* 午後3時、法廷、再開する。［E: 7415］［J: 86 (13)］
* 検察官ゴルンスキー公使、「法廷が妥当と認めれば、クイリアム検察官が提出する予定の総力戦研究会の機構・設立趣旨に関する証拠をこの段階で提出する」、と申し立てる。裁判長ウェッブ、予定通りの立証を進めるよう指示する。
* 検察官ローゼンブリット、総力戦研究所関係の証拠の提出・朗読を開始する。

＊（検）法廷証 PX686【総力戦研究所第１回総力戦机上演習極秘討論会（1941［昭和16］年）抄録】＝検察側文書 PD1622　識別番号を付される。
＊（検）法廷証 PX686-A【同上抜粋；対ソ戦想定演習】　証拠として受理され、抜粋が朗読される。検察官ローゼンブリット、文書の中では、ソ連が「D」などと、国名がアルファベット一文字で示されていることに法廷の注意を喚起し、かつ「引用部分の意味が分かりやすいようにするために、必ずしも頁順では朗読しない」と、申し立てる。

【PX686-A 朗読概要】

1.　北方に対しては我が国の武力の威圧の下に X（枢軸陣営）の対 D（ソ連）処理を容易にする。……ただし、状況止むを得ない時には武力を行使することがある。……D（ソ連）に対しては北M（満州）での防備を強化する。我が国の南方処理が一段落するまでは極力、武力戦は避けるが、D-X（独ソ）戦で D（ソ連）が崩壊に瀕した場合、D（ソ連）が対 N（日本）敵対行為をしようとした場合、A（米国）が R（極東ソ連）に武力進出をしようとした場合、その他の情勢によって開戦が必要となった時には、時期を捉えてこれを決行し、R の戦略的要域を占領する。……。

2.　1941（昭和16）年8月に総力戦研究所が翌年9月の情勢を想定したもの

2-1.　7月10日、閣議は対 D（ソ連）開戦に決し、8月1日に作戦行動開始。M-D（ソ満）国境付近で相当な戦闘が発生したが、その後は大きな抵抗はなく、N（日本）軍の急追のため、9月下旬までには極東ソ連陸海空軍の大半は壊滅し、R（極東ソ連）の要域を占領・確保。D（ソ連）は戦線を後退させ、長期抗戦を呼号しているが、その持久力は疑問である。……

2-7.　春季以来の X（枢軸国）の DB（ソ連、英国）攻勢は N（日本）の作戦と相俟って顕著な効果を収めているが決定的ではなく、世界動乱がいつ終結するかは、何人の予測も許さないのが実情である。……

3.　大東亜圏に包含されるべき範囲が示されている箇所

大東亜の範囲は、NMC（日本・満州・支那）を中心として、RV（極東ソ連・ビルマ）自体とそれ以東、及び G（オーストラリア）以北（オーストラリア自体は含まず）、東経180度以西に包含される地域となる。

＊（検）法廷証 PX687【枢密院審査委員会（1942［昭和17］年10月12日）議事録】＝検察側文書 PD1086　［E: 7420］［J: 86（14）］　識別番号を付される。
＊（検）法廷証 PX687-A【同上抜粋；大東亜省問題・日本占領地域（含ソ連）の取り扱い】＝検察側文書 PD1086-A　証拠として受理される。被告木戸弁護人ローガン、「検察側の抜粋部分の中に文章の一部だけを抜き出している箇所があり、それによって該当部分の意味合いが変わっている」、と申し立てる。裁判長ウェッブ、ローガン弁護人指摘の部分には自らも留意していることを申し渡すが、「検察・弁護側双方共々証拠文書の一部のみを引用することが許容されており、弁護側は弁護側の立証段階でそれを訂正できる」と、言い渡す。検察官ローゼンブ

<1946-10-9>

リット大佐、「被告の中で同会議に出席していたのは東条、星野、南、鈴木である」と前置きして朗読する。

【PX687-A 朗読概要】

大東亜地域の範囲について問われた東条首相は、「関東州、南洋諸島、満州、支那、タイ、仏印、及び大東亜戦争での新占領地を包括するもので、占領地域の増加と共に拡張していくものである」と答弁した。

* （検）法廷証 PX688【1942（昭和 17）年 1 月 27 日総力戦研究所刊「大東亜共栄圏建設草稿」】＝検察側文書 PD2402　識別番号を付される。
* （検）法廷証 PX688-A【同上抜粋；満州国・東部ソ連領・蒙古関連】　証拠として受理される。被告東条弁護人清瀬博士、「日本語原文では『草稿』となっていることが英訳では明確にされておらず、かつ総力戦研究所は政府の政策を研究・立案する機関ではなく、その研究結果は政府の方針を左右するものではなかった」、と申し立てる。裁判長ウェッブ、「弁護側の立証段階で主張すべきことである」と、申し渡す。朗読される。

【PX688-A 朗読概要】

1. 東亜自主共栄の形態

太平洋・中央アジア・インド洋に包括される範囲で、その国家・民族・資源を総合・結合して、東亜国家・民族のための自主共栄の安住区域を画定する。……日本・満州・北支・揚子江下流地域・ソ連沿海州地域を包括する範囲は、東亜結合の中核地帯となして、日本はその結合について指導的使命を有する。……

* 検察官ローゼンブリット、「大東亜圏が三つの区域に分割されている」と説明して、朗読を続行する。

中核圏＝日本の生存圏で、日本本土・満州・北支・揚子江下流地域・ソ連沿海州地域を包括する区域。

小共栄圏＝東亜小自給圏であり、中核圏と東部シベリア・支那・仏印・南洋を包括する区域

大共栄圏＝東亜大自給圏であり、小共栄圏とオーストラリア・インド・太平洋諸島を包括する区域。……

2. 20 年後を目標とする東亜諸地域の政治形態：……

満州国＝満州国は建国の理想に従って益々堅実な発展を遂げ、日満併合（英文速記録 7427 頁は unification of Japan and Manchukuo と記すのでこう訳したが、原本をそのまま引用したであろうと推定される和文速記録は「日満一体」と記す）の実を挙げ、対ソ作戦基地としての実態を備えさせる。特に、益々移民計画を推進し、民族協和の実を挙げさせる。……

ソ連東部＝なるべく早期に沿海州は日本領に編入する。それ以外の地域は日本、場合によっては満州国に属し、軍事上の特殊地域となる。……

　3．政治……

ソ連東部＝（1）建設は日満両国の国防上の要請を第一義として、軍事は日本が掌握する。（2）ソ連の赤化勢力を完全に除去した後、必要ならば低度の自治を許容することがある。（3）開拓・民族政策を適切に行い、対ソ防壁としての実を備えさせる。

モンゴル＝対ソ防壁を形成させることを目的として、自治の程度は民度に応じて逐次向上させるが、究極に於いても軍事・外交の主要事項は我が国の保護・指揮下に置く。

＊（検）法廷証PX689【総力戦研究所刊（1942［昭和17］年2月18日）「東亜建設第一期総力戦方略」】＝検察側文書PD1621　識別番号を付される。［E: 7430］［J: 86（15）］

＊（検）法廷証PX689-A【同上抜粋；東亜建設第1期総力戦方略】　証拠として受理され、朗読される。

【PX689-A 朗読概要】

北方に於いては努めて国防基礎圏を確保し、戦略態勢の優位を保持すると共に、戦略物資の獲得が間違いなく行われるようにする。占拠にあたって着眼すべき要点は別紙第三を参照のこと。別紙第三添付資料第3号には、興味あることに、日本人によって占拠されるべき居住地の表が含まれる。

＊検察官ローゼンブリット大佐、「別紙第三添付資料第3号には、興味あることに、日本人によって占拠されるべき居住地の表が含まれる」と付言して、朗読を続行する。

別紙第三・東部シベリア占拠要点

　1．沿海州地方：（イ）ウラジオストック、マリンスク、ニコライエフスク、ペトロパブロフスク及びその他の重要戦略拠点、（ロ）資源関係：テチュエ＝鉄鉱、オハ及びエハビ＝石油、スチェン・アルチョム・ウォロシーロフ・タブリチャンカ＝石炭

　2．ハバロフスク地方：（イ）ハバロフスク、ブラゴベシチェンスク、ルフロフ及びその他の重要戦略拠点、（ロ）資源関係：ウマリタ＝モリブデン鉱、キウダ・ライチンスク（日本語原文では「サハリン」［＝樺太］がこれに加えられているが、英文速記録7432頁の対応部分にはない）＝石炭

　3．チタ地方：チタ、カリムスカヤ及びその他の重要戦略拠点、（ロ）資源関係：ハレキンスキー＝鉄鉱、ダラスン＝鉛と亜鉛、グタイ＝モリブデン鉱、ブカチャチャ・チェルノフスキー・タルバガタイ・アルバガル＝石炭

　4．ブリヤト・モンゴル地方：ウランウデ及びその他の重要戦略拠点……

戦争手段

　2．対ソ戦争に際しては、敵の主作戦場での戦略態勢や、敵本国策源地と戦場との距離が遠隔であることに乗じて攻勢に出て、特に初動作戦での攻撃力を最大にして、敵の所在・増援兵力を

<1946-10-9>

速やかに撃滅し、戦争の短期解決を図る。その後は、要域を占領して持久戦に移る。……

外交戦

　武力戦で東部シベリアからソ連の兵力を駆逐するまでは外交的手段として特記すべきことはないが、概ね以下のような手段を考慮する。
　1．日独関係は当面対ソ戦に重点を指向し、その作戦指導について可能な限り協力する。
　2．同盟関係を活用して対ソ思想戦を強化し、ソ連の崩壊を図る。
　3．東部シベリアでソ連軍を撃砕した後、情勢によっては速やかにドイツと共にソ連と寛大な条件で講和し、再び対米英戦に重点を指向する場合がある。
　4．日ソ開戦後にドイツが英（米）との和平を成立させた場合、情勢によっては我が国も同時に英米との講和を図り、対ソ戦完遂を図ることがある。

＊（検）法廷証 PX690【総力戦研究所刊「昭和18年度総合研究」】＝検察側文書 PD1355　識別番号を付される。［E: 7434］［J: 86（15）］
＊（検）法廷証 PX690-A【同上抜粋；シベリア（含外蒙）統治方策】　証拠として受理され、朗読される。

【PX690-A 朗読概要】

　（1）統治一般の目的は、大東亜共栄圏の防衛を確立するために北辺防備地区を整備することにある。そのために、占領地域には軍政が施行されねばならない（英文速記録7435頁は、"a military administration in the occupied areas should be secured" とするのでこのように訳したが、原本和文書証より採録したであろう和文速記録86（15）頁は、「当初軍政を施行し、占領地域の治安を確保し」と記す。即ち「当初」と「治安を確保し」の部分が英文速記録には読み込まれていない）……
　（3）旧来の法令の全面的無効を宣言し、素朴・強力な軍令でこれに臨み、皇国の強力な指導の下で現地人は原則として政治に関与させない。必要ならば、低度の自治権を付与する。……
　（7）国防・経済上必要ならば、朝鮮・満州から移民を送ることとする。
　（8）必要に応じて現地人の強制移住を行う。……
＊検察官ローゼンブリット大佐、「別の頁から引用する」と前置きして、朗読を続行する。
　我が国の威力を浸透させることを旨として峻厳な実力を以て臨み、温情主義に堕さないようにする。……
＊検察官ローゼンブリット、「日本がソ連人民を隷従させようと目論んでいた証拠である」、「別の頁から引用する」と説明して、朗読を続行する。
　鉱物資源開発の労働力としての北樺太現地人の確保。……
＊検察官ローゼンブリット、「日本がドイツ同様、民族の純潔にこだわっていたことを示す証拠である」として、「同じ頁の別の部分から引用する」と説明して、朗読を続行する。
　各民族間の混血はこれを放任するが、日本民族の純潔は確保する。……

＊検察官ローゼンブリット、「日本が占領を予定していた地域を示す箇所として、別な頁から抜粋する」と説明して朗読を続行する。

ここで言うシベリアとは、バイカル以東（ヤクート自治共和国を除く）を指す。1941（昭和16）年7月現在のソ連の行政区画では、ロシア共和国極東及び東部シベリア（イルクーツク州を除く）に該当する。

(6) 検察官イワノフ大佐、検察官ローゼンブリット大佐に替わり、検察主張立証第Ⅸ局面「日本のソヴィエト連邦関係」第1部「極東ソ連に対する日本の野望」の検察側立証として、「日本のソヴィエトに対する戦争の計画と準備」に関する証拠書類を、提出する。 (英速録7437〜7458頁／和速録86号16頁〜87号4頁)

＊（検）法廷証PX691【鈴木重康陸軍大佐作成「満鮮地方視察旅行報告（1931［昭和6］年3月）」】＝検察側文書PD2549　識別番号を付される。

＊（検）法廷証PX691-A【同上抜粋；前言・訓令・指示・観察・判決】　証拠として受理され、朗読される。

【PX691-A 朗読概要】

前言

自分は別紙第1の訓令に基づいて3月中旬から約2週間、満州・朝鮮地域を旅行した。以下、その時の見聞について報告する。旅行経路については別紙第2の通りである。

訓令

（1）貴官は、その主務に鑑み、満州特に四平街・洮南（四洮）鉄道沿線地方の全般状況を視察すること。細部については第1部長を通じて指示する……（3）任務実行にあたっては、関東軍・朝鮮軍両司令部、並びにその指揮下の諸機関と連絡すること。

指示

貴官は訓令（1）に基づいて以下の事項を調査・考察すること。
1. 乙作戦指導のための北満地方での用兵上の一般考察、特に四洮・東支沿線の価値の観察。
2. 満州に於ける飛行場に関する観察。
3. 乙・丙作戦に於ける朝鮮北部方面での用兵上の具体的考察。

＊検察官イワノフ、「英訳で『A・B』作戦とされているのは原文では『乙・丙』作戦となっており、それぞれ対ソ・対支作戦のことである」、と申し立てる。被告鈴木・賀屋弁護人マイケル・レビン、「文中に登場する鈴木は被告鈴木ではないことを明確にしたい」、と申し立てる。検察官ゴルンスキー公使、これに同意する。検察官イワノフ、以下に報告本文から引用すると説明して朗読を続行する。

第一・乙作戦で主力軍を動かす際の東支西線と四洮線との優劣比較

<1946-10-10>

決定

　乙作戦で主力軍を動かすべき方面を両鉄道の沿線の地形から比較判断すると、大きな差異があるとは認め難いが、近時、索倫地方（洮南以北興安嶺東麓平野）の開発が進捗していることと、戦略上の関係を併せて考慮すると、主力軍は四洮線方面に動かすのが適当と認める。……

第三・朝鮮北部に出動する軍隊の用法に対する観察

観察

　(1) 現計画で乙作戦に於ける第19師団の用法は、その全力を集中して琿春とそれ以南の地区で使用し、丙作戦ではその大部分もしくは全力を間島方面に策動するようにするのを適当とする。

　(2) 乙作戦での沿海州方面の作戦は、軍の主力をウラジオストック以東の海岸に上陸させるのを本旨とし、朝鮮北部に出動する部隊は主力と分離して別個の行動を取るように律するのを適当とする。そのように独立に行動することを考慮して、朝鮮北部の部隊の装備を充実させることに特段の注意を要する。……(2) について、現計画に於いては、沿海州作戦軍は満州軍の作戦を容易にすることを本旨とする。そのためには軍の主力をなるべくニコライエフスク以北に進出させ、東支東線を我方の領有下に置くことを必要とし、それは成るべく急速に実施されることを希望する。この見地からすれば、沿海州軍の主力はウラジオストック以東の海岸に上陸させ、パスコエ・ニコライエフスク方面を目標として前進し、朝鮮北部方面からの出動部隊と共に外線作戦（英文速記録7444頁には outer line と訳されているが、軍事用語としては、exterior line が正しい）を実施するのを至当とする。主力が駄馬師団（歩兵3個連隊と山砲兵連隊とで構成された師団のことで、速記録の packhorse division は直訳であろう）で構成されているので、この作戦は一層容易になるものと言える。

＊被告木戸弁護人ローガン、検察官が証拠提出の合間に論評を差し挟んでいることに法廷の注意を喚起し、「これは裁判長の指示に反すると共に、提出された証拠の内容に注意を集中するのを妨げるものである」、と申し立てる。裁判長ウェッブ、「手短な概要・説明を付するのは良いが、それを繰り返してはいけない」、と申し渡す。

＊裁判長ウェッブ、これまで金曜日は3時に休廷していたが、来週と再来週の金曜日は4時に休廷すると報じ、午後3時56分、翌日午前9時30分までの休廷を宣する。

◆ 1946（昭和21）年10月10日　　（英速録7446〜7533頁／和速録第87号1〜15頁）

＊午前9時30分、法廷、再開する。
＊被告東郷弁護人山岡、被告鈴木弁護人レビンが被告賀屋のアメリカ人弁護人を兼務することとなったことを報告する。
＊検察官イワノフ大佐、検察主張立証第Ⅸ局面「日本のソヴィエト連邦関係」第1部「極東ソ連に対する日本の野望」の検察側立証としての証拠提出を続行する。
＊(検) 法廷証PX692【広田駐ソ大使・原田少将面談の件（1931［昭和6］年）；対ソ戦計画の必要性・共産主義の脅威・東シベリアの地位】＝検察側文書PD1990-A並びに（検）法廷証

PX693【笠原幸雄陸軍中将宣誓供述書；PX692の出所・真実性証明】＝検察側文書PD2659
証拠として受理される。被告梅津・東郷弁護人ブレークニー少佐、「宣誓供述書が証拠として受理される条件として、供述者を反対尋問のために法廷に召喚すべきである」と、申し立てる。検察官ゴルンスキー公使、「該供述書は文書の証明のみを目的としたものであり、喚問の必要性を認めない」、と応答する。裁判長ウェッブ、「法廷が指示した場合には、証人喚問がなされなければならない」、と申し渡す。被告広田弁護人花井、「法廷に提出されたPX692は写真複写版で原本の所在が不明である」、と申し立てる。検察官ゴルンスキー、「検察側も写真複写版しか入手していない」、「それ故に検察は、文書を作成した笠原から自身が作成したものであることを証明する旨の宣誓供述書を取った」、と申し立てる。検察官イワノフ、文書の複写版の裏に当時駐ソ陸軍武官であった笠原自身の書き込みがあることを指摘して、そこには「当写真複写版文書の表に日本語で書かれている文面は、15年前の1931（昭和6）年、原田少将がモスクワに滞在した際に自分が手書きで記録したものであり、広田大使と原田少将との会話の要点が記されていることを、自分の署名を以て証する。1946（昭和21）年9月3日　笠原幸雄」と記載されている、と申し立てる。検察官イワノフ、さらに、「当時被告広田は駐ソ大使で、PX692で立証するのは、1931（昭和6）年の時点で日本が対ソ侵攻を既に検討課題としていたこと、及び広田が当時から防共よりはむしろシベリア占領を目論んでいたことである」、と申し立てる。

＊検察官イワノフ、PX693を朗読する。［E: 7450］［J: 87（3）］

【PX693朗読概要】

私、日本陸軍中将笠原幸雄は、宣誓の上、以下のことを証明する。

「広田大使・原田少将面談の件」と題された文書の写真複写版は、原田少将が15年前の1931（昭和6）年にモスクワに滞在していた際の両者の会談の内容をまとめたものである。原田少将の求めに応じて自分が手書きで記したもので、内容は以下の通り。

広田大使・原田少将面談の件・広田大使より参謀総長に伝達○○の国策について。

1. 次の件を特に参謀総長に伝達してもらいたい。日本がソ連と戦争するかどうかは別として、いつでも戦争する覚悟を持って対ソ強硬政策を探る必要がある。主目的は、防共よりもシベリア占領にある。

2. 軍縮問題に関して広田大使が述べた○○。軍縮問題に関して世間の外交官の大半は軍備縮小に賛成のようであるが、これは軍縮一般論についてであって、日本の軍備が対ソ向けであることを明瞭にすれば、決して縮小できないことは当然で、列強もまた（以下の部分は自分に提示されていない）。

○○は、判読不能な箇所である。自分に提示されなかった残余の部分の内容が何であったかは記憶にない。

<1946-10-10>

当供述書は、自分が自筆で記したもので、内容が真実であることを証する。

* 被告広田弁護人スミス、上記朗読途中で、「法廷は笠原を召喚することに決したと理解しているが、なぜ未だに出廷していないのか？」、と申し立てる。裁判長ウェッブ、「法廷が必要と認めた場合に召喚すると決定したのであって、必要性の有無について法廷は未だ裁定を下していない」、と申し渡す。

* 被告重光弁護人ファーネス少佐（ウェッブ裁判長が「ファーネス少佐」と呼びかけるので、このあたりの時点で弁護人ファーネス大尉は「少佐」に昇格したものと思われる）、朗読終了後に、以下の理由で笠原の証人喚問を正式に要請する。即ち、「①笠原の供述書から明らかなように、笠原は原文のすべてを見せられた上で供述書に署名したわけではない、②証明書によれば文書の出所はソ連検察で、日本政府やソ連政府機関ではない、③法廷に提出された原本はほとんど判読不能、④証明書の記述では、日本語⇒ロシア語⇒英語と二段階で翻訳されている文書である」、と。スミス弁護人、「笠原が喚問されるまで供述書の内容は記録から削除されるべきである」、と申し立てる。検察官ゴルンスキー公使、「供述書が文書の真実性を証明することに主眼を置いていることに鑑みれば、反対尋問のために召喚しても弁護側が質せるのはその点だけであるから無益である。供述書で触れられている出来事について質すのであれば、弁護側証人として喚問されるべきである」、と応答する。裁判長ウェッブ、法廷が笠原を証人として喚問することを決定したことを申し渡し、検察官ゴルンスキー公使、数分後に出廷させることを約する。

* （検）法廷証PX694【日ソ漁業問題に対する参謀本部提案（1931［昭和6］年2月9日）】＝検察側文書PD1753　証拠として提出される。［E: 7455］［J: 87（4）］　検察官イワノフ大佐、当該文書は「参謀本部がいかなる口実でも設けてソ連を攻撃しようと目論んでおり、この当時は両国間の漁業交渉をめぐる緊張関係を利用していたことを示している」、と申し立てる。裁判長ウェッブ、「どうせ朗読するのであるから説明は充分」と申し渡す。被告重光弁護人ファーネス、証明書によれば同文書の出所がモスクワのソ連軍検察局とのみ記されていることを理由に、証拠としての受理に異議を申し立てる。裁判長ウェッブ、「内容を吟味しなければ判断できない」、と応答する。ファーネス弁護人、「それでは、証明書を添付する意味がなくなる」と申し立てる。ウェッブ裁判長、以前にも米国筋から発行された証明書が不十分であるとされた前例を引いて、異議容認の意向を示す。検察官ゴルンスキー、「以前の米国関連の証拠で問題となったのは証明書が在東京の国際検察局によって発行されたものであったからであって、当該文書の場合、証明書はモスクワの軍検察局からのものであるから裁判所条例第13条の要件は充たしている」と申し立てる。裁判長ウェッブ、「東京であれモスクワであれ、ソ連検察から出たものであることに変わりはない」として、他の判事と協議の上「検察は当該文書をどこで入手したかを明らかにして、それを証明書の形で提出すべきである」と言い渡し、「それが行われるまで正式な証拠としては受理されない」と裁定する。検察官イワノフ、抜粋を朗読する。

【PX694 朗読概要】

　日本はソ連との関係にまつわる権益が何に由来するかを（英文速記録7457頁は"the reason by which her interest in Russia is authorized"とするが、和文速記録は「対露権益の仍って来る所を」である）深く考慮し、その将来を絶対に安全にするために、無免許出漁（英文速記録は"unlicensed fishing"とするのでこう訳したが、和文速記録の内容は「自由出漁」である）の決意を以て断々乎として交渉に臨み、思い切って我が国の主張を貫徹することを喫緊の重要課題であると確信する。ソ連内外の情勢から判断して、我が国が無免許出漁（同前）の決意を示せば、ソ連は強いてその主張を貫徹する勇気はないであろう。万が一、ソ連側にそのような勇気があり、我方が無免許出漁（同前）を決行して、勢いの赴くところ国交断絶となった場合、かえってそれは我が国の対ソ根本国策を遂行する機会となるので、願ってもないことである。

　（7）証人元陸軍中将笠原幸雄—参謀本部ロシア班長、1931（昭和6）年当時のモスクワ駐在大使館附武官—、検察主張立証第Ⅸ局面「日本のソヴィエト連邦関係」第1部「極東ソ連に対する日本の野望」の検察側立証として、「日本の対ソヴィエト戦不測事態対応計画、共産主義の脅威及び東シベリアの地位に関する、当時の駐ソ大使広田被告と原田少将との間の談話内容の記録」について、宣誓供述書によって証言する。

(英速録7459〜7499頁／和速録87号4〜10頁)

＊検察官イワノフ大佐、笠原証人に一連の文書を見せて当人が署名したものであることを確認し、直接尋問を開始する。

【検察側証人笠原幸雄に対する宣誓供述書による検察側直接尋問】

＊証人、提出済み（検）法廷証PX692が、「1931（昭和6）年に原田少将がモスクワを出張で訪れた際に、当時駐ソ大使であった広田を駐在武官であった自分が引き合わせ、両者が会談した際の会話の概要を記して原田に与えたものであること」を確認する。
＊（検）法廷証PX695【笠原幸雄第2宣誓供述書】＝検察側文書PD2657　識別番号を付される。
＊（検）法廷証PX696【原田少将に対する笠原武官のソ連事情説明覚書（和文書証原本から直接採取したであろう和文速記録は「原田閣下に対する講話概要」とする）】＝検察側文書PD1990-B　識別番号を付される。
＊（検）法廷証PX697【笠原幸雄第3宣誓供述書】＝検察側文書PD2658　識別番号を付される。
＊（検）法廷証PX698【ハルビン特務機関神田正種少佐発モスクワ武官笠原幸雄宛私的報告（日付不明）；対ソ戦準備】＝検察側文書PD2460　識別番号を付される。
＊被告広田弁護人花井、反対尋問に立つ。［E: 7464］［J: 87（5）］

<1946-10-10>

【弁護人花井による検察側証人笠原幸雄に対する反対尋問】

弁護人審問
　①原田のモスクワ訪問の目的は？
＊検察官ゴルンスキー公使、「直接尋問の範囲外の事項である」と異議を申し立てる。裁判長ウェッブ、「供述書の内容に関するものである」として異議を却下する。
証人応答
　①原田はヨーロッパに於ける軍事教育の実情視察を目的として教育総監部によって派遣され、同地を回っていたが、モスクワにはその視察旅行の途次に偶々立ち寄っただけである。
弁護人審問
　②原田が広田と会談した経緯・内容は如何？
証人応答
　②将官級の軍人が訪れた際には、武官が表敬の意味で大使に引き合わせるのが慣例となっていて、その慣例に従ったまでであり、それ以外の目的はなかった。
弁護人審問
　③会談はどのぐらいの時間続いたか？
＊裁判長ウェッブ、「不要な質問である」と遮るも、証人、応答する。
証人応答
　③憶えていないが、そんなに長い時間ではなかった。
弁護人審問
　④会談の内容は提出された文書に記されてある通りか？
証人応答
　④その通りではない。文書は概要を記したもので、逐語的に記録したものではない。会談の内容を正確に記録したと確信を持って言うことはできない。
＊午前10時45分、法廷、15分間の休憩に入る。
＊午前11時、法廷、再開する。［E: 7467］［J: 87（5）］
＊花井弁護人、笠原証人への反対尋問を再開する。
弁護人審問
　⑤笠原の記録の性質について、
　⑤-1．会談では結構な数の質問がされたと思うが？
＊裁判長ウェッブ、「質問が漠然としすぎている」と注意するも、証人、応答する。
証人応答
　⑤-1．広田大使に原田を引き合わせる前に、自分は原田とソ連情勢全般について話をしており、原田は自分との話の内容に基づいて大使に質問していた。

弁護人審問
　⑤-2．会談記録は証人が内容を取捨選択してまとめたものではないか？
　⑤-3．会談の最中に録取したものか、後で記したものか？
証人応答
　⑤-2．その通り。広田に内容を確認してもらうことはなかった。
　⑤-3．会談の後で、モスクワを離れる前の原田に内容をまとめるよう頼まれて、自分が自分の執務室で書いたものである。
弁護人審問
　⑥広田の真意について、
　⑥-1．「広田に会談録を見せなかった」というのは事実か？
　⑥-2．会談録の成立事情に鑑みて、その内容に証人自身の見解が加わっている可能性は？
証人応答
　⑥-1．当該会談録は広田には見せなかったし、内容について話し合ったこともないが、ソ連問題全般について広田と意見を交わしたことはある。
　⑥-2．その可能性は否定できないが、広田の真意をすべて書き綴ったとは断言できない。広田の発言に自分の考えで色づけした可能性もある。当時日ソ間の懸案に日本の国内世論が余り大きな関心を示していなかった事情もこれあり、原田を通じて日本の世論が懸案事項に注意を向けるようにしようとの意図が広田にあった可能性はある。
＊検察官ゴルンスキー、「このようにして広田の真意を忖度するのは適切ではない」と異議を申し立てる。裁判長ウェッブ、同意する。
弁護人審問
　⑥-3．広田の外交政策・対ソ観はいかなるものであったか？
＊検察官ゴルンスキー、「漠然とし過ぎた質問であり、直接尋問で触れた事項の範囲外である」と異議を申し立てる。裁判長ウェッブ、異議を容認する。花井弁護人、「広田は日ソ不可侵条約締結、両国間の協調外交を強く推進していた者であるが、当該文書はその事実を真っ向から否定するものであり、自分はそれに反駁を加えたい」として、「関連性有り」、と申し立てる。裁判長ウェッブ、「会談録の内容についてであれば質問できるが、法廷は未だにその内容を知らされていない」、と申し渡す。
弁護人審問
　⑥-4．軍縮問題が話し合われなかったか？
証人応答
　⑥-4．記憶は確かではないが、話題に上ったことは想像できる。
＊裁判長ウェッブ、「会談録の内容をまず知る必要がある」、と申し渡して、自ら問いを発す。
裁判長審問
　⑦原文の内容について、

<1946-10-10>

⑦-1. 証人は、検察側提出の文書は作成した文書の一部だけであると証言したが、欠落部分の内容は？

証人応答

⑦-1. 思い出せない。

弁護人審問

⑦-2. ソ連の軍備増強について話し合われなかったか？

証人応答

⑦-2. 話し合った。自分も広田もそれについて語った。

裁判長審問

⑦-3. 検察が証人に見せた文書の内容は、当時の会談の内容を大体正しく伝えるものであるか？

証人応答

⑦-3. 供述書で述べたように、会談の要点だけを記したもので、逐語的に記録したものではない。

弁護人審問

⑦-4. 検察官に該文書を見せられた時、判読できたか？

証人応答

⑦-4. できた。

*弁護人花井、「自分達にに判読不能であった」、と申し立てる。裁判長ウェッブ、「証人の返答は受け容れるべし」、と申し渡す。証人笠原、「自分の手書きであり、筆跡の癖は自分で承知している」、と弁じる。花井弁護人、証人に実際に原文を読むように要請する。証人、冒頭部分を読んだ後、「証人自身に判読不能な箇所がある」と応答し、「これを書いた当時も読めない箇所が多々あった（和文速記録ではこの後に続けて「長い時間掛かって判読をして読んだ」の一節が続く）」、と申し立てる。

弁護人審問

⑦-5. 推測・想像で判読しようとしたのか？

⑦-6. 証人が今読んだ部分と供述書の内容との間には若干の差異があるではないか？

証人応答

⑦-5. 読み難かったので、自分で内容を想像した。

⑦-6. 判読困難な箇所の内容を推測するために、自分の想像が混じっている可能性がある。

*花井弁護人、相違する点をいくつか指摘し、裁判長が、証人に質す。笠原証人、指摘された相違点が弁護人の言う通りであることを認める。

弁護人審問

⑧原本と写真複写版について、[E: 7476] [J: 87（7）]

⑧-1. 文書の原本の所在に？

⑧-2. 金庫に収めた1通に現在もそのままか？

証人応答

⑧-1. カーボン紙を使用して2通作成し、1通は原田に渡し、もう1通はモスクワの武官室金庫に収めた。

⑧-2. 自分がモスクワを離れた1932（昭和7）年春までは金庫にあったが、それ以降どうなったかは知らない。（これに対して翻訳調整官による「私はその文書は現在までその金庫に在ると承知している」との修正が入る）

弁護人審問

⑧-3. 写真複写版が作成された経緯は？

＊裁判長ウェッブ、「重要性を欠く事項である」、と申し渡すも、証人、応答する。

証人応答

⑧-3. 知らない。原田少将の手に在った写しから作られたか、もしくは自分がモスクワの金庫に置いておいた写しからソヴィエト側が秘密裏に（さらなる写しを）取ったものであろう。

弁護人審問

⑧-4. 原本ではなく複写版を見て自分の筆跡であるといかにして分かったか？

⑧-5. 複写版を見せられるまで、原田・広田会談について記憶していたか？

証人応答

⑧-4. 自分の筆跡の癖と、記されている全般的内容から判断して。

⑧-5. 証人として喚問された時も思い出せず、複写版を見せられて初めて思い出した。

＊被告東条弁護人清瀬博士、「証人の宣誓供述書と広田・原田面談録原文複写版の内容の比較」について反対尋問に立つ。[E: 7477] [J: 87（7）]

【弁護人清瀬博士による検察側証人笠原幸雄に対する反対尋問】

＊清瀬弁護人、原文複写版中の、PX693で軍縮問題に触れた箇所の対応部分を読むよう要請し、証人、当該部を朗読する。

＊清瀬弁護人、原文には小さな文字で書かれた1行が余分にあるように見受けられるとして、弁護人がその部分を解読するよう促す。弁護人、「その部分の後に出てくる箇所には続きがあるのではないか」、と質す。証人、それに同意するが、「検察が自分に提示したのは不完全な形で終わっている文であった」と、付加する。証人、「文字が小さくて読めない」と更に答え、不得要領に終わる。弁護人、「最初に作成した面談録は何頁ぐらいであったか？」と、質す。証人、「憶えていない」と答えるが、「残り数語で終わるような少ない分量ではなかった」と付け加える。

＊被告重光弁護人ファーネス大佐、「①提出済みPX692【広田駐ソ大使・原田少将面談の件（1931［昭和6］年）：対ソ戦計画の必要性・共産主義の脅威・東シベリアの地位】＝検察側文書PD1990-Aの原本全体が証拠として提出されるべきことと、及び②原田が証人として法廷に喚

<1946-10-10>

問される可能性」の2点について、質す。検察官ゴルンスキー公使、「①検察がモスクワで入手できた複写版は法廷に提出した部分のみで、東京で残余の部分を探したが発見できなかった、②原田の所在は確認できていない」、と応答する。裁判長ウェッブ、「①文書全体が証拠として提出されるべきである、②それが可能か否かは、原田を喚問するかどうかの決定にも影響する」、と申し渡す。ファーネス弁護人、「これまで証拠として受理され、証人が証言を行ったのはPX692とPX693のみで、これ以降新たな証拠が提出された場合に、弁護側に反対尋問の機会が与えられることが確認されれば、これ以上証人に尋問することはない」、と申し立てる。ゴルンスキー検察官、証人が供述書で陳述した内容と法廷で複写文書を読み上げた時の内容とを比較する機会を与えるよう、法廷に要請する。

* 午前11時56分、法廷、正午の休憩に入る。
* 午後1時30分、法廷、再開する。［E: 7485］［J: 87（8）］
* 翻訳官、休廷前の検察官ゴルンスキー公使の要請に従って、日本語の速記録を基に、笠原証人が複写版の面談録の一部から朗読した箇所を英訳する（内容はPX693の一部とほぼ同じ）。
* 検察官ゴルンスキー、検察側は笠原証人への再直接尋問を行わない、と申し立てる。
* 被告広田弁護人スミス、「午前中の笠原証人の法廷における朗読部分の英訳が完璧でない」として、欠落部分を補うべきことを申し立てる。裁判長ウェッブ、言語部に英訳されていない部分があるかを質す。翻訳官、そのような部分が一部あることを認める。ウェッブ裁判長、今一度完全な英訳を読み上げるよう指示する（内容面では、ほとんど差異なし）。
* 検察官イワノフ大佐、笠原証人関連証拠の提出と朗読を再開する。［E: 7489］［J: 87（9）］
* 提出済み（検）法廷証PX696【原田少将に対する笠原武官のソ連事情説明覚書（和文書証原本から直接採取したであろう和文速記録は「原田閣下に対する講話概要」とする）】 証拠として受理され、抜粋が朗読される。

【提出済みPX696朗読概要】

　ソ連は、現在は攻勢的ではなく守勢で、専ら外国からの侵略（invasion）を恐れている。……現在は、国力全般から見てソ連に戦争遂行力はないと判断される。帝国としては、極東問題解決の時期は今以外に見つけることができない。ソ連の西の隣国（ポーランド、ルーマニア）は、今なら我が国と呼応して起つ国力があるが、今後は年を経るに従ってその国力が減殺してくるであろう。現在、我が国が戦争を覚悟して極東問題の解決を図れば、戦争なしで解決することも可能である。また、万一開戦となっても差し支えはない。

* 提出済み（検）法廷証PX695【笠原幸雄第2宣誓供述書】 証拠として受理される。被告重光弁護人ファーネス少佐、「該文書の写しを弁護側が24時間前までに受理していなかった」と、申し立てる。裁判長ウェッブ、「文書の短さを考慮して規則を杓子定規に適用しない方がよい場合もある」、と申し渡す。ファーネス弁護人、「強いて異議を申し立てることはしない」、と

付言する。ウェッブ裁判長、「他の弁護人から異議が出されなかった」として、検察官イワノフ大佐に朗読を促す。朗読される。

【提出済み PX695 朗読概要】

私、笠原幸雄陸軍中将は、宣誓の上、以下の通り証言する。

　自分は、駐ソ大使館付武官として1930～32（昭和5～7）年に勤務中、職務遂行の過程で以下の事実を知るに至った。

　1. 1931（昭和6）年、原田陸軍少将がヨーロッパから帰朝する途中モスクワに立ち寄った際、原田はソ連情勢と日本の対ソ政策について自分及び広田大使と話をした。原田と自分との会談の時には武官補佐の山岡道武少佐が、原田と大使との面談の折には自分が同席した。

　2. 写真複写版で自分に見せられた「原田少将に対する笠原武官のソ連事情説明覚書（和文書証原本から直接採取したであろう和文速記録は「原田閣下に対する講話概要」とする）」と題された日本語の文書は、原田少将が1931（昭和6）年にモスクワに立ち寄った際に自分が原田に話した内容を正しく記録しているもので、1～9頁は山岡の手書きによるものと思われる。このことが事実であることを証するため、自分は、該写真複写文書の裏面に、文書を見せられた当日の日付と共に署名した。

　3. 写真複写版で自分に見せられた「広田駐ソ大使・原田少将面談の件」と題された日本語の文書は、15年前の1931（昭和6）年に原田がモスクワに滞在した際に広田と会談した時の会談の概要を記したもので、自分が原田の要請に応えて作成した。これが事実であることを証するため、同文書の裏面に自分は署名した。

＊被告重光弁護人ファーネス少佐、続けて被告南弁護人岡本（敏）、反対尋問に立つ。［E: 7495］［J: 87（9）］

【弁護人ファーネス少佐及び弁護人岡本（敏）による検察側証人笠原幸雄に対する反対尋問】

弁護人ファーネス審問：

　1. 提出済み PX696 の内容について、

＊ファーネス弁護人、検察側が朗読しなかったPX696中の一節「経済力・国防力の充実に従ってソ連が現在の消極的国防から侵攻的に転移するのは自明の理である。ただし、（この後に「現在は、国力全般から見てソ連に戦争遂行力はないと判断される」という検察側朗読部分が続く）……国民の軍事化に全力を傾注している。日本では、一昨年は300万で、昨年は500万、今年は900万（英文速記録7496頁は、"In Japan"と記載するのでこう訳したが、日本とソ連のどちらについて語っているのか不明である。書証PX696の性格と文脈からは、明らかにソ連国内の事情について述べているはずであると推測される以上、英文速記録7496頁は、和文原本書証であった文書のソヴィエト連邦に関する内容とはまったく反

対の、日本に関する内容を表していることとなる。また和文速記録87（10）頁によればこれらの数値は、「オソアビアヒム」の数値であると判読できるが、この「オソアビアヒム」はソ連国内の何かの民間軍事関連組織を指しているのであろうか？）。幼稚園まで徹底している」を、証人に朗読させる。

＊裁判長ウェッブ、弁護人に対して、「①証人の写真複写版文書の読解能力を試しているのか、②弁護側に有利な事項を引き出そうとしているのか？」、と質して、文書の一部を証人に朗読させることの意図を問う。弁護人、②であると返答する。

＊ファーネス弁護人、当時笠原が参謀本部に属する駐在武官であり、ヨーロッパを視察旅行していた教育総監部所属の将官に報告書を送ったのは公務ではなく自発的になした行為であり、そこに記されているのは笠原個人の見解であったことを確認する。

弁護人岡本審問：[E: 7498] [J: 87（10）]

2. PX696の内容について、ファーネス弁護人の要請に従って朗読した部分には、「対米」という字句が脇に書かれており、それを含めれば当該部分は「経済力・国防力の充実に従ってソ連が現在の対米政策を消極的国防から侵攻的に転移するのは自明の理である」と読めないか？　それが証人の記そうとした内容であるか？

証人応答

2. 共にその通り。

＊検察官ゴルンスキー公使、「笠原証人を翌日に再喚問すべくこの日は退廷させるべきである」と、法廷に申し立てる。裁判長ウェッブ、これを容れる。

＊笠原幸雄証人、退廷する。

(8) 検察官イワノフ大佐、検察主張立証第IX局面「日本のソヴィエト連邦関係」第1部「極東ソ連に対する日本の野望」の検察側立証として、「日本の対満州侵攻と対ソヴィエト謀略の関係」に関する証拠書類を提出する。

(英速録7500～7529頁／和速録87号10～14頁)

＊(検) 法廷証PX699【1946（昭和21）年2月22日付け三宅光治関東軍参謀長（1928 [昭和3] 年7月～1932 [昭和7] 年5月）宣誓供述書；対ソ戦作戦計画・満州占領作戦準備】＝検察側文書PD1950　提出される。被告梅津・東郷弁護人ブレークニー少佐、「供述者が反対尋問のために喚問されない限り証拠として受理されるべきでない」、と異議を申し立てる。裁判長ウェッブ、「法廷が喚問必要と認めた場合に喚問されることを条件に証拠として採用する。現在の時点では喚問の必要性を判断できる程度にまで内容を知悉していない」と、裁定する。検察官イワノフ、「満州占領が対ソ戦争準備の一環であったことを証言している」と前置きして、抜粋を朗読する。

【PX699 朗読概要】

質問に対する返答；

　満州での作戦計画を立案・作成したのは、関東軍司令官本庄中将、自分、そして自分の部下であった板垣大佐と石原中佐である。計画は、自分が述べた通り 1931（昭和 6）年 7 月に参謀本部に提出され、同月、金谷範三参謀総長が承認した。自分が知る限り、満州占領計画は、参謀本部が作成した対ソ戦計画の重要な一部である。自分が対ソ戦計画の存在を知ったのは関東軍参謀長に就任した 1928（昭和 3）年 7 月で、関東軍の参謀将校には周知の事実であった。計画は後年、部分的に変更されていった。

＊被告重光弁護人ファーネス少佐、「朗読された供述書の内容に鑑み、供述者である三宅の喚問が必要であると判断する」として、法廷への喚問を要請する。裁判長ウェッブ、「判事団多数の意見として、当人が日本にいないことを考慮して供述書で充分」との裁定を下す。被告木戸弁護人ローガン、「①検察側は当該供述書を後刻再び引証する計画であり、被告の何人かに重大な影響を与える可能性がある」として、三宅を後刻喚問するべく手続きを取るよう申し立て、②三宅自身がモスクワで現在裁判の被告となっている可能性に言及する。被告広田弁護人スミス、③反対尋問の機会にさらされない供述調書の採用という手順に疑義を提起し、「④弁護側には出張尋問を行う財政的余地がない、⑤法廷に喚問しなければ、供述を引き出した時の質問がどのようなものであったかを知る術がない」、と申し立てる。裁判長ウェッブ、「①将来三宅を法廷に喚問する可能性については、供述書全体を読んだ上で判断する」、「③についてはニュルンベルクでは頻繁に行われていた手法である」、「④については考慮すべき点である」、「⑤については、供述全体を読む必要がある」、と申し渡す。検察官ゴルンスキー公使、「②については、三宅は現在裁判の被告とはなっていないが、現在進行中の関東軍の活動に関する調査の成り行き如何では、どうなるか分からない」、と申し立てる。

＊（検）法廷証 PX700【1931（昭和 6）年 11 月 7 日付け大橋（忠一）ハルビン総領事発幣原外相宛電文；満州全土の保障占領建言】＝検察側文書 PD1513　証拠として受理され、朗読される。検察官イワノフ、「軍のみならず外務省高官も満州侵攻に加担していたことを示すもの」と前置きして、抜粋を朗読する。

【PX700 朗読概要】

　現在政府が黙認しているように見られる満州独立計画には賛成し難い。それよりも、正面から堂々と全満州を保障占領して、対支懸案すべてが解決されるまで我が方が同地を統治する方が公明正大で徹底的であると考える。そうでなければすべてが不徹底となり、満州北部の経略方針も無に帰することとなる。当初から満州（英文速記録 7506 頁 "Manchuria" のママ。満州全土の意味合いとなっているが、原本和文書証より採録したであろう和文速記録は「北満」とする）に手をつけないのならば

<1946-10-10>　　　　　　　　　　　　　　　　　　　　2　検察主張立証段階

ともかく、一度手をつけた以上、中途半端に終わることは満州政策全体に対して救い難いような大きな害悪をもたらすものと言わざるを得ない。

* (検)法廷証 PX701【1932(昭和7)年7月14日付け河辺虎四郎モスクワ駐在武官報告；対ソ戦備の充実・日ソ戦不可避・不可侵条約締結の際の姿勢】＝検察側文書 PD1991　証拠として提出される。被告重光弁護人ファーネス少佐、「①文書の出所がモスクワの軍検察局である、②翻訳が日本語→ロシア語→英と二段階で、原文から英語への訳ではない、③河辺は現在、巣鴨拘置所に収監中で、法廷に喚問可能である」、との理由で、同文書の証拠としての受理に異議を申し立てる。検察官ゴルンスキー公使、「①文書の裏面に河辺が自身の記した文書であることを証する旨の文が 1946(昭和21)年9月3日付けで書かれている、③河辺は巣鴨ではなく名古屋におり、既に喚問手続きがなされて今夕乃至は明日に到着する予定である」、と応答する。裁判長ウェッブ、法廷が当文書を証拠として受理することを、申し渡す。検察官イワノフ、抜粋を朗読する。

【PX701朗読概要】

　支那の策謀、国際連盟の掣肘、米ソの施策など、大業完成の障害に対しては、外交の運用を適切にして事態の悪化を避けつつ、それらを排除していくことに努めるが、必要かつ止むを得ない場合には特に支ソ両国に対し、そして時には米国に対しても武力行使を覚悟する必要がある。このために、陸軍戦備充実の重点は対ソ戦に指向することを要する。……将来に於ける日ソ戦は不可避である。……(イ)目下ソ連が提議している不可侵条約締結については締結するともしないとも表明せず、我が国の行動の自由を確保する。(ロ)満州北部での交通網整備にあたっては、東支鉄道の枯渇(原文のママ。英文速記録 7510 頁では drain と訳されている。利用頻度減の意味か？)と対ソ戦略を考慮する必要がある。

* (検)法廷証 PX702【1932(昭和7)年7月16日付けトルコ駐在武官神田正種中佐発河辺虎四郎モスクワ駐在武官宛報告；1934(昭和9)年初頭までに対ソ戦準備を完成】＝検察側文書 PD1654　証拠として提出される。
* 午後2時45分、裁判長ウェッブ、15分間の休憩を宣す。
* 午後3時、法廷、再開する。[E: 7512] [J: 87 (12)]
* 検察官イワノフ大佐、証拠の提出・朗読を続行する。
* 被告重光弁護人ファーネス少佐、PX702について、「文中に登場する神田の素性や当時の当人の行動などが不明である」として、「文中に連続する点で表記されている部分は判読不能箇所であるのか」と、質す。検察官ゴルンスキー公使、「神田は当時駐トルコ駐在武官で、東京からイスタンブールに向かう途中でモスクワに立ち寄った」、と説明する。裁判長ウェッブ、「そのような事実が文書の中で述べられていないというのは瑣末な事項で、異議を申し立てるに値しない」、「文書の裏面の1カ所には、河辺が自身の記した文書である旨証する一文が、他の箇

所には、神田が笠原の依頼によって河辺に届けたものであることを明らかにする一節が記されている」と指摘して、「出所・真実性証明は充分なされている、証拠として受理する」と、裁定する。検察官イワノフ、抜粋を朗読する。

【PX702 朗読概要】

対ソ戦準備を 1934（昭和 9）年初頭までに完成することを決定したが、準備完成後すぐに開戦ということではない。満州国を固めるためにも対ソ戦は必要である。ただし、これは軍全体の考えではない。

＊（検）法廷証 PX703【後宮淳参謀本部第三部長（1934［昭和 9］年 8 月～1935［昭和 10］年 8 月）宣誓供述書；昭和 10 年時の対ソ戦計画】＝検察側文書 PD1970　証拠として受理され、抜粋が朗読される。［E: 7515］［J: 87（12）］

【PX703 朗読概要】

尋問官審問

①参謀本部の作戦符号「甲」「乙」「丙」について何か知っているか？

②貴官が参謀本部第三部長であった当時の乙計画の概要を述べてもらいたい。

③計画では日本本土から何個師団を移動させることになっていたか？

被尋問者応答

①各々、対米ソ支作戦のこと。

②第三部の業務としては、日本内地から満州北部に兵力を輸送・集中し、在満の主兵力を満州中部から北部へ移動させること。主力は東方の牡丹江方面に集中し、他は北部の黒河以南とハイラル付近に展開すること。自分が知っているのはこれだけである。……

③ 20 個師団。

＊被告木戸弁護人ローガン、「これ以降の問答では、供述者が尋問者の意図することを言わせられており、被告となっていない天皇への上奏と、その裁可について触れている部分であるので重要性を欠く」として、これ以上朗読することに異議を申し立てる。裁判長ウェッブ、「文書の性質上、尋問調書や供述書を作成する上での質問は誘導的になる」と指摘し、かつ「ここで問題となっている計画は草案ではなく確定案である」として、「当該文書が有する証拠価値相応の証拠として受理される」と裁定し、異議を却下する。検察官、抜粋の朗読を続行する。

尋問官審問

④ 1935（昭和 10）年の乙計画を立案・承認したのは誰か？

⑤天皇に上奏され、裁可を受けたのはいつか？

<1946-10-10>

被尋問者応答
　④立案者は参謀本部第一部長今井清中将、承認を与えたのは閑院載仁参謀総長。
　⑤1935（昭和10）年3月。
＊被告梅津・東郷弁護人ブレークニー少佐、後宮の法廷への喚問を要請すると共に、「該供述書は、複数の被告に対する証拠となる可能性に鑑み、朗読されなかった部分について反対尋問できることを確認したい」と申し立てる。裁判長ウェッブ、「喚問が決定した場合に反対尋問が可能な範囲を考慮する」、と申し渡す。
＊（検）法廷証PX704【1936（昭和11）年8月7日開催首・外・陸・海相四相会議決定「帝国外交方針」－北支を防共親日地帯として支那全土を反ソ的たらしめる】＝検察側文書PD1857　［E: 7521］［J: 87（13）］　識別番号を付される。検察官イワノフ大佐、「出席者の中に被告広田と永野が含まれている」と、申し立てる。被告重光弁護人ファーネス少佐、出所が不明確であることを理由に、当文書の証拠としての受理に異議を申し立てる。検察官ゴルンスキー公使、「法廷に提出するソ連関係の文書はすべてソ連軍検察当局から得られたものである。今後は可能な限り入手の経緯などを記した証明書を添付する」、と申し立てる。裁判長ウェッブ、「爾後証明書が添付されていない文書はすべて、後刻証明書が提出されることを条件として受理される」と、裁定する。検察官イワノフ、抜粋を朗読する。

【PX704朗読概要】

　現在なすべきこととしては、日ソ関係の現状に鑑み、まず速やかに北支を防共・親日満の特殊地域にして国防資源を獲得し、交通施設を拡充すると共に、支那全体が反ソ姿勢を有して日本に依存するようにする。以上を、対支政策の重点にする。

＊（検）法廷証PX705【1946（昭和21）年2月21日付け富永恭次参謀本部第一部長宣誓供述書；昭和15年時の対ソ戦計画】＝検察側文書PD1984　［E: 7524］［J: 87（13）］　証拠として提出される。検察官イワノフ大佐、「富永を法廷に証人として出廷させる予定であったが、病気のためできなくなった」、と申し立てて、それを示す証明書を法定に提出する（富永は当時ソ連に抑留中）。被告東条弁護人ブルーエット、弁護側の反対尋問のために富永を法廷に喚問すべく取り計らうよう申し立てる。裁判長ウェッブ、「宣誓供述書が提出された場合、法廷が証人喚問の必要性を認めた時にはその旨指示を出す」との法廷の方針を改めて申し渡し、「必要か否かを判断するために供述書の内容を読む必要がある」、と申し渡す。検察官イワノフ、抜粋を朗読する。

【PX705朗読概要】

　1940（昭和15）年当時参謀本部第一部長であった自分は、ソ連侵攻計画を策定。その計画では、主攻勢は、沿海州をソ連から分離させるべく、ハンカ湖からハバロフスク方面に指向される。使

用される兵力は、歩兵 12 個師団を基幹として、その支援にあたるのが砲兵旅団 2 個、戦車連隊 3 個、騎兵旅団 2 個、爆撃隊 5 集団。ハバロフスクを攻略し、ウラジオストック近辺の平原を制圧した後、（歩兵？）師団 7 個及び砲兵旅団 1 個などで構成される北部方面部隊が、攻撃を開始し、それが成功した暁には、西部方面部隊がチタ方向に攻撃を開始し、バイカル湖に至る一体を占領する計画であった。

尋問官審問
　①この計画は誰に提出したか？
　②他には？
　③天皇はそれを裁可したか？
　④裁可されたのはいつか？

被尋問者応答
　①閑院宮参謀総長。
　②参謀総長と共に参内して天皇に上奏。
　③数日後に裁可が得られた。
　④ 1940（昭和 15）年 3 月。

＊被告東条弁護人ブルーエット、供述書の内容の傾向や複数の被告への言及がなされていることを理由に、供述者を法廷に喚問すべきことを改めて申し立てる。裁判長ウェッブ、「判事団の多数が喚問を必要とすることで合意した」と報告する。検察官ゴルンスキー公使、「現在モスクワに抑留中の富永の健康状態が回復次第、東京に喚問すべく手続きを取る」と約する。被告小磯・大川弁護人ブルックス大尉、該文書中の「侵攻計画」[aggression plan] とあるのは、防衛計画に対置すべき攻勢計画 [attack plan] と訳すべきもので、諸国の軍では当然策定されるものであることを指摘する。裁判長ウェッブ、「問題を言語部に付託する」と、裁定する。

2—9—2　検察主張立証第 IX 局面「ソヴィエト連邦関係」第 2 部「独ソ戦前の対ソ連軍事侵攻計画」

（英速録 7529 〜 7615 頁／和速録 87 号 14 頁〜 88 号 13 頁）

（1）検察官イワノフ大佐、検察主張立証第 IX 局面「ソヴィエト連邦関係」第 2 部「独ソ戦前の対ソ連軍事侵攻計画」の検察側立証として、関連証拠書類の提出を開始する。

（英速録 7529 〜 7596 頁／和速録 87 号 14 頁〜 88 号 11 頁）

＊（検）法廷証 PX706【ソ連邦赤軍参謀本部文書「関東軍・日本陸軍兵力変遷表（1932 〜 45［昭和 7 〜 20］年）」】＝検察側文書 PD2237　証拠として受理され、抜粋が朗読される。

<1946-10-11>

【PX706 朗読概要】

付録第1頁の表より：
　1932（昭和7）年1月1日時点の関東軍の総兵力は5万名で、日本陸軍全体では25万6,000名であるので、日本軍全体の20％に相当する。
　1937（昭和12）年1月1日までに関東軍の総兵力は、27万1,000名と5倍以上に増加し、日本陸軍全体も87万2,000名となっていた。関東軍の兵力は日本陸軍全体の3割以上となっている。
　1942（昭和17）年1月1日に関東軍の総兵力は、110万名とピークに達し、1932（昭和7）年及び1937（昭和12）年当時と比較すると、各々20倍、4倍。当時の日本陸軍の総兵力は320万名であったので、関東軍は全体の35％を構成していた。

付録第2頁の表より：
　関東軍が保有していた戦車数は、1932（昭和7）年1月1日時点で40両であったのが、1937（昭和12）年1月1日では439両、1942（昭和17）年1月1日には1,000両となっていた。

付録第4頁より：
　関東軍が保有していた火砲数は、1932（昭和7）年1月1日時点で300門であったのが、1937（昭和12）年1月1日では1193門、1942（昭和17）年1月1日には5,000門となっていた。

付録第5頁より：
　関東軍が保有していた軍用機数は、1932（昭和7）年1月1日時点で180機であったのが、1937（昭和12）年1月1日では500機、1942（昭和17）年1月1日には1,500機となっていた。

付録第3頁より：
　関東軍の保有していた歩兵師団は、1932（昭和7）年1月1日時点で2個であったのが、1937（昭和12）年1月1日では6個、1942（昭和17）年1月1日には7個となっていた。

＊裁判長ウェッブ、翌日午前9時30分までの休廷を宣する。

◆ 1946（昭和21）年10月11日　　（英速録7534〜7641頁／和速録第88号1〜17頁）

＊午前9時30分、法廷、再開する。
＊ムーア言語裁定官、「前日弁護側から提起されたPX705で使用されている"aggression（侵攻）"なる用語は"attack（攻勢）"と英訳されるべきである」、と報告する。裁判長ウェッブ、訂正を受け容れる（英文速記録7527及び7529頁参照）。
＊検察官イワノフ大佐、検察主張立証第Ⅸ局面「ソヴィエト連邦関係」第2部「独ソ戦前の対ソ連軍事侵攻計画」の検察側立証として、書証の提出を続行する。
＊（検）法廷証PX707【ソ連邦赤軍参謀本部文書「関東軍師団の編成」】＝検察側文書PD2073　証拠として受理される。被告梅津・東郷弁護人ブレークニー少佐、「出所などを明らかにする証明書が添付されていない」として、受理に異議を申し立てる。検察官ゴルンスキー公使、「同

文書は赤軍参謀本部によって発行されたものであることが明示されており、裁判所条例第13条の規定に従って証明書が不要である」と申し立てる。弁護側異議、却下され、朗読される。

【PX707 朗読概要】

　関東軍の強化師団［reinforced division］は、兵員、火器の面で通常の日本の師団の２倍となっていた。（検察官、付録の表を引いて）通常の師団の兵員数が１万 3,000 から１万 6,000 であったのに対し、強化師団 A 型は２万 4,600、A-1 型は２万 9,400。日本陸軍が保有していた総数 24 個の A 乃至は A-1 型強化師団の内、17 個が関東軍に配備され、それらの師団はソ満国境の最重要作戦地帯に配置されていた。

＊（検）法廷証 PX708【ソ連邦赤軍参謀本部文書「関東軍技術装備増進（原英文は increase で、和文速記録は「発達」と記す）一覧表（1932〜45［昭和７〜20］年）」】＝検察側文書 PD2236　証拠として受理される、検察官イワノフ、表の一部を引いて、「南方戦線で使用できたであろう最新鋭兵器を備えた戦車・砲兵部隊が満州に配置されていたことを示している」、「1937（昭和 12）年に４個あった独立戦車連隊の内２個が関東軍に配備され、また 1942（昭和 17）年に編成された戦車集団二個はいずれも満州に駐留。翌年には戦車師団３個が編成されたが、すべて関東軍に所属。1932（昭和７）年の時点で関東軍には予備砲兵連隊（英文速記録 7538 頁所収の原文英語は、G.H.Q. Reserve Artillery Regiment となっており、全体として意味不明であるが、このように訳した）は２個しかなかったが、1937（昭和 12）年には７個、1942（昭和 17）年には 18 個、その翌年には陸軍が保有する総数 46 個の内の 20 個となっていた」、と申し立てる。

＊（検）法廷証 PX710【ソ連邦赤軍参謀本部文書「満州国軍・蒙古軍兵力一覧表」】＝検察側文書 PD2130　提出される。［E: 7538］［J: 88（3）］　被告木戸弁護人ローガン、「①同文書付録地図は 1945（昭和 20）年のもので、同年に日本がソ連を攻撃した事実はない、②同文書を含む一連の書証は、関連性・重要性を欠く事項を多々包含している」とて、証拠としての受理に異議を申し立てる。裁判長ウェッブ、「①共同謀議の遂行に際して執られた行為に関する証拠は 1945（昭和 20）年の事象にも及んでいる」として異議を却下する。

＊（検）法廷証 PX709【（検）法廷証 PX706〜PX708・PX 710〜PX718 についてのソ連邦赤軍参謀本部出所・真実性証明書】＝番号なし検察側文書　裁判長ウェッブ、判事の１人が発した疑問として、「書証に含まれている情報が日本側の情報筋に由来するものであるか？」と、検察官ゴルンスキー公使に質す。ゴルンスキー、「赤軍の満州制圧の際に収集された情報に基づくものである」として参謀本部の証明書を提出する。当該証明書、（検察側文書番号なし）として受理される。被告重光弁護人ファーネス少佐、PX709 の写しが弁護側に手交されるよう要請し、被告梅津・東郷弁護人ブレークニー少佐、同文書の朗読を要求する。検察官ゴルンスキー、裁判長の指示に従って、朗読する。［E: 7541］［J: 88（3）］

<1946-10-11>

【PX709 朗読概要】

　以下の 1946（昭和 21）年 1 月 31 日付けの赤軍参謀本部の文書群は、参謀本部の予備調査及び 1945（昭和 20）年当時満州制圧のために同地に展開していた現地軍部隊指揮官から寄せられた報告を基にして作成されたものである。（これに続く文書一覧表は朗読省略）

＊提出済み PX710　正式に証拠として受理され、検察官イワノフ大佐、「この文書から明らかなのは、1932（昭和 7）年に関東軍の対ソ戦の支援をさせるために満州国軍が創立され、1945（昭和 20）年の時点では、満州国軍の総兵力は 17 万 8,000 を数え、火砲 800 門、航空機 100 機を有しており、内蒙軍の総兵力は 1 万 2,000 であった」、と申し立てる。朗読なし。

＊（検）法廷証 PX711【ソ連邦赤軍参謀本部文書「松花江河川艦隊一覧表（1931～45［昭和 6～20］）年」】= 検察側文書 PD1879　証拠として受理される。検察官イワノフ、表の一部を引いて「1931（昭和 6）年に松花江に配備されていた艦艇は 1 隻で乗組員は 60 名に過ぎなかったが、1935～37（昭和 10～12）年の間に同江の艦隊は 28 隻となり、1941（昭和 16）年には 98 隻で乗組員 2,500 名となっていた」、と申し立てる。

＊（検）法廷証 PX712【ソ連邦赤軍参謀本部文書「満州における鉄道・自動車道路建設状況（1931～45［昭和 6～20］年）」】= 検察側文書 PD2151　［E: 7544］［J: 88（4）］　証拠として受理され、付録地図の拡大版が法廷内に掲示され、抜粋が朗読される。

【PX712 朗読概要】

　日本が満州を占領した 1931（昭和 6）年の時点で、東支鉄道を含めた満州鉄道網の総延長距離は 6,140 キロメートル。関東州に数十キロのアスファルト道路があった他には自動車道路はなし。……1936（昭和 11）年までに総延長は 8,336 キロに達し、新たに敷設済み及び敷設予定の鉄道が指向していたのは、満州を対ソ侵攻基地とすることであった。

　1932～36（昭和 7～11）年の間に、長春地区から洮安（白城子）を経てモンゴル人民共和国との国境のハルン・アル・シャンに至る鉄道が建設され、黒竜江岸に至る海倫・黒河間の鉄道が延伸されて、沿海州に達する鉄道（図們－牡丹江－林口－東安）となった。また、朝鮮雄基港から図們に至る鉄道が完成し、その他では、ソ満国境諸地域（虎頭、松花江下流黒爾根を経て黒竜江岸に至る新線など）に向かう鉄道の建設が行われた。なお、このような鉄道は皆、人口希薄で農作地・産業地帯などを通るものではなく、経済上の意義がないものであった。

　鉄道網の整備と並行して幹線自動車道路の建設も進められ、1936（昭和 11）年の時点で総距離 9,000 キロに達した。その建設もやはり莫子川、黒竜江・松花江沿岸、沿海州隣接地域などのソ連との国境地域で進められた。

　鉄道網は 1941（昭和 16）年までに、総延長 10,735 キロに達し、西部ではハルン・アル・シャンからハンダガイ、黒竜江岸では納河からホルンムイン（黒竜江に通じる第 2 の幹線鉄道）、勃

利から佳木斯、東安から虎頭までの諸線が建設された。さらに、綏化・リャンチャンコウ間、及び奉天・長春間の第 2 鉄道、そして長春・ハルビン間、ハルビン・ポグラニクナヤ間、林口・東安間、奉天・安東間の複線化工事が始められた。

1941（昭和 16）年末までに満州で建設された幹線自動車道路は総距離 18,460 キロに及び、加えて補修・改修された地方の道路の総距離は 20,665 キロとなり、翌年初頭までに満州における輸送用の道路は総計 6 万キロに及んだ。

1945（昭和 20）年初めまでに満州の鉄道網は総延長 13,700 キロとなり、満州中部から黒竜江沿岸に至るホルンムイニ・サハリン（英文速記録 7549 頁は "Sakhalin" とするのでこう訳したが、和文速記録の「黒河」が事実に合致すると思われる）間の第 2 鉄道を完成させ、長春・ハルビン間、ハルビン・ポグラニクナヤ間、林口・東安間、奉天・安東間、図們・汪清間の複線化を完成。同時に、汪清・牡丹江間、東安・虎頭間の第 2 鉄道の建設が続行された。

自動車道路の建設は、既存の道路の通行能力を拡大するという形でなされた。

1945（昭和 20）年初めまでに幹線自動車道路は、総距離 2 万 2,000 キロに達していた。

＊（検）法廷証 PX713【ソ連邦赤軍参謀本部文書「満州における飛行場一覧表（1931〜45［昭和 6〜20］）」】＝検察側文書 PD2134　［E: 7549］［J: 88（4）］　証拠として受理され、抜粋が朗読される。

【PX713 朗読概要】

日本の満州占領後の 1932（昭和 7）年に始まり、関東軍は、飛行基地・飛行場・駐機場［landing ground］の大規模な建設工事を行い、対ソ航空作戦の準備を進めた。（検察官、付録の表から引いて）満州における飛行場の数は 1931（昭和 6）年に 5 カ所であったのが、1936（昭和 11）年には 43 カ所、1941（昭和 16）年には 74 カ所、1945（昭和 20）年には 116 カ所となっており、駐機場も加えると、各 5、150、287、416 カ所となる。

＊（検）法廷証 PX714【ソ連邦赤軍参謀本部文書「満州における要塞地区建設一覧表（1934〜45［昭和 9〜20］年）」及び附属地図】＝検察側文書 PD2148　証拠として受理され、抜粋が朗読される。

【PX714 朗読概要】

満州における要塞地区の建設は、関東軍司令部が 1934（昭和 9）年に開始し、1945（昭和 20）年まで継続された。

その縦深（軍隊における最前線から後方に至るまでの縦の線）の浅さと、ソ連領内の重要な作戦目的地域を指向している配置を見れば、侵攻目的の施設であったのは明らかである。

1934（昭和 9）年から 1937（昭和 12）年にかけて国境沿いに建設された要塞地区は七つで、

<1946-10-11>

総延長 150 キロメートルに及び、種々の目的を帯びた恒久保塁は 300 を数えた。

1937～40（昭和 12～15）年の間に国境線沿いに新たに 300 キロにわたって要塞地区が建設され、800 に上る恒久保塁が構築された。

1941（昭和 16）年までに建設された要塞地区は 13 で、総距離 700 キロを超え、恒久保塁の数は 1,200 に達した。

その後、1941～45（昭和 16～20）年の間に、旧施設の改修や新施設の建設などを通じて要塞地区の数は 17 となり、総延長は 800 キロ、恒久保塁は 4,500 を数えた。

* （検）法廷証 PX715【ソ連邦赤軍参謀本部文書「満州における軍用集積場建造一覧表（1931～45［昭和 6～20］年）」】= 検察側文書 PD1877 ［E: 7554］［J: 88（5）］ 証拠として受理され、抜粋が朗読される。

【PX715 朗読概要】

日本が満州を占領する 1931（昭和 6）年以前、満州にあった軍用集積場は七つに過ぎなかった。……

それが 1937（昭和 12）年には 80 となり、集積容量は弾薬 30～35 個師団分（1 万 4,000 トン）、爆弾 7,000 トン、燃料 1 万 500 トン。……

1945（昭和 20）年初頭までに、満州の集積場は 370、集積容量は 700 個師団分（約 30 万トン）、爆弾約 1 万 2,000 トン、燃料約 25 万トンとなっていた。（検察官、集積場の多くがソ満国境に近接した地域にあったことを指摘する）

* （検）法廷証 PX716【ソ連邦赤軍参謀本部文書「満州における兵営建設数一覧表（1931～45［昭和 6～20］年）」】= 検察側文書 PD1881　証拠として受理され、検察官イワノフ大佐、付録の地図を見せつつ、「1931（昭和 6）年の時点で満州全土の兵営は 7 個師団半、約 10 万名の収容能力があったが、満州南部・東支鉄道沿線に集中していた」、と申し立てる。抜粋が朗読される。

【PX716 朗読概要】

1937～41（昭和 12～16）年の間に満州内の兵営数は 3 倍に増えて、収容能力は 39 個歩兵師団（約 80 万名）。内、8 個師団が満州西部と内蒙、8 個師団が黒竜江沿岸地域、13 個師団が満州東部、10 個師団が満州中部に配置。全体の 75％が主作戦地域に集中されている。

1941～45（昭和 16～20）年の間、日本軍は新兵営の建設、既存兵営の拡充・改修を絶え間なく行い、1945（昭和 20）年には全満州の兵営の収容能力は 55 個師団に達し、宿営密度を上げれば 17 個師団の追加宿営が可能であった。50～70 個師団（約 150 万名）収容を目的とした大規模兵営施設建設を計画していた事実は、関東軍が予定していたのが満州での防衛戦争ではなく、極

東ソ連に対する攻勢作戦であったことを示している。
* （検）法廷証 PX717【ソ連邦赤軍参謀本部文書「満州に対する軍事的移民調査（1932～45［昭和7～20］年）」】＝検察側文書 PD2133 ［E: 7557］［J: 88（5）］ 証拠として受理され、抜粋が朗読される。

【PX717 朗読概要】

　1932（昭和7）年、日本政府は、軍事的に重要な地域を手始めとして満州の植民地化を開始。まず移住したのは陸軍の予備役軍人で、これによって対ソ戦準備のための関東軍の動員兵力を蓄積することとなった。入植者は軍隊式訓練キャンプで3年間を過ごすと同時に警備任務に就き、それが終了した後は、特殊な軍事移民村に入植する。そのような移民村は沿海州と隣接する地域にあり、1936（昭和11）年初頭までに、入植者の総数は39万人を超えた。1936～40（昭和11～15）年の間に満州に移住した日本人は、22万1,000人に上ったが、15～16万人は兵役適齢者であった。1945（昭和20）年までに日本からの満州移民は100万余りとなり、その中の成人男子は、同年に関東軍で編成された新師団の成員となった。
* （検）法廷証 PX718【ソ連邦赤軍参謀本部文書「満州・朝鮮における港湾関連資料（1931～45［昭和6～20］年）」】＝検察側文書 PD1883　証拠として受理される。検察官イワノフ、「地方の主要漁港の中で軍用に改修された港の名前と改修の時期を示している」、と申し立てる。朗読なし。
* （検）法廷証 PX719【陸軍省文書「満受大日記（1938［昭和13］年）」】＝検察側文書 PD751 識別番号を付される。
* （検）法廷証 PX719-A【同上抜粋；東条関東軍参謀長・梅津陸軍次官（1937～38［昭和12～13］年）間交換通信文―察哈爾・蒙古における軍事気象観測所の設置】 証拠として受理され、抜粋が朗読される。検察官イワノフ、「被告東条及び梅津が満州での軍事基地建設に関わっていたことと、その準備が急速に進められたことを示すもの」、と申し立てる。［E: 7559］［J: 88（6）］

【PX719-A 朗読概要】

　1．1937（昭和12）12月付け関東軍司令部（極秘）；察哈爾・綏遠気象観測網配置計画
方針：
内長城線以北の蒙疆地域での一般並びに航空気象網を急速に完成し、同時に満州・日本での天気予報業務を一層的確にし、特に対ソ作戦準備のため航空気象網を強化する。
要領：
差し当たり軍の直轄として、主として作戦並びに我が軍や特務機関の配置を顧慮して配置する。

<1946-10-11>　　　　　　　　　　　　　　　　　　　　　2　検察主張立証段階

2. 1938（昭和13）年1月12日付け関東軍参謀長東条英機陸軍次官発梅津美治郎宛関参地発第23号；察哈爾・モンゴル方面気象機関設置に関し配慮相成りたい件

　察哈爾方面での気象観測機関の新設は、支那事変並びに対ソ作戦上緊要で不可欠なものであるので、別冊の計画に基づいて速やかに完成を要することについて、計画中、以下の事項に関して至急詮議してもらいたい。なお、本計画は駐蒙軍の現地での業務開始後は同軍に移管すべきであるので、この点承知願いたい。……

3. 1938（昭和13）年1月11日付け関東軍参謀長東条英機発陸軍次官梅津美治郎宛関参1発36号；在満部隊服役延期に関する件

　今年2月末に現役満期となる予定の在満部隊現役兵は、1937（昭和12）年9月の陸軍省令第41号の趣旨に鑑み、現在の情勢が継続する間、1932（昭和7）年3月の陸軍省令第5号によってその服役期間が延期されるものと考えるが、諸般の事情があるので、なるべく早く内示してもらいたい。この場合、1937（昭和12）年徴集兵の教育は満州で実施したいが、その収容は若干の補足施設で可能との見込みである。

4. 1938（昭和13）年1月25日付け陸軍次官発参謀次長宛陸満密第25号；在満部隊に属する昭和10年徴集兵の服役延長に関する件

　3月を入営期とする関東軍司令官隷下部隊に属する1935（昭和10）年徴集兵は、当分の間その服役を延期したい。

5. 1938（昭和13）年1月27日付け参謀次長多田駿発陸軍次官梅津美治郎宛（上記「陸満密第25号」に対する返答）

（和文速記録によればこの後に続けて、「この件について陸満密第25号により照会の趣旨に異存はない。なお、現在の状況上、服役延期解除の時期は予定し難い」の1文が朗読されたものとして記されているが、英文速記録にこの文面は記載されていない）

6. 1938（昭和13）年1月29日付け梅津陸軍次官発東条関東軍参謀長宛（上記「関参1発36号」に対する返答）

　関参1発第36号によって照会された通り、3月を入営期とする関東軍司令官隷下部隊に属する1935（昭和10）年徴集兵は、当分の間その服役を延期する予定であるので、承知されたい。

＊検察官イワノフ大佐、「この時期は日本のドイツとの防共協定締結の後で、張鼓峰事件の直前であったこと」に法廷の注意を喚起し、さらに「東条が満州での要塞築城に関わっていたことを示す証拠がある」として、次の文書の朗読に移る。

7. 1938（昭和13）年2月11日付け関東軍参謀長発陸軍次官・参謀次長宛秘電報関参1電第172号

　臨命301号の築城工事の内、未着手の分や特に必要と認める地点に対しては1938～39（昭和13～14）年に、対ソ要塞を設置（費用は満州国予算から支出）する予定。その計画は3日以内に参謀本部に提出する。この計画を遂行するためには、現在の築城業務のための増加配置人員だけでは著しく不足するので、1938（昭和13）年3月から約2年間、当該業務のための人員を臨時

に増加して配属するよう至急詮議してもらいたい。
* （検）法廷証 PX720【1938（昭和 13）年 5 月 11 日付け東条関東軍参謀長発軍務局長宛電文 700；対ソ攻撃準備のために南満州鉄道株式会社に重要な役目を与える】＝検察側文書 PD1046 識別番号を付される。［E: 7566］［J: 88（7）］
* （検）法廷証 PX720-A【同上抜粋；東亜研究所に対する満鉄の寄付金】＝検察側文書 PD1046-A 証拠として受理され、抜粋が朗読される。

【PX720-A 朗読概要】

　東亜研究所に対する満鉄からの寄付については、先に関参満電 567 号で意見を述べたように、満鉄は、一般会社と異なり国策会社であるから民間会社と同じ立場で寄付するようにさせるのは望ましくないし、軍としては満鉄を満州国の政策遂行乃至は対ソ作戦準備に協力するよう指導している関係もあり……

* （検）法廷証 PX721【陸軍省船舶運営本部小樽支部発行「上陸作戦のための北洋方面兵要地誌第 2 巻（1941［昭和 16］年 3 月）」】＝検察側文書 PD2550　識別番号を付される。
* （検）法廷証 PX721-A【同上抜粋；地理・道路・通信・気象・その他各種情報】＝検察側文書 PD2550-A　証拠として受理され、検察官イワノフ、「当文書にはカムチャッカ半島の 15 の地区に対する上陸作戦に必要な兵要地誌上の資料が含まれている」、と申し立てて、第 1 章のパラナ地区に関する項目名を読み上げる。

【PX721-A 朗読概要】

　1. 地勢、2. 居住地、3. 道路、4. 通信、5. 港湾、6. 海運資源、7. 気象、8. 軍事、9. 風俗、10. ソ連側官憲の配置。

* 検察官イワノフ大佐、「同章では 1935～37［昭和 10～12］年の気象関連統計がこれに続き、第 2 章以下も同様な構成になっている」、と申し立てる。
* 午前 10 時 45 分、法廷、休憩に入る。
* 午前 11 時 5 分、法廷、再開する。［E: 7571］［J: 88（7）］
* 検察官イワノフ、検察主張立証第 IX 局面「ソヴィエト連邦関係」第 2 部「独ソ戦前の対ソ軍事侵攻計画」の検察側立証として、証拠の提出・朗読を続行する。
* 提出済み（検）法廷証 PX699【1946（昭和 21）年 2 月 22 日付け三宅光治関東軍参謀長（1928［昭和 3］年 7 月～1932［昭和 7］年 5 月）宣誓供述書；対ソ戦作戦計画・満州占領作戦準備】検察官イワノフ、引証し、「三宅が満州を去った後の 1932～40（昭和 7～15）年の間に起きた変化について語っている」部分であるとして、抜粋を朗読する。

<1946-10-11>

【提出済み PX699 朗読概要】

　ソ連国境地域での日本軍部隊の顕著な増加、ソ連国境地帯に向けての新たな鉄道・道路網の整備、対ソ戦で重要と認められた作戦地域での飛行場、軍用集積場、兵営の建設……。

＊（検）法廷証 PX722【関東軍第三軍司令官村上啓作陸軍中将（1944［昭和19］年〜ソ連軍による捕縛まで）宣誓供述書；対ソ軍事基地準備ほか】＝検察側文書 PD2152　村上が病気のために出廷不能であることを示す証明書と共に提出される。被告木戸弁護人ローガン、「①日露戦争の開戦態様が国際法違反であったことを示唆する記述があるが、国際法学者の見解に反する、②日露戦争は審理の対象外である、③未証明で議論の余地がある事項を事実であると仮定した質問がなされている、④『最も重要な戦犯は誰だと思うか？』との質問は、国際法などに通暁していない証人に対して法廷が判断を下すべき問題について返答を強いるもので、不当である」と、当該文書の証拠としての受理に異議を申し立てる。検察官ゴルンスキー公使、「①日本が宣戦布告なく戦端を開いたという事実を述べただけで、国際法違反か否かの議論はしていない、②証人が士官学校の教官として教えていた内容に触れたもので、関連性はある、③証人は自分が知っていることを語ったに過ぎず、返答内容が質問に影響を受けた形跡はない、④確かに証人の意見を問うものであったが、証人が当時占めていた地位などから判断して、法廷も関心を寄せるものと判断する」、と申し立てる。裁判長ウェッブ、「判事団の多数は異議を正当と認め、容認する」、「当文書はその部分を慮外にした上で証拠として採用する」と、裁定する。被告梅津・東郷弁護人ブレークニー少佐、「供述者の病欠証明を実見したい」、それが診断書ではないと判断された場合に、「異議を申し立てる権利を留保する」、と申し立てる。裁判長ウェッブ、当該出所・真実性証明書の写しを判事団に手交するよう指示する。証明書に、提出文書と同じ識別番号が付される。

【PX722 朗読概要】

答

　1942（昭和17）年に満州からソ連への侵攻計画があったことは知っている。そのために予め関東軍の戦力は増強され、鉄道網と幹線自動車道路が整備され、200余りの飛行場に加えて、要塞区域、弾薬集積場、さらには奉天の戦車・自動車・飛行機工場や遼陽の弾薬工場など、多くの工場も建設された。

＊提出済み PX703【後宮淳参謀本部第三部長（1934［昭和9］年8月〜1935［昭和10］年8月）宣誓供述書；昭和10年時の対ソ戦計画】［E: 7576］［J: 88（8）］　引証される。被告重光弁護人ファーネス少佐、「供述者が病気で出廷できないことが証明されない限り、反対尋問のために証人喚問手続きが進められるべきである」、と申し立てる。検察官ゴルンスキー公使、「供述者が病気であることは電報によって知らされており、診断書が送られてくるまで時間を要する」、

と申し立てる。裁判長ウェッブ、「喚問の是非については、イワノフ検察官が朗読する部分の内容を読んでから判断する」、と申し渡す。ファーネス弁護人、「後宮証人が通常の戦時捕虜であるのか戦犯であるのか」を質す。ゴルンスキー検察官、「供述書が録取された当時は通常の戦時捕虜であったが、それ以降どうなったかは知らない」、と応答する。法廷、判事団多数の意見として、その点を明確にするよう検察側に指示する。抜粋が朗読される。

【提出済みPX703朗読概要】

問
貴官が満鉄嘱託であった1932～34（昭和7～9）年当時、建設された鉄道路線は？
答
1932（昭和7）年に「海倫－北安－泰安」鉄道、「拉哈－ハルビン」鉄道、「敦化－図們江」鉄道の建設が開始された。完成までどのぐらいを要したか正確には憶えていないが、2年ぐらいで竣工したと思う。
問
それら鉄道は戦略的価値を有していたか。
答
　有していた。
問
どのような戦略的価値があったか詳述してもらいたい。
答
　戦略的観点から見て、それらはソ連に向けられていて、兵力の移動と弾薬輸送を円滑化するのに多大な貢献をした。

＊（検）法廷証PX723【柳田元三陸軍中将ハルビン特務機関長（1940［昭和15］年3～8月）宣誓供述書：満州における対ソ軍事基地構築】＝検察側文書PD2238　［E: 7579］［J: 88（9）］　証拠として受理され、抜粋が朗読される。朗読後、被告重光弁護人ファーネス少佐、反対尋問のために供述者を法廷に喚問することを要請する。裁判長ウェッブ、「内容を読んだ上で喚問の必要性の有無を判断する」、と申し渡す。ファーネス弁護人、供述者が通常の戦時捕虜か戦犯かを明らかにするよう求める。裁判長、検察側にその点を明確にするよう指示する。

【PX723朗読概要】

答
　満州での軍事基地建設の指揮監督にあたっていたのは歴代の関東軍司令官である本庄（繁）、武藤（信義）、菱刈（隆）、南（次郎）、植田（謙吉）、梅津（美治郎）、山田（乙三）。

<1946-10-11>　　　　　　　　　　　　　　　　　　2　検察主張立証段階　189

問
　組織としては？
答
　参謀本部、陸軍省、大東亜省。
＊提出済み（検）法廷証 PX670【1946（昭和21）年3月26日付け元満州国総務長官武部六蔵宣誓供述書；地方長官会議における荒木陸相・鈴木貞一の対ソ侵攻論】[E: 7582][J: 88（9）] 検察官イワノフ、引証し、抜粋を朗読する。検察官、「総務局については田中隆吉証言（速記録1995頁）や溥儀証言（同4020頁）で触れられている」、と申し立てる。

【提出済み PX670 朗読概要】

問
　日本の満州占領の目的は？
答
　最重要目的は大陸での軍事基地を建設すること。
問
　どこの国に向けられたものであったか？
答
　主としてソ連と支那。
問
　そのようなことをいかなる筋から知ったか？
答
　日本の政治指導者や関東軍の見解であり、対ソ戦準備について関東軍司令部で話し合われたことを自分は知っている。梅津、植田、南といった関東軍司令官や池田（純久？）中将から聞いた。
（中略）
問
　満州からの対ソ作戦についてどのような命令を、いかなる筋から受けていたか？
答
　関東軍はその作戦計画を秘匿していたが、政治・経済上、種々の措置を執るよう要求してきた。
問
　どのような命令を誰から受けていたか？
答
　関東軍からは第1次と第2次の開発計画について指示を受けたが、その要点は産業の育成、関東軍の需要の一部の充足、対ソ戦の際に有用な鉄道・道路網の建設、食糧基地の開設などであった。

問

　日本にとって究極の目的は対ソ戦のための経済基盤を築くことであったのか？

答

　その通りで、対ソ攻撃が目的であった。

（中略）

問

　対ソ戦準備に関しいかなる命令を誰から受けたか？

答

　関東軍が（満州国）政府に課した政治・経済上の要求は、関東軍の対ソ戦準備のためのものであった。自分に命令を下してきたのは、梅津や山田などの関東軍司令官、木村（兵太郎）、吉本（貞一）、笠原（幸雄）、秦（彦三郎）といった関東軍参謀長、黒川（邦輔）、小尾（哲三）などの第4課長。

（中略）

問

　1939（昭和14）年に満州で施行された国民兵役法［National Service Law］は日本の発案によるものか？

答

　関東軍の発案によるもので、植田関東軍司令官の要請に応えたもの。

問

　そのような要請をしてきた理由は？

答

　対ソ戦のための兵力増強。

（中略）

＊検察官イワノフ、「以下では軍事基地建設にあたって満州国民を強制労働に就かせたことについて述べている」、と申し立てて、朗読を続行する。

答

　労働力の供給は関特演の計画に沿って、行政手続きに従うか勤労奉仕法［Labor Service Law］に従ってなされ、毎年100万人以上が動員された。

＊検察官イワノフ大佐、関特演について、「それは、独ソ戦開始後の1941［昭和16］年夏に日本が対ソ戦準備のために行った関東軍の兵力・軍備増強計画の暗号名である」、「これについては後刻詳細が述べられる」、と申し立てる。被告梅津・東郷弁護人ブレークニー少佐、陳述に異議を申し立てる。裁判長ウェッブ、「検察側はこれについて後刻詳細を述べると言っている」と言って、「それまで待つべきである」、と裁定する。検察官、朗読を続行する。

問

　動員の期間は？　それをいかにして可能にしたのか？

<1946-10-11>

答

　動員は強制的で、4〜8カ月の期間となっていた。勤労奉仕法で21〜23歳の青年が動員され、また行政命令を発すれば年齢の如何を問わず動員できた。

問

　動員を発案したのは誰か？

答

　梅津関東軍司令官。

（中略）

答

　勤労奉仕法に基づく労働者の動員は1943（昭和18）年に始まり、その主目的は軍事関連工場での労働力不足を補うことであった。

＊（検）法廷証PX724【ソ連邦赤軍参謀本部作成「朝鮮における日本軍兵力変遷表（1931〜45［昭和6〜20］年）」】＝検察側文書PD1885［E: 7587］［J: 88 (10)］ 証拠として受理される。検察官イワノフ大佐、表を参照して、「1931〜32（昭和6〜7）年の朝鮮軍の兵力は2個師団3万名であったが、1941〜42（昭和16〜17）年には（師団数への言及なし）12万に、そして1945（昭和20）年には9個師団36万に増加していた。火砲数は同時期に300、800、1,500門と増加し、戦車は当初皆無であったのが1945（昭和20）年には170台に、飛行機は70機から400機に増えていた」、と申し立てる。

＊（検）法廷証PX725【ソ連邦赤軍参謀本部作成地図・報告書「朝鮮における鉄道道路網構築状況（1931〜45［昭和6〜20］年）」】＝検察側文書PD2129 証拠として受理され、抜粋が朗読される。

【PX725朗読概要】

　1931（昭和6）年初頭の時点で、朝鮮の鉄道網は総延長3,865キロメートル。単線で、一部は狭軌鉄道であった。……同じ時期、道路は総距離1万6,000キロで、自動車道路はその内の6,000キロ。1941（昭和16）年までに鉄道は2,000キロ余り増設されて5,800キロ、道路は3倍以上に増えて5万3,000キロとなり、その内の半分は自動車道路であった。1945（昭和20）年には、鉄道の総延長は6,600キロで、単線で換算すると7,900キロ。1931（昭和6）年当時から4,000キロ増えたことになる。同じ年、道路網は総距離6万キロとなり、その半分は自動車道であった。

＊検察官イワノフ大佐、付録の地図を示し、「満州事変後に朝鮮でなされた新規の道路建設がソ連との国境付近の戦略要点付近に集中していた」、と申し立てる。

＊（検）法廷証PX726【ソ連邦赤軍参謀本部作成地図・報告書「朝鮮における飛行場数変遷表（1931〜45［昭和6〜20］年）」】＝検察側文書PD2132 証拠として受理される。検察官イワノフ、

表を参照して、「1931〜32（昭和6〜7）年当時の朝鮮に於ける飛行場の数は8に過ぎなかったが、1941〜42（昭和16〜17）年には21、1945（昭和20）年には25となっていた。これに基地や駐機場を加えれば、数値は8、53、63となる」、と申し立てる。
＊（検）法廷証PX727【ソ連邦赤軍参謀本部作成「朝鮮における要塞地帯建設状況（1932-45［昭和7〜20］年）」】＝検察側文書PD2131　［E: 7590］［J: 88（10）］　証拠として受理され、抜粋が朗読される。

【PX727朗読概要】

　1936（昭和11）年に日本は、雄基から清津までの海岸地帯を含む羅津要塞地帯の建設に着手。1940〜41（昭和15〜16）年、それを北方に延伸する形で豆満江右岸の河口から慶興に至るまでの地域を含む要塞地帯の建設を開始。1945（昭和20）年までに、羅津及び慶興の要塞地帯は恒久及び野戦築城施設によって織り成され、羅津地区では大口径砲を有する砲台が15を数え、慶興地区では砲門55、トーチカに配備された機関銃100挺を数えた。1936〜37（昭和11〜12）年には永興湾の沿岸すべてと同湾の島嶼を含む元山要塞地帯の建設が鋭意進められた。
＊検察官イワノフ大佐、「これ以外にも鎮海、鎮南浦、麗水でも要塞地帯の構築がなされた」、と申し立てる。
＊（検）法廷証PX728【ソ連邦赤軍参謀本部作成地図・報告書「朝鮮における軍需品集積場建設状況（1931〜45［昭和6〜20］年）」】＝検察側文書PD2127　証拠として受理され、抜粋が朗読される。

【PX728朗読概要】

　満州占領後、朝鮮は関東軍の後方補給基地となった。日本の対ソ戦準備の進展と共に、朝鮮に於ける軍需品集積場の数・集積容量、蓄積された軍需品の量は急速に増加。
＊検察官イワノフ、「1931（昭和6）年の時点で朝鮮の集積場に集積されていた弾薬は15個師団分であったが、1941（昭和16）年には50個師団分、1945［昭和20］年には150個師団分となっていた」、と申し立てる。
＊（検）法廷証PX729【ソ連邦赤軍参謀本部作成「朝鮮における兵営施設増加状況（1931〜45［昭和6〜20］年）」】＝検察側文書PD2150　証拠として受理される。
＊法廷、正午の休憩に入る。
＊午後1時30分、法廷、再開する。［E: 7594］［J: 88（11）］
＊検察官イワノフ大佐、検察主張立証第IX局面「ソヴィエト連邦関係」第2部「独ソ戦前の対ソ連軍事侵攻計画」の検察側立証として、証拠の提出・朗読を続行する。
＊PX729の抜粋が朗読される。

<1946-10-11>　　　　　　　　　　　　　　　　　　　2　検察主張立証段階

【PX729朗読概要】

　1931～41（昭和6～16）年の間、朝鮮の兵営施設は収容能力が3倍に増えて歩兵師団7個分となり、内5個師団分は朝鮮北部に設置された。続く1941～45（昭和16～20）年の間、日本は朝鮮に兵営施設の建設を継続し、その規模は12個師団及びその支援部隊を宿営させることができるまでに達した。
＊提出済み（検）法廷証PX21【日露ポーツマス講和条約（1905［明治38］年9月15日）】
　検察官イワノフ、「これまでの書証で明らかにしたような満州・朝鮮で日本が執った措置は、該条約の条文に違反する」と申し立てて、抜粋を朗読する。

【提出済みPX21朗読概要】

　第2条：……両締約国は一切の誤解の原因を取り除くため、ロシア・韓国国境に於いてロシアまたは韓国の領土の安全を侵すような軍事上の措置を執らないことに同意する。
　第3条：日露両国は以下を約する。
　1．本条約に附属する追加約款第1の規定に従い、遼東半島租借権がその効力を及ぼす地域以外の満州から全面的かつ同時に撤兵すること
　2．前記地域を除く他、現に日本またはロシアの軍隊が占領するか管理下に置いている満州全部を一括して清国の施政下に返還すること
　第7条：日露両国は満州における各自の鉄道をすべて商工業目的に限って経営し、戦略目的に経営しないことを約する。

　(2)　検察官イワノフ大佐、検察主張立証第IX局面「ソヴィエト連邦関係」第2部「独ソ戦前の対ソ連軍事侵攻計画」の検察側立証として、「対ソヴィエト連邦敵対行為支援と指導のための日本軍閥の満州における思想・軍事工作」関係証拠書類を提出する。
　　　　　　　　　　　　　　　　　　　（英速録7596～7615頁／和速録88号11～13頁）
＊提出済み（検）法廷証PX699【1946（昭和21）年2月22日付け三宅光治関東軍参謀長（1928［昭和3］年7月～1932［昭和7］年5月）宣誓供述書；対ソ戦作戦計画・満州占領作戦準備】＝検察側文書PD1950　検察官イワノフ大佐、引証し、「満州国協和会の活動」に関する抜粋を朗読する。

【提出済みPX699朗読概要】

　協和会の主任務は、日本によって樹立された政体を維持するために全満州国民を動員することで、かつ満州を日本の大陸での足場とし、特に対ソ作戦の拠点として強化するために、満州国民

すべてに勤勉な労働を要求することであった。その目的を達成するために協和会は幅広い宣伝活動を行い、会員、特に青年会員に軍事教練を実施し、軍事工業を始めとする満州の産業育成に積極的に努力し、各軍司令部の指示に従って軍事施設の建設に従事し、そして戦時活動のために先鋒団という特殊な戦闘組織を編成したりした。（「協和会は誰が主導して作ったものか？」との尋問官の問いに答えて）協和会について着想が得られたのは1931（昭和6）年で、組織化にあたったのは関東軍司令部要員の本庄司令官や参謀長であった自分など。自分は1940（昭和15）年に協和会の中央本部長となるよう要請された。

＊イワノフ検察官、「1945（昭和20）年には協和会の会員数は450万に達していた」、「三宅はこの後、先鋒団について語っている」と申し立てて、朗読を続行する。

　平時に於ける先鋒団の通常の任務は、満州国民を監督して勤労を促し、反日感情を有する者に監視の目を光らせて満州国政府の支援をし、戦時にはソ連軍の後方でテロ・謀略活動を行ったり、鉄道・橋梁・軍用倉庫などを破壊したり、ソ連軍将兵を殺傷したりなどの積極工作を行うのを主任務とした。

＊提出済み（検）法廷証PX670【1946（昭和21）年3月26日付け元満州国総務長官武部六蔵宣誓供述書】＝検察側文書PD2239　［E: 7598］［J: 88（11）］　検察官イワノフ、「協和会」に関する抜粋を朗読する。

【提出済みPX670朗読概要】

問

　協和会について知っていることは？

答

　自分自身が同会の会員で、かつ中央本部委員であった。会長は満州国国務総理の張（景恵）であったが、実際の指導者は関東軍の三宅参謀長で、三宅は会の中央本部長も務めていた。中央本部委員会は1カ月に1度会議を開き、満州国民の指導について話し合われた。例えば、労務動員法［law of labor mobilization］が怨嗟の的となっており、動員には協和会の支援が必要だったので、そのような問題が議題となった。

問

　協和会は誰の発意で創立されたか？

答

　関東軍司令官本庄を始めとする日本人。会で主導的地位を占めていたのは日本人で、会を通じて日本の意思が伝達された。

問

　対ソ戦のために協和会はどのように利用されたか？

<1946-10-11>

答
　既に述べたように、この点について（満州国）政府は関東軍から指示を受け、協和会は満州を対ソ戦の基地にすべく協力していた。
（中略）
問
　協和会の会員数は？
答
　400万。

＊（検）法廷証PX730【コンスタンティン・V・ロジャエフスキー（ロシア・ファシスト同盟隊長）宣誓供述書】＝検察側文書PD2364　証拠として提出される。検察官イワノフ大佐、供述者が1946（昭和21）年8月3日に死刑を宣告されたことを明示するソ連政府の出所・真実性証明書を同時に提出する。被告梅津・東郷弁護人ブレークニー少佐、「供述者に対する刑が執行されたか否か」、と質し、「既に執行された」との検察官ゴルンスキー公使の返答を得た後、「当法廷で重要性を有する証言をなしたと分かっている証人を意図的に抹消した（PX668のセミョーノフの供述書に続く）2例目である」として、「強硬な抗議」を申し入れ、さらに、「これを証拠として受理することは、公正な裁判を行う上での最小限の要件と相容れない」、と申し立てる。検察官ゴルンスキー、「意図的に抹消」との表現に異議を申し立てる。裁判長ウェッブ、「処刑が反対尋問の機会を奪うことを目的になされたことは証明されていない」として、「セミョーノフ供述書が受理された時と同様に、当供述書もそれ自身が有する証拠価値相応のものとして受理される」と裁定し、「証明書も証拠の一部とする」と言い渡した後に、証拠として採用する。検察官イワノフ、抜粋を朗読する。

【PX730朗読概要】

　対ソ戦準備は満州人民に対する思想宣伝の形で行われた。満州人民の間に日本に対する信義とソ連に対する敵愾心を醸成するために、日本は満州占領直後に協和会という政治組織を立ち上げ、その組織は大東亜圏の創設と同地域での日本の新秩序建設を説いた。協和会は、集会や新聞などを通じて支那住民の間に反ソ意識を植え付ける活動を強化し、それを白系ロシア人の間にも及ぼした。協和会の活動を指導していたのは中央本部で、近年その本部の長となっていたのは、日本の満州占領時に関東軍参謀長であった三宅であった。

＊（検）法廷証PX731【ハルビン協和会・満州帝国白系露人事務総局発行「大満州帝国（1942［昭和17］年）」】＝検察側文書PD2329　［E: 7605］［J: 88（12）］　識別番号を付される。
＊（検）法廷証PX731-A【同上抜粋；満州における対ソヴィエト思想的・軍事的準備】　証拠として受理され、抜粋が朗読される。

【PX731-A 朗読概要】

　1932（昭和7）年に奉天で、協和会創立のために、板垣大佐（英文速記録には板垣だけであるが、原本である和文証拠文書より直接採録したであろうと推定される和文速記録には、片倉［衷］や満州国外交部長の謝［介石］の名前などが列挙されている）が委員を務める特別委員会が開かれた。委員会は、類稀な熱意を以て会の規程や活動計画などを策定し、その責務を果たした。

＊検察官イワノフ、被告板垣が協和会の創立に関わっていたことを指摘し、会の最高顧問には関東軍司令官本庄繁が就任した事実を明らかにした後、同書に引用されている協和会の創立基本要綱を読み上げる。

　満州国の国家存在の究極の目的は、現下の国際情勢におけるアングロ・サクソン世界とコミンテルンによる侵攻に対する闘争で、盟友日本を効果的に援助するための基礎を建設することである。この神聖な闘争に於いて、全東亜民族は圧迫者に対する単一連合戦線を結成しなければならない。

＊検察官イワノフ、「協和会に関する結論が述べられている」として、抜粋を朗読する。

　協和会は、国家の精神とイデオロギーを全満州国民のみならず全世界に広めるという特別かつ極めて重大な使命を担っている。これを達成するために協和会は、国の内外に於ける自己の理想実現のために絶え間ないイデオロギー闘争を実行しなければならない。協和会はこの闘争の中核である。

＊検察官イワノフ、「日本軍がどのようにして協和会を支援していたかを示す箇所である」として、朗読する。

　満州国民の中には、協和会は一時的存在意義しか持たないと見る向きがあるようだが、このような間違った考えを払拭するために南、西尾（寿造）など軍の最高指導者達が協和会の本質について特別な訓示を発した。

＊検察官イワノフ、「軍の関わりをさらに示す箇所があり、1941（昭和16）年10月に開催された第8回協和会全満州大会の開会式の模様を綴った内容が記述されている」、「この時の関東軍司令官は被告梅津である」として、朗読を続行する。

　開会式は、関東軍司令官を帯同した皇帝陛下が臨席されて、恭しく挙行された。

＊検察官イワノフ、同大会は独ソ戦開始直後に開かれ、白系ロシア人も招かれた事実を指摘して、朗読を続行する。

　第8回大会には初めて白系ロシア人代表4人が参加。これまで、言葉の問題や、協和会の地方支部にロシア人部会が設けられていないところがあったなどの理由で参加していなかったが、それらの障害が除かれたために今回の参加となった。

＊検察官イワノフ、「以下は、同大会で発表されたコミュニケである」として、朗読する。

　1942（昭和17）年2月8日、協和会中央本部によって全満州大会が召集され、新京協和会館で開催された。大会は、大東亜聖戦に於ける盟邦日本支援に関する皇帝陛下の詔勅発布を機とし

<1946-10-11>

て召集され、2日間続いた。
＊検察官イワノフ、「以下は、この会議での梅津の発言である」と、前置きして朗読を続行する。

天皇陛下が宣戦の詔勅を賜ったのと同じ日に、皇帝陛下はこの詔勅を発布された。実に喜ばしいことである。

大東亜戦争の目的は東亜を米英の有害な勢力から解放し、東亜諸民族の協同努力によって新秩序を建設し、東亜諸国に共栄実現の可能性を与え、八紘一宇の理念を実現することである。

現在までに日本の陸海軍は太平洋で数々の輝かしい勝利を収め、天皇陛下の優渥な勅命に応えて、東亜で多くの敵根拠地を覆滅し、新秩序の建設に向けて大きな一歩を印した。

しかし、戦争目的の完全な達成と東亜繁栄の確保への道は未だ遠いので、あらゆる困難を克服するために固い決意を持つ必要がある。このような非常かつ歴史的な時に協和会大会が開かれたのは真に時宜を得たものである。大会委員はまず一般世界情勢に注意を払い、国際情勢と満州国の任務が重大であることを自覚し、建国精神の高揚・犠牲的精神の鼓舞・大衆に対する聖戦目的の周知・大衆の士気高揚などの運動の先鋒となり、国家生産や国力の増大を助長しなければならない。

他方、協同闘争の原則に則り、日満一体の関係に基づき、日本がその後方に不安を感じないよう国防に協力する必要がある。このようにして諸君は自らに課せられた任務を遂行しなければならない。そうしてこそ、諸君は皇帝陛下の御仁慈に浴することができるのである。

＊検察官イワノフ、三宅もこの大会に出席して、協和会の戦時の使命として「大衆に大東亜戦争の意義を周知させ……東亜新秩序の精神の指導下で生活すること」を謳っている、と申し立てた後で、「満州占領と満州国の建国がナチス・ドイツの模範となっていたことを示す箇所がある」として朗読する。

現在、満州国建国の大理想は東亜全域に普及し、ヨーロッパに於いてさえも、それが反映されている。盟邦ドイツの政治制度がこの理念の影響を受けているのは疑いない。……満州国の建国は全人類に精神的復興をもたらしたとも言えるのである。

＊検察官イワノフ、「協和会が『東亜新秩序』建設に果たした役割を示す部分をもう1カ所」として朗読する。

大政翼賛会……（以下、日本や朝鮮、満州などにある協和会類似の大東亜共栄圏構想賛助団体の名前が列挙されているが、省略）などが、陸海で勝利を得つつある強力なイデオロギー戦線を構成している。協和会こそが新秩序建設と大東亜復興のためのイデオロギー戦線の先駆者というべきである。

＊検察官イワノフ、「同書には相当数の写真が含まれているが、技術的制約からそれら写真の複写は不可能である」と申し立てて、弁護側に休廷時に閲覧することを勧める。被告重光弁護人ファーネス少佐、「当該書籍は未だ証拠として受理されておらず、識別番号を付されたのみであることを確認したい」、と申し立てる。裁判長ウェッブ、「証拠としての受理はこの段階では見送る」と裁定する。

2―9―3　検察主張立証第IX局面「ソヴィエト連邦関係」第3部「日本の対ソ連謀略」

(英速録7615～7711頁／和速録88号13頁～89号13頁)

（1）検察官イワノフ大佐及び検察官ゴルンスキー公使、検察主張立証第IX局面「ソヴィエト連邦関係」第3部「日本の対ソ連謀略」の検察側立証として、「日本陸軍は全期間を通じて支配的軍閥の同意の下でソヴィエト連邦に対する破壊活動戦争を指導した」との証拠書類を提出する。　　　　　(英速録7615～7617頁／和速録88号13～14頁)

＊提出済み（検）法廷証PX31【日ソ基本（ペキン）条約（1925［大正14］年1月20日）】検察官イワノフ、諜報活動禁止に関する抜粋を朗読する。

【提出済みPX31朗読概要】

　第5条：締約国は、相互に平和親交裏に生活し、独自の方式で自らの管轄内に於いて独自の生活秩序を保つ権利を尊重し、政府関係の個人や政府と財政的つながりを持つ団体が、日ソ両国相互の領土内で安寧・秩序を脅かす公然・非公然活動を一切行わないようにすることを希望する。締約国はさらに、各々の領内に以下の存在を許さないことに同意する。即ち、（a）相手国領土の全部または一部の政権であることを偽装する組織・団体、（b）そのような組織・団体のために現に政治活動を行っていると認められた外国人。

（2）証人陸軍中将笠原幸雄―1928（昭和3）年時の陸軍参謀本部第二部ロシア班長―、前日10月10日に続き再召還されて証言台に登壇し、検察主張立証第IX局面「ソヴィエト連邦関係」第3部「日本の対ソ連謀略」の検察側立証として、「1928（昭和3）年にハルビン特務班長であった神田正種陸軍少佐が作成した報告書（法廷証PX698）――東シベリアにおける対ソヴィエト連邦破壊活動の必要性を勧める趣旨――が公的性格の報告書であったか否か」について、宣誓供述書によって証言する。
　　　　　　　　　　　　　　　　　(英速録7618～7638頁／和速録88号14～16頁)

＊提出済みPX697【笠原幸雄第3宣誓供述書】及び提出済みPX698【ハルビン特殊機関神田正種少佐発モスクワ武官笠原幸雄宛私的報告（日付不明）】　検察官イワノフ、PX697の抜粋を朗読する。

【提出済みPX697朗読概要】

　私、笠原幸雄陸軍中将は宣誓の上、以下のように証言する。

<1946-10-11>

1928（昭和3）年当時、自分は参謀本部第2部ロシア班長であったが、その期間、職務中に以下のことを知るに至った。

この年にハルビンの特務機関で特殊任務についていた同班班員の神田正種少佐は「対ソ作戦資料」と題する文書を作成した。検察官が自分に見せた50頁に及ぶ写真複写版の文書の最初の16頁は、自分が18年前に見た同文書に相違なく、「1. 対ソ謀略の大綱、2. シベリア以東に於いて行う謀略の重要事項、3. シベリア以東に於ける謀略のために配置すべき機関とその行動」、という3章に見覚えがある。このことを証明するために、上述の写真複写版の該当頁の裏に署名した。当供述書には自筆で署名し、その内容は真実かつ正確である。

＊被告重光弁護人ファーネス少佐、PX698朗読の開始に先立って、「当該文書はPX697文書と同一の文書であり、異なっているのは英訳のみである。その文書中で証人に見覚えのあるのはPX697で証人が言っているように、最初の3章だけである」として、それ以外の7頁以降の証拠としての受理に異議を申し立てる。検察官ゴルンスキー公使、「検察側の意図は、証人に見覚えがあるとした最初の3章からの抜粋のみを証拠として提出することである」、と申し立てる。裁判長ウェッブ、弁護側の異議を容認し、「当該部分だけを証拠として受理する」と、裁定する。

【PX698朗読概要】（冒頭部は、上記PX697に同じ）

1. 対ソ謀略の大綱：
将来戦に於いて謀略が占めるべき地位はすこぶる重大である。特に対ソ戦の最終決着が武力で以て得られない場合、戦争の大部分は謀略戦に終始することとなる。

対ソ謀略の態様は多岐にわたり、その行動は全世界に及ぶであろうが、今行うべき謀略の大綱としては、以下のようになる。即ち、「①ソ連の現状に照らし、人種・思想・階級にまつわる諸闘争を激化させ、特に共産党の内部抗争を煽って国家組織の破壊を期すること。取り分けなすべきは、ソ連内のアジア系諸民族の諸州を結束させ、ヨーロッパ・ロシアに対抗させること」、「②前項と連関した工作として、軍隊、取り分け異民族諸隊の中に反戦機運を煽り、ソ連軍の極東作戦計画に齟齬を来たさせること」、「③ソ連の西方・南方の隣接諸国を誘引してソ連に脅威を与えて大軍の極東への移動を不可能にさせること。また、経済封鎖によって物資、取り分け軍需品の輸入を防止すること」、「④輸送網を破壊して軍の動員・集中を遅らせ、軍需工場に騒擾を引き起こして軍需品の製造を妨害すること。シベリア鉄道は、このような工作の最重要目標である」、「⑤通信施設を破壊し、妨害電波の発信などによって世界から孤立させること。極東方面で特にこれに留意すること」、そして「⑥ソ連と繋がりのある政権が支那に存在する場合は、その壊滅を期すこと」である。

＊午後2時45分、裁判所ウェッブ、休廷を宣す。
＊午後3時2分、法廷、再開する。

＊検察官イワノフ大佐、検察主張立証第IX局面「ソヴィエト連邦関係」第3部「日本の対ソ連謀略」の検察側立証として、（検）法廷証PX698の朗読を続行する。

【提出済みPX698朗読概要】（続き）

2．シベリア以東に於いて行う謀略の重要事項：

シベリア以東のソ連領と満蒙は両軍の作戦地帯乃至は行動策源地であるから、謀略活動の種類も多い。今、その主要事項を列挙すれば以下のようになる。即ち、「①シベリア以東のソ連領内で宣伝・煽動を行い、住民・軍隊間に反共・反ユダヤ感情を煽り、反戦運動を起こさせること……」、「②南満州・朝鮮・樺太に反共団体を組織し、機に応じて北満州・極東ソ連領に進出させ、ソ連軍の作戦行動を掣肘させ、戦況の進展に伴ってソ連領内に反共政権を樹立し、シベリア・コーカサス方面相呼応して共産党政府の転覆を企図すること」、「③外蒙の非共産化を期すること」、「④……北満州に親ソ政権が成立した場合には、まずその転覆を企図すること」である。

3．シベリア以東に於ける謀略のために配置すべき機関とその行動：

対ソ謀略は、全世界にわたって行われるので、その担当機関も両大陸を網羅しなければならない。ここでは、シベリア以東のソ連領と満州でどのように機関を配置して、どのように活動させるべきかについて研究する。

＊検察官イワノフ、「地域毎に報告がまとめられている」として、挙げられている地域名を列挙する。

（1）シベリア、（2）チタ、（3）ブラゴベシチェンスク及び黒河、（4）ハバロフスク、（5）ウラジオストック、（6）樺太、（7）朝鮮北部、（8）北満州、（9）洮南。……

4．ハルビンを拠点とする北満機関の謀略活動は、複雑多岐にわたるが、その主要事項を挙げれば、次のようになる。即ち、「（イ）支那政権を確実に掌握すること。既に親ソ政権が樹立されている時には、まずその転覆を期する」、「（ロ）東支鉄道からソ連系幹部を駆逐し、北満での赤色諸勢力を撃退すること」、及び「（ハ）反革命ロシア人や馬賊を操り、不逞鮮人団を撃滅すること」である。

＊被告東条弁護人清瀬博士、反対尋問に立つ。［E: 7630］［J: 88（15）］

【弁護人清瀬博士による検察側証人笠原幸雄に対する反対尋問】

弁護人審問

①「対ソ作戦資料」の性質について、

①-1．該文書は公的であったか私的研究報告であったか？

①-2．当該研究報告の内容が参謀本部の公式計画に取り入れられたことがあったか？

<1946-10-11>

証人応答
　①-1. 表紙に「研究資料」と記されている。公文書ならば組織の長が宛先となるはずであるが、差出人も宛名も個人名であり、公文書ではなく個人的研究報告書である。
　①-2. なかった。自分宛に送られて来た私的なものであるので上司に見せることはなかった。
＊清瀬弁護人、前日検察側が提出したPX702【1932（昭和7）年7月16日付けトルコ駐在武官神田正種中佐発河辺虎四郎モスクワ駐在武官宛報告】＝検察側文書PD1654の中に「対ソ戦準備を1934（昭和9）年初頭までに完成することを決定」とあるのは、「その後直ちに対ソ戦に踏み切るという意味ではない事」と、「内容が公式見解ではなく関係者間の個人的やり取りであったこと」を、証人に確認する。検察官ゴルンスキー公使、「弁護人が質しているのは前日提出の証拠文書の内容についてであり、現在反対尋問の対象とすべきものではない」と異議を申し立てる。裁判長ウェッブ、異議を受け容れて弁護人に注意する。

弁護人審問
　②対ソ作戦資料」に関する証人の記憶について、
　②-1. 証人は同書の写真複写版の「最初の16頁には見覚えがある」と言ったが、同資料は二つの部分に分かれていたのか？
　②-2. 16頁から後の部分は公式文書の類かどうか？

証人応答
　②-1. そうではない。後半部分については当時見たかどうか確たる記憶がない。
　②-2. 16頁までの内容を読めば、それが私的な文書であったことが判り、残りを読まなくとも公的なものではないと言える。
＊被告重光弁護人ファーネス少佐、反対尋問に立つ。[E: 7635]［J: 88（16）］

弁護人審問
　①「対ソ作戦資料」の内容について、
　①-1. そこに盛られている計画は攻勢的というより防御的色彩の強いものではないか？
＊検察官ゴルンスキー、「誘導的質問である」として異議を申し立てる。裁判長ウェッブ、「弁護人ファーネス小佐の証人ではないから誘導的質問であっても許容される」と、異議を却下する。

証人応答
　①-1. 攻勢的か防御的かという問題ではなく、戦争が起きた際にどう対処するかを述べた文書である。

弁護人審問
　①-2. （弁護人、証人が同文書を見たのが1928（昭和3）年であったことを確認した上で）それはいつ作成されたか？
　①-3. 記述されている内容は朝鮮などの日本領に於ける活動ではないか？
　①-4. 活動地域には朝鮮を一部としていた日本も含まれるのか？

証人応答
　①-2. 冒頭に書かれていた内容から判断してその年。
　①-3. 朝鮮には限定されず、戦争が始まれば他国などあらゆる場所で作戦行動が開始される。
　①-4. その通り。
＊被告小磯・大川弁護人ブルックス大尉、反対尋問に立つ。[E: 7637] [J: 88（16）] ブルックス弁護人、「『対ソ作戦資料』に盛り込まれた計画が実際にソ連に対して実行されたか？」、と質す。証人、「個人が作成した計画に過ぎず、実行はされていない」と応答する。
＊検察官ゴルンスキー公使、「対ソ作戦資料」の性質について、再直接尋問に立つ。[E: 7637] [J: 88（16）] 検察官ゴルンスキー、証人神田の当時の役職を質す。証人、「確たることは言えないが、この文書の内容から判断して、ハルビンの特務機関付であったろう」、と応答する。ゴルンスキー検察官、「このような文書は特務機関が公務の一環として作成するものではないか？」、と質す。証人、「特務機関の任務がどのようなものであったか確たることは分からない。特務機関に命令を出すのは関東軍司令官。参謀本部ロシア班長であった自分の考えでは、関東軍司令官が特務機関に謀略計画の作成を指示するとは思えない」、と応答する。ゴルンスキー検察官、改めて特務機関の任務が何かを質す。被告木戸弁護人ローガン、「既に証人はそれに答えている」と異議を申し立てるも、証人、「情報収集」、と応答する。検察官ゴルンスキー、「神田が作成した資料には秘密性を帯びるものが含まれていたか？」、と質す。証人、否定する。検察官、「日本の陸軍では秘密情報を私信で送ることが許容されていたのか？」、と質す。証人、「許容されてはいなかったが、その点では広範な裁量権が認められていた」、と応答する。
＊笠原幸雄証人、通例の条件で証人の任を解かれ、退廷する。

（3）検察官イワノフ大佐、検察主張立証第Ⅸ局面「ソヴィエト連邦関係」第3部「日本の対ソ連謀略」の検察側立証として、「支配的軍閥による対ソヴィエト連邦破壊戦争謀略」に関する証拠書類を提出する。

（英速録7638〜7650頁／和速録88号16頁〜89号4頁）

＊（検）法廷証PX732【在欧日本武官会議提出露国関係事項（1929［昭和4］）年】＝検察側文書PD1682　識別番号を付される。検察官イワノフ、「この会議はベルリンで開かれ、当時参謀本部第2部長であった被告松井や被告橋本が参加しており、松井はその事実を尋問の過程で認めている」と、申し立てる。被告重光弁護人ファーネス少佐、「誰がこの会議を主宰したかという情報は宣誓された証拠文書によって証明されねばならない。該文書は、その情報が赤軍軍事検察局長よりもたらされたと述べているのみであり、出所・真実性は証明されていない。尋問での被告松井の供述では不十分である」と、異議を申し立てる。
＊（検）法廷証PX733【1946（昭和21）年4月25日連合国軍実施被告松井石根尋問調書】＝検察側文書PD4107　イワノフ検察官、「松井の尋問調書を提出する準備がある」と、申し立てる。ファーネス弁護人、「弁護側に写しが手交されておらず、そのような文書が提出されることを

<1946-10-14>

知らされていない松井の弁護人が出廷していない」と、異議を申し立てる。検察官、「この時点で供述書は識別番号を付すためだけに提出したい」と申し立てる。裁判長ウェッブ、検察側は弁護側の異議に堪える程に松井証言の真実性を証明するよう促す。

＊午後3時45分、裁判長ウェッブ、翌週10月14日月曜日午前9時30分までの休廷を宣する。

◆ 1946（昭和21）年10月14日　　（英速録7642～7732頁／和速録第89号1～16頁）

＊午前9時30分、法廷、再開する。
＊検察官イワノフ大佐、検察主張立証第Ⅸ局面「ソヴィエト連邦関係」第3部「日本の対ソ連謀略」の検察側立証として、「支配的軍閥による対ソヴィエト連邦破壊戦争謀略」に関する書証提出を続行する。
＊提出済み（検）法廷証PX733【1946（昭和21）年4月25日連合国軍実施被告松井石根尋問調書】＝検察側文書PD4107　識別番号を付される。
＊（検）法廷証PX733-A【同上抜粋；在欧武官会議（1929［昭和4］年）】　証拠として受理され、抜粋が朗読される。

【PX733-A 朗読概要】

問
　1929（昭和4）年にベルリンで開かれた武官会議ではどのような決定がなされたのか？
答
　その年、自分は参謀本部第2部長として欧米に出張していたが、ベルリン滞在中にヨーロッパ駐在陸軍武官の会議を招集した。会議では様々な時事問題を議題にしたが、政治問題は話し合わなかった。
問
　参加者の中に橋本はいたか？
答
　橋本は当時トルコ駐在陸軍武官であったので、参加していた。
（中略）
問
　（文書の写しを見せて）これは会議の内容を記した覚書の写真複写版であるが、そこに書かれているようなことが議題となったのか？
答
　内容から判断して、出席者の内の誰かが作成したものと思われる。会議で議題となった点のいくつかの内容を正確に反映したものである。

＊イワノフ検察官、前週10月11日金曜日休廷間際に提出して識別番号を付されたPX732からの抜粋を証拠として朗読しようとする。被告木戸弁護人ローガン、「この尋問調書からは、尋問の最中に松井に見せられたのがPX732であるのかどうか不明である」と、異議を申し立てる。検察官ゴルンスキー公使、「松井を尋問した尋問担当官が間もなく出廷し、松井に見せた文書を特定できる」、と申し立てる。裁判長ウェッブ、その担当官が到着するまで他の文書を提出するよう、検察側に促す。

＊（検）法廷証PX734【1929（昭和4）年11月15日付け橋本駐イスタンブール武官発岡本（連一郎）参謀次長宛報告「コーカサスの事情及び謀略を目的としたその戦略的利用」（1929［昭和4］年11月15日）】＝検察側文書PD1989 ［E: 7646］［J: 89（3）］ 識別番号を付される。

＊（検）法廷証PX734-A【同上抜粋：コーカサス占領計画】 証拠として受理され、抜粋が朗読される。

【PX734-A朗読概要】

コーカサス地方は地理上、ソ連中央部から遠く人種・宗教が雑多で、ロシア文化が比較的普及していないが故に、対ソ謀略を行う上で重要な地域ではある。しかしながら、コーカサス内の各人種は相互に反目しており、一致協力して事をなし得ないので、全コーカサスを一丸として対ソ行動に踏み切らせるのは、同地を軍事占領でもしない限り至難の業であると言わざるを得ない。

＊検察官イワノフ大佐、「当文書の他の部分で橋本は『同地方の人種を互いに抗争させて混乱を引き起こす』という政治謀略計画を語っている他、ソ連と隣接する諸国と共に『軍事占領という手段により』コーカサスを掌握するという構想を披瀝して、日本の軍閥指導者達の目論見の地ならしをしている」、と申し立てる。被告木戸弁護人ローガン、被告重光弁護人ファーネス少佐、被告荒木弁護人マクマナス、「ソ連検察官は、証拠として受理されていない箇所を引用したり、それについて評言したりするという慣行を未だに継続しており、検察官自身が証言をしている有様となっている」と、異議を申し立て、「そのような部分を記録から抹消し、爾後、検察官がそのような行為に及ばないよう指導するよう」、法廷に要請する。裁判長ウェッブ、「この日のこれまでの検察官の発言は、証拠文書の内容を手短に説明できるとの許容範囲を逸脱しており、自らが立証する意図のない事項を論ったものである」と認め、弁護側の異議を容認し、「該当部分は慮外に置く」と裁定する。

（4）証人ソ連陸軍大佐P・D・モロゾフ──極東国際軍事裁判検察団のソヴィエト検察団所属専任顧問官でソヴィエト連邦軍事尋問官──、検察主張立証第IX局面「ソヴィエト連邦関係」第3部「日本の対ソ連謀略」の検察側立証として、「提出済み（検）法廷証PX733【1946（昭和21）年4月25日連合国軍実施被告松井石根尋問調書】、及び同PX733と提出済みPX732【在欧日本武官会議提出露国関係事項（1929［昭和4］）

<1946-10-14>

年】との関連」について、本来の口頭方式により証言する。

(英速録 7650～7658 頁／和速録 89 号 4～5 頁)

＊被告賀屋・鈴木弁護人レビン、「証人はソ連の様式に従って宣誓したが、国際軍事法廷の方式によって宣誓がなされるべきである」、と申し立てる。裁判長ウェッブ、「裁判所条例が許容している」として、異議を斥ける。

＊検察官イワノフ大佐、直接尋問を開始する。

【検察側証人モロゾフに対する口頭による検察側直接尋問】

検察官審問
　①証人の氏名、年齢、所属は？
　②松井を尋問した時の状況は？
　③（検察官、証人に PX732 を見せ）、それが尋問した時に証人が松井に見せたものであるか？

証人応答
　①プラトン・ドミトリエビッチ・モロゾフ。40歳。国際検事局ソ連課軍尋問官。
　②本年4月25日、巣鴨プリズンで松井を尋問したが、現在モスクワにいるバギニアン大佐も尋問し、調書に署名したのはバギニアン大佐であった。
　③その通り。（検察官、裁判長の指示に従ってPX733-Aを証人に見せる）これは4月25日の尋問調書であり、同調書に言及されている文書は、書類番号は明示されていないが、PX732と同じものである。

＊被告松井弁護人マタイス、反対尋問に立つ。

【弁護人マタイスによる検察側証人モロゾフに対する反対尋問】

弁護人審問
　①国際検察局では尋問官以外に職掌があるか？
　②4月25日の尋問以外に松井を尋問したことがあるか？
　③（弁護人、証人が日本語を解さないことを確認した上で）、尋問は通訳を介して日本語で行われたか？
　④（弁護人、松井が3回にわたって尋問された事実を披瀝して）最初の2回で通訳に当たったのは男性、3回目は女性ではなかったか？
　⑤4月25日の尋問の際に松井が陳述書を渡さなかったかどうか？

証人応答
　①自分は国際検察局ソ連課の軍尋問官。（証人、同じ答のみを繰り返す）
　②自分の記憶が確かであれば、松井を尋問したのはその時だけである。
　③通訳を介して日本語で行われた。

④それに答えるためには、関連する文書をすべて見る必要がある。

　⑤松井は尋問官の要請に応えて1-2頁の陳述書を記しており、それは尋問調書の一部となっている。内容は大東亜について（松井が主催していた大亜細亜協会に関するものと思われる）のものであり、松井に見せた文書とはなんの関係もない。

＊証人モロゾフ検察官、通例の条件で証人の任を解かれ、退廷する。

（5）検察官イワノフ大佐、検察主張立証第Ⅸ局面「ソヴィエト連邦関係」第3部「日本の対ソ連謀略」の検察側立証として、「支配的軍閥による対ソヴィエト連邦破壊戦争謀略」に関する証拠書類の提出を再開する。

(英速録7658～7671頁／和速録89号5～6頁)

＊（検）法廷証PX732-A【PX732「在欧日本武官会議提出露国関係事項（1929［昭和4］年）」抜粋：対ソ謀略手段】　識別証拠として提出済みの（検）法廷証PX732よりの抜粋が、（検）法廷証PX732-Aとして受理され、朗読される。

【PX732-A朗読概要】

　1．情勢研究に関する件
（中略）
　様々なヨーロッパ諸国によって行われる謀略手段（英文速記録7658頁は"sabotage measures to be taken by various European countries"とするが、和文原本書証より直接採録したであろう和文速記録は、「対ソ戦に際しヨーロッパ諸国より行う謀略手段」とする）に関する研究。
　1-4．諸外国での白系ロシア人の状況と、その将来の活動力に関する観察。
　1-5．将来日ソ断交となった場合、これがソ連とヨーロッパ列強との関係に及ぼす影響。
（中略）
　2．雑事項
（中略）
　2-1．ソ連以外に駐在する各武官が行う対ソ諜報に関する所見。

＊検察官イワノフ、「タベナー検察官が既に被告大島とナチス・ドイツのヒトラー（英文速記録7659頁は"Hitler"とする。和文原本書証より直接採録したであろう和文速記録は、「ヒムラー」［Himmler］とするがこれが正しい。英文速記録6026～28頁参照）が対ソ謀略について協議していたことを示す証拠を提出したこと」に、法廷の注意を喚起し、さらに、「別のソ連検察官によって他の証拠が提出される」、と申し立てる。

＊（検）法廷証PX735【満州における日本軍の対ソ敵対行動に対する駐日ソ連大使館の抗議書補足文（日付なし）】＝検察側文書PD2307　［E: 7659］［J: 89（5）］　証拠として受理され、朗読される。

<1946-10-14> 2 検察主張立証段階 207

【PX735 朗読概要】

　1925（大正14）年1月20日に締結された日ソ北京条約第5条に違反する日本軍当局による容認し難いあまたの反ソ活動については、日本政府に対して度重なる通牒を送ってきたが、以下に示すのは、最近これらの行為がより大規模に遂行され、対ソ謀略活動が満州領内で組織化されていることを示す新たな事実である。即ち、日本軍当局はしばしば満州在住の白系亡命ロシア人を反ソ活動に利用して、ソ連領内でのテロ・謀略活動を間接乃至は直接手段を用いて行わせたり、そのような目的のためにソ連領内に密入国させたりしている。

＊（検）法廷証 PX736【1940（昭和15）年2月16日付け日北満特務機関長（於ハルビン）会議録】＝検察側文書 PD1968　識別番号を付される。
＊（検）法廷証 PX736-A【同上抜粋；反ソ謀略運動の修正と白系露人指導方針】　証拠として受理され、抜粋が朗読される。[E: 7661] [J: 89（5）]

【PX736-A 朗読概要】

　対ソ謀略に関する従来の構想は、日本軍が個々の謀略単位を直接指導・運用しようというものであったが、将来これを一層効果的にするためには、開戦と同時に極東反共自治政権を樹立し、これに各種謀略活動を統合させて、謀略に政治的意義を付するのが有利である。……現在の行政・経済機構の要所に白系ロシア人を採用し、実務に当たらせる。その実務においては、従来のロシア人官吏（英文速記録 7663頁は "former Russian public officials" とするのでこう訳したが、和文原本書証より直接採録したであろう和文速記録は、「従来の在満ロシア人」とする。英文への誤訳と判断する）・公務員・会社員のようなロボット的存在に留まらせず、責任を持って業務に当たらせる必要がある。このためには、ある程度、特別任用の途を開かざるを得ない。それをすべき部署としては、最近、中央政府は白系ロシア人を活用できる場所を列挙したが（英文速記録 7663頁は "The central government recently enumerated where the White Russians could be used" とするのでこう訳したが、和文原本書証より直接採録したであろう和文速記録は、「中央政府は暫くこれを措くとしても」とする。「措く」を「置く」と読み違えたためと推定され、勿論和文速記録の方が意味は通る）、少なくとも省以下の各地方行政・自治機関、軍、鉄道、国策会社などを挙げることができる。そのような各方面に所要の人員を配当し、軍事・警察・経済・産業・交通・通信・宣伝・司法などの実務に就かせる必要がある。

＊検察官イワノフ大佐、書証4通を、連続して提出する。
＊（検）法廷証 PX737【1943（昭和18）年6月16日付け関東軍情報部第2回会議（於ハルビン）議事録抜粋；1943（昭和18）年度の威力謀略教育に関する指示】＝検察側文書 PD1962　証拠として受理される。[E: 7664] [J: 89（6）]
＊（検）法廷証 PX738【同上会議録抜粋；白系露人指導に関する指示】＝検察側文書 PD1956　証拠として受理される。

* （検）法廷証PX739【同上会議録抜粋：特殊移民地白系露人青年訓練実施計画－ハルビン特務機関】＝検察側文書PD1971　証拠として受理される。
* （検）法廷証PX740【同上会議抜粋；対外蒙古宣伝指針】＝検察側文書PD1957　証拠として受理される。
* 被告重光弁護人ファーネス少佐、受理に先立って、「外蒙古人民共和国は当時支那の主権下にあり、同国はソ連軍の同地への駐留と謂うところのソ蒙対支那侵攻同盟条約に抗議しており、さらに支那は1945（昭和20）年夏まで外蒙古を承認していない」、「外蒙古に対する工作は対ソ侵攻工作には該当しない」と、当該文書の証拠としての受理に異議を申し立てる。裁判長ウェッブ、「弁護人の主張は証拠の適格性［admissibility］に関する論議ではない」、かつ「判事の1人が当該文書の中には明白に対ソ工作を示す記述があることを指摘した」として、異議を却下する。被告南弁護人岡本（敏）、「PX739に作成年が記されていない」、と申し立てる。裁判長ウェッブ、「判明しているならば付すべきである」と言い渡す。
* 午前10時48分、法廷、休憩に入る。
* 午前11時3分、法廷、再開する。
* 検察官イワノフ大佐、休憩前に提出して証拠として受理された文書4通の抜粋を朗読する。

【提出済みPX737朗読概要】

1943（昭和18）年度威力謀略の教育訓練は、本指示に基づき実施すること。
総則：
本指示は関東軍司令部の「1943（昭和18）年度特殊部隊教育に関する指示」に基づき、かつこれまでの教育訓練の実績に鑑み、本年度教育に関し準拠すべき事項を定めたものである。

【提出済みPX738朗読概要】

白系（ロシア人）は男女を問わず、また、その欲すると欲せざるとにかかわらず、強引にかつ最大限に対ソ戦、取り分け対ソ秘密戦に利用する。

【提出済みPX739朗読概要】

（イワノフ検察官、同文書の作成年が他の北満特務機関長会議関連文書と同じであることを示す証明書を提出して、朗読する）
訓練に要する経費：
人件費、設備費、教育機材費、その他雑費は、補助特殊開拓民費と補助訓練費で賄うことを原則とし、ハルビン特務機関長は、そのような予算の審査・配分について指導すること。

<1946-10-14>

【提出済み PX740 朗読概要】

　対外蒙宣伝の終極の目的は、外蒙人を積極的に対ソ、つまりは対日協力に誘導することにある。それを達成するための段階は、概ね以下の通りである
　1．現政権に対する信頼感破砕。2．現政権に対する軍民の反抗。3．ソ連からの離脱と対ソ反抗、つまり対日協力。
　宣伝の次のような結果は、第3段階に出てくるべきものである。
　①暴動・背反の続発。②日本軍指導下での自治政権誕生。③対ソ抗戦。……最終的結果としていつか起きるのは日ソ開戦である。

　(6) 証人河辺虎四郎元陸軍中将―1932（昭和7）年1月より1934（昭和9）年3月までの間、日本帝国在モスクワ大使館付武官で、1945（昭和20）年4～9月までの陸軍参謀本部次長―、検察主張立証第Ⅸ局面「ソヴィエト連邦関係」第3部「日本の対ソ連謀略」の検察側立証として、「ソヴィエト連邦対策についての笠原幸雄と神田正種の報告書」に関して、宣誓供述書によって、証言する。

(英速録7671～7693頁／和速録89号6～10頁)

＊検察官イワノフ大佐、直接尋問を開始する。

【検察側証人河辺虎四郎に対する宣誓供述書による検察側直接尋問】

検察官審問
　①証人の氏名、年齢、1932（昭和7）のソヴィエト連邦滞在時の地位、1945（昭和20）年9月時の地位、最終の階級は？
証人応答
　①河辺虎四郎、56歳。1932（昭和7）年1月から1934（昭和9）年3月まで、在モスクワ日本大使館付陸軍武官として勤務した。1945（昭和20）年9月時は参謀次長で、最終の階級は陸軍中将。
＊（検）法廷証PX741【河辺虎四郎第1宣誓供述書】＝検察側文書PD2661　提出済み（検）法廷証PX701【1932（昭和7）年7月14日付け河辺虎四郎モスクワ駐在武官報告】と提出済みPX702【1932（昭和7）年7月16日付けトルコ駐在武官神田正種中佐発河辺虎四郎モスクワ駐在武官宛報告】についての証人の宣誓供述書であるPX741が、イワノフ検察官より証人に手交され、本人により確認される。証拠として受理され、朗読される。

【PX741 朗読概要】

　自分、河辺虎四郎（56歳）は、宣誓の下、以下の供述をする。

　1．自分は1932（昭和7）年1月から1934（昭和9）年3月まで、在モスクワ日本大使館付陸軍武官として勤務した。

　2．自分に見せられた5枚の文書が1932（昭和7）年7月14日に自分が手書きで作成してモスクワから東京の参謀本部に送った文書の写真複写版であることを認めて、各頁の裏面に署名した。送付した日付は、写真複写された封筒に記されている日付と同じであることも認める。

　3．自分に見せられた他の4枚の文書の写真複写版は、参謀本部の笠原中佐が神田中佐に命じて、モスクワにいた自分に対して1932（昭和7）年7月10日に送らせた記録の原文である。その最初の1頁は自分の手書きであるが、他の3頁は自分の補佐官であった山岡が書いたものであろうと考える。このことを証するために、自分は第1頁の裏面に署名した。

＊（検）法廷証PX742【河辺虎四郎第2宣誓供述書；降伏決定後秘密書類焼却】＝検察側文書PD2660　証人により確認され、証拠として受理される。検察官イワノフ、「当文書は、参謀本部が日本の降伏後に秘密文書を焼却させたことを明らかにしている」、と申し立てる。被告梅津・東郷弁護人ブレークニー少佐、「文書の内容は読んで字の如くである」と、イワノフ検察官の説明に異議を申し立てる。裁判長ウェッブ、「検察官が証拠を提出する際の簡潔な説明という範囲を逸脱するものではない」として、却下する。

【PX742 朗読概要】

　自分、河辺虎四郎（56歳）は、宣誓の下、以下の供述をする。

　1．自分は1945（昭和20）年4～10月、参謀次長であり、当時の参謀総長は梅津美次郎大将であった。

　2．天皇陛下が1945（昭和20）年8月13日に降伏の決断を下され、翌日その決定が無電を通じて連合国軍に知らされた。正式な降伏文書への調印は同年9月2日になされた。

　3．参謀本部の極秘・秘密文書はすべて、1945（昭和20）年8月13日から焼却され始め、連合国軍が焼却を禁ずる旨の命令を発するまで継続された。焼却された文書の中には動員計画、作戦計画、戦争指導関連文書、最高戦争指導会議記録などがあった。焼却作業は、参謀本部の課長級以下の職員によってなされた。この作業の進行中、梅津参謀総長は東京にいた。これについて、参謀本部から書面乃至は口頭で命令が発せられたかどうかは自分の知るところではなく、隠匿された文書があったかどうかも知るものではない。

＊裁判長ウェッブ、「内容から判断して検察官の説明は誇張を含んでいたと言えるかもしれない」と、評言する。

＊被告東条弁護人清瀬博士、反対尋問に立つ。[E: 7679]　[J: 89（8）]

<1946-10-14>

【弁護人清瀬博士による検察側証人河辺虎四郎に対する反対尋問】

弁護人審問
　① PX702 について、
　①-1. 同文書の内容は誰からの伝言であるか？
　①-2. それは東京の公式筋の見解を反映したものか、笠原個人の見解であるのか？
　①-3. 後刻そこに盛られた計画は実行されたか？
　①-4. その時期については？

証人応答
　①-1. 神田中佐を通じて笠原中佐から伝えられたもの。
　①-2. 笠原個人の見解とは思えないが、笠原からそのような方針が東京で決定されたと聞かされた記憶はない。
　①-3. 段階的に実行されたと思う。
　①-4. 確たることは言えない。

弁護人審問
　② PX701 について、
　②-1. 該文書で証人が当時記した事項は、準備に留まるべきものとして記したものか、中央が実行することを期待して提出したものか？
　②-2. 文書の後半で、日本は当分対ソ開戦に至るような措置を執るべきでないと述べている箇所がある（朗読された PX702 の抜粋部分にそのような件があるので、それを指しているかもしれないが、PX701 の未朗読部分にも同様の箇所があるかもしれない）が、当面は心構えとして準備しておくに留めて実行には移さないというのが趣意ではなかったか？

証人応答
　②-1. 全般的原則について述べたもので、準備と実行いずれを念頭に置いていたか確たることは言えない。
　②-2. 概ねその通り。ソ連を刺激するいかなることもしないというのが趣意であった。
＊被告梅津弁護人宮田、反対尋問に立つ。[E: 7683] [J: 89（8）]

【弁護人宮田による検察側証人河辺虎四郎に対する反対尋問】

弁護人審問
　① PX742 について、
　①-1. 参謀本部などでの文書焼却は誰の命によるものであるか？

証人応答
　①-1. 参謀総長からそのような命令を受けたことはなく、自分がそのような命令を出したこと

もない。
*裁判長ウェッブ、正午の休廷を宣す。(実際は弁護人が質問を一つ発しているが、証人が返答しておらず、休憩後に再び質問が繰り返されているので、そこに記す)
*午後1時30分、法廷、再開する。
*宮田弁護人、反対尋問を続行する。[E: 7683][J: 89（8）]

弁護人審問
　①PX742について（続き）
　①-2. 証人は「課長級以下の職員が文書焼却にあたった」と証言しているが、そのような立場の職員に文書焼却を行う権限を付与する部内規則の有無は如何？
　①-3. 文書の焼却は、当時の重大かつ非常な事態に直面した時に起きた止むを得ない出来事であったと解してよいか？
　①-4. 文書の焼却は8月13日に始まったものではなく、情勢の険悪・緊迫化と共に8月7～8日頃から徐々に始まったものと理解してよいか？
　①-5. 証人は「梅津参謀総長は当時東京にいた」と証言したが、その当時の梅津の行動は？

証人応答
　①-2. 平時に於いては、参謀次長の命令がなければできないが、当時は非常時意識が強く、米ソの空挺部隊が今にもやって来るような切迫感の中で、下級の職員が戦場での手続きに従って重要文書を取り扱うべきだと判断して、常日頃教えられた通りに、敵に文書が渡るのを未然に防止するという感覚で焼却したものだと思われる。日本全土の連隊本部にも、陸軍省から同様の命令が出された。連合国軍最高司令部から文書焼却を中止するよう指令が来た時に、中止せよとの命令が発せられた。
　①-3. そのように理解されたい。
　①-4. 始まったのは聖断が下った頃だったと思うが、正確にいつであったか確たることは言えない。
　①-5. 総長は最高戦争指導会議や御前会議に出席して多忙で、総長室は次長室の隣ではあったが、終日総長に会えなかった日が何日かあった。
*被告重光弁護人ファーネス少佐、反対尋問に立つ。[E: 7688][J: 89（9）]

【弁護人ファーネス少佐による検察側証人河辺虎四郎に対する反対尋問】

弁護人審問
　①PX702について、
　①-1. 証人は、その第1頁に証人の手書きの書き込みがあると陳述したが、(弁護人、その頁が表紙のようなものであることを確認した後)手書きされた部分の内容は如何？
　①-2. 判読不能部分の内容は如何？

<1946-10-14>

証人応答
　①-1.「神田中佐伝言（7月25日）8月15日　河辺必要ありて……」となっているが、それ以降は写真複写版では判読不能である。
　①-2. 不明。文書全体から判断して、書いてあること以上は記されていなかったであろう。
＊ファーネス弁護人、当該文書の原本の提出を検察側に求める。検察官ゴルンスキー公使、「写真複写版は本国の情報部から得られたもので、本国にも写真複写版しかない模様」、と応答する。判事団の1人、添付された証明書に「原本はモスクワの赤軍検察局文書課にある」と書いてあると指摘する、ゴルンスキー検察官、「元となった写真複写版がそこにあるという意味である」、「法廷の指示があればそれを取り寄せるよう努力する」、と申し立てる。裁判長ウェッブ、「当面、法廷は検察側提出の複写版に書かれている事実を以て了とする」、と申し渡す。
＊河辺虎四郎証人、通例の条件で証人の任を解かれ、退廷する。

（7）検察官イワノフ大佐、検察主張立証第Ⅸ局面「ソヴィエト連邦関係」第3部「日本の対ソ連謀略」の検察側立証として、「対ソヴィエト戦に向けての日本の軍事準備」に関する証拠書類を提出する。　　（英速録7693〜7710頁／和速録89号10〜13頁）
＊提出済み（検）法廷証PX730【コンスタンティン・V・ロジャエフスキー（ロシア・ファシスト同盟隊長）宣誓供述書】＝検察側文書PD2364　検察官イワノフ、抜粋を朗読する。

【提出済みPX730朗読概要】

　日本は、対ソ攻撃準備に際して在満の白系ロシア人に大きな期待をかけており、彼らを反ソ活動に積極的に活用しようとしていた。計画によれば、対ソ戦の最中は武装勢力として使われ、日本がその戦争に勝利した暁にはソ連から割譲した地域で日本の占領行政の一翼を担うこととなっていた。白系ロシア人組織の反ソ活動を指導していたのは日本軍の諸組織で、それらの活動を統合していたのはハルビンの特務機関長であった。
　加えて、白系ロシア人組織が日本から直接の支援も受けていた。荒木や小磯は直接自分に「ロシア・ファシスト同盟の反ソ活動積極化のためにいかなる援助でもする」と約束した。
　ロシア・ファシスト同盟は、頭山満の黒龍会の支援も受けていた。……日本が白系ロシア人にいかなる役割を担わせようとしていたかを判断する材料としては、ハルビン特務機関の土井の発言が参考になる。1943（昭和18）年12月に松花江ロシア人部隊結成のためにハルビンから松花江第2駅へ向かう車中で、土井は自分に、「日本が設置した亡命ロシア人事務局は、将来のロシア政府と見なされるべき」と語った。
　1934（昭和9）年に特務機関副長の秋草少佐が自分と何度か話した折には、日本は対ソ戦を考えており、そのために白系ロシア人指導者のセミョーノフとの繋がりを強化すべきことを話した。セミョーノフは亡命白系ロシア人の頭目的地位にあると日本側は見なしており、将来のロシア政

府首班にしようと考えていた。……

　1934（昭和9）年、ハルビン特務機関は、反ソ活動を集約的に指導するために白系ロシア人組織をすべて統合することとし、同年、亡命ロシア人事務局が設置されてハルビン特務機関の従属組織となった。

　この事務局とその支部を通じて特務機関は、ソ連領内での謀略活動に従事する白系ロシア人を募集。1936（昭和11）年、ハルビン特務機関の情報担当将校であった鈴木の提案に従ってロシア・ファシスト同盟の会員の中から人員を募集して、特別な部隊を編成し、それを自分の部下であるマトベイ・プラトノビッチ・マスラコフの指揮下に置いた。

　日本軍から武器・装備の供与を受けたこの部隊は、同年秋にソ連領内で謀略・テロ活動を行うと同時にファシストの地下組織を作るためにアムール川を越えてソ連に密入国した。これを指導したのは、ハルビン特務機関の鈴木と榎塚である。

　これ以外にも1936～37（昭和11～12）年にかけて、特務機関による訓練を受けた工作員が多数、ソ連領内に潜入した。

　1937（昭和12）年、ハルビン特務機関第3部長小野内少佐の命により、ロシア・ファシスト同盟と王政同盟［Monarchist Union］に附属した形で、ソ連領内で後方攪乱活動に従事する工作員を養成するための秘密学校とも言うべきものが設立された。ファシスト同盟秘密学校の指導者には自分が任命され、鈴木が補佐役となった。卒業生は特務機関に配属された。

　翌1938（昭和13）年、ハルビン特務機関は、それら秘密学校の代わりに対ソ諜報作戦を担う工作員養成のための特殊学校を設立。その学校で対ソ宣伝活動について訓練された工作員は、後に国境付近の特務機関で活動に従事した。……

　同年、ハルビン特務機関は、松花江第2駅に浅野ロシア人部隊という秘密の部隊を組織し、白系ロシア人青年が対ソ戦のための訓練を受ける場とした。日本側はこれを対ソ戦ロシア人部隊の模範部隊と見なしており、ハルビン特務機関長の秦（彦三郎）が同隊を視察した際には、「将来のロシア軍の根幹を成す部隊である」と語った。自分も自ら何度か浅野隊を訪ねて反ソ的講演を行った。

　1939（昭和14）年、同部隊の何人かは、ノモンハン地域で日本軍の挑発行為の一翼を担った。

　1943（昭和18）年、浅野隊は拡充されて満州国軍ロシア人部隊となり、騎兵隊、歩兵隊、コサック隊の3隊が設けられ、各々松花江駅、横道河子駅、海拉爾市に置かれた。

＊検察官イワノフ、「引用文中で登場した鈴木は被告鈴木とは別人である」、と付言する。

＊被告荒木弁護人マクマナス、「①検察側の証拠提出・朗読の際に提出済み証拠が混在したりして脈絡がないように思われる」、「②抜粋であろうとも完全な文の形で提示する必要があるとの裁判長の指示に反して、不完全な文に訳されて朗読された箇所があった」、と異議を申し立てる。［E: 7699］［J: 89（11）］　裁判長ウェッブ、「①脈絡はあると思われる」、「②指摘された部分は複文節で、その後半が省略されたに過ぎないと見受けられる」として、異議を却下する。

＊検察官イワノフ大佐、朗読を続行する。［E: 7701］［J: 89（11）］

<1946-10-14>　　　　　　　　　　　　　　　　　　　　　　　2　検察主張立証段階

（朗読再開後、和文速記録ではシベリア出兵当時から続く日本の謀略活動及び証人が最初に訪日した際の活動に関する証言部分が読み上げられたこととなっているが、英文速記録には記されていないので、ここには記さない）

　1939（昭和14）年3月に、ロシア・ファシスト同盟の件で日本の政府筋と繋がりをつけるために2回目の訪日をした際、自分は、当時文相であった荒木と会った。その際に、自分はファシスト同盟に関する著作（英文速記録7701頁にworkとあるのは、「活動」もしくは和文速記録で訳されているような「事業」とも訳し得るが、この後の弁護人の申し立てから判断して、なんらかの出版物を指しているものと判断する）について語り、荒木は従前通りの支援を約すと同時に、日本が際限なき影響力を持つこととなろう「民族ロシア」樹立のために戦い抜く決意の印として、私のアルバムに「ソ連ではなく、ロシアの永遠の友人」と書き記した（冒頭部分とは逆に、この荒木がサインをしたという部分は、英文速記録には記載があるが、和文速記録にはない）。

　小磯拓相は、1933〜35（昭和8〜10）年当時、関東軍参謀長であったが、自分に対ソ侵攻計画について語っていた。小磯には訪日の際に2度会った。1939（昭和14）年3月に拓相であった小磯に会った時、小磯は、ロシア・ファシスト同盟の反ソ活動への支援を約束した。同年10月、ハルビン特務機関が主催した旅行で自分が東京を訪れた際には、小磯はその私邸に自分を迎え、日ソ関係などを話題にして話し合ったが、「ソ連を太平洋から駆逐する」と言っていた。

＊被告荒木弁護人マクマナス、文中に言及されている著作やアルバムを提出する用意があるか、検察側に質す。検察官ゴルンスキー公使、「著作は満州北部で出版されたものであり、アルバムは手元にはないが、モスクワの担当部局に問い合わせることはできる」、と応答する。
＊被告小磯・大川弁護人ブルックス大尉、（検）法廷証PX102を引き、「小磯は1938（昭和13）年7月15日に参謀本部付となり同29日予備役編入、翌年4月7日に平沼内閣の拓相となって同8月30日に依願免官になった」、「これはPX730の記述を否定する」、と申し立てる。
＊裁判長ウェッブ、「小磯の経歴に関する弁護側の主張を記録に留める」、マクマナス弁護人が要求した出版書とアルバムについては、「法廷が必要と認定しない限り提出の要なし」と、裁定する。検察官イワノフ大佐、「PX730に言及があった秦は被告畑とは別人である」、と付言する。
＊提出済み（検）法廷証PX723【柳田元三陸軍中将ハルビン特務機関長（1940［昭和15］年3〜8月）宣誓供述書】［E: 7704］［J: 89（12）］　イワノフ検察官、抜粋をさらに朗読する。

【提出済みPX723朗読概要】
問
　貴官がハルビン特務機関長であった時分、白系ロシア人と何か関わりがあったか？
答
　あった。関東軍司令官の命により、白系ロシア人を煽動・宣伝・偵察・謀略要員として訓練した。彼らは満州国軍の一部として偽装されていた。一部は特務機関で宣伝・偵察などの任務に就いていた。

（中略）
問
　貴官がハルビン特務機関長であった時、白系ロシア人を工作員として養成する学校のようなものがあったか？
答
　既に述べたように、梅津関東軍司令官の指示に従って特務機関には将来の宣伝・諜報工作のために白系ロシア人を訓練する任務が与えられていた。
（中略）
問
　浅野部隊とは？
答
　白系ロシア人によって構成された謀略目的の部隊。
問
　編成したのは誰か？
答
　1936（昭和11）年頃、関東軍第2課長補佐の山岡中佐がその担当であった。
問
　貴官が特務機関長であった時、同部隊はまだあったか？
答
　あった。
問
　関東軍司令部はその存在を知っていたか？
答
　無論知っていた。特務機関は、通常は関東軍司令官の指示なしには動かない。司令官の命によって浅野部隊は満州国軍の一部となり、部隊員は満州国軍の制服を着用していた。
問
　浅野部隊の兵力は？
答
　5個中隊、約700名。松花江第2駅、横道河子駅、海拉爾市などに分駐していた。
問
　その任務は？
答
　対ソ戦の際の謀略要員養成。指揮官は満州国軍の浅野大佐。
問
　同部隊を資金面で支えていたのはどこか？

<1946-10-14>

答
　1941（昭和16）年までは満州国軍政部であったが、関特演以降は関東軍司令部。
問
　特務機関は浅野部隊用に赤軍の制服を用意していたか？
答
　対ソ開戦に備えて赤軍の制服一式を多数用意していた。
問
　そのような制服を用意していた目的は？
答
　浅野部隊の謀略要員が着用して赤軍を欺瞞するため。
＊（検）法廷証 PX743【1946（昭和21）年2月22日（出所・真実性証明書により、英文速記録によれば「1945年の誤りが1946年」に訂正されるが、和文速記録によれば、「1945年2月22日の誤りが1946年2月21日」に訂正される）付け秋草俊宣誓供述書；白系露人利用の対ソ活動】＝検察側文書 PD1983　［E: 7707］［J: 89（12）］　証拠として受理され、抜粋が検察官イワノフ大佐によって朗読される。

【PX743朗読概要】

　白系ロシア人の活用について；
答
　日本は白系亡命ロシア人を諜報・宣伝・謀略要員として活用し、ソ連領内に騒擾を引き起こすために白系亡命ロシア人部隊を松花江第2駅、横道河子駅、海拉爾市に配備した。
（中略）
問
　貴官がハルビン特務機関員であった当時、亡命ロシア人とどのような関わりを持っていたのか？
答
　白系ロシア人事務局設立に参加した。
（中略）
問
　同事務局はいかなる目的を持つものであったか？
答
　白系亡命ロシア人を糾合して反ソ活動を広範にわたって繰り広げること。
（中略）
問
　日本は同事務局をどのような形で支援していたか？

答

　自分がハルビン特務機関にいた1933～36（昭和8～11）年当時、同事務局は独自の予算を確保していたので日本からの財政支援は受けていなかったが、1937（昭和12）年から予算面で日本から援助を受けることとなった。1944（昭和19）年に同事務所が満州国政府の管轄下に移された時、財政援助額はハルビン市からだけでも月1万円以上に達していたはずである。

＊被告木戸弁護人ローガン、「供述者である秋草を反対尋問のために法廷に召喚すべきである」と、申し立て、同時に「秋草の現在の所在地、同人が通常の戦時捕虜であるか戦犯であるか、戦犯であるとしたなら審理はどの程度まで進んでいるのか」を、質す。検察官ゴルンスキー公使、「秋草は現在モスクワにいる」、「ソ連の管轄下にある日本人証人についての情報をモスクワに現在問い合わせ中であり、モスクワから返事があり次第、法廷に報告する」、と応答する。裁判長ウェッブ、「ローガン弁護人の申し立てを考慮する」、と申し渡す。
＊午後2時44分、裁判長ウェッブ、休廷を宣す。
＊午後3時1分、法廷、再開する。

2—9—4　検察主張立証第IX局面「ソヴィエト連邦関係」第4部「対ソ国境紛争と宣戦布告なき戦争」

（英速録7712～7860頁／和速録89号13頁～91号8頁）

＊検察官イワノフ大佐、検察主張立証第IX局面「日本の対ソヴィエト連邦関係」の次の立証を行う検察官タデボシャン少将（原英文は"GENERAL"であり、「将軍」の中のいずれに当たるかは不明であるが、和文速記録の表記に倣う）を紹介する。

(1) 検察官タデボシャン少将、検察主張立証第IX局面「ソヴィエト連邦関係」第4部「対ソ国境紛争と宣戦布告なき戦争」の検察側立証として、「満州事変時の対ソ不可侵条約締結に対する日本の拒否」について、証拠文書を提出する。

（英速録7712～7729頁／和速録89号13～15頁）

＊（検）法廷証PX744【1931（昭和6）年12月31日実施（マクシム・マクシモービッチ・）リトビノフソ連外相・芳沢（謙吉）外相会見記録；日ソ不可侵条約をソ連より提案】＝検察側文書PD2369　タデボシャン検察官、「日ソ不可侵条約提案を日本側が拒絶したことを示すもの」と、前置きする。被告重光弁護人ファーネス少佐、「①不可侵条約締結を拒否したことは侵攻計画の存在を裏付ける証拠とはならない、②歴史は、不可侵条約の締結が戦争防止に有効でなかったことを示している」と、証拠としての受理に異議を申し立てる。裁判長ウェッブ、「①他の証拠と関連付ければ侵攻意図を証明し得る可能性はあり、関連性がないとは言えない」、「②歴史上の事実に関わることで証拠の的確性とは関係がない」として、異議を却下する。証拠として受理され、抜粋が朗読される。

<1946-10-14>　　　　　　　　　　　　　　　　2　検察主張立証段階

【PX744朗読概要】

リトビノフの発言
　不可侵・中立条約の締結については、我が国はポーランドと交渉中で、フィンランド、エストニア、ラトビア、ルーマニアと交渉を始めようとしており、ドイツ、リトアニア、トルコ、イラン、アフガニスタンとは締結済である。また、フランスとの条約も調印を終わった。
　これらすべての諸国と不可侵・中立条約が締結されれば、ソ連と国境を接する国の中で未締結なのは日本だけという奇異な状況となるので、そのような空白が生ずるのを避けたいと考える。
　そのような条約によって諸国の政府はその平和愛好政策と意図を表明することとなる。
　また、欧米で今後の日ソ関係の帰趨が憶測の対象となっている今こそ、時宜に適したものである。即ち、条約が締結されれば、そのような憶測に終止符を打つことになる。
　このような理由で自分は芳沢外相を通じて日本政府に不可侵条約締結への交渉開始を提議した。この提案に対し芳沢は同席していた広田大使共々驚いていたようであった。芳沢は他の国々との交渉の進捗状況の詳細などを自分から聞いた後、「パリから突然本国に召還されて帰国する途中で、新内閣の方針について知悉する時間がなかった」と、改めて述べると共に、必ず新内閣にこの件を伝えると約束した。

＊被告重光弁護人ファーネス少佐、当該文書の冒頭に「リトビノフの日記」とあることについて、「明らかに当該文書は日記ではなく、会談の内容をまとめた覚書のようなもので、外交関連文書の刊行物から引用したもののようであるが、公文書であることの証が不分明である。また、手続規定第6条（イ）の全文提出義務から除外すべきとの申請がなされていないので、弁護側としては全文の提示を求めたい」と、申し立てる。検察官ゴルンスキー公使、「題に『日記』と付すのは、ソ連外務省で会談などの記録をまとめる際に通常なされていることであり、各々の『日記』一冊で完結した文書であるから、手続規定第6条（イ）の適用外である」、「公文書であることを証明することが必要ならば、出所・真実性証明書提出の用意がある」と、応答する。裁判長ウェッブ、「判事団がさらなる証明を必要と判断した場合、その旨指示する」と、言い渡す。被告梅津・東郷弁護人ブレークニー少佐、「当該文書の性質上、供述書の場合と同様、著した当人を反対尋問のために証人喚問したい」、と申し立てる。裁判長ウェッブ、「考慮する」、と申し渡す。

＊（検）法廷証PX745【内田康哉外相発アレクサンドル・トロヤノフスキー駐日ソ連大使宛1932（昭和）年12月13日手交外交文書：日ソ不可侵条約を日本側拒否】＝検察側文書PD2371　［E: 7715］［J: 89（13）］　証拠として受理され、抜粋が朗読される。

【PX745朗読概要】

　両国間に懸隔を生じかねないような懸案事項が存在するという現状に鑑み、暫定的に不可侵条

約のようなものを締結して全般的雰囲気を和らげて懸案解決を図るのが望ましいとの意見が一部にはあるが、一方では不可侵条約締結という大局的問題を考慮する前に懸案事項の原因をすべて取り除くべしとの意見がある。要するに、この件について２国の政府間で正式な協議を開始する時機ではないと思われる。

* （検）法廷証 PX746【1933（昭和8）年1月4日付けソ連政府発日本政府宛外交文書）；日ソ不可侵条約の提案】＝検察側文書 PD2372 ［E: 7720］［J: 89（14）］ 被告梅津・東郷弁護人ブレークニー少佐、「提出された文書は複写の複写のようなもので、原本に類したものではない」と、異議を申し立てる。ゴルンスキー検察官、「原本は当時日本政府に送られ、現在ソ連の公文書館に保管されているのはその時の原本の複写版であり、法廷に提出したものはそのまた複写版。その旨の証明書が添付されており、裁判所条例第13条に照らしてみて当分書は証拠としての適格性を有する」、と申し立てる。裁判長ウェッブ、「提出されたもので十分」との判事団の決定を伝え、異議を却下する。証拠として受理され、抜粋が朗読される。

【PX746 朗読概要】

不可侵条約の要諦は、ケロッグ・ブリアン条約と同様、関係国が現存の紛争案件の存在及び将来紛争の生ずる可能性を認めた上で、武力を通じてそれら紛争を解決することを否認することにある。

ソ連政府としては、日ソ間に平和的手段を通じて解決不能、もしくはソ連政府がそのような手段での解決を拒むような紛争案件は存在しないと考える。この提案を無にするのは、日ソ両国が締約国となっているケロッグ・ブリアン条約に背反することとなる。

日本に不可侵条約締結を提議するにあたって、ソ連政府はいかなる意味でも国際上の取り決めを無視する意図はなく、むしろそれらを敷衍して２国間の実情に合わせることによってさらに補強しようというものである。これは一時的便法として提議したものではなく、我が国の平和愛好方針の帰結であり、将来にわたって継続されるべきものである。

* （検）法廷証 PX747【1933（昭和8）年2月13日付け日本政府発ソ連政府宛外交文書；日ソ不可侵条約提案拒絶】＝検察側文書 PD2373 ［E: 7723］［J: 89（15）］ 被告梅津・東郷弁護人ブレークニー少佐、「直前の文書と異なり当該文書はソ連政府に宛てられたものであり、原本はソ連政府の公文書館に保存されているはずである」として、明らかに複写の複写である当文書の証拠としての受理に異議を申し立てる。裁判長ウェッブ、「原本の提出が必要と判断した場合には法廷はその旨指示する」との裁定を繰り返す。被告木戸弁護人ローガン、裁判所条例第13条（ハ）5項（受理シ得ベキ具体的証拠ノ例示……原本ヲ即時提出シ得ザル場合ニ於テハ、文書ノ写、其ノ他原本ノ内容ヲ第二次的ニ証明スル証拠物）についての法廷の以前の裁定は、「写しは原本が直ちに入手し難い場合にのみ許容される」というものであったが、「今回の裁定で法廷はその原則を変更したのであり、原本でないものを証拠として受理するか否かの裁量を法廷が有すること

となった」、「検察官は利用可能な最良証拠を提出すべきである。そして最良証拠とは原本である」と、申し立てる。裁判長ウェッブ、「自らの今回の裁定は以前の裁定と矛盾していない」、「検察側提出文書について、その原本が実際は存在しないか原本の内容を正しく反映していないと、弁護側が根拠を以て示した場合、法廷は原本の提出を指示する」という裁定であった、と応答する。ウェッブ裁判長、「判事団の中の記憶力の良い1人がそのような内容の裁定であったと言っている」として、異議を却下する。証拠として受理される。検察官タデボシャン少将、「日本が不可侵条約締結に向けた交渉に入ることを拒否したことを明らかにしている」、「内容は朗読しない」と、申し立てる。被告広田弁護人スミス、「当文書には検察官が説明したような内容は見当たらない」として、その発言部分を記録から削除するよう申し立てる。裁判長ウェッブ、「その主張が正しいならばそのような発言を法廷は慮外に置く」と、申し渡す。タデボシャン検察官、「法廷審理迅速化のために」として、抜粋を朗読する。

【PX747 朗読概要】

　日本政府の立場は、不可侵条約締結は紛争案件のない国家同士の間で意味があるというものである。今回提案に対して日本政府は、以前送った覚書の以下の一節についてソ連政府の熟考を促すのみである。即ち、「この件について2国の政府間で正式な協議を開始する時機ではないと思われる」、と。

（2）検察官タデボシャン少将、検察主張立証第IX局面「ソヴィエト連邦関係」第4部「対ソ国境紛争と宣戦布告なき戦争」の検察側立証として、「東支鉄道に対する日本の謀略活動」関連書証を提出する。

(英速録7729～7744頁／和速録89号15頁～90号4頁)

＊提出済み（検）法廷証PX698【ハルビン特殊機関神田正種少佐発モスクワ武官笠原幸雄宛私的報告（日付不明）】　タデボシャン検察官、「1931（昭和6）年の満州占領以来、日本は、東支鉄道の正常な運営を不可能にすべくあらゆる措置を執り、その接収を目論んでいた」として、引証する。

＊検察側文書PD2306【東支鉄道総務課長揚寿仲作成「東支鉄道に対する侵害表（1934［昭和9］年4月）」】　検察官タデボシャン、「1927（昭和2）年の段階で日本は東支鉄道に対して匪賊を使っての妨害・破壊活動を計画していた」、と申し立てる。タデボシャン検察官、さらに「ソ連国民にも被害を与えていたこれらの活動の実態を明らかにするために、法廷に提出したい」、と申し立てる。被告荒木弁護人マクマナス、「証拠を提出する際のソ連検察官の解説が冒頭陳述を繰り返すかのように冗長である」と、異議を申し立てる。裁判長ウェッブ、この主張に同意し、検察側に証拠提出の際の説明を可能な限り簡潔にするよう申し渡す。検察官ゴルンスキー公使、複数案件の各々に多くの証拠が提出される現状を述べて、この点で法廷に検察側への

指示を求めようとする。裁判長ウェッブ、「議論は翌日に持ち越す」と、言い渡す。
＊午後４時、裁判長ウェッブ、翌日午前９時30までの休廷を宣す。

◆ 1946（昭和21）年10月15日　　（英速録7733～7820頁／和速録第90号1～17頁）

＊午前９時30分、法廷、再開する。
＊検察官ゴルンスキー公使、前日休廷直前に、ソ連検察官が証拠を提出する際の説明について弁護側から異議があり、裁判長がそれに同意するような発言をしたことに対して、「説明を付する目的は特定審理案件に関する複数の書証を立証対象事項と関連付けて分かりやすいように提示しようとすることにある」、と申し立てる。裁判長ウェッブ、「そうするのは望ましく、かつ法廷が必要と認めるところではあるが、それをなす際に立証されていない事項や立証予定の事項を立証済み事項であるように言及したり、不当に長い解説をしたりすることには賛同しかねる。説明は最小限度に留めるべきである」、と申し渡す。被告重光弁護人ファーネス少佐、前日検察側が引証したPX698の一節について検察官が付した説明を具体例として挙げようとするも、ウェッブ裁判長、「現在手元にない」として、後刻改めて問題を提起するよう申し渡す。
＊裁判長ウェッブ、前日話し合われた提出書証の原本提出義務について、「日米関係局面で提出される書証の多くが複写版であることを指摘して、（原本入手が困難な場合複写版でも受理可能との）自らが前日下した裁定が正しい」、と申し渡す。被告木戸弁護人ローガン、「それらには確固とした証明書が添付されている」、「複写版の一部が欠落していた場合や溥儀証人の覚書が問題になった時に、法廷が原本を提出すべきである旨指示した前例がある」、と申し立てる。裁判長ウェッブ、「公正な裁判に資すると認めた場合、法廷は原本の提出を要求するという原則は曲げない」、と応答する。ローガン弁護人、「前日ソ連検察官が提出した書証のいくつかには納得のいく出所・真実性証明書が添付されておらず、真実・出所証明があったとしてもそれを記したのは宣誓していない者であった」、と申し立てる。検察官ゴルンスキー公使、「複写版書証の冒頭に真実性を証して署名したのはソ連公文書館館長であり、複写版に見える原本には公文書館の印が押されているので、証拠適格性としてはそれで十分だと思考する。十分でないと言うならば、法廷の指示を仰ぐ」と、応酬する。裁判長ウェッブ、「現在の時点では、なんの指示も与えない」、と申し渡す。
＊ローガン弁護人、前日検察側が提出した検察側文書PD2306【東支鉄道総務課長揚寿仲作成「東支鉄道に対する侵害表（1934［昭和９］年４月）」には、「そこに記載されている鉄道に対する侵害行為が日本側によるものか、日本と関連するものであるかを示す証拠が皆無であり、当該案件への重要性を欠くものである」と、証拠としての受理に異議を申し立てる。裁判長ウェッブ、ローガン弁護人の主張を認め、「当該文書のみでは意味を持たない」とするも、「他の証拠と関連付ければ、それら行為が日本側によるものと立証できる可能性がある」と指摘し、そのような証拠をさらに提出する意図があるか否かを検察側に質す。検察官ゴルンスキー公使、そ

<1946-10-15>

うする意図があることを伝えるが、裁判長ウェッブ、判事団での協議の後、「当該文書の証拠としての受理をこの時点では見送る」との判事団多数の見解を言い渡す。
*検察官タデボシャン少将、東支鉄道に対する日本の謀略活動についての証拠提出を再開する。
*（検）法廷証 PX748【1934（昭和9）年10月23日付け在ハルビンソ連総領事監察官発在北満日本外務省特別代理施履本宛文書；東支鉄道ソ連従業員不法検束に対する抗議】＝検察側文書 PD2071 ［E: 7739］［J: 90（3）］　証拠として受理され、抜粋が朗読される。

【PX748朗読概要】

　スラブツキー総領事は、個人乃至はソ連政府代表として貴殿と度々会談する中で、東支鉄道の保安状況について注意を促し、同線の警備を万全とするよう要請してきた。
　ここで想起して頂きたいのは、スラブツキーがソ連政府を代表して昨年12月15日以来、東支鉄道が絶え間なく運行規定違反行為にさらされて来た事実を指摘し続けたことである。即ち、列車への襲撃、線路の破壊、鉄道職員への暴行・殺害、鉄道施設の窃取・破壊などである。遺憾ながら、満州国当局は東支鉄道の警備支援に十分な措置を執ってこなかったのみならず、同鉄道及び同鉄道に関わるソ連権益を侵害するような行為に関与し続けてきた。
　さらに遺憾なことには、東支鉄道に対する襲撃頻度が増すに連れ、警備状況は改善するどころか破局的状態となっており、5月19日の報告で警備本部は同鉄道の貨物列車から警備兵を置くのを止めたことを公式に伝えるまでになっている（この部分は"the guard troops had been removed"との表現になっている。以下に続く件から考えて、治安悪化のために警備兵を置いても無益と考えて置くのを止めたという意味であると判断する）。
　以上のような状況や警備本部が執った新たな措置に鑑み、スラブツキーは貴殿の代理である下村氏に抗議を申し入れ、満州国当局が緊急に対策を講じるよう要求したものである。
　しかしながら、自分はここにさらなる申し入れをせざるを得ない。スラブツキーの抗議も、副理事長代理（いかなる組織の役職なのか不明）ベンドゥラ氏や東京から来た副理事のクシェツォフ氏の満州国政府・東支鉄道代表李紹康へのほぼ毎日に及ぶ度重なる申し立ても、なんの結果も生まなかったことに対してである。
*被告木戸弁護人ローガン、文書の見出しが「ソ連人従業員の違法な拘束について」とあるが、本文中にはそのような記載がないことを指摘する。裁判長ウェッブ、「朗読されなかった箇所にその件が記されていることを判事の1人が見出した」と、応答する。
*（検）法廷証 PX749【1934（昭和9）年12月15日付け東支鉄道副総裁発季紹康総裁宛文書；鉄道管理下の居住地区・建物に対する侵害】［E: 7742］［J: 90（4）］　証拠として受理され、抜粋が朗読される。

2—9—4　検察主張立証第Ⅸ局面「ソヴィエト連邦関係」第4部「対ソ国境紛争と宣戦布告なき戦争」

【PX749 朗読概要】

1934（昭和9）年11月20日に鉄道管理官が提出した抗議には、在ハルビン及び沿線付近の種々の機関による、鉄道（会社）の管理に属する土地・建造物に対する接収が横行しており、最近とみに顕著となっていることが記されている。

抗議書によると、1930（昭和5）年から1934（昭和9）年10月7日までに違法な占拠を受けた鉄道関連建造物は、総面積10万1230平方メートル（ハルビンで29350平方メートル、沿線で71927平方メートル）となっている。

不法接収された面積を年別に見ると、1931（昭和6）年から1933（昭和8）年までの各年168799平方メートル（以下同じ）、9549、5718772、3123625で、1934（昭和9）年は1～9月で11073（この面積数値が何であるのか、不分明。前出の101230は建造物で、この年毎の数値は土地ということか？）。接収が1932～34（昭和7～9）年に集中していることが分かる。

(3) 検察官タデボシャン少将、検察主張立証第Ⅸ局面「ソヴィエト連邦関係」第4部「対ソ国境紛争と宣戦布告なき戦争」の検察側立証として、「対ソ国境紛争事件」関係書証を提出する。　　　　　　　　　　　　　　（英速録7744～7766頁／和速録90号4～8頁）

＊（検）法廷証PX750【ソヴィエト連邦内務人民委員部国境守備局作成「日本軍によるソ満国境侵犯一覧表（1932～45［昭和7～昭和20］）」】＝検察側文書PD1953　証拠として受理され、抜粋が朗読される。

【PX750 朗読概要】

日本軍による国境侵犯件数は、1937（昭和12）年までが321件で、1938～45（昭和13～20）年は1529件となっており、合計1850件。日本船によるソ連の領海・領水侵犯は1350件で（和文速記録には詳細な表が掲載されていて、それによれば以下の数値で年が記されていないのはすべて1932～45［昭和7～20］年の累計数値のようである）、日本機による領空侵犯は789件、ソ連領内への諜報員の潜入は3666件。反革命的文書のソ連領内への持ち込みは1940（昭和15）年までの期間で431件、1941～44（昭和16～19）年が453件で、合計884件。Transfer of bands（原文のママ。意味不明）は、市民らに対する発砲68件を含め551件。ソ連側の人的損失は死者83名負傷者120名の合計203名。
＊被告重光弁護人ファーネス少佐、「国境侵犯件数の1529件という合計は、実際には国境侵犯をした者の人数であり、それを件数としている」、と申し立てる。被告荒木弁護人マクマナス、「侵犯行為を判定したのが誰であるのか、いかにして判定したのかが不分明である」、「証拠としての受理にはさらなる情報が必要である」、と申し立てる。裁判長ウェッブ、「表の内容自体に不自然なところはない」、「弁護側が主張するような内容検証に要するかもしれない労力がその証拠価値に比して過大なものになる」、「かつ提出された時に弁護側が異議を申し立てなかった」

として、「当該文書はそれ自体が有する証拠価値相応のものとして扱われる」と、裁定する。検察官タデボシャン少将、「表から明らかなのは、日本が対ソ戦を引き起こそうとしていた1937～39（昭和12～14）年に日本の侵犯行為の件数がそのピークに達していたことで、1933（昭和8）年に15件であった日本軍の国境侵犯は1939（昭和14）年に387件に増えており、同じ時期の領空侵犯は6件から83件に、諜報員の潜入件数は1933（昭和8）年に20であったのが1938（昭和13）年には1754に増加している」、と申し立てる。

＊検察側文書PD2244【ソ連最高法院軍事委員会非公開法廷記録「白系露人による対ソ連スパイ行為裁判（1934［昭和9］年7月15～19日）」】証拠として提出される。［E: 7747］［J: 90（5）］被告木戸弁護人ローガン、「当該文書は公判記録の一部であり、手続規定第6条（ロ）項に従えば、記録全体が事前に弁護側に提出されるべきであった」と、申し立てる。検察官ゴルンスキー公使、「抜粋版が作成されたのはモスクワに於いてであったので、その形で提出する他なかった」、と応答する。裁判長ウェッブ、「規則は規則である」として、証拠としての受理を却下する。検察官ゴルンスキー公使、「同様な形式の文書の一群の提出を当面の間、見送る」、と申し立てる。

＊（検）法廷証PX751【ソ連国境警備司令官報告書「興凱湖付近越境事件」（1936［昭和11］年11月27日）】＝検察側文書PD2324　［E: 7749］［J: 90（5）］　被告梅津・東郷弁護人ブレークニー少佐、前文書に対するのと同じ理由によって証拠としての受理に異議を申し立てる。検察官ゴルンスキー公使、「手続規定（第6条［ロ］）に従えば、書証の原語が日本語・英語以外であった場合には、依拠する部分のみの英訳乃至和訳を提出することで済むことになっている」、「当該文書はほぼ全文が英訳されており、抜粋部分以外も弁護側に手交する準備がある」、と申し立てる。弁護側、これを受け入れて異議を撤回する。証拠として受理され、抜粋が朗読される。検察官タデボシャン少将、「事件は日独防共協定締結の翌日発生した」と、前置きする。

【PX751朗読概要】

　11月26日、夕闇が深くなる頃、パブロワ高地前面に地歩を占めていた日満軍の兵力は、トラック9台が到着すると共に3個中隊に増強された。同日23時15分、1個大隊規模の日満軍がパブロワ高地を攻撃。同地を守備していた国境警備隊は南方に退却。攻撃部隊には、南山要塞地区にあった南山独立第52機関銃大隊と満州国軍第15歩兵連隊の各々の一部が含まれていたことが確認された。11月27日17時35分、国境警備隊は赤軍部隊の支援を得てパブロワ高地を再占領した。

＊被告広田弁護人スミス、「検察官の前置きが適切な説明の範囲を逸脱しており、不必要である」と、異議を申し立てる。裁判長ウェッブ、「国境地域に展開する部隊が防共協定締結について知っていた可能性は低い」として、弁護人に同意する。

＊（検）法廷証PX752【1933（昭和8）年11月20日付け大串朝鮮軍参謀長発柳川（平助）陸軍次

官宛報告】＝検察側文書 PD608　〔E: 7752〕〔J: 90（6）〕　識別番号を付される。検察官タデボシャン少将、「日本軍が張鼓峰地域に早い時期から関心を寄せ、1933（昭和 8）年当時、既に侵攻ルートを探るために偵察隊を送っていたことを示すもの」、と申し立てる。

＊（検）法廷証 PX752-A【同上抜粋；ソ満国境付近調査】　証拠として受理され、朗読される。

【PX752-A 朗読概要】

10月中旬から 11 月下旬までの琿春支隊秋季討伐の時期を利用して、該支隊に琿春・南島地域、特にソ満国境の作戦資料を、対ソ作戦を念頭に置いて調査・作成させた。
　……以下は、作成された資料の一部：
ソ連領に通じる道路は現在のところ全般的に荒廃しているが、以前は頻繁な交通があったので、若干補修すれば車両編成部隊を容易にソ連領内に進入させることができるはずである。また、最近国境のゲ・ペ・ウ（原英文は"GPU"であり、「Ground Power Unit；航空機の始動時等に使用される地上電源車」もしくは「Gosudarstvennoe Politicheskoe Upravienie；かつてのソヴィエト連邦の秘密組織である国家政治保安部」の略語でもあり、文脈上このいずれかである可能性もなくはないが、和文速記録の表記に倣っておく）の分駐所からほぼ河谷に沿って東方海岸道方面に向かって自動車道路が構築されたのは注目すべきことで、これによって越境後の我軍の行動は極めて容易になる。長嶺子付近は平坦で、この地域を通る琿春−煙秋道は、諸軍の通過が容易である。その両側の山地は傾斜が緩やかで、展望・射撃・路外の行動に支障を来さないので、大部隊によるソ連領進入が容易に可能となる。

＊（検）法廷証 PX753【1946（昭和）21 年 3 月 21 日付けソ連内務人民委員国境警備隊本部作成　報告「哈桑湖地区における日本の挑戦行動（1936［昭和 11］年）」】＝検察側文書 PD2242　〔E: 7755〕〔J: 90（6）〕　証拠として受理され、抜粋が朗読される。

【PX753 朗読概要】

1936（昭和 11）年 10 月 11 日、機銃装備の 35 名からなる日本軍部隊が、ザオゼルナヤ（張鼓峰）高地北方 2.5 キロの地点で越境し、我が国領内に 100 メートル侵入。150 デシャティーン（英文速記 7755 頁原文では desyateen。面積の単位かと思われる）の区画を占領せんとしたが、我方が撃退した。

＊被告重光弁護人ファーネス少佐、「同文書添付の地図の出所・真実性が証明書に明らかにされていない」、と申し立てる。裁判長ウェッブ、「同地図は出所が明らかにされることを条件として証拠として受理する」、と裁定する。検察官タデボシャン少将、「同方面の露・支国境は 1886（明治 19）年の琿春条約で確定され、同条約附属の地図は、国境線が張鼓峰を通っていることを明らかにしている」、と、付言して、PX753 の朗読を続行する。

同地域の国境線は、1860（安政 6 乃至 7 もしくは万延元）年の北京追加条約や翌年作成の地図でも明確に決定されなかったが、1886（明治 19）年 6 月 26 日調印の議定書で最終的に確定された。

<1946-10-15>　　　　　　　　　　　　　　　　　　　　　　2　検察主張立証段階　227

同議定書には次のように記されている。

「T字が記されている地点から、国境線は北西に伸び、山地の稜線、ハサン湖西岸を通って、2等境界標［second rate sign］第1号が立つ砂状の尾根北限に達する。距離は8ベルスト［verst］と100サジェン［sadgen］（距離の単位のようであるが、英文速記録には説明なし。和文速記録では1サジェンが約2134メートルと説明されているが、verst については「露里」と訳されている以外解説は見当たらないし、この部分では8 versts に対応する訳語が抜け落ちている）。国境線は同じ方向に1ベルストと65サジェン伸びた後、砂状の尾根に沿って4ベルストと35サジェン走り、2等境界標第2号が立つE岬に至る。このことは、1884（明治17）年当時の機材を用いて1ベルストを1インチとした縮尺の添付地図でも明らかである」。

＊検察官タデボシャン少将、添付の地図（直前の異議で問題になったものとは別物だと思われる）に法廷の注意を喚起する。ファーネス弁護人、「当該文書は事件発生当時の1938（昭和13）年やそれ以前に作成されたものではなく、本年当法廷に提出する目的で作成されたものではないか」、と質す。検察官ゴルンスキー公使、「当文書はソ連国境警備隊委員会［Board］によって作成されたもので、裁判所条例第13条（g）で適格性が認められており（英文速記録7758頁のママ。和文速記録では「十三号B項」となっているが、第13条B──和文では"ロ"──は、証拠提出の際に説明を付すことを許容する旨の条項であり、明らかに誤り。裁判所条例第13条にg項に該当する項目はないが、単純に第13条の項目を「ハ」のさらなる下部項目を含めて上から7番目まで追って行くと、「ハ（4）」となり、それは「受理シ得ベキ具体的証拠ノ例示」の中の「本裁判所ニ於テ起訴事実ニ関係アル資料ヲ包含スト認メラルル日記、書状又ハ宣誓若ハ非宣誓陳述ヲ含ム其ノ他ノ文書」となっており、これを指すのではないかと思われる）、当該文書を作成する際の基となった1938（昭和13）年当時の文書の一覧表が添付されている」、と申し立てる。ファーネス弁護人、一覧表に記載されている文書を検察側に提出させるよう法廷に求める。裁判長ウェッブ、当該文書の作成されたのが本年3月であるとの弁護側の主張を認めるに留める。

＊（検）法廷証PX754【1938（昭和13）年7月20日付け張鼓峰事件（1938［昭和13］年7月11日）に関する重光駐ソ大使・ソヴィエト連邦リトビノフ外務人民委員会談記録】＝検察側文書PD2241　証拠として受理される。
＊午前10時45分、法廷、休憩に入る。
＊午前11時、法廷、再開する。［E: 7760］［J: 90（7）］
＊検察官タデボシャン少将、PX754を朗読する。

【PX754朗読概要】

重光

　ソ連軍は7月11日、不意にハサン湖西方の張鼓峰を占拠し、同地を要塞化した。この件につ

き西代理公使はストモニヤコフ（ソ連外務人民委員次長であった人物であると思われる）に抗議を申し入れ、当該地域からソ連軍が即時撤兵することを要求した。

ストモニヤコフは琿春条約とその附属地図を引き、この抗議には根拠がないと返答した。

問題を検討した帝国政府は、自分に以下の趣旨を貴国政府に伝達するよう指示して来た。

中露間の複数の合意文書や満州国政府が所有するツァーリスト・ロシア時代の文書によれば、同地域は満州国に帰属する。さらに、ストモニヤコフが言及した琿春条約に於いては、同氏が言うように、Ｔ字が記されている地点から国境線は北西に伸び、山地の稜線、ハサン湖西岸を通って、砂状の尾根の北限に達することとなっているので、ハサン湖西岸が国境線であることは明らかである。また、満州国人がこの山で宗教儀式を営んでいることも、同地域が満州国領であることを示すもう一つの証拠である。これらのことから、同地域が満州国に帰属することに疑いはなく、日本が満州国に負う義務に従って応分の措置を執ることがあり得る。

リトビノフ

西との会談の席でストモニヤコフは、琿春条約とその附属地図といった公式文書を提示した。支那側代表が署名したそれらの地図に於いて国境線は明白で、ハサン湖の西を走っている。議論に終止符を打つにはこれを示すことで十分であると思われた。日満側がそれら関連文書をすべて吟味してくれたと聞き、ハサン湖とそれに隣接する高地がソ連領であるとの回答を聞けるものと期待していたが、遺憾ながら日本政府は前述のような誤った見解に固執している。大使は、ある種の依拠資料に言及したが、それが何であるかを明らかにしていない。宗教儀式について述べているが、確認できる筋合いのものではない。我々は、問題の高地がソ連領にあることを知っているし、また常にそう考えてきた。我が国の国境警備隊はそのような地域で義務を不断に遂行しているに過ぎない。要するに、問題地域はソ連領であり、それに関する他国のいかなる主張も受理し得ないので、いかなる抗議・要求も峻拒するものである。大使は、ある種の資料に言及しているが、それらは両国が有しているものである。我方は西代理公使に独自の資料を手交していて、大使にも手交する用意がある。我方は、日本側の資料を吟味するのに吝かではないが、これまでのところ、日本側が出してきたのは根拠のない陳述や要求のみであった。

重光

自分の見解では、日本政府はそのような解答に満足はしない。まず、西が見せられた地図は刊行されたものではないので、そのようなものを法的根拠として論ずるのは理不尽であり、問題を複雑化するだけである。

＊検察官タデボシャン少将、「ここで重光はソ連を脅迫することにした」、と申し立てて、朗読を続行する。

日本は満州国に対して、武力を用いてソ連が不法占拠した地域から同国軍を駆逐する権利と義務を有する。

＊検察官タデボシャン少将、「これに対してリトビノフは威厳を持って正論を展開した」と述べて、朗読を続行する。

<1946-10-15>　　　　　　　　　　　　　　　　　　　　2　検察主張立証段階　229

リトビノフ
　大使は何も目新しいことを開陳していない。唯一目新しいことと言えば、武力行使をちらつかせて脅してきたことで、大使はそれを健全な外交手段と考えているようだ。遺憾ながら、そのような威嚇に屈する国は少なくないが、我が国に対しては有効でないことを大使は銘記しなければならない。

＊被告重光弁護人ファーネス少佐、①当文書の朗読の最中に検察官タデボシャン少将が差し挟んだコメントに異議を申し立て、「②法廷に提出された当文書の英訳には、ロシア語の原文にはありながら欠落している部分がある」、「全文の和英版が弁護側に手交されるべきである」、と申し立てる。検察官ゴルンスキー公使、②について、8月16日、法廷は「……文書が英語または日本語以外の言語で作成された時は、その文書もしくはその一部を英語又は日本語に翻訳し、これを個々の場合に応じて検察側または被告人もしくはその弁護人に交付し、かつそれを言語部主任に提出することで、本項所定の要件を充足するものと見なす」と裁定しており、「その一部とは、検察官側もしくは被告人側が、各々依拠しようとする箇所である（手続規定第6条［ロ］とほぼ同じ）」、「この裁定によって、原文がロシア語の文書の場合提出すべき和英訳版は検察側が依拠すべき部分のみで済むこととなっている」、と申し立てる。裁判長ウェッブ、検察側に規則違反はなかったと裁定するも、被告重光を代表するファーネス弁護人の当文書全文の英訳乃至は和訳版を入手したいとの要望には、「公平な裁判を行うという見地から」理解の意を表明する。ゴルンスキー検察官、それに応じる用意がある旨、応答する。

（4）証人ソ連陸軍中佐ピョートル・F・テリューシキン——元ソヴィエト国境警備部隊駐ソ満国境守備隊長——、検察主張立証第Ⅸ局面「ソヴィエト連邦関係」第4部「対ソ国境紛争と宣戦布告なき戦争」の検察側立証として、「張鼓峰事件の詳細とPX753の正確性」について、本来の口頭方式により、証言する。

　　　　　　　　　　　　　　　　　（英速録7766〜7806頁／和速録90号8〜15頁）
＊検察官タデボシャン少将、直接尋問を開始する。

【検察側証人ピョートル・F・テリューシキンに対する検察側直接尋問】

検察官審問
　① 1938（昭和13）年当時の証人の所在地、任務は？
証人応答
　① 1936（昭和11）年から1938（昭和13）年8月までソ満国境地域のハサン湖、張鼓峰（英文速記録ではザオゼルナヤ［Zaozernaya］と記されているが、煩雑を避けるため「張鼓峰」で通す）近辺の守備を担当していたポドゴルナヤの分駐所の守備隊長であった。

検察官審問
　②張鼓峰区域の国境線について、
　②-1. （検察官、証人が張鼓峰事件に参加したことを確認した上で）同地域の国境線の引かれ方と、分駐所の位置は如何？
＊被告重光弁護人ファーネス少佐、「証人の知識の確かさが確かめられるまでこの種の質問を待つべきである」、と異議を申し立てる。検察官ゴルンスキー公使、当時証人が占めていた職掌を強調して、「証人にこそ質すべき質問である」と反駁する。裁判長ウェッブ、これに同意し、「そのような分野の専門家として認定できる」として、弁護側の異議を却下する。
証人応答
　②-1 この地域では国境線は南から北に図満江［Tumen-ula］沿いに走り、国境標識からは稜線沿いに張鼓峰に至り、そこからまた北に向かう。
検察官審問
　②-2. 国境線がそのようになっているといかにして知っていたか？
＊被告重光弁護人ファーネス少佐、「ロシア語の地名が登場してきた時には綴りを口頭で伝えるよう要請する（この後、ファーネス弁護人と被告東郷・梅津弁護人ブレークニーが何度か同様の申し入れをする）。
証人応答
　②-2. 自分は1929〜30（昭和4〜5）年当時、一兵卒として同地に配属されていた。後に士官学校に送られてからは、資料を与えられて国境線についてはよく勉強したし、1936〜38（昭和11〜13）年に国境警備隊守備隊長であった時には任務上、国境について細大漏らさず知っている必要があった。
検察官審問
　③ソ満国境地帯の状況について、
　③-1. （検察官、証人が極東方面で合計5年程過ごしたことを聞き出した上で）証人個人の観察では、日本の対ソ姿勢が極東ソ連住民にどのような影響を与えたと思うか？
＊被告木戸弁護人ローガン、異議を申し立てる。裁判長ウェッブ、「証人の専門家として知識はその方面には及ばないと考える」として、異議を容認する。
検察官審問
　③-2. 証人自身の観察では、証人が極東方面にいた当時の当地の一般情勢はどのようなものであったか？
証人応答
　③-2. すべての事実を記憶しているわけではないが、極東での国境警備は実に苦難に満ちたものであった。毎日のように日満軍からの挑発行為があり、警備隊員が命を落とすことも頻繁にあったし、野外で働く民間人も、安心感を得られる環境にはなく、警備隊の保護下で作業をしていた。日満軍は、パブロワ高地やパド・セレブリアナアヤといった地区や、パクシコルスカヤ、ポ

<1946-10-15>

ドゴルナヤ、琿春の分駐所やその近辺で砲兵部隊を含んだ大部隊を展開してソ連領侵入を試みたことがあった。

検察官審問

④張鼓峰事件について、

④-1. 1938（昭和13）年7月にソ連の国境警備隊が張鼓峰に攻勢をかけて、日本の国境守備隊から張鼓峰を奪回しなかったか？

＊被告木戸弁護人ローガン、「検察官は自分の主張を証人に言わせようと誘導的質問を発している」と、異議を申し立てる。裁判長ウェッブ、異議を容認する。被告荒木弁護人マクマナス、「検察官が証人の証言をいずれかの被告人に対する証拠としようとしているのか、全般的な共同謀議を立証しようとするために尋問しているのか不分明である」と申し立てる。裁判長ウェッブ、「検察官にはそれを明示する義務はない」、と申し渡す。

検察官審問

④-2. 日本の国境守備隊が張鼓峰に進出した時期は？

④-3. 張鼓峰で満州人が宗教儀式を行っていたのを見たことがあるか？

証人応答

④-2. 1938（昭和13）年8月まで張鼓峰に日本軍の姿を見ることはなく、同地で行動していたのは常にソ連の国境警備隊であった。

④-3. 張鼓峰でそのようなことはまったくしていなかったが、国境線から3キロ西方にあるボゴモルナヤという場所で満州人が多数集まっているのをみたことはある。何かの宗教儀式を執り行っていた可能性はある。

＊被告梅津・東郷弁護人ブレークニー少佐、この地名の綴りを明らかにするよう要請する。裁判長ウェッブ、この種の中断で時間を無駄にしているとして、その原因の一端が、検察側提示の地図上に記載されている唯一の地名がハサン湖だけであることを指摘して、検察側に善処を求める。検察官ゴルンスキー公使、昼の休憩時間に弁護側に地名の一覧表を手交することを約する。検察官タデボシャン少将、直接尋問を続行する。

検察官審問

④-4. 証人自身の張鼓峰での経験・見聞は如何？

証人応答

④-4. 1938（昭和13）年7月3日、張鼓峰を巡視中の国境警備隊員2名から、「2個中隊からなる日本軍野戦部隊が同高地に接近中」と報告があった。

自ら張鼓峰に赴いて見ると、200名ぐらいの日本軍部隊が国境線から200メートル余りのコモクに展開していた。同方面を注意深く監視していたところ、国境標識近くに居住していた満州国人が満州国領内の安全地帯に移送されていたことが判明。これが、日本軍が同地域で作戦行動を起こすための準備をしているという自分の推定を裏付けた。

6日から同月末までに、同地域には砲兵、軽・重機関銃兵を伴った日本軍が進出して塹壕や砲

座を構築していた。
* 被告荒木弁護人マクマナス、証人が自分の推定・見解を述べた部分を記録から削除するよう要請し、「検察官と証人との質疑応答内容が審理案件にいかに関連しているのかが不分明である」と、異議を申し立てる。裁判長ウェッブ、「当時証人が占めていた階級・地位を考えれば、記述されている規模の部隊について推論めいたことを述べても問題はない」、「既に裁定済み」として、異議を却下する。

証人応答
④-4.（続き）7月末までに張鼓峰と相対する満州国領内には、迫撃砲・機関銃を装備した1個連隊規模の日本軍が六つ余りの砲座を構築していた。

そして、7月29日、2個中隊規模の日本軍が国境を侵犯して300メートルほど進出し、ベジミャナヤ高地にいた我方の国境警備隊員11名を攻撃。自分は、それら隊員を援護するために警備隊員7名と小規模の騎兵部隊を派出して、越境してきた日本軍を撃退しようとした。この過程で、最初に交戦した11名の国境警備隊員は殺害された。

翌30日、張鼓峰西方に展開する日本軍は、終日ソ連軍に対して発砲していたが、我軍が応戦することはなかった。31日夜、2個中隊規模の日本軍が越境して500〜600メートル進出して張鼓峰を包囲し、同地の我軍守備部隊を捕捉しようとした。
* 裁判長ウェッブ、「攻撃の事実だけを陳述させて、詳細は弁護側が反対尋問の際に証人から聞き出すようにした方が時間の節約に繋がる」と、他判事1名の見解を申し渡す。
* 法廷、正午の休憩に入る。
* 午後1時30分、法廷、再開する。［E: 7778］［J: 90（10）］
* 法廷、提出済みPX753添付の地図について、論議する。検察官ゴルンスキー公使、「同地図の裏面には『これは1884（明治17）年調印の議定書に添付された地図の写真複写版である』旨が書き込まれており、法廷に提出する際にこの部分が含まれていなかった」、「その一節を含めた新たな証明書を改めて法廷に提出する」、と申し立てる。被告重光弁護人ファーネス少佐、「同地図に国境線を示すために引かれている黄色い線は、元の地図にあったものではなく、後から描き入れたものであることは明白であり、国境線を示す証拠としては排除されるべきである」と、異議を申し立てる。検察官ゴルンスキー公使、「同文書を今一度検討してから返答したい」、「出所はソ連国立公文書館である」、と申し立てる。裁判長ウェッブ、当初提出された証明書には出所が明らかでなかったことを指摘する。検察官ゴルンスキー公使、「新たな証明書では公文書館であることが明示されている」、と応答する。ウェッブ裁判長、同証明書には国境守備隊長の報告も依拠資料として記されていることに注意を喚起する。裁判長、「手元にPX753が見当たらない」として、本件を後回しにして、証人尋問を再開するよう、検察官に促す。
* 検察官タデボシャン少将、テリューシキン証人に対する直接尋問を再開する。［E: 7781］［J: 90（10）］

<1946-10-15>

検察官審問
 ④-5. 1938（昭和13）年7月29〜31日以前にソ連軍部隊はハサン湖地域に配備されていたか？
 ④-6. 戦闘が最高潮に達した時の両軍の兵力はどうであったか？
 ④-7. 一番の激戦となった時にその場にいたか？
 ④-8. 退院後、戦闘が終息してから同地域を訪れたことがあるか？
 ④-9. その時の国境線は如何？

証人応答
 ④-5. 通常の国境警備隊だけで、野戦部隊はいなかった。
 ④-6. 7月30日夜に攻勢を開始した時の日本軍の兵力は2個大隊であったが、ソ連側は国境警備隊だけであった。ソ連側に砲兵部隊はなかったが、日本側は7月31日朝に砲兵による攻撃を仕掛けてきた。ソ連軍の野戦部隊は、日本軍がソ連領の一部を占領した時に初めて交戦に加わった。
 ④-7. 7月29日夜から国境警備隊の作戦行動を指揮していたが、31日に警備隊の増援部隊が到着した際に負傷者を後送するよう命令を受けた。この時までに何度か負傷していた自分も後方に下がったので、それ以降の作戦には参加していないが、前線からの報告によれば、7月31から8月2日の間、日本軍は砲兵を有する1個師団近くの兵力を展開していた。
 ④-8. 訪れたことがある。
 ④-9. 戦闘以前と同じであった。

＊被告木戸弁護人ローガン、「提出済み（検）法廷証 PX273 が明らかにしているように、張鼓峰事件は1938（昭和13）年8月10日に日ソ間で合意が成立して解決済みの小規模な国境紛争事件であり、当証人の証言は審理案件とは関連性がなく、証拠価値を有しない。該当部分は記録から抹消して慮外に置くべきである」と、申し立てる。裁判長ウェッブ、「合意が日本の行為を侵攻と認定したか、及び当該事件における日本の行為を侵攻として問題にしたのがソ連だけであったかを検討する必要がある」として、検察官の意見を質す。検察官ゴルンスキー公使、「砲兵を伴う1個師団規模の兵力が使われ、事前に大使が武力行使をちらつかせていた行為が小規模な偶発的事件とは言えない。当時の日ソ間の合意は停戦と国境線の確定に関するものであり、責任問題に触れるものではなかった」、と申し立てる。被告荒木弁護人マクマナス、自らの異議を法廷記録に留めるよう要請する。裁判長ウェッブ、「判事団多数の意見として、当該文書は証拠適格性を有する」と、裁定する。ローガン弁護人、法廷の再考を促すべく PX273 の一部を朗読しようとする。ウェッブ裁判長、「国際法違反を構成する侵攻行為があった場合、いかなる国家もそれを許容するものではなく、2国間でそれを解決するための合意があった事実は、減刑事由となり得るだけである」として、この件での議論は打ち切る」と、宣する。被告大島弁護人カニンガム、発言を求めるも、ウェッブ裁判長によって遮られる（翌日の審理の冒頭で、カニンガム弁護人は裁判長に何かを質そうとするが、この箇所についてのものであろう。7822〜24頁参照）。

＊被告東条弁護人清瀬博士、反対尋問に立つ。[E: 7786][J: 90 (11)]

【弁護人清瀬博士による検察側証人テリューシキンに対する反対尋問】

弁護人審問

　①実際の国境線の位置について、

　①-1.　証人は、同地域の国境を画定した露清間の1886（明治19）年議定書の内容を読んだか、または、附属の地図の現物を見たことがあるか？

　①-2.　（弁護人、添付地図を見せた上で）証人が見たものはPX753添付のものと同じか？

　①-3.　議定書に記された現地の国境線は「Ｔ字地点から山地を北西に走ってハサン湖西岸に至り、そこからさらに北方に延びて砂州に達する」との記述になっているが如何？

　①-4.　（弁護人、議定書の記述と証人が説明した国境線とが一致しないことに注意を向けて）その原因はどこにあるのか？

　①-5.　「ハサン湖西岸」という部分についての証人の解釈は如何？

　①-6.　（弁護人、敷衍して）頂上は南北を繋ぐものだけでなく、東西にも並んでいなかったか？

証人応答

　①-1.　議定書については、軍の学校でそれについて勉強したことがある。地図に関しては現物ではないが、写真複写版を見たことがある。

　①-2.　自分が昔見たのはロシア語版であったので、判定は困難。

　①-3.　自分が軍の学校で学んだのは「図満江を横切って国境標識に達し、そこから同江沿いに南から北に走り、Ｔ字地点に達して、張鼓峰の頂上を通って北東に向かう」というものであった。

　①-4.　そのように軍の学校で習ったし、自分が現地で任務にあたっていた5年間、それに従って国境を警備していたが、日本・満州・朝鮮いずれからも抗議はなかった。

　①-5.　国境線はハサン湖西岸にある高地の二つの頂上を繋ぐ稜線となっていた。

　①-6.　その通りであるが、ハサン湖の東西両岸に高地があったが、国境線が走っていたのは西岸の高地であった。

弁護人審問

　②実際の戦場の位置について、

　②-1.　戦場となったのは高地の峰の西側であったか、東側であったか？

　②-2.　証人が配されていた分駐所と国境線との位置関係は？

証人応答

　②-1.　頂上を結ぶ稜線の東側、つまりハサン湖西岸と張鼓峰との間で特殊な作戦［special operations］が行われた。

　②-2.　分駐所は国境線から東に150メートル離れた場所にあった。

　②-3.　その場所とウラジオストックとの距離は？

＊裁判長ウェッブ、質問の趣意を質す。清瀬弁護人、「張鼓峰地域にウラジオストックから派兵するのが容易か困難かを判定したい」、と申し立てる。

<1946-10-15>

証人応答
　②-3．それには24時間乃至はそれ以上かかるであろうが、最新技術を利用すれば速められるかもしれない。
弁護人審問
　③証人の任務について、
　③-1．（弁護人、証人の張鼓峰地域での任務はソ連領が侵されないよう監視することであったことを確認した上で）その過程で、満州・朝鮮方面への監視を行っていなかったか？
　③-2．証人乃至は証人の部下が満州人や朝鮮人を拘束・捕縛したことはあるか？
　③-3．朝鮮人については？
　③-4．他の分駐所や証人の前任者もそのような任務を遂行していたのか？
証人応答
　③-1．自分が監視していたのは、直近の見える場所だけであった。
　③-2．張鼓峰事件の前に、満州国人2人を捕らえたことがあった。その2人はソ連軍の張鼓峰からの撤収を要求し、「緊急の場合は要求を貫徹するために武力を行使する」との日本側当局の書簡を携えていた。
　③-3．自分の記憶では朝鮮人を捕らえたことはない。
　③-4．一度、湖で漁をしていた朝鮮人の舟が流されてソ連領に漂着した時、その漁師を国境付近で日本側に引き渡したことがある。
＊被告重光弁護人ファーネス少佐、反対尋問に立つ。［E: 7792］［J: 90（12）］

【弁護人ファーネス少佐による検察側証人テリューシキンに対する反対尋問】

弁護人審問
　①戦場の位置について、
　①-1．戦闘がどこで行われたかを示して欲しい。
＊裁判長ウェッブ、「証人の返答を記録に残す都合上、地図が必要」と、申し渡す。証人、PX753添付の地図を使おうとする。しかし、当該地図は目的のためには不適当と判断され、加えて他に地図が見当たらないために、弁護人、質問を撤回する。
弁護人審問
　①-2．事件は朝鮮、満州、沿海州の国境線が交差するあたりで起きなかったか？
　①-3．同地ではソ連軍と日満軍とが共々巡視していたのではないか？
　①-4．国境侵犯を認定するのは困難だったのではないか？
　①-5．（弁護人、重ねて問う）事件前、両国の国境警備隊にとって国境侵犯を認識・認定するのは困難ではなかったか？

証人応答

①-2. それに該当するのは国境標識Dであり、事件が起きたのは国境標識Tから2〜2.5キロ北方の標高の低い高地によって構成される山岳地帯であった。

①-3. その通り。

①-4. （証人、張鼓峰事件自体に触れて）国境を侵犯したのは日本側である（と、繰り返して応答する）

①-5. 事件中も事件前もソ連側が国境を侵すことはなかった。

弁護人審問

②証人自身の経験・見聞について、

②-1. （弁護人、証人が1931〜32（昭和6〜7）年の間レニングラードの軍学校に在籍していて極東にはいなかったことを確認した上で）そこで学習対象としていた内容は如何？

②-2. ハサン湖西岸と張鼓峰は満州とロシアの係争地であったと、軍の学校で教わらなかったか？

②-3. 現地で兵卒や士官として勤務中に、係争地であると聞かなかったか？

証人応答

②-1. ソ連国境全般を対象としていたが、それまで勤務していた関係で極東地域の国境線には特に関心を持っていた。

②-2. 教わらなかった。

②-3. 聞かなかった。士官として同地にいた時分、日本側との交渉に参加したことが3度あったが、日本側から領有権の主張がなされたことはなかった。

＊午後2時45分、法廷、休憩に入る。
＊午後3時、法廷、再開する。［E: 7797］［J: 90（13）］
＊被告重光弁護人ファーネス少佐、テリューシキン証人に対する反対尋問を続行する。

弁護人審問

②証人自身の経験・見聞について（続き）、

②-4. 休廷前に証人が言及した3度にわたる日ソ間の国境での交渉の時期は？

②-5. その交渉は1938（昭和13）年7月1日以降には行われたか？

②-6. （弁護人、清瀬弁護人の反対尋問において証人が書簡を携行した満州人2人による越境事件について語ったことに触れて）発生した時期は？

②-7. 7月15日頃ではないか？

②-8. 2人は満州国軍人か？

②-9. （弁護人、その2人が書簡を持っていた事実を確認して）その内の1人はマツシマ伍長ではなかったか？

②-10. 2人が捕縛された場所は？

②-11. 1906（明治39）年にロシア参謀本部が発行した地図では、国境線がハサン湖の東岸に設定されているが、見たことがあるか？

<1946-10-15>

証人応答
　②-4. 正確な日付は憶えていないが、1937～38（昭和12～13）年に行われた。
　②-5. 行われなかった。
　②-6. 1938（昭和13）年7月中旬。
　②-7. 多分そうであった。
　②-8. 2人はそうは言わなかった。軍服は着ていなかった。
　②-9. 1人が軍人だったとは承知していなかった。2人とも平服を着ていた。
　②-10. ソ連領内、張鼓峰の南300メートルの地点。
　②-11. そのような地図があることは知らなかった。自分が参照した地図は1930～31（昭和5～6）年に発行されたものである。

弁護人審問
　③現地で起きた事件・戦闘などについて、
　③-1. ソ連の国境警備隊や軍部隊は、1938（昭和13）年7月1～29日の間に現地の高地付近に陣地を構築していなかったか？（弁護人、何度か質す）
　③-2. 1938（昭和13）年7月29日以前に、ソ連からの国境侵犯はなかったか？
　③-3. 「全般的に見て」とのことであるが、「特殊な場合には」あったのか？
　③-4. ソ連側は諜報員や秘密工作員などを満州領内にはまったく潜入させていなかったのか？
　③-5. こ当時指揮下に置いていた部下の数、証人の階級は如何？

証人応答
　③-1. 国境線近辺のソヴィエト領内に、軍事上の築城はなかった。
　③-2. 全般的にみて［in general］、ソ連側からソ満国境を越えることは決してなかった。
　③-3. そのような場合にもなかった。国境警備隊分駐所の指揮官として、そのようなことがあったら知らされていたはずである。
　③-4. 自分は国境警備隊員で、そのような分野には関わっていなかったので、知るべき立場にはなかった。
　③-5. 50～150人、中尉。

弁護人審問
　③-6. 直接尋問の際に、「7月11日にソ連国境警備隊は張鼓峰を制圧して、そこに塹壕を構築した」と証言したが、この通りか？
　＊検察官ゴルンスキー公使、「証人はそのような証言をしていない」と、異議を申し立てる。被告重光弁護人ファーネス少佐、「自分が書き留めた記録が誤っている可能性はあるが、公式記録をみれば明らかとなる。自分は証人がそのように言ったと思う」とのみ発言して、それ以上の追及を中止する。

弁護人審問
　③-7. （弁護人、証人が触れた満州国人が行っていた宗教儀式のようなものについて、それが張鼓峰西方で、

国境から 2.5～3 キロほど離れた満州国領内にあるボゴモルナヤ高地で行われたものであったことを確認した上で）どこからそれを見たか？
証人応答
　③-7．張鼓峰の国境線付近。
＊裁判長ウェッブ、「反対尋問が論点を外していて無益である」と注意し、「国境侵犯の有無は、宗教儀式を行うような民間人の移動によってではなく、軍隊を含む政府関係人員の行為によって判定されるものである」と言い渡す。ファーネス弁護人、この事実を言い立てたのが検察側証人であったことを指摘し、さらに、検察側が諜報員の越境潜入について触れていたことにも言及して、「一連の質問の意図は証人の信頼性を崩し、証人の発言には偏向があることを証することにある」、と申し立てる。

弁護人審問
　③-8．証人は「7月29日の戦闘について国境警備隊 11 名に増援を送り、日本軍を撃退した」と証言したが？
　③-9．日本軍は 8月 11 日以降、撤退しなかったか？
　③-10．（弁護人、証人が前線からの報告は読んでいたことを確認した上で）日ソ間の合意成立以降については如何？
　③-11．それ以降、同地域で重大な国境紛争は生起したか？
証人応答
　③-8．警備隊員 7名と、隣接した分駐所から派遣された騎兵部隊 30～40 名の増援を得て撃退した。撤退していく日本軍がベジミャナヤ高地で国境警備隊員 11 名を斬殺するのを目撃した。
　③-9．自分は 7月 31 日に重傷のため後送されたので、それ以降に起きたことについては知らない。
　③-10．日ソ両軍部隊は国境地帯から退き、通常の国境警備隊分駐所のみが置かれた。
　③-11．そのようなことが起きたとは承知していない。それ以後、自分は療養のためソ連南部に行ったので、国境線で起きたことについては知らない。
＊被告重光弁護人ファーネス少佐、弁護側の反対尋問終了を報じ、検察官ゴルンスキー公使、検察側が再直接尋問を行わない旨を報じる。
＊裁判長ウェッブ、証人を通例の条件で証人の任から解き、ピョートル・F・テリューシキン証人、退廷する。

（5）検察官タデボシャン少将、検察主張立証第IX局面「ソヴィエト連邦関係」第 4 部「対ソ国境紛争と宣戦布告なき戦争」の検察側立証として、「張鼓峰事件」についての証拠書類を提出する。　　　　　（英速録 7806～7820 頁／和速録 90 号 15 頁～17 頁）
＊提出済み（検）法廷証 PX753【1946（昭和 21）年 3 月 21 日付けソ連内務人民委員国境警備隊本部作成報告「哈桑湖地区における日本の挑戦行動（1936［昭和 11］年）」　検察官タデボシ

<1946-10-15>

ャン少将、抜粋を、「張鼓峰事件の詳細が記されている」と前置きして、朗読する。

【提出済み PX753 朗読概要】

　1938（昭和13）年7月、日本軍はハサン湖付近に大部隊を集結し始め、7月29日に至るまでソ満国境を組織的に侵犯し続けたが、その都度、我方はこれを撃退した。その間、7月15日には日本軍憲兵［gendarmes］の一団（憲兵が野戦に参加するとは不審であるが、英文速記録7807頁記載のママ）が、張鼓峰の南側斜面で国境を侵犯し、我が国の領土奥深くに侵入。我が国の国境警備隊がそれに発砲し、憲兵の中の1名を射殺して、その遺体を収容した。

　7月16日、日本軍は、示威行為として国境線上の高地406.1（シュリ高地）を占領。7月25日、国境標識第7号付近で、我軍の一部が、満州領内の日本軍から、小銃・機関銃による挑発的発砲を受けたが、我方国境警備隊は応戦せず。

　7月26日、我方が国境侵犯者2名を国境線上で引き渡していた時、日本軍の一隊が国境線上のチョルトバ高地を示威的に占領。7月29日早朝、濃い霧の中で日本軍の1個中隊が、ハサン湖地域の無名高地で我方の国境巡察隊を攻撃。

　7月29日から8月5日まで、日本軍は張鼓峰や無名高地に配置されていた我方の国境警備隊に猛烈な攻撃を加え、それら地点を占領。

　8月11日、赤軍部隊が現地に投入されて日本軍は撃退され、ソ連領は解放された。

＊（検）法廷証 PX755【元第59国境警備連隊歩兵小隊長 I・D・チェルノビヤトコ陸軍少佐（ソ連英雄）1946（昭和21）年2月26日付け宣誓供述書；張鼓峰事件】＝検察側文書 PD1992　証拠として受理され、抜粋が朗読される。［E: 7808］［J: 90（15）］

【PX755 朗読概要】

　1938（昭和13）年当時、自分は第59国境警備連隊小隊長であった。7月29～31日の間、自分は、張鼓峰の国境警備隊を攻撃した日本軍と交戦。それに先立つ2週間ぐらい、日本軍が同地区に兵力を集結して、周囲を俯瞰できる高地などに砲兵隊を配置したり、火砲網を構築しているのが、張鼓峰から望見された。自分の見立てによれば、7月29日までに日本軍が展開した兵力は、砲兵に援護され迫撃砲を装備した1個歩兵連隊。それに、砲兵2個師団（英文速記録7809頁は"two artillery divisions"とするのでこう訳したが、砲兵師団なるものは存在しなかったし、過大な兵力であると思われる。和文速記録は「2個大隊」とする）。

　張鼓峰の我方の国境備隊の兵力は、約30名。

　7月29日16時30分、100～120名の日本軍が霧を利用して11名の国境警備隊からなる我方の巡察隊を奇襲攻撃。小銃・機銃音を耳にした我々が戦闘の推移を見守っていたところ、ソ連領内のベジミャナヤ高地に日本軍の進出しているのが認められた。国境警備隊は後退。

31日夜、自分は、我軍の側面と背後を監視するための斥候隊の一員となって出撃。深夜12時頃、国境線から200メートルほど我領内に入った草原地帯で、物音と日本語の会話を耳にする。日本兵は我々を視認して発砲。数分後、隣接した高地複数から砲兵部隊・迫撃砲による集中砲火が張鼓峰に浴びせられた。この準備砲撃の後、日本軍はあらゆる方向から我領内にある張鼓峰に攻撃を開始。この戦闘の最中の午前6時頃、自分は重傷を負って後送され、病院に収容された。自分は、「自分が第59国境警備連隊に勤務中、日満軍からあまたの挑発行為があったが、我方がソ満国境を侵犯したことは1度もなかった」と、証言する。

＊被告梅津・東郷弁護人ブレークニー少佐、チェルノビヤトコ証人を反対尋問のために喚問すべきことを申し立てる。裁判長ウェッブ、「検討する」、と申し渡す。
＊（検）法廷証PX756【ソ連邦英雄G・A・バタルシン陸軍少佐1946（昭和21）年2月26日付け宣誓供述書；張鼓峰事件】＝検察側文書PD2149　証拠として受理され、抜粋が朗読される。

【PX756朗読概要】

　1938（昭和13）年7月29日から8月12日の間、自分は、張鼓峰付近を巡察していた国境警備隊を不意に襲ってきた日本軍から、ソ連領を守るための戦闘に参加。

　7月29日16時、日本軍は不意に、隣接する地区で国境を巡察していた11名の警備隊員を襲撃。日本軍は小銃・機銃で武装した100名ほどで、戦闘は自分がいた場所から700メートルほどの場所で起きていた。

　7月31日夜、日本軍は大兵力で以て国境警備隊の守備していた張鼓峰を攻撃。……8月6日、我軍は攻勢に転じ、12日までに我領内から日本軍を駆逐し、本来の国境線に到達して作戦行動を停止した。

＊被告梅津・東郷弁護人ブレークニー少佐、前出証拠に対する申し立てと同様の申し立てを行い、裁判長ウェッブ、同様に「検討する」、と申し渡す。
＊（検）法廷証PX757【ソ連邦赤軍参謀本部文書「ハサン湖地区戦闘日誌」抜粋；張鼓峰事件】＝検察側文書PD2235　証拠として受理され、抜粋が朗読される。[E: 7813][J: 90（16）]

【PX757朗読概要】

　1．1938（昭和13）年7月24日0時25分、前線の軍事評議会［military council］は、前日19時までの状況を以下のように報告して来た。

　7月22日、国境侵犯事例多数発生。8時30分、軽機関銃1挺を携行した日満軍兵士10名が、ホジャトワンジの南方1キロの地点で国境侵犯。12時50分には、ディアシェル・ザオゼルニヤ北西1キロの地点で平服を着た4人が、越境して我領内に50メートル侵入。さらに、日本兵270名ほどがトゥンシナチャン南東4キロの地点で塹壕を掘削し、張鼓峰の600メートル西方で

<1946-10-15>

は 40 人ほどが展開しており、居留民が（満州）領内後方に移されていた場所もあった。

　ポシェット警備隊分駐所の報告によれば、7 月 23 日から 24 日の夜にかけて、日本軍は、張鼓峰、ケンフン、ケムルクヒ正面に火砲と戦車を伴った 3,000 名以上の兵力を集結した。

　2．7 月 31 日 3 時 12 分、張鼓峰南側斜面で発砲と手榴弾の投擲が開始された。4 時、戦闘継続。ポドゴルマヤ方面からの攻撃に戦車を伴った第 118 狙撃連隊の 1 個中隊が投入され、第 119 狙撃連隊の大隊複数と戦車中隊が、4 時 20 分に 68.8 高地に集結された。張鼓峰とベジミャナヤ高地に挟まれた地区でラトニックの指揮下にあった部隊が、交戦した。

　3．日本軍の新たな集結状況

　3-1．アホプスカンリー地区から国境標識 5 番に向けて 80.7 高地占領の目的で 1 個大隊と戦車 10～12 台。

　3-2．同規模の兵力が国境標識 7～8 番の間で、高地上に防御陣地を構築。

（中略）

　4．1 個連隊以上の敵兵力（砲兵を伴う）が、張鼓峰を頑強に守備し、火砲・機銃で猛烈な側面射撃を行い、我方の攻勢を掣肘している。……8 月 1 日、日本軍 5,000 名が到着するのがズンニンから目視された。8 月 3 日 10 時 45 分、ベルナ・パド・サナヤからスイフンスカ高地方向に向かう戦車 40 両が視認された。

＊提出済み（検）法廷証 PX743【1946（昭和 21）年 2 月 22 日付け秋草俊宣誓供述書】　検察官タデボシャン少将、抜粋を朗読する。[E: 7816]　[J: 90（16）]

【提出済み PX743 朗読概要】

問
　張鼓峰での作戦について知っていることは？
答
　自分が知っているのは、1938（昭和 13）年に張鼓峰で戦闘があり、その目的はソ連軍の実力を探ることであったということ。朝鮮軍所属の師団が交戦して、日本軍の敗北に終わった。関東軍の 2 個師団が現地に向けて派出されたが、到着前に戦闘は終結していたので、その 2 個師団が戦闘に参加することはなかった。

＊検察官タデボシャン少将、「日本軍の砲兵部隊はその作戦計画を実行に移すことができず、赤軍はソ連領内から日本の侵略者（invaders）を駆逐した。重光は、ソ連外務人民委員会に再びやって来て、停戦を求めた」、と申し立てる。被告重光弁護人ファーネス少佐、「証拠全体を読めば、検察官が言及した会談のずっと前の 7 月 20 日に既に重光は停戦を提案している」と、異議を申し立てる。裁判長ウェッブ、異議はソ連軍の軍事的成功と重光の停戦申し入れという、検察側が未だ立証していない事項についての発言に対してであることを認め、それらを立証するための証拠を提出する意図があるかどうかを検察官に質し、「証拠提出を継続する方が検察

側のためになる」と、申し渡す。
* (検) 法廷証 PX758【1938（昭和13）年8月7日付け張鼓峰事件に関する重光駐ソ大使・ソ連邦リトビノフ外務人民委員会談記録】＝検察側文書 PD2243 ［E: 7817］［J: 90（17）］ 証拠として受理され、抜粋が朗読される。

【PX758朗読概要】

　自分が重光に言ったのは、「貴殿が訪問してきたこの機会に、貴殿が停戦を申し入れた後でも日本軍が攻撃・砲撃を続行していることに驚きの念を表したい」ということで、先方の申し入れに対しては「日本軍が満州領内からの攻撃・発砲を停止すれば停戦に応じる」と応え、「我方は止むを得ず反撃したのであり、航空機まで投入した」と付け加えた。日本軍の攻撃は撃退されたが、これに責任を有するのは日本側である。

* 被告重光弁護人ファーネス少佐、「日記の体裁をとっているが公文書である当文書の全文が提出されるべきである」、「抜粋部分では発言したのが誰であるのか不分明である箇所がある」、と申し立てる。裁判長ウェッブ、「前出証拠の朗読直後に検察官が陳述した内容は当該文書の内容によって裏打ちされていない」、「公正な裁判に資するという目的に必要ならば、全文が提出されるべきである」、と裁定する。検察官ゴルンスキー公使、先に PX754 が提出された際にファーネス弁護人の発した異議に対する返答を繰り返して、「できるだけ早い時期に全文を弁護側に手交する」、と約し、「文書自体はリトビノフの日記の体裁となっているので、一人称で登場するのはリトビノフである」、と応答する。
* 午後4時、法廷、翌日午前9時30分までの休廷に入る。

◆ 1946（昭和21）年10月16日　　（英速録7821～7934頁／和速録第91号1～18頁）

* 午前9時30分、法廷、再開する。
* 鵜澤弁護団長、「被告南の米人弁護人マコーマックが辞任し、替わって被告小磯・大川弁護人ブルックスが南の米人弁護人を兼務する」、と報じる。
* 被告大島弁護人カニンガム、「前日の検察側証人の証言に被告木戸弁護人ローガンが異議を申し立て、検察官ゴルンスキー公使が反駁した際に裁判長ウェッブが下した裁定は、異議・動議の却下理由の範疇を超えて法原則にまで及ぶ陳述であり、それが予期されていたならば、自分もその異議に加わっていた」として、発言を求める（何を指しているか不分明であるが、恐らく「張鼓峰事件については日ソ間で外交的に解決済み」との理由でテリューシキン証言の一部を削除するようローガン弁護人が申し立てた時のやり取りのことであろう。速記録7782～86頁参照。7786頁には、カニンガム弁護人が発言を求めていたことが記録されている）。裁判長ウェッブ、「異議を申し立てるには時機を失した。同じ異議を申し立てる機会があった場合に質すべきである」、と裁定する。

<1946-10-16>

(6) 検察官タデボシャン少将、検察主張立証第Ⅸ局面「ソヴィエト連邦関係」第4部「対ソ国境紛争と宣戦布告なき戦争」の検察側立証として、「張鼓峰事件」についての証拠書類の提出を続行する。　　　　　　　　　　（英速録7824〜7827頁／和速録91号3頁）

＊（検）法廷証PX759【1938（昭和13）年8月11日付け重光駐ソ大使・リトビノフ外務人民委員の会談記録；日本政府は露清条約の国境再確定を受諾した】＝検察側文書PD2230　検察官タデボシャン少将、「日本政府は自らの要求に根拠がないことを認め、ソ連側の主張に従って琿春条約の規定に基づき国境線を再確定せざるを得なくなった」と前置きする。被告重光弁護人ファーネス少佐、「以前と同様な異議（恐らく全文提出要求のことであろう）を除いて当文書の証拠としての受理に異議を申し立てない」とするも、検察官が付した説明に異議を提起し、「文書の内容は検察官の発言をまったく裏書きしていない。過去2週間にわたって、検察官のこのような慣行に対して法廷が警告を発していたのに、なんの効果もないように見受けられ、弁護側は異議を申し立てることを余儀なくされている。不愉快であると言わざるを得ない」、と申し立てる。裁判長ウェッブ、「当法廷の判事は陪審員の役割を果たしてはいるが、証拠による裏付けがなされない発言は慮外に置くこととしているので、このことについては信用してもらいたい」、と応答する。証拠として受理され、朗読される。

【PX759朗読概要】

　重光が述べるには、日本側としては露清間に結ばれた条約・合意を国境確定の原則とすることに依存はないが、（国境確定？）委員会の作業を実りあるものにするために、追加文書が委員会に提出される可能性がある、とのことである。
　そこで論点を明確にするために自分が言ったのは以下のことである。即ち、「琿春条約と露清間で結ばれた他の合意は一括して委員会の検討対象となる必要があり、日満側はそれらを取捨選択することはできないが、日ソいずれかが提出するその他の文書については、それが可能である。ここに、露清間に締結された条約・合意とそれ以外の文書との差異がある」、と。
　自分はこの点を明確にし、（重光）大使も理解したと思う。これについて重光は、「露清間の条約・合意が委員会の作業の原則を規定するものであり、追加文書をいかに扱うかは委員会が決定すると理解してよいならば、見解の相違はない」と、述べた。

＊被告重光弁護人ファーネス少佐、PX759が一部をなす文書全体の提出を要請し、検察官ゴルンスキー公使、可能となったらできるだけ早い時期に写しを送達することを約する。
＊提出済み（検）法廷証PX753【1946（昭和）21年3月21日付けソ連内務人民委員国境警備隊本部作成報告】　検察官タデボシャン少将、引証し、抜粋を朗読する。

【提出済み PX753 朗読概要】

　この区域の国境線は、1886（明治19）年の議定書に従って警備されていたし、現在も同様である。

（7）検察官タデボシャン少将、検察主張立証第 IX 局面「ソヴィエト連邦関係」第 4 部「対ソ国境紛争と宣戦布告なき戦争」の検察側立証として、「ノモンハン事件」関係証拠書類を提出する。　　　　　　　　　　　（英速録 7827〜7860 頁／和速録 91 号 3〜8 頁）

＊（検）法廷証 PX760【社会教育協会刊行民衆文庫第 56 編（1933［昭和 8］）所収；荒木貞夫論述「昭和日本の使命」】＝検察側文書 PD2627　識別番号を付される。

＊（検）法廷証 PX760-A【同上抜粋；蒙古を東洋の蒙古たらしめる】＝検察側文書 PD2627-A　証拠として受理され、朗読される。

【PX760-A 朗読概要】

　日本はその勢力圏に隣接した地域に蒙古のような曖昧な存在があることを欲しない。蒙古は飽くまで東洋の蒙古として、独立・平和・安寧が保障されなければならず、他国の略奪に委ねるなどは以ての他である。蒙古の立場を曖昧にしておくことは、東洋禍乱の種となる。蒙古問題は、皇道を広める上で満州問題よりもはるかに大きな障害となるかもしれない。そして、皇道に敵する国（英文速記録 7829 頁は "country" とするのでこう訳したが、原本であろう和文速記録は「もの」で、意味合いが異なっている）があれば、それが何であるかにかかわらず、断乎として排除するとの意思を率直・明瞭に示しておく必要がある。

＊（検）法廷証 PX761【1936（昭和 11）年 3 月 28 日付け板垣関東軍参謀長・有田大使会談記録】＝検察側文書 PD1466　［E: 7829］［J: 91（4）］　識別番号を付される。

＊（検）法廷証 PX761-A【同上抜粋；蒙古に対する軍の施策】　証拠として受理され、抜粋が朗読される。検察官タデボシャン少将、「ノモンハン事件の 3 年前に日本軍によるモンゴル人民共和国（外蒙）占領計画を、被告板垣が明らかにしていた」と前置きする。

【PX761-A 朗読概要】

　1.　外蒙問題

　外蒙は完全な秘密地帯で、ツァールの時代からロシアの魔手が伸びて、同地を保護領化していたが、革命後のソ連政権も、その政策を踏襲し、同地域の懐柔に成功して現在に及んでいる。東亜の地図を見れば明らかであるが、外蒙は極東ソ連とヨーロッパソ連とを繋ぐシベリア鉄道の側面を防護する地帯であるから、日満にとって極めて重要である。もし、外蒙が日満と一体化すれ

<1946-10-16>

ば、極東ソ連の安全性は根底から覆され、ほとんど戦わずにソ連の影響力を極東から排除できる可能性がある。

　従って、軍はあらゆる手段を駆使して日満の影響力を外蒙に拡充しようとしており、その第1段階として、ソ連の意思にかかわらず、外蒙を独立国と見なし、外蒙・満州国間に正常・円満な外交関係を樹立すべく、鋭意工作中である。

　また一方では、次に述べる西部内蒙古に対する工作を進めて、外蒙民族の懐柔に努力している。しかしながら、もし外蒙がこのような我方の穏健な意図を無視し、ソ連と提携して満州国を侵すならば、日満議定書の精神に鑑み、少しの領土も失わないという決意の下に、断乎としてそれを排撃する用意がある。

　2．内蒙問題

　西部内蒙、つまり察哈爾・綏遠とその以西一帯は、帝国の大陸政策実行上、重要な価値を持つ。もし、日満側の影響力下に置かれれば、積極政策の面では、同地域は同一民族が居住する外蒙懐柔工作の根拠地となるし、新疆からのソ連の影響力を封じ、支那・ソ連間の陸路での連絡を遮断して、コミンテルンの支那への策謀を挫折させることができる。

　また、消極政策の面では、同地域を満州国の赤化防止・治安確立のための緩衝地帯とすることが考えられる。もし、同地域を日満の影響力下に置かず、事の成り行きに任せるならば、外蒙・新疆を通じて行われる赤化工作が急速に満州国西部国境に迫ることは、火を見るより明らかである。このような見地に立って軍は、西部内蒙古に対して数年来、逐次工作を進めつつあり、その過去・現在の状況は別冊に示してある。軍は将来、万難を排して工作を進めることを固く決意している。

＊検察官タデボシャン少将、「この文書が明らかにしているのは、関東軍は外蒙に打撃を与えれば極東ソ連にも打撃を与えられると考えていたことである」、「日本はこれに対する準備を長年にわたって行ってきており、ハイダー検察官やパーキンソン検察官が対満蒙軍事侵攻に関して提示した証拠は、日本が外蒙を内蒙に併合させることを夢見て、満蒙に年毎にその勢力圏を広めていったことを示している」、と申し立てる。

＊提出済み（検）法廷証PX273【1938（昭和13）年6月19日付け石本（寅三）駐蒙兵団参謀長発東条陸軍次官宛通牒蒙上発98；蒙彊地方特別調査計画・張鼓峰戦闘停止（1938［昭和13］年8月11日）】＝検察側文書PD623及び提出済み（検）法廷証PX274【蒙古建軍並びに強化拡充基本要綱（1939［昭和14］年5月1日）】＝検察側文書PD643　検察官タデボシャン少将、「これを敷衍するために」として、言及する。［E: 7834］［J: 91（4）］

＊被告大島弁護人カニンガム、「現在の局面が終結する以前の今の段階で検察官が証拠について行き過ぎた説明を加えること」に異議を申し立てる。検察官ゴルンスキー公使、「説明を加える目的は、同一案件に関する証拠が必ずしも同時に提出されず、記録では各所に散らばっているので、各証拠がどこに関連したものであるかを示すためである」、と応答する。裁判長ウェッブ、「異議はその点に向けられたものではなく、説明が最小限必要な程度に留められるべき

であるとの指示に違背している点であって、その限りで容認される」と、裁定し、さらに「ソ連人検察官がそのような説明をロシア語でなしており、判事団は英訳されるのを待つしかないので、それまで分からない（不可抗力？）」、「法廷はそのような発言は慮外に置き、証拠のみを判断材料にする」と、弁護側に申し渡す。被告広田弁護人スミス、「そのような一括裁定に弁護側が従って異議を申し立てなかった場合、そのような経過を速記録で見た法廷記録審査官［reviewing authority］が『異議を申し立てなかった弁護側は、このような検察側のやり方に不満を抱いていなかった』と判断しかねない」と、申し立てる。裁判長ウェッブ、これまで言い渡してきたこと——判事団はそのような発言を慮外に置いて証拠のみを判断材料とする、ロシア語から通訳がなされるまで判事はそのような発言がなされていることを知ることができない——を、繰り返す。スミス弁護人、そのような法廷記録を連合国軍最高司令官の代理人が読んだ場合にいかなる影響をもたらすかについて憂慮の念を表明する。カニンガム弁護人、検察側がそのような発言をなす前に弁護側が異議を申し立てることができるよう、検察側が証拠の説明内容を事前に弁護側に通知するべく検察側に指示するよう、法廷に要請する。裁判長ウェッブ、検察側に「時間を無駄にし、審理の方向性を失わせるような異議を誘発しないよう留意するように」と言い渡すに留める。検察官ゴルンスキー公使、「ソ連人検察官の証拠に関する説明はさして冗長なものでない」、と申し立てる。

＊提出済み（検）法廷証PX212【1936（昭和11）年5月7日付け植田駐満大使発有田外相宛電文409；内蒙古における建国会議採択案件・満州国との相互援助協定】 検察官タデボシャン少将、1946（昭和21）年7月6日の法廷における田中隆吉証言に触れ、速記録2039頁以降の記述が既に言及したPX212の内容を裏書きしていることに、法廷の注意を喚起する。

＊（検）法廷証PX762【提出済み（検）法廷証PX719［陸軍省文書「満受大日記（1938［昭和13］）」］抜粋；植田関東軍司令官発杉山陸相宛意見具申書（1938［昭和13］年1月24日）「新興支那建設方策大綱」抜粋】＝検察側文書PD751-C ［E: 7838］［J: 91（5）］ 証拠として受理され、抜粋が朗読される。

【PX762朗読概要】

新興支那の建設は、究極的には北支に中央政府を建設させることとなるが、その指導にあたっては現地住民の慣習・希望を尊重し、現下切迫している対ソ戦の準備に貢献させるようにして進める。同時に、事変終了後の再建・整備に集中させて、現実の事態に即応し、国防・治安の要求と各地の政情に適応する理想的自治体にすることを主眼とする。

＊（検）法廷証PX763【北京郵便監督長官1919（大正8）年発行満蒙国境地図（東区域分図）】＝検察側文書PD1858 証拠として受理される。検察官タデボシャン少将、「これから提示する証拠は、日本の軍閥指導者が外蒙を攻撃する口実を作るために満蒙国境線を示す地図を根拠もなく恣意的に改変したことを示している」、と申し立てる。（裁判長の指示・注意は効果がなかった

<1946-10-16>　　　　　　　　　　　　　　　　　　　　2　検察主張立証段階　247

ようであるが、弁護側が異議を申し立てた形跡はない)。検察官、地図を示しながら、「国境線は、ブイル・ヌル湖の真ん中を通り、ハルハ河(英文速記録では「ハルヒン・ゴル」[Khalkhin-Gol]と表記されているが、煩雑を避けるため以後「ハルハ河」で統一する)東岸を走って、同河の終末点で河を横切り、南東に向かっている」、と申し立てる。

* (検) 法廷証 PX764【日本官憲当局(関東庁)作成満州国全図 2 葉(1934・35 [昭和 9・昭和 10] 年)】＝検察側文書 PD1754　識別番号を付される。[E: 7841] [J: 91 (5)]

* (検) 法廷証 PX764-A【司上満州国全図 2 葉部分拡大地図】　証拠として受理される。検察官タデボシャン少将、1934 (昭和 9) 年発行の地図の部分拡大版を示しつつ、「同地図によれば、満蒙国境線は、PX763 同様ハルハ河東岸に引かれてあるが、翌年発行の地図によればその国境線は、ハルハ河それ自体の西岸を通り、ブイル・ヌル湖すべてを包含するように引かれている」、と申し立てる。被告梅津・東郷弁護人ブレークニー少佐、「二つ目の地図は 1935 (昭和 10) 年 12 月発行となっているが、添付の出所・真実性証明書によれば、地図は二つとも 1934 (昭和 9) 年に出版された刊行物から引用されたものとなっている」、「適正な証明書が代わりに提出されるか、二つ目の地図を慮外に置くか、いずれかの措置が執られるべきである」と、申し立てる。検察官ゴルンスキー公使、「二つ目の地図の英文証明書の発行が遅れたために一つ目の地図の証明書が二つ目のものをも対象にするような印象を与えたためである」、「日本語の原文に添付された証明書では正しく発行年が表記されている」、と申し立てる。

* (検) 法廷証 PX765【日本政府発行「週報」(1939 [昭和 14] 年 7 月)】＝検察側文書 PD1505　識別番号を付される。

* (検) 法廷証 PX765-A【同上抜粋；地図 1 葉－満州地図】　証拠として受理される。検察官タデボシャン少将、「ノモンハン事件が進行中に発行された『週報』掲載のこの地図では、満蒙国境がハルハ河西岸となっている」ことに、法廷の注意を喚起する。

* (検) 法廷証 PX766【1946 (昭和 21) 年 3 月 12 日付け赤軍参謀本部歴史部作成覚書「1939 (昭和 14) 年のハルハ河地方における日本軍の挑発的攻撃について」】＝検察側文書 PD2231　[E: 7845] [J: 91 (6)]　証拠として受理され、抜粋が朗読される。

【PX766 朗読概要】

日本側は常套的挑発手段を用いて周到・綿密な攻撃準備を進め、1939 (昭和 14) 年 1 月以来、外蒙国境線を組織的に侵犯し続け、その件数約 30 を数えた。同時に、第 23 師団の大部隊と満州国軍騎兵 [Bargut cavalry] (満州国軍の一部である興安軍の騎兵部隊のことか？) 連隊が、国境地帯に集結。同地帯でのモンゴル側ではハルハ河西岸に国境警備隊の小規模な分駐所があるだけであった。

5 月 14 日 6 時、日満両軍の騎兵 300 名余りが、第 7 分駐所付近で国境を侵犯し、ドゥングル・オボを占拠してハルハ河東岸に到達。この日、日本軍機が外蒙領上空に間断なく飛来。

5月15日12時45分、日本の軽爆撃機5機が、上空800メートルから爆弾52個を第7国境分駐所に投下して、低空から機銃掃射を加え、その結果死者2名と負傷者19名を出した。これに先立って索敵機3機が飛来している。そして、国境警備隊は、騎兵700名とトラック3台に乗った歩兵が、ハルハ河東岸に集結しているのを視認した。しかし、実際は、日本側は5月11日から日本軍と満州国軍を使って敵対行為を開始していたのである。

このような挑発行為が明らかにしているのは、日本側が外蒙領を奪取すべく大規模な作戦行動を準備していたことである。

5月の戦闘では、日本側は大損害を被り、しかも作戦目的を達することができなかったので、準備をより周到にしてさらに大規模な作戦を計画し、外蒙領獲得とソ蒙軍壊滅を目論んだ。6月末までに日本側は、第23歩兵師団のすべてと第7歩兵師団の一部、2個戦車連隊と満州国軍騎兵連隊複数を集結させ、他の部隊からかき集めた砲兵部隊をその援護に充てた。また、同地域に展開された日本軍機は150機を下らなかった。敵の計画は、我方の防衛線を奇襲攻撃で迅速に打ち破り、主力を以て我方の後方の連絡線に到達することであった。

我軍は、8月に攻勢をかけて日本の侵略者（"invaders"）を潰走させ、外蒙領内から駆逐した後、国境線上で守備態勢を取った。
＊（検）法廷証PX767【東郷駐ソ大使・モロトフソ連外相間1940（昭和15）年6月9日締結ノモンハン国境確定合意】＝検察側文書PD2147　証拠として受理される。
＊午前10時45分、法廷、休憩に入る。
＊午前11時、法廷、再開する。［E: 7851］［J: 91 (6)］
＊検察官タデボシャン少将、証拠の提出・朗読を再開し、PX767の抜粋を朗読する。

【PX767朗読概要】

　同地域の満蒙国境線は、当合意書添付の1935（昭和10）年赤軍参謀本部発行縮尺20万分の1地図に従って引かれるものとする。
＊提出済み（検）法廷証PX668【1946（昭和21）年4月11日付け元在満白系ロシア自衛軍セミョーノフ宣誓供述書】　検察官タデボシャン少将、抜粋を朗読する。

【提出済みPX668朗読概要】

1938（昭和13）年、日本の参謀本部は、極東ソ連軍の実力を実戦で試すこととして、ハサン湖地域で戦端を開いた。

参謀本部のヤマオカ少佐は特命で東京から大連に来て自分に会い、計画中の作戦について知らせ、準備するよう指示した。ヤマオカが明らかにしたのは、ハサン湖付近での作戦が成功裏に進捗して沿海州方面のソ連領を確保した場合、自分と白系亡命ロシア人部隊が占領地域の確保にあ

<1946-10-16>

たるというものであった。

　その方面での日本側の企図がソ連軍によって挫かれて停戦交渉が始まるや、日本側は外蒙やザバイカル方面への新たな牽制作戦の準備に着手した。自分もこの作戦に加わって、白系亡命ロシア人部隊と共に外蒙・ソ連領に進出する予定であった。日本側によれば、主攻勢は沿海州方面への補給路が走るザバイカル方面に向けられことになっていた。安藤（三郎？）少将が自分に語るには、バイカル湖でソ連の補給路を寸断できれば、極東ソ連領をソ連から切り離すことができると陸軍は見込んでいるとのことであった。

* （検）法廷証PX768【1946（昭和21）年4月24日ソ連邦実施被告平沼騏一郎尋問調書】＝検察側文書PD4122　識別番号を付される。[E: 7853] [J: 91（6）]
* （検）法廷証PX768-A【同上抜粋；ノモンハン事件に関する平沼首相の責任】＝検察側文書PD4122-A　証拠として受理され、朗読される。検察官タデボシャン少将、「当時被告平沼が現地軍の企図を知りながら、その動きを掣肘しなかったことを示すもの」、と申し立てる。

【PX768-A 朗読概要】

問
　ノモンハンでの外蒙領への攻撃を容認した日本政府の目的は何か？
答
　自分が首相であった時分に起きたことではないので、分からない。
問
　平沼が首相であった期間は1939（昭和14）1〜9月であり、ノモンハン事件が始まったのが同年5月であったが如何？
答
　軍が政府に報告することなく独自に始めたことであるので、自分は何も知らない。
問
　攻撃について知ったのはいつか？
答
　交戦が開始されてから。
問
　貴殿に事件について報告したのは誰か？　その報告の内容は？　それ以後3カ月の間首相として貴殿が軍の動きをまったく掣肘しなかった理由は？
答
　板垣陸相から知らされ、停戦に持っていくように軍とは話し合いを何度もしたが、軍は意見を異にしていた。

問
　貴殿は首相として誰かに停戦を実現すべく命令を出さなかったのか？　出したとしたら、いつ、誰に出したのか？
答
　参謀本部は政府の統制下になかったので、そのような命令を出すことはできなかった。ただし、板垣陸相には停戦の必要性を口頭で伝えていた。
問
　それは、外蒙への攻撃が誤りであったと思っていたからか？
答
　自分は、紛争は交渉を通じて解決すべきとの見解を持っていた。
問
　つまり、日本軍の行動は誤りだと思っていたということか？
答
　その通り。
問
　ノモンハン事件の最中、首相としての貴殿は天皇に停戦すべきであると上奏したか？
答
　自分の意見を上奏することはしなかった。
問
　貴殿の意見に対して板垣はどう反応したか？
答
　板垣は自分と違って、戦闘継続を支持していた。
＊被告平沼弁護人宇佐見、「本尋問記録は通訳を通じてソ連人尋問官によって録取されたものであり、録取の過程で被告が通訳の言を理解し、また通訳に被告の意思を分からせるのに相当な苦労をし、その場では日本語版が作成されずに、被告人がその内容を確認することがなかったために、記録された発言内容が被告の真意と異なっている箇所もしくは、欠落している箇所がある」、と申し立てる。裁判長ウェッブ、「それら諸点については弁護側の立証段階で主張できる」、「宇佐美弁護人の申し立ては当証拠の適格性に影響を与えるものではない」と、裁定する。裁判長、「被告人の供述が自発的になされたものでないと弁護人が主張するならば、検討事項となる」と示唆するが、弁護人、それを否定する。ウェッブ裁判長、「宇佐美弁護人の発言が異議の申し立てならば、それは却下する」、と申し渡す。
＊提出済み（検）法廷証PX766【1946（昭和21）年3月12日付け赤軍参謀本部歴史部作成覚書「1939（昭和14）年のハルハ河地方における日本軍の挑発的攻撃について」】［E: 7858］［J: 91(7)］　検察官タデボシャン少将、抜粋「（日本）第6軍司令官布告（1939［昭和14］年9月5日）」を朗読する。

<1946-10-16>

【提出済み PX766 朗読概要】

　第6軍再編成の命令が発せられたにもかかわらず、それが実行されなかったがために、西北地域防衛の光輝ある使命は失敗に帰したことを、遺憾ながら認めなければならない。我軍は満蒙国境線での非正規戦闘の真っ只中に投ぜられ、それ以降の行動は10日以上続いて今日に至っている。小松原（道太郎）中将の率いる部隊の勇敢・断乎たる措置によって交戦中の混乱は局限され、現在我軍はジンジン・スメ地方で新たな攻勢を準備中である。

　関東軍司令官はこの秋に在満の最精鋭部隊を送って我々を支援することを決め、戦闘が予想される地域で自分の指揮下に置き、紛争解決に向けた緊急措置を執ろうと計画している。今や事態は単なる国境紛争の域を超えている。支那で聖戦を行っている今、内外の複雑な情勢に変化が起きれば、それがいかなるものであろうとも国家的重要性を帯びてくる。軍が採るべき道はただ一つ、一致団結して敵に壊滅的打撃を与えて、その傲慢ぶりに止めを刺すことである。

　現在、軍の準備は着々と進んでおり、我軍は秋の到来と共に一撃でその任務を完結させ、世界に向けて誇りを持って皇軍精鋭の威力を示すこととなろう。将兵も現在の情勢の重要性をよく理解し、一兵卒から将官に至るまで断乎たる攻撃精神に満ちており、必勝の信念を有している。軍は常に天皇への深い忠誠心を以て敵を粉砕・撃滅する準備ができている。

＊提出済み（検）法廷証 PX723【柳田元三陸軍中将ハルビン特務機関長（1940［昭和15］年3〜8月）宣誓供述書】　検察官タデボシャン少将、引証して、「日本側の企図は失敗に終わり、関東軍司令官植田謙吉大将が引責辞任した」、と申し立てる。

2—9—5　検察主張立証第Ⅸ局面「ソヴィエト連邦関係」第5部「対ソ連三国共同謀議」

（英速録 7860〜8180頁／和速録91号8頁〜94号4頁）

（1）ワシリエフ検察官、検察官タデボシャン少将に替わり、検察主張立証第Ⅸ局面「ソヴィエト連邦関係」第5部「対ソ連三国共同謀議」の検察側立証に入り、「侵攻戦争の共同謀議」関係書証を、提出する。　　　（英速録 7860〜7897頁／和速録91号8〜13頁）

＊（検）法廷証 PX769【1941（昭和16）年2月23日付け大島駐独大使・リッベントロップ独外相会談記録】＝検察側文書 PD531　検察官ワシリエフ少将、「日独防共協定が枢軸国のソ連を含む民主国家に対する侵攻謀議の第一段階である」、「防共協定が日独の侵攻戦争準備及び各々のアジア・ヨーロッパでの実行を可能にし、それが民主国家に対する軍事同盟という共同謀議の連鎖に直接連関していくものであることを立証するために被告大島とリッベントロップ外相との会談記録である PD531 を提出する」、「同記録の他の部分は提出済み（検）法廷証 PX632-A【1941（昭和16）年2月23日付け大島駐独大使・リッベントロップ独外相会談】＝

検察側文書 PD531-A として受理済みである」、と申し立てる。被告大島弁護人カニンガム、「検察官の申し立ては、日独関係局面の第2の冒頭陳述と呼んでもよいぐらいのものである」、「法廷が戒告処分を課すべきである」、と申し立てる。検察官ゴルンスキー公使、「裁判長が既にそのような発言は慮外に置く旨裁定している」、「当法廷は各国で採用されている訴訟手続きに拘束されない」、「ソ連人検察官が行っていることは、ソ連法廷では検察・弁護側双方に認められている慣行であり、その場合でも最終的判断は法廷に委ねられており、また、当法廷でソ連検察官はその慣行をソ連で行っているほどには実践していない」、「ただいまワシリエフ検察官が付した提出予定証拠の説明は必要最小限と思われる。適正でないと思考される部分があるならば指摘してもらいたい」、と応答する。裁判長ウェッブ、当法廷が各国の訴訟手続きに拘束されないことを確認した上で、「当法廷で遵守されるべきは裁判所条例の規定である」、「条例では『簡潔な冒頭陳述』をなすことと『証拠の要点・提出理由を手短に説明すること』が認められている」、「自分が言えるのは、当法廷では条例の規定に則って義務を果すべきということだけである」、と申し渡して、検察・弁護側双方の協力を求める。キーナン首席検察官（速記録に従えば、この発言はこの後に記す PD531 の証拠としての受理の後になされているが、内容に鑑みて便宜上ここにまとめることとする）、「検察側の立証が爾後の筋道が見えるような一定の段階［culminating point］に達した時に、明らかになったと判断される論点についての検察側の主張を明らかにし、それ以降に立証予定の事実・提出予定の証拠などがその主張にいかに関わっているかを手短に説明することは許容されるか？」と、法廷に質す。裁判長ウェッブ、「提出する証拠に簡潔な説明を付することができる」、「この権利をこれ以上明確に規定することはできず、これこそが冒頭陳述の趣意であると自分は理解している」とのみ応答する。被告大島弁護人島内、PD531 の証拠としての受理に対して、「証明書が米国検察官によるもので、これでは自分が提出する証拠について自分が証明していることとなり、充分とは言えない」、「証明書の内容が正しいと仮定しても、写真複写文書 2929 番が PD531 と同じものであるかは非常に疑わしい（この部分は意味不分明か？）」、「当該記録文書を誰がいかなる状況下で作成したのか不明確である」、と異議を申し立てる。検察官ゴルンスキー公使、「ワシリエフ検察官が提出したのは、以前にタベナー検察官が提出して受理された PX632-A の中でタベナー検察官が抜粋を引用していない部分である」、と申し立てる。島内弁護人、「PD531 となっている大島・リッベントロップ会談の記録は証拠として受理されていないと考える」、と申し立てる。裁判長ウェッブ、「正式に証拠として受理する」と裁定し、検察側文書 PD531、（検）法廷証 PX769 として受理される。

【PX769 朗読概要】

リッベントロップ

　防共協定締結後、日本の友誼的態度の御蔭でドイツは再武装が可能となり、片や日本は在支英国権益に深く食い込むことができた。ドイツのヨーロッパでの勝利は、三国軍事同盟が締結され

た今、日本に非常に大きな利益をもたらす。
＊提出済み（検）法廷証 PX503【1939（昭和 14）年 5 月 4 日付け駐日ドイツ大使オット発リッベントロップ独外相宛電文 184；平沼首相発アドルフ・ヒトラー独総統宛声明】
　検察官ワシリエフ少将、抜粋を朗読する。

【提出済み PX503 朗読概要】
　この輝かしい時に、両国間に締結された防共協定が両国に課せられた使命遂行に有効であることを確認するのは、実に欣快に堪えない。
＊（検）法廷証 PX770【1938（昭和 13）年 1 月 17 日付け東条関東軍司令官発梅津陸軍次官宛電文；日独航空路開設】＝検察側文書 PD751-D　証拠として受理され、抜粋が朗読される。朗読に先立ち、ワシリエフ検察官、「当文書は先に検察官イワノフ大佐が提出して証拠として受理された PX719 の一部であり、防共協定締結後に日独間に特別な航空路が開設されたことを示している」、と申し立てる。

【PX770 朗読概要】
　日独航空連絡に関しては、第三国に対して絶対秘密厳守を協定しているが、新聞記事掲載禁止条項は、単に交渉を対象にしたもので、交渉対象事項全般について完全に禁止することは期待できない。
＊提出済み（検）法廷証 PX480【防共協定附属秘密協定・関連交換公文】　ワシリエフ検察官、「防共協定の第一義的対象がソ連であったことを立証する」と前置きして、抜粋を朗読する。

【提出済み PX480 朗読概要】
秘密附属協定第 1 条：
　締約国の一方が挑発によらない攻撃乃至は脅威をソ連から受けた場合、他の締約国はソ連の立場を利するいかなる措置も執らない。この場合締約国は共通の利益擁護のために直ちに協議に入る。
＊（検）法廷証 PX771【1941（昭和 16）年 7 月 10 日付けリッベントロップ独外相発オット駐日独大使宛電文；防共協定締約国の解した侵攻者・侵攻の意味】＝検察側文書 PD571　検察官ワシリエフ少将、「防共協定で日独が言う『挑発によらない攻撃乃至は脅威』の意味を明らかにする」、と申し立てる。被告重光弁護人ファーネス少佐、「添付の証明書の発行主体が国際検察局であるから、証明書としては不適格である」と申し立てるも、再読してニュルンベルク法廷検察局であることを見出し、異議を撤回する。証拠として受理される。

＊(検)法廷証 PX772【(検)法廷証 PX771 及びその他検察側文書数通の出所・真実性証明書】＝検察側文書 PD2608　証拠として受理される。朗読なし。
＊法廷、正午の休憩に入る。
＊午後 1 時 30 分、法廷、再開する。［E: 7875］［J: 91（10）］
＊被告大島弁護人島内、午前中の PD531 が証拠として受理されたか否かに関する自己の見解が誤りであったことを認め、謝罪する。
＊ワシリエフ検察官、検察主張立証第 IX 局面「ソヴィエト連邦関係」第 5 部「対ソ連三国共同謀議」の検察側立証としての、証拠の提出・朗読を続行する。
＊提出済み PX771 の抜粋が朗読される。

【提出済み PX771 朗読概要】

　独米開戦となった場合、日本が三国同盟の義務を履行することに自分は寸分の疑いも抱いていない。今日においても、米国こそが侵攻者であると確実に見なすことができる。
＊(検)法廷証 PX773【1943（昭和 18）年 12 月作成外務省公式声明集（1943［昭和 18］年 7〜12 月）】＝検察側文書 PD1217　識別番号を付される。
＊(検)法廷証 PX773-A【同上抜粋：日独伊軍事協定締結 2 周年記念日重光外相 1943（昭和 18）年 12 月 11 日付け放送－連合国軍の対日侵攻】　証拠として受理され、抜粋が朗読される。検察官「『侵攻者』の意味の歪曲した理解の例である」、と申し立てる（「2 周年」は原文のママ。年から判断して「3 周年」が正しいと思われる）。

【PX773-A 朗読概要】

　米英は、我が国が大国として存在することを許さずとの信念の下に、政治的には、伝統的な「分割して支配する」という手法に訴え、経済的には資源の独占と組織的実力を武器として、あからさまな経済戦争を挑んできている。つまり、この戦争は真珠湾よりずっと以前に始まっていたのである。過去 2 年の戦争の間、我陸海軍の向かう所敵なく、侵攻的勢力は東亜の大部分の地域から駆逐されたが、アジア全域から一掃するのは未だこれからである。
＊提出済み(検)法廷証 PX704【1936（昭和 11）年 8 月 7 日開催首・外・陸・海相四相会議決定「帝国外交方針」】＝検察側文書 PD1857　検察官ワシリエフ少将、「防共協定がソ連を対象としたことを示すもの」、と付言する。抜粋を朗読する。

【提出済み PX704 朗読概要】

　ヨーロッパ政局の推移は、東亜に重大な影響を及ぼすので、これを我が国にとって有利になる

<1946-10-16>

よう誘導し、特にソ連を牽制することに努力する。

* (検) 法廷証 PX774【白鳥スエーデン公使発有田ベルギー大使宛 1935（昭和 10）年 11 月 4・12 日付け書簡】＝検察側文書 PD2419　識別番号を付される。[E: 7878] [J: 91 (10)]
* (検) 法廷証 PX774-A【同上抜粋；被告白鳥の対ソ政策】＝検察側文書 PD2419-A　被告白鳥弁護人成富、「①書かれているのは国策研究会の用箋であるが、速記録 7359 頁によれば国策研究会の創立は 1937（昭和 12）年で、その 2 年前の 1935（昭和 10）年の書簡が同会の用箋に記されることは不可能であるから、白鳥の直筆によるものではない、②添付の証明書には出所が日本政府とされているが、国策研究会が民間の研究機関であることは速記録 7374 頁で矢次一夫証人が明らかにしている、③当文書では宛名が「有田大兄」となっており、これは親しい間柄で用いる敬称であり、私的な書簡であることを示しており、そのような私信が日本政府筋から出てくることは考え難い」と、証拠としての受理に異議を申し立てる。裁判長ウェッブ、「弁護人の異議には証拠の不適格性の根拠がまったく提示されておらず、すべて弁護側がその立証段階で主張すべき事項である」として、却下する。被告東条弁護人清瀬、②についてさらに敷衍しようとするも、ウェッブ裁判長、「裁定済の事項を蒸し返すべからず」として遮る。証拠として受理される。検察官、「外務省高官が有していた侵攻的企図を示すものである」と、前置きして朗読する。

【PX774-A 朗読概要】

1. 今日のソ連にとって最も望ましいのは、対外関係が無事・平穏であることである。従って、ソ連と境界を接していて、同国と早晩解決しなければならない問題を抱えている国は、今の時機を見逃すべきではない。今日、地球上で我が国にとって真の脅威となり得るのはソ連の他にない。
2. スラブ民族と大和民族とは、いつの日かアジア大陸で雌雄を決するために争う運命にあり、ソ連の国情・政体の一時的変更が問題となっているのではない。このように達観すれば、ソ連が比較的無力な現在の時点で一挙に将来の禍根を断つというのは、国家・民衆の福祉を願う者にとって避けて通れないことであると信ずる。無理矢理ソ連に戦争を仕掛けろと言っているのではない。戦争を辞さない覚悟で以てソ連と交渉を開始し、その東亜進出を完全に封じよと言っているのである。
3. まず、最小限度の要求としては、東亜での赤化工作の放棄、ウラジオストックなどの非武装化、外蒙・新疆からの完全撤兵、バイカル湖地域での駐兵禁止などがあり、加えて漁業・林業利権の問題や、樺太北部の安価での譲渡も含まれる。さらに、将来的には沿海州買収も考慮しなければならない。これらの要求を貫徹するためには強い態度で臨む必要があり、北満鉄道買収交渉の時の寛大な態度では成功は、到底、覚束ない。
4. 既に戦争を辞さない覚悟ができているので、これに関連する外交施策は早急に講じておく必要がある。ドイツ・ポーランドなどは対ソ関係に於いては我が国と同じ立場にあるので、敢え

て了解などに達する必要はない。一たび事が起きれば、我が国と共に起つであろう。唯一の問題は英国である。

　5．要するに、我が国の外交の大目標に関して、内閣が決定を下す必要があると痛感する。そして、その目標とは対ソ関係を大々的に再編することで、一切の外交工作をそこに集中すべきであり、対支・軍縮問題などもこの大目標に対しては従属的地位に置かれるべきであると確信する。又、国内の諸改革もこれに準じて一定範囲に留めるべきである。この大問題を中核に据えて内外の関係を調節し、人心の動向を確定してこそ、不安を一掃することができるというものである。しかしながら、対ソ関係の再編は飽くまで徹底的であることを必要とし、単に目前の不安を除去することだけではなく、北西方面からの脅威を恒久的に除くことを目的としなければならないので、勢いの赴くところ戦争に繋がる可能性もある。外交官としては、このようなことを軽々しく口にすべきではないが、今日の時機を逸したならば、スラブ禍を永遠に除く機会は再び訪れない。今日これを決行するならば、比較的少ない犠牲で、かつ第三国の介入の恐れも最小限の状態で目的を完璧に達成できると確信する。

　6．第一に、今日の情勢がこのまま推移すれば、今後10年を経ずしてソ連はいかなる国も手出しができないような強国となる。

　7．第二に、ソ連の弱点は人的要素と言われているが、今や革命前のロシア人はこの世を去りつつあり、幼稚園から共産主義を鼓吹され他のいかなる文明をも知らない盲目的ロシア人がそれに代わって来ている。であるから、時の経過と共に、人的にも抗し難いような強大な勢力となる。

　8．第三に、その脅威を永久に除去するためには、ソ連を無力な資本主義共和国にして、その天然資源を著しく制限する必要があるが、共産政府の基礎が益々固まってくるならば、たとえ外国との戦争に敗れたとしても、反革命運動は容易には成功しない。しかし、今日ならば未だ成功の見込みは充分ある。

＊被告白鳥弁護人成富、「文書中の『唯一の問題は英国である』との英訳は、The only trouble is England ではなく、The only issue is England とすべきである」、「その他にも訳語に問題があるので、言語裁定官に付託したい」、と申し立てる。裁判長ウェッブ、同意する。

＊提出済み（検）法廷証PX486-M（正しくは「PX486-L」と思われる）【米軍押収ドイツ文書19通抜粋：駐日ドイツ大使オット発独本国宛1939（昭和14）年8月25日付け電文363－独ソ不可侵条約（1939［昭和14］年8月22日）に対する日本の抗議】＝検察側文書PD1381　検察官ワシリエフ少将、独ソ不可侵条約締結の折に日本がドイツに抗議を申し入れた事実に関して引証する。［E: 7888］［J: 91（10）］

＊（検）法廷証PX775【木戸日記（1939［昭和14］年8月22日）：独ソ不可侵条約は防共協定秘密議定書から見て、独の背信的行為】＝ PD1632-BB（1）　証拠として受理され、抜粋が朗読される。検察官ワシリエフ少将、「独ソ不可侵条約締結時の日本の対独抗議は、防共協定がソ連を対象としていることを示している」、と申し立てる。

<1946-10-16>

【PX775朗読概要】

　午前9時、次官・総監・警保局長と会談。独ソ間に不可侵条約が締結されたとの報道があった。防共協定秘密協定の存在から見て背信行為であり、驚く。

* (検) 法廷証PX776【連合国軍1946（昭和21）年4月22日実施被告大島浩尋問調書】＝検察側文書PD4121　識別番号を付される。
* (検) 法廷証PX776-A【同上抜粋；防共協定の根本問題・その対象】　証拠として受理され、朗読される。検察官、「防共協定の目的に触れた箇所である」、と申し立てる。

【PX776-A朗読概要】

問
　防共協定締結の根本目的は何か？
答
　共産主義の拡張を掣肘すること。
問
　具体的にどの国家に向けられたものか？
答
　締結時にはソ連が一義的目標であったが、他国への共産主義拡大予防も趣意として含まれていた。
問
　通常そのような協定は思想に対してではなく、特定国家に向けられるものである。防共協定はソ連を対象にしたものと言って間違いはないか？
答
　防共協定全体としてはソ連に向けられたものではなく、共産主義全体を対象としたものである。しかし、協定には締約国の一方がソ連と戦端を開いた場合、もう一方の締約国がソ連を利する措置を執らない、との条項があった。

* 検察官ワシリエフ少将、1945年に米国政府印刷局より出版された公刊書籍『第2次世界大戦に至る出来事』を典拠として、以下の出来事を「法廷に顕著なる事実」として法的認知を付与するよう求める。
  ・1937（昭和12）年7月：日本の支那大規模侵攻開始。
  ・同12月：日本による揚子江上での米英船舶攻撃。
  ・1938（昭和13）年2月：ドイツの満州国承認と、満州での日本の勝利に対するヒトラーの祝辞。
  ・同3月：ドイツのオーストリア併合。

- 同 10 月：チェコスロバキアのズデーテンランドをドイツが占領。
- 1939（昭和 14）年 3 月：ドイツのチェコスロバキア占領。
- 同 9 月：ドイツのポーランド侵攻。

＊検察官タデボシャン少将、「法廷に顕著なる事実」としての認定要請の対象に、提出した証拠が触れた出来事として、さらに以下の 2 件を付け加える。
- 1938（昭和 13）年 7 月：張鼓峰事件。
- 1939（昭和 14）年 5〜9 月：ノモンハン事件。

＊被告重光弁護人ファーネス、①検察官が依拠している資料が何であるかを問い、②この種の動議が提出される場合には事前に弁護側に通知があるべきことを主張し、③張鼓峰事件など現在審理中の案件すべてについて法的認知を行うことに対して、異議を申し立てる。裁判長ウェッブ、「①法的認知をする際に、引用元が何であるかは裁定に影響するものではない。②法廷控室においてこの件について話し合いが行われていたと記憶する」として、「③ヨーロッパでの出来事については異議は認められないが、それ以外については議論の余地がある」、と応答する。被告木戸弁護人ローガン、「現在の局面についての法的認知については、法廷控室で論議が行われていない」、「検察側が法的認知を求めている事項の中には『日本の支那大規模侵攻』のように解釈的要素が入り混じったものがある」、と申し立てる。三者間の協議の結果（内容は記録されていない）、検察官ゴルンスキー公使、「張鼓峰事件とノモンハン事件については検察側は法的認知を求めていない」、と申し立て、ローガン弁護人は、「検察・弁護側で協議して、合意に達したならば法廷に一覧表を提出する」、と申し立てる。裁判長ウェッブ、それを了とし、「合意に達しなかった場合は法廷が決定を下す」、と申し渡す。

（2）検察官ワシリエフ少将、検察主張立証第Ⅸ局面「ソヴィエト連邦関係」第 5 部「対ソ連三国共同謀議」の検察側立証として、「対ソ連日独伊枢軸軍事・政治同盟の形成」関連証拠を提出する。　　　　　　　（英速録 7897〜7908 頁／和速録 91 号 13〜14 頁）

＊（検）法廷証 PX777【1940（昭和 15）年外務省公式声明集】＝検察側文書 PD823　識別番号を付される。

＊（検）法廷証 PX777-A【同上抜粋：三国同盟締結時の松岡外相 1940（昭和 15）年 9 月 27 日付け放送】　証拠として受理され、抜粋が朗読される。ワシリエフ検察官、「当時、三国同盟締結に携わった当事者は、この同盟によって世界が二大陣営に分割され、両陣営間の戦争が不可避であることを公然と言い放っていたことを一連の証拠が明らかにする」、と申し立てる。

【PX777-A 朗読概要】

　この同盟条約の締結によって、大東亜の指導者としての我が国の責任はいよいよ重いものとなった。政府は飽くまで平和的手段で以てこの責任を果たすつもりであるが、時と場合によっては

<1946-10-16> 2 検察主張立証段階

真に重大な覚悟を必要とすることがないとは限らない。前途には幾多の障害と困難とが横たわっており、並大抵のことではこれを乗り切るのは難しい。

* 検察側文書 PD2462【東京朝日新聞 1941（昭和16）年12月12日付け記事；独伊の対米宣戦布告に際しての東条首相声明】 ワシリエフ検察官、証拠として提出する。被告東条弁護人ブルーエット、「当文書は新聞記事からの抜粋であるが、手続規定第6条（ロ）項（謄本作成義務？）に従って提出された形跡はない」、と申し立てる。裁判長ウェッブ、「同条項に従って適正に処理されたことが証明されるまで受理を見送る」、と裁定する。
* 提出済み（検）法廷証 PX571【1941（昭和16）年7月10日付けリッベントロップ独外相発駐日独大使宛報告電文】＝検察側文書 PD4037-E　ワシリエフ検察官、「三国同盟当事国が同盟を世界レベルでの侵攻の道具として活用することを考えていたことを示している」と、前置きして抜粋を朗読する。[E: 7901]［J: 91（13）]

【提出済み PX571 朗読概要】

ソ連の崩壊と共に三国同盟の世界に於ける地位は巨大なものとなり、英国の崩壊は時間の問題に過ぎなくなる。そして、大英帝国の残余の重要な領土を獲得する際に立ちはだかるのは、世界の他の部分から切り離された米国だけである。

* （検）法廷証 PX778【1942（昭和17）年6月24日付け大島駐独大使・リッベントロップ独外相会談記録】＝検察側文書 PD1372-A　識別番号を付される。検察官ワシリエフ少将、「侵攻的手段としての三国同盟の性質を物語るものである」、と申し立てる。
* （検）法廷証 PX778-A【同上抜粋；三国同盟の侵攻的性格】　証拠として受理され、「リッベントロップの言を引用する」との検察官の前置きの後で、抜粋が朗読される。

【PX778-A 朗読概要】

三国同盟の強みは、加盟国が当初から攻勢に出て、英国がしたような防戦には1度も転じなかったことにある。大島大使は自分の言ったことにすべて同意し、大使も日本政府も防戦などまったく念頭になく、さらなる攻勢によってのみ勝利は確保されると信じている、と語った。

* （検）法廷証 PX779【1941（昭和16）年7月2日御前会議決定「情勢の推移に伴う帝国国策要綱」】＝検察側文書 PD1652　抜粋が朗読される。検察官ワシリエフ少将、「当文書の別部分の抜粋が既に PX588 として受理されており、今回の抜粋部分は、三国同盟加盟国が自身の行為を同条約の条文で正当化できない場合には、その『精神』を理由にして正当化したことを示す」と、前置きする。

【PX779 朗読概要】

　独ソ戦に対する態度は、三国枢軸の精神を基調とするが、暫くこれに介入することなく、密かに対ソ武力準備を整え、自主的に対処する。

＊検察官ワシリエフ少将、「この後に続く三国同盟締結交渉に関する立証を、1939（昭和14）年8月の独ソ不可侵条約締結までの第Ⅰ期と、それ以降1940（昭和15）年9月の同盟条約締結までの第Ⅱ期とに分割する」、「第Ⅰ期で締結を目論んでいたのはソ連を対象とする同盟条約で、第Ⅱ期のそれはソ連のみならず他の民主国家をも対象にするものであったが、当時の情勢故にその真意は秘匿されていた」、と申し立てる。被告大島弁護人カニンガム、「①証拠はソ連のみに関わるものに限定すべきである、②提出予定証拠・証言の多くは既に提出済みで、既出事項の繰り返しに過ぎず、法廷記録に混乱を生じさせかねない、③三国同盟については既に過去の局面で一度審理されているので、審理終結を宣して然るべきである」と、「ソ連関係局面での三国同盟関連のさらなる証拠提出」に対して、異議を申し立てる。検察官ゴルンスキー公使、「②証拠が既出事項の蒸し返しに過ぎないか否かは法廷が判断すべきことである、③三国同盟局面を担当したタベナー検察官との取り決めでタベナー検察官は枢軸国とソ連との関係を扱う証拠は提出しないことになっていたし、ソ連が枢軸国の共同謀議の主要な被害者の一つであったことに鑑みれば、ソ連検察官には関連する証拠を提出する権利がある」と、反駁する。裁判長ウェッブ、「検察官同士の取り決めに法廷が拘束される理由はなく、そのような取り決めが検察側の適正な証拠提出方法に沿っている場合を除いて、法廷は無視する」、「適正な証拠提出方法に添っていないとは言えない」として、弁護側の異議を却下する。

＊午後2時45分、法廷、休憩に入る。
＊午後3時、法廷、再開する。

（3）検察官ワシリエフ少将、検察主張立証第Ⅸ局面「ソヴィエト連邦関係」第5部「対ソ連三国共同謀議」の検察側立証として、第Ⅰの期間「独ソ不可侵条約締結まで」の関係証拠文書を提出する。　　　　（英速録7909～7919頁／和速録91号14～16頁）

＊（検）法廷証PX780【1939（昭和14）年3月23日付けオット駐日独大使発本省宛電文121；五相会議で三国同盟の交渉を決定】＝検察側文書PD4043-E　証拠として受理され、抜粋が朗読される。

【PX780 朗読概要】

　日本の確かな新聞筋によれば、首相が主催する五相会議は数時間に亘る議論の末、今晩2時に、ソ連を対象とした軍事同盟をドイツと締結することに決したと言う。陸軍の一部には、同盟の対象を拡大して他の国をも含めようという意見がある。同盟締結の要求はイタリア政府からも出さ

<1946-10-16>

れている。海軍は、同盟の対象をソ連に限定したい意向である。

＊提出済み（検）法廷証PX499【伊外相チアノ伯日記（1939［昭和14］年3月8日）】抜粋が朗読される。

【提出済みPX499朗読概要】

　日本大使と会見。大使は、アットリコ（当時駐独イタリア大使であったベルナルド・アットリコ［Bernardo Attolico］のことであると思われる）が三国同盟提案に対する日本側の返答について記したことを確認した。同盟がソ連を対象にするものであることにつき、留保事項多数。

＊（検）法廷証PX781【木戸日記（1941［昭和16］年6月21日）抜粋；独ソ不可侵条約締結による被告平沼内閣の辞職】＝検察側文書PD1632-W（54）　証拠として受理され、朗読される。

【PX781朗読概要】

　平沼内閣の場合、ソ連を仮想敵国とするという国策を天皇に力説していたため、この仮想敵国がドイツと不可侵条約を締結したことには、責任を痛感する他なかった。

＊（検）法廷証PX782【1939（昭和14）年8月26日付け駐ベルリン日本大使館発独外務省宛文書；日本の独ソ不可侵条約締結に対する抗議】＝検察側文書PD4050-B　［E: 7911］［J: 91（15）］　証拠として受理され、朗読される。

【PX782朗読概要】

　日本大使館は、最近締結された独ソ不可侵条約に対する日本政府の見解を、同政府の指示に従って以下のように伝達する。日本政府は同条約が防共協定附属秘密協定に違背すると見なす。

＊提出済み（検）法廷証PX637【1941（昭和）16年7月3日枢密院議事録抜粋；日仏間議定書中の松岡外相発言－独ソ不可侵条約は両国の一時的方便なり】　ワシリエフ検察官、「独ソ不可侵条約はヒトラーのドイツが次のヨーロッパ侵攻に移るまでの一時的方便に過ぎず、日本もそれを理解していたことを示す証拠である」と前置きして、抜粋を朗読する。

【提出済みPX637朗読概要】

　ドイツは2年前、対英戦の危機を目前に控えて、ソ連が英国に抱き込まれないように、一時的方便としてソ連と不可侵条約を締結した。当時ドイツは我方に、これが止むを得ない措置であったことを釈明し、本当のところドイツは、ソ連の侵攻主義・思想を嫌悪しており、機会が到来したらそれを圧伏すると、その真意を説明していた。ソ連もこのような事情についてはよく承知し

ており、時機を待ってドイツを攻撃しようとしていたようである。独ソ両国とも開戦の名分を各々発表しているが、結局独ソ不可侵条約は両国どちらにとっても、一時的方便に過ぎなかったのである。
* 被告大島弁護人カニンガム、「当該文書は日ソ関係には一言も触れておらず、既に立証が終わった日独関係に関するものであって、既出事項を繰り返しているだけである」と、異議を申し立てる。裁判長ウェッブ、「検察側が局面毎に分けて立証するという手法では必然的に起きることで、かつ法廷に分かりやすいように立証するためにはある程度の繰り返しは必要でさえある」として、異議を却下する。
* (検) 法廷証PX783【松岡外相・リッベントロップ独外相1941(昭和16)年3月27日会談；独ソ不可侵条約締結事情についてのリッベントロップ説明】= 検察側文書PD4005-B 証拠として受理され、抜粋が朗読される。検察官ワシリエフ少将、「直前の証拠と同様の目的で提出した」、「同文書の他の抜粋部分が(検)法廷証PX578として提出済みである」、と申し立てる。

【PX783朗読概要】

　ドイツはソ連と周知のような条約を締結した。大島大使は、締結に至るまでの経緯を知っている。ドイツは当時日本と同盟条約を結ぶ意志を持っていたが、日本国内の情勢故に、それは実現しなかった。その一方でヨーロッパでは戦争の危険が切迫しており、総統の命に従って独外相が半年間の間、締結に向けて準備していた日独伊三国同盟は、遺憾ながらその時点では締結不可能となったがために、ドイツはソ連との不可侵条約締結に踏み切らざるを得なかった。
* 提出済み(検)法廷証PX776-A (和文速記録では「766」と誤記)【連合国軍1946(昭和21)年4月22日実施被告大島浩尋問調書抜粋；防共協定締結交渉経緯(1938〜39[昭和13〜14]年)】
　　ワシリエフ検察官、抜粋を朗読する。[E: 7916][J: 91 (15)]

【提出済みPX776-A朗読概要】

問
　日独伊三国同盟締結に向けた1938〜39(昭和13〜14)年の交渉の経緯を語ってほしい。
答
　1938(昭和13)年6月頃、日独両国のいずれかがソ連から攻撃を受けた場合のもう一方の国の参戦義務を規定するような同盟条約締結の可能性を探るよう指示を受けた。
　当時大使館付武官であった自分は、ドイツ側の意向を打診する目的でリッベントロップ外相を非公式に訪ねて、一方が攻撃を受けた場合に援助のための協議に入ることを規定するような同盟条約締結の可能性について質した。
　これに対して、夏期休暇に出発する直前のリッベントロップは、「協議を義務付けるといった

<1946-10-16>

中途半端な軍事同盟には総統は反対で、無条件の参戦を義務付ける同盟関係を望んでいる。それから、対象国はソ連だけではなく、米英仏など、日独と戦端を開く可能性があるすべての国に広げるべきである」と答えた。自分は、「対象国を広げられるかどうかについては、陸海軍の戦争準備の程度如何によるであろうが、日本にとっては受諾が困難である」と述べた。これに対するリッベントロップの返答は、「ドイツは日本に不可能なことを要求するつもりはない。紛争発生時の締約国の義務など詳細については、締結後に詰めればよい」というものであった。

この会談の内容が陸軍指導部に伝えられたことについては、笠原少将から確認の電報を受領した。

このような同盟条約を締結することについて陸軍指導部内に異存はなく、当案件は、近衛首相、宇垣外相、板垣陸相、米内海相、池田蔵相を成員とする五相会議に諮られた。五相会議もこの案を承認して、参謀本部から自分宛に交渉を継続するよう指示が送られてきたが、その指示には、同盟が主対象とすべきはソ連で、それ以外の国々はすべて二義的対象国である旨条約に明記すべきであるとされていた。伊藤（外務省の伊藤述史のことであると思われる）を通じて与えられた政府指示の骨子は、「同盟条約の主要対象国はソ連であり、その他の対象国は二義的なもので、二義的対象国に対する日本の参戦義務は、それらが共産化した場合にのみ発生する」というものであった。

(4) 検察官ワシリエフ少将、検察主張立証第IX局面「ソヴィエト連邦関係」第5部「対ソ連三国共同謀議」の検察側立証として、第IIの期間「独ソ不可侵条約締結に続く交渉」関連証拠文書を提出する。　　（英速録7919～7933頁／和速録91号16～18頁）
*提出済み（検）法廷証PX541【外務省作成（1946［昭和21］年3～6月）「戦争勃発に直接関連する重要国策決定文書」抜粋：1940（昭和15）年9月4日四相会議決定及び1940（昭和15）年9月19日連絡会議決定】［E: 7921］［J: 91（16）］　ワシリエフ検察官、抜粋を朗読する。

【提出済みPX541朗読概要】

日本と独伊両国は、ソ連との平和を維持すると同時に、ソ連の政策を日独伊の立場に沿わせるように誘導するために協力する。なお、独伊が希望するならば、締約国のいずれかがソ連と戦争状態に入る危険がある場合に他の締約国が執るべき措置を協議することについて、交渉の場で了解に達するものとする。

*（検）法廷証PX784【伊外相チアノ伯日記（1940［昭和15］年9月19日）：日独軍事同盟の情報に関するリッベントロップ独外相との会見】＝検察側文書PD1418-A　ワシリエフ検察官、「チアノ日記全体は、PX499として識別番号を付されている」、と申し立てる。被告木戸弁護人ローガン、「抜粋の内容はドイツがルーマニアに与えた保障についてチアノとリッベントロップが語ったものであり、被告の誰に対しても関連性・重要性を欠くものである」として、証拠と

しての受理に異議を申し立てる。検察官ゴルンスキー公使、「立証しようとしているのは日独伊間の共同謀議であるから、謀議参加者の当時の発言は関連性を有する」と反駁する。ローガン弁護人、「当法廷で訴追されている共同謀議は被告人間で行われたとされるものであり、国家間のものではない」と、反論する。裁判長ウェッブ、審理対象となっている共同謀議が個人間のものであることには同意するも、「当法廷の被告ではないリッベントロップも謀議参加者の１人と認められる」、さらに「ルーマニアに関する部分は朗読されない」として、異議を却下する。証拠として受理され、抜粋が朗読される。

【PX784 朗読概要】

　車の中で彼（リッベントロップ）はすぐに、鞄の中に驚くべきものが入っていることを報じた。数日後ベルリンで調印される日本との軍事同盟条約であるという。ルーマニアへの保障が与えられたので、ソ連の野望はオーストリアのベルベデーレ宮殿で永遠に潰え去ったとのこと。彼は、これがソ連とアメリカ両方に向けられたものであると考えていた。そして、日本海軍の脅威故に、米海軍は身動きができないであろう、と。自分は意見を異にしていた。即ち、対ソ保障はよいが、米政府の英国への梃入れを強めることになる反米的内容は宜しくない、と。

＊被告木戸弁護人ローガン、最後の一文の前の文（上記「ルーマニアへの保障が与えられたので、ソ連の野望はオーストリアのベルベデーレ宮殿で永遠に潰え去ったとのこと」の部分）を省略している、と申し立てる。裁判長ウェッブ、「それを含めて最初の段落全体を朗読すべきである」と指示する。検察官ゴルンスキー公使、「通訳が全文を受け取っていない」として、翌日朗読することを提案する。裁判長ウェッブ、上記部分を自ら読み上げる。

＊（検）法廷証 PX785【ベニト・ムッソリーニ伊首相・リッベントロップ独外相 1940（昭和15）年９月 22 日会談記録】＝検察側文書 PD4011　[E: 7924][J: 91（17）]　識別番号を付される。検察官ワシリエフ少将、「三国同盟がソ連を対象にしていたことを示すもの」、と申し立てる。被告木戸弁護人ローガン、「当文書はムッソリーニ、チアノ、（駐伊独大使ハンス・ゲオルグ・）フォン・マッケンゼンの三者が、同盟条約の批准式にスペインの代表を招くか否かを話し合った際の記録で、いかなる審理案件とも関連・重要性を欠く」、「このような類の文書は法廷記録を徒に混乱させる」として、証拠としての受理に異議を申し立てる。検察官ゴルンスキー公使、「同条約がソ連を対象とするものであったことを共同謀議参加者が充分理解していたことを示すものである」、と応答する。裁判長ウェッブ、異議を容認して、文書を却下する。

＊提出済み（検）法廷証 PX550【日独伊三国条約締結に関する御前会議（1940［昭和 15］年９月 19 日）用草稿：条約要綱・松岡外相説明案】＝検察側文書 PD1202　検察官ワシリエフ少将、抜粋を朗読する。

<1946-10-16>

【提出済み PX550 朗読概要】

　しかし、独伊が英国本土を今、制圧できたとしても、大英帝国すべてを崩壊させるのは容易なことではない。独伊は、米国及び大英帝国の残存部分からなるアングロ・サクソン勢力圏と、今次の戦争によってより強力となったソ連との二大勢力と相対しなければならない。……

＊提出済み（検）法廷証 PX43【日独伊三国同盟条約（1940［昭和15］年9月27日）】
＊提出済み（検）法廷証 PX552【1940（昭和15）年9月26日枢密院審査委員会議事録；三国同盟条約締結】　検察官ワシリエフ少将、PX43の第5条「三国は上記事項が、各々とソ連との間に現存する政治的状態にいかなる影響も及ぼさないことを確認する」を引証し、「PX552中の松岡洋右の発言は同条の日本政府の公式的理解とその真意を示すものである」と、前置きして朗読する。

【提出済み PX552 朗読概要】

二上（兵治）枢密顧問官
　……独ソ間に不可侵条約があるので、第5条に従えば、ソ連が日本を攻撃してもドイツはソ連と戦端を開かないということになるのか、また独ソ間に戦争が起きた時には日本に参戦義務が生じるのか、もしそうならば片務的ではないか？　「現存」とは「調印時」の意味か？

松岡
　不可侵約は存在するが、独ソ開戦の折には日本はドイツを援助し、日ソ開戦となった場合ドイツは日本を援助する。「現存」の意味は、この条約がこれまでの日ソ関係の現状を変更することはないとの意味に過ぎず、日ソ関係が現在のままで改善の余地がないという意味ではない。……ソ連との戦争は予期していない。日ソ関係が改善しても、3年とは続かない。2年後に日独ソ関係を再考する必要がある。

＊（検）法廷証 PX786【外務省文書；1940（昭和15）年9月26日付け来栖駐独大使発松岡外相宛電文1251】＝検察側文書 PD1298　［E: 7928］［J: 91（17）］　識別番号を付される。
＊（検）法廷証 PX786-A【同上抜粋；独、東方国境に兵力集結中】　証拠として受理され、朗読される。ワシリエフ検察官、「三国同盟条約締結時、既にドイツが対ソ戦準備をしていたことを日本は知らされていたことが分かる」、と申し立てる。

【PX786-A 朗読概要】

　三国同盟条約締結の際の独ソ関係について打ち合わせるため、（フリードリッヒ・ウェルナー・フォン）シュレンベルク（駐ソ独）大使は、帰国の途次にある（英文速記録7829頁は"on his way back to Germany"とするのでこう訳したが、原本であろう和文速記録は「帰国中である」とする。明らかに「中」を誤

訳したものであろう)。ドイツは、本条約がソ連との戦争を予期するものでないことを特に強調するよう、国内の新聞を指導する方針であるが、一方では、東方において、牽制の意味で兵力を集中している。

* (検) 法廷証PX787【1940 (昭和15) 年12月18日枢密院議事録】=検察側文書PD1285 識別番号を付される。検察官ワシリエフ少将、「日本が言う『日ソ関係の調整』の本当の意味を明らかにし、日本が日ソ関係に於いては武力行使の威嚇を以てしても我が国から譲歩を勝ち取ろうとしていたことを示すために提出する」、と申し立てる。被告小磯・大川・南弁護人ブルックス大尉、「当文書に登場する南は南弘枢密顧問官であって被告南次郎ではない」、と申し立てる。被告大島弁護人カニンガム、同様に「同文書に出てくる大島は被告大島浩ではない」、と申し立てる。
* (検) 法廷証PX787-A【同上抜粋;ハンガリー、スロバキア、ルーマニアの三国同盟参加】証拠として受理され、抜粋が朗読される。

【PX787-A朗読概要】

ソ連は現在、日本に対して脅威を感じず、日ソ国交調整も拒否するような態度を取っているので、ドイツのソ連に対する脅威を一層有力にして、これを日ソ国交調整に役立たせるのが有効と考える。この点から政府は本案の提議 (ハンガリー、スロバキア、ルーマニアの同盟参加) は外交上有利と判断し、同意した次第である。

* (検) 法廷証PX788【1941 (昭和16) 年10月4日付けオット駐日独大使発本省宛電文1974】=検察側文書PD4065-A 識別番号を付される。検察官ワシリエフ少将、「三国同盟がソ連を対象にしたことを示す今一つの書証である」、と申し立てる。
* (検) 法廷証PX788-A【同上抜粋;三国同盟条約の軍部意図は、英打倒・対米防御・ソ連排除】 証拠として受理され、抜粋が朗読される。

【PX788-A朗読概要】

陸相、参謀総長を始めとする陸軍指導者の意向を注意深く探ってみたところ、その考え方は以下のようなものである。即ち、「三国同盟の本来の目的は、ヨーロッパ列強間の力関係に変化をもたらし、極東で英国勢力を圧倒することである。米国を牽制しソ連を排除することは、この主目的を達成するための手段に過ぎない」、と。

(5) ワシリエフ検察官、検察主張立証第IX局面「ソヴィエト連邦関係」第5部「対ソ連三国共同謀議」の検察側立証としてとしての「独ソ戦争前の日本の対ソヴィエト侵攻

<1946-10-17>

戦争遂行の共同謀議」に関する証拠提出を終え、「独ソ戦争中の、対ソ侵攻戦争遂行のための三国共同謀議の目的実現へ向けての日本の足取り」に関する証拠提出を開始する。
(英速録 7933〜7956 頁／和速録 91 号 18 頁〜92 号 5 頁)
＊午後 4 時、法廷、翌日午前 9 時 30 までの休廷に入る。

◆ 1946（昭和 21）年 10 月 17 日　　（英速録 7935〜8056 頁／和速録第 92 号 1〜20 頁）

＊午前 9 時 30 分、法廷、再開する。
＊被告大島弁護人カニンガム、「①法廷の管轄外であるのであるから、被告人に関連するものでない限りヨーロッパ地域での出来事に関する証拠のさらなる提出は止めるべきである」と、異議を申し立て、さらに「②ソ連検察官の提出証拠は訴因・冒頭陳述の内容に限定すべきである」、と申し立てる。裁判長ウェッブ、「①の発言は法廷に向けてのものではなく、一般向けの発言であり、愚劣の極み［utterly foolish］である」、②については、「発言の趣旨は理解できるが、証拠毎に個別に異議を申し立てるしか方法はない」、と申し渡す。カニンガム弁護人、「このような異議を申し立てた理由は、ソ連検察官が提出済みの証拠に立ち戻ったり新たな証拠を提出したりということを繰り返しており、弁護側が個別に異議を申し立てるのに苦労している実態を訴えるためである」、と申し立てる。裁判長ウェッブ、応答せず。
＊ワシリエフ検察官、証拠の提出・朗読を続行する。
＊提出済み（検）法廷証 PX783【松岡外相・リッベントロップ独外相 1941（昭和 16）年 3 月 27 日会談；独ソ不可侵条約締結事情についてのリッベントロップ説明】 抜粋を朗読する。

【提出済み PX783 朗読概要】

リッベントロップ
　東方地区のドイツ軍はいつでも作戦可能。ソ連がドイツにとって脅威と判定されるような態度を示した場合、総統はソ連を粉砕する。対ソ作戦はドイツ軍の完全な勝利に終わり、ソ連軍・ソ連国家の絶対的破壊をもたらすであろう。総統は、開戦後数カ月でソ連は存在しなくなると確信している。
＊（検）法廷証 PX789【PX580 抜粋；独ソ戦開始の際の独の威力・日本の対独保証】
　提出済み（検）法廷証 PX580【松岡外相・リッベントロップ独外相会談（1941［昭和 16］年 3 月 29 日）報告】が引証され、抜粋が証拠として受理され、朗読される。

【PX789 朗読概要】

（原文は三人称主語で書かれているが、煩雑を避けるために一人称でまとめる）

リッベントロップ

　ドイツ軍の大部は東部国境に展開しており、いつでも攻撃を開始できるように万端の準備を整えている。しかしながら、ソ連は戦争に繋がるような事態の進展を望まないであろう。それでも、ドイツが戦端を開いた場合、ソ連は数カ月の内に片付けられるであろう。そうなれば、日本は以前よりもずっと後顧の憂いがない状態でシンガポール攻略へと進むことができる。いずれにせよ、独ソ戦の開始は可能性の問題である。

松岡

　帰朝して陛下に奏上する際、独ソ戦があり得ないと言うことはできない。起きる公算が高いと言わないまでも、起こり得ると考えるべきであろう。

リッベントロップ

　これまで述べた状況の故に、独ソ戦がごく近い将来に勃発する可能性は大いにある。ドイツが危機を感得した場合、即座に攻撃を開始し、ボルシェビズムを粉砕するであろう。

（この後に弁護側が申し立てる異議によれば、ここに検察官が朗読しなかった一段落があったこととなっている）

松岡

　同意する。忠実な同盟国として日本は御座なりではなく、全身全霊で貢献したい。

＊被告重光弁護人ファーネス少佐、「最後の松岡発言の直前にある一段落を検察官が朗読しておらず、松岡が何に同意したかについて誤解を与えかねない結果となっている」と異議を申し立てる。検察官ゴルンスキー公使、タベナー検察官との取り決めで、タベナー検察官が朗読した部分は朗読しないことにしている、と応答する（タベナー検察官が朗読した部分の記録されている英文速記録6522～32頁を見ると、松岡発言は最後に出てくるが、その直前には一部が省略された形跡はなく、独ソ開戦の可能性が論議された部分も見当たらない。因みに、直前のリッベントロップの発言は「ドイツから日本への支援については考慮するが、一つ言っておきたいのは、今次の戦争ではドイツは英国と戦ってその艦隊を引き付け、またソ連がその主力を配備しているのはヨーロッパ方面であること、つまり、ドイツが大きな負担を引き受けているということを認識して欲しい」という内容となっている）。裁判長ウェッブ、弁護側の異議の趣意を、複数の書証に記されている松岡発言の多くが朗読されていないとの意味に誤解し、さらなる説明の後、ファーネス弁護人の論点を了解するが、裁定は下さず。

＊提出済み（検）法廷証PX577【松岡外相・ヒトラー独総統会談（1941［昭和16］年3月27日）（リッベントロップ独外相・大島駐独大使・オット駐日独大使陪席）議事要録】　検察官ワシリエフ少将、引証する。

＊（検）法廷証PX790【PX577抜粋；独の対ソ戦計画】　証拠として受理され、朗読される。

【PX790朗読概要】

ヒトラー

　……これについて留意すべきは、ドイツはソ連と協定を結んではいるが、同時に緊急の際にソ

<1946-10-17>

連の出方に対応すべく160〜180個師団を展開する用意があるということであり、このことの方が重要である。そのような緊急事態の勃発をドイツは寸毫も恐れておらず、直ちに決着を付けることに寸時も躊躇するものではない。しかしながら、このような事態が起きるとは思っていない。……日本は東亜圏の最強国であり、ソ連はその西部国境でドイツ軍の150個師団と相対しているので、身動きがとれない。

* 提出済み（検）法廷証PX582【松岡外相・ヒトラー独総統会談（1941［昭和16］年4月4日）（リッベントロップ独外相・マイスナー国務大臣陪席）記録】＝検察側文書PD532 検察官ワシリエフ少将、引証する。
* （検）法廷証PX791【PX582抜粋；国際問題についてのベニト・ムッソリーニとローマ法王との会見】＝検察側文書PD532-B ［E: 7944］［J: 92（4）］ 証拠として受理され、朗読される。

【PX791朗読概要】

　松岡は、ムッソリーニ総帥と法王との会見に触れた。総帥とはヨーロッパ情勢や戦争、独伊関係や、世界情勢の今後の進展などについて話し合い、総帥は米国・ソ連について「米国が最大の敵で、ソ連がその次である」と語った。松岡はこれらの考えに同調した。

* 被告重光弁護人ファーネス少佐、「最後の一文の直前に星印［asterisk］が複数あり、省略部分がある」、と申し立てる。裁判長ウェッブ、「全文は法廷書記局に保管されているから、抜粋部分に追加するために然るべく申請する」よう申し渡す。ファーネス弁護人、「新たに証拠として提出された文書を読んだだけでは、それが提出済み証拠の一部であると事前に知るのが不可能である」、と申し立てる。検察官ゴルンスキー公使、「時間を節約するため」として、省略した部分「このように言って総帥は、最大の敵米国には充分に目を光らせておく必要があるが、挑発すべきではないとの考えを示した。一方で、非常事態への決意と備えは怠ってはならないとも」を、朗読する。ファーネス弁護人、「全文を精査しなければ、松岡が同調したのが何であるかは未だに明確でない」、と申し立てる。被告小磯・大川・南弁護人ブルックス大尉、「過去3件の証拠文書の朗読の際に、検察側の省略した部分が多く、どのぐらい省略したかが不分明で、さらに朗読した頁が相前後していたり、相当多くの頁数が飛ばされたいたりして、変則的である」と、異議を申し立てる。裁判長ウェッブ、「全文の長い書証のどの部分を朗読するかは、検察官の裁量に委ねられている」として、「朗読部分の適否に疑いがある場合には個別に異議を申し立てるしかない」と、裁定する。ブルックス弁護人、「自分が異議を申し立てた真意は、検察側が朗読予定箇所の省略部分を事前に明らかにすることによって、弁護側の異議の申し立てによる審理の中断件数を減らすことができるという点にある」、と申し立てる。検察官ゴルンスキー公使、「弁護側には引用元となる文書の一覧表を事前に手交していること」を指摘する一方で、省略箇所の事前通知が必要との主張には理解を示し、以後そうする旨を応答する。ファーネス弁護人、ゴルンスキー検察官の前半の主張に対し、「新たな識別番号を付

さずに、元の番号をそのまま使うべきであった」と、申し立てる。裁判長ウェッブ、「省略部分の朗読については、弁護側が個別に検察側に追加朗読を要請するのが相当である」とし、「検察側がそれを拒否した場合には法廷に申し立てをすることができる」と、裁定する。

＊提出済み（検）法廷証 PX632（最初に受理された際には正確には「PX632-A」として受理された）【1946（昭和 16）年 2 月 23 日付け大島駐独大使・リッベントロップ独外相会談】＝検察側文書 PD531-A 〔E: 7952〕〔J: 92（4）〕 検察官ワシリエフ少将、「松岡にとってドイツの対ソ戦準備は目新しいことではなかったことを示すもの」として、抜粋を朗読する。

【提出済み PX632 朗読概要】

リッベントロップ
　総統は冬期間に多数の新部隊を編成し、春には一線級の攻撃用師団 186 個が使用可能となる。……ドイツが敗北すれば、ソ連の影響力がヨーロッパで格段に強くなるであろう。我々は東方の情勢を注意深く、そして極めて冷静に見守っているが、独ソ開戦となった場合、それはドイツの大勝利に終わり、ソヴィエト政権の終焉を告げるものとなろう。……しかしながら、日本は自身の利益に鑑み、可及的速やかに行動に移るべきである。これによって英国の極東に於ける主要拠点は破壊され、替わって日本は極東でその地位を確保することになるが、この地位は戦争を通じてのみ得られるものである。……

大島
　全面的に同意する。この方針実行のためには何でもする。

＊被告大島弁護人島内、該文書（和英速記録両方とも法廷証 765 としているが、632 の誤りであろう）における大島発言よりの引用部の直前に、「来るべき新秩序を考慮して和平条約締結の際に極東に於いて占めんと欲する地位を戦争中に確保するのが日本の利害に適うと思われるならば」という一節があるが、「そこが省略されている」、と申し立てる。裁判長ウェッブ、「この異議は考慮に値するかどうか後刻判断する」、と申し渡す。

＊（検）法廷証 PX792【1941（昭和 16）年 7 月 5 日付けリッベントロップ独外相発オット駐日独大使宛電文 598；独ソ開戦の場合、日本は日ソ中立条約廃棄の意図】＝検察側文書 PD4062-G 証拠として受理され、抜粋が朗読される。ワシリエフ検察官、「松岡が、独ソ開戦の折には日ソ中立条約を無視してでも日本がドイツを支援することを約束した事実を示すものである」、と申し立てる。

【PX792 朗読概要】

　日ソ間の不可侵もしくは中立条約に関しては、1941（昭和 16）年 3 月 28 日に松岡と自分が会談した際に話し合った。……同様に、事の成り行きによっては、日ソ条約締結について話し合っ

た場で松岡が貴官に、以下のような注目すべき発言をしたのを想起させる機会があるかもしれない。即ち「ドイツがソ連と戦端を開いた場合、日本の首相・外相が誰であろうとも、日本を中立の立場に置き続けることはできないであろう。そうなった場合、必然的な勢いで、日本はドイツ側に立ってソ連を攻撃する。中立条約が結ばれていようとも、これに変わりはない」との発言である。

(6) 検察官ワシリエフ少将、検察主張立証第IX局面「ソヴィエト連邦関係」第5部「対ソ連三国共同謀議」の検察側立証として、「独ソ戦争を欲した松岡洋右外務大臣の外交政策」に関する証拠書類を提出する。　　（英速録7956〜7959頁／和速録92号5〜6頁）

＊(検) 法廷証PX793【(コンスタンティン・アレクサンドロビッチ・) スメタニン駐日ソ連大使日記(1941 [昭和16] 年6月25日)；松岡外相の対ソ中立政策曖昧】＝検察側文書PD1886　証拠として受理され、朗読される。ワシリエフ検察官、「日本国外務大臣松岡は、独ソ開戦が自己の肩にかかっている限りにおいて、両国開戦の際のその原則的な考え（直前に朗読されたPX792に言うところの「独ソ開戦の場合には日本はドイツの側に立ってソ連を攻撃する」という態度を指すと推定する）を、最善を尽くして実行したことを示すもの」（やや意味が不明かと判断する）と、前置きする。

【PX793朗読概要】

自分は、日本の（独ソ間）戦争に対する姿勢について基本的な質問を発した。即ち、「本年4月13日に締結された日ソ中立条約に従って、ソ連がこれまで中立的立場を維持してきたのと同様に中立を守るのか？」、と。松岡は、これに直接返答することを避け、「これに対する回答は自分がヨーロッパから帰朝した直後の4月22日の演説の中で既に出している」と述べた。同時に松岡が強調したのは、三国同盟が日本外交の基調であり、現在の戦争が継続し、中立条約がその基調と相容れないような場合には、中立条約は「効力を失うであろう」ということであった。

＊(検) 法廷証PX794【1941（昭和16）年7月15日付けオット駐日独大使発本省宛電文1248；日ソ中立条約は独ソ戦には適用せずとの松岡外相の言明】＝検察側文書PD4052-H　証拠として受理され、朗読される。検察官ワシリエフ少将、「スメタニン日記の内容を裏書きするものである」と、前置きする。

【PX794朗読概要】

（外務省）欧州局長が知らせてきたことによれば、ソ連大使が土曜日に、松岡との緊急の面会を求めた。日本政府が今次独ソ戦に中立条約を適用するか否かを、本国政府を代表して質すためである。松岡の回答は、「日ソ中立条約の締結された時期は独ソ関係が本質的に異なる時期であったので、適用することはできない」というものであった。心の平穏を得られるような回答を予期

していたソ連大使は、この回答に驚愕した。
* (検) 法廷証PX795【1941（昭和16）年6月22日付けオット駐日独大使発本省宛電文1012】＝検察側文書PD4033-D　識別番号を付される。
* (検) 法廷証PX795-A【同上抜粋；松岡外相個人的見解－独ソ開戦時に日本中立はない】　証拠として受理され、抜粋が朗読される。検察官ワシリエフ少将、「松岡が独ソ戦の第1日目から反ソ的言辞を弄していたことを示すものである」と、前置きする。

【PX795-A朗読概要】

　松岡の個人的見解は以前と同じで、長期的には日本は、この戦争で中立を維持できないというものであった。

　会談の終わり頃に松岡は、「ソ連が極東の兵力を引き揚げたと伝えられていることに独外相が注意を喚起してきた」旨の大島大使からの電文を、受け取った。松岡はその場で、「直ちに対応策を提議する」と述べた。

(7) 検察官ワシリエフ少将、検察主張立証第Ⅸ局面「ソヴィエト連邦関係」第5部「対ソ連三国共同謀議」の検察側立証として、「日ソ中立条約・その後」に関する証拠書類を提出する。　　　　　　　　　　　　　　　　（英速録7960～7973頁／和速録92号6～8頁）
* 提出済み (検) 法廷証PX779【1941（昭和16）年7月2日御前会議決定「情勢の推移に伴う帝国国策要綱」】＝検察側文書PD1652　ワシリエフ検察官、「日本は中立条約への重大な違反行為を犯していた」、「引用の後半部分がそれに直接関わる部分である」、と申し立てる。

【提出済みPX779朗読概要】

　独ソ戦に対する態度は、三国枢軸の精神を基調とするが、暫くこれに介入することなく、密かに対ソ武力準備を整え、自主的に対処する。……この間、固より周密な用意を以て外交交渉を行い、独ソ戦が我が国にとって有利に進展するならば、武力を行使して北方問題を解決し、北辺の安定を確保する。
* (検) 法廷証PX796【1941（昭和16）年7月3日付けオット駐日独大使発本省宛電文1109；松岡外相の対ソ中立政策の口実】＝検察側文書PD4062-E　証拠として受理され、朗読される。ワシリエフ検察官、「国策要綱の内容は秘密とされ、公式には中立条約遵守が宣命されたが、日本の真意が奈辺にあるかをこの文書は示している」、と申し立てる。

<1946-10-17>

【PX796 朗読概要】

　松岡がソ連大使にあのような声明を発したのは、日本の武備が整うまでソ連を欺瞞するか、少なくともその真意が判らないようにする必要があったからである。当方に伝えられた日本側の決意に暗示されているように、日本の対ソ戦準備は急速に進展しているが、現在のところスメタニン大使は、それには気が付いていない。

＊（検）法廷証 PX797【1941（昭和16）年7月1日付けマッケンゼン駐伊独大使発本省宛電文 1473；日本の対ソ攻撃意図】＝検察側文書 PD4062-F　証拠として受理され、抜粋が朗読される。検察官ワシリエフ少将、「日本が対ソ戦準備を進めていた証拠の一つである」、と申し立てる。

【PX797 朗読概要】

　大使が暗示したのは、日本はソ連に対して積極的に歩を進める意図はあるが、それにはあと数週間を要するということであった。ただし、それを実行する前に松岡外相が辞任する必要があると言う。つまり、つい先頃ソ連と不可侵条約（英和両速記録記述のママ）を結んだ張本人であるから、当分の間、政治の舞台から去らなければならないということである。

＊提出済み（検）法廷証 PX636【1941（昭和16）年7月3日付けオット駐日独大使発リッベントロップ独外相宛電文 1102 抜粋；日本の対ソ軍事準備】［E: 7963］［J: 92 (6)］　検察官ワシリエフ少将、「日本が対ソ戦準備を進めていた証拠の一つ」と、前置きする。

【提出済み PX636 朗読概要】

　日本がドイツと手を携えて共産主義の脅威と戦うためにあらゆる事態に備えているということは、欣快に堪えない。日本は特にシベリア東部の情勢の推移を注視しており、同地の共産党組織を破壊する決意を固めている。付言するまでもなく、この目的を達するために、及びドイツとの共闘の意味で極東ソ連軍を牽制するために、日本政府は、軍備の充実等に余念のないところである。

＊被告東条弁護人ブルーエット、「検察側提出予定の文書の中で PD4062-A～C を事前に受領していない」、と申し立てる。検察官、応答せず。（この後の証拠提出の際の説明で充分であると判断したものと思われる）
＊提出済み（検）法廷証 PX638【1941（昭和16）年7月4日付けオット駐日独大使発本省宛電文 1350 抜粋；日本軍部の対ソ戦準備】＝検察側文書 PD4062-B　検察官ワシリエフ少将（原英文は"General"であり、和文速記録に倣ってこれまでは「少将」と訳して来たが、ここ第92号7頁では「中将」と表記するも、同頁の中でこの直後、「少将」の表記に戻るので、これまでの表記に従う）、証拠として提出する。証拠として受理され、抜粋が朗読される。

【提出済み PX638 朗読概要】

　駐在武官は、参謀本部で話をした時の個人的印象として、以下のように報告した。
　日本軍の準備は熱意を持って、かつ極めて隠密裏に進行中である。……沿海州占領を当面の目的として、奇襲攻撃での対ソ開戦を目論んでいるが、性急には実行しないであろう。

＊（検）法廷証 PX798【1941（昭和 16）年 7 月 6 日付け独外務省書記クラマレッツ覚書；日本の対ソ破壊工作準備】＝検察側文書 PD4062-H　証拠として受理され、「日本の対ソ準備を示す証拠」として朗読される。

【PX798 朗読概要】

　駐ベルリン陸軍武官補佐官山本（敏）大佐は、1941（昭和 16）年 7 月 4 日に樋口少佐を帯同して第 2 防諜局長（エルウィン・）フォン・ラハウゼン大佐を訪問し、次のように語った。即ち、「参謀本部の指示に従い以下を伝える。参謀本部は極東ソ連に対して妨害工作を主旨とした攻撃を開始する準備を整えており、攻撃の起点は満蒙が主で、対象地域はバイカル湖周辺となる」、と。

＊（検）法廷証 PX799【1941（昭和）16 年 7 月 12 日付けオット駐日独大使発独国防軍最高司令部宛電文 1200；日本の対ソ戦準備】＝検察側文書 PD4062-C　［E: 7966］［J: 92（7）］　証拠として受理され、「日本の対ソ準備を示すさらなる証拠」として朗読される。

【PX799 朗読概要】

　A．戦争準備の一環として、以下の措置が執られた模様。
　1．多数の士官が新任務に配属。
　2．24〜27 歳の予備役兵が召集されたとの噂あり。
　3．自動車運転手の追加召集。
　4．満州でのトラクター徴用。
　5．学生に対する旅行距離制限。
　6．ロシア語を解する者の召集。
　B．7 月 17 日に予想されるサイゴン占領に待機しているのが 3 個師団に過ぎないと噂されている。
　C．未だ切迫していない対ソ戦のために関東軍が増強されることとなり、予備役兵（A-2 参照）と第 16 師団を含む 2 個師団が上海・天津経由で送られるとのこと。
　D．支那においては現在のところ大規模な作戦が行われる可能性は低い。

＊（検）法廷証 PX800【1941（昭和）16 年 8 月 1 日付けオット駐日独大使発本省宛電文 1415；日本の対ソ動員】＝検察側文書 4025-D　証拠として受理され、「同じことを立証する証拠」と

<1946-10-17>

して、「外務省の山本書記官の発言を記録している部分」の抜粋が、朗読される（「書記官」は英文速記録7967頁の英訳 Ministry Secretary を基にして訳した。和文速記録では「外務次官山本に代わって事務を取り扱っていた局長」となっている。この当時山本熊一なる人物が「外務次官心得」という地位にあったので、それを指しているのかもしれない。次頁の抜粋部分の英訳では「次官」［Vice Minister］という語が使われている）。

【PX800 朗読概要】

　彼（山本）が強調して言うには、日本が新たに獲得した強力な立場故に米英は著しい不安感を覚えたし、日本は枢軸国に有利になるように米英に圧力を加えたとのことである。極東ソ連軍壊滅を意図しての動員も同様な効果をもたらしている。ソ連政府は、表面上は平静を装っているが、信頼すべき情報筋によれば、この動員の成り行きを憂慮の念を強めつつ注視しているがために、部隊の西送を決意できないとのことである。

　ここ数日間中に、白鳥（敏夫？）の許を訪れた際に、白鳥から真面目な話として聞かされた噂の真偽を確かめるべく、「日本はソ連に対して要求を突き付けるつもりか？」と質したところ、次官は、「中立条約の存在故に、それこそが日ソ戦を防衛目的という名目で開始するための最上の手段と方法である」と、言っていた。彼個人の考えとしては、ソ連が到底受諾できないほど苛酷な要求を考えているようであり、それは領土の割譲である。

＊提出済み（検）法廷証 PX788-A【1941（昭和）16年10月4日付けオット駐日独大使発本省宛電文 1974 抜粋：日本の対ソ攻撃の時期】　検察官ワシリエフ中将、「日本の対ソ戦準備と、検討された開戦の時期について語っている証拠である」として朗読する。

【提出済み PX788-A 朗読概要】

　未だ戦闘準備態勢にあると考えられる極東ソ連軍に対して日本が戦端を開くのは、ソ連政権が士気の面で崩壊しない限り、来春まで実行不可能であろう。ソ連がドイツに対して見せた頑強さに鑑みれば、日本が8〜9月に戦端を開いたとしても、今年中にシベリアを打通して攻撃路を開くことはできないであろう。

＊午前10時43分、法廷、休憩に入る。
＊午前11時2分、法廷、再開する。［E: 7970］［J: 92（7）］
＊検察官ワシリエフ中将、検察主張立証第 IX 局面「ソヴィエト連邦関係」第5部「対ソ連三国共同謀議」の検察側立証として、証拠の提出・朗読を続行する。
＊（検）法廷証 PX801【1941（昭和）16年9月4日付けオット駐日独大使発本省宛電文 1713】＝検察側文書 PD4080-A　識別番号を付される。
＊（検）法廷証 PX801-A【同上抜粋；日本陸軍参謀本部は対ソ攻撃を断念】　証拠として受理され、

「日本が 1941（昭和 16）年夏期・秋期に対ソ攻撃を断念した理由を示す証拠である」として朗読される。

【PX801-A 朗読概要】

　松岡の解任後も第 3 次近衛内閣は、7 月 2 日の御前会議の決定に従って大規模な動員を行うことを既定方針とした。これは、本質的にソ連に向けられた措置である。これによって近衛は、閣内の抵抗勢力［impeding elements］の力を相当強め、海軍に大きな責任を押し付けることとなった。（必ずしも意味が明確ではないが、陸軍が影響力を増したので、その均衡をとるために海軍の責任が重大になったとの意味か？）。その結果、北方進出を容易にするための背後の守りに大きな障害が生じたのである（この部分の英語は Thus a cover of the rear to the North was greatly impeded というもので、やはり意味が不分明である）。報告したように、最近その意向を探ってみたところ、参謀本部は、対ソ開戦については積極姿勢が見られなくなっている。また、支那事変の泥沼で消耗した日本軍には、ソ連に対する冬期作戦を行う余裕などないと言われている。それに、ドイツ軍などに対してソ連軍が示した抵抗力の強さに鑑みて、参謀本部は、冬期に入る前にソ連軍相手に決定的勝利を収められるとは考えていない。加えて、関東軍が特にそうであるが、ノモンハンの記憶がまだ生々しく残っている。また、ソ連軍の強さが誇張されている原因の一端は、ソ連軍にはウクライナ戦線が崩壊した後でも近隣のコーカサス地方からイラン方面に攻勢をかける余力が残っているなどという、人心を惑わすような論議にもある。

　このような情勢分析を考慮しつつ、関東軍は大本営の決断を求めたと言われる。自分が常日頃信頼すべき筋と判断する方面から知り得たのは、大本営が最後の段階で対ソ開戦延期に決したとのことである。これに代わる可能性がある新たな決定は、極東ソ連軍の崩壊を示す明らかな兆候が見えた時、もしくは日本軍が圧倒的数的優位を確保した時に即座に実行すべきものとして、検討された。

＊提出済み（検）法廷証 PX776【連合国軍 1946（昭和 21）年 4 月 22 日実施被告大島浩尋問調書】＝検察側文書 PD4121　検察官ワシリエフ少将、「対ソ開戦の機会を窺いつつ、日本が独ソ戦の推移を注視していたことを示す証拠」として朗読する。

【提出済み PX776 朗読概要】

問
　政府には独ソ戦の推移を如何様に報告していたか？
答
　1941（昭和 16）年 7 月下旬乃至は 8 月上旬に、ドイツ軍の作戦が予定通りに進捗しておらず、モスクワやレニングラードが計画表通りに攻略されなかったことを知った。これについてリッベ

<1946-10-17>

ントロップの説明を求め、リッベントロップが自分との会談の場に招いた(ウィルヘルム・)カイテル(国防軍最高司令部総長)の説明によれば、ドイツ軍の作戦は計画より3週間遅れているが、主たる原因は補給・連絡線が延びきっていることと、それに伴って後方部隊が追随できなくなっているためであるとのことであった。

(8) 検察官ワシリエフ少将、検察主張立証第Ⅸ局面「ソヴィエト連邦関係」第5部「対ソ連三国共同謀議」の検察側立証として、「日ソ中立条約・その後－引き続く松岡外交の影響」に関する証拠書類を提出する。

(英速録7974〜7992頁／和速録92号8〜10頁)

＊(検) 法廷証PX802【PX603「米陸軍省参謀本部情報部証明付米傍受電報集」抜粋；1941(昭和16)年11月30日付け外務省発駐ベルリン日本大使館宛電文985－日本の対ソ形勢観望態度に関する訓令】＝検察側文書PD2593-D(21) 証拠として受理され、朗読される。検察官ワシリエフ少将、「松岡辞任後も日本の対ソ政策に変更はなく、その政策が松岡個人の発案によるものでなく政府全体のものであったことを示すものである」と、前置きする。

【PX802朗読概要】

4. このことを先方に伝えて独伊側が日本の対ソ姿勢について質してきた場合、以下のように返答すべし。即ち、「我方の対ソ方針は去る7月の声明(「情勢の推移に伴う帝国国策要綱」のことか？)に開陳済みである。現在の南進政策遂行のためにソ連に対する圧力を弱める意図はなく、ソ連が英米との提携を密にして我が国に相対して来た場合、我が国には全力を以てそれに立ち向かう準備ができている。しかしながら、当面は南方に重点を指向するのが国益に適うので、北方に対する直接行動は控えたい。

5. 本電は戦略的見地から重要なものであるので、いかなる状況下にあろうとも絶対極秘とすべし。

＊被告東条弁護人ブルーエット、検察側に当電文の発信・受信者が誰であるかを質す。検察官ゴルンスキー公使、「傍受電文であるが故に特定できていないが、発信元が外務省であったことは確かである」、と応答する。ブルーエット弁護人、「当文書は証拠価値を有しない」として却下を申し立てる。裁判長ウェッブ、「考慮する」、と申し渡す。

＊(検) 法廷証PX803【米政府公文書「真珠湾論集」】＝検察側文書PD15-F(3) 識別番号を付される。

＊(検) 法廷証PX803-A【同上抜粋；1941(昭和16)年8月15日付け外務省発駐独日本大使館宛電文739】 証拠として受理され、検察官ワシリエフ少将、「7月2日の対ソ戦準備とその隠蔽工作に関する決定が実行に移されたことを示す証拠」として朗読する。被告梅津・東郷弁護人ブレークニー少佐、朗読に先立って、「前出証拠と同様、発信・受信者が不明で、文書の出

所も不明である」として、当該文書及び他数件の同種文書の証拠としての受理に異議を申し立てる。裁判長ウェッブ、「傍受電文はすべて証拠として受理し、その証拠価値については後刻判定する」、と申し渡す。

【PX803-A 朗読概要】

先日、スメタニン大使と会談した際に、北樺太の利権に絡む要求貫徹と極東海域の危険水域廃止についての我方の希望を伝えた。それ以来、ソ連側は日本の独ソ戦に対する態度について質し続けてきたが、それに対する我方の回答は、「日ソ間の友好関係を継続しようという我方の意思に変わりはなく、今後もそうしたい。しかしながら、それが可能か否かはソ連側の出方にかかっている。例えば、ソ連が、a. その極東地域の領土を第三国に割譲・貸与するか軍事基地として提供した場合、b. 第三国がその軍事行動を東亜方面に展開するのを許し、もしくは日本を対象として第三国との同盟を締結した場合には、我が国に対する脅威として看過することはできない」というものであった。ソ連大使はこれに答えて、「ソ連は日ソ中立条約を厳格に遵守しており、上記２点に関する限り、そのようなことはなかったし、これからもないと確約できる」と述べた。

＊（検）法廷証PX804【提出済みPX803 米政府公文書「真珠湾論集」抜粋；1941（昭和16）年8月15日付けオット駐日独大使発独外務省宛電文740－独ソ戦不参加に関する日本側説明」】＝検察側文書PD15-F（4）〔E: 7980〕〔J: 92（9）〕　証拠として受理され、「前出証拠に記された会談についてドイツ大使が語っているものである」として、抜粋が朗読される。

【PX804 朗読概要】

日本が独ソ戦に参入しないとの印象をソ連は持っていない。……これに対する自分の答は、現在日本が進めている軍事的拡張政策に鑑みれば、現下の状況では、これまで明らかにされてきたような対ソ施策こそが、ドイツと協調して将来執るべき対ソ方針実現への最初の段階を実行するのに最上の方策であり、それは三国同盟の精神・目的に完璧に添うものであるから、ドイツ政府はこの点を充分に理解してくれるであろう、というものであった。

＊（検）法廷証PX805【PX603「米陸軍省参謀本部情報部証明付米傍受電報集」抜粋；1941（昭和16）年12月6日付け外務省発駐独日本大使館宛電文：日本の対ソ武力衝突回避を独側と交渉せよ】＝検察側文書PD2593-D（37）　証拠として受理され、「日本の対ソ攻撃は、時機と状況の問題であったことを示す証拠である」として、抜粋が朗読される。

【PX805 朗読概要】

自分が以前の電文で論じた見地から、戦略環境が整うまではソ連との武力衝突を招来するよう

<1946-10-17>

ないかなる状況をも避けたいので、ドイツ政府にはこのような我方の立場を理解してもらい、この問題について少なくとも現在のところは先方が外交上の覚書交換に固執しないよう交渉してもらいたい。

＊提出済み（検）法廷証 PX655【1941（昭和16）年11月17日付けエルドマンスドルフ在バンコク独公使館員発リッベントロップ独外相宛電文；被告大島大使との会見－日本北進困難の見通し】 検察官ワシリエフ少将、「大島のドイツ政府向け発言の部分に関する」抜粋を朗読する。

【提出済み PX655 朗読概要】

　大島の見解では、時季に鑑みて対ソ軍事作戦は実行されたとしても限定的規模に留まるとのこと。北樺太占領はさしたる困難もなく遂行できるであろうし、独ソ戦でソ連軍が被った損害を考慮すれば、国境線付近の部隊を駆逐するのも可能であろうが、この時季でのウラジオストックやバイカル湖へ向けての作戦などは、ほとんど不可能で、現状では来春まで延期せざるを得ない。

＊（検）法廷証 PX806【1942（昭和17）年1月29日付けオット駐日独大使発リッベントロップ独外相宛電文245；日本の満州における対ソ攻撃準備進捗状況】＝検察側文書 PD11-A(7) ［E: 7983］［J: 92 (9)］ 証拠として受理され、抜粋が朗読される。検察官ワシリエフ少将、当該文書が以前に PX639 と識別番号を付されたものであったことと、「日本が対ソ開戦の好機を待っていて、その準備を止めることがなかったことを示す証拠である」、と申し立てる。

【PX806 朗読概要】

　……しかしながら、極めて内密の情報によれば、対ソ戦の準備は満州で進行中である。当地の有力筋の見解では、ポート・ダーウィン占領後、日本はその矛先をソ連に向けて、北方地域を絶対的に安定させるために、ウラジオストック、沿海州、北樺太を制圧しなければならないということである。

＊（検）法廷証 PX807【1942（昭和17）年1月29日付けリッベントロップ独外相発オット駐日独大使宛電文1197；独、極東での日本の対ソ攻撃を慫慂】＝検察側文書 PD1230　証拠として受理され、抜粋が朗読される。検察官ワシリエフ少将、「ドイツは日本の対ソ攻撃を慫慂していたが、南方作戦に支障を来たさない範囲での対ソ戦を勧めていたことを示すものである」、と申し立てる。

【PX807 朗読概要】

　日ソ関係に触れた貴官からの電文で提起された問題については、以下を参考にしていただきたい。

日本の安全保障にとって死活的に必要な沿海州・ウラジオストックを奪取する最上の好機は、ソ連の国力の大部がヨーロッパ戦線に集中されている今を措いて他になく、これには疑いの余地はない。この状況下で考えられるシナリオは以下の通りである。

　1．日本の在極東ソ連軍兵力の推計が正しくて、ウラジオストックでの抵抗を排除できバイカル方面に向けたシベリア進攻が可能となった場合、今後の戦争の帰趨に極めて重大な影響を与える。沿海州方面から後方を脅かされることは避け難いので、ウラジオストック攻撃を早い時機に決断できれば、それが最も望ましい。それまでの間にソ連が米国と協力して沿海州方面の武備を強化し、日本にとって脅威となる航空基地を建設していくことは間違いないからである。つまり、ウラジオストック攻撃が早ければ早いほど、ソ連側はそのような準備ができないことになる。ただし、これは日本軍がこの種の作戦に堪え得るほど強力で、米英に対する日本の地歩を弱めかねないビルマなどの地域からの兵力転用を必要としないことを前提とする。

　2．日本にそのような作戦を遂行するのに必要な戦力がないならば、当然ソ連とは中立関係を維持する方が良いであろう。……中立を維持することによって、不十分な兵力により長期戦を戦うこと、取り分け日本本土に対する空襲の危険性などを回避することができる。この場合、協同の戦争遂行努力に貢献するために、日本はインドやオーストラリアなど他方面への攻勢作戦を行う必要がある。

要約すれば、ドイツの立場として言えることは、日本のソ連に対する奇襲攻撃が成功すれば枢軸国の戦争努力に大きな弾みとなる可能性があるが、成功することが確かな場合にだけなされるべきであるということである。

＊（検）法廷証PX808【1941（昭和16）年7月31日付け外務省発駐ワシントン日本大使館宛電文433】＝検察側文書PD2593-D(2)　［E: 7986］［J: 92（9）］　証拠として受理され、朗読される。検察官、当文書が既に識別番号を付された（検）法廷証PX603【米陸軍省参謀本部情報部証明付米傍受電報集】の一部であり、「日本の軍閥指導者が対ソ侵攻を延期しつつも、それによって好機を失うことを恐れていたことを示すものである」、と申し立てる。（和文速記録では、1943（昭和18）年3月6日に行われた大島・リッベントロップ会談の記録がPX808として証拠として受理されたことになっているが、英文速記録の記述に従う）

【PX808朗読概要】

　独ソ戦が我が国の北方問題解決の絶好の機会を与えたことは言うまでもなく、この機会を捉えるべく準備を進めてきたのも事実である。準備することだけではなく、時機を慎重に選ぶことも必要である。我が国が直面する現状に鑑みれば、このことはよく理解できる。独ソ戦が急速に進展し過ぎた場合、ドイツと呼応した効果的対応を取る時間がなくなってしまう可能性もある。

＊（検）法廷証PX809【1945（昭和20）年12月1日付け占領軍総司令部発行報告書第131号「日

<1946-10-17>

本の戦争決意」】＝検察側文書 PD1628　証拠として受理され、抜粋が朗読される。ワシリエフ検察官、抜粋部分は山本連合艦隊司令長官秘密作戦命令第1号（1941［昭和16］年11月1日）の一部であり、「日本がソ連からの攻撃を恐れる根拠がなかったことを示すものである」、と申し立てる。被告重光弁護人ファーネス少佐、朗読に先立って、当文書がいかなる類のものであるかに疑問を呈し、その発行時期が戦後であることを問題とする。裁判長ウェッブ、「米陸軍筋の文書で裁判所条例が定める証拠適格の要件は充たしている」、と裁定する。

【PX809 朗読概要】

対ソ方針：
　ソ満国境に展開するソ連軍兵力は侮り難いものであり、ソ連は事態の進展に備えて警戒を厳しくしている。しかしながら、我方がソ連を攻撃しない限り、ソ連から戦端を開くことはないと信ずる。
＊提出済み（検）法廷証 PX807　検察官ワシリエフ少将、抜粋を「日本が極東ソ連軍を釘付けにしていたことをドイツが多としていたことを示す証拠である」として朗読する。

【提出済み PX807 朗読概要】

　日本がそのような作戦を成功させるに必要な戦力を有していないならば、ソ連と中立関係を維持する方がよいのは当然である。いずれにせよ、ソ連は日ソ間の武力衝突を予期してシベリア東部に兵力を維持しなければならないので、我方の負担は軽くなる。
＊（検）法廷証 PX810【PX689「総力戦研究所 1942（昭和17）年2月18日刊『東亜建設第一期総力戦方略』」抜粋；独ソ間講和の斡旋】　証拠として受理され、「日本が日ソ開戦を仄めかしての独ソ講和斡旋を申し出る計画であったことを示す証拠である」として、検察官ワシリエフ少将によって、抜粋が朗読される。

【PX810 朗読概要】

　独ソ講和によってソ連を米英から離隔させ、日本への脅威を減殺できる公算が高い場合には講和斡旋に動き、戦況がドイツに有利に進展しているならば、必要とあらば圧力をかける。ソ連が停戦に応じなければ日本の対ソ宣戦もあり得ると仄めかして講和を強いるといった方策である。……戦況がドイツにとって不利な場合には、独ソ講和斡旋をしないことを原則とする。それでも、止むを得ない場合にはソ連に相当な圧力をかける準備をしておく必要があるが、その場合の講和は必ずしも満足のいくものでないことを覚悟しなければならない。

(9) 検察官ワシリエフ少将、検察主張立証第IX局面「ソヴィエト連邦関係」第5部「対ソ連三国共同謀議」の検察側立証として、「日ソ中立条約・その後 – 独ソ戦中の日本の対独外交・軍事援助」に関する証拠書類を提出する。

(英速録 7992～8022 頁／和速録 92 号 10～15 頁)

＊提出済み（検）法廷証 PX771【1941（昭和 16）年 7 月 10 日付けリッベントロップ独外相発オット駐日独大使宛電文抜粋；ソ連情報の駐ソ日本大使館から独への提供に対する謝意】＝検察側文書 PD571　検察官ワシリエフ少将、抜粋を朗読する。

【提出済み PX771 朗読概要】

　この機会に、駐モスクワ日本大使からの電文を転電してくれたことについて外務省に謝意を表してほしい。定期的にこのようなソ連発の情報をもっと得られれば有り難い。

＊（検）法廷証 PX811【元ベルリン大使館報道官野原駒吉 1946（昭和 21）年 2 月 15 日付け宣誓供述書；ソ連情報の対独提供】＝検察側文書 PD2074　証拠として受理され、「日本のドイツへのソ連関連情報提供が大規模に継続されていたことを示す証拠である」として朗読される。[E: 7994]［J: 92（10）］

【PX811 朗読概要】

問
　ここにある英独語文書は、貴殿が赤軍将校に拘束された時に所持していたものだが、それらの出所・性質などを説明し、なぜ貴殿が所持していたのか話して欲しい。
答
　それら文書は、元々ベルリンの日本大使館にあったものである。自分はファシズムに反対することに確固たる信念を持っていた者であり、日独がソ連や連合国と戦争をすることにも反対していた。文書は意図的に自分の手元に置いていたもので、連合国のために役立てるべく使うつもりであった。平和愛好国家に戦争を仕掛け、自国と自国民に破局をもたらした戦争犯罪者摘発にそれら文書がなんらかの役に立つ日が来ると信じていたからである。そのような理由故に自分は当文書を所持していたのであり、隠匿・破棄するつもりは毛頭なかったのであり、1945（昭和 20）年 4 月 21 日にシュトラウスベルクで拘束された時、ソ連軍将校に手渡したのである。その多くは機密文書である。報道官であった自分の本来の任務は、その種の文書を直接扱うことではなかったが、大使館参事官河原信を通じて、軍関係などの機密情報に接することとなった。これは極秘任務とされ、取り扱い文書の内容を知ることができたのは大使、河原参事官と自分だけであった。自分が所持していた文書の多くは、赤軍の部隊配置・兵力・装備・兵站、ソ連の軍需産業に関する機密情報であった。これに加えて、ベルリンの日本大使館は類似情報を駐ソ大使の建

<1946-10-17>

川(美次)や佐藤(尚武)から暗号電文で受け取り、河原や自分はそれをドイツ語に翻訳し、ドイツ外務省に提供していた。
問
　ここに1945(昭和20)年1月19日付けの「ソ連の潜在軍事力」と題する文書があるが、その中の航空機、戦車、石油などの生産数・量といった数値が省かれている。この文書はいつ、誰が作成したものか？　そして、数値が省かれていることの意味は？
答
　これは、佐藤駐ソ大使から送られて来た情報を基に河原参事官と自分が1945(昭和20)年1月に作成したもので、河原が最初に数値を記入しない文書を作って、その写しの一つに手書きで数値を入れ、それをドイツ側に渡したのである。河原はこれを極秘情報と考えていた。
問
　貴殿が所持していた文書の中に「赤軍の戦力について」と題するものがあり、それには貴殿の手書きで「1942(昭和17)年1月21日に駐モスクワ大使館付陸軍武官が我々を通じて以下の情報を(ドイツ？)外務省宛に手交」との書き込みがあり、さらに下の方には「1月22日、情報はドイツ軍最高司令官に伝達」とある。これら書き込みの意味するものは？
答
　これは、駐独大使館が在モスクワ大使館付武官から1月21日に入手した機密情報の記録で、書き込みは、河原参事官が元の文書の出所を口頭で説明したのを自分が書き留めたものである。また、当文書自体は草稿を元に自分が書き写したものである。翌1月22日に河原と自分が完成させてドイツ外務省に直接届けた。ドイツ側に駐独日本大使館が通牒の形で手渡したモスクワ、ロンドン、東京などからの連合国軍関連機密情報は、1939～45(昭和14～20)年の間に、自分が記憶する限りでも約40件に上る。内容は主にソ連を始めとする連合国の戦時経済に関するものであった。様々な問題についての調査報告もあれば、戦時下のソ連を通過した日本・外国人の観察記録もあった。
　(中略)
問
　駐独日本大使館は誰の命令でソ連関連の機密情報をドイツに渡したのか？
答
　東京(外務省？)からの指示と、大島個人からの指示に従って。
＊法廷、正午の休憩に入る。
＊午後1時30分、法廷、再開する。[E: 7999] [J: 92 (11)]
＊被告大島弁護人島内、PX811供述者の野原が現在ソ連に拘束されている事実が明らかにされていることを踏まえて、①拘束された理由を質し、「現在野原が戦犯指名を受けているか、そうなる予定があるか、既に戦犯として有罪判決を受けたか？」、さらには、②宣誓供述書では野原は「日本人」となっているが、「実際には、野原は日独の混血で、日本大使館では地位の

低い職員に過ぎなかったし、日本語の能力も余りなかったのではないか？」と、質す。検察官ゴルンスキー公使、「①供述書が作成された時点では野原は訴追もされておらず、他の大使館職員と同様の抑留措置を受けていたが、現在どうなっているかは問い合わせる必要がある」、「②現在のところ関連情報を有していない」、と応答する。島内弁護人、野原供述と大島尋問調書の内容の大きな相違・離齬に鑑み、野原を証人として法廷に喚問するべく検察側に指示を出すよう、法廷に要請する。裁判長ウェッブ、「考慮する」、と申し渡す。

＊キーナン首席検察官、「弁護側から再召喚申請がなされていた松村元陸軍少将は、検察側が自らの証人として一両日中に再出廷させる手続きを進めている」として、弁護側の召喚申請を中断するよう要請する。被告梅津・東郷弁護人ブレークニー少佐、「松村の召喚は自分が被告梅津の弁護側証人として申請したが、召喚されるべき日を特定できなかったために法廷書記局が受理せず、再申請の末に先週ようやく召喚状発行に至ったものである」、「検察側証人ではなく、弁護側証人としての出廷とすべく、松村が出廷した際に弁護側申請で発行された召喚状を執行したい」と申し立てる。キーナン首席検察官、現在は検察側の立証段階であることを指摘し、「既に松村とは検察側証人として証言するための打ち合わせもしている」、さらに、「以前に検察側証人が弁護側と事前に接触して生起した望ましくない事態（森岡皐が検察側証人として出廷した時のことであると思われる。第2巻66-67頁及び英文速記録4942-97頁参照。一般的に言っても、検察側と弁護側は、審理の外においても、重要な証人を自らの陣営の証人として立てるために、時には激しく攻防するものの如く観察される）の再発生を防ぐためにも弁護側の申請を停止すべきである」、と申し立てる。裁判長ウェッブとキーナンとの話し合いの過程で、弁護側申請の召喚状が7月16日に発行され、検察側申請の召喚状発行は7月30であり、弁護側の召喚状の方が早く発行されたことが明らかとなる。キーナン、自らの主張を繰り返し、検察側証人としての召喚を申し立てる。裁判長ウェッブ、松村証人は、「現在立証段階にある検察側証人として出廷すべきである」、「弁護側には反対尋問の権利があり、それで満足できなければ、改めて弁護側証人としての召喚手続きを弁護側の立証段階で取ることができる」と、裁定する。

＊ワシリエフ検察官、検察主張立証第Ⅸ局面「ソヴィエト連邦関係」第5部「対ソ連三国共同謀議」の検察側立証として、証拠の提出・朗読を再開する。[E: 8010] [J: 92（14）]

＊検察官ワシリエフ少将、野原駒吉宣誓供述書と同時に提出された野原所持文書の内容につき、その目次の一部「赤軍の戦力、独ソ戦前のソ連軍の実力、ヨーロッパのソ連領、開戦後の動員によって拡充されたソ連軍の実力、1941（昭和16）年12月までの戦死傷者数、ソ連の潜在戦争遂行能力、軍需生産量、航空機、戦車、石炭、石油、鉄鋼、アルミニウム、銅、トラック、人的資源、食糧事情」を朗読する。

＊提出済み（検）法廷証PX776【連合国軍1946（昭和21）年4月22日実施被告大島浩尋問調書】＝検察側文書PD4121　検察官ワシリエフ少将、「野原が在ベルリン日本大使館職員であったことを示すもの」として朗読する。

<1946-10-17>

【提出済み PX776 朗読概要】

問
　在ベルリン日本大使館の野原報道官を知っているか？
答
　知っている。大使館の通訳であった。父親が日本人、母親がドイツ人で、教育はドイツで受けた。最近は大使館で無線傍受を担当していた。非公式（嘱託？）の地位にあって、働いていた。

* （検）法廷証 PX812【1943（昭和18）年3月6日付け大島駐独大使・リッベントロップ独外相会談記録】＝検察側文書 PD2312　識別番号を付される。
* （検）法廷証 PX812-A【同上抜粋；日本の対独援助・独ソ戦参入可能性】　証拠として受理され、「日本の対ソ参戦の時機と、極東ソ連軍を釘付けにすることによる日本の対独支援に触れたものである」として、検察官ワシリエフ少将によって朗読される。[E: 8014] [J: 92 (14)]　検察官、「当初の抜粋・翻訳した部分が短すぎるとの指摘に応えて、より多くの部分を抜粋・翻訳したため、弁護側への送達が遅れた」と、謝する。

【PX812-A 朗読概要】

（原文は三人称で書かれているが、煩雑を避けるために一人称でまとめる）

大島
　本国政府の訓令に従い、以下のように報告する。ドイツ政府から提議された日ソ開戦については、政府大本営連絡会議で議論され、到達した結論は以下の通りである。
　「日本政府はソ連の脅威を痛いほど認識しており、日本の対ソ宣戦布告を望むドイツの立場も充分理解している。しかしながら、現下の戦況では日ソ開戦は不可能であり、またそうしない方がむしろ日独両国の利益に適うと信ずる。無論、これは日本がソ連に由来する問題を無視するという意味ではない。日本は今後、他の戦線で攻勢作戦を行うつもりである。」

リッベントロップ
　日本は今後の戦争指導についていかなる考えを持っているのか？　現在、ドイツは日独共通の敵である米英とほぼ単独で立ち向かっているが、日本はやや守勢に立っている。しかしながら、三国同盟締約国が力を合わせて米英のみならずソ連も倒す方が理に適っている。一国のみが戦うというのは望ましいことではなく、ドイツの国力を酷使し続けるべきではない。自分が内心恐れているのは、「どうせドイツが勝つのだから、それまで日本は地歩を固めて、さらなる動きを始めるのはその後にすればよい」というような考えが、日本で幅を利かせているのではないかということである。
　米英の方針は、独伊に対してまず全力を注ぐというもので、この考えはカサブランカ会談でも公然と示されている。この状況下で、遺憾ながら、在クイビシェフ（ドイツ軍がモスクワに接近した

1941〔昭和16〕年10月にソ連政府が一時的に首都機能を移した市。各国の大使も移っていた。現在の同市の名前はサマラ）の佐藤大使は、日本が中立を無条件に維持することを表明したようである。そして、ドイツ軍はスターリングラードを含む東部戦線でシベリアから投入された新鋭師団と戦わなければならなかった。それでも、我軍は攻勢に次ぐ攻勢を重ね、戦線に若干の間隙はあるものの、東部戦線は概ね安定している。しかし、我軍は同時に米英と北アフリカでも、洋上でも、空でも戦闘を続けているのである。

　これに比べれば日本の負担は軽く、ビルマ戦線でさえ比較にならないほど狭い。故に、日本政府は、「共同での戦争遂行を考える上で、日本がその全力を出し切らない反面、ドイツがその国力を限界まで振り絞っているというのは、正しき態様であろうか？」とのドイツ側の問いを、真っ向から受け止める必要がある。ここで改めて強調したいのは、ドイツが万が一弱体化した場合、日本が直面しなければならないのは、共産化したヨーロッパだけではなく、米英ソのみならず広範な民族の力が結集した世界規模の連合勢力だということである。問題は、戦争の帰趨にとって極めて重要なこの時期に、枢軸国の国力が適正に配分され、協同・総力戦の精神に従って使用されているかである。

大島

　日本が決断を下す際に考慮したのは、既存戦線での我軍の立場を危殆に陥れることなく、ソ連を攻撃して勝利を収めるだけの兵力・軍備を有しているかという点である。我が国が恐れているのは兵力の分散である。一方、我が国の態勢は純粋に防御的というわけでは決してなく、米英に対する新たな攻勢の機会を窺っているのである。詳細な情報は持ち合わせていないが、新攻勢はインド洋方面に指向されるであろう。いずれにせよ、日独両国の各々の勝利は密接不可分の関係にあることを、日本政府は自明の理と考えている。

（中略）

リッベントロップ

　日独関係は揺るぎないものであり、相互の信頼関係が損なわれるなどあり得ない。提起した問題は、共同の戦争努力に関するものであり、両国の国力をその共同の目的のためにいかにしたら公正に使用できるかということである。日本が獲得した根拠地・地歩を固めて、兵力を整備しなければならないことはよく理解している。しかし、日本は既に1年間その状態にあり、ドイツが戦争の負担の大部分を負わされている今、日本は日独共通の敵に対して決定的一撃を加えるべき立場にある。これは相互の信頼関係の問題ではない。ただ、日本が獲得地域の地固めにまた1年を費やし、攻勢に出るのはその後になるのではないかと危惧しているのである。

大島

　そうなるとは思わない。本国の軍指導部の意向は分からないが、日本が長年対ソ戦を企図していたのは確かである。しかし、当面そうするには力不足と感じているのも明らかである。南方の島々のいくつかを放棄して北方に全兵力を転用すれば対ソ戦は可能になるであろうが、これでは南方戦線が大打撃を受ける。南進と北進を同時に行うのは不可能である。

<1946-10-17>

（中略）

リッベントロップ

　ビルマ戦線でも南方でも海洋上の戦いが主で、日本は支那を除いて前線に展開している陸軍部隊はさほど多くない。つまり、日ソ戦は一義的には陸軍の担当となるもので、問題は、他の戦線に配分した後でも北方に割ける陸軍兵力があるかどうかであろう。

大島

　陸軍兵力の大部は支那大陸とビルマ戦線に拘束されており、その規模は決して少ないものではない。対ソ進攻を開始するとなれば、南方に展開されている兵力のほとんどすべてを満州に移送しなければならないであろう。いずれにせよ、速戦即決で勝利を得られる確かな見込みを持ってソ連を攻撃できるような兵力は持ち合わせていない。……（極東？）ソ連軍の総兵力は80万。過去の歴史の中で日本から受けた奇襲攻撃の苦い経験故に、その多くを国境線付近に張り付けているのは無理からぬことである。米国からウラジオストック経由でソ連に入っていく物資については、日本が航行を許している航路は一つだけであり、すべての船舶の積荷を武器・弾薬の有無を調べるために捜索している。

＊被告大島弁護人島内、「①朗読された文書と日本人弁護団に手交されたものとの内容がまったく相違しており、この点について異議を申し立てる権利を留保する」、且つ「②添付の出所・真実性証明書の記述が不明確である」、と、申し立てる。裁判長ウェッブ、①には触れず、②については、「これまで提出されたドイツ由来の文書の証明書となんら変わるところはなく、異議を申し立てる理由に該当しない」、と、裁定する。

（10）ワシリエフ検察官、検察主張立証第IX局面「ソヴィエト連邦関係」第5部「対ソ連三国共同謀議」の検察側立証として、「ソヴィエト船舶に対する日本の攻撃」に関する証拠書類を提出する。　　　　　（英速録8022～8054頁／和速録92号15～20頁）

＊提出済み（検）法廷証PX21【（日露講和）ポーツマス条約（1905［明治38］年9月15日）】検察官ワシリエフ少将、抜粋を朗読する。

【提出済みPX21朗読概要】

第9条：

　……日露両国は、樺太またはその付近の島嶼の各国領域内に保塁や、それに類する軍事上の工作物を建造しないことに互いに同意する。また、両国は各々宗谷海峡と間宮海峡の自由航行を妨げかねない軍事上の措置を一切執らないことを約する。

＊（検）法廷証PX813【（昭和21）年2月20日付けソ連海軍参謀本部報告34563-S；ソ連船舶に対する日本の妨害】＝検察側文書PD1887　ワシリエフ検察官、「日本が中立条約の規定に違反してソ連の海運業務を妨害していたことを示すものである」として、証拠として提出する。被

告木戸弁護人ローガン、「当文書は、そこに記述された出来事が発生した当時ではなくて戦後に作成されたものであり、ソ連の艦隊司令官から検察官ゴルンスキー公使宛の書簡の形式で書かれており、宣誓の上作成されたものでもない。事実に基づかない結論・見解を表明している箇所が多々あり、かつ幾多の推論に彩られている。全体的に見れば、検察側が証明しようとしている事項の概要を記しているに過ぎない」、「証拠価値をまったく有しない」として、証拠としての受理に異議を申し立てる。検察官ゴルンスキー公使、作成元がソ連海軍参謀本部であることを指摘し、裁判所条例第13条（ニ）の「裁判所ニ顕著ナル事実　本裁判所ハ公知ノ事実、又ハ何レカノ国家ノ公文書……何レカノ連合国ノ軍事機関又ハ其ノ他ノ機関ノ作製ニ係ル調書……ノ真実性ニ付テハ其ノ立証ヲ要求セザルモノトス」に該当するものである、と申し立てる。裁判長ウェッブ、「判事団で協議をする」、と申し渡す。

＊午後2時42分、法廷、休憩に入る。
＊午後3時5分、法廷、再開する。［E: 8026］［J: 92（16）］
＊ワシリエフ検察官、証拠の提出・朗読を再開する。
＊裁判長ウェッブ、「判事団の協議の結果として、休憩前に提出された検察側文書PD1887は通常の条件で証拠として受理される」と裁定し、弁護側の異議を却下するも、「判事団の相当数が当該文書に余り大きな意義を見出せないとしている」、「検察側がこの事案について有効な立証を行いたいならば、海軍士官など相応の証人に証言させるべきである」、と申し渡す。

【PX813朗読概要】

　ソ連海軍参謀本部は、戦争中にソ連の船舶航行を妨げるために日本が執った措置について以下の資料を有していることを貴官に通知する。
　そのような措置は、①公海自由の原則とポーツマス条約第9条に違反する海峡封鎖、②一般に承認されている国際法の原則に違反する行為を伴った日本軍によるソ連船舶の臨検・拿捕、③ソ連船舶への攻撃とその撃沈の三つの類型に分類できる。
　第2次大戦開始後、日本は宗谷、津軽、朝鮮の3海峡を海防区域［Naval defense zones］に指定すると宣言（1941［昭和16］年12月8日付け「官報」記載海軍省示達第38号）。これによって日本政府は、日本海と日本海から大洋に通じる海峡を管理下に置いたが、これはソ連を対象にして執られた措置であった。
　日本はこのような措置を既に戦前から施行することを目論んでいたのであり、そのことは、1941（昭和16）年8月25日に駐ソ日本大使がソ連外務人民委員会に宛てた声明の内容によって裏打ちされている。大使はその時、「ソ連が購入した物資が米国からウラジオストックに海上輸送されることは、輸送路が日本の近海を通る場合には、日本にとって『厄介で非常に微妙な状況』を作り出すことになる」と述べていたのである。日本政府はソ連政府に、この件について航路と輸送手段などの関連事項に特段の注意を払うよう要求した。

<1946-10-17>

 これに対してソ連政府は、「極東の港湾を通じての米ソ間の通商を妨げる試みは我が国に対する非友好的行為であると考えざるを得ない」との声明を発することを余儀なくされた。……
 （ソ連の対日宣戦布告以前の）ソ連の海運通商は、法的には中立国によるものであったから、「海防区域」に指定されていたとしても、宗谷海峡のみならず、津軽、朝鮮、台湾海峡といった国際的重要性を持つ海峡も通過する権利があったはずである。
 ソ連は、取り分け太平洋と直結する津軽海峡の通航に関心を持っていた。宗谷海峡については、太平洋に出るためにはオホーツク海を通って千島列島を横切ることとなって距離が長いことと、1〜4月の間は強力な砕氷船の助けがなければ通航できないので、余り有用でないと考えていた。
 ソ連政府は冬期間結氷しない津軽海峡をソ連の通商船舶に開放するよう度々日本政府に申し入れたが、同海峡が海防区域であるとの理由で拒絶された。妥協案として日本側は、朝鮮海峡を通って九州・本州東岸を北航する案を提示した。……この案はソ連にとって不利であり、航海には危険で、安全な航海を保障するものではなかった。……宗谷海峡も、ソ連船舶用に設定されたのは狭い航路帯が2本だけだったので、実際は閉ざされたも同然であった。
＊検察官ワシリエフ少将、付表を引用して、「1941（昭和16）年8月から1944（昭和19）年末まで太平洋で日本側が停戦させたソ連商船は178隻に上り、内3隻については停戦の際に武力が行使され、8隻は日本の港湾に連行された」、と申し立てる。
＊提出済み（検）法廷証PX795-A【1941（昭和16）年6月22日付けオット駐日独大使発本省宛電文1012抜粋：米国は太平洋経由で軍需物資をソ連に運送する状態にない】＝検察側文書PD4033-D　検察官ワシリエフ少将、「独ソ戦開始直後、米国からのソ連向け物資を太平洋航路では送らせないようにすることを松岡がドイツに示唆したことを示す証拠である」と前置きして、抜粋を朗読する。

【提出済みPX795-A朗読概要】
 自分に言い聞かせるように（松岡が）言ったのは、米国は太平洋航路を使ってソ連に軍需物資を送る立場にはないということであった。日本の内閣も同じ見解を有していることは確実である。
＊（検）法廷証PX814【PX803「米政府公文書『真珠湾論集』」抜粋：1941（昭和16）年8月20日付け豊田外相発駐ワシントン野村大使宛訓令電文487；米国によるソ連向け物資輸送の中止を勧告せよ】＝検察側文書PD15-F（6）　証拠として受理され、「日本政府がソ連向け米国物資輸送に敵対的態度を見せていた証拠」として、抜粋が朗読される。

【PX814朗読概要】
 米国が鉄、航空機などを日本近海の航路を通じてソ連援助の目的で送っていることが確報として日本に知れ渡った場合、日本国民の感情を不必要に刺激することとなり、現在非常に微妙な状

態にある日米国交調整問題に好ましくない影響を与えないとは断言できない。それ故に、日本政府としては米国がそのような行動に出るのを慎むことを希望するので、貴官には、機会を捉えて、この点に米国側の注意を喚起してもらいたい。当方は本日、自ら駐日米大使にこの件を申し入れた。

＊提出済み（検）法廷証 PX778【大島駐独大使・リッベントロップ独外相 1942（昭和 17）年 6 月 24 日付け会談記録抜粋：日本軍艦船によるソヴィエト商船の妨害】＝検察側文書 PD1372-A 検察官ワシリエフ少将、抜粋を「日本の対ソ海運通商妨害行為がドイツに迎合する形で行われていたことを示すものである」として朗読する。［E: 8033］［J: 92（17）］

【提出済み PX778 朗読概要】

1. 日本の参戦以来、総トン数 10 万 2,000 トンで最大積載量が合計 113124 トンとなるソ連船 20 隻がウラジオストックに入港したが、途中で日本の海軍部隊の臨検を受けている。臨検の結果明らかとなったのは、主要な積荷が食料品、粉、植物油などで、武器・弾薬の類はなかったことである。

2. ほとんどの場合、ペトロパブロフスクで積荷の積み替えが行われた後でウラジオストックにそれら物資が運ばれたのは明らかである。日本軍がアリューシャン列島西部を占領すれば、この手段を将来にわたって継続するのは非常に困難となる。

＊（検）法廷証 PX815【ソ連太平洋地区軍検事 1946（昭和 21）年 3 月 20 日付け報告：セルゲイ・キーロフ号抑留事件（1943［昭和 18］年 4 月 17 日）】＝検察側文書 PD2232　検察官ワシリエフ少将、「ソ連船に対する日本側の敵対的行為が公然と行われていたことを示すものと」として、証拠として提出し、「1943（昭和 18）年 4 月 17 日、食糧品を積載したソ連船セルゲイ・キーロフ号はペトロパブロフスクからカムチャッカ経由で朝鮮海峡を通ってウラジオストックに向かう途中で日本の駆逐艦に停戦を命じられ、そのまま東京湾に連行されて、その後 6 日間不法に抑留された」、と申し立てる。被告東条弁護人ブルーエット、「① PX813 と同種の文書であるので、証拠価値を有しない」、「②記述されている事項は日本が戦時に行うべき通常の防衛措置と、中立違反を取り締まることを目的とした禁制品取り締まりの行為に過ぎない」、として、当文書の証拠としての受理に異議を申し立てる。裁判長ウェッブ、「① PX813 の場合に下した裁定に準ずる」と述べて、異議を却下する（②についての発言はなし）。証拠として受理される。抜粋が朗読される。

【PX815 朗読概要】

該船は、日本近海で守るべき航行規則をすべて遵守していたにもかかわらず、1942（昭和 17）年 4 月 17 日 10 時、御蔵島付近の北緯 33 度 30 分東経 140 度 2 分の海域で日本の駆逐艦に停

<1946-10-17>

戦を命じられた。該駆逐艦はその際、セルゲイ・キーロフ号の船籍、積荷、航路などを確かめることはせず、ウシャコフ船長の抗議も無視して東京湾に同行するよう命じた。乗組員がなんらの抵抗もしなかったにもかかわらず、該駆逐艦は命令に従わせるという名目で繰り返し威嚇行為をなし、理由なく砲塔から2度斉射してきたし、夜間に2度、船に向けて機銃を放った。

＊(検) 法廷証 PX816【ソ連太平洋地区軍検事1946 (昭和21) 年3月22日付け報告：ドビナ (原英文は"Dvina"であるが当然ロシア語であろう) 号抑留事件 (1943 [昭和18] 年7月16日)】＝検察側文書 PD2325 ［E: 8037］［J: 92 (17)］ 証拠として受理され、抜粋が朗読される。

【PX816 朗読概要】

1943 (昭和18) 年7月16日10時、ピール船長指揮するドビナ号は、クロム鉱石900トンを積載し乗客30名を乗せて米国ポートランドに向けてウラジオストックを出港。

7月20日午前11時、「危険岩」［Rock of danger］付近を過ぎた同船は、日本の監視艇に停戦を命じられ、船長の抗議にもかかわらず大泊に連行された。……

ピール船長は、日本の検察当局に同船の不法拘留について書面で抗議をしたが受理されず、船長がソ連領事に向けた書簡の写しも、同様の扱いを受けた。

7月26日、検察官がピールを喚問して尋問した際に粗暴な態度で罵声を浴びせ、同船の日本の領海侵犯を言い立てた。……

8月10日、拘留中のピール船長の許に裁判所職員が訪れて、同船長が日本の領海を不法に侵犯したことに対して有罪判決が下され、禁固100日乃至は罰金2,000円に処せられると伝えた。ピールは判決の違法性を訴えて罰金の支払いを拒否し、拘留が継続された。検察官はピールをほぼ毎日尋問して虐待・侮辱行為を加えて罰金の支払いを迫り、そのための船の燃料や設備の一部売却を示唆したり、ソ連通貨での支払いも認めたりした。

8月25日、検察官は船長を釈放し、押収文書すべてと船を返却し、ドビナ号が所定の航海を続けることを許可した。

このようにして日本の軍、法廷、警察当局はなんの根拠もなしにソ連船ドビナ号を35日間抑留し、乗組員に侮辱を加えたのである。

＊(検) 法廷証 PX817【ソ連太平洋地区軍検事1946 (昭和21) 年4月4日付け報告：イングル号抑留事件 (1943 [昭和18] 年4月29日)】＝検察側文書 PD2311 証拠として受理され、抜粋が朗読される。

【PX817 朗読概要】

宗谷海峡の北方水路を航行していたイングル号は、1943 (昭和18) 年4月29日9時42分、北緯45度49分東経141度53分の海域で日本の軍艦によって停戦を命じられた。……なんらの

容疑も告知されることなく、イングル号は同年6月23日13時15分まで60日間、大泊港に抑留された。

* (検) 法廷証 PX818【ソ連太平洋地区軍検事1946 (昭和21) 年3月20日付け報告：クレチェット号撃沈事件 (1941 [昭和16] 年12月14日)】＝検察側文書 PD2315　証拠として受理され、抜粋が朗読される。

【PX818朗読概要】

　1941 (昭和16) 年8月末、クレチェット号は、修理のため香港に入港。同年12月8日、修理作業は、日・米英開戦のため中断。日本軍の船渠に対する砲撃の被害を避けるために、クレチェットは、碇泊場所まで移動。その際、船尾にはソ連国旗を掲げ、両舷と甲板にも国旗を描いた。移動した場所には、他の船は碇泊していなかった。12月14日午後遅くになって、日本軍が占領した九龍からクレチェットに向けて、砲撃が開始された。……同船は炎上し、約2時間後に沈没。同船のバジャノフ船長、ポクリテューク先任通信士、スビルストロイ号の機関士などの推計では、半マイルもない距離から発射された砲弾は34発を数えた。……香港抑留中の数カ月、クレチェットの乗組員は、日本側から恒常的に暴行、所持品・外国通貨・食糧品の強奪と言った侮辱行為を受け、その結果乗組員は、半ば飢餓状態に置かれ、栄養失調に由来する疲労など様々な病状に苦しめられた。

* (検) 法廷証 PX819【ソ連太平洋地区軍検事報告 (日付なし)；スビルストロイ号爆撃事件 (1941 [昭和16] 年12月18日)】＝検察側文書 PD2309　証拠として受理され、抜粋が朗読される。［E: 8043］［J: 92 (18)］

【PX819朗読概要】

　1941 (昭和15) 年7月以来、スビルストロイ号は、香港の英国会社パンピー・ドックの船渠で定期修理を行っていたが、12月初旬までに修理は80～90％終わっていた。

　12月8日、香港北方から奇襲攻撃をかけた日本軍は在香港英軍守備部隊をビクトリア島に駆逐。日本軍が同船を英米の船舶と見誤らないように、乗組員は同船を碇泊水域まで移動させ、他の船と200メートル以上の距離を取り、その際に、後部船室の屋根と両舷に USSR と書き込んだ国旗を大きく描いておいた。これによってスビルストロイがソ連船籍の商船であることは明らかであったにもかかわらず、日本軍機の2度にわたる爆撃を受けた。空爆による被害はなかったが、12月18日に地上軍からの砲撃を受けて直撃弾5発を数え、船体上部構造にかなりの被害がもたらされた。

　コベルニコフ三等船員とエラギン烹炊員、及びクリボルチコ機関員が死亡し、ボチコ水夫が重傷を負った。……砲撃のために同船の乗組員が離船した際に、乗組員は食糧や所持品を携行する

<1946-10-17>　　　　　　　　　　　　　　　　　　　2　検察主張立証段階

ことができなかった。

　日本側は乗組員がスビルストロイ号に戻ることを数カ月間許可しなかったが、船自体は日本側が警備すると約した。ところが、乗組員が船に戻った時に目にしたのは、日本国旗が掲げられ戦利品番号が付けられた同船であった。

＊検察官ワシリエフ少将、当報告が「同船は砲撃と略奪行為による被害のために除籍となり、沈められることとなった」との一節で締め括られている、と申し立てる。（次のPX820の内容との混同があった模様で、翌日の審理の冒頭で若干訂正される。速記録8058頁参照）

＊（検）法廷証PX820【ソ連太平洋地区軍検事報告（日付なし）；セルゲイ・ラゾ号拿捕事件（1941［昭和16］年12月11日）】＝検察側文書PD2310　証拠として受理され、抜粋が朗読される。

【PX820朗読概要】

　セルゲイ・ラゾ号は、1941（昭和16）年12月11日に日本軍機による爆撃を2度にわたって受けたが、爆弾は命中しなかった。同船はソ連船籍である標識とソ連国旗を掲げていた。……日本軍の命令によって乗組員がセルゲイ・ラゾから離船させられ、再び乗船することは許可されなかった。そして、毎日のように拿捕したソ連船の乗組員に代わって日本人が乗り込み、日本国旗が掲揚されていくのを目にした。……そして、船上・船内の多くの設備・物品が略奪されていった。（直前のPX819の内容との混同があった模様で、翌日の審理の冒頭で若干訂正される。速記録8058頁参照）

＊（検）法廷証PX821【ソ連太平洋地区軍検事報告（日付なし）；シムフェロポリ号砲撃事件】＝検察側文書PD2308　証拠として受理され、抜粋が朗読される。

【PX821朗読概要】

　シムフェロポリ号の船首方面の上甲板には、砲撃による破孔が認められた。船室のドアは引き剝がされ、事務机は破壊され、ソファのビロードは引き裂かれていた。その他にも多くの設備・物品が略奪され、機関室にも故意に損傷が与えられていた。

＊裁判長ウェッブ、PX819とPX820の各々に記されている2名の死傷者の氏名（PX820については、朗読されなかった部分に登場していたものと思われる）が同一であることを指摘する。検察官ゴルンスキー公使、「ロシア語原文では異なっている、英訳した時の誤りであろう」、と申し立てる。（翌日の審理の冒頭でゴルンスキー検察官が説明する。速記録8058頁参照）

＊（検）法廷証PX822【ペレコープ号一等運転士ブダリン1946（昭和21）年3月14日付け宣誓供述書；ペレコープ号撃沈事件（1941［昭和16］年12月17日）】＝検察側文書PD2305　証拠として受理され、抜粋が朗読される。[E: 8048] [J: 92 (19)]

【PX822 朗読概要】

　ペレコープ号は砲門・機銃などで武装しておらず、小銃が数挺あるだけで、木材輸送に従事していた無害な商船であった。

　12月17日午前9時頃、航空機が上空を2～3度旋回した後に降下してきた。船長と自分が双眼鏡で見て、その翼に日の丸があり、日本軍機であることを確認した。同機が真上に来ると、爆弾を二つ投下。爆弾は右舷方向の機関室近くの海上に落ちたが、ペレコープに被害はなし。

　12月18日、双発機17機が2編隊に分かれ、9機からなる一隊は船首方向から、8機からなる他の一隊は船尾方向から、突入してきた。標識として掲げられた複数の国旗は新しいもので、風にはためいて見えやすい状態であったにもかかわらず、同船に対して低空からの爆撃・機銃掃射が開始された。

　爆弾が船首の船員用倉庫を直撃し、4名が即死。他にN-1及びN-2船倉にも命中した。船首と船尾で火災が発生して船橋が破壊され、救命器具などがすべて飛散した。

　船は急速に沈んでいき、飛来した飛行機が爆撃するのはもはや船ではなく、海上を漂流する乗組員で、機銃掃射も行われた。このために機関要員3名が死亡した。

＊ワシリエフ検察官、供述書の残余の部分には、「日本側に収容された同船の生存者がその後1年半の間にグレート・ナツナ島（インドネシア）⇒ボルネオ⇒シンガポール⇒ボルネオ⇒ナツナ島⇒シンガポールと、抑留場所が転々と変えられ、帰国を許されたのは1943（昭和18）年6月1日であった」旨の記述がある、と申し立てる。

＊（検）法廷証PX823【発動汽船マイコプ号船長レフチェンコの1942（昭和17）年7月1日付け抗議文書：マイコプ号爆沈事件（1941［昭和16］年12月20日）】＝検察側文書PD1889　証拠として受理され、抜粋が朗読される。

【PX823 朗読概要】

　ソ連の発動汽船マイコプ号は、1941（昭和16）年12月14日、船長である自分を含む高級船員12名と普通船員23名の乗組員合計35名で、ソ連極東商船司令部の指示に従って椰子油1994トンを積載し、ウラジオストックに向かってジャワのスラバヤを出港。同年12月20日午前7時、マイコプは、サランガニ諸島南方33マイルの海域を東北東に航行中であったが、7時10分に単発機2機（水上機と陸上機1機ずつ）が東方から接近してくるのを視認。……胴体と翼には日の丸が見え、日本機であった。天気は良く視界は良好で、船尾にはソ連国旗が翻っていたので、それが見えたことに疑いを入れる余地はなく、船橋の両側に「マイコプ」と大書されていたのも見逃すはずはなかった。にもかかわらず、7時40分に陸上機が、我船舶に対して爆弾を2発投下し、各々船から8メートルと15メートルの至近距離の海面に着弾。この日本機による爆撃による被害のためにマイコプは同年12月26日午前2時にマカル村付近で完全に水没するに至った。

<1946-10-17>

＊（検）法廷証 PX824【ソ連海軍・河川艦隊軍事検察官 1946（昭和 21）年 2 月 19 日付け報告書；マリウポリ号事件（1943［昭和 18］年 11 月 14 日）】＝検察側文書 PD2072　証拠として受理され、抜粋が朗読される。[E: 8053][J: 92（19）]

【PX824 朗読概要】

　タンカーのマリウポリ号は 1943（昭和 18）年 11 月、イソオクタン 8901 トンを積載して米国からソ連に向けて航海中であった。11 月 14 日 18 時 4 分、第一クリル海峡（カムチャッカ半島と千島列島最北端の占守島を隔てる占守海峡）を通過している最中に、コタマリ崎付近の北緯 50 度 48 分東経 156 度 31 分の日本の領海海域で座礁。同船は座礁海域で翌年 1 月 23 日まで何もされずに放置され、船体及び積荷 9,700 トンが失われた。……かなりの積載量があるタンカーのトゥアプセ号が、マリウポリ号座礁の 2 時間後に現場に到着したので、積荷を移し替えてマリウポリ号の船体を曳航できる可能性は充分にあった。それをするには日本側の許可が必要であったが、許可が下りたのは座礁から 35 日後で、その時までに冬季の暴風雪のためにマリウポリ号の被害状況は手の施しようもないほどになっていた。

（11）ワシリエフ検察官、検察主張立証第 IX 局面「ソヴィエト連邦関係」第 5 部「対ソ連三国共同謀議」の検察側立証として、「日本の対ソヴィエト攻撃計画」・「太平洋戦争中の日本の三国同盟への忠実性」に関する証拠書類を提出する。

（英速録 8054〜8068 頁／和速録 92 号 20 頁〜93 号 4 頁）

＊ワシリエフ検察官、「三国同盟に忠実」であった日本政府指導者に被告東条と重光も含まれる、と申し立てる。

＊（検）法廷証 PX825【情報局 1943（昭和 18）年 1 月 21 日付け発表；日独伊三国経済協定締結・PX50「外交関係（1943［昭和 18］）に関する官報告示録」所収関連記事】＝検察側文書 PD1210-B（発表）・C（記事）　証拠として受理され、抜粋が朗読される。

【PX825 朗読概要】

発表からの抜粋

　これらの協定の有効期間は三国同盟条約と同じであって、同盟の主旨を経済部門で実現することを目的とするものであり、三国同盟を拡大・強化するものと言えるであろう。日独伊三国は、同盟条約で確立した政治的連携を終始強化してきたが、ここにまた二つの協定を締結して雄大な経済計画を樹立し、大東亜・ヨーロッパの二大経済圏の総力を挙げて共通の敵に対する戦争遂行を企図すると共に、戦後における二大経済圏間の恒久的経済協力の基礎をも樹立しようとするものである。

記事からの抜粋

　この度の経済協定は、三国同盟条約の精神を経済分野で具現したものであるが、これらの協定が締結されたこと自体が、新秩序の建設が具体化してきて、三国間の経済提携が今後益々緊密化していくことを、如実に示すものである。

＊午後４時、裁判長ウェッブ、翌日９時30分までの休廷を宣する。

◆ 1946（昭和21）年10月18日　　　（英速録8057〜8165頁／和速録第93号１〜16頁）

＊午前９時30分、法廷、再開する。
＊提出済みPX819【ソ連太平洋地区軍検事報告（日付なし）；スヴィリストロイ号爆撃事件（1941〔昭和16〕年12月18日）】＝検察側文書PD2309及び提出済みPX820【ソ連太平洋地区軍検事報告（日付なし）；セルゲイ・ラゾ号拿捕事件（1941〔昭和16〕年12月11日）】＝検察側文書PD2310　検察官ゴルンスキー公使、列挙された事件において発生した死傷者氏名に関する裁判長からの質問（速記録8048頁参照）に返答し、「英訳に間違いはない」としつつも、内容の訂正を申し立てる。即ち、「PX819（速記録8043〜45頁参照）に関して、砲撃によって死亡したのはコベルニコフとエラギンの２人であり、PX820（速記録8045〜46頁参照）に関して、空爆による死者はなかったが、乗組員が海岸の家屋に収容されている最中に英国艦からの砲撃を受けて、その家屋に砲弾が命中し、クリボルチコとボチコの２名が死亡した」、と。
＊被告東条弁護人ブルーエット、前々日の16日に検察側が提出した検察側文書PD2462【東京朝日新聞1941（昭和16）年12月12日付け記事；独伊の対米宣戦布告に際しての東条首相声明】に対する自身の異議（速記録7900〜01頁参照）の撤回を、申し立てる。（理由は述べず）
＊被告重光弁護人ファーネス少佐、前日の検察官の陳述が「三国同盟に忠実な日本政府指導者」の１人として被告重光を名指しした上で、直後に提出したPX825において日独伊三国経済協定をその証拠とした（速記録8054〜55頁参照）ことに関して、PX123によれば重光が外相となったのは同協定が締結された後であることを申し立て、重光がなんの関わりも持っていなかったことに対して、法廷の注意を喚起する。
＊ワシリエフ検察官、検察主張立証第Ⅸ局面「ソヴィエト連邦関係」第５部「対ソ連三国共同謀議」の検察側立証として、「太平洋戦争中の日本の三国同盟への忠実性」に関する証拠の提出・朗読を続行する。
＊（検）法廷証PX826【1941（昭和16）年12月12日付け東京朝日新聞】＝検察側文書PD2462　識別番号を付される。［E: 8060］［J: 93（２）］
＊（検）法廷証PX826-A【同上抜粋；東条首相声明】　証拠として受理され、朗読される。

<1946-10-18>

【PX826-A 朗読概要】

　今や世界は、徒に現状を維持しようとする国家と、ひたすら正しい新秩序を建設しようとする国家との２陣営に分かれて、有史以来空前の大闘争を戦っているが、正しい理由と充実している実力に鑑み、勝利は断じて我陣営が収めることを自分は信じて疑わない。私はここに三国の同盟がいよいよ固くなっていることに心から喜びの意を表すと共に、我々の光栄ある将来への不動の信念を披瀝するものである。

＊提出済み（検）法廷証 PX773-A【1943（昭和18）年12月作成外務省公式声明集（1943［昭和18］年7～12月）抜粋；日独伊軍事協定締結3周年記念日重光外相1943（昭和18）年9月27日付け放送】

【提出済み PX773-A 朗読概要】

　我々は、何事が起きようとも微動だにしない精神を持って偉大な使命を全うするために邁進している。米英がいかに狡知と奸計を駆使してバドリオ政権を新たな背信行為に向けさせようとも、枢軸同盟が動揺することはない。同盟条約は益々その光輝の強さを増して勝利への道を照らし出している。……我々は、自らの存在自体が脅かされたが故に遂に剣を取ったのであるから、我々にとってこの戦争は自存自衛のための戦争に他ならない。我々が勝利に向かってこの戦争を戦い抜く決意をした理由は正にここにある。

＊（検）法廷証 PX827【東京朝日新聞縮刷版（1944［昭和19］年4月）】＝検察側文書 PD2461　識別番号を付される。
＊（検）法廷証 PX827-A【同上抜粋；東条首相1944（昭和19）年4月15日付け演説；東西枢軸陣営呼応し戦争完遂】＝検察側文書 PD2461-A　証拠として受理され、抜粋が朗読される。

【PX827-A 朗読概要】

　彼ら（連合国軍）は、東西から全力を動員して枢軸陣営の国境に迫っているが、我方の堅固な陣営は少しも動揺の色を見せてはおらず、日独伊の最終的勝利への信念と不敗の態勢は益々堅固なものとなっている。
　ヨーロッパでの独伊の勇戦・力闘に対して私は常に敬意を払っている。大東亜地域内諸国・諸民族の戦争に対する完全な協力と大東亜の豊富な重要戦略物資の活用によって、我が国の必勝の態勢は日に日に強くなっている。我が国は飽くまでこの態勢を堅持し、断乎として敵に痛撃を加え、この戦争を完遂する。
　たとえ戦場が東西に隔たっていても、枢軸諸国がいよいよその提携を密にし、力を合わせて、共通の敵米英に立ち向かう必要は益々増大している。この情勢に対処するために、我が国は独伊

を始めとするヨーロッパ盟邦との連絡を密にし、我が国を独伊から離間させようとする米英の策謀を粉砕しなければならない。このようにして相共に戦争遂行に邁進し、大東亜・ヨーロッパ東西相呼応して最後の勝利を獲得してこそ、最終目的を達成できるのである。

* （検）法廷証 PX828【1944（昭和19）年12月12日付けニッポン・タイムズ紙】＝検察側文書 PD2528　識別番号を付される。
* （検）法廷証 PX828-A【同上抜粋；1944（昭和19）年12月11日付け重光外相発リッベントロップ独外相・ベニト・ムッソリーニ伊首相宛三国軍事同盟単独不講和協定3周年記念祝電】証拠として受理され、抜粋が朗読される。

【PX828-A 朗読概要】

　自分がさらに想起するのは、1941（昭和16）年12月11日に三国が新たな条約を締結して、最後の勝利まで共同で戦い抜くことを固く誓い、同時に世界に対して再び世界新秩序の建設という共同の理想の実現を宣命したことである。……それ以来3年間、東西の諸戦場で三国の軍は数々の輝かしい戦果を挙げてきた。……我々は、ヨーロッパは結局、ヒトラー、ムッソリーニ両氏によって救われたと固く信じている。大東亜の戦局は、万人が知っているように、今や決定的段階に入った。前線・銃後での最後の勝利を確信して、我々はこの決戦を最後まで戦う。……決戦が我方に有利に展開しているのは疑いない。我々は、正義の戦いは必ず勝利に終わるということに揺るぎのない信念を持っている。日独伊とその他の枢軸諸国が固く団結している限り、戦争が成功裏に終わることになんら疑いを抱く必要はない。

* （検）法廷証 PX829【1945（昭和20）年1月22日付け官報】＝検察側文書 PD590　識別番号を付される。
* （検）法廷証 PX829-A【同上抜粋；重光外相第86帝国議会（1945［昭和20］年1月21日）演説－枢軸の連携】　証拠として受理され、抜粋が朗読される。

【PX829-A 朗読概要】

　我が国と同盟諸国との連携はいよいよ固くなっており、我々は飽くまでこの戦争を盟邦と共に戦い抜く決意である。この自存自衛の戦いにおいて国際正義実現の共同の戦争目的を達成するために、人類将来の途を開くべき重大な戦闘を東西の同盟諸国と共に戦い抜こうとするのは、我々の最も神聖な使命であると信ずる。

（12）検察官ローゼンブリット大佐、ワシリエフ検察官に替わり、検察主張立証第IX局面「ソヴィエト連邦関係」第5部「対ソ連三国共同謀議」の検察側立証として、「独ソ戦中における日本の対ソヴィエト戦争の計画と準備－『関特演』ほか」関連証拠を提

<1946-10-18>

出する。　　　　　　　　　　　　　　（英速録8069〜8091頁／和速録93号4〜7頁）

＊提出済み（検）法廷証PX667【1941（昭和16）年8月14日付け国民新聞】＝検察側文書PD2367（速記録7309〜10頁）　検察官ローゼンブリット大佐、10月8日に追加の英訳提出という条件付きで証拠として受理されていたPX667について、受理の条件を充たしたとして無条件での受理を申し立てる。法廷、証拠として受理する。

＊（検）法廷証PX830【1941（昭和16）年7月25日付けオット駐日独大使・(アルフレート・)クレッチマー武官発リッベントロップ独外相宛電文1355；日本国内における対ソ戦作戦準備の状況】＝検察側文書PD4052　証拠として受理され、朗読される。検察官ローゼンブリット大佐、提出済み（検）法廷証PX779【1941（昭和16）年7月2日御前会議決定「情勢の推移に伴う帝国国策要綱」】＝検察側文書PD1652を引証し、「当文書は、該国策要綱の内容を参謀本部が実行に移して対ソ戦準備のための動員を進めていたことを示すものである」、と申し立てる。

【PX830朗読概要】

（1）日本と満州で7月10日から徐々に始まった予備役兵召集は、突如として大規模で、もはや隠蔽し得ない程のものとなり、特に第1、4、7、12、16師団において顕著で、ペースは衰えているものの、今日でも続いている。8月中旬までに24〜25歳（英文速記録8072頁の通り。和文原本より採録したであろう和文速記録は「24〜45歳」と記載する。事実としては和文速記録の記述内容が正しいであろう）の予備兵90万名を召集する予定であるが、年長者で召集されているのは運転手、技師、ロシア語に堪能な者のみである。これが完了した後に召集可能な予備役兵は50万となる。

（2）7月10日の予備役召集と同時に、馬・自動車などの徴用指令が出され、少し遅れて関連工場に、糧食・蝋燭などの軍需消耗品を9月末までに準備すべき旨の命令が発出された。

（3）7月11〜12日、電信・電話通信での外国語使用の制限開始。7月20日からは、外国人の日本国内での郵便に対する検閲も開始。

（4）7月12日以来、外国人の汽車・船舶・航空機を利用しての旅行禁止措置の適用範囲が、日本本土・朝鮮・支那・台湾などに順次拡大。日本人の樺太渡航も禁止され、学生は居住地域近在に留まるよう指示されている。

（5）7月10日頃より、第1、16師団の輜重・工兵・砲兵部隊を皮切りに、予備役兵を含む部隊の移駐開始。当面の目的地としては、清津と羅津には現役部隊と一部予備役兵が、天津・上海には予備役兵のみが移送されている。

（6）7月中旬以来、満州では移駐部隊の受け入れや宿営施設の準備を開始。加えて、軍需品の輸送量が増加しているのは、補給基地設営への動きと解釈可能。

（7）私見：

（a）満州と、恐らく北支でも日本軍部隊が増強されているのに加え、朝鮮で新たに軍団が編成されつつある。

（b）参謀本部将校との話によれば、対ソ攻撃に使用されるのは在満・朝鮮の兵力だけではなく、北支那方面軍の一部も投入されることが明らかである。その折の作戦計画は明らかではないが、ウラジオストックなど北方方面に限定されることはなく、バイカル湖方面にも指向され、進撃ルートは満州鉄道に沿ってチタに向かうもの及びカルガン方面から外蒙を通るものになる公算が高い。

（c）作戦開始時期は不明。これに関して私見として言えることは、兵力の展開には8月中旬までかかる事並びに岡本（戦争中に遣独伊連絡使節団の一員となって渡欧し、終戦時スイスのチューリッヒで自決した岡本清福のことか？）と何度か話した際に「ドイツ軍がボルガに達しない限り日本は戦端を開かない」と聞かされたことである。

＊提出済み（検）法廷証PX742【河辺虎四郎第2宣誓供述書】 検察官ローゼンブリット大佐、「速記録7677〜78頁で述べられているように、（関特演関連を含む）作戦計画などの機密文書が終戦時に焼却されたこと」に言及する。被告広田弁護人スミス、証人の証言によって立証されたことを検察官が改めて述べることに異議を申し立てる。裁判長ウェッブ、「有用な証拠を事案に関連付けているだけである」として却下する。

＊（検）法廷証PX831【第1復員局文書課長1946（昭和21）年8月7日付け発行；対ソ作戦計画関係文書焼却証明書】＝検察側文書PD2595-A ［E: 8075］［J: 93（5）］ 検察官ローゼンブリット大佐、河辺証言を補強するためとして、提出する。証拠として受理され、朗読される。

【PX831朗読概要】

以下の文書は存在しないので提出不可能であることをここに証する。
（1）対ソ作戦計画に関する参謀本部第1-2部の全書類（乙案、関特演計画）
（2）日本の対ソ戦準備をめぐる参謀本部・陸軍省と関東軍・朝鮮軍司令部との間の通信。
第1復員局文書課長　美山要蔵

＊提出済み（検）法廷証PX699【1946（昭和21）年2月22日付け三宅光治関東軍参謀長（1928［昭和3］年7月〜1932［昭和7］年5月）宣誓供述書抜粋：関特演計画】 検察官ローゼンブリット大佐、「焼却による文書不存在にもかかわらず、他の証拠が日本の対ソ戦準備を証明している」として、抜粋を朗読する。

【提出済みPX699朗読概要】

1941（昭和16）年末、関東軍指令部から協和会中央本部宛に、表紙に「関特演」と書かれた文書が届けられた。そこに記されていたのは、関東軍司令部が満州国政府に軍事関連の建設事業のために労務者30万人の動員を要求していることであった。

＊提出済み（検）法廷証PX743【1946（昭和21）年2月22日付け秋草俊宣誓供述書抜粋；関特

<1946-10-18>

演】　検察官ローゼンブリット大佐、朗読する。

【提出済み PX743 朗読概要】

問
　関特演について知っていることは？
答
　参謀本部第2部ロシア課長林三郎大佐などとの話から知ったのは、関特演の計画は1941（昭和16）年の独ソ開戦後に迅速に作成されたもので、内容は日本の対ソ侵攻準備計画であった。自分の任務の関係上、関特演の具体的中身のいくつかは直接知ることができた。
（中略）
問
　「関特演」と印が押された文書を見たことがあるか？
答
　ある。1943（昭和18）年に、関特演予算からの支出についての文書を見た。
＊提出済み（検）法廷証 PX670【1946（昭和21）年3月26日付け元満州国総務長官武部六蔵宣誓供述書】＝検察側文書 PD2239　検察官ローゼンブリット大佐、「関特演の真の目的が対ソ侵攻であったことを示すもの」として朗読する。

【提出済み PX670 朗読概要】

問
　「関特演」の通称が付けられている関東軍特種演習について知っていることは？
答
　実際の企図を隠蔽するための秘匿名称で、関東軍はこれによって増強された。計画には、食糧などの送付、労働力の供給、物品の輸送に関する指令が含まれていた。
問
　関特演の存在について知ったのはいつか？　誰から知らされたか？
答
　1941（昭和16）年初めに関東軍司令部第4課長の黒川（邦輔）と、関東軍司令官の梅津から。
問
　梅津は関特演について何か具体的に言っていたか？
答
　関東軍の増強について話し、それら部隊への食糧供給を要請してきた。
問

問
貴殿の指導下で満州国政府が関特演に関連して執るべきとされた方策は？
答
増援部隊への物資の供与と、それら物資の輸送、労務者の動員、その他何でも軍にとって必要なこと。
問
満州国に課せられた任務が完遂されるべき期限は？
答
半年以内。

＊（検）法廷証PX832【1941（昭和16）年9月16日付け梅津関東軍司令官命令写真複写版：関特演に伴う関東軍露語通訳再教育】＝検察側文書PD1973　被告梅津・東郷弁護人ブレークニー少佐、当文書の出所が赤軍検察局であることを指摘し、「出所が同じ他の文書同様、適正な証明書提出を条件として受理されるべきこと」を、裁判長ウェッブに確認する。証拠として受理される。検察官ローゼンブリット大佐、「関特演の存在と、そのためにロシア語通訳養成を日本側が企図していたことを示すものである」、と、前置きして朗読する。

【PX832朗読概要】

別冊「関東軍陸軍通訳補備教育要領」に従って、日本本土の外国語学校とハルビン学院の学生の中で関特演開始以来、陸軍通訳（雇員）として採用されたロシア語通訳要員の補習教育を実施すること。
1941（昭和16）年9月16日　関東軍司令官　梅津美治郎

＊提出済み（検）法廷証PX705【1946（昭和21）年2月21日付け富永恭次参謀本部第一部長宣誓供述書抜粋：1941（昭和16）年の関特演計画は富永参謀本部員自身の立案によるが同時的総攻撃を特徴とする・被告東条の『熟し柿作戦』】＝検察側文書PD1984　検察官ローゼンブリット大佐、「関特演の具体的内容を示すもの」と、前置きして朗読する。

【提出済みPX705朗読概要】

答
関特演の計画が練られたのは、独ソ戦が勃発した1941（昭和16）年中頃。赤軍劣勢の中で、ソ連が極東兵力をヨーロッパ方面に転用することが見込まれ、もしそうなれば極東ソ連地域は容易に占領できると考えた。……関特演の計画は、当時参謀本部にいた自分が立案した作戦計画に基づいたものである。以前に述べたように、当初の計画では複数の戦線での攻勢が、結構な間隔を置いて交替交替になされることになっていたが、関特演ではすべての戦線で一斉に攻勢に出ることとなっていた。……東条は1941（昭和16）年に自分に対して、「ソ連軍の強力な抵抗に遭わ

<1946-10-18>

ずに対ソ戦を戦える今こそが対ソ侵攻の絶好機である。熟柿が落ちるような時機を狙ってソ連と戦端を開けば、我軍の威光は増すことになる。関東軍の戦闘態勢を迅速に完成するためには、在満部隊の数を増やす必要がある」と話した。
問
　当時東条は対ソ侵攻への強い意欲を持っていたということか？
答
　その通りである。

* 提出済み（検）法廷証 PX706【ソ連邦赤軍参謀本部文書「関東軍・日本陸軍の兵力増強表（1932～45［昭和7～20］年）」】　検察官ローゼンブリット大佐、引証し、「関特演の結果、1942（昭和17）年1月には関東軍の総兵力が110万になり、戦車と航空機の数はそれぞれ2倍と3倍になった」、と申し立てる。
* （検）法廷証 PX833【松浦九州男（和文速記録では「楠雄」と誤記）元内蒙古軍暗号課長宣誓供述書；対ソ攻撃準備】＝検察側文書 PD2153　［E: 8084］［J: 93（6）］　証拠として受理され、抜粋が朗読される。検察官ローゼンブリット大佐、「同時期に内蒙の日本軍も対ソ侵攻を計画していたことを示す証拠である」、と申し立てる。被告東郷・梅津弁護人ブレークニー少佐、「当供述書には誘導尋問とそれによって導き出された返答が多々見られる」、「それらの部分は慮外に置くべきである」と異議を申し立てる。裁判長ウェッブ、理由を述べずに却下する。

【PX833 朗読概要】

　独ソ戦勃発後の1941（昭和16）年6月23～24日頃、北支那方面軍司令官岡村（寧次）は、暗号電報で、駐蒙軍司令官甘粕（重太郎）中将、同軍先任参謀鏑木正隆大佐を北京の北支那方面軍司令部に招致。両名が北京に向かったのは24日であった。
　北京から戻った直後の7月5日頃、甘粕司令官は、隷下の部隊長を全員呼んで会議を開いたが、その会議では対ソ戦準備に関する指示が与えられた模様である。即ち、対ソ作戦行動において駐蒙軍は関東軍と共同する必要があるとの指示であった。……同時に、支那軍ゲリラ部隊討伐の任にあたっていた第26師団長は、揮善達克（和文速記録の漢字表記に従う）砂漠方面で外蒙への作戦行動を開始するための準備をするよう命令を受けた。……1941（昭和16）年9月初旬、関東軍司令部から情報主任参謀甲谷（悦雄）中佐が飛行機で来着。
　1941（昭和16）年6月以来、満期による除隊措置が停止され、新規召集兵の到着と共に兵力は増強された。同年6～12月の間に新着した兵は5,000を数えた。……対ソ攻撃の問題は、日本軍士官の間で公然と議論されていたと言わざるを得ない。軍情報班付の真井一郎大尉は、外蒙への攻撃作戦は、シベリア鉄道を寸断して極東ソ連軍への補給を困難にさせるために、ウランバートル・ザバイカル方面に指向されることになる、と言っていた。
* 被告梅津・東郷弁護人ブレークニー少佐、松浦証人の現在の所在地と戦犯指名されているかな

2—9—5　検察主張立証第Ⅸ局面「ソヴィエト連邦関係」第5部「対ソ連三国共同謀議」

どについて質し、同証人の喚問を求める。検察官ゴルンスキー公使、「供述書に証言が記録された日本人証人すべてについて現在、モスクワに関連情報を照会中である」と、応答し、回答があり次第法廷に報告することを約す。裁判長ウェッブ、証人喚問について「考慮する」、と申し渡す。

＊被告荒木弁護人マクマナス、「提出済み PX787【1940（昭和15）年12月18日枢密院議事録】＝検察側文書 PD1285 に出てくる荒木は、被告荒木とは別人である」と指摘して、記録に留めるよう要請する。（実際は、PX833 の抜粋を朗読する前にこの発言がなされているが、便宜上ここに記す）

＊提出済み（検）法廷証 PX686-A【総力戦研究所第1回総力戦机上演習極秘討論会（1941〔昭和16〕年）抄録抜粋；対ソ戦延期の決定】　検察官ローゼンブリット大佐、引証し、「日本の対ソ参戦が 1941（昭和16）年夏から翌年7-8月に延期されたことを示している」、と申し立てる。

(13) 証人瀬島龍三もと陸軍中佐—1940（昭和15）年1月より1944（昭和19）年8月までの間、陸軍参謀本部第1（作戦）部員、1945（昭和20）年、関東軍第1課参謀、証言時ソヴィエト赤軍の捕虜—、証言台に登壇し、検察主張立証第Ⅸ局面「ソヴィエト連邦関係」第5部「対ソ連三国共同謀議」の検察側立証として、「1939、1941、1942（昭和14、16、17）年度参謀本部・1941（昭和16）年度関東軍対ソ戦不測事態対応計画」について、宣誓供述書によって証言する。

(英速録 8093〜8126 頁／和速録 93 号 7〜11 頁)

＊検察官ローゼンブリット大佐、直接尋問を開始する。人定質問の後、検察官、日本語で記された宣誓供述書は瀬島証人が記して署名したものであることを当人に確認し、法廷に提出する。（検）法廷証 PX834【1946（昭和21）年9月27日付け瀬島龍三宣誓供述書】＝検察側文書 PD2673　証拠として受理される。

【検察側証人瀬島龍三に対する宣誓供述書による検察側直接尋問】

＊午前10時45分、法廷、15分間の休憩に入る。
＊午前11時、法廷、再開する。[E: 8095][J: 93 (7)]
＊検察官ローゼンブリット大佐、直接尋問に替えて、提出済み PX834 を朗読する。

【PX834 朗読概要】

　自分は 1911（明治44）年生まれである。陸軍士官学校を 1932（昭和7）年に、陸軍大学校を 1938（昭和13）年に卒業。1940（昭和15）年1月に参謀本部付、翌年12月に第1（作戦）部員となり、そこで 1944（昭和19）年8月まで勤務。宣誓の下、自分が参謀本部に勤務していた際

<1946-10-18>

に任務遂行中に知り得た以下の事実を証言する。

1. 対ソ作戦計画

1-1. 1939（昭和14）年の対ソ作戦計画

参謀本部第1部第2（作戦）課付当時の1940（昭和15）年1月から翌年12月まで、自分は、機密文書の管理・保管と保管期日を過ぎた文書の焼却処分を担当しており、同時期の後半には作戦計画の立案にも携わった。

1941（昭和16）年春頃、焼却予定文書中に1939（昭和14）年の作戦計画書があった。文書保管庫での通常保管期間は2年だったのである。焼却前に内容を一瞥したが、その中には同年の対ソ作戦計画があり、その概要は今も記憶している。計画によれば、日ソ開戦の場合、主力を満州東部に集結させ、極東ソ連領に攻勢をかけることとなっていた。その場合、関東軍はウォロシーロフ、ウラジオストック、イマン、ハバロフスク、ブラゴベシチェンスク、クイビシェフスカを占領する予定であった。

1-2. 1941（昭和16）年の対ソ作戦計画

正式に第2課員となってからは、様々な作戦・用兵計画を自分で発案しなければならなかったため、作戦計画の内容についてより詳細に知り得ることとなった。

1941（昭和16）年の作戦計画では、日ソ開戦の場合、関東軍はその主力を沿海州に進攻させ、一隊はブラゴベシチェンスク・クイビシェフスカ方面、もう一隊はハイラル付近に向けられ、予備はハルビンに集結させることとなっていた。攻勢発起点としては、綏芬河方面から（英文速記録8097頁のママ。和文速記録ではここに「綏芬河方面からウォロシーロフ」と記されている。英文速記録ではこの「ウォロシーロフ」という地名が欠落している）に、黒河付近からブラゴベシチェンスク・クイビシェフスカを目指す予定で、ハイラル付近の部隊は他方面の作戦を援護するために守勢をとる予定であった。沿海州占領が目的で、ブラゴベシチェンスク・クイビシェフスカ方面に進出する部隊は、鉄道を寸断してソ連軍の補給・増援を不可能にすることを目的としていた。

作戦第1段階での占領目的地はウォロシーロフ、ウラジオストック、ブラゴベシチェンスク、イマン、クイビシェフスカ、ルクロボで、第2段階では状況の許す限り北樺太、カムチャッカのペトロパブロフスク、黒竜江のニコライエフスク、コムソモルスク、ソフガバン占領を目的とする。

参謀本部で策定された陸軍の作戦計画に加えて、陸海軍の緊密な協力の下に行われるべき協同作戦もあった。それらの中で、軍令部で策定されたものは参謀本部に送られて作戦計画の一部を構成することとなり、1941（昭和16）年の海軍の計画は、(1) ペトロパブロフスク及び北部樺太への上陸援護、(2) ソ連太平洋艦隊に対する攻撃とウラジオストックの封鎖、(3) 対馬海峡確保による日本本土と朝鮮・満州の間の航路の防衛を、柱としていた。

1-3. 1942（昭和17）年の対ソ作戦計画

この年に策定された計画は1944（昭和19）年春まで公式のものとされていたが、何度もそれを目にした自分は、その概要を記憶している。

以前の作戦計画同様、攻勢計画で、奇襲攻撃で始まることとなっていた。

作戦のために満州に集結予定の兵力は、30個師団で、主力は満州東部に、他の兵力は孫呉とハイラルに配置されるという計画であった。第1の作戦正面では第2、3、5、20軍がウォロシーロフに向かって並進し、同市近郊での決戦を予期していた。第2の作戦正面を担当するのは第4、8軍で、スウォボドヌイとクイビシェフスカ地区で、所在のソ連軍を撃滅して鉄道を寸断することを目的としていた。そして、第6軍は、西部方面で陽動作戦を行うこととなっていた。第1段階では、沿海州の諸都市やブラゴベシチェンスク、スウォボドヌイ、クイビシェフスカを在満部隊が、北樺太を北海道の部隊が、そしてカムチャッカのペトロパブロフスクを日本本土の部隊が、占領する予定であった。

同時期の海軍の計画は前年の計画を踏襲しており、翌1943（昭和18）年も同様であった。

対ソ戦が実際に開始されるかどうかについての決定は自分の関知するところではなく、自分が知っていたのは作戦計画上の軍事事項だけであったので、政治関連事項については知らない。

2．関特演

独ソ戦勃発後の1941（昭和16）年夏に実施された関東軍増強について自分が知り得た事実は以下の通りである。

A．同年夏頃、参謀本部第1部で、関東軍に2個師団を増派する旨の勅令の手書き版を見た。

B．同じ頃、やはり第1部で、関東軍隷下の15個師団を準戦時編成に改変する旨の印刷版命令を見た。この命令は第1部の各課に配布された。

C．各地域から動員状況について参謀本部に送られて来た電文を見て、同年行われた動員が関東軍への増援のためであることを知った。その時に動員された人員が約30万名であったことは、翌年の関東軍の兵力から割り出した。動員を隠密裏に行うために、出征兵士に対する通常の盛大な見送りは禁止され、それが故に東京駅を兵員用列車が通過・出発する際には実に静かであったことを記憶している。

上記は、自分が直筆で記したものであり、内容は真実である。

＊被告東条弁護人清瀬博士、反対尋問に立つ。［E: 8103］［J: 93（8）］

【弁護人清瀬博士による検察側証人瀬島龍三に対する反対尋問】

弁護人審問

①参謀本部の作戦計画と政府の決定との関連について、

①-1．供述書の中で証人は「対ソ戦が実際に開始されるかどうかについての決定は自分の関知するところではなく」と述べているが、このような作戦計画は、政府の開戦企図の有無に関わらず定期的に作成されるものではないのか？

①-2．我が国の制度上、統帥部は天皇の輔弼機関である政府から独立した存在であったから、そのような立場で作戦計画策定にあたっていなかったか？

①-3. 供述書で触れていた作戦計画は政府・内閣の指示に従って作成したものか？
証人応答
　①-1. 参謀本部の作戦計画と政府の政策との関連について自分は知る立場になかった。戦争開始といった非常事態に常に備えられるよう、毎年策定していた。
　①-2. 政府と統帥部の関係といった事項については自分は知る立場にはなかった。
　①-3. 常に直属上官の命によって作成したものであり、内閣から直接命令が来ることなどなかった。
弁護人審問
　①-4. では、特定国に対する作戦計画が作られたという事実は、政府・内閣が同国に対して開戦企図を有していたことを意味しないのではないか？
＊裁判長ウェッブ、「供述書の内容の範囲外の事項であり、当時占めていた地位に鑑みて証人が見解を述べられることではない」、と申し渡す。
弁護人審問
　②攻勢計画と防勢計画について、
　②-1.（弁護人、証人が1941～42（昭和16～17）年の作戦計画立案に携わっていたことは確認した上で）1944～45（昭和19～20）年の作戦計画は策定されたか否か？
　②-2. 1944～45（昭和19～20）年の計画の概要は如何？
証人応答
　②-1. 策定された。
　②-2. 戦略的防勢計画。
弁護人審問
　②-3. たとえ作戦計画が攻勢計画であったとしても、侵攻的要素があったとは言えないのではないか？
＊検察官ゴルンスキー公使、「証人が自らの供述書の内容に基づいて答えられる質問ではない」と異議を申し立てる。弁護人、裁判長の示唆に従って審問を続行する。
弁護人審問
　②-4. 攻勢作戦と防勢作戦の相違は何か？
証人応答
　②-4. 軍事作戦が攻勢・防勢のいずれであるかは純戦略的問題であり、攻勢作戦が侵攻戦争に繋がるか否かは、作戦計画自体が扱う問題ではないので、自分には何とも言えない。
弁護人審問
　③その他の事項について、
　③-1. 証人は、概要を述べた1942（昭和17）年の対ソ作戦計画について、「第1～2段階の作戦に続き西部地域でも攻勢に出る」という第3段階があるような説明をしていたが、その通りか？
　③-2. 日露戦争以来、対露・対ソ作戦計画が策定されなかった年があったか？

③-3. 関特演で増強されて以降、関東軍の兵力が他に転用されたことはなかったか？

証人応答

③-1. 自分が知る限り、西部の外蒙・バイカル湖方面への作戦は企図されていなかった。

③-2. 分からない。

③-3. 相当数が 1943（昭和 18）年以降、太平洋方面の対米戦用に転出させられた。

＊被告梅津・東郷弁護人ブレークニー少佐、反対尋問に立つ。［E: 8109］［J: 93（9）］

【弁護人ブレークニー少佐による検察側証人瀬島龍三に対する反対尋問】

弁護人審問

①作戦計画実行にあたっての参謀本部と現地軍司令部との関係について、

①-1. 証人が参謀本部第2部第2課（英文速記録8109頁の通りであるが、「第1部第2課」の誤りであろう。「第2部」は、「情報」であった。証人が訂正していないのがやや不審である）にいた時の職務は？

①-2. 作戦計画策定に如何様に関わったか？

①-3. それらの作戦計画はすべて参謀本部が策定したのではないか？

①-4. 作成は参謀本部だけが行い、外部からの支援は一切受けなかったのか？

①-5. では、関東軍司令官はそのような作戦計画作成に何も関わっていなかったのではないか？

①-6. では、参謀本部の作戦計画は参謀本部からの命令と考えてよいか？

証人応答

①-1. 当初は一般事務、後に用兵関係。

①-2. 策定に参加したこともあり、完成された計画を見る機会もあった。対ソ作戦のみならず、1943（昭和 18）年以降はフィリピン作戦までの対米作戦案も策定した。

①-3. 参謀総長の指導の下に作成され、天皇に奏上して裁可を得た後に正式の作戦計画となった。

①-4. その通り、受けなかった。

①-5. 参謀総長は裁可を受けた作戦計画を関東軍司令官に伝達すると同時に、実施のための指示を発し、それに基づいて関東軍司令官は、現地での具体的作戦計画を作成する。

①-6. 参謀総長は、天皇の裁可を受けた特定年度の作戦計画に関連する作戦指示・命令を関東軍司令官に対して発出するが、関東軍司令官はそのよう参謀総長からの指示・命令と同時に勅命・勅令も受けるので、司令官は天皇の命に従って事を起こすこととなる。（先の説明を敷衍する）

弁護人審問

②参謀本部の年次作戦計画について、

②-1. ソ連以外の国家を対象とする年次作戦計画は策定されなかったか？

証人応答

②-1. 交戦中の国家に対しては毎年作成されていた。平時においては 1939（昭和 14）年当時、

<1946-10-18>

対ソ戦に加えて対米英戦の作戦計画が作られていた。
弁護人審問
　②-2. 対支作戦については？
＊裁判長ウェッブ、「証人は特定年度の計画については証言していたが、それが年次計画作成という方針に基づくものとは言っていないのではないか？」と、弁護人に質す。
弁護人審問
　②-3. 参謀本部がそのような年次計画を作成していたか？
　②-2. （繰り返し）対支作戦の年次計画もあったか？
証人応答
　②-3. 作成していた。供述書の中で言及した1939（昭和14）年や1941～42（昭和16～17）年の作戦計画も、年次計画であった。
　②-2. 自分が目にしたのは、日華事変開始後、1939（昭和14）年以降の対支作戦計画のみであった。
＊裁判長ウェッブ、自ら問いを発す。
裁判長審問
　②-4. 1937（昭和12）年以前の他の国に対する作戦計画について証人は知っているのか？
証人応答
　②-4. 知らない。
弁護人審問
　②-5. 参謀本部にいた時分、有事の際の対フィリピン、対仏印などの作戦計画はあったか？
　②-6. 証人は「それら作戦計画は新たな計画が策定された後に破棄される」と証言したが、仮想敵国に対する作戦計画は毎年改訂されて古いものは破棄されるということか？
証人応答
　②-5. フィリピンに関しては作戦計画があったが、他については記憶にない。
　②-6. その通り。国際情勢の推移によっては、年度内でも改訂されることがあった。
弁護人審問
　②-7. そのような慣行は他の国の参謀本部でも行われていないか？
＊裁判長ウェッブ、「それを訊く前に証人が日本以外の参謀本部で勤務したことがあるかどうかを問うべきである」と遮る。ブレークニー弁護人、「他国の参謀本部での勤務歴がないのは明らかであるが、自分が質したのは証人がそれについてなんらかの知識を持っているか否かである」、と申し立てる。ウェッブ裁判長、「他国でも類似の計画が策定されているのは明らかであるが、その具体的内容・作成態様については自分も証人も知らないであろう」、と示唆する。弁護人、「自分も知らない」と応答し、「他の質問に移る」と申し立てる。
＊法廷、正午の休憩に入る。
＊午後1時30分、法廷、再開する。［E: 8117］［J: 93（10）］

＊被告梅津・東郷弁護人ブレークニー少佐、反対尋問を続行する。
弁護人審問
　③「攻勢計画」の発動時期について、
　③-1．1942（昭和17）年に策定された攻勢に主眼を置いた作戦計画は、「攻撃は最大の防御なり」という原則に基づいて作られたものか？
＊裁判長ウェッブ、「証人に訊くまでもないこと」と評言するが、証人が返答することは許可する。
証人応答
　③-1．攻撃が最大の防御であることは戦略上の原則である。
弁護人審問
　③-2．1942（昭和17）年の計画は、作戦が開始されるべき時期を特定していたか？
　③-3．実際問題として、参謀本部からの命令がなければ、作戦計画は実施に移されることがなかったのではないか？
　③-4．1939〜40（昭和14〜15）年当時の対ソ作戦計画は実施に移されたか？
証人応答
　③-2．特定してはいなかった。
　③-3．作戦開始時期は統帥権に属する事項であり、関東軍司令官などの現地の指揮官は独自の判断を下せないことになっていた。
　③-4．1939（昭和14）年の計画については実施されたとは思わない。それ以降については日ソ間で戦争状態が生起するまで実施されないこととなっていたので、1945（昭和20）年8月8日の日ソ開戦まで実施されなかった。
弁護人審問
　④日ソ両軍の兵力比較について、
　④-1．証人は対ソ作戦計画を作成する際には、ソ連軍兵力の推算などを参考にしなかったか？
　④-2．それでも、作戦担当課員として、そのように第2部で用意された情報を作戦計画策定の際に考慮に入れなかったか？
証人応答
　④-1．ソ連の国力・軍事力・作戦遂行能力などは軍事関連情報を取り扱う参謀本部第2部の所管事項であり、自分は詳細を知る立場になかった。
　④-2．考慮に入れた。
弁護人審問
　④-3．そのような情報によれば、証人が参謀本部で勤務していた時期の関東軍と極東ソ連軍の兵力比はどのようなものであったか？
＊検察官ゴルンスキー公使、「直接尋問の範囲に含まれない事項である」と異議を申し立てる。
　裁判長ウェッブ、「許容されるべき類の質問であるが、ソ連軍の兵力に重点を置くのがよい」と、弁護人に示唆する。

<1946-10-18>

弁護人審問
　④-4. 作戦計画の策定は、ソ連軍の如何様なる兵力推計に基づいて行ったか？
　④-5. この数値を当時の関東軍の兵力と比較して欲しいが？
　④-6. 証人が参謀本部にいた時期を通してその比率は変わらなかったと言えるか？
　④-7. 証人が参謀本部で作戦計画を策定していた時期において、関東軍兵力は第2部推計の極東ソ連軍兵力よりもかなり下回っているのが常でなかったか？

証人応答
　④-4. 推計は年毎に変わるので正確な数値は記憶していないが、1942（昭和17）年に関わる第2部の推計では、極東ソ連軍の地上部隊は25個師団となっていた。
　④-5. 関東軍の当時の在満兵力は、約15個師団。
　④-6. 両軍の戦力を比較する場合、航空戦力・地上軍兵力・兵站能力・地勢要因などを考慮する。正確な数値は記憶していない。
　④-7. 先程自分が述べたのは師団数で、全般的戦力比較のためには航空戦力や他の要素も加味しなければならない。

弁護人審問
　④-8. 関東軍が総合的戦力という観点から見ても極東ソ連軍より劣っていなかったか？
＊証人、「兵員数から見てということか？」、とブレークニー弁護人に質す。裁判長ウェッブ、「それで充分ではないか？」、と弁護人に質す。弁護人、「如何様にでもよいから戦力比較ができたらしてほしい」と迫る。証人、「完全・正確な答ができるほど記憶が定かではない」、と応答する。
＊被告荒木弁護人マクマナス、反対尋問に立つ。[E: 8122] [J: 93（11）]

【弁護人マクマナスによる検察側証人瀬島龍三に対する反対尋問】

弁護人審問
　①証人が脅迫的環境の下に証言している可能性について、
　①-1. 証人が抑留されてから当法廷に来るまでの一連の経緯は如何？
　①-2. セミョーノフとロジャエフスキーを知っているか？　収容所で彼らに会ったか？
　①-3. 彼らが処刑されたことは承知しているか？

証人応答
　①-1. 昨年9月1日に山田（乙三）関東軍司令官に同行してハバロフスクに赴き、そこで2カ月間留め置かれた後に、士官用の収容所に入れられた。戦犯指名は受けていない。東京に来たのは先月17日。当事案について自分に聴取をした検察官はローゼンブリット検察官とキーナン首席検察官だけで、最後に話をしたのはキーナン首席検察官と2日前である。
　①-2. 知らない。会っていない。

①-3. 知らない。
* 裁判長ウェッブ、質問の趣意を質す。マクマナス弁護人、「当法廷に喚問されずに処刑された人物がいたことが当証人の証言に影響を与えた可能性について探ろうとした」、と申し立てる。
* 検察官ローゼンブリット大佐、再直接尋問を行う。［E: 8125］［J: 93（11）］ 検察官、「反対尋問の際に証人は、作戦計画策定は統帥部の所管事項で外部からの干渉は一切受けなかった旨証言したが、対ソ作戦を含む作戦計画をめぐって政府高官などからなんらかの任務を与えられたことはなかったか？」、と質す。証人、「自分が知る限り、外部からの干渉は一切なかった」と、改めて応答する。
* 瀬島龍三証人、通例の条件の下で証人の任を解かれ、退廷する。

（14）検察官ローゼンブリット大佐、検察主張立証第Ⅸ局面「ソヴィエト連邦関係」第5部「対ソ連三国共同謀議」の検察側立証として、「独ソ戦中における日本の対ソヴィエト戦争の計画と準備」に関する証拠の提出を再開する。

(英速録8126〜8136頁／和速録93号12〜13頁)

* （検）法廷証PX835【喜多誠一関東軍第6軍司令官（1941［昭和16］年10月〜1944［昭和19］年10月）1946（昭和21）年4月23日付け宣誓供述書】＝検察側文書PD2467 検察官ローゼンブリット大佐、「1942（昭和17）年の対ソ計画の性質に触れた瀬島証言の内容を裏打ちするものである」、と申し立てる。被告木戸弁護人ローガン、「当文書の一部に、なんの証拠の裏付けもなく結論を提示している部分があり、そのような箇所は法廷が担うべき役割を簒奪するものである」と、該当部分が証拠として受理されることに異議を申し立てる。裁判長ウェッブ、「文書全体を読んで検討した上で判断する」と、言い渡す。証拠として受理され、抜粋が朗読される。

【PX835朗読概要】

1. 黒河方面
　この地区は平時には、第4軍の2個師団と国境守備隊の1部隊があり、軍司令部の所在地は孫呉。対ソ戦勃発の際には第2方面軍とN軍（後に第8軍と改称された模様）がチチハルと黒河に配備されることとなっていた。この戦時態勢は、本土から4個師団を移送することによって完成される予定で、そうなった暁には第2方面軍は6個師団（孫呉の第4軍の3個師団、黒河の第8軍の2個師団、方面軍直轄の1個師団）を有することとなる。第2方面軍隷下にはさらに第23師団と阿爾山支隊（約1個師団相当）からなる第6軍があったが、この部隊にも開戦時には1個師団増強されることとなっており、将来的にはさらに2個師団の追加配備が予定されていた。

2. 沿海州方面
　この方面の平時の兵力は、合計8個師団で、内訳は第5軍と第3軍が各々3個師団、琿春の第

<1946-10-18>

71師団及びチャムス駐留の関東軍直轄師団一個。これに、戦車師団2個が加わる。1941（昭和16）年に第20軍司令部が鶏寧に置かれ、その隷下に第3軍、第5軍から1個師団ずつが移された。日ソ開戦の際には、乙計画に従って第1方面軍と第2方面軍の司令部が牡丹江と間島に置かれることになっていた。この地区には日本本土と支那からさらに8個師団が移送される計画で、そうなると、第1方面軍の兵力は合計15個師団と戦車師団2個（第5軍の3個師団と戦車師団1個、第20軍の5個師団と戦車師団1個、第3軍の3個師団、第2軍の2個師団、そして第1方面軍直轄の2個師団）となる（第1方面軍が第2方面軍の指揮下に入るということか？ 若干不審である）。

これに加えて、航空機1,000機を有する関東軍直轄の航空軍があった。以上が乙案における対ソ開戦直前の東部、北部、西部地区での関東軍の部隊配備計画の概要である。

3. 攻勢計画

乙案では、バイカル湖に至る全極東ソ連領を4段階で制圧する。

3-1. 第1段階

第1段階では、第2方面軍指揮下の第4軍とN軍が、孫呉・黒河付近の国境地域でソ連領内への発砲などによる陽動作戦を行って攻勢開始間近のように見せかけるが、実際の攻勢には移らない。このようにして赤軍部隊を同地域に誘引し、赤軍が攻勢に出た場合にはそれを阻止する。第6軍はハイラルと阿爾山の位置を維持し、チタ方面から満州に向けて赤軍の進撃があった場合には、所在地域を堅守してその進出を阻む。このような状況が現出した際には、沿海州の第1方面軍は、以下の計画に従って決然たる行動に移る。……これら部隊はすべて、赤軍をウォロシーロフに圧迫し、同市占領の後一部は、元山の海軍と協力してウラジオストックを包囲・占領する。これによって第1段階は終了する。第1段階の主要目的は、沿海州を完全に占領して、同州所在のソ連空軍による日本本土及び満州の主要産業地帯に対する空襲の脅威を除去することにある。

3-2. 第2段階

第1段階が成功裏に終了した場合、第1方面軍は、占領後の沿海州警備に一部を充てる以外は、主力を鉄道線路沿いにハバロフスクに指向させる。チャムスクの師団は、レニンスク正面の地域を確保して、近在の第1、2軍の側面を援護する。同時に、第2方面軍隷下の第4軍とN軍は、第1方面軍と協力して黒河付近からの攻勢を開始し、アムール川を越えてブラゴベシチェンスク、クイビシェフスカ、スボドヌイを制圧して、シベリア鉄道の遮断を企図する。その後、一部は西方地域を守備し、主力はハバロフスクに向かって東進する。その上で、第1、第2両方面軍は、ハバロフスクを両側から協同して攻撃して所在の赤軍に決戦を挑み、同市を占領する。これによって第2段階は終了する。

3-3. 第3段階

ハバロフスク占領後、第2方面軍は、直ちに西進してザバイカル方面での将来の攻勢作戦での増援部隊となるべく準備する。ハイラルの第6軍は、攻勢に備えて隷下の兵力を4個師団に増強し、沿海州では第1方面軍が、重要拠点と第2方面軍の背後の安全を確保する。その上で、第2方面軍主力は、準備が整い次第チタに向かって鉄道沿いに西進を開始する。第2方面軍主力が、

モガチャに到達し次第、第6軍は、三河・満州里付近で越境攻撃を開始し、第2方面軍主力と協同してチタ及びその南方地域に進出する。チタとその周辺の重要地域の制圧によって第3段階は終了する。

3-4. 第4段階

この段階の目的は、バイカル湖に至るまでのザバイカル地域の占領にあるが、計画の内容については知らない。

4. 外蒙作戦

第3段階での第6軍の攻勢開始に合わせて、1個師団規模の阿爾山支隊は、第2方面軍の直轄部隊となり、在満蒙古部隊を指揮下に入れて阿爾山からタムサンボラン、バイントメン、ウランオラサモン経由でチタに進撃する。この部隊は、外蒙東部を進むことによって、第2方面軍の右翼を援護する。さらに、大本営は、北支から機械化軍団1個を転用して張家口からウランバートルに向けての作戦を開始する予定であったが、これ以降の段階での作戦計画については自分の知るところではない。

以上が、対ソ攻勢計画の大要である。1942（昭和17）年のこの計画は、参謀本部と関東軍が策定したものである。内容は毎年改訂されたが、1944（昭和19）年中頃までこのような計画が存在し続けていた。実行できなかったのは、大東亜戦が不利となったからである。

＊検察官ローゼンブリット大佐、「当時被告梅津が関東軍司令官で、被告東条は首相兼陸相であったこと」に法廷の注意を喚起する。被告梅津・東郷弁護人ブレークニー少佐、「通例の如く」として、証人の現在の所在地や、戦犯指名の有無などを問い、反対尋問のための喚問を要求する。被告広田弁護人スミス、供述書中に「1935（昭和10）年、日本はあらゆる手段に訴えてソ連に東支鉄道の利権を売却するよう迫った」という記述がある（朗読されなかった部分であると思われる）ことを指摘し、「同供述書記載のいかなる事実によっても裏打ちされていないこのような結論的色合いをもつ陳述は法廷の職分を侵すもので、証拠から除外されるべきである」と、異議を申し立てる。裁判長ウェッブ、「スミス弁護人の指摘した部分は、供述書の他の部分の内容と関連性がない」として、異議を容認し、朗読前に申し立てられたローガン弁護人の異議も同様の理由で容認する。喜多証人の喚問については、「考慮する」、と申し渡す。

(15) 証人松村知勝もと陸軍少将—1941（昭和16）年10月より1943（昭和18）年8月までの間、陸軍参謀本部第2（情報）部第5課長、同月より関東軍司令部第1課長、1945（昭和20）年3月までの間、関東軍参謀副長、証言時ソヴィエト赤軍捕虜—、証言台に登壇し、検察主張立証第Ⅸ局面「ソヴィエト連邦関係」第5部「対ソ連三国共同謀議」の検察側立証として、「参謀本部・関東軍内の対ソヴィエト戦不測事態対応計画」について、宣誓供述書によって証言する。

（英速録8138〜8159頁／和速録93号13〜16頁）

＊検察官ローゼンブリット大佐、直接尋問を開始する。

<1946-10-18>

【検察側証人松村知勝に対する宣誓供述書による検察側直接尋問】

＊検察官ローゼンブリット大佐、人定質問の後、証人に文書を手交し、それが証人の直筆による宣誓供述書で、証人自身が署名したものであり、証人がその内容を真実と認めたものであることを確認した上で、該文書を法廷に提出する。（検）法廷証PX836【松村知勝1946（昭和21）年9月27日付け宣誓供述書】＝検察側文書PD2672として受理され、朗読される。

【PX836朗読概要】

自分は1929（昭和4）年から様々な職掌で参謀本部に勤務し、1941（昭和16）年に第2部（情報）5課（ソ連）課長となった。1943（昭和18）年8月に、関東軍司令部第1（作戦）課長として転出し、1945（昭和20）年3月に関東軍参謀副長となって、終戦までその地位にあった。これらの時期に職務遂行上知り得た事実について、以下のように証言する。

1. 1943（昭和18）年に関東軍司令部に作戦課長として赴任した際に最初に申し継ぎを受けたのが、作戦計画についてであった。それは、参謀本部の1942（昭和17）年作戦計画実施に関する指示と、その指示に基づいて関東軍司令部が作成した司令部自身の作戦計画であった。

1-1. 参謀本部の関東軍司令部に対する指示は、作戦計画策定の際には沿海州の占領と同州所在の航空基地の覆滅を全般的目的とし、主攻勢はウォロシーロフに指向すべしとの内容で、沿海州占領に引き続きさらなる作戦の準備をする旨命じていた。

1-2. 参謀本部の指示に従って策定された関東軍の作戦計画には、①関東軍の全般的任務、②兵力区分、③各方面軍・軍の任務が記されていた。

1-2-1. ①は参謀本部の指示に盛り込まれていたものであった。

1-2-2. ②では、対ソ作戦には第1方面軍、第2方面軍、第6軍が参加予定とされていた。第1方面軍を構成するのは第2、3、20、5軍の合計15個師団及び2個戦車師団であった。これ以外に、独立師団1個がチャムスにあって、第1方面軍の左翼を援護。第2方面軍は第4軍と他のもう1軍に所属する合計7個師団からなり、第6軍隷下の師団数は4。この他に、歩兵3個師団が予備兵力として控え、4個航空師団からなる第2航空軍は関東軍直轄部隊となっていた。

1-2-3. ③の内容は以下の通り：

第1方面軍：

第2軍は、間島地域から南部ウスリー方面に進撃し、第3軍は東寧地区から、第20軍は興凱湖西方から、各々ウォロシーロフに進攻。第5軍は、虎頭地区からイマン地域に進出して南北に伸びる敵の兵站線を遮断。その後、一隊は北翼を援護し、もう一隊は南下して主力のウォロシーロフ攻略を支援する。計画には明示されていなかったが、ウォロシーロフに続いてウラジオストック攻略も企図されていたと思われる。

第2方面軍：

　　　　第4軍ともう一つの軍が各々、孫呉と黒河地区にあって、アムール川方面からのソ連軍を牽制する。
　　　　第6軍：
　　　　　興安嶺でザバイカル方面からのソ連軍に対して守勢をとり、第1方面軍の攻勢を援護する。
　1-3．この作戦計画書に署名・捺印していたのは、梅津関東軍司令官と参謀長の笠原（幸雄）中将、及び（作成当時の）作戦課長であった田村（義富）大佐であった。対ソ戦が実行される予定であったか否かは自分の知るところではなく、自分が知悉していたのは作戦関係事項のみである。対ソ戦で達成すべき政治目的などは政府の管掌事項であったので、自分は何も知らない。1943（昭和18）年の対ソ作戦計画については、参謀本部がなんら新しい指示を送ってこなかったので、陸軍の慣例に従って前年の計画が踏襲された。
　2．1941（昭和16）年1月に自分が参謀本部第2部5課長に就任した直後、第2部長の岡本清福中将が、5課で収集したソ連関係情報を16課（ドイツ）に伝達するよう自分に指示した。岡本部長の説明では、駐日ドイツ大使館付武官のクレッチマーがそのような情報を欲しているとのことであった。それ以降、岡本部長とその後任の有末精三の命に従って、極東ソ連軍の配備状況、ソ連の潜在国力、極東からソ連西部への師団の動き、ソ連軍兵力の国内での移動、撤退したソ連産業の再建の度合いなどの情報を16課に送り続けた。それらの情報は、在モスクワ大使館付武官を始めとする様々な筋から参謀本部に送られた資料に基づくもので、5課の自分の部下が整理して自分が目を通した上で16課に直接届けられたが、重要なものについては、自分のみならず第2部長も目を通した上で送られた。このような16課への情報の供与は月に1度ぐらい行われた。
　以上は、自分が直筆で認めたもので、内容は真実である。
＊午後2時40分、法廷、15分間の休憩に入る。
＊午後2時55分、法廷、再開する。［E: 8147］［J: 93（14）］
＊被告東条弁護人清瀬博士、反対尋問に立つ。

【弁護人清瀬博士による検察側証人松村知勝に対する反対尋問】

弁護人審問
　①作戦計画をめぐる政府と統帥部の関係について、
　①-1．証人は、「対ソ戦で達成すべき政治目的などは政府の管掌事項だったので、自分は何も知らない」と証言したが、対ソ作戦計画が存在したからといって対ソ開戦の意図があったことにはならないと理解してよいか？
　①-2．（弁護人、恐らくはこの点を敷衍する意図で）証人を含めた統帥部の関連部門は政府の決定事項には容喙しなかったのではないか？
　①-3．政府が特定国に対して開戦企図を有するか否かに関わらず、そのような作戦計画を策定するのは慣例となっていたのではないか？

<1946-10-18>

証人応答
　①-1．まったく別個の問題である。
　①-2．自分と自分と類似の立場にあった者についてはそうであったとしか言えない。
　①-3．関東軍作戦課長としての立場で作戦計画を見ただけで、他の職務に就いていた時には見ていないので、その点についての発言は差し控えたい。
弁護人審問
　②関東軍の1944～45（昭和19～20）年の作戦計画について、
　②-1．その内容は如何？
　②-2．その作戦計画の策定には証人自身が参画したにもかかわらず、なぜ供述書では触れていないのか？
　②-3．（弁護人、この点を追及して）その点について質問されなかったということか？　それとも、後刻不要な部分として削除されたのか？
　②-4．供述書をまとめ上げる時にはどうであったか？
証人応答
　②-1．国境地域での防衛を主旨とする計画で、1945（昭和20）年の計画は、満州南東部国境線付近での退却・持久作戦を想定したものであった。
　②-2．尋問の際には訊かれた質問に答えただけで、供述書には訊かれて返答した内容だけが記されている。
　②-3．その点については質問されなかった。
　②-4．捕虜となって最初に尋問された時には包括的にすべての事項にわたって質問を受けた（このあたり、英文を読んでいても意味が不分明である。供述書の「準備」に該当する英語はprepareであるが、供述書を作る段階での尋問も、その内容を最終的にまとめ上げる段階での清書作業のいずれを指す場合もprepareが使われている模様で、それが意味を分かり難くしていると思われる。因みに、和文速記録の方では、訳者がその相違を若干意識していたのか、「準備」「書く」と使い分けている箇所もある）。
弁護人審問
　③関東軍戦力の変遷について、
　③-1．証人が関東軍に勤務していた最中に、関東軍の兵力が消耗・減少したことはなかったか？
（英文速記録8150頁でdeployed［展開・配備された］という語が使用されているが、depleted［消耗・枯渇した］の誤りであったようで、後に裁判長ウェッブが指摘する。8151頁参照）
　③-2．それはいつ頃のことで、どのような影響をもたらしたか？
　③-3．転出していった兵員と比較して新規に召集した兵士の質が劣っていたということか？
証人応答
　③-1．消耗・減少したことがある。
　③-2．1943（昭和18）年夏頃から終戦までに関東軍の戦力は大幅に減殺され、再編成された。どの程度減ったかについて正確な記憶はないが、戦力の低下はあったものの、兵員数自体は必ず

しも減少せず、一時的に減ってもすぐに旧に復していた。
　③-3．その通り、少しずつ劣化していった。
弁護人審問
　④ソ連関連情報の出所について、証人は供述書の中で、「在モスクワ大使館付武官から情報を受理していた」と述べているが、参謀本部が武官を通じて情報を収集するというのは日常的に行われていたことではないか？
証人応答
　④その通りである。
＊被告大島弁護人島内、反対尋問に立つ。［E: 8151］［J: 93（14）］

【弁護人島内による検察側証人松村知勝に対する反対尋問】

弁護人審問
　①供述書の中に登場する駐日ドイツ大使館付武官クレッチマーについて、参謀本部はソ連関係の情報を直接ドイツ大使館に渡していたのか？
証人応答
　①そう思うが、そうするところを自分の目で見たわけではない。
＊被告重光弁護人ファーネス少佐、反対尋問に立つ。［E: 8152］［J: 93（14）］

【弁護人ファーネス少佐による検察側証人松村知勝に対する反対尋問】

弁護人審問
　①供述書において、「在モスクワ大使館付武官がソ連関係情報を参謀本部に伝えていた」と証言したが、武官は参謀本部に直属していたか？
　②日本でも他の国でも、軍事情報を収集して参謀本部宛に送るのは駐在武官の任務ではないか？
証人応答
　②直属していた。
　②その通り、任務である。
＊被告梅津・東郷弁護人ブレークニー少佐、反対尋問に立つ。［E: 8152］［J: 93（14）］

【弁護人ブレークニー少佐による検察側証人松村知勝に対する反対尋問】

弁護人審問
　①作戦計画をめぐる関東軍司令官の権限について、
　①-1．参謀本部が関東軍に送付した1942（昭和17）年の作戦計画は、各方面軍、軍、師団な

<1946-10-18>

どへの命令を含んだ詳細なものであったのか？

①-2.（弁護人、参謀本部の計画に基づいて関東軍が独自の計画を作る必要があったことを確認した上で）それでも参謀本部の計画は全般的方針を示したものではないのか？

①-3. であるならば、関東軍司令官やその幕僚は、開戦の際の作戦行動を規定したそのような全般的方針策定には参画していなかったのではないか？

証人応答

①-1. そうではなく、概括的な内容であった。

①-2. 全般的方針・目的だけではなく、兵力も定めていた。

①-3. その通り。

弁護人審問

②当時の関東軍司令官被告梅津美治郎の権限と責任について、

②-1. 証人は供述書の中で、「梅津が作戦計画に署名・捺印していた」と証言したが、その作戦計画は参謀本部の命によって作成されたものではなかったか？

証人応答

②-1. 関東軍が作成したが、参謀本部の指示に従って作成したものである。

＊裁判長ウェッブ、自ら問いを発す。

裁判長審問

②-2. 関東軍司令官は東京での方針決定の際にどの程度影響力を行使し得たか？

証人応答

②-2. 自分が知っているのは、参謀本部が決定して伝達した方針・目的は現地軍が実行しなければならなかった、ということである。

＊キーナン首席検察官、「現在ソ連の拘留下にある松村証人を、再出廷を要求する法廷の別命あるまでソ連の管理下にそのまま置き、当地でのさらなる滞在を要しない」旨の裁定を求め、「同証人の証言はソ連の戦犯法廷でも必要とされている」、「ソ連検察団は弁護側などの要請に応じて証人を当法廷に再出廷させることに前向きの対応を約束している」、と申し立てる。裁判長ウェッブ、「証人の現在の地位は、法廷に召喚されている以上、法廷の管理下にあり、その身柄をソ連検察官が掌握しているのは法廷の裁量によって許可されているだけである」、「弁護側には該証人を尋問・聴取したりする権利が与えられる」、と、裁定する。被告梅津・東郷弁護人ブレークニー少佐、「弁護側が証人と1対1で聴取できる権限が保障されることを確認したい」、と申し立てる。裁判長ウェッブ、他の判事と協議して、「その際には首席検察官と協議して日時を決め、法廷の管理下にあるという原則を曲げない形でそれを行うこと」、と申し渡す。

＊松村知勝証人、通例の条件で証人の任を解かれるが、身柄は依然として法廷の管理下にあることが告げられる。

(16) 検察官ローゼンブリット大佐、検察主張立証第Ⅸ局面「ソヴィエト連邦関係」第5部「対ソ連三国共同謀議」の検察側立証として、「独ソ戦中における日本の対ソヴィエト戦争の計画と準備」関係証拠の提出を再開する。

(英速録8159〜8180頁／和速録93号16頁〜94号4頁)

＊（検）法廷証PX837【第23師団参謀長大坪一馬陸軍少将1946（昭和21）年3月29日付け宣誓供述書：関東軍第6軍対ソ防禦作戦計画（1943［昭和18］年8月）】＝検察側文書PD1981 証拠として提出される。被告木戸弁護人ローガン、「供述者に対する質問の一つが、立証されていない事実を前提としたもので、事実に基づかない結論を導き出そうとしており、法廷の職分を侵すものである」と、異議を申し立てる。検察官ゴルンスキー公使、該当部分を除いた上で該供述書を証拠として受理することに同意する。裁判長ウェッブ、異議を容認する。検察官ローゼンブリット大佐、「抜粋部分は1943（昭和18）年8月に証人が、ハイラル第6軍司令部における会議に出席した時の模様を証言した箇所であり、同会議は第6軍参謀長井桁（敬治）が主催し、対ソ戦に際しての同軍の作戦行動を議題としたものである」、と申し立てる。証拠として受理され、抜粋が朗読される。

【PX837朗読概要】

対ソ戦の第1段階において、関東軍が沿海州方面に攻勢に出る際に、第6軍は同地域で防勢を維持することとなっていたので、会議の最初の2日間はその防衛作戦が議題となった。司令官の企図は、第2方面軍への増援師団が到着するまで、ザバイカル方面からの敵の攻勢を阻んで陣地を死守するというものであった。会議3日目に議題となったのは攻勢作戦で、実行主体は増援部隊を加えた（第2？）方面軍及び（第6？）軍で、第2方面軍の攻勢はチタに指向される。

司令官が企図する第6軍の作戦行動は、主力をハイラル地域に集結させた後、ダライノール湖南岸地域からザバイカル方面の敵の右翼の背後を迂回・包囲するべく進撃して、敵の背後に回り、その撃滅を図るというものであった。……チタ方面での作戦目的を達するためには、最低20個師団を要すると見込まれたが、同地域の我方の兵力は効果的防戦を遂行するのに充分なほどしかなかった。それ故に、攻勢作戦のためには、15〜20個師団を他の戦線から移駐させる必要があった。関東軍の再編成は、沿海州の占領と対ソ戦の第1段階終了を待たねばならなかったであろう。

＊被告重光弁護人ファーネス、反対尋問の目的で大坪証人の法廷への喚問を要請する。裁判長ウェッブ、「考慮する」、と申し渡す。
＊（検）法廷証PX838【関東軍第2方面軍・第4軍司令官草場辰巳陸軍中将1946（昭和21）年3月25日付け宣誓供述書】＝検察側文書PD1982 検察官ローゼンブリット大佐、「草葉は検察側証人として出廷の予定であったが、ソ連から東京に移送された後の9月20日に自決した」と報告して、死亡証明書を提出する。被告大島弁護人島内、供述書の中で証人が被告大島に関

<1946-10-21>　　　　　　　　　　　　　　　　　　　　2　検察主張立証段階

連した事項について証言している部分に異議を申し立てる。検察官ゴルンスキー公使、「時間を節約するため」と前置きして、該当部分を除外することに同意し、異議が容認される。証拠として受理される。朗読は、10月21日月曜日に延期される。
＊午後3時55分、法廷、休廷する。

◆ 1946（昭和21）年10月21日　　（英速録8166〜8294頁／和速録第94号1〜19頁）

＊午前9時30分、法廷、再開する。
＊検察官ローゼンブリット大佐、検察主張立証第Ⅸ局面「ソヴィエト連邦関係」第5部「対ソ連三国共同謀議」の検察側立証として、証拠の提出・朗読を続行する。
＊提出済み（検）法廷証PX838【関東軍第2方面軍・第4軍司令官草場辰巳陸軍中将1946（昭和21）年3月25日付け宣誓供述書】＝検察側文書PD1982　ローゼンブリット検察官、前回審理日10月18日に提出して受理された（検）法廷証PX838の抜粋を朗読する。

【PX838朗読概要】

問
　第2方面軍・第4軍の作戦計画について知っていることは？
答
　攻勢計画であった。
問
　内容を詳述して欲しい。
答
　第4軍参謀長公平（匡武）少将が報告・説明した1941（昭和16）年の作戦計画では、対ソ戦の初期段階で第1方面軍が沿海州方面に主力を集中して攻勢に出て、その間第2方面軍はその側面援護にあたると同時に、ザビタヤ、クイビシェフスカ方面への作戦を準備することとなっていた。この段階において沿海州方面で作戦するN軍と航空軍は、爾後第2方面軍の指揮下に移管される。それから第2方面軍は、4個師団からなる第4軍に勝武屯・璦琿の間でアムール川を渡河させ、2個師団で構成されるN軍にも同川を奇克で渡らせ、両軍にザビタヤ、クイビシェフスカ方面に進撃させる。それによって黒竜鉄道を遮断して所在のソ連軍を撃滅し、ブラゴベシチェンスク、クイビシェフスカ、ザビタヤ、シマノフスカヤなどの要点を確保した後、ハバロフスク、ルフロボ方面に前進する。この計画には1942（昭和17）年9月に阿南惟幾第2方面軍司令官が修正を加えた。……この第2方面軍の作戦計画は、1941（昭和16）年から自分が第4軍司令官であった1944（昭和19）年春頃まで、正式な計画として採用されていた。……
　（中略）

問
関特演について知っていることは？
答
1941（昭和16）年の独ソ戦の勃発に伴う在満兵力の増強を指す言葉で、これによって満州に移送された兵力は、30万に上る。関特演とは、これが対ソ作戦であることを隠蔽するために使われた名称である。
（中略）
問
満州事変後に満州で建設された鉄道は？
答
1933（昭和8）年に吉林・会寧線が、翌年に羅津・図們・牡丹江線が建設された。前者は日本内地から移送された部隊をハルビン方面に、後者は部隊をソ満国境方面に迅速に送るのに便利であった。既設路線の軍事利用には格段の注意が払われたが、1936（昭和11）年からは、新たに建設することに力点が置かれた。
（中略）
問
満州の鉄道（建設？）は、参謀本部の計画に基づいてなされたのか？
答
その通り。
問
その計画は参謀本部の運輸課が作成したものか？
答
立案は第1部が行い、その草案が第3部に送られて、そこで細部が検討され実行可能な案が練られた上で、参謀本部案として陸軍省に送られた。陸軍省が内閣と協議して承認を得た後に、関東軍に伝えられ、関東軍がさらに現地で実行可能な計画を策定し、それが満鉄に送られて実行に移されたのである。
問
1941（昭和16）年の時点で、満州の鉄道網は対ソ戦を開始する上で充分なものであったと思うか？
答
そうであったと思う。特に満州東部では充分であった。鉄道網を使って兵力を満州中央部に集結し、必要とあらばいつでも満ソ国境で問題のある地域に迅速に展開させることが可能となり、戦時にも1地点から他の地点に素早く部隊を移すことができた。
問
それは、作戦課の要請によって実現されたことか？

<1946-10-21>

答
　その通りである。
* 被告重光弁護人ファーネス少佐、供述書録取時及び証人死亡時に証人が戦犯指名を受けていたか否等の情報を求める。検察官ローゼンブリット大佐、「証人が自分に語ったところによれば、いずれの場合にもソ軍の捕虜であった」、と応答する（死亡時に証人が検察官に語ったとは不自然な記述であるが、英文速記録 8173 頁原文のママ）。
* 提出済み（検）法廷証 PX833【松浦九州男内蒙古軍暗号課長宣誓供述書】= 検察側文書 PD2153　検察官ローゼンブリット大佐、「関東軍の対ソ戦準備を示すもの」として、抜粋を朗読する。

【提出済み PX833 朗読概要】

　1943（昭和 18）年 8 月、関東軍通信主任参謀戸村盛雄中佐は、小林少佐と自分に対して、「対ソ作戦が開始された場合に備えて暗号を速やかに改変する準備が必要である」との注意を与えた。戸村は、「大本営からの指示によれば、優勢な兵力によって赤軍を圧倒するために関東軍が奇襲攻撃で戦端を開くこともあり得る」と、語った。

* （検）法廷証 PX839【大島駐独大使・リッベントロップ独外相 1943（昭和 18）年 4 月 18 日会談記録（写真複写版）】= 検察側文書 PD520　識別番号を付される。［E: 8174］［J: 94（3）］　検察官ローゼンブリット大佐、「参謀本部が長期間にわたって対ソ戦計画を煮詰めていた証拠である」、「当文書の証明書は既に PX772 として提出済みである」、と申し立てる。
* （検）法廷証 PX839-A【同上抜粋：日本軍の対ソ作戦能力ほか】証拠として受理され、朗読される。

【PX839-A 朗読概要】

（原文は三人称で書かれているが、煩雑を避けるために一人称でまとめる）
リッベントロップ
　日本が自国の戦力に自信を持ち、充分な対戦車兵器を有するならば、これ以上弱体化しないほど弱体化しているソ連に対して戦端を開くには、疑いもなく今年こそが絶好機である。信頼できる情報筋によれば、ソ連は極東で相当数の飛行場を新たに建設中であり、それらは将来、米軍のみならずソ連軍自体が日本への爆撃を行うのに使用されることとなろう。シベリア方面のソ連軍兵力を日本は 80 万と推計しているが、当方の推定によれば過大な数値であり、実際は 25 万ほどで、また、シベリアの師団は昨年冬期に我軍がすべて粉砕したので、それら残っている部隊の構成員も二線級の兵士である。無論、日本がソ連を迅速かつ徹底的に打ち破る態勢にないならば、戦端を開かない方が得策であろう。しかし、その場合には、是非とも英米に対してどこかの戦線

で新たな攻勢を行う必要がある。

大島

　本国政府の意向は不明だが、過去20年間の間、参謀本部は対ソ戦計画を練り上げ、現在もそうしていると、自分は理解している。そのような作戦の成功が確かに見込まれるならば、対ソ開戦に踏み切るのは確実であろう。

＊検察官ローゼンブリット大佐、「そのように周到に練り上げられて準備された作戦計画が結局、画餅に帰したのは世界に周知の事実である。実行に移されなかったのは、日本軍閥の期待に相反して赤軍がドイツに負かされることなく、かえって幾多の輝かしい勝利の末にドイツ軍を完璧に敗北させ、西側連合国軍と共に同国を無条件降伏させたからである。その後、日本にも同様な鉄槌が下され、日本の指導者の侵攻的企図は潰えた」、と申し立てる。裁判長ウェッブ、（恐らく、証拠朗読後の検察官ローゼンブリット大佐の説明を証拠の一部であると誤解して）手元の文書の内容と朗読された英訳とが一致しないことを指摘し、しかしその後で、最後の説明が証拠の一部でないことに気がつき、「いつもは、そのような解説が証拠の朗読に先立って行われるのだが、今回は後に来た」と（恐らく皮肉交じりで）と、釈を付す。

＊検察官ゴルンスキー公使、先に法廷より命令されていた提出済み（検）法廷証PX692【広田駐ソ大使・原田少将面談の件（1931［昭和6］年）】＝検察側文書PD1990-A、（検）法廷証PX694、（検）法廷証PX704、（検）法廷証PX732、（検）法廷証PX734、（検）法廷証PX736、（検）法廷証PX737、（検）法廷証PX738、（検）法廷証PX740、（検）法廷証PX757の、各出所・真実性証明書を提出する。裁判長ウェッブ、これを承認し、当該各証明書を各法廷証拠に添付するよう命じる。

＊検察官ゴルンスキー公使、検察主張立証第IX局面「ソヴィエト連邦関係」第5部「対ソ連三国共同謀議」の「独ソ戦中における日本の対ソヴィエト戦争計画と攻撃準備」関係立証の終了を報じる。

＊被告広田弁護人スミス、当局面の検察側冒頭陳述の中で被告広田の経歴などについて訂正を申し入れた点（速記録7296頁参照）に対する検察側の見解を質す。検察官ゴルンスキー公使、「訂正に同意する」と返答する。

＊被告梅津・東郷弁護人ブレークニー少佐、当局面で供述書のみが提出された証人を反対尋問のために召喚するよういくつも申し入れをしたことに対して、法廷の注意を喚起する。裁判長ウェッブ、「未だ考慮中である」、と申し渡す。

（検察主張立証第IX局面「ソヴィエト連邦関係」（第1回審理）終了：［E: 8180］［J: 94（4）］）

<1946-10-21>

2—10 検察主張立証第 X 局面「日本の全般的戦争準備」第1部「経済上の戦争準備」

(英速録 8180〜9262 頁／和速録第 94 号 4 頁〜第 103 号 14 頁)

* キーナン首席検察官、検察主張立証第 X 局面「日本の全般的戦争準備(生産と財政上の準備、陸軍と海軍の準備、委任統治諸島の要塞化)」の証拠提出を行う「ニュージーランド代表検察官クイリアム准将、合衆国コロンビア特別区法律家協会ジョセフ・F・イングリッシュ検察官及び検察官ジェームズ・J・ロビンソン米国海軍(和文速記録は「英国海軍」としている)大佐」より成る検察団を、紹介する。
* 被告重光弁護人ファーネス少佐、「今までの通り、冒頭陳述の英和両文写しが弁護側へ提供されるべきで、そうすれば我々弁護側はいくつもの異議をまとめることができて、審理は秩序あるものとなるであろう」、と申し立てる。検察官クイリアム准将、「法廷の命令があればそうすることになんの異存もないが、冒頭陳述は書証ではなく、従って審理手続規定は適用されないものである。(以前の)フランスとロシアの場合においては、明らかに別の理由によって冒頭陳述の写しが提供されたのである」、と応答する。裁判長ウェッブ、「我々にそれを命じる権能は与えられていないが、その準備が整っているのであればそうされたい。時間の浪費は望まない」、と申し渡す。弁護側の要求、容れられる。
* 検察官クイリアム准将、検察主張立証第 X 局面「日本の全般的戦争準備」の冒頭陳述を朗読する。[E: 8182] [J: 94 (4)]

【検察官クイリアム准将による検察主張立証第 X 局面「日本の全般的戦争準備」冒頭陳述】

1. 立証の目的と証拠の構成

　冒頭陳述に続いて提出される証拠は、日本が、その合法的防御の必要を遥かに越えて、海軍、陸軍及び経済上の準備を整えたこと、そしてその真の目的は、起訴状において起訴されている如く、侵攻戦争並びに条約等に違背する戦争を行う共同謀議の遂行にあったことを、立証するものである。

　証拠の提出は、「経済上の戦争準備(軍需品及び戦争資材の生産増強の措置ならびに財政上の手段)」、「陸軍の準備」、「(国際連盟からの)委任統治諸島の要塞化」及び「海軍の準備」の順序で行う。

2. 経済上の準備

　証拠は J・G・リーバート氏により提出される。それは、1942 (昭和 17) 年以前の期間における戦争準備の広範なることを立証する。

　盧溝橋事件の前月、1937 (昭和 12) 年の 6 月に、陸軍省は、軍需資材生産五カ年計画を作成した。その目的は、戦時における主要軍需資材補給の完璧を期すべく、産業の促進と統制を確実

にすることにあった。本計画は、企画院の主要産業に関する計画と密接な関係を有していた。

　リーバート氏は、本計画を担った主要産業の要約を提出するとともに、生産増強のために政府が採った産業統制、さらには金融統制を示す証拠を提出する。

　続いて、南方地域征服に備えた軍票の準備に関わる証拠を提出した後、海外からの物資購入に必須の外国為替の獲得のために為された措置、補助金・国策会社による財政政策に関わる証拠を提出する。

＊午前10時45分、裁判長ウェッブ、11時までの休廷を宣す。

＊午前11時、法廷、再開する。［E: 8196］［J: 94 (6)］

＊検察官クイリアム准将、検察主張立証第Ⅹ局面「日本の全般的戦争準備」冒頭陳述の朗読を続行する。

3．陸軍の準備

　最初に、兵力増強の証拠を提出する。それは、1930（昭和5）年の25万人が1942（昭和17）年には210万人に増強されたことを示している。

　次に、日本の侵攻的意図の重要なる証拠は、提出済み（検）法廷証PX84として受理されている国家総動員法である。ここで証拠として提出する陸軍省の解説から、その目的が人と物の完全なる統制であったことは明らかであり、すべての戦時法の根本として、本法なくして戦争準備の不可能であったことは明白である。

　続いて、総力戦研究所の目的・組織・構成員に関する証拠を提出する。これに加えて、「机上演習」の証拠を提出するが、その後の日本の展開に符合していたことが明らかにされよう。

　さらに、連合国軍当局が日本側から得た資料に基づく証拠を提出する。それらを吟味すれば、日本は遅くとも1941（昭和16）年10月末時までに米英蘭に対する開戦を決意し、11月10日までに開戦日が決定されていたとの結論が得られるであろう。

4．委任統治諸島の要塞化　［E: 8208］［J: 94 (8)］

　日本が条約上の義務に反して、（国際連盟）委任統治諸島に軍事施設を建設した証拠を提出する。証拠は原住民25名の証言より構成される。さらに、秘密を保つために日本政府が採った外国人立入禁止政策を示す、日本郵船の往復文書を証拠として提出する。

5．海軍の全般的準備　［E: 8213］［J: 94 (8)］

　本項は、二つの大項目に分けて証拠を提出する。第一は、日本が、自らもその締約国であった軍縮諸条約によって課せられた制限と制約から逃れるためにとった行動である。第二は、1936（昭和11）年、即ち日本がこれらの制限と制約から自由になることに成功した年以降に執った、戦争準備のための積極的な諸施策である。

　5-1．軍縮諸条約離脱に向けて執った日本の諸行動

　1922（大正11）年締結ワシントン条約の廃棄通告及び1930（昭和5）年におけるロンドン海軍条約更新の拒否に至った交渉と論議に関する証拠は、既に提出されて（検）法廷証PX58【米国対日外交関係叢書1931（昭和6）年～1941（昭和16）年第2巻】に収められているが、その

<1946-10-21> 2 検察主張立証段階 327

輪郭を述べることとする。
　5-1-1. 1922（大正11）年締結ワシントン条約
　5-1-1-1. ワシントン条約がもたらされた理由とその目的は、第一次世界大戦からの復興を阻害しつつあった破滅的海軍競争の終止ならびに太平洋・極東における完全な平和の確立であった。
　5-1-1-2. この間の事情は、ロンドン海軍条約に対する1930（昭和5）年の日本の廃棄通告（英文速記録のまま訳したが、論理的にも事実上も「1936年」の誤りであろう）に先立つ1934（昭和9）年に開催された予備海軍会談に臨んだ米国使節団長デイヴィス氏による、同年12月6日のロンドン・アメリカ特派員協会における米国使節団員に対する演説が、最も明快かつ効果的に説明している。〔E:8214〕〔J:94（9）〕

【米国使節団長デイヴィス氏の米国使節団員に対する演説】

　海軍の会談に関する争点には、幾分の混同があるように思われるが、その混乱は、基本的には、「安全保障の平等」と「軍備の平等」（和文速記録は、「平等の安全」と「平等の軍備」とする）との根本的な差異に対する明察の欠如に由来するものである。
　目下進行中の会談の困難は、1922（大正11）年のワシントン条約において起こったことを評価することなしには、理解できない。
　この会談の目的は、（第1次）世界大戦よりの復興を妨げていた破滅的な建艦競争を終止させ、かつは太平洋・極東平和のための健全なる基礎を確立することであった。
　最も直接的な利害を有した英、日、米の海軍国3カ国は、その各国が考える必要性もしくはその国家的自尊のために要求される問題に関しての学究的な論議によっては、合意に達することは不可能であることを認識し、かつはこれを承認した。
　経験の教えるところによれば、政治的安定及び相対的な海軍力についての満足すべき解決は、建艦競争の継続によっては期待し得なかったのであり、政治的安定が維持され得て建艦競争に終止符が打たれ得るのみならず海軍力が縮小され得るとの前提に立って、政治上の問題と共に海軍の問題についての合意が求められたのである。採用された原則は、「安全保障の平等」であった。
　一群の協定が締結されたが、その目的は、太平洋と極東の平和ための諸条件の促進と維持における関係諸国間協力の集団的制度を創設することによって、侵攻的行動への誘因を除去することであった。これらの諸協定は、政治上及び経済上の権利の均衡を確立し、かつは必要な安全保障の平等という基盤に立った海軍軍縮を可能ならしめた。ワシントン会議は、これに参加した諸国が、直面した問題に対して広範にして実行可能な方法で対処したから成功したのである。どの国も、自らの意志を他国に押し付けようとはしなかった。実際に当時、米国は、その海軍の優位性を築くほどの容積トン数の艦船を建造中であったが、国際軍縮並びに一般的に合意された協調努力政策を慮って、それは自発的に廃されたのである。
　米国は、どのような国家といえども、自らの意志に反して、自らを利する、もしくは世界全般

にとって有益であるとは考えられない様な条項を持つ契約に加入しもしくは改定しなければならない、と信じるものでもなく、主張するものでもない。しかしながら米国は、一般的な利益をもたらすことが明らかであって、かついかなる国家の安全も危険にさらすことのない、この海軍軍縮制度の破壊を深く遺憾とするものである。我々は、安全保障の平等という各国固有の権利に対して、疑問を呈するものではない。ワシントン条約体制の精髄は、協力を条件とする安全保障の平等であった。1922（大正11）年に交渉されて合意された条約の諸条項は、9カ国の指導的政治家によって考え出され、当該9カ国の政府によって批准されたものである。海軍条約は、主要5海軍国、日、英、仏、伊及び米国によるものであった。もしもこの条約が、各国家の安全保障を危機に曝し損なうものであると、各国が感じるのであるならば、いずれの国家であろうとこれを受諾し合意することはなかったであろう。この制度の基本的な変更は当然に、かくして確立されていた安全保障を変更するものとなる。［E: 8218］［J: 94（9）］

現在進行中の海軍会談の根本問題は、主として、ワシントン条約で考案された制度による均衡は継続されるべきであるか又は覆されるべきであるかにある。米国政府は、継続に賛成するものである。これに替わるべき唯一のものとして今まで提案されたものは、海軍軍備の平等という原則に基づく新しい海軍協定である。即ち、仮に適用し応用した際には安全保障の平等をもたらさないであろう原則である。

米国は、ワシントン及びロンドンの両条約によって確立された原則に従って海軍軍備が漸進的に縮減されることを望み、私は、大統領の指示に従って、両条約によって確立された相対的な戦力に変更をもたらさない、もしくは締約諸国の安全保障を危険に曝さないような方法で、海軍軍備の実質上の全般的縮減を提案した。縮減についていかなる合意にも達しなかった場合においても、我々は、ワシントン条約を遵守し、状況の求めるところに応じるための又他締約国の熱誠な支援に応じるための細部の修正を加えるのみで、ロンドン条約を更新する用意のある旨、言明した。

我々は、安全保障平等の制度の保持及び可能な限りの海軍力の比例的縮減のみによって、今日まで安全と平和の実質的基礎が維持されてきたものと信じる。1922（大正11）年に取られた道は正しい方向にあり、1930（昭和5）年になされた補足的協約は進歩であったこと、ならびにすべての関係国に有利であったこと、さらに諸原則の放棄は国際間の疑惑及び高価な競争に導き、いかなる国家に対してもなんら真に有益でないことと信ずる。

5-1-1-3. 1922（大正11）年のワシントン海軍条約の定めた諸条件

（既に（検）法廷証PX34において立証された）同条約は日本も又その締約国であったが、その諸条項は、海軍軍備の制限と削減を関連諸国の防衛上の相対的な必要性に基づいて規定するものであった。それは又、この目的についての最初の重要な協定として、文明進歩の里程塚として際立っているが、以下が合意されていた。

　(a) 軍艦相当数（和文速記録は、「若干」とする）の廃棄
　(b) 規定排水量を超過した軍艦の建造及び取得並びにこれに搭載する砲の口径に対する制限

<1946-10-21>

(c) 新規軍艦の建造を準備した際の相互通告

なお、当該条約の有効期間は1936（昭和11）年12月31日までであることも合意され、かつその期限より2カ年前（即ち1934［昭和9］年12月31日）までにいずれの締約国よりも条約廃棄意思の通告なき時は、廃棄通告の為される期日より2年間はさらに継続して有効である、と規定されていた。

5-1-2. 1930（昭和5）年のロンドン海軍軍縮条約　［E: 8221］［J: 94（9）］

5-1-2-1. ロンドン海軍軍縮条約締結の経緯

1930（昭和5）年4月22日、ロンドンで、さらなる海軍軍縮・制限のための条約が、1922（大正11）年、ワシントン海軍軍縮会議と同一の列強によって、締約された。この条約は、一部巡洋艦、駆逐艦及び潜水艦のトン数制限を定めたものであり、従って実質的には、ワシントン条約の原則を進展させたものであった。そして、ワシントン条約の満了日と同一の日時、1936（昭和11）年12月31日に満了するとの規定が含まれていた。

英国と米国が合意した制限を使節団が受諾することを（日本）使節団員に対して指示する、断乎たる訓令が、発されなければならなかった。証拠によれば、軍国主義者達は、条約の批准に強く反対したが結局、批准は決議され、しかしながら、証人幣原の証言によれば、これは、条約推進派に対する激情を沸き立たせて、浜口首相は暗殺されるに至った。

さてロンドン条約は、新条約を締結すべく1935（昭和10）年に会議を開催するよう定めていたので、1934（昭和9）年、英国は、米国及び日本国政府に対して、予備的・調査的の会談を行うために代表団をロンドンに派遣するよう提案した。この提案は受諾され、英国と米国は、その6月と7月に会談を持ったがしかし、日本使節団は10月に至るまで、ロンドンに到着しなかった。（検）法廷証PX58【米国対日外交関係叢書1931（昭和6）年〜1941（昭和16）年第2巻】によれば、会談は不成功に終わり、1934（昭和9）年12月29日、日本はワシントン条約第23条に従って、当該条約を1936（昭和11）年12月31日を以て廃棄する旨、通告した。日本の採った態度は要するに、条約に基づく比率制度の継続を拒絶することであった。日本は替わって、共通最大限度制を提案したが、それは、（合意された）限度はいかなる場合においても越えられるべきではなく、しかし各国は、その必要と考える方法と程度に応じて自ら随意に装備する、とするものであった。

5-1-2-2. ロンドン海軍軍縮条約の成立　［E: 8224］［J: 94（10）］

1935（昭和10）年10月、英国は他の列国に対して、（ワシントン・ロンドン両条約中に包含されていた規定に従い）これら両条約に替わるべき条約を締結すべく、ロンドンにおける会議を提案した。そしてこの提案は受諾され、会議が開催された。

米国の態度は（英国と同一であったが）、米国使節団長デイヴィス氏の第1回本会議における演説に明らかである。

【1935（昭和10）年12月9日のロンドン海軍軍縮予備会談第1回本会議における米国使節団長デイヴィス氏の演説】

　英国、日本及び米国政府による本予備会談に参加すべくロンドンに向けて出港した14カ月前、即ち大統領（フランクリン・D・ローズベルト）が私に宛てた1934（昭和9）年10月5日付け訓令が、海軍軍縮に関する米国政府と同国民の態度及び願望を最もよく明らかにしている。即ち、以下の通りである。

　《1934（昭和9）年10月5日付けローズベルト米大統領発デイヴィス宛訓令書簡》
　来年に予定されている会議の目的は、替わるべき新条約を策定し、現行条約の目的を達成することである。その目的とは、危機を除去し、競争的な軍備に固有の負担を軽減し、ワシントン海軍会議によって始められた作業を発展させ、軍備の全般的な制限・縮小の漸進的な実現を容易ならしめることである。

　ワシントン条約は、文明の里程塚ともいうべきものであり、ロンドン海軍条約は、ワシントン条約を補完し、そこには一層の制限と縮小が求められるべきであるという思想が認められたのである。現在、米国はその目標を信奉している。

　両条約は、単なる算術上の定式化ではなく、海軍力に対する相対的な制限は、関連列強の相対的な防衛要求に基づくものであり、関連諸国は、死活的な利益を犠牲にすることはなく、大海軍国家としての相対的な安全保障を損なわれることはなかった。

　両条約の廃棄は、相対的安全保障原則の均衡を全面的に失わせしめ、かつは海軍建艦競争を招来し、誰も予想し得ぬ結果をもたらすであろう。

　私は貴下に、最初の機会に英国及び日本に対して、現在の海軍（軍備）水準の相当の比例削減を提案するよう求めるものである。はじめは、現行条約（総）トン数の20％の削減を、その合意が不可能な場合には、15％、さらには10もしくは5％の削減を要求してもらいたい。

　万策が尽きた場合にのみ、現行条約を可能な限り長期にわたって維持し延伸する条項を持った協定を確保するよう、貴下に求めるものである。

　私は、海軍のさらなる拡張を要求するような新条約については、これを承認することもできず又合衆国上院に提出するつもりもない。常識と善なる人間性によって駆られる政府は、軍備縮小条約を求めるべきであり、その拡大条約を求める権利を有しない。

　主要海軍国たる英国、日本及び米国の我々3カ国には、互いに互いを恐れるようなものは何もない。我々は、世界の平和と復興に対する、連帯の責任を逃れることはできない。

　仮に、漸進的な削減によって海軍軍縮を継続する基本原理が、今年もしくは来年に維持されるならば、艦船のトン数、艦種、砲の口径及びその他武器等の技術的な事項については、友好的な会議の場において解決され得るものと、信じる。私はまた、ワシントン条約の締約国であるフランス及びイタリアが我々のこの努力に参加することを願うものである。

　貴下が常に念頭に置くべきは、軍縮という原則である。

<1946-10-21>

(デイヴィス氏の演説に戻る)［E: 8229］［J: 94（10）］

　上記の書簡には、米国の見解がよく示されているがしかし、当時の状況が変化したことは認めなければならない。昨年の会談は、1936（昭和11）年に自動的に失効するロンドン条約に基づくものであった。その後、ワシントン条約が廃棄され、来年末にはそれは失効する。両条約が依拠していたいくつかの基本原則には疑問が投げかけられ、世界各地の政情不安によって、海軍軍備の縮小よりはその拡大に向かう傾向が生まれている。

　このような困難を克服するための第一歩は、これに率直に対処することである。次には、相互の利益及びその一致に関する基本原則に意を注ぐことである。

　我々諸国は、国際条約による海軍軍縮・制限—1922（大正11）年に歴史上初めて採用され、その後12年間にわたり類のない成功を収めた原則—の継続を願う点では、一致している。（第1次）世界大戦の戦火によって生じた平和と復興への願望は、ワシントン及びロンドン両条約の願うところと一致した。これによって人類は、恐るべき海軍軍備競争の悪夢から解放された。世界が過去6年間にわたる経済不況から立ち上がろうとしている時に、また海軍競争によってこれ以上、国際関係と経済復興を損なわせてはならぬ必要性が高い時に、我々は何故に、海軍条約に参加している諸国民にとっての計り知れない相互利益を放棄しなければならないのか？　いかなる国家といえどもこのような競争への参加を欲する国はなく、かつはこれを開始する責任を引き受け得る政府はない。これからの数週間の我々の仕事は、そのような競争を不必要なものとすることである。

　これを成就する方法の一つは、状況によって必要となった修正を加えて現行条約を更新することである。もしこれができなかった場合には我々は、率直で友好的な見解の交換によって、相互理解に至る別の方途を発見し、少なくとも建艦競争の激化及び力の均衡の崩壊を避け、かくして後日のより恒久的で包括的な条約へと至る道を整えなければならない。

　合衆国は、海軍軍備競争を先導することはない。我々は制限と縮小を欲する。10年間、建艦を停止した。現在の計画によれば、ロンドン条約によって1936（昭和11）年分として我々に割り当てられた海軍力は、1942（昭和17）年までには達成し得ない。我々はこの両条約による制限を越えることを望まない。

　この会議において我々の直面している困難がどれ程大きなものであろうと、これを取り除くべく我々はここにある。全当事者の善意と忍耐とによって、我々は、相互に利をもたらす解決策を見出すことができよう。（デイヴィス氏の演説部分、ここで終わる）　［E: 8232］［J: 94（11）］

5-1-2-3. ロンドン海軍軍縮会議に対する日本の対応

　会議とその前に実際にとった日本の態度は、既に朗読した米国及び英国のそれとは著しい対照をなすものであった。証拠によれば日本海軍省は、1934（昭和9）年10月、政府省庁に対して、ワシントン及びロンドン両条約廃棄を確実にするための宣伝施策に関する指令を発出したが、それは、会議で起こったことから判断すれ成功であった。日本は、1934（昭和9）年におけると同様の態度を持し、英米の努力にもかかわらず、1922（大正11）年及び1930（昭和5）年の条約

の下で列国が受諾したすべての制限の更新を拒絶し、「最大共通限度」原理を固執し、これを採用させるべく努めた。そして、他列強の日本のこの提案に対する拒否となり、日本は、会議からの離脱という根本的かつ重大な一歩を踏み出した。

　1936（昭和11）年3月25日、米国、フランス及び英国は、一つの条約を締結したが、ここでの目的からすれば、2～3の条項について考慮すればよく、それらは、後に言及されるであろう。

5-2．日本の軍縮政策の変化　［E: 8233］［J: 94（11）］

5-2-1．1936（昭和11）年以降の戦争準備のための積極的諸施策

（1）海軍軍縮交渉における戦艦装備砲口径制限に対する日本の合意拒絶

　日本は、1936（昭和11）年海軍条約への同意を拒絶したが、英米両国政府は、主力艦装備砲口径14インチ制限を日本が受諾する意向があるかないかについて、日本の確約を得んと努めた。この制限は、同条約の中に規定されていたが、加盟国のいずれかが1937（昭和12）年4月までに合意しなかった場合には、最長口径16インチに留め置かれることとされていた。

　1937（昭和12）年の3月には英国が、同年の6月には米国が、日本の同意を得るべく努めたが、共に不首尾に終わった。

（2）建艦情報交換に対する日本の拒否

　1938（昭和13）年、米英仏による建艦情報相互交換の提案を拒否した時に、日本は、その海軍拡張計画を制限しないという確固たる決心とその侵攻的政策を明らかにした。1936（昭和11）年の海軍条約は、条約上の制限に合致しない建艦が条約締約国ではないいずれかの列国によって行われた際には、米国に対して艦隊勢力を拡大する権利を付与していた。1938（昭和13）年2月、米国は、日本国政府に以下の通り通告した。即ち、「日本国政府から『事実無根』との明白な保証が無いことに鑑みれば、当方に対する持続的かつ累積的な報告は事実を伝えるものであると見なさざるを得ない」、と。これらの報告書は、日本が制限を越えて主力艦及び巡洋艦の建艦に着手した、もしくは着手しようとしていることを意味するものであった。そこで米国は、日本国政府に対して、もし満足な保証が得られないならば米国は海軍軍備拡張の権利を行使すると、通告した。保証の供与はこれを否定するというのが、これに対する返答であった。

5-2-2．日本の態度変化の背景

　ここまで言及してきた海軍軍縮問題は、日本を支配してきた者達の採用した政策の侵攻的性格を立証する上で、極めて重要なものである。即ち、1922（大正11）年には日本は、海軍建艦にとって有益にして抑制的な効果を持った条約に進んで参加した締約国であった。（しかし）1930（昭和5）年までには、影響力ある海軍の指導者その他が、余りにも有力となり、1922（大正11）年に合意された海軍制限政策を覆すための深刻な企てを為すに至った。にもかかわらず日本国政府は、（ロンドン会議では）その（当初の）政策を踏襲することに成功した。しかしながら1934（昭和9）年には状況は変化し、無制限拡大論者が勝利するに至った。英国と米国によるこれら諸条約の継続と延長への熱心な働き掛けにもかかわらず、日本は、1922（大正11）年の条約を廃棄した。1936（昭和11）年、日本は、ロンドン海軍会議を脱退し、その後、該会議で合意に至った条約

<1946-10-21>

より生まれた条約への参加を拒否し、1937（昭和12）年には、艦載砲14インチ制限を認容しなかった。1938（昭和13）年には、建艦情報の相互交換に同意しなかった。

　1922（大正11）年以降のこの態度変化をもたらしたものは、一体何であったのか？　この問いに対する答えは、起訴状に告発されている通り、①1930（昭和5）年までに、日本によるその侵攻的な膨張と世界の大部分の支配という目的を持った共同謀議が行われるに至ったこと、②共同謀議者達が日本が軍縮制限条約による制約から自由であることが計画達成のために必須であると見なしたこと、及び③1934（昭和9）年までには彼らは、その意志を国家に対して強要することに成功し、その結果彼らの権勢は衰微することがなかったこと、である。この関連で、奉天で勃発した1931（昭和6）年9月の事件―満州征服計画における決定的な一歩―、日本がこの事件後、調停を拒否してリットン調査団報告書を受け入れなかったこと、及び国際連盟脱退という過激な一歩を踏み出したことも、記憶されるところである。

5-2-3. 1936（昭和11）年におけるワシントン条約及びロンドン条約消滅後の諸措置に関する立証　［E: 8237］［J: 94（12）］

　本局面の主要な立証は、リチャードソン提督の証言によって行われる。この証人の立証は、日本海軍の戦争準備のみならず、他の局面、即ち日本の米英関係を扱う局面に含まれる真珠湾攻撃その他の問題にも関係するものである。熟慮の結果、リチャードソン提督の証言については、本局面段階において二つの局面にわたる問題について証言し、もしくは同証人を二度にわたって証言台に喚問して二つの問題について個々に証言させるのではなく、同証人の証言全体を後の局面において一時に行う方が、適切にして便宜的であると、決定したものである。

　従ってリチャードソン証言は本局面においては行われないが、日本海軍の戦争準備に関する問題に対しては、ここで簡潔に言及しておくのが有益であろうと考えるのである。既に述べたが同証人は、日本による国際連盟委任統治領の不法な要塞化、並びに1941（昭和16）年12月の真珠湾その他の地域に対する攻撃を目的としてこれら島嶼に構築された要塞及び基地が使用されたことに関わる告発を、補強立証する追加的な証言を行う。加えてリチャードソン証人は又、太平洋戦争に至る数年間における日本海軍の建艦についても証言するが、特にこの期間中における航空母艦の増強、真珠湾作戦に致命的な役割を演じたその増強にも言及する。リチャードソン提督はまた、日本の戦争準備における海軍の諜報活動についても証言し、さらには真珠湾攻撃計画に関する証言の中で、日本が数年にわたって注意深くかつは秘密裏に行ってきた海軍における戦争準備の成果をどのように活用したかも、明らかにするであろう。

＊午前12時、裁判長ウェッブ、午後1時30分までの休廷を宣す。
＊午後1時30分、法廷、再開する。［E: 8240］［J: 94（12）］
＊被告賀屋・鈴木弁護人レビン、被告全員を代表して、「該冒頭陳述の長大さと冒頭陳述文書の弁護人団への提供の遅延」に対して、異議を申し立てる。即ち、「①我々はこの冒頭陳述を入手できていなかったので、分析と吟味のための充分な機会がなかったが、この冒頭陳述は、冒頭陳述を行うに関しての法廷の指示並びに冒頭陳述は簡潔なものでなくてはならないという裁

判所条例を、逸脱している、②冒頭陳述において関連文書より簡単な引用を行うことは時として必要であろうが、特派員の夕食会や昼食会もしくはそのような場で行われた演説を長々と引用することは適正の範囲を越えるもののように思われる、③各局面の冒頭陳述は依然として首席検察官による全体に対する冒頭陳述と同程度に長大なものとなっており、これは法廷の指示を顧みないものであるので、検察側が今後は法廷の指示を遵守するよう検察に命じて欲しい」、「冒頭陳述の文書は事前に弁護人団へ提供してもらいたい。我々は、中断させて時間を無駄にしてはならないと考えて、冒頭陳述の行われている最中には異議を申し立てなかったが、もし検察が24時間前に冒頭陳述書を我々弁護側に提出しないならば、もしくは法廷がその旨指示しないならば、我々は冒頭陳述の行われている最中に異議を申し立てざるを得ず、そして迅速な裁判に有益ならざる結果をもたらすであろう」と、申し立てる。裁判長ウェッブ、①については、「ニュルンベルク裁判における冒頭陳述に比べれば本裁判におけるキーナン首席検察官のそれは、極めて簡略であり、かつは私の考えるところによれば法問題にしぼられたものであった。疑いもなく同首席検察官は、本裁判の各局面においてこれを先導する冒頭陳述を行うことを承知しており、事実問題についてはこれを各局面の担当検察官の裁量に委ねたのである。デイヴィス氏の演説及びローズベルト大統領の書簡は別として、当該冒頭陳述は節度ある陳述であった。我々は、両者については始めから終わりまで聴いたのであるから、検察官クイリアム准将は立証段階に入った時にはこれらを朗読して時間を浪費することはないであろう」、②については、「クイリアム検察官はそうするであろう、クイリアム准将は既に冒頭陳述書を弁護側に提供している」、「レビン弁護人の言については、法廷はこれを考慮に入れておく」、と申し渡す。

2—10—1　検察主張立証第Ⅹ局面「日本の全般的戦争準備」第1部「経済上の戦争準備」

（英速録8245〜8788頁／和速録第94号12頁〜第100号5頁）

(1)　証人米国人ジョン・グランヴィル・リーバート―連合国軍総司令部経済科学局法律顧問でカルテル・統制課長―、検察主張立証第Ⅹ局面「日本の全般的戦争準備」第1部「経済上の戦争準備」の検察側立証として、自ら行った「日本の経済上の戦争準備に関する調査結果についての陳述書」並びにその他関係書証を援用して、証言する。（1日目）
（英速録8245〜8788頁／和速録第94号12頁〜第100号5頁）

(1-a)　検察官クイリアム准将、リーバート証人に対する直接尋問を開始し、「証人の経歴及び専門家としての資格」について、直接尋問を行う。［E: 8245］［J: 94（12）］

<1946-10-21>

【検察側証人J・G・リーバートに対する検察側直接尋問（I）】

検察官審問
  1. 名前はジョン・グランヴィル・リーバートか？
  2. 米国市民か？
  3. 哲学士と法学修士の学位を保有するか？
証人応答
  1. その通り。
  2. その通り。
  3. 保有している。
検察官審問
  4. 職歴・経歴について、
  4-1. 公・私の経済・財政問題を研究したか？
  4-2. 法律家として米国農務省に在籍したか？
  4-3. 主たる任務は農務省と関係会社・法人との折衝であったか？
  4-4. 戦争前、実業界での仕事に専門家として従事していたか？
  4-5. それは主に会社の設立・再編であったか？
  4-6. 海軍勤務中の1944（昭和19）年に召喚され、その目的は軍政の特別研究のためであったか？
  4-7. それは日本の政府及び経済機構に関するものであったか？
  4-8. 日本の降伏後、日本に派遣されたか？
  4-9. 連合国軍最高司令部経済科学局の法律顧問として、統制・カルテル関係部門の仕事を続けたか？
証人応答
  4-1. その通り。
  4-2. その通り。
  4-3. その通り。
  4-4. その通り。
  4-5. その通り。
  4-6. その通り。10月に召喚された。
  4-7. その通り。プリンストン、スタンフォード大学で研究した。
  4-8. その通り。1945年9月28日に米国を出発以来、日本に住んでいる。
  4-9. その通り。
検察官審問
  5. 証言の準備について、

5-1. 1946年5月以降、特に日本の財政上及び生産上の戦争準備について研究したか？
5-2. それは本法廷での証言を目的としたものか？
5-3. 調査にあたっては、最高司令部の全部局に（情報入手のために）当たってみたか？
5-4. あらゆる統制会社の記録、幹部・基幹社員に接触したか？
5-5. 日本政府の閣僚・官吏と接する機会を有したか？
5-6. 予算関係の官吏等、財政方面の専門家と接触したか？
5-7. これら及びその他多くの接触先から、報告、情報及び統計数値を入手したか？
5-8. 日本の特定産業と政府の活動を調査していた最高司令部の担当部門から、情報を入手できたか？
5-9. 入手したすべての情報を吟味し、分析し、かつは照合検証し、確認したか？
5-10. 関係する日本の法律、勅令及び規定・規則を吟味したか？
5-11. 調査結果をまとめた陳述書を準備したか？
5-12. 提出されたものはあなたの陳述書か？

証人応答

5. 証言の準備について、

5-1. その通り、研究した。
5-2. その通りであった。
5-3. その通り、統制局の権能において及び本法廷において証言する目的のために、連合国軍最高司令部と日本国政府の全部局に接触した。
5-4. その通り、接触した。
5-5. その通り、接触した。
5-6. その通り、接触した。
5-7. その通り、日本国内のみならず、国外よりも入手した。
5-8. その通り、経済科学局の中には多くの独立した組織があって特定の産業に関する特定の調査を行っており、加えて経済調査局自体も、特定の及び一般的な調査を行っていた。
5-9. その通り、真実を得べくそして私に提出された全報告の精確性を確認すべく、私のでき得る範囲内において可能なすべてを行った。
5-10. その通り、日本語ができないので英訳版で行った。
5-11. その通り、そのような陳述書を準備した。
5-12. その通り、私の陳述書である。

＊被告東条弁護人ブルーエット、「当該証人を検察が専門家として召喚しようとしたのであるならば、我々には、証人の能力と受けた訓練について反対尋問を行う権利がある」と、証人の専門家としての資格について反対尋問を要求する。［E: 8249］［J: 94（13）］ 裁判長ウェッブ、「証人の述べたことが真実であると認めるのならば、弁護人はその質問を発する必要はあまりあるまい」と、反対尋問の趣旨に疑問を呈すも、「彼は弁護側にとって極めて重要な証人である」

<1946-10-21>

として、これを許可する。ブルーエット弁護人、反対尋問に立つ。

【弁護人ブルーエットによる検察側証人ジョン・リーバートの専門家としての資格に対する反対尋問】

弁護人審問

1. 年齢は？
2. 学位について、
2-1. 哲学士の学位を得た学校は？
2-2. 学位は文学士（バチェラー・オブ・アーツ）か？
2-3. 哲学を専攻したことを意味するか？
2-4. 哲学士を得た年は？
2-5. 法学修士（マスター・オブ・ロー）はいつ取得したか？
2-6. それを以て正式教育は終了したのか？
2-7. 経済学の分野で学位を有するか？

証人応答

1. 31歳。
2-1. クレートン大学文芸科学学校。
2-2. いえ、哲学士（バチェラー・オブ・フィロソフィー）である。米国の学校では、文学士（バチェラー・オブ・アーツ）と同等の価値を有している。
2-3. その通り。
2-4. 1935（昭和10）年。
2-5. 1938（昭和13）年。
2-6. 正式教育の意味が分からないが、その後、証券為替委員会における証券規制問題その他の特別課程で勉強した。
2-7. 経済についての学位は授与されていない。

弁護人審問

3. 職歴・経歴について、
3-1. 農務省にはいつ雇用されたのか？
3-2. 海軍に入隊した年は？
3-3. 農務省での仕事は？
3-4. 証人の仕事は、厳密に法律的なものであったのか、もしくは主として法律的のものであったのか？
3-5. 法律家として雇用されていたのではないか？
3-6. 特定の問題に関する法律について調べて、それを上司に報告するのが仕事だったのでは

ないのか？

3-7. 検察官は（その直接尋問において）あなたは農務省と民間企業の関係において仕事をしなかったかと、質問したと思うが、そうするとその関連での仕事も又、法律に関するものであったと理解してよいのか？

証人応答

3-1. 学校を卒業後の 1938（昭和 13）年。

3-2. 1942（昭和 17）年 4 月 15 日。

3-3. 農務省の法律顧問の下で勤務した。顧問の名前はマスター・G・ホワイト氏である。

3-4. 法律という言葉は、意味するところが広範である。私は法廷の法律家ではなく、裁判に携わったことはない。

3-5. その通りだが、私の仕事は経済と産業に係わる法律上の目的の分野に属するものである。事業分析に際しては、特定事業及びその経営手法との関係並びに企業自体に関する法律を理解することが必要である。自分はそれを職務としていた。

3-6. 仕事の一部としては、その通りである。

3-7. その通りである。

＊裁判長ウェッブ、ブルーエット弁護人に対して、「この種の証人の専門性の有無に関して法廷を納得させるのには、通常はさほどの時間は必要としないものである」と、と申し渡す。ブルーエット、尋問を続行する。

弁護人審問

3-8. 訪日以来、証人の仕事は純然たる調査関係の仕事と了解してよいか？

証人応答

3-8. 単なる調査ではない。日本の法律を通じて、その意図した産業統制を調査したのである。戦争の期間中、日本の全産業は、統制会、特別法、特殊会社及びあらゆる類の法的措置によって統制された。これらがどんなものであり、なぜそうされたのか、そしてこれらを（戦争後に）再編されるべき日本の経済構造から、どのようにして最も上手になくすかを発見することが私の仕事であった。さらに付け加えれば私は、（連合国軍最高司令部）統制課の長として、全産業内の物流と需給に関する手段を再編した。

＊裁判長ウェッブ、「証人による主尋問の後に弁護人の行っている反対尋問はできるではないか？」、と質すも、弁護人ブルーエット、証人に対して「他にこの種の仕事に就いたことがあるか？」と尋問する。ウェッブ裁判長、「それは無益な質問である。弁護人も承知であろうがこれは前例のない特別なものである」、と申し渡す。ブルーエット弁護人、「反対尋問の目的は証人が結論を出す資格があるか否かである」と応答して、「証人の専門家としての資格」に関する弁護側反対尋問を終了する。

<1946-10-21>　　　　　　　　　　　　　　　　　　　　　　　　2　検察主張立証段階　339

(1-b) 検察官クイリアム准将、検察主張立証第Ⅹ局面「日本の全般的戦争準備」第1部「経済上の戦争準備」の検察側立証として、「日本の経済生産」に関するJ・G・リーバート証人の証言に対する直接尋問を行う。

　　　　　　　　　　　　　　（英速録8256～8382頁／和速録第94号15頁～第95号13頁）

＊（検）法廷証PX840【ジョン・リーバート陳述書】＝検察側文書PD9030　識別番号を付される。
＊被告木戸弁護人ローガン，「リーバート証人が陳述書の方式によって証言することに対する弁護側の異議は判事控室において提起したのでここでは繰り返さない」、「英文の写しは10月3日に提出され、日本人弁護人のための日本語の写しは18日の午後になってからであったが、そのことを根拠とする異議は提起しない」として、被告全員を代表し、「弁護側の準備のために証人リーバートに対する検察側直接尋問後の弁護側反対尋問の開始を1週間ほど延期する」ことを申し立てる。裁判長ウェッブ、「アメリカ人弁護人による反対尋問には、延期する必要はないではないか？」、と応答する。ローガン弁護人、「一部米国人弁護人も、その担当被告より入手することができなかったので、延期を求める必要がある」、と申し立てる。裁判長ウェッブ、「多くの日本人弁護人は英語を話し、もしくは読解することができる……日本人弁護人のために反対尋問の開始を延期することは必要ではないように感じる」とするも、「後刻、決定する」、と裁定する。検察官クイリアム准将、「英文写しは、法廷の要求するところより数日も前に提出されていた。18日前に英文写しが提出されて以後、日本語版文書に対する要求は、自分に関する限り聞かされていない」、と申し立てる。裁判長ウェッブ、弁護側申し立てを却下する。
＊検察官クイリアム准将、J・G・リーバート証人に対する直接尋問を再開し、リーバート証人、検察主張立証第Ⅹ局面「日本の全般的戦争準備」第1部「経済上の戦争準備」について、提出済み（検）法廷証PX840【ジョン・リーバート陳述書】及びその他書証による証言を開始する。
＊リーバート証人、クイリアム検察官の尋問に答えて、提出済み（検）法廷証PX840【ジョン・リーバート陳述書】の朗読を開始する。[E: 8260] [J: 94 (15)]
（リーバート証言は、158節より成り、7日間に亘って行われた。英文速記録を中心に和文速記録をも参照にして、以下の構成で要訳することとする。
　[Ⅰ] 日本の経済生産
　　[ⅰ] 総論（1～3節《英文速記録本文では「節」は表示されていないが、長大な証言であるので、要訳文においては便宜上「第1節」の如くに表示する》）
　　[ⅱ] 電力産業（4～10節）
　　[ⅲ] 石油産業（11～27節）
　　[ⅳ] 石炭産業（28～32節）
　　[ⅴ] 化学産業（33～47節）
　　[ⅵ] 造船産業（48～51節）

［vii］製鉄産業（52〜59節）

　　　［viii］軽金属及び非鉄産業（60〜73節）

　　　［ix］工作機械産業（74〜81節）

　　　［x］自動車・タンク・車両産業（82〜88節）

　　　［xi］航空機産業（89〜91節）

　［II］日本政府の経済統制手段

　　　［i］全般的産業統制（92〜96節）

　　　［ii］国家総動員法による統制（97〜104節）

　［III］海外領土における経済的支配権の確立

　　　［i］経済的準備（105節）

　　　［ii］領土の統合（106〜116節）

　　　［iii］南方地域征服に備えた軍票の準備（117〜119節）

　　　［iv］国策会社の活用（120節）

　［IV］財政・金融・貿易政策

　　　［i］外国為替と外国貿易（121〜131節）

　　　［ii］金の生産（132〜136節）

　　　［iii］財政政策（137〜146節）

　　　［iv］金融政策（147〜158節）

【検察側証人 J・G・リーバートに対する検察側直接尋問 (II)】

[I] 日本の経済生産

[i] 総論（1〜3節）

　第1節；

　戦争準備は一般的に原料供給ならびに工業生産の推移を検証することにより明らかにされる。近代戦を遂行するには、莫大なる種々の装備を必要とするからであり、平時経済とは根本的に異なる。それ故、戦争準備を明らかにするためには、産業活動の最終生産並びに軍需品及び装備の生産に使用される原料の供給量を検証しなければならない。

　第2節；

　1937（昭和12）年6月23日付け陸軍省作成の「軍需品製造工業五カ年計画要綱」は、主要軍需品の供給を達成するための計画であり、その確保のための産業の奨励と統制を規定している。

＊（検）法廷証 PX841【1937（昭和12）年6月23日付け陸軍省作成「軍需品製造工業五カ年計画要綱」】＝検察側文書PD9002-A　検察官クイリアム准将、証拠として提出する。［E: 8260］［J: 94（15）］　証拠として受理され、リーバート証人によって、第2節の一部として、抜粋が朗読される。

<1946-10-21>

2　検察主張立証段階　341

【PX841朗読概要】

　1）本要綱は、重要産業五カ年計画の実現と相並び、戦備充実の二大眼目を為すものであり、軍需品製造工業の拡充、育成、統制等に関し、軍政的処理の範囲における陸軍施策の統括を目的として策定する。

　2）本要綱の実現に伴う資金、原料、材料、燃料、機械、労力、技術、動力、運輸等の事項に関しては、「重要産業五カ年計画要綱」に包含する。ただし、陸軍の施策に特に必要なものは本要綱に記す。

　3）本要綱の軍需品製造工業とは軍用資材の製造・修理を言うが、緊要なる素材工業にも及ぶものとし、戦時に至り如上の工業に転換させる工業への施策についても必要なものは記す。

　4）実行の速度を統制する観点より、本要綱は、第一に、固定軍事予算に立脚する。

＊リーバート証人、「最終産品生産のための本基本計画の達成を可能ならしめるために、多くの附帯計画が、政府によって作成された。これらの基本計画の内の三つの案は、『重要産業拡充計画要綱』の中に包摂されている。これら三つの案の軍需生産に対する関係については、各案自体から明らかである」と、説明する。

＊（検）法廷証PX842【①陸軍省作成（1937［昭和12］年5月29日）「重要産業五カ年計画要綱」②陸軍省草案「重要産業五カ年計画関連方針概要」（1937［昭和12］年7月10日）③閣議決定「生産力拡充計画要綱」（1939［昭和14］年1月）】（②の抜粋朗読部分は、英文速記録ではその8269頁に収録されているが、和文速記録には見当たらない。この文書名は要約者が英語から和文に転訳したものである）＝検察側文書PD1522　[E: 8263]［J: 94（16）］　検察官クイリアム准将、証拠として提出する。証拠として受理され、リーバート証人によって、第2節の一部として、抜粋が朗読される。

【PX842朗読概要】

［1937（昭和12）年5月29日付け陸軍省「重要産業五カ年計画要綱」］

I. 方針

　概ね1941（昭和16）年を期して計画的な重要産業の振興を策し、有事の日満北支における重要資源の自給を可能にするとともに、平時国力の飛躍的発展を図り東亜指導の実力を確立する。

II. 要領

　（一）本計画は、1937（昭和12）年度以降1941（昭和16）年度に至る5年をもって第一次とする。

　（二）重要産業の振興は帝国を主体とするが、主要産業を努めて大陸に進出させ、さらに北支の資源の確保に努める。

　（三）本計画の実施に際しては、我が国現行の資本主義体制に急激なる変革を起こさせること

はこれを避けるものとするが、様々な経済分野並びに重要ならざる消費物資の統制については、適切かつ時宜に応じた諸施策を講じ、総合的に本計画の進捗を計る。

＊午後2時45分、裁判長ウェッブ、15分間の休廷を宣す。

＊午後3時、法廷、再開し、検察官クイリアム准将、リーバート証人に対する直接尋問を続行する。リーバート証人、（検）法廷証PX842の朗読を続行する。［E: 8267］［J: 94（16）］

（四）第一次計画でまず着手すべき重要部門は概ね次の通りとする。

1. 兵器工業
2. 飛行機工業
3. 自動車工業
4. 工作機械工業
5. 鉄鋼工業
6. 液体燃料工業
7. 石炭鉱業
8. 一般機械工業
9. アルミニウム工業
10. マグネシウム工業
11. 船舶工業
12. 電力工業
13. 鉄道車両工業

（五）以上の原則に基づき、重要産業振興の全般的な目標及びその日本と満州における調整は、概ね別表に示す通りである。

＊リーバート証人、「1937（昭和12）年6月10日付け陸軍省作成暫定草案『重要産業五カ年計画概要の遂行に関する政策概略』」を朗読し、続けて、「1939（昭和14）年1月付け企画院作成（閣議決定）『生産力拡充計画要綱』」を、第2節及び第3節の一部として朗読する（原本和文書証より採録したであろう和文速記録は、冒頭部が上記「生産力拡充計画要綱」とほとんど同じ内容の「1939（昭和14）年1月付け企画院作成（閣議決定）『生産力拡充計画要綱』」のみを記載する。ここでは後者を要訳する）。［E: 8271］［J: 94（16）］

【1939（昭和14）年1月付け企画院作成（閣議決定）「生産力拡充計画要綱」朗読概要】

本計画は、内外の現況に鑑み、東亜の安定勢力たる我が国の国力の充実強化を図り、併せて国運の飛躍的発展に備えるため、重要なる国防産業及び基礎産業に関して、1941（昭和）16年を期して目標を達成できるよう日満支を通じた生産力の総合的拡充計画を確立し、万難を排してその達成を期するものとする。

1）基本方針（1）（2）及び（3）並びに2）目的（省略する）

<1946-10-21>

＊リーバート証人、第3節の朗読に入る（このあたりの番号見出しは、英文・和文の両速記録ともに、やや混乱しているように思われる）。

第3節：

1941（昭和16）年12月直前の原料及び工業生産の動向並びに政府による統制措置は、指定産業に関する若干の調査において具体的に示すこととするが、戦争準備における生産の一般的な傾向を示すためには、諸産業の相互関係及び個々の産業を一体のものとして把握することに留意しなければならない。

[ii] 電力産業（4〜10節）［E: 8272］［J: 94（17）］

第4節：

産業の発達に電力が重要なことは言うまでもない。発電事業は最初に国営化されたものであり、総力戦を支える「新秩序」の柱の一つである。

第5節：

企画院の「生産力拡充計画要綱」は4カ年計画で水力発電50％、火力発電35％の拡張を目的としている。

第6節：

1938（昭和13）年3月、電力統制令の発布により国策会社「日本発送電株式会社」が設立され、監督者である逓信大臣により、電力会社は保有する水力発電所を新会社に譲渡するよう求められた。

第7節：

日本発送電株式会社は日本の電力資源を戦争遂行に組みこむために設立されたのであり、このことは電力5カ年計画の序説に記載された同社の主要目的に明らかである。

第8節：

1941（昭和16）年8月、配電統制令が発布され、配電にまで国策が拡張されることとなった。

第9節：

満州、台湾、支那における国策会社が、事業の一端として、営業地域における電力事業を統括し電力の拡張に注力したことは、日本の統制の組織的方法を示すものである。

第10節：

以上のことは、表「日本本国における産業による電力消費量」に明らかである。

＊裁判長ウェッブと検察官クイリアム、提出済み（検）法廷証 PX840【ジョン・リーバート陳述書】中の統計表の法廷速記録への読み込みについて、論議する。［E: 8278］［J: 94（17）］
検察官クイリアム准将、「証人のこの陳述書の中には各種の統計表が含まれるが、その一部は朗読するには長大なもの及び複雑なものである。それらの統計表は証人によって朗読される必要はないが法廷記録には残されるという手続きを、法廷が認めるならば、私がそのような統計表を指し示したい。6頁の表がその例である」、と申し立てる。裁判長ウェッブ、「この陳述書は勿論、法廷証拠であるのだから、それが法廷記録に読み込まれない理由はどこにもない。し

かし同僚判事は異なる見解を採るかもしれない。法廷記録に含められるのであれば、朗読されなかったが記録には含められるということが表されていなければならない。これらの一部について説明することが望ましいと言っているのか？」、と質す。クイリアム検察官、「統計表はそれ自体で自ら語るものである。私のこの提案の理由は、その報告書が朗読された場合には、それは統計表を含むものであって、全体が一体となるということである」、と応答する。（法廷、法廷記録に残されない論議を行う）裁判長ウェッブ、「同僚判事の多数は、統計表を法廷記録に含めることに反対であるが、もし可能であれば統計表が要訳されることを望みたい」、と申し渡す。検察官クイリアム准将、「そうであれば統計表の全部を朗読した方がよいと思うが、法廷がそれを望むのであれば、証人は有用な要訳を作成できるものと考える」、と申し立てる。被告小磯・大川弁護人ブルックス大尉、「何であれ実際に朗読されなかったことが法廷記録に含められることは望まない」、と申し立てる。法廷、リーバート証人に要訳させることに決定する。

＊（検）法廷証 PX843【日本地区における電力消費量の図表】＝検察側文書 PD9030-7A　リーバート証人、「この統計表は、電力消費総量の増大のみならず通常の経済上の率を越えた、基礎軍事産業及び戦争支援産業に対する電力配給の統制をも示している」と前置きして、証拠として提出する。証拠として受理される。朗読なし。

＊リーバート証人、第11節の朗読に入る。[E: 8282] [J: 94（18）]

[ⅲ] 石油産業（11～27節）

　第11節：

　石油は近代戦で欠くべからざるものであるが、日本の石油産出量は平時の需要の1割をまかなえる程度であった。このため、①相当期間分の備蓄、②石油国産の奨励、③人造石油の製造及び使用、④不要不急の石油使用の制限の対策が取られることとなった。

　第12節：

　1934（昭和9）年、石油統制令が発布され、すべての石油会社は常時9カ月分の石油備蓄を義務付けられた。すなわち、国家危急、輸入途絶に備えた措置であることは明白である。

　第13節：

　1935（昭和10）年、石油産業法が公布され、石油精製事業、輸入に許可制が導入された。政府の規制は輸入石油の質・量・価格に及んだ。

　第14節：

　続いて、石油配給の中央統制を実施する石油配給会社を設立し、各府県に公認配給会社を設置した。

　第15節：

　1934（昭和9）年から1941（昭和16）年の間に日本の石油精製能力は、従前の4倍に達した。蘭印からの原油輸入を重視し、新たな精製所は太平洋岸に建設されたが、辺鄙な場所に散在させたことは注目すべきである。

　第16節：

<1946-10-21>

1937(昭和12)年から、大手石油会社は航空用ガソリン・高品質潤滑油の製造に向けあらゆる努力を払った。しかし、彼らの計画の一部は米国の関連情報流出の禁止措置で妨げられた。

第17節；

通常の油槽船の速力は10乃至12ノットであるが、日本は13ノット以上の油槽船を最初に開発した国の一つである。さらに、海軍を除く日本の油槽船隊の総トン数は1937(昭和12)年から2年間で倍増し、1941(昭和16)年には実に50万トンにまでなった。この事実は、石油の迅速なる輸入確保の観点から注目に値する。

第18節；

表「日本における原油消費量及び貯蔵量図」は、戦争直前までのそれぞれの増加を示している。
＊(検)法廷証PX844【日本における原油消費量及び貯蔵量の図表】=検察側文書PD9030-10A〔E: 8286〕〔J: 94(18)〕証拠として受理される。検察官クイリアム准将、裁判長ウェッブの「先頭部と最後部の欄を朗読すれば充分」との要請に応じて、リーバート証人に対してその旨指示する。リーバート証人、「1931(昭和6)年から1941(昭和16)年までの10年間に、日本国内の石油生産はほとんど増加していないが、1937(昭和12)年の備蓄量は莫大なものとなっており、なんらかの目的のために準備されたことを示している」と、説明する。
＊リーバート証人、第19節の朗読に入る。

第19節；

1940(昭和15)年の経済制裁で、日本はオランダよりの2297万バールに上る原油・石油製品の輸入に動いたが、ほとんど成功しなかった。

第20節；

企画院の「生産力拡充計画要綱」では自給自足を目指しているが、人造石油製造業を非常に強調している点が注目される。

第21節；

1938(昭和13)年、国内生産促進のため、石油資源開発法が可決され、石油採掘が奨励されることになった。

第22節；

さらに、日本は樺太における石油事業の促進にあらゆる努力を払った。

第23節；

1941(昭和16)年、国策会社「帝国石油株式会社」を設立し、油田調査・開発にあたらせた。

第24節；

1937(昭和12)年、国策会社「帝国燃料事業株式会社」を設立し、石炭を原料とする人造石油の増産にあたらせた。

第25節；

南満州鉄道株式会社は満州国で頁岩から石油の生産を試み成果を得たが、日本本国への輸出は極めて少量であった。

第26節；

人造石油の生産、使用は政府が直接管掌したため、製造コストに関する的確な資料は得られていないが非常に高いものであり、権威筋によれば、平時においては到底採算が合わないものであると言われている。

第27節；

企画院は早くから民間石油使用量の制限を意図し、1938（昭和13）年に石油の配給制を定めると共に自動車の代用燃料の使用を促進した。

＊午後3時57分、裁判長ウェッブ、休廷を宣す。

◆ 1946（昭和21）年10月22日　　（英速録8295〜8448頁／和速録第95号1〜21頁）

＊午前9時32分、法廷、再開する。
＊検察官クイリアム准将、検察主張立証第Ⅹ局面「日本の全般的戦争準備」第1部「経済上の戦争準備」の検察側立証として、「日本の経済生産」に関するJ・G・リーバート証人に対する直接尋問を続行し（2日目）、提出済み（検）法廷証PX840【ジョン・リーバート陳述書】の第28節に入る。[E: 8296] [J: 95（2）]

【検察側証人J・G・リーバートに対する検察側直接尋問（Ⅱ）】（続き）

[ⅳ] 石炭産業（28〜32節）

第28節；

通常日本はコークスを輸入するが、多量の石炭輸出国である。それにもかかわらず、国策に基づき石炭使用を制限し、生産を奨励した。1937（昭和12）年に燃料廠が設置され、石炭部は石炭の配給・使用に関する一切の事項、開発等を担った。

第29節；

軍需産業の計画は必然的に石炭の増産を必要とし、それは企画院の「生産力拡充計画要綱」に明らかである。1941（昭和16）年には7,818万トン強に増産するとしているが、既に十分開発されていることを考慮すれば相当に高い水準である。また、商工省が石炭増産のために支払った多額の奨励金に照らしても明らかである。

第30節；

1939（昭和14）年の商工省令で石炭販売取締規則が公布され、販売に規制がかけられた。これにより電力と同様に、軍需産業への石炭の供給が増加することとなった。

第31節；

さらに、石炭の配給統制を強化するため、1940（昭和15）年に石炭配給統制法により国策会社「日本石炭株式会社」が設立された。同社は政府の委託により、日本国内における石炭の売買・

<1946-10-22>

配給を完全独占的に実施することになったのである。

第 32 節；

商工省は人為的統制を効果あらしめるために、多大の補助金を出費することとなった。

[v] 化学産業（33〜47 節）［E: 8300］［J: 95（3）］

第 33 節；

化学製品は爆薬の製造等、戦争遂行に重大なる役割を果たすが故に、1941（昭和 16）年直前の数年間で異常な拡張を遂げた。続いて重要な化学薬品を概観する。

第 34〜45 節；

（アルコール、ブタノール、グリセリン、アセトン、硝酸、染料、プラスチック、アクリル樹脂、コークス生成副産物について用途・生産量等が証言されるが、省略する）

＊被告木戸弁護人ローガン（第 39 節に入る直前）、検察官クイリアムとの間で、朗読中の統計資料の出所の明示に関して、論議する。［E: 8305］［J: 95（4）］ ローガン弁護人、反対尋問のために朗読中の統計資料の出所を明らかにするよう、求める。検察官クイリアム准将、「情報提供は可能であるが反対尋問でなされるべし」と、応答する。裁判長ウェッブ、「検察官が証人と協議して随時、弁護側に提供すべきである」、と裁定する。

＊検察官クイリアム准将、提出済み（検）法廷証 PX840【ジョン・リーバート陳述書】による直接尋問を続行し、リーバート証人、第 46 節の朗読に入る。E: 8317］［J: 95（5）］

第 46 節；

以上は、重要化学製品の用途を示したものである。化学薬品は民需用から軍需用への転換は容易であり、既に「軍需品製造工業五カ年計画要綱」において、化学工場は多種の軍需品供給に転換することが期待されていた。

第 47 節；

1940（昭和 15）年、合成化学品製造事業法により特殊化学工業の拡充を図ると共に、化学製品の統制を促進した。

[vi] 造船産業（48〜51 節）［E: 8318］［J: 95（6）］

第 48 節；

外国領土での戦争遂行は、必然的に十分な海上輸送能力を必要とする。満州の軍隊の維持ならびに必要な輸入品を輸送する必要から、造船業の早期拡張が行われた。1932（昭和 7）年、35（昭和 10）年、36（昭和 11）年と数次にわたり、補助金の交付を通じ、船齢 25 年以上の船舶の解体を条件に船舶の建造が促進された。この結果、速力の早い貨物船が 48 隻建造され、総船舶数に対する比率において船齢 5 年以内の船舶を世界のどの国よりも保有することとなった。

第 49 節；

造船に対する間接的支援が、1937（昭和 12）年の製鉄業法実施令により与えられた。すなわち、タービン動翼等の造船拡張計画に必須な鉄製品への補助金が定められた。

第 50 節；

企画院の「生産力拡充計画要綱」は、1941（昭和16）年末までに船腹を65万トンに拡張することを定めているが、その進捗を図るため、1939（昭和14）年に造船業法が公布された。その目的は造船奨励にあり、補助金ならびに造船融資に伴う損害の補償を定めた。これにより、造船業は厳重なる政府の管理下におかれることになった。

第51節；

一連の施策により、政府は貨物船の標準化を進め、造船業の統制を組織化した。さらに1941（昭和16）年、法令に基づき設立された産業設備営団によって、政府は直接、造船業の整備にあたることとなったのである。

[vii] 製鉄産業（52～59節）　[E: 8322]　[J: 95（6）]

第52節；

日本においては従来から、重工業・一般工業の発展に要する鉄の生産に不足していた。1933（昭和8）年4月、日本製鉄会社法が可決され、国策会社「日本製鉄株式会社」が設立された。同社は政府の支配、指導及び融資により日本最大の生産者となり、製鉄事業の中枢となった。

第53節；

1937（昭和12）年、製鉄事業法が日本の製鉄事業の発展と国防強化のために可決された。工場用地の取得、諸々の税制面で特権的優遇措置を定めると共に、補助金・奨励金制度が設けられた。

第54節；

これらの特権・補助金により政府の管理下に置かれた製鉄事業者は、一種のカルテル、統制組合組織を構成したが、その特異な点は国策会社「日本製鉄株式会社」が主導したことである。一方で政府は鉄鉱石の採掘も奨励した。しかしながら、一連の法律の力を以てしても、日本はなおも銑鉄のみならず鉄鉱石の莫大な輸入を継続したのである。

第55節；

精錬鋼鉄の生産に、屑鉄は重要なる材料である。1938（昭和13）年、商工省は省令により屑鉄の収集・活用に関する配給統制を定めた。

第56節；

企画院の「生産力拡充計画要綱」の製鉄拡張案は、銑鉄及び鋼鉄の国内生産増強に重点が置かれたことを示している。

第57節；

鉄及び鉄製品の使用統制について多くの規定が追加されたが、自動車、工作機械、航空機及び船舶への使用については適用が除外された。これらが戦時に備えた施策の一環であることは明らかである。

第58節；

日本がなおも銑鉄のみならず鉄鉱石の莫大な輸入を継続したことは先述したが、国内生産と輸入により鉄鋼製造業が急激に拡張されたことは、企画院の作成した図表により明らかである。

<1946-10-22>　　　　　　　　　　　　　　　　　　　　　　　2　検察主張立証段階　349

＊（検）法廷証 PX845【1926（昭和元）～1941（昭和16）年間における日本の鋼鉄の生産と輸入の図表】＝検察側文書 PD9030-43-A　検察官クイリアム准将、証拠として提出する。証拠として受理される。［E: 8333］［J: 95（8）］
＊午前10時15分、裁判長ウェッブ、休廷を宣す。
＊午前11時2分、法廷、再開する。［E: 8335］［J: 95（8）］
＊検察官クイリアム准将、提出済み（検）法廷証 PX840【ジョン・リーバート陳述書】による直接尋問を続行し、リーバート証人、第59節の朗読に入る。
　第59節；
　本図表で注目すべきは、鉄鋼石の大部分を輸入に頼る日本の鉄鋼産業が加工専一の産業として確立された事である。すなわち、通常の経済に基づくものではなく、国家計画に基づくものであることは明らかである。この事は特定分野での鉄製品の増産が際立っている事に反映されており、造船、自動車・戦車、重機械、工作機械、重兵器等に顕著である。
［viii］軽金属及び非鉄産業（60～73節）　［E: 8336］［J: 95（8）］
　第60節；
　日本政府は鉄、金、石油の場合のごとく、特定の法律により生産を奨励する一方、軍需産業への基礎的原料供給計画の重要な一環として、他の鉱物・金属の生産の奨励にも考慮を払った。軽金属及び非鉄金属生産について、企画院の「生産力拡充計画要綱」は1941（昭和16）年末までに達成すべき目標を定めた。
　第61節；
　アルミニウムが最も重要な軽金属であることは、日本の飛行機の素材の71％がアルミニウムで構成されていることからも明らかであり、企画院は1938（昭和13）年の生産量1万9,000トンを1941年（昭和16）年に12万6,400トンまで拡充することを要求した。
＊（検）法廷証 PX846【1936（昭和11）～1941（昭和16）年間における日本のアルミニウム生産の図表】＝検察側文書 PD9030-46-A　［E: 8337］［J: 95（8）］　リーバート証人、言及する。裁判長ウェッブ、「それがどのような意味であるかを1もしくは2行で」と、説明を求める。リーバート証人、「アルミニウム生産は、1932（昭和7）年の皆無から、戦争開始の1941（昭和16）年には56,080トンに増大したことを、さらに日本が極めて短期間のうちに、戦時需要を満たすために充分な装備を産する目的で、ほんの数年のうちに新しい一つの産業を造りだしたことを示している」、と応答する。検察官クイリアム准将、該文書を証拠として提出する。証拠として受理される。
＊リーバート証人、提出済み（検）法廷証 PX840【ジョン・リーバート陳述書】に戻り、第62節に入る。
　第62節；
　1934（昭和9）年以前は、アルミニウムのすべてを日本が輸入していたことに留意すべきである。
　第63節；

マグネシウムは、軍需生産に多様な用途を有する第二の戦略的軽金属である。企画院は1938（昭和13）年の生産量1,123トンを1941（昭和16）年に実に11,000トンまで拡充することを要求した。実績は2倍強に留まったが、異常な伸びであることに変わりない。
　第64節；
　銅は非鉄金属でも最重要金属の一つである。同じく、企画院は、1938（昭和13）年の生産量97,406トンを1941（昭和16）年に179,000トンまで拡充することを要求した。
　第65節；
　鉛も極めて重要な軍需資材の一つである。同じく、企画院は1938（昭和13）年の生産量18,744トンを1941（昭和16）年に35,550トンまで拡充することを要求した。
　第66節；
　亜鉛は鉛と同様に重要な軍需資材の一つである。同じく、企画院は1938（昭和13）年の生産量55,800トンを1941（昭和16）年に95,000トンまで拡充することを要求した。
　第67節；
　ニッケルは各種の合金の製造において卓越した地位を占める、戦略上重要な軍需物資である。通常の需要は極めて少ないが、日本は支那事変の少し前より備蓄を始め、輸入を増やした。輸入が困難になると、補助金を引き上げてまでも低品位の国内鉱石からの非効率な生産を続けざるを得なかった。
　第68節；
　にもかかわらず、企画院は物理的に不可能な生産目標を要求した。ニッケルの場合は、軍需生産のために実施された非経済的な国家計画の端的な一例である。
　第69節；
　錫も極めて重要な軍需資材の一つである。同じく、企画院は1938（昭和13）年の生産量1,804トンを1941（昭和16）年に3,500トンまで拡充することを要求した。
　第70節；
　1938（昭和13）年5月29日に公布された重要鉱物増産法は、国内鉱業生産全般に確実に刺激を与えた。その運用は他の特別法と共にすべての鉱業活動を事実上、戦時生産能力奨励計画に基づき政府の統制、監督及び指揮下においた。
　第71節；
　政府の負担した費用の一端として溶鉱炉及び精錬所建設のための商工省の補助金を示す（詳細略）。
　第72節；
　軽金属鉱業の拡充は、企画院の計画の中でも重要な地位を占めるが、国家政策が軽金属製造と加工の拡充を奨励したことは、1938（昭和13）年の軽金属製造事業法に明らかである。
　第73節；
　この法律は事業者に税の免除、社債発行の優遇等の特典を与えたが、政府の監督権限を強めることとなった。かくして、軽金属製造事業は完全に政府の政策に支配され、軍需生産計画に緊密

<1946-10-22>

に結合されたのである。

[ix] 工作機械産業（74〜81節）［E: 8350］［J: 95（10）］

　第74節；
　工作機械は他の機械を製造するためのものであり、それ故に拡充された産業計画において工作機械の生産は第一に必要とされるものである。

　第75節；
　支那事変以前には、米国、ドイツ及び英国が日本の工作機械及び部品の主たる輸入先であった。1935（昭和10）年から1940（昭和15）年の間、最上級の工作機械の原型が見本として購入され、これらの活用と外国人技師の援助によって、日本は工作機械生産の国産化に着手した。1941（昭和16）年までに強固な統制ができ上がり、工作機械の生産の9割は約100工場に集約され、かつ総生産高の半分以上は五大企業に集約されたのである。

　第76節；
　陸軍省の特殊軍需品生産計画は、工作機械の国産化のための事業拡張を必要とした。軍需品生産に転換し得るように工作機械工業を奨励、育成しようとしたことは、「軍需品製造工業五カ年計画要綱」に明らかである。

　第77節；
　工作機械工業拡充の目的は、軍需品製造のための工作機械とともに、戦時には軍需品製造に転用できる工作機械の準備にあったのである。

　第78節；
　1938（昭和13）年に可決された工作機械製造事業法は、工作機械の生産全般にわたり、政府の統制を可能とした。

　第79節；
　工作機械の最大の使用者には、陸海軍兵器廠が含まれる。彼らは日本の工作機械工業育成のために世界より直接、特殊目的の工作機械を購入し、かつ日本のいずれの産業会社より多くの工作機械を購入したのである。

　第80節；
　「日本内地における工作機械の生産、輸入及び輸出」と題した表は、1941（昭和16）年以前の10年間の国内生産の飛躍的な拡充を示している。

＊（検）法廷証PX847【1930（昭和5）年〜1941（昭和16）年間における工作機械生産・輸入の図表】＝検察側文書PD9030-61-A［E: 8356］［J: 95（11）］リーバート証人、言及する。検察官クイリアム准将、該文書PD9030-61-Aを証拠として提出する。証拠として受理される。

＊リーバート証人、提出済み（検）法廷証PX840【ジョン・リーバート陳述書】に戻り、第81節に入る。

　第81節；
　工作機械工業と密接に関連しているのは精密軸受工業である。可動部分を有するすべての重要

な機械は精密軸受を使用し、軍用機械においても例外ではない。それ故、それらの産業の発展は軸受製造事業及び生産高の拡充によって測定することが可能である。「日本内地における精密軸受工業の生産及び資本金」と題する表は、その驚くべき拡充を示している。

＊（検）法廷証PX848【1930（昭和）年～1941（昭和16）年間における精密軸受工業拡充の図表】＝検察側文書 PD9030-62-A ［E: 8357］［J: 95（11）］ リーバート証人、言及する。検察官クイリアム准将、該文書を証拠として提出する。証拠として受理される。

[x] 自動車・タンク・車両産業（82～88節）

第82節；

日本の自動車工業は1936（昭和11）年まで事実上存在せず、日本で使用される自動車、エンジン、部品のほとんどが輸入された。民生需要は諸外国に比べ極めて低い水準であったが、戦時計画に直面した軍部にとって国産車両の生産は欠くべからざるものであった。それ故、自動車工業は民需による発展の形をとることなく、「国防に必要なり」とする日本政府の意向によって育成されたのである。

第83節；

1936（昭和11）年に自動車工業統制法が制定され、事業者は登録制度によることとし、税の免除、社債発行の優遇、輸入の制限が定められ、直ちに実施された。

第84節；

しかしながら、日本の自動車工業は政府の助成金によって成立するというのが実態であった。

第85節；

自動車工業統制法は、事業者の自動車製造全般にわたる統制を可能としたが、注目すべきは政府が軍用車と部品の製造を命令できたことである。このことは企画院の「生産力拡充計画要綱」、陸軍省の「軍需品製造工業五カ年計画要綱」によって裏付けられる。

第86節；

国産自動車の製造は軍用車のためのみならず、その設備と工場を戦車、飛行機、部品の製造に転換することが想定された。

第87節；

すなわち、戦車並びに装甲自動車の生産に転換できるよう、当初から自動車工業を拡張することが立案されたのである。

＊午前12時、裁判長ウェッブ、休廷を宣す。
＊午後1時30分、法廷、再開する。［E: 8365］［J: 95（12）］
＊検察官クイリアム准将、提出済み（検）法廷証PX840【ジョン・リーバート陳述書】による直接尋問を続行する。リーバート証人、第88節の朗読に入る。

第88節；

鉄道車両の増産は同じく、戦時計画経済にとって必須のものであった。企画院の「生産力拡充計画要綱」は1938（昭和13）年から1941（昭和16）年の3カ年の機関車、客車、貨車の増産目

<1946-10-22>

標を示している。日本が既に十分に発達した鉄道を有していることを考える時、この増産計画は注目に値する。すなわち、車両生産設備の拡充及び車両の増産が戦争準備のために必要と考えられたことであり、このことは陸軍省の「軍需品製造工業五カ年計画要綱」により裏付けられる。同要綱では、鉄道車両生産設備を軍用機関車・戦車等の製造、組み立てに変更する計画が示されている。

[xi] 航空機産業（89～9 節）[E: 8370] [J: 95 (12)]

第89節；

航空機の生産は、日本の戦争準備計画で最優先の課題であった。このことは陸軍省の「軍需品製造工業五カ年計画要綱」により十分に裏付けられる。

第90節；

1938（昭和13）年、航空機製造法が公布された。事業者は認可制度によることとし、税の免除、社債発行の優遇と共に、政府の監督権限を定めた。かくして、航空機産業はその拡張について政府の計画案に完全に統括されることとなった。

第91節；

軍用機の生産は、工作機械工業、軽金属工業、自動車工業及びその施設を航空機と部品の生産に転換できる産業の発達があって可能になったのであり、実際の生産機数に示されているより極めて大規模に、戦時生産への準備がなされていったと考えるべきであろう。

（1-c）検察官クイリアム准将、検察主張立証第Ⅹ局面「日本の全般的戦争準備」第1部「経済上の戦争準備」の検察側立証として、「日本国政府による経済統制」に関して、J・G・リーバート証人に対する直接尋問に入る。

（英速録8382～8410頁／和速録第95号13～17頁）

【検察側証人J・G・リーバートに対する検察側直接尋問（Ⅱ）】（続き）

＊リーバート証人、提出済み（検）法廷証PX840【ジョン・リーバート陳述書】の第92節に入る。

[Ⅱ] 日本政府の経済統制手段

[i] 全般的産業統制（92～96節）

第92節；

以上、特定産業に対して実施された統制を概観したが、それらを促進するための全般的産業統制が計画され、実行された。

＊提出済み（検）法廷証PX841【1937（昭和12）年6月23日付け陸軍省作成「軍需品製造工業五カ年計画要綱」】＝検察側文書PD9002-A　リーバート証人、言及し、抜粋を朗読する。

2—10—1 検察主張立証第Ⅹ局面「日本の全般的戦争準備」第1部「経済上の戦争準備」

【提出済み PX841 朗読概要】

3頁

軍需品製造工業五カ年計画要綱。

方針；

時局に対応し、軍備の充実に伴う国防力の基礎を確立するために軍需品製造工業の画期的拡充を図り、かつはこれに国防上必要な統制を加える。

このために、概ね 1941（昭和 16）年度末までに以下の諸目的を達成することに重点を置き、日本経済の運営を合理的に展開せしめる。

5頁

統制の根本原則は、国防上の要求充足に置く。

13頁、第Ⅴ。統制要領。

1）軍需品工業の統制に関しては、それら産業の特殊性、特に戦時と平時の需要に大きな差異の存するという特殊性に鑑みて、戦時拡大を阻害する諸要因の除去に十全を期すものとする。

2）軍需動員能力の実質的強化を図るために、企業は主として監督官制度を通じて指導される。

3）軍需品製造工業の平時より戦時への転移を容易ならしめるために、構造上の統制を促進する。

4）広義国防の見地より、社会政策を加味して、軍需品製造工業に対して必要なる統制を加える。

＊提出済み（検）法廷証 PX842【陸軍省作成「重要産業拡充計画要綱」】＝検察側文書

PD1522 リーバート証人、言及し、第 92 節の一部として、抜粋を朗読する ［E: 8389］［J: 95(14)］

3〜4頁。第三。実施方策。

本計画は、立案の本旨に基づき、官民一体となり、その断乎たる決意と完全なる協力の下に国の全力を傾注して実現されねばならない。従って政府は、その成就のために可能なすべての措置を執り、計画の遂行に蹉跌なきを期す。

＊リーバート証人、提出済み（検）法廷証 PX840【ジョン・リーバート陳述書】の第 93 節の朗読に入る。

第 93 節；

産業統制のために既存の事業者団体、統制機構を基礎とすることが計画された。まず、1929（昭和 4）年、商工省に産業合理化特別委員会が、次いで 1930（昭和 5）年に緊急産業合理化局が設置された。

第 94 節；

重工業を統制する最初の試みとして、1931（昭和 6）年、主要産業統制法が可決された。事業者の自己統制及び事業者間の契約により大資本への集約化が定められた。さらに、1936（昭和 11）年、法令の修正により主要工業における資本集約を強制し、事業者の大合同を促進した。

第 95 節；

<1946-10-22>

大企業への統制と並行して、中小企業へも同様の規制が設けられ、その組合化及び組合統制が促進された。

第96節；

かくして、日本銀行の統計によれば、1940（昭和15）年には212の大会社の合同、1941（昭和16）年には172の大会社の合同が実現し、他方1,000以上の工業組合が結成されたのである。

[ii] 国家総動員法による統制（97～104節）　[E: 8395] [J: 95 (15)]

第97節；

1938（昭和13）年5月、提出済み（検）法廷証PX84である国家総動員法が施行された。この法令は、他の法令に規定のない戦争経済に必要な、すべての機関の完全なる動員に対する根本的法律である。（抜粋朗読は省略する）

第98節；

国家総動員法によって発令され、産業に影響を与えた重要な法令の一つが、1939（昭和14）年の「総動員事業発起人による計画に関する法令」である。陸海軍大臣が指定事業の所有者または発起人に対し、国家生産計画に従い生産計画を立てるよう命令できることとした。この結果、事業者は設備・技術を最高度に用いて陸海軍の計画遂行に協力させられることとなった。

第99節；

国家総動員法により発令された最も強力な産業法令の一つが、1939（昭和14）年の「工場事業場使用収容令」である。陸海軍大臣は国家総動員のために必要と見なされる物資、土地、建物、築造物、機械設備を収用できる権限を与えられた。

第100節；

国家総動員法に基づく法令中、最も広範囲に及ぶものが1941（昭和16）年発令の「主要産業団体令」である。既存のカルテル組織を統制の基盤として、政府指定の主要産業は、その産業形態に従って自ら統制会を作るべきことが定められた。かくして、それぞれの産業種別に応じて単一の国家産業組織が存在することとなった。

第101節；

統制会という高度に完成された統制組織が戦争勃発の直前を選んで設置されたことは、極めて注目される。

第102節；

軍需品生産促進の多くの施策に加えて、1941（昭和16）年11月、「産業設備営団に関する法令」が制定され、営団を以て軍需産業の設備の整備にあたらせた。

第103節；

営団は全額政府出資であり、税の免除、社債発行の優遇措置のみならず、必要と見なされた時は土地の収用・使用等の権限を有した。

第104節；

これまでの調査で明らかにされたように、1941（昭和16）年12月7日以前に計画され成し遂

げられた生産拡充は、支那における戦争遂行に必要とされる水準を遥かに超えるものである。日本政府は、綿密な計画と細心の注意で得た統制権を以て、巧みに全産業をより大なる戦いへの産業面での準備という国策に導いたのである。この事実は、陸軍省軍務局長佐藤賢了の 1942（昭和 17）年 3 月の演説に疑いもなく明らかにされている。

＊（検）法廷証 PX849【1942（昭和 17）年 3 月 11 日付け佐藤軍務局長演説－戦争への産業準備】＝検察側文書 PD9027-A　［E: 8411］［J: 95（17）］　リーバート証人、言及する。検察官クイリアム准将、該文書を証拠として提出する。証拠として受理される。
＊午後 2 時 45 分、裁判長ウェッブ、休廷を宣す。
＊午後 3 時、法廷、再開する。
＊検察側証人 J・G・リーバートに対する検察側直接尋問、続行し、リーバート証人、提出済み（検）法廷証 PX849 の抜粋を朗読する。［E: 8413］［J: 95（17）］

【PX849 朗読概要】

　陸軍は 1937（昭和）12 年度より 1941（昭和 16）年度に至る 5 カ年計画を以て、生産力を大拡充することとした。その初年度の 1937（昭和）12 年 7 月、盧溝橋事件が勃発した。このとき最も憂えたのは事変のために軍備拡張と 5 カ年計画が崩れることであった。
　そのため、予算で言えば 4 割を支那事変に 6 割を軍備拡充に充て、軍需資材で言えばそれぞれ 2 割、8 割とした。その結果、陸軍戦力は支那事変前の 3 倍以上に拡充された。また、軍需産業の生産力は概ね 7 ～ 8 割増加した（原本和文書証より採録したであろう和文速記録は 7 ～ 8 倍と記すが、事実としては和文速記録の方が正しいと推断される）。

(1-d)　検察官クイリアム准将、検察主張立証第Ⅹ局面「日本の全般的戦争準備」第 1 部「経済上の戦争準備」の検察側立証として、主として「海外領土の日本経済への統合」に関して、J・G・リーバート証人に対する直接尋問を行う。

（英速録 8410～8567 頁／和速録第 95 号 17 頁～96 号 17 頁）

[Ⅲ] 海外領土における経済的支配権の確立
[i] 経済的準備（105 節）
　第 105 節；
　日本流の全体主義的帝国主義の下に、1941（昭和 16）年直前数カ年の経済統制は、次の二つの目的のために計画された。
　1）支配下にある領域より日本の経済的地位強化に必要な資材及び富を引き出し、かつ戦争目的の工業生産を支える外国貿易から最大利益を得るため、貨幣及び物資の流通を統制する目的を以て、同領域を日本の経済体制に統合すること。
　2）政府の直接及び間接の出資ならびに貨幣、資本及び物資の流通に厳格なる統制を加えるこ

<1946-10-22>

とによって、戦時産業及び戦時産業能力を確立するために、日本本土の全経済能力を最も有効に活用すること。

[ii] 領土の統合（106～116節）［E: 8416］［J: 95（17）］

第 106 節；

1931（昭和6）年より1932（昭和7）年の満州事変中、日本軍は通貨の供給と金融施策を朝鮮銀行に依存した。1935（昭和10）年には満州中央銀行発行の紙幣が流通することになったが、それまでの追加金融は、日本政府の国策会社である南満州鉄道株式会社に拠った。

第 107 節；

満州国建国後は、日本政府と満州国政府間に協定が成立し、政治的にも実務的にも両国の経済は結びつけられた。1935（昭和10）年7月3日に開かれた枢密院会議の議事録は、日本政府の見地に立った協定の目的を明らかにしている。

＊（検）法廷証 PX850【1935（昭和10）年7月3日付け枢密院議事録；日満経済共同委員会設置に関する協定締結】＝検察側文書 PD875-A ［E: 8417］［J: 95（17）］
＊リーバート証人、言及する。検察官クイリアム准将、証拠として提出する。証拠として受理され、抜粋が朗読される。裁判長ウェッブ、朗読に先立って、会議に出席した被告の氏名を朗読するよう求める。クイリアム検察官、「出席した被告は副議長の平沼だけである」、と応答する。

【PX850 朗読概要】

1. 議事に先立つ審査委員長報告要旨

帝国の満州国に対する国策の基礎は、満州国の独立を尊重して帝国と不可分依存の関係を維持し、進歩発達させることにある。しかし、軍事と外交については既に協定が成立しているが、経済については未だなんらの協定も締結されていないのが現状である。

ここに帝国の発言権を存立させるべく、日満経済に関わる共同機関設置の成案を得た。

本案は「日満経済共同委員会設置に関する協定」を主たるものとして、細目を定めた「附属書」と両国の全権委員が一致した「諒解事項」とで構成される。

すなわち、日満経済共同委員会なる両国政府の諮問機関の常設を以て、充分かつ緊密に共同の実を挙げて両国経済の合理的融合を実現するためのものであり、審査委員会として全会一致で可決し、本会議に提出するものである。

（質疑抜粋は専ら両国の委員の人数・構成、日本の決議権の担保に関わるものであり、省略する）

2. 本議案は議長の裁決要請を受けて、全会一致で可決された。

＊（検）法廷証 PX851【1935（昭和10）年7月15日付け調印日満経済共同委員会設置協定】＝検察側文書 PD2196-A ［E: 8431］［J: 95（19）］ リーバート証人、言及する。検察官クイリアム准将、証拠として提出する。証拠として受理される。裁判長ウェッブ、「出席者として言及されている広田とは被告の広田であるか」、「PX850 に言及されている広田は外務大臣となっ

ている」と質す。クイリアム検察官、調査後の報告を約す。抜粋が朗読される。証人、「本協定の主意は、(検)法廷証 PX850 に照らせばいっそう明白である」と付言する。

【PX851 朗読概要】

日満経済共同委員会設置協定主文
　日本国政府及び満州国政府は、日本国及び満州国の間に現に存する日満両国の経済上の依存関係を永遠に鞏固にならしむる為、日満両国経済の合理的融合を実現せんことを希望したので、両国政府は 1932（昭和 7）年 9 月 15 日即ち大同元年 9 月 15 日調印の日本国満州国間議定書の趣旨により、日満両国相互間の重要なる経済問題に関しても日満両国は充分かつ緊密に共同の実を挙ぐるの必要であることを認めたので、両国政府は日満経済共同委員会を設置することに決し、ここに左の如く協定した。
（以下、省略）

＊リーバート証人、提出済み（検）法廷証 PX840【ジョン・リーバート陳述書】に戻り、第 108 節に入る。[E: 8435] [J: 95（20）]
　第 108 節；
　1936（昭和 11）年 12 月、満州興業銀行が創設された。その目的は満州国の産業に対する金融の供与であった。
　第 109 節；
　1935（昭和 10）年 11 月、満州国において「円ブロック」が設定され、日満両国の貨幣が統合された。「円ブロック」は 1938（昭和 13）年 3 月、日本、その植民地、満州国及び勢力範囲下の支那に拡大された。
　第 110 節；
　（検）法廷証 PX842【陸軍省作成「重要産業拡充計画要綱」】＝検察側文書 PD1522 は、日本陸軍省が満州及び北支の準備金と資材の利用を考えていたことを表している。
　第 111 節；
　日本と朝鮮の統合については、日本統治の 40 年の間に既に完成されていた。官営の朝鮮銀行ならびに朝鮮総督府が日本政府の管轄下にあった事実を知れば、経済の一体化の完全さは容易に理解し得る。
　第 112 節；
　今世紀の初めより、台湾の経済機構も日本に支配されていた。すなわち、台湾総督府の統治の下に、日本の官営銀行である台湾銀行が日本政府の財政政策を実施した。台湾は南太平洋の委任統治諸島と同じく、事実上、日本の植民地であった。
　第 113 節；
　支那経済の統合については、本陳述書 110 節で引用したように、陸軍省が軍事目的のために意

<1946-10-23>

図したものであった。

　第114節；[E: 8444] [J: 95（21）]

　支那事変において日本軍は円表示の軍票と共に、北支においては朝鮮銀行券を、中支においては日本銀行券を使用した。しかしながら、両銀行券の使用は日本の通貨機構を攪乱させることとなり、1938（昭和13）年秋に廃止され、同時に中国連合準備銀行（固有名詞として考え、和文速記録の「中国連合準備銀行」に倣う）が設立された。その結果、北支については同銀行発行の通貨、中支・南支においては軍票のみとなった。

　第115節；

　中国連合準備銀行は日本政府により1938（昭和13）年2月に設立された。同銀行発行の通貨は円とリンクし、事実上北支における「銀行の銀行」として、支配地域の金融界に日本政府の政策を実施した。

　第116節；

　支那で日本軍が使用した軍票は、なんらの裏付けのない価値のない不換紙幣であった。

[iii] 南方地域征服に備えた軍票の準備（117～119節）

　第117節；

　円以外の名称の軍用通貨の使用は、南方地域征服の計画において想定されていた。1941（昭和16）年の政府内秘密文書により、「ギルダー」「ペソ」「弗」の名称の軍票を印刷し、戦費支払いへの使用が企てられたことが明らかである。

＊（検）法廷証PX852【大蔵省・陸軍省間通信文10通；外地における軍票発行準備】＝検察側文書PD9022-A　検察官クイリアム准将、証拠として提出する。証拠として受理される。[E: 8447] [J: 95（21）]

＊裁判長ウェッブ、リーバート証人に対して、「当該文書は長大でかつ多くの数表を含むものである。その抜粋を朗読するのではなく全体を読むつもりであるか？　明日までの間に要訳を作成することができよう。我々は要訳を望む」と、当該文章全体の要約を作成するよう、要望する。

＊午後3時55分、裁判長ウェッブ、休廷を宣す。

◆ 1946（昭和21）年10月23日　　（英速録8449～8568頁／和速録第96号1～17頁）

＊午前9時33分、法廷、再開する。
＊裁判長ウェッブ、被告大川及び松井以外の全被告の出席を確認する。
＊検察官クイリアム准将、前日審理において「（検）法廷証PX850に言及された外相広田は被告の広田である」と、報告する。
＊裁判長ウェッブ、弁護人「ブレークニー少佐の要請に基づいて、速記録8005頁第6行の"clever"を"covert"に訂正する」と、報じる。

2—10—1　検察主張立証第Ⅹ局面「日本の全般的戦争準備」第1部「経済上の戦争準備」

＊検察官クイリアム准将、検察主張立証第Ⅹ局面「日本の全般的戦争準備」第1部「経済上の戦争準備」の検察側立証としての「海外領土における経済的支配権の確立」に関するJ・G・リーバート証人に対する直接尋問を続行する。
＊クイリアム検察官、前日の裁判長要請に応じて、提出済み（検）法廷証PX852の要約を、提出する。
＊証人リーバートの証言、続行（3日目）し、提出済み（検）法廷証PX852要訳の朗読を開始する。
　［E: 8450½］［J: 96（2）］
［ⅲ］南方地域征服に備えた軍票の準備（118～119節）（続き）
　第118節；
　大蔵省・陸軍省間の極秘通信文10通の要旨は次の通りである。

【PX852朗読概要】

　最初の5通は某方面で使用すると規定されているが、後の5通は占領すべき地域で使用すべきものと規定されている。
　第1通：
1941（昭和16）年1月16日付け陸軍省主計局長発大蔵省理財局長宛。
某方面にて使用する軍票原型の至急準備を依頼。
　第2通：
1941（昭和16）年1月24日付け決済。
軍票の印刷の準備に関わるもので、著名なる数名の官吏の押印あり。
　第3通：
1941（昭和16）年3月29日付け決裁。
上記決裁を受けた軍票の「は号」及び「に号」の印刷に関わるもので、同じく著名なる数名の官吏の押印あり。
　第4通：（英文速記録上は、「第4通」の表示は表れていないが、文脈、及び和文速記録を参照してこの表示を付した）
1941（昭和16）年3月11日付け大蔵省理財局長宛。
「は号」及び「に号」軍票のオランダ語及び英語による至急の印刷を命じたもの。
　第5通：
1941（昭和16）年4月23日付け決裁。
「は号」及び「に号」軍票の見本に関するもの。
　第6通：
1941（昭和16）年9月13日付け。
「ほ号」軍票（3720万ペソ、期限10月26日）、「に号」軍票（4,586万ドル、期限10月30日

<1946-10-23>

に半数、残りを 12 月 10 日)、ギルダー表示軍票（4586 万ギルダー、期限 11 月 20 日に半数、残りは 12 月 30 日)、「ろ号」軍票（1,000 万円、期限 11 月 20 日）の印刷を依頼。

第 7 通：

1941（昭和 16）年 9 月 16 日付け決裁。

「ほ号」、「ろ号」及び「は号」軍票の発行に関わるもの。

第 8 通：

1941（昭和 16）年 1 月 16 日付け陸軍省経理局長発大蔵省理財局長宛。

日本銀行上海支店に対して 10 月 22 日までに軍票を送付するよう依頼。

第 9 通：

外貨表示軍票発行の件として以下を記載。

南洋方面に作戦する場合を考慮し、部隊の支払いに充てる。

軍票は必要に応じ、日本通貨と交換可能とする。

取り扱い手続きは大蔵大臣、陸軍大臣、海軍大臣で協議の上決定する。

*検察官クイリアム准将、「第 9 通上に表れている東条、木村、嶋田及び岡なる氏名はすべて被告である」ことに、法廷の注意を促す。リーバート証人、朗読を続行する。

第 10 通：

1941（昭和 16）年 10 月 31 日付け決裁。

南方外貨表示軍票取り扱い手続制定の草案であり、大蔵省、日本銀行、陸軍省及び海軍省間の手続きを定めている。

*（検）法廷証 PX853【1941（昭和 16）年 11 月 1 日付け賀屋蔵相発日銀宛通牒；南方外貨表示軍用手票取扱手続】＝検察側文書 PD9016　［E: 8462］［J: 96（4）］　リーバート証人、言及する。検察官クイリアム准将、証拠として提出する。証拠として受理され、抜粋が朗読される。

【PX853 朗読概要】

官房秘乙第 841 号ノ三。日本銀行。南方外貨表示軍用手票取扱手続相定めたるに付きこの旨心得べし。1941（昭和 16）年 11 月 1 日。大蔵大臣賀屋興宣。

*（検）法廷証 PX854【発行軍票登録の日本銀行台帳】＝検察側文書 PD9016-A　検察官クイリアム准将、証拠として提出する。証拠として受理され、識別番号が付される。

*（検）法廷証 PX854-A【日本銀行台帳抜粋；1941（昭和 16）年 5 月以降の所在品（軍票）の期日・摘要・数量・金額・入出残】＝検察側文書 PD9016-B　［E: 8465］［J: 96（4）］証拠として受理され、抜粋の朗読がリーバート証人によって開始される。

*裁判長ウェッブ、繰り返し「総額」を質す。リーバート証人、「未だ総計が起算できていない。次の休憩までに計算する」、と応答する。

【PX854-A 朗読概要】

（省略）
＊リーバート証人、（検）法廷証 PX840【ジョン・リーバート陳述書】に戻り、第119節に入る。
　第119節；
　日本軍が南方諸地域で戦費の支払いに想定した「ギルダー」、「ペソ」、「弗」の軍票が存在した証拠として、私は、大蔵省より、1941（昭和16）年12月7日以前に製作された軍票印刷用原型及びこれによって印刷された紙幣の現物を取得した。
＊（検）法廷証 PX855【軍票印刷用原型29個及び附属証明書・各種軍票17枚及び出所・真実性証明書】＝検察側文書 PD9028-A・B・C　［E: 8469］［J: 96（5）］　検察官クイリアム准将、証拠として提出する。証拠として受理される。クイリアム検察官、「これらの証拠はどのようにして法廷内に照覧させればよいか。ひと束にしてあり容易に回覧もでき、もしくは後ほど検証することもできるが？」、と申し立てる。裁判長ウェッブ、「出所・真実性証明書のみで充分」、と申し渡す。

[iv] 国策会社の活用（120節）　［E: 8470］［J: 96（5）］
　第120節；
　日本本土外の領土統合の方策として、日本政府は国策会社を広範囲に活用した。日本政府が設立した重要な国策会社は次の通りである。
　1）南満州鉄道会社
　2）満州工業開発会社
　3）東洋開発会社
　4）台湾電力会社
　5）南海開発会社
　6）台湾開発会社
　7）朝鮮森林開発会社
　8）日本製金事業会社
　9）北支那開発会社
＊午前10時45分、裁判長ウェッブ、休廷を宣す。
＊午前11時5分、法廷、再開する。［E: 8475］［J: 96（6）］
＊リーバート証人、（検）法廷証 PX840【ジョン・リーバート陳述書】第120節の朗読を続行する。
　10）中支那新興会社
　11）朝鮮蒙古開発会社
　12）朝鮮米穀取引会社
　13）朝鮮鉱業開発会社
　14）樺太開発会社

<1946-10-23>

15）帝国石油開発会社
[Ⅳ] 財政・金融・貿易政策　[E: 8477] [J: 96（6）]
[i] 外国為替と外国貿易（121～131節）
　第121節；
　日本は経済的生活と近代工業国家としての地位を外国貿易に依存してきた。その天然資源は極端に限定され、製造に要する原料及びその他物品の総量の三分の一は、海外から輸入しなければならなかった。日本の大きな問題は、輸入に必要な外貨獲得に十分な輸出の確保であった。すなわち、外国貿易及び外国為替決済は、日本にとって重大なる役割を演じたのである。
　第122節；
　1909（明治42）年、1915（大正4）～1918（大正7）年、1935（昭和10）年を除き、輸出が輸入の支払いに十分であったことはほとんどなかった。1931（昭和6）年までは、輸入超過分は、主に海外借入金及び保有する金で賄われた。しかしながら、満州事変以降は海外からの借り入れができなくなった。日本企業が海外へ注文する場合、現金決済によらねばならなかったことは周知の事実である。重工業の拡張、満州国・支那への投資と相俟って、莫大な外貨が必要とされ、日本は次の方法で解決しようとした。
　①外貨の統制及び輸入の抑制
　②輸出の奨励
　③領土内の金の増産
　第123節；
　1932（昭和7）年に資金流出防止法、1933（昭和8）年に外国為替管理法が制定された。
　第124節；
　外国為替管理法は、すべての外国為替決済を日本銀行及び指定銀行に集中する権限を与え、かつ外貨の政府への強制的売却を定めた。
　第125節；
　輸出入バランスの重大さを認識した軍部は、「重要産業五カ年計画要綱実施に関する政策大綱」（法廷証842）において、外国貿易統制に関する政策を立案した。
　第126節；
　1937（昭和12）年9月、輸出品等臨時措置法が可決された。その目的は軍需物資の輸入確保のための許可制度の導入にあった。
　第127節；
　輸入統制のために1937（昭和12）年8月、外国貿易組合法が可決され、輸出入組合の設立が定められた。即ち、組合は政府の政策遂行を担わされたのである。かつ、輸出、輸入別に組合の連盟が組織され、さらに両者を統括する連盟として外国貿易組合統制連盟が組織された。
　第128節；
　しかしながら、外国為替管理法ならびに輸出品等臨時措置法を以てしても、十分なる外貨を得

ることが不可能であることが判明した。すなわち、輸入を戦時必要物資に限定することは、輸出用物資生産のための資材の不足を招き、そのために外貨不足に陥る結果となったからである。

第129節：

それ故、内閣は戦力増強計画の見直しと民需経済の厳格なる制限を、次の文書を以て要請した。

＊（検）法廷証 PX856【1938（昭和13）年6月23日付け風見内閣書記官長発板垣陸相宛通牒；国家総動員上緊急を要する諸政策の徹底強行に関する件】＝検察側文書 PD9018-A　リーバート証人、言及する。［E: 8491］［J: 96（8）］　検察官クイリアム准将、証拠として提出する。証拠として受理され、朗読される。

【PX856 朗読概要】

支那事変は一大進展をみたが前途は遼遠であり、国民は益々堅忍持久の覚悟を固める必要がある。

国家総動員につき各省に報告を求めたところ、輸出減退等により国際収支の不均衡甚だしく、1938（昭和13）年物資動員計画の実現は極めて困難であり、軍需の充足、生産力の拡大に重大な結果を招くこととなる。

よって、政府は国民の一大覚悟を促す声明を発するとともに、国家存立上緊急の次の方策を強行することとする。

1）為替相場の安定を堅持し軍需物資の供給を維持し、輸出を振興させて国民（消費者）生活を養うために必要な手段を執る。

2）一般物資、特に輸入物資節約を徹底する。

3）輸出増進の強化のために総合的な計画の下に一般的な輸出促進政策を強化し、同時に、貿易行政機能の一元化他（以下省略）の諸施策を執る。

4〜13）（省略）

＊（検）法廷証 PX857【1938（昭和13）年6月23日付け閣議決定；1938（昭和13）年における重要物資需給計画改訂】＝検察側文書 PD9017-A　リーバート証人、言及する。［E: 8497］［J: 96（8）］検察官クイリアム准将、証拠として提出する。証拠として受理され、朗読される。裁判長ウェッブ、クイリアム検察官と応答の結果、検察官の申し立てを容れ、「要訳ではなく全体を朗読するよう」、申し渡す。リーバート証人、朗読する。

【PX857 朗読概要】

1月18日の閣議決定による1938（昭和13）年の重要物資需給計画においては輸入を30億円とし、軍民の需要の圧縮を加え輸入物資の総額を30億円とした。

しかしながら、年初以来の輸出は不振を極め、この趨勢からすれば輸出振興に努めても17億

<1946-10-23>

円程度にとどまる。貿易外受取超過等を加えた輸入限度額は 21 億円になるが、これも過大と見なければならない。

　従って、当初の需給計画に根本的な修正を加え極力需要額の圧縮を行う外ないところ、軍需は作戦の進捗により当初の需要額を以てしては全うすることができず、かえって増加を要する実情にある。

　この相反する要求を調整するためには、国内需要に対して極端なる抑制を加えるとともに、増加軍需に対しても極力その減少に努める以外に方策はない。

（以下、省略）

＊午前 12 時、裁判長ウェッブ、休廷を宣す。
＊午後 1 時 32 分、法廷、再開する。[E: 8509] [J: 96 (9)]
＊リーバート証人、（検）法廷証 PX840【ジョン・リーバート陳述書】に戻り、第 130 節に入る。

　第 130 節；
　日本政府は輸出入の問題に関して、輸入に対する所謂「リンク制」を導入した。すなわち、原料輸入に必要な外貨はその加工による輸出を以てすることと定めた。

　第 131 節；
　この結果、リンクから除外された円ブロック地域である朝鮮、台湾、満州国、支那への輸出が増加したため、その輸出を制限することとなった。その狙いは円ブロック外への輸出で外貨を獲得することにあった。その品目に、原料を輸入に頼らない種々の製品が含まれていたことは注目すべきである。

[ii] 金の生産（132〜136 節）[E: 8512] [J: 96 (10)]

　第 132 節；
　日本の輸入を賄う上で金が重大な役割を果たしたことは、日本銀行が 1937（昭和 12）〜1941（昭和 16）年に米国財務省へ売却した金だけでも 5.8 億ドル、21.6 億円に達したことで明らかである。このことは金の生産の促進を必要なものとさせた。同時に政府は金に関する一連の「準備金（原本和文書証より採録したであろう和文速記録は「予備金」とする。固有名詞としてはこの方が正しい可能性もあるが不明）再評価法」、「金資金特別勘定法」、「金生産法」を議会で可決させた。

　第 133 節；
　準備金再評価法は、紙幣を金貨に兌換する日本銀行の義務の停止を確定させた。金資金特別勘定法は、内外の金・銀の購入資金の供与及び特定目的のための金支払いに際しての資金供与にあった。

　第 134 節；
　金生産法は、金採掘及び生産の促進を目的とした。金採掘事業者への優遇措置が定められると共に、この法律の下に 1938（昭和 13）年、国策会社「日本金生産企業会社」が設立された。

　第 135 節；
　企画院の生産力拡充計画要綱は、金生産高を 1938（昭和 13）年の 51,669 キログラムから

106,534キログラムへと増産する計画を立案している。金生産へ政府のあらゆる奨励策が付与され、このことは商工省の奨励金にも明らかである。
　第136節；
　日本は、個人、企業が所有する金塊、装飾品・宝石類等を収集するため、あらゆる努力を払った。
＊（検）法廷証PX858【1925（大正10)～1941（昭和16）年間の日本帝国産金額図表】＝検察側文書PD9030-106A　リーバート証人、言及する。[E: 8517] [J: 96 (11)]　検察官クイリアム准将、証拠として提出する。証拠として受理される。朗読なし。
＊リーバート証人、（検）法廷証PX840【ジョン・リーバート陳述書】に戻り、第137節に入る。
[iii] 財政政策（137～146節）[E: 8518] [J: 96 (11)]
　第137節；
　適切なる財政は、原料確保ならびに工業発展計画に欠くべからざるものである。
＊リーバート証人、提出済み（検）法廷証PX842【陸軍省作成「重要産業拡充計画要綱」】＝検察側文書PD1522を引証する。
　「重要産業五カ年計画要綱実施に関する政策大綱」においても、このことが軍需品の国内自給に重要であることを認識していた。
　第138節；
　大綱の付表は、日本並びに満州国において拡充されるべき産業の部門別所要資金を示している。
　第139節；[E: 8530] [J: 96 (12)]
　政府は産業育成に助成金を手当てした。
　第140節；
　日本政府は、国策遂行に民間企業では困難な場合、その対応の一つとして国策会社を活用した。国策会社は目的別に二つの型に分類される。すなわち、外地の開発を目的とした国策会社及び特定産業及び産業一般の発展を目的とした国策会社である。前者については、本陳述書120節で記載した。後者は次の通りである。
　　日本製鉄株式会社
　　日本通運株式会社
　　帝国燃料株式会社
　　日本電力株式会社
　　日本米穀株式会社
　　帝国鉱山開発株式会社
　　日本航空株式会社
　　帝国石油株式会社
　　産業施設株式会社
　本陳述書に引用した国策会社のうち、22社が生産及び統制のために1933（昭和8）年以降に

<1946-10-23>

設立されたことは注目すべきである。かつ、その13社は支那事変後の戦時生産のために設立された。

　第141節；[E: 8536] [J: 96 (13)]
　国策会社に対して、政府は出資すると共に社債発行の優遇を通じて財政援助を行った。
　第142節；
　戦備が甚しくなるに伴い、無担保の社債が増加したことは注目されるべきである。かつ、その大部分は国策会社のものであった。
　第143節；
　すなわち、1937（昭和12）年以降の社債発行は国策会社にかかるものであり、そのほとんどは無担保であった。政府は国策会社の事業拡充において、直接かつ主たる金融を担ったのである。
　第144節；
　戦争に対する財政的準備は、陸海軍両省の予算に反映されている。
＊（検）法廷証PX859【陸海軍省予算総額表】＝検察側文書PD9023-A　リーバート証人、言及する。検察官クイリアム准将、証拠として提出する。証拠として受理される。[E: 8539] [J: 96 (13)]
＊リーバート証人、（検）法廷証PX840【ジョン・リーバート陳述書】に戻り、第144節の朗読を続行する。
　第144節（続き）；
　両省の予算は一般会計と特別会計で構成されるが、1937（昭和12）年、支那事変の戦費を賄うために第三の会計として臨時軍事費が設けられた。その後、1941（昭和16）年までに一般会計と同様に年々増額されたことは、重大な意義を有する。
＊リーバート証人、（検）法廷証PX859の抜粋を朗読する。

【PX859朗読概要】

（省略）

＊リーバート証人、（検）法廷証PX840【ジョン・リーバート陳述書】に戻り、第145節に入る。
　第145節；
　臨時軍事費の支出は勅裁によるとされていたが、実際は陸海軍大臣及び大蔵大臣が行っていた。
　第146節；
　1936（昭和11）～1941（昭和16）年の予算総額に対する陸海軍予算の伸長は明白である。
[iv] 金融政策（147～158節）
　第147節；
　円は1932（昭和7）年、英米通貨より早くに金に対して下落したが、1934（昭和9）年、英国通貨に対し安定し、1939（昭和14）年まで安定を保った。

第148節；

1936（昭和11）年の大蔵大臣高橋是清の死去の後、日本は、国家統制の経済計画に着手した。その金融政策は、健全なる財政をほとんど考慮しない総力戦拡大計画を反映している。すなわち、戦争目的のための莫大な予算を賄うため、国債の発行を増加させたのである。

第149節；

そのため、政府は、日本銀行、朝鮮銀行及び台湾銀行の紙幣発行限度を引き上げた。

第150節；［E: 8545］［J: 96（14）］

「重要産業五カ年計画要綱実施に関する政策大綱」（提出済みPX842）は、貯蓄増進のため、次の如き政策を立案している。

（1）一大国民運動による消費節約、勤倹貯蓄の励行。

（2）郵便預金預け入れ最低額の引き下げ。

（3）郵便預金の世帯別徴収制度。

第151節；

民間貯蓄奨励策として1941（昭和16）年3月、国民貯蓄組合法が可決された。

第152節；

政府部内には預金部という特殊な部門が存在した。その目的は政府の特別勘定剰余金、郵便貯金等を管理することであった。すなわち、供託された資産の割当及び使用に関して、完全なる統制権を有していた。その資産の6割強は政府債権であり、国債の引き受けであることは明白である。

第153節；［E: 8552］［J: 96（15）］

「重要産業五カ年計画要綱実施に関する政策大綱」は、資金投下の調整方策を立案しているが、1937（昭和12）年可決の「臨時資金調整法」に具体的に盛り込まれている。その目的は物資ならびに国内資金使用の調整にあった。

第154節；

臨時資金調整法は、国の金融機構に対する全権限を日本銀行に集中させた。この法律の下で、全銀行における以下の業務が厳格に規制された。

（1）長期産業金融のための銀行貸付管理

（2）重要生産に従事する企業の資本増加及び社債発行

（3）銀行・企業の金融事業の実施計画

＊（検）法廷証PX860【1931（昭和6）～1941（昭和16）年間の日本本土における工業の発展】＝検察側文書PD9030-124-A　リーバート証人、言及する。［E: 8555］［J: 96（15）］　検察官クイリアム准将、証拠として提出する。証拠として受理される。リーバート証人、「これらの諸表図が示す重点は、1931（昭和6）年から1941（昭和16）年の間に、投下資金は、軽工業産業においてはほとんど替わらなかった一方、重工業向けでは増える一方であったという事実である」と、釈を付す。

<1946-10-23>

＊リーバート証人、（検）法廷証 PX840【ジョン・リーバート陳述書】に戻り、第155節に入る。

第155節；

銀行・金融に関するこれ以上の権限が1940（昭和15）年、「銀行等資金融通令」の可決によって蔵相に付与された。この勅令はすべての金融機関が大蔵大臣の命令に従って、その投資方針を調整すべきことを規定した。

第156節；

「会社経理統制令」が同時に公布された。この勅令は国家総動員法に基づき、企業に国家目的達成の責任を課したものである。

第157節；

これらの法人・金融資産の統制の趣旨は、金融機関・企業の金融資産及び活動を完全に国策に合致させることにあった。その国策とは、軍需資材及び軍需資材になり得る物資の開発のための特定産業の拡充であった。

第158節；

その目的にはさらに遠大な計画があったのである。それは東亜を支配することであった。
それは次の文書に明瞭に概説されている。

＊（検）法廷証 PX861【1940（昭和15）年10月3日付け閣議決定；日満支経済建設要綱】＝検察側文書PD1611-A　リーバート証人、言及する。［E: 8560］［J: 96（16）］検察官クイリアム准将、証拠として提出する。証拠として受理され、抜粋が朗読される。

【PX861朗読概要】

東亜の新秩序を建設し世界永遠の平和を確保すべき皇国の使命を具体的に達成するためには、我が国内体制革新の過程と生活圏の拡大編成の過程とを総合一体的に前進せしめ、以て国防国家を速やかに完成するを要す。従って、皇国の基本的経済政策は、次の三大過程の総合計画性の上に確立せられることを要す。
1）国民経済再編成の完成
2）自存圏の編成強化
3）東亜共栄圏の拡大編成

蓋し、生活圏拡大編成の為には皇国の国防並びに地政学的地位に基づき、日、満、北支、蒙古の地域及び其の前進拠点として南支沿岸特定島嶼を有機的一体たる自存圏として、政治、文化、経済の総合的結合を強化編成すると共に国防経済の完成を促進補完する為、中南支、東南アジア及び南方諸地域を包含する東亜共栄圏を確立することを要す。

＊提出済み（検）法廷証 PX840【ジョン・リーバート宣誓供述書】　検察官クイリアム准将、識別のみの証拠として受理されていたPX840を、正式に証拠として提出する。証拠として受理される。

＊被告小磯・大川弁護人ブルックス、翌朝までの審理延期を要請し、裁判長ウェッブ、これを容れる。
＊午後3時35分、裁判長ウェッブ、24日までの休廷を宣す。

◆ 1946（昭和21）年10月24日　　（英速録8569〜8634頁／和速録第97号1〜15頁）

＊午前9時30分、法廷、再開する。
＊裁判長ウェッブ、被告大川及び松井以外の全被告の出席を確認する。
＊リーバート証人の証言、続行（4日目）し、弁護側、証人リーバートに対する弁護側反対尋問を、開始する。

(1-e) 弁護側、検察主張立証第Ⅹ局面「日本の全般的戦争準備」第1部「経済上の戦争準備」の検察側立証における検察側証人J・G・リーバートに対する反対尋問を行う。
（英速録8570½〜8788頁／和速録第97号2頁〜100号5頁）
＊被告鈴木・賀屋弁護人マイケル・レビン、反対尋問に立つ。

【弁護人レビンによる検察側証人リーバートに対する反対尋問】

弁護人審問
　①リーバート証人の専門家としての資格及びその証言の引き出し方について、
　①-1. 証人は、今までにいずれかの法廷において、専門家としての資格を認められて証言をした経験があるか？
　①-2.（検）法廷証PX840【ジョン・リーバート陳述書】の第1節において、日本の戦争準備は太平洋戦争を遂行するためのものであったと証言しているが、その根拠は一体何であるか？
証人応答
　①-1. 一切、そのような経験はない。
　①-2. 証拠として提出した陸軍省ならびに企画院の文書に明らかである。1941（昭和16）年12月7日以降に発生したことを見てみれば誰しもがそのような結論に達し得よう。
＊レビン弁護人、「証人の今の発言の後半部分は、応答となるものではなく、法廷の領域を侵害するものであるから削除されるべきである」、と申し立てる。裁判長ウェッブ、「証人は、戦争準備の後に戦争が起こったが故にその戦争準備が明らかにされたと証言している。恐らく弁護人は、証人に対して、証人の証言のどの部分が戦争の準備に触れたものであったかを質したのであろう。それら準備の幾分かは正常な防衛政策に関わるものであろうが、しかし勿論、それら準備の極めて多くはそのような防衛政策の域を越えたものであったかもしれない。証人はこれらのすべてについて質問されるべきであるとは、私は考えない。そのことは、証人の陳述に

<1946-10-24>

基づき、我々が結論を引き出すべきである」、と応答する。レビン弁護人、さらに「証人は、誰しもがそのような結論に達し得ようと証言したのであり、それは証人の権限領域を越えるもののように思われる」、と申し立てる。ウェッブ裁判長、「我々は証人からそのような助けを受ける必要はない。その結論は法廷が引き出す」、と申し渡す。

弁護人審問
①-3. 証人はその結論に至るに際して、単に真珠湾攻撃のみを考慮したのか？
①-4. 1941（昭和16）年あるいはその直前の世界情勢を考慮したか。

証人応答
①-3. それだけではない。
①-4. 証人を要請された時、日本の財政上の・生産上の準備、戦争に臨む準備に関して証言するのであって、それは英米蘭等に対するものであると理解していた。

弁護人審問
①-5. 各国による第1次世界大戦もしくはその他の戦争の戦争準備について研究したことがあるか？
＊裁判長ウェッブ、「証人がそのような研究を行う専門家とは認めていない。証人は単に資料を集めるのみの専門家である」と、釈を付す。レビン弁護人、「証人は情報・資料を収集するのみならず、その事実についてあらゆる箇所で意見を述べている。それ故、私の質問は重要と考える」、と申し立てる。裁判長ウェッブ、「法廷は証人の結論を無視し、提出された事実、証拠によって判断する。彼を戦争準備に関する専門家として扱っていないことを了解願いたい」、と応答する。レビン弁護人、「弁護側としてはそれで準備である」、と申し立てる。

弁護人審問
②（検）法廷証PX840【ジョン・リーバート陳述書】における証人の調査報告の基準及び日本の他国との比較について、
②-1. 他の国の経済的発展の度合いが日本に比較して大きかったか否か、研究したか？
②-2. つまり、表面的にも深く掘り下げても研究しなかったということであるか？
②-3. それができたら法廷に対して価値があるものだったと考えるか？

証人応答
②-1. それは、ほとんど不可能な仕事である。私の調査は1931（昭和6）年まで遡って行った。それは戦争以前において平常の経済状態と考えたからである。同年を基準とすることによって、日本の経済的発展の進度と規模を計ろうとした。
②-2. その通り。
②-3. 法廷がその最高の審判者であると思うが、それは確かに、私が世界の情勢に通暁するのに役に立ったであろう。

弁護人審問
②-4. 証人は1931（昭和6）年を基準としているが、証人が平常状態であったとする同年の日

本の経済状態を簡単に説明して欲しい。
*検察官クイリアム准将、「異議を挟みたくないが、証人はすべてを繰り返すこととなる」、と申し立てる。レビン弁護人、「いかなる状態が平常の経済であったかを明らかにすることは、法廷にとって利益になる」、と申し立てる。

証人応答
②-4. 経済の周期は概ね20年であり、多くの要素を考慮しなければならない。1929（昭和4）年の世界恐慌において日本は少し早く脱け出たという事実がある。それ故、1931（昭和6）年は比較的健全なる年と言い得る。これは証人の独断ではない。

弁護人審問
②-5. 世界恐慌の影響が世界中に広がったにもかかわらず、1931（昭和6）年を平常であったとするわけであるか？
*裁判長ウェッブ、「証人は日本が各国より早く脱け出たと言った。それが答えになる」、と、証人に替わって応答する。[E: 8577] [J: 97（4）]

弁護人審問
②-6. では、日本の基礎物資等の生産は他の国に比べ、どうであったか？
②-7. 比較することができるかと尋ねているが？
②-8. 報告を提出するに当たり、その必要を考えなかったか？

証人応答
②-6. 私の報告では、他国については言及していない。
②-7. 他国については研究していないので、申し上げられない。
②-8. 必要とは考えなかった。私の陳述は、戦争準備への周知の計画を綿密に辿ったものである。私は単に、法廷の前に示されたこれらの諸計画が、全体としてその国によって実行されたことを明らかにしようとしたに過ぎない。

*レビン弁護人、「証人の今の返答の後半部分は、問題について持論を展開しているものであり、証人はこのような論議に入ってはならない」、と申し立てる。裁判長ウェッブ、「証人のいずれの返答にも反対すべきことはない」と、質問の仕方について示唆する。被告鈴木弁護人マイケル・レビン、裁判長ウェッブによる「他の国には見られないような、日本国政府によって執られた財政上、産業上の諸措置の概略について説明できないか」との示唆を援用し、証人に質す。検察官クイリアム准将、「その質問は証人の陳述書の全編を通じて答えられているように思われる」、と申し立てる。レビン弁護人、「この種の質問は、適切なものである。他の国が何を行ったかもしくは他の国との類似点は、日本の行動に関して法廷もしくは裁判所が判断を下すに際しては、重要であると思われる。証人は日本のみに限定しているが、他国と比較していかなる経済状況であったか、このことは極めて重要と考える。本弁護人のみならず、他の同僚弁護人もまた、この他の国の行動について質問を発するであろう」、と申し立てる。検察官クイリアム准将、「証人は他の国のことについては調査しなかったと、言っている。証人が自ら考慮

<1946-10-24>　　　　　　　　　　　　　　　　　　　　　　2　検察主張立証段階　373

しなかったと言っている問題について、証人は問われるべきではない」、と申し立てる。裁判長ウェッブ、クイリアム検察官の見解に同じる。
弁護人審問
　②-9. 1941（昭和16）年の日本の生産は、計画された目標に達していたか、あるいはそれ以上であったか？
　②-10. 潜在生産能力が遥かにあったにもかかわらず、原料不足により達成できなかったと理解してよいか？
証人応答
　②-9. 戦争前、戦争中といえども達成したことはほとんどなかった。日本にとって原料の確保が大きな問題であり、不足すれば達成はできないのであった。
　②-10. 原料不足は勿論であるが、原料の割り当ての優先順位において、特定の工業を制限した事実もある。
弁護人審問
　②-11. 計画に基づく生産が生産能力を遥かに上廻っていたか否か、ここで述べられるか？
＊裁判長ウェッブ、「証人の提出した資料の数字が示していると考える」と、証人に替わって応答する。
弁護人審問
　③（検）法廷証PX841【1937（昭和12）年6月23日付け陸軍省作成「軍需品製造工業五カ年計画要綱」】は日本政府によって採用されたか否か、知っているか？［E: 8583］［J: 97（5）］
証人応答
　③公式に採用されたか否か、知らない。ただ、事実は証言したように実行されたということである。
弁護人審問
　④電力産業及び国家統制、財閥の関与、石油産業の合併再編他について、
　④-1. 電力産業の機構はすべて全体主義的基礎の上にあったとしているが、全体主義的政府、その組織・機構について研究したことがあるか？
＊裁判長ウェッブ、「それは法廷に有益とは言えない」として、質問を却下する。
弁護人審問
　④-2. 電力会社の間に競争はあったか否か、知っているか？
　④-3. 4分の配当が10年間にわたり保障されたとあるが、それは異常、過剰、不適正なことであったか否か、証人の考えは如何？
　④-4. 日本は常に不足の経済（原英文は"an economy of scarcities"）の上にあったことは事実であり、それ故、国家統制あるいは計画経済がより顕著であったということではないのか？
　④-5. 人口問題や資源問題という日本の事情によって、統制経済が行われたことは自然なことではないのか？

④-6. 証人が引用した計画にとって、財閥が関係していたか否か、何か気づいたか？
④-7. 電力の問題に戻るが、電力の拡充によって日本経済ならびに社会が非常に良くなった、発展したと言えるか？

証人応答
④-2. 競争はなかった。なぜなら、日本発送電会社にすべて統制されていたからである。
④-3. 異常であったと言えるが、不適当であったか否かは分からない。
④-4. 他国に比べ、より顕著であったということは事実ではない。日本において15年前までは厳格な国家統制が実施されたことはない。しかしながら、1936（昭和11）年に統制が開始され、1941（昭和16）年には経済全体が国家に統制されたのである。
④-5. 歴史的に見て、日本の経済は家内工業が中心で、所謂財閥が現れて初めて大規模な工場と言ったものが造られたのである。
④-6. 過去20年に亘る産業の発展・拡充は、常に財閥が主導したものである。
④-7. 1931（昭和6）年から1941（昭和16）年にかけて電力設備及び消費が非常に増大しているが、一般家庭・民需には大きな利益を与えていない。むしろ、民需用電力は減少させられ、増大した電力のほとんどが戦時産業に供給されたのである。

＊午前10時45分、裁判長ウェッブ、休廷を宣す。
＊午前11時、法廷、再開する。［E: 8589］［J: 97（6）］
＊被告鈴木弁護人マイケル・レビン、リーバート証人に対する反対尋問を続行する。
＊リーバート証人、弁護人が質問を開始する前に自ら、「弁護人は日本における電力使用の他国との比較について尋ねていたと思うが、」と前置きして、「米国の地方電化委員会、TVA及びその他の計画はすべて、政府の統制、政府の監督指示の下に、政府の資金によって、家庭に光をもたらす目的で実施された。すべて民生用を目的とするものであり、日本国政府における電力諸設備の発展とは対照を為す。日本政府が国民の資金によって国民の力によって行ったことは、提出した諸図表によって明らかであるが、基礎軍需及び軍需支援産業に電力諸設備の発展の太宗が注入された」と、釈を付す。レビン弁護人、「日本のみならず、他の諸国や米国においても、証人の言う通り、電力の利用は政府の直接の行動によって、又はその補助もしくは直接の資金供給によってその拡大を奨励されているのではないか？」、と質す。リーバート証人、「しかし用いた方法並びにその結果は異なっていた。例えば、米国における政府負担による電力の発展は、民間電力の利益の発展と並行するものであり、互いに衝突することはなかった。ボウルダー・ダムや、テネシー渓谷計画は、民間事業者には実行不可能な事業を行う純然たる政府の企画であったが、それでも日本国政府のように電力産業に対して全面的な統制力を持っていたわけではなかった」、と弁じる。レビン弁護人、「1931（昭和6）年時において、地方における家庭の電化及び電気鉄道については、米国より日本の方が進んでいたのではないか？」、と質す。リーバート証人、「電力の一般的な供給は、恐らく米国より日本の方が良好であった。1931（昭和6）年時点において日本の方が電力の供給が進んでいたことは、（その後になって）全

<1946-10-24>

電力産業に対する統制権を獲得することをより正当化し得ないものとするように思われる」、と弁じる。

＊被告鈴木・賀屋弁護人マイケル・レビン、リーバート証人に対する反対尋問を続行する。

弁護人審問

④-8. 電力事業の発展においても、他の産業と同じく財閥が先陣を切っていたか？

④-9. 報告書において産業の発展と軍部を結びつけている。財閥とは関連付けていないが、特別な理由があるのか？

④-10. 日本が行った石油の備蓄において、他国に比べ差異があったか？［E: 8593］［J: 97（7）］

④-11. 1937（昭和12）年以降、石油産業の合併・再編が実施されたと述べているが、何か異常なことがあったと考えるか？

④-12. 日本における再編・合併は、米国その他の国が世界恐慌に際して実施した再編・合併と類似していないか？

証人応答

④-8. 財閥の多くは自社工場のための自家用発電設備を保有しており、電力事業に格別の努力を払わなかったと考える。

④-9. 産業統制は政府の役目であり、軍部はその一部を行っていたということである。

④-10. 日本の石油備蓄は一貫して増加しているが、資料によって、民需に供給されなかった、禁止されたという結論に達し得る。

④-11. 13節で、石油業法が石油事業の独占を実現する熾烈なる動きの始まりであった、と述べた。この法律により石油事業者は合併・再編しなければならない立場に置かれたと理解している。

④-12. 米国においては「独占禁止局」により立案された独占事業を打破する法律の在ることを、同じく米国の復興金融委員会の活動を承知している。それらの目的及び結果は、日本の石油事業法とまったく異なっている。その他の諸国については知らない。

＊被告鈴木弁護人マイケル・レビン、「証人は私の質問に直接答えていない。私が言及したのは米国の破産再編法である」、と付言する。

弁護人審問

⑤米国の対日輸出の禁止について、

⑤-1. 米国はいつ対日輸出を禁止したか？［E: 8599］［J: 97（8）］

⑤-2. その資料を昼食の休憩時間で入手できれば法廷に有益と考える。次に、1939（昭和14）年以前、日本の戦争遂行に寄与する物資のどの程度のものが米国から輸入されたか、ここで述べることができるか？

⑤-3. どんな方法でも宜しいが、どの程度の戦時物資あるいは軍需物資が日本に輸出されたか、示すことができるか？

⑤-4. 米国が対日輸出を禁止した結果、日本にどの程度の影響を及ぼしたか？言い換えると、

日本は米国その他の国に非常に依存していたと言えるか？
証人応答
　⑤-1. 米国は1940（昭和15）年、飛行機及び部品の対日輸出を法律によらない道徳的禁輸（"moral embargo"）により実施した。
　⑤-2. 答えるには、当該期間の対日輸出を再録して引き出すという困難が生じる。ただ、当該期間において米国は鉄屑・石油・その他の多くの物資を日本に輸出していた。
　⑤-3. 御存じのように、戦争に利用されるものは多くの場合、平時産業に使用される。それ故、非常に難しいことである。
　⑤-4. その通り。
＊午前12時、裁判長ウェッブ、休廷を宣す。
＊午後1時30分、法廷、再開する。［E: 8603］［J: 97（9）］
＊被告鈴木・賀屋弁護人マイケル・レビン、リーバート証人に対する反対尋問を続行する。
＊レビン弁護人、「午前中に要請した資料を入手できたか？」、と質す。リーバート証人、「米国国務省が作成した書類を入手した。戦争前に米国より日本が輸入した軍需物資の見積もりが記載されている」、と応答する。証人、抜粋を朗読する。（省略）
弁護人審問
　⑤石油産業—高速油槽船の建造、航空燃料について、［E: 8607］［J: 97（10）］
　⑤-1.（検）法廷証PX840【ジョン・リーバート陳述書】の10頁で、日本における高速油槽船の建造に触れているが、その建造は戦争に対する準備であったと言うのか、それとも造船技術の発展に伴う結果であったと言うのか？
　⑤-2. 船舶・油槽船は一定の時間を経過すれば老朽船になるため、高性能の船舶・油槽船が建造されるのは当然ではないか。それ故、通常の必要によったもので、何も戦争準備のために建造されたものでないと推定してよいか？
　⑤-3. 日本は石油に不足していたため、これらの油槽船を建造し、その必要を充たすということは当然ではないのか？
　⑤-4. 航空機の発達に伴い航空用燃料を得ることは、国家として必要なことではなかったのか？
　⑤-5. 商業用飛行機の利用増に伴い、燃料の問題は全世界を通じて同じように重大な問題になったのではないのか？
　⑤-6. 証人が証言していることは全般的経済問題としてではなく、戦争の諸側面に係るものと理解してよいか？
　⑤-7. 27節で「石油及び石油製品の備蓄は非常に戦略的な問題と見なされていたので、企画院は早くから民間用石油の制限を考慮した」と述べているが、何時から行われたのか？
証人応答
　⑤-1. 戦争目的のみであったと言わせたいのであれば、それはできないと答える外はない。
　⑤-2. 勿論、平時の様々な目的に使用されたことは言い得ると考える。

<1946-10-24>

⑤-3. そうであったかもしれない。

⑤-4. 他の国と同じく、日本も必要としていたのは事実である。ただし、20節で主張しようとしたことは、日本における軍用機製造工業が異常なる発達をした結果、軍用機用の燃料の必要も増加したということである。全体で2〜3万余の飛行機製造が計画された中で、民間機は2,000機と想定されていた。

⑤-5. 勿論、民間航空が発達するに伴い、比例して燃料の問題は生じてくる。比率の問題である。

⑤-6. いや、2,000機の貯蔵用燃料と対照すれば、不必要に不当な燃料の供給が考慮されていたと言えるのではないかと思う。

⑤-7. 商工省令によれば1938（昭和13）年3月である。

弁護人審問

⑥造船産業について、[E: 8614][J: 97（11）]

⑥-1. 造船について、財閥はこの事業に大なる関心をもっていたか？

⑥-2. 財閥は造船業を支配する地位にあったか？

⑥-3. 財閥なしには造船業の発展はなかったという事か？

⑥-4. 証人は日本の造船業発展の理由について、「日本が保有していた老朽船の代替は海難事故の頻発を防ぐため」と述べているが、このことを以て戦争準備と言われないであろうが如何？

⑥-5. それではなんの根拠もなく結論を引き出したのは、正しいことであるか？

⑥-6. 各国で新しい船を建造する時に補助金を与えることは普通ではないか？

証人応答

⑥-1. ほとんどの財閥が関心をもっていた。

⑥-2. 恐らく、そうだと考える。

⑥-3. 造船費用の半分にあたる政府の助成金がなかったなら、財閥自身で造船事業を進めたかどうかは疑問である。

⑥-4. 1932（昭和7）年に開始されたこの様な企画が、戦争準備のためになされたと言うことは難しいと考える。

⑥-5. 解体建造計画が海上事故の頻発を防ぐために行われたという事実を述べているだけである。

⑥-6. そのことは承知している。

弁護人審問

⑦（検）法廷証PX840【ジョン・リーバート陳述書】における様々の計算を行うに際して、日本円の外貨交換比率が2分の1以上低下したことは考慮しなかったか？[E: 8616][J: 97（11）]

証人応答

⑦報告書のあらゆるところで考慮した。

弁護人審問

⑧（検）法廷証 PX852【大蔵省・陸軍省間通信文 10 通；外地における軍票発行準備】＝検察側文書 PD9022-A における軍票について、

⑧-1. 軍票について、国家として軍隊が使用する貨幣を予め用意することは普通ではないのか？

証人応答

⑧-1. 一国務省員から聞いた「外地占領地における軍隊の養生を支援するために使用に耐える軍票を使うのは軍隊の一手法である」との話以外に、軍票を外国紙幣として準備するのが普遍的な法則であるというようなことは聞いたことがなく、合理的な理由とは考えられない。

＊裁判長ウェッブ、証人の言葉を補足し、証人、これに同意する。

弁護人審問

⑧-2. 陸軍として国際情勢から軍票が必要とわかった場合、大蔵省に要求して準備することは普通ではないか？

⑧-3. 軍票を印刷するについての決定が 1941（昭和 16）年 1 月になされたというのは、不正確ではないか？

証人応答

⑧-2. 承知していない。

⑧-3. 入手した中で古い文書は 1941（昭和 16）年 1 月のものであるが、その内容から推してそれ以前に決定がなされたと思う。

＊午後 2 時 45 分、裁判長ウェッブ、休廷を宣す。

＊午後 3 時、法廷、再開する。［E: 8620］［J: 97（12）］

＊被告鈴木・賀屋弁護人マイケル・レビン、リーバート証人に対する反対尋問を続行する。（直後に、軍票の問題に関する被告賀屋の責任をめぐる瑣末な質疑が行われるが、省略する）

弁護人審問

⑨戦争準備と財閥の役割について、

⑨-1. 第 2 節について、仮にこの五カ年計画が存在しないで、産業及び経済の発展が実現されたとして、それが戦争準備を構成したと主張するのか？［E: 8624］［J: 97（13）］

⑨-2. 他の要因によって産業・経済の発展があったとしても、戦争準備を構成したと断言できるか？

⑨-3. その計画を以て戦争目的に邁進した被告及び関係者は、財閥の助けがなかったならば、その計画を樹立できなかったと解釈してよいのか？

⑨-4. それでは、財閥・軍部・政府が一体となって日本の総生産の増加に貢献したと解釈してよいのか？

⑨-5. 統制法が施行されるずっと以前に日本の経済は少数の人々、すなわち財閥によって支配されていたことは事実ではないか？

⑨-6. 財閥の支配は統制法によっても実質は変更されず、形式上の変化だけであったと言える

<1946-10-24>

のではないか？
　③-7. 財閥によって、陸海軍の上級将校らが統制会の役員に任命されたのは事実ではないか？
証人応答
　③-1. この計画によって拍車がかけられなければ、その発展はなかったと考える。
　③-2. そう主張する。私が収集した様々な証拠より、基礎となる計画があるだろうと探したところ、その計画を発見したのである。
　③-3. その通り。財閥の有した生産力・基盤がなかったならば、これほどの成果は上げられなかった。また証人の見解によれば、日本の生産手段を統合し、一つの目標に活用しなければ成果は上がらなかった。
　③-4. その通りである。協力しない者は、協力をせざるを得ないか、排除された。
　③-5. 大いに支配されていたのは事実であるが、絶対的ということについては確信がない。否定的である。
　③-6. 恐らく、国家総動員法によれば形式に限られたものではない。実際には一つの統制会の下に統制されたのである。
　③-7. 退役した軍人・官吏が財閥によって仕事を与えられたことはよく知られているところである。
＊裁判長ウェッブ、「これら証人の回答が関連性を有するものであるというのならば、その根拠が述べられねばならないが、証人自身の研究成果が基になっているものではないと考える」と、釈を付す。［E: 8629］［J: 97（14）］　レビン弁護人、「証人は日本の経済ならびに経済機構について完全なる研究をしたのであり、その研究から当然に財閥と政府の関係を知り得たと考える」、と申し立てる。裁判長ウェッブ、「証人はその返答の正確性を確言することなく、それを私と弁護人にとっては未知のものに帰属させている。そういう返答の態様に対して何も注を付さずに見逃すことは許されない。尋問を妨げるつもりはないがこれを指摘することは明らかに私の職務である」、と申し渡す。
弁護人審問
　③-8. 証人は証人の情報をどこから得られたのか？
証人応答
　③-8. 最高司令部経済科学部の統制・カルテル課長として、これらの情報を得るあらゆる機会をもっていた。
＊被告鈴木・賀屋弁護人マイケル・レビン、反対尋問を終了する。
＊裁判長ウェッブ、「法廷として二つの制限を付す。第一に本証人を専門家として扱わないこと、第二に証人の提出した証言・文書の解釈は判事が為すこと、以上である」、と申し渡す。（マッカーサーが財閥の活動について概観した報告書に関する弁護人から証人への質問の後に）ウェッブ裁判長、「第三に、我々はマッカーサー将軍に拘束されることなく、我々自身の結論を引き出す。マッカーサー将軍の見解は尊重するが、我々自身の見解を保持しなければならない」、と付言する。

*続いて、被告佐藤弁護人草野、リーバート証人の証言に対する反対尋問に立つ。[E: 8632] [J: 97 (15)]

【弁護人草野による検察側証人リーバートに対する反対尋問】

弁護人審問

　①（検）法廷証 PX840【ジョン・リーバート陳述書】第104節「佐藤賢了の演説」について、

　①-1．証人は「日本政府は、綿密な計画並びに細心の注意による統制権の集中を以て、効果的に、全産業をより大なる戦いへの産業準備なる国策に導いたのである」と述べ、その例証として1941（昭和16）年3月10日に佐藤賢了が日比谷公会堂で行った講演を挙げ、その要旨を掲載した毎日新聞の記事の一部を引用したが、証人は、講演の全文を精査したか？

　①-2．それでは、同じ講演を掲載した朝日新聞の記事は調査しなかったのか？

　①-3．この講演会は朝日新聞主催で、かつ陸軍省後援の大衆相手の極めて通俗的な講演であった。その中で挙げられている数字はすこぶる不正確なものであるが、証人はそれを正しい数字と主張するのか？

　①-4．何を根拠としているか？

証人応答

　①-1．私が見たのは、毎日新聞の記事の写しのみである。

　①-2．その記事は見ていない。

　①-3．私の判断しうる範囲で、比較的正確なものである。

*午後4時、裁判長ウェッブ、翌朝午前9時30分までの休廷を宣す。

◆ **1946（昭和21）年10月25日**　　（英速録8635〜8701頁／和速録第98号1〜14頁）

*午前9時30分、法廷、再開する。
*裁判長ウェッブ、被告大川及び松井以外の全被告の出席を確認する。
*検察官クイリアム准将、「リーバート証人の主（直接）尋問において（検）法廷証 PX854-A に示された日本銀行によって引き受けられ、かつ発行された総額に関する情報について、証人に報告させたい」、と申し立てる。裁判長ウェッブ、「発行された額もか？」、と質す。クイリアム検察官、「引き受け額のみ」、と応答する。裁判長、報告を求め、クイリアム検察官、リーバート証人に朗読を求める。
*リーバート証人の証言、続行（5日目）し、被告佐藤弁護人草野、証人リーバートに対する弁護側反対尋問を、続行する。[E: 8638] [J: 98 (3)]

<1946-10-25>

【弁護人草野による検察側証人リーバートに対する反対尋問】（続き）

弁護人審問
　①-4.（繰り返し）昨日、証人は佐藤演説の数字は正しいと述べたが、何によって調べたか？
　①-5.　ならば、証人は佐藤演説の他に詳細な数字を示せないということか？
　①-6.　確かにそのように言っているが、佐藤演説の他に調べなかったのか？

証人応答
　①-4.　私の調査に基づき、合理的で妥当と判断した。佐藤ほどの立場の人間が、公開の席で虚偽の情報を与えるはずはないと考えたからである。
　①-5.　佐藤はその演説で「予算の40％を支那事変に使い、60％を軍備拡張に使った」と言っている。
　①-6.　私が法廷で提示したのは、陸軍及び海軍に振り当てられた予算、各産業に与えられた補助金であって、これは全般的な戦争準備のためのものと考えられる。

弁護人審問
　①-7.　佐藤は「軍需産業は7、8倍に成長した」と言っている。その正確な数字を証人は示すことができるか？
＊裁判長ウェッブ、「大体の数字でも、我々の目的には十分と考える」、と弁じる。

弁護人審問
　①-8.　証人はより正確な数字を述べないのか？
　①-9.　それでは、7、8倍と言っているのは間違いであるか？
　①-10.　それでは、製鉄・飛行機などの軍需産業については如何？
　①-11.　証拠書類として提出されているか？

証人応答
　①-8.　例えばアルミニウム産業のごときは数千パーセントの拡張をしている。産業の膨張係数の平均をとることは困難である。
　①-9.　ある産業については相当妥当な数字であるが、他の産業についてはそうとは言えない。こういう問題は一般的に概説することはできない。
　①-10.　私は航空機製造工場の生産に関する正確な数字をもっているが、陸軍の航空機の増加率は7、8倍を超えている。
　①-11.　これらを含め総合的にとりまとめ、法廷証PX840として提出している。
＊裁判長ウェッブ、「弁護人が求めたのであるから、証人は法廷に提出した証拠以外の文書によって答えても宜しい」、と申し渡す。

弁護人審問
　①-12.　製鉄については如何？
＊裁判長ウェッブ、「その点は法廷に提出された証拠の図表に含まれており、さらに詳細な数字

を要求することは被告に不利な論点を強調することになる」、と申し渡す。
＊被告佐藤弁護人草野、反対尋問を終了する。
＊被告東条弁護人ブルーエット、反対尋問に立つ。[E: 8642][J: 98（3）]

【弁護人ブルーエットによる検察側証人リーバートに対する反対尋問】

弁護人審問
　①提出済み（検）法廷証PX841【1937（昭和12）年6月23日付け陸軍省作成「軍需品製造工業五カ年計画要綱」】＝検察側文書PD及び（検）法廷証PX842【陸軍省作成「重要産業拡充計画要綱」】＝検察側文書PD1522の関係について、
　①-1．法廷証PX842に『産業拡張の「プログラム」の作成に関する明細（原英文は"particulars"）』と引用されているが、何について言及しているのか、また「プログラム」と括弧で括られているのは何か意味があるのか？
証人応答
　①-1．文書の表題に過ぎない。
＊裁判長ウェッブ、自ら問いを発す。
裁判長審問
　①-2．表題は証人が付けたものか、それとも文書に既に付けられていたものであるか？
証人応答
　①-2．できるだけの正確を期して付した訳である。
弁護人審問
　①-3．引用符の振られている箇書は他から取ったものとは言えないか？
　①-4．原本を持っているか？
　①-5．この文書は公文書であると主張するか？
　①-6．この文書の入手先は？[E: 8645][J: 98（4）]
　①-7．1946（昭和21）年8月17日付けの高橋某の署名による証明書では、ある文書に言及している。
　①-8．それには発行年月が付されていない。
　①-9．私が知りたいのは、この証明書が（検）法廷証PX842【陸軍省作成「重要産業拡充計画要綱」】＝検察側文書PD1522に関するものであるかということである。
　①-10．私を困惑させているのは、証明書が言及している文書とPD1522との関連性である。
証人応答
　①-3．それは分からない。この文書は、その表紙から判るように総力戦研究所の文書である。
　①-4．持っていない。徹底的に探した末に、この文書を発見した。私の経験からすると極秘文書というものは、特に米国においては2通しか作成しないものであるが、総力戦研究所では100

<1946-10-25>

部も作成され、保管されていたのである。
　①-5. 出所、様式、用途から考え、公文書であることは明らかである。
　①-6. 米国陸軍諜報部ベスーン大佐から入手した。
　①-7. それは「重要産業拡張の計画立案の進行状態」というものである。
　①-8. その通り。再版の日付があり、1941（昭和16）年9月25日とある。三部構成で作成されており、内二部は陸軍省で作成されたものの要約、他の一部は同じく企画院にて作成されたものの要約である。
　①-9. その通り。
　①-10. 両者の内容は同一である。和文英訳の際に訳語が異なっただけである。
＊被告東条弁護人ブルーエット、リーバート証人に対して、「証人の引用元が公文書である旨の証人の説明に納得した訳ではないが、証人の説明を受け入れるほかはない」、と評言する。裁判長ウェッブ、「証人に対して、本質的な差異がどこにあるかを示すよう指示すればよいのではないか」と、示唆する。[E: 8647]［J: 98（4）］
弁護人審問
　①-11. 法廷証PX842【陸軍省作成「重要産業拡充計画要綱」】＝検察側文書PD1522に、1937（昭和12）年5月29日付け五カ年計画に関する記述がある。一方、証人の報告書では同年6月23日付けの五カ年計画を強調している。両者にどのような関連性があるのか？
証人応答
　①-11. それぞれ異なる文書で、6月23日付けのものは陸軍秘となっており、法廷証PX841である。軍需品生産の全般的な計画に加え、軍需産業への転換などに関する細目が記載されている。一方、5月29日付けのものは五カ年計画の骨子、要点が示された梗概に過ぎない。
＊裁判長ウェッブ、「両者に非常に重要な違いがあるのか。反対尋問に値するものであるか？」、と質す。被告東条弁護人ブルーエット、「証拠力、証拠価値に関わっている。法廷証PX841の陸軍省五カ年計画は陸軍省で発見されたもので、実際には使用されなかったものと思われる。すなわち、この文書は先週のソ連局面で議論されていた文書と同じ文書である」、と申し立てる。裁判長、「計画と言うものは、実際に実行されて初めて分かるものである。それを以て証明する以外に他の方法があるか？」、と質す。ブルーエット弁護人、「実際に使用されたのは法廷証PX842の一部である。我々の推定では、法廷証PX841と同PX842は共に陸軍省・総力戦研究所でそのまま保管されていたものであって、これらの文書が戦争準備のために実際に使用されたことは証明できない、と主張するものである」、と応答する。ウェッブ裁判長、「戦争の要請によってこのような文書は厳秘に付されるものであって、そのようにせざるを得ない内部事情を知る手掛りが文書自身や関連文書の中に含まれているものである」、と、説明する。[E: 8650]［J: 98（4）］
弁護人審問
　②（検）法廷証PX852【大蔵省・陸軍省間通信文10通：外地における軍票発行準備】＝検察

側文書 PD9022-A と（検）法廷証 PX854-A【日本銀行台帳抜粋；1941（昭和16）年5月以降の所在品（軍票）の期日・摘要・数量・金額・入出残】＝検察側文書 PD9016-B について、

②-1. PX852 には、いくつかの通信文が含まれている。「『ハ』号、『ニ』号及び『ホ』号は、一部は10月に、残りは11月と12月に完成されるべきである」とある。他方、PX854-A には、1941（昭和16）年の同種軍票は、9月を除いて5月より毎月、日本銀行が受領したとなっている。証人はこれをどう説明するか？

②-2. もしそれ以前に発行された通貨があったとすればその責任は誰に在ると証人は考えるか？

証人応答

②-1. 証人が言い得るのは、法廷に提出したその記録は、若干の通信文を欠いているであろうが、それは証人の考えるところでは、なんの問題もないのであり、日本銀行の台帳に示されている通り、これら銀行券の一部は、5月に印刷されて日本銀行が受領していることに間違いはない。これらの通信文は、特定の指令に関わるものである。通貨の発行準備のために発出済みの指令などには、なんら言及していない。

②-2. その指令が実施されたとしたならば、その指令を発した者がそれに対して責任を負う。

弁護人審問

②-3. （複数の）同僚日本人弁護人によれば、PX852＝検察側文書 PD9022-A には、証拠の中には含まれていない覚書が一つ、添付されているが、それは次のように読める。即ち、「過去における軍票の発行はその現実の使用の時に決定されてきたが、今回の発行は不測の事態に備えるための措置に過ぎない。そうであるので、決裁を仰ぐべき報告の対象となったのは直接の関係閣僚のみであった。そのような軍票を実際に使用する場合には、正式に閣議に報告されねばならない」、と。

＊検察官クイリアム准将、「当該（覚書）文書は法廷に提出されるべきである」、と申し立てる。

　裁判長ウェッブ、法廷への当該文書の証拠として提出及びその出所の告知を求める。

＊午前10時45分、裁判長ウェッブ、休廷を宣す。

＊午前11時、法廷、再開する。［E: 8655］［J: 98（6）］

＊被告東条弁護人ブルーエット、検察側証人リーバートに対する反対尋問を続行する。

＊ブルーエット弁護人、既出覚書に言及するも、リーバート証人、「当該覚書の英訳文は見たことがないし、また勿論、日本語は読めないので日本語のものも識別できない」、と申し立てる。

＊ブルーエット弁護人、①に関する審問に戻る。

弁護人審問

①-12. 証人は、法廷証 PX842 の第三部が 1939（昭和14）年付けであることをよく知っていると思うが、実際に実行されたのはそれであって、法廷証 PX841 及び同 PX842 の計画ではなかったことは承知しているか？

①-13. 証人は昨日、1937（昭和12）年6月23日付けの計画は内閣決定を見なかったと証言した。法廷証 PX842 の第三部のみが内閣決定を見た唯一の証拠ではないのか？

①-14. 法廷証 PX841 は実際に陸軍省にあったのか？

①-15. 仮に法廷証 PX841 が陸軍省の計画であって、PX842 の第二部は準備のための草案であったとするならば、1939（昭和14）年の計画が実際に実行された計画とするのが論理的ではないか？

①-16. 法廷証 PX842 の第三部は主に支那に関わるものではないか？

①-17. この文書の中で、米もしくは英に対する戦争計画を述べている箇所があるかどうか、指摘されたい。

証人応答

①-12. 私の見るところ、これらの計画は皆実行されたものである。法廷証 PX842 の第三部は産業拡張計画の概要であり、企画院により立案され、1939（昭和14）年1月に内閣により裁可されたものである。

①-13. 私が提出した文書で内閣の決定を受けたように見える文書は、法廷証 PX842 の第三部のみである。

①-14. 第一復員省に保存されていた公文書である。

①-15. 陸軍省の計画を企画院が継承して実行した、と考えるのが一番論理的と考える。

①-16. 支那における産業の拡張計画を含んでいるが、冒頭で「我が国における重要産業の生産力拡充の確立のため」と謳っている。

①-17. この文書の上には現れていない。

弁護人審問

③他国の五カ年計画研究の有無について、

③-1. 証人は他国の五カ年計画について聞いたことがあるか？

③-2. ソ連の第二次五カ年計画の終了期日を知っているか？

③-3. 第一次5カ年計画は、1928（昭和3）年に開始されて1932（昭和7）年に終了し、第二次計画は、同年に開始され1937（昭和12）年に終了したが、ソヴィエトのその第二次計画が軍備と産業を強調しているかどうか、証人は知っているか？

③-4. 日本の五カ年計画はソ連の五カ年計画を模範としたことを知っているか？。

③-5. それでは、証人はソ連の五カ年計画についてはなんら研究したこともなく、その文書も持っていないのであるか？

証人応答

③-1. 聞いたことはある。

③-2. 思い出せない。

③-3. 知らない。

③-4. ソ連の五カ年計画の細目を承知していないので、答えられない。

③-5. その通り。

弁護人審問

④1937（昭和12）年における米国に対する戦争準備の有無について、

④-1. 1937（昭和12）年において米国に対する戦争準備の計画があったか否か、を指摘することができるか？

④-2. 1940（昭和15）年に米国大統領が対日輸出禁止令を出しているが、それ以前に日本で反米感情があったか否か、証人の調査で発見できたか？

④-3. 証人は、相当綿密に日本について研究したと言っているが？

証人応答

④-1. 提出文書のどの部分にあったかどうかは思い出せない。私が言えるのは唯一、戦争準備が為されたということである。

④-2. 1938（昭和13）年当時、私は日本に在住していないし、当時の大衆の感情などというものを研究したことはない。

④-3. 私の陳述は、専ら生産の数字・計画・事実に限られている。

弁護人審問

⑤証拠文書の資料の出所・真実性証明その他について、

⑤-1. 証人は、証人の陳述の内容を為している各種法令、図、表、報告書その他の出所を明らかにすることができるか？［E: 8662］［J: 98（7）］

＊クイリアム検察官、「それは理不尽極まりない質問である」、と申し立てる。裁判長ウェッブ、「その質問は検察側に向けられるべきものである。ただし裁判所条例の規定に従って申請され得る」、と申し渡す。

弁護人審問

⑤-2. 1937（昭和12）年より1941（昭和16）年間の重要物資の内で軍需物資として使用された比率はいかほどか？

⑤-3. 証人の研究から各年の平均値を出すことができるか？

⑤-4. 43-Aの図表は証人が作ったのか？

証人応答

⑤-2. 陳述書の中で触れられている産業に関しては、完全に（その数値は）表れている。例えば電力消費の表は、軍需基幹産業及び戦争支援産業に分割されている。

⑤-3. 比率は各産業によって様々であり、全般的な数値を出すことはできない。また弁護人の注意を促しておきたいが、軍需物資と戦争資源に関わる数字というものは、日本においては、国家の絶対的な機密事項であったという点である。例えば、1939（昭和14）年3月25日に公布された法律第25号は、「軍需物資機密保持法」というものであった。

⑤-4. 私が出した情報に基づいて経済科学部の有能な製図工が作成した。

＊裁判長ウェッブ、ブルーエット弁護人に対して、「具体的な過ちを指摘できるのでなければ、この反対尋問は変哲なもので、ただ時間の浪費である」、と申し渡す。ブルーエット弁護人、「知

<1946-10-25>

りたいのは、全体像が証人によってどのように把握されているかということである」、と申し立てる。

弁護人審問

⑤-5. 証人は、企画院について証言したが、同院が純然たる諮問機関であるかどうかを知っているか？

証人応答

⑤-5. 輸出入及び生産についての詳細な計画を見れば、企画院が純然たる諮問機関であるとは信じられない。あまたの関係省が、企画院によって作られた計画の実行機関であったというのが、私の印象である。企画院によって発案され発出された計画が実際に実行されたとは言い得るのである。

＊被告東条弁護人ブルーエット、この後リーバート証人との間で若干の質疑応答を繰り返すも、「この企画院の性格に関する問題は水掛け論になる」として、これに関する審問を打ち切る。
＊午前11時57分、裁判長ウェッブ、休廷を宣す。
＊午後1時30分、法廷、再開する。[E: 8669] [J: 98 (8)]
＊モーア言語裁定官、提出済み（（検）法廷証 PX852【大蔵省・陸軍省間通信文10通；外地における軍票発行準備】＝検察側文書 PD9022-A に関して、「弁護人が言及したような覚書は、証拠として提出された和文原本書証の中には発見し得なかった」と、報じる。検察官クイリアム准将、「弁護側に提出された日本語原本の写しの中に弁護人の言及した覚書は含まれていなかった」と、報じる。法廷、論議の末に、被告東条弁護人清瀬博士、調査の後に報告する旨、報じる。
＊被告東条弁護人ブルーエット、リーバート証人に対する反対尋問を続行する。

弁護人審問

⑥その他について、

⑥-1. 証人の証言した通り1937（昭和12）年に支那事変が勃発したが、証人の調査によって、当時、支那は300万以上の軍を動員することができたことを知っているか？

＊裁判長ウェッブ、「我々は、その問題について証人は専門家であるとは考えないが故に、その質問に対する証人の答はどんなものであれ我々は無視する」、と申し渡す。

弁護人審問

⑥-2. 証人の研究には、第1次世界大戦後の日本の軍備状況も含まれていたか？

⑥-3. 本裁判での証言準備としての調査を、証人は何時、検察側より引き受けたか？

⑥-4. 証人に委ねられた仕事は、特定の調査を行い、眼目となるものを相互に関係付けるものであったか？

⑥-5. 重要産業統制法について、その組織体の長は、企画院総裁によって選任されたのか、もしくは商工相によって選ばれたのか？

証人応答
　⑥-2．質問が第１次世界大戦直後を意味するのであれば、答は否である。
　⑥-3．正確な日時は失念したが、５月の初め頃であった。
　⑥-4．私が求められたのは、生産と金融の分野における戦争準備の程度を、一般的な方法によって確定することであり、さらには、私の発見した様々な資料情報を一つの包括的な陳述書にまとめ、できるだけ判りやすい方法で本法廷に提出することであった。
　⑥-5．重要産業統制法は1931（昭和６）年の８月に通過したもので、企画院は1937（昭和12）年５月17日に創設された。同統制法の目的は、大規模・大資本の産業を一つの相互企業連合（"cartel"）協定の形で統制することであった。
＊弁護人三町恒久、被告小磯弁護人三文字の代理として、反対尋問に立つ。[E: 8675] [J: 98（9）]

【弁護人三町による検察側証人リーバートに対する反対尋問】

弁護人審問
　①日本政府の法令・施策をして戦争準備のものとした根拠について、
　①-1．証人は（検）法廷証PX840（英文速記録8675頁の初出部では「480」と誤記しているが、その誤記は法廷によって誤記であると認識されていたと推断する）【ジョン・リーバート陳述書】のいたる場所で、「戦争目的の産業の保護奨励策である」と陳述したが、日本政府が制定、採用した法令・施策を、部分的に引用している。その全文を参考資料と共に自身で研究したのか、それとも、他の人間より聴いたのか、雑誌・書類に記載されていたものを引用したのか？
　①-2．立法の趣意書、当時の社会情勢を研究したか。さらに、法令の重要な変更が多々あった一方で実施されなかったものも沢山あるが、その点も研究したのか？
　①-3．当時の日本では非常時局なることが極めて強調されたが故に、官僚政治にありがちなこととして、必要もない非常立法や統制法規・施策が行われた事実を研究したか？
　①-4．当時の新聞や世論から、（これらの諸立法が）独善的な統制のための統制といった批判を大いに受けた事実を見出さなかったのか？
　①-5．それでは、証人はその点も踏まえて研究を完全に行ったと言うのか？
　①-6．法廷証PX840で「日本政府の諸施策は大東亜戦争のためであった」と結論付けた理由として、昨日、証人は戦争準備と見なしうる諸施策が行われ、それに続いて大東亜戦争が起こったからである、と証言したが、それに間違いはないか？

証人応答
　①-1．法律・勅令・規則は私が直に読んで消化した上で、陳述書にまとめたものである。また、日本の刊行物、雑誌も参考にした。
　①-2．できる限り当時の情勢も調査した。
　①-3．多くの法令・規則が制定された中で、完全に実施されなかったものもあったと承知して

<1946-10-25>

いる。

①-4. 政府の政策を論評した雑誌で、そうした非難を読んだ。

①-5. 私の力の及ぶ限り、完全に行った。

①-6. 正確には覚えていない。ただ、戦争目的の準備云々ということは法廷の判断に属することであり、私はそのための事実を提出したのである。

弁護人審問

①-7. しかし、法廷証PX840の表題、趣旨から判断すれば、証人は日本の当時の諸計画と施策は大東亜戦争に向けての準備であったと証言しているとしか思えないが如何？

＊裁判長ウェッブ、「証人はそれには既に答えた。法廷は再び聴きたくはない」、と申し渡す。三町弁護人、「裁判長、私の質問を始める前に確認しておきたいのである」、と応答し、審問を続行する。

証人応答

①-7. 私はそのように信じている。

弁護人審問

①-8. それではその理由を述べて欲しい。

＊裁判長ウェッブ、「法廷は彼を将軍としてではなく経済学者として扱っているが、その証言を得ることを妨げない」、と審問を許可する。［E: 8681］［J: 98（11）］

弁護人審問

①-8.（繰り返し）その理由が分からない限り反駁することができないので、お尋ねする。

証人応答

①-8. 陸海軍の予算の年々の増加、産業統制の強化、民需生産物の消費の制限、戦争・軍需産業の必需品の備蓄の増加、奨励金・補助金による重工業の異常な発達、国民及び国家が一つも利益を受けないような産業の発達に加え、日本の戦争能力の拡大のためのものである。政府の立法行為、様々な計画案を見る時、それらの事実が私にそのような結論を導き出すことを強いたのである。

弁護人審問

①-9. 私が尋ねたいのは戦争に備える準備があったかどうかではなく、大東亜戦争を目的として準備がなされたという結論がなぜ論理上できるのか、ということである。

＊裁判長ウェッブ、三町弁護人に対して、「相違はどこにあるか？」、と質す。三町弁護人、「平易な例を挙げれば、本裁判では大東亜戦争に対する共通の共同謀議ということが問題になっているが、国際情勢に即応して国防のために戦争準備をすることは、決して犯罪ではないのである」、と申し立てる。裁判長ウェッブ、「法廷は、証人を法律の権威者としては扱っていない。結論を出すのは法廷である」、と申し渡す。弁護人三町、「では証人の証言は、これらの準備が大東亜戦争を目的として為されたものであるという趣旨であるとは、法廷は認めないということであるか？」、と質す。ウェッブ裁判長、「証人は調査資料によって得た事実と数字を分類整

理した上で提出しているに過ぎない」、と応答する。弁護人、「その作業は、特定の目的に従って行われる必要があるはずであると考える」、と申し立てる。裁判長ウェッブ、「法廷が結論を導き出すのであって、証人の目的は問題ではない」、と申し渡す。

弁護人審問

②第48節の造船産業—当時の海運業の状況について、[E: 8684][J: 98（11）]

②-1．では、証人の調査資料の不備についての尋問に戻す。第48節の造船産業の箇所であるが、昨日、マイケル・レビン弁護人が1932（昭和7）年の日本政府による解体建造の第一次計画について質問した。証人は本計画が立案された理由について考慮したか？

②-2．証人は当時の世界の海運界、ことに日本の状況がどうであったか、承知していたか？

②-3．日本を含め、世界の海運業は非常な不況で、造船業界は壊滅の危機にあったことを承知しているか？

②-4．では、この計画の目的は造船業の拡張ではなく、単にその産業の壊滅を防止することであったと考えなかったか？

②-5．そのような仮定の根拠は何であるか？　私の持っている情報によれば、一部の造船会社は、その従業員雇用を維持するために損失を蒙っても事業を続けている。

証人応答

②-1．この法律の目的は、日本の船舶事業を改善し、海難事故の頻発を減少させ、造船事業を発展させ、外貨を獲得することにあると述べた。

②-2．それは利益の上がる実業であるとして1932（昭和7）年において、大いに海運業を拡張させたいと望んでいた。

②-3．世界恐慌、それに続く不況で多くの産業が危機に瀕しており、造船業に限られたことではなかった。

②-4．法律や計画の目的が何であったかについては、なんの結論も引き出すことはできない。私の知る事実は、日本が海外交易の拡大を行おうとするためには、それは、日本の造船に関する一般的な状況を推進させるものであったということである。1932（昭和7）年において、新船の建造は日本にとって有利な事業であった。

②-5．勿論、造船業は損失を蒙って事業を続けていった。1932（昭和7）年の造船業の実態を記述したのは、同年から1941（昭和16）年までの造船産業界の動向の全体像を完成させるためであったとは言っておきたい。

＊裁判長ウェッブ、弁護人に対して、「証人が法廷に提出した資料から結論を引き出すのは法廷である。弁護人は、自らが発見したと称する過ちを指摘して法廷を助けるように」、と申し渡す。

＊午後2時45分、裁判長ウェッブ、休廷を宣す。

＊午後3時、法廷、再開する。[E: 8688][J: 98（12）]

＊弁護人三町恒久、被告小磯弁護人三文字の代理として、「この計画は失業救済、そして造船業の壊滅を防止するためのものであったこと、英国において先鞭をつけられたものであることは、

<1946-10-25>

弁護側反証段階で証明する」と、前置きして、反対尋問を続行する。
弁護人審問
　②-6．第一次から第四次の建造計画は、ただそういう計画があったということであって、戦争目的云々とはまったく関係なかったと解してよいか？
　②-7．次に、50節1939（昭和14）年4月5日付け造船業法、法律第71号が公布されたと述べたが、その法律はそういう名前ではない。この点についての説明を求める。
証人応答
　②-6．結局、戦争を目的に始められたものであるが、1937（昭和12）年までは戦争目的のために計画が使用されたという資料を見出せない。
　②-7．「船舶建造融資」と呼ばれていた法律であるが、いかなる典拠から引用しているか？
弁護人審問
　②-8．それはすべての法律を網羅した法令全集にある。その名前は「船舶建造融資補給及び損失補償法」である。また、同じく1939（昭和14）年に制定された法律第70号は「造船事業法」と呼ばれている。第50節の記述はこれら二つの法律をないまぜにした内容になっている。弁護人が言いたいのは、証人はさきほど極めて完全に調査したと言ったが、こういう誤りが沢山あることを証するためである。
　＊裁判長ウェッブ、「二つの法律をまとめて述べたことは誤った、違った意味を暗示することになるか？」と、自ら弁護人に質す。三町弁護人、「調査の杜撰性を証明する例証の一つとして述べた」、と申し立てる。ウェッブ裁判長、「証人の信憑性をそういった方法で攻撃することは無益なことである」、と申し渡す。
弁護人審問
　②-9．「船舶建造融資補給及び損失補償法」には造船奨励の補助金、損害賠償といった特権が規定されているが、実際に適用された場合があるか否か調査したか？　弁護人の聞いている範囲では一度もなかったということである。[E: 8691] [J: 98 (12)]
証人応答
　②-9．双方（弁護人と証人）の知るところ、同法は施行され、計画に従った戦争の結果、造船業は発展した。この法律が有効であったことは明らかであり、補助金が支出されたことは記録としてある。同様のことが、1941（昭和16）年の法律によって1942（昭和17）年に創設された産業設備営団についても言える。それは、造船業を奨励するために通過させられた法律である。
弁護人審問
　③第90節の特権の根拠の是非について、
　③-1．第90節の航空機工業の箇所であるが、証人は、認可事業者の特権の一つとして、当初資本金の払込未完の場合にも増資ができることを挙げている。それがどうして特権なのか？
　③-2．では、航空機製造法が公布された年になされた商法の改正を知らないのか？

証人応答
　③-1．法規に定めのない特例を特権と呼んでいる。
　③-2．手元にないので、答えられない。
弁護人審問
　③-3．商法は一般法であり、その改正で資本金の払込未完の場合でも増資ができることとなったのである。
＊検察官クイリアム准将、「時間を空費する危険を冒してまで、追求する必要はないと考える」、と異議を申し立てる。裁判長ウェッブ、「関連性も、重要性もない」として、検察官の異議を容認する。
弁護人審問
　④第6節の電力統制法の目的について、
　④-1．次に第6節の電力産業の項であるが、1938（昭和13）年3月に発布された電力統制法の目的について、証人は調査したか？〔E: 8695〕〔J: 98（12）〕
＊検察官クイリアム准将、「すぐ前に書いてある」、と申し立てる。裁判長ウェッブ、「弁護人は該当部を読まなければならない」、と申し渡す。三町弁護人、「読んでいる。そこは『完全なる全体主義的な基礎に基づき、その目的のために公布された』との趣旨で書かれている。実際の目的はそうではない。それ故、証人が他の理由を承知しているかどうかを尋ねているのである」、と応答する。
証人応答
　④-1．他の理由は浮かばない。
弁護人審問
　④-2．英国で1924（大正13）年、25（大正14）年の頃に電力事業の統合が行われた事実を承知しているか？
証人応答
　④-2．知らない。
弁護人審問
　④-3．では、英国の例に刺激されて、日本でも低廉豊富な電力の供給のために関係当局及び民間の一部で提唱されていたことは知らないわけであるか？
＊裁判長ウェッブ、「証人は既に『他の理由は知らない』と述べている。それ故、弁護側反証の地均しのために現在の段階でこれ以上尋問する必要はない」、と申し渡す。
　三町弁護人、「勿論、弁護側反証の段階で行う。これで私の反対尋問を終わる。弁護側として恐れていることは、証人の意見が証拠として採用される危険である」、と付言する。裁判長ウェッブ、「そのような論評を加える必要はない」、と申し渡す。
＊被告重光弁護人ファーネス少佐、反対尋問に立つ。〔E: 8697〕〔J: 98（14）〕

<1946-10-28>

【弁護人ファーネス少佐による検察側証人リーバートに対する反対尋問】

弁護人審問
　①円の購買力低下、物価の上昇及び予算への影響について、
　①-1. 1931（昭和6）年度の円のドルに対する価値はいかほどであったか？　大体49セント位であったか？
　①-2. 1936（昭和11）年は28セントを少し超えていた。1936年から1941（昭和16）年までさらに下落したのではないか？
　①-3. 結局この間に円の購買力は非常に低下したのではないか？
　①-4. それ故、外国から物を買うためにはより多くの金を必要としたことにならないか？
　①-5. それが、1937（昭和12）年以降における予算及び支出の増加の一つの理由になるのではないか？
　①-6. 第146節であるが、会計年度1936（昭和11）年から1940（昭和15）年までの予算総額及び陸海軍の予算額を提出しているが、日本の予算編成は前年度末頃ではないのか？

証人応答
　①-1. 40セント台であったと思う。1937（昭和12）年以降は28セントから23セントであった。
　①-2. 手元の日本年鑑によれば1937（昭和12）年は28.72セント、1941（昭和16）年は23.43セント、1940（昭和15）年は23.438セントであった。
　①-3. 物価が上昇し、貨幣価値が下落した。
　①-4. その通りである。
　①-5. ある程度までは事実である。
　①-6. その通りである。そこで予算案が法律として議会に提出・可決され、これに従って各部局に配布される。
＊午後3時56分、裁判長ウェッブ、休廷を宣す。

◆ 1946（昭和21）年10月28日　　（英速録8702〜8771頁／和速録第99号1〜14頁）

＊午前9時3分、法廷、再開する。
＊裁判長ウェッブ、被告大川及び松井以外の全被告の出席を確認する。
＊リーバート証人の証言、続行（6日目）し、被告重光弁護人ファーネス少佐、証人リーバートに対する弁護側反対尋問を続行する。[E: 8703]［J: 99（2）］

【弁護人ファーネスによる検察側証人リーバートに対する反対尋問】（続き）

弁護人審問

①-7. 1931（昭和6）年より1941（昭和16）年までの卸売価格の上昇について聞きたいが？

①-8. 卸売価格も同様であったのではないか。そうだとすると、証人が提出した政府支出を示す表においては、物価の上昇を考慮しなければならないのではないか？

①-9. 予算については、考慮されていないのではないか？

①-10. 1940（昭和15）年度予算総額は非常に増加しているが、陸海軍の予算の増加率は全体より低くなっている。

証人応答

①-7. 小売価格で答える。1914（大正3）年を100とすれば1931（昭和6）年は135.1、1934（昭和9）年は148.7となっているが、為替交換比率変更の影響がさほど大きかったとは言えない。インフレ傾向に伴い、1939（昭和14）年は223.6。1941（昭和16）年のデータは手元にないが、さらに上昇したことを知っている。これは通常起こる現象である。

①-8. 考慮している。

①-9. その通りである。物価上昇分を換算することなく、そのまま表示している。

①-10. その通りである。

弁護人審問

②予算の構成及び開戦時の予算について、

②-1. 証人による予算調査において三つの出所があると述べているが、提示して欲しい。

②-2. 陸海軍予算については、同じ出所ではないのか？

証人応答

②-1. 予算総額については大蔵省、陸海軍予算は復員省からであるが、完全ではなかったので最終的には終戦連絡中央事務局を通じて、大蔵省から入手した。ただし、陸海軍については、私自身で再計算を行った。

②-2. 出所は同じである。ただ、同じ形式ではなかったので、私の方で陸海軍各々の予算額の総計をとったということである。

弁護人審問

②-3. 左の欄の証人の提示した予算総額には準備金乃至が特別会計を含まれているか？ ［E: 8710］［J: 99（4）］

＊裁判長ウェッブ、自ら問いを発す。

裁判長審問

②-3. 証人は、それを承知しているか？

証人応答

②-3. 私の知っている限り、特別会計はその年度の予算総額に含まれている。

<1946-10-28>

弁護人審問
　②-4. 予算の会計年度が3月31日までとすると、1941（昭和16）年度予算は太平洋戦争に巻き込まれた4カ月間の陸海軍の予算を含んでいることになるか？［E: 8713］［J: 99（4）］
　②-5. となればその期間の陸海軍の予算は、戦争の準備のためのものではなく、既に行われていた戦争の遂行のための予算を含むのではないか？
　②-6. 宣戦布告の直後に補正予算、予備費が可決されたことはなかったという意味であるか？しかし、1941（昭和16）年12月以降の日付で当初予算額を超過するものとして記されている数字は、宣戦布告後の補正予算と言うことにならないか？
　②-7. 国債による資金調達でも、開戦後4カ月間のものが1941（昭和16）年度予算に含まれているのではないか？
　②-8. 1941（昭和16）年度の他の表及び数字も同様に考えてよいか？
　②-9. 1937（昭和12）年から1940（昭和15）年というのは、既に日本が支那事変に深く入り込んでいた年ではないか？
　②-10. その時期の数値を検討するに際しては、その事実を考慮に入れるべきではないか？

証人応答
　②-4. その通りである。
　②-5. 1941（昭和16）年12月の戦争開始後の補正予算が、問題となっている予算の総額に充当されたとは聞いていない。
　②-6. （検）法廷証PX859【陸海軍省予算総額表】＝検察側文書PD9023-Aによれば、第76議会によって4,700万円の補正予算が認可されているが、これは陸軍の通常の支出に当たる、まったくの通常のものである。
　②-7. その通り。
　②-8. その通り。
　②-9. その通り。
　②-10. その通り、数値は、その期間中の出来事やこれに対する政府の対応を反映したものである。
＊被告星野弁護人藤井、続いて反対尋問に立つ。［E: 8719］［J: 99（5）］

【弁護人藤井による検察側証人リーバートに対する反対尋問】

弁護人審問
　①日本経済の戦時経済への移行期及び年度について、
　①-1. 証人は陳述書において、日本の経済を平時経済と戦時経済とに分けているが、日本は何時、戦時経済に入ったと考えているのか？
＊裁判長ウェッブ、自ら問いを発す（直後に証人の応答文が続く点から見るならば証人に対して）。

裁判長審問
　①-2．軍事作戦以外のことも意味させているのか？（戦時経済と軍事行動の開始時期は必ずしも一致しないという意味か？）
証人応答
　①-1．その通り、意味させている。戦争準備の開始は、その財政分野においては少なくとも1936（昭和11）年2月に遡る。
＊午前10時45分、裁判長ウェッブ、休廷を宣す。
＊午前11時、法廷、再開する。［E: 8722］［J: 99（6）］
＊被告星野弁護人藤井、リーバート証人に対する反対尋問を続行する。
弁護人審問
　②その他証人の調査の不備等について、
　②-1．第60節で「1941（昭和16）年末までに達成すべき目標を明確に定めた」とあるが、1941（昭和16）年12月31日までという意味であるか？
　②-2．第34節のアルコールについての陳述において、日本国政府が7年計画を発表していることを認めるか？
　②-3．人造石油については1943（昭和18）年の目標達成を定めていなかったか？
　②-4．証人は満州の計画はすなわち日本の計画であると主張している。人造石油もそうではないのか？
　②-5．生産力拡充ということはいかなる意味であるか？
　②-6．そのためには、多数の原料を海外に依存していたことを承知しているか？　例えば、少なくともアルミニウム、銅、鉛は輸入を断たれないことを前提としていたのではないのか？
　②-7．計画の具体的数値に鑑みても、そのように主張するか？
　②-8．調査が十分でない一例を挙げる。満州重工業開発会社が電力統制を行ったように述べているが、事実か？
証人応答
　②-1．その通りである。（検）法廷証PX841【1937（昭和12）年6月23日付け陸軍省作成「軍需品製造工業五カ年計画要綱」】のみは、会計年度末となっている。
　②-2．その通り。1936（昭和11）年に発表している。
　②-3．それは満州国での生産にかかるもので、まったく別個の計画である。
　②-4．その通り。
　②-5．産業の潜在能力、生産能力の拡充の意味である。
　②-6．そうではない。企画院の計画は日満支の生産能力を基礎とし、輸入資材に依存しないことを目標にしている。
　②-7．その通り、国内生産が増加する前提で立案されたのである。しかし、計画の実施期間中に輸入をなくす事は想定していなかった。

<1946-10-28>

②-8. その通り、事実である。
*被告星野弁護人藤井、「証人の誤解と考えるが、この点はこれで止める」と、述べる。裁判長ウェッブ、「このような批評は常軌を逸している」と、釈を付す。[E: 8730][J: 99 (7)]

弁護人審問
②-9. 第12節の石油統制令であるが、石油の生産が十分でない国は備蓄を国家が命じているのではないか？

証人応答
②-9. 他国の例を知らないが、日本で実際に行われたことである。それが諸国において普通に行われているかどうかは分からない。

弁護人審問
③企画院について、

③-1. 第100節であるが、企画院の権能につき重ねて確認したい。企画院は立案のみであって、閣議を経て所管大臣が実行するのではないか？[E: 8731][J: 99 (7)]

証人応答
③-1. その通りである。

弁護人審問
③-2. 産業統制会の会長は商工大臣が任命し、企画院総裁は関与していない。そのことを承知しているか？
*検察官クイリアム准将、「一連の反対尋問は、関連性なく、時間の空費になる」として、この種の質問の却下を求める。裁判長ウェッブ、異議を容認する。

弁護人審問
③-3. 統制の実際が統制会と企画院の共同でなされたとあるが、商工省の指示に基いて行われたことを承知しているか？

証人応答
③-3. 統制会の決定が企画院に報告され、商工省はその報告に盲判を押したに過ぎない。

弁護人審問
③-4. 企画院は立案者であって、実行機関ではないと主張する。次に、106節であるが、日本が満州を勢力下に置いた結果、朝鮮銀行の兌換券を回収したと述べているが、1935（昭和10）年末に比べ1936（昭和11）年は僅か1,000万円しか減少していない。これを認めるか？
*裁判長ウェッブ、「証人は漸次減少の旨を述べている」と、自ら応答する。
*午前12時、裁判長ウェッブ、休廷を宣す。
*午後1時30分、法廷、再開する。[E: 8737][J: 99 (8)]
*被告平沼弁護人宇佐美、続いて反対尋問に立つ。

【弁護人宇佐美による検察側証人リーバートに対する反対尋問】

弁護人審問

　①第105、106、107節について、

　①-1．第105節「経済的準備」で、「日本流の全体主義的帝国主義の下に、1941（昭和16）年直前数カ年の経済統制は次の二つの目的のために計画された」と証言している。本節の表題は次節「領土の統合」にかかっているか？

　①-2．1941（昭和16）年直前数カ年とは、何年間に亘るものであるか？

　①-3．第107節であるが、「満州国建国後は、日本政府と満州国政府間に協定が成立し、政治的にも実際的にも両国の経済を結合した」と述べている。この節も同じく、第105節の1項に属するものであるか？

証人応答

　①-1．第106節は第105節の1項に相当し、分かりやすく述べたものである。

　①-2．1931（昭和6）年から1941（昭和16）年を考えていた。

　①-3．そうである。

弁護人審問

　①-4．法廷証PX850の協定書のどの部分が第105節第1項の目的達成に役立ったのであるか？

＊裁判長ウェッブ、「証人は財政的・経済的な統合を意味していたのであって、明らかに領土的統合を意味していないように思われる」と、自ら釈を付す。

証人応答

　①-4．その通りである。

弁護人審問

　①-5．証人は枢密院の秘密会議と述べているが、法廷証PX850の日本語原本には秘密と言うことは表記されていない。

証人応答

　①-5．その点は大した問題ではないと考える。

弁護人審問

　①-6．この会議に出席した政府要人が同協定の終極の目的として戦争を心に描いていたという証拠を発見したか？

＊検察官クイリアム准将、「その結論は証人ではなく、法廷が出すべき問題である」、と申し立てる。［E: 8741］［J: 99（9）］　被告平沼弁護人宇佐美、「私の質問は証人から結論を引き出そうとするものでない。私はただ、終極の目的として戦争を心に描いていたことを包含する文書を証人が発見したか否か、尋ねたいのである」、と申し立てる。裁判長ウェッブ、「証人は知ってはいないのである。本件について推定するのは我々裁判官である」、と申し渡す。

<1946-10-28>

弁護人審問
　①-7. 本協定の陳述にあたって、枢密院議事録は基礎とした唯一のものであるか？
証人応答
　①-7. 他にも資料を読んだが、最も本質を伝えるものは協定そのものと本議事録と考えた。
弁護人審問
　①-8. 協定の締結にあたって、日本及び満州国政府が将来の戦争と言うものを心に描いていたことを示す文書を読んだか否かを知りたいのである。
＊裁判長ウェッブ、「証人の返答がなければ、そういう文書を見なかったと推定する。被告に不利であろうとも構わなければ、弁護人は質問して構わない」、と申し渡す。
弁護人審問
　①-8.（繰り返し）証人の返答が欲しい。
　①-9. 企画院設立の期日を覚えているか。
証人応答
　①-8. この二つの文書より得られる以上の情報を提供することはできない。しかしながら、満州の開発に関わる陸軍省及び企画院の計画を考慮に入れれば、共同委員会の下での計画の実現が保障されていたと推定できる。
　①-9. 1937（昭和12）年5月17日である。
弁護人審問
　② PX852「閣議決定の有無」について、
弁護人審問
　②-1.（検）法廷証（検）法廷証 PX852【大蔵省・陸軍省間通信文10通；外地における軍票発行準備】＝検察側文書 PD9022-A に、「よって内閣総理大臣、大蔵大臣、陸軍大臣及び海軍大臣間に於いて軍用手票発行要領の件、別紙決定の上実行することと致したく高裁を仰ぐ」とある。この極秘事項が内閣で決定されたことを示す文書並びに情報をご存知であるか？　すなわち、私が知りたいのは閣議で議論されたことを示す証拠である。
証人応答
　②-1. 何とも申し上げることができない。
＊被告平沼弁護人宇佐美、反対尋問を終える。
＊被告広田弁護人スミス、続いて反対尋問に立つ。［E: 8745］［J: 99（9）］

【弁護人スミスによる検察側証人リーバートに対する反対尋問】

弁護人審問
　①日本の石炭資源について、
　①-1. 第28節の石炭産業の項で日本は豊富な石炭資源を保持していると述べている。それは

国内鉱山、埋蔵量と産出量のいずれを指しているか？

①-2．日本の出炭量は1931（昭和6）年からの10年間、一度も需要を充たしたことがないことをご存知であるか？

①-3．日本固有の石炭は性質の悪いもので、コークスと呼ばれるものはない。さらに、製鉄に適した石炭と言うものはコークス以外にはない、ということであるか？

①-4．となれば、新しい鉱山が開発されても戦争遂行上、寄与し得たのであるか？

①-5．1931（昭和6）年から1941（昭和16）年までの10年間、コークスの大部分を満州・北支・印度支那から輸入していたのではないか？

①-6．日本の家庭では有史以前から炭を燃料としてきたことはご存知であるか？

①-7．日本固有の石炭の需要が供給を常に上回っていたか否か、お答え願う。

①-8．1931（昭和6）年以後、大部分の石炭は満州国内で消費されたことは事実ではないか？

①-9．では、支那、仏印、満州からの石炭の輸入が途絶した場合は世界のどこから得ることができたであろうか？

①-10．ルール（ドイツ）を除き、他は連合国の手に在ったということではないか？

証人応答

①-1．日本国内の埋蔵量である。

①-2．日本は常にコークスが不足していた。私が述べたのは平時経済で必要とする類の石炭である。

①-3．その通りである。

①-4．製鉄以外では日本の石炭は十分、足りていた。

①-5．その通りである。

①-6．承知している。

①-7．コークスの需要は常に上回っていた。日本ではほとんど採れないからである。しかし、注目すべきは普通炭とコークス炭の割合であり、後者は200万トンに達していた。満州国石炭増産計画では1941（昭和16）年に7,800万トンの目標を掲げている。

①-8．満州における重工業の発展が顕著であったからである。

①-9．米国、英国、ルール地区など、沢山ある。

①-10．質問の趣旨がよく分からない。戦争中、日本は国内及び占領地からコークスを得ていたのである。

弁護人審問

②日本の電力資源について、

②-1．電力の問題に移る。1935（昭和10）年までの間、日本の国内住宅、産業用の施設・建物の91％が電燈照明を使用していた事実がある。

②-2．証人の提出した図表では1935（昭和10）年より1941（昭和16）年まで、同程度の消費量が維持されたことを示している。しかし、日本の軍備拡張は一般家庭用の電力消費を犠牲にす

<1946-10-28>

ることに拠ったと述べている。この点は如何であるか？
証人応答
　②-1．その数字は非常に妥当と思う。
　②-2．大規模な国家予算を投じて電力増産を国が行った場合、国民はその恩恵を期待しえるのが普通と考える。
＊裁判長ウェッブ、「その6年間に人口増加があれば電力消費も増えたであろうと推測される」と、釈を付す。証人、「自分の示そうとした点に差異を生ぜしめる程のものではない」と、応答する。
　［E: 8751］［J: 99（11）］
弁護人審問
　②-3．1941（昭和16）年以前の20年間、日本では電力が供給過剰であったことをご存知であるか？　1900（明治33）年以来、日本の電力は概ね水力発電に拠ったのではないか？
証人応答
　②-3．しかしながら、1年の半分は水量が不足して火力発電によって補った。
弁護人審問
　③日本のその他の資源について、
　③-1．日本は綿花が採れないものの、大規模な紡績産業をつくりあげた。
　③-2．羊毛も同様であろう。
　③-3．日本にはほとんど岩塩がない。塩は食用としてだけではなく、化学工業、特に紙の製造には重要な原料であるが。
　③-4．パルプ用木材も同様であるか？
　③-5．1941（昭和16）年以前、日本のゴム工業は大規模なものとなっていたが、原料は主に蘭印、海峡植民地からではなかったか？
　③-6．日本本土や朝鮮も同じであるが、鉄鉱石は非常に質の悪いものではなかったか？
　③-7．そのほとんどを輸入したのではないか？　1941（昭和16）年以前の輸入先はどちらであるか？
　③-8．製鉄のために屑鉄が必須であることは承知であると思うが、1931（昭和6）年から米国が禁輸を断行した1940（昭和15）年まで米国及びインドから輸入していたのではなかったか？
　③-9．日本の石油生産能力は平時需要の10％にしか及んでいないと、証人は証言したが、何年を基準としたのであるか？
証人応答
　③-1．その通りである。
　③-2．その通りである。
　③-3．ほとんど輸入している。費用的に安いからであるが、自然に埋蔵された塩（岩塩）はない。
　③-4．そうではなく、輸入を選好した。日本は重要なるパルプ用木材輸入国であった。その一部は樺太からであり、朝鮮からきたものも沢山ある。

③-5．その通りである。
　③-6．その通りである。
　③-7．支那、及び仏領印度支那からである。
　③-8．その通りである。
　③-9．1934（昭和9）年以前の概算に拠っている。
＊午後2時45分、裁判長ウェッブ、休廷を宣す。
＊午後3時、法廷、再開する。［E: 8755］［J: 99（11）］
＊被告広田弁護人Ｄ・Ｆ・スミス、リーバート証人に対する反対尋問を続行する。
弁護人審問
　③-10．1931（昭和6）年から1940（昭和15）年まで石油の90％を米国及び蘭印から輸入したのではないか？
　③-11．現代の戦争において、攻撃的・防御的を問わず、石油なしでは戦うことができないことに同意するか？
　③-12．日本は1931（昭和6）年から1941（昭和16）年までの間、食糧について自給自足しえる状態になかったのではないか。概ね20％を輸入していたとは言えないか？
　③-13．日本の家屋の建築資材の大部分が木材であることは承知と思うが、1941（昭和16）年以前の10年間、日本は木材の相当量を輸入していたのではないか？　それは主にカナダからではないか？
証人応答
　③-10．実質的に正しいと思う。
　③-11．それは軍事専門家によって一般的に認められていることだと思う。
　③-12．15％ぐらいではないかと思う。
　③-13．カナダ乃至は合衆国からである。
弁護人審問
　④外国為替法と侵攻戦争の相関の有無について、［E: 8757］［J: 99（11）］
　④-1．1933（昭和8）年3月、日本の議会を外国為替統制法が通過した。1927（昭和2）年から1935（昭和10）年に至る期間、世界で33カ国までが経済不況と国際貿易の破綻に陥ったため、外国為替管理法を制定しなければならなくなった事実をご存知であるか？
　④-2．では、そういう経済上の動向を侵攻戦争の準備とどういう風に関連付けるのであるか？
　④-3．どの点が常軌を逸しているのであるか？
　④-4．証人は外国為替管理法と1937（昭和12）年に公布された輸出入臨時取締法を混同していないか？
　④-5．後者は戦争中の臨時措置法ではないか？
　④-6．支那事変終了後1年以内に失効するとの条件付きではなかったのか？
　④-7．それ故、外国為替管理法は平時における臨時措置法であったのではないか？

<1946-10-28>

証人応答
　④-1．一般的にそう言えると考える。
　④-2．日本政府によってなされた措置は、外国のものと並行している、似ていることは言える。問題は適用法規の内容自体、法律に内在する常軌を逸した適用態様が問題なのである。
　④-3．この法律自体は何も悪いことはない。しかし、1937（昭和12）年以降、重工業乃至は戦時産業に必要な物資の確保に外国為替を使用するようになってから、通常の民生用物資の購入に厳格な規制が加えられるようになってきたのである。
　④-4．否、混同してはいない。前者は文字通り為替の管理を目的としており、後者は輸入を許可制にしたことである。
　④-5．確かに議会を通過した際はそうであったが、未だ有効である。
　④-6．確かにそういう条項は含まれていた。
　④-7．それ自体はその通りであるが、その後いかに適用されたかが問題なのである。
弁護人審問
　⑤製油所の設置場所について、［E: 8762］［J: 99（13）］
　⑤-1．証人は、日本の製油所が非常に遠隔の地に設けられた、そのことは意味深長であると証言している。それがどの地点であるか、提示されたい。
　⑤-2．西日本の積卸港の近くに造られたのではないか？　それは普通のことではないか？
証人応答
　⑤-1．東インド諸島からの輸入に便利なように、日本の西岸に設けられた。
　⑤-2．これらの製油所は陸海軍の指示で、外部から観察されにくい地点に分散して建造されたものである。
弁護人審問
　⑤-3．日本内地は一番広いところであっても、その幅は250マイルであるのにそう申し立てるのか？
＊裁判長ウェッブ自ら、証人に替わって「遠隔の地というのは常に、比較的な表現である」、と弁じる。
弁護人審問
　⑥1931（昭和6）年を基準年とした根拠について、［E: 8763］［J: 99（13）］
　⑥-1．証人は1931（昭和6）年をしてあらゆる意味で日本の通常の年度とした。ある文書に「1929（昭和4）年に日本の外国貿易は一つの転換期を画した。非常なる不況での金輸出解禁は通貨の切り下げをもたらし、1931（昭和6）年の輸出入は半減した。その原因は物価の急激な下落である」とある。これに対する説明は？
証人応答
　⑥-1．概ね正しいと思う。

弁護人審問
　⑥-2．それでも、証人は1931（昭和6）年を平均年度と主張するか？
＊裁判長ウェッブ、自ら弁護人に対して、「生産と物価のいずれに基づいてか？　それによって大きな差が出る」、と質す。被告広田弁護人Ｄ・Ｆ・スミス、「両者に基づく」、と応答し、証人に対して「第一に生産に、第二に物価に基づいて答え得よう」と、応答を促す。
証人応答
　⑥-2．私が1931（昭和6）年を特に選んだのは次に二つの理由からである。即ち、「第一は日本が戦争に向けて積極的な準備を始めていなかったこと、第二は日本が金本位を離脱し、世界恐慌から立ち直っていった時期であること」である。
弁護人審問
　⑥-3．日本は1932（昭和7）年の終わりまで不況を脱出できなかったのではないか？
証人応答
　⑥-3．それは相対的な問題で、様々な意見がある。
弁護人審問
　⑦日本の物資不足と戦争準備の相関について、［E: 8768］［J: 99（14）］
　⑦-1．証人は陳述書で幾度となく、「日本においては近代戦遂行に要する物資が非常に不足していた」と強調している。日本が戦略物資、重要物資を獲得し、その自給に努力することは、もし日本が正当防衛、自己防衛のための戦争を行う場合でも必要であったと言っているが、その通りか？
　⑦-2．いかなる戦争であれ同様の準備が必要であるとするなら、何故に、これらの準備を侵攻戦争、全体主義と結びつけているのであるか？
　⑦-3．証人が依頼された任務は、侵攻戦争のための経済上の計画についての調査ということではなかったのか？
証人応答
　⑦-1．目的がどうであれ、戦争資材に使われたことは事実である。
　⑦-2．戦争準備とは言っているが、準備が侵攻戦争の準備であったとは述べていないと思う。
　⑦-3．それは正しくない。「戦争準備のための経済、財政及び産業面での事実についての陳述書の作成」を言われたのである。
＊午後4時3分、裁判長ウェッブ、休廷を宣す。

◆ 1946（昭和21）年10月29日　（英速録8772～8867頁／和速録第100号1～15頁）

＊午前9時30分、法廷、再開する。
＊裁判長ウェッブ、被告大川及び松井以外の全被告の出席を確認する。
＊裁判長ウェッブ、東京の複数の新聞における本裁判の立証過程の見通しに関する記事に言及し、

<1946-10-29>

「いずれの検察官もしくは弁護人かは特定できないがともに、本裁判審理がどのような始末になるかを予言するようなことのないよう」、かつ「星条旗新聞及び日本タイムズもしくはその他の新聞における憶測記事をこれ以上読まないよう」、弁護側、検察側、双方に要請する。
＊被告木戸弁護人ローガン、「(ソヴィエト)ロシア代表検察官が、P・F・テリューシキン証人がロシアに帰国することを承認するよう求めて来たが、そのことに対して弁護側には異議はない」と、報じる。裁判長ウェッブ、「同証人は通常の条件に従って当裁判所管轄よりの離脱を許される」、と申し渡す。
＊リーバート証人の証言、続行（7日目）し、被告木戸弁護人ローガン、リーバート証人対する弁護側反対尋問に立つ。[E: 8774] [J: 100 (3)]

【弁護人ローガンによる検察側証人リーバートに対する反対尋問】

弁護人審問
①原料資源に関する事実・数字の根拠、採用の恣意性、民需比率、備蓄比率について、
①-1. 陳述書の原料資源に関する事実・数字はすべて日本政府の公文書から得たのか？ 証人はその証言の第一日目に、「統計及び情報は日本のみならず日本の外からも獲得したものである」と、陳述したが。
①-2. 工作機械については推定に基づくという訳か？ 石炭、証人が化学工業製品に分類した全製品、コークスとその副産物、鉄鉱石、銑鉄及びアルミニウムを除く非鉄軽金属に関する数字と事実は日本国政府機関より入手したものであるか？
①-3. 英語版日本年鑑「ジャパン・イヤー・ブック」からなんらかの事実と数字を採ったか？
①-4. 調査において、数字に関する書類・報告・覚書の多数に目を通したか？
①-5. その中で、あるものは捨て、無視したか？
①-6. そうすると陳述書の中の様々な統計表、図に影響を及ぼすような事実・数字の一部はこれを採用しなかったということではないか？
①-7. そのまま受け止めておくが、陳述書の数字は複数年にわたる日本の生産及び輸入原料の数字を表していると理解して間違いないか？
①-8. しかし、原料の数字にはすべてにおいて、戦争準備のに使用された比率と民需品に使用された比率が示されていないが？
①-9. 証人は、日本がほとんどすべての分野において輸入に依存しなければならなかったと証言した。それは間違いないか？
①-10. 日本が戦争準備をしていたのであれば、戦争が勃発した時点で相当量の製造業に関わる物資を備蓄していなければならないということになるが？ [E: 8780] [J: 100 (4)]
①-11. しかし、証人が提出した統計では、原油を除き、戦争のためにどの程度備蓄されたのか、あるいは生産され、消費されたのかが示されていないが？

①-12. それ故、1941（昭和16）年12月7日時点の数字も備蓄量を示していない。それが事実ではないか？

証人応答

①-1. その通り、公文書より収集し、編集したものである。比較のために米国政府関連より入手したものがある。

①-2. そうではない、発送の日付と目的地を示す特定の発注書に基づいている。後者の質問に関してはその通りである。

①-3. 唯一引用したのは、為替の率及び人口の数字である。なお、数字は公にされていないものがある。なぜなら、法律によって禁止されていたからである。

①-4. 非常に沢山の文書を調査した。

①-5. その通り。それらは関連性がない、正確でないという理由で、採用しなかったものもあった。

①-6. 数値は自分の能力の限りで正確であると判断したものである。

①-7. その通り。

①-8. そのような数値が入手できなかったからである。

①-9. その通りである。

①-10. その通りである。

①-11. 大部分はその通りである。

①-12. その通りである。

＊被告木戸弁護人ローガン、「弁護側の最後の要請として、日本政府の予算の正確な数字を提示してもらいたい」、と申し立てる。［E: 8784］［J: 100（5）］　裁判長ウェッブ、「検察側として、いかがであるか？」、と質す。検察官クイリアム准将、「要求の趣旨が分かりかねる。証人は既に予算の数字を提出している」、と応答する。ウェッブ裁判長、「弁護側は証人が選択の自由をもつが故に自分の都合のいいように使った可能性があるので、陳述書作成の際に証人が依拠した資料を入手したいとの意向であると忖度する」と、弁じる。クイリアム検察官、「証人は正確な数字を得るまでに三つの予算の数字を入手したと証言している」、と申し立てる。裁判長ウェッブ、「それこそが、証人が好む数字を選択したと忖度する根拠となっている」、と釈を付す。検察官クイリアム、「弁護側が証人の提出した数字が不正確であることを立証するのが適正な手順である」、と申し立てる。裁判長ウェッブ、「本件は判事控室にて協議する。弁護側がその結果に満足できなければ、再度法廷に持ち出すことができる」、と裁定する。被告重光弁護人ファーネス少佐、「ただいまの法廷の措置に満足する。さらに、法廷に注意を喚起するが、証人は1941（昭和16）年度予算はすべて1940（昭和15）年に決定された予算に含まれていると述べているが、弁護側としては疑っている。それが間違っていないと判断しているのであれば検察側が提出を拒むことは理解できないのである」、と申し立てる。クイリアム検察官、「証人は3日間以上にわたり9人の弁護人による反対尋問を受けてきたが、弁護側より証人の提出

<1946-10-29>　　　　　　　　　　　　　　　　　　　　2　検察主張立証段階　407

した数字の正確性を覆す試みは一度もなされていない。しかしながら、弁護側において納得のいくような情報提供を要求するのであれば、すすんで提出する」、と応答する。弁護人ファーネス、「ただいま、その要求をしているのである」、と弁じる。
＊被告鈴木弁護人マイケル・レビン、検察側証人リーバートに対する弁護側反対尋問の終了を告げる。
＊リーバート証人、退廷する。
＊クイリアム検察官、検察主張立証第Ⅹ局面「日本の全般的戦争準備」第1部「経済上の戦争準備」に関する検察側主張立証を、の終了を告げる。
（[E: 8788] [J: 100 (5)]）

◆1946（昭和21）年10月29日　　（英速録8772〜8867頁／和速録第100号1〜16頁）

2−10−2　検察主張立証第Ⅹ局面「日本の全般的戦争準備」第2部「軍事上の戦争準備」

（英速録8788〜9076頁／和速録100号5頁〜102号12頁）

＊検察官クイリアム准将、検察主張立証第Ⅹ局面「日本の全般的戦争準備」第2部「軍事上の戦争準備」を担当するJ・F・イングリッシュ検察官を紹介する。

（1）イングリッシュ検察官、検察主張立証第Ⅹ局面「日本の全般的戦争準備」第2部「軍事上の戦争準備」の検察側立証として、「動員準備」についての立証を開始する。
　　　　　　　　　　　　　　　　　（英速録8789〜8815頁／和速録100号5〜9頁）
＊イングリッシュ検察官、当該第2部は「起訴状の訴因第1号から第36号及び同附属書A第5節（ロ）項」に関するものである」、と申し立てる。
＊提出済み（検）法廷証PX84【国家総動員法（1938［昭和13］年4月1日）】（速記録684頁）J・F・イングリッシュ検察官、引証する。
＊（検）法廷証PX862【1938（昭和13）年5月19日付けジャパン・アドバタイザー紙】＝検察側文書PD2604　検察側文書PD2605と共に提出される。
＊（検）法廷証PX863【1938（昭和13）年5月20日付けジャパン・アドバタイザー紙】＝検察側文書PD2605　検察側文書PD2604と共に、提出され、識別番号を付される。
＊（検）法廷証PX862-A【PX862抜粋；陸軍省作成冊子−国家総動員法条文解説Ⅰ】＝検察側文書PD2604-A
＊（検）法廷証PX863-A【PX863；陸軍省作成冊子−国家総動員法条文解説Ⅱ】＝検察側文書PD2605-A　イングリッシュ検察官、「検察側文書PD2604-A及び同PD2605-Aは、『軍は戦時法案を説明する』と題されているが、陸軍省が国家総動員法案の条項説明のために発行した小

冊子の翻訳であり、上記ジャパン・アドバタイザー紙の1938（昭和13）年5月19日及び同20日に記載されている」、「第一復員局には当該文書の原文が見当たらない」、「現在のニッポン・タイムズ紙が1940（昭和15）年10月10日にジャパン・アドバタイザー紙を吸収・合併する以前のアドバタイザー紙の資料はすべて散逸もしくは破棄されて、訳文の元となった草稿が発見されなかったことを示す旨の証明書が添付されている」、と申し立てる。両文書、証拠として受理され、抜粋が朗読される。

【PX862-A 朗読概要】

（以下の朗読部分は、PX862-AだけであるのかPX863-Aも含んでいるのか、定かではない）

1938（昭和13）年5月19日付けジャパン・アドバタイザー紙：軍、戦時法案を説明す。

北方に世界の赤化を目論んで強大な軍備を整えているソ連と相対し、西に交戦を続ける蒋介石政権が控え、外洋では英米の強力な海軍力に備えなければならない我が国は、狭隘な国土と限定された天然資源の故に、国防計画を効果的に策定することは困難を極める。

1. 防衛線（当時の国内では、「国防線」と称した）の移動

満州事変・支那事変を経て日本の防衛線が中支にまで伸びた今、国力を拡充・強化して満州国・北支・中支と相携えてこの防衛線を効果的に守ることは東亜恒久平和のための喫緊の重大事である。事の成否は日本国民の決意にかかっており、この理想実現のために、今後、日本は、長期間にわたって、国防の充実・強化を図るための真剣な努力を払う必要があるが、国家総動員法は、この目的を達するための法である。

この法は、非常時の国防目的のために国力を最も効果的に発揮すべく人的・物的資源を統制・運用することを目的とするもので、換言すれば、戦時に陸海軍が要する莫大な量の物資を供給し、国民生活の安定のために経済活動の円滑化を図って、敵を前線のみならず経済・宣伝活動の面でも圧倒するために、国家の活力を最大限に動員しようとするものである。将来、軍事行動の成否は、戦争継続中に総合的国力を敵よりも組織的・効果的に動員できるか否かにかかっている。

＊午前10時45分、裁判長ウェッブ、休憩を宣す。
＊午前11時、法廷、再開する。［E: 8794］［J: 100（6）］
＊イングリッシュ検察官、PX862-Aの朗読を続行する。

総合的国力とは、（原本から収録したであろう和文速記録では、この部分より次の項目「政府の金融統制」に入る前までの部分に「総括」との見出しを付しているが、英文速記録には現れていない）有形・無形の人的・物的資源のあらゆる要素から構成されるものであり、国家総動員法は、それらすべての要素を組織的に集約して戦争における終極的勝利を確保することを目的とする。

国力のすべての要素を効果的に発揮させるためには、国家機構の効率的運用が必要であり、国家機構を運用するのは人であるから、戦力の源は、国民とその精神力である。こう考えれば、精神力の動員が他のいかなる要素よりも重要であることが明らかであるから、国民の闘争心を高め

<1946-10-29> 　　　　　　　　　　　　　　　　　2　検察主張立証段階　409

るために、教育・宣伝機関を統一的に動員すべく可能な限りの努力が払われねばならない。そうすることによっていかなる困苦・困難をも耐え忍ぶことができるようになる。

　物質面の総動員では、政府は、科学の進歩に伴って莫大な量の物資を必要とするようになった陸海軍向けの物資を、遅滞なく収集・供給する必要があり、そのためには不足分を適時海外から補充する（原本から収録したであろう和文速記録の「適時」が、英文速記録8795頁では good time と訳されているが、正確には on ad hoc basis 程度の訳の方が妥当と思われる）一方、国内生産を増加させて不測の事態に備えねばならない。そして軍需物資の一般向け消費を制限・禁止し、もしくは代用品の使用を奨励するなどの措置が必要となる可能性がある。

　これらの活動を円滑に進めて、生産・流通を組織的にすべく、関連企業を統一的に管理しなければならないので、勅令の発布を通じての様々な規制措置が必要である。また、物価上昇を防止するための措置、場合によっては公定価格の設定なども必要となってくるし、食糧などの生産減少を防ぐための措置も施さねばならない。

　戦争の勃発に伴い、鉱工業に従事する若年労働者の多数が召集されることとなり、その穴埋めが必要であるが、活動の縮小が見込まれる平時産業の労働力が余剰となる。故に、人的動員の目的は、労働力の需給を調節して時々の情勢に対応することにあり、政府は特定の職業に従事させるために若年労働者を訓練し、労働者を適正に配分するための訓練・雇用組織を充実させる必要がある。そのためには、労使の協調と女性の協力が不可欠である。また、傷痍軍人とその家族の救済が人的動員の今一つの重要項目である。

2．政府の金融統制

　戦争遂行のための十分な資金を調達するために戦時税制を導入し、インフレ防止のための公債を発行する必要があり、通貨流通の円滑化を図るべくすべての金融機関を統制下に置くべきである。さらに、必要な資源の購入のために、輸出の振興、日本人が保有する外債運用のための信用枠［financial credit］の設定、金の増産などといった措置を講ずるべく努力する。戦時においては、勝利するために、前線への人員・弾薬・物資の迅速な輸送が不可欠であり、このためには水陸の輸送手段を最大限、統括的に運用する必要がある。同時に、港湾施設の充実・強化が図られねばならない。また、戦時には、陸海軍が船舶を多数徴用するので、政府も通信・交通の効率化を図るために同様の措置を執ることを銘記しなければならない。

3．科学動員　　［E: 8798］［J: 100（7）］

　科学的要素の動員も総動員の一部で、戦時において政府は、国家の科学資源を動員して戦時物資の不足を補う（解読不可能）（英文速記録8798頁のママ。原本和文書証より採録したであろう和文速記録は「方途・手段を見出す」と記す）ことが緊要である。この目的を達するべく、科学者・科学機関が研究・開発効率を最高度に高められるよう、政府は特段の措置を執る。

　宣伝・防諜面では、内外のあらゆる情報収集に努め、国内では戦争遂行に向けた国民精神動員と国論統一のために宣伝活動を行い、国外では対日世論を親日に向けるよう誘導する。これに加えて政府は、国家総動員を円滑にするために物資の保護と治安確保に努める。これは、空襲時並

びに防諜活動に際して特に重要である。

4. 弾力性ある計画の必要

　政府は総動員を要する緊急時に対応するために、平時に必要な準備をしておく必要があり、総動員を容易にするべく生産・輸送などの面での効率性を瞬時に高められるような計画を準備しなければならない。計画・準備の範囲は戦争の規模によって異なるので、多様な状況に対応できるような動員計画を策定しておくべきである。

　手順としては、まず内閣が大まかな草案を策定して、それに基づいて各省庁が総動員のための計画・準備案をまとめる。対外通商や物資の生産・流通に携わる事業体は、省庁作成の計画に従う義務があり、それら事業体の活動は、勅令によって公布されるか現行法改正によって策定される規制措置によって統制される。陸海軍が必要な物資を常に得られるよう、政府は適当な時期に上記措置を講じる。

　このような規制措置が将来改正を要する場合には、それは勅令によってなされるべきである。理由は、もし国家総動員法の一部となった場合は、その改正には議会の承認を要するが、万事に於いて即決が要求される戦時には、そのような手続きは現実的でないからである。また、緊急勅令も枢密院の審議に付されねばならず、かつ議会開会中はできないので不適当である。

　しかし、そのような規制措置の基礎となるべき原則は、総動員を取り巻く状況の変化に応じて改定すべきものであるので、総動員法に盛り込まれるべきである。この法の適用に際して政府は、国家総動員研究委員会に諮って勅令発布権限の濫用を防ぐこととなる。また、政府は公平を期すため統制の方法・手段を検討すべく半官半民の機関を設置すべきである。実際の適用にあたっては、産業界の現況に即応するべく、民間企業の自発的規制に大幅に依存する。また、錯誤を防止するために、計画策定の際には自治体などの意見も斟酌する。

＊（検）法廷証 PX864【日本年鑑（昭和16年度版）抜粋；兵役法改正（1939［昭和14］年3月8日及び1941［昭和16］年4月1日）並びに国防保安法施行（1941［昭和16］年5月X日）】
　＝検察側文書 PD1756-G　［E: 8802］［J: 100（7）］　証拠として受理され、抜粋が朗読される。

【PX864朗読概要】

1. 1939（昭和14）年の兵役法改正

　兵役義務年限の改正（陸軍の補充兵役年限が12年4カ月から延長され（速記録では和文・英文共に延長される前の年限の12年4カ月しか記されていないが事実は「17年4カ月に」延長された）、海軍の予備役年限が4年から5年に、同じく後備役（予備役を終えた者の服する兵役）年限が5年から7年に延長）、満期兵の徴集、学生の徴兵延期及びその徴集方法、短期現役制度の廃止、満州国官立諸学校在学の日系学生に対する徴兵延期措置の承認。

2. 1939（昭和16）年の兵役法改正

　（1）在留地徴集主義の採用－現行法では本籍地での徴兵検査・入営が原則とされていたが、

<1946-10-29>　　　　　　　　　　　　　　　　　　　　　　2　検察主張立証段階　411

1942（昭和17）年の徴兵検査時から海外に居住する者は本籍地の如何に関わらず最寄りの部隊に入営できることとした。海外に移住した者がその当初の志を無にしないための措置である。
　（2）後備兵役制の廃止－戦時所要兵員の増加及び防衛任務の多様化と編制の複雑化によって、予備役と後備役の区別が無意味となったので、現役終了者はすべてこれまでの予備・後備役を合算した期間、予備役に編入されることとなった。
　（3）補充兵に対する教育召集日数の延長－軍事調練・教育に関する技術の進歩に伴い、補充兵の教育日数を120日から180日に延長。
3．国防保安法
　既に施行されている軍機保護法と軍用資源秘密保護法に加えて、外交・財政・経済に関する国家秘密を保護するための法規である。
＊（検）法廷証 PX865【1941（昭和16）年4月付け企画院発行冊子「基本国策要綱」抜粋：人口政策確立要綱（1941［昭和16］年1月22日閣議決定）】＝検察側文書 PD1570　［E: 8807］［J: 100（8）］　イングリッシュ検察官、「内閣が全般的な軍事上の準備の一環として、軍事資源増強のための人口政策の強行を決定したことを示すものである」として、証拠として提出する。証拠として受理され、抜粋が朗読される。

【PX865朗読概要】

1．趣旨
　大東亜共栄圏を帝国の指導下で建設し発展させるためには、我が国の人口の量的・質的向上と適正な配分を可能にするための政策確立が不可欠である。
2．目標
　この趣旨に基づき、我が国本土の人口を1960（昭和35）年までに1億人にすることを目標とし、かつ以下の目標を達成する。
　（1）人口の恒常的増加を確保する。
　（2）出生率と人口の資質の面で他国を凌駕する。
　（3）高度国防国家に於ける兵力・労働力を確保する。
　（4）東亜諸民族への指導力を確保するために適正な人口配分をする。
3．人口資質増強の方策
　国防・勤労に必要な精神・肉体的素質強化を目的として、以下のように計画する。
　（イ）工場・学校などを地方に分散して大都市の人口を地方に分散させるようにし、人口の構成・分布の合理化を図る。
　（ロ）農村は優秀な兵士・労働者の供給地であることに鑑み、日本本土の農業人口を一定のレベルに維持し、日満支すべての日本人人口の4割を農業人口として確保する。
　（ハ）学校での青少年の精神・肉体的鍛錬を図るために教科の刷新を行って調練を強化し、教

育・訓練方法を改革するとともに、教育施設を拡充する。
　（ニ）都市人口が急激に増えていることに鑑み、都市部青少年の心身の鍛錬を強化して、優秀な兵力・労働力の供給源とする。
　（ホ）青年男子の心身の鍛錬のため、一定期間の団体訓練を義務化する制度を創設する。
　（ヘ）各種厚生・体育施設を大量に増設するとともに、健全・簡素な国民生活様式を確立する。
　（ト）優生思想を普及させ、国民優生法の強化・徹底を期する。
＊（検）法廷証PX866【1940（昭和15）年12月25日付け橋本欣五郎著「革新の必然性」抜粋；他国の妨害排除に足る絶対的軍備の完成】＝検察側文書PD488-C　［E: 8811］［J: 100（8）］　証拠として受理され、朗読される。

【PX866朗読概要】

　皇道に基づく事業の実践・拡大にあたって、それと主義を異にする諸国家が妨害して来た場合に備えて、これを克服できるだけの絶対的軍備を完成すべきである。その主体は無敵空軍とし、航空機は軍に属するとの観念を脱却して、古来我が国民の日本刀に寄せる信頼にも似たような、国家・国民の航空機であるとの観念に達すべきである。
＊（検）法廷証PX867【1941（昭和16）年7月13日付けオット駐日独大使発リッベントロップ独外相宛電文；日本の対ソ動員状況】＝検察側文書PD522　イングリッシュ検察官、「日本は既に1941（昭和16）年7月に、真剣な動員策を採用して軍事上の準備を行っていた」証拠として提出する。［E: 8813］［J: 100（8）］　証拠として受理され、抜粋が朗読される。

【PX867朗読概要】

　日本が本格的に軍事動員措置を進めている兆候が見られる。これについては大使館付武官が7月12日付けの電信で報告している。米国の枢軸国に対する攻撃への日本の態度に関しては、6月6日付けの本職からの電文を参考されたし。本職はなるべく早い時期に日本が対ソ開戦に踏み切るようあらゆる手段を講じており、取り分け独外相の親電並びに上記電文の内容に言及して、松岡個人、外務省、軍関係者、国粋主義者、友好的財界人に働きかけている。日本の戦争準備に鑑みれば早晩これは実現すると自分は信ずる。最大の障害は、積極論者には統一性がなく、異なった目的を追求しており、現状に即応できないでいることである。
＊提出済み（検）法廷証PX588【日米交渉御前会議決定綴】　J・F・イングリッシュ検察官、抜粋「情勢の推移に伴う帝国々策要綱（1941［昭和16］年9月6日）」を朗読する。

<1946-10-29>

【提出済み PX588 朗読概要】

　帝国は、現下の急迫した情勢、特に米英蘭などが執る対日攻勢、ソ連情勢、我が国の国力の弾圧（英文速記録は、[suppression of our national power]とするのでこう訳したが、書証原本より採録したと推定される和文速記録は、「弾力性」と記載する。恐らく英訳担当者が、「弾発」を「弾圧」と読み誤ったためのものであろう。「弾力」と似たような意味と考えれば"elasticity"などの訳が適当であろうか？）等に鑑み、「情勢の推移に伴う帝国国策要綱」中の南方に対する施策を以下のように遂行する。即ち、「帝国は自存自衛を全うするため対米（英蘭）戦争を辞さない決意の下で、概ね十月下旬を目処として戦争準備を完成させる」、と。

（2）　イングリッシュ検察官、検察主張立証第Ⅹ局面「日本の全般的戦争準備」第2部「軍事上の戦争準備」の検察側立証として、「総力戦研究所の活動」関連について立証する。
　　　　　　　　　　　　　　　　　　　　　　（英速録8815～8819頁／和速録100号9頁）

＊（検）法廷証 PX868【1940（昭和15）年10月付け官報4122号】＝検察側文書 PD1795　識別番号を付される。（英文速記録8815頁では官報の番号が2142号となっているが、8817頁では4122号となっており、和文速記録でもその番号になっているので、それに従った）。

＊（検）法廷証 PX868-A【同上抜粋；1940（昭和15）年9月30日付け勅令第648号－総力戦研究所官制】＝検察側文書 PD1795-B　証拠として受理され、抜粋が朗読される。

【PX868-A 朗読概要】

総力戦研究所官制
　第1条
　総力戦研究所は、首相の監督下に置かれ、国家総力戦に関する基本的調査・研究、及び公務員やその他の者の国家総力戦に関する教育・訓練を掌る。
　第2条
　研究所に置く職員は、所長（勅任）、所員（専任11人で奏任、内3人は勅任でも可）、助手（専任5人で判任）、書記（専任3人で判任）（「勅任」、「奏任」、「判任」という語は、各々、勅命、首相の奏請、行政官庁の長による任命を指すが、英訳できなかったのか、すべてそのまま読みをアルファベットで書き出しているだけであるが便宜上、漢字で表記した）とする。
　第3条
　所長は首相の指揮・監督の命を承けて所務を統括する。
　第4条
　所員は所長の他の者の下で所務を掌る。（英文速記録8818頁該当部分[under the others of the head of the institute]をそのまま訳したが意は通じない。[orders]を誤記したものであろう。書証原本より採録したで

あろう和文速記録は、「所長の命を承け」と記載する）

第5条
助手は上司の指揮を承けて所務に従事する。

第6条
書記は上司の指揮を承けて庶務に従事する。

第7条
総力戦研究所に参与を置いて所務に参加させることができる。参与は首相の奏請によって関係省庁の高等官や学識経験者の中から内閣が任命する。

付則
本令は公布の日から施行される。

＊提出済み（検）法廷証PX109【被告星野直樹履歴書（内閣官房人事課記録）】・提出済み（検）法廷証PX113【被告木村兵太郎履歴書（内閣官房人事課記録）】・提出済み（検）法廷証PX126【被告鈴木貞一履歴書（内閣官房人事課記録）】　J・F・イングリッシュ検察官、言及し、「星野は1940（昭和15）年10月1日に総力戦研究所の所長代理に、翌年5月2日に同研究所参与に任命され、木村と鈴木は各々1941（昭和16）年5月5日、1940（昭和15）年12月21日に同研究所参与に任命された」、と申し立てる。

（3）証人堀場一雄—証言時、陸軍省第一復員局事務官—、検察主張立証第Ⅹ局面「日本の全般的戦争準備」第2部「軍事上の戦争準備」の検察側立証として、「総力戦研究所の所員、研究生と研究内容」について宣誓供述書によって証言する。

(英速録8820〜8888頁／和速録100号9頁〜101号5頁)

＊イングリッシュ検察官、直接尋問を開始する。
＊証人堀場一雄の宣誓供述書、（検）法廷証PX869【1946（昭和21）年8月5日付け堀場一雄宣誓供述書】＝検察側文書PD2548として、本人により確認され、証拠として受理された後、直接尋問に替えて、朗読される。

【検察側証人堀場一雄に対する宣誓供述書による検察側直接尋問】

1. 現在の職掌は第1復員局事務官。
2. 証人が署名した添付の書証Aは、総力戦研究所所員の一覧表で、書証AAは証人が国際検察局に提出したその英訳版である。
3. 証人が署名した添付の書証Bは、同研究所の1941（昭和16）年4月1日から1944（昭和19）年3月に至るまでの第1〜3期研究生の一覧表で、書証BBは、証人が国際検察局に提出したその英訳版である。
4. 証人が署名した添付の書証Cは、同研究所での講義内容・講師の一覧表で、書証CCは、

<1946-10-29>

証人が国際検察局に提出したその英訳版である。

5. 公式記録が焼失もしくは破棄されたために、書証A〜Cは、証人の記憶・調査に基づくもので、完全なものとは言い難い。

6. 証人が署名した添付の書証Dは、同研究所の1941（昭和16）年の第1期生向けの教育・演練科目とその実施計画の一覧表で、書証DDは、証人が国際検察局に提出したその英訳版である。

7. 書証Eは、同研究所の研究・演練用の資料や研究生の作成した文書26通で、証人が目を通したもの。連合国軍最高司令部が日本政府の関係省庁から入手して現在国際検察局が保管している。

8. 元陸軍中将飯村穣は、1941（昭和16）年1〜10月の間、総力戦研究所所長で、それ以前は関東軍参謀長。所長の任を離れた後は満州の第5軍司令官や陸軍大学校校長を歴任した。

＊イングリッシュ検察官、書証の内容を要約して、直接尋問を続行する。

　書証AA：所員には陸海軍の高官、政府省庁の秘書官、満鉄・三井物産・横浜正金銀行の幹部などが含まれていた。

　書証BB：研究生には、陸軍大学校、財界、学校、満州国政府、朝鮮・台湾政府（英文速記録8826頁は［the Chosen Government、the Taiwan Government］とするのでこう訳したが、これでは独立国の政府である印象を与えるので事実には反する。［Governor-General's office］程度が適当であったろうか？　和文速記録は、「両総督政府」とする）、北支那方面軍から派遣された者がいた。

　書証CC：講師は、政府省庁、大学から派遣された者や財界指導者など。講義内容の例としては、国家総力戦の根本原則、物資の動員、食糧問題、鉄鋼関係、陸運・水運、財政、外交、諸外国の情勢、陸海戦術、軍需物資の動員などがあった。

　書証DD：1941（昭和16）年の第1期研究生の教育・演練科目に含まれていたのは、国体の本義（英文速記録8826頁の［principle of national constitution］という英訳は誤解を招きかねない用語である。「国体」の訳語としてはpolityあたりが適切か？）、総力戦とその歴史、統率、外国情勢、軍事・政治・経済・財政・思想戦などであった。

　書証EE：文書の多くは、極秘・機密指定を受けたもので、1941（昭和16）年10月27日付け極秘「準戦（時）輸出入貿易特別計画案」、同年10月18日付け極秘「生産力拡充に伴う技術者・熟練工及び一般労働者補充計画案」、同年10月25日付け極秘「戦時財政指導計画案」、極秘「昭和16年度初頭における総力戦的内外情勢判断」（日付不明）、1942（昭和17）年2月18日付け軍極秘「東亜建設第1期総力戦方略案」、1943（昭和18）年3月（日不明）付「戦時産業基礎調査報告書」、1944（昭和19）年3月（日不明）付極秘「帝国並びに列国の国力に関する総力戦的研究」などであった。

＊裁判長ウェッブ、正午の休憩を宣す。
＊午後1時30分、法廷、再開する。［E: 8828］［J: 100（10）］
＊被告東条弁護人清瀬博士、反対尋問に立つ。

【弁護人清瀬博士による検察側証人堀場一雄に対する反対尋問】

弁護人審問

①総力戦研究所の研究生について、

①-1．書証の中に第1～3期生の一覧表はあるが、それ以降の名簿がない。第4期生以降については如何？

①-2．その理由は如何？

①-3．「戦争を継続するならば、研究の継続や研究生の教育は尚更必要」との意見は出なかったか？

証人応答

①-1．研究所は第3期で廃止された。

①-2．研究の成果が上がらず、戦争の激化に伴い入所するに相応しい研究生を見付けることが困難となって、その存在意義を失った。

①-3．出なかった。

＊J・F・イングリッシュ検察官、「質問は反対尋問としての範囲を逸脱している」として異議を申し立てる（恐らく、清瀬弁護人と堀場証人が日本語で問答していたので証人の返答がすぐに出されたのに対し、英語への通訳が遅くなったために異議を申し立てる時機を失したのであろう）。裁判長ウェッブ、証人の知り得る情報がその立場上限定されていることを指摘して、「反対尋問は証人の証言の信頼性を問うようなものに限られるべきである」として、異議を容認する。

弁護人審問

①-4．研究所に在籍した研究生の数は？　研究生にはどのような人物が選ばれたのか？

＊裁判長ウェッブ、緊急を要する事項として、検察側主張立証第Ⅸ局面「日本のソヴィエト連邦関係」において検察側証人として証言したピョートル・F・テリューシキン中佐（英文速記録7766～7806頁参照）が離日する許可を求めているとし、弁護側に異存がないことを確かめた上で、同証人の証人としての任を解くことを宣する。

＊J・F・イングリッシュ検察官、「弁護人の質問事項に対する答えは宣誓供述書と書証から得られる」として異議を申し立てる。裁判長ウェッブ、宣誓供述書の一部が朗読されていないことを指摘し、未読部分や添付書証記載に関連情報がないかを弁護人に質す。弁護人清瀬博士、研究生の一覧表があることは認める。弁護人清瀬博士、審問を続行する。

弁護人審問

①-5．研究所に在籍し得た研究生の総数は？

証人応答

①-5．総数の上限は約50人。研究生の派遣元は政府省庁や民間団体で、人選はそれら団体の推薦によった。

<1946-10-29>

弁護人審問
　②総力戦研究所の文書について、
　②-1. 証人は供述書の中で、「研究所関連の文書としては研究生の教育・訓練用のものと研究生の研究成果をまとめたものの二種類がある」と証言したが、書証Eの中には、日満財政経済研究所編纂のものがある。これはいずれの範疇にも属さないのではないか？
証人応答
　②-1. その類の文書は、研究所が創設された当時に各方面から収集した資料である。
＊裁判長ウェッブ、自ら問を発す。
裁判長審問
　②-2. 同文書は極秘文書とされているが、研究所はそのような文書を入手できたのか？
　②-3. そのような極秘文書は政府省庁から得たものか？
証人応答
　②-2. 所員は本来所属していた省庁などから機密書類を持ち出すことができた。しかし、引用された物動計画に関する数値が極秘指定を受けていた場合に、文書全体を極秘としたような事例や、研究生が寄り集まって性急に作成しただけの粗製のものであるが故に門外不出にしたいような文書に『極秘』の印を押したという笑い話のような事例も多々あった。
　②-3. そうすることは可能であった。
弁護人審問
　②-4. 「極秘」の印は、研究所に持ち込まれる前に押されていたのか、研究所で押されたのか？
証人応答
　②-4. 「門外不出」の意味で押されたものである。作成された資料は研究生の書き物の寄せ集めのようなもので、複数の複写版が作成されたのは部内閲覧に供するためであった。
＊裁判長ウェッブ、自ら問いを発す。[E: 8836] [J: 100 (11)]
裁判長審問
　③研究所への首相の関わりと初期の活動について、
　③-1. 証人は、供述書で「首相が研究所の監督者のような地位にあったとされていた」と証言したが、首相はそのような寄せ集めのような資料に興味を示していたのか？
証人応答
　③-1. まったく関心を示していなかった（英文速記録8836頁によれば、この返答はYesで始まっているが、それに続く内容はまったくの否定の返答である。和文速記録には、対応する語句は見当たらない。このYesの意味は不明である。「質問の意味を了解した」程度の意味で言ったのであろうか？）。官制によれば、研究所は首相の管轄下に置かれていたが、首相は開所式や研究生の修了式に出席しただけで、研究のための指示・指導を出したことなどなかった。研究所の活動は、研究所自体の裁量に委ねられ、創設時も、各方面から集められた所員は何をしてよいのか分からず、とりあえず成果を出しているような外見を取り繕おうとしたというのが実情であった。さらに、研究生の教育に大童となっ

て研究の面が疎かにされたし、政府の方からは指示・指令・助言などは何もなかった。
＊裁判長ウェッブ、研究生には陸海軍の中将レベルの将官、政府省庁の書記官、地裁判事なども含まれていることを指摘して、この発言内容に驚きの念を表する。

弁護人審問
　③-2．（弁護人、証人が英語を解さないことを確認した上で）英訳された官職名などが正しいものであるか確認できるか？

証人応答
　③-2．正確なものであることは通訳が太鼓判を押した。
＊裁判長ウェッブ、自ら問いを発す。

裁判長審問
　③-3．研究所研究生の平均年齢は如何？

証人応答
　③-3．32～33歳。
＊裁判長ウェッブ、（「研究生には陸海軍の中将レベルの将官、政府省庁の書記官、地裁判事なども含まれていること」との証人の応答内容に言及して）そのような若い判事がいたのかと、疑義を呈する。弁護人清瀬博士、「日本には、判事が法曹界の年長者の間から選出されるというような他国の慣行はなく、大学を卒業して法曹資格試験に合格した者が判事となる」、と応答した上で、証人への審問を続行する。
　③-4．上の事実を証人は知悉しているか？
　③-4．承知していない。
＊イングリッシュ検察官、証人の返答の後で「反対尋問の許容範囲を逸脱している」として異議を申し立てる。裁判長ウェッブ、「遅きに失した」と注意する（またしても日本語での問答を英訳したがための遅れであったと思われる）。清瀬弁護人、質問を撤回する。

弁護人審問
　④研究所作成資料について、
　④-1．その中に真の総力戦目的の文書があったか？［E: 8841］［J: 100（12）］

証人応答
　④-1．研究生の教育・演練に精力を傾注したがために、研究に手が回らなかった。
＊イングリッシュ検察官、書証Eの24番の「皇国総力戦指導機構に関する研究」がそれに該当するとして、法廷の注意を喚起する。

弁護人審問
　④-2．上の文書は如何？
　④-3．24番の文書はその際の議事録ではないか？

証人応答
　④-2．協働動作［cooperative action］を促進し、総合的把握力［over-all or synthetic mental

<1946-10-29>

faculties］を養って、種々の機関・組織が総力戦の概念を実行に移せるようにしようとの目的で、第1回の机上演習［basic maneuver］を行った際に、研究生の見解を公表したものである（この部分は意味が不分明。後出のように、「机上演習」とは何かのシミュレーションのようなものであったと思われる）。

④-3. 手元に該文書がないので確たることは言えない。

弁護人審問

⑤研究所への政府の関わりについて、

⑤-1. 研究所は、総力戦に関する研究結果を政府に報告することを目的としていたのではないか？

証人応答

⑤-1. 政府や内閣にそのような研究結果を報告したことはなかった。政府に報告したのは、経費や講義内容・講義時間、所員・研究生の出張費といった事務的な事柄であった。

弁護人審問

⑤-2. 研究生の教育カリキュラムを決めたのは誰か？

＊イングリッシュ検察官、「供述書に触れられていない事項である」として異議を申し立てる。弁護人清瀬博士、「供述書中のC及びDと関連した事項である」、と申し立てる。裁判長ウェッブ、「質問は宣誓供述書の範囲内にあると考える」として、異議を却下する。

証人応答

⑤-2. 研究所内で決められ、最終的決定は所長が下した。

弁護人審問

⑤-3. カリキュラムについて政府や統帥部が指示・示唆などを与えたか？

証人応答

⑤-3. 研究所としては研究になんらかの方向性を与えて欲しかったが、研究所は政策と教育の分離を主旨としていたので、政府・統帥部のいずれもが、なんの方向性も示唆も与えなかった。

弁護人審問

⑥机上演習［table discussion］について、

⑥-1. 書証E中の4通がこれに関わるものであるが、机上演習の意味は如何？［E: 8845］［J: 100（12）］

証人応答

⑥-1. 通常の講義では得られない協働行動の効率性の向上や実用的感性の育成のために、仮想の状況を設定して課題を与え、異なる分野の研究をしている研究生が各々の研究成果を持ち寄ってその理論をその場に適用させ、その過程で意見を発表・交換し合い、協働行動の環境作りをするものである。省庁間や民間組織などの間での利害対立や意見の相違が顕著な当時、このような試みが必要であると考えられていた。

＊裁判長ウェッブ、自ら問いを発す。

裁判長審問
　⑥-2．そのような試みは成年者向け教育のようなもので、総力戦研究とはまったく関連がなかったのか？
証人応答
　⑥-2．まったくなかった。
弁護人審問
　⑥-3．そのような机上演習は当時の国際情勢を念頭に置いたものであったのか、単なる仮想現実に基づいたものであったか？
＊裁判長ウェッブ、「証人は仮想状況に基づくものだったと言っている」と注意する。清瀬弁護人、「証人の口から簡潔な答を得たい」、と申し立てる。
＊裁判長ウェッブ、自ら問いを発す。
裁判長審問
　⑥-4　では、「総力戦研究所」という名前は何なのか？
証人応答
　⑥-4．読んで字の如く、総力戦の研究を主旨とするもの。
＊午後2時43分、裁判長ウェッブ、休憩を宣す。
＊午後3時、法廷、再開する。[E: 8850] [J: 100（13）]
＊被告東条弁護人清瀬博士、堀場証人に対する反対尋問を続行する。
弁護人審問
　⑥机上演習について（続き）
　⑥-5．机上演習で研究生がまとめた報告などが政府の実際の政策になんらかの貢献をしたか？
証人応答
　⑥-5．そのようなことはまったくなかった。
弁護人審問
　⑥-6．そのような資料は研究所に記録として保管されていたのか？
＊裁判長ウェッブ、「同研究所が単なる文化団体［cultural body］だとするのには無理がある」、と、釈を付す。証人、質問に返答する許可を求める。裁判長ウェッブ、許可する。
証人応答
　⑥-6．机上演習の報告は記録として保管されていたが、協働行動の感性を養うために行われたそれら演習の成果はほとんど保管するに価しないようなものであった。
＊裁判長ウェッブ、自ら問いを発す。
裁判長審問
　⑦法廷に提出された総力戦研究所の文書について、
　⑦-1．「総力戦研究所」という名前であるのだから、総力戦関連の演習が行われたのではないか？[E: 8852] [J: 100（13）]

<1946-10-29>　　　　　　　　　　　　　　　　　　2　検察主張立証段階

⑦-2. 避戦に関する講義もあったのか？
⑦-3. 供述書にはそれに関する記述がないが？
⑦-4. 研究所の文書が内閣に保管されていた理由は何か？
⑦-5. 内閣とは不要な文書の保管庫か？（cabinet には「整理棚」のような意味もあるので、それに引っ掛けて冗談半分に質問したものと思われる）

証人応答

⑦-1. 現代戦は、全国民が戦争努力に寄与することが求められる総力戦で、すべての国家はこの新情勢に対応するために研究をする必要があり、日本も例外ではなかった。総力戦への対応には、そのような戦争を避けることと、それへの準備をすることの二つの側面があった。
⑦-2. 結構あった。
⑦-3. 自分は、内閣に保管してあった文書類から国際検察局が入手したものを検証しただけであり、研究所の講義資料など文書の多くは破棄されたり散逸したりしている。
⑦-4. 研究所が3年で閉鎖された後、内閣が文書を保管するよう依頼され、内閣は言われるままにそれを保管し、国際検察局が提供を求めた際に、言われるままに提出した。
⑦-5. いやそうではない。文書の多くは、研究生の成果や、その複写版、所員の覚書の類である。

弁護人審問

⑥机上演習について（再開）、
⑥-7. 演習は公開であったか非公開であったか？［E: 8856］［J: 100（13）］
⑥-8. 公的機関のみならず、金融・報道機関の社員・行員でも参観できたか？

証人応答

⑥-7. 研究生が元々所属していた機関の成員は、講義や演習などを参観できた。
⑥-8. 参観できた。

弁護人審問

⑥-9. 参観者は、研究所が招待した者か、それら機関が参観を許可するよう求めて参観した者か？
＊J・F・イングリッシュ検察官、「研究所の意向について質す質問である」として異議を申し立てる。裁判長ウェッブ、「研究所の運営に関する質問である」として証人の返答を許可する。

証人応答

⑥-9. 研究所は参観を歓迎・奨励していた。
＊裁判長ウェッブ、「質問への返答を許可はしたが、反対尋問が余り重要性を有しない事項に向けられている」、「総力戦研究所という名前が示唆する知的資源を動員するような団体ならば、そのようにするのは当然である」と、釈を付す。

弁護人審問

⑧総力戦研究所への関わりが関係者の人事異動に与えた影響について、

⑧-1. 初代所長の飯村中将が所長の職を去った後に就任した役職は、研究所に在籍していたことを勘案して与えられたものであったか？［E: 8858］［J: 100（14）］

⑧-2. 研究生についてはどうか？

証人応答

⑧-1. 自分の見立ては、そうではなかった。軍であろうと政府省庁であろうと、元々の所属組織の都合によって、その後の人事異動は決定された。

⑧-2. 研究所を去った後の研究生についても同様であった。

弁護人審問

⑨研究所の参与について、

⑨-1. 参与は実際に研究所に配属されていたか？

証人応答

⑨-1. 参与は、研究所が多方面の支援を受けるために名目的に任命された者であり、研究所の実際の活動には寄与していなかった。

＊裁判長ウェッブ、自ら問いを発す。

裁判長審問

⑨-2. 証人の発言は、供述書にあった研究所官制第7条の内容と矛盾するものであるが如何？

証人応答

⑨-2. 官制の内容は記憶していないが、参与に関する限り、今説明した通りである（第7条は、「総力戦研究所に参与を置いて所務に参加させることが<u>できる</u>」となっているので、矛盾はしないと言うべきであろう）。

弁護人審問

⑨-3. 実際に星野、鈴木、木村らの参与が研究所に足を運んだことがあるか？

⑨-4. 研究所の方からそれら参与と連絡を取ったことがなかったか？

⑨-5. 参与が講師となって講義をしたことはあったか？

⑨-6. 過去25年間公務員であった証人の経験に徴して、我が国では参与・顧問といった役職は常に名目的なものか？

証人応答

⑨-3. 所内で会ったり、話をしたりしたことはなかった。

⑨-4. 星野は内閣書記官長であったので、研究所の予算に関する協議のために所員が訪ねて行ったことはあったが、研究所の教育・研究に関わってはいなかった。

⑨-5. 記憶にない。

⑨-6. 例外はあるが、一般的には名目的もしくはお飾り的な役職で、組織に格好を付けさせるためのものであることが多かったと思う。

＊被告小磯・大川弁護人 A・W・ブルックス大尉、反対尋問に立つ。［E: 8864］［J: 100（14）］

<1946-10-29>

【弁護人ブルックス大尉による検察側証人堀場一雄に対する反対尋問】

弁護人審問
　①被告の誰かが研究所の活動に関わっていたか、誰かが所長、職員になっていたか？
証人応答
　①否。
弁護人審問
　②総力戦研究所の目的は、研究生に総力戦についての教育を行ったり研究をさせたりすることであったか？
＊裁判長ウェッブ、「何人も争わない点である」と注意する（英文速記録8864頁所収の裁判長の発言として記録されている I don't think there will be any context about the matter to which you are referring という部分は、contest とすべきものを打ち誤ったものであり、法廷の総体としての理解も contest であったと解し、こう訳した。和文速記録も「争う点はない」とする）。A・W・ブルックス弁護人、「主要な質問に移るための導入的質問である」、と申し立てる。ウェッブ裁判長、「証人が敷衍できない（英文速記録8865頁は The point that this witness cannot elucidate とするのでこう訳したが、和文速記録は肯定の意で「敷衍できる」とする。文脈からみて、和文速記録の方が正しいと判断する）のは、同研究所が戦争を予期・予想して創設されたかどうか、即ち、研究所を創設した者達の発想がいかなるものであったかである」、「同研究所は勅令によって設けられて、優秀な人材がそこに送られ、その後間もなく、戦争が始まった」と、釈を付す。ブルックス弁護人、「自らの尋問の目的は、研究所が創設された理由と、研究所がいかに活用されたかを探ることにある」、と申し立てる。ウェッブ裁判長、「証人が供述書や証言で明らかにしたこと以上のことを証人から引き出すのは困難であろう」、と申し渡す。弁護人、「総力戦研究所が扱った課題は多岐・広範にわたる」、「研究所で行われていたのは非常時・平時のいずれに於いても役に立つ性質の問題の研究であり、研究所自体が公開のフォーラムのようなものであった」、と申し立てる。裁判長ウェッブ、「そのような方向付けを持った尋問であるならば既になされた」、と申し渡す。ブルックス弁護人、「書証Eに列挙されている文書が法廷に証拠として提出されておらず、それらが戦争目的であったかどうかが定かでない。その点を明らかにしたい」、と申し立てる。裁判長ウェッブ、「証人が何を答えられるかを踏まえた上で尋問するように」と注意した上で、審問を許可する。

弁護人審問
　③証人の知る限りにおいて、研究所が閉鎖された後で同研究所の文書が戦争目的に使用されたことがあるか？
＊J・F・イングリッシュ検察官、異議を申し立てる。裁判長ウェッブ、「証人はそれを知り得る立場にない」、と申し渡す。弁護人A・W・ブルックス大尉、「証人は検察側の証人であり、いかなる返答であっても、自分は構わない」、と申し立てる。イングリッシュ検察官、「そのようなことを証言するために召喚した証人ではない」と、反駁する。裁判長ウェッブ、「研究所の

文書が内閣に保管された後にどうなったかは知らないと証人は証言している」として、異議を容認する。

＊午後４時、裁判長ウェッブ、休廷を宣す。

◆ 1946（昭和21）年10月30日　（英速録8868～9006頁／和速録第101号1～19頁）

＊午前９時30分、法廷、再開する。
＊被告小磯・大川弁護人Ａ・Ｗ・ブルックス大尉、堀場証人に対する反対尋問を続行する。

弁護人審問
　④内閣に移管された総力戦研究所の文書について、
　④-1.（弁護人、総力戦研究所における証人の職掌は、研究所の所員・研究生の教育・研究に関わるものであり、文書管理には従事していなかったことを確認した上で）書証Ｅ記載の文書の保管の任に携わったことがあるか？
　④-2. 検証した文書には、研究所が存在していた３年間に研究生などが作成した報告書すべてが含まれていたか？
　④-3. 文書の総数は如何？

証人応答
　④-1. 問題となっている文書は研究所が閉鎖された後で内閣に移管されたものである（前日の証言を繰り返す）。証人が現在勤務する第１復員局の事務所が国際検察局のすぐ隣にある関係で、それらの文書を入手した国際検察局に検証を依頼された（証人、その経緯を話す）。
　④-2. 自分が目を通したのは書証Ｅに記載されたもののみであるし、個々の文書について判断を下せるわけではない。自分が在籍した１年間に目を通した文書はそれと分かるし、それ以降の文書については表紙などを見れば判別できる。
　④-3. 確かな記憶はないが、３年間の合計が100を超えることはない。

弁護人審問
　④-4. 書証Ｅ記載の26通以外の文書はどのような事項を扱ったものであったか？
＊Ｊ・Ｆ・イングリッシュ検察官、「供述書の内容の範囲を逸脱する事柄である」として異議を申し立てる。裁判長ウェッブ、「供述書の内容を敷衍しようとする質問で、関連・重要性を有する」、「検察側が他の文書のリストを法廷に提出すれば手間を省くことができる」、と申し渡す。イングリッシュ検察官及び弁護人Ａ・Ｗ・ブルックス大尉、これに賛意を表する。[E: 8872][J101：(3)]

弁護人審問
　⑤戦争回避を主題とした研究の存否について、
　⑤-1. このようなテーマに沿った講義が行われたか？

<1946-10-30>　　　　　　　　　　　　　　　　2　検察主張立証段階

証人応答
　⑤-1. 個々の演題は記憶していないが沢山あった。総力戦関係の研究は、思想・政治・経済・軍事の4分野に分かれていたが、軍事的手段は、他の手段が尽きて止むを得ない場合にのみ、日本の伝統に従って正義の名の下に行使されるべきという立場が取られ、現代戦の原因を探り戦争を防止する手段を考究するために多くの時間が費やされた。その他にも、国際法の研究や、世界史上に見られる平和維持・平和回復の事例を扱った講義・研究もあり、底流にあった考えは、「不正義によってもたらされた平和は持続しない」というものであった。「戦争が必要である」という前提でなされた研究・講義などはなく、研究対象としていたものの中には、戦争が始まった場合に如何様に対処すべきであるかという、一般の人々が知っておくべき事項もあった。
＊裁判長ウェッブ、弁護人A・W・ブルックス大尉に対して、「証人の返答は研究所が発行した文書に関してなされるべきであるにもかかわらずそうなっておらず、判事団が下すべき結論の領域にまで立ち入っており、かつ冗長である」、「書証Eに記載されていない文書の一覧表が法廷に提出されれば、問題となっている論点への答が得られる可能性がある」、と申し渡す。イングリッシュ検察官、法廷に提出すべきものは文書のリストであり、文書自体とその英訳ではないことを確認した上で、早急に対処することを約する。

弁護人審問
　⑥研究所の研究・教育活動について、
　⑥-1. 研究所に属する者は、望めば講義などいかなる活動にも参加できたのか？　[E: 8877] [J101：(4)]
　⑥-2. 研究所の日常のスケジュールは如何？
　⑥-3. 午前・午後の講義というスケジュールは年間を通して変わらなかったか？
　⑥-4. 研究生は、研究所に在籍中は元来の所属組織の職務を担わなかったのか？
　⑥-5. （弁護人、証人に書証AAを見せて、そこに各人の前職と研究所を去った後の役職が記されていることを示して）これは研究生の名簿であるか？
　⑥-6. 所員は研究する傍ら教育活動もしていたのではないか？

証人応答
　⑥-1. 所員の数が少なく、かつ各々が専門の分野を扱っていたので、各方面から専門家が講師として招かれた（質問に対する答えとなっていないようであるが、質問が和訳された際に誤訳があったか、証人が和訳された質問を誤解したためなのかもしれない）。
　⑥-2. 午前中と午後の前半は講義、午後の後半は、「健全な精神は健全な肉体に宿る」との訓えに従って体育に充てられた。前日に触れた机上演習は、年間を通して行われたのではなく、年中行事の一つとして1年の内1カ月程度、行われた。それ以外にも見学旅行・野外演習なども行われた。
　⑥-3. 研究生は全員、同一の講義を同時に受け、野外演習や視察旅行がある時以外はそのスケジュールは不変であった。

⑥-4. 担わなかった。

⑥-5. それは研究所の所員、即ち職員の名簿である。

⑥-6. 所員は、形式上は教員であったが、総力戦研究が斬新な分野であったので、研究生に対する講義を行う傍ら、自分の専門外の領域について多々勉強する必要があり、他の講師との交流や外部から招聘した講師の講義を聴いたりして学習していた。

＊裁判長ウェッブ、「すべてが総力戦に指向させられていたように見受けられる」と、評言する。

弁護人審問

⑦研究所が閉鎖された理由・背景について、

⑦-1. 供述書によれば、研究所の第1～2期生の在籍期間は4月から翌年の3月までであるのに対して、第3期生の修了日は1943（昭和18）年12月15日になっているが、その理由は如何？

⑦-2. 閉鎖は勅命によるものか？

⑦-3. 研究所の予算は？

証人応答

⑦-1. 戦争が激化するに連れて、研究所の内外で研究所が抽象的な事項ばかりを研究対象としているという批判が高まり、所員を元の公務に復帰させるべきであるとの意見が強くなってきた。その時点で研究所が閉鎖された。

⑦-2. 研究所の規則についてはよく知らないが、設立が勅命によるものであったから、廃止も勅命に従ったものであろう。

⑦-3. 自分が同研究所に在籍していた1941（昭和16）年度の予算規模は、合計16万円。その内6万円余りが人件費で、残りは運営費などで、何かをやろうとするには少な過ぎる額であった。

弁護人審問

⑦-4. 研究所が閉鎖されたのは目的が達成されたからか？

＊裁判長ウェッブ、「既に証人は目的が達成されなかったが故に閉鎖されたと証言している」、「証人の証言している内容は極めて重要なものであり、かつ証人は検察側の唯一の証人であるかもしれないが、反対尋問は既に我々法廷の役にはまったく立たないところまで来ている。また証人の返答は長すぎる」と、申し渡す。弁護人A・W・ブルックス大尉、「私の質問は未だ中途であるが」として、質問を撤回する。イングリッシュ検察官、「証人は研究所が閉鎖される以前の1942（昭和17）年8月に研究所を離れている」、と申し立てる。

弁護人審問

⑧研究所の活動の実際の政策への影響の有無について、

⑧-1. 研究所の所長もしくは所員が、仮想現実に基づいた机上演習とは別に政府の実際の政策運営に関わったことがあったか？

⑧-2. 研究所や同所の研究生が、任務としてもしくは要請に応じて政府機関の計画などを策定したことはあったか？、

⑧-3. 統帥部や内閣など政戦略の立案に関わる機関が、研究所の活動を指揮・監督しようとし、

<1946-10-30>

もしくは研究生の成果を活用しようとしたことはなかったか？
　⑧-4．研究所は純粋な学術機関であり、政府高官が学習する公開フォーラムのようなものであったと見てよいか？
証人応答
　⑧-1．一度もなかった。
　⑧-2．絶対になかった。教育と実際の政策とは完璧に別問題とされていた。
　⑧-3．それらの機関は研究所とはなんの関係もなかった。
　⑧-4．その通り。
＊被告鈴木・賀屋弁護人マイケル・レビン、反対尋問に立つ。[E: 8885] [J: 101 (5)]

【弁護人レビンによる検察側証人堀場一雄に対する反対尋問】

弁護人審問
　①日米開戦、1941（昭和16）年12月7日までに編纂されたのは7通だけか？
証人応答
　①恐らくその通りであろう。
＊裁判長ウェッブ、「1941（昭和16）年作成の文書の中には日付が特定されていないものもあるので、『少なくとも7通』とすべきである」、と申し渡す。

弁護人審問
　②被告鈴木貞一の総力戦研究所との関わりについて、
　②-1．被告鈴木が同研究所の参与になった事実についての証人の記憶は？
　②-2．（弁護人、この点を敷衍しようとして）鈴木が研究所の講義などの活動や運営に参画していたかどうかについて確たることは言えないということか？
証人応答
　②-1．記憶にない（証人、前日の返答を繰り返す）。
　②-2．参与の肩書に実質はなく、研究所への支援を各方面から得るために就任を要請したものである（前日の証言を繰り返す）。
＊裁判長ウェッブ、「既に証言を得た事項についての質疑応答は不要である」、と申し渡す。
＊被告鈴木・賀屋弁護人マイケル・レビン、弁護側反対尋問の終了を申し立てる。J・F・イングリッシュ検察官、「検察側は再直接尋問を行わない」旨を申し立てる。裁判長ウェッブ、堀場証人の退廷を許可する。
＊イングリッシュ検察官、堀場証人の供述書に添付されていた総力戦研究所所員名簿の中の経歴に誤りがあったとして、3件の訂正を読み上げる。裁判長ウェッブ、これらは再直接尋問をして質すべきであった事項で、「それをしなかったことによって供述書のそれら誤記載が記録としてはそのまま残される」、と申し渡す。

(4) イングリッシュ検察官、検察主張立証第Ⅹ局面「日本の全般的戦争準備」第2部「軍事上の戦争準備」の検察側立証として、「総力戦研究所の活動」に関する証拠提出を再開する。 (英速録8888〜8972頁／和速録101号5〜15頁)

＊提出済み（検）法廷証PX686-A【1941（昭和16）年8月付け総力戦研究所第1回総力戦机上演習書類】 J・F・イングリッシュ検察官、抜粋を朗読する。

【提出済みPX686-A朗読概要】

1. 作業の要旨：

1-1. 研究科生（和文原本から英訳したであろう英文速記録8889頁は post-graduates と英訳しているが、適訳とは言い難い）全員に以下の課題を与える。

(1) 我が国の国是・国策の検討
(2) 我が国の総力戦方略の策定
(3) これらに必要な情勢判断

1-2. 研究生全員で、青国（このような机上・図上演習では、青は普通、日本側を指す）主要機関を編制し、これに以下の課題を与える。

(1) 総力戦諸計画の策定
(2) その計画の実施に際しての腹案の準備

青国主要機関に仮想の状況を与えて、以下に対する措置を検討させる。

1. 内外での総力戦態勢の整備・充実
2. 総力戦準備、思想・経済戦の指導（和文原本から英訳したであろう英文速記録8890頁では、和文速記録には記載されている「外交」が抜け落ちている）
3. 開戦の決意、
4. 開戦以降の総力戦の指導、
5. 開戦の指導、
6. 開戦初期段階での総力戦の指導、
7. 戦争遂行中の各種情勢に応じた総力戦指導、
8. 20日午前、演習中止、

（以下の番号は原文のママ）1. 講評起草。2. 研究会の準備。1. 研究会。2. 講評の後、演習修了。1. 演習成果の整理。2. 今後のための研究。

2. 第1回総力戦机上演習実施規程　［E: 8891］［J: 101（6）］

2-1. 第1節：演習の目的

第1条：

この演習は、当研究所第1期生に対して、総力戦高級幹部としての総力戦運営の具体的方策を演練させ、併せて総力戦に関する基本的・総合的研究を行うことを目的とする。

<1946-10-30> 2 検察主張立証段階

第2条：
この演習で研究・演練すべき主要項目は以下の通り。
(1) 内外に宣布すべき我が国の国是・国家目的
(2) 我が国が執るべき（和文原本から英訳したであろう英文速記録8891頁では、和文速記録には記載されている「当面の」に該当する形容詞が抜けている）総力戦方略
(3) 総力戦実施に必要な諸計画の一部の立案・策定の要領
(4) 総力戦態勢充実・強化の要領
(5) 総力戦指導の要領
(6) 特定国に対する思想・経済・外交戦実施上の具体的方策の一部
(7) 総力戦指導機構及び思想・経済・外交戦の各指導機関
(8) これらの他に我が国の総力戦遂行上緊急対策を要すると認められる事項

第3条：
前条の所定の研究・演練項目の詳細は、演習指導要領で別に定める。
（中略）

2-2. 第4節：講評

第9条：
第10期演習研究会終了後、総司令官（和文原本から英訳したであろう英文速記録頁8892頁はSupreme Commanderとするのでこう訳したが、和語「統監」のこの英訳語は不適切乃至は誤訳というべきで、chief referee乃至はsuperviser程度が適訳であろうか？）は、演習員に対して講評を行う。

講評すべき要点は以下の通り。
(1) 事前の諸計画の適否
(2) 演習実施（計画適用）の適否
(3) 事後研究の適否
(4) 演習規律の是非
(5) 将来への訓示

第10条：
想定情況に対する演習（第9期演習）修了後、各審判部は、講評資料を総司令官（前記注と同じ）に提出する。ただし、各審判部は講評資料に関し予め所属審判官の所見を整理すること。講評の起草は講評会議で行う。本会議に出席する人員は、別にこれを定める。

2-3. 第5節：演習成果の収集（和文原本から英訳したであろう英文速記録頁8893頁では、整理をgatheringと訳しているのでこう訳したが、適訳とは言い難く、reviewingやfilingぐらいが適当であろうか？）

第11条：
当研究所各所員は、分担に応じて演習の諸記録・研究項目に対する所見、演習の計画指導について改善すべき事項に関する所見などを整理・保存し、所要の機関に通知する。

2-4. 第6節：特定符号

第12条：

機密保持のため、本演習に使用すべき国名・地名などは、以下の特定符号を使用する。

＊J・F・イングリッシュ検察官、アルファベットの符号が何を意味するのかを読み上げ始める。裁判長ウェッブ、既出（速記録7416-17頁参照）であるとして、中止させる。

＊午前10時47分、裁判長ウェッブ、休憩を宣す。

＊午前11時2分、法廷、再開する。[E: 8895] [J: 101 (6)]

＊J・F・イングリッシュ検察官、(検) 法廷証PX686-A抜粋の朗読を続行する。休憩前に朗読を省略した符号について、前出時には一部しか登場しなかったとして、朗読する。

2-4. 第6節：特定符号

第12条：（続き）

A＝米国、B＝英国、C＝支那、D＝ソ連、E＝蘭印、F＝仏印、G＝オーストラリア、H＝ハワイ、I＝インド、J＝内南洋、K＝カナダ、L＝中南米、M＝満州、N＝日本、O＝ボルネオ、P＝フィリピン、Q＝マラヤ、R＝極東ソ連、S＝シンガポール、T＝タイ、U＝ウラジオストック、V＝ビルマ、W＝アリューシャン及びアラスカ地方、X＝枢軸国、X1＝ドイツ、X2＝イタリア（以後記載されているアルファベット記号の意味については、これを参照のこと）

3. 想定期間

1941（昭和16）年8月

4. 演習指導行事

演習開始。統監訓示。第3期情況交付・説明。青国政府の一般方針を統監部に内報（和文原本から英訳したであろう英文速記録頁8896頁は、secret reportとするのでこう訳したが、和文速記録は「内示」である。provisional report 程度が適訳であろうか？）。8月20日までの処置提出。これに対する審判。追加情報交付・説明。主要演練項目＝(1) 対A交渉とこれに伴う経済的要求、(2) 対X・Dへの対応、(3) 対D・(A) 戦備……（以下、同じような記述の繰り返しが続き、異なっているのは「主要演練項目」の部分のみなので、それだけを記す。英文速記録では、9～10月分で(1)が演練項目とは別物であるかのように記されており、11～12月分では(3)が先に書かれているなど、日本語の原文と照合しておらず支離滅裂の感がある。英文速記録8898頁で言語裁定官が検察官に朗読の速度を遅くするよう要請しているが、通訳が朗読についていけないがために起きた混乱のためなのかもしれない）……。9月＝(1) 前記(1)の継続、(2) N・X条約に関する対X対応、(3) A対N態度硬化に対する措置……。10月＝(1) 対X対応、(2) A・B・E・Lとの貿易途絶に対する措置、(3) E進出決意に伴う措置……。11月＝(1) 対E行動繰り上げの決意とこれに伴う措置、(2) 対D交渉、(3) E進出開始に伴う措置。……12月＝(1) P作戦の決意とこれに伴う措置、(2) 対B・D措置、(3) N対A・B開戦に伴う措置。……1942 [昭和17] 年2月（1月分はなし）＝(1) 東京空襲への措置、(2) 対議会措置、(3) 対D・L措置、(4) 対E・F・T・P・Q経済・政治的措置。……8月（3～7月分はなし）＝(1) 前期(4)の継続、(2) 対D関係措置、(3) 対D開戦決意、(4) 今後執るべき青国総力戦方略

（中略）

<1946-10-30>

5. 総機演第6号の3 前100部中第98号。 ［E: 8901］［J: 101（7）］

5-1. 1941（昭和16）年7月24日 総力戦机上演習統監 飯村穣（名前の読みが英文速記録8901頁でYuzuruとあるのは「穣」を「譲」と見誤ったものか？ 8905頁ではMinoruとなっているが、8913頁ではまたしてもYuzuruと記されている。いずれにせよ誤りで、正しくは音読みの「じょう」である）。

5-2. 情況

政府統帥部連絡会議の結果、青国はその必要上、特別の情勢の変化がない限り、好機を捉えて対E進出をする方針の下で諸準備を促進することを決定。

6. 総機演第6号の5別冊 全120部（和文原本から英訳したであろう英文速記録8901頁記載のママ。和文速記録は「102」と記載する。これ以外でも総部数が時々変わっているが、各々の印刷部数が異なるためか？）中第98号。

6-1. 演習関係員以外には秘密演習終了後返却。

機密 1941（昭和16）年度第1回総力戦机上演習 第2期演習課題作業答申（7月30日提出）。

6-2. 内容目次

第1部・内外に宣布すべき青国国是・国策

（1）青国政府声明

（2）青国政府首相談話

第2部・青国総力戦計画の一部

第1類・青国総力戦方略

第2類・青国陸海軍関係計画の一部

（1）陸軍関係：1. 所要人員の種別・員数、2. 所要重要物資の数量、3. 所要徴用船舶種別・数量、4. 主要民間工場に要求すべき軍需品の生産力、5. 軍事予算の概要

（2）海軍関係：（以下の細目1～5は「陸軍関係」と同じであるので省略）

（3）全国防空計画要領

（4）関東地方防空計画

（5）海上交通線管制・保護計画

第3類・青国対外政策綱領

（1）外交戦計画

（2）支那事変処理方針

（3）満州国対処方針

（4）占領地統治計画

第4類・青国思想戦計画

第5類・青国経済戦計画

（1）経済力拡充綱領：

1. 生産力拡充方針 2. 経済共栄圏の拡充・強化方針 3. 貿易方針（物資交流）4. 不足資源の補填に関する方針

(2) 経済力動員綱領：以下の動員の方針──1．物資、2．資金、3．労務、4．交通、5．財政
(3) 経済戦実施計画
(中略)
7．総机演第13号の3（案） 1941（昭和16）年8月23日 ［E：8905］［J：101（7）］
総力戦机上演習統監　飯村穣
第1回総机演第9期演習追加情況・課題
(中略)
第2部・青国総力戦計画（一部）
第1類・青国総力戦方略（内案）
(1) 総力戦の目的：
1．青国存立を確保すると共に大東亜新秩序建設を妨害しようとする敵性勢力を排除することにある。
2．当面の主敵（性）国をA・B（Eを含む）及びCとし、副敵性国をDとする。
(中略)
(2) 総力戦の指導方針：
1．既定の方針に従って支那事変の完遂に努めると共に、他の敵性国との戦争に即応できる総力戦態勢を充実・強化する。
2．南方に対しては資源確保を当面の目標とし、政治的手段（英文速記録8906頁の"political measures"をそのまま訳したが、原本より直接採録したと考えられる和文速記録は「外交的手段」と記載する）で積極的進出を図る。ただし、情勢によっては武力行使も辞さない方針の下に準備に万全を期す。対A・B戦が避け難い時には先制開戦して、まずその東亜の勢力を排除すると共に、我が国に対する敵性を放棄させるよう努める。
(中略)
4．Xと協力して同盟条約の企図達成に努める他に、Aの対X戦参加に備えて対A・B先制開戦準備の万全を期す。
(中略)
＊被告木戸弁護人ローガン、朗読中の文書が「①机上演習という仮想現実に基づいたものであって審理案件との関連性・重要性を欠き、②供述書添付の一覧表に当該文書及び次に提出予定の文書は含まれていない」、として、「朗読を中止すべきである」、「仮に法廷が当該文書に証拠価値を認めるならば、③堀場証人を再召喚して再尋問すべきである」と、申し立てる。裁判長ウェッブ、「①仮想現実に基づいたとしても、このような演習は戦争準備・共同謀議との関連性を有する」、「③書証のみに依拠するか、もしくは証人の証言によって書証の内容を補強するか、いずれを選択するかは検察側の裁量に委ねられている」、として異議を却下する。検察官クイリアム准将、「②供述書添付の一覧表に現在朗読中の文書が含まれていないのは、一覧表は朗読しない文書を概観するために作成したものであるからである」、と申し立てる。イングリッ

<1946-10-30>

シュ検察官、（検）法廷証 PX686-A 抜粋の朗読を続行する
（中略）
5. その後は情勢の推移に応じて諸般の方策を定めて、総力戦目的の達成を期する。
（中略）
(5) 武力戦の指導方針
1. 対 C：
重慶政権に対しては、占領地域の拡大を避けつつ活発な武力を反復行使して敵の武力の壊滅を図ると共に、施設の破壊・経済封鎖の強化によって民衆の抗戦意思の崩壊を図る。他の敵性国との戦争遂行に際しても、この方針を極力堅持して、その戦果を重慶降伏に寄与させる。
2. 対 F・T：
F に対しては、共同防衛の趣旨を強化する。T の対 N 態度が非友好的で我方の要求に応じない場合や、A・B が在 T の我方の影響力を駆逐しようとした場合には、T に武力進駐を行う。
3. 対 E：
E の対 N 態度が硬化し、特に我が国が必要な物資の供与を拒否した場合には、対 A・B 戦の決意をしつつ、好機を捉えて武力進駐をする。対 A・B 戦が避け難い場合も同様。
4. 対 A・B：
A の対 X 作戦開始、A の対 N 全面禁輸、A・N 間の武力衝突、あるいは A の対 N 武力攻撃の恐れがある場合など、対 A・B 戦が避け難い場合には先制して開戦し、速やかに P・Q・E などを攻略して我方の戦略・経済的態勢を強化すると共に、敵兵力の撃滅と我方に対する敵性の放棄を図る。……
8. 総机演 10 号　全 120 部中第 98 号　1941（昭和 16）年 8 月 14 日　[E: 8913] [J: 101 (8)]
指定配布先：商工省西大條審判官
演習関係者以外には秘密　演習終了後返却。
総力戦机上演習統監　飯村穰
総机演第 6 期演習情況・課題
(一) 11 月上中旬の情況
(1) 国際情勢
1. D・X 戦は、酷寒の到来と共にドン川、モスクワ、レニングラード東方地域で戦況が膠着状態に陥ろうとしている。
2. X・B 戦はスエズ・ジブラルタル方面に進展しようとする兆候がある他は大きな変化はなし。
3. A・X 戦にも大きな進展はない。大西洋方面の A 兵力は一部太平洋方面に移動を開始する模様。11 月 1 日に A は対 X 宣戦。
4. 東洋における A・B・(・E) 兵力は未だ増強される様子はないが、所在兵力で急遽大規模な防備に着手すると共に、N の行動を牽制するために威嚇・宣伝を行いつつある。青国企図は一部が A・B・E に察知された疑いがある。

5．CでのN軍の活動が活発になるのに伴い、Cも盛んに反抗・宣伝に努めつつある。A・B・C間に軍事協定が締結されたとの確かな情報あり。

 6．R方面は依然緊張が続いているが、その兵力は多少減少した形跡がある。D・M国境は平静。DはM（英文速記録8915頁によるが、Mと読んだ後で、検察官が「印刷されていなくて判読不能」と申し立てている。文脈から判断してM[満州国]ではなくN[日本]が正しいであろう。和文速記録はNとする）・A双方に対して決定的態度を示さず。

 (2) 統帥部・軍の情況

 1．青国統帥部は、既定の対E行動を極力繰り上げて決行したいと希望している。

 2．統帥部の対E行動の準備は進捗中で、11月中旬には応急の準備が完了する見込みである。

9．総機演10号の3　全120部中第98号　1941（昭和16）年8月15日　[E: 8916][J: 101 (8)]

指定配布先：商工省西大條審判官

演習関係者以外には秘密　演習終了後返却。

総力戦機上演習統監　飯村穣

総機演第6期演習情況・課題

第1回総機演第6期演習追加情況

11月中下旬の追加情況

(1) 青国軍は11月15日に行動を開始し、数日の内に実力を以てEの若干の要地を急襲・確保（地名・戦況などは後述。以下同じ）。青国軍の損害は軽微。

(2) Eは「Nの侵略（invasion）に対して飽くまで抗戦する」と宣言し、A・Bの援助を求めつつある。E防衛軍は相当の抵抗を試みつつあるが、青国軍に逐次圧迫されつつある。E領内の経済施設は青国軍に急襲され、沿岸地域では一部の破壊に留まったが、他の地域では相当程度破壊された。

(3) E作戦での押収物件中判明しているものは、船舶8万トン、原油21万キロリットル、普通揮発油9万7,000キロリットル、重油18万6,000キロリットル。

(4) A・Bは、青国の行動を不法侵攻と非難し、共同で対N経済断交を宣言すると共に、在A国N領事館の閉鎖を要求。大西洋方面のA海軍兵力の一部は、急遽太平洋に移動を開始する模様。A国内世論は対N開戦に傾きつつあるが、政府の真意は不明。

(5) 在東洋A・B軍は、極度の緊張状態にあるが、未だ積極的ではない。

(6) 対A作戦準備として新たに兵員（空白）万人、船舶（空白）万トンが動員・徴用される。

10．総機演第16号　全100部中98号　1941（昭和16）年8月28日　[E: 8918][J: 101 (9)]

（以下、「配布指定先」が空欄となっている他は前回と同じ）

第1回総力戦機上演習講評：

　第1回総力戦機上演習を終了するにあたり、演習員の今後の研究に資するために、演習中の重要事項について本職の所見を述べる。

<1946-10-30>

第1期演習

(1) 各演習員が提出した我が国の国是・国策の検討、執るべき総力戦方略、これに必要な情勢判断には、一般に努力の跡が認められるが、戦争の本質や総力戦の原則の理解が不十分で、思索・考察に未熟（英文速記録8920頁のimmaturityに従う。原本より採録したであろう和文速記録は「粗慢」と記す）なものが少なくない。演習員の基礎知識が十分でなく、もしくは作業時間が不足していたなど止むを得ない事情はあったが、今回の演習の実績を加味して、今後なお一層の研究を重ねる必要がある。

(11)（番号は原文のママ。以下同じ。後にブルックス弁護人が指摘しているように、省略した箇所が多いためのようである）第3期演習において、青国政府の外交方針は、著しく緩和した当時の国際情勢を利用して総力戦方略の弾力性を発揮し、外交を通じて目的達成に向けて最善の努力を尽くす必要があったと認める。例えば、対A・B関係で、単にA・Bとの衝突を先延ばしにすることを目的とする外交策を採ったのは不可。

(12) 第3期演習で、「Aの提案はAに弱みがあるが故のもの」という情勢判断は適切であったが、その提案を基礎とする受け身の外交には同意し難い。むしろ、先方の弱みを利用してこちらから積極的に一大提案を出してAの敵性除去を試みる気概がなければならない。このために、N・X関係強化の必要があることに着目することを要する。

(14) 第5期演習では、対E進出問題の検討を一層慎重・深謀にすることを要する。単に準備完了の時期の検討だけでなく、大勢・趨勢の洞察、当面の目的の限度、進出直前の政戦略相互の協力関係、国内の実情とそれへの対策など、各方面にわたり検討の必要がある。

(15) 対A・B・E戦争遂行能力の判断に関しては、資料・時間の関係上限定した部分について試みたものであったが、その範囲では一応の作業が行われたと認める。特に、その研究態度が真摯であったことは大いに可。しかし、実際の場合には人的・物的、静的・動的など各般の要素、軍需・民需相互の分野などの関連を検討すると共に、これら一切を総合的に企画し、地域的にはN・M・C、時間的には全戦争期間を包含しなければならない。なお、その企画の全活動を開始するまでの期間がどれぐらいであるかについての判断は不十分。

(16) 対E武力進出以前の政戦略一致の活動が甚だ不十分。武力進出決定以後は、作戦を容易にするために、外交・思想・経済戦を貫く統一した方針に基づいて諸施策を活発に展開すべきである。即ち、A・Bの不意を突いて各個撃破を容易にし、Eを油断させて奇襲の機会を作ることなどである。特に、意図を秘匿して欺瞞行動を実施しつつ国家の総力を集中するためには、顕著な具体的目標の下に国家の統一的総力の全活動を展開すべきである。

(18) 第6期演習末期の情勢で、対A・B開戦の問題を軽々しく扱ったのは不可。Eへの進出後、A・Bが参戦していない状況で先制開戦の利を失わないようにすることを念頭に置きつつも、対A・B戦を避けられる最後の手段がないかを検討し、開戦に伴う重大な結果についてさらに慎重に考慮する必要がある。（注：研究の便宜上、N・X条約に基づくNの参戦は自動的でないとの解釈の下に本演習を実施した）

(19) 第 7 期演習初期の情勢で対 A・B 開戦の決意がなされなかったのは遺憾である。情勢が急転し、A・B の N への意図が明瞭となり、大勢は我が国に対する包囲網の自主的打開を必要とし、かつ北方の安全が今日ほど保たれていたことはなかった。これは、対 A・B 開戦決断の好機だであったと言うべきである。

(20) 対 A・B 開戦に伴う対外措置に関し、予め第 2 委員会（後に検察側が提出する PX871 に説明がある。英文速記録 8947 頁参照）が一応の研究を行ったが、これに基づいて青国政府が執った措置は概ね適当であった。ただし、対 A・B 戦争目的（開戦の際の名目、講和条件）や対 X 単独不講和申し入れについては、なお研究の余地がある。

(25) 第 9 期演習で、E・P・Q 方面での A・B 勢力を概ね駆逐し、A 海軍の主力を撃破した情況となった場合には、その後の戦争指導方針を検討・決定する必要があると認める。

(26) 対 D 戦闘力の判断は、前回の対 A・B・E 戦の時と比べて進歩の跡が見られる。しかし、国家存亡時の非常手段については、さらに独創的研究・工夫を望む。

＊午前 12 時、裁判長ウェッブ、正午の休廷を宣す。
＊午後 1 時 30 分、法廷、再開する。［E: 8926］［J: 101（9）］
＊被告小磯・大川弁護人 A・W・ブルックス大尉、朗読中の提出済み（検）法廷証 PX686-A【1941（昭和 16）年 8 月付け総力戦研究所第 1 回総力戦机上演習書類】の検察側英訳版に於いて、研究生や所員の批評・講評など省略箇所が多数あることを指摘し、それらが訳されていないと、当該文書が仮想現実を基にした机上演習であることが理解されない恐れがあることを申し立て、弁護側が該当部分を英訳して提出する可能性・可否について法廷に打診を申し立てる。裁判長ウェッブ、「文書の内容について法廷が誤解することはない」、「現在は検察側の立証段階であり、ブルックス弁護人の提案した事項は弁護側の立証段階でなすべきである」、と申し渡す。
＊イングリッシュ検察官、検察主張立証第 X 局面「日本の全般的戦争準備」第 2 部「軍事上の戦争準備」の検察側立証として、証拠の提出・朗読を続行する。
＊（検）法廷証 PX870【第 1 回総力戦机上演習】＝検察側文書 PD1356　識別番号を付される。［E: 8928］［J: 101（10）］
＊（検）法廷証 PX870-A【同上抜粋；総力戦研究所 1941（昭和 16）年 8 月実施机上演習報告書】＝検察側文書 PD1356-A　証拠として受理され、抜粋が朗読される。（A、B……X 等の記号が何を意味するかについては、［E: 8895］［J: 101（6）］以下の（検）法廷証 PX686-A 抜粋朗読部分を参照）

【PX870-A 朗読概要】

1. 第 3 期課題に対する青国政府の一般方針（内示案）

(1) 対 A：
A の申し入れに対しては青国の立場について明瞭な言質を与えず、終局の交渉妥結を期待せず、外交交渉で遷延策を採り、この間に戦備の充実を期する。

<1946-10-30>

(2) 対D:
N・D中立条約をDが忠実に遵守・履行する限り青国から積極的に攻撃することがない旨の回答を与える。

(3) 対X:
現状維持の方針で進み、X1・X2との同盟条約がAの対X参戦を牽制している効果に満足させる。

(4) 対F・T:
Fに対しては先に決定した総力戦方略通りの方針を実施する。Tに対しては政治・軍事面での提携強化に努め、(必要であれば秘密の) 軍事同盟締結のために積極的工作をなす。

(5) 対E:
N・E間の関係を現状より悪化させないために経済交渉を続行する。
(中略)

2. 8月上中旬の情況に対応する外相の処置: [E: 8931] [J: 101 (10)]

8月(空白)日の五省会議決定の一般方針に基づき、NとA・B間の関係が現在以上に悪化するのを防止し、T・Fでの青国南進態勢完成を当面の目標として、以下のように処置する。

対A:
8月10日のA側申し出について駐A大使に話し合いを開始させ、交渉の妥結は期待せず、我方の立場について言質を与えない方法でAの真意・譲歩の可能性を打診させて、現在以上のN・A関係の悪化を防止し、その間、我方の戦備の充実を期すると共に、引き続きNがX1・X2との同盟上の義務を履行する決意を固くしていることをAに印象付け、Aの対X1参戦を牽制することに努める。(詳細は別紙の在A大使訓電に記載する)

対F:
共同防衛協定に基づく我方の兵力配備・軍事施設の設置などの実行に支障がないようにF側の態度を監視する。必要な場合は強硬手段による解決を図る。

対T:
経済・軍事・政治的提携を強化し、究極的には軍事同盟締結を目標とするが、当面は必需物資の取得とN・T間の財政・金融上の提携に必要な協定の締結に努め、それが困難な場合には、武力・威圧・在留民の引き揚げなどの圧力を用いて協定締結推進を図る。A・Bとの武力衝突に繋がるような武力行使が不可避となった場合には、不必要な刺激を与えるのを避けつつ戦備の完成を待つ。政治・軍事的提携についてはT当局の意図を打診して提携促進に努めるが、強圧による他にその実現が困難な場合には戦備完成を待つ。

対E:
レジデント・オーガン(英文速記録8933頁は resident organs とするが意味不明である。原本和文書証から採録したであろう和文速記録は、現地外交機関の意味で「現地機関」と記載する。英訳としては、"diplomatic office/representative" 等と訳されるべきものか?)に、E当局との経済交渉を続行させ、N・E関係の

悪化防止と資産凍結による影響の減殺に努める。E側の態度が強硬で、そのような工作が困難な場合には、不必要な刺激を避けつつ戦備の完成を待つ。さらに、A・Bに対して補足的にEの物資をNに供給する必要性を申し入れて、Eの態度緩和を勧告させる。
（中略）
　3．対外方策（閣議提案）
第1・方針
1．青国は企図を秘匿しつつ、11月中旬に奇襲的に対E進出を決行する。
第2・処置
2．対E外交交渉は、最後通牒的措置（英文速記録8934頁のultimatumという語をそのまま訳した。和文速記録に「前後」とあるのは「最後」の誤りであると思われる）を採ることなく、できる限り上陸までその交渉を続行する。
3．X日（英文速記録8934頁のママ。和文速記録では「九日」とあるが、これは、アルファベットを余り見たことがない和文速記録編集者が原文にある「X」[恐らく小文字の曲線で書かれていた]を漢数字の「九」と見誤って書き写したためか？）、奇襲的に、先遣隊次いで主力部隊をEに上陸させる。この際に、可能ならば一気にEの降伏を図る。
4．対E武力行使開始後にA・Bが介入してきた場合には、その妨害を排除して一挙進出を決行するが、A・Bが事前に開戦してきた際には、まずP・Q攻略を開始し、その後好機を捉えて対E進出を決行する。
5．A・Bに対しては取り敢えず何も措置を執らず、E上陸と共に以下の申し入れをする。
（1）青国自存と太平洋の平和のためにNの対E進出は必須。
（2）A・Bがさらに挑戦的態度に出るならば、いつでもそれに応じる準備はあるが、我方の真意を理解する場合には所要物資を供給する用意がある。
6．Xに対しては、「XのためにA・Bを牽制する目的で対E進出を決行する」ことを通知し、「これによってXが対D戦で防勢に転移することなく対D経済・思想戦を積極的に遂行し、かつ対A・B作戦を積極化するよう」要望する。
（中略）
　4．閣議提出意見・追加状況に基づく対外方策　[E: 8935] [J: 101（11）]
第1・判定（原英文は"decision"でありこう訳するが、和文速記録は「判決」と記載する）
1．青国は、対A・B開戦を決意し、その際、あらゆる手段を尽くして開戦時の内外情勢を極力有利にすることが必要。
2．開戦時期を概ね12月中旬以降とする。
第2・処置
1．対E：
武力戦を強行すると共に、強烈な思想戦を展開して速やかに全面的に降伏させることを期する。なお、船舶・物資の本土への移送に努めると共に、対A・B開戦後、一時的にE進出兵力が孤

<1946-10-30>

立化する場合を考慮し、所要軍需品の前線への搬送に努める。

4．（番号は原文のママ。省略があったものと思われる）対A・B：

妥協・譲歩的外交方策によって、我方の開戦企図の秘匿に努め、有利な開戦態勢を整えるようにする。

5．対X：

我が国の対A・B開戦の時期が近いことを知らせて、総机演第9号の4記載の要求を提出する。

6．対D：

要求に応じて交渉を開始する。その際に遷延策を採るが、(1)、(2)、(4)（何を指しているのか不明）については、受諾する腹案を保持する。

＊被告木戸弁護人ローガン、「検察側がこれまで朗読した文書2件については、弁護側に堀場証人への反対尋問の機会が与えられなかった」として、堀場証人を法廷に再喚問するよう申し立てる。裁判長ウェッブ、「再喚問するか否かは検察側が決定する事項である」として、イングリッシュ検察官の意向を質す。J・F・イングリッシュ検察官、「再喚問の意図なし」、と申し立てる。ウェッブ裁判長、弁護側申し立てを却下する。

＊（検）法廷証PX871【第1回総力戦机上演習経過記録；第3～9期（1941～42［昭和16～17］）机上演習成果】＝検察側文書PD2228　［E：8938］［J：101 (11)］　証拠として受理される。被告小磯・大川弁護人A・W・ブルックス大尉、「当該文書は仮想現実に基づいた机上演習の成果であり、かつ被告人の中でその机上演習に参加した者が皆無である」、「証拠価値がなく関連性・重要性を欠く」と、申し立てる。裁判長ウェッブ、「弁護人は既に却下された異議を蒸し返している」、と応答する。ブルックス弁護人、「検察側に当該文書が訴追事項にいかに結びつくのかを示してもらいたい」と異議の趣旨を敷衍する。ウェッブ裁判長、「検察側がそのような義務を負う理由は見当たらない」として異議を却下する。J・F・イングリッシュ検察官、抜粋を朗読する。（A、B……X等の記号が何を意味するかについては、［E：8895］［J：101 (6)］以下の（検）法廷証PX686-A抜粋朗読部分を参照）

【PX871朗読概要】

1．機密・第1回総力戦机上演習経過記録

1-1．第3期（1941［昭和16］年8月）

本期に青国政府が執った措置は以下の通り。

I．閣議決定

(1) AがNに対して融和的申し入れを行うのを遷延させる措置を執る（英文速記録8941頁の英訳はTo take measures for delaying A's conciliatory proposal to N.であり、そのまま訳したが、和文原本書証から採録したであろう和文速記録の「Aの対N融和的申し入れに対し遷延策を採る」との記載内容とは意味合いが異なる）

(2) Dが青国新内閣に対D態度を明らかにするよう申し入れてきたのに対し、「N・D条約をDが遵守する限り、NがDを積極的に攻撃することはない」と回答する。

(3) Tと政治・軍事的提携の強化を図る。

(4) Xに対しては現状通り。

(5) Fに対して共同防衛の趣旨を強化する。

(6) Eとの関係を現状より悪化させず、経済交渉を継続する。

(7) A・B・E・Lからの輸入は途絶の恐れがあるので、その促進を図る。

(8) 郵便の開封・検査・差押などに関する臨時郵便取締令を、緊急勅令で定める。

(9) 物資動員を1.5倍に拡大・修正する。

(10) 食糧の消費規制・輸入確保・増産・配給機構について、適当の措置を採る（米1日2合1勺、食糧総合切符制など）。

(11) 行政費8億円減の改訂資金動員計画を立てる。

Ⅱ. 閣議で報告・受理された措置

(1) Aの真意・譲歩の可能性を打診するよう在A大使に訓電。（外相）

(2) 船舶・船員の増加・増強策及び船舶輸送計画。（逓相）

(3) 労働者が30万人不足することへの対応策。（厚相）

(4) 資産凍結に関する諸般の措置及び産業資金に関する措置。（蔵相）

(5) 陸上輸送対策。（鉄相）

1-2. 第4期（1941〔昭和16〕年9月）〔E: 8943〕〔J: 101 (12)〕

Ⅰ. 閣議決定

(1) XのNに対する対A即時参戦要請に対し、「同盟条約の履行について従来の方針に変更はない」旨、回答。

(2) Tにおける我が国の地歩の漸進的確立を図る。

(3) 対A・D方針は従来通り。

(4) 情勢が許す限りA・B・E・Lからの物資獲得を図る。

(5) 国内での流言飛語の取締を厳格にし、国民の時局認識を徹底させる。

(6) 特殊地帯の小規模運送対策として、小規模運送・貨物自動車を国家管理下に置く。

(7) 船舶院を設置して民需すべての船舶を国家管理下に置く。

(8) 中小商工業者を整理・改編して、民需物資減少に伴う混乱を防止すると共に、労働力を、時局に応じて必要な方面に再配置する。

(9) 株式価格公定に関する勅令を制定する。

Ⅱ. 閣議報告事項

(1) 戦時緊急事態に対処するべき宣伝通信網を確保するための措置。

(2) 機密事項漏洩に関する措置。

(3) 教育部門での思想指導網の確立、教育者の士気高揚、学生・生徒の労務動員体制整備に向

(4) 食糧対策については、イ．外米1,000万石（4982万9,000ブッシェル）輸入、ロ．総合切符制実施、ハ．食糧自給自足圏の設定。
　(5) 朝鮮米の移入実績が不良であったことに伴う措置。
　(6) 公債消化促進及びその市場価格維持方策。
　(7) 外地での中小商工業者の失業対策。
　(8) 民間航空対策。
　(9) 遠洋配船計画。
1-3．第5期（1941［昭和16］年10月）［E: 8946］［J: 101（12）］
　I．対E武力進駐を決意し、対A・B・E戦を予想しつつ直ちに全面的戦備完成に着手するべきとし、実力行使の時期は約3カ月後を希望すると付け加えた上で、速やかに統帥部との協議をすることに決する。この10月15日閣議決定についての諸対策を協議・決定。
　II．国際情勢に対応する防空緊急措置及び青国の対A参戦の場合のX1の対N協力の程度についての判断などを決定。
　III．統帥部が以前から要求していた対A・B・E戦争遂行能力に関する具体的所見についての政府回答案を審議・決定。
　IV．対A・B開戦に必要な措置を予め研究・準備するために関係各省の次官で構成される第2委員会を設置。
　V．各大臣から所管事項に関する報告。特に重要な案件は以下の通り。
　(1) 米及びその他の穀類（英文速記録8947頁は rice and other cereals としているのでこう訳したが、和文原本より採録したであろう和文速記録は、「米穀」と記載する。この語は普通、「米」のみを指す言葉として使われると思われる）減少に伴う食糧対策
　(2) 株式の市場価格低落に伴う市場対策
　(3) 地方銀行での預金処分への対策（英文速記録8948頁の Measures for the disposal of savings in local banks による。原本和文書証より採録されたであろう和文速記録は、「預金取付に対する対策」と記載する。従って前者は、「取付」の意味を正しく英訳していないと思われる。against the panicky withdrawal などという訳が適切か？）
　(4) A・B・E・Lとの貿易途絶に対する対策
　(5) 対E進出企図秘匿のための思想対策
1-4．第6期（1941［昭和16］年11月）
　I．既定の対E作戦を極力繰り上げて決行したいとの統帥部の要望には、政府も同意するので、速やかに連絡会議を開催して正式決定を希望する、と回答することを決定。
　II．連絡会議で協議すべき事項、特に(1)武力進出の時期、(2)開戦の目的・形式、(3)青国の外交方針について決定。
　III．11月中下旬の情況に鑑み、準備が完成次第、好機を捉えて対A・B先制開戦することを

決意しつつ、平和的に外交交渉を続行することを決定。
　Ⅳ．対 E 進出直後に臨時議会召集を奏請することとし、議会提出法案を決定。
（中略）
1-5．第 7 期（1941［昭和 16］年 12 月）［E: 8949］［J: 101（12）］
　Ⅰ．主要閣議決定事項
　（1）対 A・B 戦備の充実に一層の努力を払いつつ、対 E 進駐の成果を速やかに獲得するよう邁進する。（この決定を統帥部との連絡会議に諮ったところ、戦略的判断に基づき対 A 開戦に決し、上奏して裁可を得た）
　（2）A の我軍用船不法撃沈に対する厳重抗議。
　（3）A の極東での中立水域宣言に対する抗議。
　（4）在 A 邦人圧迫に対する抗議。
　（5）第三国に対する対 E 開戦に関する通知。
　（6）D との不戦密約の調印。
　（7）L 諸国の中立維持を方針とする。
　（8）対 A・B 開戦に伴う直接の処置は、第 2 委員会報告の通りとする。
　（9）食糧対策として、以下の通り決定。
　イ．米穀の消費基準は 1 日 1 合 9 勺
　ロ．外地米・外米（恐らく「外地」は日本本土以外の台湾・朝鮮などの日本領を指すのであろう）の移輸入に努める。
　（10）全国に戒厳令を施行。
　（11）開戦時の鉄道輸送対策に万全を期す。
　（12）議会対策。
　イ．総選挙の施行
　ロ．休会期間短縮
　Ⅱ．開戦時の思想戦対策など重要方策について閣議に報告あり。
1-6．第 8 期（1942［昭和 17］年 1～3 月）
　Ⅰ．T の軍事的利用について統帥部とも連絡の上、T を戦場としない限度での可能性について T に打診する。
　Ⅱ．D 船による A から D への軍需品輸送には干渉せず。L と D の間の中立船による貿易は、危険水域の設定や戦時禁制品に対する連続航海主義の適用によって、極力防止する。
（中略）
1-7．第 9 期（1942［昭和 17］年 4～10 月）
　Ⅰ．本期に閣議決定を見た事項は、概ね以下の通り。
　（1）D が A に基地を供与したことに厳重抗議すると共に、直ちに D に供与していた便宜を停止し、対 D 戦備を進める。

(2) Xからの対D開戦要求に対しては、現在行おうとしている封鎖程度で一応満足してくれるよう回答し、同時にXに対して対A通商破壊を活発に行うよう申し入れをする。
(以上、4～5月の措置)
(3) 満州移民政策は、現在の難点を克服して既定計画を遂行する。
(4) 7月の状況で対D開戦すべきかどうかについては、統帥部の軍需所要量（物資動員の2倍拡大修正）が我が国力の許すところではないとの見解が有力で、閣議で一致を得られず。
(5) 内閣強化案について審議したが、結論に至らず。
(6) A・Bに対する経済戦の攻撃的措置について蔵相から報告あり。

2. 第1回総力戦机上演習外交戦経過 1941（昭和）年8月23日付け記録
外相千葉皓（あきら）[E: 8953][J: 101 (13)]
2-1. 第3期（1941［昭和16］年8月）
8月10日御前会議決定の趣旨に基づき、本期の外交は南方進出の諸準備を主眼とし、一方ではN・X関係の現状維持、A・Dとの衝突回避を図った。この方針に従って以下を実施。
(1) 8月10日のAによるN・X同盟有名無実化提案に対しては、結局N・A両国の国策は調和不可能との見地から明確な回答を避け、不即不離の態度で専らAとの破局遷延に努力。
(2) Dに対しては通商・漁業問題などの解決を通じて友好関係の強化を試みた他、中立条約を援用してA・D間の対N提携を牽制。
(3) Tには、Nとの政治・軍事的提携について打診し、経済関係強化に努めたが、政治・軍事提携は同国の内政上難点が多いので経済提携に努力を傾注し、本期及び次期以降相当な成果を上げた。
(4) A・B・E及びL諸国からの物資取得に努めたが、次期以降各種の圧迫があり、大きな効果はなし。
(中略)
2-2. 第5期（10月）
X1がAに対して遂に開戦。AがNの船舶を抑留し、B・E・Lもこれに追随。Eとの経済交渉は暗礁に乗り上げ、15日の閣議で12月1日以降好機を捉えて対E進出をすることを決定。本期は、外交上では以下を実施。
(1) X1から再度、対A即時開戦要求があり、これには「条約履行の決意は不変で、近く対E進出を行う」旨回答する一方、Nの南進や対A開戦の場合にX1から期待できる援助について申し入れを行った。
(2) Aを挑発することを避け、船舶抑留に対する抗議に止めて報復措置は執らず。BとL諸国が行った船舶抑留に対しても同様に抗議。
(3) Eには船舶抑留と我が国物資の差押（英文速記録8955頁の seizure of our goods をそのまま訳した。原本和文書証から採録したであろう和文速記録は、「供出抑制」と記載する。英文速記録への誤訳と言うべきである）に対して警告。15日の対E進出閣議決定の後も平和的解決の望みを捨てず、政府は経済交

渉再開を決定したが、この交渉の方法について統帥部と意見を一致させることができず、在Eの我が国代表に予告したのみ。（外相は武力行使開始直前に最後通牒を提出することを提議したが、企図秘匿の立場から統帥部は同意せず）

2-3．第6期（11月）

本期初期でのAの対X宣戦布告及びAの対N態勢強化に対応して、予定を繰り上げて本月15日から対E作戦を開始することを決定。実施した措置は以下の通り。

（1）Eに我方の最小限度の経済要求を提出して交渉を開始したが、Eはこれに応じず、我方は15日に対E行動を開始。

（2）これに先立ってXに対D作戦の強化などによる側面援助を申し入れ。

（3）A・Bに対E作戦の目的を説明し、作戦への妨害があれば対応策を執る旨申し入れ。A・Bは共に対N経済断交を宣し、領事館員の引き揚げを要求し、我方に対する兵力の展開を開始。陸海外相が政府に対A・B先制開戦の決意を促すが、政府は未だその決意を固めるに至らず。

（中略）

2-4．第7期（12月）〔E: 8957〕〔J: 101（13）〕

対E作戦が順調に進行している最中、1日にAは、P近海での中立水域設定を不法に宣言して作戦を妨害し、5日には我方の軍用船を不法に撃沈。ここで政府の決意を再び促すと共に、政府の了解の下に以下を実施。

（1）Aに対して、不法措置について厳重抗議。10日に対A開戦の閣議決定をし、20日にP要地の攻略を開始。これに応じてA・Bは直ちに対N宣戦布告。

（2）A・Bの宣戦に対し、国内・第三国に対して必要な措置を実施。

（3）X1に共同で戦争目的声明を発する旨提議し、X1の同意を受けてこれを行うと共に、N・X1の間で相互単独不講和協定を締結。

（4）Eが月初めに宣戦布告したのを受けて我方も宣戦。

（5）月初めにDに不戦条約締結を申し入れ、下旬に調印。

2-5．第8期（1942〔昭和17〕年1〜3月）

（1）Tとの協力について統帥部から要望があり、連絡会議でTの意向を打診することに決定したが、その最中、2月にBがTへの侵入を開始し、これが契機となってN・T共同防衛協定が成立し、N・TはA・Bに共同で対抗すると同時にN軍はT領通過に際し便宜を供与されることとなった。

（2）DがAと連携している疑いがあるので、この動きを牽制するためにDの反省を促した。他方、Aからの物資取得に対する保障を我方から得たいとするDの申し入れについては、後述する危険水域のD船通過に便宜を供与すると回答して密約の履行に努めた。しかし、3月になってDがC・F・P・Q・T方面からの物資取得について斡旋を希望する旨申し入れてきた時には、作戦上の理由から拒絶。

（3）L船舶によるA・D間交易が拡大する兆しがあり、これに対抗するため海軍は我が国近海

<1946-10-30>

に危険水域設定を宣言し、中立国船舶の通航を事実上不可能にした。L 諸国が外交官の引き揚げを要求してきたので、我方は国交断絶でこれに応じた。

2-6. 第 9 期（1942［昭和 17］年 4〜7 月）

（1） A の我方に対する潜水艦・航空攻撃から判断して A と D が提携している疑惑が濃厚となったため、5 月頃に D 船舶危険水域通航の便宜供与を停止し、D に不戦密約違反について厳重抗議。

（2） X1 から対 D 開戦を求めてきたのに対し、対 A・B 戦を強化し、対 D 圧迫を行っている事実を挙げて、対応することとした。

（3） 7 月に A が R を利用することが確実となったので、D に対して強硬な態度を取るよう外相が政府に具申するが、政府は対策決定に至らず。外交的措置は政府の決定を待って考慮されるはずである。

＊裁判長ウェッブ、朗読している量が多いことに触れて、その必要があるかについてイングリッシュ検察官に質す。J・F・イングリッシュ検察官、「これでも当初朗読予定部分のいくつかを省いて朗読している」、と応答する。

3. 第 1 回総力戦机上演習記録（陸軍省）陸相・白井正辰　次官・岡村峻　[E: 8961] [J: 101 (14)]

3-1. 演習第 3 期（8 月）

（1） 対 A 方策

8 月 10 日の A の申し入れについて陸相は、「これに応じることなく、我が国は自主的態度で対 E 進出の準備を強力に推進する必要がある」と五省会議で強硬に主張したが、「できる限り A・L から物資を取得したい」との統帥部の要望もあって、同会議は、対 A 交渉遷延策採用を決定。

3-2. 演習第 4 期（9 月）

（1） 対外方策

国際情勢を念頭に置き、「青国は X 側に立つことを維持しつつ、南方進出の準備を引き続き促進する必要がある」との判断を閣議に提出し、これは外相の提案と概ね一致。また「X の対 B 和平攻勢の真意を知りたい」との希望意見を付した。

3-3. 演習第 5 期（10 月）

（1） 対外方策

国際情勢を念頭に置き、陸相は閣議で、「青国は対 A・B 全面戦争への準備を速やかに完成しつつ、圧力を強めて対 E 経済要求を貫徹する必要がある」と強硬に主張し、かつ「青国は既に（約 1 カ月後に予想される）対 E 進出の具体的方策を策定する時期を迎えている」と力説したが、時期を「3 カ月以後とするのが至当」との案も出て、深夜に至るも決定には至らなかった。内閣は両案を携えて連絡会議に臨み、「12 月 1 日以降、好機を捉えて対 E 武力進出を図る」ことを決定するに至った。

3-4. 演習第 6 期（11 月）[E: 8965] [J: 101 (14)]

(1) 対外方策

本期になって統帥部から、「対E武力進出以前にEが我方の要求を受諾することにはほとんど期待を持っておらず、進出時期を早めたい」との希望が出されたので、前期の保留事項である最後通牒的態度の採否と議会招集の件は解決。

3-5. 演習第7期（12月）

(1) 対外方策

現在対E戦が進捗して対A戦が既に不可避であり、かつ青国内外の情勢に鑑みれば対A即時開戦に最も有利であるのが今であることを説明し「青国は12月中旬に急襲的にAに対して開戦し、まず速やかにPを攻略する必要がある」との判断を閣議で強硬に主張したが、対A自重案も出て両論が対立。時間切れとなったので一応首相の自重論を採択して連絡会議に臨んだところ、統帥部の主張によって対A・（B）開戦を決定。

3-6. 演習第8期（1～3月）

(1) 対外方策

統帥部の要求に基づきTへの即時進駐を閣議で提議したが、Tを戦渦に巻き込むことの不利を重視する反対論が大きく、かつ統帥部の要求も喫緊の事態に迫られた上でのものではなかったことが判明し、一応Tの真意を探ることで閣議決定がなされた。

3-7. 演習第9期（4～10月）（和文速記録は《4～7月》とする）

(1) 対外方策

陸相は、Rを基地として行われていることが確実であるAによる航空・潜水艦攻撃による被害が漸増してきているとして、「青国は対A・B戦を続行すると同時に対D戦備を促進し、強硬な態度でDの密約の履行を監視する必要がある。特にD船による（Aへの？）輸入を、即時、途絶させると共に、『DがAに基地を使用させているという確証を得たならば、その基地を攻撃する』旨申し入れるべきである」と主張し、概ねその案は承認されることとなったが、申し入れに関しては、対A決戦が目前に迫っている現在、現実的に行うことができない事項を言い立てて刺激することは避けるべきであるとの決定を見た。

4. 企画院演習経過記録　［E: 8966］［J: 101（14）］

4-1. 第3期（1941［昭和16］年8月上～下旬）

(1) 前記（英文速記録8966頁above-mentionedのママ。和文速記録も「前記」とするが、両者ともに「前期」の誤りか？）演習において決定した経済戦計画を、全般にわたって再検討し、物資・資金・労働力・交通などの動員計画の再編制を行い、閣議に提出して承認された。

(2) 統帥部の要請により対A・B・E戦準備のため、前記物動計画を修正して閣議で決定し、これを政府原案として連絡会議に提出したところ、鋼材について一部修正を加えた他は原案通りに決定。

4-2. 第4期（1941［昭和16］年9月上～下旬）

(1) 現在の情勢で対A・B・E戦に突入した場合の戦争遂行能力について、統帥部から所見を

求められたので、国民の精神力・船舶・物資・資金・労働力などについて判定を行い、結果を閣議に提出して承認された。

4-3．第5期（1941［昭和16］年10月上～下旬）

（1）対A・B・E戦の気運が高まって益々戦備の強化を図る必要があるので、物資動員計画の再検討を行い、特に供給力については以下の諸点を検討。

（イ）A・B・E・Lからの輸入途絶。

（ロ）船舶徴発に伴う近海輸送力の低下。

（ハ）労働力・国内輸送力の能率低下。

（ニ）増産、回収（意味不分明。英文速記録8968頁ではcollection/of resourcesと訳されているが、recycleの意味か？）、貯金、M・C・F・Tからの対日供給。それと共に軍需・民需を期別に検討して計画の適正を期し、この結果を閣議に報告。

（2）これ以降の物動計画は四半期毎に作成することを、閣議で決定。

4-3．第5期（1941［昭和16］年10月）（続き）

銀行の取り付け問題に関し、外地の金融事情を個別に説明。青国統帥部の国家総力集中についての要望に応えて、朝鮮で徴兵制度を実施し台湾で特別志願兵制度を採用する旨の提案が承認され、朝鮮での徴兵制度施行は同年12月召集の通常議会で可決。

5．機密・演習経過記録・第1委員会　［E: 8969］［J: 101（14）］

5-1．8月8日午前9時（実暦）、第1委員会第1回打合会を開催。議題は、（1）南方諸地域処理根本方針、（2）委員会業務分担。

5-2．この会合での決定事項は以下の通り。

（1）南方諸地域処理根本方針

イ．蘭印

ジャワとスマトラを合わせて独立国とし、それが、他の地域を（日本が？）併合（英文速記録8970頁では、その独立国がどこかを併合するような記載となっている）。

ロ．マラヤ

一応（日本が？）、全地域を統一する（英文速記録8970頁は、［the whole of it shall be united into one］とする。原本和文より採録したであろう和文速記録の記載は、「全部併合する」であり、相当意味合いが異なる）こととして、なお研究する。

ハ．フィリピン

全域を包括して独立させる。

ニ．仏印

現状を強化しつつ、我が国力の浸透を図る。

ホ．タイ

独立を尊重しつつ、我が国威の浸透を図る。

6．第1回総机演で文部省が執った措置

6-1. 第3期（1941〔昭和16〕年8月中〜下旬）

大政翼賛会と協力して青国国民精神動員を行う。特に、学校・教化団体などの全国的組織を利用して国民精神の臨戦体制を強調し、勤労精神の高揚を図り、貯蓄を奨励し、旅行制限の趣旨を徹底させ、戦時新生活運動を起こし、学生・生徒の勤労奉仕を行う。（詳細は大政翼賛会の報告参照）

（中略）

6-2. 第6期の3（どのような部会の報告の一部か不明）

11月15日、対A作戦準備として船舶10万トン、油送船20万トンを徴用。

6-3. 第7期演習（対A・B開戦期：12月1〜31日）

(1) 戦備の充実続行

(5) J・F・イングリッシュ検察官、検察主張立証第Ⅹ局面「日本の全般的戦争準備」第2部「軍事上の戦争準備」の検察側立証として、「南方作戦の準備」に関する証拠を提出する。　　　（英速録8972〜9076頁／和速録101号15〜102号12頁）

＊（検）法廷証PX872【①1941（昭和16）年11月11日付陸軍省副官発兵器本部次長宛通牒陸支密4004　②1941（昭和16）年11月11日付同副官発第16、55、56師団参謀長宛通牒陸支密　③1941（昭和16）年10月15日付若松只一大本営陸軍参謀部総務部長発川原直一陸軍省副官宛通牒】＝検察側文書PD627　証拠として受理され、抜粋が朗読される。

【PX872朗読概要】

①11月7日付陸支密第3898号による準備兵器は、別表の通り各交付地で各部隊に交付するよう取り計らってもらいたい。追って費用は臨時軍事費から支弁される。

②別紙1と2の兵器を別表（朗読なし）の通り交付してもらいたい。

③仏印に出張する将校の身分秘匿に関する件通牒

「あ」号作戦（「南方作戦の秘匿名称」）に関する全般的企図秘匿のため、当分の間、仏印に出張する将官・参謀本部要員などは特別の場合の他は私服を用いるなどして身分を秘匿することに配慮するよう通牒する。

＊午後2時45分、裁判長ウェッブ、15分間の休憩を宣す。

＊午後3時、法廷、再開する。［E: 8976］［J: 101（15）］

＊J・F・イングリッシュ検察官、検察主張立証第Ⅹ局面「日本の全般的戦争準備」第2部「軍事上の戦争準備」の検察側立証として、証拠の提出・朗読を続行する。

＊被告小磯・大川弁護人ブルックス大尉、「PX872が総力戦研究所関連の文書でないことを確認したい」、「その旨を明確に説明しておくべきである」、と申し立てる。裁判長ウェッブ、PX872には出所が陸軍省である旨の証明書が添付されていることを指摘し、同時にイングリ

<1946-10-30>　　　　　　　　　　　　　　　　　2　検察主張立証段階

ッシュ検察官の朗読する証拠文書の量の多さに懸念を表明する。
＊（検）法廷証 PX873【1941（昭和16）年11月14日付け在南京第3飛行集団長発次官・次長宛電文2704；サイゴンに戦闘司令部開設のため南京出発】＝検察側文書 PD630-A　証拠として受理され、朗読される。

【PX873朗読概要】

（1）集団長は、所要の幕僚を従えて明15日早朝に南京を出発して南部仏印に至り、16日以降にサイゴンに戦闘司令部を開設する。
（2）南京には参謀長以下所要幕僚を残置して、空中部隊集中・船舶輸送の任にあたらせる。
＊（検）法廷証 PX874【波集団戦時月報（甲）第4号（1941［昭和16］年11月）】＝検察側文書 PD628　識別番号を付される（波集団は酒井隆中将指揮の第23軍のこと）。
＊（検）法廷証 PX874-A【司上抜粋；香港攻略準備】＝検察側文書 PD628-A　証拠として受理され、抜粋が朗読される。[E: 8979][J: 101（16）]

【PX874-A朗読概要】

1．目次
①軍全般の状況
②香港攻略準備
③作戦・警備
④治安状況
⑤兵要地理調査
⑥交通・通信の状況
⑦後方状況の概要
⑧新政権軍隊の状況
2．第I；軍全般の状況
軍は、鋭意香港作戦を準備すると共に、対敵封鎖を強化する。
（1）香港作戦準備は順調に進展し、12月初旬に完了する予定。
（2）広東とその周辺の要地防衛のため構築中の陣地は11月末に完成。
（3）第18師団、第21野戦重砲大隊（英文速記録8980-81頁のママ。原本和文書証より採録したであろう和文速記録は「第18師団野戦重砲兵、第21大隊」とする。第21大隊は番号から判断して独立部隊か？　それとも誤記か？）、独立工兵第4及び第15連隊、第8及び第11防疫給水部、渡河資材第10中隊（英文速記録のママ。和文速記録は、「渡河材料第十中隊」とする。この名称で正しいかどうかは不明）は、15日0時、各々の所在地で軍の隷下から離脱。

(4) 飛行第45連隊（英文速記録8981頁は［regiment］とするのでこう訳したが、和文速記録の「戦隊」が正しい）、独立飛行第10中隊主力（英和両速記録共に「中」が抜け落ちて「隊」だけとなっている）、独立飛行第18中隊の一部、飛行第44戦隊の直協1隊は、今月下旬、軍の指揮下に入った。

　(5) 海南島の今井支隊の原隊復帰に伴い、新たに松尾支隊（歩兵1個大隊基幹）を編制して、今月中旬、汕頭から同地に派遣。

　(6) 新たに万城目支隊（歩兵2個大隊基幹）を編制し、今月（英文速記録8981頁のママ。和文速記録は「来月」とするが、この部分は最初に香港作戦準備完了「予定」が出てくるだけで、他はすべて既に終了した事実が記されていることや、文末が「交代セシメタリ」と過去形になっていることに鑑みれば、和文速記録は誤りであろう）中旬、在中門地区の佐野兵団（佐野忠義中将指揮の第38師団）の部隊と、警備任務を交代させた。

　3. 第Ⅱ：香港攻略準備

　香港攻略の内示を受けてから、軍はその準備に専心し、今月末に攻略部隊の集中移動を開始。

　(1) 情報の収集

　1940（昭和15）年中頃から逐次、情報収集に努めてきたが、今年8月から情報収集の重点を香港に向け、飛行偵察・空中写真判読・現地調査など各種諜報活動を通じて香港の全貌把握に努め、攻略予定部隊にも情報収集をさせた。

　(2) 教育・訓練

　佐野兵団は1940（昭和15）年末以降、作戦・警備に任ずると共に香港攻略のための準備に着手し、特に今年8月には攻撃・築城・特殊陣地攻撃・資材の用法などに関する幹部教育を、9月には第5点（英文速記録8982頁は five positions とするのでこう訳したが、原本和文書証採録したであろう和文速記録によれば、「特火点」即ち、英訳としては fire positions《＝トーチのような陣地のこと》でなければならない。手書き原稿を見て清書する際に five と打ち違えたのか？）攻撃隊の基幹となるべき要員将校など、1,000名の野営訓練を実施。さらに、10月上旬に中間地区を除く兵団警備地域の警備を菰田支隊と交代すると同時に、部隊を集結して正規の（英文速記録8982頁は regular とするのでこう訳した。原本和文書証より採録したであろう和文速記録は、「本格的」と記載する）訓練を実施。北島支隊も英支国境付近に駐屯して以来、香港攻略のための教育・訓練に専念している。

　(3) 後方輸送路の改修

　9月下旬以降、主要後方輸送路である虎門・宝安間の自動車道路の改修を始め、10月8日に予定通り終了。

　(4) 移動開始

　今月下旬になって佐野兵団の在中門地区の部隊は、仏山に集結し、また広東に在った軍直轄部隊は逐次、隠密裏に、広三・広九両線の鉄道輸送によって、虎門、東莞、石龍地区に向かって、移動を開始（英文速記録8983頁のママ訳した。原本和文書証より採録したであろう和文速記録は、「佐野兵団の在中門地区の部隊は、虎門に集結し、仏山周辺地区に集結しつつあった佐野兵団主力と広東周辺にあった軍直轄部隊も、今月末から隠密裏に、広三・広九両線の鉄道輸送により逐次、虎門、東莞、石龍地区に向かって移動

<1946-10-30> 2 検察主張立証段階 451

を開始」としており、やや英文とは異なっている)。
　(5) このようにして軍は今月30日に、香港攻略に関する準備命令を下達し、企図の秘匿に努めながら開戦の時機が来るのを待っている。
＊(検) 法廷証PX875【1941 (昭和16) 年11月22日付け塚田 (攻) 南方軍総参謀長発木村陸軍次官宛通牒；南方総軍司令部、東京より秘密裏に台北・サイゴンへ前進】＝検察側文書PD654-A　[E: 8984] [J: 101 (16)]　証拠として受理され、朗読される。

【PX875朗読概要】

　南方軍総司令部は以下のように前進するので、通知する。本件については特に機密保持に注意してもらいたい。
　11月25日　東京出発
　11月26日　宇品で諏訪丸に乗船
　11月29日　基隆上陸
　この後、12月5日頃まで台北 (台湾軍司令部) に滞在。追って総司令部に常時配置される幕僚は約5名で、その他の職員の主力はサイゴンに置かれる。
＊(検) 法廷証PX876【1941 (昭和16) 年11月12日付け外務省文書「帝国の参戦にあたり執るべき措置に関する件」】＝検察側文書PD1412　識別番号を付される。
＊(検) 法廷証PX876-A【同上抜粋「占領地における軍政施行に関する先例」(条約局第2課)】＝検察側文書PD1412-A　証拠として受理され、抜粋が朗読される。J・F・イングリッシュ検察官、「次に提出予定の文書が占領地での具体的な方策について詳述しているので表紙と目次のみを証拠として提出する」、と申し立てる。

【PX876-A朗読概要】

　目次
　(1) 日清戦争
　(2) 日露戦争：(イ) 満州・関東州　(ロ) 樺太
　(3) 第一次世界大戦 (膠州湾)
　(4) シベリア出兵
＊(検) 法廷証PX877【1941 (昭和16) 年11月20日付け大本営政府連絡会議決定「南方占領地行政実施要領」】＝検察側文書PD1448　[E: 8987] [J: 101 (17)]　証拠として受理され、朗読される。

【PX877朗読概要】

1．第Ⅰ：方針

治安の回復、重要国防資源の迅速な獲得、作戦軍の自活確保のために、占領地では当面軍政を実施する。

2．第Ⅱ：要領

（1）軍政実施に際しては極力、現存の統治機構を利用することにして、従来の組織・民族的慣行を尊重する。

（2）作戦に支障を来たさない限り、占領軍は、重要国防資源の獲得・開発を促進するための措置を講じる。占領地で開発・取得した重要国防資源は、中央の物動計画に織り込むこととし、作戦軍の現地自活に必要な物は中央の配分計画に基づいて現地に充当することを原則とする。

（3）物資の日本への輸送には、陸海軍が極力援助し、徴用船を最大限活用することに努める。

（4）占領軍は、鉄道・船舶・港湾・航空・通信・郵便を管理する。

（5）占領軍は、貿易と為替を管理し、特に石油・ゴム・錫・タングステン・キニーネなどの特殊重要資源が敵に流出しないようにする。

（6）通貨は、できるだけ従来の現地通貨を活用・流通させるのを原則とし、止むを得ない場合に外貨標示軍票を使用する。

（7）国防資源取得と占領軍の現地自活のために止むを得ない重圧は、現地住民に忍んでもらう。宣撫上の要求は、これら目的に反しない限度に留まるものとする。

（8）米英蘭国人に対しては軍政に協力するよう指導し、これに応じない者には退去などの措置を適宜、講じる。枢軸国人の現存権益は尊重するが、権益拡張は努めて制限する。華僑は蒋政権から離反させて我方の施策に協力・同調させる。現地人には、皇軍に対する信頼・依存度を強めさせるよう指導し、独立運動を過早に誘発させないようにする。

（9）作戦開始後新たに占領地に（和文速記録にはこの部分に何もないが、英文速記録8990頁によれば、「敵地に」［into enemy land］という一節が補われて朗読された模様。これを聞いた裁判長ウェッブが、配布された英訳では「占領地」［occupied territory］となっていると指摘すると、イングリッシュ検察官は、その旨訂正して読み直す）進出しようとする邦人は、事前にその素質に基づいて厳選するが、以前現地に居住して帰国したものが再渡航する場合には優先的に考慮する。

（10）軍政実施に関連して実施すべき措置は、以下の通り。

イ．現地軍政に関する重要事項は、大本営政府連絡会議を経て決定し、その決定事項は陸海軍に実施を指示する。

ロ．資源の取得・開発に関する企画・統制は、当面企画院を中心とする中央の機関で行う。決定事項の実施については、前項に準ずる。

ハ．仏印・タイに対しては既定方針に従って施策し、軍政は施行しない。状況が激変した場合の措置は別に定める。

<1946-10-30>　　　　　　　　　　　　　　　　　　　　　　2　検察主張立証段階

　3．備考

　占領地に対する施策の進捗に伴い、軍政運営機構は逐次、政府が設置する新機構に統合・調整・移管される。

＊裁判長ウェッブ、当該文書が作成された時期について質す。被告東条弁護人清瀬博士、日付が見当たらないことを指摘する。ウェッブ裁判長、「1941（昭和16）年」との推測を述べる。被告木戸弁護人W・ローガン、「1942（昭和17）年であろう」、と申し立てる。ウェッブ裁判長、それに同意する。イングリッシュ検察官、同文書が作成されたのは南方要域が占領される前であったことを強調する。（速記録を見る限り、1941［昭和16］年11月に作成されたことは明白であるので、なぜこのような論議が起きたのか、不審である。法廷で配布された文書には表紙が欠落していたのか？）

＊（検）法廷証PX878【1941（昭和16）年11月13日付け連絡会議決定「11月5日御前会議決定帝国国策遂行要領に関連する対外措置」】＝検察側文書PD1441　[E: 8993][J: 101（17）]証拠として受理され、抜粋が朗読される。

【PX878朗読概要】

　1．対独伊：

日米交渉が決裂し、戦争が不可避と認められた場合（大体11月25日以降と想定する）には、遅滞なく独（伊）に対して、「帝国は近く準備が整い次第米英と開戦する」旨通報し、「その準備の一環である」として以下について必要な交渉を行う。

　　イ．独伊の対米戦参加
　　ロ．単独不講和
　2．対タイ：

①進駐開始直前に以下の事項を要求し、迅速にこれを承認させる。タイ側が要求に応じない場合でも進駐は予定通り行うが、日タイ間の武力衝突は局限するように努力する。

　　イ．帝国軍隊の通過と、これに伴う諸般の便宜供与
　　ロ．帝国軍隊通過の際の日タイ両国軍の衝突回避措置の即時実行
　　ハ．タイの希望によっては、共同防衛協定の締結

注：本交渉開始前のタイへの態度には従来と特別に変化がないようにし、特に開戦企図の秘匿に万全の考慮を払う。

②進駐後、以下の諸件に関して具体的に現地で取り決めを結ぶ。

　　イ．帝国軍隊の通過・駐屯に関する事項
　　ロ．軍用施設の供与・新設・増強
　　ハ．所要の交通・通信機関や工場施設などの供与
　　ニ．通過・駐屯軍隊に対する宿営・給養など
　　ホ．所要軍費の借款

備考：

タイ側との交渉に際しては、1941（昭和16）年2月1日連絡会議決定の「対仏印・タイ施策要綱」に準拠して、タイの主権・領土の尊重を確約する。なお、タイの出方によっては、将来ビルマやマレー領の一部割譲を考慮することを仄めかして交渉を有利に進める。

*被告小磯・大川弁護人A・W・ブルックス大尉、次に朗読予定の箇所に計画発動の時期が記されていることに法廷の注意を喚起し、その記述内容に疑義を呈する。J・F・イングリッシュ検察官、そのまま朗読を続行する。［E: 8998］［J: 101（18）］

注：

共同租界・北京公使館区域は、敵性武力を一掃して我方の管理下に置かれるが、友好国の権益も存在するので、接収などの形式はとらない。

3. 我方の企図を暴露しないよう、これらの措置の発動は、対米英開戦後とする。

4. 重慶に対する交戦権の発動は、特に宣言などを発することなく、対米英開戦で事実上その効果を得るものとする。

*裁判長ウェッブ、この部分は「対支那」の項目の一部であることを指摘し、イングリッシュ検察官、それを認める。

*提出済み（検）法廷証PX809【1945（昭和20）年12月1日付け占領軍総司令部発行報告書第131号「日本の戦争決意」】＝検察側文書PD1628 ［E: 8999］［J: 101（18）］ J・F・イングリッシュ検察官、未朗読部分を朗読しようとする。被告永野弁護人ブラノン、「①当該文書の作成元が連合軍翻訳通訳部（Allied Translator and Interpreter Section［ATIS］）となっており、法廷証拠を作成するに足る資格を備えている者によって作成されたか疑わしい。かつ多数の同部担当者を反対尋問に付することは困難である」、「②同文書は性質を異にする文書の集合体で、これが証拠として受理されるならば、それが前例となって類似の文書による立証を検察側が試みる可能性がある」、「③当法廷での起訴以降に作成された当文書には作成者の結論のような記述が含まれており、このような検察側の文書が証拠として受理されるならば、検察側に自らの論点を2度法廷で論述する機会を与えることになる」、「④同文書に含まれている真珠湾関連の旧日本海軍士官の証言など、当人を法廷で尋問した方が良いようなものも含まれている」と、異議を申し立てる。裁判長ウェッブ、「それら諸点によって弁護側が直面する困難には留意するも、証拠としての適格性を争う根拠にはならない」、と申し渡す。被告木戸弁護人ローガン、当文書が連合国軍最高司令部発行によるものであることを確認した上で、「そのような文書は当法廷の判決を再審理して減刑などを考慮する際の資料となり得る」、「それが検察の証拠として提出されていることは皮肉な成り行きである」と、申し立てる。裁判長ウェッブ、「証拠としての採否についての決定を翌日に下すために当該文書を検討する」、と、申し渡す。ローガン弁護人、「その際には弁護側は再び新たな申し立てをする」、と申し立てる。

*午後4時、裁判長ウェッブ、休廷を宣する。

<1946-10-31>

◆ 1946（昭和21）年10月31日　（英速録9007～9175頁／和速録第102号1～26頁）

＊午前9時30分、法廷、再開する。
＊裁判長ウェッブ、被告平沼が病気のため出廷できない旨の巣鴨プリズンからの証明書が提出されている旨を報じる。
＊被告木戸弁護人ローガン、前日論議された提出済みPX809【1945（昭和20）年12月1日付け占領軍総司令部発行報告書第131号「日本の戦争決意」】＝検察側文書PD1628の証拠としての適格性について、新たな論点を持ち出し、「同書証には日本軍捕虜の供述内容を綴った文書があり、そこには被告人が同意し得ない尋問担当官の見解・結論が提示されている」として、同文書を証拠として採用しないよう申し立てる。裁判長ウェッブ、判事団と協議の上、「同書証は証拠として採用する」、「その中の事実関係を扱った記述のみを採用し、見解・結論的部分は慮外に置く」と、裁定する。
＊J・F・イングリッシュ検察官、検察主張立証第X局面「日本の全般的戦争準備」第2部「軍事上の戦争準備」の検察側立証として、提出済みPX809の朗読を開始する。[E: 9010] [J: 102 (3)]

【提出済みPX809朗読概要】

（朗読が終了した時点でローガン弁護人が質問をして明らかになるが［速記録9070頁参照］、検察側はこの時点では当該書証中に転載・引用されている日本語文書の原文を入手しておらず、ここに記されている部隊・人名や文書の表題などは必ずしも原文記載のものではない可能性がある。訳者が独自に調査して明らかになったものについては、注でその旨記した）

1．第1部　年表「1941（昭和16）年1月～12月8日の日本の軍事上の準備」（「部」の原英文は"Section"）

1-1．序論
（これ以降、先頭の1-以下は、編訳者が便宜上付した順序数であるが、[　]内の数値は、一部に補った部分はあるものの、原則として英文速記録もしくは一部は和文速記録に表記されたママの数値を示す）

(a)　概要
日本の大東亜戦争の準備は1941（昭和16）年12月8日の実際の戦争勃発に先立って行われた。
＊被告木戸弁護人ローガン、今朗読された部分は、「先ほど下された法廷の裁定によれば、結論である」と、異議を申し立てる。裁判長ウェッブ、「結論的部分の合間に事実に関する記述が挿入されていることがあり、その場合に結論的部分を朗読するのは止むを得ない。法廷は事実関係の記述のみを裁量する」、と申し渡す。イングリッシュ検察官、朗読を続行する。
1941（昭和16）年夏・秋に行われた熱帯地区での戦闘に向けた特別訓練などの準備を証拠付ける参考資料は、未だ断片的であるが、開戦日が近づくにつれて関連資料が豊富となり、1941（昭

和16）年11月までの戦争準備の実態については、その全体像を相当程度把握できる。そのような準備の中で今日（1945［昭和20］年1月1日）までに確認されたものを示すこととする。（日付は英文速記録9011頁のママ。連合国軍が終戦前にどれだけ日本側資料にあたることができたのか若干不審であるが、以下の記述で引用されている資料から判断すると、戦地などで鹵獲・押収した資料を基にしたということになろうか？）

（b）節（原英文は"paragraph"）　資料の構成

　前述の概要の基となった証拠は、以下に全文を提示しており、日記や他の押収文書に記載された重要事項の日付順に時系列的に記述する。

　日本軍の戦争準備の段階をさらに明示するために、付録Aには10月10日から12月7日までに行われた主要な活動を日毎に記した表を入れた。

（中略）

1-2.　［6］節（原英文は"paragraph"、以下同）1941（昭和16）年10月10日

（イ）上陸作戦の準備

　1942（昭和17）年6月15日付けの第42碇泊場部隊隊長RYUTO中佐による「動員以後の一般情勢に関する記録」によれば、「動員令は1941（昭和16）年9月12日に発せられ、広島西部第2部隊からの部隊編成は9月17日までに完了。宇品を9月29日に発って大阪に到着し、そこで第40海上勤務中隊（このあたりの部隊名は英語からの直訳である）が我隊に配属。大阪を10月1日に出発し、目的地であるパラオには10日に到着して本部を設置。それから大東亜戦で行われるべき上陸作戦の準備を実施」と、記されている。

1-3.　［7］節　10月12日

（イ）マレー作戦の準備

　歩兵第41連隊兵長カシノ・ヒサゾウの兵籍簿には、以下の記入があった。

　1941（昭和16）年10月10日　寧波出発。

　同10月11日　上海上陸。

　10月12-14　上海近郊でマレー作戦の準備。

　11月22日　上海の呉淞出発。

　12月8日　タイのシンゴラに上陸。

1-4.　［8］節　11月4日

（イ）密林戦の準備

　以下は、海南島のサマからマレー攻撃に参加した歩兵第41連隊兵士の日記の一部。

　10月12日　呉淞桟橋に到着し、Kiangwau兵舎に帰着。

　10月23日　オカベ部隊、集合し、新任（第9）旅団長河村参郎少将の訓示を聞く。明日、3個大隊の一般検閲がある予定。

　11月4日　来るべき戦争に備えての密林戦訓練。

　11月13日　熱帯地域戦用の糧食・必需品（薬品・衣服など）受領。

<1946-10-31>

11月20日　海南島の海口沖合に碇泊。
12月2日　抜錨し再びサマに向けて出港。
12月15日　砲兵と戦車の支援の下、我部隊はグブン通り［Gubun Street］に一番乗り。オオモリ大尉、ニッキ中尉、タカハシ少尉が戦死。オカノ及びヤナギサワ両中尉が戦傷。

1-5.［9］節　11月10日　［E: 9014］［J: 102（4）］

以下の引用は「本書を読みさえすれば戦は勝つ」と題された小冊子からのもので、口絵の地図には南支那・仏印・タイ・ビルマ・マレー・蘭印・オーストラリア北岸の一部が描かれている。発行された時期は明らかでないが、押されてある印は「第55師団歩兵団昭和16年11月10日受領」となっている（第55師団の部隊は、1941［昭和16］年12月のグアム島攻略やビルマ作戦に参加している）。その分量と内容から判断して、発行するための準備は、その相当以前になされたことが窺われる。以下、関連箇所から引用する。

①南方の作戦地域とはいかなる場所か？
（1）英米仏蘭の白人種の侵略を受けた（invaded）東洋の宝である。
（2）1億の東洋人が30万の白人種の圧政下に置かれている。つまり、その白人達は生まれた時から何十人もの東洋人を奴隷として所有していることとなる。これは天の意思であろうか？
（3）石油・錫・ゴムなどの生産地である。軍用必需品であるゴムと錫は、東洋では南方地域で一番多く産出される。今次作戦が必要となった理由の一つは、日本がこれらの資源を正当な手段で取得するのを米英が不当に妨げたことにある。独力では我が国に抗し得ない蘭印・仏印ではあるが、米英の後押しと威嚇を背景に敵意を剥き出しにしている。日本の弱みは石油と鉄の供給を絶たれることだが、米国にとってはゴム・錫・タングステンである。米国はそれらを主に南洋・南支から得ているので、そこを押さえれば日本が石油・錫などを得られるのみならず、米国の最も痛いところを突くことになる。米国が日本の南進に反対する理由はここにある。
（4）常夏の地である。バナナやパイナップルが一年を通じて豊富に得られるが、同時にマラリア蚊が至るところに生息している。ジャワやシンガポールでは自動車道路が各地に延伸されているが、未開の地や、人跡未踏のみならず動物も足を踏み入れない密林・沼沢地域も沢山ある。

②なぜ、そしていかに戦うのか？
（1）聖旨に従って、東洋平和のために。明治維新によって日本は外敵から救われた。今は、聖旨に沿って東洋平和のために、昭和維新を通じてアジア人種を内紛と白人種による侵略（invasion）から救い、アジアをアジア人のために取り戻す必要がある。アジアの平和は、確固たる世界平和へと繋がっていくのである。日本には、ソ連の計略から満州を救い、英米の搾取から支那を解放し、タイ・安南・フィリピンの独立を援助し、南洋・インドの現地人に幸福をもたらすという大使命が与えられている。
（2）敵を粉砕するにあたって、罪なき者には情けを見せよ。しかし、この戦争が人種間戦争であることを理解し、独伊を除くヨーロッパ人には呵責なく我方の正当な要求を主張していかねばならない。

（3）敵は支那軍よりも強いか？　支那軍と比較すると、士官はヨーロッパ人で下士官の大部分は現地人であるので、軍全体をまとめ上げる精神的団結力は皆無である。航空機・戦車・大砲の数では、支那軍を遥かに上回っているが、旧式のものが多いのみならず、それらを動かすのは弱い兵士であるので、余り役には立たない。それ故、敵が最も恐れるのは夜襲である。

（4）長期戦となることを覚悟し、長引く戦いにあらゆる準備をしておく必要がある。

③戦争はどのような経過を辿るか？

（1）長い航海と上陸作戦。作戦地域はすべて台湾から千里以上離れた南洋地帯で、到着するのに1週間から10日を要する場所もある。軍艦に護衛された輸送船で大海を渡り、海岸での敵の抵抗を排除して上陸することとなる。

④船上でなすべきことは？

（1）上陸作戦で一番重要なのは秘密保持である。敵に我方の上陸地点が事前に知られることとなれば、非常に困難な状況となる。

四十七士が、主君の仇を討つためにとった秘密保持の態度を忘れてはならない。

何気なく手紙に書いたことが全軍を危殆に陥れるといった実例は多々ある。今次事変の最中、南支での上陸作戦に参加した兵士の1人が、瓶に手紙を入れて海に落としたところ、それは潮に流されて朝鮮の沿岸に流れ着いた。これがウラジオストックに漂着したとしたら、どうなったであろうか？　航空機・潜水艦が輸送船団の動きに関する手掛かりを海上で見付けることが往々にしてあるので、ゴミの処理にも注意が必要である。

⑤戦闘

スコール、霧、夜は何よりの味方。ヨーロッパ人は身だしなみを気にし、繊細で臆病であるから、雨・霧・夜襲を最も怖がる。夜はダンスの時間と考えており、戦いの時とは見なしていないので、この点を利用すべきである。支那軍と異なり、今回の敵は、ガスを使用するかもしれない。暑苦しいからと言って防毒面を脱ぎ捨てたら、大変なことになるかもしれない。

⑥特別な地域での行動

仏印とタイは日本に次ぐ米作地帯であるので、水田が至るところにあるし、沼沢地も多い。そのような場所を通過する際、兵士は雪靴を使用すること。［E: 9020］［J: 102（4）］

⑦この戦争は日本の存亡を賭けた戦いである。日本の首を真綿で絞めるように石油・鉄の対日禁輸政策を強めている米国の真意は何か？　もし、即時全面禁輸に踏み切るならば、日本は死中に活を求めて南方進出を図るかもしれず、そうなると、南方地域から米国へのゴム・錫の供給が途絶えてしまい、石油と鉄の不足に苦しむ日本よりも苦しむこととなるのを米国は恐れている。つまり、これまで米国は日本を怒らせずに弱めようとしていたのである。

日本は長く待ち過ぎた。これ以上隠忍すれば、飛行機も軍艦も自動車も動かせなくなる。支那事変開始から5年が経過し、100万以上（桁が一つ多いようであるが、英文速記録9021頁及び和文両速記録記載のママ）の同胞が、その骸を大陸にさらしている。それら同胞の命を奪った蒋介石の武器は、ほとんど米英から購入したものである。米英は共に植民地支配を恒久化するための障害として東

<1946-10-31>

洋人種間の団結を阻もうとしており、日支を戦わせようとあらゆることを試みている。そんな今、我盟邦である独伊は、ヨーロッパで米英ソを相手に生死を賭けた戦いを続けている。米国が英国を援助して実質的参戦国となっているからである。日本自身の存立と三国同盟条約の義務履行のためにも、もはや一刻たりとも隠忍すべきではない。日本は、東洋人種の代表者として、数百年にわたる侵略（原英文は"invasion"）に対して最後の痛撃を加えるという大きな使命に直面している。我無敵の海軍はその準備を完了した。（米英日の）艦隊比率は5：5：3であるが、精神力を加味すれば5：5：7となり、しかも英国海軍の半分は既にドイツによって粉砕されているのであるから、海軍にとっては今が絶好の時機である。重慶政府の命脈を保たせているのは英米であるから、この繋がりを絶たない限り支那事変の解決は有り得ないので、今度の戦争こそが聖戦の総決算である。十万余（支那事変のこれまでの戦没者数としては、前出の数字よりこちらの方が事実に近く、英文速記録9022頁は正しくover a hundred thousandと記しているが、和文速記録はまたしても「百万以上」と記す）の英霊が我らを守護している。この戦争に勝つことこそが、英霊への供養となる。

　我々を護衛してくれる海軍に感謝し、その労に戦果で以て報いなければならない。我々は東洋民族の代表として、2600年の光輝ある歴史を継承し、天皇陛下の我らへの信任・信頼に応えて、世界の歴史の流れを覆す重大かつ名誉ある使命を負わされている。将兵一同、世界が注視する中で日本男児の真価を発揮しなければならない。聖慮を実現して昭和維新を完成し、東洋に平和をもたらせるかどうかは我らの双肩にかかっている。

　1-6.［10］節　11月15日　［E: 9023］［J: 102 (5)］

　「南洋に於ける将兵に告ぐ」と題した小冊子は、この日、南海支隊司令官堀井富太郎少将の名の下に発行された。以下は同冊子の英訳で、空白部分は（日本語）原文のママである。

　この冊子は、既に配布した「勅諭集」「戦陣訓」（英文速記録9024頁にあるField Service Instructionsという英訳は、直訳であり、内容を反映した訳とはやや言い難い）「本書を読みさえすれば戦は勝つ」と共に、戦場での士気高揚のために使用すべきものである。

　南海支隊の編成・出発に際し、隷下将兵・軍属に以下のように訓示する。

　天皇陛下の命に従って、この名誉ある独立部隊を指揮して重要任務に就こうとする今、自分は深い感銘を覚え、責任が重大であることを痛感する。東亜をめぐる国際情勢はかつてないような危機に直面し、我が国の行く末は予断を許さない。皆が勅諭を肝に銘じて上官の命令に服従し、全力を尽くしていることは承知しているが、今、新たに部隊編成がなされて戦地に赴くに際し、十分な勇気を奮って以下の三大原則を遵守しなければならない。即ち、軍紀の厳守、軍人精神の強化、必勝に対する決死奮闘の信念、である。いかなる部署にある兵士であろうと、将校であろうと、軍属であろうと、忠義の精神に徹して陸海軍の共同作戦に自信を持ち、これに協力することが必要である。そして、支隊の共同戦力を発揮するために、訓練の成果を活用し、最善を尽くすべきである。各自健康に留意して、この訓示を心に留め、戦闘が開始されたならば速やかに聖戦の目的達成を期して聖慮に添うようにし、支隊の真価を益々高める決意を固めることを希望する。

［南海支隊将兵への諭告］

　来る戦争の目的は、陛下の御威光を世界に輝かせ、大東亜共栄圏建設を完遂することにある。我々の大使命は、支那事変の解決と皇威の拡大を妨害する（空白5文字）の企図を一撃で粉砕することにある。我々皇軍が誤算・油断のために聖戦の意義を失わせて皇威の尊厳を冒瀆するようなことは断じてあってはならない。将兵が皇軍の使命を肝に銘ずることは言うまでもないことで、戦争中は軍人勅諭を唱えることを怠ってはならない。この諭告は、重大な任務を有する支隊の将兵・軍属に、軍紀に関する戒訓として与えるものである。

（中略）

　この南海支隊は、1941（昭和16）年11月までに堀井富太郎少将を指揮官として編成を完了し、12月10日にグアム島を攻撃。その後、ラバウル、ニューギニアに派遣された。

（中略）

1-7．［12］節　11月18日

1-7-1．以下は、歩兵第41連隊第3大隊ヤマシタ上等兵の日記の一部である。

　思い出の多い上海を15時30分頃離れ、龍驤丸に乗船してKIATINGに向かう。旅団は機械化部隊としての能率を高めるため、機動作戦を行う態勢で展開。情勢が緊迫していることを痛感している。そして命令が遂に出て、戦力を発揮すべき時が遂に来た。A・B・D三カ国と戦争を始めようとしているのであろうか？　重大な緊張感で以て、今戦地に向かって我々が出発した事実は、日本有史以来最も喜ぶべき出来事であることを自分は実感する。11月21日、高雄の見えるところに投錨。

（中略）

1-7-2．戦闘地帯・グアム島（同じ［12］節に含まれるものであるのかは不明）

1-7-3．以下は、歩兵第44連隊所属の者によるものと思われる日記の一部である。

　11月17日：出征のための閲兵が部隊全員参加で行われる。

　11月21日：先遣隊は朝、出発。部隊長は軍旗を奉じて13時頃出発。

　11月23日：午前中、降雨。我々は雨の中を出発。19時50分に朝倉停車場を出て、5時頃坂出、到着……

　11月24日：坂出、出発。松江丸は18時10分、出港。

　11月25日：東に向かって瀬戸内海を出、東南に針路を変更。

　11月26日：我々の戦闘地帯はグアム島であろう。……朝、甲板に出る。左右・後ろに輸送船を見る。対空監視任務に就く。

　11月28日：16時50分頃、母島、到着。

　12月1日：午前中、演習。対空監視任務につく。15時頃、船が動き出す。22時、上陸演習のため起こされる。1時に再び起こされる。7時頃、母島港に帰る。

　12月4日：ASAMIYAZO（恐らく原本書証の和文原文に、「朝宮城」と読点なしで書かれていたためであろうが、英文速記録9029頁にはこう記されており、意味不明である。和文速記録編集者はこれに気が付いて、そ

<1946-10-31>   2 検察主張立証段階

の旨の訳者注を付して、「朝宮城」と記載している）に向かって万歳を唱え、母島港を離れる。9時30分、Xに向けて東南に向かう。開戦命令を受領。X上陸は10日の予定。

1-8．［18］節　11月29日　［E：9030］［J：102（6）］
1-8-1．（a）グアム島攻撃
サキガワ隊（輜重第55連隊第2中隊）は、11月22〜24日に坂出で、ちゃいな丸に乗船（サキガワとは輜重第55連隊第2中隊長の崎川歳春中尉のことであろう）。
［29日、同船上でサキガワ中尉は以下の命令を発出した］
支隊は、グアム島を攻略する。敵情は見取り図に明示の通り。
1．主力（多分南海支隊）はポート・アプラの海岸基地を占領し、一部はアガナを占領すべし。
2．主力（多分、崎川隊）はハマダ（多分、「マダ」を指す）海岸地区に上陸し、一部は富田湾地区に上陸し、支隊の上陸に随伴して補給・輸送の任を果たすべし。
3．第1小隊は富田湾に上陸して塚本支隊の上陸を援護すべし。
4．中隊本部（英文速記録9031頁でHeadquarters、和文速記録では「指揮小隊」となっているが、恐らくこういう意味であろう）と第2、第3小隊は、マダ海岸でクスノセ部隊（楠瀬正雄大佐指揮の歩兵第144連隊のことであると思われる）の上陸を援護すべし。
5．伊藤少尉（及び下士官1、兵3）は、第2波と共に上陸し、中隊主力の上陸地点を偵察すべし。
6．自分は中隊主力を率いて第3波として上陸し、以後の進撃準備をする。

1-8-2．（b）グアム島での敵との遭遇
以下は、所有者・所属部隊名不明であるが、多分南海支隊所属の者の日記の一部である。
11月18日：10時から、歩兵部隊は堀井少将の指揮の下で演習を行う。
11月24日：6時30分、丸亀出発。松江丸に15時30分乗船し、18時出港。
11月28日：16時50分、小笠原諸島母島寄港。
11月29日：連絡のため上陸。米国はこれまで偽装工作をしていた。我々は、敵を迎えるために勇気を奮い起こしてグアムに赴こうとしている。
12月3日：2時30分、洗濯のために母島上陸。日米交渉は決裂した模様。
12月4日：8時30分、宮城を遥拝し、万歳三唱。訓示あり。これまでの苦労が報われようとしているようだ。昭和の御代に生を受けてこれ以上の幸せはない。9時、船団出港。さらば、祖国に栄えあれ。
12月4日（ママ）：14時22分、南母島着。帝国は米英蘭との開戦を決定。南方軍は12月8日に攻撃を開始し、フィリピン、マラヤ、蘭印の要域を迅速に攻略する。このために、第一次日米空襲（英文速記録9033頁のfirst Japanese-American air attackをそのまま訳したが、和文速記録もこれを直訳して「第一次日米空襲」としている。推測ではあるが、米軍が鹵獲もしくは押収した文書の原文では、「第1日に対米空襲が行われる」との意味で「第1日（だいいちにち）米空襲」と途切れなく書いてあったものを、英訳した者が読み間違えたのではないかと想像する）。南海支隊は、第四艦隊と協力してグアムを攻略する。

別命ない限り上陸は12月10日。「各部隊は発出済みの堀井部隊作戦命令イ第7号に従って行動せよ」との命令が発せられた。

12月8日：11時、宣戦布告。

1-8-3.（c）タロ湾上陸

以下は、所有者・所属部隊名不明であるが、多分南海支隊所属の者の日記の一部である。

11月22日：3時27分、坂出、着。ちえりぽん丸の査閲巡視。

11月23日：17時、坂出、出港。

11月27日：小笠原諸島を視認。8時、母島、到着。

11月28日：9時、横浜丸に連絡のため赴く。

11月29日：午前中、発動機舟艇乗船の訓練。大隊はタロ湾（多分、タロフォード湾のこと）北側に上陸することが決定。

12月2日：20時から投錨地突破訓練。

12月3日：大隊将校は9時から、横浜丸で会合の予定。硝煙・ガス訓練。中隊指揮官会議でイリヤ湾に上陸することを決定。一等巡洋艦2隻が護衛のため投錨地に来たので、安心する。

12月4日：9時出港。

12月6日：サロンで日本のニュース放送を聴く。我々の任務は米国攻撃。

1-9.［19］節　12月1日

（a）砲撃計画

台湾の基隆で野戦高射砲第48大隊が決定した計画では、「大隊は空襲に対して在基隆陸軍防空部隊と協力する。すべての部隊はできるだけ港外遠方で敵機を撃墜して基隆碇泊場を防衛する……」との注意事項が、強調されていた。

1-10.［20］節　12月2日　［E: 9035］［J: 102（6）］

（a）日本の開戦決意

以下は、所有者・所属部隊不明の者の日記の一部である。

11月24日：坂出で日本郵船の大福丸に乗船。

11月26日：駆逐艦卯月、我輸送船を護衛中。

12月2日：母島で軍馬を積む。

12月4日：南海支隊司令官堀井富太郎より、「12月2日、帝国は対米英蘭開戦を決定。12月8日に最初の対米空襲を敢行し、当支隊は別命なき限りグアムに上陸する」との訓示あり。

（b）フィリピン上陸

以下は、海軍第1特別陸戦隊ヨシモト隊所属ニシムラ・ハルイチの日記の一部である。

11月7日：召集。

11月30日：宇品で霧島丸に乗船。駆逐艦36、37号の護衛の下、パラオに向かう。

12月2日：ラジオで米艦隊（5隻）出港と聴く。我々はパラオ寄港の後、フィリピンに上陸するとのこと。

12月5日：パラオ到着。

12月6日：敵潜水艦、5,000メートルの彼方に視認される（開戦前に「敵」というのも正しくない表現であるが、原文のママ）。

12月7日：日米関係、益々悪化。

12月8日：8時、宣戦布告。カツダ丸（和文速記録によれば「勝田丸」）沈没。

1-11．[21]節　12月3日

(a) 敵機を撃墜せよ

サマの飛行第77連隊作戦命令A-12号からの抜粋は、「第2飛行中隊は第70飛行場中隊と協力してサマの防空に任ずべし。敵対行動を執る飛行機は撃墜すべし……」記す。

1-12．[22]節　12月4日　[E: 9037]　[J: 102（7）]

1-12-1．以下は南海支隊所属のハマノ・ヨネキチの日記の一部である。

10月4日：西32部隊（英文速記録9037頁のWestern no. No. 32 Forceを直訳したが、何を指すのか不明。和文速記録には、11月28日分まで対応する部分がない）のゴミ中隊（中隊長の名前が「五味」だったのであろうか？　英訳ではLitter Companyとなっているので、そう推測した）で一時的に任務に就くために召集され、13時、出頭。その後、丸亀商業学校[Marugame Commercial School]で11月15日まで待機した後、丸亀中学に移る。

11月22日：13時、坂出港で乗船。夜、抜錨。

11月23日：船は大阪で投錨して待機していた模様。夜、抜錨。

11月27日：小笠原諸島の父島港、到着。

11月28日：朝、出港し、同じ日に母島に到着し、そこで待機。

12月4日：米国領のグアム島攻略のために母島出港。この日、帝国は英米仏（「仏」は「蘭」の間違いであろうが、英文速記録9037頁のママ）に12月8日開戦することを決定。

12月10日：2時、我南海支隊、上陸命令を受領。爆撃は8日に開始。

1-12-2．第77飛行連隊報告書綴りからの抜粋は、「12月4～7日　第25軍輸送船の護衛並びにタイ国占領準備」と記す。

1-12-3．以下は、ホリイ部隊（多分、南海支隊のこと）のタカモリ隊（高森八郎大尉指揮の工兵第55連隊第1中隊）所属のモリカミ・シゲオの日記の一部である。

12月3日：出港準備

12月4日：グアム島に向かう予定。グアム島は大宮島と呼称することとなっている。

12月5日：10時出港の予定。安全に航行中。

12月6日：安全に航行中。3日以内に上陸の予定。

12月8日：12時30分に対米英宣戦布告と、大本営が発表。午後、タカモリ大尉から我方によるハワイ空爆があったと聞く。フィリピン、香港に対しても爆撃が行われている。8時、タカモリ隊は宮城を遥拝。9日12時から上陸の予定。この日朝、初めて島影を望見する。

1-12-4．以下は、南海支隊の防空部隊のタカハシ小隊所属タカハシ・ヤイチの日記の一部であ

る。

11月14日：我隊は前線出動の命令を遂に受領。7月28日に我隊は長い間所属していた在朝鮮の第73連隊から分離され、第47防空大隊（英語からの直訳）として再編成され、この日9時に練兵場で送別式を挙行。出発の際、フチヤマ司令官は宮城に向けた誓詞を朗読。自分は、命を捧げ、戦死することになんの躊躇もなし。護国神社に参拝して勝利を祈願し、御神酒を頂く。万歳を三唱して解散。

（中略）

12月4日：9時、遂に（英文速記録9039頁のeventuallyという訳はいかにも不自然）島を出港（島は恐らく母島であろう）。直ちに戦闘準備に入る。海上生活18日に及んでおり、毎日同じことの繰り返し。

12月11日：1時、遂に敵と相見える。我々の使命はグアム島にあり。

1-12-5．以下は第41連隊所属の者の日記の一部である。［E: 9040］［J: 102（7）］

9月5日：第41歩兵連隊第1中隊に配属される。大隊長モリタ中佐の訓示。

11月20日：アバヤマ丸で呉淞に向かう。

11月21日：呉淞を発って南方に向かう。

11月24日：海南島最北端に到着。

12月4日：サマを出発。28隻の船団が海軍の護衛の下、シンガポールに向かう。

1-12-6．以下は、歩兵第144連隊所属マツウラ・サガヘイ上等兵の日記の一部である。

9月29日：召集令状、受領。

10月5日：入隊。

10月8日：動員完了。

11月22日：乗船。夕刻、出港し、（翌）朝大阪沖に到着。昼間は航行せず、夜出港し、27日朝まで南に航海。朝、甲板に出た折に小笠原諸島の一つである小島を視認。

11月27日：父島到着。9時に出港し、昼前に母島に着き、投錨。島には住民が余りいない。船が次々と到着し、湾は大型船でいっぱいになる。軍艦も7〜8隻ある模様。軍艦には当初、卯月、夕月、菊月などの名前が描かれていたが、消されてしまい、乗っていた輸送船の煙突にあったMIの文字も同様に消された。母島で馬を揚陸。馬は丘のあたりを犬と一緒に走り回っていた。以前島にいた者によれば、島の女は綺麗でないが、東京の言葉を話すとのこと。12月4日まで釣りをして過ごす。やがて、馬が再び船に積み込まれた。また熱いところに向かうのであろう。蚊帳と飯盒が渡された。

12月4日：今日、いよいよ目的地に向かって出発。10時頃、軍艦に護衛されて出港。それは、クロガメ（英文速記録9042頁のKUROGAMEのママ。軍艦の名前とは思えない。軍艦を比喩的に「黒がね」と形容したのを英訳者が書き間違えたものか？）であった。軍艦は皆、艦載機を搭載していて、船団が港に入った時に2機が、偵察飛行の訓練をしていたのか、飛び立っていった。護衛艦は沢山。海軍がいる限り、恐れることはない。

12月6日：明日、グアム島を攻略すると伝えられる。航海中、実包150発の配布など、すべ

<1946-10-31>

ての準備が整った。これで殺せる。重かったが、もっと持っていきたいと思った。

12月10日：2時、当船に別れを告げる。この船に乗ったのが21日（以前の記述と異なるが、原文のママ）で、20日間ここで起居したことになる。夜、明朝の上陸のために色々準備する。背嚢に3食分の食糧と実弾150発を入れる。できるだけ軽くしたつもりだが、非常に重い。暗闇の中でやっと視認可能な島の一角に上陸。敵の砲火を予期していたがまったくなく、無血上陸に成功。

1-12-7. 以下は、仏印派遣軍第106陸上任務［Land Duty］中隊イモト・グンペイの日記の一部である。［E: 9044］［J: 102（7）］

11月1日：6時、サイゴン到着。

11月27日：14時頃、サイゴン出港。

11月28～29日：航海中。

11月30日：大海丸で航海中。

12月1日：午前、海南島に無事、到着。

12月2日：引き続き海南島に碇泊。

12月3日：16時まで大海丸に留まった後、香椎丸に移乗し、その夜は同船で過ごす。

12月4日：6時、目的地に向けて出港。

12月7日：24時、無事、シンゴラに到着。

12月8日：3時、敵前上陸の準備をし、6時決行。敵を完全に奇襲できた。

1-12-8.（チ）以下は、第48野戦防空大隊作戦命令A-16で、1941（昭和16）年12月4日に基隆港碇泊中のモントリオール丸船上にて出されたものである。恐らくルソン島上陸作戦に向けた対空作戦指令であろう。

1. 大隊は別紙の計画に従って戦闘する。

2. 全部隊は敵偵察機を撃墜すべし。

3. 各隊は死角・射界を遅滞なく報告すべし。

［陸軍防空隊戦闘計画］

（1）計画：

防空隊は常時、航空機・潜水艦への射撃態勢にあること。機先を制し、艦船の防御を直接支援し、水上艦艇・航空機に協力すべし。魚雷攻撃時は、努めて航空機を撃墜すること（敵の雷撃機を撃墜せよと言うのか、あるいは水雷戦隊同士の雷撃戦の際に敵の偵察機を撃墜しろと言うのかは、定かでない）。

（2）要領：

イ．強力な防空火点を設置し、敵機をできるだけ艦船から遠くで撃墜するよう全力を尽くすべし。戦闘計画は別紙に記載。

ロ．上陸地点への空襲に備えて、碇泊地防御のために強力な火点を設置すべし。かつ、前線の作戦に協力して戦略要点確保に参加すべし。

ハ．第一波、上陸後、できるだけ速やかに以下の部隊を上陸させること。（これに続いて、「48AA」とあり、その後に少し下げて「3AA　1AA　2AA（各½）」とある。48AAはこの部隊全体のことで、その後の

続くのは所属中隊のことか？）。そして、海岸から碇泊地を防御して大隊の上陸を完了させ、戦略要点を防御すべし。位置の詳細は、上陸時に決めることとする。

　ニ．状況によっては、前線の作戦の進捗に応じて、部隊はいかなる戦略要点にも配置される。

　ホ．集合地点での防空は船団が行う。

1-13．[23] 節（「23」の見出しは表れていないが、便宜上これを付した）　12月5日　[E: 9046] [J: 102 (8)]

　(a) 以下は、第106陸上任務 [Land Duty] 中隊所属カワノ・ススムの日記の一部である。

9月23日：訓練。応召者全員の検閲。7時から面会者の兵営立ち入りが許可される。

10月6日：7時、サイゴン到着。

11月23日：輸送船トコカワ丸で出港。

11月25日：海南島のサマに到着。香椎丸に移乗。

12月5日：輸送船30隻が海軍の護衛の下に作戦地に向かう。

12月8日：タイのシンゴラに敵前上陸。

　(b) 以下は、所有者不明の日記の一部である。

11月24日：海南島の海口に到着。

11月27日：海口を出港。

11月30日：HUMENに到着。

12月2日：HUMENを出港。

12月4日：サマ港に到着。

12月5日：4時、作戦のため出港。

12月8日：1時40分、マレー半島のシンゴラに到着。

1-14．[24] 節（「24」の見出しは表れていないが、便宜上これを付した）　12月6日

以下は、所有者不明の日記の一部である。

12月6日：大福丸船上にて。グアム島に上陸・攻撃する第3小隊への「上陸地点の地形・敵状は既に伝達された通り。我中隊は大隊左翼の第一線となる。」との命令あり。

1-15．[25] 節　12月7日（「復讐の日」）

以下は、佐世保第5海軍特別陸戦隊ミヤケ・ヨシタカの日記の一部である。

11月24日：10時、パラオに向けて出港。

11月25日：20時、航路を変更して海南島のサマに直航するよう命令される。

12月4日：8時にサマ港に到着。

12月7日：カムラン湾に向けて出発。艦長が対米英蘭開戦について話をする。総員欣喜。遂に復讐の日は来た。

12月9日：カムラン湾に到着。

　2．第2部　その他の戦争準備（「部」の原英文は"Section"であるが、和文速記録は「章」とする）[E: 9048] [J: 102 (8)]

<1946-10-31>

（中略）

2-1.（b）日本側の資料のみに依拠して米国陸軍省が作成・発行した「日本の陸上作戦（作戦研究第3号）」には、日本の戦争準備に関する以下の記述がある。

来るべき戦争での各種任務を与えられた部隊・指揮官は、開戦の数カ月前に選別され、予想される戦場と地勢・気候が似ている地域に配置された。例えば、マレーに派遣される軍は、海南島や仏印で、フィリピン攻略軍は台湾で、1941（昭和16）年の晩夏から秋にかけて上陸訓練を実施し、香港進攻部隊は、広東近郊の丘陵地帯で夜襲やトーチカ攻撃のための猛訓練を受けた。

統帥部が、開戦1年前には、敵になると予想される国々の戦力・配置・防衛計画などについて十分な情報を得ていた事実を日本の関係者は隠そうともしていない。

1941（昭和16）年夏に編成された陸海軍合同の任務部隊（何を指すのか不明）は、開戦まで継続して合同訓練を実施したが、主にルソン島のビガンやリンガエン湾での上陸作戦のためで、広東から仏印にかけての支那の海岸で夏の間中、ほとんど訓練目的での上陸作戦を行っていた。……

クラ地峡とマレー半島を対象とした長年にわたる調査・諜報活動についての日本側の記録は断片的であるが、クラ地域への上陸、バンコク・シンガポール鉄道の使用や派遣軍のための物資集積に向けたタイ国政府との交渉といった、1941（昭和16）年の夏から秋にかけての戦争準備に関しては、正直に記述してある。

最初の上陸作戦に参加する部隊は、支那事変での戦闘経験豊富な将兵から選抜されて2個師団に編成された、特別に装備されたものであった。そして、全部隊が事前に海南島や仏印などといった予定戦場と気候が似た地域で訓練していたので、マレーの英軍は予想を裏切られて密林戦に習熟した敵と相対することとなった。これは、南支でフィリピン戦に向けて訓練した日本軍部隊についても同様であった。作戦開始時期が近づいたところで、外国の諜報網の目から秘匿するためにそれら部隊は海南島に集結された上で、新兵器により武装された。……支那事変の経験豊富で特別に訓練・装備された2個師団は、（マレー）半島を南下する間はほとんど作戦に参加しなかったが、ジョホール水道を渡るところで、これまで最前線で戦っていた部隊と交代した。

2-2.（c）シンガポール強襲訓練

以下は、独立工兵第15逗隊長横山与助大佐の1942（昭和17）年5月25日付けの報告の一部で、同連隊の訓練がシンガポール攻撃に向けられたものであったことを示している。

別紙戦況報告が示すように、当連隊は、1938（昭和13）年9月に工兵第4連隊から編成された。昨年12月末から部隊は、マレー・シンガポール攻略とスマトラ作戦に参加した。当初の任務は師団工兵であるA連隊と類似のものであったが、その後1年間トーチカ攻撃や渡河用の鉄舟を使った作戦に重点を置いた訓練を行い、大河をも渡河できるE連隊となった。部隊は感状を3度授与された。

2-3.（d）フィリピン戦への準備

以下は、「フィリピン上空の海鷲」と題された安達一雄報道班員のインタビュー記事で、応答しているのはフィリピン戦に参加した海軍搭乗員である。

12月8日の興奮を自分は生涯忘れないであろう。マニラに向かって隊列が進軍していくのを見て、歓喜の涙が止まらなかった。この戦闘に備えて長期間、熾烈な訓練を行い、そして今、華々しい一撃を加えたのだ。

2-4．［27］節　基地の建設　［E: 9053］［J: 102（9）］

（a）パラオ

以下は、捕獲文書である第35歩兵旅団司令部1942（昭和17）年7月1日発行「パラオの特殊性に基づく宿営・補給に関する注意」の一部である。

要点：

パラオは南洋庁の所在地。第1次世界大戦の結果、委任統治領となってから我が国はこの日が来るのを予期していた。元来、統治するに難しい地であったが、海軍は着実に当地を作戦基地とすべく準備を整えてきた。

＊午前10時45分、裁判長ウェッブ、休憩を宣す。

＊午前11時、法廷、再開する。

＊J・F・イングリッシュ検察官、検察主張立証第X局面「日本の全般的戦争準備」第2部「軍事上の戦争準備」の検察側立証として、提出済み PX809 の朗読を続行する。

3．第3部　戦前の諜報・偵察活動（「部」の原英文は"Section"であるが、和文速記録は「章」とする）

3-1．［30］節　全般　［E: 9055］［J: 102（9）］

（a）以下は、第20師団司令部が発行した1941（昭和16）年8月以降の南方情勢の変化を示す略表の一部で、日付はないが、他の証拠から見て戦前に集められた資料に基づくものであることは明らかである。日本側の内部情報に由来すると思われる部分だけを抜粋する。

9月中旬・参謀長報告：

タイ・ビルマ国境の兵力は約5万で、ビルマには義勇軍兵力2,000～3,000名がさらに加わることが可能。

10月末・参謀長報告：

マレー半島の兵力にオーストラリア軍1万名が増強された模様（8月中旬の段階でシンガポールに配置されていたオーストラリア軍は5,000名で、同月末に実数不明のオーストラリア軍兵力が輸送船でさらに同島に送られてきた）。これまで正規兵4万8,000であったのが約6万となったが、増派されたインド軍兵士の概数（未確認情報）を加えると、シンガポール外交筋が伝える7万1,000～7万5,000の範囲となるであろう。

（b）陸軍の防空部隊が発行した「防空情報第1号」と題する文書は、南洋諸島方面での連合国軍航空兵力の配置・戦力を示している。その日付は1941（昭和16）年12月6日であるが、「危機状態の現出する前に準備」との記述が見られる。

3-2．［32］節　日本側諜報機関による在フィリピン米軍兵力量推計

（a）以下は、出所不明で手書きの「開戦前の両軍の状況（1941［昭和16］年7～10月）」と題された文書の一部である。

<1946-10-31>

在フィリピン米軍守備軍の兵力は1万2,000（米兵5,500、現地兵6,500）であったが、国際情勢の変化故に、米兵5,200と現地兵6,000が増員され、本年7月までに合計2万2,000となった。フィリピン民兵［National Guard］と偵察部隊［patrol scout］は、在フィリピン全軍の指揮を執る極東米陸軍総司令官マッカーサーの指揮下にある。

3-3.［33］節　蘭印での戦前の諜報・妨害活動

（a）押収された文書の中で、ここに収録した出所不明の略図3枚は、ジャワ、スマトラ、バリ島に於ける蘭印軍の配置・兵力数を示している。日付は記されていないが、内1枚には「1935（昭和10）年から今日まで」と書かれている。「今日」は他の資料から判断して1940～1941（昭和15～16）年と思われる。

3-4.［34］節　ニューギニアでの戦前の諜報活動　［E: 9060］［J: 102（9）］

以下の英領ニューギニアに関する報告書は、1941（昭和16）年3月のトヨフク・テツオ少佐の調査に基づくもので、同少佐は後にニューギニア地域に派遣された南海支隊の参謀となって、その経験を活かすこととなった。（以下、「参謀本部の文書であり、南方総軍で再版が作成され、1942［昭和17］年10月1日に発行された」との表紙の記述の要約が続き、その後、以下のような本文の一部の内容が朗読される）

資料精査のために参考にした文書は、1940（昭和15）年9月軍令部発行「英領ニューギニアに関する軍事報告」、（軍令部？）水路部発行「ニューギニア方面航海指標」（第2巻）、海図854、857、859、878号、などである。

第1編・英領ニューギニアとソロモン群島の軍事的価値：

これらの地は、蘭印と共に太平洋上を南北に分かつ自然の防壁となっており、その北端と南端は各々我南洋委任統治領と北部オーストラリアから1,000キロぐらいに位置して、爆撃機の航続距離内にある（南洋諸島のトラックとポナペ諸島からオーストラリアの委任統治領首都であるラバウルまで約1,000キロ、オーストラリア北部のクックタウンからラバウルとポートモレスビーまでは各々約1,250キロと600キロ）。オーストラリアとは狭いトレス海峡で隔てられているのみ。それ故に、同地を確保すれば太平洋南西部の制空・制海権獲得が容易となり、対オーストラリア作戦の「飛石」を確保できることにもなる。ことに、ニューギニア南岸を確保すれば、太平洋南方・蘭印・インド洋との交通路を遮断でき、敵艦隊はオーストラリア南岸まで迂回せざるを得なくなる。このように、同地域は我方の南洋作戦、特に対オーストラリア作戦にとって重要な地域であると考えられ、同地域に艦隊・航空基地が少なからずあるのは我軍にとって幸いである。

3-5.［35］節　オーストラリアでの戦前の諜報活動

（a）（治）第16軍司令部が発行したと思われる略図には、1940（昭和15）年7月現在のオーストラリア軍の配置状況が記されている。

＊J・F・イングリッシュ検察官、配布した文書に含まれている地図を見るよう、法廷に促して、提出済みPX809の朗読を続行する。

3-6.［36］節　朝鮮での防諜対策　［E: 9063］［J: 102（10）］

1941（昭和16）年12月8日以前の情報漏洩防止策は、綿密かつ徹底したもので、同年9月付けの文書は、在朝鮮の第19師団が、軍事情報が他国に漏洩するのを防ぐために緻密な予防措置を執っていたことを示している。以下は、同師団参謀の報告に基づいて発せられた1941（昭和16）年9月30日付けの第47野戦高射砲大隊向けの防諜規則からの抜粋である。

命令を待っている間に執るべき方策（意味不明）・第1号方策：

（a）防諜や各種規則について、定期的かつ漸進的に変更指令が発せられる。敵国人を我方の諜報活動に参加させないこと。同時に、将兵（軍属を含む）が自ら、敵の各種計画・戦略を無害化もしくは粉砕すべく、積極的な意識喚起を行う。このようにして敵の眼を欺き、我方の意図を隠蔽することによって、我軍は軍事作戦を安心して遂行することができる。……

（b）第21節（原英文は"Paragraph"であるので「節」としたが、編者が付した見出しの「3-6.の［36］節」の「節」とは無関係）：

軍人の外国人との接触は公用の場合に限定すること。特に、兵営外に於いて（ことに、語学・宗教絡みで）。英米ソ連人、及び多数いると思われる反ナチ的ドイツ人に対しては、有害な行動や我方の意図の暴露を防止・予防するために特に注意すること。英米人と朝鮮人キリスト教徒との交際を監視すること。

（c）第22節：

軍人の家族、特に子供の会話に注意して、軍関係事項が知られないようにすること。地方公務員、特に学校当局と協力して学生間の流言飛語を取り締まり、これについて学生を指導すること。各家庭（英文速記録9065頁では単にeach householdとなっていてKoreanという形容詞が冠せられていない。和文速記録では「朝鮮人の」と形容詞を付しており、この記述の方が意味は通るようではある）は、関係ある隊の指揮官に雇用されているすべての朝鮮人の原籍などを報告すること。官舎に出入りする商人、ことに朝鮮人の調査・監督を厳しくすること。……

（d）第38節：

朝鮮の各地方で憲兵・公私立学校と関わる（意味不分明。英文速記録9066頁の記載はhaving dealings with）時には、防諜指導を励行すること。郵便局・報道関係機関についてもこれに準ずる。……

（e）第54節：

兵士の防諜能力を育み、防諜上機転を利かせるようにすること。兵士が朝鮮人と接触する際には特に用心させるようにする（例えば、朝鮮人が兵舎のゴミ箱の中身を調べている時など）。

4．第4部　軍事的に有意義な刊行物（「部」の原英文は"Section"であるが、和文速記録は「章」とする）［E: 9066］［J: 102（10）］

4-1．［37］節　概要

押収文書を調べてみると、開戦後の作戦に直接関連している訓練要領や命令などが、開戦の1年半前から出されているのが分かる。その多くは軍の通常の活動に由来するものとも言えるかもしれないが、多数の文書は、当時の日本軍の関心が奈辺にあったかを示しており、また、序論に公式見解を載せて危機が切迫していることを明らかにしているものもいくつかある。次に、時系

<1946-10-31>

列的にそのような刊行物を羅列する。

4-2. [38] 節　刊行物一覧表

(a) 蘭印兵要地誌。以下は、1942 (昭和 17) 年 7 月 9 日付けの歩兵第 41 連隊の秘密文書の一部である。

・1940 (昭和 15) 年 4 月 30 日付け・英領マレー兵要地誌及び全般記述
・同 11 月 1 日付け・蘭印兵要地誌
・同上・蘭印兵要地誌 (別冊)
・1941 (昭和 16) 年 8 月 30 日付け・英領ボルネオ兵要地誌及び全般記述
・同 10 月 15 日付け・英領マレーの資源

(中略)

(d) 航空要員の即席養成

1942 (昭和 17) 年に歩兵第 41 連隊秘密文書取扱担当士官が受領した陸軍省発の前年 4 月 10 日付け文書の表題は「航空要員の即席養成について」である。

(e) 日本の未来の宝庫

内閣印刷局 1941 (昭和 16) 年 4 月 30 日発行の「大東亜と太平洋」と題するカラー地図上でニューギニアの箇所に鉛筆で「日本の未来の宝庫。人口 30 万」と記されてある。

(中略)

(i) 軍用施設図・シンガポール

発行元不明の 1941 (昭和 16) 年 9 月発行の「東亜共栄圏　西部太平洋大地図」と題するカラー地図に含まれていたのは、世界地図、シンガポールの軍用施設略図、ジャワ島及びハワイ諸島の明細地図である。

(中略)

(k) 上陸作戦必携

陸軍教育総監部 1941 (昭和 16) 年 9 月 18 日発行の「上陸作戦便覧参考書」の序論には、「本書は上陸作戦参考資料提供のため、取り敢えず配布したもの」と書いてある。

(中略)

(n) 連合国軍航空機の識別

「ソ・米・英飛行機の識別」と題する印刷物は、教育総監部から 1941 (昭和 16) 年 9 月に発行されたものである。

(中略)

(p) 日・マレー語語彙集

海軍軍令部が 1941 (昭和 16) 年 10 月に発行したものである。

(q) 熱帯地方衛生便覧

海軍省医務局編集で同省教育局が 1941 (昭和 16) 年 10 月付けで発行したもの。

＊被告木戸弁護人ローガン、「当該書証に言及・引用されている文書の原文の英訳及び省略部分

を検証したい」と、原文の現在の所在場所を質す。[E: 9070][J: 102（11）] 裁判長ウェッブ、判事団と協議の上、判事全員の意見として「弁護側に原文の写真複写版を手交して検証する機会を与えるのが公平な裁判を担保するのに有用である」と、検察官に申し渡す。J・F・イングリッシュ検察官、ATIS が国際検察局調査部長に宛てた通信を引いて、「文書の原文はオーストラリアのブリスベーンとフィリピンのマニラから米国ワシントン DC に送られ、現在同地に保管されている」、「国際検察局職員の 1 人が赴いて原文を得ようとしたができなかった」、と申し立てる。ウェッブ裁判長、ATIS に原文の写真複写版送付を請求するよう検察側に申し渡す。

＊（検）法廷証 PX879【1942（昭和 17）年 2 月付け日本政府発行「週報」第 5 巻第 8 号】＝検察側文書 PD1555　識別番号を付される。J・F・イングリッシュ検察官、速記録 5102 頁記載の PX448 を引証し、「週報」が日本外事協会から政府監修の下で発行されたものである、と申し立てる。

＊（検）法廷証 PX879-A【同上抜粋；1941（昭和 16）年 12 月 16 日付け東条首相議会演説】＝検察側文書 PD1555-I　証拠として受理され、抜粋が朗読される。[E: 9073][J: 102（11）]

【PX879-A 朗読概要】

　黙々として隠忍自重し長年練武の労を重ねて今日のために準備をし、一度戦いとなれば君国に殉じるためには生還を期さない我陸海軍勇士が偉大な力を発揮したことに、満腔の感謝と崇敬の念を表す。

＊（検）法廷証 PX880【第一復員局調製「陸軍兵力概見表（1930［昭和 5］年 1 月 1 日～1944［昭和 19］年 1 月 1 日）」】＝検察側文書 PD2521　証拠として受理され、朗読される。

【PX880 朗読概要】

（日付は皆 1 月 1 日となっているので、省略）

年	師団数	旅団数	総兵力（万）
1930	17	4	25
1931	17	4	25

＊裁判長ウェッブ、顕著な変化があった時期の数値のみを読み上げるよう指示する。J・F・イングリッシュ検察官、以下の朗読の途中で、1942 年分を飛ばして読む。検察官、裁判長ウェッブに指摘されて、当該部分を一番後に読み上げる。イングリッシュ検察官、数値朗読後に、「師団数は歩兵師団、戦車師団、飛行師団、教育飛行師団の合計。旅団数は独立混成旅団、独立歩兵旅団、騎兵旅団、砲兵旅団、独立戦車旅団、海上機動旅団、樺太混成旅団の合計。総兵力は編成定員の概数」と、説明する。検察官、「概数判定の根拠となるべき資料が戦災と終戦

<1946-10-31>

直後の文書焼却のために亡失したために、この数値は第1復員局が、関係者の記憶を含む残存資料を基に1946（昭和21）年7月16日の時点でまとめ上げたものである」、と申し立てる。検察官、朗読を続行する。

1938	26	5	95
1939	35	15	113
1940	43	16	124
1941	53	24	135
1942	56	25	210
1943	68	25	240
1944	80	41	290

＊J・F・イングリッシュ検察官、検察主張立証第X局面「日本の全般的戦争準備」第2部「軍事上の戦争準備」の検察側立証の終了を宣す。

2−10−3　検察主張立証第X局面「日本の全般的戦争準備」第3部「委任統治諸島の要塞化」

（英速録9076～9159頁／和速録102号12～24頁）

（1）検察官クイリアム准将、イングリッシュ検察官に替わり、検察主張立証第X局面「日本の全般的戦争準備」第3部「委任統治諸島の要塞化」の検察側立証として、「1932（昭和7）年以降の国際連盟対日委任統治諸島の要塞化」に関する立証を開始する。

（英速録9076～9086頁／和速録102号12～13頁）

＊検察官クイリアム准将、関連する訴因として訴因第Ⅰ類型の第1～36号訴因、及起訴状附属書A第5節（ハ）項と同附属書Bの第15、18、31条を挙げる。

＊（検）法廷証PX881【PX276『日本年鑑』（1941～42［昭和16～17］）」抜粋：「日本委任統治下における南洋諸島」】＝検察側文書PD1756-H　証拠として受理され、抜粋が朗読される。

【PX881朗読概要】

地形：

日本に委任統治されている南洋諸島の数は1,400を超え、総面積2148.8平方キロメートル。マリアナ、マーシャル、カロリンの各諸島からなり、位置は東経131度10分と172度10分、北緯1度15分と20度32分の間。その東にはハワイ諸島、西にはフィリピン及びセレベス諸島、北には小笠原諸島、南にはニューギニアがある。南洋諸島中、グアム島のみは米国に属する。

マリアナ諸島は、小笠原諸島の南端近くから赤道に向かって伸び、マーシャル及びカロリン諸

島は赤道に沿って東西に伸び、Ｔの字を逆様にしたような形状をなしている。小笠原諸島から740マイル南方にはマリアナ諸島最大のサイパン島が、そこからさらに180マイル南にはカロリン諸島の主要島嶼の一つトラック島があり、トラック島は逆様となったＴ字の交差点に位置し、委任統治領の中心である。カロリン諸島は、東経148度線でパラオやヤップなどから構成される西カロリン諸島と、トラックやポナペなどからなる東カロリン諸島に分割される。島と島との間の距離が長大で、島々の領域も広大なため、交通は困難である。各諸島で固有の言語が使用されているということが、各々の島嶼群が相互に隔絶されている程度を物語っている。

＊（検）法廷証PX882【米陸軍地図係調製；日本委任統治諸島その他諸国関係地図】 検察官クイリアム准将、「法廷規則に従って翻訳・複製されていない」として、参考資料としてのみ法廷に提出する。裁判長ウェッブ、「弁護側が証拠採用に異議を唱えない」として、証拠として受理する。

＊提出済み（検）法廷証PX23【①独・連合国間1919（大正8）年6月28日締結ベルサイユ平和条約②1919（大正8）年6月28日成立国際連盟規約】 検察官クイリアム准将、引証し、抜粋を朗読する。［E: 9081］［J: 102（12）］

【提出済みPX23朗読概要】

②第22条：
　今次の戦争でこれまでの支配国の統治を離れた植民地や領土の中で現代世界の激しい生存競争状態ではまだ自立できない人々が居住する地域に対しては、それらの人々の福祉・発展を図ることが文明の神聖なる使命であること、及び、その使命遂行の保障が当規約に含まれるとの原則が適用される。
　この原則を実現するための最善の方法は、そのような人々を後見する任務を先進国の中で資源・経験・地理的位置故に最もその任に相応しくかつその任を受諾した国に対して連盟の代理の委任国として任務を遂行させることである。委任の態様は統治される人々の発展の程度、地理的要因、経済状況などによって変化させる必要がある。以前トルコの支配下にあった地域の中には暫定的に独立を承認できるような発展段階に達した地域もあるが、十分な自立段階に達するまでは受任国から行政上の助言・援助を得るものとする。受任国の選定にあたっては、当該民族の意思を考慮する必要がある。
　他の民族、取り分け中央アフリカ地域では受任国が行政の任にあたらなければならない段階にあるが、受任国は、公共の秩序や公序良俗に反しない限り良心・信教の自由を保障し、奴隷交易・武器売買・酒類取引などの弊習を禁絶し、治安維持・郷土防衛以外の目的での軍用基地の建設及び現地人の軍事訓練を禁止し、他の連盟加盟国に通商上の機会均等を保障する必要がある。
　西南アフリカ地域や南太平洋諸島の一部などは、人口が少なく、面積が狭く、文明の中心から遠隔の地にあり、受任国と隣接した地域にあるなどの理由で、受任国領の一部として受任国の法

<1946-10-31>　　　　　　　　　　　　　　　　　　　2　検察主張立証段階　475

の下に統治されるのが最善とされる。ただし、受任国は、現地住民の利益のために前記保障を与えることを要する。

　各委任について受任国は、委託地域に関する年次報告を連盟理事会に提出すること。受任国が行使できる権限・監督・行政の程度について事前に連盟加盟国間で合意がない場合は、理事会が、個別に規定する。受任国の年報を受理・審理し、委任統治に関する一切の事項について理事会に助言する役割を担う委任統治委員会を設立する。

＊提出済み（検）法廷証PX29【1922（大正11）年2月11日締約ワシントン日米条約】検察官クイリアム准将、「前記連盟規約第22条に従って日本が1922（大正11）年2月11日に南洋諸島委任統治の受任国となった」、と申し立てる。抜粋を朗読する。

【提出済みPX29朗読概要】

第1条：
連盟規約の条項に基づき、米国は赤道以北の旧ドイツ領諸島のすべてを日本が委任統治条項に従って委任統治することに同意する。

第2条：
米国は連盟加盟国ではないが、米国及び米国国民は日本の施政権下に於いて前記委任統治条項第3～5条に規定される利益を享受する。……

第4条：
警察任務や現地防衛の目的以外の現地住民の軍事教練は禁止する。また、同地域には陸海軍の基地、要塞設備は構築しないこと。

（中略）

駐米日本大使発米国国務長官宛：
当条約調印にあたり、本職は本国政府を代表して、米国国民及び米国籍船舶がこれら島嶼やその水域に寄港する際には通常の待遇を受けることを確約する。

(2) 検察官クイリアム准将、検察主張立証第X局面「日本の全般的戦争準備」第3部「委任統治諸島の要塞化」の検察側立証として、「日本委任統治下諸島住民による25件の供述録取書、もしくは証言録取書」を提出する。すべて証拠として受理され、抜粋が朗読される。　　　　　　　　　　　　（英速録9086～9140頁／和速録102号13～21頁）

（供述録取書とは供述調書とも言い、供述者以外の者が供述を記載して作成した書面。本邦現行刑事訴訟法によれば、供述者の署名又は押印がある場合に限って、一定の要件の下に証拠能力が認められる）

（証言録取書とは、法廷以外の場所において、宣誓させる権限を有する者の面前で質問に答えて為され、かつ書面化された供述）

＊被告木戸弁護人ローガン、検察官の朗読に先立って、「録取に応じた南洋諸島住民を法廷に喚問して弁護側に反対尋問の機会を与えるべきである」と、申し立てる。
＊午前12時、裁判長ウェッブ、正午の休憩を宣する。
＊午後1時30分、法廷、再開する。
＊被告岡弁護人宗宮、休憩前のローガン弁護人の申し立てを敷衍して、「供述した現地人の文化・教養レベルが低く、自らの年齢も数えられない者がおり、供述書の中には戦前と戦後の事象を混同している例が見受けられる」として、供述者を反対尋問のために法廷に召喚するよう申し立てる。クイリアム検察官、「供述書の内容の信憑性は他の証拠で以て補強される」、「供述者の証人喚問については、決定を先延ばしにするよう」申し立てる。被告木戸弁護人ローガン、「一連の宣誓供述書はそのような他の証拠によって内容の正確さが裏打ちされるという条件付きで受理されるべきである」と、申し立てる。裁判長ウェッブ、「供述書は通例の条件で証拠として受理される」、「証人喚問の是非については、他の証拠を検証した後に決定を下す」、と裁定する。
＊（検）法廷証PX883【1946（昭和21）年3月16日付けマニュエル・ブランコ証言録取書；サイパン島】＝検察側文書PD6022　証拠として受理され、抜粋が朗読される。[E: 9090] [J: 102 (13)]

【PX883朗読概要】

　自分は、1906（明治39）年10月13日にサイパン島で出生。1934〜44（昭和9〜19）年の間、南洋興発で鍛冶職人として勤務。島では1932（昭和7）年から、最重要建設工事として日本海軍の航空基地がアスリートに建設されていたが、結局未完成となった。1940（昭和15）年初頭から、アスリート飛行場周辺には対空砲・沿岸砲などが設置された。自分は当時南洋興発の貨車が、飛行機の部品、大砲、爆弾などを埠頭からアスリート基地まで運んでいるのを目にした。1938（昭和13）年にはアスリート飛行場で防空壕を掘るのを手伝った。同じ年の後半から格納庫などの施設が、樹木・草木などで偽装されていった。

＊（検）法廷証PX884【1946（昭和21）年3月16日付けワカマツ・マコト証言録取書；サイパン島】＝検察側文書PD6024　証拠として受理され、抜粋が朗読される。

【PX884朗読概要】

　自分は1907（明治40）年6月13日、九州の大分県で出生。サイパンには南洋興発の化学技師として1935（昭和10）年に初めて来島。1933（昭和8）年から建設が開始されたアスリート飛行場の側には、種々の軍事施設があった。開戦の2年前、日本軍は飛行場の周囲に、空襲に備えてコンクリート製の塹壕・防空壕を建設。1940（昭和15）年には同飛行場側の倉庫に、海軍要

<1946-10-31>

員が多量の弾薬を蓄積しているのを偶然見かけた。その倉庫群は森林地帯に建てられていて、樹木で偽装されていた。アギンガン岬とナフタン岬には沿岸砲が設置されていたし、後に南洋興発社員から聞いた話では、1941（昭和16）年12月直前になって、タナパグ港に防潜網が張られたとのことであった。

＊（検）法廷証 PX885【1946（昭和21）年3月16日付けイグナチオ・ベナベンテ証言録取書；サイパン島】＝検察側文書 PD6019　証拠として受理され、抜粋が朗読される。

【PX885朗読概要】

　自分は農業を生業とし、村の助役を勤めている。自分が記憶する限りでは、アスリート飛行場が建設されたのは1935（昭和10）年。2年後に自分がヤップ島に行く以前に無線通信所と燃料貯蔵庫が建てられており、軍用の無線通信所は現在、通信機材補給所［signal supply］があるススポの北方にもあった。当時、大規模な弾薬集積所が建設中であると聞かされたし、港の近くにも大型の燃料貯蔵庫があった。

＊（検）法廷証 PX886【1946（昭和21）年3月16日付けエリアス・B・サブラン証言録取書；サイパン島】＝検察側文書 PD6020　証拠として受理され、抜粋が朗読される。

【PX886朗読概要】

　自分は、1899（明治32）年11月8日にサイパン島で出生。タナパグ港で1931（昭和6）年から船荷の積み降ろしの監督官として働いていた。アスリート飛行場の建設は1935（昭和10）年に開始され、1939（昭和14）年にはバナデロでの建設が始まった（バナデロ［Banadero］は地名と思われる。何が建設されたのかは記されていない）。1937（昭和12）年頃、日本軍は、10インチ口径ほどの大砲複数を搬入して倉庫に格納し、1939〜40（昭和14〜15）年にそれらを据え付けていた。1939（昭和14）年からサイパン島のチャモロ族を強制労働に駆り出して、半年間、珊瑚の上に要塞を建設していた。労賃は1日2円。1931（昭和6）年（検察官、「明らかに1941年の間違いである」と説明する）初頭、日本軍は、セメントや木材、多数の飛行機を搬入し始め、同年夏には戦闘機、爆撃機と燃料が入った多量のドラム缶を運び込んだ。サイパンを要塞化するため、日本側は強制労働を用いた。1941（昭和16）年11月18日、英語を話せるチャモロ族の21〜25歳ぐらいの若者10名が徴用され、後に他の一団も、天皇と日本に仕えるという名目で連れて行かれた。最初の10名は12月6日に、他の一団は同8日に、共にグアム島に送られた。同島で砲門の設置場所を選定する作業に従事させられたが、任務終了後に解き放たれた後は、密林の中に身を隠していた。

＊（検）法廷証 PX887【1946（昭和21）年3月16日付けマジアノ・パンジェリナン証言録取書；サイパン島】＝検察側文書 PD6023　証拠として受理され、抜粋が朗読される。［E: 9094］［J:

102（14）］

【PX887 朗読概要】

　自分は、1880（明治13）年11月にグアム島に生まれ、1901（明治34）年にサイパン島に移住。1903（明治36）年から1945（昭和20）年までの間、同島第2区の区長を勤め、日本人の下では労務管理官［labor foreman］であった。日本軍は、軍事施設や要塞を現地人の目から秘匿することに気を配っていたが、自分は、1941（昭和16）年以前から日本軍がサイパン島を再武装していく兆候を目にしていた。この再武装の動きは、1935（昭和10）年頃から現在イスリー飛行場が位置する場所にアスリート飛行場を建設することから始まり、1940（昭和15）年に加速された。その時期、弾薬集積所、兵舎を始めとする軍事施設が建設されていた。

＊（検）法廷証PX888【1946（昭和21）年3月16日付けアントニオ・アンガイレン証言録取書；サイパン島】＝検察側文書PD6025　証拠として受理され、抜粋が朗読される。

【PX888 朗読概要】

　自分は、1889（明治22）年11月24日にサイパン島で出生。ドイツ統治下にあった1912（明治45）年にカロリナン地区の区長に選ばれ、日本軍の統治下にあってもその地位に留まるよう言われ、現在に至っている。1935（昭和10）年にタナパグの海軍航空基地建設が始まり、2年後にはアスリート（イスリー）飛行場が建設された。1940（昭和15）年には、砲台が設置された。（この後、和文速記録では強制労働とそれに払われた低賃金についての記述が読まれたことになっているが、なぜか英文速記録9096頁の対応部分にはそれは見当たらない）

＊（検）法廷証PX889【1946（昭和21）年3月16日付けジュアン・M・アダ証言録取書；サイパン島】＝検察側文書PD6026　証拠として受理され、抜粋が朗読される。

【PX889 朗読概要】

　自分は、1886（明治19）年10月24日にグアム島に生まれ、1890（明治23）年にサイパンに移住。1937（昭和12）年にガラパン村の村長になったが、村政の運営に際しては日本側の命令に従わねばならなかった。その2年前、日本軍は、タナパグ村の農地を買い上げると、即座に海軍航空基地の建設を開始した。

＊（検）法廷証PX890【1946（昭和21）年3月16日付けコンツェプチオン・ブランコ証言録取書；サイパン島】＝検察側文書PD6021　証拠として受理され、抜粋が朗読される。

<1946-10-31>

【PX890 朗読概要】

　自分は、1918（大正7）年12月13日サイパン生まれの27歳。タナパグ港の海軍建設部隊の事務員・電話交換手として、1938～44（昭和13～19）年の間、勤務していた関係で、開戦以前の日本の軍事・要塞施設の建設状況を目にしている。1937（昭和12）年に地下燃料貯蔵庫6基が作られ、水上機基地にも燃料貯蔵設備があった。陸海軍将兵3,000名を収容可能な兵舎5棟の建設は、1938（昭和13）年に始まり、同年には2カ所で無線通信所が建てられた。信号所［signal station］はカスガ部隊管理のものがガラパンに五つあり、シバタ部隊管理のものがガラパン、ナフテン、アグランハン、タナパグとマガシャン湾にあった。いずれも海軍少将の指揮下にあった。

＊（検）法廷証PX891【1946（昭和21）年3月15日付けウィンツェンテ・デ・レオン・ゲレロ証言録取書；サイパン島】＝検察側文書PD6017　［E: 9098］［J: 102 (15)］　証拠として受理され、抜粋が朗読される。

【PX891 朗読概要】

（この供述書に特に顕著であるが、使用されている英語に文法・構文上の誤りが多い。例えば、過去形にsendedやchoosedなどと書かれている箇所がある。供述者が話した「ピジョン・イングリッシュ」のようなものをそのまま書き留めたためらしく、この供述書を朗読した後で検察官がその旨法廷に説明している。速記録9101頁参照）

　自分は、1898（明治31）年10月9日サイパン島ガラパンにて出生。7歳から16歳まで公立ドイツ学校に通学し、1913〔大正2〕年4月に卒業。同年12月にヤップ島に送られ、ドイツ・オランダ会社の技手として勤務。

　1915（大正4）年2月にサイパンに戻されて、25歳で結婚するまで父の農場の手伝いをした。結婚後も農業を生業としていたが、1937（昭和17）年にチャモラン行政府［Chamorran Administration］から、現地人労務者30人の監督官［foreman］としてタナパグの地下燃料貯蔵庫で3カ月間働くよう命ぜられた。貯蔵庫は合計6基（大型4基と小型2基）あり、大型のものは周囲が1,800フィート程あった。行政府から言われたのは、戦争が近づいているので施設の完成は急がねばならず、完成した暁にはそれら貯蔵庫は島に寄港する艦船用の燃料で満たされるとのこと。そしてこのことは内密にしておかねばならず、口外した者は罰せられるとも言われた。貯蔵庫の深さは50フィートで、鉄板が打ち付けられた周囲のコンクリート壁の厚さは3フィートあり、天蓋も同様な構造であった。貯蔵庫の内部には天蓋を支える鉄柱が組まれ、貯蔵庫相互が多数のパイプで結ばれている他、港の埠頭まで伸びている太いパイプも設けられていた。そして、施設全体は草木で偽装されていた。場所は、現在のホット・プラント3号とパイプ・プラントとの間であった。1939（昭和14）年初頭、チャモラン行政府は、海南島（マーカス島）に海軍航空基地を建設するための3カ月間の作業に従事する労務者を徴用するようにとの指示を受け、翌年初めにも同様な命を受けて、労務者を派遣した。その際の労賃は1日1円50銭であった。

サイパンには、1939（昭和14）年に砲座（ガラパンの海軍司令部の背後の高射砲、ランハン、ナフタン岬、アギンガン岬、ミルチョット岬の沿岸砲）が据えられ、タラパグ港沖合の島にも同様の措置が施された。そのどれにも海軍シバタ部隊の兵員が配された。

＊（検）法廷証PX892【1946（昭和21）年3月16日付けフランシスコ・デ・ボルジェ証言録取書；サイパン島】＝検察側文書PD6027　証拠として受理され、抜粋が朗読される。

【PX892朗読概要】

　自分は、1887（明治20）年4月3日グアムに生まれ、1899（明治32）年にサイパンに移住。その後、パラオ諸島のアンガウル島に行って、1946（昭和21）年2月にサイパンに戻った。サイパンでは燐鉱採掘会社で800人の労務者の監督官として、最初はドイツ人の、後には日本人の下で働いていた。同島で飛行場が建設されていたことは、1939（昭和14）年にアンガウルにいた時に知った。

＊（検）法廷証PX893【1946（昭和21）年3月15日付けホゼ・S・パンゲリナン証言録取書；サイパン島】＝検察側文書PD6018　［E: 9102］［J: 102（15）］　証拠として受理され、抜粋が朗読される。

【PX893朗読概要】

　自分は、1904（明治37）年3月27日にサイパン島にて出生。同島を日本がドイツから接収した1914（大正3）年の10月に、当時10歳だった自分は日本学校に入り、同時に日本軍軍政本部の伝令係の仕事を与えられた。1916（大正5）年、自分は新たに日本語とチャモロ語との通訳の仕事に就かされた。1919（大正8）年にその仕事を辞すると、日本の学校に行って音楽と経営を勉強したが、1923（昭和12）年に関東大震災で東京が壊滅状態となったためにサイパンに戻った。島に戻ったが職が見付からず、父の農場で働いていた。1926（大正15）年にグアムに渡り、そこでの居住権を、同島の総督から得ようとしたが果たせず、3カ月滞在しただけで、同島で出逢った女性と結婚してサイパンに戻った。その後、沖縄出身者10名を小作人として雇用してサイパンで50エーカーの砂糖黍農園を経営していたが、1934（昭和9）年に日本政府が、「現地人は何人たりとも日本人を小作人として使用することはできない」との理由で、農園を没収した。

　翌1935（昭和10）年、自分は、ポナペに行って現地人を雇用してコプラを扱う商売や海運業を始めたが、日本側は、今度は、施設建設用物資を本土（ポナペ？）より周辺の小島に運ぶためにという名目で、使っていたモーターボートとサンパンを没収した。1940（昭和15）年初頭にサイパンに再び戻った自分は、海軍の倉庫から水上機基地まで物資を牛車で運ぶ仕事を得た。

　海軍と直接契約をしていたのではなく、海軍の請負業者と契約しての仕事であった。朝6時から午後5時までで、休憩は朝と夕方に30分と昼食時に1時間半、1日3食ついて、労賃は1日5

<1946-10-31>　　　　　　　　　　　　　　　　　　　　　　2　検察主張立証段階

円であった。その仕事は5月から9月までしたが、その間に自分の目で見たのは、格納庫2棟、大量の食糧・木材・釘・各種の針金や建築資材が積まれた倉庫、大型や小型の飛行機などの他、各種の爆薬・弾薬・爆弾を収納したコンクリート製の地上シェルター、飛行機用の修理工場2～3棟、350名から500名収容可能な大型兵舎8～10棟、などであった。この時期、自分は海軍の年少の被用者［Navy Boys］達と親しくなっていたが、それらが軍事目的であることを彼らは隠そうともしなかった。

　他に自分の目に常に入っていたのは、4発の大型水上機が15機から25機ぐらいと戦闘機や偵察機の数機。そこでの仕事が打ち切られた後、自分はガラパンの第2区長であった父の手伝いをして、アスリート飛行場や、タナパグ、チャラン・カノア、テニアンでの船荷の積み上げ・積み降ろし作業に労務者を派遣する業務を行っていた。

＊（検）法廷証 PX894【1946（昭和21）年2月25日付けアルフレッド・ミロ証言録取書；カロリン群島ムーン】＝検察側文書 PD6013　証拠として受理される（後に裁判長ウェッブが自身の見解として、問答形式で綴られている文書は「宣誓供述書」ではなく「証言録取書」と呼ぶべきであるとしているので、ここでもそれに従う。速記録9139～40頁参照）。被告永野弁護人ブラノン、「供述者の姓が表紙ではMiloとなっているが、署名ではMailoとなっている」、と申し立てる。検察官クイリアム准将、「原文の中でMiloのMの後にaが挿入されている箇所があることから、Mailoの方が正しいと判断する」、と申し立てる（PX894の朗読内容は、英文速記録では9105～9111頁に記されているが、このブラノン弁護人の質問はその間の9109～10頁に記載されている。和文速記録の記述と文脈から判断して、9109～10頁は本来先に来るべきもので、英文速記録では何かの手違いで後に置かれたものと思われる）。抜粋が朗読される。［E: 9105・9111］［J: 102（16）］

【PX894朗読概要】

1. 人定質問等への返答：

自分はムーン［Moon］島の助役［assistant chief］で、同島を含むトラック環礁での居住歴は45年間。

2. 「1941（昭和16）年12月以前に日本が建設した同島の要塞・軍事施設について述べよ」との問いに答えて：

1938（昭和13）年の後半に、島の東端に灯台を建設し始めたが、それに先立って、近くにドックが作られ、さらに灯台とドックを結ぶ道路が作られることになった。これらの工事が完了するまで約1年を要した。それが終わると、今度は洞窟と砲座及び探照灯の台座の工事が開始され、9～10インチ口径の大砲6基の砲座を始め、すべてが灯台の近くに設置された。さらに、1939（昭和14）年11月には日本軍は、ウイティビウム山にコンクリート製のレーダー監視所、5～6インチ口径の大砲と小口径の対空砲2門用の砲台二つ、及び探照灯の台座二つを建設し、山中には弾薬集積用の洞窟を二つ掘った。これらの工事が翌年完了してから同地域は立ち入り禁止となっ

たため、その後、いかなる工事が行われたかは不明。島の東側では1939（昭和14）年にコンクリート製の無線通信所が建てられ、翌年、島の北西端及び南西端で飛行場の建設が始まり、いずれも開戦後に完成した。北西部の飛行場の側では、1940（昭和15）年に砲座が作られて8～9インチの砲が据え付けられ、探照灯も設置された。

3．その余の問答

問
1941（昭和16）年12月以前に飛行場に沿って擁壁が作られたか？

答
南西部の飛行場に一つ作られた。

問
ムーン島沿岸のトーチカが構築されたのはいつか？

答
1941（昭和16）年12月以降。

問
ウイティビウム山には、証言で触れた施設・兵器の他に大口径砲、機関銃、測距儀、洞窟に置かれた低射角［flat trajectory］砲、対空砲が沢山あったが、いつ設置されたものか？

答
1941（昭和16）年12月以降であったと思われる。そこで最初の工事が行われた1939～40（昭和14～15）年以降、同地は立ち入り禁止となっていた。

問
島の南端の飛行場の背後にも対空砲、洞窟砲、機銃があったが、置かれたのはいつか？

答
1941（昭和16）年12月以降。（この後、同島の兵舎についても同じ質問がされ、同じ返答がなされる）

問
開戦前、同島に配置されていた日本軍兵力はどのぐらいであったか？

答
開戦前既に相当数の兵員がいて、兵舎が建てられていたが、ほとんどの兵舎は1941（昭和16）年12月以降に新設された。

問
ムーン島以外に建てられた施設について、知っている範囲で話して欲しい。

答
モル［Mor］島では1940（昭和15）年に、コンクリートで補強されたドックと3インチ口径と思われる砲を据え付けるための砲座2基、及び探照灯施設が建設され、同島とムーン島とを繋ぐ電話線も設置された。地形が平坦なモル島には監視塔も一つ建てられた。

<1946-10-31>　　　　　　　　　　　　　　　　　　　2　検察主張立証段階

問
　他に軍用施設が設けられた島は？
答
　ピセミュー［Pisemeu］島で同じ年に、モル島と同様な工事が行われた。
＊（検）法廷証 PX895【1946（昭和 21）年 2 月 26 日付けヨセブ・ユーベラウ証言録取書；パラオ島】＝検察側文書 PD6001　［E: 9111］［J: 102（17）］　証拠として受理され、抜粋が朗読される。

【PX895 朗読概要】

　1.　人定質問などへの返答：
　1908（明治 41）年パラオ諸島のコロール島ヌゲルベチェド［Ngerbeched］生まれであるが、正確な日付は不明。現在は同島のヌゲルフミド［Ngerfmid］に居住し、同島軍政府の警察署長である。
　2.　開戦前のコロール島における日本の軍事施設に関する質問に対する返答：
　1939（昭和 14）年に日本軍が、バベルスアップ［Babelthuap］のヌゲレムレングイ［Ngeremlengui］に現地住民を徴用して砲台を建設するのを見たが、完成された後の状態は、同地が立ち入り禁止となったために見ていない。それが砲台であることを知ったのは、船が近くの港に大砲を運んできたのを見たからである。開戦以前に行われた軍用施設建設工事について知っているのはこれだけである。
　ウルイサップル［Uruithappl］のヌグレムデュー［Ngremdiu］に於いても、現地住民を徴用して 1941（昭和 16）年 2 月から砲台が建設された。（尋問官、この証言を得た後、この発言が、これに先立って証人が「開戦前に行われた日本軍の軍用施設について知っているのはヌゲレムレングイでの工事についてだけ」と述べたことと矛盾する、と質す。証人、「そう答えた時には質問の趣旨が良く理解できていなかった」と説明する）自分は、その建設現場で働いていた。自分に働くよう命じたのは南洋庁の下部組織であるパラオ政府の命によるもので、期間は 1941（昭和 16）年 2～7 月。自分は海軍の軍属が大砲を実際に据え付けるのを手伝うところを見たし、大砲を動かしている最中にその上に座っていたこともある。
＊（検）法廷証 PX896【日付不明アウクスト・リウムド証言録取書；パラオ島】＝検察側文書
　PD6002　証拠として受理され、抜粋が朗読される。

【PX896 朗読概要】

　1.　人定質問などへの返答：
　1913（大正 2）年 3 月 24 日、バベルスアップ島のメレケイオクで出生。現在はコロール島の

ヌゲレミド村に居住し、職業は同島軍政府所属の警察官。
　2. 開戦前のバベルスアップ島における日本の軍事施設に関する質問に対する返答：
　1939（昭和14）年に、オイグル［Oigul］村で砲台が構築されたが、自分はその作業に徴用された現地人労務者を監督する任にあたっていた。現地人の徴用は、日本海軍の伊藤中将（伊藤整一のことか？　しかし、当時伊藤は、海軍省人事局長で階級は少将であった）の書面による命令に従って行われ、書面には、工事の完成期日が記され、出頭しない者は罰せられる旨の記述もあった。
　村長に渡されたその命令書は自分も見たが、後に海軍側が回収した。伊藤中将は、同年に島を後にしている。自分が監督したのは現地人労務者が建設現場に箱を運ぶ作業だけで、箱の中身が何であったかは不明。砲台の建設を実際に受け持っていたのは海軍の軍属で、完成された砲台は見たが、砲が据え付けられる現場は見ていない。
　1944（昭和19）年3月に、砲が設置されたその砲台を目にした。
　これ以外では、1936（昭和11）年1～3月の間ペリリュー島の飛行場で、石運びとダイナマイト用の穴を掘る作業をした。南洋庁のカジシマという職員からの書面による命令に従ったもので、命令書には出頭期日と従わない場合の罰則が記されていた。その命令書は出頭した際に返却したので今は持っていない。当時飛行場は未だ完成していなかったので飛行機は配備されておらず、砲台や要塞施設などもなかった。これ以外にも軍事施設が建設されたという話は耳にしているが、自分が実際に建設に関わったのはここで話した事例だけである。
＊（検）法廷証 PX897【1946（昭和21）年2月23日付けモセス［Moses＝（旧約聖書の）モーセ］・イチロウ証言録取書；トラック島】＝検察側文書 PD6012　［E: 9121］［J: 102（18）］　証拠として受理され、抜粋が朗読される。

【PX897朗読概要】

　1. 人定質問などへの返答：
　自分は現在、トラック環礁のウマン［Uman］島の助役で、同島での居住歴は45年。
　2. 開戦前のウマン島における日本の軍事施設に関する質問に対する返答：
　日本海軍は1939（昭和14）年に、ウマン島の南部で道路や要塞施設の建設を開始。建設されたのは兵舎、探照灯、砲台（後に大口径砲2門と小口径砲4門を開戦前に設置）、及び弾薬貯蔵用にコンクリートで補強した洞窟一つなど。洞窟は奥行き24フィート、幅12フィート、高さ9フィートで、そこに貯蔵されていたのはほとんど弾薬類であったのを自分は目で確かめた。探照灯は台座の上に建てられ、キャンバスで偽装されており、側には測距儀があった。開戦前に砲台の大口径砲が試射されたことがあった。砲台を含む建造物の土台はコンクリートで、建物の上部構造物は木材で作られた。翌年の12月までに、ウマン島から南に8マイルの地点に位置するオットー島に埠頭、家屋、探照灯、口径2～3インチの砲2門、機関銃数丁と弾薬を貯蔵するための倉庫が置かれ、さらにその翌1941（昭和16）年の12月までに、ウマン島東方8マイルにある

<1946-10-31>

サラト［Salat］島に埠頭、家屋、探照灯、口径3インチぐらいの砲2門と無線通信所が設置され、弾薬集積用の倉庫も置かれた。

3. その余の問答（以下、一問一答の形で要約する）

問

オットー島及びサラト島での建設工事は、すべて戦前に行われたのか？

答

その通り。

問

1939～41（昭和14～16）年の開戦に至るまで、日本側が対米戦について話したことはあったか？

答

あった。「対米戦を開始する前に要塞と軍事施設を完成させる」と言っていた。

問

オットー、サラト両島での建設作業に労務者供出を強要されたか？

答

された。両島各々に30人を派遣するよう命じられ、オットー島では5カ月、サラト島では半年間働かされ、1人あたりの1日の労賃は80銭であった。

＊（検）法廷証PX898【1946（昭和21）年2月23日付けソーナ・モヌキット証言録取書；トラック島】＝検察側文書PD6014　［E: 9125］［J: 102（19）］　証拠として受理され、抜粋が朗読される。

【PX898朗読概要】

1. 人定質問などへの返答：

現在、トラック環礁のトール［Tol］島在住で、同島での在住歴は48年。

2. 開戦前のトール島における日本の軍事施設に関する質問に対する返答：

自分が知る限りでは、1939（昭和14）年に島の南部で、港から山頂までの道路が建設され、頂上の周囲には砲台三つとその各々に、口径8インチほどと思しき大砲が1門ずつ設置され、探照灯も据え付けられた。山の中腹にはコンクリートで補強された弾薬貯蔵用の洞窟が掘られ、兵舎も2棟建てられた。翌年には、島の北部にコンクリートの埠頭が作られ、そこと山頂（別の山か？）とを結ぶ道路が建設された。山頂とその近辺には、兵舎1棟と倉庫2棟と探照灯が設けられ、砲台が二つ建設されると、口径4～5インチの砲が設置され、さらに無線通信所が建てられた。

＊（検）法廷証PX899【1946（昭和21）年2月25日付けアター・エラ証言録取書；トラック島】
　＝検察側文書PD6015　証拠として受理され、抜粋が朗読される。

2—10—3　検察主張立証第Ⅹ局面「日本の全般的戦争準備」第３部「委任統治諸島の要塞化」

【PX899 朗読概要】

1．人定質問などへの返答：
トラック環礁フェファン島の長で、同島での居住歴は49年。

2．開戦前のフェファン島における日本の軍事施設に関する質問に対する返答：
日本軍は1940（昭和15）年に、島の東側にあるドックと山頂を結ぶ道路を建設した他、砲台二つを作って、各々に口径約５インチの砲を据え、探照灯と小型の発電所、兵舎１棟と倉庫２棟を建てた。建設工事の責任者の１人は海軍のイマイという士官であった。

＊（検）法廷証 PX900【1946（昭和21）年２月25日付けミチュオ・ナチュオ証言録取書；トラック島】＝検察側文書 PD6016　［E: 9129］［J: 102（19）］　証拠として受理され、抜粋が朗読される。

【PX900 朗読概要】

1．人定質問などへの返答：
トラック環礁のダブロン島在住で、同島の長。同島での居住歴は25年。

2．開戦前のダブロン島における日本の軍事施設に関する質問に対する返答：
1941（昭和16）年の半ば頃に、島の東部の山頂に兵舎と倉庫が２棟ずつ、レーダー探知施設が１棟、建設され、さらにコンクリートの砲台が構築されて、そこに口径６インチと思しき大砲が３門設置され、これに加えて探照灯も設けられた。島の南側には燃料集積所が作られ、その側には大きな洞窟が掘られてコンクリートで補強され、そこには弾薬などが貯蔵された。それら以外に同島で戦前に作られた軍事関連施設は、監視塔と無線通信所。ダブロン島以外の島については、自分の知る限りでは、イートン島に、1937（昭和12）年、飛行場が建設された他、探照灯、砲台と口径５インチぐらいの砲１門、機関銃複数、レーダー探知施設が設けられ、さらに洞窟が三つ掘られてコンクリートで補強され、弾薬などの物資が貯蔵されていた。

＊（検）法廷証 PX901【1946（昭和21）年３月14日付けフェルディナンド・Z・エミズ証言録取書；マーシャル諸島】＝検察側文書 PD6030　証拠として受理され、抜粋が朗読される。

【PX901 朗読概要】

1．自分はマーシャル諸島のウォッジェ［Wotje］環礁に居住するもので、現在はメジュロ［Majure］環礁の第3234海軍基地で通訳として勤務。1938（昭和13）年まで日本の学校に籍を置いていたが、同年ヤルート［Jaluit］環礁に帰り、８月にウォッジェに赴いて、そこで島々の測量をする技師の助手になった。

2．日本軍は1939（昭和14）年６月から、ウォッジェで飛行場の建設を開始。日本人労務者

<1946-10-31>　　　　　　　　　　　　　　　　　　　2　検察主張立証段階　487

50人ほどがその作業に従事していたが、それに加えて日本から囚人を連れてきて作業員として働かせるために刑務所を建設することとなり、その建設作業のために現地人300人が徴用されることとなった。現地人労務者には、1日1円の労賃が与えられ、刑務所は同年10月に完成。直ちに囚人が日本から送られてきて飛行場建設作業に使役された。その時点で、徴用された現地人は、男子10名と女子5名を除いてウォッジェのオルニー［Orney］島に戻された。11月になると、飛行場建設に使用するためウォッジェ島の木々が伐採され、同じ頃には、連れてこられた日本人の囚人2,000名余りは、本国に戻され、代わりに朝鮮人労務者1,000名ぐらいと日本人労務者2,000人ぐらいがウォッジェにやって来て、建設作業を続行した。同時に、現地人も各島の長を通じて再び徴用された。また、飛行場建設のためにセメント、アスファルトなどの建築資材が大量に運び込まれてきたのを目にした。

＊（検）法廷証PX902【（日付不明）アビサ証言録取書；マーシャル諸島】＝検察側文書PD6032［E: 9133］［J: 102（20）］　証拠として受理され、抜粋が朗読される。（これ以降、供述者の苗字か名前か定かでないが、一つしか記されていない供述書が続く）

【PX902朗読概要】

1. 自分はマーシャル諸島中のヤルート環礁所在のイメジ島に居住し、現在は第3234海軍航空基地の現地人労務隊の一員として勤務。
2. 1938（昭和13）年に日本軍は、現地人を雇って同島の飛行場建設予定地の樹木を伐採。現地人の作業班は二つに分かれ（伐採班とは別に組織されていたものか、それとも伐採班が後に別な仕事に就かされた際に分けられたのか、不明）、砲台作りと埠頭での作業を、交替で行った。海軍が現地人労務者に払った労賃は、1日1円50銭であったが、その場合食事は労務者側の自弁となっていた。反面、海軍と契約して物資・労働力の供給にあたっていた会社に雇われた場合は労賃が1円20銭であったが、その場合は海軍が食事を支給していた。

＊（検）法廷証PX903【1946（昭和21）年3月16日付けラーネン証言録取書；マーシャル諸島】＝検察側文書PD6031　証拠として受理され、抜粋が朗読される。

【PX903朗読概要】

1. 自分は、マーシャル諸島中のマロエラップ［Maloelap］環礁に居住し、現在は第3234海軍航空基地の現地人労務隊の一員として勤務。
2. 1939（昭和14）年当時も自分はマロエラップに住んでいたが、その年、日本人300人余りが、士官4名と共にやってくると、現地人50人を使役して飛行場建設用地の樹木を伐採した。後に、日本からさらに労務者500人が連れてこられ、現地人も80人が追加徴用された。徴用された現地人は1日85銭の労賃で朝6時から夕方5時まで、樹木の伐採やコンクリート作りや、海岸か

ら飛行場までの砂運びなどをさせられた。現地人の仕事振りが気に入らないと日本人は、殴打した。労務者が手足の骨折などの外傷を負った際は病院に収容されたが、目に見えない内部傷害の場合には診てもらえなかった。飛行場は1941（昭和16）年に完成したが、兵舎などの建造物はその時点では仕上がっていなかった。

＊（検）法廷証PX904【1946（昭和21）年3月15日付けアジドリク証言録取書：マーシャル諸島】＝検察側文書PD6029　証拠として受理され、抜粋が朗読される。

【PX904朗読概要】

1．自分はマーシャル諸島中のメジュロ環礁所在のローラ［Laura］島に居住し、現在は第3234海軍航空基地で通訳として勤務。

2．1940（昭和15）年当時も自分はローラ島に住んでいたが、その年に日本軍は、飛行場を建設するためにメジュロ環礁のリタ［Rita］島の樹木を伐採し始めた。日本側は伐採した木々の代金を払うと約束したが、実行はされなかった。そして、飛行場は未完成のままで終わった。1941（昭和16）年の半ば頃、日本側はメジュロ環礁在住の男子すべてを労務者としてミレ［Mille］、マロエラップ、ヤルートなどに徴用していった。労務者を確保するために強制力が行使され、従うことを拒否した者は投獄・暴行されると脅された。

＊（検）法廷証PX905【1946（昭和21）年3月12日付けヨハニズ証言録取書：マーシャル諸島】＝検察側文書PD6010　証拠として受理され、抜粋が朗読される。

【PX905朗読概要】

1．自分は、1941（昭和16）年1月から今日に至るまでエニウェトク環礁居住のエニウェトク族の長。

2．日本軍の動静に関する質問に対する返答：

日本の海軍部隊が初めて環礁にやって来たのは1941（昭和16）年4月27日で、海軍陸戦隊が派遣されてきたのは翌年1月。

＊（検）法廷証PX906【1946（昭和21）年3月12日付けアブリーム尋問調書：マーシャル諸島】＝検察側文書PD6011　［E: 9138］［J: 102（21）］　証拠として受理され、抜粋が朗読される。（朗読内容は、尋問応答者がエンゲビ［Engebi］族の長であること以外PX905とまったく同じであるので省略する）

＊（検）法廷証PX907【1946（昭和21）年3月16日付けラジナ証言録取書：マーシャル諸島】＝検察側文書PD6028　証拠として受理され、抜粋が朗読される。

<1946-10-31>

【PX907 朗読概要】

1. 自分はマーシャル諸島中のミレ環礁所在のミレ島に居住しており、現在は第3234海軍航空基地で現地人労務隊の一員として勤務している。

2. 1941（昭和16）年当時も同島に居住していたが、その年の6月に、朝鮮人と日本人の労務者3,000人がやってきて樹木の伐採を皮切りに飛行場の建設を開始した。日本側は、現地人も1日85銭の労賃で使役し、樹木の伐採、コンクリート作り、日本から運ばれてきた物資を船から降ろす作業などをさせた。

＊被告木戸弁護人ローガン、「ここまで検察側が提出してきた書証は、その性質上、検察・弁護側双方が証人を尋問して作成されるべき『証言録取書』（原英文は"deposition"であり、和文速記録は「尋問調書」とするが、和語の「尋問調書」は一般的には英語の"interrogation"に対応するものとされるので、これと区別して「証言録取書」の訳語を採用する）ではなく、一方のみが尋問をして作成する『宣誓供述書』[affidavit]であることを明確にしたい」と、申し立てる。裁判長ウェッブ、「問答形式で書かれているものが証言録取書で、普通は判事[magistrate]の面前で録取される」と、応答する。

(3) 検察官クイリアム准将、検察主張立証第X局面「日本の全般的戦争準備」第3部「委任統治諸島の要塞化」の検察側立証として、「南洋航路における旅行制限と日本委任統治下諸島の要塞工事」に関する証拠を提出する。
（英速録9140〜9159頁《英文速記録9158頁は、後ほど追加されたのであろうか、AよりEの5頁に及ぶ》和速録102号21〜24頁）

＊（検）法廷証PX908【日本郵船ホノルル支店書翰綴抜粋（1933［昭和8］年3月28日〜1939［昭和14］年3月13日）】＝検察側文書PD2378-A　証拠として受理される。検察官クイリアム准将、「当文書を入手した経緯を記したマクソン海軍中佐の証明書が添付されている」、と申し立てる。
＊午後2時45分、裁判長ウェッブ、休憩を宣す。
＊午後3時、法廷、再開する。[E: 9142] [J: 102 (21)]
＊クイリアム検察官、証拠の提出・朗読を再開する。
＊検察官クイリアム准将、PX908の抜粋を朗読する。

【PX908 朗読概要】

1. 1933（昭和8）年3月28日付け永島義治船客課長発各支店長宛－内南洋各地行外国人船客予約申し込み受理見合わせの件：
最近、内南洋方面への渡航を希望する外国人が増える傾向にあるが、本航路の船内施設や南洋の宿泊施設には外国人向けでないものが多く（それから、船内食の洋食を廃止する可能性がある）、

かつ接続便が不完全で中途同地に寄港する場合には多大な不便を生ずることがあり、追って通知があるまでは可能な限り外国人船客の予約申し込みを受理しないようにしたいので、この点承知の程を。止むを得ない場合には、予め当局（英文速記録5143頁の proper authorities をそのまま訳したが、書証原本より採録したであろう和文速記録は、「当方」と記載する。英語への翻訳の際に「当局」と読み誤ったもののようにも思われるが、意味合いは相当異なってくる）の承諾を受け、（外国人？）係員に対しては極秘にして、内々に知らせるようにしてもらいたい。

2. 1935（昭和10）年10月14日付け永島船客課長発シカゴ在勤副長宛－南洋航路への西洋人船客の予約申し込みを受理しない件：

あなたから送られてきた12月12日の横浜・ヤルート・パラオ航路の春日丸と1月17日のパラオ・メナド航路の山城丸への予約申請については、11日付けで「3月まで空席なし」と返答した。既にあなたに写しを送っておいた1933（昭和8）年3月28日付けの通知で承知していると思うが、本航路にはできるだけ外国人船客の予約申し込みを受理しない方針となっているので、今回の予約申し込みも体よく断るようにしてもらいたい。実際問題として、外国人である場合は、たとえ南洋に居住する者であっても、申し込みを受理するに際しては、当人の氏名・国籍・年齢・職業などを南洋庁に通知する必要があり、南洋庁は、海軍省・外務省と協議した上で渡航の可否を当方に指示してくるので、その筋の承認がなければ引き受けられないこととなっている。であるから、既に指示した通り「予め当方の承諾を受け、係員には極秘にして、内々に知らせるようにしてもらいたい」。単なる電報での申し込みは不可であるし、たとえ手紙で必要事項を記して申し込んできたとしても、必ずしもその筋が承認するとは限らず、むしろ却下されることの方が多いと思われる。それ故、原則として外国では南洋航路乗船希望の船客を一切取り扱わないようにするのが得策であろう。

3. 1935（昭和10）年10月26日付け発信元宛先不明（本社から米国支社宛と推測される）－南洋航路1936（昭和11）年2～3月出発船に関する件：

あなたからの書簡を通じ、在ボストン米国海外伝道協会理事会［American Board of Commissioners for Foreign Missions］からの問い合わせについては了承した。1933（昭和8）年3月28日付けの通知で明らかにした通り、本航路では、外国人船客の予約申し込みを受理しないことを方針としており、かつ本航路の運行予定は頻繁に変更されるがために運行予定表は役に立たないので、海外支店に送ることを中止しているが、参考までに送ることとする。シカゴ宛の今月14日の通信（文面は在米の全支店に送付）で海外支店は原則として、本航路の船客を取り扱わないよう通知しておいた。今回問い合わせをしてきた理事会に所属する宣教師は、南洋諸島で布教活動に従事し、日本と南洋の間を頻繁に行き来しているし、同伝道協会の在日本代表として神戸に在住するハロルド・W・ハケット師が宣教師の渡航関係事務を掌っているが、ハケット師は政府筋に知己が多いようで、あなたが申し込み受付事務を取り扱わなくても不便はないはずである。なお、南洋航路と外国人船客にまつわる事項は、すこぶる機微に触れる問題であるので、内情を忌憚なく外国人関係者に打ち明けることはできず、もし知れたならばそれについての不要な照会

<1946-10-31>

などに対応しなければならなくなるので、この問題についてはすべて日本人係員が取り扱うこととし、通信の際は和文で行うこと。

4．1935（昭和10）年11月4日付け発信元宛先不明（本社から外国支店宛と推測される）－南洋航路船舶に西洋人客の乗船申し込みを受理しない件：

以前の通信で通知したように、本航路にはなるべく外国人船客の予約申し込みを受理しないことにしているが、最近2-3の海外支店から電報で船室の予約申し込みがあったり、英語版の運航予定表について問い合わせが来たりしている。ついては、改めて本航路での外国人船客の予約申し込みが困難な理由を以下に列挙するので、この方針に対して理解してくれるよう希望する。

イ．一般的事情：

船内の食事が日本人用で外国人には適せず、また南洋諸島には外国人向けの宿泊施設がない。

ロ．特殊事情（秘）：

一昨年、南洋庁から「本航路に外国人からの乗船申し込みがあった場合には、たとえそれが南洋に在住する者であっても、氏名・年齢・住所・職業などを同庁に届け出て、承認があるまで受理しないよう」との内命があった。南洋庁は届け出を受け取った後に海軍省・外務省と協議して渡航を許可するか否かを当社に伝えることとなっているが、容易には承認が得られない。海軍の演習期間中（運航数回に柤当する期間に及ぶこともある）は、外国人が南洋居住者であろうとなかろうと、絶対に許可が下りないからである。これは国策上必要な措置であるが、その筋としては国際関係上、外国人に対して直接同地への立ち入りを禁止することができないので、我が社にとっては甚だ迷惑なことながら、我が社を通じて間接的に制限を加えているという次第である。また、運航予定が政府関係の都合でしばしば変更されて用をなさないので、接客上困ることもある関係から、特に遠隔地では南洋航路の船客を取り扱わないのが得策である。

このような次第であるから、本航路に関する宣伝を中止し、英文の運航表と航路案内の印刷を停止するなどの措置を講じられたい。なお、このような特殊事情は外国人係員に知らせるべきものではないし、事情を知らない場合は接客上万全を期し難いので、この問題についてはすべて日本人係員が取り扱い、通信も和文で記すようお願いする。

5．1936（昭和11）年7月28日付け発信元宛先不明（外国支店から本社宛と推測される）－「旅行広報」［Travel Bulletin］8月号の南洋航路宣伝記事の件：

外国人から南洋航路乗船申し込みがあった場合にはすべて謝絶せよとの指示を受けている中、我が社の外国人向け刊行物であるTravel Bulletinに南洋諸島の事情や優良な設備を誇る船舶についての記事がなぜ掲載されたのか理解に苦しむ。特段の理由がない限り、今後同航路に関する記事掲載を見合わせるよう願いたい。現に本日も南洋航路乗船希望の来客があって対応に苦慮したし、その際に裏事情を知らない外国人係員が「運航予定と空席について本社に照会しては？」と言って来た。これに対しては、内地の事情で運航予定は頻繁に変わり、全便日本人客の予約で満席となっており、南洋諸島には適当な宿泊施設がなく、船内の食事が外国人向けでないなどの理由を説明して該係員を納得させ、来客には引き取ってもらった。

6. 1937（昭和12）年4月8日付け発信元宛先不明‐南洋航路改正船客運賃表送付の件：

目下南洋庁に認可申請中の本航路の改正船客運賃表を送付するので、認可されたものとして実施すること。（以下、運賃の変更がない航路などの詳細が記されているが、省略）……

海外支店宛：

上記は参考までに。これまで通知してあった外国人船客の予約申し込み受理制限措置に変更はない。

7. 1939（昭和14）年3月13日付け発信元宛先不明（本店から海外支店宛か？）‐南洋航路への外国人客の予約申し込みを受理しない件：

この件については既に2度通知してあるが、最近内南洋への渡航を希望する外国人が増えてきているので、以下の点に特に留意してもらいたい。

イ．本航路には原則として外国人の予約申し込みを受理しないこと。万一受理しようとする場合には、詳細を本店船客課に送って承認を得ること。

ロ．予約申し込みを謝絶する理由として、本航路の船内設備や食事が外国人向けでないことや、満席である旨を伝えること。

ハ．内南洋には外国人向けの宿泊施設がないと指摘すること。

ニ．内南洋渡航希望の外国人について氏名などの情報が得られた場合、本指示を参考にして関係する支店に通知すること。

＊提出済み（検）法廷証PX58【米国対日外交関係叢書1931（昭和6）年〜1941（昭和16）年第2巻抜粋：①1936（昭和11）年6月13日付けハル米国務長官発グルー駐日米大使宛電文②1936（昭和11）年7月8日付けグルー駐日米大使発ハル米国務長官宛電文③1936（昭和11）年7月28日付けグルー駐日米大使発ハル米国務長官宛電文④1936（昭和11）年8月7日付けフィリップス米国務長官代理発グルー駐日米大使宛電文】　朗読される。［E: 9154］［J: 102（23）］

【提出済みPX58朗読概要】

①ここ数年にわたって日本政府は、アリューシャンとアラスカの通常外国船に開放されていない港湾への同政府の船舶入港を許可するよう求めてきた。1件についてはアザラシの保護のための研究が理由として挙げられていたが、もう1件に関してはなんら条約上の根拠が示されていなかった。にもかかわらず米国政府はそれらの要請を受諾した。

太平洋上で日米各々が有する島嶼の開発・要塞化の問題は、これまで猜疑と推測の対象となってきたが、上記措置は、我が国が1922（大正11）年2月11日に調印した海軍軍縮条約に違反しているのではないかとの疑惑を払拭する良い機会と考えて、執られたものである。

然るに、これまでのところ太平洋上の委任統治領をめぐる疑惑について、日本政府が同様な寛大な態度で臨んで来ていないのは我が政府の遺憾とするところである。このような疑惑を無責任な言い掛かりとして歯牙にもかけたくないという心情は理解できるが、両国間の相互不信感を煽

<1946-10-31>

る疑惑の種を放置しておくべきでないという点で、日米両国の考えは一致していると思考する。ついては、近々我が海軍の駆逐艦アルデンがアジア方面に派遣されることとなったので、同艦に委任統治領内の港を表敬訪問する機会を日本政府が与えるならば、両国関係の改善に大いに資することになると思われる。

　上記の見解を熟慮検討し、異論がなければ日本国外相に非公式に口頭で伝え、その際に末尾の提案を貴官の発意であるように提示すること。

　②先日の駆逐艦アルデンの表敬訪問提案を自分の発意として日本国外相に伝えたところ、外相は、大いに興味を示したが「自身のあずかり知らない事項である」としつつ、「提案を検討した上で7月20日までに返答する」と述べた。

　③外務次官の求めに応じて当大使館の参事官が出向き、懸案事項のいくつかについて話し合ったが、その中で駆逐艦アルデンの表敬訪問提案について次官は、「提案は拓務省に伝えたが、未だに返事はない。他の省とも協議しているのであろうが、外務省には返事を早急にするよう促す術はない」と伝えてきた。次官の態度は友好的であったが、外務省はこの件についてこれ以上何もできない模様である。

　④駆逐艦アルデンの表敬訪問提案に対して日本側が好意的に対応する見込みはないと、国務省は判断する。当地の日本大使館から日本政府の練習船神徳丸のハワイ寄港を認めるよう要請があったが、本日、拒否の回答をすることとした。

＊（検）法廷証PX909【枢密院議事録（1937［昭和12］年）】＝検察側文書PD794　識別番号を付される。［E: 9158-A］［J: 102（23）］

＊（検）法廷証PX909-A【同上抜粋「1937（昭和12）年1月20日議事録」－海軍武官を南洋庁事務官として特別任用】＝検察側文書PD794-A　証拠として受理され、抜粋が朗読される。検察官クイリアム准将、「被告人の中では平沼が枢密院議長、広田が首相、永野が海相として参加していた」、と申し立てる。

【PX909-A朗読概要】

平沼議長
　南洋庁事務官の特別任用法案についての審査報告をお願いする。
村上報告員
　南洋庁は管轄する南洋諸島の殖民促進・産業振興・交通整備に努めており、同地域が現在の国際情勢に鑑みて我が国の国防上重要な地位を占めつつある今、同地域の航路・港湾・道路・航空・通信などの関連施設については、特に海軍の便宜を考慮して軍事上の都合を斟酌すべきであるので、同庁が、交通・通信関係の事務に従事する事務官に海軍武官を任用できる道を開く必要がある。そのために、そのような事務官を、南洋の事情に精通してその職務に必要な学識・経験を有する者の中から高等文官任用試験の選考を経て任用することができるという規定を、勅命で設け

ようというのが当法案の趣旨である。同時に、これによって現役海軍士官を事務官として任用するに際しては、高等文官としての制限故に官位などが下がらないようにするために勅令で特例を設けることとする。本件は、南洋庁の特殊事務を担当する高等官相当の事務官を任用するという特別な必要を満たすための規定を設けることを主眼とし、さらにその官位について特例を定めるもので、止むを得ない措置と考えられるので、このまま可決されるべきであると思考する。

＊イングリッシュ検察官、「南洋航路における旅行制限と日本の委任統治下にあった諸島での要塞工事に関係する証拠提出の終了」を報じ、ただし「リチャードソン海軍提督による後日の証言において追加証拠を提出する」、と申し立てる。

2—10—4　検察主張立証第 X 局面「日本の全般的戦争準備」第4部「海軍の戦争準備」

(英速録 9159〜9262 頁／和速録 102 号 24 頁〜103 号 14 頁)

＊検察官クイリアム准将、検察主張立証第 X 局面「日本の全般的戦争準備」第4部「海軍の戦争準備」に関する証拠提出を海軍大佐ジェームズ・J・ロビンソン検察官が行う、と報じる。

(1) 検察官ロビンソン海軍大佐、検察主張立証第 X 局面「日本の全般的戦争準備」第4部「海軍の戦争準備」の検察側立証として、「海軍条約の廃棄」に関する証拠を提出する。

(英速録 9159〜9239 頁／和速録 102 号 24 頁〜103 号 11 頁)

＊（検）法廷証 PX910【1930（昭和5）年度枢密院審査委員会議事録】＝検察側文書 PD1124　識別番号を付される。

＊（検）法廷証 PX910-A【同上抜粋；ロンドン海軍条約批准に関する審査委員会第1〜13回議事録（1930［昭和5］年8月18日〜9月26日）】＝検察側文書 PD1124-A　検察官ロビンソン海軍大佐、「被告平沼が当時枢密院副議長としてすべての委員会会合に出席していた」、と申し立てる。証拠として受理され、抜粋が朗読される。［E: 9161］［J: 102（24）］

【PX910-A 朗読概要】

（原文は三人称で書かれているが、煩雑を避けるため一人称でまとめる）

金子（堅太郎）顧問官

現・前内閣共に、枢密院を敵であるかのように見なして来たのは遺憾である。新聞によれば永井（松三）外務次官が、8月20日に日比谷公会堂で開かれた民政党演説会で、「内閣が国際平和と国民負担軽減を目的として締結しようとしているロンドン条約の批准を枢密院が妨害しようとするなら、枢密院は国民の公敵となるので大いに戦わねばならない」と述べたとのことである。

（中略）

<1946-10-31>

河合(操)顧問官
　衆議院で首相が、「国防の責任は飽くまで政府が負う」と発言した真意は?
首相(浜口雄幸)
　軍令機関と軍政機関との間の交渉内容について議会で答弁する必要はなく、軍令部は外部に対して責任を負わないため、政府がその責に任ずるという意味で言っただけである。
河合
　軍部が不同意であるのに条約で決定された兵力量で国防のためには十分、と首相が判断した根拠は?　この度の条約で定められた兵力は我が国の軍事力の一部に過ぎないという発言の意味は?　軍令部総長の職務権限とは如何様なものか?　軍令部総長が同意していない兵力量でも国防が全うできるという首相の発言の根拠は?
(中略)
河合
　首相は議会では「兵力量の決定権は政府にある」と答弁したが、当院での説明はそれと異なる。
首相
　議会でそのように答弁したことはなく、自分が言ったのは条約の締結は内閣の決定事項であるということ。その際に軍部の意見をどのぐらい斟酌したかということは秘密事項に属する。
河合
　軍の同意を要する事項について同意が得られる前に意見の一致を見たように説明したのはなぜか?
首相
　結局軍部には異論がないと考えたから。
(中略)
河合
　海相(財部彪)の貴族院における「軍事力がすべてを決する時代は終わった」との答弁、及び「軍事力において最も重要なのは常にそれを完璧な状態に置くことである」との主張(英文速記録9163-64頁によれば、ここに訳した通りこの主張の部分も海相の発言であるかのようになっているが、原本和文書証より採録したであろう和文速記録を見る限り、河合顧問官が自らの見解を述べた部分である。文脈から見てもその方が、意味は通る)は不可解である。特に、満蒙の利権をめぐる日支関係に米国などの第三国が介入する時こそが東洋平和の危機であり、日本の軍事力の規模を考える際の基礎もその点に置かねばならないと考えるが、政府の考えは如何?
首相
　本条約によって対米兵力比が、1936(昭和11)年に近づくにつれて漸減していくのは事実で、狭義国防の観点からの顧問官の心配はもっともであるが、国防には他国との友好関係・財政再建なども重要である。国防の一部分については自分も不満ではあるが、暫くこれで辛抱することとした。1936(昭和11)年までは不利な比率で我慢しなければならないが、翌年からは建艦を開

始できるので、条約に反しない限りでその準備をして失効と同時に着手すれば対米7割は維持できる。なお、米国がこの比率の低い時期に乗じて支那で事を構えるという論には根拠がない。
（中略）
海相
　この条約が不成立となれば米国が我が国を敵視して真っ向から建艦競争を挑んでこないとも限らない。顧問官が言ったように、8インチ巡洋艦の対米比率は6割に低下し、艦齢も古くなってきて、そのような時に何も起こらないと断言はできないが、6インチ巡洋艦が8インチ巡洋艦に歯が立たないわけではなく、将官の中には駆逐艦4隻で8インチ巡洋艦1隻を沈められると言う者もいる。
（中略）
金子顧問官
　米国上院の報告によれば、米国が一番恐れているのは潜水艦であるから、日本の潜水艦の数が減ればそれだけ米国側が優勢になる。潜水艦を保有していれば米国など恐れるに足りない。世界平和や国際信義といったものは表面上の儀礼に過ぎず、兵力の充実なくして平和はありえない。潜水艦が必要である。
（中略）
久保田（譲）顧問官
　国防には軍事力の他に富と外交が必要で、知力と精神力が最も重要な要因だが、終局的には武力に訴えることなくして国際紛争を解決することはできない。今日の世界で日本が重要な地位を占めているのはひとえに軍事力による。ロンドン会議は米英が世界平和・負担軽減の美名の下に自らの野心を剥き出しにした場であったが、両国が唯一恐れていたのが日本の武力であった。今回の統帥権をめぐる問題には憂慮していたが、兵力量の決定に関して海相・軍令部総長との意見が一致したとの海相の答弁を聞いて安堵した。
（中略）
金子顧問官
　日米関係は1937（昭和12）年頃に最も危機的な状態となり、米支は必ずや提携して、満鉄を買収して満蒙から日本の影響力を排除しようとしてくる。であるから、ロンドン条約による兵力の欠陥を補うことが極めて重要である。国際関係では正義は上辺だけの礼儀で、最終的には武力に訴えるしかない。日本が治外法権を撤廃できたのは日清戦争を戦ったからである。これに対して、かつて世界の中で富強を謳われたオランダが今日三等国に成り下がったのは、その軍備に制限を課したからである。日本が世界の五大国にまでのし上がったこられたのはすべて軍人の活躍によるもので、ポーツマス条約も我軍の勝利の結果得られた。……日本の軍事制度は日本の尚武の気風・精神・国体に基づく日本固有のものであり、完璧に仕上げられる必要がある。米国上院での演説から判断して、ロンドン条約が1936（昭和11）年以降に対日圧力を強めるための準備であることは疑いない。

<1946-10-31>　　　　　　　　　　　　　　　　　　　2　検察主張立証段階

＊（検）法廷証 PX911【1930（昭和5）年10月1日付けロンドン海軍条約批准に関する枢密院記録】＝検察側文書 PD891　識別番号を付される。
＊（検）法廷証 PX911-A【司上抜粋；関係顧問官発言】＝検察側文書 PD891-A　検察官ロビンソン海軍大佐、「被告平沼が当時枢密院副議長であった」、と申し立てる。　証拠として受理され、抜粋が朗読される。[E: 9170] [J: 102（25）]

【PX911-A 朗読概要】

浜口首相
　政府見解を以下に述べる。ロンドン条約は世界平和のために軍備競争を未然に防止し、国民負担を軽減することを目的とするもので、日米英仏伊の5カ国が調印したが（英文速記録のママ。原本和文書証より採録したであろう和文速記録によれば、ここに「日米英3国に関しては」との一節が記されている。この一節は英文速記録9170頁では欠落している）、ワシントン及びジュネーブ会議でなし得なかった補助艦の制限を実現して、すべての艦種について制限を設けることに成功した。
（中略）
財部海相
　1927（昭和2）年のジュネーブ会議の時にはなかった「三大原則」がいつできたのかとの質問であるが、ジュネーブ会議の時には勿論、ロンドン会議の時にも全権代表への訓令や公式声明にそのようなことが明確に盛り込まれたことはなかった。では、なぜそのようなことが世間で言われるようになったのか？　……いわゆる既定方針というのがあり、それは1923（大正12）年の国防方針に基づく作戦計画を遂行する上で必要な兵力量を指し、それは全体の艦隊比率で対米7割、一等8インチ砲巡洋艦で7割、現有の潜水艦戦力であった。その三つの内どれが重要かを明言したことはなかったし、公式文書で「三大原則」なる言葉が使われたこともなかったが、この3点が我方の主要な要求事項だったので、世上「三大原則」と呼ばれるようになった。しかしながら、ワシントン会議では主力艦7割の要求が通らずに6割となり、ジュネーブ会議でも日英暫定妥協案では補助艦比率が6割となったので、長年研究を重ねてきた海軍部内でも7割要求の貫徹は困難であることを承知していた。それ故に、ロンドン会議に臨むにあたって三大原則によって全権に訓令し、背水の陣を布くと共に、若手将校が全国で講演してその重要性を説いて回り、世論喚起に努めた。中には、「これが貫徹されなければ国が亡ぶ」というような極論を口にした者もいたが、憂国の至情から出たもので、この結果、国内世論は一致団結して全体7割の要求を勝ち取れる要因となったと思われる。
（中略）
浜口首相
　ロンドン条約については枢密院への諮問前から政界に及ぼす影響などに関して種々の風評があり、中にはそれに乗じて極端な憶測を流布する者もいて、政財界に不安感を醸成する兆候があっ

た。条約は7月24日に枢密院諮詢となり、事務局の審査を経て、8月18日から9月17日まで50日以上（計算が合わないが原文のママ）の間に、審査委員会会合12回に及んだ。その間、委員会審議の内容が秘密とされたために東京都下の新聞が様々な憶測記事を載せ、事情を知らない読者はそれを読んで条約の行く末について疑惑を抱き、もしくは、政府・枢密院間の対立を危ぶむなどした。さらに、各種策動を試みる団体が続出したり、誹謗・中傷を目的とした怪文書が出回ったりもし、このような状態故に、国民は真偽・善悪の区別がつけられなくなり、筆舌に尽くせない不安を覚えるようになった。ただでさえ人心が不安定になりがちな今日、このような状態が長く続くのは嘆かわしいことである。条約の行く末が定まるまでこのような不安を解消することはできないのみならず、日々の新聞報道や種々の宣伝によってさらに増大していくであろう。取り分け、財界への影響は政府が最も憂慮するものである。

＊提出済み（検）法廷証PX58【米国対日外交関係叢書1931（昭和6）年～1941（昭和16）年第2巻】　検察官ロビンソン海軍大佐、提出する。
＊午後3時58分、裁判長ウェッブ、休廷を宣す。

◆1946（昭和21）年11月1日　　（英速録9176～9326頁／和速録第103号1～23頁）

＊午前9時30分、法廷、再開する。
＊検察官ロビンソン海軍大佐、検察主張立証第Ⅹ局面「日本の全般的戦争準備」第4部「海軍の戦争準備」に関する証拠提出を続行し、前日休廷前に提出した（検）法廷証PX58【米国対日外交関係叢書1931（昭和6）年～1941（昭和16）年第2巻】から、外交電文を朗読する。

【提出済みPX58朗読概要】

①1933（昭和8）年9月15日付けグルー駐日米大使発ハル米国務長官宛電文―日本海軍の動向・その次回軍縮会議に臨む決意・大角海相のユナイテッド・プレス社記者対談（抜粋）

日本海軍の指導部は、国民の間にロンドン条約に対する反感を募らせ、次回1935（昭和10）年の軍縮会議で対等比率もしくは比率の引き上げを要求するための下地を作りつつある。浜口・犬養両首相は暗殺され、政治家達は命の危険に怯えている。財部、山梨（勝之進）、谷口（尚真）といった海軍指導者達が予備役に編入されたのはロンドン条約を支持したがためであったと、一般には信じられている。新聞によれば、谷口の退役によって、海軍指導部が現行の条約体制を支持することはなくなったという。谷口が退役したのは5・15事件の裁判が進行中のことであったが、その裁判はソ連法廷のような宣伝的色彩を帯び、ロンドン条約反対のうねりを国民の愛国心に訴えかけて喚起するものであった。

このような軍部の動きが軍縮条約への強い反感と現行の艦隊比率を日本に有利なように改訂するよう要求する動きに弾みを与えた。米国海軍の建艦計画が開始されてから暫くは、このような

<1946-11-1>

動きは日本海軍の指導部にとっては好都合であったが、今や日本海軍は来年、条約を破棄して勝ち目のない建艦競争に直面するか、現行の艦隊比率を維持して激高した世論と相対するかの、不毛な選択を強いられている。日本の対米艦隊比率が実質的に対等なレベルに近づいてきた中で、つい最近まで日本海軍の指導層の多くが、対等比率が達成されることに大いなる期待を寄せていた。例えば、軍令部次長の高橋（三吉）中将は、「1935（昭和10）年の会議では対等比率を要求する。受け入れられなければ会議を離脱する」と、当大使館の海軍武官に語っていた。

しかし、そのような期待感は消えつつあり、1936（昭和11）年には状況が1927（昭和2）年と同様なものとなる。

米国の建艦計画発表に続く日本の海軍筋からの発言から明らかなのは、海軍指導層が失望感を味わっているということである。即ち、1935（昭和10）年までに日本側は条約制限いっぱいまで艦隊戦力を拡充する一方、米国海軍の艦隊規模が条約で定められた上限の7割5分までにしか達しない状態で次の会議に臨めると考えていたのだが、想定外の米国側の動きによってその期待が裏切られたのである。

現在、日本の陸海軍は、軍備計画完成に必要な予算獲得に専心している。海軍の計画については既にそちらに伝えてあるが、予算増額要求の根拠として米国の建艦計画に言及している。海軍の第二次補充計画は米国の建艦計画に対応したものとの見方が強いが、事実は米国の計画がまとまる数カ月前、既に該補充計画は現在のものとほぼ同じ形で発表されているのである。さらに、新聞報道は例外なく、「計画が実現すれば米国の艦隊戦力は条約の上限まで増強されるであろうが、実際には上限よりも17万5,000トン下回るであろう」としている。にもかかわらず、何事であろうと陸海軍の軍備拡張の理由として利用されているのが、最近の実情である。

荒木陸相が、1935〜36（昭和10〜11）年に予想される危機に対処するために必要な国防上の準備について発言し、その英訳がジャパン・タイムズに掲載され、また、海相がユナイテッド・プレス東京特派員とのインタビューに応じた折の記事もあるので、以下に添付する。

　　［大角岑生海相との会見記事］　［E: 9183］［J: 103（3）］
　　問
　　　現有の軍縮条約には満足しているか？　1936（昭和11）年の条約改訂の折には、艦隊比率の引き揚げを要求するのか？
　　答
　　　軍縮問題に於いて、安全保障と軍備の上限の問題は一体不可分となっており、海軍軍備がいかにあるべきかは国際情勢によって常に左右される。そうであるならば、一国がかつて締結した条約を未来永劫遵守すべきいわれはない。人類全体のためを思って我が国はロンドン条約に調印したが、無条件でそうしたわけではないし、ワシントン条約は12年前に調印されたもので、その間の国際情勢の劇的変転故に、もはや我が国の安全を適正に保障するものではないと考える。加えて、真の意味での軍縮を図るために現行の制度が本当に合理的かつ経済的であるかについては疑義がある。いずれにせよ、我が国は現行の条約体制に満足する

ものではなく、次の会議では比率の改訂を求める。
問
　日本から見て現行の条約は有益なものであったか？　日本海軍は潜水艦を含めた他の艦種をも包含する新協定の締結を望むのか？
答
　締約国すべての立場から見て現行の条約がある程度有益であったことは否定しない。例えば、主力艦に関してはある程度、建艦競争を掣肘し、その分国民の税負担は軽減されたし、艦種と砲口径に制限を設けることで新型艦開発による既存艦艇の無力化という事態を未然に防止して艦齢を伸ばし、結果として予算削減に繋がった。
問
　日米間のいわゆる「建艦競争」について不安を憶える点は？
答
　現状では両国とも条約の制限内で建艦計画を進めているので、「建艦競争」という言葉は適切でないと考える。
問
　海軍の広報関係者が南洋諸島を日本海軍の生命線と呼ぶ理由は？　それら島嶼は国防上いかなる価値を有するのか？
答
　南洋諸島は日本の最南端の島々と近接した位置にあり、重爆撃機が配備されれば日本の領土の一部がその航続距離の範囲内に入るから、戦時に敵手に落ちれば我が国の安全に直接の脅威を及ぼす。故に、国防上重大な戦略価値を有する。そのような理由で国防上の生命線と呼んでいるのである。我が国が南洋諸島を米国西海岸やハワイ攻撃のために利用すると説く向きもあるようだが、地図を見てみれば、ハワイを攻撃するために2,000マイルも離れた島嶼が前線基地として役に立たないことは明白である。海軍戦略について少しでも知見がある者には、それが不可能であることは明白である。
問
　日本海軍にとって、米国資本が支那航空会社［China Aviation Corporation］の株式45％を取得したことは重大関心事か？　支那の航空事業の発展に米国が参加することが支那の国防に関わってくると日本は見なしているのか？
答
　自分はその質問に答える立場にはないが、ただ言えることは、それに関して信頼できる情報は得ていないことと、民間・軍用航空との間に明確に線を引くことはできない状態であるので、ジュネーブでの会議ではこの問題が出て来る度に紛糾したということである。
問
　日米両海軍は、その使命・目的という点で如何様に対比されるか？　両者の使命・目的は

<1946-11-1>

衝突すべき運命にあるのか、もしくは既に衝突しているのか？
答
　（クロード・A・）スウォンソン海軍長官の最近の発言によれば、米国海軍の使命は自国及び海外領土を防衛することであり、その目的のために現行条約の規定に従って世界第一等の海軍力を建設・維持・行使するとのことである。そうであるならば、極東の平和維持と自国領の防衛を任務とする我が海軍と対立することなど有り得ない。日本海軍に太平洋を横断して隣国を攻撃するなどという考えはまったくなく、防衛的かつ合法的使命のみを帯びている。
問
　日米間で戦争が勃発する可能性があると考えるか？
答
　武力行使なしには我が国の存立に対する脅威が除かれないような場合を除いて、我が国が他国と戦端を開くことはない、と自分は信じる。

② 1934（昭和9）年9月18日付けグルー発ハル宛電文—日本のワシントン条約廃棄通告　[E: 9189] [J: 103（4）]
　昨日（広田）外相から、「本年中にワシントン海軍軍縮条約脱退を通告することを日本政府は決定した」と知らされた。

③ 1934（昭和9）年10月24日付けロンドン海軍軍縮会議デイヴィス米主席代表発ハル米国務長官宛電文—日本代表松平（恒雄）大使・山本（五十六）提督による「共通最大限」の説明とデイヴィス代表のこれに対する見解
　日本側の主張は、松平代表が概説し、山本少将が詳述したが、会談の最後に我方に手交された文書にその要点が記されている。即ち、以下の通りである。
　国防に必要な軍備を保有するのはすべての国家に平等に認められている権利であるから、軍縮を考慮する際にはその権利が侵害されたと各国が受け止めないようにする配慮が必要であり、また、軍縮・軍備制限条約はいかなるものであろうと「不侵略」「不脅威」の原則に立脚すべきである。
　海軍軍縮の分野でその目的を達するために最も有効なのは、主要海軍国が共通上限枠を設定し、その上限を越えることはいかなる場合でも許容されないが、その範囲内でなら防衛上必要と自国が認める範囲で自由に建艦を許容されるようにすることであると信じる。協定ではこの上限がなるべく低く設定されると共に、防御を容易にして攻撃を困難にするために攻勢用の兵器を最小限度に留めるか全廃して防御本位の兵器を優先することが明記されるべきである。
　松平によれば、英国にも同じ内容を伝えたそうである。
　我方の質問は、日本側の言う「共通上限枠」や「攻勢用兵器」の意味を明らかにすることに絞られた。山本が共通上限枠について上記の説明を繰り返してから松平が強調したのは、共通上限枠が設定されても、その範囲内でさらに一定レベルの制限を課するようであれば、日本国民はそれを現行条約が偽装された形で継続されて海軍軍備における劣勢を日本に強いるものであると受

け止めるであろうということであった。

　攻勢用兵器について山本は、いかなる艦種でも状況によっては攻勢的性格を有することを認めつつ、問題は他の艦種との比較で攻撃に有用な艦種はどれかであると説明し、攻勢的性格が強い順で空母、戦艦、8インチ砲巡洋艦を挙げた。そして、潜水艦については、海上航行能力の弱さや航続距離の短さ故に日本海軍では攻勢用兵器と見なさないとし、通商破壊戦に見られる潜水艦の攻勢的性格に関しては、現行のロンドン条約でのそのような潜水艦使用に対する禁止条項が実効性・普遍性を帯びてくれば問題は解消される、とした。

＊被告木戸弁護人ローガン、「問題となっている軍縮条約には、それを破棄できる旨の条項があり、日本はそのような条項に従っただけであるので、軍縮条約破棄に先立って書かれた現在朗読中の文書の内容が如何様に起訴状中の訴因と関連しているのか理解できない」と申し立てる。［E: 9193］［J: 103（4）］　裁判長ウェッブ、「自らが有する権利を行使して不正を働くことは可能であり、検察側が論証しようとしているのはその点であろう」と述べて、「今の申し立てが異議ならば」と断った上で却下する。検察官ロビンソン海軍大佐、（検）法廷証PX58の朗読を続行する。

④ 1934（昭和9）年10月25日付け（ウイリアム・）フィリップス米国務長官代理発ロンドン海軍軍縮会議デイヴィス米主席代表宛電文—日本側説明に対する米側見解＝日本の非協調は世界平和を乱す

　貴官の10月24日付けの電文に徴すれば、日本の公式・非公式筋の最近の声明・発言からは、日本側の妥協を許さぬ硬直した態度が窺われる。日本側のこのような態度や提案内容に顕れているのは、日本が軍縮会議から脱退する地ならしをしているということである。自国の国益にそぐわないことは世界情勢の如何に関わらず議論の対象にしたくないという日本の姿勢は明らかであり、すべての束縛から脱して国際関係上及び平和維持の面で協調することを放棄しようとしている。それを正当化するのは、国威の問題及び極東平和に対して日本が有する至高の義務・権利は当然のものと主張する論理だけであり、ワシントン条約体制で培われ、我が国政府が遵守している安全保障と平和を世界の諸国が享受していくのがなぜいけないのかについて、十分な理由は提示されていない。日本側の自衛の主張は満州・上海事変当時のものと似ている。日本が主張する要求・権利を容認したり、他国が日本の正当な要求の前に立ち塞がっているという日本側の主張を認めたりしなければならない謂われはどこにもない。日本の広報活動から窺われるのは、軍縮協議から脱退した際に日本の自衛についての主張を他国が顧みなかったがために止むを得ずそうしたとの印象を、都合の良い時期を見計らって世論に与えようとしていることである。

　交渉決裂の責任を我が国や英国に転嫁しようというこのような試みには、いかなる態様のものであっても対抗する必要がある。

　英国や報道陣と接触する際には、以上のような方針に従うべきである。この方針は公式声明の基礎となるべきものではないが、交渉の際に関係者は銘記しておくべきである。米国側としては、現在の時点での我方の広報活動は満足すべきものと見なしている。

<1946-11-1> 2 検察主張立証段階 503

＊裁判長ウェッブ、「ニュルンベルク裁判の判決では共同謀議に関する証拠は比較的直近の事項に限定すべきことが強調されている」と指摘した上で、「先刻のローガン弁護人の申し立てはその原則に触れたものである可能性がある」、「提出予定の証拠の中で提出を見合わてもよいものがあるか否かを考慮すべきである」、とロビンソン検察官に申し渡す。検察官ロビンソン海軍大佐、その点を考慮する旨約して、(検)法廷証 PX58 の朗読を続行する。

⑤ 1934（昭和9）年11月13日付けハル米国務長官発ロンドン海軍軍縮会議デイヴィス米主席代表宛電文—会議は日米の懸隔を埋め得ず　[E: 9197] [J: 103 (5)]

過去3週間の会談の経緯に鑑み、これからの海軍軍縮がどうあるべきかの基本的問題について日本・英米間の見解の相違を埋められる現実的可能性はない、と確信する。日本側にはその立場を説明・弁護する十分な機会を与え、急がすこともなく、面目を立てられるようにしてやった。我方は、自衛と安全保障を求める権利は各国が平等に享有するという概念が受け入れられ、軍備競争は避けるべきであるという認識が各国に共有されてこそ、条約を基礎としての軍備制限が可能になるという我が国の立場を強調し続けるべきである。日本側の論点から導き出される唯一の結論は、日本が東洋で圧倒的に優位な地位を占めようと欲しており、それが現実のものとなれば日本が優越した権益・特権を得ることとなって、ワシントン条約などの国際協定で具現化されている原理・原則によって保たれているアジアでの政治・経済上の微妙な均衡状態を突き崩すことになるということである。

⑥ 1934（昭和9）年12月1日付けロンドン海軍軍縮会議デイヴィス米主席代表発ハル米国務長官宛電文—英外務省サイモン卿・日本側代表松平大使・山本五十六提督会談—日本艦船建造計画削減に対する日本側拒否は不変

英国のジョン・サイモンが伝えてきた日本代表との会談の内容は、松平が自分に語った内容を追認するもので、以下は追加事項である。

「三カ国の建艦は同じペースでなされるべきか？」とのサイモンからの質問に対して、山本は、「米英の計画が漸次減速され、日本の計画が漸次加速されることによって、終極的には同じ水準に達するようにすべきであるというのが日本の立場である」と説明したが、このような主張は受け入れられないので、サイモンは、この点をそれ以上議論するのを止めた。サイモンが松平に支那の領土保全について質したところ、松平は、「日本には在支英国権益を侵害する意図はない」と述べるに留まり、英国も締約国となっている九カ国条約が規定する支那の領土保全については、満州国を除外して尋ねたにもかかわらず、明確な返答は得られなかった。

⑦ 1934（昭和9）年12月19日付けグルー駐日米大使発ハル米国務長官宛電文—枢密院、ワシントン海軍条約廃棄を可決

本日午前、枢密院は本会議で、政府のワシントン条約廃棄決定を満場一致で承認し、天皇に上奏した。斉藤（博駐米）大使への訓令草案は、12月21日か22日に内閣に提出されると思うが、国務省に正式な通知がいつ届けられるかは未定である。自分の印象では、ロンドンでの交渉が日本側の姿勢故に打ち切られたとの非難を避けるために、広田外相としては、可能ならば交渉が終

わるまで正式通知の送達を遅らせたい模様。

⑧ 1934（昭和9）年12月29日付け斉藤駐米大使発ハル米国務長官宛電文―ワシントン条約廃棄の通告

貴国政府に対して、訓令に従い謹んで以下をお伝えする。

1922（大正11）年2月6日にワシントンで調印された海軍軍備制限に関する条約第23条に従い、日本国政府はここに米国政府に対して、同条約を廃棄する意思を通告する。これによって同条約は1936（昭和11）年12月31日に失効する。

⑨ 1945（昭和20）年（明らかに「1935（昭和10）年」の誤植である）12月17日付けロンドン軍縮会議における日本代表永野主席・米国代表デイヴィス主席他会談覚書―軍備制限問題（原文は三人称で書かれているが、煩雑を避けるため一人称で要約する）[E: 9201]［J: 103（5）］

デイヴィス

会議の冒頭で開陳した米国提案を簡潔に要約すると、艦種に関わらず一律2割削減を提唱するもので、それはワシントン条約で合意された仏伊の海軍力にも適用されるが、合意達成後に艦種毎に調整がなされるというものである。

スタンドリー提督

主力艦の代替艦建造については、過去15年間にこの艦種では新たに建造された艦はないので、艦の規模の変更に関する議論をする際には細心の注意を要する。米国としては、代替艦建造計画の下で最初に作られる艦の排水量は3万5,000トンを上限として、その建造から得られた経験を基に小型化していく方向で調整していくのが望ましいと考える。ただし、今の段階でも、搭載砲の口径の上限を議論する用意はある。

日本側は米国との量的均衡を求めているが、ワシントン条約締結以前は均衡状態を保っていなかったにもかかわらず、必要に見合った海軍力を保持していたことを指摘したい。現在、仮に軍縮条約がない場合、日本は米国との均衡を目指して建艦に突き進むであろうが、同時に米国も、その優位を保つために建艦に走るであろう。これは両国共に望まない事態であるので、日本が自ら欲するだけの海軍力を保有できるという権利を認めると同時に、新たな協定締結に向けた話し合いができる機会が到来するまで現状での戦力レベルを安定化させることを目的とした合意作りができないであろうか？

デイヴィス

ここで忘れてはならないのは、軍縮が日米間だけの問題ではないということである。過去に2度（英文速記録のママ。米英戦争と第一次世界大戦のことか？）、ヨーロッパでの大戦争に不本意にも巻き込まれたことがあるという歴史の故に、米国の海軍戦略は相当程度、英国を始めとするヨーロッパ諸国の海軍戦略に左右されている。

日本側が度々話題に乗せている安全保障、すなわち不可侵・非脅威の問題については、ワシントン条約で規定された太平洋島嶼の要塞化禁止条項や九カ国条約が侵攻的行動・脅威の芽を摘むものであり、軍縮条約の基礎ともなっている。それらの条項故に日本は、英米からの攻撃を恐れ

<1946-11-1>

る必要がないと思われるので、日本が何を以て脅威と受け止めているのか理解に苦しむ。
スタンドリー提督
　ワシントン会議に続いてロンドン会議でも、我が国は、日本がさらなる保障を求めたのに応じて艦隊比率で譲歩している。また、今回の2割削減提案について言うならば、空母と駆逐艦の総トン数の削減幅は、潜水艦の削減の度合いに応じて変わり得ることを指摘したい。
永野提督
　我が国の世論はもはやワシントン条約を支持するものではなく、同時に世界の海軍軍縮に関する考えも変わってきた。例えば、ワシントン会議で米国の（チャールズ・E・）ヒューズ代表は、潜水艦の廃止に反対したが、当会議では潜水艦廃止が趨勢となっている。共通上限枠は日本に侵攻的行動の機会を与えるようなものではなく、日本が意図するのは、いかなる国も侵攻的行為に訴えられないようにすることである。それから、ロンドン会議の際に米国の（チャールズ・F・）アダムズ海軍長官が、上院で、「米国代表は日本がほとんど受諾不可能と思われる提案を日本に受諾させた」と発言したことを指摘しておきたい。
デイヴィス及びスタンドリー
　そのような発言が「日本には他国同様の安全が保障されていない」という意味でされたのであれば、それは誤った考えである。
スタンドリー提督
　各国は自国の海域では安全が保障されているというのが我が国の理解であり、日本にとって日本の近海が安全であるのと同様、米国にとってカリフォルニアの近海は安全となっている。しかしながら、米国は日本の近くに日本の面積と同じぐらいの領土を保有している。そして、それらの領土には要塞施設がなく、潜水艦も配備されていない。加えて、アラスカという広大な領土もある。故に、仮に日本が我が国と均等の海軍力を保有したとなれば、日本はフィリピンやアラスカの近海で絶対的優位に立つことになり、それでは我が国が安全保障の面で平等に扱われているとは言えない。我が国には、日本がフィリピン攻略を意図していると危惧する声もある。無論、我が国が日本を脅威したことがないのと同様に日本がそのような意図を顕わにしたことはない。我が国政府はそのような声が要らざる不安を煽らないように、できるだけのことをしているが、日本側の今回の要求は、そのような勢力を勢いづかせることとなる。
永野提督
　現行の艦隊比率では日本の海軍力が米国の脅威となることは有り得ないが、米国海軍が戦力を東洋に結集すれば日本の安全を脅かすこととなる。そして、米国がヨーロッパ近海に植民地を持たずヨーロッパ列強も米国近海に拠点を有していない大西洋と異なり、太平洋では、米国がフィリピンを領有する傍ら日本も防衛すべき島嶼を多数有しているのだから、その一方だけに対抗手段を許容し他方にはそれを許さないという提案は受け入れ難い。日本にはフィリピンを自国領にしようという意図はないが、日本にとって重要な航路に近接した位置にあるが故に、同地域で米国が優越した海軍力を保持することは認め難い。

デイヴィス

　日本側の提議は公正なものとは思われない。ワシントン会議で我が国は、日本はおろか英国をも凌駕するだけの海軍力を保有できる建艦計画を破棄して自らを大いに不利にする譲歩をした。英国が均等な海軍力を保有することを受諾したというのは正しくなく、米国が英国に対して、均等な艦隊戦力を持つことを容認したのである。すべて平和と相互理解、そして安全保障のためである。日本との戦力均等状態は米国がアラスカ・フィリピンを防衛することを不可能にするので、米国に平等な安全保障の権利が与えられないこととなる。

永野

　ワシントン条約が建艦競争を掣肘し、平和の維持に貢献したことは否定しないし、それによってもたらされた日米の友好関係が継続することを願っている。しかしながら日本は、自国の安全保障を他国に依存するような状態に置かれることを欲するものではない。そして、我が国が憂慮しているのは遠隔の地にある領土の安全ではなく、本土自体の安全である。

スタンドリー提督

　安全保障と脅威への対処の問題について明確な合意を得ることが困難なのは明らかであるので、唯一の解決法は、双方が種々の問題を隔意なく議論できる環境が整うまでワシントン条約を暫定的に継続することであろう。

デイヴィス

　共通上限枠と艦隊比率の両案を棚上げにするような暫定合意が必要であろう。過去３年間、両国間に実質的利害が衝突する分野はなく、経済的にも両国は相互依存の度を深めており、日米関係は改善の兆しを見せている。日米両国には他のいかなる２カ国と比べても相互の協力関係を深める必然性がある。それに、現在は、海軍力をめぐる現行の取り決めを変えるべき時期ではない。イタリアがエチオピアで戦い、日本が支那に兵を進めている今、米国国民は、事の成り行きを注視している。米国は日本を含むいかなる国とも事を構えたくないが、米国が他国の猜疑心を煽るようなことをしていない今、自国の艦隊比率増加を求めるのが正当化されるのは、日本よりも米国である。一方、日本の国際社会での行動を米国国民は少々不穏なものと見ている。自分は、日本の偉大な国民性や進歩を求める気風に敬意を表する者であるが、そのような国民性・気風が平和的に発揮されることを望む。

＊裁判長ウェッブ、「その部分は証拠とはならないのではないか？」、「それは原本か？」、と質す。［E: 9209］［J: 3（7）］　検察官ロビンソン海軍大佐、「原本である」とのみ応答して、（検）法廷証PX58の朗読を続行する。

フィリップス

　発展しつつある二国間の友好関係に水を注すようないかなることも望ましいことではない。海軍戦力の均等化提案は、時計の針を逆に回し、猜疑心を煽るものであり、友好関係にこれ以上有害なものはない。

<1946-11-1>

永野

　我が国は、両国間の友好関係を持続・発展させたいと願う気持ちに於いて米国に劣るものではない。しかし、我が国の存立自体を脅かしかねない米国海軍の圧力を実感しているのも事実である。日本が太平洋方面で安心感を得られるためには、その現状を変える必要がある。

スタンドリー提督

　これは他の随員と協議した上での見解ではなく、飽くまで自分個人の意見であるが、暫定的合意に達する唯一の方策は現行条約の取り決めの中の量的制限項目に変更を加え、条約の前文に、「適正な海軍力を保持するのはすべての国家の主権に由来する権利である」と付け加え、さらに艦隊比率条項に代えて数年間にわたる建艦計画を含ませることであると思う。

永野提督

　そのような妥協案は、形を変えた艦隊比率制度ではないか。（スタンドリーのさらなる説明の後）この案が向こう数年間だけの暫定的措置であると理解した上で、今の提案を検討し、他日それに対する当方の見解を伝えたい。

　⑩ 1936（昭和11）年1月15日付けデイヴィス米主席代表発ハル米国務長官宛書簡—日本提案の「共通上限枠」は協定の基礎として承認し得ない　［E: 9211］［J: 103（7）］

　本日午後、日本代表の見解表明に続く会合で各国代表が最終答弁をする予定であるが、日本代表がその会合の直後に声明を発表することとなっているので、我方もそれに倣って声明を発表する。発表時間については後ほど通知するが、その声明は以下の通りである。（英文速記録9211頁の you will notified は you will be notified の be が欠落したものであろう）

　　　米国は、本年末に失効予定の現行の海軍軍縮条約に替わる新たな軍備縮小・制限協定の締結を他のいかなる国よりも望んでいた。それ故に、いかなる提案でも検討してあらゆる可能性を模索し、「現行の艦隊比率制度は国防上の安全を平等に保障し得ない」という意見をも考慮することに吝かではなかった。

　　　日本代表が提示した共通上限枠設定提案にも注意深く耳を傾け、我方としては「海軍力を削減・制限する上での現実的基盤となり得ない」との見解を有していたが、その見解を変更すべき根拠となる事実や論点がないかを見極めてきた。日本の永野代表がその立場を明快に提示してきたことは多とするが、協議が進むにつれて我方は、日本の提案が新協定締結に向けた交渉の基盤とはなり得ないとの確信を深めるに至った（英文速記録9212頁の the discussion has it anything served という部分は、the discussion has, if anything, served と書くべき箇所であろう）。

　　　日本側が提案したのは、共通上限枠を低く設定して日本を含む海軍強国は、保有する艦艇を廃棄するなどして戦力を上限枠内に収まるように削減する傍ら、そうでない国は上限まで海軍力を強化することが許されるというものであった。

　　　日本側は、各国海軍の間には国防上の脆弱性、責務、必要性の面で異なる点があることを認め、上限枠の範囲内で量的調整を行うことを提案した。つまり日本は、いわゆる艦隊比率制度を継続することには反対しているが、実際上この新提案は、比率制度を否定するもので

はなくて、関係各国の必要性などを考慮せずに共通上限枠内で比率制度を維持しようとするものである。
　共通上限枠の原則が立脚するのは、「安全保障上の平等」という何人もが認める軍備削減・制限の基礎となるべき目標は、各国が均等の海軍力を保持することで達成されるという考えであるが、この論理の正しさを証拠立てる根拠は何もない。むしろ、交渉の過程で我方が明らかにしてきたと信じるのであるが、各国が均等な海軍戦力を有することは、安全保障上の平等を担保しないのみならず、この二つの事項は二律背反の関係にあるということである。
　ワシントン会議で承認、確立された安全保障平等の原則とは、各国が自国の海域内の防衛では軍事的優位に立つことを意味し、実際の海軍戦力の規模はこれが成り立つための要因の一部に過ぎない。一国の防衛能力を決定する上で、それよりも重要とまでいかなくても、それと同等の重要性を持つ要因としては、陸・空軍の戦力、要塞施設、他国からの距離、交通線の長さ、海岸線の地形、海外領土の重要性とそれに対する自国及び仮想敵からの距離、防衛任務の範囲とその複雑度、などが挙げられる。
　日本代表は「不侵攻・非脅威の状態を現出させることが目的である」と述べたが、そのような状態は軍縮条約締約国の間では現実のものとなっている、と我々は確信している。
　置かれている自然環境故に防衛上優位に立っている国家があるが、上述の要因を無視した上でそのような国家がそうでない国家と均等の海軍力を保有した場合、前者は、防衛に必要な限度を越えた圧倒的に優勢な海軍力を保持することとなる。そうなれば、現行条約下で享受してきた安全保障上の安心感を、我方は失うこととなる。上述の要因のいくつかは可変要因であるが、地理的条件はそうではない。
　現行の艦隊比率制度は、防衛上の均衡と安全保障上の平等を人智が可能にする範囲でもたらしたものである。一方、共通上限枠提案を受け入れた場合に必要となる比率の大幅な再調整は、国際関係が今日よりも平穏で相互信頼の度合いが強い場合においてさえ著しく困難であり、ましてや現在のような不安定な世界に於いては不可能である。極東・ヨーロッパ・アフリカの情勢に鑑み、米国としては、自国の相対的安全を減殺するような変更には同意しかねる。特に、変更がなされたことによって平和への動きが促進され（英文速記録9215頁の to do so would not promote peace という一節は、肯定形の方が意味が通ると判断してそのように訳した）、不侵攻・非脅威の環境が整うという保障が今よりも増進するわけではないのであるから、尚更である。それでも、我が国はすべての艦種での比率削減に賛成で、会議ではその旨提案した。
　いわゆる攻勢用艦種の削減については、防御用艦種との区別ができないとの結論に達した。特定艦種が攻勢的であるか防御的であるかは、それをいかに使用するかによる。国際情勢の変遷によって大規模な海軍を保有することが必要とされなくなった場合、最初に建造を取り止めることとなるのは高価な艦種であるのは理の当然であるが、今日の世界の現状は、それを現実のものとする段階にはない。
　このような理由によって、米国は、共通上限枠の原則を協定の基礎として受け入れること

<1946-11-1>

はできない。当会議に参加したすべての諸国にとって受諾可能となるような合意が得られなかったことを深く遺憾とするが、我が国は、すべての海軍保有国と友好関係を持続することを決意し、それを希求する。

⑪ 1936（昭和11）年1月15日付け永野ロンドン海軍軍縮会議日本主席代表発同会議モンセル議長宛通告―日本はロンドン海軍軍縮会議を脱退する　［E: 9217］［J: 103（8）］

謹んで以下のように通告する。

本日の第一委員会会合で包括的海軍軍備制限・削減に向けた我が国提案に盛り込まれた基本的原則が大勢の支持を得られないことは明らかになったので、我が国代表団は、今次会議の審議にこれ以上参加し続けるのは有益でないとの結論に達した。我方の提案こそが軍縮を有効なものとするには最も精巧に編まれたものであると、今でも強く確信しており、これまで繰り返し述べてきたような理由によって、他の代表団が提示した量的比率に基づく制限提案には賛成できないことを遺憾とするものである。この機会に、これまで閣下が会議を懇切丁寧に主導してきたことに衷心からの謝意を表し、同時に、我が国代表団の首席として当会議に出席した代表団すべてに深甚なる感謝の意を表したい。

＊（検）法廷証PX912【海軍省刊（1934［昭和9］年9-10月）「1935（昭和10）年ロンドン海軍軍縮会議に関する世論の指導」】＝検察側文書PD1618　［E: 9219］［J: 103（8）］　識別番号を付される。

＊検察側文書PD1618-A（検）【同上抜粋：「ロンドン海軍軍縮会議不成功の場合に日本の執るべき道」】検察官ロビンソン海軍大佐、法廷に提出する。被告木戸弁護人ローガン、「添付の証明書は当該文書が海軍省の書庫にあったものであることを明らかにしているが、著者や発行責任者が特定されておらず署名もなく、被告の誰かに結び付けられる証拠であるとは言えない」と異議を申し立てる。裁判長ウェッブ、「著者不明で署名がなされていなくとも重要文書である可能性はある。共同謀議の参加者には被告以外の者も含まれているので、被告以外の者の行為・発言も証拠としての適格性を有する」と申し渡して、異議を却下する。

＊午前10時45分、裁判長ウェッブ、休憩を宣す。

＊午前11時、法廷、再開する。［E: 9222］［J: 103（8）］

＊被告木戸弁護人ローガン、休憩前の異議と裁定に触れて、「立証責任が検察側から弁護側に移されて、当該文書のような書証が被告と関連性を有しないことを証明する責任を弁護側が負わなければならないのか？」と、裁判長に質す。裁判長ウェッブ、「刑事裁判の審理を通じて立証責任を負うのが検察側であるという原則は認めるが、それと証拠の法則とは別物であり、検察側が旧敵国政府由来のものであるとする当該書証は、その検察側の主張を否定する材料が見つからない限り、その主張のままの文書であると扱われる」、「裁判所条例は署名がなされていることを証拠適格要件としておらず、また機密文書には署名などないことが有り得るし、省庁内の文書も同様であろう」、と申し渡す。

＊検察官ロビンソン海軍大佐、検察主張立証第X局面「日本の全般的戦争準備」第4部「海軍

の戦争準備」の検察側立証としての証拠の提出・朗読を続行する。
* (検) 法廷証 PX912-A【PX912 抜粋；「機密参考書類 25 号・海軍・対内宣伝要綱」】＝検察側文書 PD1618-A　証拠として受理され、抜粋が朗読される。

【PX912-A 朗読概要】

4. 公正な主張が国際会議で必ずしも認められないことについては、我が国は満州問題をめぐって国際連盟を脱退したことで経験済みである。不幸にして我方の主張が受け入れられず協定不成立となった場合でも、各国の国情などを考慮すれば、建艦競争が不可避であるとは言えないし、もしそのような事態となったとしても、当局には独自の手法で国防を全うできる自信があるので、国民が不安を覚える必要はないことを強調すること。

5. 我が国の国情の故に我が国の国防は東洋平和の維持と不可分の関係にあり、我海軍の勢力を維持することは東洋平和の基礎であるから、海軍の実力の程度は我が国の将来に大きな影響を及ぼすことを強調して、認識させること。

6. 軍縮交渉が佳境に入るにつれて外国の宣伝戦も熾烈となる可能性があるので、外国の術策に乗せられないよう警戒すべきことを予め伝えておくこと。

* 提出済み (検) 法廷証 PX58【米国対日外交関係叢書 1931（昭和 6）年〜1941（昭和 16）年 第 2 巻】検察官ロビンソン海軍大佐、抜粋を朗読する。[E: 9226]［J: 103（9）］

【提出済み PX58 朗読概要】

⑫ 1936（昭和 11）年 7 月 25 日付けスタンドリー米海軍長官代理発ハル米国務長官宛書簡―日本は米英仏ロンドン海軍条約（昭和 11 年 3 月 25 日）の遵守を拒否した・14 インチ砲制限に対する日本側態度の調査依頼

国務省から非公式に伝えられた情報によれば、ロンドンで 1936（昭和 11）年 3 月 25 日に米英仏代表が調印した海軍条約に、日本政府は拘束されない姿勢を示しているとのこと。これに関連して、同条約第 2 章第 4 条 (2) の「締約国が建造・獲得する主力艦搭載砲の口径の上限を 14 インチとする」旨の規定に日本政府が同意する意向を示しているか否かについて確たる情報が得られれば、海軍省にとっては非常に有意義である。なるべく早い時期にお知らせ願いたい。

⑬ 1937（昭和 12）年 3 月 30 日付け駐英米大使（ロバート・W・）ビンガム発ハル米国務長官宛電文―日本は、14 インチ砲制限を拒否・16 インチ砲競争が行われれば、その責任の所在は明らかである。

英国外務省の本日の通牒によると、日本の外務省は在東京英国大使に対して、「主力艦の砲門口径の上限を 14 インチにする規定は『量的制限を抜きにした質的制限』であるとの理由で正式に拒否する」旨の回答を手交したとのことである。これについて本日の「タイムズ」紙の社説は、

<1946-11-1>

「新たな建艦競争の引き金となるのは、主力艦の搭載砲の口径上限として条約で定めている14インチではなく16インチ砲を採用することであろう。日本は軍縮会議から離脱したが、そのような措置を執らないことを4月1日以前に確約するだけでその引き金が引かれるのを未然に防ぐことができるのであるが、東京からもたらされたのは、日本がそのような確約をすることをきっぱりと拒否したという報道であった。世界が再び無制限の建艦競争という愚行に突き進んでいくとすれば、その責任が奈辺にあるかについて疑いの生じる余地はない」と、論評している。

⑭ 1937（昭和12）年6月4日付けハル米国務長官発グルー駐日米大使宛訓令電文─日本が14インチ砲制限に応ずるか否かを確かめよ　［E: 9228］［J: 103（10）］

米国が既に批准したロンドン条約には主力艦搭載砲の口径の上限を14インチとする条項があり、この条項は、1922（大正11）年のワシントン条約締約国が本年4月1日までにすべて賛成すれば発効することとなっていたが、この条項はいまだ発効していない。政府は、既に予算が執行され建造が開始された戦艦2隻に搭載すべき主砲の口径を決定する必要に迫られているし、議会に予算要求をすることとなっている建造予定の戦艦についても同様である。政府は軍縮の理念に原則として賛成しており、他の主要海軍国がこの制限への同意・遵守を表明するならば、14インチ制限条項に従う用意がある。大統領は早期の決断を迫られており、16インチに決定するのは遺憾なことであるが、他国が制限条項に従わないのであれば、そうせざるを得ない。14インチ制限条項はロンドン条約の目玉の一つで、これが現実のものとなれば軍備制限が部分的ながらも達成され、関係諸国間の不安と猜疑心を払拭することに繋がる。であるから、貴官は日本政府に接触して、ロンドン条約の当該条項一つだけでも同意する用意があるかを確かめてもらいたい。その際、米国政府がこの照会をワシントン条約締約国すべてに送っていることと、6月21日までに回答を望む旨を先方に伝えること。

⑮ 1937（昭和12）年6月18日付けグルー駐日米大使発ハル米国務長官宛回答電文─14インチ砲についての「量的制限なしの質的制限」に日本は応じられない。

以下は、本日午後に日本国外相から「親展」の印が押されて自分に渡された覚書の公式の英訳である。

> 主力艦搭載砲の口径上限についての米国政府からの提案については、留意した。日本の国防方針は、非脅威・不侵攻の原則に立脚しており、他国が同じ原則を遵守している限り、純防衛上の必要に応じた最小限の軍備を保有することで良しとし、他国を脅威し得るまでにその海軍力を自発的に強化する意図は毛頭ない。主力艦搭載砲の口径制限は、質的制限の重要な一側面ではあるが、ロンドン会議で公正・公平な海軍軍縮を実現する上での方策について我が国代表が述べた際に明らかにしたように、我が国の立場は、量的制限を伴わない質的制限には同意し得ないというものであり、この立場は変わっていない。端的に言えば、質的制限のみでは、それによって生じた不足・不備を量の面で補おうとして建艦競争に繋がるということである。米国政府にはこの立場を理解していただきたい。なお、この日本政府の見解は、英国政府に対しては既に3月末に、1月の英国提案への返事として伝達してある。

⑯ 1938（昭和13）年2月3日付けハル米国務長官発グルー駐日米大使宛訓令電文─米英仏ロンドン海軍条約の制限を越えて日本が艦船を建造中との報あり。

周知の通り、日本が1936（昭和11）年のロンドン条約規定の規模を超えた艦を建造中もしくは建造を計画中との風説が絶えず流れている。英国とこの件について協議し、英国はフランス政府に話を伝えた。その結果、貴官及び貴地の英仏大使が土曜日の都合の良い時間に同文の通牒を日本政府に手交すべきことで合意した。

⑰ 1938（昭和13）年2月5日付けグルー駐日米大使発広田外相宛通牒─建艦通報の要求　［E: 9233］［J: 103（10）］

御承知のことかとも思うが、ロンドン条約で米国は、艦艇の建造を以下のように制限されている。

（1）基準排水量が1万トンを超え、搭載砲の口径が8インチ以上と定義される主力艦の場合、（1-A）上限排水量が3万5,000トンを超えるか主砲口径が16インチを上廻る艦は建造不可、（1-B）排水量が1万7,500トンを下回り、主砲口径が10インチに満たない艦についても同じ。

（2）排水量1万トン以下で主砲口径の上限が8インチと定義される巡洋艦の場合、上限は8,000トンと6インチ。

不幸にも日本政府は同条約に調印せず、またそこに盛られた制限条項に従う意思も表明していない。

日本政府は承知しているであろうが、ロンドン条約では制限条項を無視する非締約国があった場合、締約国には制限条項で設定された上限を引き上げる権利が付与されている。これまで、日本が上記制限条項を越えた規模の主力艦・巡洋艦の建造を開始もしくは企図しているとの風説が、絶え間なく流れてきているが、日本政府が事実無根であるとの明確な声明を出さない限り、信憑性があるものと断ぜざるを得ない。よって、米国政府は、日本が「1943（昭和18）年1月1日までは、米国に対する事前の建造開始通告と建造予定の最大規模の艦の排水量・砲口径の通知なしに、ロンドン条約の制限条項の上限を越えた艦艇を起工・竣工・取得しない」との確約をしない限り、既述の上限引き上げの権利を行使する必要があると決断した。

我が国の海軍力見積書発行の都合や我が国の建艦計画を他国に通知する必要などに鑑み、今月20日までに回答を頂ければ幸いである。なんの回答もない場合、もしくは回答の内容が上記要望を満たさないものであった場合、日本は既に条約規定の上限を越えた艦艇を建造中か、建造・取得を認可したと見なさざるを得ない。その場合には米国政府は、他の条約締約国と協議した上で条約に縛られない自主的行動を取ることとなる。しかしながら、日本側が制限条項を越えた排水量・砲口径の艦艇の建造に着手していたとしても、我が国にその排水量・口径を通知して、かつ、将来なんらかの制限に同意する用意があるならば、当方としても協議することに吝かではない。ただし、そのような協議の終了期限は1944（昭和19）年5月1日とする。

⑱ 1938（昭和13）年2月12日付け広田外相発グルー駐日米大使宛回答通牒─建艦計画発表拒否　［E: 9236］［J: 103（11）］

<1946-11-1>   2　検察主張立証段階　513

　貴国政府が我が国の建艦計画に関する情報を求めている旨の2月5日付けの書簡、受領。

　先のロンドン会議で、我が国は、大幅な海軍軍備削減を実現するために攻勢用艦種である戦艦・空母の全廃を提案すると共に、量的制限を伴わない質的制限は公正・公平な軍縮を達成するものではないと主張したが、残念ながら貴国を始め他の会議参加国は同意しなかった。我が国のこの見解は、先に貴国が主力艦搭載砲の口径をめぐる提案をしてきた時の我方の回答でも明らかにした。日本政府は常に非脅威・不侵攻の精神を基調としており、他国の脅威となるような軍備を保有する意図は、毛頭ない。軍縮についての日本の合理的要望が受け入れられず、公正な軍縮条約に我が国が加盟していない現在、量的制限のない状態で単に建艦関連情報を通知したとしても公正・公平な軍縮に資するものではない、と我が国は考えるので、遺憾ながらこの点における貴国の要請に応えることはできない。

　貴国政府は、自らが欲する情報を我が国から得られなかったことのみを根拠にして、我が国が1936（昭和11）年のロンドン条約で規定された上限規模を越えた艦艇の建造を計画していると言い立てているが、いかなる論理でそのような結論となるのか理解できない。それから、いかなる理由・風説を根拠としているのか、「条約に規定された権利を行使して排水量・砲口径の上限引き上げを行う」と言っているが、我が国が同条約の締約国となっていない以上、我が国の関知しないことである。

　また、我が国が「排水量・砲口径の面で合意する意思があるならば協議する用意がある」との申し出があったが、量的制限を伴わない質的制限は公正・公平な軍縮に資することはないとの立場を、我が国は堅持しているので、そのような協議を行っても望ましい結果は生まないと考えざるを得ない。しかしながらここで、日本政府が軍縮に寄せる熱意は他国に劣るものではなく、公正な量的軍縮に重点を置く協議であるならばいつでも応じる用意があることを付け加えておく。

(2)　検察官ロビンソン海軍大佐、検察主張立証第X局面「日本の全般的戦争準備」第4部「海軍の戦争準備」の検察側立証として、「海軍力の増強」に関する証拠を提出する。
　　　　　　　　　　　　　　　　　　　　　（英速録9240〜9255頁／和速録103号11〜13頁）

＊（検）法廷証PX913【海軍省文書；「日本海軍の艦艇・戦艦」－米英仏締結軍縮条約の制限を越える規模の（日本は調印していなかったのであるから「違反」という言葉は不適当と思われる）戦艦大和・武蔵の起工】＝検察側文書PD6262　証拠として受理される。検察官ロビンソン海軍大佐、「同書によれば、既出の広田発グルー大使宛通知の発出された1938（昭和13）年2月には既に、日本海軍は戦艦大和の建造を開始しており、それから間もなく戦艦武蔵も起工された」こと、「大和型戦艦が排水量6万4,000トン（計画時の基準排水量）で主砲9門の口径は18インチあり、1936（昭和11）年のロンドン条約で定められた排水量・主砲口径の各々の上限3万5,000トンと16インチを上回っていた」ことに対して、法廷の注意を喚起する。

＊（検）法廷証PX914【日本外交協会講演集第1巻（1937［昭和12］年1〜6月）】＝検察側文書PD903　識別番号を付される。［E: 9241］［J: 103（11）］

＊（検）法廷証 PX914-A【同上抜粋；豊田副武海軍軍務局長演説「昭和12年度海軍予算要綱並びに海軍関係国防の全貌について」】＝検察側文書 PD903-A　証拠として受理され、抜粋が朗読される。

【PX914-A 朗読概要】

1.　日本の対外政策上障害となっているのはソ連だけではなく、米英にも関心を払う必要がある。英国はインド・支那に重要な権益を有しており、その保護のために強大な海軍力を必要としている。一方、米国は支那を始めとする東洋にはさほど権益を有しておらず、同地での投資・貿易量も日本と比べれば大きくはないが、最近、特に満州事変勃発後、自国の海軍力整備に力を入れている。米国、そして日本においても、「米国はアジアに大きな権益を有していないのであるから、日本に戦争を仕掛けてくることなどない」という声が聞かれるが、現実には米国は、日本を押さえつけることに特別な関心を有している。戦争には絶対的戦争と相対的戦争とがある。例えば、将来日米開戦となった場合、日本にとってその戦争は、死活に関わる絶対的戦争であるが、米国にとっては自国の繁栄のみに関わる相対的なものとなる。であるならば、米国が多額の予算を使って日本を圧迫してくることは常識では考えられないのであるが、実際にはそうしているのである。後で詳しく触れるが、最近の米国海軍施設の充実や太平洋艦隊の常駐といった動きなどは、日本に圧力を加えることを目的としている。

　端的に言えば、米英は日本がアジアで発展していくことを望んでおらず、その発展の芽を今の内に摘んでおこうと考えているのであり、国際関係上の様々な問題は、すべてそこに由来している。我々はこのことを常に銘記して、米国の圧力が強まったとか弱まったとか表面の行動だけを見て一喜一憂することなく、問題の本質を誤りなく把握する必要がある。現在のところ帝国海軍には米国を攻撃する意図など微塵もないが、不敗の態勢を整えておく必要はある。そのようにしてこそ日本の対外政策の成功も保障されると考える。

（中略）

2.　第13項　建艦通知制度の意義

　今回のロンドン条約は、艦隊戦力の削減と建艦通知の二つの主要部分から成り立っている。戦力削減の面ではワシントン条約や旧ロンドン条約と比べて細部では相違する点があるが、概ねその二つの条約の流れを受け継いでいると見て間違いはない。だが、建艦通知の面では、従来の条約と方式が異なっており、その要諦は締約国間の秘密通知という点にある。

　それ故に、非締約国は、締約国の建艦方針・計画を知ることができない。具体的には、1〜4月の間にその年の建艦計画について艦種・隻数・搭載砲の口径などを明らかにして締約国に通知し、さらに起工直前に重要部位の寸法・馬力・速度・武装・装備などの詳細を追加して、実際の建造が始まるのはそのさらに4カ月後という段取りになる。建造中に主要部位に変更を加える場合にもその旨を通知し、その変更作業は通知後4カ月後でなければできない。

<1946-11-1>

3. 第14項 （我が国の建艦事情を）秘密にする理由：

　この仕組みは、優勢な海軍力を有する英米が、劣勢な海軍力しか持たない国を監視して後者が強力にならないようにするための予防措置である。日本は条約に加盟していないのだから英米の建艦計画について知る術がなく、日本が従来通り建艦計画の詳細を発表して、その時期が早過ぎれば、相手の手の内を知らずに自らの手の内をさらけ出すことになる。このようなことは、絶対にあってはならない。

　海軍の厖大な予算要求への承認を議会への十分な説明や国民の理解なしに求めるのは、心苦しく本旨に反することではあるが、上記の理由の故に今の段階では建艦計画の詳細を発表できないことを理解してもらいたい。艦が竣工した際も、大体の規模や装備などは公表できるが、詳細は伏せられる可能性がある。海軍関係の兵器・装備が急速に進歩している今、他国にそれらが余りに早い段階で知られるのを防ぐ手段として理解してもらいたい。

＊被告木戸弁護人ローガン、「当文書が演説の要旨であり、演説をした者が爾後に内容を精査してはいない」と、指摘する。

＊（検）法廷証PX915【第2復員局調製；「日本海軍軍人の総増加員数表（1934［昭和9］年12月31日〜1945［昭和20］年8月15日）」】＝検察側文書PD6261　［E: 9249］［J: 103（12）］　証拠として受理され、抜粋が朗読される。

【PX915朗読概要】

　　　　　　　　　　　　　　　　人員

1934（昭和9）（「年」は省略する）　95,009

1937（昭和12）　　　　　　　　133,747（検察官ロビンソン海軍大佐、「急激な増加」、と付言する）

1941（昭和16）　　　　　　　　311,359（検察官、「1934（昭和9）年と比べて200％増加」、と付言する）

＊（検）法廷証PX916【第2復員局調製；「主要日本軍艦保有量及び建造量（1931〜45［昭和6〜20］年）」】＝検察側文書PD6260　証拠として受理され、抜粋が朗読される。

【PX916朗読概要】

	隻数	総トン数
1931（昭和6）	217	717,539
1936（昭和11）	199	（朗読されず）
1937（昭和12）	217	（朗読されず。検察官、「前年から約5万トン増加」と付言する）
1941（昭和16）	237	1,049,293　（検察官、「33％を超える増加」と付言する）

（中略）

建造中の艦艇　　　隻数　　　総トン数
　　1931（昭和6）　　　21　　　85,773
＊検察官ロビンソン海軍大佐、「1937（昭和12）の総トン数は戦艦大和の起工や空母分29,950トンもあって、前年から78,226トン増え、増加率が最大」、と付言する。
　　1941（昭和16）　　　53　　　234,592
＊検察官ロビンソン海軍大佐、「10年前と比べて172％を超える増加」、と付言する。
＊ローガン弁護人、検察官が数値の比較に総トン数を使用していることに触れて、「隻数であれば増加率が異なる」、と申し立てる。裁判長ウェッブ、「総トン数も戦力増加を計る際の指標である」、と弁じる。
＊裁判長ウェッブ、正午の休廷を宣す。
＊法廷、再開する（英文速記録に時刻の記載なし。和文速記録によれば午後1時34分）。［E: 9253］［J: 103（13）］
＊検察官ロビンソン海軍大佐、検察主張立証第X局面「日本の全般的戦争準備」第4部「海軍の戦争準備」の検察側立証として、「海軍力の増強」に関する証拠の提出を続行する。
＊（検）法廷証PX917【第2復員局調製；「日本海軍保有艦艇－軽巡洋艦並びに重巡洋艦」】＝検察側文書PD6264　証拠として受理される。ロビンソン検察官、当文書を引いて「1937（昭和12）年12月1日に重巡洋艦3隻が就役している事実」を指摘し、「その年に日本海軍の戦力が飛躍的に増強されたことを示す今一つの事例である」、と申し立てる。
＊（検）法廷証PX918【第2復員局調製；日本海軍保有艦艇－航空母艦】＝検察側文書PD6263　証拠として受理される。検察官ロビンソン海軍大佐、当文書を引いて、「1937（昭和12）年に蒼竜が就役した他、翔鶴・瑞鶴の建造が始まった」、と申し立てる。被告木戸弁護人ローガン、「検察側は日本が建艦計画を秘密裏に進めていた証拠としてこれら書証を提出すると予告したが、秘密裏になされていたことを示すものは何もない」と申し立てる。裁判長ウェッブ自ら、「恐らく、軍縮条約の存在にもかかわらず戦力が増強されたことを示したいのであろう」、と弁じる。ロビンソン検察官、「文書の内容から事実は読み取れる」、と申し立てる。

(3) ロビンソン検察官、検察主張立証第X局面「日本の全般的戦争準備」第4部「海軍の戦争準備」の検察側立証として、「1941（昭和16）年12月における海軍の戦争準備」に関する証拠を提出する。　　　　（英速録9255～9262頁／和速録103号13～14頁）
＊提出済み（検）法廷証PX809-A【1945（昭和20）年12月1日付け占領国軍総司令部発行報告書第131号「日本の戦争決意」抜粋；全般的計画・机上演習・機密連合艦隊命令作戦第1号・マレー地図ほか】検察官ロビンソン海軍大佐、朗読する。

<1946-11-1>

【提出済み PX809-A 朗読概要】

1. 全般的計画

1941（昭和16）年8月中に日本海軍は、異例の頻度で図上演習を行い、翌9月2～13日には東京の海軍大学校で海軍高級幹部多数が参加して、最後の図上演習が実施された。課題は、真珠湾攻撃の詳細を詰めることと、マレー・ビルマ・蘭印・フィリピン・ソロモン諸島・ハワイを含む中部太平洋島嶼の攻略予定計画を確定することであった。後に発せられた具体的作戦指令の要諦をなしたのは、それらの課題を実際にどのように解決していくかを考察して得られた解答を概説したものであった。連合艦隊作戦命令第1号の最終草案は、11月1日までに承認され、印刷が開始された。命令とその附属書は、真珠湾と米英蘭領に対する攻撃計画・予定を詳述するものであった。

（中略）

2. 第2項　1941（昭和16）年1月

「英領マレー東海岸航空軍用地図第1部」というコタバルとその周囲を含んでいる注釈付きの地図は、同地域への上陸作戦に関連した情報を含んでいる。コタバルは、英領マレーの中で日本軍が最初に上陸した地点である。この地図は、軍令部が1941（昭和16）年10月に作成したものであるが、地図の基となった航空写真は、同年1月に撮られ、水路部による作図に向けた追加作業は7月に完了していた。

（中略）

3. 第26項　訓練計画

（イ）対米戦秘密訓練

海軍省1943（昭和18）年発行の広瀬彦太大佐著『故山屋他人大将の生涯』には、以下のような一節がある。

> 1918（大正7）年6月、第2艦隊司令長官に任命され、翌年1月に大将に昇進して第1艦隊司令長官に。後に連合艦隊司令長官に任命されるや、大将は対米戦のための厳しい訓練計画を秘密裏に作成した。

（中略）

4. 第29項　特殊潜航艇による真珠湾攻撃

（イ）事前の計画

大本営海軍報道部平出英夫大佐の1942（昭和17）年3月6日付け「海軍特別攻撃隊の勇士」と題する記事には、以下のような一節が含まれている。

> 我が国の世界平和を希求する偉大なる真意と使命を理解せず、我が国の存立さえも脅かそうとする暴戻なる米国に痛撃［iconoclastic blow］を浴びせた時、敵の中枢部に命を賭して一撃を加えた一団がいた。自らの命と引き換えに大戦果を収めた海軍特別攻撃隊の隊員に、満腔の敬意を表して、「大本営発表3月6日午後3時。この特別攻撃隊については既に公式

発表がなされているが、世界を震撼させたこの攻撃を立案・実行したのは、岩佐（直治）大尉以下数名の士官である。計画は愛国・忠誠心に燃える大尉以下が一朝有事に備えて案出し、上官を通じて連合艦隊司令長官に提出した。計画を注意深く検討した司令長官は、実行可能と認め、立案者達の熱意を受け入れた。……作戦参加者の訓練と技術担当官の兵器の実験が、現場作業員も交えて厳重な機密保持体制の下で短期間の間に昼夜を分かたず続けられた結果、作戦開始に間に合わせて準備が完了したのである。攻撃計画は岩佐大尉以下が練り、愛国・忠誠心に立脚した義務感に支えられて、人間業では不可能と思われた計画作成作業を数カ月間の内に完了させた。それ以後、さらに数カ月間、一同は計画が失敗しないよう筆舌に尽くし難いような厳しい訓練を重ねていった」と、報告する。

＊（検）法廷証 PX919【1941（昭和16）年11月11日付け連絡会議決定案；「対米英蘭蔣戦争終末促進要領」】＝検察側文書 PD1444　［E: 9261］［J: 103（14）］　証拠として受理され、抜粋が朗読される。

【PX919朗読概要】

1．方針
イ．速やかに極東の米英蘭拠点を除去して自存自衛体制を確立し、蔣介石政権の屈服を早めるようにする。さらに、独伊と協力してイギリスの屈服を図った上で、米国の戦意喪失を企図する。

2．要領
イ．我が国は武力で以て、東亜と南西太平洋地域の米英蘭拠点を速やかに除去して戦略上優位な態勢を確立すると共に、重要資源地域と主要交通線を確保して長期自給自足態勢を整える。あらゆる手段を尽くして適当な時期に米国海軍主力を誘き出して撃滅するよう努力する。

＊検察官クイリアム准将、検察主張立証第 X 局面「日本の全般的戦争準備」立証の終了を告げる。

2―11　検察主張立証第 XI 局面「米・英・英連邦諸国関係」
（英速録 9263～11396 頁／和速録 103 号 14 頁～120 号 7 頁）

＊キーナン首席検察官、検察主張立証第 XI 局面「米・英・英連邦諸国関係」の証拠提出を行う検察団を、紹介する。

・冒頭陳述　カーライル・ヒギンズ（米国北カロライナ州弁護士）

・証拠提出　カーライル・ヒギンズ　グローバー・ハーディン（米国アーカンソー州法律家協会員）　ジョン・フィシェリー（合衆国検察官主任補佐）　ユージン・ウイリアムズ（米国カリフォルニア州法律家協会員）　アーサー・S・コミンズ＝カー（英国代表参与検察官）　ヘンリー（英文速記録 9263 頁では Harry となっているが、正しくは Henry。ミドルネームはグラッタン［Grattan］）・ノーラン代将（カナダ代表参与検察官）　ジェームズ・ロビンソン（米海軍大佐）

<1946-11-1>

(1) ヒギンズ検察官、検察主張立証第 XI 局面「米・英・英連邦諸国関係」の冒頭陳述を行う。　　　　　　　　　　　（英速録 9264〜9326 頁／和速録 103 号 14〜23 頁）

【検察官ヒギンズによる「米・英・英連邦諸国関係」冒頭陳述】

1.（証拠となる）諸事件、外交公文・文書などを正しい文脈で捉えるために、当事国間の条約上の権利・義務を概観しておくことが有用である。それらの条約は、(1) 戦争勃発防止のための諸協定、(2) 日本と諸国との関係を律する諸協定、(3) 支那との関係を律する諸協定、に分類される。

1-1. 戦争勃発防止のための諸協定

1-1-1. 国際紛争等の平和的処理に関する 1899（明治 32）年 7 月 29 日署名ハーグ条約（起訴状附属書 B 第 1〜4 項・（検）法廷証 PX12）

紛争の平和的解決を世界的レベルで試みた条約としては最初のもので、当裁判に関わるすべての国が締約国であった。関連条項は以下の通りである。

第 1 条：国家間での武力の行使を可能な限り回避することを目的として、締約国は国際紛争の平和的解決を保証するために最善を尽くすことに合意する。

第 2 条：重大な意見の相違や紛争が生じた場合、締約国は武力行使の前に、情況の許す限り、単一もしくは複数の友好国の斡旋・調停を依頼することに合意する。

1-1-2. 開戦に関する 1907（明治 40）年 10 月 18 日署名ハーグ第 III 条約（起訴状附属書 B 第 5 項・（検）法廷証 PX14）

関連条文は以下の通り。

締約国は、理由を明示した宣戦布告乃至は条件付き宣戦布告を伴う最後通牒を明確な形で事前に手交することなく、武力行使を開始しないことを確認する。（何条であるか検察官は明示していないが、第 1 条「宣戦」の内容である）

1-1-3. 1919（大正 8）年 6 月 29 日（正しくは 28 日）付け国際連盟規約（起訴状附属書 B 第 11〜14 項・（検）法廷証 PX23）。

関連条文は以下の通り。

第 10 条：連盟加盟国は、すべての加盟国の領土保全と現行の政治的独立を尊重し、それらに対する外部からの侵害行為を防圧することを約する。そのような侵害行為もしくは侵害行為の脅威・危険があった場合には、連盟理事会は、当該義務履行に向けた措置について勧告をなすものとする。

第 12 条：連盟加盟国は、加盟国間に国交断絶に至る可能性がある紛争が生起した場合、該案件を仲裁裁判もしくは連盟理事会の審査に付託することに合意し、また裁判判決もしくは理事会報告後三カ月が経過するまでは武力を行使しないことに合意する。

＊ヒギンズ検察官、「米国は連盟に加盟したことがなく、日本は 1935（昭和 10）年に脱退した」、

と付言して、冒頭陳述の朗読を続行する。

1-1-4. 1928（昭和3）年8月27日付けケロッグ・ブリアン条約（起訴状附属書B第33-34項・（検）法廷証PX33）

当裁判当事国のすべてが調印しており、以下のように規定されている。

第1条：締約国は、国際紛争解決のために戦争に訴えることを非とし、対外関係における国策遂行手段としては放棄することを各国民の名に於いて厳粛に宣言する。

第2条：締約国は、締約国間に生起するいかなる性質・起源の紛議・紛争の処理・解決を平和的手段以外には求めないことに合意する。

1-2. 日本と諸国との関係を律する諸協定

1-2-1. 両国の極東政策を宣言した1908（明治41）年11月30日付け日米交換公文（起訴状附属書B第6～9項・（検）法廷証PX22）。

関連条項は、以下の通り。

2. 両国政府の政策は、侵攻的性向にとらわれることなく、前記地域の現状維持と清国での通商・産業の機会均等の原則保持を目的とする。

3. 従って、両国は前記地域に両国が有する領土を相互に尊重することを固く決意する。

1-2-2. 太平洋方面における島嶼属地及び島嶼領土に関する1921（大正10）年12月13日付け英連邦・仏・日本・米国（四カ国）条約（日米英仏が調印の後、1922（大正11）年2月4・6日にオランダとポルトガルが加盟。起訴状附属書B第19～21項・（検）法廷証PX24）［E: 9268］［J:（15）］

関連条項は、以下の通り。

締約国は、太平洋地域に於ける島嶼領・自治領［dominion］に関わる権利を相互に尊重することを約する。締約国間に、同地域に関わる問題や先に述べた権利をめぐって外交的手段では満足の行く解決が得られず当事国間の円満な協調関係に悪影響を及ぼすような紛争が生起した場合、当事国は、紛争案件を審理・調整するための会議に第三の締約国を招請することとする。（何条であるか検察官は明示していない）

1-2-3. 南洋群島に対する帝国の委任統治条項（起訴状附属書B第18項・（検）法廷証PX23）（PX23は国際連盟規約他より成る。内容から判断して上記法令である）。

第4条：警察任務や現地防衛の目的以外の現地住民の軍事教練は禁止する。また、同地域には陸海軍の基地、要塞設備は構築しないこと。

＊C・W・ヒギンズ検察官、「米国は連盟に加盟していなかったが、1922［大正11］年2月11日に日本と締結したワシントン日米条約（起訴状附属書B第31項・（検）法廷証PX29）によって、当該第4条の適用を受けることとなった。同条約第2条は「米国は連盟加盟国ではないが、米国及び米国国民は、前記委任統治条項第3～5条に規定される日本の約定に基づく一切の利益を享受すると規定する」、と申し立てて、朗読を続行する。

1-3. 支那との関係を律する諸協定

<1946-11-1>

　支那の領土保全もしくは門戸開放を謳った国際協定は多数あったが、日本を始めとする諸国が支那に対して有する主要な義務を規定したのは、米、英、ベルギー、支那、仏、伊、日本、蘭、ポルトガルが締約国となった1922（大正11）年2月6日付け九カ国条約（起訴状附属書B第22～30項・（検）法廷証PX28）である。最初の4条が検察側立証にとって重要と思考する。以下の通りである。

第1条：支那を除く締約国は、以下について合意する。
（1）支那の主権、独立、領土・行政上の一体性を尊重すること。
（2）支那が実効的・安定的政権を確立・維持するために、最大限の機会を最大限自由な形で供与すること。
（3）すべての国に対する支那での通商・産業上の機会均等の原則を、効果的に確立・維持するために影響力を行使すること。
（4）他国民の権利を減殺する形で自国民の権利・特権を獲得することを目的として支那の情勢に便乗し、もしくは他国の安全を脅かす行動を支持することを差し控えること。

第2条：締約国は、第1条の原則に背馳し、もしくはこれを阻害するような条約、協定、取り決め、了解を、締約国間同士で、もしくは他のいずれかの国との間で、個別にもしくは協同して締結しないことに合意する。

第3条：支那での通商・産業への門戸開放・機会均等の原則をすべての国に対してより効果的に適用するために、支那を除く締約国は、以下の試みをなし、もしくはそれをなそうとする同国人を支持しないことを約する。
（a）支那内の一定地域に於いて、自己を利するために商業・経済上の優越的権利を獲得しようとする一切の取り決め。
（b）支那で正当な通商・産業に従事し又は、支那の中央もしくは地方政権のなんらかの範疇の公共事業に（英文速記録9272頁の"in any category or public enterprise"は"in any category of public enterprise"の誤植であると思われるので、そのように解して要約した）参画する他国民の権利を剥奪するような、一切の独占もしくは優先、又はその規模、期間、地理的適用範囲から見て機会均等の原則を実質的に阻害するそれらの独占もしくは優先。

　本条の上記規定は、特定の商業、産業、金融活動や発明・研究の奨励に必要な財産・権利の取得を禁ずるものと解釈すべきではない。

　支那は、本条約締約国であるか否かを問わず、外国官民からの経済的権利・特権の申請を処理する際には、本条の前記規定の原則に従うことを約する。

第4条：締約国は、支那の特定地域で各国国民が相互に勢力圏を設け、もしくは相互に独占的機会を認めるような協定を支持しないことを約する。

＊C・W・ヒギンズ検察官、「当九カ国条約や支那関連の他の条約は、支那国のみならず他の締約国に対しても義務を負わせるもので、その究極的目的は平和の維持であった。従って、それを遵守することは、平和志向の国々にとっては重大な関心事であった」、と申し立てる。　［E:

9273］［J:（15）］

　同条約第1条の4項目は、米国の支那のみならず他のすべての国々に対する外交方針の宣命であり、また日本の外交方針でもあり、日本が以下の義務を負うと諸外国が判断したのも当然であった。

　(1) 支那の主権の尊重。
　(2) 支那がその内部の問題を（外部からの）干渉を受けずに自身で解決するに任せること。
　(3) 支那における商業上の機会均等の促進。
　(4) 支那での情勢を利用しての特別な権益の追求を控えること。

　2. 提出される証拠は、日本が1931（昭和6）年9月までは、このような条約上の義務を比較的よく遵守していたことを示す。しかし、それ以降、表明された日本の外交方針が、九カ国条約上の義務と相容れない場当たり的なものとなっていき、それは原則に基づくものではなく、国策の遂行を容易にする機会主義的なものとなり、武力と征服を基調とする政策となっていったことを、証明する。

　関連する条約の条項に基づき、各国は、支那で治外法権を平等に保有していた。日本は、南満州鉄道守備を目的とした兵力を1マイルにつき15名を限度として配備する権利を有していた他、1901（明治34）年の義和団議定書によって、北支の特定地域における駐兵権と上海・鼓浪嶼の共同租界や日本人居住区での派兵・駐兵権限を有していたが、それ以外の地域ではそのような権利は認められていなかった。

　3. 奉天で始まった事変と、自らが宣命した事変不拡大方針を日本が反故にしたことに対して、米国政府は直ちに、誠意と熱意を込めた抗議を行った。日本の行為は、米国のみならず全世界にとって重大関心事であり、九カ国条約やケロッグ・ブリアン条約の違反という観点から、倫理的、法的、政治的に非難されたのである。これが、対外政策をめぐって日米間で発生した最初の衝突である。満州事変の当初から日本は米英に対し、日本が満州に領土的野心がないことや、米国政府が事態の推移を注視してきた真摯な態度に配慮する旨を述べていた。奉天での戦火が全満州を軍事的に制圧しようとする動きへと拡大する中、米英は、平和・条約遵守の方針を貫く姿勢で臨み、日本にもその原則に従わせるべく努力がなされた。米国は連盟加盟国ではなかったが、この点では連盟と歩調を合わせた。支那との友好関係維持を望むとの日本の公式声明とは裏腹に、日本の軍事行動は継続して、満州全土が制圧され、傀儡国家満州国の成立を見た。米英両国とも満州国を承認せず、連盟は日本の行動を非難した。検察は、米国務長官が連盟の報告・結論に基本的に賛同する旨声明したことを明らかにする。連盟が打ち出した日支間の紛争解決に向けての根本原則に米国も賛意を表明した。日本は解決に向けて多くを語ったが、事変が解決を見ることはなかった。この日本の支那侵攻によって日米関係が悪影響を受けたことは、言うまでもない。

　4. 1934（昭和9）年2月に、当時外相であった被告広田（弘毅）は、米国務長官（コーデル・）ハルに「平和裏に解決できない問題は両国間に存在しない」と述べ、ハル長官も好意的にそれを受け入れたが、それから1カ月も経たない内に外務省情報部長の天羽（英二）が、日本の支那で

<1946-11-1>

有する政治・経済上の優越的地位を強調し、諸外国が支那に於ける日本権益を損ねる措置を執らないよう警告を発して、事実上「(他国は)支那から手を引け」と言うに等しい声明を発出した。条約上認められていない地位を日本に付与するようなこの声明に対して、英米は抗議したが、両国は日本側のその後の弁解を、後の事態の展開から見れば過分とも思われる好意的態度で受け入れた。

5. 同年、日本はワシントン海軍条約から脱退する意図を通告し、翌1935（昭和10）年には国際連盟から脱退。それ以降、日本は熱河省、東内蒙古に侵入して完全に制圧し、長城以南の河北省にも侵入している（英文速記録9278頁の原文のママ。実際は、熱河省の占領は、1933［昭和8］年3月には完了し、関東軍が一時河北省に歩を進めた灤東・関内作戦も、同年5月に塘沽停戦協定が締結されて終了している）。[E: 9278][J: (16)]

6. 日本のワシントン海軍条約脱退以前、既に、同国海軍の有力者は、航空母艦を最も有力な攻撃用艦種と認めていた。1934（昭和9）年10月29日に山本提督（五十六／当時少将）は、効果的な攻撃用兵器として認められる空母の建造を中止する用意があることを述べて、日本は東亜において侵攻企図を有しないことを示すべきと発言した（山本が第二次ロンドン海軍軍縮会議予備交渉に出席した時の発言だと思われる）。また、被告永野提督（修身／当時海相、大将）は1936（昭和11）年1月15日に、同様の趣旨から空母の廃棄を述べ立てている。しかし、正確な統計数値は得られないものの、その時から真珠湾攻撃まで、日本は空母の建造量において他国を凌駕していた。ロンドン条約からの脱退は、日本が海軍軍縮の分野で有していた西側諸国との最後の絆を断つものであった。その後、米英仏が合意した海軍軍備制限条約を、日本は一顧だにせず、軍拡に狂奔し、その増強に関する事実を他国に明らかにすることはなかった。提出される証拠によって、日本の連盟と海軍軍縮条約からの脱退が、大規模な侵攻戦争の準備段階であったことが示される。

7. 満州事変から支那事変に至るまでの英米は、日本に対して自制力を効かせて、寛容・平和的姿勢を見せていた。両国は、条約違反や自国民に対する危害に抗議はしたが、紛争の平和的解決を望み、武力行使を示唆するような言動はなかった。その間、満州を軍事的に制圧した日本は、同地域の政治・経済的支配を強めたため、満州の門戸は英米に対しては閉ざされた。

8. 支那戦争（英原語は"China War"。支那事変を指す）勃発当時の米国の対応は、自国民の生命・財産・法的権利の保護に主眼を置いたものであった。1937（昭和12）年7月16日にハル国務長官が米国の方針として出した声明は、平和の維持、武力行使と他国への内政干渉の回避、国際紛争の平和的・遵法的解決を謳うものであった。米国は、支那で関係諸国が被った償い難い惨禍に日本の注意を喚起しようとしたが、戦火は上海にも拡大して、米国民の生命と財産が同地で初めて失われた。同年10月5日にローズベルト大統領は、シカゴで行った演説で、国力の許す範囲での平和維持と避戦への努力を米国の方針とした。米英はこの方針を貫いたが、一方で、支那において武力による征服戦争が進行中であるとの非難の声を上げることはなかった。翌日、国際連盟は、日本の行動が自衛行為として正当化されるものではなく、条約義務に違背するものであるとの決議を採択。同日、米国務長官は、日本の支那における行動は国際関係を律する原則と相容

れず、九カ国条約とケロッグ・ブリアン条約の条項に違反するものである、と指摘した。太平洋方面における島嶼属地及び島嶼領土に関する四カ国条約や九カ国条約に基づき、極東の紛争を平和裏に解決するためのブリュッセル会議が開かれることとなったが、日本は、同年10月27日に同会議に出席しないことを通告。その間にも、支那における日本の軍事行動は継続し、英米両国民の生命・財産が失われ続けた。同年12月12日、在南京の米大使館員救出任務に従事していた砲艦パナイ号（日本語の文献では「パネー」と表記されることが多いが、実際の英語の発音に従えば「パナイ」と表記するべきで、ここではそれに従った）、並びに米国商船3隻が揚子江上で爆撃され、英国砲艦レディーバード号も同日、陸上からの砲撃を受け、共に人命の喪失を見た。支那事変勃発から1938（昭和13）年の終わりまで、日本の支那での征服行為が続く中、英米国民の生命・財産に対する侵害行為は続き、両国はそれに対する苦情と賠償請求を多数申し立てた。英国だけでもその件数は500余りに上る。状況は1939〜40（昭和14〜15）年の期間も同じで、日本側の苦情への対応は、責任回避、無視、弁明などに終始した。中でも、病院や教会などについては日本側にその所在地が通知されたにもかかわらず、度重なる攻撃を受け、その回数が16回にものぼった例があった。その攻撃の意図的かつ執拗な態様から判断して、日本側には支那征服のみならず、同地から英米を始めとする白色人種すべてを追放する意図があるような気配が感得された。英米両国民が被った損害は、満州事変当初に日本が自国民に加えられたとした損害を遥かに上回るものであったが、英米両国が武力に訴えることはなく、示威・威嚇行動を取ることもなかった。両国の関心は、紛争の平和的解決と自国民の生命・財産への侵害を局限することにあった。［E: 9285］［J: 103（17）］

9. 1938（昭和13）年11月3日、日本は「東亜新秩序」を宣言し、それまで「門戸開放」政策の下で認められていた自由貿易の原則を否認。支那で優越的権利を有することを明らかにした。現行条約に背馳するこの行為は、非アジア人種の立場を益々困難にするものであった。この時期に、なんの挑発行為も受けなかった日本機が、理由もなく、英国大使の乗った乗用車を攻撃し、また南京では日本軍が、米国領事に暴力行為を働いたことが立証される。日本の当局は、自らの支配下に置く支那政権を通じて法令を制定、採択し、英米国民が現地で長期間続けてきた事業の継続を妨げた。

10. 日本は侵攻を続け、それに対する英米からの抗議・訴えを一顧だにしなかったため、英米と日本との関係は徐々に悪化。単なる抗議に留まらない具体策が必要と判断した米政府は、1911（明治44）年2月21日締結の日米通商条約の条項に基づき、半年間の猶予付で同条約が失効することを、1939（昭和14）年7月26日に通告した。米英両国政府は、「東亜新秩序」宣言と一対となっている日本の支那侵攻を、日本が太平洋地域を政治的に支配し、他国の権益を排除した上で日本の利益を図るために支那を経済的に搾取し、社会的には個人の自由を剥奪し征服地の民族を劣等な立場におとしめる試みの一環であると認識するに至った。これらはすべて条約違反の行為である。それでも米英は、威嚇的行動や戦争を示唆する行為には訴えず、平和的解決を模索し続けた。

日本の北部仏印進駐は、日本の野望が征服と共に大きくなっていったことを示している。フィリピン、マラヤ、タイ、蘭印、ボルネオが次の目標であることが強く感得され、もしそれが現実のものとなるならば英米の安全にとって直接かつ重大な危機となるのは明らかであった。両国は、日本に対してなんら威嚇や敵対的行動を取っておらず、理性的対応でその征服企図を放棄させようとしていた。が、当時日本銀行の金庫には、フィリピン、マラヤ、タイ、蘭印などを占領した暁に現地で流通させるべき通貨が、保管されていた。これらは、関係省庁が1941（昭和16）年1月24日に承認した極秘命令に基づき造幣され、同年5月から日銀の金庫に納められ始めたものであった。このことを知っていたならば、米英両国は、自分達の努力がいかに虚しいものであったかを悟ったであろう。日本が平和維持に大した関心を寄せていなかったことは、同年春頃にドイツとの間で、シンガポールやフィリピン攻撃について協議していた事実によっても明らかである。

　12. 時を同じくして開始された日米交渉は、表面上は、支那との戦争より発生した見解の相違を議論し、アジア・太平洋地域での諸問題を平和裏に解決する可能性を模索するものであった。交渉初日の4月16日にハル国務長官は日本大使に、交渉の目的が日米関係の改善にあるとして、交渉は国際関係を律するべき以下の原則に基づくべきであることを明らかにした。

1. すべての国々の領土保全と主権の尊重。
2. 他国に対する内政不干渉原則の捧持。
3. 通商上の機会均等を含む平等原則の捧持。
4. 平和的手段によって改変可能な場合を除く、太平洋地域での現状維持。

　その後の事態の推移を顧みれば、以下のように結論付けても無理があるとは言えない。即ち、日本は、米国に対して、自らの占領・征服企図を認めさせようとしたか、もしくは秘密裏に準備を進めてさらなる侵攻行為を始める絶好の時機を窺う間、米英両国に偽りの安心感を植え付けようとしたのである。日本がその侵攻行為で得た成果を保持し、さらなる侵攻を行う権利を承認、追認、肯定するような合意を英米両国が日本との間に結ぶ可能性のないことは、被告人達には明らかなはずであった。日本が、これら被告人や被告人と意を同じくする者の主導下で、その侵攻行為を中断し、もしくは後戻りしたりする意図のなかったことを示す証拠は、十分に存在する。

　日米交渉の過程において米国は、英米が締約国であった条約上の権利・義務に基づいて、日本にそのような条約で定められた義務を認識・履行させようとしたに過ぎない。この点で、米英と日本の姿勢は際立った相違を見せている。即ち、米英は、諸問題の解決は条約の条文に従って可能と考えると同時に、日本が条約上主張する権利には義務が付随することを主張した。これに対して日本は、条約上の権利を本来認められた範囲を遥かに逸脱した形で主張し、付随する義務を顧みることはなかった。日本がそこで意図したのは、その侵攻企図をいかに迅速かつ広範に進められるかを探ることであったと思われる。［E: 9290］［J: 103（18）］

　13. 1941［昭和16］年6月1日までに、ヨーロッパでのフランスの敗北は決定的となり、ドイツの潜水艦による対英封鎖作戦は、その頂上を迎えようとしていた。また、米国の戦争準備が

進んでいないことは、よく知られていた。同月22日、独ソ戦が開始され、ソ連は生きるか死ぬかの瀬戸際に立たされた。日本では、同月23日から30日までの間、連日、(政府大本営)連絡会議が開かれた末に、翌月二日、東条陸相の要請に従って御前会議が招集され、その場で、日本の国策は「情勢の推移」に鑑み、以下の三点に基礎を置くものである、と決定された。

(1) 日本は支那事変処理に向けた努力を継続する。
(2) 世界情勢の変化に関わらず、日本は、大東亜共栄圏を確立する。
(3) 南方進出のための方策を講じる。

そして、これらを達成するためには米英蘭との戦争も辞さないことが決定された。この決定に従って、予備・現役兵100万名の召集を含む大規模な戦争準備が行われた。被告の中で連絡会議に出席したのは、平沼、東条、永野、武藤、岡であり、御前会議には武藤の代わりに鈴木が出席した他は、同じ面々が出席した。この時、松岡外相や白鳥など、即時対ソ開戦を主張する一派もあったが、南進政策を推す声が主流を占め、爾後もその方針が維持された。

14. 7月16日、近衛と松岡との間の意見の不一致のため、第二次近衛内閣は総辞職し、松岡の後任に豊田(貞次郎)が外相となって、第三次近衛内閣が成立。平沼は、前内閣での内相としてではなく無任所大臣となり、その他の被告では東条陸相、木村陸軍次官、鈴木企画院総裁が留任した。同年6月18日あたりから、ビシー政府に日本の南部仏印進駐を認めさせるために、ドイツとの交渉が始まり、合意が成立しない場合には武力侵攻する意図の下、北部仏印に兵力を集結(恐らく、通訳による時間差のため、和文速記録103(18)ではここで休廷したこととなっている)した。この方針は、第二次近衛内閣の時に始動し、第三次近衛内閣の時に、野村駐米大使が「日米交渉に破滅的影響を及ぼす」と警告したにもかかわらず、実行に移された。

＊午後2時45分、裁判長ウェッブ、15分間の休廷を宣す。
＊午後3時、法廷、再開する。[E: 9294] [J: 103 (18)]
＊ヒギンズ検察官、冒頭陳述の朗読を続行する。

15. 日本の南部仏印進駐への準備は、英米蘭が西部太平洋地域に保有する領地やその交易ルートへの脅威と受け止められ、ワシントンでの日米交渉では、交渉の意義を没却するものであるとの批判が寄せられた。駐米日本大使は当初、このような動きのあることを否定していたが、7月23日になって、資源の確保や対日軍事包囲網への対抗策などを、その理由として言い立ててきた。しかし、証拠として提出する予定の日本側文書は、南部仏印進駐の目的がシンガポールやタイを始めとする南方要域に対する作戦に向けての根拠地獲得にあったことを示している。当時においても、日米交渉にあたった国務長官代理(サムナー・)ウェルズがこのようの見解を示し、このために交渉は一時、中断した。7月27日にローズベルト大統領は、仏印を「中立的」地域とすることを提案。これによって、日本が資源・食糧の供給を確保できるのは明らかであったが、日本は、これを拒否して進駐を強行。この動きは、奉天に始まった、支那本土を南進・北進によって軍事・政治・経済的に支配する計画の一環に過ぎず、提出済みもしくは提出予定の証拠が、日本の条約違反の実態を明らかにする。在米資産が日本の侵攻行為に利用されることを避けるため、

<1946-11-1>

ローズベルト大統領は7月26日に、在米の日本及び支那の資産を凍結することを命令し、英蘭もそれに倣った。これによって、日本と英米蘭との間の交易は事実上、途絶え、直後に石油の禁輸措置が実行された。日本の論者の中には、資産凍結や禁輸措置を日本の戦争決意を誘発したものであると批判する向きがあるが、それらの措置は、日本の侵攻行為に応えて行われたものであり、先立ってなされたものでないことに注目すべきである。

16. 8月8日、日本大使は、懸案解決のために両国の首脳による会談を開く可能性を打診。同月28日、近衛首相はローズベルト大統領に、太平洋地域全般にわたる重要問題を話し合うための首脳会談を提案した。この提案に付随して日本側は、「支那事変の解決もしくは東亜での正当な平和の確立が実現された場合、仏印から撤兵する用意がある」、「南部仏印進駐はさらなる南進作戦の準備ではない」との誓約を発出した。同時に日本は、先に米国務長官が提示した四原則への賛意を示し、太平洋地域ならず全世界での平和確立の基礎となるべきものであるとの見解を示した。故に、日本は、米国がハル四原則をその外交政策の要諦としていることを認識していた。近衛提案に対してローズベルト大統領は9月3日、根本かつ本質的問題について予備的交渉が必要であるとの見解を示した。

17. 9月6日、日本大使は、新提案の草案を提示したが、そこに盛り込まれた日本の確約は、前回のものよりも限定された内容のものであった。日本は、「正当化できる理由がなければ仏印以南への武力による進駐及びその行使は行わず、支那での米国の経済活動は公正に行われる限り制限されない」ことを約すると同時に、米国に対して「極東及び太平洋南西地域での軍事行動を控え、資産凍結命令を撤回」することを求めてきた。この要請が実行に移されれば、実際には以下のような結果となる。

(1) 日本は兵力の制限なしに、仏印全体への軍事的支配を継続できる。
(2) 南方地域での武力行使を正当化する理由があるか否かの判断は、日本が独自に下せる。
(3) 支那での米国の経済活動が正当なものか否かの判断は、日本が下せる。
(4) 米国はフィリピンを始めとする極東拠点の防衛態勢を強化しないこと。また、文言からは、既存の防衛拠点に対する補給をも断念すべきとの解釈も可能で、それらを実質的に放棄することとも取れる。
(5) (和文速記録は (3) とするが誤植であると推定する) 米国は、中華民国 (英原語は"Republic of China"。和文速記録も「中華民国」とする) に対する一切の軍事援助を打ち切る。
(6) 禁輸と資産凍結措置の解除により、日本は、鉄と航空用ガソリンを入手して、その戦争準備を加速できる。[E: 9300] [J: 103 (20)]

18. 英米蘭との即時開戦を望む東条らの軍閥一味は、同じ9月6日に御前会議を招集し、そこでは、戦争準備を進めることと、10月中旬までに日米交渉が日本の満足する形で妥結しない限り開戦を決意することが決定された。被告の中で出席していたのは、東条の他は永野、武藤、岡、鈴木であった。ここで法廷の注意を喚起したいのは、この日本の決定とは異なり、米国側は交渉に期限を設けていなかったことである。

19. 9月25日、日本政府は、(ジョセフ・クラーク・)グルー駐日米大使に対して、新たな提案を手交し、迅速な回答を求めた。その中で、米国がヨーロッパの戦争に参加した場合の日本の対応について、「日本は、三国同盟条約を独自に解釈し、その解釈に従って条約義務をどのように履行するかを独自に判断する」との見解を明らかにした。これは要するに、日本は米国に対して、日本が三国同盟条約の義務履行として米国に宣戦する権利を承認・容認せよと迫ったに等しい。日本はさらに、日米両国は相互に資産凍結措置を解除し、一方が保有し他方が必要とする物資を相互に供給しあうことを要求しているが、これは日本が戦争準備のために必要な鉄・航空用ガソリンなどを、米国が保有しているという理由で、供給するよう求めているに等しい。

20. 10月2日、ハル国務長官は、日本大使にこれまでの交渉の経過を概観した覚書を手交し、その中で、日本側の提案の中に米国が示した原則と相容れない諸点があることを指摘した。その原則とは、既述の四原則で、4月16日に国務長官が野村大使に、9月3日にローズベルト大統領が同大使に、交渉の基礎となるべき原則として開陳したものと同じであった。

21. 10月中旬が近づくに連れ、(近衛を含む)9月6日の御前会議決定に関わった面々は、恐慌状態に陥り、激しい口論(詳細は証拠により後述)の末に、第三次近衛内閣は総辞職した。慣例に従って木戸内大臣は、後継首班選定のための重臣会議を招集し、広田の賛同を得た上で東条を次期首班として奏上。反対意見はなかった模様である。木戸は、新内閣が遵守すべき以下の2事項を明示した。

(1) 9月6日の御前会議で決定された交渉期限を延長し、日米交渉は継続する。
(2) 陸海軍間の相克(実際には対米英戦で勝利する公算をめぐっての)を解消する。

東条は、これに同意して組閣した。まず、第1点に関しては、日米の交渉期限を10月15日から11月25日に、さらには11月29日に延長した。第2点に関しては、東条とそりの合わなかった及川(古志郎)海相を嶋田(繁太郎)に交代させた。日米戦の展望に悲観的であった永野(修身)軍令部総長は、その見解を変えた模様で、留任した。また、鈴木(貞一)は企画院総裁として、木村(兵太郎)は陸軍次官として留任した。他に、被告人の中で東条内閣に入閣したのは、東郷茂徳(外相)、賀屋興宣(蔵相)、星野直樹(内閣書記官長)であった。東条内閣の下で、日本は米国に対して、日本側の提案に対する早急な回答をこれまでよりも強く要求してきたが、日本側がその提案に修正を加える気配はなく、戦争準備が加速された。

22. 11月5日の御前会議で、11月25日以降、準備が整い次第、米英蘭と戦端を開くことが決定された。被告の中で同会議に出席していたのは、東郷、東条、賀屋、鈴木、嶋田、永野、武藤、岡である。この日、真珠湾攻撃と米英蘭に対する艦隊作戦に関する機密連合艦隊命令作第1号が発せられ、2日後には開戦予定日を12月8日とする命令作第2号が発出された。真珠湾攻撃計画が同年春に作成されていたことが、証拠によって示される。この計画は、同年の海軍の夏期演習に盛り込まれ、真珠湾と似た地形の場所での低空飛行訓練や、真珠湾攻撃用に開発された浅深度魚雷を使用しての攻撃訓練が行われた。攻撃計画が最終的な仕上がりを見たのは、9月に海軍大学校で行われた図上演習で、それを統裁したのは被告永野であった。11月10日、海軍全艦艇

に対して、20日までに戦闘準備を完了するよう命令が出され、有力な空母機動部隊には千島列島の単冠湾への集結が命ぜられた。11月26日、真珠湾への攻撃命令が発出され、同日午前6時、機動部隊は出港した。

23. このような戦争準備にもかかわらず、日米交渉は継続されたが、後刻明らかにするように、11〜12月の時点では、この交渉は開戦企図を秘匿するために使われたのである。11月20日、駐米大使は、5日の御前会議の決定を受けて駐米大使を補佐するために派遣された来栖（三郎）と共に、国務長官に新たな提案を手交したが、その内容は、それを受諾することが米国のこれまでの外交方針を放擲し、日本のこれまでの征服・侵攻政策を容認することとなるような極端なものであった。国務長官が送った11月26日の回答は、日米が了解に達するための基本的条件を概観した第一部と、それを敷衍した第二部からなっており、日本側に、ハル四原則並びにそれを実行するための具体的な提案の受諾を要求するものであった。他に口実を見つけられない日本側は、この11月26日の回答こそが交渉による諸懸案の平和的解決を不可能にしたものであるとしているが、東郷外相は、交渉の継続を指示していた。そして、日本の外交代表者は、攻撃開始後も交渉継続の意思があるような外見を取り繕っていた。[E: 9308]　[J: 103（21）]

24. 11月28日から12月1日まで、戦争計画を最終的に煮詰めるための会議が開かれた。11月28〜29日の連絡会議には、被告の中では東郷、東条、賀屋、鈴木、嶋田、永野、星野、武藤、岡が出席。11月30日には、被告永野と嶋田が天皇に、海軍の戦争準備が整ったことと、勝利への自信のほどを伝達。陸海軍は、戦争の見通しについての意見を一致させた模様である。12月1日、開戦前最後の御前会議と閣議が開かれ、この御前会議に、被告の中では、東郷、東条、嶋田、賀屋、鈴木、永野、星野、武藤、岡が、閣議には、東郷、東条、嶋田、賀屋、鈴木、星野が出席していた。開戦に対する異論はいずれの会議でも出なかった模様で、開戦日となるX-dayは、東京時間で12月8日、真珠湾時間では12月7日となった。

25. 開戦劈頭の攻撃は奇襲攻撃とすることが決定されたが、閣議では相手国にいかなる事前通告をなすかが問題となった。永野と嶋田は、なんらの事前通告もしないことを提案したとのことで、宣戦布告もしくは最後通牒の手交を義務付けた開戦に関するハーグ第III条約は、一顧だにされなかったようである。そのような文書を起草して、その送達時期を指示する責務は、被告東郷が負うべきものであった。実際に手交された文書が真相を物語っている。それは、宣戦布告ではなく最後通牒であり、真珠湾攻撃開始から一時間後になって手交された。被告人のいずれが、事実関係を事前に把握していたか、直接責任を負うべきかについて、検察側は当事者の陳述を得ているが、その内容は相互に極めて矛盾しているものである。検察は法廷に、それら陳述と他の証言を提示して、真実がどこにあるかの判断を委ねたい。

26. その間、11月18日から、独伊と単独不講和を約する協定締結に向けての交渉が始まり、そのような協定が後に締結され、独伊は来るべき日米戦で日本を軍事的に支援することを約した。

27. 12月2日、大統領は日本大使と来栖に、（英文速記録9310頁の対応部分では、この場所を明示すべき箇所は空白となっているが、和文速記録103（21）頁は「印度支那」と記載する）における日本軍の活発

な動きと同地への増派の理由を質すよう指示を出し、それに対する12月5日の回答は、「国境付近に展開する支那軍に備えた予防的措置」というものであった。この回答は、東郷の指示に従って送られたものであるが、野村自身が、この内容が荒唐無稽であることを、本省宛の電文で指摘していた。

28. 12月6日、東郷は野村に対して、極秘扱いとして処理すべき長文の電信を送り、日時を指定した別電あるまで手交を待つべしとの指示を付した。翌日に送達した指示では、ワシントン時間で7日午後1時に手交すべしとなっていた。これに先立ち、ローズベルト大統領は天皇に、事態の悲劇的展開を避けるべきことを訴える親書を発していた。

29. 戦端が開かれた時、日本と英米は平時の関係にあり、日米間では外交交渉が進行中であった。開戦に関するハーグ第III条約や他の関連条約義務を無視する権利が日本にあったとは考えられない。

30. この運命的瞬間に至るまでの事態の推移を正確に辿ることは、極めて重要であり、法廷及び関係者の便宜を図るため、以下に時系列的に示す。ワシントンでの欺瞞行為なども東京を基点として行われたという事実に鑑み、時間は基本的に東京時間で示す。[E: 9312] [J: 103 (21)]

31. ワシントン時間で6日午後7時40分、大統領から天皇宛の親書についての記者発表が行われ、午後8時には国務長官からグルー駐日大使向けに、そのような親書の到着を予告する電文が送られた。

午後9時、天皇への送達が直ちになされていたならば歴史を変えた可能性のある親書が最大限の至急扱いで、また大統領の指示により簡易な暗号によって、送られた。

それが日本に届いたのは現地時間で7日の正午であったが、グルー大使の手元に届くまでにさらに十時間半を要した。証拠によって、この遅れが、郵政当局に対する、5時間乃至は10時間程度送達を遅延させるようにとの指示に基づいたものであったことが、立証される。

さらなる証拠が示すのは、午後6時までに、もしくはそれ以前にも、日本政府関係者の間で親書の内容が自由に閲覧可能であったことである。それにもかかわらず、親書はグルー大使の許に、通常ならば送達されるべき時刻から10時間が経過した後の、午後10時30分まで届くことはなかった。通常の手続きを踏んで直ちに解読作業をしたならば、もっと迅速にできたはずだったにもかかわらずである。さらに証明されるのは、日本政府が公式、非公式ルートを通じて親書が来ることを知っていたことである。同日午後3時の全世界に向けたラジオ放送で、米国は親書が送られたことを明らかにしており、既述のワシントンでの記者発表の結果、周知の事実であったと判断できる。

午後9時、グルー大使は最大限の至急指定が為された電信で、親書の到着が間近であることを知らされた。親書は午後10時30分に到着し、大使館は、解読作業を進める中で東郷外相に電話して至急の面会を要請した。深夜午前0時15分、東郷と会見したグルーは、親書の内容を読み上げ、その清書版を手交。東郷は、それを天皇の許に至急届けるを約した。

32. 12月8日午前0時45分、日本軍は、上海国際租界の英国支配地域の一部を占拠。1時40分、

<1946-11-1>

 日本軍は、英領マラヤ北東部のコタバルの英軍防御陣地に対して艦砲射撃を開始し、相当数の死傷者を数える。このような事態が進行中、ワシントンでは日本大使が、現地時間の午後1時にハル国務長官と面会できるよう要請。この面会の前に、コタバルへの上陸が敢行され、同地の小規模な英軍防御陣地は壊滅させられた。ワシントンでは午後1時に、野村大使が面会時間を1時45分に延期するよう要請。ワシントン時間の午後1時45分は、真珠湾では12月7日の午前8時15分であり、既に現地時間で7時55分に同地への攻撃は始まっていた。上海とコタバルでの事態の展開は、ワシントンと真珠湾では知られていなかった。

 33. 真珠湾攻撃は、11月26日に単冠湾を出港した機動部隊が連合艦隊極秘作戦命令作第1、2号を実行したものであった。真珠湾北方230マイルの地点より6隻の空母から発艦した360機余りの艦載機が敢行した。(この後、機動部隊の構成、日米両軍の損害、などが列挙されているが、省略)。

 34. 日本大使が国務長官の執務室に到着したのが午後2時5分で、長官との会見は2時20分であり、その時になってようやく件の文書が手交されたが、真珠湾攻撃は1時間も前に開始されていた。ロンドンでは、そのような文書の手交もなされなかった。

 35. 午前5時20分、上海での占拠予定地域の占領が完了し、5分後に港内の英砲艦に対して砲撃が開始されて撃沈、戦死者が記録された。同じ頃、日本軍は仏印からタイに進攻。タイ政府宛の最後通牒付進駐許可要請は、進駐開始数時間後に届けられた。午前6時10分、シンガポールに空襲敢行。午前7時、開戦を告げるそれら軍事作戦に関する最初のラジオ報道が、日本で行われた。[E: 9317] [J: 103 (22)]

 36. 同時刻、グルー駐日大使は外務省からの電話で呼び出され、7時30分に東郷と面会。東郷は、天皇に午前3時に拝謁したことを報告した後、3時間前にワシントンでハル国務長官に手交されたのと同じ文書を手交。東郷は、該文書が大統領親書への返事であると言ったが、その文書が在米日本大使館に送られたのは親書がワシントンから打電される2時間前であり、東京のグルーに手渡される12時間前であったのだから、真実ではない。午前8時、駐日英大使ロバート・クレイギーがやはり外務省に呼ばれて、同じ文書を渡された。この時点では、グルー、クレイギー両名とも、日本の報道機関による午前7時の開戦報道を知らず、東郷は両名に日本と英米が戦争状態に入ったことを告げなかった。

 37. この頃、日本軍によるグアム島空襲が進行中で、1時間後には香港も爆撃されて、その港内でソ連籍と明確に識別できる船舶が攻撃を受けた。

 38. 日本が戦闘行動を開始した約12時間後の正午、日本と英米の間に交戦状態が存在することを宣する詔書が発せられた。同日の演説で東条首相は、事実を捻じ曲げ、「日本は戦争回避のあらゆる努力を尽くした後、連合国に対する自衛のための戦争を開始した」と述べ、「連合国は日本に到底受け入れ難い要求を突きつけ、日本の正当な要求に対して少しも譲歩するところがなかった」と決め付けた。この演説は、戦争準備の一環としての報道統制による宣伝と基を一にするものであり、事実の隠蔽と歪曲並びに偽りの情報によって国民を戦争に駆り立てるものであった。そのように駆り立てられた国民が、被告らの野心を充たすために供せられたのである。

39. 12月10日の枢密院会議記録によると、同日に、政府はヨーロッパの全体主義諸国との連携を深めることを決定しており、翌日には、既に（検）法廷証PX51【1941（昭和16）年12月11日締結日独伊三国単独不講和軍事協定】として証拠として受理されている協定が発表された。米英との戦争が枢軸側の勝利に終わるまで日独伊の各国は単独で講和を結ばない、という内容のものであった。

40. 興味深いことは、開戦に関するハーグ第III条約違反の問題を、被告の一部、特に東郷が気に病んでいたことである。外務省条約局第2課が法律家の援助を得てまとめた報告は、その日付が12月26日なっていることから見て、開戦直後に作成が開始されたと思われる。この文書は証拠として提出される。報告書を作成した委員会の面々はその結論で、ハル国務長官に手交した文書は、独自行動を執る旨の通知や敵対行動開始を告げる文言がないので、宣戦布告と見なすのは難しい、としている。議論はここで終わるのが普通であろうが、委員はその後、開戦の実際の時刻を特定する場合に時差を無視してなすような方式で正当化することができないかを論じたが、著しく苦しい論法であるとして諦めた。また、開戦の時期を英米支蘭が経済封鎖を始めた7月に求める案も出されたが、余りに突飛でもないとして退けられた。また、条約は宣戦布告から実際の戦闘開始までの時間の幅を特定しておらず、また通告の場所も規定していないので、無視してよいという論議も出されたが、これを採用した形跡もない。そうして、最終的に到達したのは、日本は自存自衛のための戦争を始めたのであるから、開戦に関する諸条約は無視してよいという論理であった。

41. その後日本による征服はインドとオーストラリアの目前で止まるまで続いた。その経過と範囲は当法廷での審理の過程で地図によって示されたが、特に1941～45（昭和16～20）年の間の軌跡は、言葉よりも雄弁に日本の侵攻企図と、支配を試みた地域の広範さを見せ付けるものである。［E: 9323］［J: 103（23）］

42. その計画は存在しており、それを達成する方法の一端については、被告東郷、東条、鈴木が、1942（昭和17）年1月29日に議会で行った演説で説明している。演説は、外交交渉への気兼ねからの欺瞞的発言をする必要などない時期に行われたもので、その重要性に着目した駐日独大使が同日に本国政府宛、その概要を送っている。演説全体及びその概要が証拠として提出される。それによれば、日本の計画では、大東亜圏は日本、満州国、支那を中核として建設され、タイと仏印は、協力的態度であるならば、それに含まれる可能性がある、となっている。大東亜圏のその他の地域は、三つに分類される。第一は、香港やマラヤなど日本の完全な統治下に入る地域。第二は、フィリピンやビルマなど、協力的態度であるならば、独立を認められる地域だが、その独立とは満州国の独立に準ずるものであった。被告東郷は真珠湾攻撃の直前に満州国が日本の対英米宣戦の際に執るべき行動について、数日前自身が電文で記述した内容を否認するような訓令を送ったが、それこそが、「独立」の実態を示すものであった。これに関する証拠も提出される。第三は、敵対的態度を示しているが故に軍政下に於かれる地域で、蘭印、オーストラリア、重慶政権下の支那などである。独大使の報告によれば、日本がインドとオーストラリアを同時に

<1946-11-4>

攻略することができないことと、インド国民会議が日本に敵対的態度を示しているため、インドへの対処は難しいとされている。対ソ関係について、独大使は軍の厳秘情報を引いて、東郷は従前と変わりがないことを強調しているとのことであるが、対ソ戦の準備は進行中であり、ポートダーウィン攻略の後に開始される、と述べている。斯様な計画が立てられていたのであり、一部が実行されなかったのは、被告らが思いのままにできなかった事情によるものであって、開戦劈頭の目覚ましい戦果は、長期間にわたる綿密な計画に負うところが大きかったのである。

43. これまでの立証局面で、被告の一部が満州・支那侵攻への企図を 1931 (昭和 6) 年以前においても表明していた証拠を示し、日本が大東亜共栄圏樹立に向けた野心を剥き出しにしていたことも立証した。そして、日本が同様な性向を持つ同盟国を獲得する防共協定と三国同盟締結に至る交渉の経過に関する証拠も、受理されている。提出済み並びにこれから提出される証拠によって、日本と米英との戦争が当初もしくは相当遅い時期に参画した被告の関与した謀議・計画が辿り着くところの、当然の帰結であり、それは予見可能なものであったことが、示される。満州の迅速な占領、同地での天然資源の搾取、北支進攻と同地での搾取、そして支那全土を占領しようとする試みは、被告らの計画・計算の上に実行されたものであり、委任統治領での海軍根拠地・要塞の建設、仏印の占領、タイへの軍事侵攻は、戦争への道標のようなものであったし、真珠湾とシンガポールは戦術上の目標に過ぎなかった。大戦略的目標となっていたのは、支那全土、フィリピン、蘭印、オーストラリア、ニュージーランド、インドであった。

＊ヒギンズ検察官、ハーディン検察官が証拠提出に移る準備ができていることを報じる。
＊午後 3 時 55 分、裁判長ウェッブ、11 月 4 日午前 9 時 30 分までの休廷を宣する。

◆ 1946 (昭和 21) 年 11 月 4 日　　　（英速録 9327～9487 頁／和速録第 104 号 1～24 頁）

＊午前 9 時 30 分、法廷、再開する。
＊裁判長ウェッブ、被告大川周明の欠席を確認する。

(2) **被告大島弁護人カニンガム及び被告広田弁護人 D・F・スミス、ヒギンズ検察官による検察主張立証第 XI 局面「米・英・英連邦諸国関係の冒頭陳述」に対する異議を申し立て、さらに被告木戸弁護人ローガン、10 月 24 日の法廷命令に基づく証人召喚及び証拠提出の際の申請書提出義務に関して法廷に質す。**

（英速録 9328～9338 頁／和速録 104 号 2～5 頁）

＊被告大島浩弁護人オーエン・カニンガム、「既に先週の冒頭陳述朗読前に準備されたものであるが、法廷の決定により申し立てを延期したもので、冒頭陳述朗読前にされたものであると見なされる」と前置きして、冒頭陳述に対する異議を申し立てる。

【カニンガム弁護人による「米・英・英連邦諸国関係冒頭陳述」に対する異議】

1. 62頁に及ぶ冒頭陳述は、冗長で、既出事項の繰り返しが多く、論点を強弁しがちで、一般論に終始しており、その上これまでの局面で出された証拠をなぞったりしている。

2. 迅速な審理を要求する裁判所条例第12条（イ）項に抵触する他、条例の他の条項などをも冒すものである。

3. 一般に言う冒頭陳述の範疇に属するものでなく、その内容は、法廷が課した制限を逸脱し、また法廷が認めた権利を濫用するものである。時間を浪費すると共に証明不可能な陳述・結論を包含し、審理案件との重要性・関連性を欠く事項に満ちており、多くの箇所で判事団に委ねるべき分野に容喙している。即ち、以下の通り。

3-1. 第1頁から9a頁（冒頭陳述書の中の頁番号で、法廷速記録の頁番号とは無関係）
既に法廷記録に収録されている証拠の蒸し返しであり、削除すべきである。

3-2. 第10頁
他の局面で提出済みの証拠に関する純法律論議に過ぎない。

3-3. 第11頁
他の局面で提出済みの証拠に触れた論議に過ぎず、当局面のいかなる案件にも関連性を有するものではない。冒頭陳述に含められるべき論点は見当たらない。

3-4. 第12頁第2段落
検察官が宣誓なしに自発的になした自らの陳述であり、それを証明できるか否か、いかにして証明するのかを明示していない。その内容は、法廷が検察・弁護側双方の証拠・論証を聞いた上で下すべき法的結論とも言うべきものである。

3-5. 第13頁第1〜2段落
新しい案件やこの局面で証明すべき事項を包含しておらず、既に他の二局面で触れられた事項ばかりである。

3-6. 第14頁第1段落
特徴付け［characterization］や一般化に終始し、その論旨を補強する事実をなんら提示していない。

3-7. 第15頁
当法廷の訴追対象となっていない国家・個人を免責し、検察側が代表する国家の主義・行動を美化しようとするもので、冒頭陳述を行う権限を濫用している。

3-8. 第16頁第1〜2段落
支那に関する局面をおさらいして、米英の姿勢を肯定的に見るものであるが、話題が被告人に対する証拠に少しも及んでいない。

3-9. 第17頁第1段落
1937（昭和12）年までの日本の国際社会での地位について裁断を下そうというもので、証明

されるべき事実の陳述や法的審理の体をなしていない。
　3-10. 第17頁第2段落
　他の局面で検証され尽くした事項を述べているに過ぎず、この局面で証明されるべき新たな事項・要素を包含していない。
　3-11. 第20～21頁
　支那における経済侵攻局面を論題とするものだが、新たな事項に触れることはなく、検察側の見解・推論の提示に終始しており、それを裏付ける証拠について述べられていない。
　3-12. 第21頁（ママ。後半ということか？）
　なんら新たな事項や本局面で問題となり得る案件を述べておらず、証明すべき事実に依拠することのない説明調の記述や既に審理を終えた局面の概観に過ぎない。
　3-13. 第22頁
　直前の通貨政策に関する局面を概観し、仮に他の国々が事実を知悉していた場合にいかに反応したかを論じているに過ぎない。
　3-14. 第22頁（ママ。後半ということか？）
　日独間の協同に再度触れられているが、審理すべき新たな事項や証明されるべき事項は何もない。
　3-15. 第25頁
　検察側が法廷に受け入れてもらいたい自らの主張を述べているに過ぎず、それをいかにして、またいかなる証拠によって証明するのかを示していない。
　3-16. 第45頁
　そこで触れた事実の法的効果の判断を検察自らが下そうとしており、これは判事団の職域を侵すもので、冒頭陳述として極めて不適切なものである。
　3-17. 第46頁第1段落
　日独関係に再び話題を移していることが異議の根拠である。
　3-18. 第47頁第1段落
　法廷が訴訟当事者双方の見解を聴取した後に下すべき法的見解・結論を陳述しており、検察官の職分を逸脱するものである。
　3-19. 第56頁
　日本国民の心理・心情について結論付けるという極めつきの推論に基づく部分が多く、問題のある箇所であり、冒頭陳述で概説した事実によっては証明し得ないものである。
　4. かかる性質の事柄で検察側を指導することは困難かもしれないが、以上のような一般的原則に触れると同時に、個別にわたる詳細な異議を自分が申し立てた理由は、以下の通りである。即ち、「検察側は各局面の冒頭で、提出予定の証拠並びに事実によって証明すべき罪状を端的に概説して、簡潔な陳述をなす権利を有している」が、弁護人としては、「それを著しく濫用することによって生ずる不公正が法廷審理に影響を及ぼすことを強調したい」がためである。「同じ

事柄の恒常的蒸し返し」、「正当とは認められない論述」、「法廷に検察側の結論を提示すること」等は、いかなる法廷に於いても修復不能な過誤を生むこととなる。そのような法廷戦術を許容することなく、検察側に冒頭陳述での不適切な部分を削除するよう指導することを法廷に求めるものである。

＊被告広田弘毅弁護人デビッド・F・スミス、異議を申し立てようとする。［E: 9333］［J: 104（4）］　裁判長ウェッブ、「カニンガム弁護人の異議の内容と重複することがないように」と注意する。スミス弁護人、「それに留意する」と付言して、天羽声明が広田のハル国務長官に対する発言の直後に触れられていた箇所に言及する。キーナン首席検察官、「証拠に拠って審理すべき事項であり、この段階で触れるべきものではない」と異議を申し立てる。裁判長ウェッブ、「スミス弁護人の陳述は異議申し立てに該当しない」、と裁定する。スミス弁護人、「誤解を招きかねない箇所があり、法廷も留意すべきものであると考えた」、と申し立てる。裁判長、「関心を持つべき事項だとの理由だけで、通例の手続きを逸脱することはできない」と、裁定する。

＊被告木戸幸一弁護人ウイリアム・ローガン、「本日は、10月24日の法廷命令に基づいて、一部被告が証人召喚及び証拠提出の申請書提出義務を負う最初の日である」と指摘して、「①申請書に記載すべき証人には、召喚状によらず自発的に出頭する証人も含まれるのか、②弁護側の申請書を検察側が閲覧するのを許可するのか」を質す。裁判長ウェッブ、「①対象となるのは、召喚状によって出頭が義務付けられる証人のみである、②いかなる法廷でも、そのような申請がなされれば記録に残り、すべての当事者に閲覧可能となる。この件に関する弁護側の（将来、上訴などの場合に当該案件が俎上に上った際に自動的に申し立てられる）異議（英原語は"exception"であり、「事実審における裁判官の決定に対する異議」）は認める）、と裁定する。

＊キーナン首席検察官、「カニンガム弁護人の異議には直接答えない」、「問題となっている部分については、後刻、文書証拠による証明がなされる」、と申し立てる。裁判長ウェッブ、「ヒギンズ検察官の冒頭陳述に冒頭陳述本来の趣旨を逸脱している部分があったことは事実である」が、「異議に対しては、ソ連代表検察官が行った冒頭陳述への異議に対するのと同じ裁定を下す」、「提出予定の証拠に言及した箇所等、冒頭陳述本来の趣旨に合致する箇所のみを冒頭陳述として扱う」、と裁定する。

2—11—1　検察主張立証第 XI 局面「米・英・英連邦諸国関係」第1部「満州事変と満州国に関わる日米英関係」

(英速録 9339～9423 頁／和速録 104 号 5～15 頁)

（1）ハーディン検察官、検察主張立証第 XI 局面「米・英・英連邦諸国関係」第1部「満州事変と満州国に関わる日米英関係」の検察側立証として、提出済み（検）法廷証

<1946-11-4> 2 検察主張立証段階

PX58【米国対日外交関係叢書1931（昭和6）年～1941（昭和16）年第2巻】から、抜粋証拠書類を提出する。　　　　　　（英速録9339～9383頁／和速録104号5～10頁）
*（検）法廷証PX920【PX58抜粋：出渕（勝次）駐米大使との会談に関する（ヘンリー・L・）スティムソン米国務長官1931（昭和6）年9月22日付け覚書－満州事変に関する意見交換・幣原外相と軍部の対立】＝検察側文書PD219-P（1）　ハーディン検察官、証拠として提出する。被告木戸弁護人ローガン、「PX58からの抜粋を使用するための申請を検察側は提出しておらず、法廷もそれを許可する裁定を下していない」として、証拠受理に異議を申し立てる。ハーディン検察官、「抜粋ではなく、独立した一つの文書である」、と申し立てる。裁判長ウェッブ、弁護側にその写しが手交されたことを確認した上で、「証拠受理を拒否すべき理由が見当たらない」として異議を却下する。証拠として受理され、朗読される。

【PX920朗読概要】

　大使との会談では、日米関係が良好であると意見の一致を見た前回17日の会談に言及した後、その後の満州での事態の展開に自分は非常に驚き、かつ深い関心を示しているので、土曜日に（スタンリー・K・）ホーンベック（国務省極東部長）を大使の許に派遣し、本日の会談に至ったという経緯を、説明した。大使は、ホーンベックとの会談で、大使自身も事態の推移に驚き、憂慮しており、なぜそうなったのか理解できないでいると伝えたことを明らかにした。
　大使に、「自分は幣原（喜重郎／外相）の平和と公正な国際関係を志向する姿勢に、最大限の信頼を寄せている。ホーンベックから、幣原と軍国主義的一派との間には深い溝があると聞いた」と伝えると、大使は、それを認めた。また、大使に、「幣原外相の立場を強めるように動きたい」と語ったところ、大使はそれを了とした。その上で自分は、添付の覚書を読み上げ、「これは政府の公式声明ではなく、日本に対して友愛の情を抱く自分個人が現在の情勢の推移をいかに受け止めているかを記したもので、幣原に送るか否かの判断は大使に委ねる」と述べた。大使は、この説明と、状況が改善されなければ、なんらかの公式対応が執られる可能性があることを理解し、覚書をその日の夜に本国政府に送ると言った。
　それから自分は大使に、事態が改善するまで予定していた帰朝を延期することを勧めたところ、大使は既に延期することを決定したとのことであった。
　覚書を読み上げた後、満州での現状復帰がならなければ米国世論に重大な影響を与えることを、時間をかけて説明したところ、大使は、それに理解を示すと共に、当地での報道機関の論調が穏やかなものであったことに驚いていると述べ、それについては自分が記者会見の折に示した配慮に謝意を表していた。大使が、「米国政府が貴殿を通じて公式な行動を起こす場合には、まず自分に伝えて欲しい」と希望してきたので、自分は、「そう努力する」と答えた。

*（検）法廷証PX921【PX58抜粋；1931（昭和6）年9月22日付けスティムソン米国務長官発出渕（勝次）駐米大使宛覚書；満州事変に対する警告】＝検察側文書PD219-P（2）　[E: 9344]

[J: 104（5）］ 証拠として受理され、朗読される。

【PX921 朗読概要】

　過去4日間、直前での挑発行為の有無や長期的要因が説かれることもなく満州で進展している事態を、自分は驚きと憂慮の念を以て見守っている。日本軍は、数地点で支那軍の抵抗を受けつつも、満州南部の主要行政拠点を含む戦略的要点を占領した。支那当局の最高指導部は自軍に（日本軍に対して）抵抗しないよう指示し、また事態の発生が伝えられた東京では、軍による要域の占領がほぼ終結した時点で政府が軍事行動の終結を命じた模様。しかしながら、日本軍による作戦は現在も継続しており、満州南部を日本軍が制圧したというのが現状である。

　国際連盟は、具体的根拠を示して憂慮の念を表し、支那政府は諸種条約に由来する義務やケロッグ・ブリアン条約を引いて、外国になんらかの行動を執るよう訴えかけている。

　多くの国家が、事態の進展に倫理的、法的、政治的観点から関心を示しており、問題は日支間だけのものではない。九カ国条約やケロッグ・ブリアン条約などの条文の解釈が問題となっているからである。

　米国政府は、日本政府の意図が、それら条約の発動を招来するような事態の当事者もしくは当事者の一部たらんとするものではないと確信しており、この点について性急に結論を下したり、立場を宣命したりはしない。しかしながら、米国政府は、極めて不幸な情況が現出しており、それが日本にとって好ましからざるものであることは認識している。南満州を占領して事実上支配しているのは日本軍であるから、問題解決の責任はすべて日本が負うものであると思われる。

　また、満州と外部との通信が切断もしくは妨害されているという支那側の主張には状況証拠の裏付けがあり、事実であるならば不幸なことである。

　日支両国政府が各々の軍に対して軍事行動の拡大やさらなる作戦行動を控えるよう命じたと理解しているが、米国政府は、この指示が遵守されてこれ以上の武力行使がないよう希望する。また、日支両国が、今次の武力発動によって生み出された情況を奇貨として、自国の権益を伸張させるような意図のないことを直ちに全世界に宣命することを希望する。これまでの事態の成り行きは、満州の安定性に対する世論の信頼度を揺るがしており、軍事行動が継続するならば、その信頼度はさらに低下するであろう。

* （検）法廷証PX922【PX58抜粋；1931（昭和6）年9月24日付けスティムソン米国務長官発（エドウィン・L・）ネビル駐日代理公使宛電文；満州における敵対行為中止に関する対日申し入れ訓令】＝検察側文書PD219-P（3）［E: 9348］［J: 104（6）］ 証拠として受理され、朗読される。

【PX922 朗読概要】

　日本の外相に対して直ちに、以下を覚書の形で手交すること。駐支米公使から同文の文書が支

<1946-11-4>

那外交部長にも渡される。

　米国政府・国民は、満州における過去数日間の事態の推移を、遺憾の意と深い憂慮の念を以て見守っている。我が国国民の願いは、国際関係が平和的原則・手段、並びに紛争の平和的解決を謳う条約によって律せられることであり、米国もそのような条約の締約国となっていることに鑑み、米国政府は、日支両国政府に対して、以下の希望を表明することを至当と感ずる。即ち、両国政府は各々の軍に、さらなる敵対行動を慎むよう指示し、国際法及び国際協定上の義務をすべて履行させるための措置を執り、両者の利害対立を平和裡に解決することを妨げるいかなる行動をも控えさせるべきである。

＊（検）法廷証PX923【PX58抜粋；1931（昭和6）年9月24日付け駐米日本大使館発米国務長官宛文書；日本政府声明（同日）抜粋】＝検察側文書PD219-P（5）　証拠として受理され、朗読される。

【PX923朗読概要】

　日本政府が満州に領土的野心を有していないことは、繰り返し言うまでもないことである。

＊（検）法廷証PX924【PX58抜粋；1931（昭和6）年9月28日付け幣原外相発ネビル駐日代理公使宛文書抜粋；満州事変の友好的解決希望】＝検察側文書PD219-P(6)　証拠として受理され、朗読される。

【PX924朗読概要】

　日本政府は、最近の満州での事態の推移に対して米国政府が示してくれた友誼的関心と公正なる見解を感動の念を以て受け止めている。……国際法・国際協定上の義務を履行し、日本と支那（英原語は"China"であり、恐らく翻訳官による差異であろうが和文速記録はここより暫くは「中国」とするも、英原語の同一性を重視して「支那」を採る）間の利害対立を平和裡に解決することを妨げるようないかなる行動をも執らないよう軍はあらゆる措置を講じてきたし、これからも講じる。

＊（検）法廷証PX925【PX58抜粋；1931（昭和6）年9月30日付け国際連盟理事会決議抜粋】＝検察側文書PD219-P（7）　証拠として受理され、朗読される。

【PX925朗読概要】

　理事会は、
1. 理事長が日支両国政府に宛てた緊急要請に対する両国の返答並びに対応措置を確認し、
2. 領土的野心を有しない旨の日本政府の声明の重要性を認識し、
3. 既に開始された（南満州）鉄道附属地帯への撤兵措置を、現地居留民の生命・財産の安全が

実効的に保証された程度に応じて可及的に速やかに実行し続け、できるだけ早くそれを完了したいとの日本代表の声明を確認し、

  4.（番号は原文のママ。この「4」の部分は検察官が意図的に朗読を省略しており、和文速記録もそれに倣っているが、直後にローガン弁護人が問題にするので、要約者において調査の上収録した）両国政府が、両国間の平和的関係や良好な相互理解を妨げるいかなる措置を執ることも回避することを願っているとの信念の下に、日支両国政府が事変の拡大及び情勢の悪化を防ぐために必要なすべての措置を講じることにつき、各々の代表が確約したことを確認して、

  5.両当事国に、両国間の正常な関係復旧のためになし得るべきすべての措置を講じることと、そのために以上に記した事項を迅速に実行するよう、要請する。

＊被告木戸弁護人ローガン、支那政府代表が責任の所在について述べた第4項も読み上げて記録に残すよう要請する。裁判長ウェッブ、検察官に対して、「省略箇所が短いことに鑑み、読んでも構わないのではないか」と示唆する。ハーディン検察官、そのような省略はこれからも多数あることを指摘し、「煩雑となる恐れがある」、と申し立てる。ローガン弁護人、「すべての省略箇所を読むことは要求しないが、いくつか重要な箇所があり、これはその内の一つである」と、申し立てる。裁判長ウェッブ、該文書が手続規定（英文速記録9354頁ではこの後、"6-b（1）"とだけ記され、和文速記録104（7）頁の対応部分には「憲章の六Ｂノ一」とそれが訳されているが、正しくは「手続規定」のことであると思われる）第六条（ロ）項（証拠文書を法廷で提出する予定の24時間前に交付する義務）に該当する文書であることを確認した上で、「弁護側が法廷外で検察側と協議して解決しておくべき問題であった」と、裁定する。

＊（検）法廷証PX926【PX58抜粋；1931（昭和6）年10月9日付けスティムソン米国務長官発（プレンティス・ベイリー・）ギルバート駐ジュネーブ米領事宛電文抜粋；満州事変に対する国際連盟の努力を支持】＝検察側文書PD219-P（8）［E: 9356］［J: 104（7）］　証拠として受理され、朗読される。

【PX926朗読概要】

　米国政府は、時宜に適うと判断した場合、その外交代表を通じて独自に連盟の活動を補強するよう努力する。また、事態の展開に深い関心を有しているので、パリ条約（ケロッグ・ブリアン条約）や九カ国条約の締約国が他の締約国に対して負う義務を銘記していることを明言するものである。その目的は、連盟が現在の方針に従って活動するのを妨げることがないようにすることである。

＊（検）法廷証PX927【PX58抜粋；国際連盟理事会1931（昭和6）年10月24日付け決議；日本軍の鉄道附属地帯への撤退・支那側による日本権益保全を要請】＝検察側文書PD219-P（9）　証拠として受理され、朗読される。

<1946-11-4>

【PX927 朗読概要】

　理事会は、9月30日可決の決議に則り、支那政府が連盟規約第11条の発動を要請し、多数の国家の政府がパリ条約第2条の発動を求めたことを確認し、

　(1) 該決議で日支両国政府が理事会に対してなした諒解事項、特に「日本政府は、鉄道附属地帯への撤兵措置を、現地居留民の生命・財産の安全が実効的に保証された程度に応じて可及的に速やかに実行し続ける」との日本代表の声明、並びに「支那政府は、鉄道附属地外での日本人の生命・財産の安全に対する責任を有する」という、現地日本人居留民の実効的保護を約束したとも取れる支那代表の声明があったことを想起し、

　(2) 両国政府が、現在の状況を悪化させかねないいかなる措置も執ることを控え、従って、いかなる侵攻政策・行動に訴えることも慎み、敵対的煽動行為を禁圧する措置を執るとの確約をなしたことを想起し、

　(3) 満州に於いて領土的野心を有しないとの日本の声明を想起し、この声明が連盟規約及び締約国が支那の主権、独立、領土・行政的一体性を尊重することを約した九カ国条約に添うものであることを確認し、

　(4) これらの確約・諒解事項の履行が当事国間の正常な関係を回復するために不可欠であるとの信念の下に、

　(a) 日本政府に対して、撤兵を直ちに開始して、鉄道附属地への軍の復帰を順次進め、次の理事会会合予定日までに撤兵を完了するよう要請し、

　(b) 支那政府に対して、満州の全日本人居留民の生命・財産保護に責任を負うとの誓約を実行するために、日本軍が撤退した地域を接収する際にそれを実行するために必要な措置を執るよう要請し、そのような必要措置が履行されるために、その任にあたる自国の当局者や他国の代表と接触するよう要求し、

　(5) 日支両国政府に、上記撤退と接収に関わるすべての事項が円滑かつ迅速に進められるために、代表者を任命するよう勧告し、

　(6) 両国政府に、撤兵が完了次第、最近の事件及び鉄道をめぐる問題を始めとする懸案を議題とする直接交渉を開始するよう勧告する。このために、理事会は、両国が和解のための委員会もしくは類似の常設組織を設けることも勧告する。

　(7) 情勢を検討するための次回理事会会合は11月16日に開催されるが、望ましいと判断した場合には、それ以前でも理事長はいつでも会議を招集する権限を有する。

＊(検) 法廷証PX928【PX58抜粋；国際連盟理事会1931（昭和6）年12月10日付け決議抜粋；日支双方の国際連盟決議の遵守・義務履行を要求、調査委員5名の任命】＝検察側文書PD219-P（10）　証拠として受理され、朗読される。

【PX928 朗読概要】

理事会は、

(1) 9月30日に満場一致で可決された決議に当事国が従う義務があることを再確認し、日支両国が必要なあらゆる措置を執ってそれを実行して、日本軍の鉄道附属地への撤退が該決議で示された条件に従って可及的速やかになされるよう勧告する。理事会は、5名で構成される委員会を任命し、国際関係に影響を及ぼして日支間の和平や、その基礎となるべき相互理解を脅かしかねない状況を、いかなるものであろうとも現地で調査・報告させることを決定した。

＊午前10時45分、裁判長ウェッブ、15分間の休憩を宣する。
＊午前11時、法廷、再開する。［E: 9363］［J: 104（8）］
＊ハーディン検察官、日本の対米関係に関する証拠の提出・朗読を続行する。
＊（検）法廷証PX929【PX58抜粋；1931（昭和6）年12月1日付けスティムソン米国務長官発（ネルソン・T・）ジョンソン駐支公使宛電文；国際連盟理事会決議に米政府、賛同を声明】＝検察側文書PD219-P（11）　証拠として受理され、朗読される。

【PX929 朗読概要】

12月10日、国務長官は以下の記者発表を行った。

米国政府は、12月10日の決議を連盟理事会が満場一致で可決したことに、歓迎の意を表する。これはR・ブリアン（何者か不明。イニシャルから見て、ケロッグ・ブリアン条約のブリアンとは別人のようである）らが忍耐強く行ってきた、長く困難な交渉の大きな一歩を示すものである。

満州での事態が最初に動いた9月18日、連盟理事会は開会中で、支那は連盟規約第11条に基づいて直ちに提訴し、理事会はそれを受理。日支両国は、当事者の義務として理事会審議に参加。米国政府は、当初から外交ルートを通じて日支両国に申し入れをするなどして、連盟の努力に対する協力・支援をしていた。米国国民は、連盟が目的とする避戦や満州問題の平和的解決に関心を寄せるのみならず、日支両国同様、ケロッグ・ブリアン条約と九カ国条約の締約国であるので、それら条約が規定する義務・誓約事項に直接利害を有する。

今回の決議は、武力行使の即時停止を呼びかけ、日本が鉄道附属地内への可及的速やかな撤兵を約束したことを再確認したもので、また、現地調査を行って、日支間の和平を妨げ、もしくは両国間の良好な相互理解に悪影響を及ぼす事項について、いかなるものであろうとも理事会に報告する5人委員会の任命を規定するものである。このような中立的委員会を設置することは、利害が錯綜する満州問題に公正な形で最終的解決をもたらすための重要かつ建設的な第一歩であり、日支両国の合意の下に当問題の解決に向けて、近代的かつ啓蒙的な和解方法を適用するものである。この方法を裏打ちする原則は、米国が締約国であり、近時、世界平和を建設的に維持するために顕著な役割を果たしている諸条約に見出されるものであ

<1946-11-4>

る。そのような委員会の活動により、紛争の熱気を冷ますための時間を作り出し、紛争の源を綿密に調査することが可能となる……。

　米国や理事会に席を有する国々が追求してきた根本的原則とは、このようなものであり、そのような原則の下に世界の国々が強固に連携して協力し合っているというのは、それ自体が画期的な成果である。

＊（検）法廷証PX930【PX58抜粋；1932（昭和7）年1月7日付けスティムソン米国務長官発（ウイリアム・カメロン・）フォーブス駐日米大使宛電文；錦州攻撃に関連する対日抗議訓令・米は満州の現状態の合法性とパリ不戦条約違反よりもたらされる局面を容認せず】＝検察側文書PD219-P（4）　証拠として受理され、朗読される。

【PX930朗読概要】

（「本書証以下国際連盟関連を中心とする書証」においては、「China」が蒋介石政権の「中華民国」を指すことは明白であり、英文速記録も時には「the Republic of China」もしくはこれに類する用語を使用しているが主としては「China」「Chinese」を多用している。「支那」は当時の蒋介石政権の統治下に在る地域を遥かに凌駕する地域を指していた事実に基づけば、訳語の採用は極めて困難である。その点については英文速記録のみならず和文速記録も含めて明確な基準上の差異が窺えず一種の混同や混乱があると言ってよい。監訳者は、「China」「Chinese」に、原則として「支那」「支那の」の訳語をあてているが、「本書証以下国際連盟関連中心とする書証」においては、英文速記録上の文脈によって使い分けることとする）

　以下を外務省に至急送達されたし。

　　日本軍の錦州攻略により、昨年9月18日時点で、中華民国政府（the Government of the Chinese Republic）が南満州で行政権を及ぼしていた地域がすべて消滅。米国政府は、連盟理事会が最近始動させた中立委員会が、日支両国間の懸案解決への道筋をつけてくれることを確信している。しかしながら、米国政府は現在の情況及びそこに絡む自国権益・義務に鑑み、日本帝国政府及び中華民国両政府に対して、以下を通告する。

　　米国政府は、なし崩し的に作られた現状を法的に認知することはせず、また、米国国民が条約上有する権利を侵害しかねない日支両国政府もしくはその代理機関による条約・協定を容認しない。その条約上の権利に含まれるのは、中華民国の主権、独立、領土と行政上の一体性に関わるものや、通常「門戸開放」との文言で表される国際政策に関わるものである。米国政府には、連盟規約や、日支両国と米国が締約国となっているパリ条約の義務に違反する手段でもたらされた現状、条約、協定を認める意図はない。

　　同一の文書が、中華民国政府にも送られると伝えるべし。

＊（検）法廷証PX931【PX58抜粋；1932（昭和7）年1月16日付けフォーブス駐日米大使発米国務長官宛電文抜粋；日本政府回答－日本は満州に領土的野心なし】＝検察側文書PD219-P（13）　証拠として受理され、朗読される。

【PX931 朗読概要】

日本政府から以下の回答を受領した。

> ワシントンで締結された諸条約やパリ不戦条約の義務を日本が完全・完璧に履行する上で、米国政府が常になし得る限りの支援をしてくれたことに、日本政府は十分留意しているし、この事実が再確認されたのは喜ばしいことである。問い合わせがあった所謂「門戸開放」政策については、日本政府は、従前から表明してきたように、これを極東政策の目玉と位置づけているが、支那全体が不安定であることによってその実効性が著しく減殺されているのは遺憾である。門戸開放政策は、実行可能な範囲において、支那本土でも満州でも常に維持される。日本が満州に領土的野心を有していないことは繰り返すまでもないが、満州の福利厚生・安全、同地の通商への開放の度合いは、日本国民にとって特段の重要性を持つ重大関心事である。

＊（検）法廷証PX932【PX58抜粋：1932（昭和7）年2月24日付けスティムソン米国務長官発（エドウィン・S・）カニンガム上海総領事宛訓令電文；九カ国条約・門戸開放原則遵守の米外交政策新聞発表】＝検察側文書PD219-P（14） 証拠として受理され、朗読される。[E: 9370][J: 104（9）]

【PX932 朗読概要】

1. 国務長官が上院外交委員会委員長（ウイリアム・）ボラーに宛てた書簡の内容が、当地記者団に発表される。貴官は（中華民国か？）外務省に連絡して、以下の書簡内容を記者団に公表すべし。（英文速記録のみならず和文速記録においても、「米国務長官発カニンガム上海総領事宛訓令電文」の内容とその中心的な部分を占める「国務長官発ボラー宛書簡」の内容の区分は、その内容上もやや不分明に思われる。英文速記録上は、両者は、「"」と「"'」の表示で区別されているようにも思われるが、内容上の解釈によって区別した）

1. 訓令電文中の「国務長官発ボラー宛書簡」

支那の現状は、所謂九カ国条約がもはや適用されないか、効力を失ったか、修正を必要とするに至っているのではないか、もしそうならば、米国政府の方針はいかにあるべきかについて、貴官より、見解を問われた。

九カ国条約は支那（原英文はChinaで、これを「中華民国」や「中国」と訳出すれば本書証原文の意味が損われよう）をめぐる「門戸開放」政策の法的根拠となるものである。また、門戸開放政策は、1899年にジョン・ヘイが提唱したもので、支那を分割の危機にまで追い込んだ列強による支那での勢力圏獲得競争を終わらせた。具体策として、ヘイは次の二原則を打ち出した。即ち、(1)支那と通商する国家間での商業上の機会均等、(2)機会均等を担保するための支那の領土及び行政上の一体性の保持である。この原則は長年、米国の外交方針を律してきたものであるが、支那に対して該原則を提唱したのは、支那の主権を脅かしてその将来の発展を妨げたり、支那をめぐ

<1946-11-4>

って列強の対立が先鋭化するという事態を避けるためである。ヘイが該原則を打ち出した具体的理由は、これが日清戦争と三国干渉の後で激化した列強の支那進出に反発して起きた義和団事変を解決するために遵守すべきものだと考えたからである。米国政府の対支政策は、支那に恒久的安全・平和をもたらす方策を見出し、支那の領土・行政的一体性を保持し、敵対的意志を有しない国家に対しては条約・国際法上認められたすべての権利の保護を約し、全世界が支那帝国（the Chinese Empire）全土との公平・公正な通商を行えることを保障することにある。ジョン・ヘイのこの方針は、英国を始めとする列国の賛同を得た。

その後 20 年間、列強の非公式的肩入れによって門戸開放政策は維持されてきたが、1921〜22（大正 10〜11）年に、太平洋地域に利害を有する主要列強すべてが参加した会議において、この政策は所謂九カ国条約として結実し、門戸開放政策が依拠する原則を具体的かつ詳細に規定することとなった。即ち、支那を除く締約国は第 1 条で以下について合意した。

①支那の主権、独立、領土・行政的一体性を尊重すること。

②支那が実効的・安定的政権を確立・維持するために、最大限の機会を最大限自由な形で供与すること。

③すべての国に対する支那における通商・産業上の機会均等の原則を効果的に確立・維持するために影響力を行使すること。

④他国民の権利を減殺する形で自国民の権利・特権を獲得することを目的として支那の情勢に便乗し、もしくは、他国の安全を脅かす行動を支持することを差し控えること。

この条約が意図したのは、締約国に支那内外をめぐる権利・権益を保障する傍ら、支那国民に対して近代文明の原則に従って外部からの妨害なしにその主権・独立を確立するための十分な機会を与えることを保障することであった。この条約が締結された当時、支那は、辛亥革命後にあって、共和政体を樹立しようと努力していたが、それを完遂するためには長期間にわたる政治・経済的発展が必要であり、それが漸進的歩みとなるであろうことは認識されていた。同時にこの条約は、列国に対してこの発展過程に干渉するようないかなる侵攻的行動をも禁ずるものであった。「門戸開放」政策の歴史を紐解けば、このような保護政策こそが、支那のみならず支那と通商関係を持つ列強の利害に適う最上の方策であったことが理解できる。

この条約について国務長官チャールズ・E・ヒューズが大統領に送った報告には、「この条約によって支那における『門戸開放』は遂に現実のものとなったと信じられる」と記されている。［E: 6376］［J: 104（10）］

英国代表団を率いたバルフォア卿は、「勢力圏」の思想を否認する旨の声明を発し、日本を代表した幣原は、「何人も、中華民国が自身を統治する神聖な権利を否認せず、何人も、支那が自身の偉大なる国家の運命を考え出して行く道に立ちはだかることなし」と述べた。

当初の条約当事国は、米、ベルギー、英、支那、仏、伊、日本、蘭、ポルトガルであったが、後に、ノルウェー、ボリビア、デンマーク、メキシコが加盟し、ドイツは、調印はしているが議会の批准がまだ得られていない。

ここで銘記すべきは、九カ国条約は、ワシントンで軍縮を目的として同時に結ばれた相互に関連・依存する複数の条約の一つに過ぎず、もしも一連の条約の一つでも蔑ろにされることとなれば、条約群が意図する全般的了解と均衡状態を崩されることとなりかねないことである。米国は当時、建艦競争で先頭を走っていたが、その地位を率先して放棄し、同時にグアム・フィリピンの根拠地を要塞化しないことに合意したが、その決定をする前提条件となったのが、支那での通商の機会均等や同地での軍事的勢力拡張を禁止した九カ国条約の存在であった。故に、九カ国条約の条項に修正を加えたりそれを破棄したりすることは、それらの条項に依拠する他の条約の内容を議論することなしには不可能なのである。

　その6年後、九カ国条約が標榜する「強国は、弱国に対する侵攻企図を自主的に放棄する」との原則は、全世界のほぼすべての国家が調印したパリ不戦条約によってさらに補強されることとなった。二つの条約は、別個のものながら、紛争を恣意的武力行使ではなく公正かつ平和的手段によって解決するという原則を始めとする、国家間を律する法規範に則って、秩序立った方法により世界の進歩を支える体系を整えようとの意識・世論を高めようとする方向性においては、一貫した流れの中にあり、調和の取れたものであった。その世界の進歩がいかなる形を取ろうとも、支那を外部からの侵攻行動より護ることは、進歩にとって不可欠な要素である。九カ国条約締約国並びにその原則に賛同する国々は、全世界の平和・福祉のためには、支那4億人の民が秩序と平和に支えられた発展をしていくことが必要であり、全世界の福祉を目指すいかなる試みも、支那の福祉・安全を無視して成り立つものではないと考えている。

　最近の支那における事態の推移、取り分け満州と上海における武力衝突は、既に触れた二つの条約をいかなる形であれ修正することが望ましいことを示しておらず、むしろそこに盛られた条項を誠実に遵守することの重要性を、極東に利害を有するすべての国家に印象付けた。この際、紛争の原因を探り、もしくは当事国いずれかを非難することは、不必要である。原因や責任の所在の如何にかかわらず、既に事態は二つの条約の義務・規約と相容れない形で進展しており、逆に言えば、条約が誠実に遵守されていたならば、このような事態は生じなかったのである。二つの条約の締約国の中で紛争当事者でない国は、それら条約の条項に如何なる変更を加えるべき理由も見出せないであろう。それらを誠実に履行することがいかに大切かを、上海でそれら諸国の国民が直面した危難・損失によって思い知らされたことであろう。

　以上が米国政府の見解である。我が国は、二つの条約に具現されている文明の原則を放擲するいかなる理由も見出せない。さらに、我が国は、それらの原則が誠実に履行されていたならば、現在の状況は回避できたと信じるし、そのような履行措置を執ったとしていたならば、条約加盟国並びにその国民の正当な権利を保護する上で不都合が生じたことを示す根拠は見出し得なかったであろう。

　去る1月7日（英文速記録9380頁の原文"On January 7th last"は、このように訳すべきであり、和文速記録104（10）頁の対応部分に記されている「昨年一月七日」は誤訳であろう）、大統領の指示に従って、米国政府は日支両国政府に対して、それら二条約に違反した形で日支政府が招来し、我が国の政府も

<1946-11-4>

しくは国民が支那で有する権利に影響を及ぼすようないかなる現状、条約、協定も容認しないとの声明を、正式に発した。もしも諸国の中でこれに同調する動きがあるならば、圧力や条約違反によって追求された権原もしくは権利の法的正当性を失わせることとなり、そのような行動、そして過去の歴史に見られたように、支那から剥奪された可能性のあるそれら権原と権利を最終的に回復する上で大きな追い風となると、我国は信ずる。

これまで我が国は、太平洋地域における主要国の一つとして、支那人民の未来に信を置くことと、支那と渡り合う上で公正、忍耐、相互親善の原則が最終的には功を奏するとの見通しを、政策の基盤としている。支那が直面する課題は、遠大かつ遼遠なものであり、その進歩の速度が遅く、責任ある政府を樹立する試みが挫折しやすいものであることは、ヘイやヒューズなども予見していたことであって、門戸開放政策を進める上で直面すると予測された問題であった。我々は、「支那にはその発展過程を完遂するために必要な時間が与えられるべきである」としたワシントン会議参加国代表の面々の見解に同意し、それを未来に向けての方針とする用意がある。（署名）ヘンリー・L・スティムソン。

2．（これより訓令電文中の地文に戻ったと解する）上記全文を東京にも打電すべし。スティムソン。

(2) ウイリアムズ検察官、ハーディン検察官に替わり、検察主張立証第 XI 局面「米・英・英連邦諸国関係」第1部「満州事変と満州国に関わる日米英関係」の検察側立証として、提出済み（検）法廷証 PX58【米国対日外交関係叢書 1931（昭和6）年～1941（昭和16）年第2巻】からの抜粋証拠書類の提出を続行する。

(英速録 9383～9415頁／和速録 104号 10～14頁)

＊（検）法廷証 PX933【PX58抜粋；1933（昭和8）年2月25日付けスティムソン米国務長官発（ヒュー・R・）ウィルソン駐ジュネーブ公使宛訓令電文；米政府は国際連盟支持と連盟事務総長に伝えよ】＝検察側文書 PD219-P（12） 証拠として受理され、朗読される。

【PX933 朗読概要】

連盟事務総長ドラモンド宛に本日付けで自分の名で送達した書簡の内容は、以下の通りである。
　連盟総会が2月24日に採択した19人委員会の報告が添付された、貴官からの同日付の手紙を受領した。本国政府の見解を至急願うとのことであったので、以下に記す。
　日支間の紛争に端を発した今回の事態について、米国政府は、平和の維持と紛争の平和的解決という点で、概ね連盟とその指向するところを同じくする。その目的達成に向けて、連盟がその管轄権を行使する傍ら、米国は、執るべき手段とその限度について独自の判断を保留しつつ、連盟の平和維持への努力に支援を試みてきた。
　また、連盟の事実認識と、米国政府がその代表者を通じて得た報告に基づいて理解した事実関係は、基本的に一致し、連盟が認定した事実に照らして到達した結論にも米国政府は賛

意を表する。即ち、(満州の現状の)非承認の原則という点で、連盟と米国は同じ立場にあり、紛争解決の原則についても、米国政府自らが調印している条約に照らして妥当と認める限りにおいて、概ね同意する。

＊(検)法廷証PX934【PX58抜粋；1934(昭和9)年11月14日付けグルー駐日米大使発ハル米国務長官宛電文抜粋；満州国成立】＝検察側文書PD219-P(15)　証拠として受理され、朗読される。[E: 9386] [J: 104 (11)]

【PX934朗読概要】

　満州国建国後、日本政府は、同地で門戸開放、機会均等の原則を保障すると明確には表明していないが、日本の満州国承認は、それらの原則を認めた上でなされている模様で、それは1932(昭和7)年8月25日に当時の外相内田(康哉)が議会で行った演説や、同年9月15日に日本が満州国を正式承認した折の公式声明からも窺える。後者には、満州国政府が3月10日付け声明で門戸開放原則維持を宣命したことの確認や、満州が排外主義とは無縁の地となって、諸国民が機会均等の原則に則って経済活動を行い、同地の発展・繁栄に貢献してくれることを希望する旨の、日本政府の意向が盛り込まれていた。9月15日付けの日満議定書は、満州国が国際関係上の義務を遵守するという前提に立ったものであり、それは議定書前文で満州国が中華民国時代の国際上の義務を承継することを宣命していることからも窺える。これらの明確な声明を日本が無視できるとは理解に苦しむところであるが、それが事実である証拠は、ここに引用されている事例に留まらない。

＊(検)法廷証PX935【PX58抜粋；1934(昭和9)年4月17日付け外務省非公式(天羽)声明；列国の対支個別干渉を排除・英の積極進出への警告】＝検察側文書PD219-P(22)　証拠として受理され、朗読される。[E: 9389] [J: 104 (11)]

【PX935朗読概要】

　日本が支那との関係で有する特殊な地位故に、日本が支那関連で有する見解・姿勢が外国とすべて一致するとは限らないが、日本がその使命及び東亜での特殊な責任を遂行、履行する上で、至上の努力を払うことが求められていることは理解されるべきである。東亜での平和維持をめぐる原則についての意見の相違のために、日本は国際連盟から脱退した。日本の支那に対する姿勢は、諸外国のそれとは相違しているが、この相違は日本の立場と使命故に止むを得ないものである(英文速記録9390頁の"... such difference cannot be evaded"という件は、原本和文書証より採録したであろう和文速記録104(11)頁掲載の「……免レ得ザルモノナリ」という部分の訳と思われるが、誤訳と言うべきであろう)。

　日本は外国との友好関係維持・促進に努めているが、東亜の平和維持のためには自身の責任に

<1946-11-4>

於いて単独で行動するのは当然であり、義務であると考えている。同時に、我が国が東亜の平和維持の責任を分かち合えるのは支那だけであるから、同国の統一、領土的一体性の維持、治安回復は、日本が最も切望することである。そして、それを達成するために必要なのは支那自身の自覚・自発的努力であることは歴史が示している。これらの理由から日本は、支那が他国の影響力を利用して日本を排斥しようとし、もしくは、外国同士を戦わせようとするような試みに、反対する。満州・上海事変後の今、外国が支那で行う合弁事業は、たとえそれが技術・金融援助の形をとるとしても必然的に政治的色彩を帯びてくるものであって、もし実行されたならば、勢力圏の確定や支那の国際管理・分割といったことにまで話が進みかねず、そうなれば支那にとって不幸なことのみならず、日本と東亜にも重大な影響を及ぼすこととなる。これが日本の原則的立場であるが、外国が金融・通商などで個別に支那と交渉することについては、それが支那を利し、かつ東亜の平和維持を阻害しない限りにおいて、干渉する必要は認めない。

しかしながら、支那への軍用機供与、同地での飛行場建設、軍事教官・顧問の派遣、政治目的の借款契約などは、日本と支那、その他の国々との友好関係を阻害し、東亜の平和・安定を乱すものであるから、日本は反対する。

このような日本の姿勢は、その過去の政策を見れば明らかであるが、最近、外国勢力による支那での協調行動がなんらかの口実の下に行われようとしているとの報道があるので、この際に今一度明らかにしておくのも不適当ならずと判断した次第である。

*（検）法廷証 PX936【PX58 抜粋；1934（昭和9）年4月25日付けグルー駐日米大使発米国務長官宛電文抜粋；天羽声明に対する広田外相釈明】＝検察側文書 PD219-P（23）　［E: 9393］［J: 104（11）］　証拠として受理され、朗読される。

【PX936 朗読概要】

今朝、広田外相と会見。外相は、外国の対支那（この書証においては、原本和文書証より採録したであろう和文速記録は、すべて「中国」と記載しており、その上当該和文原本文書は入手できないが、原則に戻って「支那」を採る）援助に対する日本の姿勢に触れた天羽声明について、以下のように釈明した。

　声明は記者会見の際に天羽が質問に答えて発言したもので、自分（広田）は事前にそのような発言がなされることを知らなかったし、それを許可したこともない。この声明が日本の方針について誤った印象を全世界に与えてしまったようだが、日本には支那で特権的地位を追求したり、支那の領土・行政的一体性を損ねたり、支那と他の外国との間で公正に執り行われる交易を阻害する意図はない。外国の活動が支那の静謐を乱すことが間々あり、地理的に支那に近い日本が、支那が静謐であることに重大な関心を有するのは当然のことである。しかしながら、それは、支那に於いて日本が、九カ国条約締約国が有する権利・責務を蔑ろにして、特権的地位を主張する意図・意志を有しているということではない。日本は、九カ国条約の条文一つ一つを完璧に遵守することを、その方針としている。

＊（検）法廷証 PX937【PX58 抜粋；1934（昭和9）年5月19日付けハル米国務長官・斉藤（博）駐米大使会見覚書；日本側は支那における日本の優越的地位を、米側は各国平等を主張】＝検察側文書 PD219-P（24）［E: 9395］［J: 104（12）］ 証拠として受理され、朗読される。

【PX937 朗読概要】

　大使が来訪し、自分が4月28日にグルー駐日大使経由で送った声明に対する広田外相の謝意を伝え、さらにグルー大使がそれへの返答を必要としないと広田に言ったことも付言した。それから大使は持参した電報の内容を読み上げたが、日本語で打電されてきたその電報は、4月下旬に日本政府がロンドンで英外務省のジョン・サイモン（外相）宛に発せられた声明の内容を繰り返したに過ぎないものであった。自分は、これに対し、「自分はこれまで日本政府関係者が、内外で、アジアにおける方針・政策について記者発表をするのを黙って見守っていたが、我が国や、九カ国条約、ケロッグ・ブリアン条約などの締約国に関わる権利、権益及び義務を、手短にでも再確認すべきであると感じている」と述べた。

　その上で自分は、「自分の4月28日付けの声明に対して、その基本的立場について日本は異を唱える点があるか」と質した。大使はそれに対して、「基本的立場には同意するが、日本政府は、支那の平和・秩序維持に特別な関心を有している」と答え、「『東亜』の平和を維持する日本政府の高尚なる任務・使命」との日本政府がこれまで繰り返してきた文句を使った。自分は、「日米両国間に平和裏に解決できない問題は現在も、これからも存在しない」との広田の見解に賛意を表した上で、「日本は一国だけで自己完結できるような形で存在していくか、もしくは、自国の利益追求をすべての文明諸国の完璧な理解・友情を確保した状態でできるようにしていくべきである」と述べ、「日本が後者の道を選択すること」が自分の希望・願いであることを明らかにし、米国政府もその線に添う準備がある、と付け加えた。

　その後自分は、率直な質問をぶつけた。即ち、「『東亜』の平和に対する日本の高尚かつ特別な関心、権利及び義務といった決まり文句の背景には、最終的にアジアでの覇者にならんとするような意味合いや、同地で優先的通商権を獲得しようとの目論見があるのではないかとの疑惑が、多方面から出されている」、と。大使は、このような見方に抗議の意を明らかにした。自分はそれに対し、「日本が不快と感ずる行為をどこかの国がなした場合には、高尚な決まり文句を発するより、個々の事情をどこか適当な他国の政府などに訴えかけるのがずっと簡単・簡易な方法であり、決まり文句を発するから日本の動機が疑われるのだ」と言ったが、大使は、「日本にはそのような意図はない」と答えた。

　自分がその後で言ったことは以下の通りである。即ち、「世界で現在、軍拡を理由に注目を浴びているのは日本とドイツであるが、日本に覇権志向や対外干渉などの意思がないと諸外国が理解できれば、そのような注目を浴びることはなかったであろう。それ故に国際関係では相互理解が必要であり、当局者にはそれを阻害するような噂や意図的に出された流言飛語のようなものを

<1946-11-4>

正していくことが要求される。諸国民の福祉と文明社会の維持のために、数少ない文明国が衷心から協調していくことが今こそ重要となっている。東洋を含む世界のいかなる地域であろうとも、枢要な地位を占め正当な権利・義務を有する国家に、不公平感や条約違反を意識させるような政策を文明国が実行するのは愚の骨頂である。このような行動は、債務者が債権者に信を置かなくなるように、欧米社会で条約等の信頼性を損なわせるという結果を招来しかねない。それ故、我が国を含む文明諸国は、道徳的・法的義務を遵守・護持するのに特に厳しい態度で臨むべきである。我が国が関心を有しているのは、一般的条約義務の他には、通商の機会均等の原則及びそれに由来する国際法上の権利・義務である。日本政府は、それら条約の一部乃至は全部を否認・破棄するような意向を有しているか? そのような条約に対する無視・違反は我が国にとって迷惑至極なことである」、と。

大使はこれに対して、「それら条約を無視・破棄する意向はない。日本が連盟脱退に踏み切ったのは、加盟国として考えるところがあったからである」と返答したので、「脱退の理由となった苦境は、日本が連盟加盟国であるが故に生じたものか、ベルサイユ条約調印国であるが故に生じたものか?」と質問したが、明確な答えは得られなかった。大使は、「来るべき海軍軍縮予備会談では、海軍軍備に関わる問題のみを論議すべきで、極東の政治問題などを扱うことには反対する。軍縮会議であるはずのワシントン会議では政治問題も俎上に上ったが、その繰り返しは御免こうむる」と、応じて来た。自分はそれに対するコメントを差し控えた。

＊(検) 法廷証 PX938 【PX58 抜粋；1935 (昭和10) 年9月25日付けハル米国務長官声明；北支の自治運動に対する米国の政策】＝検察側文書 PD219-P (25) ［E: 9403］［J: 104 (13)］ 証拠として受理され、朗読される。

【PX938 朗読概要】

以下を、1935 (昭和10) 年12月6日付け朝刊掲載用として、12月5日に記者に対して発表 (この部分は、和文速記録には記載されていない)。

新聞、記者団からの北支「自治運動」、それをめぐる日支の動き、米国政府の姿勢に関する質問に対する国務長官の発言は以下の通りである。

北支で進行している異様な事態については、情報が錯綜しているが、北支に於けるいくつかの省の政治的地位を改変しようとする試みがなされ、それに対する抵抗も行われていることは事実である。同地域に条約上の権益を有し、相当数の自国民が同地で財産を所有し種々の活動に従事しているという点で、米国は、所謂「条約国」［treaty powers］の一つであり、そこでの異様な事態を重大関心事として注視している。政治的騒乱、抑圧は、不安、不満を生んで、経済社会面で険悪な情勢を惹起し、条約上の権利の享有、義務の履行を困難にする。政治・経済的不安が全世界を取り巻く今、米国政府が最も重要と考えるのは、条約上の原則と、交わされた約束に対する信義を官民共に守り通すことである。国際関係に於いては、秩

序だった生活と進歩に必要な信頼、安心、安定感を醸成するために、協定及び協定を尊重する姿勢が必要である。米国政府は、締結された条約の内容を遵守するという原則に忠実であり、また、諸国が相互・共通の利益のために同じ態度で臨むことを願うものである。

＊（検）法廷証PX939【PX58抜粋；1934（昭和9）年11月30日付け駐日米大使発外務省宛覚書；満州における石油統制に対する抗議】＝検察側文書PD219-P（18）［E: 9406］［J: 104（13）］　証拠として受理され、朗読される。

【PX939朗読概要】

11月5日付けの外務省覚書における「日本政府は、満州の石油産業統制計画には関知・関与せず」との説明には、説得力がない。半官半民団体を含む日本の事業体が積極的に参加しているような計画を日本政府が知らぬ、存ぜぬなどとは有り得ない、と判断せざるを得ない。同様の理由で、日本が満州の産業政策に責任を有しないという説明を受け入れることはできない。米国政府が日本政府の注意を促したいのは、同計画には満州地域での石油販売・流通の独占に繋がるような管理体制の構築が盛り込まれており、そのような独占は、満州国政府が世界に向けて尊重し継承すると宣命し、日本政府が日満議定書を通じて同様に確認した条約上の権利を侵害し、日米両国が締約国となっている九ヵ国条約第3条に違反するものである。加えて、同地で長年培われてきた米国の正当な利権に悪影響を与えるものである。そして、この計画の推進者が示した執着心と、それがもたらす結果に対する日本側の無関心を装う態度は、日本の「満州での門戸開放政策を維持する」との度重なる約束を虚しくするものである。

＊（検）法廷証PX940【PX58抜粋；1937（昭和12）年10月30日付け（ウイリアム・R・）ラングドン奉天米領事発ジョンソン米駐支大使宛至急電文抜粋；満州国の門戸開放に関し日本の与えた確約】＝検察側文書PD219-P（16）［E: 9409］［J: 104（14）］　証拠として受理され、朗読される。

【PX940朗読概要】

大橋（満州国で外交部次長や国務院参議となった大橋忠一のことであると思われる）の参考に供するため、満州国政府が門戸開放政策維持を声明として発表した多数の実例のいくつかを挙げた。即ち、以下の通りである。

・1932（昭和7）年3月1日の満州国建国の布告。
・同年3月12日に満州国外交部長謝（介石）が米国務長官に宛てた電文の第7段落中の「満州国内の外国人の経済活動については、門戸開放の原則が遵守される」との部分。
・同年9月15日、日満議定書調印の折の謝外交部長の発言。
・ローズベルト大統領当選を祝した謝外交部長の同年11月12日付け電報。

<1946-11-4>

・満州国外交部が在日米国記者団代表に送った声明。（1933［昭和8］年5月4日付け外交部情報局会報第60号参照）
・謝外交部長が1934年〔昭和9〕年3月1日の皇帝即位式の折に発出した、2年前の門戸開放政策遵守声明を再確認する声明。

　その上でラングドン領事は、大橋に対し、米国・満州国間の通商に差別的制限を課している満州国の法令に深い遺憾の意を表し、満州国を通商上他国と同様に扱っている米国に於いてこの事実がいかに不評となっているかを関係当局に伝えるよう要請した。
＊午前12時、裁判長ウェッブ、正午の休廷を宣する。
＊午後1時30分、法廷、再開する。［E: 9413］［J: 104（14）］
＊裁判長ウェッブ、「来週月曜日（11月11日）は連合国総司令部が定めた休日であり、休廷する」と、宣す。
＊ウイリアムズ検察官、証拠提出・朗読を再開する。
＊（検）法廷証PX941【PX58抜粋；1935（昭和10）年4月16日付けグルー駐日米大使発広田首相宛口頭申し入れ；満州における石油統制は米世論を悪化させた】＝検察側文書PD219-P（19）証拠として受理され、朗読される。

【PX941朗読概要】

1. 満州における石油産業の独占と、そこに絡む日本人及び日本側利権集団の活動は、米国世論に悲しむべき影響を及ぼし、世論はそれを、日本の条約義務違反と見なすことであろう。

2. 同地で長年石油販売に従事して、その業績を拡大してきた米国企業に、当大使館が知る限りにおいては、なんら瑕疵は見当たらず、顧客や満州国に不利益をもたらしたような記録もない。そのような企業を日本が独占統制の実施によって閉鎖に追い込んだり日本の事業体に吸収しようとしたりするのは、米国世論の目には、極めて不当な行為と映るであろう。

3. 日本政府は、当該措置が主権・独立国家であると日本が認めた国家（満州国）の行ったものであるとの理由で、責任の所在を否認するが、日本が満州国に対して特殊な関係を持ち、明白な影響力を行使していることを示す事例は、他にあまた存在する。このような矛盾が、日本の主張の誠実・真剣さを斟酌しようとする米国世論に悪影響を与えることは必至である。

4. 満州で長年、合法的に事業を行ってきた米国石油利権が同地から締め出される理由として日本が挙げるのは、国防上の要請のようであるが、それを言い立てるならば、日本は満州における石油事業独占計画に無関係であると言い張ることはできない。一方で、これが純商業上の問題であると言うならば、日本は、満州での通商の機会均等の原則の維持に向けて他国と協調することが妥当、適切である。

(3) ウイリアムズ検察官による検察主張立証第 XI 局面「米・英・英連邦諸国関係」第1部「満州事変と満州国に関わる日米英関係」の検察側立証、「海軍条約問題」関連立証に及ぶ。　　　　　　　　　　（英速録 9415～9423 頁／和速録 104 号 14～15 頁）

＊（検）法廷証 PX942【PX58 抜粋；1934（昭和 9）年 12 月 29 日付け斉藤駐米大使発ハル米国務長官宛通牒；ワシントン海軍条約廃棄通告】＝検察側文書 PD219-P（26）　証拠として受理され、朗読される。

【PX942 朗読概要】

　本国政府からの指示に従い、以下を伝達する。
　ワシントンで 1922（大正 11）年 2 月 6 日に調印された海軍軍備の制限に関する条約第 23 条に従って、日本政府は米国政府に、該条約を停止する意図があることを通告する。これにより、該条約は 1936 年 12 月 31 日を以て失効する。

＊（検）法廷証 PX943【PX58 抜粋；1936（昭和 11）年 1 月 15 日付け（ノーマン・H・）デイヴィス海軍軍縮会議米代表発ハル米国務長官宛電文抜粋；日本提案の共通上限枠に反対】＝検察側文書 PD219-P（27）　証拠として受理され、朗読される。

【PX943 朗読概要】

　米国は、今年末で失効する現行の海軍軍備削減・制限条約に替わる新たな協定締結に極めて前向きであり、新協定についてあらゆる提案を議論し可能性を探ることに吝かではなかった。その中には、現行の艦隊比率が公平・公正ではなく、安全保障の平等性を担保するものではないという意見も含まれていた。共通の上限枠を設定するという日本代表の提案とその根拠を注意深く聴取、検討し、この提案を非とする米国側の立場に変更を加えるべき新たな事実・考察がないかを探ってみた。日本代表である永野（修身）提督の明確な説明は多とするも、話し合いの結果は、共通の上限枠設定提案が交渉や協定締結の基礎とはならないとする米国側の確信を深めるのみであった。

＊（検）法廷証 PX944【PX58 抜粋；1937（昭和 12）年 12 月 1 日付けグルー駐日米大使発広田外相宛通牒；満州における日本の治外法権撤廃に米国は従えない】＝検察側文書 PD219-P（20）〔E: 9418〕〔J: 104（15）〕　証拠として受理され、朗読される。

【PX944 朗読概要】

　11 月 1 日に（満州国と）日本との間に、満州国における日本の治外法権撤廃を謳う条約が締結され、それに付随して日本以外の外国が有する治外法権に関する宣言が発表された。これに関連

<1946-11-4>

して我が国政府の知るところでは、ニューヨーク・ナショナル・シティー銀行のハルビン支店が、満州国政府の経済部から「最近施行された『外国法人に関する法律』は当然、すべての外国企業に適用される」ことを理由として「法に従っての登録手続きと代表者任命の準備」を要請する書簡を受領した。米国民が満州で享有する治外法権は、米支間の条約で認められたものであり、米国法人に満州国政府が管轄権を及ぼそうとする上述の法律は、米国民・企業には適用されないと思考する。米国政府は、満州国当局による、そのような管轄権設定のいかなる試みにも強く反対し、米国・米国民の条約上の権利に就き完全な留保権を行使する。日本政府と満州国当局との関係に鑑みて、本件を日本政府に申し立てるべしとの本国政府の指示に従って、本件を送達する。

*（検）法廷証 PX945【PX58 抜粋；1936（昭和11）年1月15日付け永野ロンドン海軍軍縮会議主席代表発モンセル軍縮会議議長宛文書；海軍軍縮会議打ち切り】＝検察側文書 PD219-P（28）　証拠として受理され、朗読される。

【PX945 朗読概要】

本日の第一委員会会合で明らかとなったように、海軍軍備縮小・制限に向けた我が国提案に盛り込まれた基本的原則は、多数の支持を得られなかったので、我が国代表団はこれ以上当会議での審議に加わることは無益との結論に到達した。我々は、当方の提案が軍縮を実効的にするためには最善のものであると今でも固く信じており、これまで述べてきた理由の故に他の国々の提案に賛同し得なかったことを残念に思う。この機会に、これまで会議を懇切な態度で進めてきたことを多とすると共に、他国の代表団が示してくれた協力的態度に謝意を表したい。

*（検）法廷証 PX946【PX58 抜粋；1937（昭和12）年6月18日付けグルー駐日米大使発米国務長官宛文書抜粋；日本は主力艦装備砲口径制限に従わない】＝検察側文書 PD219-P（29）　[E: 9422][J: 104（15）]　証拠として受理され、朗読される。

【PX946 朗読概要】

日本政府は、先のロンドン海軍軍縮会議に於いて、主力艦の砲口径を制限するような質的制限は、建艦量に対する量的制限を伴わなければ意味がないとして、拒否する姿勢を示したが、その見解は今でも変わっていない。端的に日本側の論旨をまとめれば、質的制限を規定しただけでは、それによって生ずる不利を穴埋めするために量的軍備拡大に走り、建艦競争を誘発するというものである。日本政府は今の段階では、主力艦の砲口径の制限を受け入れる方針は採っておらず、米国政府にはこの点での理解を求めている。参考までに、この日本側の立場は、1月に英国が出した主力艦の砲口径の上限を14インチに設定すべきとの提案に対して3月下旬に答えた際に、英国にも伝えられている。

2―11―2　検察主張立証第 XI 局面「米・英・英連邦諸国関係」第 2 部「支那事変に関わる日米英関係」

(英速録 9423〜9629 頁／和速録 104 号 15 頁〜105 号 19 頁)

(1) 検察側の主張立証、その第 XI 局面「米・英・英連邦諸国関係」第 2 部「支那事変に関わる日本の対米英関係」に入り、ウイリアムズ検察官及びハーディン検察官、提出済み（検）法廷証 PX58【米国対日外交関係叢書 1931（昭和 6）年〜1941（昭和 16）年第 2 巻】からの抜粋証拠の提出を続行する。

(英速録 9423〜9443 頁／和速録 104 号 15〜18 頁)

＊（検）法廷証 PX947【PX58 抜粋；1937（昭和 12）年 7 月 16 日付け米国務長官声明；米国外交の基本方針】＝検察側文書 PD219-P (31)　ウイリアムズ検察官、証拠として提出する。証拠として受理され、朗読される。

【PX947 朗読概要】

　世界各地で不穏な動きのあることが話題に上っているが、武力行使が進行中もしくは差し迫っている地域があった場合、その影響を受けるのは全世界の国々であり、米国もその例外ではない。以下の声明は、この前提の下に、出すことが適当と考えたのみならず、義務であると考えたが故のものである。

　　平和の維持こそが、我が国が恒常的にかつ一貫して国是としてきたものであり、それに従って以下の原則を主張して来た。即ち、国家レベル・国際間での自制的態度、政策追求上の武力不行使、他国の内政への不干渉、国際紛争の平和的解決、国際協定の誠実な遵守、そして条約に改変の必要がある場合には相互扶助・理解の精神を以て秩序立てて改変すること。我が国は、すべての国家が他国の権利を尊重し、自国に課せられた義務を果たすものであると信じ、国際法に新たな息吹が与えられ、強化されることを支持する。また、以下の原則を主張する。即ち、世界的レベルでの経済の安全・安定化に向けた措置の実施、国際通商上での過度な障壁の低減・撤廃、商業上の機会均等である。我が国は、軍備の制限・削減が望ましいと信ずる。国家安全保障上、適正な軍備の維持は必要であるとの認識の下、米国には他国が進める軍縮・軍拡の程度に応じて、軍縮・軍拡を進める準備がある。我が国は、同盟関係や紛争に巻き込まれる恐れのある取り決めを結ぶことは避ける意向であるが、ここに述べた原則を護持するために平和的・現実的手段によって他国と協調するのは望ましいことであると信ずる。

＊（検）法廷証 PX948【PX58 抜粋；1936（昭和 11）年 6 月 12 日付けハル米国務長官・駐英大使吉田（茂）会見覚書抜粋；日本の支那における行動への批判・米は国際平和を希望・日米英の

<1946-11-4>

協調が必要】＝検察側文書 PD219-P（30） ハーディン検察官、ウイリアムズ検察官に替わり、証拠として提出する。[E: 9426] [J: 104（16）] 証拠として受理され、朗読される。

【PX948 朗読概要】

……自分は、吉田への返答として、米国国民が日本について概ねいかなる印象を持っているかを述べた。即ち、「日本は最初東亜を経済的に完全に支配し、次いでその支配域を日本が望む範囲まで押し広げようと目論んでおり、これは最終的には軍事・政治的支配にまで発展するものである。この過程で、日本は支那において、日本の支配下、影響力下にある地域との通商から米国などの国々を締め出すこととなり、その結果として、商業上、産業上の機会均等を標榜して世界全域と通商関係を保持する米国のような国にとっては、その原則が適用される地域とされない地域とが出てくるという困った情況が現出する」、と。さらに、「米国政府は中南米諸国に対して、他国との交易額を国別に決めるように勧告したようなことはない（日満関係との比較をしているものであると思われる）。日米英のような国家が、商業・産業上の機会均等原則を世界レベルで適用・遵守していくために協力し、その実際の運用上での紛争解決にあたって武力に訴えることなく、理性的に解決の道を模索するといったことができないはずはない。このようにしていけば、国家間の紛争の9割方は解決できるはずである」と、述べた。

＊（検）法廷証 PX949【PX58 抜粋；1937（昭和 12）年 7 月 24 日付けハル米国務長官・斉藤駐米大使会見覚書；七・七事件】＝検察側文書 PD219-P（32） ハーディン検察官、証拠として提出する。証拠として受理され、朗読される。

【PX949 朗読概要】

当方の要請に応えて日本大使が今朝、来訪。自分は、以下を伝えた。
・双方併せて 5 億の人口を有する 2 国間で全面戦争が勃発する可能性があるという事態を、我が国は、深い関心と憂慮の念を以て注視している。
・自分は両国大使と随時会談して情報収集に努めるとともに、純粋に友好・不偏不党の精神を以て両国政府と接触し、極東での武力紛争回避のために貢献できる道を模索してきた。前回の会談でも触れたが、我が国は両国に対して戦争回避を訴える声明を発した。
・米国政府は、日支両国政府の事前の了解を必要とする調停の段階には至らない手段によって、日支間の現在の事態を沈静化させ、当事国にとって公正な解決策を探り、極東での平和回復に役立つ措置を執る用意がある。
・自分の立場が両国に正確に伝わるために、本日の会談の内容を当地の両国大使が本国政府に伝えると同時に、自分は日支両国駐在の我が国の大使に、本日の会談内容を伝え、その内容を復唱する形で報告させようと考えている。

大使に最新情勢について質したところ、「盧溝橋での戦闘で日本軍は、砲兵の使用に留め、歩兵の展開は控えた。現地の方針は紛争の局地化・不拡大で、これは達成可能と考える。日本本土からの派兵はしていない」とのことであった。

大使は会談中、余り多くを語らなかったが、こちらの話を前向きに受け止めようという姿勢は見せていた。自分は、「我が国が日本や他の当事国に友好・不偏不党の姿勢を有していないならば、本日述べたようなことを開陳することはなかった」ことを強調した。

会談の中で自分は、北京で米国人女性2人が日本軍の衛兵から暴行を受けた件を取り上げ、記者団には「正確な事実関係を把握するまでコメントはできない」と話したことを告げた上で、現地外交機関が善処することを希望する旨伝えた。大使は、こちらの対応を好意的に受け止め、円満な解決を願う旨述べた。この件に関連して、同席したホーンベックは、過去5日間に米国及び他国民に対して類似の事件が発生したことを指摘して、日本政府に善処を求めたところ、大使は同感の意を表した。

＊（検）法廷証 PX950【PX58 抜粋；1937（昭和12）年8月10日付けグルー駐日米大使・広田外相会見覚書抜粋；支那事変解決斡旋を日本外務省に申し入れ】＝検察側文書 PD219-P（33） ハーディン検察官、証拠として提出する。[E: 9435][J: 104（17）] 証拠として受理され、朗読される。

【PX950 朗読内容】

自分は「現状打開に役立つことがあれば、知らされたし」との前回の会談での自分の発言を引き、広田に、米国政府が「この発言を（和平）斡旋の申し入れとして提示して宜しい」と指示してきたことを伝え、公にすることなく、外部からの干渉との印象を避けるため、非公式・試験的に行いたいと言った。その後で、日支両国代表が交渉を行うためのどこか中立的な場を用意することと、その交渉の際に問題が起きた時に米国が助け舟を出すことを提案した。

＊（検）法廷証 PX951【PX58 抜粋；PX947「1937（昭和12）年8月13日付け日本大使館発米国務省宛通牒」への同意回答】＝検察側文書 PD219-P（34） ハーディン検察官、証拠として提出する。証拠として受理され、朗読される。

【PX951 朗読概要】

日本政府は、ハル国務長官が16日の声明で明らかにした世界平和の維持に関する原則に賛意を表する。それらの原則の目的を極東で達成するのは、同地の特殊な事情の完璧な認識と現実的考察によってのみ可能であると、日本政府は信ずる。

＊（検）法廷証 PX952【PX58 抜粋；1937（昭和12）年8月23日付け米国務省新聞発表；米国は日支紛争の平和的解決を希望する】＝検察側文書 PD219-P（35） ハーディン検察官、証拠と

<1946-11-4>

して提出する。[E: 9437][J: 104（17）] 証拠として受理され、朗読される。

【PX952朗読概要】

　太平洋地域で進行中の現在の事態がもたらす問題は、同地の米国民及び権益の保護に留まらず、国務長官が7月16日に発表した声明に盛り込まれた、国際関係を律すべき一般的政策原則にも関わってくるものである。なお、同声明には50カ国余りの政府が賛意を表明している。

　　世界中のどこであろうとも、武力紛争が発生したり、その危険が差し迫ったりした場合、それはすべての国家にとって重大関心事である。その言い分の如何にかかわらず、当事国は武力行使を控え、上記の原則に従って紛争を解決すべきである。該原則は、全世界で通用する包括的・基本的なものであり、ワシントン会議で締結された諸条約やケロッグ・ブリアン条約など多数の条約に具現化されている。

　　今次の極東における紛争開始の直後から、米国政府は、日支両国政府に武力行使を控えるよう訴え、平和的解決への道を常に模索し続けてきた。米国政府は、政治的同盟関係や紛争当事国になりかねない対外関係を結んだりはしないが、極端な孤立政策を採ることもしない。信念とするところは、7月16日に表明した目標達成に向けて、平和的手段を通じての国際協力を行うことである。このように明確に打ち出された姿勢・方針に照らし、そしてその範囲内に於いて、米国政府は、自国民の声明・安全を確保し、我が国が信条としている平和維持を始めとする政策の実行を効果的なものとするために、極東情勢のあらゆる局面を注視している。

　　米国政府は、太平洋地域そして全世界に於いて、ここで述べた基本原則が支持、強化され、新たな息吹が与えられるよう、努力していく。

＊（検）法廷証PX953【PX58抜粋；1937（昭和12）年9月28日付けハル米国務長官発（リーランド・B・）ハリソン駐スイス公使宛電文抜粋；支那における日本の行動は不戦条約・9カ国条約に違背する】＝検察側文書PD219-P（36）　ハーディン検察官、証拠として提出する。[E: 9440][J: 104（18）]　証拠として受理され、朗読される。

【PX953朗読概要】

　しかしながら、米国政府が貴官を連盟の委員会に臨席することを許可するという形で連盟の審議に関与している関係上、我が国と連盟が有する共通の目的に向かって現実的な効果をもたらすような決定を協同で下せるよう、貴官が我が国の考えるところを知悉・理解しておくことが望ましいと考える。

　去る7月に日本が支那において戦端を開いた際に、米国政府は、日本が政治的に達成しようと目論んでいる目的が何であるかを示す証拠を踏まえた上で、7月16日に、正常かつ平和的国際

関係の基礎となるべきであると考えられる原則について、声明を発表した。

さらに、8月23日の声明は、日支間の紛争に特に触れた上で、前回の声明で明らかにした原則のいくつかを繰り返して、それらが太平洋地域を含む全世界に適用されるべきものであることを強調し、ケロッグ・ブリアン条約や九カ国条約に特に注意を喚起した。これは、日本の行動に対する異議表明である。これに加えて、米国政府の立場を強化する以下の対策が講じられた：

（1）日支両国に向けての武力行使の中止・抑制を訴える直接の要請。

（2）当事国に和平の意思がある場合、調停の用意がある旨の声明を繰り返し発出した。

（3）非戦闘員を目標とする空爆に対する日本政府への度重なる抗議声明。これについては、既に覚書も発表した。

日本の軍事行動は、事態の推移と共にその規模と範囲が拡大している。中華民国政府は、日本側の条約・国際法違反を敷衍する傍ら、和解に向けた交渉には前向きであるが、日本は、支那の抗戦意志、能力と現政権を破壊することを公言し、和平に向けた連盟や他国の仲介を受け入れようとはしていない。日支間の紛争は、全世界に影響を及ぼすものであり、もはや連盟規約、九カ国条約、パリ条約といった特定の条約違反という問題に留まらず、国際法、人道、経済、安全保障の問題となっている。

（2）ハーディン検察官、検察主張立証第XI局面「米・英・英連邦諸国関係」第2部「支那事変に関わる日本の対米英関係」の検察側立証として、識別証拠（検）法廷証PX954【支那事変関係公表集第2号】よりの抜粋書証3通を提出する。

（英速録9443〜9455頁／和速録104号18〜19頁）

*（検）法廷証PX954【支那事変関係公表集第2号】＝検察側文書PD853　識別番号を付される。

*（検）法廷証PX954-A【同上抜粋：1937（昭和12）年10月20日付け駐日ベルギー大使バッソンピエール発広田外相宛口上書；東亜問題ブリュッセル会議参加招請】＝検察側文書PD853-A　証拠として受理され、朗読される。

【PX954-A 朗読内容】

駐日ベルギー大使バッソンピエール男爵は、広田外相を10月21日午前10時30分に来訪し、以下の口上書を手交した。

　　米国政府の同意を得た英国政府の要請に従って、ベルギー政府は、1922年2月6日（九カ国）条約調印国に対して、同条約第7条に従って極東情勢を議題として、同地域での不幸な紛争を早急に解決するための円満な手段を探るために、ブリュッセルで今月30日から会議を開くことを提案する。

*（検）法廷証PX954-B【PX954抜粋：1937（昭和12）年10月27日付け日本国政府のブリュッセル会議不参加回答文】＝検察側文書PD853-B　証拠として受理され、朗読される。

<1946-11-4>

【PX954-B 朗読概要】

　日本政府は、（以下、前掲の口上書と同じ内容が記されている。省略）貴国政府からの10月20日付けの口上書を受領したことをここに確認する。

　国際連盟は、今月6日に採択した報告書に於いて、紛争当事国二カ国の内一カ国による申し立てのみに依拠して、支那における日本の作戦行動は九カ国条約に違反すると断じた。日本の支那における行動は、武力を行使しての支那による挑発行為を始めとする極端な反日行為の故に、止むを得ず執った自衛措置であるから、既に我が国政府が発表したように、九カ国条約の適用外の事項である。

　連盟総会は、支那への精神的支持を表明し、加盟国に対して支那の抗戦力を弱め、もしくはその苦境の度合いを強めかねないようないかなる措置をも控え、個別に対支援助の態様を検討するよう勧告するに至った。これは、日支間の協調、東亜及び世界の恒久平和を希求する我が国の公明正大な方針を一顧だにせず、紛争当事国の一方に加担してその敵対的態度を後押しするもので、如何様にしても事態の収拾に資するものではない。

　貴国政府の口上書には、予定されている会議と連盟との関わりについて述べるところがないが、連盟が採択した決議で九カ国条約会議招集を示唆していることや、英国政府の要請に従って同会議招集に同意した米国政府が10月6日にその決議を支持する旨の声明を出したこと等に鑑み、我が国は、今次会議の招集が連盟決議と連関していると結論せざるを得ない。そして、連盟は我が国の名誉にも関るような声明を出したり、敵対的な決議を採択したりしている。

　このような状況下では、予定された会議に於いて、日支間の紛争が公平で、公正で、現実的な解決に至るような充分かつ隔意のない論議が参加国間で為されることは期待できないと、我が国は判断せざるを得ない。

　さらに、東亜の特異な状況に端を発する現在の日支間の紛争は、両国の存立に関わる重大事であり、東亜での利害関係の軽重に差があり、もしくは利害関係を有しない国々が参加国となる会議でその解決を図ろうとするのは、問題を複雑化するだけであり、公正、適正な解決を妨げることになると判断する。

　このような理由から、遺憾ながら我が国は、貴国政府の招請を受諾することはできない。

　現在の紛争の原因は、ひとえに支那が長年、国是のようにして行ってきた反日宣伝・運動にあり、それは共産勢力との結託の下で実行され、東亜の平和を脅かすものである。解決に向けて必要なのは、支那政府が、日支両国の共有する東亜安定に対する責任を自覚し、その線に沿ってその政策を改めることである。日本が諸国に求めるのは、このことを完璧に理解することであり、この理解に基づく協力こそが東亜の安定に効果的に寄与する道であると信ずる。

＊（検）法廷証 PX954-C【PX954 抜粋；1937（昭和12）年12月16日付け駐日英大使クレイギー卿発広田外相宛抗議文書；レディーバード号事件】＝検察側文書 PD853-C　ハーディン検察官、証拠として提出する。[E: 9451][J: 104（19）]　証拠として受理され、朗読される。

【PX954-C 朗読概要】

1. 英国政府の指示に従い、蕪湖及び南京近辺で12月12日に発生した日本の軍用機及び地上部隊による英国軍艦・商船に対する砲爆撃という重大問題について、申し入れを行う。

2. 蕪湖で英国領事など3名を乗せたタグボートは、その3名をレディーバード号に移乗させた後、日本軍の機銃掃射を受けた。レディーバードは、タグボートを護衛するために接近していったが、その時、アジア石油会社［Asiatic Petroleum Company］所有施設の上流に集結している商船が日本軍の野戦砲兵による攻撃を受けている場に遭遇し、砲撃はレディーバードにも向けられた。

3. 同艦への直撃弾は4発を数え、死者・重傷者各1名、及び軽傷者数名を出した。英国商船綏和にも命中弾があり、現場に急行したビー号も河岸からの砲撃を受けた。ビー号の艦長が上陸して抗議したところ、砲撃した部隊の責任者である橋本（欣五郎）大佐は、砲撃が過誤によるものであることは認めつつも、揚子江上を航行する船舶はすべて砲撃すべきとの命令を受けていたと伝え、後刻の会見においてもその主張を繰り返した。抗議にもかかわらず、投錨した後のビー号に対しても至近距離から砲口が向けられていた。

4. 南京上流で日本軍司令官が安全地帯と指定していた下三山付近に碇泊していた英国船舶と、英国軍艦クリケット及びスカラブが、3度にわたって空爆された。

5. 英国政府は、貴国政府が14日付けの書簡で、英国軍艦への攻撃に関して深甚なる謝罪の意を表し、既に再発防止措置が執られ、責任者の処罰と賠償をなすと表明したことを幸いとする。

6. 書簡の中で英国商船への攻撃について言及するところがなかったので、本官は本国政府の指示に基づき、前掲書間で誓約されている事項は、攻撃された英国商船にも適用されることを確認したい。

7. 英国政府は、責任者の処罰が行われるという件を重視している。そのような処罰が為されることこそが、再発防止に有効な唯一の手段と思われるからである。

8. 英国政府は、以前に英国国民の生命・財産に対する侵害に対して日本政府が遺憾の意を表して再発防止措置を執ることを約束したことを想起せざるを得ない。即ち、英国大使が南京から上海まで自動車で移動中に攻撃された事例（列挙されている他の事例は省略する）などである。日本側は、そのような事件が起きるたびに、第三国の権益は尊重すると表明してきたが、これまで執ってきた再発防止措置が有効でなかったのは明らかである。英国政府は、再発防止のための確固たる措置が執られたとの貴国政府からの通知を期待するものである。

（3）ハーディン検察官、検察主張立証第XI局面「米・英・英連邦諸国関係」第2部「支那事変に関わる日本の対米英関係」の検察側立証として、再び提出済み（検）法廷証PX58【米国対日外交関係叢書1931（昭和6）年～1941（昭和16）年第2巻】からの抜粋証拠書類の提出を、再開する。

<1946-11-4>

(英速録 9456～9473½頁／和速録 104号 19～22頁)

＊(検) 法廷証 PX955【PX58抜粋；1937（昭和12）年9月17日付けグルー駐日米大使発広田外相宛通牒；非戦闘員に対する爆撃】＝検察側文書 PD219-P（46） 証拠として受理され、朗読される。

【PX955 朗読概要】

支那における現在の戦闘開始以来、日本軍が米国国民及びその財産を侵害し、しかもそれが人道・慈善団体の施設や非戦闘員にも及んでいるとの報告を、米国政府は受けている。

取り分け注意を喚起したいのは、9月12日に広東省忠州所在の教会附属病院が空爆を受けた事実である。米国政府が入手した情報によれば、大型の米国国旗2本を敷地内に掲揚した同病院の上空を日本機3機が3度、低空飛行をして、その度に爆弾を投下し、その結果、病院職員の間に重傷者が出、施設が損傷を受けた。因みに、忠州には対空砲陣地はなく、支那軍の軍事施設は、直近のものでも病院から2マイル離れた地点に所在する。

非戦闘員に対する攻撃は、確立された国際法規範の禁ずるところであり、人道組織に対する侵害行為は、いかなる法律もしくは人道行為を律する規範体系に於いても容認し得ないものであって、その対象が交戦当事国でない団体のものであるならば尚更のことである。従って、米国政府は、自国民に対する義務を履行し、非戦闘員及び人道組織に関わる法律上及び倫理上の基本原理を代弁するために、そのような攻撃に対して強く抗議すると同時に、そのような原則を無視するとは思われない日本政府に対して、再発防止に向けての対策を講じるよう要請する。

＊(検) 法廷証 PX956【PX58抜粋；1937（昭和12）年9月22日付けグルー駐日米大使発広田外相宛通牒；南京における米国人等中立国人権益の侵害に対する抗議】＝検察側文書 PD219-P（47）［E: 9458］［J: 104〔20〕］ 証拠として受理され、朗読される。

【PX956 朗読概要】

米国政府は、自国民及び非戦闘員全般が危険にさらされたりする行為、又は自国の官民に対して彼らが合法的に活動している地域から退去するように勧告するような行為に対して、抗議を申し入れる。南京が支那における政府の首都であり、大使を始めとする米国政府関係者が枢要な活動に従事する場所であることに鑑み、それら諸官が同地の政府関係施設を放棄し、もしくは重大な危難にさらされる選択を迫られるような事態を惹起することに対しては、強く反対する。

日本政府が、「日本軍の作戦行動の目標は、支那軍事機関の軍関連施設に限定され、民間施設・非戦闘員を直接の攻撃対象とはせず、南京所在の外国の外交施設、軍艦、商船に損害を与えないよう配慮する」との意向を度々示していたことに照らしてみれば、「南京地域全体が空爆の対象となり得る」との通告が、日本政府の熟慮の末の意図表明であるとは考え難い。

＊（検）法廷証 PX957【PX58 抜粋；1937（昭和 12）年 9 月 25 日付け（マックスウェル・M・）ハミルトン米国務省極東局長の須磨（弥吉郎）参事官との会見覚書抜粋；支那各地での非戦闘員殺傷は嘆かわしい印象を与える】＝検察側文書 PD219-P（48）　証拠として受理され、朗読される。

【PX957 朗読概要】

　自分は、最近の日本の空爆による広東での死者が 2,000 名に上ったとの報道を引き、日本軍当局がそのような報道が支那より伝わったことに驚きの念を表している旨の新聞報道があることも指摘した。広東、漢口、南京を始めとする支那諸地域における非戦闘員の殺害は、米国そして他の国々においても、最大限の悲嘆の念で受け止められていると述べた。（以下略）

＊（検）法廷証 PX958【PX58 抜粋；1937（昭和 12）年 9 月 27 日付け国際連盟諮問委員会決議；非武装都市爆撃に対する抗議】＝検察側文書 PD219-P（49）　証拠として受理され、朗読される。

【PX958 朗読概要】

　当諮問委員会は、支那の無防備都市に対する日本軍の空爆問題を緊急に検討した結果、それによって多くの婦女子を含む無辜の民間人が命を奪われたことに深甚なる悲嘆の意を表明し、世界中が恐怖と憤激の念を以て受け止めたそのような行為をいかにしても弁解することもできないことを宣命し、厳粛な態度を以てこれを非難する。

＊（検）法廷証 PX959【PX58 抜粋；1937（昭和 12）年 9 月 28 日付け米国務省新聞発表抜粋；日本軍の非武装都市爆撃は不法・反人道的】＝検察側文書 PD219-P（50）　証拠として受理され、朗読される。

【PX959 朗読概要】

　国務省は、在スイス公使を通じて、9 月 27 日に連盟の諮問委員会が全会一致で採択した日本の支那無防備都市爆撃非難決議の文面を入手した。米国政府は、9 月 22 日の覚書などで、これまで度々日本政府に表明してきたように、平和的に生業を営む多数の住民が集中する地域を見境なく空爆することは、いかなる方法によろうとも、正当化されるものではなく、法と人道の原則に反するものであるとの立場に立つ。

＊（検）法廷証 PX960【PX58 抜粋；1938（昭和 13）年 1 月 31 日付け米国務省新聞発表抜粋；南京米大使館員に対する暴行事件に対する抗議】＝検察側文書 PD219-P（51）　証拠として受理され、朗読される。

<1946-11-4>

【PX960 朗読概要】

　国務省は 1 月 28 日夕刻、駐日米国大使館に、日本兵が駐支米国大使館三等書記官ジョン・M・アリソンを 1 月 26 日に殴打した件について、口頭で抗議を申し入れるよう指示した。国務省の指示は、アリソンの 1 月 27～28 日付けの電報の内容を外務省高官に伝達し、その際に以下の点を強調するようにとのものである。即ち、事件の重大性を斟酌するにあたり、殴打事件を含む出来事は偶発的事案ではなく、日本兵による米国所有建造物への不法侵入や米国市民の有する権利の無視などの一連の事件と切り離すことのできないものであるとの事実を、米国政府は考慮に入れているということである。

* （検）法廷証 PX961【PX58 抜粋；1937（昭和 12）年 10 月 5 日発表ローズベルト米大統領「隔離演説」抜粋；国際社会に無法という疫病が蔓延している】＝検察側文書 PD219-P（37）　ハーディン検察官、証拠として提出する。[E: 9464][J: 104（21）]
* 午後 2 時 42 分、裁判長ウェッブ、休憩を宣する。
* 午後 3 時 5 分、法廷、再開する。[E: 9466][J: 104（21）]
* 法廷、「原子爆弾が、非戦闘員に対する残虐行為に関する国際法上の法理を無効にしたか否か」について、論議する。被告木戸弁護人ローガン、「PX958、PX959 等の提出済み証拠及び提出予定検察側文書の数件は、非戦闘員に対する爆撃が国際法違反であるとの法理を主張するものであるが、先の大戦における原子爆弾の出現とその使用は、そのような法理が時代遅れとなったことを示しているし、また禁反言の法理に立ってみるだけでもそうである」、「法廷はこれを無視すべきであると、被告は主張せねばならない」と、申し立てる。裁判長ウェッブ、「そのような行為の法的解釈は、当時の法に照らしてなされるべきである」、「その後の法理の変遷については、弁護側が後刻、論じても構わない」と、弁じる一方、ハーディン検察官に対して、「判事団の中には、検察側がそれらの証拠に依拠して何を立証するのかを質したい向きがある」、「当時米英が忍耐強く対応していたのに対し、日本側がそれに聞く耳を持たなかったことを示すことで、量刑を重くすることが目的ではないか」として、それら証拠を提出し続ける目的を質す。ハーディン検察官、「立証目的は、1931-41（昭和 6-16）年の間、米英が忍耐強く日本の条約・国際法違反を非難し続けてそれを正そうとしていたのに対して、日本側が常にそれを無視し続けていたことを示すことによって、被告らの間に 10 年間にわたって、共同謀議を遂行し、その規模を拡大させることについての合意・意思のあったことを証明することである」との趣旨を、途中、裁判長のコメントを挟みつつも、申し立てる。裁判長ウェッブ、「既に提出・朗読されたスティムソン国務長官演説の抜粋部分は長過ぎたのではないか、これから朗読しようとするローズベルト大統領の演説についてもそうなるのではないか」と、危惧を表明する。ハーディン検察官、「提出したのは、英米・日本双方の姿勢を如実に示すものだと判断したからである」、と弁じる。ウェッブ裁判長、「朗読部分の長さに懸念を示す向きが判事団の中にあり、枝葉末節な事柄は捨象すべきである」、と申し渡す。ハーディン検察官、これに同意する。

＊裁判長ウェッブ、提出済み（検）法廷証 PX961【1937（昭和 12）年 10 月 5 日発表ローズベルト米大統領「隔離演説」抜粋】の朗読を許可し、ハーディン検察官、朗読する。

【PX961 朗読概要】

　世界の政治情勢は、最近悪化の一途を辿り、平和と善隣友好を旨とする諸国家・諸国民に憂慮と不安の念を大きくかき立てるほどとなっている。

　15 年ほど前、60 カ国以上の国家が自国の目的・政策追求の際に武力に訴えないとの厳粛な誓約を為した時、国際平和の持続を欲する人類の希望は、大きなものとなった。そのケロッグ・ブリアン条約に謳われた高き理想、それによって高められた平和への希望は、昨今、大災厄を予感する恐怖に取って代わられている。恐怖と国際的レベルでの無法状態が支配する現状は、数年前に端を発している。

　それは、正当化され得ない他国への内政干渉、あるいは条約違反を構成する他国領土への侵略（英原語は"invasion"）によって始まり、今や文明の基盤そのものが重大な脅威を受けるほどの段階にまで達している。そして、法、秩序、正義を志向する文明の進歩を跡付けるこれまでの道標や伝統が消し去られつつある。

　宣戦布告、警告、釈明も何もなしに、婦女子を含む民間人が空爆によって容赦なく殺害されている。平時とされる時に、なんの理由も警告もなく、船舶が潜水艦による攻撃を受けて撃沈されている。（他国に対して）なんの侵害行為も犯していない国において、他国が、内戦を煽り、その当事者のどちらかに加担している。自らの自由を求める国家が、他国民に対する自由を否定している。

　無辜の国民・国家が無惨にも、正義・人道の考えに一顧だにしない権力と覇権を求める貪欲の犠牲に供されている。

　ある作家の最近の言を借用するならば、「人類が、人殺しのやり方に酔いしれて、世界中を怒りの熱に包み込むかのように闊歩するがために、書物、絵画、調和の精神などといった、貴重とされるあらゆるものが危難にさらされる時を、我々は目前にしているのかもしれない。過去 2000 年に蓄えられた財宝、小さく壊れやすく、無防備なもの、それらがすべて失われ、損なわれ、完璧に破壊される時が」となろう。

　これらのことが世界の他の地域で起きていたとしても、米国はその影響を受けないとか、慈悲を期待できるとか、西半球は暴威から免れて文明の神髄と成果を平穏・平和裏に共有し続けることができる、などと想像してはならない。そのような時がきたならば、「武力によって安全は得られず、権力からの助けはなく、科学は何も答えを出さない。文化の精華が一つ残らず踏みにじられ、人類すべてが混沌とした情況に等しく落とされるまで、嵐は吹き続ける」のである。

＊裁判長ウェッブ、「朗読内容が審理を益しない」と、釈を付す。ハーディン検察官、これに応じて一旦、朗読を中断する。ウェッブ裁判長、「日本に対して行った訴えかけのようなものが

<1946-11-4>

有用な証拠である」と、弁じる。ハーディン検察官、「文書の多くがアジア・ヨーロッパの新秩序、独伊との同盟関係に触れたもので、目当てとする箇所を見つけるのは時間の制約上、困難である」、と応答する。裁判長ウェッブ、「それでは漠然としていて、新味がない」と注意する。被告重光弁護人ファーネス少佐、「問題としている時期にはまだ三国同盟が締結されていない」、「検察官の発言には誤りがある」、と申し立てる。裁判長ウェッブ、「PX961 については、判事団の多数は、この文書の朗読は省略されるべきであるとの印象を持っているように、自分には思われる」、「恐らく検察官は朗読しないと決定するであろう」として、朗読を延期するよう申し渡す。ハーディン検察官、同意して PX961 の朗読を中止する。

（4） ウイリアムズ検察官、ハーディン検察官に替わり、検察主張立証第 XI 局面「米・英・英連邦諸国関係」第 2 部「支那事変に関わる日本の対米英関係」の検察側立証として、提出済み（検）法廷証 PX58【米国対日外交関係叢書 1931（昭和 6）年～1941（昭和 16）年第 2 巻】からの抜粋を中心とする証拠書類の提出を続行する。

（英速録 9473½～9487 頁／和速録 104 号 22～24 頁）

＊（検）法廷証 PX962【PX58 抜粋；国際連盟総会 1937（昭和 12）年 10 月 6 日付け採択第 1 報告抜粋；日本の行為は九国条約・不戦条約への違反】＝検察側文書 PD219-P（38） 証拠として受理され、朗読される。

【PX962 朗読概要】

しかしながら、有力な日本軍が支那を侵略して（英原語は "invaded"）北平を含む広範な地域を軍事的支配下に置き、その海軍部隊が支那沿岸を封鎖し、航空機が支那各所を爆撃していることについては、争う余地がない。

提出された事実を検討した結果、委員会は、以下のような見解に達する他ないと認める。即ち、日本が支那の陸海空で展開している軍事作戦は、今次の紛争の引き金となった事件に比して、その規模の大きさという点では遥かに懸隔しており、そのような行為は日本の指導者が政策目標として掲げた日支両国間の友好促進には到底資することにならず、現行法規に照らしてみても又自衛権の行使という観点からも正当化できず、九カ国条約及びパリ不戦条約で日本が負う義務に違反するものである。

＊（検）法廷証 PX963【PX58 抜粋；1937（昭和 12）年 10 月 6 日付け米国務省新聞発表抜粋；支那における日本の行動は九国条約・不戦条約違反】＝検察側文書 PD219-P（39） 証拠として受理され、朗読される。

【PX963 朗読概要】

　極東での事態の展開に鑑み、米国政府は、日本の支那での行為は、国際関係を律する原則と相容れず、九カ国条約及びケロッグ・ブリアン条約の条項に違反するとの結論に到達せざるを得ない。よって、米国政府はこの件では基本的に国際連盟と見解を一にする。

＊（検）法廷証 PX964【PX58 抜粋；1937（昭和12）年12月23日付け（ハリー・E・）ヤーネル米アジア艦隊司令官発（クロード・A・）スワンソン海軍長官宛電文；日本軍機の米艦パナイ号爆撃事件査問会議－非は一切日本側】＝検察側文書 PD219-P（40）［E: 9478］[J: 104（23）]　証拠として受理され、朗読される。

【PX964 朗読概要】

　パナイ号事件査問委員会の結論は、以下の通りで、その見解は承認された。
　　1．パナイ号は、米国国民の生命・財産の保護の任務に従事していた。
　　2．日本による南京空爆の際に同艦は南京に在泊していたから、日本機の搭乗員は同艦の外観や、艦上に記されてあった識別用の番号などを熟知していたはずである（法廷審理上の問題ではないが、事実関係について一応述べておくと、この主張には無理がある。南京市街を爆撃していたのは、主に双発の中攻機であったのに対し、パナイ号を爆撃したのは単発の艦攻隊である）。
　　3．パナイ号を攻撃した最初の編隊は、その高度故に同艦を識別できなかった可能性があるが、揚子江上を中立国艦船が遊弋していたのは周知の事実であり、対象を確認せずに攻撃したことに弁解の余地はない。
　　4．6機の軽爆撃機が、600フィート以内の距離にまで接近して、25分以上にわたって攻撃対象とした艦船の正体に気が付かないとは、まったく考えられないことである。
　　5．この攻撃によって生じたすべての損失・損害に対する責任は、ひとえに日本側が負うべきものである。
　　6．パナイ号乗組員2人の死は、自身の過失によるものではなく殉職と認定される。
　　7．負傷したパナイ号乗組員の受傷も同様に、公務によるものである。
　　8．本件並びに付随する事件を検討した結果、当委員会は、関係する海軍関係者にはなんの落ち度もなく、責めを負うべき立場にもないと結論する。

＊被告木戸弁護人ローガン、「これまでの審理でパナイ号事件が俎上に上る度に、外交上解決を見た事件であるとの理由で、事件を審理の対象とすることに異議を申し立ててきたが、今回も同じである」と、異議を申し立てる。裁判長ウェッブ、従前通りその異議申し立ての事実を記録に留めることに同意する。

＊（検）法廷証 PX965【PX58 抜粋；1934（昭和9）年8月31日付け（グルー）駐日米大使発外務省宛文書抜粋；満州での日本の石油統制は門戸開放原則違反】＝検察側文書 PD219-P(17)　［E:

<1946-11-4>

9481］［J: 104（23）］　証拠として受理され、朗読される。

【PX965 朗読概要】

　満州での石油の流通、そして輸入、精製、採掘（英文速記録9481～82頁にタイプされている単語は"expoitation"であり、和訳した者は明らかにそれを"exportation"の誤記であると判断した模様で、和文速記録104（23）頁には「輸出」と記されている。しかし、一国が石油の輸出入両方とも行うというのも奇妙な話であるので、これは"exploitation"の誤記であると判断した）に於いても、独占事業とする計画が進行中の模様である。米国政府は、そのような計画が実行された場合、満州での石油産業が独占的統制下に置かれると結論せざるを得ない。如何なる分野に於いても、そのような統制が行われることは、米国国民の条約上の権利を侵害し、門戸開放の原則に背馳するものである。

　計画は、日本人の同意・協力、南満州鉄道のような半官半民組織の参加、及び日本政府の同意・承認の下に作成されたものである。この件について日本政府と接触する際に、米国政府は、過去3年間に於ける日満関係の進展、日米両国が調印した条約、満州で門戸開放の原則を堅持する旨日本政府が発した声明の数々を考慮した。米国政府は、日本政府がその義務を履行するものであると考えてきたし、今後も同様である。

＊（検）法廷証PX966【PX58抜粋；1933（昭和8）年1月5日付けスティムソン米国務長官の出渕駐米大使との会見覚書抜粋；日本は長城以南に領土的野心なし】＝検察側文書PD219-P（21）
　証拠として受理され、朗読される。

【PX966 朗読概要】

　彼（大使）は、日本が長城以南には領土的野心を有しないと言った。これに対して自分は、1年前に大使が、日本は満州に領土的野心を有しない、と言ったことを思い出させた。
＊ウイリアムズ検察官、上記に続く同文書の一部を「PX966には含まれていないが、手続規定第6条（ロ）に基づく法廷の指示に従って作成したものである」（どのような経緯があったのか不明）として朗読する。

　大使は、「いかなる内閣といえども、満州問題で妥協したならば、存続できないということを理解してほしい」と言ったので、自分は、「であるならば、日本には国際連盟とケロッグ・ブリアン条約から脱退するより他に道はない」と述べた上で、「先の大戦後、我が国を始めとする世界は、次に大戦が起きたならば文明の破壊を招くとの判断の下、それを絶対に防ぐために平和維持の制度・組織を維持することを決意した」経緯を概観した。自分は、日本には、自らが加盟した条約に違反しない限り、独自の生き方をする権利があることを認めたが、もし我々の生き方とは異なる生き方をする決意を固めたならば、我々が護持・履行すべきであると考えている組織・条約から脱退するより他に道はない、と述べた。

＊検察側文書PD219-P(41)【PX58抜粋；1938（昭和13）年3月17日付けハル米国務長官演説】ウイリアムズ検察官、証拠として提出する。被告重光弁護人ファーネス少佐、「該文書は日本政府への通告ではなく、しかも被告の誰とも関わりがなく、証拠価値を有しない」と、証拠としての受理に異議を申し立てる。裁判長ウェッブ、「文書の内容は概括的なものであり、また日本ではなく米国の政策に関するものであるから、重要性があるのか？」、と質し、同時に同じ内容が反復されている可能性を示唆する。ウイリアムズ検察官、「米英の政策に対抗する日本の政策が審理案件となっているので、重要性があり、かつ、各国の政策が時の経過と共に変容していくもので、これまで検察側が立証してきたのが1937（昭和12）年までの出来事であったのに対し、提出文書は1938（昭和13）年のものである」、と申し立てる。裁判長ウェッブ、判断の保留を示唆するも、判事団すべての意見として「検察側は該文書で触れている事項について証拠を出し過ぎているのではないか」と、釈を付す。被告南次郎弁護人ブルックス、「ファーネス弁護人の異議は被告弁護団すべてが申し立てるものではない」、「自分としては、該文書の証拠としての受理に賛成する。その上で、そこに盛り込まれている米国の政策を俎上に乗せるつもりである」、と申し立てる。

＊午後4時、裁判長ウェッブ、翌日9時30分までの休廷を宣する。

◆1946（昭和）年11月5日 　　　　　（英速録9488〜9653頁／和速録第105号1〜23頁）

＊午前9時30分、法廷、再開する。
＊裁判長ウェッブ、被告大川、平沼、松井の欠席を確認し、「平沼と松井については、病気によって出廷できずとの巣鴨プリズンからの証明書がある」と、報じる。
＊裁判長とウイリアムズ検察官、前日提出の証拠について協議し、「証拠として受理され、朗読途中であった（検）法廷証PX961【1937（昭和12）年10月5日発表ローズベルト米大統領「隔離演説」抜粋】は、これ以上朗読せず」、並びに「提出済み検察側文書PD219-P（41）【PX58抜粋；1938（昭和13）年3月17日付けハル米国務長官演説】は、全体を証拠として提出するが、朗読するのはその一部とする」、と裁定する。

(5) ウイリアムズ検察官、検察主張立証第XI局面「米・英・英連邦諸国関係」第2部「支那事変に関わる日本の対米英関係」の検察側立証として、提出済み（検）法廷証PX58【米国対日外交関係叢書1931（昭和6）年〜1941（昭和16）年第2巻】からの抜粋証拠書類の提出を、さらに続行する。

　　　　　　　　　　　　　　　　　　　　（英速録9490〜9532頁／和速録105号2〜8頁）
＊（検）法廷証PX967【PX58抜粋；1938（昭和13）年3月17日付けハル米国務長官演説；我が対外政策－支那事変解決のための米国の努力】＝検察側文書PD219-P（41） 証拠として受理され、抜粋が朗読される。

<1946-11-5>

【PX967朗読概要】

　日支間の武力紛争の初期の段階で、自分は両国に対し、いかなる問題で対立しようとも武力行使をやめて、平和的手段でそれを解決するよう訴え、そのような試みに対して斡旋の労を執る用意があることを申し入れた。

　8月17日以降、米国政府は、海外の米国国民・権益を見捨てることはないと度々強調してきた。この方針は、在外居留民の生命・財産の保護という、文明社会における古代からの慣行に従ったもので、米国も建国以来、実行してきたものである。

　しかしながら、米国の海外地域への関心・配慮は、在留居留民の多寡、投資と通商の量、特定地域の特殊事情によってのみ左右されるものではない。自分は、これまで述べてきた原則に基づいて国際関係が秩序だって展開・維持されることに関心を有している。

＊（検）法廷証PX968【PX58抜粋；1938（昭和13）年1月31日付けグルー駐日米大使発広田外相宛通告抜粋；北支の関税率改訂に対する抗議】＝検察側文書PD219-P（80）　証拠として受理され、朗読される。

【PX968朗読概要】

　米国政府は、北平の臨時政府が北支地域で関税率の一部改訂を実施したとの情報を外交筋から得た。我が国は、このような恣意的かつ違法な措置に日本政府の注意を喚起し、これが支那税関制度にその運営・収益両面で悪影響を及ぼし、支那の全港湾での同一税率適用という原則を犯すものであることを指摘する。

　日本は、米国を始めとする諸国と、支那の税関制度の一体性を保持することに於いて利害を共有する国家であり、米国政府と同様、それを尊重することに熱意を有するものであると確信している。然るに、北平臨時政府の関税率改訂は、その一体性を脅かすものであり、臨時政府の樹立やその活動に対して日本政府が不即不離の責任を有していることに鑑みれば、外国に影響を与える今次の措置につき申し入れをする対象は日本政府でなければならないと考える。

＊（検）法廷証PX969【PX58抜粋；1938（昭和13）年2月4日付けグルー駐日米大使発広田外相宛通告；日本軍の在支米国権益侵害に対する抗議】＝検察側文書PD219-P（52）　[E: 9496]　[J: 105（3）]　証拠として受理される。被告鈴木・賀屋弁護人マイケル・レビン、「既出事項を反復するものであって、既に中国関連の局面で提出済みである」、と異議を申し立てる。被告広田弁護人D・F・スミス、「直前の証拠にも同じ異議を申し立てる」、「それらは米国側の主張だけであり、それへの返答が朗読されなければ不公平である」と、該文書の証拠受理に対して異議を申し立てる。裁判長ウェッブ、「両文書共に審理案件への関連・重要性は認められる。証拠が同じ内容を反復しているか否かの判断は法廷に委ねられるべきもので、判事団の中でそのような声が聞かれた時には然るべき措置を執るが、この文書に関しては未だそのような声は

ない」として、異議を却下する。

【PX969朗読概要】

　1月17日付けの当方からの覚書を引き、かつ本国政府からの指示に基づき、支那に在る日本軍による米国の財産侵害があまたあったことを示す報告が米国政府に寄せられていることを、伝える。以下は具体的事例である。

蘇州

　同地を11月21日から12月21日までの間に何度か訪れた宣教師によれば、同人は、11月24日にバプティスト教会が侵入され徹底的略奪を受けた跡を目の当たりにし、日本兵が婦人の邸宅と学校の建物で略奪行為に及んでいるのを目撃した。同じ日に、長老派［Presbyterian］教会附属病院を訪れたところ、建物の一つは炎上中であり、事務棟が略奪に遭っていた。また、メソディスト・エピスコパル教会の病院では、1階の医師の居住空間が略奪を受けた後で、2階では正に略奪が進行中であった。11月26日、日本軍司令部が配属した将校と共に米国の教会施設を訪ねたところ、日本兵3名が略奪行為の真っ最中であった。蘇州学院では、院長と経理担当員の部屋が根こそぎ略奪され、金庫と書類入れがすべて開けられていた。外国人の住宅や教会の建物も同様で、後者では祭服が奪われたり、乱雑に床に投げ捨てられたりしていた。12月1日、一行はイェーツ学院で日本兵が経理室で金庫を開けようとしているのを目撃。翌日再び行ってみたら、金庫は既に開けられた後で、日本兵はバプティスト教会職員の住宅や学校に押し入るところであった。

　支那南部でメソディスト教会を統轄するアーサー・J・ムーア僧正によれば、同人が蘇州を訪れた際には、協会が所有する蘇州大学やローラ・ヘイグッド女学校などの建物はすべて略奪を受け、内四つは爆撃の被害も受けていた。それ以外の建物は日本軍が接収し、女子校の礼拝堂は馬小屋として使われていた。

杭州

　同地の宣教師からの報告によれば、12月26日に、米国国旗が掲揚されて米国領事館と日本軍当局が発行した布告・警告が掲示されてある、米国人住宅が侵入を受け、金銭、宝石などが盗まれた。同じ住宅は翌日にも、侵入と盗難の被害を受けた。

＊（検）法廷証PX970【PX58抜粋；1938（昭和13）年4月4日付け駐日米大使発広田外相宛覚書抜粋：米国伝道団・実業家の南京復帰阻止に対する抗議】＝検察側文書PD219-P（81）　ウィリアムズ検察官、証拠として提出する。被告木戸弁護人ローガン、「該文書及びそれに続く文書は支那に関するものであり、『米・英・英連邦諸国関係』を審理するべき現在の局面では相応しからぬものであって、かつ冒頭陳述でも触れられていなかったものである」と、異議を申し立てる。裁判長ウェッブ、「冒頭陳述ですべてを網羅することは期待されておらず、また支那における出来事が米国に影響を与えたことは確かであるから、日米関係に関連性を有しな

<1946-11-5>

いとは言えない」として異議を却下する。証拠として受理され、朗読される。

【PX970 朗読概要】

日本軍による南京占領から3カ月が経過し、戦闘は同市から相当遠隔の地域で行われており、米国人が同地で居住する際に危険があるとは思われないにもかかわらず、日本軍当局は、米国の宣教師・事業者などが同市に帰還するのを事実上阻むような制限を課し続けている。

＊提出済み（検）法廷証 PX270【内務省臨時警察部長会議陸軍新聞班長佐藤賢了大佐講演（1938〔昭和 13〕年 8 月 25・29 日）】（第 1 巻 550～53 頁参照）ウイリアムズ検察官、法廷の注意を喚起する。被告鈴木・賀屋弁護人マイケル・レビン、「佐藤賢了被告を代表する病欠中のジェームズ・N・フリーマン弁護人が同文書の証拠受理に同被告・弁護人に代わって異議を申し立てるよう自分に要請した」として異議を申し立てる。裁判長ウェッブ、「既に下した裁定を覆す根拠はどこにも見当たらない」として異議を却下する。

＊（検）法廷証 PX971【PX58 抜粋；1938（昭和 13）年 3 月 26 日付け駐日米大使発広田外相宛覚書抜粋：在支米国伝道団財産占拠に対する抗議】＝検察側文書 PD219-P（53）　［E: 9502］［J: 105（4）］　証拠として受理され、朗読される。

【PX971 朗読概要】

当大使館は 3 月 12 日に、上海で米国教会の布教施設が日本軍によって占拠され続けていることに外務省の注意を喚起したが、日本軍による米国施設の占拠は、この事例に限定されたものではなく、中支の日本軍支配下にある地域で蔓延している。米国宣教師は、それら施設への立ち入りを禁止され、その不在中に、ほとんどの建造物が略奪、損傷を受け、中には焼失したものもある。現在、支那における米国の布教施設が日本軍の占領下にあるのは、「常熟、常州、鎮江、劉河、南京、南翔、崑山、上海、蘇州、松江、楊州、無錫（以上、江蘇省）、湖州、嘉興（以上、浙江省）」の地点・地域である。

＊（検）法廷証 PX972【支那事変関係日本政府公表集第 3 巻】＝検察側文書 PD854　ウイリアムズ検察官、外務省から押収した文書綴りである同文書を、識別証拠として提出する。識別番号を付される。（以下、PX972 の番号が付される証拠は、すべてこの文書綴りからのもの）

＊（検）法廷証 PX972-A【同上抜粋；1938（昭和 13）年 1 月 16 日付け帝国政府声明；国民政府（蔣介石）を相手にせず】＝検察側文書 PD854-A　証拠として受理される。被告鈴木・賀屋弁護人マイケル・レビン、「PX972 所収の個別の文書は、検察側が手続規定第 6 条（ロ）1 項（和文速記録 105（5）頁では「裁判所条例」と誤記。証拠文書及び訳の 24 時間前の送達義務）の手続きを経ていない文書である」と、異議を申し立てる。ウイリアムズ検察官、それを認めるも、「PX972 所収の文書は各々が自己完結しているもので、その必要がない」、と申し立てる。裁判長ウェッブ、

弁護側に事前にその訳が手交されていることを確認した上で、異議を却下する。朗読される。[E: 9506][J: 105（5）]

【PX972-A 朗読概要】

　帝国政府は、南京占領後も、国民政府に反省する最後の機会を与えるため、今日まで待った。しかし、国民政府は帝国の真意を理解せずに抗戦を継続し、国内での国民の窮状を察しようとせず、国外では東亜全体の平和と安定を顧みるところがない。従って爾後、帝国政府は国民政府を対手とせず、我が国と真に提携するに足る新興支那政権の成立、発展に期待し、その新政権と両国間の国交を調整して新生支那の建設に協力するつもりである。これによって、支那の領土の一体性と主権及び諸外国の在支権益を尊重するという我が国の方針に変化が生ずることが些かもないのは、言うまでもない。

　今や、東亜の平和に対する我が国の責任はいよいよ重いものとなっている。政府は、この重大な任務を遂行するために、国民が一層発奮することを期待して止まない。

＊（検）法廷証 PX972-B【PX972 抜粋；南京米大使館員に対する暴行事件に関する外務省声明】＝検察側文書 PD854-B　ウイリアムズ検察官、証拠として提出する。被告重光弁護人ファーネス少佐、「事件自体は些細なものであり、戦争犯罪の証拠にはならない」として、証拠としての受理に異議を申し立て、「同じことは（検）法廷証 PX960【1938（昭和 13）年 1 月 31 日付け米国務省新聞発表抜粋】にも当てはまる」、と申し立てる。裁判長ウェッブ、「それ自体は些細な出来事であっても、他の事象と連関させて見ると、日本の性向・性癖を浮き彫りにするものとなり得る。平手打ちというのは、他者に対しての極めて侮蔑的な行為である」として、異議を却下する。同文書、証拠として受理される。ウイリアムズ検察官、「当文書は日本政府が在南京大使館のアリソン書記官に対する暴行事件の発生を認めたものである、朗読は省略する」、と申し立てる。ファーネス弁護人、「検察官の内容説明は正確ではなく、文書には事実関係が確認されていないが、充分な調査をすると書かれている」、と弁じる。裁判長ウェッブ、「一つの文書に対して複数の異議を申し立てる場合には同時にするように」、と申し渡す。被告重光弁護人ファーネス少佐、「該文書が証拠として受理されることに異議を申し立てているのではなく、検察官の内容説明が不正確であると申し立てている」として、「文書は、事件が解決を見て、謝罪も受け入れられていることを示している」、と弁じる。

＊（検）法廷証 PX972-C【PX972 抜粋；1938（昭和 13）年 9 月 22 日付け宇垣（一成）外相発アバノール国際連盟事務総長宛文書－連盟理事会の招請状拒絶回答】＝検察側文書 PD854-C　[E: 9510][J: 105（5）]　証拠として受理され、朗読される。

<1946-11-5>

【PX972-C 朗読概要】

　貴殿からの9月19日付け電報で通達があった連盟規約第17条第1節に基づいて招集される会議への連盟理事会発帝国政府宛招請状を受領したことを報告する。帝国政府は、連盟規約が想定しているような方法では、日支間の現在の武力衝突を公正・適正に解決することはできないとの固い信念を有しており、かつ、この件に対する連盟の姿勢は過去に度々明らかにされている。このような理由で、帝国政府は、遺憾ながら、理事会の招請を受諾することができないことをお知らせする。

＊（検）法廷証 PX972-D【PX972抜粋；1936（昭和13）年10月12日付け外務省情報部長談－南支作戦において第三国権益重視の帝国政府方針は不変】＝検察側文書 PD854-D　証拠として受理され、朗読される。

【PX972-D 朗読概要】

　現在南支で進行中の軍の作戦は、支那軍への主な軍需品の補給路を遮断し（英文速記録9512頁のこの部分の訳は"... intercepting the principal route farms and munitions supply to the Chinese forces"であるが、"route farms"は意味不明である）、抗日重要拠点を壊滅させるための純軍事的行動である。在支の外国権益を尊重するという、これまでの我が国の方針に変わりはない。今次作戦中、それら権益への被害を防止するために最善の措置を講じるが、外国の側にも、日本の真意を理解し、日本軍に協力して、不慮の事故が発生しないように、特段の配慮を希望するものである。

＊（検）法廷証 PX972-E【PX972抜粋；1938（昭和13）年11月6日付け米国政府覚書に対する1938（昭和13）年11月18日付け日本国政府回答－在支米国権益】＝検察側文書 PD854-E　証拠として受理される。ウイリアムズ検察官、「在支米国権利・権益に関する米国の通告に対する日本政府の返答である」、「長文にわたる文書で、手短に要約できるものであるので、朗読はしない」、と申し立てる。被告広田弁護人 D・F・スミス、「検察官が同文書を要約したり要点をまとめたりすることに異議は申し立てない（和文速記録105（6）頁では「異議ヲ申立テマス」となっているが、これは英文速記録9514頁の原文中の"I have no objection to..."の"no"を見落としたものであろう）。もし、朗読を省略したならば、その文書には証拠価値がないものと見なす」、と申し立てる。裁判長ウェッブ、文書の内容を手短に説明するよう要請する。ウイリアムズ検察官、「北支で米国国民が行う事業を阻害するような規制がかけられたことに米国政府が申し入れた抗議に対して、日本側は、その理由として財政上の都合を挙げた」、と弁じる。被告小磯・大川弁護人ブルックス大尉、そのような規制で悪影響を受けた米国企業の名前や権益の種類を検察側が明らかにするよう求める。裁判長ウェッブ、応答せず。

＊（検）法廷証 PX972-F【PX972抜粋；第73帝国議会近衛首相演説（1938［昭和13］年1月22日）；支那事変解決方針】＝検察側文書 PD854-G　［E: 9515］［J: 105（6）］　証拠として受理され、

朗読される。

【PX972-F 朗読概要】

事変が続く中で新年を迎えた今、この第73回帝国議会で政府の所信を表明したいと思う（皇室・天皇への儀礼・修辞的挨拶文句など省略）。

日満支の強固な提携を軸として東亜永遠の平和を確立して世界平和に寄与しようというのが我が国の変わらぬ国策であるのは言うまでもない。先頃の「国民政府を対手とせず」との声明も、将来に向けて諸国との友好関係を構築しようとの不断の努力も、この方針に沿ったものである。昨秋、防共協定にイタリアが加わって三国間の協定となったことは、世界平和のためになることとして真に同慶の至りである。

事変勃発から半年が経過したが、戦線は中支・南支に及び、皇軍の勇猛さと果敢な行動によって連戦連勝。首都南京の陥落を始め、戦局は我が国にとって有利に展開している。これは、天皇陛下の御威光によるものであることは勿論だが、前線将兵の忠勇と銃後国民の熱誠にも深甚なる感謝の意を表したい。

今、政府は、日本と真に提携するに足る新興支那政権の成立・発展を期待し、これとの国交を調整して、新生支那の建設に協力し、東亜永遠の平和の基礎を確立しようとしている。無論、支那の主権・領土保全と、諸外国の支那における正当な権益を尊重するという我が国の方針には些かも変化はない。

東亜の安定勢力としての日本の使命はいよいよ重大で、その責任は益々重くなってきている。この使命・責任を果たすためには、今後も犠牲を払う決意が必要である。今犠牲を払わなければ、将来に禍根を残すこととなるので、そうすることは後世に対する我々の義務である。

このような考えの下で、政府は、事変の目的達成に邁進しようとしている。そのために、物心両面での国家総動員体制を完成させて、諸政策を実行するつもりである。そのために、軍備の充実と歳入の確保に財政・経済政策の重点を指向させることとした。1938（昭和13）年度予算案編成では、事変の長期化に備えて、物資・資金をできるだけ軍事需要充足に集中し、軍需に関係する資材・資金を民需用に消費すること（この部分、英文速記録9519頁では"general consumption of the goods and funds having to do with military supplies"という違和感のある表現となっているが、これは和文速記録105（6）頁の原文にある「軍需ニ関係アル資材及資金ノ一般消費」という箇所の「一般」を直訳してしまったもので、本当の意味はここで記した「民需」の意味であろう）はなるべく避けて減らす、という方針の下に作成した。

産業では、日満支を包括する計画の下で、我が国の生産力拡充を基調として、国防上最も必要な物資の供給、重要産業の振興、輸出の伸張に力を注ぐ。

前線将兵に後顧の憂いがないように最善を尽くすのは無論のことで、戦死・戦傷病者とその遺族・家族に対する扶助・援護に対しては、適切かつ時宜を得た措置を講じる。

<1946-11-5>

事変の解決まで長時間を要することは覚悟しなければならない。これは史上例を見たことがない大仕事であり、国民すべてが勇気を奮って事にあたる気概がなければ、その達成は覚束ない。政府は、堅忍持久、不退転の決意で事変解決に努めるつもりである。このような考えに従って政府は、必要な法案・予算案を提出する。政府の意図を理解して、賛同することを切に希望する。

＊（検）法廷証 PX972-G【PX972 抜粋；同上議会広田外相演説（1938［昭和13］年1月22日）；支那事変解決外交方針】＝検察側文書 PD854-H ［E: 9521］［J: 105（6）］ 証拠として受理される。裁判長ウェッブ、「直前の PX972-F の朗読に際して必要な部分以外も読んだ可能性がある」、「当該証拠文書については抜粋を朗読すべきである」、と申し渡す。ウイリアムズ検察官、同意する。被告広田弁護人 D・F・スミス、「この広田の演説は、各部分が相互に関連しあっており、全体で一つの意味を成すものである」として、抜粋朗読に異議を申し立てる。裁判長ウェッブ、「今は検察官の（取捨選択の）判断が適切であろうことに信を置く」として却下する。

【PX972-G 抜粋朗読内容】

前議会で政府の事変に対する態度は明らかにしたが、その後の情勢の推移や対外関係全般について、この場で所見を述べたい。政府が何度も表明しているように、我が国は支那に領土的野心を持っていないし、北支を支那の他の地域から分離させようという意図もない。日本が求めてきたのは、支那が日支提携・共存共栄の理想と東洋平和の実現に協力してくれることであったが、国民政府はその真意を理解せず、長年唱えてきた反日・抗日スローガンによる自縄自縛状態に陥り、冷静に大局を観察できずに、外国もしくは共産勢力と結んで抵抗を唱え、4億の支那民衆に塗炭の苦しみを味合わせて顧みることがない。我軍の支那各地における奮戦によって、国民政府は首都南京を追われて揚子江上流へと逃げたが、まだ覚醒せずに抗戦を続けており、支那民衆、ひいては全東亜のために嘆かわしい事態となっている。先に、ドイツ政府が日支両国間の仲介を申し出てくれた際に、我が国は国民政府に事変解決の条件として、以下の4項目を提示した。

①支那は容共抗日満政策を放棄し、日満両国の防共政策に協力する。
②所要地域に非武装地帯を設け特殊の機構を設定する。
③日満支三国間に緊密な経済協定を締結する。
④支那は帝国に対して所要の賠償をする。

以上、日本政府が最小限必要とする条件を国民政府が受諾することを切望したが、国民政府は我が国の寛容さとドイツ政府の好意を無視して、交渉の遷延工作を展開し、遂に回答することはなかった。ここに至って、国民政府の反省を待っていても事変が解決されないことは明らかなので、去る16日の「爾後、国民政府を対手とせず」との声明発出に至ったのである。今後、政府は、日本と提携するに足る新興支那政権の成立・発展を期待して、それとの間に国交調整を行った上で、新生支那の建設に協力する決意である。なお、欧米諸国の間に、日本が支那の門戸を閉ざして欧米権益を支那から締め出す可能性を危惧する向きがあるようだが、政府は、占領地内での諸

外国の権益を尊重するし、支那民衆の福祉増進のためにも諸外国の資本進出を歓迎することを明らかにしておく。諸外国が、支那で展開している新たな事態を直視し、日本が同地での変化に対応するために行っている施策に理解を示して、日本の東亜新秩序建設に協力してくれることを期待する。

* （検）法廷証 PX972-H【PX972 抜粋；1938（昭和 13）年 12 月 22 日付け近衛首相談 − 対支近衛三原則】＝検察側文書 PD854-J　証拠として受理され、朗読される。（後に弁護側が指摘するが、これは提出済み（検）法廷証 PX268 の一部と同じものである。実際にここで朗読されるが、ここでは内容の記述は省略する。その概要については第 1 巻 546 頁参照）
* 午前 10 時 45 分、裁判長ウェッブ、15 分間の休憩を宣する。
* 午前 11 時、法廷、再開する。［E: 9531］［J: 105（8）］
* 被告鈴木・賀屋弁護人マイケル・レビン、被告東条弁護人清瀬博士から指摘があったとして、「PX972-H は、提出済み（検）法廷証 PX268【支那事変に関する政府声明；①帝国政府爾後国民政府を相手とせず（1938［昭和 13］年 1 月 16 日）②東亜新秩序建設（1938［昭和 13］年 11 月 3 日）③近衛三原則（1938［昭和 13］年 12 月 22 日）】の③と同じである」ことに、法廷の注意を促す。ハーディン検察官、「PX268 とは別の文書群から抜き取ったもので、気が付かなかった」として、事実と認める。

(6) ハーディン検察官、ウイリアムズ検察官に替わり、検察主張立証第 XI 局面「米・英・英連邦諸国関係」第 2 部「支那事変に関わる日本の対米英関係」の検察側立証として、さらに、提出済み（検）法廷証 PX58【米国対日外交関係叢書 1931（昭和 6）年〜1941（昭和 16）年第 2 巻】からの抜粋書証の提出を続行する。

(英速録 9532〜9541 頁／和速録 105 号 8〜9 頁)

* 検察側提出文書 PD219-P（43）　ハーディン検察官、証拠として提出する。被告鈴木・賀屋弁護人マイケル・レビン、「該文書は、提出済み（検）法廷証 PX972-E の一部と同一である」、と異議を申し立てる。ハーディン検察官、撤回する。
* （検）法廷証 PX973【PX58 抜粋；1938（昭和 13）年 10 月 3 日付けグルー駐日米大使発近衛首相宛口頭申し入れ抜粋；門戸開放・機会均等・米国権益尊重の要求】＝検察側文書 PD219-P（82）　証拠として受理され、朗読される。

【PX973 朗読概要】

（英文速記録 9534-35 頁に記載されている部分のみを要約したが、和文速記録 105（8）頁は、より長い引用［乃至は全文］を収録している。和訳担当者に手渡されたのは検察側が事前に法廷に提出したもので、法廷で読み上げたのはそれからさらに抜粋したものであるが故に生じた相違であろう）

自分がこの問題について広田・宇垣などの前任外相と会談した際に、在支米国権益の尊重、門

<1946-11-5>

戸開放及び機会均等原則の維持について明確にして明瞭な形で幾度も確約を得た。それにもかかわらず、遺憾ながら米国政府は、門戸開放の原則を含む米国権益に対する侵害が継続していることを通告せざるを得ない。一つの「外国」が自国の利益を追求するために通商に対する規制・課税・禁止の最終的権限を掌握して行使する限り、支那の門戸開放などあり得ないことは言うまでもない。

＊（検）法廷証 PX974【PX58 抜粋；1938（昭和13）年5月30日付け駐日米大使館発宇垣外相宛抗議文書抜粋；南通州所在米国伝道会財産爆撃】＝検察側文書 PD219-P（55）　証拠として受理され、朗読される。

【PX974 朗読概要】

　日本の軍事行動によって、南通州所在の教会施設が1937年8月17日に被害を受けたことを報告する。在上海米国総領事に寄せられた情報によれば、連合キリスト教伝道協会［United Christian Missionary Society］のC・A・バーチが、同地に赴いて調査した結果を宣誓の上で、「その日午前10時30分、目撃者によると、翼に日の丸をつけた複葉水上機4機が同協会の上空を低空で飛行し、少なくとも焼夷弾1個を含むと思われる爆弾数個を病院施設などに投下し、甚大な被害を与えた」と、陳述した。

＊（検）法廷証 PX975【PX58 抜粋；1938（昭和13）年5月31日付け駐日米大使発宇垣外相宛抗議文書抜粋；海州における米国伝道会・学校への日本軍爆撃】＝検察側文書 PD219-P(56)　［E: 9538］［J: 105（8）］　証拠として受理され、朗読される。

【PX975 朗読概要】

　当大使館は、在上海米国総領事を通じて海州から以下の通達を受けた。即ち、「5月24日、米国長老派教会附属病院に隣接する同教会礼拝堂、及び我々の邸宅と同じ敷地内にある同協会女子聖書学校が日本軍の爆撃を受け、大きな被害を受けた。邸宅の被害は軽微。加えて、市内及び沙河の礼拝堂も爆撃されて被害甚大。それら建物の一つ一つには、米国国旗がよく見えるように掲揚されていた」との報告である。

　上海総領事によれば、同地からの第2信は、教会が5月28日に再び爆撃されたことを伝え、1弾はマクローリン女史の邸宅から35フィートにも満たない地点に落下したとのことである。幸運にも、負傷者はなし、と。

＊（検）法廷証 PX976【PX58 抜粋；1938（昭和13）年6月10日付け駐日米大使発宇垣外相宛抗議文書抜粋；蘇州における米国伝道会附属病院の日本軍による占拠】＝検察側文書 PD219-P(57)　証拠として受理され、朗読される。

【PX976 朗読概要】

　当大使館が在上海米国総領事を通じて受けた報告によると、米国南部メソディスト・エピスコパル伝道教会所有の蘇州病院敷地内の看護婦宿舎及び邸宅２軒が、去る５月30日に日本軍によって占拠された。在上海米国総領事は、（「以前の類似事例に続く」の意か？）この追加案件について、日本側に抗議を申し入れている。

　（７）ハーディン検察官及びウイリアムズ検察官、検察主張立証第 XI 局面「米・英・英連邦諸国関係」第２部「支那事変に関わる日本の対米英関係」の検察側立証として、提出済み（検）法廷証 PX58【米国対日外交関係叢書 1931（昭和６）年〜1941（昭和 16）年第２巻】からの抜粋及びその他関連文書を、さらに証拠として提出する。

（英速録 9542〜9629 頁／和速録 105 号 9〜19 頁）

＊（検）法廷証 PX977【1936（昭和 11）年６月 30 日付け陸海軍省策定国策大綱】＝検察側文書 PD1634-I 　証拠として受理され、朗読される。

【PX977 朗読概要】

　1. 我が国が追求するのは、大義名分に則し国内で国力の基盤を強くして国外にその影響力を強め、帝国が名実共に東亜の安定勢力となって東洋平和と世界の安寧・福祉に貢献して、我が国の建国の理想を実現することである。内外の情勢に鑑み、実現すべき根本国策は、国防体制を強化して大陸での我が国の地歩を確立すると同時に、南方地域に進出・発展することを目的とする。その基準大綱は以下の通り。

　（1）大国の覇権を追求する政策を是正して、各国が共存共栄して苦楽を共にすることが皇道精神を具現することであり、我が国の対外発展政策の変わらぬ指導精神である。

　（2）国家の安定・安穏の追求及び発展を通じて、名実共に東亜の安定勢力としての帝国の地位を確保するに必要な国防軍備を充実する。

　（3）満州国の健全な発展とその完成、及日満両国の国防を全うするため、ソ連の脅威を除くと共に、英米に備え、日満支三国の緊密な提携を実現して、我が国の経済的発展を目指すことを大陸政策の基調とする。これの実現に際しては、列国との友好関係に留意する。

　（4）南方地域に民族的・経済的発展を試み（英文速記録 9544 頁は、"racial [and economic] development" と、また原本和文書証より採録したであろう和文速記録 105（9）頁は、「民族的発展」と記載するが、やや意味不明。恐らくは「移民奨励」の意味か？）、他国を刺激しないように漸進的・平和的手段で進出を図り、満州国の完成と相俟って国力充実・国防強化を共に実現するようにする。

　2. 以上の根本国策を軸として、外交・内政政策を統一・調整し、現在の内外の情勢に適応できるよう改革を進める。その改革の要綱は以下の通り。

<1946-11-5> 2 検察主張立証段階 581

　(1) 国防軍備の整備
　a. 陸軍軍備は、ソ連が極東で使用できる兵力に対抗できるようにすることを目標とし、開戦直後に一撃で事を決せられるように朝鮮・満州の兵力を充実する。
　b. 海軍軍備は、米国海軍に対して西太平洋で制海権を確保するために必要な兵力を整備・充実する。
　(2) 外交方策は、根本国策を円滑に遂行することを基本とし、これを総合・刷新（英文速記録9545頁の表現は、"synthesizing and renewing" であり、ここでは和文速記録109（9）頁記載の原文のママを採った。英訳担当者も苦労していたようである）する。軍部は、これを援助するために、表立った工作は避け、裏面工作に努める。
　(3) 政治・行政機構の改革・改善、財政・経済政策の確立などの施策を、国防力の強化と漸進的経済発展に寄与するために計画する必要がある。このために、以下のような措置を執る。
　a. 国内世論を指導・統一し、非常時を乗り切る国民の覚悟を確固としたものにする。
　b. 国策遂行や国防上必要な産業、重要な貿易を振興するために、政治機構・経済組織を適切な形で改善する。
　c. 国民生活の安定、国民の体力の増強、国民思想の健全化に向けて適切な措置を講じる。
　d. 航空・海運事業躍進のため、適当な措置を講じる。
　e. 国防・産業に必要な重要資源・原料の自給自足体制を確立するように努める。
　f. 外交機関を改革すると共に、情報・宣伝組織を充実し、外交機能と対外文化活動を活発にする。
＊（検）法廷証PX978【1936（昭和11）年6月30日付け四相会議決定；国策大綱】＝検察側文書PD1634-J　証拠として受理される。[E: 9548] [J: 105（9）]　ハーディン検察官、日付・参加者共にPX977と同じであるとして、「朗読は省略する」、と申し立てる。被告重光弁護人ファーネス少佐、「外相が詳細説明を求めたり反対を表明したりしたことが記録されており、PX977と内容がすべて同一であるわけではない」として朗読を要求する。ハーディン検察官、「朗読に異存なし」とするも、裁判長ウェッブ、「必要なし」と裁定する。
＊（検）法廷証PX979【1936（昭和11）年8月7日付け五相会議決定；国策基準】＝検察側文書PD1634-K　証拠として受理され、朗読される。
（ここで朗読されるが、概要はPX977とほぼ同じであるので、省略）
＊（検）法廷証PX980【PX58抜粋；1938（昭和13）年6月28日付けグルー駐日米大使発宇垣外相宛抗議通牒抜粋；山東省における米国伝道教会への不法爆撃】＝検察側文書PD219-P（58）　[E: 9553] [J: 105（10）]　証拠として受理され、朗読される。

【PX980朗読概要】

　本国政府の指示に基づき、1938（昭和13）年6月15日、山東省平度所在の米国南部バプティ

スト教会施設に対して日本軍機が正当な理由なく攻撃を加え、学童 200 名余りと宣教師 7 名の生命を極めて危険な状況にさらし、非戦闘員を負傷させ、施設に甚大な被害を与えた事件につき、公式に抗議を申し入れる。

＊（検）法廷証 PX981【PX58 抜粋；1938（昭和 13）年 8 月 16 日付け駐日米大使発宇垣外相宛抗議通牒抜粋；武昌における米国伝道教会への不法爆撃】＝検察側文書 PD219-P（59） 証拠として受理され、朗読される。

【PX981 朗読概要】

　在武昌の米国教会施設への攻撃をめぐる主要事実関係を念頭に置き、閣下を通じて関係省庁に、詳細にわたる抗議を強く申し入れて、特に以下のことを指摘するよう指示を受けた。即ち、それらの教会施設は在上海米国総領事館が日本側当局に手交した地図にその位置が印と共に明示されていたにもかかわらず、7 月 6 日以来 7 回以上爆撃され、米国国民の生命が失われかねないような事態となった。

＊（検）法廷証 PX982【PX58 抜粋；1938（昭和 13）年 8 月 26 日付け米国務省新聞発表抜粋；澳門付近非戦闘員の攻撃】＝検察側文書 PD219-P（60） 証拠として受理され、朗読される。

【PX982 朗読概要】

　本国政府の指示に従い、1938 年 8 月 24 日にマカオ付近で日本軍機が支那国民飛行会社（英原語は "China National Aviation Corporation" と記すので「中華国営航空」などと訳すことも可能であるが、固有名詞として特定できないので和文速記録の訳語に従う）運行の商業用航空機を正当な理由なく攻撃して同機を全壊させ、非戦闘員であった乗客多数を死に至らしめ、米国人操縦士の生命を危険にさらしたことに対して、抗議を申し入れる。

＊（検）法廷証 PX983【PX58 抜粋；1938（昭和 13）年 10 月 31 日付けグルー駐日米大使発有田外相宛通牒抜粋；在河南省桐柏米国伝道教会不法爆撃】＝検察側文書 PD219-P（61） 証拠として受理され、朗読される。

【PX983 朗読概要】

　閣下に以下のことを通知する。即ち、手元に届いた情報によれば、1938（昭和 13）年 10 月 24 日、在河南省桐柏のルター派同胞教会［Lutheran Brethren Church］所属の施設が日本機の爆撃を受け、3 歳児が死亡、その母親と 8 歳の姉が負傷し、標的となった家屋は破壊された。

＊（検）法廷証 PX984【PX58 抜粋；1938（昭和 13）年 11 月 7 日付けグルー駐日米大使発有田外相宛抗議通牒抜粋；揚子江での米船舶の航行制限・商品取扱上の権益侵害】＝検察側文書

<1946-11-5>

PD219-P（83）［E: 9558］［J: 105（11）］　証拠として受理され、朗読される。

【PX984朗読概要】

　前任外相に宛てた10月6日付けの書簡で、日本船以外の商用船が揚子江下流域の航行を禁じられ、上海・南京間を航行する日本船が日本発の品目以外は輸送しようとしないことを記した。自分は近衛公に対しては、関係日本当局のこのような米国海運・通商に対する扱いは、他の在支米国権益の扱いと共に、米国国民の権利を侵害するのみならず、支那に於ける門戸開放・機会均等の原則を堅持するとの度重なる日本政府の確約を真っ向から否定するものである、と伝えた。
＊（検）法廷証PX985【PX58抜粋；1939（昭和14）年3月30日付け駐日米大使発有田外相宛抗
　　議通牒抜粋；在支米人生命・財産・権益侵害】＝検察側文書PD219-P（62）　証拠として受理
　　され、朗読される。

【PX985朗読概要】

　日本軍が在支米国人の生命・財産を蔑ろにし続けていることに、米国政府の指示に基づき、強い抗議を正式に申し入れる。これに関して特に強調するように指示されたのは、地図上に印をつけて日本側関係当局にその位置を明確に知らせた施設さえも爆撃されて、損傷を受け、もしくは全壊した事例があるということであり、桐柏で起きたのはその典型例である（PX983参照）。今年の初めから、日本軍が米国民の所有施設に空爆を加えた件数は以下を含めて28に上る。
（英文速記録9560-62頁、和文速記録105（11）頁では文章の形で書き出されているが、分かりやすくするために、発生日、発生地、被害団体を以下記載されている順で箇条書きにする）

　1．1938（昭和13）年11月13・14・18日、太平：キリスト者伝道師連合［Christian and Missionary Alliance］。
　2．6月及び10月22日、広東省西寧：ペニエル伝道師ホーム［Peniel Missionary Home］。
　3．10月3・5日、南昌：スタンダード・バキューム石油会社［Standard Vacuum Oil Co.］。
　4．12月24・29日、桂林：連合キリスト教伝道協会、職員・収容難民に死傷者あり。
　5．12月29日、桂林：米国南部バプティスト教会［American Southern Baptist Mission］附属病院。
　6．12月29日、韶州［Shiuchow］：同上組織教会施設。
　7．1939（昭和14）年1月10日、湖北省沙市：エバンジェリスト・ルター派伝道会［Evangelical Lutheran Mission］。
　8．1938（昭和13）年11月13・23日、1939（昭和14）年1月12日、湖南省衡陽：米国北部長老派伝道会［American Presbyterian Mission, North］の病院・住宅。
　9．1月15日、重慶：米国メソディスト・エピスコパル伝道会［American Methodist Episco-

pal Mission］附属 Suteh（和文速記録によっても漢字表記不明）女学校。
10. 1月23日、拈嶺：米国教会伝道会［American Church Mission］。
11. 2月4日、萬県：ウェルナー・G・スミス社［Werner G. Smith Co.］。
12. 2月22日、荊門：コベナント伝道師協会［Covenant Missionary Society］附属病院。
13. 2月25日、羅定：米国カトリック伝道会、重傷者1名。
14. 3月8日、宜昌：米国協会伝道会、敷地二つが各々被害。
15. 3月14日、宜昌：同上伝道会附属聖ジェームズ学校［St. James School］。
16. 3月17日、鄭州：米国南部バプティスト病院、爆撃2回、負傷者6名。
17. 3月19日、鄭州：同上施設、1938（昭和13）年2月から7度目。
18. 3月20日、湖北省襄陽：コベナント伝道師協会。
19. 同月同日、湖北省防城：ルター派連合伝道会［Lutheran United Mission］Santeh（和文速記録によっても漢字表記不明）聖書学校。
＊（検）法廷証 PX986【PX58 抜粋；1938（昭和13）年11月21日付けグルー駐日米大使発有田外相宛口頭申し入れ抜粋；門戸開放・米人生命・財産尊重の要求】＝検察側文書 PD219-P（84）［E: 9562］［J: 105（11）］ 証拠として受理され、朗読される。

【PX986 朗読概要】

支那における「搾取」と勢力圏とが話題に上ったが、両者とも門戸開放の原則と相容れないもので、米国は、その歴史の中で、どちらとも無縁であった。また、商業上の機会均等は、我が国建国以来の外交の基本原則であり、それは極東関連で米国が締約国となっている条約の条文に盛り込まれており、同地域の国際間の軋轢を減少・回避することが目的である。

日本の支那における行動・施策が日米関係にも憂慮すべき事態を引き起こしていることについては、閣下も自分も疑いを差し挟んでいない。自分も、以前より憂慮の念を強くしており、日本は両国関係の悪化を防ぐために、遅滞なく目に見える措置を執るべきである、と考える。

今一つ、日本が実行すべき目に見える措置として最重要なものは、作戦地域から懸隔した地点にある米国の教会施設などに対する爆撃や干渉行為を直ちに止めることである。この種の正当な理由なき行為は、恒常的に発生しており、大使館には連日の如く報告が寄せられている。最近の事例において、財産の損失のみならず、死者の発生や米国旗への侮辱行為も報告されていることに鑑みれば、このような行為が偶発的なものであったとする言い訳が成り立たないことは明白である。

＊（検）法廷証 PX987【PX58 抜粋；1938（昭和13）年11月19日付け（ユージン・H・）ドーマン駐日米大使館参事官の有田外相との会見覚書；日本の対外政策は不変】＝検察側文書 PD219-P（44） 証拠として受理され、朗読される。

<1946-11-5>　　　　　　　　　　　　　　　　　　　　　　2　検察主張立証段階

【PX987朗読概要】

　有田外相は、日本が門戸開放政策を放棄したとの見方が広まっていることに触れて、日本の方針は何も変化していない、と語った。有田によれば、歴代の外相が米英などに確約してきた門戸開放政策の堅持は、騙すつもりでしてきたのではなく、日本が支那における無条件の門戸開放を約束できなくなったがための、条件付きの門戸開放宣言だったが故とのことである。つまり、歴代外相が試みてきたのは、門戸開放の原則を日本の現実の必要と目的に調和させることであったが、その試みが成功していないのである。その目的とは、いかなる経済制裁にも耐え得る市場と必要な資源の供給源を確保することであるが、その制約内であるならば、日本は機会均等を保証する用意があると言うのだ。つまり、日本の目的と競合せず、その達成を妨害しないような工業・商業・金融事業が外国人によって展開される場合には充分な考慮が払われ、無条件に容認されるが、日本の経済防衛計画に抵触するような場合にはもはやそうはならない。有田は、自らが外相に就任した時には、米国や他の諸外国で理解されているような門戸開放の原則を、日本が実現を目指している新体制と調和させるのは有害無益であると判断したのであり、これが昨日、有田が米国宛覚書の中で従来行ってきた確約を記さなかった理由である。
＊午前12時、裁判長ウェッブ、正午の休廷を宣する。
＊午後1時30分、法廷、再開する。［E: 9568］［J: 105（12）］
＊ウイリアムズ検察官、証拠提出と朗読を続行する。
＊（検）法廷証PX988【PX58抜粋；1937（昭和12）年9月1日付け駐日米大使館発外務省宛覚書；非軍事的施設爆撃中止要求】＝検察側文書PD219-P（45）　証拠として受理され、朗読される。

【PX988朗読概要】

　米国大使は8月23日、外務次官に対し口頭で、在南京の米英仏独伊外交代表が外交官やそれら諸国の在南京居留民の一部が居住する地区並びに外国船の碇泊地を、日本軍の空爆対象から外すよう要請してきたことを伝えた。米国政府は、これに加えて、今一つの事項が同様の考慮対象となるべきであると考える。8月26日夜の南京市街地への爆撃は、外国人・支那人を問わず、非戦闘員の生命・財産を危険にさらすものであり、また人道上及び国際礼譲の配慮から首都に対する爆撃は控えるべきであり、特に正式な宣戦布告がなされていない状態ではその要請はさらに強くなるので、今後は爆撃の規模・範囲を限定することを希望する。先の要請がなされた前後にも市街地への爆撃があり、国立中央大学の職員数名が死傷し、貧民街の一つでは住人の多数が生きながら焼かれて命を失った。現地の外交代表は、そのような破壊の現場を実見してきている。米国政府は、米国が有する日支両国との友好関係並びに人道の原則に基づき、作戦上の要請とはいえ、教育など非軍事的用途に供される施設の無差別破壊をもたらし、一般市民を殺傷するその

ような行為を停止するよう訴える。

　米国政府は、自国民が支那全土に散在しており、安全地帯への脱出手段として鉄道・道路に依存していることに重大な関心を寄せている。今や、日本軍の爆撃は支那全土に及んでいるので、日本政府に対して、無防備都市、病院、列車、自動車などへの攻撃はしないよう勧告する。戦争の危険とは無縁であるはずの支那の奥地に合法的な事業目的で赴いた米国市民が死傷するといった事態が早晩起きかねない。日本は、支那と戦争状態にはないと声明しながら、奥地にまで空爆範囲を広げ、外国人の権利を脅かしている。日本政府が、これまで記述したことに注意を払い、現地の軍に適当な指示が出されることを希望する。

＊（検）法廷証 PX989【外務省押収文書「1938（昭和13）年11月～1939（昭和14）年7月の有田外相在任期間の日米交渉概要録」；1938（昭和13）年11～12月間の有田外相・グルー駐日米大使会談録」－支那における機会均等・門戸開放をめぐる両国の立場】＝検察側文書 PD1573（法廷証 PX58 以外からの書証）　[E: 9572][J: 105（13）]　証拠として受理され、朗読される。裁判長ウェッブ、判事の１人からの質問として、「証拠文書の朗読順序はいかにして決めたか」、と質す。ウイリアムズ検察官、「基本的には時系列順であるが、時々手違いでそうならなくなる」、と申し立てる。

【PX989 朗読概要】

　1. 有田の外相就任前の10月3日、グルー大使が、外相を兼摂していた近衛首相に対して、「前任外相から、日本が在支米国権益と門戸開放・機会均等の原則を尊重することに明確な保障が得られたにもかかわらず、それらに対する侵害・違反は止まない」と言って、北支における為替管理や貿易制限などの実例を挙げ、有効な手段を即刻実施して従来からの保障を確かなものにするよう求めてきた。これに対して近衛は、「日本の対支方針と外交方針は不変であり、それは外国権益と門戸開放・機会均等原則の尊重についても当てはまる」とし、「軍事・戦略上の要請などから円満に解決されなかった問題もあったが、事態が正常に戻り次第、迅速に解決するよう努力する。商業・貿易上の問題については、検討した上で大使の意向に添うようになるべく早い時機に解決を見たい」と付け加えた。グルー大使は、この内容の覚書を後刻、送ってきた。

　2. 有田が外相に任命されて以来、グルー大使の申し入れにいかに応えるかが検討されてきたが、当時は広東・漢口攻略作戦が間近で事態が切迫しており、回答を延期していた。本件は九カ国条約にも関わる重要案件であることに鑑み、以下の方針に基づいて研究を進めた。

　　（イ）九カ国条約を根拠とする門戸開放・機会均等の原則を再確認するような語句は一切避けること。

　　（ロ）外国権益は尊重するが、これは九カ国条約に由来するものでないことを理解させること。

　　（ハ）将来の新生支那において外国が経済活動を行う際の規範は、新情勢に即応して、自

ずから樹立されるべきものであること。その結果、（英文速記録では、ここより後記「……と回答した」までの一節は、この（ハ）の後半部に含められているが、文脈上は、（ハ）とは独立した部分であろう。原本和文書証より採録したであろう和文速記録も（ハ）の部分の外に出している）11月18日に、米国が提示した事例に説明を加えて権益侵害に当たらぬことを指摘した上で、「(1) 前例を見ないような東亜での戦闘行動のため、米国権益の尊重に支障が出る場合もあることを承知していもらいたい、(2) 我が国の東亜新秩序建設に伴って同地で新情勢が展開している今、事変前には適用された観念・原則を以て現在の事態を律することは、当面の問題解決にも、東亜永遠の平和を確立するのにも役立たないと信ずる、(3) 外国がこのような趣旨を理解した上で諸分野に於いて東亜の再建に参加するのならば、我が国としては、反対はしない」と回答した。

3. 有田外相が11月19日、米国大使館のドーマン参事官を招致して上記回答への反応を質したところ、「グルー大使はこれを米国側の要求を全面的に否定するものであると受け取っている」と、答えた。これに対する外相の返答は、「門戸開放・機会均等の原則がこれまで全世界に適用されていたと言うならまだしも、今、該原則を支那にだけ適用しようと言うのは極めて不合理である。前任者は、現実の事態とそれらの原則を調和させることができると信じてそれらを尊重すると言ってきたが、自分はもはやそれが不可能と考え、それが今回の回答となった」というものであった。これに対してドーマンは、「軍事行動とも関わりがない未解決の案件が些細な事項を含めて300件ほどにも上って在支米国企業から本国政府への突き上げが激しくなったが故の先の米国政府の申し入れとなったもので、米国側としても九カ国条約を引き合いに出そうとはしていない」と説明した。

4. 同月21日にグルー大使を招致して会談した時、同大使は、「18日の日本側通告に対する回答といった性質のものではない」と前置きした上で、以下の通り述べた。

　　(1) 米国はこれまで支那での搾取・勢力圏獲得を試みたことはなく、また米国の言う門戸開放政策は、搾取・勢力圏などとは無縁のものであり、通商上の機会均等こそが基本原則である。

　　(2) この根本原則を具体化した極東関連の諸条約で米国が締約国となっているものは、同地域での紛議・紛争を未然に防止するためのものである。米国政府は、現在の国際的無秩序状態を解消し、国際関係の調整・国際秩序の回復に貢献する意向であるが、それは交渉などの平和的手段や国際協定の誠実な履行によってなされるべきであるというのが米国の従前からの立場である。

　　(3) 米国の通商政策の基本は通商障壁の除去にあり、他国で特恵的地位を獲得しようとするような動きは、米国及び世界の繁栄に資するものではないと信ずる。

　　(4) 11月3日に近衛首相は、「日本の真意を理解し新事態に則した政策を採る外国とは協力する」と述べたが、その協力の具体的内容は？　巷間噂されているような、日本人事業者経由でなければ支那で交易ができないというような協力ではないと思考するが如何？

(5) 有田外相は、結果が出るまで日本に時間を与えられんことを願っていたが、米国民の我慢にも限度がある。世論の動向に鑑み、まず揚子江下流域の航行禁止措置を解き、作戦地域から懸隔した場所での教会施設などへの爆撃・干渉行為を中止するよう要求する。

　これに対する有田外相の返答は「(4) については、18日付けの回答で明らかにしたように、支那で新事態が展開している今、門戸開放・機会均等の原則を無条件で認めるわけにはいかないが、既述のことを了解する外国勢力とは協力する意思がある。また (4) の終わりの方で触れられていた噂のようなことは有り得ず、実施もされない」というものであった。これに対してグルー大使は、安堵の意を表明。有田外相はさらに、「『日本独自の門戸開放・機会均等政策は外国権益尊重の方針と相容れないことがあり得る』という発言の真意は、日支関係の緊密化と両国の生存権確保に必要な手段を行使する際には、それら原則の適用をある程度制限することがあり得る、という意味であり、外国が経済活動を展開する余地は充分にある」と説明した。グルー大使が「新秩序」の意味について質した時の有田外相の返答は、以下の通りである。

　　日満支間の政治・経済・文化協力の確立にある。政治協力は、これまで東洋での不安要因となっていた反日・容共政策を根絶するのに必要不可欠であり、経済協力は、既述したような門戸開放・機会均等主義をある程度制限するために必要となり得る。

　米国世論の沈静化に向けて日本側が執るべき措置について、有田外相はその必要性は原則として認めたが、揚子江下流域の航行禁止措置解除については、既に回答済みでこれ以上言うことはない、と返答した。

5. 12月8日、有田外相はグルー大使の来訪を求め、前回未回答の件について以下のように説明し、それをまとめた覚書を手交した。

　(1) 東洋での紛議・紛争防止のために締結された種々条約も、世界情勢の全般的変化や極東での事態の新展開に伴い、それらを締結時の形でそのまま適用することは、平和・繁栄をもたらすことをむしろ妨げることとなる。

　(2) 商業上の機会均等は、我が国がこれまで世界に対して求めてきたもので、それが世界平和に資するとの米国側の見解には原則的に賛成するが、良質・廉価な日本製品が世界で差別的扱いを受けているというのが現状である。一国が外国で特恵的地位を獲得することの是非については、英連邦内で英国がその植民地に対して有する特恵的地位や、植民地相互間での類似措置を例として挙げる。これに関連して「一政府の下で単一政治主体となっている英連邦内部での経済関係と類似の体制を、各々が別個の国家である日満支三国間で樹立することは認められない」との主張があるが、これには同意できない。

　(3) 日本のような一国としては小さな経済圏が、英連邦、米国、ソ連といった大経済圏と相対するという図式は、決して世界を安定させるものではないというのが日本の信念である。日満支間の経済相互協力関係は、この趣旨から誕生したもので、世界の繁栄と矛盾するものではない。この協力関係は、以下をその目的とする。

　　(イ) 国家存立上不可欠な生産物の供給確保。このためには、特定企業に独占的特権を与

<1946-11-5>

えてその発展を図ることもあり得る。この種の企業に外国が日満支の計画の範囲内で資本・技術などの面で参加することは歓迎するが、これと競合する事業体を設立することは許されない。

（ロ）貿易では、平時においては関税などで輸出入上の特殊障壁を設けないことを原則とすること。

これに対してグルーは、「条約・協定上の取り決めは、関係諸国同意の上で適切な手続きによることなくそれを一方的に改変することは許されないというのが、米国政府の立場である」とした上で、日本が差別的待遇をしないことを、事実を以て示すのが望ましい、と述べた。

6. 12月26日にグルー大使を招致し、米国の新聞・雑誌の論調には、「日本には支那市場から諸外国を締め出す意図がない」という真意を理解しない向きがある、と伝えたところ、大使は、それら新聞・雑誌は必ずしも米国政府の立場を代弁するものではないとしつつも、国民全般が日本の支那における行動に不安を抱いているのは事実であり、かつ前回会談時の日本側説明に「特定」企業とか「この種の」企業と言った語句があったので、実際の貿易の場でどのような待遇を受けるのかが心配である、との声があると述べた。有田外相は、そのような制限が拡大解釈される心配はないと述べたが、グルー大使はそれを、事実を以て示すことを希望した。その際に大使は、前任外相（英文速記録9588頁に"Foreign Minister Chu"とあるのは、和文速記録105（14）頁所収の原文にある「前任諸大臣」の「諸」を訳者が人名と誤解したものであろう）や近衛首相が支那での門戸開放・機会均等原則の堅持を保障したにもかかわらず、11月3日の声明のようなものを米国が発出せざるを得なかったのは遺憾である、と言ったが、外相の返事は、11月19日にドーマン参事官に返答した内容と同じであった。

7. 12月31日に、グルー大使は、外務次官を訪問（有田外相出張中のため、次官が職務を代行）。11月18日の日本側返答に対する米国側見解をまとめた公文を手交してきた。次官がその要点を説明するよう求めたところ、大使は以下のように解説した。

（1）東亜の新情勢といったものは、日本側の一方的宣言で作られるものではなく、話し合いを通じて認められるべきものである。

（2）米国を含む列強が支那で各種の特権を有しているのは事実であり、米国はそのような差別的特権を廃止して支那に平等な地位を与えるよう主張してきたが、このような現状の変更も関係国家間の話し合いを通じてなされるべきものと信ずる。

大使は、「この考えは、米国が極東に特別な関心を寄せているが故のものであり、近々公表する」と付け加えた。

8. それ以降、外相・大使の間で会談は持たれなかったが、1939（昭和14）年5月、グルー大使が一時帰国する際に、有田外相は大使に別紙の書簡を手交し、また平沼首相からはハル国務長官宛の書簡が託された。

＊（検）法廷証PX990【PX58抜粋；1938（昭和13）年11月9日付けグルー駐日米大使発有田外相宛抗議文書抜粋；広東海関接収に対する抗議】＝検察側文書PD219-P（85）［E: 9590］

［J105：(14)］　証拠として受理され、朗読される。

【PX990 朗読概要】

　我が国政府が最近知りえた情報によれば、広東の支那海関が日本の領事・軍当局によって1938（昭和13）年11月9日に接収され、該海関が現地もしくは銀行に保有する資金は日本側の許可なしに関税監察長官に送付しないよう、責任者に対して通達があった。
　　　　ここに、本国政府の指示に従い、日本当局による広東海関接収に対して正式に抗議を申し入れる。報告されたこの行為は、支那海関の国際的地位を侵害するというのが、我が国政府の見解である。

＊（検）法廷証 PX991【PX58 抜粋；1938（昭和13）年12月30日付けグルー駐日米大使発有田外相宛抗議文書抜粋；在支米人の経済活動に対する制限】＝検察側文書 PD219-P（86）　［E：9591］［J105：(15)］　証拠として受理され、朗読される。

【PX991 朗読概要】

　事実と経験に照らしてみて、米国政府は、「支那において慈善・教育・商業に従事する米国国民の移動・活動を制限することは、これまで、日本の権益を有利に扱うこととなってきており、もし継続されるならばさらにその傾向を強めることとなるものであるから、従って疑いもなく、米国の合法的権益に対して差別的効果を及ぼすものである」との以前の見解を、今一度確認せざるを得ない。
　さらに、支那の一部地域における為替管理、強制的通貨流通、関税率改訂、独占事業の推進などに照らしてみれば、日本政府もしくは日本軍によって支那に創設され維持されている政権が、主権に基づく権能を行使するかのように振る舞って、米国を含む諸外国の既得権益を無視し、もしくはそれら既得権益の不存在・破棄を公言するかのような行為に訴えるのが当然の権利であると考えていることが推認されている。
　米国政府は、問題となっている制限措置などが不公正で法的裏付けがないのみならず、日本、米国そして他の国々も自発的に調印した国際協定のいくつかに違反するものであるとの確信を有する。
　支那における機会均等原則を堅持する旨の日本政府の度重なる声明発表並びに、日本政府にはその声明に添うべき条約上の義務があることに鑑み、米国政府は、10月6日付けの覚書で、日本政府がその義務を遵守し、声明の内容を実際の行動で示すよう要請した。それに対して日本政府は、日本がその原則を遵守する条件として、米国やその他の諸外国が、日本側が想定、推進するところの極東「新情勢」「新秩序」に理解を示すことを言い立てているようである。
　我が国が機会均等原則を信奉・支持するのは、商業上の利益追求を理由とするのみならず、こ

<1946-11-5>

の原則を遵守することにより諸国が繁栄を享受し得て、国家相互間で有益にして平和的な関係を築くことができ、反面、遵守しない場合には国家間に軋轢と敵意を醸成してすべての国に害をもたらして、特に原則を踏みにじった国家が被害を受ける結果となるとの、確固たる信念に由来するものである。また、この原則を遵守することによって、新たな交易相手国・品目が開拓され、市場、天然資源などを国家間で互恵的に分かち合えると固く信じるが故でもある。

また、経済上の機会均等の原則は、日本がこれまで賛同し、様々な国際条約・協定の中でその遵守を誓い、日本が他国に向かってその遵守を迫り、最近は幾度にもわたってその遵守を確約してきたものである。

米国政府と国民は、長期にわたって確立されてきた機会均等と公正な待遇の原則に由来する、現地住民・外国人に認められている権利を、いかなる第三国でも恣意的にこれを剥奪しようとするならば、容認するものではない。

機会均等のように、長年その無謬性と公正さで知られ、広く採用、信奉されて、普遍的に適用されてきた基本原則は、一方的な宣命によって無効とされるべきものではない。

これらの事実に照らし、そして関連諸条約の条文の目的と性質に鑑みて、そのような条約に調印した国家の内の一国が、極東に、条約上の義務や他国の権利を無視して、「新秩序」を恣意的に打ち立てようとしていることを、米国政府は容認できない。米国は、同地域で起きている変化に、それが「新情勢」「新秩序」という言葉で表現されると否とに関わらず、関心を有しており、その変化の多くを引き起こしたのが日本であることを承知している。しかしながら、米国政府は、いかなる国であろうとも、自らの主権が及ばない地域で「新秩序」がどうあるべきかを決めたり、事実上の統治権限の行使主体となったり、「新秩序」の将来の形を決定したりする必要はなく、そうすべき理由もない、と考える。

米国政府は、条約・協定は可変的なものであると常に認識してきたが、その変更は関係諸国間の話し合いと合意によってのみ適正に行われるというのが、我が国の常に主張してきたところである。

日本政府は、数多くの場で類似の見解を表明してきた。

米国が国際関係上有する権利と義務には、国際法に由来するものと条約の条項に基礎を置くものとがある。後者の中で支那関連のものは、米支間の条約もしくは米国と日支を含む諸外国との間に結ばれた条約に基礎を置くものであるが、いずれも、締約国すべての権益を保護、促進するために誠意を以て締結されたものである。米国政府と国民は、自国民のいかなる権利・義務であろうとも、それが他国の政府もしくはその代表機関によって侵害されることを認めることはできない。

*（検）法廷証 PX992【PX58 抜粋；1939（昭和14）年3月11日付けグルー駐日米大使発有田外相宛抗議文書抜粋；北支貿易制限ほか】＝検察側文書 PD219-P(87)　［E: 9598］［J105:（15）］
　　証拠として受理され、朗読される。

【PX992 朗読概要】

　日本の海軍当局による芝罘での様々な出荷制限措置、天津での米国の個人及び事業体の権益に対して課せられた正当な理由なき制限措置について触れている当方の外交文書の内容に、改めて注意を呼びかけると共に、天津での事態が深刻化していることに鑑み制限措置が緩和されることを希望する旨記した覚書にも注意を促したい。

　米国政府が様々な方面から得たさらなる情報は、日本の後押しを受けた北支政権が、輸出許可証の取得義務や為替管理を含む峻烈な貿易制限措置を導入したことを示している。

　米国政府は、これらの制限措置を、日本当局による、米国及び他の諸国に対するこれまでで最も広範にわたる差別的待遇であって、日本を優遇するためのものであり、輸出入に関する限り同地域で機会均等の原則を事実上否認するものである、と見なす。

＊（検）法廷証 PX993【PX58 抜粋；1939（昭和14）年9月1日付けドーマン駐日米大使館参事官発阿部（信行・首相兼摂）外相宛文書；汕頭海関占領継続】＝検察側文書 PD219-P（88）　証拠として受理され、朗読される。

【PX993 朗読概要】

　日本軍が汕頭港の支那海関施設を2カ月間にわたり占拠していることについて、通知する。この行為は、日本当局による同海関の事実上の接収であるというのが、我が国政府の見解である。ここに、本国政府の要請に従って、そのような接収と長期間にわたる占拠の継続は、支那の海関制度の一体性を損ねるものであるとの理由で、抗議を申し入れる。本国政府は、支那の海関制度の一体性とその収益確保に極めて重大な関心を有していることを、改めてこの機会に強調する。

＊（検）法廷証 PX994【1939（昭和14）年7月26日付けハル米国務長官発堀内（謙介）駐米大使宛通牒；日米通商航海条約廃棄】＝検察側文書 PD713　証拠として受理され、朗読される。

【PX994 朗読概要】

　近来、米国政府は、米国と諸外国との間の現行の通商航海条約がその目的を達するためにはいかに改変されるべきかを検討してきたが、1911（明治44）年2月21日にワシントンで調印された日米通商航海条約に、一考の余地ある条項が存在すると判断した。それらをいかに改変して、我が国の権益を次代に即応する形で保護、促進できるかを探った結果、米国政府は、同条約第17条の手続きに従い、同条約は終了すべきであるとの意思を通告するものである。よって、本日より半年後に本条約は、その附属議定書と共に失効する。

＊（検）法廷証 PX995【PX58 抜粋；1939（昭和14）年5月11日付けグルー駐日大使発有田外相宛口頭申し入れ抜粋；在支米国財産無差別爆撃への抗議】＝検察側文書 PD219-P（63）　〔E：

<1946-11-5>

9603〕〔J105：(16)〕 証拠として受理され、朗読される。

【PX995 朗読概要】

既に二度申し入れた事項を繰り返すこととなるが、本国政府の指示に従い、人道上の立場から、重慶、汕頭、寧波、福州の民間人に対する最近の無差別爆撃に対して、最大級の憂慮の念を表明する。我が国政府が得た情報によれば、それらの都市に対する空襲による被害は、ほぼすべて一般市民の生命及び財産に限定されている。

非戦闘員全般への人道上の考慮に加え、そのような無差別爆撃が不可避的に米国人を危険にさらすことに対して、米国政府は強く抗議するものである。今次の武力紛争開始以来、在支米国人の施設・家屋には国旗が掲げられ、その位置が日本の軍当局に知らされていたにもかかわらず、我が国政府に寄せられた爆撃の被害報告は140件に上り、死傷者と深刻な物質的損害が生じた。最近、このような米国国民の財産・施設に対する攻撃件数が減少し、今のところは止んでいることに鑑み、我方の抗議に応えて有効な防止措置が執られたものであると判断したい。

＊（検）法廷証 PX996【PX58 抜粋；1939（昭和14）年5月22日付けドーマン駐日米大使館参事官発ハル米国務長官宛報告電文抜粋；米国伝道教会爆撃に付き日本側に抗議】＝検察側文書 PD219-P（64） 証拠として受理され、朗読される。

【PX996 朗読概要】

信頼すべき筋からの報告によると、河南省湯河所在の米国ルター派同胞伝道会の施設が5月4日に空爆を受け、それに先立つ2日には、同省桐柏の同じ伝道会所属の協会と学校施設が爆撃で破壊された。それらの施設には（「地図上で」か？）印が刻されており、また後者の事例では、爆撃当時に大型の米国国旗が掲揚されていた他、屋根にも国旗が描かれていた。4月27日には、湖北省荊門所在のコベナント伝道師協会所属の病院施設に、爆弾が1弾投じられた。

＊（検）法廷証 PX997【PX58 抜粋；1939（昭和14）年5月18日付けグルー駐日米大使発米国務長官宛電文抜粋；南方進出政策に関する外相弁明・米政府との会談用意あり】＝検察側文書 PD220-C（1） ウイリアムズ検察官、証拠として提出する。証拠として受理され、朗読される。

【PX997 朗読概要】

外相は、所謂「南方進出」に話題を変え、内密事項として自分に以下を口頭で伝えてきた。

　日本による海南島占領と、新南群島（南沙諸島）の台湾総督府管轄区域への編入以来、日本が南方地域で領土を拡大する意図を有しているとの噂が広まり、関係諸国の間には不安の意を表明する国もあり、米国にもフィリピンへの脅威を感得している向きがある。日本政府

は、日米友好の立場から、このような疑念が出てきたことを遺憾に思う。日本政府としては、そのような疑惑の念を払拭するためになんらかの措置を米国政府が我方に望むならば、話し合いに応ずる用意がある。

＊（検）法廷証 PX998【PX58 抜粋；1939（昭和14）年7月6日付けハル米国務長官発グルー駐日米大使宛電文抜粋；日本軍機による福州米教会資産爆撃に対する抗議書を在米須磨参事官に手交】＝検察側文書 PD219-P（65）〔E: 9609〕〔J105:（17）〕 証拠として受理され、朗読される。

【PX998 朗読概要】

　日本大使館の須磨（弥吉郎）参事官が、7月5日、自らの意向で国務省を訪問。その際に当方は、参事官に非公式な覚書を手交。その中で、福州において6月23〜35日にプロテスタントとカトリック両教会の伝道施設が、同月29日には、同市のユニオン高校の施設が爆撃されたことを伝えた。この電文は重慶にも転電。

＊（検）法廷証 PX999【PX58 抜粋；1939（昭和14）年7月10日付けハル米国務長官の堀内駐米日本大使との会見覚書抜粋；重慶爆撃による米人財産の被害に抗議】＝検察側文書 PD219-P（66） 証拠として受理され、朗読される。

【PX999 朗読概要】

日本大使がこちらの要請に応えて来訪。大使に以下を読み上げた。
　　7月6日の深夜から午前2時の間、二度にわたって日本軍の爆撃機2編隊が重慶を爆撃。爆弾は揚子江両岸と市街地の広い範囲に散布され、1弾は米国大使館参事官の居宅から400ヤード余りの地点に、もう1弾は米国大使の邸宅から300ヤード余りの地点に落下した。また、重慶のルイス記念財団教会〔Lewis Memorial Institutional Church〕が甚大な被害を受けた。日本軍機による重慶爆撃は7月7日にも敢行され、午前12時40分から2時10分まで継続。爆弾は市街地と揚子江南岸に降り注ぎ、1弾は米国大使館参事官の居宅から50ヤードの地点に落下し、これによる支那民間人の死傷者は30余りを数えた。米国船ツツイラ号〔USS Tutuila〕も200ヤード離れた地点に、至近弾を受けた。

＊（検）法廷証 PX1000【PX58 抜粋；1939（昭和14）年12月5日付けグルー駐日米大使発野村外相宛抗議通牒抜粋；河南省桐柏在米国伝道教会爆撃】＝検察側文書 PD219-P（67） 証拠として受理され、朗読される。

<1946-11-5>　　　　　　　　　　　　　　　　　　　　2　検察主張立証段階　595

【PX1000 朗読概要】

　重慶の米国大使館から、河南省桐柏所在のルター派同胞伝道会の施設が8月1日に再び爆撃されたとの報告があったことを、通知する。昨年10月24日に同伝道会に対して最初の爆撃があって米国国民の死者1名及び負傷者2名を数え、今年5月2日にも空襲を受け、その旨当方から日本側に昨年10月31日と今年5月22日付けで通告文を手交してあるので、同伝道会施設の所在地を日本側が熟知していたのは明らかである。

＊（検）法廷証 PX1001【PX58 抜粋；1940（昭和15）年2月6日付けグルー駐日米大使発有田外相宛抗議通牒；汕頭における不当課税】= PD219-P（89）　ウイリアムズ検察官、PX58 第1巻から検察側文書 PD219-P（89）を提出する。[E: 9612][J: 105（17）]　被告大島弁護人カニンガム、「検察側が提出し続けている文書は、些細な事項に関する苦情申し立てが主で、枢要な審理案件に触れるものでなく、証拠としての適格性、関連性、重要性を欠く」として、この種文書のさらなる証拠提出に異議を申し立てる。ウイリアムズ検察官、「この時期の日米関係を彩っているのは、支那における米国市民の生命・財産への危害と被害、事業活動への妨害行為と言った些細と思われる小事件の連続である」、と応答する。裁判長ウェッブ、「多方面にわたる違法かつ挑発的行為、米国民の権利の侵害といったことを立証する手段は、検察側が今なしている方法以外ではできない」として、弁護側の異議を却下する。証拠として受理され、朗読される。

【PX1001 朗読概要】

　支那において日本政府の後押しを受けている所謂復興委員会［Rehabilitation Commission］の汕頭税務局が、昨年11月から同港で輸出入品目に課税している。地産品目に対しては5％の従価税［valorem tax］、連結課税［consolidated tax］の対象とならない輸入品目には10％の対価税、同港向けの郵便小包には40％の従価税を課している。本国政府の指示に従い、この違法で正当な理由なき措置に抗議を申し入れる。

＊（検）法廷証 PX1002【PX58 抜粋；1940（昭和15）年4月28日付け駐日米大使館発外務省宛抗議覚書抜粋；天津の米国商品に対する不当干渉】= 検察側文書 PD219-P（68）　証拠として受理され、朗読される。

【PX1002 朗読概要】

　以下に述べる情勢が悪化していることに鑑み、本国政府から、日本国外相と接触して強く申し入れをなすべしとの指示を受けた。即ち、天津での日本軍とその関連機関による米国国民の移動及び米国商品の輸送に対する非合法的干渉行為が長きにわたって継続しており、日米当局者間で

度々懸案として取り上げられてきたが、未だに止むことがない、と。

＊（検）法廷証PX1003【PX58抜粋；1939（昭和14）年6月15日及び25日付けクレイギー駐日英大使発有田外相宛抗議書簡2通：天津英国租界封鎖・ニュージーランド名誉代表に対する侮辱事件】＝検察側文書 PD2383-A　［E: 9616］［J: 105（18）］　ウイリアムズ検察官、法廷証PX58以外からの書証を証拠として提出する。証拠として受理され、朗読される。

【PX1003朗読概要】

1. 6月15日付け書簡

昨日話し合った件と関連して、在天津英国総領事から遺憾とすべき内容の報告を受領した。それによれば、英国租界との交通・通信制限は、英国国民に対する明白かつ重大な差別行為を構成するような形でなされている。英国人は、租界への出入に際して、支那人同様30分から1時間拘束され、厳重な持物検査をされる。他の外国人はこのような扱いを受けていない。制服を着た軍人など、租界への立ち入りを拒否された英国人もいる。

このような英国民に対する差別的行為を、自衛措置の名目で、あるいは昨日話題となった支那人4人の件（何を指しているのか不明）を引き合いに出して正当化することはできない。このような措置が日本政府の指示もしくは承認の下に行われたとは信じ難いので、在天津日本当局に対し英国人に対するすべての差別的措置が即刻停止されるよう指示されんことを願う。

事態が切迫しているので、この件に関する貴国政府の姿勢について英国政府に的確に伝えられるよう、可能ならば本日中に返答を頂きたい。

2. 6月25日付け書簡

2-1. 英国及びニュージーランド政府の指示に従い、在天津ニュージーランド名誉代表セシル・デイヴィスに日本軍将兵が甚だしい侮辱を加えた事件に注意を促すものである。事実関係は別紙に記されており、自分は本件に対し最大限可能な強い態度で抗議する。6月15、16、18、20日に伝達した分を含む一連の事件に続く今回の事案に鑑みれば、これらが現地日本当局者の意図的に行った挑発行為であることには、疑いの余地がない。別紙IIには、弁解の余地のない類似の事件について記されている。

2-2. 外務省報道官が21日の記者会見で「報道されているような、英国租界に出入する英国人に対する侮蔑・差別行為の事実はない」と述べたが、これは別紙で明らかにされている事実と相違する。

2-3. 外相閣下は、「日本政府には、英国人に対して差別をしたり、食糧供給を制限したり、虐待・侮蔑的行為を加えたりする意図はない」と伝えてきたが、去る23日に英国外相が駐英日本大使に伝えたように、許し難いような蛮行が続けられており、英国世論を憤激させている。よって、それらの行為が止み、英国国民が条約に則って支那において平穏に暮らして生業に従事する権利を尊重するために然るべき措置を即座に執ることを、本国政府の指示に従い要請する。

<1946-11-5>

2-4. 別紙 I

　天津カントリー・クラブ会長でニュージーランド政府名誉代表セシル・デイヴィスは、6月23日夜に封鎖線を通過しようとした時に、着衣を脱ぐように命令された。デイヴィスはそれを拒否し、租界に留まって一夜を明かす旨告げたところ、検問所の将校はデイヴィスの顔面を殴打して、同氏が租界から立ち去るべきであると言い渡した。その時、他の3人の将校がその将校をけしかけるような言動をしながら立ち上がったのを見たデイヴィスは、如何様なものであろうとも指示に従う他ないと判断。同氏は、下半身を覆う下着一枚を除いて着衣を脱ぐことを強制され、それから15分間、女性を含む通行人の衆人環視にさらされ、その間、衣服は綿密な検査を受けた。デイヴィスがその場を立ち去る時、氏のパスポートは地面に放り投げられた。

＊午後2時45分、裁判長ウェッブ、15分間の休憩を宣する。
＊午後3時、法廷、再開する。[E: 9622] [J: 105（19）]
＊裁判長ウェッブ、「判事空室で来週月曜日に予定されていた審議は火曜日に延期する」と、報じる。被告小磯・大川弁護人ブルックス大尉、「申請書の提出期限も1日延期すべきである」、と申し立てる。裁判長ウェッブ、同意する（審議内容、申請書の中身、共に不明）。
＊ハーディン検察官、ウイリアムズ検察官に替わって、（検）法廷証 PX1003 の朗読を続行する。

2-5. 別紙 II；ロード及びハウスに対する天津封鎖線での扱いについて

　両氏が、外から中が見える状態の小屋で、衆人環視の下に茣蓙の上に座らされている最中、日本人兵士1人が2人の前で起立して監視し、4人の他の兵士が取り囲むようにして座り、支那人警察官に2人を身体検査するように命令した。しかし、支那人警察のやり方が手ぬるいとして、日本人兵士はそれら警官の顔を平手で叩き、自らが身体検査を実行。ロード、ハウス両名は、すべての着衣を脱ぎ、着衣のポケットの中身と共に脱いだ服を泥だらけの床の上に置くよう命令された。ハウスは全裸で5分ほど、ロードは下半身を覆う下着一枚のままで10分ぐらい立たされ、その間着衣一枚一枚が綿密に調べられた。その後で、日本軍兵士は両名のパスポートを床に放り投げ、2人の頭髪を毟るようにし、さらにロードに口を開けるよう仕草で要求したところ、口の開き方が足りないとの理由で、同氏のパスポートを使って口をこじ開けた。その後、両名は脚を開くよう命令され、その姿勢で股間を検査された。また、支那人警察が、ロードの耳をつまんで検査するよう命令された。すべてが終わるまで20分から25分を要したが、この間2人は、衆人の環視にさらされ、その光景を目にした通行人には女性も含まれていた。

2-6. 別紙 III；天津での食料搬送に対する妨害行為

　天津の日本軍当局の報道担当官は、6月19日の記者会見で、租界への食糧搬入を妨害するような措置は非人道的であるので、行う意図はないと表明した。これに関して、以下の事実が指摘されている。①英国租界に向けて食糧を搭載して遡上していた複数船舶が日本側によって戻るよう命じられた、②6月19日天津発の同盟通信電によれば、仏租界内での野菜不足を解消するため、新鮮野菜を積み込んだトラック3台が同租界に入ることを許されたという。その後、日仏両当局間で、仏租界への通常の食糧搬入が軍用車両を使ってなされる旨の取り決めが結ばれたことが

23日天津発の同盟電で確認できる。仏租界をめぐる動きを伝える上記記事の内容は、英国租界への食糧供給が干渉・妨害にあっていることを証明したも同然である。③この日本側の干渉・妨害行為のために、英国租界内では生鮮食料品が極度に不足しており、6月21日の時点で英租界内の野菜の量は通常の1割に留まっており、氷はまったくなかった。

＊（検）法廷証 PX1004【PX58 抜粋：1940（昭和15）年3月20日付けグルー駐日米大使発有田外相宛抗議文書抜粋；仏山への灯油輸送不許可】＝検察側文書 PD219-P（90）［E: 9626］［J: 105（19）］ 証拠として受理され、朗読される。

【PX1004 朗読概要】

　米国の石油会社が、南支の日本海軍当局によって、広東近くにある仏山近辺の地区に灯油を輸送することを阻まれていることを報告する。本職は、米国政府の指示に従い、今次の日本海軍の措置が、米国国民による合法的活動に対する正当な理由なき干渉行為であるのみならず、米国人の支那での権益を尊重するとした日本側の度重なる確約声明と相反するものであることを強調する。

＊（検）法廷証 PX1005【PX58 抜粋；1940（昭和15）年7月15日付け駐日米大使館発外務省宛抗議覚書抜粋；北支における対米貿易差別待遇】＝検察側文書 PD219-P（91） 証拠として受理され、朗読される。

【PX1005 朗読概要】

　日本の後押しを受けた北支当局が課した輸出入に関わる為替統制によって日本の当地への貿易に比して米国の同地向けの貿易が差別的待遇を受けたことにつき、米国政府が度々抗議を申し入れてきたことは、日本政府に於いても記憶することと思考する。このような実態が改善されたとの知らせは受けておらず、かえって北支の該支那当局が同地への輸入のみならず、中支・南支からの物流に対しても完全な為替統制を実施して、同地域の通商すべてを統制するに至ったとのことである。日本政府はこれまで、支那では機会均等の原則を堅持するとの意志を表明してきた。しかしながら、天津の税関監察長官が、日本からの輸入は上述の為替統制措置の適用外であるとの告知を発しており、これは上記措置が差別的であることを公式に宣命したに等しい。

<1946-11-5>

2—11—3　検察主張立証第 XI 局面「米・英・英連邦諸国関係」第 3 部「開始された日米英交渉」

(英速録 9630～9851 頁／和速録 105 号 19 頁～107 号 7 頁)

(1) ハーディン検察官、検察主張立証第 XI 局面「米・英・英連邦諸国関係」第 3 部「開始された日米英交渉」の検察側立証として、関連書証を提出する。

(英速録 9630～9653 頁／和速録 105 号 19～23 頁)

＊(検)法廷証 PX1006【日本外務省より入手検察側文書 34 通 PD1383-B (1)～(41)の出所・真実性証明書】= PD1383-B (42)　ハーディン検察官、提出予定の外務省文書である検察側文書 PD1383-B (1)～(41)の証明書を PD1383-B (42)として、提出の意図を表明する。被告鈴木・賀屋弁護人マイケル・レビン、「該文書群が弁護側に送達されたのは本日午前 9 時 40 分から 10 時 20 分にかけてであった」、「弁護側にはその内容を検討する充分な時間が与えられていなかった」、と申し立てる。ハーディン検察官、なんらかの手違いで送達手続きが遅れたことを認める。裁判長ウェッブ、弁護側の立場に理解を示して、該文書群の提出・朗読を翌日まで延期することを示唆する。レビン弁護人、審理の迅速的進行を希望する裁判長の意向を尊重し、この日に朗読された文書に対して異議があれば翌日に申し立てることができることを条件に、この日に提出・朗読されることに反対しない旨申し入れる。PD1383 (42)、(検)法廷証 PX1006 として受理される。朗読なし。

＊ハーディン検察官、PD1383-B 群の証拠提出と朗読を開始する。

＊(検)法廷証 PX1007【1940 (昭和 15) 年 3 月 3 日付け外務省覚書「対米外交に関連して採るべき経済政策」】= 検察側文書 PD1383-B (1)　[E: 9634] [J: 105 (20)]　証拠として受理され、朗読される。

【PX1007 朗読概要】

1. 事変発生以来、米国は、九カ国条約体制の維持を極東政策の根幹として、帝国の東亜新秩序建設を全面的に否認する姿勢であったが、日米通商航海条約の廃棄をきっかけとして米国の高圧的態度は一層強くなっている兆しがある。軍需用の機械・物資などを対象とした道義的禁輸 [moral embargo] の動きがいつ現実のものとなるか、一時中断されている議会上院での対日禁輸法案審議がいつ再開されるか、予断を許さない状況である。

2. 日本が米国に対して強く出られない理由は、聖戦遂行に必要な物資・資源の多くを米国に依存しているからであり、通商航海条約なき今、米国もそれを念頭に置いて禁輸の対象を広めるか、またそれを実行する「ジェスチャー」を見せるなどして、益々圧力を強めてくるであろう。日本が経済的対米依存から脱却できない限り、対米偽善的決意 (英文速記録 9636 頁の英原語 "insincere

resolution"をそのまま訳したが、原本和文書証より採録したであろう和文速記録105（20）頁の記述は「強硬決意」である。なぜこのような訳になったのか不明である）を表明しても迫力に欠けるので、現在の我が国の急務は、過度の対米依存を解消して米国の出方に脅かされないような経済体制を確立することである。そして、そのような方向に向かう姿勢を見せること自体が米国の反省を促すことになるのは疑いない。

3．米国が道義的・法的禁輸措置に出た場合、我が国が米国からの輸入に依存している品目の中で供給が逼迫すると予想されるのは、屑鉄、石油（特に航空用ガソリン）、電気部品用銅、モリブデン、バナジウム、工作機械等であるが、これらの品目における対米依存からの早期脱却を図るため、全力を挙げて以下の措置を講ずることとする。なお、我が国が米国から大量に輸入している綿花については、自国の農業界への配慮から米国は禁輸には踏み切らないであろうし、仮に禁輸が断行されたとしても、ブラジル、ペルー、イランなどからの買い付けが可能である。

①屑鉄

鉄鉱石から製鉄できる設備を充実させ、現在米国から輸入している屑鉄年間200万トンの内、100万トンを国内生産で補完し、残りの内30万トンは海峡植民地、インド、オーストラリア、支那などからの屑鉄輸入でまかなえる見通し。（備考：米国が禁輸に踏み切った場合、第三国経由で米国の屑鉄を輸入するといった姑息な手段は、実行困難と見込まれる）

②石油

米国以外からの輸入増大と、人造石油の飛躍的増産を図る。現在の輸入量は、メキシコ、アラビア、イラン、ベネズエラ、蘭印、ルーマニアとの交渉と工作如何によっては、まかなえる。唯一の問題は航空用ガソリン（原油・精製油）で、これについてはベネズエラなどから良質原油の輸入を図ると共に、精製設備を完成し、我が国科学の粋を集めて確保に努める。

③電気部品用銅

現在、米国からの輸入と国内生産分が概ね半々。現在の米国とカナダの関係から判断して、米国からの輸入分をカナダに求めるのは、ほぼ不可能。従って、国内の生産設備を拡充すると同時に、ペルー・チリ等から鉱石を輸入する。このために、発電力の拡大と船舶の確保が必要となる。

④モリブデン・バナジウム

これらは、特殊鋼の製造に必要な物質であるが、製法を、タングステンを使用する方法に改めて、朝鮮・南支産出のタングステンを利用する。

⑤工作機械

これまで米国とドイツに依存していたが、ドイツに余り期待できない現状では、米国への依存度が益々高まるので、国内生産体制の改善・拡充で対処するしかない。

⑥他の対米依存度の高い品目

上記①〜⑤に準じて、適当な措置を講じる。

4．上記3．を実行するためには多額・多量の資金・資材が必要となるが、それは進行中の支那事変における作戦態様の合理化や対ソ戦軍備拡充計画の見直しなどによって捻出し、対米経済

<1946-11-5>

依存脱却のための生産力拡充に回すべきである。数年間この状態を耐え忍んで生産力を拡充させれば、軍備拡充も、より容易に達成できるのである。

5. この方針を徹底するためには、国内では経済統制を有機的に総合・強化し、企業精神を利潤本位から国家本位に改める必要がある。対外的には、日満支の緊密な関係を強化し、南洋地域を我が国の経済圏に取り込み、ソ連との間で一時的な国交調整をすることに努めることとする。

6. 現在ローズベルト政権の外交政策が世論の支持を得ているのは、その政策が米国を戦争に巻き込むことなく目的を達成しているからであり、日本の対米経済依存という現状が続く限り、世論がローズベルトを支持する姿勢にも変わりがないであろう。しかし、日本が米国への過度の経済依存状態を脱したならば、禁輸措置に一喜一憂せずに毅然たる態度で米国に臨み、そのような禁輸措置を宣戦布告と見なすという姿勢さえも見せることができる。そうなれば、日本との間に通商上の深い関係を有する（米国内の）財界関係者、孤立主義者、有識者などは、ローズベルトの外交政策が米国を戦争に巻き込むものであると判断して、「侵略者（invader）の隔離」よりは「戦争回避」の声を上げるに至るであろう。そうなれば、対日禁輸の動きも雲散霧消する。

＊(検) 法廷証 PX1008【1941（昭和16）年1月22日付け松岡外相発野村駐米大使宛訓令；日本の外交政策を米国朝野に徹底させよ】＝検察側文書 PD1383-B（2）［E: 9643］［J: 105（21）］
証拠として受理され、朗読される。

【PX1008 朗読概要】

1. 我が国の国策を相当思い切って変更しなければ、米国と了解に達して太平洋の平和を確保し、さらに世界平和征服（英原語の"conquest"をそのママ訳したが、原本和文書証より採録したであろう和文速記録105（21）頁では「克服」である。恐らく本来は「回復」とすべきものだったのであろう。英文速記録9643頁の対応部分にはさらに、「/T.N./」と画した枠内に、この和語を誤記とする旨の翻訳者の注釈が入れられている。ただし、この翻訳者も「克服」を「征服」と見誤ったようで、この語の意味を"either to conquer or subjugate"と説明している。後にこの点を清瀬弁護人が問題とする。英文速記録9647頁参照）のために提携し協力することは不可能であろう。

2. このまま事態が推移すれば、米国がヨーロッパで参戦もしくは対日開戦を宣する可能性も否定できない。

3. そうなれば、実に恐るべき世界戦争が起こり、その惨禍の規模は前の大戦の数倍にも及び、現代文明の没落を招来するであろう。

4. 日米間で直接了解に達して提携する方途がないならば、米英以外の国と連携・協力して米国に対する圧力・威圧行為に訴えてでも、その対日開戦もしくはヨーロッパ参戦を阻止しなければならない。これは我が国の自衛のためのみならず、全人類が生存し続けるための措置でもある。

5. 自国防衛及び世界大戦阻止のためには他に方策なしと判断して、独伊との同盟条約を締結（原本和文書証より採録したであろう和文速記録105（21）頁には「同盟ヲ訂スルニ至レリ」とある。英文速記録

9644頁の対応部分は「contract」の語を採り、その上で「前記1」の場合と同様に「/T.N./」と画した枠内に、「訂」は「to correct」の意味であり従って誤字であることを指摘する翻訳者の注釈が付されている。ただし、この「訂」がいかなる文字であるべきかは、この注を読んでみても定かではない。「同じ発音」と言っているので「締」か？）するに至った。

6. 同盟が締結された以上、往年の日英同盟と同様、この同盟関係を外交の基軸とすべきである。

7. 同盟条約第3条に規定する参戦義務を履行すべきは勿論であるが、日本が重大な決断を下す場合には、慎重に審議することが必要なことも言うまでもない。

8. 現在の日本の支那における行動を不当、不正もしくは侵攻的と見なす向きがあるが、これは一時的なことで、日本はいずれ、日支間の平等にして互恵の理念を現実のものとし、建国以来の理想である八紘一宇の理念を実現する。

9. 大東亜共栄圏樹立もこの八紘一宇の理念に基づくもので、この点に関する自分個人のモットーは征服、圧迫、搾取をなくすことである。要は、国家間の善隣・相互扶助を目的とする国際共同体をまず大東亜に建設し、世界の模範としようというものである。

10. このような理想の追求は暫く措いて、現実問題に目を向けると、日本は大東亜での自給自足体制を確立する必要に迫られている。大西洋及び太平洋を越えて勢力圏を広げている米国には、このような日本の理想・願望を不当であると非難する権利があるだろうか？　このぐらいのことは、日本に許してもよいのではないか？　日本には外国を締め出そうとの意図はなく、むしろ米国が大東亜共栄圏の建設に協力することを歓迎する。生ゴムや錫の供給が断たれる恐れを言い立てるのは笑止千万である。

　大統領・国務長官及びその他米国著名人士に、上記の諸点を、自分が日米協会で行った演説や帝国議会での外交演説の要点と共に、理解してもらえるよう尽力を請う。（英文速記録9646頁では、この文書の末尾の「1941年」であるべき日付が1939年1月22日と明らかに誤って記載されている。また、和文速記録105（22）頁には、この後に、野村大使が出国前に外相と会談した時の会談内容に関する注記が付されているが、その部分は、この時点ではハーディン検察官が朗読しなかったので、英文速記録の対応部分には表れていない。後に朗読される。9650頁参照）

＊裁判長ウェッブ、文書の日付について「昭和16年は1941年ではないか」と質し、被告小磯・大川弁護人ブルックス大尉もこの点を指摘する。（後にムーア言語裁定官が「1941年」が正しいことを報告する）。

＊被告東条弁護人清瀬博士、文書の日本語原文と英訳とが一致しない箇所があることを指摘する（既出の翻訳者が「克服」を「征服」と見誤ったが、正しくは「回復」とすべき部分。英文速記録9643頁参照）。
　［E: 9647］［J: 105（22）］

＊裁判長ウェッブ、PX1008には末尾に注記があり、それが朗読されていないことを指摘する。ハーディン検察官、「必要とあらば朗読する」と返答する。弁護人ブルックス大尉、「注記は検察官が書き入れたものか、原文に含まれているものか、もし後者ならば誰が書き入れたものなのかが明らかにされるべきである」、「それが明らかにされない限り朗読されるべきでない」と

<1946-11-6>

異議を申し立てる。裁判長、「文書原文の一部であるならば朗読して差し支えなし」と裁定し、朗読の続行を許可する。ハーディン検察官、朗読を再開する。

外相は、野村大使が離日する前に「米国が参戦した場合には、日本は米国に立ち向かう決意を固めており、このような決然たる態度こそが米国の参戦を阻止することになる」と大使に伝え、大使もこれに同意した。

＊ブルックス弁護人、なおも注記がPX1008の日本語原文に含まれるか否かに疑義を呈する。言語裁定官ムーア少佐、原文の写しを吟味した後に、4頁にわたる原文に含まれるものであるとの判断を下す。裁判長ウェッブ、これ以上の議論を許さず。ハーディン検察官、「その4頁は原文の全体であることを、外務省が発行した証明書が明らかにしている」、と申し立てる。

＊（検）法廷証PX1009【1941（昭和16）年2月7日付け松岡外相発野村駐米大使宛訓令電文抜粋；米国朝野を啓発し日本の決意を徹底させよ】＝検察側文書PD1383-B（3）　証拠として受理される（実際は、上記のPX1008注記に関する弁護側の異議とそれに対するやり取りの最中に受理されたが、便宜上ここに一括して記載する）。ハーディン検察官、朗読を開始する。［E: 9652］［J: 105（23）］

【PX1009朗読概要】

本職は、議会での質疑応答などで、米国の反省を促すために我が国の立場を率直に開陳し、日本の国力が衰えてなどいないことを明らかにすべきであることを主張している。貴官におかれては、着任後、米政府内外の有力人士に以下の点を説明して、我が国の真意を理解してもらえるように努力されたし。

我が国の中で米国との戦争を望む者はいないであろう。両国が不幸にも干戈を交えるに至った場合、米国がこれまで受け身で戦争を始めたことがない事実に鑑みれば、仕掛けてくるのは米国の方であろう（英文速記録9652頁収録の一節を要約した。和文速記録では、105号（23）頁の対応部分に明らかに異なる内容の一節が収録されており、和文速記録106号（2）～（3）頁に記載され、翌日の法廷再開直後に朗読された、続きの部分の冒頭がこれとなっている。裁判長ウェッブが朗読された箇所について独り言のように言っているが、この相違に関わるものであるかもしれない）。

＊午後4時、裁判長ウェッブ、翌日午前9時30分までの休廷を宣する。

◆1946（昭和21）年11月6日　　（英速録9654～9808頁／和速録第106号1～24頁）

＊午前9時30分、法廷、再開する。
＊裁判長ウェッブ、被告大川、平沼、松井の欠席を確認し、「平沼と松井については、病気によって出廷できない」との巣鴨拘置所発出の証明書のあることを報じる。

(2) ウイリアムズ検察官、ハーディン検察官に替わって、検察主張立証第XI局面「米・英・英連邦諸国関係」第3部「開始された日米英交渉」の検察側立証として、関連書証の提出を続行する。　　　（英速録9655〜9670頁／和速録106号2〜5頁）
＊ウイリアムズ検察官、提出済み（検）法廷証PX1009の朗読を再開する。

【PX1009朗読概要】（続き）

4．（以降、番号は原英文のママ）米国の中で、日本と戦争をして大和民族を絶滅させようなどと考える者はいないであろうが、いたとしてもそんなことは実現不可能である。仮に戦争で日本を降伏に追い込んでベルサイユ条約のような過酷な条約を押し付けたとしても、ドイツが先の大戦で復興したよりも速く日本は復興するであろう。その理由は、日本は、皇室を国民の総力の中心とする他国に例を見ない国体を有しているからである。日米がもし戦うならば、それは両国の破滅のみならず、世界文明の没落をもたらすであろう。冷静に考えてみれば、米国が戦争から得るものは何もないことが分かる。

5．日米開戦の際にはソ連が動く。もし日本が米国に負ければ、ソ連は全支那のみならず東亜の大半を共産化するであろう。米国はそのような事態を望むのであろうか。

6．日本の外交は八紘一宇の理念を基調として、世界の平和及び繁栄の確保を目的としており、米国を攻撃する意図など一切ない。にもかかわらず、米国は対日軍備の増強に勤しみ、その政治家の中には日本を刺激するような発言が目立ち、世界の警察官として充分な武力を整備しようとしている雰囲気さえある。このような傾向は、米国のみならず太平洋の平和にとっても有害であるので、米国としては他国の生存圏に干渉することなく、平和に対する本来の責務を再確認して、現在直面する問題の解決と世界福祉の増進に専念すべきであろう。

＊（検）法廷証PX1010【PX58抜粋；1940（昭和15）年6月13日付け米国務省新聞発表抜粋；日本の重慶爆撃】＝検察側文書PD219-P（69）　ウイリアムズ検察官、提出済みPX58からの抜粋を、証拠として提出する。証拠として受理され、朗読される。（以下、PD219-Pの番号の書証はPX58からの抜粋書証）

【PX1010朗読概要】

重慶爆撃についての記者からの質問に対する国務長官の応答、以下の通り

　　国務省に寄せられた公式・非公式筋からの情報によれば、重慶は最近数日間、大規模な空襲を受け、特に6月12日の空襲は日本機100機以上による熾烈な無差別爆撃となった。民間人の死者は数百名に上ると見られ、教会を含む米国メソディスト伝道会の施設が爆発の振動による被害を受けた。

＊（検）法廷証PX1011【PX58抜粋；1940（昭和15）年9月13日付けグルー駐日米大使発松岡

<1946-11-6>

外相宛抗議通牒抜粋－在重慶米国伝道教会爆撃焼失】＝検察側文書 PD219-P（70）［E: 9659］［J: 106（3）］　証拠として受理され、朗読される。

【PX1011 朗読概要】

　重慶の米国大使館から送られてきた報告によれば、8月19日にメソディスト・エピスコパル伝道会所属のルイス記念教会が、日本軍機が行った重慶に対する一連の空襲の最中に、焼夷弾による火災のために全焼した。同一の米国財産・施設に対して攻撃が反復されたのはこの1件に留まらず、他にもあまたの事例があるということを、この機会に強調しておく。
　本職は米国政府を代表して、在重慶メソディスト・エピスコパル伝道会施設が再度攻撃を受けたことに最大限の強い抗議を申し入れ、この件についての報告を求め、関連する米国国民・財産をめぐるすべての権利を、被害者を代表して留保すると共に、重慶及び支那の他の地域に居住する米国人が日本側の無差別爆撃によって重大な生命の危機にさらされていることを改めて指摘するものである。米国の財産・施設がこのような被害を受けていること自体が、空襲の無差別的性質を物語っている。

＊被告東条弁護人ブルーエット、「検察官の証拠提出の順番が必ずしも提出予定表の通りでないために、日本人弁護人が朗読の行われる文書を特定できないでいる」、と申し立てる。ウイリアムズ検察官、順番を説明する。
＊（検）法廷証 PX1012【PX58 抜粋；1940（昭和15）年4月15日付け駐米日本大使館新聞発表；欧州戦の蘭印への影響に関する有田外相声明】＝検察側文書 PD220-C(2)　ウイリアムズ検察官、証拠として提出する。証拠として受理され、朗読される。

【PX1012 朗読概要】

　ヨーロッパでの戦争にオランダが巻き込まれ、その影響が蘭印にまで及ぶ可能性について記者からの質問に答えた有田外相の発言は、以下の通り。
　　　日本及び東亜の国々は、蘭印を含む南洋地域と経済的に相互依存及び共存共栄の関係にあり、そのような関係を通じて東亜の平和維持に貢献している。よって、ヨーロッパの戦火が蘭印にまで及ぶこととなれば、そのような相互依存・共存共栄関係の維持・促進を妨げるのみならず、東亜の平和・安定という観点から見ても好ましからざる事態を引き起こすことになる。このような見地から日本政府は、ヨーロッパの戦局の悪化に伴う事態の進展が、蘭印の現状にいかなる影響を与えるかに重大な関心を有している。

＊法廷、検察側の証拠文書提出の順序について論議する。［E: 9663］［J: 106（3）］　裁判長ウェッブ、判事の1人の意見を引いて、「検察側の証拠文書提出の順序には、時系列順、何かを証明しようとの意図の下で並べられた順（英文速記録9663頁所収の同文書にある "logical order" とは、

恐らくこのような意味であろうと推測する)、案件毎というような法則性があるべきであるが、それがあるとは思えない」と、苦言を呈する。被告小磯・大川弁護人ブルックス大尉、具体的な例を提示して、この見解に賛意を表明する。ウイリアムズ検察官、「ハーディン検察官が意味のある順番に提出できるよう準備したが、途中で30余りの文書を含む証拠群をその中に入れる必要に迫られたことと、時系列的に提出する傍ら案件毎の提出も心がけた結果、一貫性・整合性を欠くような順で提出することとなった」、「完璧にこれをなすことは不可能である」、と弁じる。被告広田弁護人スミス、「法廷での証拠提出が、検察側が事前に手交した証拠文書のリストで示されている順番を違えて行われた」、「朗読されている文書を手元の書類綴りの中から弁護側が見つけるまでに朗読が終わってしまったことが間々あった」と、苦情を申し立て、「提出順序の変更があった場合には新たなリストを手交すべきである」、主張する。裁判長ウェッブ、これに同意し、「証拠提出は秩序だって行われるべきである」と、検察側に申し渡す。

＊ウイリアムズ検察官、証拠提出・朗読を再開する。
＊(検) 法廷証 PX1013【PX58抜粋；1940(昭和15)年4月17日付け米国務省新聞発表抜粋 − 蘭印への内政干渉得・平和的手段によらない現状変更は太平洋の平和と安定と安全を害する】＝検察側文書 PD220-C (3) ウイリアムズ検察官、PX58第2巻から、証拠として提出する。証拠として受理され、朗読される。

【PX1013朗読概要】

「蘭印への内政干渉や平和的手段以外による同地域の現状変更は、蘭印のみならず全太平洋地域の安定・平和・安全にとって有害である」とは、普遍的有効性を持つ原則に裏打ちされた主張であり、米国政府もこれを文句なしに支持する。この考えは、1908 (明治41) 年11月30日に日米両国が太平洋地域での現状維持を謳って交換した覚書に具現されており、次いで1921 (大正10) 年12月13日に調印された四カ国条約の締約国である日米英仏が翌年2月4日に蘭印に送った覚書で再確認されている。

＊(検) 法廷証 PX1014【PX58抜粋；1940(昭和15)年6月10日付けグルー駐日米大使の有田外相との会見覚書抜粋 − 米艦隊のハワイ集結は日本人の大関心事】＝検察側文書 PD220-C (4) ウイリアムズ検察官、証拠として提出する。[E: 9669] [J: 106 (4)] 証拠として受理され、朗読される。

【PX1014朗読概要】

外相が、米艦隊の相当部分がハワイ海域に留まっていることを指摘したのに対し、本職は「ハワイは米国領であり、そこに我海軍の最も重要な軍港の一つである真珠湾がある。そこに我艦隊が集結していたとしても、日本に対する脅威にはならない」と答えた。それでも外相は、「米艦

<1946-11-6>

隊がハワイに集まっているのは、日本には南洋や蘭印に対する野心があると米国が疑っている証ではないか」と述べ、「日本にはそのような野心がない」と断言した。その上で「領土的野心があるどころか、日本は近隣諸国との友好関係促進のために最善を尽くしている」として、近々タイとの間で不可侵条約が締結されることを具体的例として挙げた。外相の発言内容は、我が国艦隊がハワイを基地とすることに日本側がいかに神経を尖らせているかを示している。

(3) ウイリアムズ検察官及びハーディン検察官、検察主張立証第XI局面「米・英・英連邦諸国関係」第3部「開始された日米英交渉」の検察側立証として、「日本の対英関係」関連を中心とする書証を提出する。

(英速録9671〜9752頁/和速録106号5〜16頁)

*(検)法廷証PX1015【1940(昭和15)年2月13日付け重光駐英大使発有田外相宛電文:バトラー英外務省次官との会見−外務次官、日英同盟に言及】=検察側文書PD1589-A [E: 9671][J: 106(5)] 証拠として受理される。ブルーエット弁護人、「当文書とこれに続くもう一通の文書には、出所が確かなものであることを示す証明書がない」、と申し立てる。ウイリアムズ検察官、「表紙に日本外務省の文書である旨の記述がある」、「必要とあれば証明書を提出する」、と応答する。裁判長ウェッブ、「証明書を後刻、提出することを条件に該当文書を受理する」、と裁定する。朗読を許可する。

【PX1015朗読概要】

8日にバトラー外務次官と会談した際に次官は、ハリファックス外相が、日英同盟締結時のランズダウン外相と同じくインド総督から外相になったという経歴の故に、日英同盟締結の経緯を研究してきたことを語った。また、ランズダウン外相が先の大戦の真っ只中の1917(大正6)年にドイツとの交渉を提議したことも、ハリファックス外相は知悉しているので、国際問題は交渉によってすべて解決可能との考えを有しているとのことであった。今次の戦争では今の段階で交渉は不可能であろうが、先の大戦との共通点には興味深いものがあると言っていた。

*(検)法廷証PX1016【1940(昭和15)年3月23日付け重光駐英大使発有田外相宛電文:バトラー英外務省次官との会見−汪兆銘政権樹立問題・その他欧州と支那の情勢】=検察側文書PD1589-B 証拠として提出される。[E: 9674][J: 106(5)] ブルーエット弁護人、直前のPX1015に対するのと同じ異議を申し立てる。裁判長ウェッブ、同じ条件で証拠として受理する。朗読される。

【PX1016朗読概要】

ソ・フィン戦争の終結は、英仏に大きな衝撃を与え、両国が対ソ政策を含む全般的政策の再検

討を迫られている中、イースター休暇に入る前に、英国に対して、現在進行中の汪精衛政権樹立への動きとそれに対する我が国の立場を説明しておくことは、事変解決上有益と判断して、21日夕刻（リチャード・A・）バトラー次官と会談を持った。その際の会談内容は以下の通り。

1. 最近の同盟電を引いて、支那の情勢を解説したがその内容は、以下の通り。

1) 汪精衛の事前工作としての日本との基本的関係、及び近衛三原則。それから支那における北京と南京両政府間の関係、国民党の内部関係の処理。

2) 17日の汪精衛南京入り後の国民全体会議とその構成・決議、3月30日に成立予定の新政権は内外に対する平和協力と反共を主要政策とすること。

3) 日本の政策は従前と同様、支那の平和・安定確立に協力することで、混乱と対立を引き起こそうとする共産分子以外を排除する意図はないので、支那人・外国人共に歓迎する意向であること。

これによって、重慶政府との和解の道も開ける可能性があり、また支那の共産化防止が大きな眼目であるから、支那で最も大きな経済的利害を有する英国は日本の態度を了解して欲しいと語った。

2. バトラー次官は、重慶の蒋介石政権を承認している英国の現在の立場を急に変更することはできないが、汪精衛政権に関する説明は了解して、成功を祈ると表明した。

天津問題については本日、訓令を発しており、それによって解決を見るだろうとのことで、汪精衛政権成立と時期を同じくするため、同政権を後押しするような「ジェスチャー」となれば良い、と言っていた。（最近クレイギー大使が有田外相に英国の戦争完遂への強い意思を明らかにしたとの新聞報道があったことを伝えたところ、バトラー次官の説明は、それは大使がチャーチル首相の演説の内容を敷衍したまでのことで、本省からの訓令によるものではないというものであった）

3. 労働党からブリットが追放された件や、対ソ関係について質したところ、バトラー次官の説明は以下の通り。

　　労働党はソ連と戦端を開くことには反対しているが、英国の朝野で対ソ戦開始への声は高まっており、その結果ブリットのようなモスクワの使嗾者と見られる共産分子は労働党からさえも追放された。いまや世論の反ソ感情は、戦争の一歩手前まで先鋭化しており、その原因は、(1) フランスのソ連に対する強硬姿勢、(2) ソ連の国内外での危険な宣伝や破壊活動に対する理解が進み、その危険性が自覚されてきたこと、(3) 対独戦争遂行上、封鎖などの手段によってソ連を叩く必要があること、等に求められる。

＊裁判長ウェッブ、朗読の途中に、「判事団の何人かの意見として、これまで提出・朗読されてきた三つの文書間の連関が明らかでないとの見方がある」と、検察側に報じる。ウイリアムズ検察官、「証拠の取捨選択を行ったコミンズ＝カー検察官にはなんらかの意図があったはずである」、と応答する。ウェッブ裁判長、「問題は文書自体の取捨選択ではなく、文書内で朗読すべき部分の取捨選択が妥当であったかどうかである」と応じる。ウイリアムズ検察官、「当証

<1946-11-6>

拠文書の残りの部分を読めば、それが自ずから裁判長の疑問に答えることとなろう」と弁じて、朗読を続行する。

4.「日本の対支政策と世界全般の情勢を踏まえて日英関係を俯瞰する時、将来両国は益々相互理解を深める必要がある。これを達成するために困難は多いだろうが、実現するための努力が必要である」との見方を伝えたところ、次官は総論において賛意を示した。

5. 次いで、具体的問題に立ち入って、以下のような話し合いを持った。

1）BBCやロイターにおける両国関係改善の気運に水をさすような左翼分子の宣伝活動が野放しにされているのは遺憾で、特にセシル卿が日独を「侵略者」[invaders]とBBCで非難したのは、理解に苦しむ。アジアに駐在するそれら機関の特派員が反日宣伝に乗せられず、国策に添う報道をするよう指導すべきであると、実例を交えて注意を促した。バトラー次官の返事は、「BBCは、創立当時の事情などもあって統制するのは困難だが善処するし、ロイターについてもこれに準ずる。タイムズに関しては既に改善措置が功を奏している。セシル卿は余り大きな影響力を持っていない」というようなもので、こちらの意向を充分に考慮するというものであった。

2）ドイツからの輸入に対して障壁が設けられていることに対し、中立国としての権利を主張して善処を強く要望したところ、バトラー次官は、日本側も英国の立場を理解するよう求めつつも、英国ができるだけの努力をすることは約束した。

＊（検）法廷証 PX1017【1940（昭和15）年5月13日付け重光駐英大使発有田外相宛電文：重光葵大使の意見具申 – 独軍のオランダ・ベルギー侵入に伴う日本の対外政策】＝検察側文書 1589-C ［E: 9683］［J: 106（6）］ 証拠として受理され、朗読される。

【PX1017朗読概要】

1. 西部戦線でベルギーに侵攻し、英仏と直接戦火を交えることとなったドイツ軍の行動は、英仏に挑発されたものであることは否めないが、ヒトラーの声明から窺えるように、乾坤一擲の決意の下でなされたものである。戦域がどこまで広がるか分からないので、我が国としては今後の成り行きを注視して、あらゆる可能性に対処できるよう準備しておくべきである。

2. 我が国の南方政策は、既に採択された対蘭印政策に準じて、現地の現状維持、交戦国及び中立国を含む第三国の現状不干渉、現地人の権益の優先を柱とする。（この三つをどのような順で記すかについては、柔軟に対処する）

3. 以上の見地から我が国の対外関係を検討すると、日本が東亜での指導的立場を確保するためには、日支両国間の融和が必要であると断ぜざるを得ない。支那の主要地域を掌握している現在、蒋介石政権と汪精衛政権との間、乃至は日本と蒋政権との間の妥協がなされば、日本にとって有利となる。反面、事変解決がなされなければ不利となる。

もし、ヒトラーの地上戦での勝利が決定的となったとしても、英仏の海上での優位は変わらず、たとえフランスが降伏したとしても戦争は終わりとならないであろう。英仏は、敗北の中で国内

の団結を強める傾向を持っている。また、独軍の地上での勢いが止められたならば、英仏が盛り返すことも考えられる。いずれにせよ、背後にソ連が控えていることなどから、今後の事態の推移は複雑なものとなる。我が国としては、東亜での地位を確固不動のものとする方針の下、対支・南洋政策を推し進める必要があると感じ、現下の情勢を記述したものである。

＊裁判長ウェッブ、「証拠として朗読すべきだったのは、2．及び、3．の最後の一文であろう」と、自らの見解を述べる。
＊ウイリアムズ検察官、「先に証明書による裏付けがないとされた証拠2点の出所を示す証明書の原本は証拠書類に添付されており、何かの手違いで複写版が弁護側に送達されなかった」と、報じる。ブルックス弁護人、それらが条件を満たしたものであることを認め、条件付きで受理されていた PX1015 及び PX1616 が、証拠として正式に受理される。
＊（検）法廷証 PX1018【1940（昭和15）年5月25日付け重光駐英大使発有田外相宛電文；重光葵大使の進言－日支和平の必要性・日本の立場の対外宣命】＝検察側文書 PD1589-D　証拠として受理され、朗読される。

【PX1018 朗読概要】

1．西部戦線での勝敗の帰趨はほぼ決したようであるが、日本としてはいかなる国際情勢の変化にも対処する準備をしておくべきである。また、世界の3分の1を占める東亜の安定に責任を負うために、少しでもその地歩を固めておくことが、戦後世界でどの国家が勝者となろうとも、国際社会で我が国が生きるための道であると考える。

2．既に述べたように、支那で我が国が主導権を握っている今、各方面と接触して妥協の道を探ることが必要である。日支間の紛争が継続すれば、欧米諸国に乗ずる隙を与え、戦後の我が国の国際的地位や外交態様にも影響する。

3．東亜に戦火が及ぶことを避けるために、以下の措置を執ることが必要と認める。

1）各国に我が国の上記のような意図を伝える。それと共に、(ヨーロッパでの？) 戦争開始当初に、我が国が希望した在支那交戦国軍隊の撤退が実現するような措置を執る。

2）沿岸から300マイル以内で戦争行為が行われるのを黙視しないとの宣言は、ブラジル大使によると、北・中南米では戦後に国際法の原則として採用されるとのことで、我が国としても、そのような宣言を出すことについては再考する。

これらは、軍事的手段の行使や世論の突き上げの結果行うよりも、外交的に実施する方が効果的であり、また戦後の我が国の外交の地固めの意味でも効果的である。

＊（検）法廷証 PX1019【1940（昭和15）年6月19日付け重光駐英大使発有田外相宛電文；重光葵大使見解－対仏印積極策に慎重、欧州戦争進展に伴う日本の政策】＝検察側文書 PD1589-E　［E: 9691］［J: 106（7）］　証拠として受理され、朗読される。

<1946-11-6>

【PX1019朗読概要】

　ヨーロッパでの戦争を、我が国がその地位を固めるために利用すべきことは言うまでもないが、これについて以下を参考までに記す。

　1．仏印などに対して積極政策に出る場合は、フランスのみならず米国の出方を見極めることが必要。米国は選挙前には参戦しないだろうとのことだが、日本の行動が米国を刺激しないとも限らない。（米英の海軍力、財政・経済力など、要検討）フランスが降伏した場合、その植民地（英文速記録9692頁に記されている"plantation"という訳は、訳者が「植」という字を見て付けたものであろう）に対して、オーストラリアが食指を動かすであろうが、その場合には積極的行動に出る。その行動に関する報道は、政府発のもの以外は許さないこととする。

　2．発表すべきは、我が国が東亜の安定に重大な関心を有しており、ヨーロッパでの戦火が東亜に広まることを阻止し、東亜の地を欧米資本主義の搾取の対象にすることは許さない、との決意である。このようなことを宣命するのは、日支問題に対しても有効であろうし、今そうするのは時宜に適ったことである。

　3．日本の生存圏である東亜及び南洋が他の大国の手中に帰するようなことになれば、日本は将来その国と干戈を交える危険性があるので、今の時点でこれを勇気を持って防止する必要がある。独伊はこの点を充分理解しているであろう。

　4．大英帝国は、フランスが降伏したとしても直接進攻を受けたとしても、抗戦を続けることを明らかにしている。その地理的位置故に、英国が簡単に屈服しないことは明らかで、今後の事態の推移に注意を払うべきであるが、いずれにしても、戦後アジアに対するヨーロッパの影響力が減退するのは明瞭であるので、我が国としては今が東亜での地位を確立するよい時機である。

＊被告重光弁護人ファーネス少佐、「前日多数の証拠文書を受領したため、PX1015-19を詳細に吟味する時間がなかった」、「それらに関して異議を申し立てる点があった場合には後刻申し立てる権利を留保したい」、と申し立てる。裁判長ウェッブ、許可する。

＊（検）法廷証PX1020【1940（昭和15）年7月10日付け佐藤ベルリン特派大使発来栖駐独大使経由有田外相宛電文：リッベントロップ独外相との会見－東亜及び欧州の新秩序、日米間紛争の最大原因は支那問題にあり】＝検察側文書PD1589-F ［E: 9694］［J: 106（7）］ 証拠として受理され、朗読される。

【PX1020朗読概要】

　今月8日に来栖大使・河相（達夫）公使と共にリッベントロップ外相と1時間20分にわたって会談した際の内容概略は、以下の通り。

　1．ドイツがヨーロッパ新秩序建設に向けて大きな成功を収めてきたことに日本政府からの祝意を伝えると共に、今回自分が帰朝する際にベルリンに立ち寄った目的が、日本政府の見解をド

イツ側に伝えると同時に、ドイツ側の蘭印・仏印問題などに対する見解を承って日本政府に伝えることである、と説明した。これに対して外相は、ドイツには日本と協力する意思はあるが、日本が何を求めているかが明瞭でないと指摘した上で、日本の極東での行動がドイツのヨーロッパでの動きを助けたことは事実だが、反面、ドイツの好意的態度によって日本が支那で大きな利益を得たのも事実であると述べた。

2．これに対して自分は、「日本の満州事変以来の外交方針は一貫していて、それはワシントン条約体制からの脱却と東亜新秩序建設とを目的としている。しかし、局面の悪化や障害との遭遇などが生じた場合に、時に応じて対応を変えてきたため、外部からは日本の外交方針が理解し難いものと映ったのであろう」との見方を示しておいた。

＊午前10時45分、裁判長ウェッブ、15分間の休憩を宣する。
＊午前11時、法廷、再開する。［E: 9698］［J: 106（8）］
＊ハーディン検察官、ウイリアムズ検察官に替わり、提出済み（検）法廷証PX1020の朗読を再開する。

【PX1020朗読概要】（続き）

3．リッベントロップ外相は、日米関係を悪化させているのは新秩序問題だけか、それとも両国海軍の比率の問題なども作用していないかを訊いてきたので、自分は、最大の原因は支那問題であるとして、以下のように答えた。即ち、「米国は、兎にも角にも支那の保護者を以て任じているので、日本の新秩序建設への動きを不快に感じている。米国は常時、大西洋での海軍力の優位を保ち、これに伴って太平洋で警察権を掌握することを目指しており、日米両国の主張は相容れないものとなっている」、と。

これへの外相の返答は、以下の通りであった。即ち、「米国は資本及び生産共に飽和状態であるので、戦後それらの市場を日本に求めてくることとなろうから、そこに関係改善の糸口を見出せるかもしれない。一国の政治力が強大となれば、経済問題は自ずから解決される。ドイツがその実例である。また、米国は世界中の金の9割ぐらいを保有しているが、ドイツは国内では金に依存せず、貿易決済に使用するだけとするような経済体制を構築しようとしている。そうなれば、米国は金を大量に保有する傍ら生産拡充を進めて在庫過剰に陥り、海外販路の開拓に躍起となる。そんな米国は恐れるに足りない」、と。

4．自分は、日米関係悪化の原因が日支関係にあることに再び話題を戻し、以下のように今後の成り行きを予想した。即ち、「日米間で支那をめぐって了解に達するのが困難である理由は、米国には支那における実利も実害もないため、日本との交渉で原則的問題に拘泥することにある。日本がある一線を越えた時には、米国世論が激昂して、政府が経済的圧力を加えてくる可能性もある。日米通商航海条約は既に失効したが、それでも日本の対米経済依存度は高く、広範にわたる経済制裁などの影響は無視しえない。また石油禁輸などが断行されたら、日本にとっては死活

<1946-11-6>　　　　　　　　　　　　　　　　　　　　　　　2　検察主張立証段階

問題となる。そうなれば、日本は南洋に活路を求めざるを得ず、それが対米戦を惹起しないとも限らず、ひいてはヨーロッパにも多大な影響をもたらすことは多言を要しない」、と。外相は興味を惹かれた様子で、聞いている最中に繰り返して頷いていた。

　5．外相は次に、戦争の今後の見通しを語った。即ち、「ドイツは先の大戦終了後も海上封鎖に苦しめられたが、今や英国とは立場を逆とするに至り、対英戦も短期間で終結を見るであろう。戦後世界では、独伊がヨーロッパ・アフリカ、日本が東亜、ソ連が日本の主導する地域を除く東亜、米国が北米・中南米において、各々経済圏を形成して、その経済圏相互の間で余剰品の交易をすることになる」、と。

　6．リッベントロップ外相が、支那事変早期解決の見込みの有無について質してきたので、自分は次のように返答した。即ち、「早期解決とはならないであろうが、既に汪精衛政権は樹立され、日本はこの新政権と友好関係を打ち立てるべく交渉中である。これが実現されれば、新生支那の内外で公正・妥当な政治が行われるので、東亜の安全に資するところ大で、米国にも好影響を与えるであろう。そうなれば、米国も東亜の新情勢に対する認識を改め、日米関係改善の糸口がつかめるかもしれない」、と。

　7．外相は対ソ関係に話題を転じ、「独ソ不可侵条約締結以来、両国は国境問題を解決したが、最近日本も同様にソ連との関係を改善しようとしているのは喜ばしいことだ」と言ってきた。

　8．最後に、対英戦終了後にヨーロッパでの戦後処理のために採られるべき措置について質したが、外相の答えは、「今は戦争遂行に専心しており、戦後処理を考慮する余裕はない」というもので、深入りを避けた。ここで自分は、「日本の立場は充分申し上げたので理解していただけたと考える」と述べて、会談は終了した。

　9．以上の経過で分かるように、ドイツ側は蘭印・仏印問題について、イタリア首相が見せたような明確な態度を示さなかったので、遺憾ながら、確約・言質などを取り付けることができなかった。自分の印象では、確定的な従前の約束（英文速記録9703頁 "definite previous promises" のママ訳したが、原本和文書証より採録したであろう和文速記録106（8）頁では「確定的前約」であって、分かりやすくすれば「前もって確定的な約束《をする》」のような表現になると思われる。いずれにしろ英文速記録9703頁の "definite previous promises" は不可思議な表現になっているが、これは訳者が「前」を、「前もって」の「前」ではなく「以前」の意味と解釈したが故の誤訳であろう）をすることを避けている様子であった。ドイツ側の希望もあるので、本電の内容が外部に漏れぬよう配慮願う。

（和文速記録106（8）～（9）頁には、この後にPD1589-F（PX1020）添付の証明書の文面が掲載されているが、英文速記録9703頁の対応部分に記録はない）

＊（検）法廷証PX1021【1940（昭和15）年7月10日付け来栖駐独大使発有田外相宛電文；独の戦勝者的態度に対する警戒・戦後の日独協力】＝検察側文書PD1589-G ［E: 9703］［J: 106（9）］　証拠として受理され、朗読される。

【PX1021 朗読概要】

1. 日独協力に関する基本方針は、以前の電文で大体了解しているので、今後は自分が、佐藤大使・リッベントロップ外相会談の内容を踏まえて話を進めることとする。

2. 現在の日本には、ドイツの御機嫌を伺うことに心を奪われている向きがあるが、ドイツには何事にも見下したような態度を取る傾向があり、かつ現在は戦勝に意気が上がっていることを考えると、そのような国相手にこのような姿勢を見せるのは外交上不得策であり、そのような状況下で築き上げられる協力体制など、効果が覚束ないものとなる。

3. このようなことを踏まえて、自分は、前記佐藤・リッベントロップ会談の最後の方で、「ドイツ側にも日独協力への意思あることが確認できたのは幸いである。実は『ドイツ側のこの件に対する熱意は冷めてきている』と自分に伝える者があったので、もしそれが本当ならば、新たな対話の道を模索せざるを得ないと考えていたところであった」と伝えた。外相は、「そのような事実はない」と強く否定したので、自分は「双方に歩み寄りの姿勢があるのだから、日本が希望する日独協力のあり方については、会談の中で自ずから明らかになる。今後、意見交換を行いたい」と申し出た。

4. この時の会談に列席していたシュターマーと同日の晩餐会で同席した際に、彼は、「リッベントロップ外相の意図は、戦後のことも考えて日独協力を外交・経済に留まらぬ広範囲に及ぶものとすることなのであるが、諸般の状況から早期に妥結をしたいと考えている」と語った。

（和文速記録 106（9）頁には、この後に PD1589-G（PX1021）添付の証明書の文面が掲載されているが、英文速記録 9706 頁の対応部分にはない）

＊（検）法廷証 PX1022【PX58 抜粋；1940（昭和 15）年 8 月 9 日付け米国務長官代理発グルー駐日米大使宛電文抜粋；日本支配下支那での各種反米事件】＝検察側文書 PD219-P（92）［E: 9707］［J: 106（9）］　証拠として受理され、朗読される。

【PX1022 朗読概要】

本年 6 月末から 7 月にかけて、日本の後押しを受けた（支那の）当局は、支那の各地で米国権益を毀損しかねない経済政策と統制措置を施行したが、それに伴って日本人と米国人が絡む一連の事件が発生。断続的に発生したそれらの事件は、日本人居留民による反米デモや、日本側の御用新聞による煽動といった形をとった。そして、日本国内に於いても、同地の米国人の安寧と福祉に影響を与えかねないような動きがあった。

上海での事態の展開は特に深刻な様相を帯びており、著名米国人と米国権益及び他国民とその権益に対するテロ行為、米国も調印した国際協約に基づいて設置された法廷の判事が暗殺された事件などが発生。日本側の御用新聞は反米・反外国の論調で彩られ、平和と秩序を乱すことが不可避となるような内容となっている。米国及び米国民の権益に有害な影響を与えるこれらの行為

<1946-11-6> 　　　　　　　　　　　　　　　　　2　検察主張立証段階　615

と事件について、米国政府はこれまで然るべき通告を行ってきた。以下に、主要な事件を列挙する。

・6月28日：北支に本格的輸入為替統制制度を導入。
・7月4日：日本兵が芝罘において米国長老派伝道会員に暴行。
・7月7日：米国海兵隊と日本軍憲兵との間の紛糾事件。米国側が謙抑的姿勢を見せていたのに対し、日本側の態度は極めて粗暴。
・7月8日：この日から、上海の日本当局は、米国企業の支那奥地及び揚子江流域（和文速記録106（9）所収の和訳は「黄河」としているが、原本英文書証から採録したであろう英文速記録9709は"Yangtze"とする。上海の地理的位置から考えても、「揚子江」が正しいであろう）への出荷を許可することを拒否し続けている。
・7月10日：7月7日の事件に関連する虹口における大規模デモ。海軍陸戦隊司令官の粗暴な内容の声明。日本統制下の新聞による煽情と煽動的報道。
・日付なし：南京政府による米国人6名と英国人1名に対する上海からの退去命令。米国人1人が利権を有する支那語新聞社への爆弾投擲。サミュエル・チャン（上海の英字新聞上海イブニング・ポスト＆マーキュリーの理事）の暗殺。
・日付なし：上海紙に掲載された投書が、そこに名指しされた米国人と英国人を殺害しないまでも誘拐することを示唆したものであると、某外国紙解説委員が解説。
・7月19日：蘇州において日本軍衛兵が婦人宣教師を屈辱的、侮辱的態様で身体検査をしたとの上海からの報告。
・7月19日：杭州において、制服（国民服のことか？）着用日本人が、日本の軍用トラックに乗って反米デモ。
・7月20日：上海でのハレット・アーベンド（ニューヨーク・タイムズ特派員）に対する暴行事件。
・7月20日：上海市議会議長の列国領事団［Consular Body］への訴え。それに対する日本総領事の非難声明と「上海のテロ行為はすべて『重慶分子』によるもの」との決議を領事団に出させようとした企て。
・7月23日：アマガサキ某発在上海米国領事宛の、米国軍の謝罪と支那からの撤退を求める電報。
・7月23日：租界内での大量の支那人の検束、外国人何人かの租界からの追放、租界内で発行されている外国新聞社の閉鎖などを南京政権が要求したとの報告。同政権が租界の警察権を掌握すべしとの新聞の威嚇的意見。
・7月27日：東京における英国人多数の検束。コックス（何者か不明）が死亡。モーリン（同前）の逮捕・拘束。新聞紙上での外国特派員に向けた警告。
・7月29日：上海での全（固有名詞）判事の暗殺。
・7月31日：上海の日系新聞代表者に反米記事のネタを探すべしとの指示が送られたとの報告。
・8月2日：米国企業が雇用していた白系ロシア人の暗殺。支那人石炭取引業者の誘拐。日系

御用新聞での反米記事掲載。

＊（検）法廷証 PX1023【1940（昭和15）年8月5日付け重光駐英大使発松岡外相宛電文；外交政策の進言】＝検察側文書 PD1250-A ［E: 9712］［J: 106（10）］　証拠として受理され、朗読される。

【PX1023朗読概要】

　今回の大東亜政策の確立と実行に関して、これまで触れてきたこととの重複を恐れず、以下の意見を具申したい。
　1. 現下の状況から見て、日本は独伊に対して独自の並行政策（これ以降の内容から判断して、相手が大国である場合と小国である場合に異なった政策を同時に採用して国益の伸張を図ることであると思われる）を採るのが妥当と考える。イタリアのドイツとの同盟関係が地勢的必要によるもので、ドイツに対して従属的であるのに対し、我が国は地理上有利な位置にあり、かつ世界での地位を確立するという目的があるので、政策の独自性を確保することが肝要と考える。そして、大東亜での我が国の地位を確立するためには、小国（フランス、ポルトガルなど、その過程で米英など大国をもその対象とすることもあり得る）を直接の（攻撃）対象にして、かつ一度に多くの国と対立することを避けて各個撃破を図り、最小の損失で最大の利益を得ることを考える必要があろう。
　2. ソ連は、ドイツとの並行政策によってバルト三国と東欧を傘下に収め、バルカンでは独伊と妥協してトルコ、イラン、イラク方面（もしくはフィンランド方面）へと進出する気配を見せている。ソ連は常に、英仏などの大国とは直接の衝突を避け、戦争当事国でない中立国を対象として歩を進めてきた。ソ連は実際のところ、大英帝国の基盤を揺るがすような動きに出ているが、常に英国との妥協の余地を残して、最小限度の犠牲で最大限度の効果を上げようとしている。
　3. 英国が、ヨーロッパでは東欧と黒海方面から外交的退却を余儀なくされ、アジアでもその拠点を上海から香港、シンガポールへと移し、対支政策に変更を加えているのも、その間の消息を物語っている。米国にしても、モンロー主義を堅持することは（原本和文書証より採録したであろう和文速記録106（10）頁は「モンロー主義拡張堅持」とするが、英文速記録9714頁の英訳文には「拡張」に該当する語句がない。「拡張」はない方が意味は通るように思われる）、東亜からの後退を意味しており、石油と屑鉄の禁輸措置も積極政策と言うより、防御的消極政策であろう。英米の政策は共同ではなく並行政策であるが、両国の目的と手段が必ずしも一致しているわけではない。よって、日本が情理を尽くして正々堂々と大東亜政策を実行していくならば、英米由来の障害は自然と消滅していくであろう。英米に対する施策は、主義・主張に基づくこともさることながら、実利・実益をも考慮に入れるべきである。
　4. ここで、太平洋において日本と英米いずれかを挑発して両者の衝突を引き起こし、ヨーロッパでの戦局を拡大して世界戦争とし、その間に漁夫の利を得ようとする動きが英米の左翼勢力にあることに、注意しなければならない。

<1946-11-6>

5. 大東亜において政治的、経済的に実力ある地位を築くのが我が国の政策の眼目であるが、支那事変の解決に度量のある態度を見せることは、我方の弱みではなく強みを見せることとなろう。今日の我が国の国際的地位に鑑みれば、外交上下手に出て相手に悪用されるような態度をとってはならない。なすべきことは、国益と国是に基づいて主張すると共に、複雑な国際関係で不慮の要因に由来する損害をできるだけ防ぎ、いかなる国であっても利用し得る限り利用することである。対ソ関係を改善し、対英米関係でも慎重な考慮と準備を以て臨む必要があることは言うまでもない。

＊ファーネス弁護人、当証拠文書の訳を言語部が精査することを求め、裁判長ウェッブ、これを受け入れる。

＊（検）法廷証 PX1024【PX58 抜粋；1940（昭和15）年9月18日付けグルー駐日米大使発松岡外相宛抗議通牒抜粋；駐支米国人に対する占領日本軍の各種制限】＝検察側文書 PD219-P（93）［E: 9716］［J: 106（10）］ 証拠として受理され、朗読される。

【PX1024 朗読概要】

日本軍当局もしくはその配下にある地方組織が支那における米国の通商を妨害してきたことに、我が国政府は近年度々、貴国政府に申し入れをしてきた。それら申し入れの対象は、北支における一般交易や為替に対する統制措置に留まらず、個別品目に対する破壊的とも言える妨害行為にも及んでいる。今回は、米国の支那における石油取引に対する妨害行為が広範に及んでいることに、注意を呼びかけるものである。即ち、米国の外交・領事関係部署からの度重なる抗議にもかかわらず、張家口から広東に至る沿岸都市や奥地に至るまで、主として灯油と蠟燭を始めとする石油製品の米国関係の通商が、恣意的かつ正当な理由なき妨害行為にさらされている。

＊（検）法廷証 PX1025【PX58 抜粋；1940（昭和15）年9月3日付けハル米国務長官発グルー駐日米大使宛電文抜粋－日本の対仏印最後通牒発出の報】＝検察側文書 PD220-C（5） 証拠として受理され、朗読される。

【PX1025 朗読概要】

貴官に異存がなければ、以下2点を案件として、なるべく早い時機に外相と会談されたし。
（1）国務省が過去数日間に複数の筋から得た情報によると、日本政府は仏印当局に対し、対支作戦のために仏印領内をその軍が通過し、かつ軍事関係施設等を使用する許可を与えるよう最後通牒を発したとのことである。これが真実であるならば、米国世論に悪影響を与えることを、米国政府は指摘したい。7月19日に報道されたように、日本外務省報道官が仏印の現状維持を重視するような声明を出したことに鑑みれば、尚更のことである。……

＊ハーディン検察官、「検察側文書 PD220-C（6）は他の局面で既に証拠として提出された」と、

報じる。(和文速記録106(11)頁では、「戦利品分配に関するもの」がPX528として証拠として受理された旨ハーディン検察官が説明したこととなっているが、英文速記録9721頁の対応部分にはない)

* (検) 法廷証PX1026【PX58抜粋；1940(昭和15)年9月19日付け駐日米大使発松岡外相宛抗議申し入れ：日本軍の仏印進駐は第三国人にとって著しい脅威】＝検察側文書PD220-C(7)　[E: 9721] [J: 106(11)] 　証拠として受理され、朗読される。

【PX1026朗読概要】

　本国政府の訓令に従い、外務次官による9月14日の口頭声明に対する返答として、以下を伝える。即ち、「交戦当事国の一方が他方を攻撃するために第三国領内の通過や飛行場の使用を求めたりすることは、その第三国の現状に対する著しい脅威となるというのが我が国政府の立場である。日本政府が公式に太平洋地域での現状維持を望む旨の声明を発していることは、日本政府から仏印当局へのこのような申し入れと矛盾すると思われる。米国政府は、国際関係では平和的手段のみを行使するよう世界すべての政府に訴えかけており、正当な理由なく他国に圧力をかけるような行為に対しては、一貫した姿勢を取る方針である」、と。

* (検) 法廷証PX1027【PX58抜粋；1940(昭和15)年10月7日付け駐米日本大使館発米国務省宛抗議通牒抜粋－屑鉄の対日輸出制限は国防問題のみとは考えられない】＝検察側文書PD220-C(17)　証拠として受理され、朗読される。

【PX1027朗読概要】

　屑鉄市場の現況、その需給動向と日本向けの出荷量に鑑みれば、当該措置が米国の国防上の利害のみを理由として執られたとは認め難い。

* (検) 法廷証PX1028【1940(昭和15)年12(和文速記録の見出しでは「11」と誤っている)月22日付けクレイギー駐日英大使発谷外務次官宛「支那における日英間の諸懸案に関する覚書」】＝検察側文書PD699-A　[E: 9723] [J: 106(11)] 　被告東条弁護人ブルーエット、「証明書で示されている総頁数と検察側提出の文書との総頁数が一致しない」、と申し立てる。ハーディン検察官、「原文のすべての頁を複写したわけではない」、と応答する。裁判長ウェッブ、これを容れ、PD699-Aは証拠として受理され、抜粋が朗読される。

【PX1028抜粋朗読概要】

　1938(昭和13)年12月24日に、駐日英国大使が、時の外務次官に対して、日英間の支那における諸懸案についての覚書を手交したが、当文書は、それら諸懸案の中で最も重大な未解決案件についてクレイギー外相が改めて伝えるものである。中には2年前に取り上げた案件もあり、

<1946-11-6>

最も重大な揚子江関連のものも含め、それらについては特段の注意を払われるよう要請する。日本政府が賠償を約束したにもかかわらず実行されないまま、3年間、なんの進展もない案件である。なお、ここに摘要した事例がすべてではなく、また示されている案件のうち12件については、なんらの回答も得られていないことを了解してもらいたい。これらについて早期に調査されるよう願う。

　［支那における日英間の懸案摘要］
　A：一般
　1. 鉄道
　(a) 北京・奉天鉄道
　(1) 1913（大正2）年の鉄道抵当償還借款［railway mortgage redemption］未払い。当該案件については1937（昭和12）年10月11日に第1回目の申し入れ。
　(2) メトロポリタン・キャメル運送会社への債務未払い。
　(以上2件の主原因は、日本軍の鉄道使用料が未払いであること)。
　(3) 国際協定に違反しての熱河に至る並行線の建設。
　(4) 英国権益と関連国際協定を完全に無視した上での北支鉄道路線の統合。……

これらの案件では、1937（昭和12）年10月以降申し入れた度重なる抗議に言及されている。石井（何者か不明）からの翌年7月20日付けの手紙には、英国権益を侵害する意図がない旨の誓約が総論的に述べられているが、個々の案件についてはなんら満足すべき説明、対応がなされていない。日本の支援を受けた事業体が北支の鉄道路線を接収するとの報告を受けた際に、1939（昭和14）年3月24日、英国政府は、国際協定に違反するこの措置に注意を呼びかけたが、これにもなんらの反応はなかった。……

　2. 船舶関係
　(a) サグレス［Sagres］、ラリタ［Lalita］、ドレラ［Dholera］号抑留
　いずれも日本海軍によって1939（昭和14）年に拿捕され、サグレス号については同年4月22日、ラリタ号については6月30日に最初の抗議を申し入れた。ラリタ、ドレラ両号の所有者は、場合によっては、船体の引き渡しを条件に賠償請求権を放棄するとしており、サグレス号の所有者は賠償金を1万ポンドに引き下げることで船体の引き渡しを求めているが、いずれも実現に至っていない。英国政府が15回にわたってこの件につき申し入れた末に、日本政府は1940（昭和15）年7月31日になって、これら船舶の傭船契約を日本の事業体が結んだ場合に英国政府が日本政府の承認なしにそれら船舶を徴用しないことに同意することを条件に引き渡しを考慮する、と返答してきた。

　(b) スパルタ号の抑留
　英国事業体の保険に加入しているギリシア船スパルタ号は、基隆で拿捕され、デンマーク公使館の引き渡し要求を英国大使館が支持。最初の抗議申し入れは1938（昭和13）年3月14日。日本側は、同船の船籍が支那からギリシアに変わったことを認めず、当方がデンマークそしてギリ

シア公使の申し入れを支持して繰り返し照会しても、埒が明かず。1940（昭和15）年3月11日、英国保険会社が同船の1万ドルの保険金支払いを完了し、英国政府が事態を重く見ていることを伝達。4月13日、日本の外務省には、同船のギリシア船籍登録がギリシアの法に従って適正になされたことが通知される。それに対する5月29日の日本側の返答は、不正に船籍変更がなされた疑惑が払拭されるまで引き渡しは不可というものであった。……

　B：上海
　1．ティンクラー事件
　1939（昭和14）年6月6日、浦東所在の印刷会社で発生した騒擾行為の最中、英国人ティンクラーが陸戦隊員に傷を負わされた後に死亡。この件をめぐっての日本側の対応に強く抗議し、賠償請求権を留保。最初の抗議申し入れは同年6月17日。翌年5月6日に、この案件の解決を促すも、なんら回答なし。……

　C：北支
　3．青島での英国船舶・貿易に対する差別待遇
　同港で便宜を与えられるとの日本側の保障にもかかわらず、英国船舶は依然として差別的待遇と取り扱い遅延の対象となっている。各種制限措置が早急に改善されることを願う。最初の抗議申し入れは1939（昭和14）年5月19日。さらなる照会の後、翌年1月20日の回答で、外務省は、現地軍当局が新たな便宜を供与すべく措置を執ったと伝えてきたが、実現はされず。4月15日と5月6日にさらなる申し入れをし、6月13日には新たな差別の実例を添えてさらに抗議したが、回答はなし。……

　D：中支
　4．Wutingfu（「呉廷甫」との固有名詞の表記はあるが、不明）在 Chuchia（漢字、不明）英国メソディスト伝道会施設の焼失（英文速記録9732〜33頁記載の事項を要約するが、和文速記録106（13）頁には明らかに違った事例が記されている）

　英国メソディスト伝道会の施設が12月25日に、支那のゲリラ兵を治療したとの理由により日本軍によって放火され焼失。強硬な抗議を申し入れ、事件の迅速な調査を要求し、損害賠償請求権を留保した。最初の抗議申し入れは、1940（昭和15）年1月9日。2月12日の日本側の回答によれば、同施設は、抗日ゲリラの活動拠点の中心部に位置しており、附属病院を焼き払ったのは自衛措置とのこと。英国政府は4月18日に「日本軍の行動は到底正当化されえず、国際法に違反するものである。再発防止のために厳粛な措置が執られると信ずる」との回答を発した。

＊裁判長ウェッブ、「これらの証拠を提出しての検察側の立証目的は、英国の抗議対象となった事例が、米国のものと概ね同様であったことを示すことか」、と質す。ハーディン検察官、「事件の事実関係及び日本側の無視を決め込むような態度を示すことである」と、応答する。裁判長ウェッブ、他の検察官が準備した証拠提出順序のためにハーディン検察官が苦労している可能性を示唆するも、ハーディン、これを否定する。

＊午前12時、裁判長ウェッブ、正午の休廷を宣する。

<1946-11-6>

*午後1時30分、法廷、再開する。[E: 9735] [J: 106（13）]
*裁判長ウェッブ、ソ連検察団の要請に対する被告東郷・梅津弁護人ブレークニーの申し立てに従い、証人松村知勝及び瀬島龍三のソ連での拘留のための帰還を許可する。
*ウイリアムズ検察官、「ハーディン検察官は、休憩の間中、文書の時系列を整えるために注力しており、この短い休憩時間では新しい一覧表を準備するのは困難である」として、「自らがハーディン検察官に替わって証拠の提出を続行する」、と申し立てる。

（4）ウイリアムズ検察官、ハーディン検察官に替わり、続けて検察主張立証第 XI 局面「米・英・英連邦諸国関係」第3部「開始された日米英交渉」の検察側立証として、「日本の対英関係」関連を中心とする書証の提出を続行する。

(英速録 9736～9808 頁／和速録 106 号 14～24 頁)

*（検）法廷証 PX1028【1940（昭和15）年12月22日付けクレイギー駐日英大使発谷外務次官宛「支那における日英間の諸懸案に関する覚書」】ウイリアムズ検察官、抜粋の朗読を再開する。

【PX1028 朗読概要】（続き）

D：中支（続き）
（休廷前同様、ここも英文と和文の両速記録の内容が大いに異なるが、英文速記録の内容を要約する）
1. 爆撃事件
(1) 重慶に対する空襲で1939（昭和14）年5月4日、1弾が英国領事館支那人職員居住区に落下して死者2名負傷者11名を出し、施設への被害も甚大。厳重なる抗議をし、無差別爆撃を停止すべく現地に指示を出すよう要請。最初の申し入れは5月12日。抗議にもかかわらず、重慶への無差別爆撃は繰り返され、1940（昭和15）年6月24日には英国総領事館がさらに重大な被害を受ける。総領事の邸宅も破壊され、加えて2軒の家屋も直撃を受けた。同年8月5日、英国大使は本国政府の名に於いてそれらの空爆事件に絡むすべての権利を留保するとの声明を発し、英国人の生命・財産に対する危害・損害に対して日本政府が全責任を負うべきであり、然るべき時機に損害賠償請求もするとした。
(2) Ichang（漢字表記不明）にて1939（昭和14）年8月6日に、アジア石油会社［Asiatic Petroleum Co.］の施設と、ジャーディン・マデソン社［Jardine, Matheson and Co.］所属の汽船2隻が、日本機による空襲の被害を受け、汽船乗り組みの英国人1名と支那人2名が負傷。日本政府に対して、以前に同政府が出した外国権益を保障する旨の声明に注意を促し、類似事件の再発防止のための厳格な命令が発出されるよう要望した。損害賠償請求権を留保。最初の申し入れのなされたのが同年8月11日。未だ日本側からの回答なし。同地への爆撃は継続。
(3) 前年に、所在地などの詳細が英国総領事から在広東日本総領事に伝えられていたにもかかわらず、在 Pakhoi（漢字表記不明）の伝道師学校病院が、1939年8月29日に爆撃を受ける。調査

と再発防止措置を要請。最初の申し入れは同年9月20日。日本側の回答は未だなく、同地への爆撃は継続。

（4）在Pinkiang（漢字表記不明）英国メソディスト伝道会施設に対する3月15日の空爆でA・G・リー［Leigh］牧師が死亡。抗議を申し入れ、再発防止への取り組み及び遺憾の意を表明することを要請し、損害賠償請求の権利を留保。最初の申し入れは1939（昭和14）年3月28日。5月10日に再度の申し入れを行うも、回答なし。同地への爆撃は継続される。

（5）在西安英国バプティスト伝道会所属ジェンキンス・ロバートソン記念病院が、識別のための明確な印を付せられていたにもかかわらず、1939（昭和14）年3月8日に空爆を受け、手術室などが被害を受けた。同伝道会所属在上海の病院が以前空襲を受けた際に申し入れたのにもかかわらず空爆被害となった。調査、再発防止措置、遺憾の意の表明を要求。損害賠償請求権を留保。最初の申し入れは同年3月13日。5月10日に再度の申し入れをしたが、未だ回答なし。

2．中央銀行

南京政府が新たな発券銀行を発足させるとの説が流布されているが、それが実現されれば、外国の通商や日英関係に非常に好ましからぬ影響を及ぼすこととなるし、日本の以前の保障とも矛盾することとなる。最初の申し入れは1940（昭和15）年5月27日。10月23日にクレイギー英国大使は、南京政府の財相が「新中央銀行は11月から営業を開始する」との声明を出したことに注意を喚起し、計画中止を訴えたが、回答はなし。

3．Kiukiang（漢字表記不明）での英国人に対する所有施設への立入禁止措置

同地で営業している英国企業4社の代表者が同地に帰還することを拒否されている。同じ場所で営業している米国企業の社員には帰還が許されていることに鑑みれば、差別待遇と言えるこの措置を早急に撤回するよう、日本政府に要請。最初の申し入れは1940（昭和15）年5月24日。6月25日付けの日本の回答は「4社の内2社については、軍事的要請から許可はできず、1社は利敵行為の疑い故に許可保留、もう一社については条件付きで既に許可。英国企業を意図的に差別したことはない」というもの。事案は未解決。

4．揚子江デルタ地帯での英国交易に対する制限措置について、以下の日本側の動きに留意（ここから以降は、和文速記録106（14）〜（15）頁に訳が記されている）

（1）貿易許可制度を導入する企図。（2）英国の舟運活動への直接干渉。（3）支那側に対する脅迫（英文速記録9741頁の原文 "intimidation of Chinese" は、このような意味であり、和文速記録106（14）頁の対応部分にある「支那側ノ脅迫手段ニヨリ」は誤訳であろう）による英国舟運活動への差別待遇。

以上3点に加えて、南京政府は最近、特定の港に入港する場合には、従来の内地水流通行許可だけでなく、所定の政府機関からさらなる許可を得るべきことを、上海の関税当局に通知。これは、支那の税関事務と外国による合法的交易に対する不当な干渉である。日本側に、然るべき指示を現地当局に発するよう直ちに要請。最初の申し入れは1939（昭和14）年6月6日。6月21日にさらに申し入れたところ、日本側は9月20日付けの回答で「支那税関当局と現地日本軍はその権限の許す限度内で軍事上の必要性に応じた措置を執っている」と言ってきた。

5. 揚子江での英国の舟運活動に対する差別的措置

（1）日本の船舶による普通品目の出荷にはなんらの制限もなし。

（2）そのようにして運搬される物資の8割は軍事目的ではない。

（3）場所によっては、日本製品を除くすべての輸入品が課税されている。最初の申し入れは1939（昭和14）年4月10日。7月1日に英国大使は、独伊の業者が優遇されて、その分、英国業者が不利益を被っている実態を示し、前回申し入れの時点と比べて状況は悪化していると訴えたが、回答はなし。……

E：南支

2. シャープ・ピーク向けの配船提案

福州在住外国人の便宜を図るために、シャープ・ピーク向けに月1、2回の割合で英国汽船による定期便運行を許可するよう日本側に要請。最初の申し入れは1940（昭和15）年8月23日。未だ回答なし。

3. 汕頭

（1）港湾使用制限

日本軍による同港占領以来、外国の同港湾施設使用は1週間1隻に制限されている。日本船舶による物資の荷揚げは相当量行われているのであるから、軍事上の必要に由来する制限という論はもはや成り立たない。制限の解除を求めての最初の申し入れは1939（昭和14）年12月11日。これに対する翌年1月17日付けの日本側回答は、「戦略上の理由から制限措置の継続が必要」とし、「同港は、情勢が改善次第開放する」というものであった。3月16日、英国大使は、日本船舶が同港に荷揚げしている品目を統計数値で示し、制限措置を軍事的必要から正当化することが無理であり、即座に解除すべきであると申し入れたが、未だ回答はなし。

（2）輸出入品目への課税

汕頭復興委員会が設置した税務局は、輸出入品目に課税すると共に、刺繍品の出荷に対して「寄付金」を徴収している。支那海関当局が有する権利を侵害するこの行為を即座に停止するよう要求。最初の申し入れは1940（昭和15）年2月10日。日本側から2月23日に「調査中」との回答。

4. 香港での領海侵犯とジャンクへの攻撃

1937（昭和12）年9月から、漁業に従事する香港籍のジャンクが、日本海軍の艦艇に襲撃される事件が断続的に発生。このような事件が同時に領海侵犯を構成したこともしばし。英国大使からの度重なる抗議も虚しく、類似の事件は現在も続発。

F：損害賠償請求

2. 日本海軍が英国船アスラン［Aslan］を2月7日から20日までの間、不法に拿捕、抑留したが、その期間に船内の物品が盗難されたことに対する損害賠償請求。最初の申し立ては1938（昭和13）年5月1日。日本政府は6月3日付けの回答で、同船の書類不備を指摘し、盗難については、同船が解放された時の船長の受領書があることを引いて、その事実を否定。9月9日、英国大使は、拿捕の原因となった書類の不備について説明し、事態は港湾当局と無線交信していれ

ば避けられたこと及び船長が提出した受領書は船長個人の船内用のものであることを主張。10月4日に日本側は、船長が受領書で「異常なし」と言っているので、盗難についてはこれ以上の話し合いの余地なしとして、日本側がいかなる責任も負う義務がない旨回答してきた。

　3．香港の領海侵犯及びジャンクに対する襲撃事件

　（1）1937（昭和12）年9月22日、出漁中のジャンクが日本の潜水艦により沈められる。最初の申し立ては翌年1月5日。英国大使は同年8月15日の覚書で日本側の説明を受け入れることはできずとして、30,469香港ドルの賠償を請求。それに対する9月15日の日本側の回答は、責任問題を論ずることを拒否するものであったが、当事者である漁師が英国国籍を有し、かつ日本の艦艇に対して害意がなかったことを証明することを条件として、彼らに対する見舞金の支払いを申し出た。

　（2）日本の動力付武装トロール船（英文速記録9747頁所収原文にある"armed motor trawler"を直訳。水雷艇のことか？）が、1938（昭和13）年2月11日に、ジャンク4隻を攻撃し、拿捕。この件についての最初の申し入れは2月26日。3月8日に寄せた回答で日本側は、事件が起きたのが英国の領海外であったことを主張したが、英国政府は4月27日に、日本側がその回答で問題にしていたジャンクは、当該案件で触れられているものではないことを指摘。同日付けの覚書で英国大使は、12,000香港ドルの損害賠償を請求。これに対する日本側の回答はなし。

　（3）香港を発ったジャンクが1938（昭和13）年5月3日に日本海軍の水兵による海賊・殺害行為に遭う。最初の申し入れは同年6月17日。英国大使は7月8日にさらなる申し入れをして、事実関係の再確認をし、10月31日に1万1872.5香港ドルの損害賠償を請求。それに対する12月6日の日本側の回答は「日本の艦艇が敵対的行動を取ったジャンクを取り締まった事例はあるが、7月8日付けの申し入れ記載事項に該当する事実は見当たらない」とのものであった。

　4．1938（昭和13）年7月1日の空襲で、福州パゴダ碇泊地所在の英国領事館が被災。最初の申し入れは同年7月9日。翌年5月3日に、215.74ポンドの損害賠償を請求。未だ回答なし。

　5．青島で1939（昭和14）年7月10日、芝栄で8月11日に発生した反英デモの過程で、英国領事館並びに英国人の財産に被害。最初の申し入れは同年12月18日。同日、1,554.01支那国ドル（英文速記録9748頁原文"Chinese National $1,554.01"のママ。元か？）及び20.75米ドルの損害賠償を、請求。翌年1月23日に日本外務省は、「支那の反英デモは自然発生的なもので、それを取り締まるべきは支那当局。本案件は現地の英国・支那当局間で話し合われるべきもので、日本側が責任を負う謂われなし」と回答。これに対して英国大使は2月12日に「両市は日本陸軍の実効支配下にあり、英国政府は『地方支那政権』を承認せず、責任を負うべきは日本政府である」として、請求権を維持することを宣命。3月20日、外務省にさらなる回答を求めたが、返答は未だなし。

　6．南支の恵州（和文速記録に倣う）島で1939（昭和14）年11月8日、英帝国航空会社［Imperial Airways］所属のダルダヌス［Dardanus］に対する攻撃があった。英国大使は、いかなる空域からも自国機が排除されることを容認しないとの同年2月27日の英国政府声明を引き、該機が民間機であったことは明白で、民間機に対する攻撃はどこであろうとも不当なものであるとして、

<1946-11-6>

厳重なる抗議を申し入れた。同時に、同機のパイロット2名が5日間にわたって拘束されたことに強く抗議して、損害賠償請求権を留保。再発防止措置の実施を求めた。最初の申し入れは同年11月23日。英国大使は翌年1月13日に1,706.83ポンドの賠償を請求。翌月13日には、同機が返還されてきた際の、飛行不能となったような損傷の状態を詳細に記して日本側に送付。回答なく、3月20日にさらなる申し入れをしたところ、4月23日になって外務省が送ってきた回答は「同機の修理をする義務が日本側にはなかったので、何もしていないが、機体の取り扱いには注意を払った。日本政府がなんらかの責任を負うべき理由は見当たらない」というものであった。

7．民間からの請求

1938（昭和13）年6月21日より1940（昭和15）年11月11日までの間に、日本軍の支那での作戦行動によって被害を受けた英国人から、14件の請求が出されている。加えて、在漢口企業絡みでの請求も別途提出されている。最初の申し入れは1938（昭和13）年6月21日。当初の請求総額は41万4,654.725ポンドであったが、その後取り下げられた請求等もあり、未決済額は40万9,624.5225ポンド。

＊（検）法廷証PX1029【国策研究会民族問題委員会1940（昭和15）年9月20日付け作成「東亜各民族対策（ビルマ対策）」；ビルマを英から独立させるための実行策】＝検察側文書PD2400-A ［E: 9752］［J: 106（16）］ 識別番号を付される。被告広田弁護人D・F・スミス氏及び被告小磯・大川弁護人ブルックス大尉、「当文書を作成したのは私的団体であって、文書自体は政府の公文書ではない」と指摘し、その証拠価値に疑義を呈する。裁判長ウェッブ、これに同じる、証拠としての受理を却下される。（和文速記録106（16）〜（17）には、当文書の原文の一部が掲載されているが、英文速記録を見る限り朗読された形跡はないので、ここには要約しない）

＊（検）法廷証PX1030【1940（昭和15）年9月26日付け枢密院議事録；日独伊三国条約締結批准】＝検察側文書PD1603-A（三国同盟の局面で同じような発言内容を収録した同じ日の枢密院議事録がPX552として証拠として受理されている。第2巻306〜12頁参照。ただし、前回のものは「審査委員会」の議事録で、こちらの方は「本会議」のものであると思われ、かつ内容に相当の差異が見られるので、別個のものとして扱い、以下に要約する）［E: 9755］［J: 106（17）］ 証拠として受理され、抜粋が朗読される。

【PX1030抜粋朗読概要】

河合（操）枢密顧問官
　第3条（「……締約国中のいずれかが現在ヨーロッパでの戦争乃至支那事変に参入していない一国から攻撃された時、三国はあらゆる政治・経済・軍事的方法により相互に援助することを約す」）は最も重要。自分は日米開戦を勧めるものではないが、最悪の事態となった場合の覚悟の程を軍部大臣に伺いたい。また、その際にソ連が日本に鉾を向けてきたら、ドイツはどう出てくると思うか。

東条陸相
　対米戦に使用するのは陸軍兵力の一部だけであり、心配はない。それでも、対米作戦は対ソ作

戦を考慮に入れなければ完璧ではないので、日ソ国交調整の必要がある。無論、ソ連という国家の性格を考慮すれば、軍事的準備も怠ることはできない。支那事変は、この条約を活用して、最悪の事態が起きる前に解決しておく考えである。

及川海相

　海軍の準備は万端で、米海軍に敗れることはないが、戦争が長期化した場合には、米海軍の拡張に対抗して我方も準備をしておく必要があるので、この点に万全を期したい。

河合

　自分は物資の問題についてはまったく心配していない（英文速記録9757頁"I fear nothing..."のママ。原本和文書証より採録したであろう和文速記録は、「最も心配しているのは物資の問題であるが」と、正反対の意味となっている）。長期戦になった場合、どのぐらい持ちこたえられるか？

星野（直樹）企画院総裁

　数年前から我が国は自給自足体制の確立を目指して努力しているが、それでも21億円の輸入の内19億円は英米に依存しており、経済制裁や条約第3条発動に備えておく必要がある。本年の鉄の生産量は520万トンで、最悪の事態となっても400万トンは維持できる見通し。また、本年の生産量中、軍需用は150万トンで、残りは生産力拡充や民需用。生産拡充計画を見直し民需を調整すれば、禁輸措置が発動されても苦境に陥ることはない見込み。非鉄金属については、鉄と同様にはならないが、入手先を多様化しているので、心配はない。最も重要な石油については対米依存度が高く、特に航空用ガソリンはほとんどすべてを米国からの輸入に頼っている。国内の増産を図ると共に、米国以外からの輸入を増やす方策を考える必要がある。航空用ガソリンは最近かなりの量を備蓄できているが、長期戦の場合には金属類と異なって日満支間での自給自足が不可能であるので、蘭印・北樺太などから確保する必要がある。蘭印については、ドイツとの交渉でも問題となっている点で、現地でも交渉が進行中である。

河合

　石油については、陸海軍でも相当な準備をしていると昨日の会議で聞いたが、陸相・海相からこの点の説明を聞きたい。

及川

　海軍は長期戦への準備を整えており、人造石油開発にも着手している。

東条

　陸軍も長期戦への資材準備ができているが、戦争が非常に長期に及んだ場合、航空機・機械化部隊用の燃料確保に考慮が必要。

（中略）

有馬（良橘）枢密顧問官

　本条約で日米開戦を避けたいとする点において、政府と意見を同じくするが、もし不可避ならば、戦端を開くには今が一番良い時期と考える。それでも、一番心配なことは石油の問題で、海相は長期戦の準備ありと言っているが、日米戦は1年や2年では終結しないだろうし、現代戦は

<1946-11-6>

石油を大量に消費するものである。人造石油など、急場に間に合うものなのか、海相の意見を聞きたい。

及川

人造石油の開発は緒についたばかりで、急場に間に合うかは不明。それ故、蘭印・北樺太から平和的に獲得する他なく、この点でソ連との国交調整が重要となる。長期戦となれば、節約して使うことも考えざるを得ない。

有馬

オクタン価の高い石油は充分にあるか？

及川

海軍は専門の研究機関を設けて、海軍独自の製法で製造している（和文速記録106（18）頁所収の原文では、この有馬・及川両名の発言の冒頭部分が共に「ハイ、『オクタン』価の……」となっている。これは、恐らく議事録を作る際に速記者が『ハイ・オクタン価』と聞いた際に、肯定の返事の「はい」と誤解したものであろう。英文速記録9761頁にある及川の答えもそれに釣られて"Yes,"で始まっている）。相当の準備もある。

（中略）

深井（英五）枢密顧問官

外交においては、感情を交えることなく現実的対応が必要と考える。条約の前文には「すべての国にそれに相応しい場を与える」というような文言があるが、「弱肉強食は自然の法理」というような発言をしているヒトラーのドイツがこの考えを理解してくれるだろうか？

松岡外相

日本外交の使命は皇道の宣布であり、利害得失のみで動くものではないので、弱肉強食のような考えは断乎排撃すべきと考える。

深井

独伊、英米のいずれに外交の重点を置くかの選択を迫られていることは理解できるが、この条約締結によって日米戦への動きが加速される可能性もある。首相においては、最悪の事態に至った場合、軍需・一般物資の欠乏、国民の思想状況の悪化などに対処して切り抜ける自信があるか？

近衛首相

本条約が本来目指すのは日米戦の回避であるが、こちらが下手に出れば米国をつけ上がらせるだけなので、毅然たる態度を示す必要がある。最悪の事態となった場合には、外交・内政に非常な覚悟を持って臨む決意であり、天皇陛下も同じような決心をされていた。自分としては、身を捨てる覚悟でこの条約の運用に万全を期したい。

（中略）

小幡（酉吉）枢密顧問官

支那事変が未解決の今、米国がヨーロッパで参戦した場合に日本が独伊を援助する義務を負うのは大きな負担となるが、片や日米開戦の可能性は少ないと考えるので、本条約は片務的ではないか？

松岡外相

　米国のヨーロッパへの参戦の可能性と日米開戦の可能性は五分五分と見ているので、片務的ではないと考える。

竹越（与三郎）枢密顧問官

　最悪事態発生の場合、この条約に基づいて独伊はいかなる援助を日本に与えられるのか、また、日本海軍の独伊に対する援助の態様は如何？

松岡外相

　それについては、三国の混合委員会で検討されることとなる。

鈴木（貫太郎）審査委員長

　この条約が締結されると否とにかかわらず、日米戦は不可避と考えるので、米国海軍の拡張ぶりを監視して、備えを怠ってはならない。

及川海相

　短期決戦主義で米国と戦えば、勝算は充分にある。将来については、諸種の拡張計画をまとめている。

石井（菊次郎）枢密顧問官

　交換公文の最後の方で、日本の委任統治下にある南洋諸島を支配下に置くことに対しドイツに代償を支払うこととなっており、その根拠として外相は、（委任統治の法的根拠である）ベルサイユ条約が失効したと判断される今、日本が同諸島を軍事占領していると見なされるからであると説明しているが、ベルサイユ条約によって委任統治領は五大国に譲渡されたこととなっており、既に日本が獲得したものであると自分は考える。故に、先の独大使の口頭声明に自分は不同意である。ただし、これは諮詢された問題外の事項なので、参考までに。

松岡外相

　立（作太郎）博士などの国際法学者は、「委任統治は領土の譲渡ではない」としているし、実際の政治上の問題として、ドイツからなんらかの方法で割譲を受けた方がよいというのが自分の意見。3年ぐらい前に海軍が在ベルリンの武官を通じて、代償と引き換えの割譲を申し出たとの話も仄聞している。

石井

　立博士と意見を交換したことがあるが、博士の所論は「委任統治は領土の割譲ではない」ということに留まっており、ドイツが五大国に譲渡した点については議論の余地はない。それ故に、代償を支払ってドイツから南洋諸島の割譲を受けることには同意し難い。

三土（忠造）枢密顧問官

　主たる議題は、日米開戦となった場合についてのようであるが、この条約が締結されれば、米国の日本に対する経済的圧力が増してくると考えられる。その場合、国民生活の問題に対処する用意はあるのか？　また、日本人はこのような条約が締結されるとドイツに心酔して、その反動として反米運動が起きるようなこともあるので、そのような動きは取り締まるようお願いしたい。

<1946-11-6>

星野
　国民生活の問題は政府の最大関心事なので、その対策には万全を期す。
近衛
　反米運動を取り締まることには同感で、厳重な対応を取りたい。
＊被告賀屋・鈴木弁護人レビン、文書中に登場する鈴木が被告鈴木貞一でないことに注意を喚起する。ウイリアムズ検察官、レビン弁護人の指摘が正しいことを認める。
＊（検）法廷証 PX1031【PX58 抜粋；1940（昭和 15）年 10 月 11 日付け駐日米大使発松岡外相宛抗議通牒抜粋；北支における対米差別的為替統制等】＝検察側文書 PD219-P（94）　［E: 9767］［J: 106（19）］　証拠として受理され、朗読される。

【PX1031 朗読概要】

　北支での広範にわたる為替・貿易統制が 1940（昭和 15）年 6 月 28 日に完璧なる差別的な為替統制となって完成を見たことにより、同地での米国の通商は事実上、休業状態となった。米国の事業体は満州から事実上排除され、北支での事業と通商は取るに足らぬほどに先細り、今や日本の軍当局は、支那で最も重要な商業中心地である上海から米国の事業・通商活動を排除しようとの意図を有しているようである。
＊（検）法廷証 PX1032【PX58 抜粋；1940（昭和 15）年 10 月 24 日付け駐日米大使発松岡外相宛抗議通牒抜粋－北支における軽工業原料検査・船積み管理】＝検察側文書 PD219-P（95）　証拠として受理され、朗読される。

【PX1032 朗読概要】

　北支の日本軍当局が 10 月 1 日から軽工業用原料の検査・出荷に関する管理規定なるものを導入しているのを米国政府が注目していることを伝える。新聞報道によれば、規定が適用されるのは植物繊維製品や動物性毛皮類。支那の現地軍当局の姿勢に変化がない今、在米・在支の米国企業には、(1) 既決契約に基づく輸出用品目の在庫と大量の未決契約の故に財務上大きな損失を被り、(2) 長期間にわたって参画していた事業から排除されるという必然的成り行きが待ち受けている。
＊（検）法廷証 PX1033【PX58 抜粋；1940（昭和 15）年 11 月 15 日付け駐日米大使発松岡外相宛抗議通牒抜粋－仏印における米国商品差別待遇】＝検察側文書 PD220-C（8）　証拠として受理され、朗読される。

【PX1033 朗読概要】

　在ハノイ領事が伝えるところでは、主に日本側が仏印当局にかけた圧力のために、米国事業体が所有するある種の品目を仏印から再輸出する許可が下りないと言う。詳細は、仏印当局、現地米国領事、そして日本側も承知しているはずである。本職は、訓令に従い、米国製品・商品の出荷を正当な理由なく妨害するこのような行為が止められるよう、適切な措置が執られることを要請する。

＊（検）法廷証 PX1034【PX58 抜粋；1940（昭和 15）年 11 月 26 日付け駐日米大使発松岡外相宛抗議通牒抜粋－ハノイにおけるリンデン米副領事不当監禁】＝検察側文書 PD219-P（71）　証拠として受理され、朗読される。

【PX1034 朗読概要】

　本国政府の訓令に従い、日本軍がハノイで米国副領事ロバート・W・リンデン［Rinden］及び UP 特派員メルビル・ジャコビー［Melville Jacoby］を監禁したことに抗議する。今回の事件のような暴力・武器を使っての脅迫は悪質なものであり、過去において支那で米国国民と日本軍との間に生起したあまたの事件に鑑みれば、日本政府が米国民間人の扱いを丁重にすべきことを徹底させるよう厳格な指示を現地軍当局に出していたならばこのような事件は起きなかったであろう、と言わざるを得ない。当事件に関しては、以下の事実に特に留意してもらいたい。即ち、リンデンとその同行者は銃を突きつけられて脅迫された上で監禁され、英語を解する日本軍将校に自分の副領事たる身分を明かしたにもかかわらず、仏印当局関係者がその場に到着するまで釈放されなかったのである。

＊（検）法廷証 PX1035【1940（昭和 15）年 12 月 9 日付け加瀬外相秘書官作成太田欧州局長宛覚書；松岡外相・駐日英大使クレイギー卿会談】＝検察側文書 PD1339-A（4）　識別番号を付される。

＊午後 2 時 45 分、裁判長ウェッブ、15 分間の休憩を宣する。

＊午後 3 時（英文速記録 9775 頁の "1100" は明らかな誤記であり、当然法廷も「3 時」と了解していたものと判断する）、法廷、再開する。［E: 9775］［J: 106（20）］

＊被告重光弁護人ファーネス少佐、「PX1035 は、松岡・クレイギー会談の内容の概略であり、内容の詳細を記した覚書そのものではなく、証拠能力を欠く」として、証拠としての受理に異議を申し立てる。裁判長ウェッブ、その事実を認めて、「覚書本文の不存在は著しく証拠能力を低減させるものである」と裁定する。ハーディン検察官、本文を探すことを約する。

＊（検）法廷証 PX1036【1940（昭和 15）年 12 月 17 日付け駐日米大使発松岡外相宛抗議通牒抜粋；ハノイでの米商品再輸出拒否】＝検察側文書 220C（9）　証拠として受理され、朗読される。

<1946-11-6>

【PX1036 朗読概要】

　主に日本側が仏印当局にかけた圧力のために、米国事業体が所有するある種品目を仏印から再輸出する許可が下りない件に対しての11月15日付けの抗議（PX1033参照）を、11月30日に貴殿との会談の際に改めて申し入れた。
＊（検）法廷証 PX1037【PX58抜粋；1940（昭和15）年12月17日付け駐日米大使発松岡外相宛口頭抗議申し入れ；仏印からの医療品積出し拒否】＝検察側文書 PD220-C（10）　証拠として受理され、朗読される。

【PX1037 朗読概要】

　主に日本側が仏印当局にかけた圧力のために、米国事業体が所有するある種品目を仏印から再輸出する許可が下りない件に対しての12月17日付けの申し入れ（PX1036参照）に関連して、本職は本国政府の訓令に従い、仏印で赤十字関連物品の輸送を妨害することは諸々の理由で不当であり、人道的配慮と相容れないものであると申し入れるものである。なお、該当品目の一部は、米国国民の寄付で以て賄われた物であることを付言しておく。
＊（検）法廷証 PX1038【PX58抜粋；1941（昭和16）年5月3日付け東京日々新聞記事抜粋「国防保安法・同法は五月十日愈々実施」】＝検察側文書 PD2531-A　証拠として受理され、朗読される。

【PX1038 朗読概要】

　国防保安法は5月10日より実施されるべく5月2日の閣議にて決定した。同法施行令は5月10日に公布される。
＊（検）法廷証 PX1039【1941（昭和16）年2月7日付けイーデン英外相発重光駐英大使宛口頭申し入れ；松岡外相は日英間の今後の緊張はやむを得ず、と述べる・日本と朝鮮における英人スパイ嫌疑への抗議・松岡外相演説は諒解に苦しむ・日本の南進策を危惧・対独戦に対する英帝国の決意】＝検察側文書 PD1339-A（2）［E: 9782］［J: 106（20）］　証拠として受理され、朗読される。

【PX1039 朗読概要】

　1.　近衛内閣成立後、我が国の大使が松岡外相と初めて会談した時に、大使は前内閣に引き続き友好的態度で両国関係に対処して欲しいと申し出たが、同外相は非公式の見解として、日英関係の改善は望めず、緊張状態が続くのは止むを得ない、と表明した。その2日後、日本と朝鮮で、

多数の英国人が検挙された。陸軍省と法務省の共同声明によれば、英国のスパイ網摘発が目的であったようなことを示唆したが、裁判では皆、些細な罪状によって断罪され、スパイの「ス」の字も出なかった。こうして7月、8月が過ぎ、9月に日本は、英国の敵である独伊と同盟を結んだ。指導者の言動と新聞の論調は、英国の憂慮の念を深めるような内容となっていった。

2. 松岡外相は三国同盟が平和維持を目的としたものであると言い、貴殿も事変解決と東亜の秩序回復が日本の政策の柱だと述べていたが、その後の事態の推移は日本の勢力圏が全東亜を呑み込まんとする趨勢であることを示しており、率直に言って貴殿ら日本側の釈明は理解に苦しむ。この点に関連して言うならば、最近松岡外相が日本の対ビルマ及び仏印・タイ関係に言及して不適切な発言をし、「極東の紛争を仲介する権利を有するのは日本のみ」とまで宣命するに至ったが、英国政府はこれを容認することはできない。仲介の目的が紛争解決のみにあるならば、英国は他国すべてと同様、これを歓迎するが、当方が得た情報では、日本がカム・ラン湾や飛行場の使用権を得ようとして仏印・タイ両国に圧力をかけたとなっており、仲介を口実に同地域に政治上、軍事上の地歩を築こうとしているのではないかとの疑惑は大きい。

3. クレイギー大使は、「極東での危機的事態発生まであと2～3週間」という見方が日本で現在横行していると報告してきたが、これは日本がドイツの作戦と連動して極東の英国領に対する攻撃を計画していることを意味しているのであろうか？ しかし、日本は、戦争が行われているヨーロッパからは地理的に懸隔した場所にあり、英国を含むいかなる国からも脅威を受けていないので、もしこれが真実なら理解し難いことである。それに、支那で4年間に及ぶ事変を戦っている日本が他の戦争に容喙すべきでないことは明白である。英米と不仲になったことについて日本には言い分があるだろうが、歴史が示すのは、日本が英米と協調関係にあった時に日本は繁栄を謳歌したということである。このような観点から、自分はクレイギー大使が伝えたような日本での危機感の高まりが理解できない。日本の指導者が危機感を煽っているとしか思えない。

4. これまで述べてきたような情勢を無視することはできず、本職は英国の立場をここに明らかにする。英国は極東に領土を有するも侵攻意図は持たない。しかし、他国に言われてその領土を手放すことはせず、「極東の民（英国人を含む）すべての未来を決める権利を有するのは日本のみ」という主張は、容認することができない。攻撃を受けた場合、英国が全精力を傾けてその極東領を防衛し、住民の安全・福祉を護ることには疑念の余地がない。

5. これらに加えて、以下の2点を付け加えたい。

（1）日本が自身の政策を決めることに異存はないが、これから日本が採ろうとしている方針が恐るべき災禍を引き起こさないことを祈る。そして、独伊と協調するとしても、日本がその端倪すべからぬ国力と繁栄をこれまで築き上げる際に発揮してきた注意深き賢察力と良識を失わないことを願わざるを得ない。

（2）ヨーロッパでの戦局を伝える日本の報道では、英国に有利な情報が流されず、英国は退嬰的国家で崩壊寸前であるというような論が広められている。しかし、それは今日の英国人の本当の気概を物語るものではない。大英帝国全体に挙国一致の団結に向けての決意がみなぎっている

<1946-11-6>

のは無論のこと、物質的には多量の天然資源に恵まれ、米国からは無尽蔵ともいえる援助を得ている。何事があろうとも、この戦争で英国が負けることはない。ドイツは英国本土占領を呼号しているが、その試みは必ず失敗する。昨年9月の危機を克服した後、陸海空で英国の戦力は飛躍的に強化されている。ドイツは英国本土を占領することはできず、この戦争においても敗北するというのが、我英国の信念である。

＊（検）法廷証PX1040【1941（昭和16）年初頭付け外務省押収文書「日英外交関係電報綴り」抜粋；重光駐英大使発松岡外相宛電文―イーデン英外相との会見】＝検察側文書PD1131　[E: 9787]［J: 106（21）］　証拠として提出される。被告重光弁護人ファーネス少佐、「当文書の最初の部分は直前に証拠として受理されたPX1039と内容が同じである」、と申し立てる。法廷、協議の末に、「最初の部分」は省略し、「イーデンが発言した内容に重光が答えて両者が意見交換している部分」を朗読することに決定する。証拠として受理され、朗読される。

【PX1040朗読概要】

1．79号

重光

今の申し入れは東京にも送ったのか。

イーデン

否。自分の忌憚のない意見を貴殿に述べただけ。

重光

自分は、切迫した情勢を裏書きする資料も持っていないし、貴国大使の報告の内容を批評するつもりもない。ただ、大使からの報告を基に閣下がなされた発言につき質問することを許されたい。今の御話では、日英関係が最後の局面に近づいているということを前提に英国の立場を明らかにしようとしたようであるが、関係改善とまでは行かなくても最悪事態を避けるために最後まで努力はすべきである、その信念を持って自分もこれまで行動してきた。また、閣下は英国の立場を一方的に述べるのみで、日本の立場に理解を示そうという姿勢がなかった。日英関係が今日のようになったのを探るためには、少なくとも10年ぐらい前まで遡って検討しなければならない。閣下は、日本が英国の敵と結び付いたことを非難していたようだが、英国は過去10年間、日本の敵を一貫して支援してきた。これこそが今日の日英関係悪化の原因である。それから、日本の東亜での指導的地位については、米英がその近隣地域で特殊な利害関係を打ちたてているのと同様である。仏印での日本の行動も、英国領を侵犯したわけではない。このような日本の立場を理解しようとせず、日本を責めることに終始するのは、日英関係の悪化を食い止めることに資するであろうか？

イーデン

自分が目指しているのは両国間の危機を回避すること。大使からあのような報告を受け取った

以上、見過ごすことはできず、でき得る限りのことをなす。貴殿には、現状を改善するため、当方の思うところを伝えた。他に日本側から申し出があれば承る。

重光

自分も率直な意見を述べたが、これ以上の詳述は控えたい。この会談の内容は本国に伝える。

2. 80号電文

イーデン外相は、クレイギー大使よりの報告の中に、「日本と独伊との関係は益々その親密度を加え、ドイツが日本を繋ぎとめる力が強くなっている」とある、と言っていた。

＊（検）法廷証 PX1041【1941（昭和16）年2月13日付け松岡外相発重光駐英大使宛訓令電文；対イーデン英外相回答内容－極東の危機とは妄想・英国と事を構える意図なし】＝検察側文書 PD1132 ［E: 9794］［J: 106（22）］　証拠として受理され、朗読される。

【PX1041朗読概要】

クレイギー大使が会談を申し入れてきたので、数日中に実現する。貴殿は、電文47号（PX1041となった当該電文の番号は46）をイーデン外相に手交し、その際に、「イーデン外相とはジュネーブで御会いして以来の知己であり、個人的に親愛の念を抱いているので、腹蔵のないところを御話しする」旨伝えて欲しい。それから、クレイギー大使の報告にあった「極東の危機切迫、云々」は実に笑うべき妄想である。事実無根であり、日本には英国と事を構える意図がないことを口頭で申し入れてもらいたい。なお、最近英国の新聞の中には、日本の真意を曲解して、日本がすぐにでも軍事行動を起こすような記事と論説を掲載する向きがあるが、これは両国関係を悪化させるだけであるので、この点にも先方の注意を促して欲しい。

＊（検）法廷証 PX1042【PX58抜粋；1941（昭和16）年2月13日付けグルー駐日米大使発松岡外相宛抗議申し入れ－仏印からの米商品積出し拒否】＝検察側文書 PD220-C（11）　証拠として受理され、朗読される。

【PX1042朗読概要】

本国政府に寄せられた最近の情報によれば、仏印の日本当局関係職員は、米国所有商品の再輸出を仏印当局が許可することを妨害し続けているのみならず、米国スタンダード・バキューム石油会社の石油製品再輸出に対して、仏印当局が以前に発行した有効な許可を撤回させるよう仕向けたという事例が少なくとも1件あったとのことである。

＊（検）法廷証 PX1043【PX58抜粋；1941（昭和16）年2月14日付けローズベルト大統領・日本新大使野村会見のハル米国務長官覚書抜粋－日米関係特に、南進策、三国同盟】＝検察側文書 PD220-C（20）　証拠として受理され、朗読される。

<1946-11-6>

【PX1043 朗読概要】

　新任日本大使を大統領執務室に案内し、そこでの会議に同席。……大統領は、両国の関係は良くないどころか悪化していることは明らかである、と発言。……大統領は、米国国民が日本の出方に対して敵意を抱くとまでは言わないまでも、重大な関心を持っており、その関心の強さは増してきているとの見方を、確かめるように2、3度述べた。次いで、「仏印・南沙諸島などへの南進政策は、三国同盟同様、我が国に極めて大きな憂慮の念を引き起こしている。特に、三国同盟の締結は、日本が自らの主権を行使して決定すべき和戦の選択を同盟締約国に委ねたものであると見なされている」との見解を2度述べ、2度目には特に、米国国民がこの点を憂慮していることを強調した。その上で、日本大使が国務長官及び国務省の関係職員と、過去4～5年の両国関係を顧みて検討し、問題の原因がどこにあり、それが如何様に展開してきたかについて率直に話し合い、解決の糸口を探るべきことを、大統領は提案した。大統領は、「太平洋は万人にとって充分な広さを持つ」ということを繰り返し述べて強調した。

＊（検）法廷証 PX1044【1941（昭和16）年2月14日付け（ハーディン検察官による当該書証提出の冒頭部においては、英文速記録、和文速記録共に「17日」と記すが、朗読部分においては両速記録共に「14日」とする）付け松岡外相発重光駐英大使宛訓令電文；タイ・仏印国境紛争調停に関するイーデン英外相申し入れに対する回答文の手交】＝検察側文書 PD1339-A（1）［E: 9801］［J: 106（23）］
　証拠として受理され、朗読される。

【PX1044 朗読概要】

　今回の英国外相の申し出は、クレイギー大使の「日本が仏印・タイ間の調停工作を利用して同地に軍事基地を獲得した上で、南方の英国領への攻撃を、ドイツの英国本土上陸作戦と呼応して実施しようとしている」との報告が引き金となった模様である。同大使がいかなる根拠によってそのような報告をまとめたかは定かでないが、次官が同大使を訪ねて質したところ、「日本の政治・外交を動かしているのは軍部であることを自分は知っており、今回の報告も、軍の責任ある人物の言動を基にしたものである」と答えた。そこで、各方面にあたって、このような事実があるか否かを内々に調べてみたが、そのような事実は確認されなかった。一方、英国の有力紙がこぞって日本との危機を声高に報じていることに鑑みれば、これは、我が国の南方進出を一時的にも牽制し、同時に米国の注意を仏印・タイ方面に向けさせて、同方面での英米の提携を強化しようとの意図があるように見受けられる。これについては、既に留意されているかもしれないが、一つの観測として、念のため。

＊被告東条弁護人ブルーエット、PX1044添付の出所・真実性証明書に記載されている頁数と日付が、原文の頁数・日付と一致しないことを指摘する。裁判長ウェッブ、「証明書が当文書のことを指しているのは明らかで、頁数・日付などは原文を見れば分かる」と申し渡す。

* (検) 法廷証PX1045【外務省押収文書「太平洋情勢の転換点（外相・各国大使間海底電信記録綴り）」抜粋；1941（昭和16）年2月14日付け松岡外相発野村駐米大使宛電文；米国朝野啓発】＝検察側文書PD1150　証拠として受理され、抜粋の朗読が、開始される。裁判長ウェッブ、「判事団の数名からPX1009と同一内容の文書であると指摘されている」、と申し渡す。ハーディン検察官、「文書全体を証拠として提出して、朗読はしない」と申し立てて、朗読を止める。
* 検察側文書PD1133　ハーディン検察官、証拠として提出する。被告重光弁護人ファーネス少佐、「該文書はPX1044と同一で、異なる訳者が訳したものである」、と申し立てる。裁判長ウェッブ、検察官共に、これを認める。当該書証、撤回される。
* 検察側文書PD1339-A（5）　ハーディン検察官、証拠として提出する。裁判長ウェッブ、「本日はもう証拠を受け付けない」、と申し渡す。
* 裁判長ウェッブ、ハーディン検察官に対して、「本日午後は、同一文書が2度も3度も証拠として提出された」と、同一証拠を重複して提出せぬよう求める。
* 午後4時、裁判長ウェッブ、明朝9時30分までの休廷を宣する。

◆ 1946（昭和21）年11月7日　　（英速録9809〜9899½頁／和速録第107号1〜24頁）

* 午前9時30分、法廷、再開する。
* 裁判長ウェッブ、被告大川、平沼、松井の欠席を確認し、「平沼と松井については、病気によって出廷できずとの巣鴨プリズンからの証明書がある」と、報じる。
* モーア言語裁定官、提出済み（検）法廷証PX919の英訳文の中で、速記録9261頁の"Liaison Conference Decision Plan"を"Liaison Conference Decision, draft"に訂正するよう報じる。裁判長ウェッブ、承認する。

（5）ヒギンズ検察官及びハーディン検察官、検察主張立証第XI局面「米・英・英連邦諸国関係」第3部「開始された日米英交渉」の検察側立証として、「日本の対英関係」関連を中心とした書証提出を続行する。

（英速録9810〜9834頁／和速録107号2〜5頁）

* （検）法廷証PX1046【1941（昭和16）年2月18日付け松岡外相発重光駐英大使宛電文；松岡外相・駐日英大使クレイギー卿会談内容の通知－日本の真意に対する過度の懸念一掃に努力、英大使は安堵】＝検察側文書PD1339-A（3）　証拠として受理され、朗読される。

【PX1046朗読概要】

2月15日、クレイギー大使、来訪。重光・イーデン会談の内容を記した覚書を持参。「当方か

<1946-11-7>

らも貴官を通じて覚書を外相に手交すべき旨の訓令は発出済み」と説明し、電文47号を手交した。自分は大使に、「英国には日本の政策がどのように展開されるのかについて過剰に気にかけている向きがあるが、日本でも英米が協同で日本に相対して来るというような報道が世論を刺激して、これに備えるべきだとの声が一部で上がっている。英米が日本の世論を刺激するようなことをしなければ、日本も英米の不安感を煽るようなことはしない。相互に誤解を抱くようになることが最も危険であり、このような事態を避けるようにしたい」と述べ、英国側にも反省を促した。それから、三国同盟の目的が、ヨーロッパでの戦争の不拡大・収拾にある旨説明した上で、極秘情報として、同盟締結時にドイツが米国の参戦及び日米開戦をできるだけ阻止したい意向であり、これが交渉の叩き台となったことを伝えた。そして、この方針がドイツの真意であってドイツの利益にも適い、日本の国策もこの線に沿ったものとなる、と説明した。クレイギー大使は、「閣下は日本の南進政策を掣肘することができるか、また、日本は仏印・タイ間の調停工作で法外な代償を得ようとしているのではないか」と訊いてきた。これに対して自分は、「南進政策を掣肘するために最善を尽くす。仏印・タイ（調停工作）問題については、言葉よりも行動で日本の真意を示したい。自分に関する限り、平和の回復こそがそこから得られる最大の報酬で、それで満足するし、同時にまたこれは、日本建国以来の理想である世界平和実現への第一歩である」と答えた。イーデン外相宛の覚書に触れ、「自分と外相とはジュネーブで知己を得て以来、昵懇の間柄であるので、腹蔵なき意見を開陳した。ヨーロッパ戦争での調停提案は三国同盟とは無関係で、自分の信ずるところを記したまで」と、付言した。会談は2時間に及び、大使は安心した様子で辞去した。

* 被告重光弁護人ファーネス少佐、「文中の『電文47号』にはPX1041でも言及がなされているが、これまで提出・受理された証拠の中に含まれているのか」、と質す。裁判長ウェッブ、検察側に質す。ヒギンズ検察官、「調査の上報告する」と返答する。（英文速記録9814-15頁によれば、この申し立ては次の証拠提出と後出のローガン弁護人の異議の後でなされているが、便宜上ここに記した）

* （検）法廷証PX1047【1941（昭和16）年2月21日付け駐日英大使クレイギー卿発松岡外相宛非難通牒；マラヤ・タイ国境に英軍集結との日本新聞報道】＝検察側文書PD1339-A（8）　［E: 9814］［J: 107（3）］　被告木戸弁護人ローガン、「同文書が触れているタイ政府の公式声明は日本の新聞が誤って引用したものであることが文書中で明らかにされており、そのような誤報には証拠価値がなく、そのような文書を被告がどのように解釈したかが新聞に載ったとしても、被告が責任を負うべきものではない」と、証拠としての受理に異議を申し立てる。裁判長ウェッブ、「誤報とされているものはただの誤報ではなく、その背後に悪意の存在を窺わせるものとされている」として、異議を却下する。証拠として受理され、朗読される。

【PX1047朗読概要】

マラヤ・タイ国境地帯に展開する英国軍について昨日会談した内容に関連し、タイ国政府が

13日に発した公式声明の本文を送る。それから分かるように、タイ国政府は我方がマラヤで執った予防措置になんら懸念してはいない。遺憾ながら、該声明は日本の新聞紙上では内容が歪められ、「両国は両国間に締結された不可侵条約・協定を依然として尊重し」との部分が、「英国はタイ国との不可侵条約を尊重すべきである」となっていた。これは、故意の誤引用と見なさざるを得ず、現下の情勢に鑑み甚だ遺憾なことであり、これには閣下も同意されると思う。

＊（検）法廷証 PX1048【1941（昭和16）年2月24日付け重光駐英大使発松岡外相宛報告電文；チャーチル英首相・重光駐英大使会談－英首相は日英関係を憂慮・対独抗戦決意を表明】＝検察側文書 PD1592-A　証拠として受理され、朗読される。

【PX1048 朗読概要】

　チャーチル首相の求めに応じて24日に同氏を訪問。その際、首相は、日英同盟締結時に遡って日英関係の歴史を説き起こし、日本との友好関係が維持されることを希望する自らの意を示した。その上で、現在、両国関係が悪化しつつあることを遺憾とし、もし戦端が開かれるようなことになれば悲劇であると述べた。同首相は又、シンガポールを中心とする地域での防備の強化については、防衛のためのものであって英国には日本を攻撃する意図がないことを強調した。次に、戦争の見通しについては、英国が戦い抜く決意を固めていることを語り、「英国が正義と信ずるところが戦勝という形で実現しないならば、英国は滅びるべきである」とまで言い切った。そして、首相自身の見通しとして「容易な戦争ではなく、今年で終結するものではないが、英国が終局的に勝利を収めるのは間違いない。それ故、松岡外相の示唆した調停は考慮せず」と語った。松岡外相がイーデン外相に送った書簡については、イーデン外相不在につき、自分とチャーチル首相が本日話した内容を松岡外相に伝えるようお願いする、と首相は要請してきた。会談の詳細は追って電送する。

＊（検）法廷証 PX1049【外務省押収文書「1941（昭和16）年2月24日付け日英関係に関する両国外務省交換公文；松岡外相の確言に対するチャーチル英首相の反応】＝検察側文書 PD702-A〔E: 9821〕〔J: 107（4）〕　証拠として受理され、朗読される。

【PX1049 朗読概要】

　イーデン外相宛書簡を含む日本外相からの覚書を、チャーチル首相に手交。それに対する英国の回答、以下の通り。

　　松岡外相が「極東での不測事態発生を懸念する理由なし」との見方を示し、日本の政策が平和志向であることを確約してくれたことを多とする。

　　松岡外相が「英米には戦争準備をしているような兆候あり」との見方を示したことに触れて首相は、「米英がアジア地域で行っているのは純防衛的な措置で、英国が日本に侵攻行動

<1946-11-7>

に出ることなど有り得ない」と断言した。さらに、イーデン外相が松岡外相宛に書き送った内容について、「駐日英大使がイーデン外相に送った報告のみに基づいて記したものではなく、極東での事態の展開や松岡外相の言動を斟酌した上でのものである」と説明した。

ヨーロッパでの英独間の戦争に関しては、戦前、英国は戦争回避のために、後に世界から宥和政策と指弾されることとなる寛大な対独政策を採ったことが松岡外相の記憶にもあると思考する。にもかかわらず、ドイツは、条約や国際上の信義などを顧みずにポーランド侵攻に打って出て、戦争が開始された。こうなった以上、英国としては戦い抜いて勝利を得る他に採るべき道は考えられない。大英帝国を始め、平和的に生存してきた国際共同体が、長年、軍国主義的国策を遂行してきた国家群と対抗できるようになるためには時間が必要なのは当然のことである。それでも、英国政府は、今この時点でも侵攻を撃退できる自信があり、2、3カ月の内には米国の援助もあって、圧倒的な力を有すると信じている。

その米国の援助であるが、それがなされている理由は、英国の戦争目的が、ナチ政権の本質とも言うべき国際社会での無法と暴力、国内での冷酷な専制政治などを打破することにあるからである。英国がヨーロッパ大陸から取り除こうとしているのはこれに他ならず、他国の独立もしくは一体性を脅かすつもりはなく、この地球上を恐怖とは無縁の地とし、ヨーロッパで蹂躙され奴隷化された国家に自由を回復することができれば、これ以上の喜びはない。達成できれば、世界史上に冠たる出来事として記録されるであろう。

松岡外相は、ヨーロッパの戦争で調停者としての役割を担うことを申し出ているが、以上述べたことに照らしてみれば、領土や交易上等、物質的利益ではなく人類全体の未来がかかった戦いにおいては、妥協や交渉など有り得ないということが理解できるであろう。もし、日英間で戦端が開かれた場合、それは英国政府が最も遺憾とするものとなろう。それは、過去の両国間の友好な関係を顧みてのことではなく、たとえ英国の最終的勝利に疑いがないとしても、戦争が拡大し、長引くことになるからである。

＊（検）法廷証 PX1050【1941（昭和16）年2月25日付け大島駐独大使発松岡外相宛電文：大島駐独大使・リッベントロップ独外相会談－三国同盟の忠実履行】＝検察側文書 PD1592-B　［E: 9826］［J: 107（4）］　証拠として受理され、朗読される。

【PX1050朗読概要】

既に伝えたリッベントロップ外相との会談の際に、「日独関係・三国同盟については、種々の憶測や英米の宣伝活動によってドイツ側にも誤解がなきにしもあらずだが、日本が同盟に忠実なのは大詔煥発によって明らかであり、政府・国民一体となって日本はこの同盟を外交の基調として国策遂行に邁進している」と強調した。外相はこれを了として、「ドイツも日本を同じ船に乗る同士と考えており、ヒトラー総統もこの点には強い信念を持っている。日本もドイツの真意に疑いを持つことがないよう切望する」と述べた。

＊(検) 法廷証 PX1051【1941（昭和16）年2月25日付け重光駐英大使発松岡外相宛電文；チャーチル英首相・重光駐英大使会談詳報－英は支那における日本の活動は喜ぶべきである・日本に対英侵攻の意図なし】＝検察側文書 PD1592-C　証拠として受理され、朗読される。

【PX1051 朗読概要】

1. 24日のチャーチル首相との会見で、首相は、前回自分が送った電文で概略したことを20分間にわたって陳述した。

2. 自分は、首相の発言の中で松岡外相の調停申し出の箇所に言及し、そのような申し出をしたことはないと指摘し、外相は単に東亜の平和を始めとする平和に対する関心を述べたに留まると説明。その後で自分は、日英両国が相互に相手を攻撃する意図がないことを宣命したことで両国の現在の関係は明瞭となったことを認めた上で、両国関係悪化の原因が英国にあることを強調して、次のように述べた。即ち、「英国自身も承知している通り、英国を始めとする諸国の重慶政権への援助がその抗日政策を継続させており、これを日本は、自らが重大関心事としている東洋平和への挑戦であると見なしている。日本には支那を占領する意図はないが、現下の世界情勢では支那をそのままにしておくことはできず、敵対行為に対して反撃することは当然である。事態の悪化を防ぐために、今や太平洋地域では破壊活動を防止するような受動的対策のみならず、積極的な建設的政策を行う時期が来ている。関係各国が自制心を働かし、善意と相互理解を通じて平和をこの地にもたらせれば、世界を破局から救う第一歩となるかもしれない。英国の著名な政治指導者ともこの点について意見を交わした」、と。

3. 首相は、上記のようなことは承知しているとして、「日本の支那での行動によって支那に平和がもたらされるのは喜ばしいこと」と述べ、支那事変に対する英国の立場は中立維持であり、また日本が今後も世界の大国として発展していくことになんら異存はない、とした。首相は、英国の現下の最大関心事はヨーロッパに正義を基調とする平和を回復することで、これは米国の援助を得て必ず達成できると信じているとの見解を表明した。

4. 首相が「三国同盟締結後の日本の政策意図が曖昧模糊としていたので、英米はそれに猜疑心を持って見守ってきたが、最近の内外の新聞報道によって状況が改善されたのは喜ばしい」と言ったので、自分は、「最近の英国からの報道攻勢が日本に好影響を与えたと考えるのは誤りである」と釘をさし、むしろ有害無益であることを伝えた。首相は、意図しての報道操作はしていない、と返答した。

5. この日の会見で首相は、ドイツの行動を非人道的な侵攻行為と呼んで、英国の戦争遂行決意を強調したが、日本の過去の対支政策を批判することはなく、むしろ「我関せず」の態度であった。

＊(検) PX 法廷証 1052【PX58 抜粋；1941（昭和16）年2月27日付けグルー駐日米大使発ハル米国務長官宛電文抜粋－松岡外相・グルー駐日米大使会談】＝検察側文書 PD220-C（12）　〔E:

<1946-11-7>

9833]［J: 107（5）］　証拠として受理され、朗読される。

【PX1052朗読概要】

　松岡外相と本日会談した際に、外相は、シンガポール港での機雷敷設やオーストラリア軍のマラヤ・タイ国境付近への派兵などの報道を引いて、英国政府が極東で日本を刺激する行動を取っており、状況を悪化させている、と非難した。これに対して自分は、「明白な防衛措置を攻勢意図の表れと形容し解釈するのは常軌を逸している。我々の判断の基準となるべきは『事実と行動』［facts and actions］であり、日本の南進政策を示す『事実と行動』は、恵州（［Waichow］和文速記録に倣う）、海南島、南沙諸島、仏印という日本の軍事的進出の足跡を見れば、明白にして具体的であり、英国のみならず米国が重大な懸念を表明するに充分である。日本は仏印で、その海軍の活動に加えてサイゴンの飛行場を占拠したとの情報もあり、これは我が国の権益のみならず領土を脅かすもので、日本の政軍指導者の南進企図を示唆する発言と相俟って、米英が座視し得ないものである」と、応えた。

（6）キーナン首席検察官、ハーディン検察官に替わり、検察主張立証第XI局面「米・英・英連邦諸国関係」第3部「開始された日米英交渉」の検察側立証として、「日本の対米関係」関連中心の書証を提出する。

(英速録9835～9851頁／和速録107号5～7頁)

＊（検）法廷証PX1053【1941（昭和16）年2月27日付け松岡外相発チャーチル英首相宛重光手交（1941［昭和16］年3月4日）提案「第二次我方申入」；日本は三国同盟に忠実・日英戦争は遺憾】＝検察側文書PD1339-A（7）　証拠として受理され、朗読される。

【PX1053朗読概要】

　日本国外相は、英国外相からの2月24日付け書簡を受領し、その内容に留意したことをお知らせする。
　外相からチャーチル首相に、書簡の内容について述べておきたいのは、日本が交戦国間の調停の労を執る云々という件については、日本にはその意図はなく、ただ平和の回復という問題についての自国の考えを一般的、抽象的に述べただけということである。外相は、これまで三国同盟に関して一再ならず表明してきたことをここで繰り返すことは場違いなことではない、と考え、以下のことを伝える。即ち、「三国同盟は、ヨーロッパの戦争や事変に新たに参戦する国が出ないようにすることが目的であり、その意味で戦争の規模と範囲を限定するので、平和回復を志向するものである。それを願う日本の理念は同盟条約の前文に明記されており、日本はそれを忠実に守り、締約国としての義務を果たしていく」、と。外相はさらに「日英開戦となったならば、

それは遺憾とし、かつ忌憚すべき事態であり、その理由は過去に両国が良好な同盟関係にあった時代を懐古するがためのみならず、そうなった場合に現代文明を破却して人類が成し遂げてきた成果を没却する危険性があるからである」と表明する。

　（この後、裁判長ウェッブが、当文書の表題「第二次我方申入」の「申入」の英訳である"offer"という語を問題にし、「日本側から何か"offer"があった事実をこの文書の内容から読み取れるか？」、と質す。キーナン首席検察官が、「検察は、提出文書記載の、もしくは証人発言の内容を、事実であると必ずしも主張しているわけではない」とした上で、文書に記されていることについては「日本が自ら主導する平和を"offer"したものであると読み取ることも可能である」などと答えているが、これは和文速記録107（6）頁で林言語裁定官が「申入レマタハ提案」と訂正していることから推測するに、「申入」という言葉が"offer"と訳され、それを裁判長が「提案」のような意味に受け取って、その誤解に基づいて質問したことに端を発した論議であると思われる。被告木戸弁護人ローガンがキーナンの「検察は、提出文書記載の、もしくは証人発言の内容を、事実であると必ずしも主張しているわけではない」という発言を問題にして、「証拠の提出や証人申請の場合、検察側は常にその信頼性を言い立ててこれを行うものである」と、弁じる。裁判長ウェッブは「提出する証拠の中で表題が間違っていた場合、それを検察側が事実として主張すべきであるとするのは無理がある」、と応答する。この発言から推察するに、ここに至って裁判長も、言語裁定官の訂正などを聞いたからか、誤訳の可能性に思い至ったようである）

＊（検）法廷証PX1054【1941（昭和16）年3月4日付け松岡外相発野村駐米大使宛注意喚起電文；米国政府に対する返答は本国政府と歩調を合わせよ】＝検察側文書PD1593-A　［E: 9838］［J: 107（6）］　証拠として受理され、朗読される。（上記の「申入」をめぐる論議の前に証拠として受理されているが、朗読がその後になされたので、便宜上ここで一括して記す）

【PX1054朗読概要】

　貴官が慎重を期して応答した事情は理解できるが、自分は既に衆議院予算委員会で「米国がドイツを攻撃した際には参戦するか」との問いに肯定の返事をした事情もあるので、貴官におかれては、これ以降この種の質問に答える際には自分と歩調を合わせて欲しい。

＊（検）法廷証PX1055【1941（昭和16）年3月8日付け東京日々新聞記事「国家総動員法改正」】＝検察側文書PD2530-A　証拠として受理され、朗読される。

【PX1055朗読概要】

　第76議会を通過した改正国家総動員法の適用に関する細則は3月20日に施行されると、3月7日の閣議で決定した。

＊（検）法廷証PX1056【PX58抜粋；1941（昭和16）年3月8日付けハル米国務長官・野村駐米大使会談覚書抜粋；米は日独の軍事行動に多大の懸念】＝検察側文書PD220-C（21）（英文速記録は、提出冒頭部の説明では「20」とするが、その本文の朗読部及び和文速記録では「21」とする）［E:

<1946-11-7>

9843］［J: 107（6）］　証拠として受理され、朗読される。

【PX1056朗読概要】

（原文は2人の会話を三人称で記録しているが、煩雑を避けるため一人称の直接話法でまとめる）

野村
　両国間の戦争が不可避的にもたらしかねない破壊的結末を考えれば、そのような戦争が起きることは考え難い。

ハル
　我が国も同じ考えである。ここでお訊きしたい。貴国政府を支配下に置く軍閥勢力の見立てによれば、2～3の国家が地球上の他の国々や七つの海と4大陸の交易ルートを制圧しようとしているのを目の当たりにして、米国のような国が、座視したまま事足れりとして黙っていると考えるのか？　法、正義、秩序、公正、平等といった原則を武力と征服行為によって踏みにじろうとする動きを現前にしても、我が国の如き国家が静観し続けると思っているのか？

野村
　日本は軍事的占領を意図してはいない。むしろ、米国の禁輸措置こそが大きな関心事となってきている。禁輸措置が日本の指導層を心理的に追い込むことがない限り、我が国がさらなる軍事行動に打って出ることは考えられない。

ハル
　軍事的拡大と領土獲得に手を染め、それがどこまで及ぶのかについて米国や他の国々の不安を煽り立てたのは日本であるから、これからのことの成り行きは日本の出方次第にかかっている。我が国にはなんの非もなく、日本を含む3国の征服行動に巻き込まれた国の中に、我が国が作為・不作為の責任を負うべきと非難してきた例は一つもない。

野村
　（日本が広い地域にわたって正当化する根拠のない征服行為を武力によって推し進めているという主張に、控えめな態度で反論する）

ハル
　三国同盟条約の条文、ヒトラーや松岡を始めとする日本の指導者の公式発言から明らかとなっているのは、同盟国は自分達主導でアジア・ヨーロッパのみでなく、全世界で武力による新秩序建設を目論んでいるということである。大使が、それらの言動や、言動に沿った軍事行動を如何様に意味づけようとしても、これまでの事なかれ主義から目覚めた米国国民は、他国・他国民を犠牲にして自国の利益を図ろうとしているように見受けられる独伊の行動を、重大関心事として注視している。ヒトラーが、自らが予告した通りの征服に次ぐ征服並びに専制的支配を続ける限り、また、日本の陸海軍が他国の領土・利権を求めているとしか考えられない武力侵攻を続ける限り、このような米国国民の危惧・憂慮の念が止むことはない。

野村

（再び、日本の軍事的占領という見方に修正を加えようとする）

ハル

　日本軍が支那全土は勿論、タイや仏印などにも展開され、それと共に政治指導者が恫喝的とも言える発言を繰り返している現状を目の当たりにしては、国際情勢に関心を持ち、特に武力による世界制覇と野蛮なる統治手段の行使に歯止めをかけることを死活問題としている諸国家は、その関心の度を深めざるを得ない。我が国と他のほとんどの国々は、政治・経済・社会・文化などでの国際関係を平和裏に進めることを宣命し、実行している。この原則に則って、米州地区21カ国のように、一定地域の国家が互恵的関係を結ぶことがあるが、域内で採択された原則は域外の国家にも適用され、通商上の機会均等の原則もそれに含まれる。これと著しい対照を見せるのが大東亜新秩序であり、それは軍事的侵攻行動に裏打ちされた征服計画であって、政治上、経済上及び軍事上の支配を恣意的に推し進めようとするものであると見なされている。

＊（検）法廷証PX1057【PX58抜粋；1941（昭和16）年3月14日付けローズベルト大統領・野村駐米大使会談のハル米国務長官覚書抜粋；日本の意図に対する米国の疑惑と恐怖】＝検察側文書PD220-C（22）［E: 9847］［J: 107（7）］　証拠として受理され、朗読される。

【PX1057朗読概要】

（原文は3人の会話を三人称で記録しているが、煩雑を避けるため一人称の直接話法でまとめる）

ローズベルト

　三国同盟は米国の世論を激昂させるものであった。これによって、独伊がスエズ運河に、日本がシンガポール・蘭印・インド洋に向かって、連携して作戦行動を進める計画が進行中であると考えられたからである。

野村

（強い口調で）我が国の南方進出はない、と考える。

ローズベルト

　大使が言ったように、両国間の懸案は戦争に訴えることなしに解決できることに疑いはなく、その第一歩は、日本の政策意図に対する疑惑と危惧の念を払拭することである。

ハル

　松岡外相が枢軸同盟の勢いに乗ってベルリンに向かう道々で気炎を上げ、日本の海軍航空部隊が仏印・タイ・サイゴン方面に明確な理由もなく展開しているといった状況に直面して、我が国の世論が心情・理性の両面でいかに先鋭化してきたかを、大使は理解すべきである。

＊午前10時45分、裁判長ウェッブ、15分間の休憩を宣す。
＊午前11時、法廷、再開する。［E: 9850］［J: 107（7）］
＊キーナン主席検察官、証拠の提出と朗読を続行する。

<1946-11-7> 2 検察主張立証段階 645

＊（検）法廷証 PX1058【木戸日記（1941［昭和16］年4月3日）；豊田海軍次官を商工相に鈴木を企画院総裁に起用】＝検察側文書 PD1632-W（48） 証拠として受理され、朗読される。（実際は休憩前に検察側が提出し、証拠受理されたのは休憩後であるが、便宜上ここに一括して記す）

【PX1058朗読概要】

1941（昭和16）年4月3日：控室で近衛首相から、豊田（貞次郎）海軍次官を商工相に、鈴木（貞一）中将を企画院総裁に起用する案について相談があり、同意する。（午後）4時40分、近衛から電話で「今朝の案には陸海両相も大いに乗り気であるので、早速その線で話を進める」と言ってきた。

2—11—4　検察主張立証第 XI 局面「米・英・英連邦諸国関係」第4部「ワシントン日米交渉第一段階—1941（昭和16）年6月30日まで」

(英速録 9851～10137頁／和速録 107号7頁～109号3頁)

(1) キーナン首席検察官、検察主張立証第 XI 局面「米・英・英連邦諸国関係」第4部「ワシントン日米交渉第一段階—1941（昭和16）年6月30日まで」の立証を開始する。

(英速録 9851～9874頁／和速録 107号7～11頁)

＊（検）法廷証 PX1059【PX58抜粋；私人たる米国人・日本人を通じて米国務省に提出された提案（1941［昭和16］年4月9日）－いわゆる「日米諒解案」】＝検察側文書 PD220-C（23） 証拠として受理され、朗読される。

【PX1059朗読概要】

日米民間人を通じて1941年4月9日国務省宛提出された私案。

1. 日米両国政府は、両国間の長きに亘る友好関係を復活させるための協定の作成と締結に共同責任を有する。両国の間柄を疎遠なものにした特殊要因は慮外に置いて、両国国民間の互いへの親近感を減殺させた事態の再発を防止し、それが予見し得ないような不幸な結末を招来しないようにしたいというのが、両国政府の真摯な願いである。両国の現在の望みは、共同で太平洋地域に正義に根ざした平和を確立し、友好関係を急速に進展させることによって、文明社会を脅かしている混沌とした事態の流れを消滅させることができないまでも、止めることである。交渉を漫然と長引かせたりすることは、これをなすには不向きかつ消極的な手法であるので、我々は、両国政府を倫理と行動の両面で律するべき全般的了解成立が可能となるような手続きが編み出さ

れるべきであり、そのような了解は、緊急を要する枢要な問題のみを包含すべきであると考える。我々は、以下のような事項や、それについての両国の姿勢が明確にされ、改善されるならば、両国が融和の方向に向かえると期待するものである。

1) 日米両国の国際関係の見方、及び国家観
2) ヨーロッパの戦争に対する両国政府の態度
3) 支那事変をめぐる両国の関係
4) 太平洋に於ける海軍、航空、商船関係
5) 両国間の通商・金融協力
6) 太平洋南西地域での両国の経済活動
7) 太平洋での政治的安定に影響する両国の政策

2. 以上の点について、我々は次のような了解に達した。無論、これらは米国政府の修正を受け、日本政府による最終的決定を受けるものとする。

1) 日米両国の国際関係の見方、及び国家観

日米両国政府は、相互に、相手が平等な主権国家であり、太平洋を挟んだ隣国であることを認める。両国政府は、その国策が恒久平和の確立と、両国民が尊厳を以て信頼し協力し合える時代を創出することに向けられていることで一致していることを確認する。両国政府は、世界の諸国家と諸民族が一家族の構成員であり、その構成員たる国家は、自国の国益を、平和的手段を通じて追求し、それによって物心両面での幸福を追求することが国家間相互に平等に認められた権利と義務であり、これは構成員が自らのために守るべく、かつ他の構成員に対して否定してはならない原則であるという概念・確信を、古くから綿々と捧持してきたことを宣命する。両国政府は、各々において古来よりの国家・国民観がその命脈を保ち続けており、それらと相反する外来の思想並びに思想体系によって改変されるべきでないことを固く決意する。

2) ヨーロッパの戦争に対する両国政府の態度

日本政府は、三国同盟が従前から今に至るまで防衛本位のもので、ヨーロッパでの戦争への参戦国拡大防止を目的としたものであることを断言する。また、日本政府は、三国同盟の軍事上の義務は、他の締約国が、ヨーロッパの戦争にまだ参戦していない国から侵攻的攻撃を受けた際にのみ発動することを宣命する意向である。米国政府は、ヨーロッパの戦争に対する同国の姿勢が、一国を援助して他国と対峙するような侵攻的同盟関係によって決定されるものではないことを断言する。また、米国は、非戦を国是としているが故に、そのヨーロッパ戦争への姿勢は自国の安全保障及び国民の福祉・安全のみを考慮して決定されることを断言する。

3) 支那事変をめぐる両国の関係

以下の条件を日本政府が承認するならば、米国大統領は蒋介石政権に日本との和平交渉を行うよう要請する。

イ．支那（英原文は"China"であるが、和文速記録は恐らく、蒋介石政権及び汪精衛政権各々による「中華民国」の省略形としての「中国」を念頭にしたのであろうか「中国」としている）の独立

ロ．日支間で締結する協定に従っての日本軍の支那からの撤兵
　ハ．支那領土の非割譲
　ニ．非賠償
　ホ．門戸開放政策の再開　その解釈・運用については日米間で適当な時期に協議
　ヘ．蒋介石・汪精衛政権の合体
　ト．支那領内への日本からの大規模移民の禁絶
　チ．満州国の承認
　大統領の前記要請を蒋介石政権が承諾した場合、日本政府は合体した支那新政府乃至はその構成機関と直接交渉を開始する。日本政府は、支那に対し、上記の全般的条件の範囲内、及び善隣友好・防共・経済協力の線に沿って具体的和平条件を提出するものとする。蒋政権が大統領の要請を拒否した時には、米国は支那に対する援助を停止する。
　4）太平洋に於ける海軍、航空、商船関係
　イ．日米両国民は共に太平洋の平和維持を望むが故に、相手を脅威するような海空軍力の配備をしないこと。詳細は、後刻開かれるべき合同会議で決定すること。
　ロ．その会議の終了後、両国は、太平洋での平和の新時代を画するため、艦隊による親善訪問を行うことが望まれる。
　ハ．支那事変解決の曙光が見えた時、米国政府が希望するならば、日本政府は、その所有船舶の一部を、主として太平洋に運航させるために、米国人が傭船契約を結べるようにする。現在の傭船契約が満了次第、それができるよう日本政府は斡旋の労を執る。そのような船舶の総トン数については、会議で決定する。
　5）両国間の通商・金融協力
　本諒解を両国政府が正式に承認した時、両国は保有している物資の中で相手国が必要としているものを相互に供給することを約する。両国政府は、以前日米通商航海条約で確立されていた正常な交易関係を復活するために必要な措置を講じることに同意する。両国が新たな通商条約締結を望む場合には、話し合いの場で煮詰めて、通例の手続きを以て締結することとする。両国間の経済協力を促進するため、米国は日本に対し、極東での経済状況改善並びに両国政府間の持続的経済協力を目的とした貿易と産業の発展を促進するために、充分な額の金借款（原英文は"gold credit"であるが精確な意味は不明）を供与することを提案する。
　6）太平洋南西地域での両国の経済活動
　太平洋南西部での日本の活動が武力によらず平和的手段のみで行われるとの誓約がなされた上で、米国は、日本がその必要とする石油、ゴム、錫、ニッケルなどの天然資源を生産し獲得するのに協力・支援すること。
　7）太平洋での政治的安定に影響する両国の政策
　イ．日米両国は、極東・太平洋南西地域で現存の領土と国家をヨーロッパのいかなる国家にも割譲・譲渡しない。

ロ．日米両国政府は、フィリピンの独立を協同で保障し、挑発行為を受けていない第三国が侵攻行動を同国に対して起こした場合には、救援手段を講じる。

ハ．日本政府は、香港・シンガポールが英国の極東におけるさらなる政治的進出の起点とならぬようにするため、米国政府に外交的支援を要請する。

ニ．米国及び太平洋南西地域への日本人の移民に対して、他国民との平等待遇・非差別の原則を基礎として、好意的に対応するよう考慮する。

3．会議

イ．日米両国代表会議をホノルルで開催することとし、ローズベルト大統領と近衛首相が開会を宣言する。各国の代表は、専門・事務員を除いて五名以下とする。

ロ．会議には外国のオブザーバーの列席を許す。（英文速記録9860頁 "There shall be foreign observers..." をそのまま訳したが、和文速記録の「列席を許さず」の方が、文脈上も正しいようである）

ハ．この会議は、本諒解が成立次第、開催する。

ニ．会議の議題は、本諒解中の事項を再考することは含まず、事前に合意した項目の具体的論議、並びに諒解事項を実行することを中心とする。具体的議題は両国政府の合意によって決定する。

4．追加

本諒解は、両国政府の秘密覚書として保存すること。発表に際して、発表すべき範囲、その態様、時機は、両国政府が決定する。

＊キーナン首席検察官、検察側が当該局面で後刻、国務長官付特別補佐官［Special Assistant to the Secretary of State］であった（ジョセフ・W・）バランタインを証人として出廷させ、同人に（日米諒解案に関わる？）非公式協議に関して証言させること、並びにそれら協議に関わる文書も証拠として提出することを報じ、政府による公式の協議や文書でないものが多々提出されることに、法廷の注意を喚起する。

＊（検）法廷証 PX1060【PX58 抜粋；1941（昭和16）年4月14日付けハル米国務長官・野村駐米大使会談覚書抜粋；日米諒解案への対応】＝検察側文書 PD220-C（24）［E: 9863］［J: 107 (9)］ 証拠として受理され、朗読される。

【PX1060 朗読概要】

日本大使が、当方の求めに応じて私のアパートに来訪。自分は大使に、先日自分も同席した大統領との会談で、日米関係を改善するために、これまで悪化してきた経緯を探った上で、以前のような良好な関係に戻すために実行可能な方策がないかを検討することを提議したことを想起してもらい、当日会談を求めた理由として「最近大使側近の者が両国関係改善のための提案を作成しており、大使もそれに関わっているとの報告を受けた」と伝えた。自分は、「その報告の真偽のほどは知らないが、両国間の懸案処理に向けては、大使のみを交渉相手とする」と付け加えた。

<1946-11-7>

　自分はそれから、この日の会談を求めた理由が、最近日米両国人数名が個人の資格として両国関係改善に貢献したいとして国務省に提出してきた文書の内容を、どの程度大使が承知しているか、大使はその文書を両国間の交渉の叩き台として正式に提出する意図があるのかを訊きたかったからであったと伝えた。自分は、以前の会談で、正式な交渉を開始する前にいくつかの懸案について予備会談が開かれるべきであると決定したことを指摘し、それに従えば「大使は斯様な文書を今の段階で公式に提出するべきではない」とした。大使は即座に、「該文書についてすべてを知っているわけではない」(和文速記録107 (9) 頁対応部では、「右文書ノ全部二関シテ承知セル事……」と肯定形で約されているが、英文速記録9865頁記載の"he did not know all about this document"に従って要約した) と言った上で、「それら日米両国人とは多少の協力関係にあり、該文書は交渉の基礎をなすものとして提出する意向である」とした。大使はさらに、両国間の平和を維持するための自分の熱意を伝え、そのためには権限内でいかなることでもなすと発言。そして、もし戦争となった場合、それが数年間にわたって続く可能性があり、関係する諸国すべての国力を疲弊させ、両国にとっても大災厄となることを強調し、日本には南進の意図がないとの見方を強く表明した。

＊(検) 法廷証PX1061【PX58抜粋；1941（昭和16）年4月16日付けハル米国務長官・野村駐米大使会談覚書抜粋；日米諒解案もしくはその他解決案による解決の米国側条件－領土保全・相互不干渉・機会均等・現状変更手段としての武力行使の否定】＝検察側文書PD220-C (25)

　　証拠として受理され、朗読される。

【PX1061朗読概要】

　自分は大使に「自分が受けた報告では、大使及び大使と協力関係にある日米両国民間人の共同作業による文書には、米国政府が即座に同意できる提案が沢山ある一方で、修正、加筆、全面削除を必要とする箇所や、米国政府の提案として新たに付け加えるべき事項も当然あると聞いている」とした上で、次のように述べた。

　我が国政府が、予備的協議の段階で最も重要と考えているのは、日本側に以下のことを遂行する意欲・能力があることを事前に確約するか否かである。即ち、この文書で示された方針や以前の協議で取り上げられた諸点に沿って事を進めること、武力による軍事的征服主義と政策遂行手段としての武力行使並びに奪取した財産・領土に対する権利の主張を止めること、すべての国際関係を律すべき基盤をなすものとして我が国が捧持・実践している原則を受け入れることであり、その原則とは以下の通りである。

1. すべての国々の領土保全と主権の尊重。
2. 他国への内政不干渉の原則の捧持。
3. 通商上の機会均等を含む平等原則の捧持。
4. 平和的手段によって改変可能な場合を除く、太平洋地域での現状維持。

　ここで回答をするか、本国政府に照会した上でそうするかは、大使の裁量に委ねる。我々がま

だ本格的交渉の段階に達しておらず、予備的・非公式的に本交渉への地ならしをしているだけであることは理解されているであろう。

＊（検）法廷証 PX1062【1941（昭和 16）年 4 月 12 日付けウインストン・チャーチル代理外相（英文及び和文両速記録によるが、チャーチルは既に 1940［昭和 15］年 5 月 10 日に首相に就任している）発松岡外相宛モスクワ滞在時受領書簡；日英提携慫慂の提案】＝検察側文書 PX1339A（9）［E: 9868］［J: 107（10）］ 証拠として受理され、キーナン首席検察官によって、抜粋が朗読される。

【PX1062 朗読概要】

（注：当該書簡は、松岡外相の欧州滞在時に同外相に会うことを予定していた重光葵《駐英大使》によって同外相に手渡されるはずのものであった）

日本国及び日本国民が関心を向けるに値する事項につき、いくつか質問の形で述べたいと思う。即ち、以下の通りである。

（1）制海権と英国上空での昼間の制空権を確保していないドイツに、今年の春、夏、秋の間の英国本土上陸と占領が可能であろうか？ ドイツはそれを試みるであろうか？ これらに対する回答が得られるまで待つことが日本にとっては得策ではないのか？

（2）英米がその産業を戦時体制に転換させている中、ドイツによる英国海上輸送路への攻撃は、米国の対英援助を阻止できるほど強力であろうか？

（3）日本の三国同盟加入は、米国参戦の可能性を大きくしたであろうか、小さくしたであろうか？

（4）米国が英国の側に立ち、日本が枢軸側に立って参戦した場合、英米の海軍力は、日本とヨーロッパの独伊とを同時に相手にできるほどに優勢ではないのか？

（5）イタリアはドイツにとって強みか重荷か？ イタリア海軍はデータが示す通りの実力を実戦で発揮できるか？ はたまた、データ上でも以前と同じ勢力を保っているのか？

（6）英空軍は 1941（昭和 16）年末までに独空軍を戦力的に凌駕するであろうか？ 1942（昭和 17）年末までにその戦力差はもっと開いているであろうか？

（7）ドイツ軍とゲシュタポの支配下にある国々が時の経過と共にドイツに対して募らせていく感情は、好意か敵意か？

（8）1941（昭和 16）年の米国の鉄鋼生産量は 7,500 万トンと見込まれ、英国の見込み生産量の 1,250 万トンと併せれば、9,000 万トン近くになるのは真実か？ ドイツが前回同様負かされた場合、日本の鉄鋼生産量 700 万トンは単独で戦争を戦うには不十分ではないのか？

これらの設問に答えて、日本は壊滅的災厄を回避し、西側世界の海洋大国英国との関係改善に向かうことであろう。

＊（検）法廷証 PX1063【1941（昭和 16）年 4 月 22 日付け松岡（外相）発ウインストン・チャーチル（首相）宛返答電文；日英提携慫慂提案に対して八紘一宇の主張】＝検察側文書 PD1339-A

<1946-11-7>

　　(10)　[E: 9871] [J: 107（10）]　証拠として受理され、朗読される。

【PX1063 朗読概要】

　モスクワで書簡を受領したことを報告する。そして、自分が訪欧中に貴国政府が我が国の大使に便宜を図って下さったことに感謝の意を表する。日本の外交政策は、常に大和民族の目的とする八紘一宇の理想を地球上に実現することを企図する傍ら、日本が直面するあらゆる事実と事態を検討した上で決定されるものである故、御安心を請う。なお、八紘一宇とは、いかなる民族に対しても征服、圧政、搾取を行わないという日本が目指す普遍的平和の思想である。一度政策が決定された以上は、決然と、なおかつ変転する事態に対応しつつ、細心の注意を以て、それが実行されることは言うまでもない。

＊（検）法廷証 PX1064【PX58 抜粋；1941（昭和16）年4月14日付けグルー駐日米大使発近衛兼摂外相宛抗議通牒抜粋：昆明爆撃による米人生命財産への危険】＝検察側文書 PD219-P（73）
　　キーナン首席検察官、（検）法廷証 PX58【米国対日外交関係叢書1931（昭和6）年〜1941（昭和16）年第2巻】よりの抜粋を証拠として提出する。証拠として受理され、朗読される。

【PX1064 朗読概要】

　今年2月4日外相閣下宛の覚書で、支那の昆明に対する1月29日の日本軍の空爆で現地の米国領事館が極めて危険な状況に陥り、4月8日にも同地で米国人の生命・財産が無差別爆撃によって再び危険にさらされたことを報告した。今回は、「在昆明米国領事によると、小児3人を含む米国人7人が居住していた支那奥地伝道会［China Inland Mission］が（爆弾の）爆発によって大きな被害を受け、危うく焼失するところであった。同時に、米国人の領事館事務員が居住する隣接家屋が爆発の衝撃を受け、ガラス、漆喰、タイル、電灯器具などが損傷を受けた」と、報告する。

（2）ウイリアムズ検察官、キーナン首席検察官に替わり、検察主張立証第 XI 局面「米・英・英連邦諸国関係」第4部「ワシントン日米交渉第一段階―1941（昭和16）年6月30日まで」の検察側立証として、関係証拠書類の提出を続行する。

　　　　　　　　　　　　　　　　　　　　（英速録9874〜9934頁／和速録107号11〜18頁）
＊（検）法廷証 PX1065【木戸日記（1941［昭和16］年4月19日）；日米関係・独ソ関係で奏上、野村駐米大使請訓の「日米諒解案」に付き近衛首相と協議】＝検察側文書 PD1632-W（49）
証拠として受理され、朗読される。

【PX1065 朗読概要】

　午後1時20〜43分、天皇に拝謁して、独ソ関係及び対米関係などについて報告する。来栖大使が奏上。自分は陪席を許される。近衛首相が来訪し、野村大使が指示を求めてきた件などについて懇談する。独伊に対して同盟国としての信義を守り、我が国の国是である大東亜新秩序建設を妨げないよう充分研究、工夫してその実現に努力すべきであるという結論で一致した。（英文速記録9875頁の英訳には不正確な箇所があって、後に言語裁定官が訂正するので、ここでは和文速記録所収に従った。英文速記録10664頁参照）。

＊（検）法廷証PX1066【木戸日記（1941［昭和16］年4月28日）：対米政策奉答、陛下御満足】＝検察側文書PD1632-W（50）　証拠として受理され、朗読される。

【PX1066 朗読概要】

　風邪をひいて静養する。午前11時30分、松平（康昌）秘書官長、来訪し、次の二点について自分に御下問があったことを伝えた。即ち「①今回のように、首相・外相・内大臣が同時に病気となった場合、外交問題などについての下問はいかにしてすればよいか、②対米政策のその後の進捗状況」であった。これらに対する答えを伝えて、天皇に報告してくれるよう依頼する。午後、秘書官長から電話があり、天皇が答えに満足しており「充分静養するように」とのお言葉があったことを伝えてきた。

＊被告木戸弁護人ローガン、（検）法廷証PX1066における翻訳語の訂正を、申し立てる。裁判長ウェッブ、言語裁定官への照会に付す（使用すべき人称代名詞の誤りについての指摘。英文速記録9877頁の英訳を見る限り、ローガン弁護人の指摘が入れられて訂正され、訂正後の語句が記録に残された模様）。

＊（検）法廷証PX1067【1941（昭和16）年1月23日付けジャパン・タイムズ・アンド・アドバタイザー紙抜粋；一億人を目標とする人口増加運動に内閣、対策を講ず】＝検察側文書PD2529-A　［E: 9878］［J: 107（11）］　証拠として受理され、朗読される。

【PX1067 朗読概要】

　東亜の指導には人口の増加と資質の改良が必要－当局者談（見出しの一部）。

　同盟通信電によれば、日本の基本的人口政策を水曜日の臨時閣議で決定。これは、星野直樹内閣企画院総裁が詳細を説明して、関係諸大臣が意見を述べた後、微細な変更を加えただけで満場一致で承認されたものである。閣議直後の情報局声明書によれば、政府は、東亜での日本の指導力を確保するために、我が国の人口を急速かつ絶えることなく増加させると共に、日本人の資質を向上させ、かつ人口配分を適正にするために、新たな人口政策を確立するに至った。

<1946-11-7>

1. 目標は一億

1945（昭和20）年の日本本土の全人口は1億とすることを目標にする。目指すのは、日本の人口を間断なく増加させて質・量両面で他国を凌駕し、軍事・経済的目的達成に必要な人的資源を確保し、東亜諸民族に対する優越性を確保することである。政府は、新婚者に給付金を支払うことによって平均結婚年齢を3年早め、1世帯の出生人数を5人にすることを目標とする。出生率の増加と死亡率の低下、そして個人よりも家・民族を基礎とする世界観の徹底に努力する。出生率増加を図るため、政府は特別の機関を指定して、結婚の奨励、結婚費用の軽減、20歳以上女子の雇用制限、多子家庭への物資の優先供給などを実施する。

2. 産児制限は禁止

母性及び乳幼児保護のために種々の制度を発足させ、中絶・薬品使用による産児制限は厳禁する。死亡率を低下させるため、政府は結核予防と乳幼児死亡防止に特別な努力をする。政府の計画では、今後20年間で死亡率を35％下げる予定。国民の資質を向上させるため、政府は東京・大阪などの大都市の人口を減少させることに重点を置いて人口の再配分を図る。

3. 農村は現状維持

農村は兵力・労働力の最良の供給源であるので、農業人口は一定水準を維持する。壮健な青年を養成するために体育施設を拡充して、一定期間、特別な精神及び肉体の訓練を施す制度を新たに設ける。これに関して、情報局総裁伊藤述史は、「大東亜共栄圏確立は日本人に託された一大使命であるから、日本人は東亜の指導者としての責任を負わなければならない」と語り、「アジアの指導者となるためには、日本人は、その数を増やすだけでなく、資質を向上させる必要がある。そのためには、個人主義的思想を民衆の心から根絶し、種々の産児制限措置をなくし、家・民族を基礎に置いた世界観を普及させねばならない。そして、早婚・多産が奨励されるべきである」と付け加えた。

*（検）法廷証 PX1068【1941（昭和16）年5月6日付けオット駐日独大使発リッベントロップ独外相宛電文685；松岡外相・オット会談 − 独米戦・独ソ戦への日本の態度、日米諒解案、日ソ中立条約】＝検察側文書 PD4059-A　[E: 9882]［J: 107（11）］　証拠として受理される。
*午前11時55分、裁判長ウェッブ、昼の休廷を宣す。
*午後1時30分、法廷、再開する。[E: 9884]［J: 107（12）］
*ウイリアムズ検察官、提出済み（検）法廷証 PX1068 の朗読を開始する。

【PX1068 朗読概要】

本日、松岡外相と長時間にわたり会談した際に、以前送った電文の内容を話したところ、松岡は自分の考えに賛意を表明。そして、自らの現在の世界情勢判断を以下のように独外相に伝えるよう要請した。（原文は、松岡の発言を三人称で綴っているが、煩雑を避けるため以下一人称でまとめる）以下の通りである。

総統の演説を昨日読んだが、その議論が論旨的確で叡智に満ちていることに非常に感銘を受けた。それに対して、ローズベルトは、そのヒステリックな毒舌振りから判断して、気がおかしくなっているような印象を受ける。

　米国からの提案の内容については、それに対する自分の見解を要路の筋が受け入れた時点でお知らせする。モスクワ訪問中に旧知の駐ソ米大使と会談したが、恐らく、同大使が爾後に本国に送った報告が基となって出された提案であろう。ローズベルトへの批判的な見方を隠さなかった同大使は自分に、米国参戦の際の日本の対応を質してきたが、自分の答えは『即座に枢軸側に立って参戦する』というものであった。大使は本国に、この自分の返答の調子を弱めて『日本の干渉』ぐらいの意味合いにしたようだが、自分は『参戦』の意であることを強調した。

　米国からの反応を期待していたら、帰国後、今話したような米国提案が届いていた。財界や海軍首脳部などは米国との交渉を支持する姿勢であったが、それに難色を示しそうな軍の一部勢力などもいたので、自分はそういった勢力の説得に動き、最終的に政府は、米国提案に暫定的回答を送ることとした。ヒトラー総統も、その演説内容から窺うに、米国参戦阻止の意向を持っているようなので、自分もその線で動くが、自分の個人的見解では、米国は参戦に向かう勢いを強めているようである。日本国内での論議の参考に供するため、米提案に対する独外相の見解を早い時機に得られれば幸いである。

　日ソ中立条約の締結は、自分も可能だと思っておらず、ベルリンを離れる際にリッベントロップ外相には『ソ連側にその用意があればの話』と言ったものである。ソ連が応じたのは、ドイツを恐れるが故である。スターリンは戦争を避けたがっており、米英と同盟関係に入るなど問題外だと言っていたが、中立条約の目的の一つは、正に米ソ接近を阻止することにあった。スターリンによれば、ソ連が三国同盟に加わらなかったのは、連合国がソ連の助けを必要としていなかったからで、もしそのような必要性の故に連合国がソ連に接近してきたら、ソ連は枢軸側と協調するとのことであった。（オットが、独ソ開戦となって、米国がウラジオストック向けに軍事援助物資を送るようになった場合の日本の対応を質したのに答えて）独ソ戦勃発の場合、日本が中立を維持することはあり得ず、必然的成り行きでドイツ側に立ってソ連を攻撃する。また、個人的見解だが、米国が参戦してきた場合、長期戦が予想されるから、ヒトラー総統は資源供給地域を確保するために、ソ連にまつわる問題を思い切った形で解決しようとするのではないか。そうなった場合には、ドイツが迅速な勝利を得ると確信している。

　自分は松岡が率直に意見を開陳してくれたことに謝意を表し、リッベントロップ外相の（日米諒解案に対する？）見解を早い時機に伺うことを約した。この日の会談で、日本がシンガポールを攻略すべきことを説いたのは勿論である。

＊ウイリアムズ検察官、続けて提出済み（検）法廷証 PX58【米国対日外交関係叢書 1931（昭和 6）年〜1941（昭和 16）年第 2 巻】よりの抜粋書証 4 通（PX1069〜PX1072）を提出する。

＊（検）法廷証 PX1069【PX58 抜粋：1941（昭和 16）年 5 月 6 日付けグルー駐日米大使発松岡外

<1946-11-7>

相宛抗議通牒抜粋－昆明米国総領事館爆撃】＝検察側文書 PD219-P（74）［E: 9890］［J: 107（12）］　証拠として受理され、朗読される。

【PX1069 朗読概要】

　日本軍の昆明に対する度重なる無差別爆撃によって同地の米国人の生命と財産が脅威と被害を受けたことについては、外相不在中、近衛首相に宛てた4月14日付けの電文でも触れたが、同市の米国領事からの報告によれば、4月29日の空襲で領事館は甚大な被害を受けたとのことである。幸いにも死傷者はなかった模様。

＊（検）法廷証 PX1070【PX58 抜粋；1941（昭和16）年5月12日付け野村駐米大使発ハル米国務長官宛手交提案草案－日米諒解案への日本側対案（松岡外相構想案）】＝検察側文書 PD220-C（26）［E: 9891］［J: 107（12）］　証拠として受理され、朗読される。

【PX1070 朗読概要】

　［I］1941（昭和16）年5月12日日本大使（野村）より米国務長官宛首肯された提案の草案。アメリカ合衆国政府と日本国政府との間に協定せられたる秘密文書。
（途中裁判長ウェッブが、朗読を遮ってPX1059と内容が酷似していることを指摘するが、ウイリアムズ検察官は「PX1059は国務省に提出された私案で、これは日本政府の対案の草案である」と説明して朗読を続行する。以下、PX1059と同じ部分は極力省略し、相違のある箇所を主に抜き出して、説明を付しつつ要約する。なお、両者の内容上の差異は、開戦前の日米交渉の中で重大な転換点となったものではある）
（前文は、PX1059とほぼ同じ）
　両国政府は、以下のような事項や、それについての両国の姿勢が明確にされ、改善されるならば、両国が融和の方向に向かえると期待するものである。
　1. 日米両国の国際関係の見方、及び国家観
　2. ヨーロッパの戦争に対する両国政府の態度
　3. 支那事変をめぐる両国の関係
　4. 両国間の通商（PX1059では「4）太平洋に於ける海軍、航空、商船関係及び5）両国間の通商・金融協力」とあったものが、これ一つとなっている）
　5. 太平洋南西部での両国の経済活動
　6. 太平洋での政治的安定に影響する両国の政策
（以下は以上の事項の具体案）
　1. （ほぼ同じであるが、途中以下のような内容が加わっている）両国はさらに、後発国家を圧迫・搾取することに反対する責任を有することを認める……。
　2. （冒頭に以下が加わる）両国政府は、世界平和の達成を共通の目的とし、現在進行中のヨーロ

ッパの戦争のさらなる拡大防止と共に、同地域での迅速なる平和回復に向けて協調して取り組む。（この他では、三国同盟下での日本の参戦要件が「三国同盟条約第３条に従って」だけになっており、PX1059に記されていた条文の具体的内容は省略されている。さらに米国のヨーロッパの戦争に対する基本的態度を説明する一節にあった「侵攻的同盟関係」[aggressive alliance] という表現が「侵攻的手段」[aggressive measure] に変わっている）

3. （全面的に改変）米国政府は、近衛声明で明示された三原則や、その三原則に基づいて日本と南京政府との間に結ばれた条約並びに日満支共同宣言で打ち出された原則の内容を了解し、支那と善隣友好関係を樹立するとの日本の方針に信を置き、蔣介石政権に日本との交渉を始めるよう要請する。

4. 両国間の通商（PX1059の「5」）と同じであるが、「新たな通商条約」に触れた部分以降が削除されている）

5. 太平洋南西部での両国の経済活動

太平洋南西部地域への日本の進出が平和的なものであると宣命されたことに鑑み、米国は、日本が必要とする石油、ゴム、錫、ニッケルなどの天然資源の生産と獲得に協力する。

6. 太平洋での政治的安定に影響する両国の政策

イ．日米両国政府は、フィリピンが恒久的に中立を維持することを条件に、同国の独立を協同で保障する。日本国民は、なんらの差別待遇も受けない。

ロ．日本人の米国への移民に対しては、他民族との平等及び非差別の原則に基づき、好意的に対応するよう考慮する。

7. 追加（原案と同一）

［II］ 原草案に対する提議修正案の口頭説明。

ヨーロッパの戦争に対する両国政府の態度：

実質的変更はないが、協定に言及することによって、その意味するところを一層明確にした。日本が三国同盟に加入している以上、原案にあるような詳述は不必要で、あえて必要と言うならば、諒解案と同盟条約との関係を明瞭にする１項を追加するのがよい。

支那事変：

諒解案原案に盛り込まれた和平条件は、「近衛原則」として確認されたものと本質的に変わりがない。「蔣介石政権が米国の和平交渉斡旋を拒否した場合に米国が蔣政権への援助を停止する」という件については、別個に秘密文書を作ることで了解に達すべきである。もし、米国側がそのような文書への署名を不可とした場合は、米政府内の然るべき高官から確たる誓約を取り付けることで充分。近衛三原則は、「善隣友好、共同防共、経済協力―日本は、これによって支那において経済上の独占的地位を得る意図はなく、第三国の権益を制限するよう支那に強要することもない」である。また、これらの原則は、以下の事項を内容とする。

①主権と領土の相互尊重

②善隣友好国としての相互協力、世界平和に貢献する極東の中核的国家としての各国家の固有の特性と特徴の相互尊重

<1946-11-7>

③日支間で締結される条約に従っての支那領土からの日本軍の撤兵
④領土の割譲・併合及び賠償の否定
⑤満州国の独立

支那への移民：

支那への大規模移民に関する条項は、日本人が過去の米国の移民政策に憤ったという経緯もあり、そのような記述が、支那への日本人移民の問題にまで米国が容喙しにきているような誤った印象を与えかねないので、削除。日本政府は、原案の条項の意味・目的について充分理解している。

太平洋に於ける海軍、航空、商船関係：

この部分のイ．とハ．は削除したが、それは意見の不一致の故ではなく、このような問題については、両国間で了解が成立して関係改善がなり、かつ事変解決の後の方が諸般の具体的事情が明らかとなるので、その後で決定する方が現実的であるとの理由からである。

艦隊の表敬訪問：

別個の覚書で扱う方がよい。時機、態様、規模などにつき、特段の注意を要する。

金借款（原英文は"Gold Credit"であるが、詳細の意味は不明）：

前々項に準ずる。

太平洋南西地域での両国の経済活動：

冒頭部の「武力によらず」は削除。日本政府の平和的意図は、首相・外相が様々な場で発してきた声明などに明らかである。

太平洋での政治的安定に影響する両国の政策：

「イ」は軍事・条約上の義務として規定されることが内意としてあるし、両国内で複雑な立法手続きを要するであろうから、今の段階でここに含めるのは不適当と判断する。「ロ」のフィリピンに関する事項は、同様の理由から修正する。「ハ」全体、及び「ニ」の「及び太平洋南西地域への」という語句は、そのような問題は、日米両国政府が必要に応じ、同地域の当局者達と直接に交渉すべき問題であるから、削除される。

会議：

会議に関する部分は削除。両国が、そのような会議を開催することが望ましいと考えた場合には、両国指導者もしくは代表者間での会議を考慮する。

発表：

本諒解が成功裏に成立した場合の声明は、東京で草案が作られた後、ワシントンに電送されて検討されるものとする。

*（検）法廷証PX1071【PX58抜粋：1941（昭和16）年5月16日付けハル米国務長官発野村駐米大使宛米国側対案－日本案の一部修正案を政府間交渉に載せる】＝検察側文書PD220-C（27）［E: 9904］［J: 107（14）］　証拠として受理され、朗読される。

【PX1071 朗読概要】

　米国務長官より日本大使に手交された提案 A
　2．ヨーロッパの戦争に対する日米両国の姿勢
　日本政府は、枢軸同盟が防衛本位のもので、その目的がヨーロッパの戦争の当事国となっていない国が新たに参戦することを阻止することであることを宣命し、独伊との同盟条約に盛り込まれた軍事援助供与義務条項は、締約国のいずれかがヨーロッパ戦争の当事国でない国から侵攻的攻撃を受けた時にのみ発動する旨明言する。米国政府は、ヨーロッパ戦争に対する姿勢を決定する際に斟酌するのは、防御と自衛、即ち国家安全保障・防衛に対する考慮のみであることを、宣命する。日本政府はさらに、三国同盟もしくはその他の義務を履行するに際し、日米間で合意される方策及び意図の公表内容と相容れないものについては、履行する立場にないことを宣命する。
　提案 B
　3．支那事変
　当該箇所を含む方策・方針の公表内容につき合意が得られて両国がそれを承認し、かつ履行することを約した後、米国大統領は日支両国政府に対して、両国政府が、以下の事項を基本原則として、戦闘状態を終結し平和的関係を回復するための交渉に入るよう勧奨する。
　　A．善隣友好
　　B．主権・領土の相互尊重
　　C．合意に至った時間表に従っての日本軍の支那領からの撤兵
　　D．領土の非割譲
　　E．非賠償
　　F．当事者すべてに対する平等待遇という意味での、かつその前提条件としての商業上の機会均等
　　G．外部からの秩序破壊行為に対する防御措置を並行して実施すること
　　H．満州の将来に関する問題を交渉の場で融和の精神で処理すること
　提案 C
　5．両国の太平洋南西部での経済活動
　同地域での両国の経済活動が平和的手段によってなされるとの保障を両国が誓約することを基本的条件として、両国政府は、機会均等の原則の下に、石油・ゴム・錫・ニッケルなど各々が自国経済の維持と発展に必要な天然資源を獲得する権利を平等に得られるよう、相互に協力する。
＊（検）法廷証 PX1072【PX58 抜粋；1941（昭和16）年5月17日付けグルー駐日米大使発松岡外相宛抗議通牒抜粋；昆明の米国人民家・領事館爆撃】＝検察側文書 PD219-P（75）［E: 9908］［J: 107（15）］　証拠として受理され、朗読される。

<1946-11-7>

【PX1072朗読概要】

　5月6日付けの通牒で、日本軍による昆明に対する度重なる無差別爆撃、及びそれにより同市在住米国人が遭遇した生命及び財産に対する危難・被害について報告したが、在昆明米国領事から、5月12日に日本軍機が同市を爆撃した際に、領事館が再び被害を被った旨の報告があったことを通知する。爆弾の破片が領事館敷地内に飛散し、一つが窓を突き破って寝室に飛び込んできたものである。この空襲の際、領事館事務員スタンリー・マクギーリーの居住区域が広範にわたって破壊を受けて、ほぼ居住不可能な状態になった他、米国人が居住する支那奥地伝道会の建物が3度目の被害を受け、同じ場所にある米国市民E・L・クラプシェッツの居宅の一部も破壊された。

＊（検）法廷証PX1073【1941（昭和16）年5月18日付けオット駐日独大使発リッベントロップ独外相宛電文；松岡外柜・オット会談－日米交渉への独の参加、松岡は日米交渉妥結に懐疑的、三国同盟動揺せず】＝検察側文書PD4060-A　証拠として受理され、朗読される。

【PX1073朗読概要】

　本日、松岡外相との長時間にわたる会談に於いて自分は、ドイツ側の見解を明らかにした5月11日の電文到着を待たずに日本が米国に回答を送ってしまったことを、極めて遺憾とした。自分は、該電文やそれに続く電文の内容を敷衍して、ヨーロッパで参戦しない旨の明確にして明瞭な確約を米国にさせる必要があると指摘し、米国への回答の中で三国同盟条約第3条について日本側が使った文章表現［formulation］は、三国同盟上求められる義務の最小限であることに、注意を促した。さらに「ドイツ政府は、米国からの回答について直ちに知らされ、かつ、これからの日米交渉に関与することが許されるよう要求する」と、伝えた。

　松岡は、ハルへの口頭通達や米英大使との会談内容を引き、三国同盟の根幹を揺るがすようなことはしないし、日本政府の閣僚も皆、三国同盟の義務を履行すべきであるという点では一致している、と発言した。松岡は、日米交渉妥結の可能性はかなり低いと見ており、近い将来の米国参戦は織り込み済みのようである。それ故、日米交渉の目的は、可能ならば米国参戦を阻止するかもしくはその時期を遅らせることと、英国向けの援助の規模が大きくならないようにすることのようである。

　ハルは、日本側提案への態度を明らかにしておらず、検討するための時間がほしいとのみ答えた。松岡は、交渉の経過を絶えず独伊に知らせると約束。ドイツの交渉への関与については、極力要望に添う、と言ってきたが、急な決定を要する場合必ずしも独伊の要望を聞く余裕がない場合もあり得るとのことである。自分は、三国同盟の大局に関わる事柄であるだけに、独伊を抜きに事を進めないよう要望した。

　日本国内では、米国参戦間近との噂の前に、親英米派の圧力が強くなって、それに松岡が屈し

た形となったが、そのような親英米派を代表するのが松平（康昌）宮相、小倉（正恒）無任所相、野村駐米大使などである。この勢力に、ソ連の動向が予測できないために時間を稼ぎたいとする陸軍の一部が同調しており、また、最初の日独交渉で煮え湯を飲まされた平沼内相も同じ考えであろう。当大使館と密接に協力してくれていた一派は、その代表格である白鳥が重病のため、勢力を弱めている。

＊ウイリアムズ検察官、再び（検）法廷証 PX58【米国対日外交関係叢書 1931（昭和 6）年～1941（昭和 16）年第 2 巻】よりの抜粋書証を提出する。

＊（検）法廷証 PX1074【PX58 抜粋；1942（昭和 17）年 5 月 19 日付け米国務省作成覚書－1941（昭和 16）年のハル米国務長官・野村駐米大使非公式会談録抜粋】＝検察側文書 PD220-C（18）〔E: 9914〕〔J: 107（15）〕　証拠として受理され、朗読される。

【PX1074 朗読概要】

　1921～22（大正 10～11）年にワシントン会議で締結された諸条約によってもたらされた太平洋地域の均衡状態は、支那の一部で日本が強引に満州国という国家を樹立したことで大いに攪乱された。そして、日本の満州国支配で特筆大記すべきは、米国を含む外国権益を差別して同地から締め出すこととなった点である。

　それ以来、日本は、1934（昭和 9）年 12 月に、ワシントン海軍条約からの脱退を宣言して陸海軍備の拡充に乗り出す傍ら、折に触れて支那における支配地域を拡大する動きを見せ、米国を含む諸外国の正当な権益を侵害するような事態を惹起してきた。

　1937（昭和 12）年 7 月、日本軍は支那に対する大規模な軍事行動を開始し、100 万を超える兵力が支那沿岸及び中心部を占領。占領地域では傀儡政権が樹立され、日本を利する独占的かつ差別的管理体制が打ち立てられた。

　この期間、日本が当初から西部太平洋地域全体で支配的地位を築こうと目論んでいたのは明らかであり、日本の指導者達は武力でその目的を達し、全世界の人口の半分を有する同地域の指導者となる意図を、公然と表明していた。そうなれば、日本は同地域の海上と交易ルートを制圧することになる。

　過去の経験及び現在の事態の展開を見る限り、太平洋地域で日本が唱導している「新秩序」とは、政治的には一国による支配であり、経済的には、同地域の資源をその一国が専有、活用し、それが他の国の貧困化と域外国家の排除に繋がることを意味し、社会的には個人の自由の否定と支配地域住民を劣等的立場に追い込むことを意味する。

　一国が全世界の人口半分をその支配下に置き、容赦なく搾取するなどという計画が世界のいかなる地域のいかなる国家にとっても、とてつもなく重要、重大な関心事であることは万人の目に明らかである。我が国は、そのような日本に対して、平和と秩序を基調とする国際関係に信を置く我が国のような国家と友好関係を結ぶことこそが日本の国益に適うことを訴え、威嚇行為をし

<1946-11-7>

たことは一度もない。
＊（検）法廷証PX1075【1941（昭和16）年5月20日付け大島駐独大使発松岡外相宛電文567；日米交渉の進め方に独首脳部、不満の意】＝検察側文書PD1383-B（18）［E: 9918］［J: 107（16）］　証拠として受理され、朗読される。

【PX1075朗読概要】

日米交渉については、松岡外相訪米の噂などドイツでも種々の風説が飛び交い、5月5日にリッベントロップ外相と会談した際に、それが単なる噂でないことを知った。松岡外相の意図を忖度して、こちらからは何も言わないつもりでいたが、事は日本の将来及び三国同盟にも影響することであるので、ドイツ首脳部の意向や自分の意見を率直に伝えることは本職の義務と考え、別電568と569を送る。

この件を駐独伊大使に通報しない理由について二度にわたって伝えられたが、その間の事情の機微を詮索するつもりはなく、大臣の権限に属する事項であることは理解する。しかし、日米交渉のような三国同盟にも影響を与えるような案件について「独伊首脳部の意向を伝える必要はない」という指示は、理解不能である。これについて意見を述べることは本職の義務と考えて、伝える次第である、と。

（I）第568号電

1.（番号は原文のママ）5月3日、リッベントロップ外相の求めに応じて外相を訪問。外相は、オット駐日大使から受け取った日米交渉に触れた電文が来たことを報じ、「駐独日・伊大使には見せないことという指示があったが、事が重大であり、自分（大島）との友誼もあるので、見せることにした」と言って、米国の対案を記した電文を見せた。外相が「日本の真意は理解に苦しむ」と言ってきたので、自分は松岡外相が訪独時に述べた「日本のこれからの外交の基調をなすのは三国同盟である」との発言を繰り返し、それに背馳するような協定を米国と結ぶわけはない、と述べた。

2.　しかし、5月9日に再びリッベントロップが自分を呼んで、米国への日本の中間回答と6日の松岡・オット会談の記録を伝えたオットからの電文を示し、「日本は本件について米国と相当踏み込んだ議論をしている様子であり、提案の中には日本側から提起されたものもあると聞き及んでいるが、松岡外相は、一部からの圧力によって止むを得ずこの交渉に同意しているようにも見受けられる。それから、松岡外相は議会で『独ソ開戦の折には日本はソ連と戦端を開く』と発言したようだが、訪独時にシンガポール攻撃を約束した同氏は意見を変えたのか？」と訊いてきた。自分は、今回の提案をめぐるローズベルトの真意を疑っており、これに乗ぜられて起きる可能性が極度に低い戦争（英文速記録9921頁 "a remotely possible war" のママ。原本和文書証より採録したであろう和文速記録上の「万一の場合」という語のニュアンスを理解せず「一万分の一」程度に解して直訳したものであろう）へ参戦義務を回避することとなれば、三国同盟は事実上骨抜きにされるし、日本

の発展（英文速記録9922頁"in Japan's progress"のママ。分かり難い表現になっている。原本和文書証より採録したであろう和文速記録では「日本ノ前途」と記載する）においても、東亜での指導権確立の機を失うことになると考える。自分はドイツ側の見解として、次の二つの選択肢を提示した。

イ．米国提案を拒否

ロ．米国が船団護送哨戒線を拡張せず、真の意味での中立を維持することを条件に日米協定を締結

リッベントロップ外相は「イ」の方が良いとし、それを総統に具申すると言ってきたが、自分は個人の意見として「ロ」の方がドイツに有利だとの見方を示し、その理由として「『ロ』の線で妥結した場合ドイツの対戦国は英国一国に限定され、戦争の終結を早められるし、また（英文速記録9922頁に出て来る"Again"は「また」について、文脈を考えないで訳したものであろうが、"In addition"ぐらいにするべきものであろう）、既に対英援助が有効でないことを悟っているローズベルト一派が、それを止める口実に使う可能性がないでもない」と、説明した。

たとえ米国側がこれを呑まなかったとしても、米国が対英援助にどのぐらい本気かを確かめることはできるし、日本の親米勢力に日米協調が不可能なことを悟らせる効果がある」と、指摘した。これに対してリッベントロップは、「米国はこの交渉を日独離間のために利用するであろうし、米国内では『太平洋での後顧の憂いがなくなったが故に大西洋に矛先を向けることができる』と、非戦派に訴えかける材料ともなり、その結果、状況はドイツに不利となる」と、反論した。それでも外相は、「本件はヒトラー総統の判断を仰いでいない事項であるので、大使の意見と共に今夜報告する」と約した。外相に「イタリアとこの件で既に相談したか？」と問うたところ、「イタリアもインデルリ［Inderli］（駐日？）大使より報告を受けているであろうが、自分とイタリア政府との協議はまだ。総統の決定が降り次第オット大使に電文を送り、それからイタリアとの協議に入ることとなろう」との答えが返ってきた。

2．（この番号は、英文速記録9924頁及び原本和文書証より採録したであろう和文速記録107（17）頁の原文記載のまま。番号付けの誤りであろうか？）ムッソリーニ総帥との会談のためにローマを訪れた最中の5月12日、同地のビスマルク公使が自分を訪れ、リッベントロップ外相がオット大使に打電した訓令の写しを見せ、イタリアも同じ見解であることを伝えてきた。それによると、ヒトラー総統はリッベントロップ外相の意見とは異なった決定を下したようである。13日に不意にローマにやって来たリッベントロップに翌日会った時、リッベントロップは12日に東京で開かれた松岡外相と駐日独伊大使との会談の内容を伝えるオット大使の電文を示し、日本が独伊の回答を待たずに米国との交渉を開始したことに強い遺憾の意を表明した。自分はこれに対して、「事の詳細は知らされていないが、迅速に事を運ぶための機密保持や、天皇への内奏の必要性など止むを得ない事情があったのであり、独伊に対して不実な態度を見せる意図はなかったと信ずる」との見方を示した。リッベントロップ外相はそれでも納得せず、「松岡外相訪独の際には、日米交渉の話などおくびにも出さなかったのに、外相の帰国早々にこのような展開となったのは青天の霹靂で、これによって三国同盟は自ずからその意義を失ってしまうのでは、と憂慮している。自分は

<1946-11-7>

ローズベルトを信じておらず、『日本には米国提案拒絶を勧めよ』との意見であったが、それとは違う訓電を送ることとなった」と、述べた。自分は、「日独間で誤解が生じることは最も避けるべきことで、疑いのある点はオット大使に確かめることが肝要」と注意した。自分がチアノ伊外相を同日夜に訪問した際、既にリッベントロップとムッソリーニとの間で話し合いが持たれたようで、チアノ外相もリッベントロップと同じ見解を表明した。

3. 5月17日にベルリンに帰着するや、ワイツゼッカー外務次官から呼び出しを受け、日本の対米回答案を伝えるオット大使の14日付け電文、並びにそれへの対処をオット大使に伝える独政府訓令案を見せられた。次官は、それらを提示することのみを指示されたとして「深い関心を示す」とだけ述べた上で、「松岡外相がオットに『独ソ開戦の折、日本はドイツ側に立って参戦する』と述べたことを重要視しているが、松岡外相は訪独時に独ソ関係の実情を知った上で帰国したのか？」と質してきた。これに対して自分は、「そのような重大事を最終的に決定するには聖断が必要であるから、松岡外相は私見を述べたに過ぎないであろう。松岡外相は滞独中リッベントロップ外相とも度々会談したので、独ソ関係の実情については知悉しているであろう」との見解を伝えた。

(Ⅱ) 第569号電 ［E: 9929］［J: 107（17）］

1. 別電で述べたように、ドイツ側は日米協定をめぐる問題で強い不満の意を表明し、三国同盟の前途を危惧している。米国がヨーロッパの戦争に事実上、足を踏み入れている現状を無視して協定を結ぶならば、「日本は米国の参戦阻止を図りつつ自国の参戦義務を回避しようとしているのではないか」と、ドイツ側が疑ってかかるのも無理からぬことである。松岡外相訪独の際、ドイツが朝野を挙げて歓迎し枢軸強化の声を上げた直後に起きたこの事態に、ドイツは「裏切られた」との思いを強くしている。

2. 日本が支那事変解決を急ぎたい事情は自分も了解しているが、ヨーロッパの戦争が独伊有利で進み、ここ数カ月の内に重大な進展が見込まれる今、目先の利益にとらわれてヨーロッパでの指導的地位を確保しようとしている独伊の不信を招くのは妥当なことであろうか。米国提案は、日本を三国同盟から切り離そうとする一時的便法に過ぎないのであるから、このような両面外交を行っては、日本が戦後世界で孤立することになりはしないかと危惧する。

3. 米国の仲介で支那事変解決に至ったとしても、それが将来に禍根を残すこととなりかねない可能性はさておき、この南方進出の絶好の機会を逃しては、日本は英米からのみならず、独伊からも侮られることとなる。それから、米国が太平洋での後顧の憂いを断つことによって、対英援助を強化した場合、ヨーロッパの戦争の成り行きに影響を与え、日本にとって不測の事態が生じる可能性もある。また、大東亜に含まれるべき南方地域への指導権を米国に対して放棄した場合には、独伊に対してそのような指導権を主張することができず、大東亜共栄圏建設の大使命をも放棄することになると言わざるを得ない。

4. 昨年の三国同盟締結に続いて、今度は日米協定締結となれば、国内では国民が国策の進路について戸惑いを覚えることとなり、国外では友邦の軽侮と不信を招いて国際的孤立状態に陥る

こととなる。止むを得ず日米協定締結となる場合には、次の二点が実現されることを希望する。

　イ．日米協定締結の本旨は三国同盟の精神を拡張して独伊の対英戦遂行を容易にすることが目的である、との原則を確立して、米国に対してはヨーロッパの戦争において真の中立維持を求め、三国同盟条約に基づく我が国の参戦義務を明らかにすることが絶対に必要。米国がこれを容れなければ、協定は締結しないこと。

　ロ．日本国内の現状維持派の圧力のために日米協定が締結されたとの印象を独伊に与えるのは日本にとって不利であり、両国が「日本が参戦義務を回避するために協定を結んだ」との疑念を抱くであろう。それ故、日米交渉については独伊とも率直に意見を交換し、「イ」の趣旨を理解してもらうことが必要である。

＊（検）法廷証 PX1076【1941（昭和 16）年 5 月 21 日付け大島駐独大使発松岡外相宛電文 575；日米協定は重大な国策変更と考えられる】＝検察側文書 PD1383-B（20）　証拠として受理され、朗読される。

【PX1076 朗読概要】

　現在交渉中の日米協定は重大な国策の変更で、当地陸海軍武官の活動にも関係するところが大きく、あらかじめ武官にも伝えておく必要があると認め、本日 20 日に両武官限りの含みで電文 567〜69 号を提示した。この旨、外相から陸海両相、参謀総長及び軍令部総長にお伝え願う。

（3）キーナン首席検察官、ウイリアムズ検察官に替わり、検察主張立証第 XI 局面「米・英・英連邦諸国関係」第 4 部「ワシントン日米交渉第一段階—1941（昭和 16）年 6 月 30 日まで」の検察側立証として、再び、（検）法廷証 PX58【米国対日外交関係叢書 1931（昭和 6）年〜1941（昭和 16）年第 2 巻】からの抜粋書証を中心に、証拠書類の提出を続行する。　　　　　　　　　　（英速録 9934〜9984 頁／和速録 107 号 18〜24 頁）

＊（検）法廷証 PX1077【PX58 抜粋；1941（昭和 16）年 5 月 28 日付け野村駐米大使・ハル米国務長官会談覚書−日米間一般問題】＝検察側文書 PD220-C（28）　証拠として受理され、朗読される。

【PX1077 朗読概要】

（原文は 2 人の会話が三人称で綴られているが、煩雑を避けるため一人称でまとめる）

野村大使
　日本の憲法下では、外相以外の国務大臣も外交問題に参与できる。

ハル国務長官
　検討課題中、両国のヨーロッパ戦争に対する姿勢をめぐる問題が難題となってきている。新聞

<1946-11-7>

報道によれば、松岡はヨーロッパから帰国後、米国参戦となった場合には日本が三国同盟条約の義務を履行してドイツを援助する旨事ある毎に宣命しているそうである。これについて松岡は、将来自分に向けられるかもしれない批判として「米国が日本と協定を結んだとする。その場合、米国がヨーロッパ戦争に自衛の名目で参戦してきた場合に日本が三国同盟上の義務を果たすか否かについて、日本が自国の方針を明確にできていなければ、日本の立場がいざという時受け入れられるかどうか定かでない」というようなものがあることを予期した故の発言だと弁明している。これについて米国の姿勢を言えば、ヒトラーの手から海上交通の自由を守るのは、米国にとって必要不可欠な自衛行為であると大統領も自分も表明している。日本軍の支那からの撤兵についての日本政府の意向を伺いたい。

野村

撤兵対象となる兵力には、支那との合意に従って協同防共のために駐留を許される部隊を含まない。具体的には、義和団議定書で日本軍の北支及び内蒙での駐留が無限限に認められた方式を考えている。部隊規模及び駐留地域などについてはっきりとしたことは言えない。

ハル

日支間の国交調整は、両国の友好関係が持続するような基盤の上になされることが肝要であるが、日本軍が支那に駐留し続けると、事件及び軋轢を引き起こしがちなので、そのような友好関係を損ねることとなる。

* (検) 法廷証 PX1078【PX58 抜粋；1941（昭和16）年5月31日付けハル米国務長官発野村駐米大使宛米国側非公式提案草案 – 1941（昭和16）年5月12日付け日本側対案への米側対案】＝検察側文書 PD220-C（29）［E: 9937］［J: 107（18）］ 証拠として受理され、朗読される。キーナン首席検察官、朗読に先立って当該文書を検察側が重視していることを強調する。

【PX1078 朗読概要】

日米両国政府は、共同声明に謳われた全般的合意及び了解の作成と締結に共同責任を有する。両国の間柄を疎遠なものにした特殊要因は慮外に置いて、両国国民間の互いへの親近感を減殺させた事態の再発を防止し、それが予見し得ないような不幸な結末を招来しないようにしたいというのが、両国政府の真摯な願いである。

両国の現在の望みは、共同で太平洋地域における平和の確立と維持に貢献し、友好関係を急速に進展させることによって、文明社会を脅かしている混沌とした事態の流れを消滅できないまでも、止めることである。

交渉を漫然と長引かせたりすることは、これをなすには不向きかつ消極的な手法なので、両国は、両国政府を倫理と行動の両面で律するべき全般的な了解の成立が可能となるような手続きが編み出されるべきで、そのような了解は、緊急を要する枢要な問題のみを包含すべきであると考える。両国は、以下のような事項や、それについての両国の姿勢が明確にされ、改善されるなら

ば、両国が融和の方向に向かえると期待するものである。即ち、

I. 日米両国の国際関係の見方及び国家観
II. ヨーロッパの戦争に対する両国政府の態度
III. 日支間の紛争を平和的に解決するための措置
IV. 両国間の通商
V. 太平洋地域での両国の経済活動
VI. 太平洋地域での政治的安定に影響を与える両国の政策
VII. フィリピンの中立化

以上の点について、両国政府は、以下のような相互了解と政策宣言に合意した。

I. 日米両国の国際関係の見方及び国家観

両国政府は、その国策が恒久平和の確立と、両国民が相互に信頼し協力し合える時代を創出することに向けられていることを確認する。

両国政府は、世界の国々と諸民族が一家族の構成員であり、その構成員たる国家は、自国の国益を、平和的手段を通じて追求し、それによって物心両面での幸福を追求することが国家間相互に平等に認められた権利と義務であり、これは構成員が自らのために守るべく、かつ他の構成員に対して否定してはならない原則であるという概念と確信を古くから綿々と捧持してきたことを宣命する。両国政府はさらに、他国に向けられた圧政や搾取に反対する責任を有することを認める。

両国政府は、各々の古来よりの国家観や、社会秩序と国民生活を規定する倫理規範が保持され続け、それらと相反する外来の思想・思想体系などによって決して改変されるものでないことを固く決意する。

II. ヨーロッパの戦争に対する両国政府の態度

日本政府は、三国同盟が、従前から変わらずこれからも防衛本位のもので、ヨーロッパでの戦争への参戦国拡大防止を目的としたものであることを断言する。同盟条約の条項が自衛行為による参戦に適用されないことは明白である。米国政府は、ヨーロッパの戦争に対する同国の姿勢は、従前から変わらず、これからも自国の安全保障及び国民の福祉と安全のみを考慮して決定されることを断言する。

III. 日支間の紛争を平和的に解決するための措置

日本政府が、事変の平和的解決に向けた交渉を支那政府と開始する上で従うべき枠組みの概括的内容を米国に通知した後に、米国大統領は、支那政府に対して、日支両国が紛争解決と平和的関係回復に向けて相互に有益かつ受諾可能な基本条件に基づいて交渉に入ることを、勧奨する。交渉の枠組みは、善隣友好、主権・領土の相互尊重を謳う近衛原則及びその具体的適用態様と調和するものであると日本政府が宣命したものとする。（注：この部分については、支那領内での日本軍の駐留を含む共同防共活動についての論議をして詰める必要がある）

＊午後2時45分、裁判長ウェッブ、15分間の休憩を宣する。

<1946-11-7>

*午後3時、法廷、再開する。[E: 9943] [J: 107（19）]
*キーナン主席検察官、PX1078の朗読を続行する。

【PX1078朗読概要】（続き）

Ⅳ．両国間の通商

　本諒解を両国政府が正式に承認した時、両国は、保有している物資の中で相手国が必要としているものを相互に供給することを約する。両国政府は、以前の日米通商航海条約で確立されていた正常な交易関係を復活するために必要な措置を講じることに同意する。両国が新たな通商条約締結を望む場合には直ちに交渉に入り、通例の手続きを以て締結することとする。

Ⅴ．太平洋地域における両国の経済活動

　日米の太平洋での活動が平和的手段で国際通商関係における無差別の原則に則って行われるべきとの相互誓約に基づき、日米両国政府は、各々が自国経済の維持と発展に必要とする石油、ゴム、錫及びニッケルなどの天然資源を無制限に商業ベースで獲得できるよう、相互に協力することに同意する。

Ⅵ．太平洋地域での政治的安定に影響を与える両国の政策

　日米両国政府は、当諒解の基調をなして全体を律する政策課題が太平洋地域の平和であり、それを共同で維持し保持するよう努力することが両国の基本的目的であり、いずれの国も同地域で領土に絡む企図を有しないことを宣命する。

Ⅶ．フィリピンの中立化

　日本政府は、フィリピンの独立が現実のものとなった時、米国政府が望む時機に、同政府とフィリピン中立化のための条約締結に向けた交渉に入る用意があることを宣命する。

［附属書1：日本政府側の附属・補足書］

Ⅲ．日支間の紛争を平和的に解決するための措置

　当該部分に関連ありとされた基本的条件は、次の通りである。

1．善隣友好

2．（有害な共産分子の活動に対する共同防衛。日本軍の支那領内での駐留を含む）さらなる論議の要あり。

3．（経済的協力）日支両国は国際通商関係上の無差別の原則に立脚してこれを進める。

4．主権・領土の相互尊重

5．善隣友好の原則を信奉し、世界平和に貢献する極東の中核国家群の一員として協力する国家として、相互にその固有の特質を尊重する。

6．早い時機に支那の領土と領海から日本の陸海軍兵力を日支両国間で締結されるべき協定に基づき撤退させる。

7．領土の非割譲

8. 非賠償
9. 満州国をめぐっての交渉を友好的雰囲気の下で進める。

（以下の部分は、英文速記録では、次の（検）法廷証PX1079の直後の9954〜59頁に収録されているが、当文書の内容から判断して、和文速記録107（19）〜（20）頁に記載されている通りここに収録するのが妥当と判断した。編訳者及び要訳者によるこの措置は、「原則として間違いをも含めて英文速記録記載内容を対象とする」との本要訳書の作成方針に反するようにも思われようが、英文速記録のこの部分に関する誤った取り扱いは誤っていると、法廷に理解されていたと想定するからである。英文速記録では代わりに9947頁に、発言者が明示されていない「これは日本側の要請に応えて米国のヨーロッパ戦争への態度を述べたもの」との説明が記載されているが、和文速記録107（20）頁によれば、その部分はこの「附属書2」の後で述べられたことになっている）

［附属書2；米国政府側の附属・補足書］［E: 9954］［J: 107（19）］

II. ヨーロッパの戦争に対する両国政府の態度

ヒトラーが開始した軍事力を行使しての征服に対する米国政府の立場は、国務長官が1941（昭和16）年4月24日に行った公式声明に明示されている。以下に、その演説から、問題の本質に触れる基本的な部分を摘示する。

……これは通常の戦争ではなく、覇道を極めんとする国家があらゆる野蛮な手段を用いて、自由と自衛のために抵抗を試みる国家に襲い掛かる形で遂行しているものであり、今や世界中に拡大しつつある。

経験に即してみるならば、匪賊の襲撃を受けた町で富裕な住民が被害から逃れられないように、どこのいかなる国家といえどもこの魔手から逃れられるとは考えられない。

……思考力を持っている者ならば、世界を巻き込む侵攻行為の犠牲となって半奴隷状態におとしめられ、征服者の試みが失敗することによって文明の恩恵を回復することを希望している国々を数えてみればよい（この後、当時ドイツの占領・支配下にあるヨーロッパの国々の名が列挙される。弁護側からこれを読み上げる理由を問う声があった模様で、キーナンが朗読を中止して「これは日本大使に手交された文書の文脈の中で重要な意味を持つ箇所である」、と弁じる）。

……15カ国余りの国が生きることに価値を見出せるものすべてを失ってしまった今こそが、自由を謳歌する残りの国々ができるだけ短期間にできるだけ完璧に武備を整え、生き残るために立ち上がるべきことは明らかである。……これまでの出来事から判断して、我が国及びそれを含む西半球を守るための抵抗の戦いは、それが最も有効な地点でなされるべきである。……この方針を現実的に適用するならば……援助が可能な限り迅速にかつ最大限の規模で届けられるべきで、その方法が見出されるべきである。

……英国を始め抵抗を続けている国々の戦いは自存自衛と自らの自由を守るためのものである。米国は自国防衛の措置を執ると共に、抵抗を続ける国々に援助を提供しているが、後者といえども米国防衛の一部である。抵抗する国が減れば、それだけ侵略者（原英文は"aggressor"であるが、「侵攻者」となる邦語が未熟であるので文脈上ここでは例外的にこの訳語を採る。以下同）の征服行動を後押しするための資源が多く供給されることになるが、援助によってそれらの

<1946-11-7>

国が生き残れば、他の自由を謳歌する国々を守る防壁になるからである。

……英国の敗北を我事にあらずと言う者は、その結果侵略者が海上を制覇することによって米国の国防と安全保障にとてつもない脅威を及ぼすことに考えが及んでいない。海洋の広大さは時間稼ぎには役立つかもしれないが、安全を保障しはしない。他の平和愛好国家と結んで侵略者に制海権を渡さないことによってのみ安全は保たれる。

……我が国の中にはまったくの善意から「武力抵抗は侵略者が西半球の境界線を越えるまで必要なし」と主張する者がいるが、これは、侵略者が他の四大陸や海上を完璧に制圧して戦略上あらゆる点で優位な地位を占め、その分こちら側が防衛上甚だ不利な立場に追い込まれるまで何もするなと言うに等しく、極めて近視眼的かつ危険な考え方である。

この声明に、米国政府の立場は明らかにされている。即ち、世界中のあらゆる国家・地域を征服対象とするということがヒトラー自身の過去の行動と言動から明らかであり、米国は、その企図に抗するために自衛措置を執るということである。他に残された選択肢は、ヒトラーに蹂躙された15カ国余りが選択した、自国領を出ての防衛行為は侵略的と見なされるので自国が直接侵されるまで抵抗を控えるという自殺行為とも言うべきものであって、ヒトラーの征服行動に対する効果的防衛措置とは言えない、愚劣かつ無益なものである。（以上、引用部）

現下の情勢に鑑みれば、我が国及び類似した状況に置かれた国々は、ヒトラー一人の言いなりになれば効果的自衛策を講じる必要性を無くす事ができる一方、米国に対してそのような抵抗策を放棄するよう迫る国々は、事実上ヒトラーとその侵攻的征服政策の支持者となる。そうなれば、平和を欲する者が頼るべきはヒトラーであって、ヒトラーが法秩序、権利、人道などを無視して完全な屈服を強いようとしている国々ではないという事になりかねない。

（以下、再び引用部）

誰が勝者となるかは大きな違いとなる。他の四大陸が我らに牙をむきすべての海が敵に支配された状態で追い詰められ、地球上で唯一残った自由の地を単独で守ろうとするか、秩序ある世界で自らの地位を維持するかの選択である。

＊（検）法廷証 PX1079【PX58 抜粋；1941（昭和16）年5月31日付けハル米国務長官発野村駐米大使宛非公式口頭申し入れ】＝検察側文書 PD220-C（30）　証拠として受理され、朗読される。キーナン首席検察官、「この文書は直前の文書の内容に関する米国側の口頭説明であり、PX1070 とも関連するものである」と、前置きする。

【PX1079 朗読概要】

始めに：

意味を明確にするために、若干の語句を微妙に訂正した箇所あり。「III」の表題は、論題の趣旨をより正確に示すよう改変。「V」の表題から「南西地域」という語を削除。「VI」の論題は新しいものとなったため、日本側提案の「VI」に含まれていた項目の一部は新設部分に移行し、

一部は削除。

I. 日米両国の国際関係の見方、及び国家観

　最初の一文は、自明のことを述べているので削除。日本側提案にある「後発」という語は、人種・民族間の平等に関する原則との整合性を維持するため「他国」に差し替え。

II. ヨーロッパの戦争に対する両国政府の態度

　日本側提案の第一文は、「米国にとって今はヨーロッパ戦争終結に向けた努力をする時期にあらず」という趣旨の大統領の声明と齟齬を来たす可能性があるので削除。その後に「自衛」の側面を強調する新たな一文を追加。日本側提案の第三文は、既に公表されている三国同盟条約の条項を引用してもなんらの益なしと判断して削除。同第四文は、米国のヨーロッパ戦争への態度が防御的・自衛的なものであることを強調するために改変。米国政府の附属・補足書には、ヒトラー総統が開始した征服を目的とする軍事行動に対する米国政府の姿勢を詳述した箇所が含まれている。

III. 日支間の紛争を平和的に解決するための措置

　既述のように表題を変更。本項の基調をなす趣意に沿い、かつ米国から見て本筋に関係がなく徒に論議を呼んで難題となりそうな問題を提起しないようにするため、日本案のこの部分を改変。日本側の附属・補足書の文面も上記原則に従って何箇所かで改変。加えて、「III」の経済協力の箇所は、日支両国がその経済関係において国際通商関係を律する無差別の原則に則ることを明らかにするために修正。「VI」で単に「軍」とすると、すべての国家の軍という意味になりかねないので、万一の混乱を回避するため修正。既述のように、日本軍の支那領内での駐留を含む防共活動に関するものは、要検討事項。

IV. 両国間の通商

　米国側の附属・説明書に、現在の国際情勢の危機的状況に鑑み、自国の安全保障と自衛のために必要な物資の輸出制限が一時的措置として認められることを明記。

V. 太平洋地域での両国の経済活動

　当該部分の条項が日米両国に平等に適用されるべく、語句を修正。

VI. 太平洋地域での政治的安定に影響を与える両国の政策

　当諒解の基本的目的の宣命をするような形にするために、この部分は修正。基本的目的の重要さが自ずと伝わるようにするという趣意で、別の一文を挿入。日本側提案の中にあったフィリピンの独立に関する事項は、別の新たな一項とし、移民に関するものは、これが内政問題であるとの米国の明確な立場故に削除。これを含めようとすれば、協定の目的達成の妨げとなるとの理由から。

VII. フィリピンの中立化

　この項の語句は、1934（昭和9）年3月24日のタイディングズ・マクダフィー法［Tydings-McDuffie Act］の文言と整合するよう改変。

　付記：

<1946-11-7>

　米国政府旧来の政策及び諸種の現実的要素を考慮すれば、附属文書を含む当文書を、数週間を越えて秘密にしておくのは著しく困難であるので、両国政府はその期間内に、当諒解もしくはその要点をどの位の範囲で、いかなる形で、どのような時機に発表するかを煮詰めるものとする。
＊（検）法廷証 PX1080【PX584 抜粋；1941（昭和16）年5月31日付けハル米国務長官発野村駐米大使宛非公式口頭声明；日米交渉につき米政府は適当な段階に極秘裏に蒋政府と協議する】＝検察側文書 PD220-C（31）［E: 9960］［J: 107（21）］　証拠として受理され、朗読される。

【PX1080 朗読概要】

　米国政府は、本格的な協議に先立つ適当な段階で、支那関係の問題などを話し合うために支那政府と極秘裏に会談することとする。
＊（検）法廷証 PX1081【PX58 抜粋；1941（昭和16）年6月2日付けハル米国務長官・野村駐米大使会談覚書抜粋；日米交渉への日本の真意に付き松岡外相の態度から疑念なきを得ない】＝検察側文書 PD220-C（32）　証拠として受理され、朗読される。

【PX1081 朗読概要】

　日本大使が当方の求めに応じてアパートに来訪。自分が大使に「冷静に考えて、日本政府が、太平洋地域での平和、無差別的通商関係、友好関係などの実現に真剣に取り組む熱意があると判断できるか？」と訊いたところ、大使は直ちに肯定の返事をした。そこで自分は、最近松岡外相ら日本の指導者が連日のように発している声明などが今の自分の質問の引き金になったことを説明し、「日本は本気で問題解決を求めているのか、ただ支那事変を終わらせる方法を模索しているだけなのか、太平洋地域での平和、無差別的通商関係、友好関係などをもたらすべき原則とまったく相容れないような手段・態様に訴えるつもりなのか？」というような問いを発する向きがあることを説明した。大使は、「真剣な態度で懸案を公正に解決することが望ましい」旨、重ねて述べた。
＊（検）法廷証 PX1082【PX58 抜粋；1941（昭和16）年6月4日付けグルー駐日米大使発松岡外相宛抗議書簡抜粋；重慶の米国教会爆撃】＝検察側文書 PD219-P（76）　証拠として受理され、朗読される。

【PX1082 朗読概要】

　5月22日の覚書で、在重慶米国メソディスト・エピスコパル伝道会の施設が5月9〜10日の日本軍による空襲で被害を受けたことを通知したが、同施設が6月1日の空襲で再度大きな被害を受けたことをここに報告する。在重慶米国大使館からの情報によれば、市中心部にある伝道会

病院の一角が直撃弾で酷く損傷し、2弾目が壁に損傷を与え、さらに米国人宣教師の家屋が屋根を貫通した石による被害を受けた。加えて、同病院から700ヤード程離れた位置に新設された同伝道会所属のルイス記念財団教会が直撃弾によって全壊。両施設とも、これまで4回、空爆による被害に遭っている。

＊（検）法廷証 PX1083【PX58 抜粋：1941（昭和 16）年 6 月 4 日付け野村駐米大使・ハル米国務長官会談覚書抜粋；ハミルトン・岩畔大佐・松平・若杉による日米両案対比検討】＝検察側文書 PD220-C（33）［E: 9964］［J: 107（21）］ 証拠として受理され、ハーディン検察官によって朗読される。

【PX1083 朗読概要】

［附属書 2：米国政府側の附属・補足書］
Ⅱ．ヨーロッパの戦争に対する両国政府の態度

岩畔大佐は、「米国政府は、ヨーロッパの戦争に対する態度に関しては、一国に敵対するために他の一国を援助することを目的とした侵攻的行動に訴えることはない」という箇所について、米国側が自らの提案に入れた「同盟条約の条項が自衛行為による参戦に適用されないことは明白である」という部分を削除することに同意するなら、撤回する用意があると述べた。

若杉は、冒頭に「日米両国政府は世界平和確立を共通目的とし、ヨーロッパ戦争の拡大防止と平和回復に向けて協力する」との一節を、新たに加えることを提案。ハミルトンは、これは「Ⅰ」に盛り込まれるべきものであるとし、その理由として、ヨーロッパ戦争に対する両国の態度を扱うべき「Ⅱ」にこのような一節が含まれると、大統領がこれまで表明してきたヨーロッパ戦終結に向けた方針と矛盾すると見なされかねないことを挙げた。ハミルトンは、この点に関連して、米側提案中「Ⅰ」の冒頭部分「両国政府は、その国策が恒久平和の確立と、両国民が相互に信頼し協力し合える時代を創出することに向けられていることを確認する」の「両国民」を「すべての国民」に変える方が趣意に添う、と提言。若杉は、さらなる考慮の余地ありとして、この部分を他の項目に加えるとか、別個の項目にする可能性を示唆した。

Ⅲ．日支間の紛争を平和的に解決するための措置

若杉は、米国側が 5 月 31 日に出した案（PX1078 参照。以下同じ）とは極めて異なる次のような対案を提出した。即ち、「米国大統領は、戦争状態の終結と平和的関係の回復に向けて、蒋介石政権に対し、近衛三原則とその現実的実行策に基づき、速やかに日本との交渉に入るよう勧奨する」、との対案である。若杉は、日支間の問題に米国の調停があったような印象を日本の国民に与えたくないことを対案提出の理由とした。

その上で、日本側は、いくつかの点を留保した上で、次のような代案をさらに示した。即ち、「日本政府が、事変の平和的解決に向けた交渉を支那政府と開始する上で従うべき枠組みの概括的内容を発表した後に、米国大統領は、善隣友好の精神に依拠して、在重慶の蒋介石政権に対し、同

<1946-11-7>

政権と日本政府が紛争解決と平和的関係回復に向けた交渉に入ることを勧奨する。交渉の枠組みは、善隣友好、主権・領土の相互尊重を謳う近衛原則及びその具体的適用態様と調和するものであると日本政府が宣命したものとする」との代案である。

ハミルトンが岩畔に、「日支間で合意がなった場合、南京の汪精衛政権、重慶の蒋介石政権のいずれを支那の正統政府とする考えか」と質したところ、岩畔の答えは、「日本は汪精衛政権を支那の正統政府として現在承認しており、蒋介石政権は地方政権との立場だが、諒解案では重慶政権との交渉が想定されている。交渉の結果次第で、①南京の汪精衛政府が重慶政権を吸収、②その逆、③両政権が合体して新政府を設立する、という選択肢があるが、決定は支那側に委ねたい」というものであった。

若杉は「III」に関わる補足・附属書について、5月31日の米国案に対する日本側の以下の対案を提示した。

1. 善隣友好
2. 共同防共、内蒙・北支一部での日本軍の駐留を含む
3. 経済的協力
4. 主権・領土の相互尊重
5. 善隣友好の原則を信奉し、世界平和に貢献する極東の中核国家群の一員として協力する国家として、相互にその固有の特質を尊重する。
6. 日支間の協定に従って日本軍の支那領からの撤兵
7. 領土の非割譲
8. 非賠償
9. 満州国の承認

若杉は、「III」について、詳細は日支間の交渉に委ねるべきとした。これに対してハミルトンは、日本側が5月12日の草案(PX1070参照)で「これによって支那で経済上独占的地位を得る意図はなく、第三国の権益を制限するよう支那に強要することもない」と、この箇所に付け足しをした後で、米国側が、この箇所の意味を明瞭にするために「これによって、日支両国は国際通商関係上の無差別の原則に立脚して事を進める」という文言に替えた(PX1078参照)経緯を示し、米国側が国際通商上の無差別原則をいかに重視しているかを強調した。

ハミルトンが、「VI」の米案において、「陸海軍兵力」としてあったのが単に「軍」となっていることを指摘して「海軍部隊を撤退させる意思はないのか」と質したところ、岩畔は、平時での艦隊訪問や上海国際租界に駐留する外国部隊が海軍部隊であることを指摘した上で、英訳で使った"troops"は日本語の「軍」を訳したもので、「軍」は陸海両軍の兵力を指す語であることを説明した。さらに、日本側が陸海両軍部隊を撤兵させる意向であることに間違いはなく、もし「武装兵力」["armed forces"]が妥当な語句であるならば、それに差し替えてもよいとし、また「支那国領」には「支那領海」も含まれると理解していることを付け加えた。

ハミルトンは、これらの点に留意すると返答した。

Ⅳ. 両国間の通商

若杉は、日本側は本文中で改変すべきとする箇所がないことを通告。しかし、米国側の附属・説明書にある「現在の国際情勢の危機的状況に鑑み、自国の安全保障・自衛のために必要な物資の輸出制限が一時的措置として認められる」との一節を撤回して欲しいと表明し、その理由として、このような一文は「Ⅳ」の趣意を弱めるものであるし、また、本文中の「両国は保有している物資の中で……」の「保有している」["available"]の部分が、米国が意図するところを内意として含んでいると指摘。ハミルトンは、これに留意すると返答。

Ⅴ. 太平洋地域での両国の経済活動

若杉は、5月31日の米案への対案として以下を提示した。即ち、「太平洋南西地域での両国の経済活動：日本の太平洋南西地域に向かっての進出が平和的なものであることを認め、米国は日本が必要とする石油・ゴム・錫・ニッケルなどの天然資源生産・獲得に協力する」との対案である。文言を変えた理由として岩畔は「同地域で米国が平和的活動のみ行うことを日本は疑っておらず、米国にも同じ目で日本の意図を見てもらいたい。地域を米国側主張の『太平洋』全般ではなく、『太平洋南西地域』に限定したのは、日本が同地域に有している特殊な権益の故である」と述べ、太平洋地域全体に関しては、「Ⅵ」に触れられていることを指摘した。これに対してハミルトンは、「Ⅵ」は政治的問題を扱ったものであり、「Ⅴ」では米国政府が重視する国際通商上の無差別原則を両国が尊重すべきことが謳われるべきであると主張し、日本側の論点には留意して、さらなる修正を検討するとした。

Ⅵ. 太平洋地域での政治的安定に影響を与える両国の政策

5月31日の我方の案に対して、若杉は次のような代案を提出した。即ち、「日米両国政府は、太平洋地域の平和を共同の努力を通じて維持・保持することに貢献することが両国の共通の基本的目的であり、両国が同地域に領土的野心を有しないことを宣命する。日本政府は、西半球に軍事基地を建設する意図がなく、同地域に対してなんの政治的野心も有しないことを宣命する。同様に、米国政府は、東亜と太平洋西南地域で軍事基地を建設する意図がなく、同地域に対してなんの政治的野心も有しないことを宣命する。日米両国政府は相互に相手側が東亜及び西半球の各々で示す守勢的地位を認める」との代案である。日本側が米案に異を唱えた理由は「表現が冗長で、『（全体を）律する』["controlling"]の意味が不明である」とのことであった。ハミルトンが四苦八苦して説明した後、その語を「基本的に」["basic"]に替えることで日本側は納得。後半部分について日本側は、附属書に含めることも可とした。ハミルトンはこれらの点に留意することを約束した。

Ⅶ. フィリピンの中立化

若杉は、本文には修正を求めなかったが、「米国政府はフィリピンに於いて日本国民に対する差別をせず」との意を附属書の形で含めることを提案した。松平の説明では、フィリピンへの日本からの移民・定住が差別されないようにすることが要点であるとの由。ハミルトンがフィリピンの移民法上の割り当ては無差別原則に基づいたものであることを指摘したところ、松平はそれ

<1946-11-7>　　　　　　　　　　　　　　　　　　　　2　検察主張立証段階　675

を認めつつ、日本としては割り当て枠を大きくしてもらいたいとのことであった。
＊（検）法廷証PX1084【木戸日記（1941［昭和16］年6月6日）；大島駐独大使・ヒトラー会見報告電を奏上－独は対ソ攻撃に決す】＝検察側文書PD1632-W（51）［E: 9978］［J: 107（24）］証拠として受理され、朗読される。

【PX1084朗読概要】

　午前9時に近衛首相から電話があり、「大島大使がヒトラーと面会した際に、ヒトラーが対ソ開戦を決意したことを表明し、言外に日本がこれに呼応するのを望むことをにおわしたとの由。これについて今朝、連絡会議を開くこととなったので、陛下への連絡を頼む」とのことであった。午前中、陛下に拝謁。この件をめぐって色々話があった。また、侍従武官長とも会い、この件についてこれから連絡を密にすることを依頼。近衛首相が大島大使からの電報を細川（護貞）秘書官を通じて自分に届け、読了後、返却。午後、電報の内容を陛下に伝達。午後2時、松岡外相が参内してクロアチアの承認と大島大使からの電文について言上。外相の見立ては、大島大使の観測とは異なり、独ソ間の協定成立六分、開戦四分とのこと。2時10分、松平宮相、来訪し、汪精衛の来日や侍従長更迭の経緯につき聞く。3時に武官長が訪れ、独ソ関係は切迫していないとの陸相の見方を伝えてきた。

＊（検）法廷証PX1085【PX58抜粋；1941（昭和16）年6月6日付けハル米国務長官発野村駐米大使宛非公式口頭申し入れ抜粋；日本側累次の修正案は米の外交原則よりいよいよ懸隔し、失望】＝検察側文書PD220-C（34）［E: 9982］［J: 107（24）］証拠として受理され、朗読される。

【PX1085朗読概要】

　6月4日に日本大使館関係者が提案した諒解案への修正申し入れ箇所（PX1083参照）をこれまで見た限り、当初案と修正案との間に大きな隔たりがあることに失望感を覚える。日本側が提示し続けている修正点の数々は、リベラルな政策を追求していく余地を徐々に狭めてきており、諒解案を、米国政府が太平洋地域に平和を確立・維持する上で基礎となるべきと思考する諸要素とは随分かけ離れたものにしてしまったように思われる。本職は、日本側のそれら修正希望条項全般と最近の日本政府の態度から、以下のような日本の姿勢を読み取る。
　①枢軸国との連携を強調し、
　②米国の見地からすれば恒久平和と東亜の安定に資すると思われる基礎の上に日支関係を築こうという意図を明確に示さず、
　③太平洋地域の平和を築く上での健全なる基盤をなすべき平和と無差別的待遇の原則を捧持すると確約することを避けている。
　本職が表明した通り、米国政府は、日支間の和平に繋がるとして提案されている条件項目の良

し悪しについて進んでコメントする立場にはないが、これまで発してきたコメントは、諒解案では米国政府がなんらかの対応をすることになっているが故に発せられたものである。
＊午後4時、裁判長ウェッブ、翌日9時30分までの休廷を宣する。

◆ 1946（昭和21）年11月8日　　（英速録9985～10128頁／和速録第108号1～25頁）

＊午前9時30分、法廷、再開する。
＊裁判長ウェッブ、被告大川、平沼、松井の欠席を確認する。
＊言語裁定官ムーア少佐、前日証拠として受理、朗読されたPX1066【木戸日記（1941［昭和16］年4月28日）】＝検察側文書PD1632-W（50）中（英文速記録9877頁）に使用された人称代名詞の誤りを訂正した（"his opinion" → "my opinion"）ことを報告する。裁判長ウェッブ、訂正を容れる。

（4）ウイリアムズ検察官、続けてキーナン首席検察官、検察主張立証第XI局面「米・英・英連邦諸国関係」第4部「ワシントン日米交渉第一段階」の検察側立証として、（検）法廷証PX58【米国対日外交関係叢書2巻1931（昭和6）年～1941（昭和16）年】からの抜粋書証を中心に、さらに証拠書類を提出する。

（英速録9986～10019頁／和速録108号2～7頁）

＊（検）法廷証PX1086【1941（昭和16）年6月11日付けオット駐日独大使発リッベントロップ独外相宛電文927；日ソ中立条約と三国同盟条約－日独ソ関係】＝検察側文書PD4061-B　証拠として受理され、朗読される。

【PX1086朗読概要】

（アルブレヒト・フォン・）ウーラッハ王子［Prince Urach］（ドイツの貴族の家に生まれ、当時はジャーナリストであったが、ドイツ外務省の命を受けて秘密裏に日本の対英宣戦を促すための活動をしていた）が伝えてきた関東軍司令長官梅津との新京での会談の内容によると、梅津は「日ソ中立条約締結は目下のところ歓迎するが、三国同盟が日本の外交方針の基盤をなすことに変わりはなく、独ソ関係に変化があれば、日本の対ソ姿勢も即座に変容する」と述べた。

＊（検）法廷証PX1087【PX58抜粋；1941（昭和16）年6月15日付け野村駐米大使発ハル米国務長官宛日本側提案－日米交渉日本側非公式案】＝検察側文書PD220-C（35）　証拠として受理され、朗読される。

<1946-11-8>

【PX1087朗読概要】

（前文と具体的項目の表題はPX1078と同一であるので省略する）

1. 日米両国の国際関係の見方及び国家観

両国政府は、その国策が恒久平和の確立と、両国民が相互に信頼・協力し合える時代を創出することに向けられていることを確認する。両国政府は、世界の国々・諸民族が正義と公平の理念に沿って普遍的協和の理想の下に生きる一家族の構成員であり、その構成員たる国家は、自国の国益を、平和的手段を通じて追求し、それによって物心両面での幸福を追求することが国家間相互に平等に認められた権利・義務であり、これは構成員が自らのために守るべく、かつ他の構成員に対して否定してはならない原則であるという概念・確信を、古来より綿々と捧持してきたことを宣命する。両国政府は、さらに、他国に向けられた圧政・搾取に反対する責任を有することを認める。両国政府は、各々の古来よりの国家観や、社会秩序・国民生活を規定する倫理規範が保持され続け、それらと相反する外来の思想・思想体系などによって決して改変されるものではないことを固く決意する。

2. ヨーロッパの戦争に対する両国政府の態度

日本政府は、三国同盟が従前から変わらず、これからも防衛本位のもので、ヨーロッパにおける戦争への参戦国拡大防止を目的としたものであることを断言する。米国政府は、ヨーロッパの戦争に対する同国の姿勢は、従前から変わらず、これからも自国の安全保障及び国民の福祉・安全のみを考慮して決定されることを断言する。

3. 日支間の紛争を平和的に解決するための措置

日本政府が、支那事変の平和的解決に向けた交渉を開始する上で従うべき枠組みの概括的内容が近衛原則及びその具体的適用態様に内意されたものであることを宣命したのを受け、米国大統領は、支那との間に善隣友好関係を築くとの日本政府の方針に信を置き、重慶政府に対し、日支両国が紛争解決・平和的関係の回復に向けて交渉に入ることを勧奨する。

4. 両国間の通商

本諒解を両国政府が正式に承認した時、両国は保有している物資の中で相手国が必要としているものを相互に供給することを約する。両国政府は、以前、日米通商航海条約で確立されていた正常な交易関係を復活するために必要な措置を講じることに同意する。両国が新たな通商条約締結を望む場合には直ちに交渉に入り、通例の手続きを以て締結することとする。

5. 太平洋地域での両国の経済活動

日米の太平洋での活動が平和的手段によって、国際通商関係における無差別の原則に則って行われるべきであるとの相互誓約に基づき、日米両国政府は、各々が自国経済の維持・発展に必要とする石油・ゴム・錫・ニッケルなどの天然資源を無制限に商業ベースによって獲得できるよう、相互に協力することに同意する。

6. 太平洋地域での政治的安定に影響を与える両国の政策

日米両国政府は、当諒解の基調をなして全体を律する政策課題が太平洋地域の平和であり、それを共同で維持・保持するよう努力することが両国の基本的目的であり、いずれの国も同地域で領土に関わる企図を有しないことを宣命する。

7. フィリピンの中立化

日本政府は、フィリピンの独立が現実のものとなった時、米国政府が望む時機に、同政府とフィリピン中立化のための条約締結に向けた交渉に入る用意があることを宣命する。

別紙・米国政府側の附属書・補足書；

4. 両国間の通商

現下の国際的非常事態が続く間、日米両国は、各々が自らの安全保障・自衛目的に必要な物資を除いて、通常もしくは戦（支那事変を指すのか、ヨーロッパでの大戦を指すのか、不明）前のレベルの額を限度として相手国への輸出を許可するものと理解する。上記制限事項は、各国政府の義務を明確にするために記載されたもので、各国政府に課せられるべき制限として意図されたものではなく、規制措置の適用にあたっては、友好国との関係を律すべき精神で以てなされることが了解される。

*（検）法廷証 PX1088【PX58 抜粋；1941（昭和 16）年 6 月 16 日付けグルー駐日米大使発ハル米国務長官宛報告電文 830；日本軍による重慶米大使館ほかの爆撃に対する抗議】＝検察側文書 PD219（和文速記録は検察側文書 PD229 と記載している）-P（77）［E: 9996］［J: 108（3）］ 証拠として受理され、朗読される。

【PX1088 朗読概要】

……早速外相との会見を求め、以下に引用する覚書を自らの手で手交し、最大限の強硬な姿勢で抗議を申し入れた。その上で、最近の日本軍の重慶爆撃が大使邸宅を含む米国大使館施設に甚大な被害をもたらして、大使を含む米国市民の生命と米国船ツツイラ号［USS Tutuila］を危険にさらしたことに触れ、これは日米関係に深刻な事態をもたらしかねないことを指摘した。

覚書；

在重慶米国大使からただいま入手した報告によると、7 月 15 日午後、日本機 27 機が重慶に対して高高度爆撃を敢行。投下された爆弾の内、約 5 弾が米国大使館文書保管庫入口及びツツイラ号から 100～300 ヤードの地点に落下し、保管庫は衝撃と飛散した破片により損傷。もう 1 弾が大使館の退避壕入口から 50 ヤード程の場所に落下して、保管庫とツツイラ号の中間地点あたりにあった武官補佐官の事務室に大きな被害を与えた。保管庫近くのスタンダード石油社の事務所及び、半マイル程離れた大使邸宅にも被害があった。

*（検）法廷証 PX1089【木戸日記（1941［昭和 16］年 6 月 18 日）；抜粋；仏印問題につき独を通じてビシー政府と交渉】＝検察側文書 PD1632-W（52）［E: 9998］［J: 108（4）］ 証拠として受理され、朗読される。

<1946-11-8>

【PX1089 朗読概要】

　……11時、首相・外相、来訪し、外相から、仏印問題についてドイツにビシー政府に交渉させるように訓令を発したとの話があった。

* 被告木戸弁護人ローガン、上記部分を言語裁定官の照会に付すよう要請する。受け入れられる。（英文速記録9998〜99頁によれば、検察側が読み上げた英訳は"to have the German Government negotiate with the Vichy Government"であるが、原本和文書証より採録したであろう和文速記録108（4）頁は「独ヨリ『ヴィシー』政府へ交渉セシムベク」であり、ローガン弁護人は、弁護側の訳は"to negotiate with the Vichy Government through the German Government"であると提案する）

* （検）法廷証PX1090【木戸日記（1941［昭和16］年6月20日）抜粋；近衛談－独ソ開戦説と松岡外相の態度】＝検察側文書PD1632-W（53）　証拠として受理され、朗読される。

【PX1090 朗読概要】

　5時50分、近衛首相、来訪。独ソ開戦の噂など、国際関係が緊迫している折柄、外相の意見に理解し難い点があることなどについて内々に話があった。内閣の責任問題にまで話が及んだが、自分は「責任論などは問題ではない」と述べた。近い内に平沼内相も含めた3人で懇談することを約し、約一時間後に首相は辞去。

* 被告木戸弁護人ローガン、当該部分を言語裁定官の照会に付すよう、申し立てる。（原本和文書証より採録したであろう和文速記録108（4）頁の「責任論等ハ問題ニアラザル」という部分が、英文速記録10000頁によれば、検察側の訳では"it was still too early to discuss this"となっているが、弁護側の訳では"it was out of the question"であると主張する）

* （検）法廷証PX1091【PX58抜粋；1941（昭和16）年6月21日付けハル米国務長官発野村駐米大使宛口頭申し入れ声明；松岡外相の親独傾向批判、日本の政策は米の自由政策と反する】＝検察側文書PD220-C（36）　証拠として受理され、朗読される。

【PX1091 抜粋朗読概要】

　……本職は、日本の指導者の多くが大使や大使館関係者と上述のような見解を共有して了解達成に向けた動きを支持していると信じているが、親日筋を始め世界中から入ってくる情報が示すところによれば、公職にある日本の有力者の一部が、ドイツとその征服政策を支持する姿勢を明確に打ち出し、米国との了解については、米国が自衛措置の発動の結果ヨーロッパで参戦した時でも、日本がヒトラーの側に立って戦うことを想定するようなものしか受諾しないであろうということである。最近日本政府の報道官が、日本の三国同盟の取り決め履行に関する本気度・本腰度を強調するような声明を発しており、国内世論をそのような方向に誘導しようとしている意図

がその背後にあるならば、諒解案のようなものがたとえ採択されたとしても、望ましい結果が出せると考えるのは幻想ではなかろうか？ 日本の提案の中で、今一つの疑惑の種となっているのが、支那への和平条件の中で示された防共目的を名目とする内蒙・北支に対する駐兵権である。米国政府は、自らが信奉するリベラル政策と相容れず、第三国の主権に絡むようなそのような方針に関与することはできない。それ故に本職は、不本意ながら、日本政府全体に諒解案が目的とするところの平和を達成する意思があるという兆候が明確に現れるまで待つべきであるとの結論に達した。日本政府がそのような姿勢を見せてくれることを衷心から希望する。

　注：現在の協議における米国の立場については、5月31日の米国案を修正した新しい案を6月21日付けで日本側に手交済みである。

＊（検）法廷証PX1092【PX58抜粋；1941（昭和16）年6月21日付けハル米国務長官発野村駐米大使宛米国側提案草案−1941（昭和16）年5月31日付け米側提案の一部修正米側提案】＝検察側文書PD220-C（37）　キーナン首席検察官、ウイリアムズ検察官に替わり提出する。[E: 10004][J: 108（5）]　証拠として受理される。キーナン首席検察官、該文書は提出済み（検）法廷証PX1078【1941（昭和16）年5月31日付けハル米国務長官発野村駐米大使宛米国側非公式提案草案】に酷似しているとした上で、相違点として、①「ヨーロッパ戦争に対する態度」についての両国の見解は、前回は附属書で触れられていたが、今回は書簡の交換という形で示されていること、②支那での経済問題が取り上げられていること、③対象範囲が太平洋（南？）西地域から全太平洋になっていることを指摘する。朗読される。

【PX1092朗読概要】

（前文と具体的項目の表題はPX1078及びPX1087と同じであるので省略する）

　1．日米両国の国際関係の見方、及び国家観

（PX1087と同じ）

　2．ヨーロッパの戦争に対する両国政府の態度

（PX1087と同じであるが、その後に以下が続く）

　（注：5月31日付け提案の一部を構成する本件に関する米国側の附属・補足書に替わる交換書簡草案をここに添付。本項全体の基礎となるべき問題に関する議論は、6月21日に日本側に手交された口頭説明参照）

　3．日支間の紛争を平和的に解決するための措置

　日本政府が、事変の平和的解決に向けた交渉を支那政府と開始する上で従うべき枠組みの概括的内容を米国に通告した後に、米国大統領は、支那政府に対し、日支両国政府が、相互に有利かつ受容可能な基礎の上に立って、紛争解決・平和的関係回復に向けた交渉に入ることを勧奨する。交渉の枠組みは、善隣友好、主権・領土の相互尊重を謳う近衛原則及びその具体的適用態様と調和するものであると日本政府が宣命したものとする。（注：この項については、日本軍の駐留問

題を含む共同防共や日中間の経済協力についてさらなる議論を要する。この項の文言を変えるべしとの提案については、本項と附属書全体を俯瞰し、附属書に盛り込まれたすべての項目をまとめ上げた後で考慮するのが最も有益と思われる）

4. 両国間の通商

（PX1087と同じ）

5. 太平洋地域での両国の経済活動

（PX1087と同じ）

6. 太平洋地域での政治的安定に影響を与える両国の政策

（PX1087と同じ）

7. フィリピンの中立化

（PX1087と同じ）

附属書Ⅰ・日本政府側の附属・補足書；

3. 日支間の紛争を平和的に解決するための措置

当該部分に関連ありとされた基本的条件は、次の通り。

1. 善隣友好

2. （有害な共産分子の活動に対する共同防衛。日本軍の支那領内での駐留を含む）さらなる論議の要あり。

3. （経済的協力）国際通商上の無差別の原則をこの点に適用することに関して文書交換による合意を要する。

4. 主権・領土の相互尊重

5. 善隣友好の原則を信奉し、世界平和に貢献する極東の中核国家群の一員として協力する国家として、相互にその固有の特質を尊重する。

6. 早い時機に支那領土から日本の武装兵力を日支両国間で締結されるべき協定に基づき撤退させる。

7. 領土の非割譲

8. 非賠償

9. 満州国をめぐっての交渉を友好的雰囲気の下で進める。

附属書Ⅱ・米国政府側の附属・補足書

（PX1087別紙と同じ）

附属書Ⅲ・できれば実現したい国務長官と日本大使との間の書簡交換

国務長官発日本大使宛：

米国政府のヨーロッパ戦争に対する方針・態度については、これまで縷々述べてきたが、自分は米国政府の態度が不可侵の自衛の権利に基づいていることを指摘してきた。この点は充分承知されていると思うが、誤解の余地をなくすため、再びこの件に触れておきたい。米国政府は日本政府から以下の点について確約を得たことを欣快とするものである。即ち、我

が国が自国の安全保障上止むを得ず執る可能性があるとして既に発表された措置に関して、日本政府が、太平洋地域での平和の確立・保持という当諒解案の基本的目的に反したり、それを没却したりする方向に自らを駆り立てるようなことを既定方針とはしていないと表明したことである。

日本大使発国務長官宛：

貴殿が説明した米国政府のヨーロッパ戦争に対する方針・態度は充分理解しており、本国にも伝えてあるので、日本政府も同様に理解していることを確約する。また、太平洋地域での平和の確立・保持という当諒解案の基本的目的に反したり、それを没却したりする行動に自らを駆り立てるようなことを日本政府が既定方針とはしていないことを確約する。日本政府は、この合意が結ばれた暁に自らの意思で負うべき責務を認識して、太平洋地域の平和の確立・保持に有害な行動を取らないことを決意する。

附属書Ⅳ・できれば送ることとしたい共同声明に関しての国務長官発日本大使宛書簡 〔E: 10017〕〔J: 108（6）〕

日米両国間の全般的了解について非公式に討議した折に、貴大使並びに大使館関係諸官が、国際通商上の無差別原則を日本の支那との経済協力関係に適用することに関して、日本政府の意図を包み隠さず開陳してくれたが、既に口頭で説明があった以下の点について回答していただければ有り難い。

1. 日支間の「経済協力」とは、支那政府が米国や他の国家の政府・国民を差別して、日本政府・国民に優遇措置を執ったり独占的権利を付与することを意図するものであろうか？また、日支和平交渉開始にあたっては、北支那開発株式会社、中支那振興株式会社及びその子会社等の日本の特別の会社が、日本の軍事占領下にある地域で有している独占的権利などの優遇措置を、これらの会社から撤回する意図があるのか？

2. 現在日本の軍事占領下にある支那領内で外国人に課せられている移動制限について、重慶政府と日本政府との交渉開始にあたって解除される制限の範囲と、爾後その他の制限が解除される時期、及び各々の場合に制限解除が実行されるまでの時間の目安を示してもらいたい。

3. 日本政府は、支那政府が貿易・通貨・為替について完全な管轄権を掌握することを意図しているのか？　支那内で流通している日本軍の軍票や日本の後援を受けた政権が発行する紙幣を回収・交換する意図があるか？　上述の措置を交渉開始後どのぐらいで実行可能かを示すことができるか？

できるだけ具体的回答を頂ければ幸いである。

(5) ヒギンズ検察官、キーナン首席検察官に替わり、検察主張立証第ⅩⅠ局面「米・英・英連邦諸国関係」第4部「ワシントン日米交渉第一段階」の検察側立証として、証拠提出を続行する。　　　　　　　　　　（英速録10019～10042頁／和速録108号7～10頁）

<1946-11-8>

*（検）法廷証 PX1093【木戸日記（1941［昭和 16］年 6 月 22 日）；独ソ開戦に伴う松岡外相奏上に関連して拝謁】＝検察側文書 PD1632-W（55） 証拠として受理され、朗読される。

【PX1093 抜粋朗読概要】

　2 時に鈴木企画院総裁から電話があって、独ソ開戦の一報が入ったとの連絡。松岡外相からも電話があり、大島大使から独ソ開戦を伝える公電が入ったと伝えて、陛下への拝謁を願い出てきたので、出仕していた（訳者が「侍従」が何であるか分からなかったようで、英文速記録 10021 頁ではこの部分が "the gentlemen［複数、原文のママ］in waiting on duty" となっている。原本和文書証より採録したであろう和文速記録では「侍従」）徳川（義寛）を通じて、陛下のご都合を伺い、午後 5 時 30 分の外相拝謁となった。そこで、その前に自らが拝謁を願い出て、昨夜、近衛首相・平沼内相と懇談した際に得た印象に基づいて、次のように言上した。即ち、「独ソ開戦となった場合に日本が執るべき態度・方針について、首相と外相の意見が一致していないように見受けられるが、今回の問題にいかに対応するかは我が国の将来に重大な影響を与える。外相が本日拝謁の折に種々自分の意見を述べるであろうが、『首相と相談済みか？　極度の重要事項であるから首相と充分協議すべきである』というようなことを言って、首相中心で事を進める心構えの重要さを示していただきたい」、と。5 時 30 分、松岡外相、拝謁。その後、御前に召されて 6 時 40～50 分の間、拝謁。陛下は、「松岡外相が示した対策では、北方にも南方にも積極的に進出することとなるので、政府・統帥部の意見が一致するや否や、また国力に照らしてみて妥当なのか」と非常に憂慮されていた（英文速記録 10022 頁のこの部分では、天皇が松岡の発言に「満足した」［pleased］ように書かれている。「侍従」の部分やこのあたりの箇所がこの直後のローガン弁護人の申し入れの動機となったのであろう。後に言語裁定官によって訂正されるのでその訂正内容に従った。10665 頁参照）。近衛・平沼両名に電話したが、近衛は不在。平沼には、慎重に考慮することを希望する旨伝えた。9 時 30 分、近衛に電話して外相拝謁の経緯を伝えて、連絡会議での善処を要望する。午前 0 時 30 分、近衛から電話があり、松岡が来訪して「拝謁の際言上したのは将来の見込みであって、直ちに実行するという意味ではない」と言ったとのこと。

*被告木戸弁護人ローガン「訂正すべき点多数」として、該文書を言語裁定官の照会に付すよう申し立て、裁判長ウェッブ、これを容れる。
*（検）法廷証 PX1094【木戸日記（1941［昭和 16］年 6 月 23 日）；独ソ開戦についての松岡外相言上内容】＝検察側文書 PD1632-W（56）［E: 10023］［J: 108（7）］　証拠として受理され、朗読される。

【PX1094 朗読概要】

　午前 10 時、出勤。武官長と独ソ開戦について面談。10 時～10 時 30 分の間、拝謁し、「前日拝

謁時の松岡の報告と将来の見通し」（英文速記録10024頁。原本和文書証より採録したであろう和文速記録は「昨日松岡外相拝謁の際言上したる趣旨将来の見通し云々……」と記す）について言上。

11時30分、侍従長が来室し、自分は上記のことを話す。1時、武官長来室。参謀総長の奏上について話を聞く。1時30分、近衛が参内し、拝謁。その後、2時40分～4時頃まで面談し、独ソ開戦による情勢の悪化について率直に意見を交換。4時20分、官邸に入り鈴木企画院総裁の来訪を受け、色々意見を交換。大本営を強化し一元化すべきとの論があり、その趣旨には賛同するが、「元帥府御諮詢……」ということについては注意を喚起する（英文速記録10025頁。和文速記録は「注意を与ふ」）。

* 被告木戸弁護人ローガン、当該文書を言語裁定官の照会に付すよう申し立てる。裁判長ウェッブ、「今後弁護側が誤訳と判断した箇所については、法廷の許可を求めることなく言語裁定官に照会して可」、と申し渡す。
* （検）法廷証PX1095【木戸日記（1941［昭和16］年6月25日）；近衛の汪精衛との会談－日支和平問題・仏印進駐】＝検察側文書PD1632-W（57）［E:10026］［J:108（7）］ 証拠として受理され、朗読される。

【PX1095朗読概要】

午前7時30分、橋本（清吉）内務省警保局長、来訪。各方面の反響を聞く。9時、東京駅で汪精衛を見送り、その後、近衛と会談して、昨日近衛が汪精衛と一対一で会談した折の内容を聞く。日支全面和平についての汪の意見は、「李宗仁と白崇禧をこちらの陣営に引き込むことは必要だが、蒋介石に対する政策の変更も必要で、それには米国の尽力を求めるのも止むを得ない」、「それを実現させようとすれば、親米派が台頭してくるのは必至で、これに対して我々の同士も政府の中に適当に配置する必要がある。ただ、汪と蒋の関係については頭山満に任せるつもりで、既にその意を通じてある」というものであったとのこと。（英文速記録10026～27頁によるが、原本和文書証より採録したであろう和文速記録108（7）頁によれば、「……それには米国の尽力を求めるのも止むを得ない」の直後に句点が打たれており、さらに「我々」という語句が木戸と近衛を指すものと思われるから、後段の「それを実現させようとすれば……既にその意を通じてある」の部分は、近衛が木戸に対して言った内容であると判断した方が正しそうである。木戸日記の原文に読点がなく、句点が少ないため、所々前後の脈絡が把握しにくくなるがための誤訳と言えようか）。

現地の支那派遣軍総司令部（原文にある「総軍司令部」とはこのことであろう）は、上層部はよく理解しているが、縦と横（原文の「上下、左右、前後」という部分を訳者が理解できなかったらしく、英文速記録10027頁では引用符をつけて直訳している。大方このような意味であると思われる）の連絡がなっておらず、仕事がやりにくくなっている。なお、軍の汚職問題は実に甚だしいものである。

9時20分、野村嘉六、来訪し、面談。10時45分～11時35分の間、拝謁。午後1時、武官長、来室して、連絡会議の開催などについて懇談。一旦帰宅。2時50分、皇太后陛下誕生日のお祝

<1946-11-8>

いを申し上げる。一旦帰宅して再び出勤。4時、首相と両総長、参内し、仏印進駐などの連絡会議決定事項を奏上。4時30分、近衛と会談。

＊被告木戸弁護人ローガン、改めて「重大な誤訳がある」として、その原因は「多くが概訳［screen translation］のまま直されていないため」と指摘する。裁判長ウェッブ、「法廷としては、直前に与えた言語裁定官への送付の一括的許可以上のことはできない」、と申し渡す。
＊午前10時45分、裁判長ウェッブ、15分間の休憩を宣す。
＊午前11時、法廷、再開する。［E: 10029］［J: 108（8）］
＊ヒギンズ検察官、検察主張立証第XI局面「米・英・英連邦諸国関係」第4部「ワシントン日米交渉第一段階」の検察側立証としての証拠提出・朗読を続行する。
＊（検）法廷証PX1096【1941（昭和16）年6月28日付けリッベントロップ独外相発オット駐日独大使宛電文；日本に対し対ソ攻撃を働きかけ】＝検察側文書PD4081-C　証拠として受理される。被告大島弁護人島内及び同カニンガム、「該文書は提出済み（検）法廷証PX587【1941（昭和16）年6月28日付けリッベントロップ独外相発オット駐日独大使宛電文】＝検察側文書PD4033-B（9月26日審理分、英文速記録6561～65頁、和文速記録77（20）～（21）参照）と、重要な一語を除いて同一原本からの別翻訳文である」と、申し立てる（カニンガム弁護人は「提出済みの文書では"Oshima will influence..."であるが、本文書では"Oshima should influence..."となっている（下記本文の下線部分）」と指摘している。英文速記録10031頁に収録されている英訳では、"he influence"となっているが、これは言語裁定官の裁定に従って訂正された後のものであろう。言語裁定官の決定については、英文速記録10055頁参照。英文法では、命令・示唆・助言などの動詞に続く従属節内では"should"が省かれて動詞の原形が使われることがあるので、この助動詞の有無で実際の意味は余り変わらないであろう）。裁判長ウェッブ、「朗読の後に言語裁定官の照会に付する」と、裁定する。

【PX1096朗読概要】

　大島大使と自分との間で、日本が速やかに対ソ開戦に踏み切るよう大使が自国政府に働きかけるべきことで了解に達した。貴官においても、日本政府や各方面にあらゆる手段を駆使して、同様の工作をしてもらいたい。その際には以下の点を強調すること。
　1）独ソ戦は、ソ連にまつわる個々の問題のみならず、ソ連問題すべてに最終的解決をもたらすものである。
　2）ソ連の崩壊は比較的短期間で現実のものとなろうが、それによってドイツの英国に対する勝利も疑いのないものとなる。ドイツがソ連領内の油田と穀倉地帯を制圧してヨーロッパ大陸全土への供給量を確保できれば、英国の海上封鎖は無意味なものとなる。また、ヨーロッパとアジアが陸路で直接結び付くこととなる。
　3）こうなれば、ヨーコッパでの新秩序建設のために必要な前提条件が整うこととなる。
　4）同様にして、日本も対ソ開戦によって東亜新秩序建設の前提条件を整えることができる。

また、ソ連が崩壊すれば支那問題も日本が望む形で解決できるであろう。
　5）日本にとって、シンガポール攻略を含む南進政策が重要性を有していることに変わりはないが、まだその準備が整わず、現在の戦局の中でその成功の可能性も明らかでない今、この機を逃さずに北方問題を解決することが日本の急務である。そうした上で、日本は後顧の憂いなく南進できる。
　6）事態の急展開が見込まれる中、日本は対ソ開戦を躊躇なく迅速に決意すべきである。ソ連の敗北が決定的となった段階で参戦した場合、日本の倫理的・政治的立場を低めることとなる。
　7）ソ連の崩壊が早まれば、米国が英国の側に立って参戦することは米国が世界最強の同盟陣営と相対することとなるので、日本の対ソ開戦は、米国に参戦することの愚を悟らせる最上の手段となる。
＊（検）法廷証 PX1097【1941（昭和16）年6月28日付けオット駐日独大使発リッベントロップ独外相宛請訓電文1069；日本の対ソ態度未定・大島駐独大使等の工作】＝検察側文書 PD4081-D ［E: 10034］［J: 108（8）］　証拠として受理され、朗読される。

【PX1097 朗読概要】

　最近数日間、日本の政府指導部では種々の会合が持たれたが、独ソ戦への対応が決定されるには至らなかった。色々な準備が進められていることは確かであるが、ソ連が物心両面で決定的に疲弊したと認められない限り、対ソ戦の準備には最低6週間を要するであろう。信頼すべき筋が内密の情報として、近衛と閣内の多数は支那における日本の軍事的立場を損ねるような施策は執らないことで一致している模様であると伝えてきた。そのためか、内閣が決定したのは仏印での地歩を固めることのみのようで、3個師団の動員が噂されている。今後採るべき方策についての論議は、世間の表裏で喧しくなっている。大使館と近しい関係を持っている著名な国家主義者グループは、内密の会合の場で北守南進の考えを唱えていた。この考えが内包する危険性は、南進が仏印止まりで終わり、（原文中語句、不分明）北進への動きを掣肘してしまうことである。自分はベルリンで、日本がソ連を当面無視して南方進出に向かうよう工作すべしとの指示を受けたが、このような状況下では、もし日本が仏印を越えて南方進出を図らないのであれば、その指示が未だ有効であるのかとの疑問が湧いて来る。外務省からの秘密報告によれば、大島大使は日本政府に対ソ開戦を迫っていると言う。
＊（検）法廷証 PX1098【木戸日記（1941［昭和16］年6月28日）；東条陸相より独ソ開戦後の軍の方針を聴く】＝検察側文書 PD1632-W（58）　証拠として受理され、朗読される。

【PX1098 抜粋朗読概要】

　東条陸相が参内し、拝謁後に自分を来訪。東条から以下の件について説明を聞く。

<1946-11-8>

(1) 独ソ戦に対する陸軍の方針は、「関東軍の態度は冷静・慎重であるべき」というものである。
(2) 独ソ開戦に関し、我が国の外国大使が本国に送った情報。(英文速記録10037頁の訳では、「本国に」のニュアンスがなく、あたかも日本に情報が送られたような意味になっている。また、和文速記録108 (9) 頁所収の日本語原文では、「支那駐在外国大使」となっているが、実際は「本邦駐在外国大使」である。いずれも、後に言語裁定官が訂正する。英文速記録10665～66頁参照。ここでは、訂正後の内容で要約した)
(3) 閻錫山工作、及び李宗仁・白崇禧に対する工作とその後の情況。
(4) 大本営強化のため、宮中に毎日参集するという案。

＊被告木戸弁護人ローガン、証拠文書中に誤訳の可能性がある場合には言語裁定官の照会に付する一括許可が既に認められたことを確認する。被告東条弁護人清瀬博士、「文書が法廷に提出される1日乃至は2日前にその翻訳が入手できれば手間を省ける」として、同様手続きの導入を提案する。裁判長ウェッブ、「一括許可制度で充分用は足りる」、と申し渡す。

＊(検) 法廷証PX1099【PX58抜粋；1941 (昭和16) 年7月8日付けグルー駐日米大使発松岡外相宛抗議声明抜粋；重慶爆撃により米英施設が被害】＝検察側文書PD219-P (78) 証拠として受理され、朗読される。

【PX1099朗読概要】

6月29日に重慶に対して行われた空襲では、英国大使館が甚大な被害を受けたが、(揚子江) 南岸に落下した爆弾の衝撃によって米国大使館職員の居宅も若干の損傷を被ったことを報告する。

＊(検) 法廷証PX1100【PX58抜粋；1941 (昭和16) 年7月8日付けグルー駐日米大使発松岡外相宛口頭申し入れ抜粋；ハノイ、ハイフォンでの米商品差押えの解除要請】＝検察側文書PD220-C (13) 証拠として受理され、朗読される。

【PX1100朗読概要】

……その後入ってきた情報は、日本軍がサイゴン及びハイフォン港で船荷の一部を押収したことを示している。正当な所有者が倉庫に立ち入ることを許されないため、押収物品の品目・量が確認できないでいるが、相当量の米国の船荷が持ち去られたのは明らかである。この件については、押収物品を正当な所有者に返還すべく直ちに措置が執られることを要請する。以前にも宣命したように、米国政府は、仏印に於いて米国が権益を有する財産に対して日本軍が手を下す権利を容認しない。当米国大使館は、訓令に従い、このような行為を日本側が継続すれば、日米関係がさらに悪化するばかりである旨通告するものである。

(6) ハーディン検察官、ヒギンズ検察官に替わり、検察主張立証第XI局面「米・英・英連邦諸国関係」第4部「ワシントン日米交渉第一段階」の検察側立証として、証拠提

出を続行する。　　　　　（英速録10042～10137頁／和速録108号10頁～109号3頁）

＊（検）法廷証PX1101【1941（昭和16）年2月17日付け松岡外相発イーデン英外相宛回答電文46；日本の平和的外交政策を保証】＝検察側文書PD1339-A（5）　証拠として受理され、朗読される。

【PX1101朗読概要】

　英国外相閣下が、駐日英国大使などの筋から得た情報の故に、極東情勢について不穏当な見方をしているようで、些か驚いている次第。この機会に日本国外相として、そのような見方を正当化する根拠はどこにもないことを申し上げておきたい。

　本職はこれまで、三国同盟の趣旨がヨーロッパ戦争への参戦国を増やさずに戦争の早期終結を図ることにあると英国大使にも一般向けにも表明してきたが、その方針には少しも揺るぎがないので、安心してもらいたい。

　しかし、日本国外相として、米英が太平洋・南洋地域で戦争準備ともとられかねない動きをしていることには、疑惑といかないまでも不安の念を表せざるを得ない。このような動きを伝える米国筋などからの新聞報道を目の当たりにして、日本の世論の中には疑惑の念を深めて、これに対抗するために時機を失してはならないというような意見さえも出ている。米国がその活動を西半球に限定して日本の不安を煽らないようにすれば、事態は著しく改善するであろう。

　閣下とはジュネーブ以来の知己であることを踏まえ、また、この際率直に意見を交換することが両国関係に資すると考え、さらに当方の見解を述べることとする。本職が常に心にかけているのは世界平和であり、それ故に支那事変、ヨーロッパ戦争の早期終結を願っており、また、主要国が平和と世界秩序の問題を議論するために一堂に会するような場が再び設けられんことを常に祈っている。これに関連して、以下のことをはっきりと理解してもらいたい。即ち、日本には他民族を支配し、もしくは他民族の自らの将来を決める権利を奪ったつもりなどなく、むしろ、協和と融和の精神を育んで大東亜圏全域に平和・繁栄・相互扶助の新時代を切り開くのが日本の確固とした国是である。日本が繰り返し確約してきたモットーは「征服、抑圧、搾取の否定」である。この故に、自分は日本を中傷する偏向報道に対しては、望ましくないものとして強く抗議する。

　本職は、いかなる動機があろうとも、戦争を長引かせることによって得るものはなく、また、今次のヨーロッパ戦争には、その帰趨や勝者のいかにかかわらず、現代文明の崩壊をもたらしかねないような危険な要素が存在すると考える。このような危険な事態を予知して対処するには高度な政治的手腕が要求されるが、本職は、大英帝国でそのような手腕が発揮される可能性に希望を持っている。

　最後に、日本は平和の早期回復に深い関心を有するが故に、大東亜圏のみならず世界のいかなる地域に於いてでも、仲介者としての役割を果たし、もしくは平常状態を回復させるためにいか

<1946-11-8>

なる行動をも執る用意があることを明らかにしておく。

　本職は、平和を回復し現代文明を崩壊の危機から救う重大な責任を担うのは主要国の指導者であるとの信念を有しているが、閣下も同じ意見であることを信じて止まない。そのような責務を遂行し得るのは、他者の意見・主張に耳を傾ける寛容さを伴った聡明かつ勇断な政治的手腕のみである。なお、日本のいかなる行動も、全人類に対する責務を意識した上でのものであることは言うまでもない。

＊（検）法廷証PX1102【1941（昭和16）年7月24日付け米国務省新聞発表抜粋；南部仏印進駐は太平洋の安全を害する】＝検察側文書PD220-C（14）［E: 10047］［J: 108（11）］　証拠として受理され、朗読される。

【PX1102朗読概要】

　昨年、日本政府は、（ヨーロッパの）騒乱状態が蘭印・仏印などに波及することを望まない旨の声明を、幾度か発し、これに米国政府なども賛同。米国政府は「同地域の現状を平和的手段以外の方法で改変しようとするのは太平洋全域の安全・平和を損ねるものと言わざるを得ない」との声明を発した。

　1940（昭和15）年9月23日、国務長官は仏印での事態の急展開に触れて「現状が改変され、その改変は強迫下でなされつつある」との見解を発表。現在仏印で進行している事態は、さらなる現状変更が強迫下でなされていることを明らかに示している。米国は、武力による威嚇またはその行使を通じての侵攻的行為に対する我が国政府と国民の姿勢を明らかにしてきたが、今や日本はそのような手段で自らの拡張政策を成し遂げようとしているように見受けられる。

　仏印を占領し、そこに軍事基地を建設することを、自衛行為として日本政府が正当化できる根拠があるとは考えられない。また、米英蘭が仏印に対して、日本が脅威と感じるような領土的野心を示し又は具体的行動を取ろうとしたと信ずるに足る証拠は何もない。それ故に米国政府は、今回の日本の仏印での行動が隣接地域へのさらなる進出を企図して同地の軍事拠点としての価値を推し量った上でなされたものと断じざるを得ない。

＊（検）法廷証PX1103【朝日新聞記事抜粋；政府統帥部連絡懇談会（1941［昭和16］年）開催日時・出席者名・決定事項一覧】＝検察側文書PD1699　［E: 10051］［J: 108（11）］　証拠として受理され、朗読される。

＊裁判長ウェッブ、朗読の開始直後、ハーディン検察官に対して、「該文書は各連絡会議の具体的内容を伝えるものではない」と指摘し、「朗読して速記録に内容を留める価値があるのか判事団の多数が疑問を持っている」と、報じる。ハーディン検察官、「被告の連絡会議への出席の事実が後刻、重要となってくる可能性」を示唆する。被告広田弁護人スミスは「該文書に証拠価値なし」として、被告木戸弁護人ローガンは「該文書は新聞の切り抜きを集めたものであり、元の新聞自体が証拠として提出されておらず、また記事が掲載された日も特定できない。

新聞がこのような秘密的色彩を帯びた会議（「連絡会議」について若干誤解しているようである）に関する情報を掲載するとは考え難い」として、各々異議を申し立てる。
* 午前11時55分、法廷、昼の休憩に入る。
* 午後1時30分、法廷、再開する。[E: 10055]［J: 108（12）］
* ムーア言語裁定官、ほぼ同じ内容の提出済みPX587と提出済みPX1096で異なった助動詞が使われていた問題（英文速記録10031頁参照）について、「助動詞なしの文とすることが妥当」と判断したことを報じる。
* ハーディン検察官、証拠提出、朗読を続行する。
* PX1103の証拠としての採用の是非に関する審理、再開される。ハーディン検察官、「後刻、被告の尋問調書（英文速記録10055頁の"interpretations of various defendants"の"interpretations"は、原本和文書証より採録したであろう和文速記録108（12）頁対応部分に「尋問調書」とあること及び文脈から判断して、"interrogations"の誤りであり、かつは法廷の理解も「尋問調書」以外ではあり得なかったものと判断して「尋問調書」の訳語を採用する）で明らかにされる連絡会議の目的、議題、決定などに触れる際に重要となる」として、その内容を法廷記録に残したい、と申し立てる。裁判長ウェッブ、「特定の連絡会議が審理の最中に重要となった度毎に出席者名などを明らかにする方が煩雑を避けられる可能性がある」と、釈を付す。ハーディン検察官、「尋問調書を見る限り被告が必ずしも特定の会議の日時を確実に把握しているわけではない」として、朗読することを申し立てる。裁判長ウェッブ、許可する。
* ハーディン検察官、PX1103を朗読する。

【PX1103朗読概要】

（原本和文書証より採録したであろう和文速記録日本語原文には、7月21日分を除いて「政府統帥部連絡懇談会」と各項の冒頭に記してあり、「日時」「出席者」「決定」という項目別表題が付せられているが、以下では省略し、また年はすべて1941［昭和16］年であるので、これも省略する。また、一度出た人物については、二度目以降官職名などを付さない）

1月13日午後6時〜9時30分（目黒茶寮）（以下、括弧内は場所）：

近衛首相、東条陸相、杉山（元）参謀総長、富田（健治）内閣書記官長、阿南（維幾）陸軍次官、武藤（章）陸軍省軍務局長、塚田（攻）参謀次長（和文速記録108（12）頁に「次官」とあるのは誤表記。原文の誤りか筆写の際の誤りかは定かではない）、田中（新一）参謀本部（第一）部長、豊田（副武）海軍次官、岡（敬純）海軍省軍務局長、近藤（信竹）軍令部次長、宇垣（纏）軍令部次長（英文速記録10057頁の"Vice Chief of the Naval General Staff"のママ訳したが、明らかな誤記乃至は誤訳であり、正しくは和文速記録の通り「第一」部長）；懇談。

1月16日午前11時（終了時間の記載なし。原文のママ。以下、別段記述ない限り同じ）（首相官邸）：

近衛、平沼内相、松岡外相、東条陸相、及川（古志郎）海相、塚田、近藤；重要連絡懇談。

<1946-11-8>

1月17日午前9〜11時（首相官邸）：

近衛、平沼、松岡、東条、及川、杉山、近藤；重要懇談。

1月19日午前10時30分（首相官邸）：

前回に同じ（訳者が和文速記録108（12）頁所収の原文にあるこの部分を理解できなかったのか見落としたのか、英文速記録10057頁には"no record of attendance"と記されているが、後に訂正される。英文速記録10058〜59頁参照）；重要懇談。

1月23日午前11〜12時（首相官邸）：

前回に同じ；当面の問題につき種々協議。

1月30日午後4時30分〜6時30分（首相官邸）：

近衛、松岡、東条、及川、平沼、杉山、近藤、武藤、岡、富田；種々懇談。

2月3日午後4時（首相官邸）：

近衛、松岡、東条、及川、平沼、杉山、近藤、武藤、岡；当面の問題につき懇談。

2月13日午前11時15分（首相官邸）：

近衛、松岡、東条、及川、平沼、杉山、近藤、富田、武藤、岡；種々懇談。

2月20日午前11時（首相官邸）：

松岡、東条、及川、平沼、杉山、近藤、武藤、岡；最近の国際情勢を中心に種々懇談。

2月23日午前11時（首相官邸）：

松岡、東条、及川、平沼、杉山、近藤、武藤、岡（英文速記録10059頁のママ。原本和文書証より採録したであろう和文速記録108（13）頁は「富田」とする）；当面の問題につき種々懇談。

3月2日午後5時〜7時30分（荻窪近衛首相私邸）：

近衛、東条、及川、松岡、平沼、武藤、富田、杉山、近藤；懇談。

3月6日午前11時〜午後12時30分（英文速記録10059頁は"-12:30 a.m."としており、深夜の会議のようにも考えられるが、ここは法廷の理解も原本和文書証より採録したであろう和文速記録の内容と同一であろうと推定してそれに従った。以下類似事例の場合同じ）（首相官邸）：

近衛、松岡、東条、及川、杉山、近藤、富田、武藤；懇談。

3月7日午後5時20分〜7時30分（首相官邸）（英文速記録には場所が示されていないが、便宜上和文速記録の記述内容を記す。以下、英文速記録で場所が空白とされている場合は同じ）：

近衛、松岡、東条、及川、平沼、杉山、近藤、富田、武藤；懇談。

3月11日午前9時30分〜10時10分（首相官邸）：

近衛、松岡、東条、及川、平沼、杉山、近藤、富田、武藤；懇談。

4月10日午後4時30分（首相官邸）：

近衛、東条、及川、平沼、大橋（忠一）外務次官、杉山、永野（修身）軍令部総長、武藤、岡、富田；懇談。

4月17日午前（首相官邸）：

近衛、東条、及川、平沼、杉山、永野、大橋、武藤、岡、富田；当面の問題につき懇談。

5月3日午後1時（首相官邸）：

近衛、松岡、東条、及川、平沼、杉山、永野、武藤、岡、富田；懇談。

5月8日午前11時〜午後12時30分（首相官邸）：

近衛、平沼、松岡、東条、及川、杉山、永野、富田、武藤、岡；懇談。

5月12日午後5時〜6時10分（首相官邸）：

近衛、松岡、東条、及川、平沼、杉山、永野、富田、武藤、岡；懇談。

5月15日午前11時（首相官邸）：

近衛、松岡、東条、及川、平沼、富田、武藤、岡、杉山、永野；懇談。

5月22日午前11時〜午後1時（首相官邸）：

近衛、松岡、東条、及川、富田、武藤、岡、杉山、永野；懇談。

5月29日午前11時〜午後1時（首相官邸）：

近衛、松岡、東条、及川、平沼、杉山、永野、富田、岡；懇談。

6月6日午前9時30分〜10時35分（首相官邸）：

近衛、松岡、平沼、東条、及川、永野、塚田、武藤、岡、富田；当面の諸問題につき懇談。

6月11日午後3時（首相官邸）：

近衛、平沼、松岡、東条、及川、杉山、永野、武藤、岡、富田；当面の諸問題につき懇談。

6月12日午前11時10分〜午後1時55分（首相官邸）：

近衛、平沼、松岡、東条、及川、杉山、永野、武藤、岡、富田；懇談。

6月16日午後2時30分（首相官邸）：

近衛、松岡、東条、及川、平沼、杉山、永野、武藤、岡、富田；当面の重要問題につき懇談。

6月23日午後3時（首相官邸）：

近衛、松岡、東条、及川、平沼、杉山、永野、武藤、岡、富田；当面の問題につき協議。

6月25日午後1時（首相官邸）：

近衛、松岡、平沼、東条、及川、杉山、永野、武藤、岡、富田；当面の問題につき懇談。

6月26日午前10時10分（首相官邸）：

近衛、東条、及川、松岡、平沼、大橋、杉山、塚田、永野、近藤、武藤、岡、富田；当面の問題につき重要懇談。

6月27日午後1時30分（首相官邸）：

前回に同じ；前日に引き続き当面の重要問題につき協議。

6月28日午後2時（首相官邸）：

近衛、松岡、平沼、東条、及川、阪本（瑞男）外務省欧亜局長、杉山、塚田、永野、近藤、富田、武藤、岡；当面の重要問題につき懇談。

6月30日午後5時（首相官邸）：

前回に同じ；懇談。

大本営陸海軍部政府連絡会議7月21日午後4時（宮中大本営）：

<1946-11-8>

(出席者欄、空白)：政府、大本営に臨時参集、軍と処方策の案画（首相は、外相その他所要の国務相と共に臨時宮中大本営に参集し、陸海両総長・両大臣と意見の交換及び諸方策の案画を行うことに決する）

＊被告木戸弁護人ローガン、「該文書の作成された年月日及び切り抜きが朝日新聞に掲載されていた年月日を弁護側に伝えるよう検察側に指示を出すよう」、法廷に求める。[E: 10064] [J: 108（16）] 裁判長ウェッブ、「文書は日本政府筋からのもので、検察側はそのままの状態でそれを提出したに過ぎないのであるから、検察側にそのようなことを求めることはしない」と裁定する。

＊（検）法廷証 PX1104 【ヘンリー・L・スティムソン宣誓供述書；日本の条約上の義務・満州事変・満州国建設】＝検察側文書 PD2216 ［E: 10065］［J: 108（16）］ 被告木戸弁護人ローガン及び被告小磯・大川弁護人ブルックス大尉、「①検察側はスティムソンが出廷して証言できない理由を充分に説明していない、②当時国務長官であった同氏が、日本の行動を「侵攻的」という言葉で形容していることに鑑み、弁護側には反対尋問で同氏の事実認識・結論などを質す機会が与えられるべきである、③同氏のような重要な証人の宣誓供述書を反対尋問なしで証拠とするような検察側の法廷戦術は許容されるべきでない（以上、ローガン弁護人）、④該宣誓供述書は同氏への反対尋問がなされることを条件として証拠として採用されるべきである（以上、ブルックス）」と、異議を申し立てる。ハーディン検察官、「スティムソンは高齢であり来日して出廷できない」、と申し立てる。裁判長ウェッブ、「ニュルンベルク法廷でも同氏のような米国政府高官が出廷した例はない」として、弁護側が強いて望むならば、出張もしくは嘱託尋問の形で米国において行うことを示唆し、異議を却下する。証拠として受理され、朗読される。[E: 10068] [J: 108（16）]

【PX1104 朗読概要】

自分はフィリピン総督としての職務を経た後、1929（昭和4）年3月5日から1933（昭和8）年3月4日まで国務長官。自分個人としての観察及び人との接触、並びに公務を通じて自分が入手した情報に基づき、以下のことは真実であると確信する。

自分が国務長官の職に就いた時、日本は米国その他の諸国と共に、以下の条約、協約、協定などの締約国であるか、それらが内包する原則に賛意を表明していた。

1）国際紛争平和的処理に関する条約、1899（明治32）年7月29日ハーグにて調印。
2）国際紛争平和的処理に関する条約、1907（明治40）年10月18日ハーグにて調印。
3）開戦に関するハーグ第III条約、1907（明治40）年10月18日ハーグにて調印。
4）日米間での覚書交換によって成立した協定、1908（明治41）年11月30日調印。両国の極東政策を宣言。
5）太平洋に於ける島嶼属地・島嶼領土に関する英仏日米間に於ける条約、1921（大正10）年

12月13日。

　6）米、英、ベルギー、支、仏、伊、日、蘭、ポルトガルの間に結ばれた条約、1922（大正11）年2月6日ワシントンで調印、九カ国条約として知られる。

　7）1928（昭和3）年8月27日パリで調印された、所謂ケロッグ・ブリアン条約もしくはパリ条約。

　8）陸戦に於ける中立国・中立国人の権利義務尊重に関する条約、1907（明治40）年10月18日ハーグにて調印。

　上記条約、協約、協定などの締約国であるか、それらが内包する原則に賛意を表明していた日本は、以下に同意したも同然である。即ち、「紛争の平和的解決、重大な意見の相違・対立が生じた場合には友好的第三国の斡旋・調停を通じて解決を図ること、明確な開戦意思の事前通告、太平洋地域の現状維持、支那における通商・産業上の機会均等原則及び支那の独立・一体性の擁護、太平洋地域で諸問題が生起した場合の多国間会議招集の必要性、支那の主権、独立、領土・行政上の一体性を尊重すること、支那においてすべての国家に対して通商・産業上の機会均等原則が確立・維持されるよう努力すること、他国及び支那人の権益を侵害するような特権・独占的地位を支那で求めないこと、国際紛争解決の手段としての戦争否認と国策遂行手段としての戦争の放棄、中立国領内を軍隊・軍関係組織に通過させないこと」である。

　1931（昭和6）年当時、満州は名実共に支那の一部であったが、日本は条約上認められた権利であるとの名目の下に、南満州鉄道沿線地帯で行政・警察権などの特権を行使。それら特権の中には法的根拠に乏しく支那側が合意していないものもあったが、それが及ぶ範囲は沿線地帯の奉天、長春などの都市の一部にも及んでいた。

　満州における特権保持という点で日本の指導部は一致していたが、特権の維持・行使の態様については意見が分かれており、この意見の相違は概ね民主政治を標榜する勢力と保守・軍部指導者との立場の相違と対応していた。そして、後者の立場は、在満権益は日本の主権に関わる政治的なものであって、最終的には武力行使を主張する、というものであった。

　1931（昭和6）年9月18日夜に発生した武力衝突を口実に、日本軍は南満州一帯を2日あまりで制圧した。事件のきっかけとなったと言われる支那側の南満州鉄道爆破は、その後の事態の成り行きの規模と比較すれば些細な出来事で、実際に起きたかどうかも疑わしいのに対して、日本軍の行動は、その迅速さに鑑みれば、現地、ひいては東京の軍指導部による綿密な事前の準備に基づいて行われたことを窺わせるものである。

　9月24日の臨時閣議の後に発表された日本政府の声明は、鉄道沿線地帯外への派兵の事実を認めるも、それは満鉄への脅威を除くためで、目的が達成され次第、撤兵する予定で、日本は満州でなんら領土を獲得する意図はない、と述べていた。しかし、10月8日の参謀本部の発表では、原（original）駐屯地どころか沿線地帯への撤兵も考えられないとなっていた。［E: 10074］［J: 108（17）］

　9月19日に日本軍が奉天を占領して以降の事態の展開は以下の通り。在満州の支那政府・軍

<1946-11-8>

首脳部が錦州に避難した後の9月30日に、関東軍司令長官本庄（繁）は、張学良政権はもはや日本の承認するものではないことを公式に宣言。これに続く声明などは、張学良政権の残滓を一掃するまで日本軍が作戦行動を継続することを示唆していたが、これに対して日本政府はなんらの譴責措置も執らなかった。10月8日、錦州爆撃。同月下旬、日本軍は満鉄沿線地帯から数百マイル離れた満州北部のチチハルへの進攻を開始し、馬占山軍を撃破して同地の張学良軍の組織的抵抗は終結した。

11月下旬に日本軍が、張学良の満州における最後の拠点である錦州に進攻を開始した時、自分は米国政府を代表して外交ルートを通じ、日本に強い抗議を申し入れた。11月24日、日本の外相は米国大使に対して、「錦州への軍事行動を止めるべく現地に指示が出された」と報告。同月28日、日本軍は奉天に撤退した。しかし、錦州への作戦はすぐに再開されて、日本軍は翌年1月3日に錦州を占領。これによって張学良の正規軍はすべて満州から追い出された。

これに先立つ1931（昭和6）年10月26日、日本政府は日支関係が正常に復するための基本条件なるものを明らかにしていたが、その中には満州での条約上の権利をめぐる問題を解決することが含まれていた。政府筋は、武力行使を控える旨発表していたが、満州での日本軍の動きを政府が掣肘しようとする気配は見えず、それら懸案が武力によって解決されるまで何もしないという雰囲気であった。同年12月22日、駐日大使がその電文で、首相が大使との会談において「満州での事態を本格的な戦争に発展させないようにし、支那の主権は決して侵害しない。日本が望むのは現地居留民の生命・権益の保護のみである」と表明したことを伝えてきたが、同じ電文で大使は、「現地日本軍には自由に作戦行動を行う裁量権が与えられたも同然であって、次の作戦準備が進行中」と付け加えていた。

同日、自分は駐日大使を通じて日本の外相に「錦州以南で張学良正規軍に対する軍事行動があった場合、それは条約義務に違反するものである」との警告を発したが、それに対して外務次官が27日に送ってきた回答は、「日本は、国際連盟規約やパリ不戦条約を始めとする諸条約上の義務、及び連盟理事会が満州情勢に関して採択した二つの決議を履行する」というものであった。同月29日、在支那米国代理大使は、張学良が「日本が北支侵攻を行う口実を与えないため」に自軍を満州から完全に撤退させるべく命令を発したことを伝えてきた。

1932（昭和7）年1月7日に、自分は日支両国政府に覚書を手交。その中で両国に伝えたのは、米国が、支那でなし崩し的に作られた現状や支那の主権・独立、在支那の外国権益、同地での門戸開放などに関する既存条約の趣旨を没却するようないかなる両国間の取り決めや、パリ不戦条約に反する形でもたらされた現状・取り決めも認めないということであった。これに対する1月16日付けの回答は、支那の不安定な状態故に日本は九カ国条約や連盟規約上の義務から免責されるというもので、これ以降の日本の決まり文句のようなものになったが、リットン報告書の内容はこの主張を打ち砕くものであった。

日本は1月中旬頃までに満州における地歩を固め、5月1日、上海で、日貨排斥運動を打ち破るために新たな軍事行動に出たが、その試みは支那軍の抵抗の前に蹉跌を見ることとなった。1

月28日に日本軍が閘北地区を爆撃した際、爆弾は支那軍の陣地のみならず一般民衆の居住地区にまで落下して無辜の一般人を多数殺傷。その後、日本軍は上海国際租界の街路をバリケードで塞いで警察官の武装を解除した。そのために正常の市政機能がすべて麻痺。加えて、なんの取り調べもなしに処刑が行われるなど、一般住民に対する不法行為が横行した。米国の防衛地区にも日本軍は侵入し、住民に対して暴行を加えた。

　日本軍は満州の支那政府を排除した後、名目上は独立国家であるが実際は日本の傀儡国家である満州国を通じて同地域を政治・経済的に支配し始めた。諸国が満州国を承認しないことを明らかにした後、日本は、世界の大勢が正当と認める見解の有効性をできるだけ薄めようとした。

　4月4日、駐米日本大使が自分を訪れ、日本が約束を履行しなかったことを認めたが、対外強硬論が台頭している現在、政府としては他の立場を採ることは不可能とのことであった。6月23日にグルー大使は荒木陸相が軍事参議官会議で行った演説の内容を伝えてきたが、それは「満州国建国以前の満州問題に関する連盟決議や日本の声明に、日本はもはや拘束されない」というものであった。

　1933（昭和8）年1月5日に日本大使が自分を訪ねてきて、山海関事件に触れて「支那側の挑発による小規模な事件であり、日本は長城以南になんら領土的野心はない」と説明。2月23日、同大使は本国政府の訓令に従い「満州国政府は熱河省の非正規軍を討伐することを決定し、日満議定書に従い日本軍もこれに協力する」と通告して来た。2月27日、自分が大使に「満州事変勃発当時、自分は、その源が少数の軍関係指導者の野心にあるとして、自分の知己を含む日本人全般を非難しなかった」ことを想起してもらったところ、大使は「それは重々承知している」と返答。自分は、平和維持のために条約が果たす重要性を指摘したが、これにも大使は首肯して答え、その上で「自分としても、満州をめぐって行った約束の多くが現地で実行されなかったことに失望感を覚えているが、私は日本人を信じており、早晩、穏健勢力が期待を裏切らない働きをしてくれると信じている」と述べた。それに対して私は「自分もそう願う」と答えた。

　自分は1933（昭和8）年3月4日に国務長官の職を辞し、コーデル・ハル氏が後任となって日米関係処理の重責を担った。

＊（検）法廷証1105【グルー駐日米国大使（1932［昭和7］年6月〜1941［昭和16］年12月）宣誓供述書；日本の条約上の義務・支那における米国権益の侵害・満州国・蘭領東インドとソヴィエト連邦に対する日本の政策】＝検察側文書PD239　［E: 10083］［J: 108（18）］　被告広田弁護人D・F・スミス、「①被告が自らに対して不利な証言をする証人と対峙する権利は、連合国軍総司令官の承認の下発布された日本の新憲法を始め、世界のほとんどの憲法で認められているものである、②宣誓供述書の内容の一部はグルーの著書『滞日十年』［Ten Years in Japan:］や『東京からの報告』［Reports from Tokyo］と食い違っている、③グルーは齢72ながら、ワシントンD.C.で健在である」、「④嘱託乃至は出張尋問をする場合には、費用の面での考慮を請う」と、申し立てる。被告鈴木弁護人マイケル・レビン、「①宣誓供述書が作成された1946（昭和21）年5月28日当時、米国に居住していた弁護人が何人かおり、検察側が通

<1946-11-8>

知してくれたならば反対尋問の機会があった、②現地での反対尋問が許されるならば、近々渡米予定のファーネス弁護人に依頼することが可能」、と申し立てる。被告重光弁護人ファーネス少佐、「著書で明らかなように、グルーはほとんど聴覚能力を失っているが、それでも社会生活を営む上で不自由はしていないので尋問は可能」、と申し立てる。被告木戸弁護人ローガン、「被告人のほとんどと知遇を得ているであろうグルーのような証人には、生の声で証言してもらいたい」、と申し立てる。裁判長ウェッブ、「日本国憲法やそれに対する連合国軍総司令官の見解は、当法廷での公正な審理の問題になんら影響を与えるものではなく、また、グルー本人の健康状態にかかわらず当人を当地に召喚する必要性は認めない」として、召喚を要求する弁護側の異議は却下するも、「出張もしくは嘱託尋問の可能性とその費用については、判事控室での検討事項である」と、裁定する。証拠として受理される。
*午後2時45分、裁判長ウェッブ、15分間の休憩を宣する。
*午後3時、法廷、再開する。[E: 10090] [J: 108 (20)]
*ハーディン検察官、PX1105の朗読を開始する。

【PX1105朗読概要】

　自分は1932(昭和7)年6月から1941(昭和16)年12月7日の日本の真珠湾攻撃に至るまで駐日米国大使として勤務した。自分の外交官として経歴は1904(明治37)年に始まり、エジプト、メキシコ、ロシア、オーストリア・ハンガリー、ドイツなどでの駐在勤務を経た後、第一次世界大戦中は在ベルリン米国大使館の参事官、1918(大正7)年に国務省西欧局局長代理。パリ講和会議に参加し、ローザンヌで開かれたトルコとの講和会議では米国代表。デンマーク、スイスで公使として勤務した後、国務次官補。日本に赴任する直前は、駐トルコ大使であった。以下の陳述は、自分が米国政府の外交代表として東京で任務を遂行する際に生起した事柄の一部を論じたものであり、真実であることを保証する。
　自分が駐日大使の職に就いた時、日本は米国その他の諸国と共に、以下の条約、協約、協定などの締約国であるか、それらが内包する原則に賛意を表明していた。(以下、若干の語句の相違はあるが、PX1104で列挙された条約・協定と同じであり、これに続く日本の条約上の義務も同様であるので省略する)
　自分が大使として日本に赴任した時、日本は既に満州を軍事的に制圧し、同地に傀儡国家である満州国を成立させていた。米国の外交文書が示すのは、満州での日本の行動は米国などからの「条約義務違反」を指摘する非難を無視する形で進められ、それを居留民保護の名目で正当化し、米国に対しては、領土的野心や第三国の権益を侵害する意図がないことを度々確約していたということである。[E: 10094] [J: 108 (20)]
　自分は米国政府代表として、日本の首相・外相を始めとする政府高官に対して折に触れ、日本の行動は種々の条約義務に違反するものであるという米国政府の見解を伝えた。即ち、支那の領土の一体性の尊重、同国での門戸開放原則の維持、同国で第三国人の生命・権益を脅かす行為を

慎むこと、紛争処理に際しての武力行使の極力回避、紛争の調停付託と受諾した調停案の履行、などである。自分は、日本がその行動によって米国及び世界各国の信を失っていると伝えた。日本は、満州での行動を、支那当局が取り締まることのできない共産主義者や匪賊、さらには反日暴動から居留民を守る必要性を挙げて正当化し、また、先に触れた政府高官達は、日本は領土的野心を有さず、支那での第三国の権益には心を砕いていると、重ねて自分に報じ、1938（昭和13）年までは「門戸開放原則を維持する」と言い続けていたのである。

　自分は、支那民間人や外国人の生命・財産を危険にさらす無差別爆撃に繰り返し抗議したが、その中にはパナイ号事件など悪質なものもあった（この後、他の実例が列挙されているが、省略。いくつかは検察側の証拠として採用された米国の外交文書で取り上げられたもの）。米国人所有の教会・学校の中には、事前にその位置を地図上で示して日本側に通知したにもかかわらず何度も爆撃の被害を受けたものがあり、意図的に攻撃されたとしか思われない事例が沢山あった。ほとんどすべての場合において日本政府は、支那軍の軍事施設と近接していたとか（調査の結果事実に反すると判明）、爆弾投下装置に不具合が生じたとか単なる手違いであった、などという理由によって責任を回避した。

　度重なる米国大使館からの抗議にもかかわらず、南京地域での戦闘終了後も日本軍は同市に米国人事業家・宣教師達が帰還することを禁止していた。その理由として挙げていたのが、同地域での治安情況が充分に改善していないということであったが、日本人の事業家とその家族が沢山同地域に入っていた事実の前には、説得力を欠くものであったと言わざるを得ない。

　1934（昭和9）年7月7日、自分は外務省宛の非公式的の覚書で、満州の石油販売業界に於いて外国企業に差別的となる独占事業体が設立されたことに対して、門戸開放原則や九カ国条約に違反するものとして抗議の意を伝えたが、日本側8月2日付けの回答は、「事は独立国たる満州国と米国との間の問題」として日本政府の条約違反を否定するものであった。自分はそれに対して、同事業体への満鉄や日本政府の関与を指摘して反駁した（この件については、11月4日に検察側が提出し、証拠として受理されたPX939及びPX941参照。以下には、グルー宣誓供述書にはあるが、その2通の文書には記されていなかったこの件に関する事項を要約する）。満州国成立後も、日本政府は門戸開放政策維持を折に触れて宣命したが、日満議定書も支那主権下での条約義務継承を謳っていたので、そのことを指摘して自分は、11月30日に再び外務省に抗議し、広田外相と長時間にわたって会談した。広田は、「設立された会社の株式を米国人が買収するのも自由であるのだから、門戸開放原則は遵守されている」と弁解したが、それに対して自分は、「既に株式は、4割が満鉄、2割が満州国政府、残り4割が日本企業に割り当てられている」と指摘した。これに対する広田の答えは、「英米人は法家的に杓子定規にものを考えすぎる」というもので、埒が明かなかった。外務省が送ってきた1935（昭和10）年4月10日の回答は日本の従前の立場を繰り返したに過ぎず、それに対して自分は本国からの訓令に従って4月15日付けで回答を作成し、翌日、広田外相に手交した（以上がPX941の内容と対応するもの）。[E: 10101]　[J: 108（21）]

　1937（昭和12）年12月1日、自分は、満州国政府が米国銀行のハルビン支店に出した通告が、

<1946-11-8>

満州国が支那政府から継承したはずの米国の治外法権を侵害するものである、として抗議した（詳細は、PX944参照）。

満州石油事業独占問題の時と同様の理由で、自分は、上海、広東、汕頭などでの日本当局による支那海関（税関）の接収、日本からの輸入を優遇する目的での関税規則の改訂、塩税管理局の接収などにも強く抗議し、その理由として、外国からの支那向け借款の相当量がそれら支那政府機関の税収を担保としてなされていることを挙げた。これらの抗議に対する日本側の回答は、軍事上の必要性や、支那当局の非協力的態度などを理由とするものであった。

他に、日本政府が自らの約束事を反故にした具体的事例は以下の通りである。

(1) 1934（昭和9）年4月25日、広田外相は、日本には支那で特権を得ようとしたり、支那の領土・行政上の一体性を損ねたり、第三国の支那での正当な通商行為を妨げる意図はなく、九カ国条約の規定を遵守する意向であると表明した。これに対する自分の答えは、「言葉より行動で示して欲しい」であった。

(2) 1937（昭和12）年9月1日、堀内（謙介）外務次官は米国向けのラジオ放送で、日本の支那での行動の原因は支那内での反日運動にあるとして、日本の目的は日支両国が真の協力関係を築く環境を整えることにあり、派兵は侵攻目的ではなく、領土を獲得する意思もないことを強調。後に、近衛も広田も同じ内容を議会での演説で繰り返した。

(3) 1939（昭和14）年2月17日、自分は有田外相に、日本政府が以前「支那に領土的野心なし」との声明を発していた事実を引いて、米国人も多数居住する海南島を日本軍が占領したことについて質したところ、「作戦の目的は、南支の海上封鎖を強化して蒋介石政権の屈服を速めること」と答えてから、「日本は支那に領土的野心を有しない」との従前からの見解を繰り返し、「占領地域は、軍事上の必要性ある地域を越えては広がらない」と付け加えた。

(4) 1940（昭和15）年4月15日、ヨーロッパ戦争にオランダが巻き込まれた場合の日本の対応と蘭印への影響についての新聞記者の質問に、有田外相は、「日本政府は、蘭印の現状に影響を及ぼしかねないヨーロッパ戦争の状況の悪化に深い関心を持たざるを得ない」と答えた。

(5) 1941（昭和16）年7月、日本政府関係者複数の「日本は太平洋地域の平和維持を望む」旨の発言を引いて、日本には対ソ戦開始の意思があるか否かを外相に質したところ、従前通り「太平洋地域の平和維持・保持は日本政府が常に望むものであり、そのために日本政府は真剣に努力してきた」との口上があり、「これまで対ソ開戦の可能性など念頭に置いたことはない」との返答が戻ってきた。[E: 10106] [J: 108（22）]

1938（昭和13）年当時、支那では戦火が北支から中支・南支へと広がっていったが、同時に日本は、「新秩序」建設を唱え始め、親日的新支那政権誕生を期待することを表明した。その時期にはまだ、門戸開放と外国人の権益保護を声明するそれまでの姿勢を保ち続けていた。しかし、「蒋介石を対手とせず」との声明が出されて事変の長期化が見込まれる中、外相は、「事変の目的は日支間の経済・社会面での協力体制を築き上げることで、領土が日支いずれに属するかなどは『些細なこと』」とまで言い、「治外法権・不平等条約撤廃の前に、支那は自立するに足る実力を

つけるべきである」とした。そして、1938（昭和13）年11月、広東と武漢三鎮占領に際して、外務省は、「支那の重要地域すべては我が手中に落ちた」と言い切り、その際に、外国権益の保護などには一言も触れず、ただ「他国も東亜の新情勢に適応してくれるものと確信する」と言うに留まった。1940（昭和15）年末あたりになると、日本の大東亜新秩序の概念について日本政府が「大東亜共栄圏内で高まる日本の地位故に、日本は世界の一等国としての資格を獲得し、その結果これまでの領土的・経済的制約は取り除かれる」と公言するまでになった。

ここで挙げた日本政府への申し入れ、抗議、異議などは、数は少ないが、自分が大使として滞日中に扱ったものの代表例であり、主に外相・外務次官など外務省職員、そして時には首相宛にも届けられた。その件数は、1938（昭和13）年末までに400件を超え、自分が大使の任を終える時まで増加の一途を辿った。

＊（検）法廷証1106【米議会真珠湾攻撃合同調査委員会報告ハル米国務長官証言（日付なし）抜粋】＝検察側文書PD2007-B ［E: 10109］［J: 108（22）］ 被告木戸弁護人ローガン、「当文書を提出すること自体に異議を申し立てるつもりはない」と前置きして、「ハルが予め委員会証言用に準備したこの文書は、1941（昭和16）年12月7日までの出来事に関するものであるが、検察側は同年6月21日までの分しか提出しておらず、そのためにハルに向けられた質問への返答が含まれていない」と、申し立てる。被告広田弁護人スミス、「異議を申し立てる」と前置きして、「当該文書冒頭部分における証言は、19世紀後半から20世紀初頭の事柄にまで及んでおり、日露戦争に遡ってまで審理するならば切りがない」、と異議を申し立てる。ハーディン検察官、ローガンに対して、「文書の抜粋提出については既に申請を法廷に提出しており、弁護側が要請した抜粋部分以外の交付についても既に応じている」、と応答し、スミスに対しては、「審理案件の背景・歴史的経緯と言えるようなもので、関連性がないとは言えない」と、応答する。裁判長ウェッブ、「提出される文書には証拠として不適切な箇所が含まれる可能性はあるが、法廷は注意深く取捨選択して関連性のある部分のみを証拠として扱う」として、当該文書をそのまま証拠として採用する旨裁定する。証拠として受理され、朗読が開始される。［E: 10111］［J: 108（23）］

【PX1106朗読概要】

I. 1941（昭和16）年の交渉の背景

1941（昭和16）年初め、日本は極東問題をめぐって日米間で合意に達することを目的として交渉を求めてきた。対応を決めるために、自分と大統領は、日本の過去の侵攻的行動の歴史、国際舞台での日本の政策の言行不一致、日米両国間の過去・現在に於ける政策の相克、現在の世界情勢などを斟酌して、問題を徹底的に検証した。

A. 日本の過去の侵攻的行動の歴史

日本は、近代国家として台頭し始めた当初から軍事的拡大路線を歩み、穏健派が勢いを得た一

<1946-11-8>

時期を除いては、侵攻に続く侵攻を行い、戦間期は次の侵攻への準備期間にあてた。日清戦争後の 1895（明治 28）年に台湾を併合。満州への橋頭堡確立の試みは失敗。日露戦争終了後の 1905（明治 38）年、関東州を租借し、南満州鉄道を取得して満州での地歩を固め、同時に南樺太を獲得。1910（明治 43）年、圧力と謀略を長年駆使した末に韓国を併合。1915（大正 4）年、ヨーロッパでの大戦に列強が忙殺されているのを幸いに悪名高き二十一カ条要求を支那に突き付ける。大戦終了後、1921～22（大正 10～11）年のワシントン会議で日本は、九カ国条約を含む一連の条約に調印。支那が安定した国家として発展できる環境作りを整えることを目的とした九カ国条約に加盟した日本は、支那に対して自制的態度で臨むことを誓約したことになる。しかし、1927（昭和 2）年に成立した田中義一内閣の下で翌年から日本は、対支「積極」政策を開始して支那の内政問題に容喙する姿勢を強めていった。1931（昭和 6）年、日本は満州に侵攻して傀儡国家満州国を建国。これは九カ国条約に対する重大な違反行為であり、日本はワシントン条約体制下での協調的政策と完全に決別した。1934（昭和 9）年 2 月 21 日に広田外相が「日米間に平和裏に解決できない問題はない」との声明を発したことに対して、自分はこれを歓迎し、懸案の平和的手段を通じての解決という我が国政府の信念を強調するという内容の声明によって、3 月 3 日にこれに応えたことが、自分の記憶には残っている。しかし、その直後に、日本の政府指導部内において一貫して侵攻的政策を唱える一派は、外務省の高官による「支那から手を引け」と言うに等しい声明を通じて、その本性を現した。その声明の要諦は、支那を日本に従うようにし、他国の支那との関係は日本が決める枠内でのみ許されるというものであった。1934（昭和 9）年 12 月 29 日、日本は 2 年後にワシントン海軍軍縮条約から脱退することを通告し、軍拡と支那侵攻準備に走り出した。同じ頃、日独間の協議が進行し、それは 1936（昭和 11）年 11 月 25 日の日独防共協定として結実。翌年、これにイタリアも加盟。協定は共産主義に対する防圧を名目とするものだが、実際は、それら盗賊国家［bandit nations］が武力による拡張政策を進めるための準備であり、所謂「枢軸」成立への第一歩である。1937（昭和 12）年 7 月、日本は北平郊外で起きた日支間の小規模な武力衝突を口実として支那への大規模侵攻を開始。日本軍は強姦、略奪、殺人などの不法行為を働き、1937（昭和 12）年 12 月 13 日の南京占領直後に起きた残虐行為は、特に野蛮なものであった。その前日、日本軍による空爆で米国砲艦パナイ号は揚子江に沈む。このような軍事的拡張政策への世論の支持を得るため、「大東亜新秩序」「東亜共栄圏」というような標語が使われ（英文速記録 10116 頁所収 "the new order in Greater East Asia" と "East Asia Co-Prosperity Sphere" のママ。通例では、「東亜新秩序」「大東亜共栄圏と、「大」の有無が逆であったように思われる）、米国などは、これらの政策を妨害する勢力として非難の対象となる。1940（昭和 15）年 8～9 月、日本はドイツの支援の下、ビシー政府に仏印への日本軍進駐を認めさせる。同年 9 月、日本はドイツと三国同盟を締結。これは、日独がアジア・ヨーロッパの征服を終えるまで米国が適切な自衛措置を執らないようにしておき、枢軸国に立ち向かうのが米国一国のみとなった時に米国と戦端を開くという目論見を持ったものである。同年 10 月 4 日、近衛首相は三国同盟について、「米国が日独伊三国の真意を理解しようとせずに挑発的姿勢・行動を続けるならば……三国は戦争に

訴えざるを得ない。日本は現在ソ連との政治・経済関係を調整して両国間の軋轢を少なくしようとしており、また米英ソが蒋介石政権への援助を止めるよう外交工作が進行中である」と、述べている。

B. 日本の言行不一致の足跡　［E: 10117］［J: 108（23）］

　このような現象の源は、日本の軍部が独立国家のような体をなし、文民政府が履行を約束した政策・方針を一貫して踏みにじっていったことにある。1904（明治37）年に日本は、韓国の独立・領土保全を保証したが、1910（明治43）年、日本は韓国を併合。1908（明治41）年、日本は米国と共に支那の主権・領土保全及び支那での機会均等原則を支持する旨誓約するが、1915（大正4）年に悪名高き二十一カ条要求を支那に突き付ける。1918（大正7）年、白系ロシア軍援護とチェコスロバキア軍団救出のために各国が7,000名以下の兵力を拠出してシベリアに出兵するという連合国間の取り決めに、日本は参加するが、この機会にシベリア東部を併合しようと目論んだ日本は、7万名を派兵。しかし、試みは失敗に終わる。1922（大正11）年の九カ国条約加盟国として日本は、支那の主権、独立、及び領土・行政上の一体性を尊重し、支那での機会均等原則の維持に尽力することを約すが、日本の支那における1931（昭和6）年以来の武力による占領及び経済支配は、これに違反するものである。1932（昭和7）年11月21日に国際連盟日本代表であった松岡は、「日本にさらなる領土拡張の意思なし」と言ったが、同年末までに日本軍は満州全土を制圧したのみならず、その後、支那本土へも歩を進めて広範な地域を傘下に収める。1937（昭和12）年7月27日、時の近衛首相は、「派兵の唯一の目的は東亜の平和維持である」と言ったが、「東亜の平和維持」のためにその後4年間、日本軍は、支那の広大な地域にわたって戦火と惨禍を広げていく。同年10月28日、外務省は、「日本は決して支那民衆を敵とは見なしていない」との声明を出したが、そのような友愛の念を、日本は、民間人に対する爆撃を敢行し、都市を焼き払い、数百万の支那人の住居・生活手段を奪い、民間人を虐待・殺害するなどの残虐行為によって示す。1940（昭和15）年4月15日、当時の外相有田は、「日本政府は、蘭印の現状に影響を与えかねないいかなる事態にも深い関心を寄せざるを得ない」と言ったが、同年ドイツがオランダを占領した後、日本は同地域に商業使節を送り、蘭印を実質上日本の植民地にするような要望事項を提示する。1937（昭和12）年に日本が宣戦布告なしに支那に対する戦端を開いて後、日本政府の文民指導者は在支米国権益を尊重することを度々約したが、日本軍は度々その約束を反故にするような行動を取る。日本政府は米国人の生命・財産を尊重すると度々保証する旨の声明を出すが、爆撃によって米国人の生命が失われたり危険にさらされたり、米国人の財産が被害を受けたという報告件数は鰻登りに増加していく。日本政府は度々支那で米国が有する条約上の権利を尊重する旨保証を与えていたが、通商上の独占、差別的課税、米国所有施設の差し押さえなど、日本の占領地でそのような権利の侵害をもたらす措置が数知れず実行される。加えて、米国民に対する暴行、不当な監禁、侮辱行為などが横行した。

C. 日米間の政策の相克　［E: 10121］［J: 108（24）］

　日本が平和的政策を採るために我が国が行ってきた試みを回顧してみた。日本が1931（昭和6）

<1946-11-8>

年に武力を行使し、条約を無視して侵攻的拡張を始めた時、侵攻的性向を持った勢力と現状維持勢力との対立はさらに大きなものとなった。我が国は日本の満州での行動に異を唱えたが、その考えは1931（昭和6）年（英文速記録10121頁"1931"のママ。文脈から考えて和文速記録108（24）頁の「1932年」の方が正しいであろう）1月7日に当時国務長官であったスティムソンが発した日本政府宛の通達や、1935（昭和10）年2月25日の国際連盟事務総長宛の通達に明確に示されている（英文速記録のこの部分は、検察官が「印字が薄くなっている」というようなことを言っていて省略されているので、ここは和文速記録の記述に従った）。1933（昭和8）年1月17日、就任前のローズベルト大統領は、国際条約の不可侵性の原則に触れて次のように述べた。即ち、「米国が外交政策遂行上捧持しなければならないのは、国際条約の不可侵性の原則であり、これは国際関係を律すべき根本原則である」、と。そして同年3月4日の就任演説では「自らの権利を尊重するが故に他人の同じ権利も尊重する」という考えに基づく善隣政策を唱え、これを国際関係に適用して「自国の権利・義務を尊重する国家は、他の国家との協約によって生じた権利・義務をも尊重する」とした。つまり、1931～33（昭和6～7）年当時、日本がその侵攻的企図を推し進めていた時、米国は条約の不可侵性と平和的手段による政策遂行を世界中が支持するよう訴えかけていたのである。1934（昭和9）年5月16日、自分が斉藤（博）大使と話をした時、「平和の追求こそが日本の国益に最も適う」ということを大使に理解してもらおうとした。3日後に再び同大使と会った時、大使は、「日本には東亜の平和維持について高尚かつ特別な責務がある」という日本政府の主張を繰り返していたが、自分は、そのような考えに内在する日本の覇道主義のようなものを指摘した。1936（昭和11）年6月12日、自分は駐英日本大使に「日本は東亜を経済的に制覇した後、これと思った地域を支配しようとしており、最終的にはそれが政治的軍事的支配にも発展していく」というのが米国世論の日本に対する見方であると説明し、日本が平和的・建設的政策に取り組むことの利益を説いた。これらの訴えかけなどにもかかわらず、日本は1937（昭和12）年7月に支那への侵攻を開始。7月16日に米国は、諸国をして平和的政策を支持せしめる動きに糾合すべく、国際政治を律すべき根本原則に関する声明を発した。8月23日の声明では、7月16日声明の原則を支那で進行中の事態に当てはめ、「米国が支那情勢に関心を寄せているのは、米国民の生命・権益の保護のためのみならず、世界のいかなる地域での紛争も世界中の国々にとって重大関心事であるという観点に立ってのものである」として、日支両国に敵対行為の停止を呼びかけた。同年10月6日、米国は、「日本の支那における行動は国際関係を律すべき原則と相容れず、九カ国条約やケロッグ・ブリアン条約の条項に違反するものである」と断じた。翌月、米国は、九カ国条約に基づいてブリュッセルで開催された会議に出席し、他の18カ国と共に日支間の紛争を早期かつ平和的に解決すべき方策を話し合おうとした。しかし、日本が参加を拒んだため、調停・和解による紛争解決への道は閉ざされ、会議は11月24日に停会となった。1940（昭和15）年4月15日、日本の外相が、蘭印を始めとする南洋地域に日本が影響力を伸張させることを示唆する声明を発したのを受けて、2日後、自分は、「蘭印に対する内政干渉や、平和的手段以外を行使しての現状変更は、同地域のみならず太平洋地域全体の安定・平和・安全を脅かすものである」

として「平和的解決の原則は太平洋地域だけでなく全世界に適用されるべきものである」と、論じた。1940～41（昭和15～16）年にかけて、自分は、「日本の軍部指導者達がハワイ以西の西太平洋地域から南洋・インドに至るまでの全域の征服に乗り出そうとしているのは明らかである」との自分の見解を公私の場で表明していた。日本はヒトラーと共謀して武力で新世界秩序を打ち立てようとしており、新秩序下で自国に割り当てられた世界の半分に相当する地域にある平和愛好国家すべてを制圧する力を有していると信じていた。自分が同時に言っていたのは、1933（昭和8）年当時から自分が対日関係調整のために一貫して努力してきたことである。即ち、日本にその征服企図を放棄させることが可能か否かを見極めつつ、日本に対して政治・経済・社会的観点から未来を見据えるよう促したりしてきたことである。1941（昭和16）年1月6日の議会演説で、大統領が「米国の安全保障がここまで深刻な脅威を外部から受けたことは今までない」と述べた時、念頭にあったのは極東情勢であった。大統領はこれに続けて「驚くべき数の独立国家において民主的制度が失われ、侵攻者はなおもその歩を休めずに他の大小国家を脅かしている」と言った。同年1月15日、下院外交委員会で武器貸与法案を支持して行った自分の演説は、「日本の行動が、西部太平洋全域で支配的地位を築くことを目的とした野心的計画に当初から裏打ちされていたことは明らかであった。日本の指導者達は、そのような地位を武力によって確立・維持して、世界の人口の半分を有する同地域の覇者となる決意を有していることを公言してはばからない。もしそれが現実のものとなったらば、日本は同地域の海上・交易ルートを意のままにするであろう」というものであった。自分は以下のことを指摘した。即ち、組織的で残忍かつ自己制御不能な征服の動きが着実にその勢いを増している現実に人類が直面していること、そして、遵法精神に富む国家による公海確保こそが、西半球防衛の鍵となる、ということである。

＊午後4時、裁判長ウェッブ、PX1106の残余の朗読は次の審理で行うことを指示して、休廷を宣する。

◆休廷3暦日（11月8日前回法廷終了時の裁判長ウェッブの裁定による）

◆1946（昭和21）年11月12日（英速録10129～10279頁／和速録第109号1～21頁）

＊午前9時30分、法廷、再開する。
＊裁判長ウェッブ、被告大川、平沼の欠席を確認する。
＊ヒギンズ検察官、前回審理日に朗読途中であった（検）法廷証1106【米議会真珠湾攻撃合同調査委員会報告ハル米国務長官証言（日付なし）抜粋】＝検察側文書PD2007-Bの朗読を続行する。

<1946-11-12>

【PX1106 朗読概要】（続き）

II. 1941（昭和16）年7月に至るまでの会談及び事態の展開：

　1941（昭和16）年2月14日、大統領は新任の野村日本大使を引見し、日本の南進政策や三国同盟加入で悪化している日米関係を見直すべく、国務長官と隔意なく話し合うことを勧めた。3月8日、野村大使との第一回目の会談で自分は、米国世論が、日独の征服行動と占領地での搾取政策に憤っていることを伝えた。3月14日、大統領と自分が大使と会談した際に、大使の「日米関係は武力に訴えることなしに調整可能であり、そのための第一歩は日本の真意に対する誤解を払拭することである」との発言に大統領は同意したが、間近に迫った松岡外相のベルリン訪問や日本の海上・航空兵力のタイ方面への進出が耳目を集める中、米国側が猜疑心を強めたのは当然であった。4月16日の大使との会談の際に、自分は交渉開始にあたって米国側が日本に求める条件として、日本が現在の武力による征服政策を放棄し、以下の四原則を受け入れるべきことを申し入れた。即ち、「(1) すべての国々の領土保全と主権の尊重、(2) 他国への内政不干渉の原則の捧持、(3) 通商上の機会均等を含む平等原則の捧持、(4) 平和的手段によって改変可能な場合を除き、太平洋地域での現状維持」である。その上で、これら四原則に添うものであれば、日本側のいかなる提案でも検討する用意がある旨伝えた。5月12日に日本大使が提出した案は、米国の蒋介石政権に対する日本との和平交渉開始勧告、それを蒋が拒否した場合の米国の援蒋行為停止、日米間の通常の通商関係の復活、太平洋南西地域で石油、ゴム、錫、ニッケルなどの天然資源を日本が獲得する上での米国の便宜供与、などを柱としていた。その他に、フィリピン独立の共同保障、無差別原則に基づく米国への日本人移民に対する配慮、日米共同でのヨーロッパ戦争拡大阻止と早期平和回復への努力、なども提議されたが、後に日本側は撤回した。加えて、日本が三国同盟条約を遵守する意向であることも明確にされ、同条約では、日支紛争・ヨーロッパ戦争に未だ参戦していないソ連を除く第三国から攻撃を受けた場合の他の加盟国の援助義務を規定する条項が特に明示されていた。また、日本が支那側に提案した和平条件は、日本が支那で戦略物資などを確保したり、共同防共の名目で内蒙や支那本土での駐兵権を維持するなどという内容が包み隠されているものであった。このような日本に都合の良い一方的内容の提案であったが、問題解決の糸口として、太平洋全域をめぐる懸案を我が国が捧持する原則に従って解決する道をそこから探ることとなった。5月14日、松岡外相はグルー駐日大使との会談の際に、「状況が許す限り、日本の南方進出は平和的手段を以て行う」との近衛首相・松岡外相の意思を伝えてきた。大使が松岡に、それを許さない状況がいかなるものかを質したところ、マラヤへの英軍の集結などを挙げた。大使は「それは英国の防衛措置である」と指摘したが、松岡の答えは「日本の世論はそれを挑発行為と見なし、それが政府への圧力となり得る」というものであった。5月27日、大統領は、米国が無限大の国家非常事態 [unlimited national emergency] にあると宣言。その日のラジオ放送で「米国の民主国家への援助は、米国自体の安全保障を図るためのものである」と言い、ヒトラーが勝利した場合にいかなる現実に見舞われるかにつき警告した。これはヒ

トラーのみならず、日本の指導者にも向けられたものである。5月28日、日本大使と会談した際、日本側と本格的交渉に入る前に、支那政権と今回の交渉提案について極秘で話し合う意向であることを明かした。その後、数週間、争点を明らかにして双方の意見の相違を狭めるべく会談が持たれたが、我が方は日本に対して以下のように自らの立場を明らかにした。即ち、「米国が自衛のためにヨーロッパ戦争に参戦することとなった場合に、枢軸加盟国としての日本がいかに対応するのかを明確にすること、他国への内政不干渉の原則を遵守して支那領内から撤兵すること、支那・太平洋地域で商業上の無差別原則を遵守すること、太平洋地域での日本の政策意図が平和的なものであることを宣誓すること」であった。自分が強調したのは「これによって平和が達成されることは読んで字の如く」というような協定を締結したいということであった。日本側が5月12日の提案に対する回答を求めてきたので、6月21日に野村大使に日本側提案の暫定的修正版として我が国の見解を渡した。主要な点は、米国が自衛のためにヨーロッパ戦争に巻き込まれた場合日本が米国に対して敵対行動を取るべきでないとしたこと、支那での日本の駐兵権と日支経済協力の問題について双方の意に添う解決が図られるようさらなる努力の要ありとしたこと、米国の援蒋行為打ち切りに関する文言が削除されたこと、などであり、その他にも我が国の基本原則と調和すべく修正が提議された。

＊C・W・ヒギンズ検察官、検察主張立証第XI局面「米・英・英連邦諸国関係」第4部「ワシントン日米交渉第一段階」の立証を完了する。

2—11—5 検察主張立証第XI局面「米・英・英連邦諸国関係」第5部「ワシントン日米交渉第二段階—1941（昭和16）年7月1日以降東条内閣成立まで」

（英速録10137〜10248頁／和速録109号3〜17頁）

（1）ジョン・W・フィーリー検察官、ヒギンズ検察官に替わり、検察主張立証第XI局面「米・英・英連邦諸国関係」第5部「ワシントン日米交渉第二段階−1941（昭和16）年7月1日以降東条内閣成立まで」の立証に入る。

（英速録10137〜10210頁／和速録109号3〜13頁）

＊（検）法廷証PX1107【1941（昭和16）年御前会議出席者名簿抜粋】＝検察側文書PD1855　被告木戸弁護人ローガン及び被告東条弁護人ブルーエット、各々、「正式な記録が空襲で焼失したため記憶に基づいて作成されたものである」、「作成者を証人喚問して弁護側に反対尋問の機会が与えられるべきである」と、異議を申し立てる。裁判長ウェッブ、ローガン弁護人の異議は「証拠価値の軽重を論じたものであり、該文書の証拠としての適格性の問題についてのものではない」として却下するも、ブルーエット弁護人の申し立て対しては、判事団での協議の結果、容認する。証拠として受理され、朗読される。

<1946-11-12>

【PX1107 朗読概要】

　1941（昭和16）年7月2日御前会議出席者：近衛首相、松岡外相、東条陸相、及川海相、河田（烈）蔵相、鈴木企画院総裁、平沼内相、杉山参謀総長、永野軍令部総長、富田内閣書記官長、岡海軍軍務局長、塚田参謀次長、近藤軍令部次長、原（嘉道）枢密院議長

＊フィーリー検察官、この会議で採択された「情勢の推移に伴う帝国国策要綱」が既に（検）法廷証PX588として採用されていると指摘し、同文書の一部を引用して、この会議がその後の日本の戦争準備を進める上でいかに重要なものであったかを説明しようとする。被告木戸弁護人ローガン、「既にこの局面での冒頭陳述はなされている」として、フィーリー検察官の意図を質す。裁判長ウェッブ、「証拠と証拠の間にいかなる連関があるかを示す必要性は認めるが、簡潔になすこと」と、検察側に申し渡す。被告小磯・大川弁護人ブルックス大尉、フィーリー検察官の「及川」の発音が「大川」の如くなされたことを指摘し、該文書に記載されているのが被告大川ではないことに法廷の注意を喚起する。裁判長ウェッブ、「取り違えたりはしていない」と、釈を付す。

＊（検）法廷証PX1108【木戸日記（1941［昭和16］年7月2日）抜粋：御前会議－独ソ開戦後の国策決定・近衛、松岡外相の真意判らずと述べる】＝検察側文書PD1632-EE 「御前会議が7月2日に開かれたことと、会議の目的を示す」文書として提出され、証拠として受理され、朗読される。

【PX1108 朗読概要】

　午前10時から宮中で御前会議が開かれ、独ソ開戦に伴う新情勢に対応する国策が決定される。……午後1時、近衛首相が来訪し、「松岡外相の真意が理解し難い」などと話した。午後2〜3時、拝謁して御前会議の模様などを聞く。午後3時20分、宮中に大本営を設置することや葉山行幸の件などについて武官長と打ち合わせをする。（この後フィーリー検察官は、この御前会議で採択された「情勢の推移に伴う帝国国策要綱」を朗読するが、既にPX588として採用されているので省略する）

＊（検）法廷証PX1109【連合国軍1946（昭和21）年1〜3月実施被告東条英機尋問調書出所・真実性証明書】＝検察側文書PD2731　［E: 10148］［J: 109（5）］　証拠として受理される。朗読なし。

＊（検）法廷証PX1110【連合国軍1946（昭和21）年2月13日実施被告東条英機尋問調書】＝検察側文書PD2502　フィーリー検察官、該文書の一部を証拠として提出する。被告東条弁護人ブルーエット、「尋問では、被告人が既に答えた内容を後刻、敷衍するようなことが多々あり、短い一問一答を読んだだけでは返答内容の全貌が分からないことがある」と申し立てる。裁判長ウェッブ、これまでの裁定を引用して「弁護側は検察側が省略した部分を後刻、証拠として提出できる」、と申し渡し、他方検察側に対しては、該尋問調書全体に識別番号が付されるべ

きことを、申し渡す。識別番号を付される。
* （検）法廷証PX1110-A【同上抜粋；1941（昭和16）年7月2日御前会議の奏請者は東条陸相】＝証拠として受理され、朗読される。

【PX1110-A朗読概要】

問
この御前会議開催を提案したのは誰か？
答
主要議題が南部仏印進駐であったから、陸相であったと思う。
問
当時の陸相は貴殿だったのだから、提案したのは貴殿では？
答
言い出したのは自分かもしれないが、通常このような事項の決定は、陸海外首相の合議の結果を3人の秘書官（英文速記録10152頁の"secretaries"のママ。和文速記録109（6）頁では「長官」となっているが意味が通らず文脈にもそぐわない）が決定案として起草し、連絡会議に諮られて全会一致でなされた。御前会議開催の決定はこのようにしてなされたが、南部仏印進駐に関する責任は陸相としての自分にあり、この責任を回避するつもりはない。

* （検）法廷証PX1111【1941（昭和16）年7月3日付けワイツゼッカー独外務次官発リッベントロップ独外相宛報告；大島駐独大使との会談－独ソ開戦と日本の態度】＝検察側文書PD4062-J　フィーリー検察官、「三国同盟が日米交渉での日本の動きすべてを決定する要因となっていたことを示すもの」として提出する。証拠として受理され、朗読される。［E: 10152］［J: 109（6）］

【PX1111朗読概要】

デンマークとフィンランドの汪精衛政権承認問題を大島と話し合った際、最近の『外交評論』が日本の外交姿勢を「玉虫色」［iridescent］と評したことに触れた。ここで大島は、昨夜、東京から以下の日本政府の姿勢を示す中間報告の如き電文を受領したと述べた。
　1. 三国同盟は、その内容・精神共々、日本の外交政策の基調であり続ける。
　2. 日本はドイツと共に防共の戦いを継続し、そのための軍備を（恐らく満州国で）強化する意向である。
　3. 太平洋南西部で米英に圧力をかけて両国を牽制する意向である。
　4. 支那事変解決に全力を尽くす。
大島は、「2」が理解できないとして、東京に「この歴史的機会を逃すな」と電文で書き送った

<1946-11-12>

ことを自分に述べ、「このような軟弱な政策の一翼を担いたくはない」と付け加えた。この大島大使の驚くべき発言内容と共に、東京のオット大使から日本政府の閣議決定が満足すべきものでなかったことを伝えてきたことを報告する。

＊（検）法廷証 PX1112【木戸日記（1941［昭和16］年7月5日）；松岡外相談－仏印進駐交渉、外部漏洩】＝検察側文書 PD1632-W（59） 証拠として受理され、抜粋が朗読される。

【PX1112朗読概要】

午後2時、松岡外相、参内。その後面談した際に言うには、仏印進駐のために外交交渉をすることが外部に漏洩したらしく、クレイギー英国大使が大橋外務次官に「もし事実なら、英国は重大な問題と考える」と申し入れてきたとのこと。事態の推移を見るため、予定していた交渉を5日ほど延期するとのことであった。

＊（検）法廷証 PX1113【1941（昭和16）年7月7日付けオット駐日独大使発リッベントロップ独外相宛報告電文1151；白鳥の反ソ活動意図】＝検察側文書 PD4062-K　［E: 10156］［J: 109（6）］ フィーリー検察官、「当時の日独関係の親密さと、日本の侵攻的戦争準備」を示すものとして提出する。証拠として受理される。裁判長ウェッブ、「検察側が『侵攻的』［aggressive］という言葉を必要以上に使うと、弁護側が『検察側が自らの見解を陳述している』と異議を申し立てかねない」と、釈を付す。被告東条弁護人ブルーエット、裁判長に同意する。抜粋が朗読される。

【PX1113朗読概要】

（前半の病臥中の白鳥敏夫についての記述である部分は省略され、最後の部分だけ朗読される）

白鳥に外相からの御見舞いの意を伝えたところ、白鳥は外相への謝意を述べると共に「自分（白鳥）は回復次第、日本を積極政策に導くために以前と同じように活動したい。対ソ参戦は喫緊の政策目標」と外相に伝達するよう、依頼してきた。

＊（検）法廷証 PX1114【1941（昭和16）年7月15日付けオット駐日独大使発リッベントロップ独外相宛報告電文1246；日本の南部仏印進駐交渉関係情報・交渉に独の援助要請】＝検察側文書 PD4052-C　フィーリー検察官、南部仏印進駐に先立つ日本・ビシー政府間の交渉に関する松岡外相発加藤（外松）外相（英文速記録10158頁の "from MATSUOKA to Foreign Minister Kato" のママ。明らかな誤りで「加藤駐仏大使」が正しい）宛電文 PX640（英文速記録7037-41頁参照）に言及し、この件への「ドイツの関わりと三国同盟の役割を示すものである」、と申し立てる。証拠として受理され、抜粋が朗読される。

【PX1114 朗読概要】

外務次官が自分との会談を求め、以下を極秘扱いとして伝えてきた。

　　日本政府は、在ビシー日本大使に、日本軍の南部仏印進駐とサイゴン・カムラン湾での海軍根拠地設置及び数箇所での飛行場建設を認めさせるよう、フランス政府との交渉に入るべしとの訓令を与えた。その目的は、現地フランス当局と協力して、英米の後押しを受けたドゴール政権からの有害な影響力を防圧することにある。日本政府は、仏印地域からの食糧・天然資源の供給を確保する必要性の故に、同地域の政治・経済的発展が平和的に進むことに大きな関心を有しているが、領土を獲得したり主権を侵したりする意図はなく、昨年8月の協定を始めとする合意も遵守する意向である。日本政府は、平和的手段でその目的を達成することを望んでいるが、米英からの干渉は断乎として排除する。7月20日までの交渉妥結と進駐開始を見込んでいる。フランス政府がドイツ政府に日本の要求を拒否すべく接触してきた場合には、ドイツ政府はフランス側に平和的解決を迫るべく圧力をかけることを要請する。イタリア大使にはこの件をそのまま通知する。……他の国の政府や在京仏大使には通知しない。

＊（検）法廷証PX1115【木戸日記（1941〔昭和16〕年7月15日）：日米諒解案と松岡外相の態度、近衛内閣総辞職決意】＝検察側文書PD1632-W（60）　フィーリー検察官、「当文書は松岡外相の特異な見解が閣内不一致の基となったことを語っている」、と申し立てる。証拠として受理され、抜粋が朗読される。

【PX1115 朗読概要】

午前8時、松平秘書官長が、近衛首相と連絡した結果を以下のように自分に報告して来た。

　　日米諒解案についての松岡外相の態度には依然はっきりしないものがある。昨日まで首相は、陸海両軍務局長が作成した案に外相が少しばかりの修正で同意するならば、それで話を進めようとの考えであった。昨日、外相は両軍務局長の案に異存はないとしたが、ハル国務長官の口頭声明は日本にとって屈辱的な内容なので、まずこれを拒否する旨米国側に伝えるよう、野村大使に指示し、その後で軍務局長案を野村大使に送りたいとの意見であった。首相は、そのようにしたら米国側がそれを日本側の交渉打ち切り通告と見なしかねないと指摘し、二つを同時に野村大使に送ることを提案。斉藤（良衛外務省）顧問は「野村大使の方で然るべく対処するだろうから、外相の言う通りにしてはどうか」と言ったが、首相は同意せず、斉藤顧問を松岡の許に派遣して首相の意見に同意することを求めた。

以上が昨夜10時30分頃までの状況。午前1時30分、近衛から電話があり「松岡から返事がないため、寺崎（太郎外務省アメリカ）局長を派遣して調べさせたら、松岡が野村大使への指示を、局長を通さずに既に11時30分頃送った後であった。本日葉山で内大臣（木戸）とこの後の処置

<1946-11-12>

について話し合いたい」と言ってきた。
　これを受けて書記官長と、万一内閣総辞職となった場合の方針について打ち合わせをする。今日の実情に鑑みれば、理由が明らかでない政変は絶対に避けるべきであるので、まず外相を辞職させることを考え、万一それができない場合には総辞職の他に選択肢はないが、その場合でも近衛に大命が再降下されるようにして、飽くまでも近衛に現下の重大時局の処理にあたらせることを決意した。
　午前11時、出勤。午後1時35分～2時、拝謁し、以上の事情を報告。3時、近衛首相が東京より来着し、4時20分まで懇談。近衛から聞いた話は大体秘書官長の報告と同じ。自分は、政変を避けるため外相に辞任を迫ることを勧めたが、首相は「そうしたら松岡は『米国の圧力故の内閣改造だ』と内外に言い回るだろうから、よからぬ影響を及ぼす」との見方を示した。
＊（検）法廷証PX1116【木戸日記（1941［昭和16］年7月16日）；近衛第二次内閣総辞職】＝検察側文書PD1632-W（61）　証拠として受理され、抜粋が朗読される。

【PX1116朗読概要】

　4時、松平から電話があって、内閣総辞職が決定したと伝えてきた。午後4時10分～4時20分、拝謁してこの件を言上。9時、近衛が参内して辞表を奉呈。9時10分、御召により参内し「近衛が総理の職を辞したので、枢密院議長と総理経験者を侍従長に命じて招集させ、これらの人々の意見を聞いて後継首班として適任の者を推薦せよ」との命を受けた。
＊午前10時45分、裁判長ウェッブ、15分間の休憩を宣す。
＊午前11時、法廷、再開する。[E: 10166] [J: 109 (7)]
＊フィーリー検察官、証拠の提出と朗読を続行する。
＊（検）法廷証PX1117【木戸日記（1941［昭和16］年7月17日）；重臣会議で近衛再推薦】＝検察側文書PD1632-W（62）　フィーリー検察官、「第三次近衛内閣成立の事情を記すもの」として提出する。証拠として受理され、抜粋が朗読される。

【PX1117朗読概要】

　上京して直ちに出勤。午後1時、西二の間に原枢府議長と首相経験者が集まって協議。甘露寺（受長）侍従次長から聖旨の伝達があり、それを受けて自分が、「後継首班の選定について、陛下に奏答する際の参考としたいので、胸襟を開いて話し合って欲しい。公式な会議ではないから決を採ることはせず、また会議の内容を記録することもなく、秘密にされる」と言って、近衛の辞表を回覧させた。若槻（礼次郎）が辞職の理由（閣内不一致）及び外交問題について自分に質す。阿部（信行）は、近衛に大命再降下される必要ありとの意見。岡田（啓介）は、軍と政界各方面を束ねることができる人物としては近衛以外に考えられないとし、林（銑十郎）、原（嘉道）枢府議

長も同意見。広田（弘毅）は、大本営を強化して軍政的内閣を作ることを力説したが、大本営を宮中に設置した経緯を自分が説明したところ、近衛の推薦に同意。米内（光政）も「近衛でなければ駄目」と発言。若槻は、やや消極的態度であったが同意し、全会一致で近衛推薦に決し、2時に散会。天皇・皇后両陛下が葉山から帰京の後、午後3時30分～4時10分に拝謁し、協議の経過を報告。この間、侍従長が近衛に電話し、5時5分、近衛は参内して大命を拝する。5時50分、大橋外務次官、来訪。日米諒解案について話を聞く。

＊フィーリー検察官、提出済みPX102（第1巻172頁参照。朗読なし）、及び同PX129（原英文のママ。これは被告梅津美治郎の経歴記録であり、PX128として証拠として採用された被告東条の経歴記録と間違えた可能性が大である。第一巻174頁、英文速記録791-97頁参照）を引いて、「被告の中では第三次近衛内閣には、東条陸相、木村陸軍次官、鈴木国務相件内閣企画院総裁が留任し、平沼は内相から国務相になった」、「また、松岡に替わって外相となったのは豊田（貞次郎）であった」と、申し立てる。フィーリー検察官、さらに、提出済みPX642と同PX644（各々、英文速記録7044～48頁、7051～53頁参照）を引き、「新内閣でも仏印政策は従前と同じ方針で続けられた」、「次の証拠がその事実を補強する」、と申し立てる。

＊（検）法廷証PX1118【1941（昭和16）年7月20日付けオット駐日独大使発独外相宛電文1297；豊田新外相の言明－三国同盟政策不変】＝検察側文書PD4052-F　［E: 10169］［J: 109(8)］　証拠として受理され、抜粋が朗読される。

【PX1118朗読概要】

新任外相の声明、以下の通り。

　　新任外相として、貴独伊大使に御挨拶申し上げる。また、本国外相にこのことを御知らせ願いたい。同時に、改造新内閣成立を御報告する。この度の内閣改造の目的は、国際情勢に即応した政策手段を実行し、早急に国内体制を強化することのみにあり、帝国の政策にはなんら変更もない。日本の政策は三国同盟の趣旨・精神に基盤をおくものであることを理解していただきたい。独伊に対する日本の姿勢が変わらぬことは、松岡前外相が7月2日の閣議決定を引いて両大使に言明した通りであり、このことを本国政府にも周知されんことを願う。自分は、三国同盟成立時海軍にあって、その実現に一役を担っていた。松岡外相の後継者として、自分は、日独伊三国間の団結を強化し、心を一つにして前進していく所存である。貴大使他には、前任外相の時と変わらぬ友情と協調の精神で接していただけることを希望している。

＊提出済み（検）法廷証PX1103【朝日新聞記事抜粋：政府統帥部連絡懇談会（1941［昭和16］年）開催日時・出席者名・決定事項一覧】フィーリー検察官、連絡会議の趣旨について「1941（昭和16）年7月21日に出された簡潔な説明がある」として、朗読する。

<1946-11-12>

【提出済み PX1103 抜粋朗読概要】

　7月21日午後4時、宮中大本営に臨時参集し、軍と諸方策の案画。（首相は、外相その他の所要の国務大臣と共に臨時宮中大本営に参集し、大本営陸海軍部幕僚長及び陸海相と意見の交換・諸方策の案画を行うことが決定された）

＊（検）法廷証 PX1119【連合国軍 1946（昭和21）年3月15日実施被告東条英機尋問調書】＝検察側文書 PD2512　フィーリー検察官、「これより、軍関係者を中心とする連絡会議参加者について他の証拠を提出する」と、前置きして、証拠として提出する。識別番号を付される。

＊（検）法廷証 PX1119-A【同上抜粋；政府大本営連絡会議の決定方式】＝検察側文書 PD2512-B　証拠として受理され、朗読される。

【PX1119-A 朗読概要】

問
　連絡会議ではいかなる者が賛否決定に関わっていたか。（英文速記録10173頁の"What members of the Liaison Conference were concerned with agreements or disagreements?"という意味不明な一文は、訳者が意味を解せずに直訳したためのものと思われるので、和文速記録109（8）頁の記述を基にした）

答
　通常、政府側では首相、外相、陸相、海相、企画院総裁で、統帥部側では両総長。必要に応じて各々の側から他の大臣や両部の次長なども参加。決定は、多数決ではなく、全員一致でなされ、そうなるまで議論は続けられた。

問
　1941（昭和16）年の御前会議の議題はすべてそれに先立つ連絡会議で論議・決定されたものというのは本当か。

答
　大体その通りで、御前会議に提出されるための草案は事前に決定された。

問
　連絡会議の通例の出席者7人はすべて御前会議にも出席して決定に参加したか。

答
　その通り。

＊（検）法廷証 PX1120【1941（昭和16）年7月23日付け野村駐米大使発豊田外相宛電文550；南部仏印進駐に対する米国の反応】＝検察側文書 PD1383-E　［E: 10175］［J: 109（8）］　フィーリー検察官、「(南部)仏印進駐に対する米国の反応を記すもの」として提出する。証拠として受理され、朗読される。

【PX1120 朗読概要】

　7月3日と19日の電文で、南部仏印進駐が日米関係に及ぼしかねない影響について述べたが、今現在、情勢は両国の外交関係が断絶に至る危険性がある程にまで急速に悪化している。若杉（要駐米公使）と国務次官補が会談した時の内容から切迫感を感じた自分は、国務次官との会見の約束を取り付けた。ハル国務長官が健康問題を理由に静養しており、他の人士も色々都合がある中、国務次官と会う前に政権部内の1人とようやく会うことができた。その人物は自分（野村）の見解を質してきて、その際に「自分は希望を捨てておらず、自らの信念に従って全力を尽くす」と答えたが、情勢は既述の通り国交断絶寸前である。米国世論の急転回を引き起こしたのは南部仏印進駐で、世論は、この動きを日本のシンガポール・蘭印侵攻への第一歩と見なしており、米国海軍部内にもこの見方は強い。「日本は南進準備の傍ら米国と協定を結ぼうとしており、国務長官は騙されている」と言うのだ。また、健康問題故に国務長官が辞任するという噂もある。これに加えて、我が国の真意に対する疑惑を深めるような報道が東京発で当地に流れてきている。例えば、(1) 日米交渉は東京からの横槍で頓挫する、(2) 日本は枢軸同盟国に対し「日米間の外交調整は、日本が南進準備を完成させるまでの術策」と伝えた、などというものである。政府の最高指導部までもがこれらに耳を傾けているとの噂もある。つまり、交渉が進行する中、第三国による離間・中傷工作が行われているし、日米両国内に交渉に反対する勢力があり、実に困難な情勢となっている。日本政府は、機を失せずに駐日米大使に日米国交調整に臨む日本の誠意と南部仏印進駐における日本の真意を明らかにすべきである。また、新内閣の対米方針を早急にお伝え願いたい。自分も起死回生の覚悟で十二分の努力をするつもりである。

＊（検）法廷証 PX1121【1941（昭和16）年7月24日付けオット駐日独大使発リッベントロップ独外相宛電文 1353：南部仏印進駐日仏交渉妥結につき独に謝意】＝検察側文書 PD4052-G　フィーリー検察官、「日本の南部仏印進駐と、それへのドイツの関わりを示すもの」として提出する。証拠として受理され、抜粋が朗読される。

【PX1121 朗読概要】

（英文速記録10178～79頁には、なぜか内容がまったく収録されていない。参考のために和文速記録109（9）から要約した）

　本日、外相は自分を呼び、仏印の軍事基地を接収するための交渉が7月20日ビシーで妥結したことを伝えてきた。現在日仏間で協議され26日に公表される議定書には、仏印の領土保全と同地へのフランスの主権が侵されないことが盛り込まれるとのことである。外相は、ドイツ側のこの件での協力に謝意を表した。

＊（検）法廷証 PX1122【1941（昭和16）年7月29日付け情報局発表：仏印共同防衛に関する日仏間議定書締結】＝検察側文書 PD847-C　証拠として受理され、抜粋が朗読される。

<1946-11-12>

【PX1122 朗読概要】

　仏印共同防衛に関する日仏議定書は、28日に裁可が得られたので、加藤駐仏大使に調印するよう訓電が発せられ、29日、ビシー政権の首相兼外相（フランソワ・）ダルランと調印の運びとなり、即日発効（以下は、英文速記録10180頁には記載がないが、その重要性に鑑み、和文速記録109（9）記載のものをまとめた）。以下、本文。
　　1．日仏両国は、仏印の共同防衛のため、軍事上の協力をすることを約する。
　　2．前記協力のために執るべき措置は、特別の取り決めの目的となる（原文のママ）。
　　3．前記諸規定は、その動機となった情勢が存在する間のみ効力を有する。
＊（検）法廷証PX1123【連合国軍1946（昭和21）年2月13日実施被告東条英機尋問調書抜粋；南部仏印進駐】＝検察側文書2502A　［E: 10180］［J: 109（9）］　フィーリー検察官、「仏印進駐の真の目的を示すもの」として提出する。証拠として受理され、抜粋が朗読される。

【PX1123 朗読概要】

（朗読の前半部分では、7月2日の御前会議についての質問に対して、東条が「主要議題は南部仏印進駐で、発議をしたのは多分陸相。実際の決定が下されたのはそれに先立って首相、陸海両相・両総長などが出席して開かれた連絡会議の場に於いてであった」と返答している。なお、この部分は英文速記録10181～82頁には収録されているが、和文速記録109（9）頁の対応部分にはない。以下は、どちらの速記録にも収録されている）
問
　仏印駐屯の日本軍は、対米英蘭開戦となった場合の攻勢作戦に有用なものであったか。
答
　開戦に決した1941（昭和16）年12月1日以降は攻勢をとることとなったので軍事行動の性質が変わり、攻撃的なものとなったが、それまでは防御的であった。
＊（検）法廷証PX1124【連合国軍1946（昭和21）年2月15日実施被告東条英機尋問調書】＝検察側文書PD4167　フィーリー検察官、「同じことを証明するために」として提出する。識別番号を付される。
＊（検）法廷証PX1124-A【同上抜粋；仏印進駐軍の開戦時の行動】＝検察側文書PD4167-B　証拠として受理され、抜粋が朗読される。

【PX1124-A 朗読概要】

問
　対米開戦の折、仏印からいかなる攻撃が行われたか。

答

　サイゴンからタイ東岸に攻撃が行われたと思う。また、南部仏印に展開されていた航空部隊が上陸作戦の援護をした。それが主攻撃であったと思うが、広東から上陸部隊が向かったかもしれない。それから、海軍がシンガポールに爆撃を敢行。これらは自分の記憶に基づくもの。皆、統帥事項であった。

＊（検）法廷証PX1125【木戸日記（1941［昭和16］年7月31日）；永野軍令部総長の対米戦争に関する奏上】＝検察側文書PD1632-W（63）　フィーリー検察官、「被告永野と木戸の対米戦に対する考え方を示すもの」として提出する。証拠として受理され、抜粋が朗読される。

【PX1125朗読概要】

　午前10時15分〜11時、拝謁し、対米施策などについての御下問に永野軍令部総長が答えた内容に関して御話があった。即ち、以下の通り。
　　（1）戦争については、前任者の伏見宮（博恭）と同様できるだけ避けたいとの意見であった。
　　（2）三国同盟には強く反対のようで、これがある限り日米国交調整は不可能と見ているようである。
　　（3）国交調整が不可能で石油の輸入が断たれた場合、備蓄は2年分しかなく、戦争ともなれば1年半で枯渇するので、今打って出る他ないという考えのようであった。
　　（4）日米開戦となった場合にその結果はどうなるかという問題について、自分は『勝つと説明してあるから、自分もそう信ずるが、日本海海戦のような大勝を得るのは困難ではないか』と問うたところ、『そのような勝利は覚束ない』との答であった。これでは一か八かの戦争をするということで、真に危険である。
　これには恐懼の至りであり、「永野の意見は余りに単純。日米交渉の際に米国も三国同盟の存在は認めていたので、それを廃棄するようなことをしたら、国際条約を尊重する米国は日本を信頼するどころか、かえって軽蔑することになりかねない。国交調整にはまだ何段階かの方策があるだろうから、粘り強く建設的に熟慮する必要がある。この点、首相の熟考を促すこととする」と、奉答した。
　正午、及川海相と永野総長の意見について懇談。1時、武官長がやってきて、同じ事項について懇談。

＊（検）法廷証PX1126【連合国軍1946（昭和21）年3月21日実施被告永野修身尋問調書】＝検察側文書PD2495　［E: 10187］［J: 109（10）］　フィーリー検察官、「日本海軍が同じ時期に真珠湾攻撃の準備を進めていたことを示すため」として提出する。識別番号を付される。

＊（検）法廷証PX1126-A【同上抜粋：真珠湾攻撃計画】　証拠として受理され、抜粋が朗読される。

<1946-11-12>

【PX1126-A 朗読概要】

（以下、「永野」とした部分の内容は、尋問官が主に永野が真珠湾攻撃計画を知った時期が何時かを質した問いに対する永野の答のみを要約したもの。それに対し、「問」「答」となっている箇所は、概ね一問一答毎に要約したものである。以下、同じ）

永野

自分が軍令部総長となった1941（昭和16年）4月頃、当時連合艦隊司令長官であった山本（五十六）が真珠湾攻撃計画の構想を思いついたと思うが、計画は連合艦隊司令部内でも数人しか作成に関与しない極秘事項で、7月にそのような計画があることは自分の耳に入ったが、自分にそれが正式に報告されてきたのは10月になってからであった。

問

実際に現場に身を置いていなくとも、海軍の全般的作戦行動を統轄すべき立場の軍令部総長として、日本海軍が真珠湾攻撃の演習を始めたのが同年春であったと思うか。

答

計画は春頃から練られていたが、演習が始まったのは七月初旬で、連合艦隊は鹿児島で低空飛行や急降下爆撃の訓練を行った。

問

同時に、真珠湾のような浅海海域で使用する特殊な魚雷の投下訓練も行わなかったか。

答

その魚雷は演習中に完成した。連合艦隊はその開発・実験に相当な時間を費やした。

＊（検）法廷証 PX1127【連合国軍1946（昭和21）年3月27日実施被告永野修身尋問調書】＝検察側文書 PD2497　フィーリー検察官、「同じ立証目的のため」として提出する。識別番号を付される。

＊（検）法廷証 PX1127-A【同上抜粋；真珠湾攻撃訓練】＝検察側文書 PD2497-A　証拠として受理され、朗読される。

【PX1127-A 朗読概要】

永野

真珠湾攻撃に向けての演習が開始されたのは、1941（昭和16）年夏で、確たることは言えないが、恐らく7月。場所は、スカモ（英文速記録10192頁の"Sukamo"のママ。和文速記録109（11）頁対応部分も「スカモ」とカタカナ表記になっているが、「宿毛」が正しいであろう）、佐伯、鹿児島、カノエ（同上。"Konoe"となっているが「鹿屋」が正しいであろう）。スカモ（宿毛）は海軍が演習に適する地として常に演習場所にしていた場所。鹿児島では、真珠湾を攻撃する時に行うような山の稜線を這うような低空飛行をする訓練が行われていたと思う。

* (検) 法廷証 PX1128【連合国軍 1946（昭和 21）年 1 月 23 日実施被告嶋田繁太郎尋問調書】＝検察側文書 PD2498　フィーリー検察官、「同じ立証目的のため」として提出する。識別番号を付される。
* (検) 法廷証 PX1128-A【同上抜粋；真珠湾攻撃の計画・訓練・攻撃状況】＝検察側文書 PD2498-B　証拠として受理され、抜粋が朗読される。

【PX1128-A 朗読概要】

嶋田

山本が軍令部に真珠湾攻撃を最初に提案したのは 1941（昭和 16）年 1 月であったと聞いている。そして、永野軍令部総長が計画の検討を進めるよう指示したのは同年 5 月か 6 月で、飛行訓練も同じ時期に始まったと思う。

問

海軍が浅深度航空魚雷の開発を 1941（昭和 16）年初頭から始めていたのは知っているか。

答

よく知っている。

問

それは、海軍が、真珠湾が浅水域であることを熟知していたからではないか。

答

その通り。

問

そして、艦隊はそのような魚雷を使っての訓練を同年夏中、行っていたのではないか。

答

そう思う。

（英文速記録 10195 頁では、尋問調書からの引用がここで終わっているが、和文速記録 109（11）頁の対応部分ではまだ続いている。和文速記録の続きの部分は、真珠湾攻撃直前の艦隊行動についてで、当面の審理案件と関係がなく検察官の朗読には含まれていなかったと判断し、要約しない）

* フィーリー検察官、関連する証拠として、提出済み PX809【1945（昭和 20）年 12 月 1 日付け占領軍総司令部発行報告書第 131 号「日本の戦争決意」】＝検察側文書 PD1628 に法廷の注意を喚起する。
* (検) 法廷証 PX1129【木戸日記（1941［昭和 16］年 8 月 2 日）；対米強硬論擡頭と政局動揺】＝検察側文書 PD1632-W（64）［E: 10196］［J: 109（11）］　フィーリー検察官、「当時の海軍指導部内の性向を示すものと」として提出する。証拠として受理され、朗読される。

<1946-11-12>

【PX1129 朗読概要】

　10時、出勤。11時、近衛首相、来訪。彼は、「最近海軍部内でも対米強硬論が台頭する中、将来の政情や統帥部と円満に協調できるか否かについて不安を抱いている。米国が石油禁輸に打って出た場合、石油の備蓄は多く見積もっても2年しか持たないから、外交工作を慎重にしなければ取り返しのつかないことになる。であるから、至急陸海両相と国策の根本について徹底的に論議する必要があり、もし、意見が合わない場合には内閣総辞職となっても止むを得ない。そうなった場合には、陸海軍に事態を収拾してもらう他にない」と、話した。（英文速記録10196～97頁の英原文では、『……陸海軍に事態を収拾してもらう他にない』まで乃至は朗読部分の最後尾『秘書官長とこの件について打ち合わせをする』までが近衛の発言であるかのように記されているが、直後に被告木戸弁護人ローガンが、その部分の発言が被告木戸の発言であることを指摘する。原本和文書証より採録したであろう和文速記録の内容「彼は、最近海軍部内でも対米強硬論が台頭する中、将来の政情や統帥部と円満に協調できるか否かについて不安を抱いている様子であった。自分は『米国が石油禁輸に打って出た場合、石油の備蓄は多く見積もっても2年しか持たないから、外交工作を慎重にしなければ取り返しのつかないことになる。であるから、至急陸海両相と国策の根本について徹底的に論議する必要があり、もし、意見が合わない場合には内閣総辞職となっても止むを得ないそうなった場合には、陸海軍に事態を収拾してもらう他にない』との意見を述べた。秘書官長とこの件について打ち合わせをする」が正しい）

＊被告木戸弁護人ローガン「言語部の照会を求めて自由に付託できる旨の裁定については承知しているが」と前置きして、「後半部分は木戸の発言内容である」、と申し立てる。

＊（検）法廷証PX1130【木戸日記（1941［昭和16］年8月7日）；対米戦・南進策の見通し】＝検察側文書PD1632-W（66）［E: 10198］［J: 109（11）］　フィーリー検察官、「被告木戸の対米戦・南方進出に対する見方を示すもの」として提出する。証拠として受理され、抜粋が朗読される。

【PX1130 朗読概要】

　午後3時30分、近衛首相、参内し拝謁。その後、午後4時～4時30分、近衛と懇談した際に、次のような意見を述べて熟考を求めた。

　　(1) 今日の事態は真に重大、(2) 政府と統帥部が直ちに徹底的に協議して国策を決定する必要がある、(3) これまで自分が得てきた資料を見る限り、対米ソ二正面作戦を行うのは相当困難、(4) しかし、見方によっては、問題は単純に石油の問題に凝縮できる、(5) 石油の備蓄が枯渇するのは、海軍が平時で2年、戦時では1年半、陸軍は1年、(6) これが事実なら、米国相手に必ず勝てる戦争をすることは不可能と言う他ない、(7) 米国を除けば、手近にある石油供給源は北樺太と蘭印だけ、(8) 蘭印攻略のためにシンガポールとフィリピンの攻略は不可欠との前提条件だが、攻略作戦の過程で油井が破壊されるであろうから、1年半

で同地から必要量の石油を得られるようになるのは困難、（9）蘭印を攻撃すれば米国の参戦を誘発し、そうなれば蘭印からの石油は潜水艦・航空機の脅威の下で長距離輸送しなければならないので、予定した量が得られるか甚だ疑わしい、（10）そこに誤算が生じれば、日本は石油のために降伏することとなる、（11）今日の状況は、国力不足の故に望むことができないという点で、日清戦争後の三国干渉の時と少し似ており、その時と同じような決意をするしかない、即ち、（12）今後10年を目処として臥薪嘗胆する決心をし、（13）当面は日米関係を調整して所要の物資を得て、（14）国内では究極の目的を南進に置き、その目的達成のために10年を目処として、重工業・工作機械工業の確立、人造石油工業の迅速な確立、遠洋航路用船舶の大拡張の3項目の達成に全力を挙げる。

＊（検）法廷証PX1131【1941（昭和16）年8月16日付け野村駐米大使発豊田外相宛電文703及び1941（昭和16）年9月13日付け豊田発野村宛電文；日米関係は危機一髪の段階・タイ進駐に警告】＝検察側文書PD1457　フィーリー検察官、「日本の南部仏印進駐への米国の反応を示すもの」として提出する。証拠として受理され、「二つ目の電文は、1941（昭和16）年9月の出来事を後刻検証する際に朗読する」として、一つ目の電文の抜粋のみが朗読される。（英文速記録10202頁は、二つ目の電文の日付を「30日」とするが、和文速記録109（12）頁の対応部分並びに後刻この二つ目が朗読された時の英文速記録10226頁は「13日」とする）

【PX1131朗読概要】

　これまで度々報告してきたように、日米関係は危機一髪の状態にあり、例えば、タイ進駐などの日本の次の動きで急転する恐れがある。これは、日米要路の人士に共通する見方である。

＊（検）法廷証PX1132【1941（昭和16）年8月22日付け新聞記事抜粋；昭和16年度国家物資動員計画（第2四半期以後）】＝検察側文書PD2534-D　証拠として受理され、抜粋が朗読される。

【PX1132朗読概要】

　急速なる軍備拡張と東亜の自給自足を図る　物動計画研究さる　企画院総裁提出の第2四半期計画決定　計画要綱発表さる。（以上見出し、以下本文）。

　政府は8月22日の閣議で鈴木企画院総裁提案の1941～42年度（昭和16年度）第2四半期及びそれ以降の国家物資動員計画を正式に決定。計画の要点は、（1）迅速な軍備拡張、（2）東亜共栄圏内での重要資源自給自足体制の確立、特に鉄鋼・石炭生産の維持、（3）国民の生活必需物資の最低限度の維持、（4）物資動員計画と海上輸送計画との緊密な調和、である。

＊裁判長ウェッブ、正午の休廷を宣する。
＊午後1時40分、法廷、再開する。［E: 10206］［J: 109（12）］

<1946-11-12>

＊被告広田弁護人スミス、被告土肥原・岡弁護人ウォレンが米国出張で持ち帰ってきた前駐日米国大使ジョセフ・グルー新陳述書が「先週法廷で証拠として採用され朗読された同氏の宣誓供述書の内容を修正し、一部の意味を明らかにするものである」との理由で、その朗読を許可するよう法廷に要請し、かつ該陳述書によれば「3名の被告が告発から除外される可能性がある」と主張する。裁判長ウェッブ、「この段階で該文書を法廷に提出すべきは検察側である」として検察側の意向を質す。ヒギンズ検察官、「その意思なし」、と申し立てる。裁判長ウェッブ、「弁護側反証段階で該文書を提出するよう」弁護側に申し渡す。

（2）フィーリー検察官、検察主張立証第XI局面「米・英・英連邦諸国関係」第5部「ワシントン日米交渉第二段階－1941（昭和16）年7月1日以降東条内閣成立まで」の検察側立証として、「1941（昭和16）年8月以降の諸事件」について、証拠文書を提出する。
（英速録10209～10248頁／和速録109号13～17頁）

＊フィーリー検察官、これから提出する証拠及び対象とする出来事について、「①近衛が日米首脳会談開催に向けたローズベルト宛の覚書を941（昭和16）年8月28日送り、それへの返答は9月3日になされた。詳細は後のバランタイン証言で明らかにされる。②真珠湾攻撃の準備の一環として、同年9月に海軍大学校で図上演習が行われた。提出済みPX809にもその事実が明らかにされているが、さらなる証拠が提示される。図上演習では、真珠湾攻撃計画のみならず、南方地域占領の時間表も策定された」、と申し立てる。

＊提出済み（検）法廷証PX1127-A【連合国軍1946（昭和21）年3月27日実施被告永野修身尋問調書抜粋；海軍大学における対米戦最終計画案策定】抜粋が朗読される。

【提出済みPX1127朗読概要】

永野
（真珠湾攻撃の最終計画が海軍大学校で策定されたのは1941（昭和16）年8月ではなかったかとの問いに対し）計画策定開始は10月であったが、それまでに研究が相当進んでいた。自分に正式に報告がなされたのはその10月の段階で、その時に後に採用されることとなる攻撃計画も提出された。
問
しかし実際は、海大で最終的計画案が策定されたのは10月ではなく、8月下旬か9月初旬だったのでは？
答
ハワイ攻撃計画のことか、それとも海大でなされた全般的調査のことか？
問
海大で「N」組、「A」組、「E」組というようなグループが作られた時期のことを訊いている。

答
　よく憶えていないが、9月下旬だと思う。(中略)
問
　真珠湾攻撃計画の仕上げとして行われた図上演習では貴官が統裁官を務めたのか。
答
　統裁官は山本で、自分は図上演習自体には参加しておらず、結果を知らされただけである。

＊(検) 法廷証PX1133【1941 (昭和16) 年9月7日付け東京日々新聞記事抜粋；昭和16年度輸送動員計画】＝検察側文書PD2535-A ［E: 10213］［J: 109 (13)］ フィーリー検察官、「ここに報じられた内閣決定によって、日本の海陸の運輸産業が戦時態勢に置かれたことを示す」ものとして提出する。証拠として受理され、朗読される。

【PX1133朗読概要】

　政府、船舶及び貨車建造を促進す　運輸機関動員　逓信省及び鉄道省が具体案立案中。(以上見出し、以下本文)

　1941 (昭和16)～1942 (昭和17) 年度輸送動員計画に基づき、鉄道省は積極的に貨車建造に乗り出し、一方逓信省は、造船業組織化のため造船統制会を設立する見通しである。政府は9月5日の会議で、時代の要求に応じて陸海輸送を戦時統制下に置くための輸送動員計画を決議した。

＊(検) 法廷証PX1134【木戸日記 (1941 ［昭和16］ 年9月5日)；9月6日御前会議前の陸海軍両総長お召し】＝検察側文書PD1632-W (67) フィーリー検察官、「次の御前会議を開くための準備を語るもの」として提出する。証拠として受理され、朗読される。

【PX1134朗読概要】

　4時半、近衛首相、参内し、御前会議を開くことについて奏上。陛下には対米施策について作戦上の疑問など数々あったようなので、首相は、両総長を呼んでいただくよう御願いした上で、内大臣 (木戸) とも相談する必要がある旨を陛下に伝えて一旦御前を退く。自分は5時に拝謁を願い、その件について御下問を受けたので、首相の奏上通りに両総長を呼ぶこととして欲しい旨奏上した (英文速記録10215頁にはない下線が和文速記録109 (13) 頁の「内大臣 (木戸) とも相談する必要がある旨を陛下に伝えて一旦御前を退く。自分は5時に拝謁を願い、」の部分に付されている)。横山 (明陸軍) 武官を通じて直ちに両総長に伝え、6時に首相・両総長共に拝謁し御下問に答える。

＊(検) 法廷証PX1135【木戸日記 (1941 ［昭和16］ 年9月6日)；御前会議─原枢密院議長の「外交工作主体か」との統帥部への質問】＝検察側文書PD1632-W (68) フィーリー検察官、「9月6日の御前会議に関するもの」として提出する。証拠として受理され、朗読される。

<1946-11-12>

【PX1135 朗読概要】

　午前9時40分〜9時55分の間、御召により拝謁。本日の御前会議で質問をされたい御意向であったが、自分は「重要な点については原枢府議長が質問するはずなので、陛下としては会議の最後に、『今回の決定は国運を賭しての戦争を引き起こしかねないような重大なものなので、統帥部も外交工作が成功するよう全幅の協力をすべきである』という趣旨の警告をするのが最善のやり方でありましょう」と申し上げた。午後1時10分〜1時30分の間、拝謁し、御前会議の模様について御話を伺う。それによると、原枢府議長の質問に対し海相は答弁したが統帥部が発言をしなかったことを陛下は遺憾として、会議の最後に、明治天皇の「四方の海……」の御製を引いて、外交工作に全幅の協力をするよう仰られたとのことである。
＊提出済み（検）法廷証 PX1107【1941（昭和16）年御前会議出席者名簿抜粋：9月6日御前会議出席者氏名】フィーリー検察官、抜粋を朗読する。

【提出済み PX1107 抜粋朗読概要】

　近衛（首相）、豊田（外相）、東条（陸相）、及川（海相）、小倉（蔵相）、鈴木（企画院総裁）、田辺（治通）（内相）、杉山（参謀総長）、永野（軍令部総長）、富田（内閣書記官長）、武藤（陸軍省軍務局長）、岡（海軍省軍務局長）、塚田（参謀次長）、伊藤（整一）（軍令部次長）、原（枢密院議長）
＊提出済み（検）法廷証 PX588【日米交渉御前会議決定綴り抜粋；1941（昭和16）年9月6日－帝国は自存自衛のため対米英蘭戦を辞せざる決意の下に大旨10月下旬を目処として戦争準備を完整す】フィーリー検察官、「9月6日の御前会議に関する部分を含むもの」として朗読する。[E: 10217] [J: 109（14）]

【提出済み PX588 抜粋朗読概要】

　帝国国策遂行要領。
　帝国は、現下の急迫する情勢、特に米英蘭などの各国が執っている対日攻勢、ソ連の情勢、帝国国力の弾圧（英文速記録10217〜18頁の"suppression of our national power"のママ。原本和文書証より採録したであろう和文速記録は、「弾発」と記す。英訳は「弾圧」の意味と読み誤ったためのものであろう。「弾力」と似たような意味と考えれば"elasticity"などの訳が適当であろうか）などに鑑み、「情勢の推移に伴う帝国国策要綱」中の南方に対する施策を以下の要領で遂行する。
　一．帝国は自存自衛を全うするため、対米（英蘭）戦争を辞せざる決意の下に、概ね10月下旬を目処として戦争準備を完成する。
　二．帝国はこれと並行して、米英に対して外交手段を尽くして帝国の要求貫徹に努める。対米

（英）交渉に於いて帝国の達成すべき最小限度の要求事項、並びにこれに関連して帝国が約束できる限度は、別紙の通り。

　三．この外交交渉によって10月上旬に至っても当方の要求を貫徹できる目処が立たない場合には、直ちに対米（英蘭）開戦を決意する。対南方以外の施策は、既定の国策に基づいて行い、特に米ソが対日連合戦線を結成しないように努める。

＊（検）法廷証PX1136【連合国軍1946（昭和21）年2月23日実施被告東条英機尋問調書】＝検察側文書PD2507 及び（検）法廷証PX1137【連合国軍1946（昭和21）年3月11日実施被告東条英機尋問調書（1946［昭和21］年3月11日）＝検察側文書PD2509　識別番号を付される。
（実際は、英文速記録10219頁によれば、後者に識別番号が付されたのは、前者の抜粋であるPX1136-Aが証拠として採用された後だが、便宜上ここに入れる）

＊（検）法廷証PX1136-A【連合国軍1946（昭和21）年2月23日実施被告東条英機尋問調書抜粋；1941（昭和16）年9月6日御前会議招集の目的】＝検察側文書PD2507-A　及びPX1137-A【連合国軍1946（昭和21）年3月11日実施被告東条英機尋問調書抜粋】　証拠として受理され、抜粋が朗読される。

【PX1136-A 朗読概要】

問
　9月6日の御前会議招集の目的は？
答
　当時の情勢に鑑み、どんな国策を採るべきかを決定するために招集された。自分の記憶では、主要問題は和戦いずれに決すべきか、各々の場合にどんな姿勢で臨むべきかというようなこと。
問
　この会議で、対米交渉を10月中旬までの打開を目指して継続することが決定されたのではないか？
答
　そう思うが、手元に資料がないので断定的なことは言えない。
問
　10月中旬まで打開するに至らなかったら対米開戦することも決定したのではないか？
答
　10月中旬までに打開するよう努力することを決定したのであって、開戦の決意はこの会議ではなされなかった。
　（ここまでPX1136-A。以下、PX1137-A）
問
　9月6日から10月中旬までの間に戦争準備が進められたというのは本当か？

<1946-11-12>

答
　前に言った通り、9月6日の御前会議では和戦両方の準備を進めることが決定された。(この部分は再度証人に読み聞かせて確認させた) 戦争に向けての準備が進められたのはこの決定があってから後のこと。
＊フィーリー検察官、同じ9月6日に野村大使がハル国務長官に改訂案を提出した事実に言及し、「これについては後刻バランタイン証言で詳細に触れられるであろう」と、申し立てる。
＊(検) 法廷証PX1138【木戸日記 (1941 [昭和16] 年9月11日)；東条首相より対米戦争準備等調査結果を聴く】＝検察側文書PD1632-W (69)　フィーリー検察官、「この日、被告東条と木戸が戦争準備について話し合ったことを示すもの」として提出する。証拠として受理され、朗読される。

【PX1138朗読概要】

　東条陸相、拝謁後に来室。対米戦争準備につき、調査の結果を聞く。
＊被告木戸弁護人ローガン、東条・木戸の話し合いの議題が「調査の結果」であること並びにこれはフィーリー検察官が前置きで述べた「戦争の準備」そのものではないことを指摘する。フィーリー検察官、「戦争準備についての調査の結果」である、と申し立てる。裁判長ウェッブ、これに同調して、「両者に本質的な相違はない」、と申し渡す。
＊(検) 法廷証PX1139【1941 (昭和16) 年9月11日付け野村駐米大使発豊田外相宛電文810；米側の態度硬化に付き支那撤兵進言・日本最終案の請訓】＝検察側文書PD1457-B　[E: 10223] [J: 109 (14)]　フィーリー検察官、「野村大使が日本の支那からの撤兵に関して発言していた内容を含むもの」として提出する。証拠として受理され、朗読される。

【PX1139朗読概要】

　現在の日米交渉で一番の懸案となっているのは、日本軍の支那からの撤兵と、その後の防共目的の駐兵問題であり、米国は世論に対する配慮からも、紛争の調停者としての立場からも、これを容認することはないと考える。そのためであろうか、6月21日の米提案には、日支間で新たな協定成立次第撤兵すべし、との一項が含まれていた。そして、米側の態度は最近益々硬化しつつあり、和平成立後2年以内の全面的撤兵要求を示唆するまでに至っている (支那側と接触したことが理由だと思われる)。当方からの新提案については、撤兵問題以外には特段異を唱えていないが、この点に対する反発だけが際立っているという印象を受ける。自分の見方では、日米交渉はこの撤兵問題をめぐって最後の段階で暗礁に乗り上げる公算が高いと思われる。打開策を探るため、米側の主張する線に沿い、駐兵問題に触れることなく、和平成立後2年以内の撤兵という案に折り合うよう政府の検討を願う。(原本和文書証より採録したであろう和文速記録109 (15) 頁収録

の原文には、この後にもう一文あるが、英文速記録10225頁の対応部分には見当たらず、重要性も余りないと判断して省略する）
＊提出済み（検）法廷証 PX1131　フィーリー検察官、当該書証の後半部分である「1941（昭和16）年9月13日付け豊田外相発野村大使宛電文；ハル米国務長官4原則への日本の反応ほか」の抜粋を朗読する。

【提出済みPX1131抜粋朗読概要】

　米国は我方に所謂四原則の承認を求めているようだが、先に触れた電文にある懸案（何かは不明）の解決を見ない内にこれを鵜呑みにすることはできないし、そうなった場合、我が国が米国の圧力に屈したと国際社会で見られかねない。それから、米国が事前に英蘭支などの諸国と話をしたいと言っていることから判断して、米国が九カ国条約体制の復活を目論んでいるとの疑いを払拭できない。現時点でこれは望ましくなく、日米二国間交渉で事を進めるべきである。この点、特に重要なので注意願いたい。（ただ、米国が英蘭などと話し合いをするのを止めさせる立場にはないし、実際上不可能である。要は、多国間交渉に引き込まれるのを避けるべしと言うことである）

＊（検）法廷証 PX1140【1941（昭和16）年9月13日付け東京日々新聞記事）抜粋；閣議決定（1941［昭和16］年9月12日）－昭和16年労務動員実施計画】＝検察側文書 PD2536-A　証拠として受理され、朗読される。

【PX1140朗読概要】

　「国民皆勤労態勢愈々緒に就く　閣議決定　金曜日の閣議に於いて1941（昭和16）年度労務動員実施計画決まる」。（以上見出し、以下本文）
　国民皆勤労態勢確立の準備的措置として、1941（昭和16）年度国民労務動員実施計画案が9月12日の定例閣議で決定された。本計画は、企画院と厚生省との共同立案によるもので、先に閣議で決定された労務緊急対策に基づき、軍需物資増産のための要員確保を目的とするもの。計画の重要性の故に、列席した大臣達は鈴木企画院総裁に忌憚のない質問を浴びせかけ、総裁は説明に努めていた。本計画は、国民皆勤労態勢設定のための具体的措置を含む。

＊フィーリー検察官、「9月22日と25日に豊田外相が日本側の対支和平提案を米国側に手交した事実」を指摘し、「後刻、バランタイン証言で詳細に触れられる」、と申し立てる。
＊（検）法廷証 PX1141【木戸日記（1941［昭和16］年9月26日）；近衛内閣動揺】＝検察側文書 PD1632-W（71）［E: 10230］［J: 109（15）］　フィーリー検察官、「10月15日対米開戦の可能性を、被告木戸と近衛が論じたことを示すもの」として提出する。証拠として受理され、抜粋が朗読される。

<1946-11-12>

【PX1141 朗読概要】

　近衛首相と午後4時〜5時15分の間、懇談。「軍部が10月15日に是非とも開戦という立場なら、自分には自信がなく、進退を考える他ない」と苦衷を述べたので、自分は慎重に考慮するよう希望した。

* （検）法廷証 PX1142【木戸日記（1941［昭和16］年9月29日）；原枢密院議長、日米交渉不調の際の新規合議形態を求める】＝検察側文書 PD1632-W（72）　フィーリー検察官、「日本の戦争準備を示すもの」として提出する。証拠として受理され、朗読される。

【PX1142 朗読概要】

　午前10時55分〜11時35分、拝謁。米国のゴム保有量と中南米でのゴムの生産高、（米国の）錫保有量、米国がそれら資源を獲得できる地域について調査するよう御下命があったので、秘書官長から企画院総裁に連絡。原枢府議長が来訪し、「万一日米国交調整が不調に終わり、重大決意をしなければならなくなった場合、従来のような形式的な御前会議ではなく、重臣なども加えて本当に意見を開陳するような会議を開く必要があると思う」と述べたので、慎重に考慮することを約した。

* フィーリー検察官、10月2日に米国務長官が日米交渉について口頭声明を日本大使に発したことに言及し、「バランタイン証言で詳細に論じられる」、と申し立てる。
* （検）法廷証 PX1143【木戸日記（1941［昭和16］年10月7日）；日米交渉継続に対する陸海軍の態度 – 陸軍は望みなし、海軍は交渉継続希望、中堅は双方とも強硬意見】＝検察側文書 PD1632-W（75）　フィーリー検察官、「東条が日米開戦を主張し、海軍部内で同調する動きがあったことを示すもの」として提出する。証拠として受理され、抜粋が朗読される。

【PX1143 朗読概要】

　12時40分、富田（健治）書記官長、来訪して、対米交渉について以下のような話があった。即ち、「米国の覚書に対する反応は、陸軍は『望みなし』で海軍は『見込みあり。交渉継続希望』だが、陸海軍とも中堅将校は一致して強硬な決意を求めている。海軍側は、首相が決意を明らかにして政局を指導することを要望。首相は、まず強硬意見を有する陸相と充分意見交換をした後に陸海外三相を招いて自己の決意を披瀝し、協力を求めるはずである」、と。

* （検）法廷証 PX1144【1941（昭和16）年10月8日付け野村駐米大使発本省宛電文907A；米側は、日米交渉の基礎としてハル4原則を堅持】＝検察側文書 PD2593-D（4）
* （検）法廷証 PX1145【1941（昭和16）年10月8日付け同上電文907B；米政府はハル4原則の一致なき限り議論無益とする】＝検察側文書 PD15-I

＊フィーリー検察官、「検察側文書PD2593-D（4）及び検察側文書PD15-Iの2文書は全体として1通の電文を構成するものであり、前者が第1部と第3部を後者が第2部と第4部をなす」と申し立てて、証拠として提出する。[E: 10233] [J: 109 (16)] 証拠として受理され、両者の抜粋が朗読される。

【PX1144朗読概要】

　国務長官と会見後に続報を送るが、現在の自分の見解は以下の通り。
　1日の米側の覚書を読む限り、米国政府は、米国側が主張する原則・基本を維持する点で両国の立場が一致していることは認識しているが、当方が具体的に踏み込んだ発言をしないことに不満を覚えている。米国側は、四原則が日米両国関係を調整する際の基礎となるべきであると考えており、太平洋地域をめぐる懸案解決に向けた非公式会談で検討し続けてきた種々の問題に対して、両国が一致した基本姿勢で臨む必要があると考えている。米国側の一貫した立場は、日米首脳会談が開かれる前提として、個々の問題が米国側の主張する原則・基本に照らして検討される必要があり、日本側にはこの点について立場を鮮明にすることを求めるというものである。……自分の印象では、米国はまず、これまで両国が避けてきた基本的原則について一致することを目指し、それがなった後で漸次、他の問題に移って行きたい考えのようである。つまり、米国側は基本的原則に於いて一致点を見出せない間は、他の種々の懸案事項を論じても埒が明かないと思っているのである。それ故、6月11日のこちらからの提案に対しては、他の点については意見を述べることしかしなかった。6月21日の提案で米国は、その提案を交渉の基礎とすることについては以後変わらぬことを明らかにしており、それは25日のこちらからの対案をまったく無視していることにも表れている。それでも、以下について話しあう必要はあると認める。即ち、「支那事変に関する附属条項に記載されている事項、援蔣行為の停止、支那事変に関わる条項中（日支間の）南京条約に関する条項、ヨーロッパ戦争に対する両国の態度に関する条項に記載されている共同調停及び自衛権、両国間の通商に関する附帯条項の削除」である。[E: 10237] [J: 109 (16)]

【PX1145朗読概要】

　……先方は、我々がこれらの点についての立場を明らかにすることを希望していた。6日の提案とその附属説明書で、当方はそれらの点をめぐる論議は極力少なくし、これまでそれをめぐって非公式的に協議してきた範囲をも狭めるようにした他、基本原則に対する当方からの保障の幅も極度に切り詰めたものとした。武力侵攻回避に関する保障についても曖昧なままにした。また、太平洋地域で無差別待遇原則が適用されるべき地域も狭め、支那に於いては地理的近接性を口実にして、その原則そのものを制限することを宣命した。（仏印を含む）支那における撤兵・駐兵

<1946-11-12>

問題では、米国は、基本的に当方が受諾不可とする要求を提示。さらに米国側は、当方に三国同盟に対する態度をより明確にするよう求めている。以上は、周知のことと思考する。……四原則については、駐日米大使との会談の模様を綴ったそちらからの電文を見ると、既に自分（野村）がハル国務長官と了解に達したかのような大使の口ぶりが窺える。既に伝えたように、この件については、先方は名実共に棚上げすることを表明した。4月16日にハル国務長官が自分に四原則を伝えてきた時、自分は本国政府の訓令を待つことなしにそれを受諾する立場にはなかったし、また受諾する意向であるような素振りも見せなかった。四原則は極めて抽象的なもので、その適用については弾力的に対応があるものと考える。我が国もそれらの原則を外国に対して適用する際には用心深く対応するし、平和会議などでも原則に関する論議と言うものは非常に遠まわしな表現に終始するものであるから、この点をそんなに気にかける必要はないと思考する。

＊（検）法廷証 PX1146【木戸日記（1941［昭和16］年10月9日）：近衛首相への進言－直ちに対米戦決意せず支那事変処理に全力を注ぐべし】＝検察側文書 PD1632-W（76）［E: 10241］［J: 109（16）］　フィーリー検察官、「被告木戸のその時点での対米戦への見方を示すもの」として提出する。証拠として受理され、朗読される。

【PX1146 朗読概要】

10時半に近衛首相が参内・拝謁した後、面談。日米交渉妥結の見込みが容易につかず、大いに心配している様子なので、自分は以下のような意見を述べて首相の参考に供した。

　　1．9月6日の御前会議の決定は、自分の目から見れば些か唐突で、議論を尽くしていないように思われる。

　　2．内外の諸情勢から判断するに、対米戦の帰趨は容易に逆賭し（ぎゃくと・げきと：結末を予め推測する）難く（原本和文書証より採録したであろう和文速記録109（17）頁は「結論は容易に逆賭し難く」とする。「対米戦の結論」とは「対米開戦に関する結論」ぐらいの意味であると思われるが、英文速記録10242頁では「日米戦の帰趨」のような訳となっている）、再検討を要すると思う。

　　3．政府はこの際直ちに対米開戦を決意することなく、

　　4．支那事変の解決を第一義とすることを明らかにし、

　　5．米国の経済的圧力を顧慮せずに自由な立場を堅持し（英文速記録の"We should acquire freedom..."のママ。原本和文書証より採録したであろう和文速記録の「自主的」を「自由な」と読み間違えたものであろう。これらの点が恐らく後刻、弁護側が再び英訳の朗読に関して申し立てをする動機となったと推測される）、

　　6．10～15年の臥薪嘗胆が必要であることを国民に明らかにし、高度国防国家の樹立と国力の培養に専念、努力すること、

　　7．支那事変解決のためには交戦権の発動も辞さず、陸軍の動員兵力を支那に使用して重慶・昆明などへの作戦を実行し、我が国一国の実力での解決を決意すること。

1時30分、有田八郎、来訪。対米問題や、内閣総辞職の噂などについて懇談する。
＊午後2時45分、裁判長ウェッブ、15分間の休憩を宣す。
＊午後3時、法廷、再開する。[E: 10244][J: 109（17）]
＊被告木戸弁護人ローガン、『木戸日記』の検察側英訳が拙劣であることに関して、「①弁護側の訳の朗読を許可するか、②言語部に照会を要請して訂正が必要との結論となった場合には、対象となった文書全体の朗読を許可するよう」、申し立てる。裁判長ウェッブ、「時間がかかる。ニュルンベルク法廷と比べて言葉の問題による審理の遅延が甚だしい」として、「法廷外の検察側との協議によってすべて処理すべきである」と、裁定する。
＊（検）法廷証 PX1147【木戸日記（1941［昭和16］年10月12日）；首外陸海四相・企画院総裁「荻外荘会談」－陸相は日米諒解案の成立見込みなし、海相は戦争はできるだけ避けるべし、首相は交渉見込みあり、外相は未だ見込みあり】＝検察側文書 PD1632-W（77）「10月12日の近衛私邸での会談の内容を示す文書の一つ」として提出する。証拠として受理され、朗読される。[E: 10246][J: 109（17）]

【PX1147朗読概要】

　午前10時、小山完吾（時事新報記者・社長、衆議院議員などの職に就いた人物）、来邸し、最近の政局について痛憤し、近衛首相の一段の努力を要望する。午後4時30分、加藤（泊治郎東京憲兵隊長）来邸し、憲兵隊側から見た政治情勢を語る。9時、富田内閣書記官長来邸し、以下のような話をする。

　本日午後2時から、荻窪の近衛首相私邸で陸海外三相、企画院総裁が会合し、日米国交調整問題について話し合う。陸相は、「日米諒解案成立の見込みなし」として重大決意を要望するが、「ただし、成立に確信があると納得できる説明が聞ければ、戦争をしろということではない」と付け加える。海相は「戦争はできるだけ避けるべきである」とした上で、「今我が国は、外交による状況の打開か戦争に訴えるかの選択を迫られている。前者を選ぶならばこれに徹底する必要があり、いい加減な交渉の後で打開できなかったから戦争を始めるということではいけない。どちらを採るにしても、首相の強い指導力発揮を望む」と述べた。首相は、「自分は、今でもこの交渉に見込みがあると思うので、この線で進みたい」、外相は、「『確信があるか』と訊かれても相手のあることなので、確かなことは言えないが、まだ見込みはあると思う」と、各々発言。そして、陸相の提案で以下のような申し合わせをした。即ち「日米交渉においては、（イ）支那での駐兵問題とこれを中心とする諸政策を変更しない、（ロ）支那事変のこれまでの成果を損ねない、の二点を維持して、外交上妥結できる確信が統帥部の希望する時期までに得られるように交渉を進めること。この決心を持って進む故に、作戦上の諸準備を打ち切る。これに関して、外相の立場から可能か否かの研究をする」、と。

第3巻「あとがき」

　第3巻を世に送りだせることとなって、山の頂が少しは望めるようになった感慨を覚える。
　この第3巻に要録として収録したのは、1946（昭和21）年9月30日の第79回公判中途（殆ど冒頭）から、同年11月12日の第109回公判の中途までである。英文速記録では6700頁より10248頁に、和文速記録では第79号の4頁より第109号の17頁までに該当する。

　第3巻は、700頁を優に超す分量となったが、内容上は順に、
(1) 検察主張立証第VIII局面「仏・仏印及びタイ関係」
(2) 検察主張立証第IX局面「ソヴィエト連邦関係」
(3) 検察主張立証第X局面「日本の全般的戦争準備」
(4) 検察主張立証第XI局面「米・英・英連邦諸国関係」の冒頭陳述に始まりその第5部「ワシントン日米交渉第二段階−1941（昭和16）年7月1日以降東条内閣成立まで」に至る前半部分
の審理を対象とする。

　上記 (1) における「仏」国とは、1940（昭和15）年6月14日におけるフランスの対独屈服後はこれによって出現したビシー政権の仏政府を、「仏印」とは、今次戦争開始時までフランスの植民地であった「仏領印度支那」、現在のベトナム、ラオス、カンボディア等のインドシナ半島諸国を指すことは、常識ではあるが必須の前提的知識である。

　(2) については、日ソ中立条約を侵犯したソ連の国家行動が本邦においてはしばしば論難の対象とされるが、そのソ連検察団が、この検察側主張立証において、どのような論拠によって日本の国家行動を「平和に対する犯罪」として難じるかは、興味の持たれるところであろう。

　(3) においては、百歩譲って検察主張の通りに「平和に対する犯罪の共同謀議が国際犯罪を構成するものである」と認めるとして、「経済上の及び軍事上の戦争準備」がどのような論拠によって当該共同謀議に該当するものであると認定されるかが、事実関係に係わる法理上の一つの視点となろう。

　(4) については、今次大東亜・太平洋戦争の直接的必要因の一つであったと言い得るであろう、支那全土およびそこに在った蒋介石国民政府をめぐる日米関係とその交渉が、眼目の一つであろう。検察側の立証が、すでに冒頭審理開始直後に検察側より提出された法廷証PX58【米国対日

外交関係叢書 1931（昭和 6）年〜1941（昭和 16）年】を、最も主要な証拠源として展開されていくところは注目に値する。そこで、今次戦争における日米の中心的な担い手であった者達の言論の応酬が我々に何を考えさせるかは、読者の判断によりその自由である。

　さて、第 3 巻においても松元は、「編・監訳・要約」者として、引き続き任を果たすが、第 1 巻において「翻訳協力者」として関与した山本昌弘氏は、第 2 巻に始まり本第 3 巻においては、正式に中心となって要約を担当してもらうこととした。監修は引き続き、国士舘大学法学部比較法制研究所である。松元の日本航空時代の同僚今井一夫氏及び鷲頭久仁子氏は、翻訳協力者として参加して頂いた。

　原書房側では、成瀬雅人社長の指揮の下、中村剛氏が担当された。関係者に謝して礼を申し上げる。

2015（平成 27）年 3 月 9 日
松元　直歳

［監修者］
国士舘大学法学部比較法制研究所
　所長　篠原　敏雄（教授／しのはら・としお）
　　　　福永　清貴（教授／ふくなが・きよたか）
　　　　本山　雅弘（教授／もとやま・まさひろ）
　　　　吉開　多一（教授／よしかい・たいち）
　　　　滝井　伊佐武（准教授／たきい・いさむ）
　　　　田岡　絵理子（准教授／たおか・えりこ）
国士舘大学政経学部政治研究所
　　　　柴田　德文（教授／しばた・とくぶみ）
　　　　池田　十吾（教授／いけだ・そうご）

［編・監訳・要訳者］
松元直歳（まつもと・なおとし）
昭和21年福岡県生まれ。久留米大学付設高等学校を経て東京大学法学部卒業、昭和46年、日本航空（株）入社。平成13年、法学博士（神戸大学大学院法政策専攻）。27年間の日本航空（株）勤務では、営業各部門のほか、全日本航空労働組合、日本生産性本部（派遣）、成田整備工場等の労使関係関連業務に従事。
平成9年より15年、作陽短期大学情報処理学科教授・学科長。
平成15年、くらしき作陽大学教授、一般教養・法律関係係数科目を担当。
平成20年、同大学定年退職。
平成21年、国士舘大学法学部比較法制研究所特別研究員となり、東京裁判の研究に従事。主な著作『東京裁判審理要目』（雄松堂出版、平成22年）。
日本国際法学会・日本哲学会・アジア太平洋交流学会員。

［要訳者］
山本昌弘（やまもと・まさひろ）
昭和34年北海道生まれ。北海道大学法学部卒。米国アラバマ大学史学部で平成2年に修士号、平成10年に博士号取得。
米国バージニア州、ワイオミング州などで教鞭を執った後、現在国士舘大学比較法制研究所特別研究員。
専攻は、軍事史、日本近現代史。著作・論文に、博士論文を基に出版したNanking: Anatomy of an Atrocityの他、日中戦争を始めとする軍事史、外交史関連の論考、書評など。

［翻訳協力者］
今井一夫（いまい・かずお）
昭和21年12月11日鳥取県鳥取市生まれ。日本航空を経て、月刊誌「理念と経営」で取材・執筆するかたわら、所属する俳句会の句集、記念集などの編集に携わる。趣味は50歳から始めた野菜作りに加え、料理、旅行など。
鷲頭久仁子（わしず・くにこ）（宮上）
1968年生まれ。長野県出身。実践女子大学大学院文学研究科英文学専攻修士課程修了。英国ノッティンガム大学大学院英文学専攻修士課程にて、D.H.ロレンス研究に従事、MA取得。現在、実践女子大学文学部英文学科非常勤講師のかたわら、翻訳に携る。

〈明治百年史叢書〉
第465回／第469巻

極東国際軍事裁判審理要録　第3巻
東京裁判英文公判記録要訳

●

2015年3月27日　第1刷

監修…………国士舘大学法学部比較法制研究所
編・監訳…………松元直歳
要訳…………山本昌弘・松元直歳
翻訳協力…………今井一夫・鷲頭久仁子
発行者…………成瀬雅人
発行所…………株式会社原書房
〒160-0022 東京都新宿区新宿 1-25-13
装丁…………佐々木正見
本文印刷…………新灯印刷株式会社
製本…………誠製本株式会社

© Naotoshi Matsumoto et al., 2015, Printed in Japan
ISBN978-4-562-04895-3